栄冠 **2024** 年度受験用

中学入学試験問題集

国語編

女子・共学校

みくに出版

栄冠獲得を目指す皆さんへ

来春の栄冠獲得を目指して，日々努力をしている皆さん。

100％の学習効果を上げるには，他力本願ではなく自力で解決しようとする勇気を持つことが大切です。そして，自分自身を信じることです。多くの先輩がファイトを燃やして突破した入試の壁。皆さんも必ず乗り越えられるに違いありません。

本書は，本年度入試で実際に出題された入試問題を集めたものです。したがって，実践問題集としてこれほど確かなものはありません。また，入試問題には受験生の思考力や応用力を引き出す良問が数多くあるので，勉強を進める上での確かな指針にもなります。

ただ，やみくもに問題を解くだけでなく，志望校の出題傾向を知る，出題傾向の似ている学校の問題を数多くやってみる，一度だけでなく，二度，三度と問題に向かい，より正確に，速く解答できるようにするという気持ちで本書を手にとることこそが，合格への第一歩になるのです。

以上のことをふまえて，本書を効果的に利用して下さい。努力が実を結び，皆さん全員が志望校に合格されることをかたく信じています。

なお，編集にあたり多くの国立，私立の中学校から多大なるご援助をいただきましたことを厚くお礼申し上げます。

みくに出版編集部

本書の特色

最多，充実の収録校数

首都圏の国・私立中学校の入試問題を，
共学校，女子校にまとめました。
（男子校は『国語編男子・共学校』に収録しています。）

問題は省略なしの完全版

出題されたすべての問題を掲載してあるので，出題傾向や難度を知る上で万全です。
（なお，著作権上の都合により当年度の問題が掲載できない学校は，
過年度の問題を掲載しています。
複数回入試実施校は原則として１回目試験を掲載。一部の実技・放送問題を除く。）

実際の試験時間を明記

学校ごとの実際の試験時間を掲載してあるので，
問題を解いていくときのめやすとなります。
模擬テストや実力テストとしても最適です。

もくじ

共学校

（五十音順・過年度の問題掲載の場合は校名の後に記載・◆印学校広告掲載校）

女子校

※二〇二四年、明治大学付属八王子中学校に校名変更予定

青山学院中等部

—50分—

注意 ・本文は、問題作成上、表記を変えたり省略したりしたところがあります。
・句読点や「 」などの記号も一字とします。

一 次のカタカナを漢字に直しなさい。

(1) 貴重品をアズける
(2) コウソウ建築物
(3) リョウシュウショの発行
(4) 判断をアヤマる
(5) 集団へのキゾク意識

二 次の詩と解説を読み、あとの問いに答えなさい。

※詩は作問の都合上、現代仮名遣《かなづか》いを使い、一部の漢字はひらがなに直しています。

凧《たこ》　中村 稔

夜明けの空は風がふいて乾《かわ》いていた
風がふきつけて凧がⒶうごかなかった
うごかないのではなかった Ⓑ空の高みに
Ⓒたえず舞《ま》いあがろうとしているのだった
じじつⒹたえず舞いあがっているのだった
Ⓔほそい紐《ひも》で地上に繋《つな》がれていたから
Ⓕ風をこらえながら風にのって
こまかに平均をたもっているのだった

ああ記憶のそこに沈《しず》みゆく沼地《ぬまち》があり
滅《ほろ》び去《さ》った都市があり 人々がうちひしがれていて
そして その上の空は乾いていた……

風がふきつけて凧がうごかなかった
うごかないのではなかった 空の高みに
鳴っている唸《うな》りは聞きとりにくかったが

【中村稔「凧」(『現代詩文庫71 中村稔詩集』〈思潮社〉所収)】

【解説】

この詩は、四・四・三・三の十四行からなるソネットという形式で書かれています。題名にもなっている「凧」が何の(①)なのかは読み手次第であり、さまざまな想像をかき立てられる詩ですが、三連目の詩の内容やこの詩が一九五四年に出された詩集におさめられていたことをふまえ、「(②)後の日本や当時の人々」とすると、一つの具体性が浮かぶのではないでしょうか。

凧というものは風を受けて大空に上がっていきます。「Ⓔほそい紐で地上に繋がれていた」ことにより、一見「Ⓐうごかなかった」ように見えるこの凧は、「Ⓕ風をこらえながら」とあるので、ある程度の強さの風の中にいたはずです。それは進む向きに(③)風の時もあれば(④)風の時もあったはずです。しかしそれらをうまく受けたり、かわしたりしながら、少しずつでも「Ⓑ空の高み」に上がっていく様子は、（⑤）が思い浮かびます。Ⓒそのことは「Ⓓたえず」という表現が二回使われている「たえず舞いあがろう」・「たえず舞いあがって」からも分かることでしょう。また詩の中の（⑥）という表現からも、物事が動き出して良い方向へと向かっていく様子がうかがえます。

　この詩に使われているその他の表現技法としては、四連目の（⑦）があげられます。これにより、（⑧）があります。

(1) （①）に入る表現技法をひらがなで答えなさい。

(2) （②）に入る漢字一字を答えなさい。

(3) （③）（④）に適切な漢字一字を入れ、「（③）風」「（④）風」が対《つい》をなす表現になるようにしなさい。ただしそれぞれの下につく「風」は音読みとします。

(4) （⑤）に入るものはどれですか。

ア　外国と協力し先進的な制度を取り入れ、かがやく未来を夢見ている様子

イ　当時の人々がもとの生活を取り戻すために、ひたむきに歩んでいる様子

ウ　つらい過去と向き合いながら、人々がそれらを忘れようとしている様子

エ　困難をのりこえながらも、厳しい現実が次々とつきつけられている様子

(5) （⑥）に入る表現を詩中から五字以内で書きぬきなさい。

(6) （⑦）に入る表現技法はどれですか。

ア　体言止め　イ　倒置《とうち》　ウ　対句《ついく》　エ　擬人法《ぎじん》

(7) （⑧）に入るものはどれですか。

ア　本来は意志を持たない凧が、意識を持った存在のように感じられ読み手に親近感を持たせる効果

イ　リズム感をよくすることで、凧が気持ちよく大空で動いている様子を読み手に印象づける効果

ウ　たたみかけるような言い回しで、一つ一つの大変な様子を読み手に分かりやすくさせる効果

エ　直前の文の説明をしながらも、詩の中には書かれていない凧の動きを読み手に想像させる効果

三　次の文章を読み、あとの問いに答えなさい。

はたしてパラスポーツは障害をもつ人のためだけにあるのでしょうか。身体障害の部位や程度に応じて区分けして行われる水泳や陸上などの競技は、多様な障害ある人が条件を整えることで平等に競《きそ》うことができるスポーツだと言えるでしょう。

　しかし一括《ひとくく》りにパラスポーツと呼んでも、そこには、障害ある人のために、という意味も一様ではなく、さまざまな違《ちが》いや個性があることがわかります。主に障害ある人々が行う競技であるとしても、障害者バスケットではなく、車いすバスケットと私たちは呼んでいます。ブラインドサッカーも、視覚障害者サッカーではなく、ブラインド、つまり目が見えない状態で行うサッカーと

私たちは呼んでいるのです。

Ⓐこうした見方は、Ⓑとても興味深いショックを与《あた》えてくれるのではないでしょうか。もちろん私が目隠《めかく》しをしてブラインドサッカーをやるとして、視覚障害のある選手と対等に競技できるでしょうか。とてもできないと思います。試合にもならず、普通《ふつう》にプレーする選手の足手まといになるのが［Ⓒ］です。視覚が遮《さえぎ》られたなかで、周囲の声や音を聞きわけ、状況《じょうきょう》を瞬時《しゅんじ》に判断しプレーする能力において、私は視覚障害のある選手とは比べ物にならないほど劣《おと》っているからです。

こう書きながら、以前見たテレビ番組を思い出します（『旅するスペイン語』第四シリーズ#一五「アルゼンチンサッカーの魅力《みりょく》に迫《せま》る！」（二〇二〇年一月二一日　NHK　Eテレ放送）。スペイン語を学ぶ語学番組ですが、ブラインドサッカーを紹介《しょうかい》する回がありました。アルゼンチンはブラインドサッカーがとても強いのです。進行役の女優が練習場にお邪魔《じゃま》し、アイマスクをしてボールを蹴《け》ったりしていました。当然、技量ある選手たちには彼女《かのじょ》はかないませんが、そうしたシーンを見ていて、私は考えてみれば「あたりまえ」な事実に気づきました。

アイマスクをした瞬間、視覚は一時的に封《ふう》じられますが、女優がいくら残りの感覚を駆使《くし》しても、音が出るボールに足をあわせ、うまく蹴ることはできません。ましてやゴールポストの両端《りょうたん》と真ん中を叩《たた》いた音で、ゴールの広さやゴールまでの距離《きょり》を把握《はあく》し、キーパーを避《さ》けてシュートなどできないのです。他方、選手たちは、なんなくボールをあやつるし、見事にキーパーをはずしてシュートを決めるのです。

もし私がブラインドサッカーを極《きわ》めたいと考えるならば、ブラインドであることに慣れ、Ⓓブラインドであるからこそさらに研《と》ぎ澄《す》ませるべき力に気づき、それを鍛えていかなければならないでしょう。【Ⅰ】、ブラインドサッカーという世界では、「見えること」をめぐる常識や価値がすべて無効となり、「見えないこと」を前提とした常識や価値を新たに身につけ、「見えない」なかでサッカーをすることができる実践的《じっせんてき》な知恵《ちえ》や能力を鍛《きた》え上《あ》げていかねばならないのです。

ルールを守り、競技するための規律が遵守《じゅんしゅ》されるスポーツという空間で、普段《ふだん》私たちが「あたりまえ」だと思《おも》い込《こ》んでいる支配的な常識や価値が見事に転倒《てんとう》されるのです。そしてこうした転倒が起こることこそ、パラスポーツが持つもう一つの面白《おもしろ》さであり、感動を生みだす源泉ではないでしょうか。

【Ⅱ】、私がブラインドサッカーをして、少しばかり上手になったからと言って、視覚障害のある人々の気持ちやより深いところにある思いなどを完璧《かんぺき》に理解などできないでしょう。でもⒺ障害をめぐるさまざまな決めつけや思い込みが息づいている支配的な常識や価値を「あたりまえ」だと思い込んでいた私の日常に、確実に亀裂《きれつ》が入るだろうし、私はそのことで障害という「ちがい」それ自体とよりまっすぐに向きあえるようになるだろうし、「ちがい」が私の日常にとって、どのような意味や意義を持つ「ちがい」であるのかを考えていくための想像力もより豊かになっていくだろうと思うのです。

何らかの理由で視覚が封じられた人々にとって、「あたりまえ」の動きや状況判断に、視覚以外の多くの感覚や彼《かれ》らが生きてきたこれまでの体験から得た何かによって、達成されるものであり、「あたりまえ」の動きや判断は、トレーニングを通して、さらに研ぎ澄まされていくのです。こうした過程は、「健常」のアスリートと特に変わるところはないと思います。こう考えてくれれば、車いすに乗ったりして、「健常」の私たちがパラスポーツを体験する機会がよくありますが、体験後「車いすの操作がむずかしかったが、面白かった」と、さもパラスポーツを理解できたかのようなコメントをすることが、Ⓕいかに一面的で皮相であるかがわかるのです。

（好井裕明『「感動ポルノ」と向き合う　障害者像にひそむ差別と排除《はいじょ》』〈岩波書店〉）

※本文の表記は原文に従いました。

(1)　【Ⅰ】【Ⅱ】に当てはまる言葉を答えなさい。ただし、同じ記号は二度使えません。

ア　もちろん　イ　ところで　ウ　つまり　エ　たとえば

(2)　――Ⓐ「こうした見方」とはどれですか。

ア　パラスポーツは身体障害に応じて条件を整えた平等な競技であるという見方。

イ　障害の部位や程度を乗《の》り越《こ》えて感覚を研ぎ澄ませてスポーツに取り組む見方。

ウ　パラスポーツを障害の有無《うむ》ではなくスポーツの特徴《とくちょう》として区別する見方。

エ　ブラインドサッカーで筆者は障害のある選手に負けてしまうという見方。

(3)　――Ⓑ「とても興味深いショックを与えてくれる」を言《い》い換《か》えた表現を含む一文を第八段落より前から探し、はじめの三字を書きぬきなさい。

(4)　Ⓒ にひらがな二字を入れ、「予想される好ましくない結末」という意味の言葉を完成させなさい。

(5)　――Ⓓ「ブラインドであるからこそさらに研ぎ澄ませるべき力」を具体的に言い換えた言葉を本文中から二十八字で探し、はじめの三字を書きぬきなさい。

(6)　――Ⓔ「障害をめぐるさまざまな決めつけや思い込みが息づいている支配的な常識や価値」とはどのようなものですか。

ア　障害のある人と「健常」者は同じ権利をもっていて両者の根本的部分は変わらない。

イ　障害のある人は「健常」者よりスポーツをする上で不利な条件を抱《かか》えて競っている。

ウ　障害のある人のためにつくられたスポーツはメディアで報じられる機会がすくない。

エ　障害のある人にとっても暮らしやすい社会をつくるために改善できる点はまだ多い。

(7)　――Ⓕ「いかに一面的で皮相であるか」とはどういうことですか。

ア　障害のあるアスリートが取り組んできたこれまでの努力を肯定した発言をしている。

イ　障害のある人に対して十分に言葉を選ばず思ったことをそのまま

コメントしている。

ウ　パラスポーツのアスリートが経験してきたことを浅くしか理解できていない。

エ　パラスポーツの特徴である車いす操作の難しさを根本的に体験できていない。

(8) 本文の内容と合っているものを答えなさい。

ア　多くのパラスポーツが存在する中で、障害のある選手に有利なルールが決められているスポーツとしてブラインドサッカーが例として挙げられている。

イ　パラスポーツの選手たちは障害をもっているからこそ通じ合うことができ、そのチームワークの高さによって多くの人たちに感動をもたらしている。

ウ　ブラインドサッカーを体験した女優がうまくボールを蹴ることができないのは、「見えないこと」を前提として、それに適応する能力がないからである。

エ　パラスポーツの選手は「健常」のアスリートと同じ能力を持つという支配的な価値観にとらわれているため、私たちはパラスポーツを特別視している。

四　次の文章を読み、あとの問いに答えなさい。

*母が急逝《きゅうせい》して三ヵ月がたった。Ⓐ人間いつどうなるか分からないと理屈《りくつ》では知っていても、母の死はあまりにも突然《とつぜん》だった。私はここ数年、まとまった休みのとれる年末年始は家をあけて海外で過ごすことが多かった。どうせ実家に住んでいて、毎日のように顔を合わせているのだから、特に家族と過ごそうとは思わなかったのだ。今年も正月は恋人《こいびと》と南の島へ行き、仕事が始まる前日に慌《あわ》ただしく帰国した。私の好きな数の子と伊達巻《だてまき》を母はとっておいてくれて、Ⓑそれを仕事始めの朝に小言を聞きながら食べた。もう何年も新年を母と一緒《いっしょ》に迎《むか》えていなかったことを今更後悔《いまさらこうかい》しても遅《おそ》い。もう二度と母の作るお節《せち》を食べることはできないのだ。

あれは成人の日の翌日だった。朝、母は寒気と頭痛がすると言い、定年間近でもうそれほど仕事が忙《いそが》しくない父が会社を休んで母を病院へ連れて行った。私は確か「寒いのに庭いじりなんかするから風邪《かぜ》ひくのよ」と言った。その日の昼過ぎ、会社に父親から電話がかかってきて、母の容態が急に悪くなったので帰って来いと言われ、慌《あわ》てて病院へ駆《か》けつけた時にはもう母の瞼《まぶた》は固く閉じられていた。昨日までまったくいつも通りで、雛菊《ひなぎく》の霜《しも》よけなんかを取り替《か》えていたのに。

ひとつ違《ちが》いの弟が転勤先から急遽戻《きゅうきょもど》ってきて通夜《つや》と葬儀《そうぎ》を行った。身近な人を亡《な》くすのは初めてだったが、父はもちろんのこと、私も弟も社会に出て十年近くたつので葬儀の段取りは分かっていたし、やることがいっぱいあったので、それをいかに合理的に片づけていくかでしばらくはあまり悲しい気持ちが湧《わ》いてこなかった。涙《なみだ》は出たのだが、なんというか［Ⓒ］時の気持ちに似ていて、自分の母親の葬儀という気がしなかった。慌ただしく弔問客《ちょうもんきゃく》に頭を下げながら、どうして隣《となり》に母がいないのか不思議に思った。

四十九日と納骨を終えると急にすることがなくなった。そこには母親の趣味《しゅみ》で建てられた大きな出窓にレースのカーテンがかかった少女趣味な一軒家《いっけんや》と、母の趣味で飾《かざ》られた庭と、その住人としてはまったく似つかわしくない定年を迎えた父、働き盛りで家には寝に帰ってくるだけの娘《むすめ》が残された。弟はさっさと転勤先の大阪《おおさか》に帰ってしまい音沙汰《おとさた》がなくなった。

「どうすんだ、この庭」

春のある休日、昼過ぎに起きだしてきた私に父が言った。

「どうするって？」

「こんなに咲《さ》いちゃって」

父も私も花になど興味がなかったのでじっくり見たことがなかったのだが、春の花壇《かだん》には色とりどりの花が咲き乱れていた。チューリップ、クロッカス、水仙《すいせん》、フリージア、あとは名前も知らない花々。

「お父さん、手入れすれば。時間あるんだし」

寝《ね》ぼけ眼《まなこ》で軽く言ったあと、私は父の不機嫌《ふきげん》な顔を見て失言に気がついた。定年だけでも大きなストレスなのに、その上、父は定年後の長い時間を共に過ごすはずの母を失っているのだ。

「俺《おれ》は花なんか興味ない。だいたいこんな家に娘とふたりで住んでるのもこっぱずかしいのに。どうだ、ここ売り払《はら》ってそれぞれマンション買うか。その方が楽だ」

殊更《ことさら》明るく父は言ったが、私は曖昧《あいまい》に首を傾《かし》げておいた。定年後の父親ほど扱《あつか》いにくいものはないと聞いていたが、まったくその通りだ。ゴルフ以外趣味らしきものがない父は時間を持て余しているようなので、料理やパソコンの教室にでも通ってみたらと勧《すす》めたのだが「くだらない」の一言がかえってくるだけだった。だいたいこの役は本来なら母が引き受けるものだったのに、何故《なぜ》私が父の鬱憤《うっぷん》をぶつけられなくてはならないのだろうと、少し天国の母を恨《うら》んだりもした。

それでも父は、母がいなくなった家でひとり、必要に迫《せま》られて掃除《そうじ》や洗濯《せんたく》、簡単な料理を自分でするようになった。仕事一筋で何も家のことはできない人かと思っていたが、やれば案外器用にこなした。困ったことといえば、以前は私の帰宅時間になどうるさくなかったのだが、今は頼《たの》みもしないのに夕飯を作って待っていて、いちいち「遅い、何してたんだ」と言われることだった。

母がいなくなったことで、私の家事分担も当たり前だが増えた。下着なんかを父に洗濯させるのは気がひけたし、クリーニング屋通いとアイロンかけは私の仕事になった。朝食は私が作り、夕飯は父が作る。その片づけは料理をしなかった方がやる。私は会社が退けると父に電話をし、遅くまでやっている駅前のスーパーで必要な物を買って帰った。

こうして日常生活の役割分担がなんとなく決まっていった。そしていかに、私と父が母に多くの負担をかけていたか、逆に母がいかに私達《たち》を甘《あま》やかしていたかを知った。もう三十一歳《さい》にもなるというのに、私は起こしてくれる人がいなくなって、何度か会社に遅刻《ちこく》したくらいだ。

「お前、付き合ってる男がいるんだろう。さっさと結婚《けっこん》しちまえ」

庭の花を眺《なが》めながら父はなおも言った。私はそのカーディガンの背中を眺める。スーツやゴルフウェアでない姿の父はやけに老《ふ》けて見えた。私は母とはいろいろ話をしてきたが、父とは用事以外のことをあまり話したことがない。長年同じ家で暮らしてきたが、この人が本当はどう思っているのか今ひとつ分からなかった。

「でもお父さん、ひとりで暮らせるの？」

「馬鹿《ばか》言え。今でもひとりみたいなもんだ」

そうだな、となんとなく思った。母の死を乗り越《こ》えようとふたりで努力はしてきたが、一緒に暮らせて嬉《うれ》しいという感覚からは程遠《ほどとお》い。父が心配ではないといったら嘘《うそ》だが、それこそ近所にマンションでも買って別々に住んだ方がいいのかもしれない。何しろ母の作り込《こ》んだ花いっぱいの庭だけは、ふたり共手入れをする気になれないのだから。ローラアシュレイの花柄《はながら》の壁紙《かべがみ》に囲まれて、無骨な父とがさつな私が暮らすのは何か違う。ここは母の家だったのだ。

父が本気でマンションのモデルルームを見に行きだした五月のはじめ、ポストに母宛《あて》の封書《ふうしょ》が舞《ま》い込んだ。ダイレクトメールのようだったので開けてみると、それはイギリスの観光局が日本人向けに作ったガーデニング講座ツアーの申込書《もうしこみしょ》だった。そういえば去年の暮れに「こんなのを見つけたから行ってみたい」と母からパンフレットを見せられた記憶《きおく》がある。手紙を読むと母はもう予約金を振《ふ》り込んでいて、あとは残金を支払うだけになっていた。半年も前から申し込んでさぞ楽しみにしていたのだろう。

一応父にそれを見せると、煙草《たばこ》をくわえながら「俺が行ってこようかな」と意外なことを言いだした。

「でもお父さん、それホームステイだよ」

「それがどうした」

父は飛行機と英語が大嫌《だいきら》いで、母に無理矢理《むりやり》連れられてハワイに一度行ったことがあるが、それでもう二度と外国はごめんだと言っていた。

「それに、参加するのだってガーデニングおばさんばっかりだと思うな」

Ⓓ父は唇《くちびる》を尖《とが》らせて何やら考えた後、乱暴に申込書をテーブルに投げだした。

「あいつが楽しみにしてた旅行なんだから、俺が行って写真でも撮《と》ってくる。どうせ暇《ひま》だしな」

父と母は趣味嗜好《しこう》が合わず、あまり仲のいい夫婦《ふうふ》とはいえなかったが、連れ合いを亡くしてみればそういう気にもなるのだろう。これをきっかけにⒺ庭仕事にでも興味を持ってくれたら私も助かるので、それ以上反対はしなかった。

私の思惑《おもわく》は外れたようで、十日間のイギリス旅行から戻ってきた父に、特に変わった様子はなかった。「どうだった？」と尋《たず》ねても「ガーデニングばばあがいっぱい来てた」と憎《にく》まれ口を叩《たた》くだけだった。写真を見せてもらうと、見事なバラ園や、その前に立つおばさま方に混じって仏頂面の父が立っていた。ホームステイ先で撮ったらしい、外国人家庭の人達に囲まれている父は、困ったようにうっすら笑っていた。

だが旅行から戻って少したつと、父に変化が見られた。家を売り払ってマンションを買うと口癖《くちぐせ》のように言っていたのに、いつしかそれを言わなくなった。そして私に隠《かく》れるようにして、何やら庭の雑草を抜《ぬ》いたりしていた。

そして七月の最初の日曜日、一本の国際電話がかかってきた。父はちょうど買い物に出掛《でか》けていて留守で、私はつたない英語で冷《ひ》や汗《あせ》をかきながら応対した。どうやら父がホストファミリーに写真を送ったらしく、そのお礼だった。彼女《かのじょ》はその家のおばあさんで、私が聞き取りやすいようにゆっくり話してくれた。

「あなたのお父様は大丈夫《だいじょうぶ》?」

彼女はそんなことを言った。元気なのかと聞かれたのかと思って、私はもちろん元気ですと答えた。

「彼は英語が話せなかったから理由が分からなかったけど、毎日夜になると子供みたいに大きな声で泣いていたのよ」

子供みたいに、というところを強調して彼女は言った。私は驚《おどろ》きに息を呑《の》み、少し迷ってから、今年母が亡くなったことを話した。遥《はる》か遠い国のおばあさんも言葉をつまらせ、そして泣きはじめた。

電話を切るとちょうど父の車が車庫に入ってくる音がした。私は慌てて涙を拭《ぬぐ》ったが間に合わなかった。

「なに泣いてんだ?」

父は私の顔を見るなり言った。どう言っていいか分からず首を振《ふ》る。

「リコリスの球根買ってきたから、植えるの手伝え」

「……リコリスって?」

「彼岸花《ひがんばな》だよ。お前もこの家に住むつもりなら、少しは花のこと勉強しろ」

軽い足取りで、父はリビングのガラス戸を開いて庭へと出て行った。

【山本文緒「庭」(『アイロンのある風景』(新潮文庫)所収)より】

＊急逝…人が急に死ぬこと

(1) ——Ⓐ「人間いつどうなるか分からない」について、次の(　)に動物を表す漢字一字を入れて「人生の幸不幸は予測できないもの」という意味のことわざを完成させなさい。

塞翁《さいおう》が(　)

(2) ——Ⓑ「それを仕事始めの朝に小言を聞きながら食べた」とありますが、この時〈私〉はどのように食べていたでしょうか。

ア　自分が母を怒《おこ》らせているという自覚はあったので、来年こそは一緒に正月を過ごそうと反省しながら食べていた。

イ　なぜ自分だけが母の攻撃《こうげき》の対象になるかと不愉快《ふゆかい》に思いつつ、なんとか反撃《はんげき》の機会をうかがいながら食べていた。

ウ　どんなことがあっても母は自分の好物をとっておいてくれることに感謝していて、かみしめるように食べていた。

エ　自分に対する母の気づかいに感謝することなく、普段《ふだん》通り変わらない様子で何も気にせず聞き流して食べていた。

(3) [Ⓒ] に入る表現を答えなさい。

ア　学校の発表会で主役を演じる

イ　会社でトラブルに立ち向かう

ウ　友達の家で遠慮《えんりょ》してふるまう

エ　公園で知らない子供を助ける

(4)　――Ⓓ「父は唇を尖らせて何やら考えた後、乱暴に申込書をテーブルに投げだした」とありますが、これはなぜですか。

ア　今までの自分では考えられないことを言ったが、自分の意志をこのままつらぬき通したかったから。

イ　突然の案内にどうしようかと迷っていたが、娘の否定的な意見に反発することで行くことを決めたから。

ウ　亡き妻のためにイギリス行きを決めたにも関わらず、娘が皮肉な言葉で茶化してきて腹が立ったから。

エ　本当は行きたくもないイギリス行きを決心したのに、娘がそれに反対するようなことを言ってきたから。

(5)　――Ⓔ「庭仕事にでも興味を持ってくれたら私も助かる」とありますが、これはどういうことですか。

ア　母を亡くして悲しみに暮れる父に、庭に興味を持つことで少しでも楽しく余生を送ってもらいたいと思った。

イ　母が作り込んだ花いっぱいの庭を一人で手入れするのは大変で、父も協力してくれればありがたいと思った。

ウ　父と母はいい夫婦といえなかったが、父が母の庭を手入れすることで二人のきずなが確かめられると思った。

エ　父が庭仕事に対して時間や気持ちを注ぐことで、自分が父から受けるストレスを少しでも減らせると思った。

(6)　次の会話はこの本文を読んだ生徒Aと生徒Bによるものです。あとの問いに答えなさい。

生徒A　イギリス旅行の前後で〈父〉の様子は変わっているね。

生徒B　そうだね。〈母〉が亡くなった後、Ⓕ残された庭の手入れにしばらくは消極的だったけど、帰国してからは［Ⓖ］で庭の手入れに向かっているね。

生徒A　〈父〉が庭を手入れしなかったのは、技術や興味がないという理由もあるけど、［Ⓗ］という理由もあるんじゃないかな。

生徒B　共通の話題がない〈父〉と〈私〉だけど、〈母〉が残してくれた庭のおかげで［Ⓘ］と思える日がいつか来るかもしれないね。

①　――Ⓕ「残された庭」とはどのような庭ですか。本文中から十字で書きぬきなさい。

②　［Ⓖ］に当てはまる言葉を本文中から五字で書きぬきなさい。

③　［Ⓗ］に入るふさわしい言葉を三十字以上四十字以内で答えなさい。

④　［Ⓘ］に当てはまる言葉を本文中から十字で探し、はじめの五字を書きぬきなさい。

五　次の文章を読み、あとの問いに答えなさい。

茅野《かやの》しおりは、本が大好きな小学五年生。家の近所に、いとこの美弥子《みやこ》さんが司書として働く雲峰《くもみね》市立図書館がある。美弥子さんは優《やさ》しく、しおりのあこがれで、本の先生でもある。最近、しおりは図書館に「不明本」という悲しい現実があることを教わった。多くが盗難で、美弥子さんも心を痛めている。

　夏休みもあと十日。宿題の読書感想文で、クラスの安川くんからオススメを聞かれたしおりは、迷わず『空から落ちてきた魔女《まじょ》』を挙げた。人間の少女ケリーの庭に空から落ちてきた小さな魔女ベルカが、また空を飛べるようになるまでのお話。しかし、タイトルを聞いただけで、安川くんはあまりいい顔をしなかった。しおりは、強引《ごういん》に彼《かれ》を本棚《ほんだな》へ連れていくが、棚にはなく、貸出中にもなっていなかった。


「ちょっと聞いてもいい？」

　そう前置きをして、わたしがいま検索《けんさく》した本のタイトルを告げると、美弥子さんの表情が、みるみるうちに険しくなっていった。そして、わたしの顔をじっと見つめると、

「実は、あのシリーズも不明本なの」

　つらそうな顔でそういった。

「やっぱり……」

　予想はしていたけど、実際にそうだとわかってみると、やっぱりショックは大きかった。

「最近、なんだか変なのよ……」

　美弥子さんがため息をつきながら首をひねった。


美弥子さんによれば、夏休み後半、この一週間で急に二十冊以上が行方《ゆくえ》不明になったという。中でも児童書が十冊もなくなることに珍しく、もしかすると同一犯かもしれない、という疑念が浮《う》かんだ。


「ねえ、美弥子さん」

　わたしは美弥子さんに詰《つ》めよった。

「なんとかならないの？　黙《だま》って持ちだしたら、ブザーが鳴って、警備員がとんでくるようにするとか……」

「ちょっと難しいわね」

　美弥子さんは悲しそうな顔で、大きく首を振《ふ》った。

「防犯設備をそろえたり、人を雇《やと》ったりするにはお金がかかるし……わたしたちにできるのは、これ以上本がなくならないように、『無断で持ちださないでください』って呼びかけることぐらいなのよ」

　それでも、魔女シリーズを盗《ぬす》んだ犯人だけは絶対につかまえてやる——わたしは心の中で、こっそりと誓《ちか》った。

　美弥子さんと別れて一階に戻《もど》ると、わたしは安川くんに、盗まれた本のリストを渡《わた》した。ほかの人には絶対に見せないと約束して、美弥子さんから借りてきたのだ。

「どう思う？」

　わたしが聞くと、

「本を盗《と》っていったのが同じ人だったら、盗まれた本には、何か共

通点があるんじゃないかと思うんだけど……」

安川くんは、真剣《しんけん》な顔でリストを何回も見なおした。

「茅野は、このリストの本を何冊か読んでるんだろ？　なにか思いつかないか？」

「うーん」

わたしはリストをにらんでうなり声をあげた。この中で読んだことがあるのは、魔女シリーズと『ソラネコの王国』、『星祭り』など、全部で七冊だ。魔女シリーズにネコは出てこないし、『ソラネコの王国』はネコしか出てこない。共通点を強《し》いてあげれば、対象年齢《ねんれい》が小学校高学年くらいのファンタジーが比較的《ひかくてき》多いかな、というこどぐらいだった。

「わかんないな……けど、児童もののコーナーなんて、そんなに広くないんだから、見張ってたらいつか犯人が現れるんじゃない？」

わたしの言葉に、安川くんは少し驚《おどろ》いたように、目を丸くした。

「張りこむつもりなのか？」

「安川くん、協力してくれない？」

いくら広くないとはいっても、ひとりではやはり限度がある。安川くんは、ちょっと困った顔で首をひねっていたけど、結局うなずいてくれた。

Ⓐ。わたしたちは、早速《さっそく》分担を決めて、児童書コーナーで二手に分かれた。本を探すふりをしながら、お客さんの行動を観察する。

【中略】

そんな中、壁際《かべぎわ》の長椅子《ながいす》で大きな児童書を読んでいた男の子が、本を自分のカバンにしまいこんで立ちあがるのを見つけて、わたしは少し緊張《きんちょう》した。たぶん、小学校の低学年くらいだろう。男の子はカウンターにはよらずに、まっすぐロビーへと足を向けた。

わたしは男の子の後をついていきながら、これからどうしようかと考えた。

男の子が読んでいたのは、もしかしたら家から持ってきた自分の本かもしれないし、図書館の本だったとしても、とっくに貸し出し手続きをすませているのかもしれない。外から見ただけでは、それが無断持ちだしなのかどうかはわからないのだ。

男の子は、早足でロビーを通《とお》り抜《ぬ》けると、図書館の外へと出ていってしまった。わたしがその子の後を追いかけようかどうしようかと迷っていると、

「しおりちゃん」

いつの間にきていたのか、美弥子さんがロビーのすみから、わたしを手招きしていた。なんだろう、と思いながら近づくと、

「ちょっと話したいことがあるの。安川くんと一緒《いっしょ》に、談話室まできてくれないかしら」

美弥子さんは、あまり見たことのないような、Ⓑ厳しい顔でいった。

「あなたたちが本を大事に思ってくれる気持ちは、すごくうれしいの」

談話室。どうして呼びだされたのかわからずに戸惑《とまど》っているわたしたちを前にして、美弥子さんは静かな口調で切りだした。言葉ではうれしいといっているけど、とても Ⓒ 顔をしている。

「でもね」

美弥子さんは身を乗りだして続けた。

「図書館は、みんなが本に囲まれて、楽しく過ごせる場所なの。たしかに、中には無断で本を持ちだしてしまうような人もいるけど、ほとんどの人たちは、ルールを守って本を借りていってくれる。だから、本どろぼうをつかまえようとしてくれるのはうれしいんだけど、そのために、図書館を利用してくれる人たちを疑ったり、見張るようなことは、してほしくないのよ」

美弥子さんの言葉を、わたしたちはただ、黙って聞いていた。返す言葉は何もなかった。そんなわたしたちを気遣《きづか》ってくれたのか、美弥子さんは最後に、

「でも、気持ちは本当にうれしいのよ。ありがとう」

わたしの目をじっと見つめて、そういってくれた。

図書館からの帰り道。わたしは涙《なみだ》をこらえるのが精一杯《せいいっぱい》だった。

「元気だせよ」

安川くんが、わたしのリュックをたたいて励《はげ》ましてくれたけど、Ⓓわたしはただ、黙ってうなずくことしかできなかった。

美弥子さんに注意されたことだけが悲しいわけじゃない。図書館の本を盗んでいく人がいることや、そういう人たちをつかまえられなかったこと、そのために自分のとった行動が、ほかの人たちに嫌《いや》な思いをさせていたかもしれないこと——いろんなことが、頭の中をぐるぐると回っていた。

「張りこみよりも、もっといい方法考えようぜ。ほら、掲示板《けいじばん》にポスター貼《は》るとかさ」

うつむいたまま、トボトボと歩くわたしに、安川くんは次々と話しかけてきてくれた。

「そうだね……」

図書館の壁《かべ》には、有名な少年探偵《たんてい》が『本をやぶらないで』とか『らくがきしないで』と呼びかけているポスターが何枚も貼られている。そのポスターに、魔女のベルカに登場してもらうというのはどうだろう——そんなことを想像していると、ちょっと元気が出てきた。『本を盗まないで』と呼びかけるベルカの姿を想像してみる。うん、なかなかいいじゃない。いっそのこと、ポスターづくりを夏休みの自由研究にしてしまおうかな……。

「あれ？」

わたしの頭に、なにか引っかかるものがあった。それは、はじめはぼんやりとしたものだったけど、次第《しだい》に形になって、確信に変わっていった。

わたしは足を止めると、安川くんのほうに向きなおった。

「ごめん。図書館に戻ってもいい？　ちょっと調べたいことがあるの」

調べてみると、盗まれた児童書にはすべて宮田環《たまき》さんというイラストレーターが表紙と挿絵《さしえ》を手がけているという共通点があることが判明した。そして、夏休みが終わる五日前のこと

……

美弥子さんが「こっちこっち」と手招きしながら、わたしたちをロビーへと誘《さそ》う。

なんだろうと思いながらついていったわたしは、掲示板の前に立って、思わず

「すごいっ！」

と声をあげた。

『お知らせ掲示板』には、二枚の大きなポスターが貼ってあった。一枚は、本がまばらにしか入っていない本棚の前で女の子が泣いている絵で、泣いているのは、ベルカのともだちのケリーだ。その隣《となり》には大きな文字で、

『本を持っていかないで……』

と書いてある。もう一枚は、魔女のベルカがほうきに乗って、袋《ふくろ》をかついだ怪盗《かいとう》を追いかけている絵で、袋から本がこぼれ落ちているのが見える。ベルカの頭上には、やっぱり大きな文字で、

『本は正しくかりましょう』

「どう？　なかなかいいポスターでしょ？」

美弥子さんの自信に満ちた言葉に、

「うん」

わたしは大きくうなずいた。安川くんも、感心した様子でポスターを見つめている。

学生時代、美術部だった美弥子さんの絵は本当に素晴《すば》らしかった。しおりが振りかえると、小さな男の子も真剣な顔でポスターを見つめていた。やっぱりいい出来なんだなと、自分まで誇《ほこ》らしくなった。

再来年、わたしも中学生になる。中学校に入ったら文芸部に入るつもりだったんだけど、美術部なんかも悪くないな――わたしがポスターを眺《なが》めながら、そんなことをぼんやりと考えていると、

「あの……」

突然《とつぜん》後ろから声をかけられた。振りかえると、さっき真剣な顔でポスターを見ていた男の子が、大きなバッグを肩《かた》にかけて、思いつめたような表情で立っていた。

「どうしたの？」

わたしが答えると、

「お姉さん、図書館の人と知り合いなの？」

男の子はなぜか少し緊張した様子で聞いてきた。さっき、掲示板の前で美弥子さんとお喋《しゃべ》りしてたのを見ていたのだろう。

「そうだけど……図書館の人に、なにか用事？」

わたしが尋《たず》ねると、男の子は一瞬《いっしゅん》ためらうような素振《そぶ》りを見せながらも、

「これ……」

肩にかけていた大きなカバンを開いて、わたしたちのほうに差しだした。その中身を見て、わたしは思わず声をあげた。カバンの中で、ベルカが気持ちよさそうに空を飛んでいるではないか。

それは、『空から落ちてきた魔女』の表紙だった。

「ごめんなさい」

男の子は両手を膝《ひざ》の上でそろえると、机におでこがくっつくぐらいに頭を下げた。

> 彼は、しおりたちと同じ学校の三年生、高階健太くん。絵が大好きで、二週間ほど前に宮田さんの絵を偶然《ぐうぜん》図書館で見つけて、いっぺんにファンになったという。

「男子がファンタジーとか絵本を読むのは、変ですか？」

急に聞かれて、わたしは一瞬言葉に詰まった。

「そんなことないと思うけど……」

否定しながらも、そのⒺすがるような視線に気圧《けお》されて、安川くんに「男子ってそうなの？」と問いかける。

「うーん……」

安川くんはわずかに顔をしかめて、

「ファンタジーはともかく、絵本はちょっとかっこ悪いかなあ……」

すまなさそうにつぶやいた。

「やっぱり……」

うなだれる健太くんに、美弥子さんが声をかけた。

「もしかして、友達に何かいわれたの？」

その言葉に、健太くんは一瞬体を固くすると、力なくうなずいた。

「一学期に、学校の図書室で絵本を読んでたら、クラスの男子に見つかって、『男のくせに絵本なんか読んでる』って笑われたんです。それからずっと、そのことでからかわれてて……だから、夏休みに入ってホッとしてたんです」

男の子が絵本を読んで何が悪いんだろう、とわたしは思ったけど、さっき安川くんがいってたみたいに、三年生ぐらいの男の子の世界では、絵本を読むのはかっこ悪いことなのかもしれない。

健太くんは、かすかに震《ふる》える声で続けた。

「図書館で宮田さんの本を見つけた時、初めはちゃんと借りるつもりで、カウンターに持っていこうとしたんです。そしたら、カウンターの手前にうちのクラスの子たちがいるのが見えて……その時、ぼく、絵本も持ってたし、見つかったら絶対にまた学校でからかわれると思って……だけど、どうしても借りて帰りたかったから……」

カバンに入れて、カウンターを通さずにこっそり持って帰ったのだと、ほとんど消えいるような声で健太くんはつけくわえて、もう一度「ごめんなさい」と頭を下げた。その時、

「勇気あるよな」

いままで黙って聞いていた安川くんが、ポツリとつぶやいた。

「え？」

健太くんが驚いたように顔を上げる。

「だってさ――」

安川くんは身を乗りだした。

「自分さえ黙ってたらばれなかったのに、こうして正直に名乗りで

てきたわけだろ？　それって、すごい勇気がいると思うよ」

　それを聞いて、わたしも安川くんの隣りで大きくうなずいた。感心するわたしたちを前にして、健太くんは慌《あわ》てたように手を振った。

「そんなことないです。今日も、初めは返す気なんかなくって、何も持たずに図書館にきてたんです。だけど、掲示板のポスターを見たら、なんだか急に恥《は》ずかしくなってきちゃって……それで、急いで家に帰って、カバンに本を詰めて持ってきたんです」

　つまり、Ⓕ美弥子さんのポスター作戦は大成功だったわけだ。わたしが尊敬のまなざしを美弥子さんに向けると、

「いいこと教えてあげようか」

　美弥子さんは突然声をひそめて、本の山の一番上にあった『空から落ちてきた魔女』を手に取った。

「この絵を描《えが》いている宮田環さんって、男の人なのよ」

「え？　ほんと？」

　わたしは思わず声をあげた。安川くんと健太くんも、目を丸くして本の表紙を見つめている。美弥子さんは笑顔《えがお》でうなずいて、さらに驚くようなことを話してくれた。

　今回、ポスターにベルカのイラストを使ってもいいか確認《かくにん》するために、出版社につとめている知り合いに連絡《れんらく》をとったところ、なんと宮田さん本人から返事があったというのだ。

「名前が女の人みたいだから、よくまちがえられるらしいんだけど、実物は、ひげを生やしたクマみたいにおっきな人なんですって。だから――っていうのも、おかしいけど、男の子のファンがいても、全然恥ずかしくないと思うわ」

「そうよね」

　わたしも横から援護《えんご》した。

「好きな本を読むのに、男子も女子も関係ないもんね。男の子が絵本を読んでても、全然変じゃないと思うな」

　健太くんは、しばらくの間黙って本の山を見つめていたけど、やがて何かを決心したように大きくうなずくと、美弥子さんに向かっていった。

「この本、あらためてちゃんと借りて帰ってもいいですか？　学校に持っていって、教室で堂々と読んでみたいんです」

　健太くんの言葉を聞きながら、わたしは、本が返却《へんきゃく》されたらもう一度安川くんに魔女シリーズをすすめてみようと心に決めた。

（緑川聖司『晴れた日は図書館へいこう　夢のかたち』〈ポプラ社〉）

(1)　Ⓐには、「よいことはためらわず、ただちに実行せよ」という意味のことわざが入ります。ひらがな六字で答えなさい。

(2)　――Ⓑ「厳しい顔」とありますが、このとき美弥子さんは〈わたし〉に何を伝えるために呼んだのですか。本文中から三十七字で探し、はじめの五字を書きぬきなさい。

(3)　Ⓒに当てはまるものはどれですか。

ア　哀《あわ》れむような　　イ　心配そうな

ウ　怒《おこ》り出しそうな　　エ　悲しそうな

(4)　――Ⓓ「わたしはただ、黙ってうなずくことしかできなかった」とありますが、このときの〈わたし〉の気持ちを説明するものはどれで

すか。

ア　自分の我ままな行動ゆえに吉井を不快にしてしまったことを後悔《こうかい》し、挽回《ばんかい》するための方策を考えようとしている。

イ　美弥子さん自身も不明本に心を痛めているはずなのに、〈わたし〉にまで気遣ってくれていることに感激している。

ウ　衝動《しょうどう》にかられて結局何もできなかったことに自責の念を抱《いだ》き、これから事態がどう変化するのか不安に感じている。

エ　優しかった美弥子さんの今までにない一面に驚きつつ、自分の軽《けい》率《そつ》な行動でかえって迷惑《めいわく》をかけたことを悔《く》いている。

(5)　――Ⓔ「すがるような視線」とありますが、このときの健太くんの気持ちを説明するものはどれですか。

ア　自分に集められた視線から脱《だっ》して、本を持ち出してしまった許しを得たい。

イ　クラスの男子から自分がもうからかわれないようにする術を教えてほしい。

ウ　男子でもファンタジーや絵本を読んでいいよと周囲に背中を押《お》してほしい。

エ　どうしても借りたかった宮田さんの挿絵が描かれた本の魅力《みりょく》を共有したい。

(6)　――Ⓕ「美弥子さんのポスター作戦は大成功だった」について、結果として、美弥子さんの「ポスター作戦」は、次に挙げるイソップ寓《ぐう》話《わ》のどれに近いものですか。

ア　ウサギとカメ　　イ　北風と太陽

ウ　アリとキリギリス　　エ　犬と肉

(7)　美弥子さんの視点でまとめた次の文章を読み、あとの問いに答えなさい。

しおりは大好きな魔女シリーズごっこができなくなったとき、安川くんを巻《ま》き込《こ》んで、悪い人を取り締まる［Ⓖ］みたいに館内の張り込みまでしてくれた。けど、さすがに公共の場で度が過ぎていると判断し、わたしは司書として注意をした。

その後、健太くんの勇気ある告白によって、あの子たちに事態は解決へと向かった。健太くんが話し出した時は、罪の意識から［Ⓗ］様子だったけど、正直に謝る彼を私たちは許したの。

でも友達にからかわれて、健太くんもつらかったでしょうね。イラストを描いた宮田さんも実は男性だし、［Ⓘ］と思う。自分の好きな気持ちに素直になれるといいわね。

①　［Ⓖ］に当てはまる語を自分で考え、漢字二字で答えなさい。ただし、本文中の言葉を使ってはいけません。

②　［Ⓗ］に当てはまる言葉を本文中から八字で探し、書きぬきなさい。

③　［Ⓘ］に当てはまる言葉を本文中から二十一字で探し、はじめの五字を書きぬきなさい。

青山学院横浜英和中学校（A）

―50分―

注意　字数制限のある問題では、、や。や「」は字数にふくみます。

一　次の1～5の――部のカタカナは漢字に直し、漢字は読みをひらがなで書きなさい。

1　大人顔負けのアッカンの演技力。

2　ショウジとふすま。

3　人通りがタえる。

4　元本を保証する。

5　希望に沿う形で進める。

二　次の問いに答えなさい。

問一　次の――部にあてはまる漢字を次のア～エから一つ選び、記号で答えなさい。

コウ正な判断をする。

ア　公　　イ　校　　ウ　後　　エ　厚

問二　次の1、2のグループの中で、上下の二つのことばの関係が異なるものを次のア～エからそれぞれ一つ選び、記号で答えなさい。

1　ア　長短　―　朝夕　　イ　進退　―　挙動

　　ウ　世代　―　石鳥　　エ　期会　―　言句

2　ア　あなた　―　あちら　　イ　東京都　―　富士山

　　ウ　動物　―　家　　エ　三回　―　三重

問三　次の1、2について、空らんにあてはまるものを次のア～エからそれぞれ一つ選び、記号で答えなさい。

1　的を（　）る　［意味　要点を的確にとらえる。］

ア　射　　イ　測　　ウ　練　　エ　割

2　（　）先三寸《さんずん》　［意味　うわべだけのうまい言葉で、心や中身が備わっていないこと。］

ア　手　　イ　口　　ウ　足　　エ　舌

三　次の文章は、ア～エの部分の順序が入れかわっています。正しい順序になるように並べかえ、記号で答えなさい。

一時期、日本のサッカーチームがワールドカップ本戦で勝てないときがありました。その際に日本の選手たちがもっと伸《の》ばさなければならない能力とされたのが、ことばを使って自分の考えをチームメートに正確に伝えるコミュニケーション能力でした。

ア　社会の実際の場面では、聞き手が話し手の内容について、あらかじめどのくらい情報を共有しているかは、状況によって異なります。職場の同僚《どうりょう》で同じプロジェクトに関わっている者同士であれば、話し手が伝える情報を聞き手が全く知らないということは少ないかもしれません。

イ　一瞬《いっしゅん》、一瞬、戦局が目まぐるしく変わるサッカー競技では、チームメート同士のコミュニケーションが試合中に的確に行われないと、容易に相手から攻撃《こうげき》され、失点を許すことになります。「相手がこうして攻《せ》めてきているのだから、こちらはこのようにフォーメーションを組んで」というように、チームとして組織的に動かないと、相手チームにすぐ隙《すき》をつかれることになります。ですから、サッカーのユース選手を育成する場合でも、このコミュニケーション能力を鍛《きた》える授業があるのです。

ウ　自分と相手は違《ちが》う、そして相手はこちらの思いを誤解するという前提に立ちながら、その誤解が少なくなるように相手にことばで伝えられるかというトレーニングをしてみましょう。もう一度繰《く》り返しますが、このトレーニングでつい忘れがちなことは、相手は何も知らないということです。つまり、相手との共通の地盤《じばん》が何もないところに、どうやって相手と知識を共有していくかというトレーニングなのです。自分は知っているが相手は知らない情報を、相手ができるだけ誤解しないように、ことばを的確に選びながら伝える工夫をしてみましょう。

エ　しかし、職場で同僚とコミュニケーションをとっているときでも、相手が何の話をしているのかわからないことはよくあります。相手はどうもこちらが知っているという前提で話しているようなのですが、そもそもの前提の部分で情報が共有されていません。そのために相手の話が少し進んだところで「ちょっと待って。一体何のこと？」と聞かなければならない場合があります。

（上坂博亨　大谷孝行　里見安那『コミュニケーション力を高めるプレゼン・発表術』〈岩波ジュニア新書〉）

四　次の文章を読んで、後の問いに答えなさい。

みなさんの家では①新聞を取っていますか？　取っていない家庭が多いと思います。今はインターネットが普及《ふきゅう》しているので、わざわざ新聞を取らなくても、ネットで無料の情報が好きなだけ検索《けんさく》できるようになっています。

「新聞なんて、必要なの？」そんな声も聞こえてきそうですね。でも新聞もやはり必要だと私は思います。②ネットにメリットがあるように、新聞にもメリットがあるんです。

そのメリットは何かというと、ひとつにはネットの画面で見るより、紙に印刷された文字で読むほうが記憶《きおく》が定着することです。

ネットの情報はどうしても画面をサーッと流してしまいがちです。感覚的に文字が頭にひっかからないので、記憶にあまり残らない。サーッと読めてしまうのが、ネットの良いところでもあるのですが、記憶に定着するかという点で見たら、紙に印刷されたもののほうが、圧倒的《あっとうてき》に有効なのではないでしょうか。

なぜかというと、紙に印刷されたものは、文章が書いてあった場所や形を記憶にとどめやすいからです。

みなさんも新聞の紙面を思いだしてみてください。見出しの位置や大きさがみな違《ちが》いますし、記事が縦長だったり、横長だったり、レイアウトがいろいろですね。みな違うので、記憶にひっかかるフックがたくさんあるのです。

教科書もそうですね。私は世界史や日本史を勉強するとき、「あの話は教科書の右上に書いてあった」「あの項目《こうもく》は左すみにあった」など、場所や位置で記憶していました。

でももしそれらの事項がバラバラにタブレットの画面に出てきたら、ものすごく記憶しづらかったと思います。ネットの場合、全部が横書きの同じパターンで出てくるので、メリハリがなく、記憶に残りにくいのです。

たとえていえば、新聞の面は住宅地で、そこに掲載《けいさい》されている記事は家のようなものです。新聞の場合はいろいろな形の家がさまざまなレイアウトで存在しているので、和風テイストのあの家とか、赤い屋根の洋館のあの家などと、ひとつひとつが記憶しやすい。

［③］、ネットの記事は整理されているので、同じ形の家がずっと続いていくような感じです。つまり人工的な街なみなので、どの家をとっても記憶しづらいのです。

新聞のほうがいろいろな記事を、航空図のように一覧できる良さがあります。

この「一覧性」が新聞のメリットです。ぱっと開いたときに全体を見通しやすいので、ざっと見出しを見て、その中でセレクトして記事を読むことができます。

ネットは順番に流して見ていくことしかできませんから、新聞のような一覧性はないわけです。

［④］ネットにも良い点はあります。記事を検索することにかけてはネットの右に出るものはありません。過去の記事の検索はネットなら一発でできます。

これが新聞だと、図書館まで行って、いちいち他の新聞を調べたり、過去の縮刷版を広げなければいけません。その手間たるや、考えただけで気が遠くなります。ネットがない時代は、一日中、図書館にこもってそんなこともしていたわけです。

そう考えるとネットの便利さははかりしれません。でもだからといって、ネットだけで事足りるわけではないと私は思います。

印刷された新聞ならではの良さがある。それを忘れてはいけないと私は思います。

新聞を読むメリットはそれだけではありません。新聞を読んでいると、毎日情報が入ってくるので、⑤「情報感度」が上がって、人と深い話ができるのです。新聞を読んでいる者同士であれば、当たり前に政治や経済の話ができます。

でも一人が新聞を読んでいてももう一人が読んでいなければ、そういう話はできません。「この人、ニュースを知らないな」と気づかれると、そもそも相手はそういう話題はふってこないし、仮にしたとしても、議論は深まりません。

そうなりますと、どうしても社会以外のことに話題が行ってしまいます。「あのお店は美味《おい》しいよ」とか「最近、元気？」とか、ごく日常的な話題ばかりになってしまい、そういう次元の話ばかりしていると、社会に向けて意識が向きづらくなります。

今、まさに私は大学でこのことを痛感しているのです。今の大学生は新聞でニュースをざっと読む習慣がないので、急に「英国のEU離脱《りだつ》問題について説明してください」と言っても、深い話ができないのです。

［⑥］、こうした大学生たちも、新聞の切り抜《ぬ》きを2週間やるだけで、格段に中身の濃《こ》い話ができるようになります。

かつては日本のほとんどの世帯が新聞を取っていて、毎日の事件や出来事、社会の動きの情報を共有していました。

［⑦］移り変わる社会の情報をみなが共有することで、人々の会話が成り立ち、日本の政治、経済を下支えしていたのです。

各家庭にはもちろんのこと、行く先々にも新聞があるのは当たり前でしたから、大学や会社にも新聞はあるわけで、家で読めなければ、そこで読んだり、通勤時に読むのも日常の光景でした。

⑧私が東京に出てきた頃《ころ》は、電車の中で新聞を読む人がたくさんいました。今はみんなスマホをいじっていますが、当時はかなりの人が新聞を読んでいたのです。

しかも満員電車の中で、新聞を縦に四つ折りにして、周りの人に迷惑《めいわく》をかけないよう読む名人芸の人もたくさんいました。当時の人たちは満員電車の中でさえ、新聞を読みたいと思っていたんですね。

いい意味で⑨活字中毒だったわけです。なぜそこまで中毒になってしまったのかというと、新聞はニュースペーパーというくらいですから、つねに新しい情報があふれていたからです。

そういった新鮮《しんせん》な情報にふれるのが心地よかったのです。ここが本との決定的な違いです。本は何百年も前に書かれたものもあるくらいで、時間的には昨日、今日の情報が載《の》っているわけではありません。もう少し長いタイムスパンになります。

たとえば『論語』は2500年くらい前に書かれたものですから、普《ふ》遍的《へんてき》な内容ではありますが、最近のことを知るには適していません。一方、新聞には日々のことが書かれているので、情報の新陳代謝《しんちんたいしゃ》が盛《さか》んです。日々更新《こうしん》される新しい情報を知りたいという欲求や、その情報にふれている満足感が、活字中毒を招いたといえます。

かつての日本には毎日そうやって新聞の情報を入手しないと気が済まない活字中毒の人たちが9割はいました。すごい社会だったんですね。

しかし私たちはそれをごく当たり前のことと思っていたので、日本がひじょうに知的レベルの高い社会であることに気づきませんでした。

そして今、新聞を読まない人たちが圧倒的に増えてしまい、日常会話として政治、経済の深い話ができなくなってしまったのです。

物事の判断基準も変わってしまいました。基本情報量の多い人間が判断するのと、少ない人間が判断するのとでは、判断の精度にも大きな差が生まれます。

情報量が少ない人が判断するとどうなるのかというと、そのときの気分や個人の好き嫌《きら》いで判断するしかなくなります。大切なことを、そのときの気分や好き嫌いで判断するわけです。

今まさに日本では⑩そういう状況が進んでいるのです。

（齋藤孝『新聞力　できる人はこう読んでいる』〈ちくまプリマー新書〉）

問一　本文には次の文がぬけています。この文が入る直前の十字をぬき出しなさい。

関連する記事をまとめて読むこともできます。

問二　③、④、⑥、⑧にあてはまることばの組み合わせとして適当なものを次のア～エから一つ選び、記号で答えなさい。

ア　③　また　④　そして　⑥　そのうえ　⑧　むしろ
イ　③　一方　④　もちろん
　　⑥　しかし　⑧　ちなみに
ウ　③　さらに　④　しかし
　　⑥　たとえば　⑧　そのため
エ　③　ところが　④　または　⑥　つまり　⑧　また

問三　①「新聞」をある国語辞典で調べたとき、この語よりも前に載っている語を次のア～エからすべて選び、記号で答えなさい。なお、この国語辞典の語の並べ方には次のようなきまりがあるものとします。

◆見出し語はかな書きにして、五十音順に並べます。
◆「ー」(長音)は前に来る音の母音《ぼいん》が重なったものと考えます。たとえば、「チーズ」は「チイズ」とみなして並べます。
◆見出し語のかなは、まず、清音・濁音《だくおん》・半濁音や文字の大小、ひらがなかカタカナかを無視した形で並べます。この形が全く同じになる場合は、次の優先順位で並べます。
(1) 「は→ば→ぱ」のように、清音→濁音→半濁音の順に並べます。(一字目から順にそろえていきます。)
(2) 「ぁ→あ」「ゃ→や」「っ→つ」のように、小さい字→大きい字の順に並べます。

ア　じんぶつ(人物)　イ　しーふーど(シーフード)
ウ　じんぶん(人文)　エ　しんぷる(シンプル)

問四　②「ネットにメリットがあるように、新聞にもメリットがある」とあるように、本文は「新聞」と「ネット」を比べて書かれています。この二つの違いをまとめた次の表について、後の問いに答えなさい。

新聞	ネット
見出しの位置や大きさ、記事の場所や形がさまざま	全部が横書きの同じパターンで出てくる
(たとえるなら)色々な形の家が様々なレイアウトで存在するような街なみ	(たとえるなら)同じ形の家がずっと続いていくような整理された街なみ
(　(a)十一字　)が多い	メリハリがなく、記憶に残りにくい
(　(b)二十三字　)がある	順番に一つずつしか見ていけない
図書館で複数の新聞を広げなければならない	過去の記事の検索が容易である
X	Y

(1) 表の空らん(a)・(b)にあてはまることばを、本文からそれぞれぬき出しなさい。
(2) 表の空らんX・Yには、表にまとめた内容をふまえた「それぞれを使用するのに適した状況」の具体例を入れる予定である。このとき、Xにあてはまるものは、次の【例①】と【例②】のどちらか、番号で答えなさい。
【例①】投票の前に、選挙の立候補者の公約をざっと見て比較《ひかく》し、頭に入れておきたい。
【例②】調べ学習のために、テーマに関わる記事を三十年ほど前までさかのぼって集めたい。

問五　⑤「情報感度」とはどのようなことですか。本文の内容として適当なものを次のア～エから一つ選び、記号で答えなさい。
ア　毎日入ってくる新しい情報を積極的に収集し理解する力
イ　収集した情報を他者とのコミュニケーションに活用する力
ウ　政治や経済、社会についての情報を整理・記憶する力
エ　受け取った情報をもとに自らの考えを構成する力

問六　[⑦]には「時間が次第に経過していくさま。」という意味の漢字三字が入る。次の空らんにあてはまる漢字を書きなさい。

[　]一[　]

問七　⑨「活字中毒」についての二人の生徒の会話文を読んで、[Z]にあてはまることばを本文から十～十五字でぬき出しなさい。

生徒A　「活字中毒」ってどういう意味だろう。「中毒」ってちょっとこわい言葉だよね。

生徒B　うん。そう思って調べてみたら、どうやら「～中毒」は「それなしにはいられない状態」だそうだよ。

生徒A　なるほど。じゃあ、「活字なしにはいられない状態」ってことだよね。あれ？　でも、「本」も活字じゃないのかな。筆者は「新聞」のことだけを指して述べていたように私は感じたけれど……。

生徒B　そうだね、私もそう感じたよ。ということは、この場面の「活字中毒」というのは、「活字すべて」を指しているのではなく、「新聞の［Z］なしにはいられない状態」ということじゃないかな。

問八　⑩「そういう状況」とありますが、どういう状況か、「～が増えている状況」に続く形で説明しなさい。

問九　本文の内容に合うものを次のア～エの中から一つ選び、記号で答えなさい。

ア　近年のインターネット普及率の高まりに伴《ともな》って、新聞を取っている家庭も増加傾向《けいこう》にある。

イ　教科書はその内容を場所や位置で記憶できるという点において、ネットよりも記憶に残りやすいといえる。

ウ　かつての大学生はみな新聞を読んでいたため、政治や経済の深い話ができていた。

エ　かつての日本では新鮮な情報を重視する人が多く、『論語』などの「本」は軽《かろ》んじられた。

五　次の文章を読んで、後の問いに答えなさい。

放課後の女学校は、校庭の木々のそよぎがきわだつほどに静かだった。音楽室から聞こえるオルガンの音も、昼間とは打って変わって優雅《ゆうが》に響《ひび》く。ふだんなら、満喜子《まきこ》は遠方から通っているのを理由にまっさきに下校するところだが、この日は木曜。①待ちに待った放課後だった。浮きたつ気分をおさえ満喜子は音楽室へと進んでいく。胸に大事に抱《かか》えているのは一冊《さつ》の楽譜《がくふ》だ。木曜の放課後は一人ずつ音楽授業の補講があるのだった。

廊下《ろうか》に出された椅子《いす》に座《すわ》って、次の順番の者が待つ。教室からは先の学生が受けているレッスンのゆるやかな音色が聞こえてきた。満喜子は膝《ひざ》の上に広げた楽譜の上に指を立て、中の生徒と同じ音符《おんぷ》をなぞっていく。

師範《しはん》学校はいずれ教壇《きょうだん》に立つ者を輩出《はいしゅつ》する使命を持つだけに、オルガンが弾《ひ》けることは必須《ひっす》であった。全国の小学校でも、オルガンが弾ける教師といえば師範学校を出た教師、と一目置かれるが、その絶対数は少ない。

満喜子はすべての学科の中で音楽をもっとも得意としていた。何より音楽が好きで、努力や鍛錬《たんれん》として身構えなくても、何時間でも楽しんで弾いていられるのだ。それはきっと幼い頃《ころ》母に連れられて行った教会での体験がもたらしたことであろう。

クリスチャンだった母は満喜子らを連れて日曜ごとに教会に通ったものだ。ステンドグラスの目のさめるような美しさ、アメリカ人宣教師らの澄《す》んだ瞳《ひとみ》と金色の髪《かみ》。時折は父も、シルクハットにフロックコートの正装で、二頭だての馬車を仕立て、家族が全員そろって訪《おとず》れた。あれはクリスマスの集まりだったのか。おしえられた賛美歌を大声で歌えば、心が洗われたようにすがすがしくて、もっともっと歌いたかった、聴《き》きたかった。荘厳《そうごん》なオルガンの音と透《す》き通るような合唱は、今も母の思い出とともに、胸に深く焼き付いていた。

とはいえ②日本の音楽事情は貧困《ひんこん》だった。明治も三十年代に入り、日本はさまざまな分野で西洋の先進技術を体得していたが、西洋音楽に関してはまだまだこれを理解し実践《じっせん》できる者がいない。開国当初、学制を敷《し》いて国民の教育に乗り出した新政府だが、こと音楽についてだけは何をどうしてよいやら指針が見あたらず、「当分ノ間、コレヲ欠ク」と［③］ほかはなかったのであった。

それでも西洋では、音楽は王侯《おうこう》貴族に保護され発展してきた文化であり、野蛮《やばん》な者には縁《えん》のないもの、といった定義づけだ。すなわち音楽はその教養度がはかれるほどに重要であり、外交や社交の場には欠かせないとわかってきている。鹿鳴館《ろくめいかん》で夜ごと舞踏会《ぶとうかい》を催《もよお》し音楽を奏《かな》でたのも、日本が文明国であると知らしめるための懸命《けんめい》な主張だったのだ。やがて文部省はわざわざ音楽取調掛《とりしらべがかり》という部署を置き、有能な者たちを留学させて西洋音楽を学ばせた。その甲斐《かい》あってようやく人材が育ち、師範学校でも音楽を教えられる教員の養成にたいそう力が入っていた。

「No《だめ》, no《だめ》, no《だめ》! Once again《もう一度》.」

教室の中から声が飛ぶ。教師の指導が英語であるので、当初、みなは面食らったものだったが、今では、アメリカ帰りのこの先生の授業はそういうもの、と馴染《なじ》んでしまった。近視のせいで眼鏡《めがね》をかけた先生は、柳色《やなぎいろ》の無地の着物を上品に着た色白の人で、ひかえめな態度からは、とてもそんな激しい英語が飛び出すようには見えない。

「(アンダンテ、アンダンテ。歩くようにゆっくり。テンポをとって)」

漏《も》れ聞こえてくるオルガンは優雅さからはかけ離《はな》れたたどたどしさだが、リズムをとりつつ満喜子も楽譜の上の指をゆっくり動かした。中の生徒は苦戦していて、何度も詰《つ》まっては弾き直し、もどってはまた弾き始めるというあんばいだ。

「今は絹代《きぬよ》さんでしょ、苦戦中ね。ふふっ、あの調子じゃあ長引くわね」

次の順番である満喜子がまだ入れないのに、早くもやって来たのは次の番の余那子《よなこ》であった。予備の椅子に腰《こし》をおろし、④好敵手の苦戦をおもしろがっている。幾何《きか》や英語では首席をめぐって余那子と渡《わた》り合う絹代も、こと音楽だけは苦手らしい。

そこへ、渡り廊下のむこうからやってきたのは津田《つ》教諭《だきょうゆ》だった。慌《あわ》てて二人は起立した。

津田は二人の生徒の前を素通《すどお》りし、音楽室の扉《とびら》をノックした。

「Excuse me, Shige, are you in?(シゲ、いる?)」

なんと砕《くだ》けた挨拶《あいさつ》かと目をみはるうち、オルガンの音がやんで、戸口まで出て来たのは瓜生《うりゅう》繁子《しげこ》だ。二人はたがいにほほえみ交わし、早口の英語で用件をかわしあった。

津田や大山捨松《すてまつ》とともに岩倉使節団の率いる女子留学生としてアメリカに渡り、最後まで命運をともにした仲間。それが彼女たちの絆《きずな》だった。

「Yes, alright. I'll be there after this lesson.(わかったわ、このあと行きます)」

話がまとまったのか、津田はてのひらを小さく掲《かか》げてByeと合図し、扉を閉めた。どちらも日本人なのに流暢《りゅうちょう》な英語が共通の言葉なのだ。

「あなたたち、これからレッスン?」

まだ起立している二人に津田が訊《き》く。はい、と勢いよく答えてまた姿勢を正した。

「シゲのレッスンにどう？　怖《こわ》いでしょう」

うんとはいえない。二人、同時に首を振《ふ》る。津田は笑い、

「嘘《うそ》をおっしゃい。シゲが厳しくないはずないわ」

二人の隣《となり》の椅子に腰をおろしてしまった。

教室からはなおゆるやかな演奏が聞こえる。むかし主イエスのまきたまいし　いともちいさき命の種……。思わず口ずさみそうになるのは、その曲が満喜子の大好きな賛美歌であるからだ。この女学校は官立のため文部省訓令により一切の宗教教育は禁止されているが、簡単で明快な賛美歌は好んで歌われ、覚えやすさからこうして教材としても用いられる。

「懐《なつ》かしいわ。初めてピアノの音色を聞いた時を思い出す」

つぶやきは⑤彼女《かのじょ》の表情をとてもなごんだものにした。風が吹《ふ》いて、校庭の桜《さくら》の枝がやさしくそよぐ。

「In your American age?(アメリカ時代に？)」

英語で尋《たず》ねたのは余那子だ。驚《おどろ》いたのは彼女が英語で訊いたことにではなく、なめらかなその英語が⑥目上の教師である津田にも対等に話しかけられるものだったからだ。

「Yes, at Shige's host family's.(そう、シゲの家で)」

津田もしぜんに英語で答えている。アメリカ時代、まだ子供だった彼女は音の鳴る楽器を初めて見た驚きに、鍵盤《けんばん》を無秩序《むちつじょ》に叩《たた》いて鳴らし、繁子に叱《しか》られたのだった。楽器は優《やさ》しく対話するものよ。そう言って弾いてみせたのがこの曲だったという。

「(シゲはおそらく日本で最初にピアノを弾いた女でしょう)」

そして、⑦置き去りにされている満喜子のために日本語で、

「音楽はいいですねえ。国境がありません。ヨーロッパのようにさまざまな言語が入り乱れる地でも、いちいちその国の言語を使わなくても音楽があればわかりあえます。音楽を修めたシゲがうらやましい」

しみじみ言った。長い一人の生活ですっかり日本語を忘れても、音楽は言葉を必要とせず、繁子はすぐに教壇からお呼びがかかった。音楽は体で表現できたからだ。

「先生、ぶしつけなことをお伺《うかが》いしてもいいでしょうか」

突然《とつぜん》訊いてみたくなったのは、いつも孤高《ここう》の津田が、なぜか人恋《こい》しそうに見えたからだ。こんな無防備な彼女と近しく言葉を交わせる機会は二度とはあるまい。

「何でしょう。今は放課後です、ぶしつけは許しましょう」

津田の笑顔《えがお》に、満喜子はほっとした。では思い切って尋ねてしまおう。

「先生は七歳《さい》の幼さで海を渡られたと聞きました。お寂《さび》しくは、なかったのですか？　その、ご両親と、そんなに小さくて別れることは」

目を丸くして津田が満喜子に向き直る。⑧彼女のもっともやわな部分への問いかけであるのは自覚していた。しかし津田はゆるした。受け入れた証《あかし》に、やんわり笑った。

「そうですねえ。幼なすぎて、寂しいとか何だとか、わかりませんでした」

横浜から船が出る時、洋装に身を包んだ小さな女の子を見て、見送りの人は、あんな小さな子供が単身、*夷狄《いてき》の国へ行くのかと驚き、親は鬼《おに》か、とあきれたそうだ。しかし幼いがゆえに彼女は常に周囲から庇《かば》われ、守られ、しかも子供心を躍《おど》らせる珍《めずら》しいことが続いたために、親を恋しがる暇《ひま》もなかったといってよい。

「それに、実の親同然の愛を注がれて育ちましたし」

それがランマン家という受け入れ家庭であった。彼女には生涯《しょうがい》最高の幸運であった。

「あなたは、ええと、六年生の生徒でしたね？」

あらためて津田は、この大きな瞳をした生徒を仰《あお》ぎ見た。

「六年一組、一柳満喜子です」

まっすぐに梅子を見て答える。

「ヒトト……？」

長い名字は、英語に慣れた者には難しいようだ。もつれた音を、余那子が正す。

「ヒトツヤナギ。ミス・ヒトツヤナギです」

おお、とうなずき、梅子は再度、言いにくそうにやりなおす。

「Oh, you're Miss Hitotuyanagi, aren't you?（あなたが一柳さん）」

その言いにくい長い名前ははっきり満喜子に結びついていて、このあいだの独楽《こま》の事件や、その特例的な存在のことまで、一切が思い出されたようだった。

津田はしばらく生徒の大きな瞳をみつめていた。のちに自分の後に続く者として歩んでくる満喜子と自分の運命を、彼女はもちろん知るよしもない。満喜子も同じだ。頬《ほお》を紅潮させてこの師に向き合っているが、⑨誰《だれ》も踏み入ったことのない荒れ野《あれの》に最初の道をつけたこの人の跡《あと》を、まさか自分がたどるとは誰が予測しただろう。

教室から、オルガンの音色は流れる、流れる。

「私はね、ミス・ヒトトゥヤーナギ」

音色に合わせ、膝をゆっくり手で叩きながら津田は言う。

「留学からもどり、親と再会した時には私は異人でしたよ。留学生として送り出してくれた開拓使《かいたくし》は影《かげ》も形もないし、アメリカで得た最高の学歴は嵩高《かさだか》いばかりで役には立たない」

淡々《たんたん》と語る口ぶりに恨《うら》みはなかったが、何のために留学したのか、苦労を重ねて得た教育をどこに活《い》かせばいいのか、彼女が人生を見失ったであろうことが窺《うかが》えた。秘密兵器ともいうべき彼女を活かしきれないこの国は、まだまだあきれるほどに遅《おく》れているのだ。道を求めて苦悩《くのう》する梅子の今は、皮肉なことに、そのまま十数年後の満喜子の姿となる。むろんそのことも、この時の二人には知るよしもない。

オルガンの音が止《や》んだ。レッスンがようやく終了したのだろう。

Well《さて》, と膝を叩いたのちに、津田は立ち上がる。

⑩「あなたはいい選択《せんたく》をしたのではないかしら、ミス・ヒトトゥヤーナギ。華族《かぞく》女学校に行かなくて正解だったと、私は思いますよ」

伝えたいことが簡単な内容ならば日本語なのだ。独楽という単語さえ知らないアメリカ育ちがここまで喋《しゃべ》れるようになるまでに、彼女はどれほどの努力を重ねたのだろう。⑪おくびにも出さず津田はわずかにほほえんだ。満喜子はただ尊敬の念をこめて頭を下げる。

兼任《けんにん》している華族女学校の生徒たちが羊の群れのごとくにおとなしく、与《あた》えられた枠《わく》にはまってみずからの意志などないかに見える令嬢《れいじょう》たちばかりであるのを、彼女は物足りなく思っていたのだった。従順なだけに教師は教えやすく楽ではあるが、何のおもしろみもない。

だがすくなくとも満喜子は華族という枠にはまらぬ自然な少女に育っているようだ。その将来には多くの華族の娘《むすめ》たち同様、家格につりあう結婚が用意されているのだろうが、⑫彼女が身につけたことはいつか母親となった時、家庭の中で次の世代に種まくことができるだろう。それを伝えたかったが、梅子の語彙《ごい》では不十分だったらしい。

「Yona, you are friends, aren't you?(ヨナ、それであなたたちは友達なのね)」

この娘らにとってさいわいなのは、同じ道を行く者が他にもいることだ。少なくとも、津田梅子と瓜生繁子、二人しか同行者のない自分たちとは違《ちが》う。Good. いいことだわと余那子に向ける親しげな視線を、満喜子はやはりふしぎな思いで見送った。[⑬]、梅子が立ち去った後、訊かずにはいられなかった。

「ヨナさん、あのう、あなた、津田先生とは、その……」

その親しさはいったい何なのだ。すると余那子はてらいもせずに淡々と答えた。

「知らなかった? ウメ先生と私は姉妹《しまい》なのよ」

姉妹。姉妹。その意味が満喜子にはぴんとこない。余那子は笑った。

「梅子先生が渡米中《とべいちゅう》に生まれたのが私です。私たち、年の離れた姉妹なのよ」

絶句した。それでは、日本語を忘れて帰国した梅子に猫《ねこ》という単語から教え、靴《くつ》のまま座敷《ざしき》に上がろうとするのを、違う、と一から教えた家族は、彼女だったのか。

今、納得《なっとく》がいく。[⑭]誰より梅子を知り、だから誰より流暢な英語を喋れたのだ。

「誰にも言っていないわ。特別視されるのいやだったから。私は私で勝負したかった」

勝負? つまり、姉の高名を七光りとしたくなかったということか。

「あきれた人ね。でも、今まで隠《かく》しとおしたのはたいしたものだわ」

女子に教育などは必要ないという風潮の世の中で、師範学校で学べるのは経済的にも学力的にも特別な者であるのはまぎれもない。さらに、この国初の官費女子留学生、津田梅子の実妹であるという背景は、余那子がずっと背負っていかねばならない運命だろう。世間から常に好奇と驚異《きょうい》の視線でみつめられ、誰一人同類のいない存在として、たった一人の荒野《こうや》をゆくしかないのは満喜子も同じだ。その孤独と苦悩《くのう》は、もしかしたら二人が互《たが》いにいちばんわかりあえる存在なのかもしれない。満喜子と余那子、目と目で微笑《ほほえ》み合う。

その時、がたん、と音がして教室の扉が開いた。憮然《ぶぜん》とした表情で絹代が出て来る。

「Next.――今度の人はちゃんと練習できてるかしらねえ」

疲れたような教師の声が追ってくる。はい、と自信いっぱいに答えて、満喜子は肩《かた》をそびやかす。悪いが今だけはいつものようには張り合えまい。横目で満喜子を見る絹代の顔が悔《くや》しげだ。しかしそう感じたことが、満喜子自身も張り合っている証であるとは気づかずに、すまして絹代の脇《わき》を通り抜《ぬ》けた。

(玉岡かおる『負けんとき　ヴォーリズ満喜子の種まく日々』〈新潮社〉)

＊夷狄の国…外国の野蛮な国。

問一　①「待ちに待った放課後だった」とありますが、その理由として適当なものを次のア～エから一つ選び、記号で答えなさい。

ア　満喜子は、すべての学科の中でもっとも音楽が得意なだけでなく、音楽が好きでオルガンを弾くことが楽しかったから。

イ　満喜子は、全国でも数が少ないオルガンが弾ける教師になって、音楽教育にたずさわることを強く願っていたから。

ウ　満喜子にとって、音楽授業の時間は、幼い頃に母と教会に行って楽しかったことを思い出すことができる時間だったから。

エ　満喜子は、授業は厳しくても柳色の無地の着物を上品に着こなすアメリカ帰りの音楽の先生にあこがれていたから。

問二　②「日本の音楽事情は貧困だった」とありますが、そのような状況で日本が音楽教員の養成に力を入れたのはなぜか。説明しなさい。

問三　［③］にあてはまることばとして適当なものを次のア～エから一つ選び、記号で答えなさい。

ア　お茶を濁《にご》す　　イ　目くじらを立てる

ウ　木で鼻をくくる　　エ　水をさす

問四　④「好敵手」、⑤「彼女」、⑧「彼女」、⑫「彼女」はそれぞれ誰を指しているか。次のア～オから一つずつ選び、記号で答えなさい。ただし、解答は重複する場合があります。

ア　満喜子　　イ　絹代　　ウ　梅子　　エ　繁子　　オ　余那子

問五　⑥「目上の教師である津田にも対等に話しかけられるものだった」とありますが、余那子が対等に話しかけた理由を次のようにまとめた。（　）にあてはまる語句を本文から五字以上十字以内でぬき出しなさい。

余那子は（　）から。

問六　⑦「置き去りにされている」とありますが、その説明として適当なものを次のア～エから一つ選び、記号で答えなさい。

ア　満喜子には、繁子に対して、生徒としての親しみのない関わり方しかできなかったということ。

イ　満喜子には、梅子と余那子が交わしている英語での会話を理解しにくかったということ。

ウ　満喜子は、梅子が鍵盤をたたいて繁子に叱られたという話を知らなかったということ。

エ　満喜子は、官立の女学校なのに賛美歌を練習していることに疑問を持たなかったということ。

問七　⑨「誰も踏み入ったことのない荒れ野に最初の道をつけた」とありますが、その内容を具体的に書いている部分を「ったこと」に合うように本文から二十字以上二十五字以内でぬき出しなさい。

問八　⑩「あなたはいい選択をしたのではないかしら」とありますが、津田がそのように言った理由として適当なものを次のア～エから一つ選び、記号で答えなさい。

ア　華族女学校で学ぶと、最終的には家格に応じた結婚をさせられてしまうと思ったから。

イ　華族女学校で学ぶよりも、型にはまらず、のびのびと学ぶことができると思ったから。

ウ　華族女学校で学ぶと、自分の意志を持てなくなってしまうので、気の毒だと思ったから。

エ　華族女学校で学ぶよりも、家庭を守り、子どもの教育に熱心な女性になれると思ったから。

問九　⑪「おくびにも出さず」とは、「秘密にして、そぶりにも見せないようにする」という意味であるが、津田は何を秘密にして、そぶりにも見せなかったのか。次のア～エから一つ選び、記号で答えなさい。

ア　アメリカに留学して苦労を重ねたこと

イ　簡単な日本語しか理解できないこと

ウ　アメリカ育ちで英会話が得意であること

エ　日本語の習得にとても努力したこと

問十　[⑬]・[⑭]には同じことばがあてはまる。適当なものを次のア～エから一つ選び、記号で答えなさい。

ア　だから　イ　つまり　ウ　しかも　エ　だが

問十一　本文の内容として適当なものを、次のア～オからすべて選び、記号で答えなさい。

ア　幾何や英語では余那子と同じくらい優秀な成績を修めていた絹代だが、オルガン演奏は苦手であった。

イ　余那子は、周りから特別視されたくなかったので、自分が官費女子留学生であったことを隠していた。

ウ　音楽は言葉を使わずに学ぶことができるので、英語が不得手な満喜子も容易に習得することができた。

エ　後に満喜子は外国に留学し、そこで得た教育を日本でどのように活かすかということに悩むことになる。

オ　梅子は幼い時に留学させた実の両親を鬼のように感じていたが、受け入れ家庭で愛されて成長した。

市川中学校(第一回)

—50分—

【注意事項《じこう》】解答の際には、句読点や記号は1字と数えること。

一　次の【文章Ⅰ】は、佐藤喜和《さとうよしかず》「となりのヒグマ――アーバン・ベア問題とはなにか」の全文である。これを読んで、後の問いに答えなさい。なお、出題に際して、本文には省略および一部表記を変えたところがある。

【文章Ⅰ】

人口一九五万人が暮らす札幌《さっぽろ》市の市街地中心部にヒグマが出没《しゅつぼつ》し四名に重軽傷を負わせた、という1衝撃《しょうげき》的なニュースが全国を駆《か》け巡《めぐ》ったのは二〇二一年六月一八日のことだった。大型ショッピングモールの中をのぞきこみ、住宅街を駆け抜《ぬ》け、そして人に襲《おそ》いかかるヒグマが、テレビカメラや、市民の撮影《さつえい》した動画を通じて拡散された。このヒグマが住宅街を抜けて丘珠《おかだま》空港の北東に広がる郊外《こうがい》農地の緑地に入り込《こ》んだところで駆除《くじょ》されたのは、最初の人身被害《ひがい》が発生してから約六時間後のこと、もっとも市街地中心部に接近した地点は札幌駅まで直線で約三キロメートルしかなかった。

…〈中略〉…

アーバン・ベアとは、市街地周辺に生息し、その行動圏《けん》の一部に市街地が含《ふく》まれる、または含まれる可能性のあるクマのことを指す。クマ類はその生存に広い行動圏を必要とするため、※アーバン・フォックスや一部のアーバン・ディアのように、その※生活史全体を市街地の中で完結することはないが、一時的であれ市街地に出没しただけで、市民の安心安全な生活を脅《おびや》かす問題となる。北海道では近年、札幌市だけでなく、旭《あさひ》川《かわ》市や帯広《おびひろ》市などの地方都市においても市街地中心部にまでヒグマが出没する事例が発生するようになった。本州においても、長野市や金沢《かなざわ》市の中心部にまでツキノワグマが出没する事例が発生しており、アーバン・ベア問題は北海道だけの問題にとどまらない。

札幌市の南西部に広がる広大な森林は今やそのどこにでもヒグマが※恒《こう》常《じょう》的に生息している。隣接《りんせつ》する郊外の農地や果樹園では毎年のようにヒグマが出没し、森林に接した住宅街でもヒグマの目撃《もくげき》がめずらしいことではなくなった。しかし冒頭《ぼうとう》に紹介《しょうかい》したこの個体は、まだ成獣《せいじゅう》になりきらない四歳《さい》の若いオスで、南西部の森からは遠く離《はな》れた北東部の石狩《いしかり》川河口に近い※河畔林《かはんりん》で最初に目撃された。隣接地域の痕跡《こんせき》発見状況《じょうきょう》から、石狩川を越《こ》えて北から侵入《しんにゅう》し、その後二〇日間ほど石狩川の治水事業でできた三日月湖である茨戸《ばらと》川の周辺緑地に滞在《たいざい》して、草本《そうほん》類のほか、フナなどの川魚を食べて過ごしていたと考えられている。これまでヒグマの目撃情報さえなかった場所であったが、なんらかの理由でヒグマがたどり着いてみれば、人目にもつかずにひっそりと、人由来ではなく自然のものを食べて長期滞在できる豊かな場所となっていたわけである。

また、その後このクマが市街地の中にまで侵入してしまうきっかけになにがあったのかは不明だが、その経路として、茨戸川につながる伏籠《ふしこ》川とその周辺の水路を辿《たど》ったと考えられた。これらの石狩川河口付近や茨戸川周辺、伏籠川など河川《かせん》沿いの緑地は、都市緑化の一環《いっかん》として「札幌市みどりの基本計画」において環状グリーンベルト、水を中心としたみどりのネットワーク※(コリドー)として「持続可能なグリーンシティさっぽろ」の実現に向け緑化や保全が進められている場所にあたる。

「同じく六月から旭川市の中心部の河畔林（旭川駅に接する忠別《ちゅうべつ》川、美《び》瑛《えい》川、および石狩川）にヒグマが一ヶ月《いっかげつ》以上滞在し、人身被害こそ発生しなかったものの、歩行者が近距離《きんきょり》で目撃するなど不安な状況が続いたことも記憶《きおく》に新しい。ヒグマが滞在していた場所は恒常的な生息地からは少なくとも一〇キロメートル以上離れているが、河川沿いに発達した河畔林を伝って移動してきたと考えられる。こうした河畔林は、河川管理の分野で進められる多自然型の川づくり、河川を通じた生態系ネットワークの復元のために重要な場所と認識されている。

クマ側の視点に立って2人の生活圏に出没する動機を考えると、まず多いのは従来の農村部への出没のように、郊外の緑の多い住宅地で山際《やまぎわ》に残る農地や果樹園、大規模な市民農園、家庭菜園などで栽培《さいばい》される野菜や果実を食べるため、晩夏（八月～九月）に出没して食害する場合、また※誘因《ゆういん》がないように見える住宅街に接した緑地や公園への出没では、サクラ類やオニグルミなどの樹木がつける木の実を食べるために出没する場合がある。しかし、市街地の内部にまで侵入するような事例は、例外はあるものの、多くは初夏の繁殖期《はんしょくき》に発生しており、なにか食べ物を求めて出没するのではなく、ましてや人を襲うために出没するのでもない。親から独立した若いオスが出生地から離れて分散していく過程で、またはクマ社会の個体間関係から、新たな生息場所を求めて移動する途中《とちゅう》に、森林から市街地へと伸《の》びる河畔林などの緑地に入り込んでしまい、緑地の切れ目から横にそれたら突然《とつぜん》街中に現れてしまうというような事例が多い。市街地中心部に入りたいと思っているクマがいるのではなく、たまたま迷い込むと、人に気づかれないまま市街地中心部にまでたどり着いてしまうような河畔林や緑地が存在することに原因があるように思える。そしてそれはクマの恒常的生息地である大きな森林から街中まで河畔林や緑地のネットワークでつなぐことを目指した街づくり計画、河川管理計画により創出、保全、再生されている。その意味で、アーバン・ベア問題は、出没地域の住民にとっても深刻な問題であるが、出没するクマにとっても、意図せずに市街地中心部に出没してしまうという点で問題である。それは、緑豊かで生きものにぎわいある街づくりという、3社会的に正義とされる施策《しさく》が進展した結果もたらされた負の側面ともいえるのではないか。

これまで、クマによる※軋轢《あつれき》の代表であった山林内の人身被害や農作物の食害に関しては、クマが恒常的に暮らす森に立ち入る人、誘因となる農作物をつくる人の問題であり、十分な知識と対策、※未然防除なくして根本的な解決はないとしながらも、被害は入林者や農業者に限定された問題であり、※対症療法《たいしょうりょうほう》としての※有害駆除依存《いぞん》で被害意識が低減するのであれば、クマの地域個体群に絶滅《ぜつめつ》のおそれがない限りその対策を許容してきたという側面がある。しかし、4アーバン・ベア問題はこれとはまったく異なる。ある日突然街中に現れるクマに対し、街の中でクマとの接点なく日常を暮らす人の安全をどう守るか、という従来の鳥獣害対策の認識では対処しきれない問題に大きく変化した。しかもその問題は、たんにクマの生息数増加や分布拡大だけによるのではなく、都市計画や河川管理計画の中で進められてきた自然保護を根底とした街づくりの結果としてもたらされている。一度起こるとリスクが高いが、いつ発生するか予測はむずかしく、その発生頻度《ひんど》は今のところ低いという点からも、アーバン・ベア問題は従来の鳥獣害より、地震《じしん》や津波《つなみ》や台風、大雨などの自然災害に近い。国や地域をあげての防災としての取り組みが求められている。

　現在、クマ類をはじめとする野生鳥獣の問題は、行政の鳥獣担当者が対応している。森の中のヒグマをモニタリングし、出没や被害の発生状況を調べ、問題個体をつくらないように、また侵入を防ぐように未然防除、被害発生時に緊急《きんきゅう》対応するのは、そして人身事故を減らし食害を減らすために※普及啓発《ふきゅうけいはつ》するのは鳥獣担当部署の仕事だろう。しかし、従来の対症療法としての駆除を一つとってみても、市街地の中では確実に実行できる体制さえ確保されていないのに、未然防除として、市街地の内部にクマが出没しにくい街づくりを都市計画に含め、都市住民の安全な暮らし確保に備えるのは、鳥獣担当者の仕事としては重すぎる。同時に、都市における緑のネットワークや河川を通じた生態系ネットワークの復元は、生物多様性保全だけでなく、地域の魅力《みりょく》や活力、日常生活の豊かさにもつながる。さらにその豊かな自然環境が国内外の観光客から見ても魅力的な街であることも求められている。クマの市街地侵入は、つねに専門家や行政担当者の想像を超《こ》えたところで発生し続けているし、その頻度は、今のままでは増加することはあっても減ることはないのは確かだ。5まれな災害への備えと、日常生活の豊かさを両立するためにどのような選択《せんたく》が必要なのか、防災の取り組みを参考に、鳥獣や農林の部局だけでなく、都市計画や教育、観光など多様な部局横断で議論を始めるときがきたのではないだろうか。

　日本の自然災害の予測レベルは高く、発生時の対応も進んでいる。それは、まれではあるが、いつか確実に起こる自然災害の特性とそれに備える重要性を広く国民が理解し、その発生を予測すべく日常から精度の高い観測に予算と人員を割《さ》いているからだ。新型コロナウイルス対策にしても、医療従事者による緊急対応体制の確保だけでなく、感染者数の推移や感染経路、新たな変異株の出現がつねにモニタリングされているからこそ、大規模な感染爆発《ばくはつ》を抑《おさ》えることができる。

　翻《ひるがえ》って鳥獣害対策を見れば、クマに限らず、シカ、イノシシ、サル、いずれも発生頻度は右肩上《みぎかた》がり、発生地点も農村部から大都市の中心部にまで拡大中である。日常的な観測、変化の発見、予防対策、発生時の緊急対策、いずれをとっても予算と人員が必要である。環境省自然環境局長からの審議依頼《しんぎいらい》を受けた日本学術会議6人口縮小社会における野生動物管理のあり方の検討に関する委員会の答申《とうしん》の中でも、高度専門職人材の配置が提言された。国、都道府県、市町村、さらに小さな地域単位で、防災と同様の組織づくりと、専門性の高い人材の配置がなければ、今後も発生し続ける市街地侵入に対し、なす術《すべ》のないまま、都市住民が危険にさらされていくだろう。次いつ起こるかわからないアーバン・ベア対策に、予算を割き、部局横断の組織づくりと専門人材配置を進めなければいけない時期にきている。

【佐藤喜和「となりのヒグマ　アーバン・ベア問題とはなにか」（『UP　2022-1』〈東京大学出版会〉所収）】

※アーバン・フォックスや一部のアーバン・ディア…フォックスはキツネ、ディアはシカのこと。

※生活史…ある動物の一生。

※恒常的に…つねに。

※河畔林…川の周辺の森林。

※コリドー…通り道。

※誘因…ものごとが生じる原因。
※軋轢…仲が悪くなること。
※未然防除…事前に問題の原因を取りのぞくこと。
※対症療法…根本的な原因を解決せずに、生じている問題点だけを解消すること。
※有害駆除…人間にとって有害と判断された動物を駆除すること。
※普及啓発…人びとに専門的な知識を広めること。

問1　——線1「衝撃的なニュース」とあるが、このニュースで筆者が注目している点は何か。その説明として最も適当なものを次の中から選び、記号で答えなさい。

ア　札幌市中心部にクマが出没することは最近では多く発生しているが、負傷者が複数名も出てしまったということはまれであるという点。
イ　札幌市中心部にクマが出没し負傷者が出ただけでなく、その様子が市民の撮影した動画により人々の間で広く拡散されたという点。
ウ　北海道の地方都市や本州の各都市でクマが出没することはめずらしくはないが、札幌市でのクマの出没は今回が初めてだったという点。
エ　札幌市中心部にクマが出没し負傷者が出ただけでなく、クマが生息している森から遠く離れた市の北東部から侵入したという点。
オ　札幌市中心部にクマが出没することは最近では多く発生しているが、今回のような若いクマが出没することはめったにないという点。

問2　——線2「人の生活圏に出没する」とあるが、ヒグマが人の生活圏に出没する理由はどのようなものか。その説明として最も適当なものを次の中から選び、記号で答えなさい。

ア　住宅地の近くで栽培されている農作物を食べるためというものと、住宅街近くの緑地や公園に植えられている樹木がつける木の実を食べるためというもの。
イ　人間の住む場所の近くにある食べ物を得るためというものと、新たな生息場所を求めて移動するうちに緑地に隣接した市街地周辺にまで達してしまうためというもの。
ウ　人間の住む場所に存在する人間の食べ物を好むためというものと、森林よりも生態系が多様である市街地周辺の緑地を生息場所として好むためというもの。
エ　住宅地近くの緑地や公園の樹木がつける木の実を手に入れるためというものと、市街地の中心部に豊富に存在する人間の食べ物を得るためというもの。
オ　人間の住む場所の近くに存在する豊富な食べ物を得るためというものと、新たな生息場所として市街地周辺の緑地を選ばざるをえないためというもの。

問3　——線3「社会的に正義とされる施策」とあるが、それはどのようなものか。その説明として最も適当なものを次の中から選び、記号で答えなさい。

ア　都市開発や河川管理を進めるにあたって、都市と生きものの多い森を緑地でつなぐことで、市街地中心部でも動物にふれることができるように計画するという、多くの人びとが進めるべきだと思っている施策。
イ　都市開発や河川管理を進めるにあたって、市街地周辺の緑地を回復することで、生活の便利さよりも自然環境の豊かさを優先するように計画するという、多くの人びとが理想的だと思っている施策。

ウ　都市開発や河川管理を進めるにあたって、市街地中心部に緑地を整備することで、市街地の利便性と生物多様性に満ちた自然を両立するように計画するという、多くの人びとが適切だと思っている施策。

エ　都市開発や河川管理を進めるにあたって、市街地周辺に生きものの多い緑地を増やすことで、市街地に活気を取りもどすように計画するという、多くの人びとが必要だと思っている施策。

オ　都市開発や河川管理を進めるにあたって、都市と生きもののすむ森を緑地で結ぶことで、自然が多く多様な生態系を持つ環境となるように計画するという、多くの人びとが正しいと思っている施策。

問4　――線4「アーバン・ベア問題はこれとはまったく異なる」とあるが、従来のヒグマ問題とアーバン・ベア問題のちがいはどのようなものか。その説明として最も適当なものを次の中から選び、記号で答えなさい。

ア　従来のヒグマ問題はヒグマに慣れている山林や農村で活動する人たちに限定され、人身被害は起きにくいため、未然防除は必ずしも必要ではなかったのに対し、アーバン・ベア問題はヒグマに慣れていない都市生活者が対象となり、人身被害の危険性が高いため、未然防除が必要になるというちがい。

イ　従来のヒグマ問題はヒグマが多く生息する山林と農村で起きるため、現地の職員も専門的な対応に慣れており、対症療法的な手段を用いることができたのに対し、アーバン・ベア問題はめったにヒグマが出ない市街地で起きるため、職員が対応に慣れておらず、対症療法的な手段を用いるのが難しいというちがい。

ウ　従来のヒグマ問題は山林と農村に集中しており、ヒグマを引き寄せる農作物の対策に限定できるため、未然防除がしやすかったのに対し、アーバン・ベア問題はヒグマを引き寄せる原因となるものがない市街地で発生するため、未然防除に限らない対症療法的な解決が必要であるというちがい。

エ　従来のヒグマ問題は出現がある程度予想される山林と農村で発生し、被害を受ける人もその場所に関わる人に限られるため、対症療法的な対応をしてきたのに対し、アーバン・ベア問題は予測不可能な市街地で発生し、だれが被害を受けてもおかしくないため、対症療法的な対応だけでは解決できないというちがい。

オ　従来のヒグマ問題は人口の少ない山林と農村に限定され、生じる被害も大きくないため、未然防除がしやすかったのに対し、アーバン・ベア問題は大都市にヒグマが出現するものであり、自然災害のような大きな被害をもたらすものであるため、未然防除では対処しきれなくなったというちがい。

問5　――線5「まれな災害への備えと、日常生活の豊かさを両立する」とあるが、それはどういうことか。「両立する」ために必要となることを明らかにしながら、70字以内で説明しなさい。

問6　――線6「人口縮小社会における野生動物管理のあり方」とあるが、【文章Ⅰ】を読んだ市川さんは、「人口縮小社会」と「野生動物管理」がなぜ関連するのかということに疑問を持ち、図書館で次の【文章Ⅱ】と【図】を見つけた。市川さんは【文章Ⅱ】と【図】から、人口減少とアーバン・ベア問題の関係性に気がつき、それを文章にまとめた。市川さんのまとめとして最も適当なものを後のア～オの中から選び、記号で答えなさい。

【文章Ⅱ】

農村部では、都市に先行して人口減少、高齢《こうれい》化が進行し、人の勢いは今後必然的に衰《おとろ》えていく。農業や林業従事者、狩猟《しゅりょう》者も減少・高齢化していく。手入れされない森林、耕作されない農地が増え、山菜やキノコ採り、釣《つ》りや狩猟などを目的に森のなかで活動する人の数も減少していくだろう。農業経営はさらに大規模機械化・自動化が進み、農地ではますます人を見かけなくなっていくだろう。その結果、ヒグマは今よりさらに容易に農地に接近できるようになり、畑作地帯にあるビートやスイートコーンや小麦などはますますヒグマに利用されるようになっていくだろう。

(佐藤喜和『アーバン・ベア　となりのヒグマと向き合う』〈東京大学出版会〉)

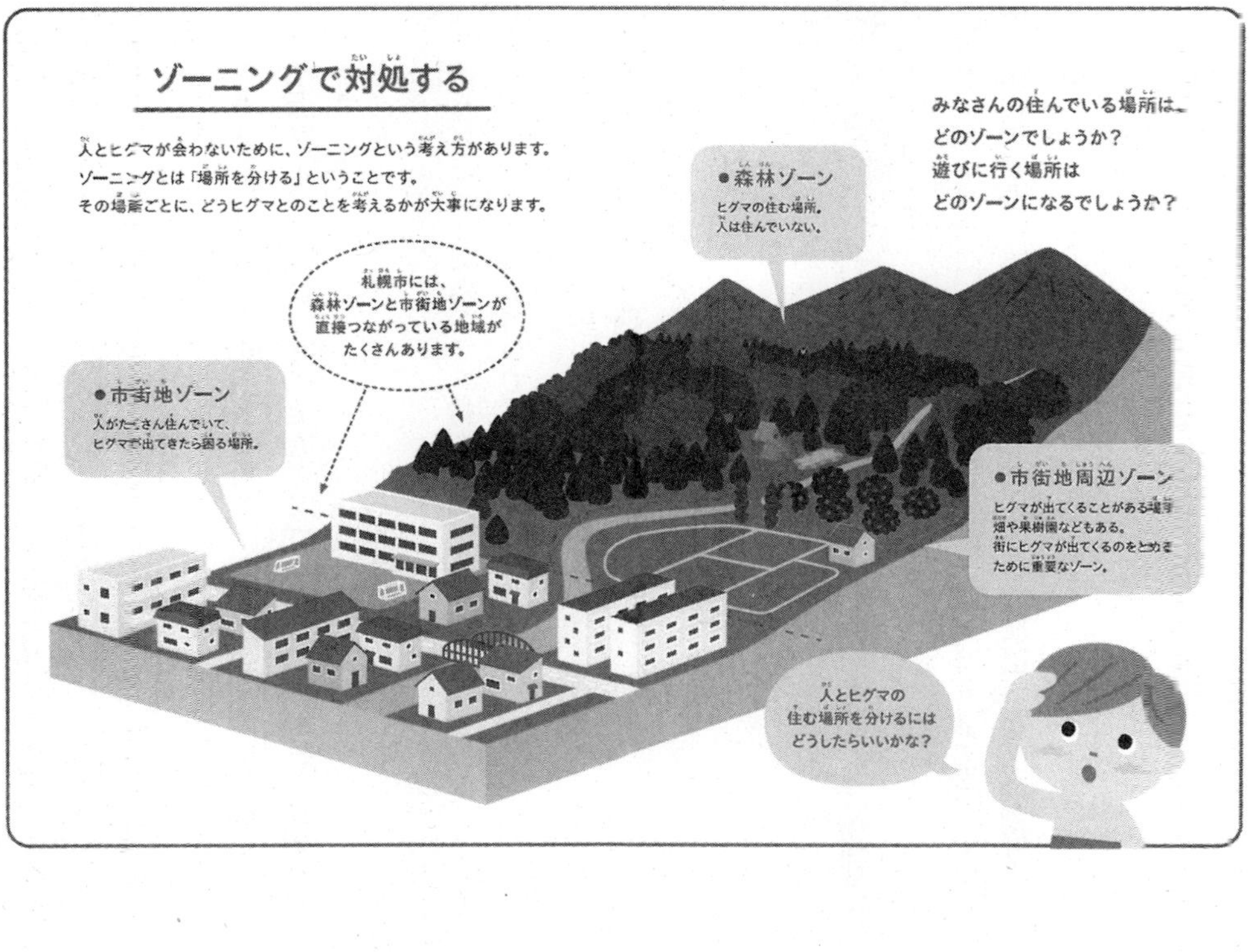
ゾーニングで対処する
人とヒグマが会わないために、ゾーニングという考え方があります。
ゾーニングとは「場所を分ける」ということです。
その場所ごとに、どうヒグマとのことを考えるかが大事になります。
●森林ゾーン
ヒグマの住む場所。
人は住んでいない。
みなさんの住んでいる場所は
どのゾーンでしょうか？
遊びに行く場所は
どのゾーンになるでしょうか？
札幌市には、
森林ゾーンと市街地ゾーンが
直接つながっている地域が
たくさんあります。
●市街地ゾーン
人がたくさん住んでいて、
ヒグマが出てきたら困る場所。
●市街地周辺ゾーン
ヒグマが出てくることがある場所
畑や果樹園などもある。
街にヒグマが出てくるのをとめる
ために重要なゾーン。
人とヒグマの
住む場所を分けるには
どうしたらいいかな？

【図】札幌市ヒグマ対策委員会事務局編『子ども版さっぽろヒグマ基本計画』

ア　市街地周辺ゾーンである農村部の高齢化と人口減少により、放置された農地の森林化が進むと、クマの生息地である森林ゾーンと人間が多く住む市街地ゾーンが直接つながることになり、クマが市街地ゾーンに入りこめるようになる。

イ　森林ゾーンと市街地ゾーンの間に位置する市街地周辺ゾーンである農村部は、市街地ゾーンに侵入しようとするクマを事前に駆除するための重要な場所であるが、狩猟者の高齢化や減少が進むと、駆除できるクマの数が減ってしまう。

ウ　市街地周辺ゾーンである農村部で人間の活動があると、森林ゾーンから市街地ゾーンへのクマの移動をおさえることができるが、農村部の高齢化と人口減少が進み人間の活動が減ると、クマが市街地ゾーンへ入りこみやすくなる。

エ　市街地周辺ゾーンである農村部の農地の作物が豊富だと、クマは市街地ゾーンまで出ようとはしないが、農村部の高齢化と人口減少により耕作されない農地が増えて作物が減ると、クマが食べ物を求めて市街地ゾーンへ出てくるようになる。

オ　市街地周辺ゾーンである農村部の高齢化と人口減少が進み、さらに農業の機械化や自動化により人が減ると、クマは人目につくことなく農村部に侵入できるようになり、市街地周辺ゾーンの農作物の被害が増えていくことになる。

[二]　次の【文章Ⅰ】・【文章Ⅱ】は、いずれも大島真寿美《おおしまますみ》「うまれたての星」の一部である。１９６０年代末、人類史上初の有人月面着陸を試みるアポロ11号に世界中の人々が注目していた。そんななか辰巳牧子《たつみまきこ》は、少女漫画《まんが》を作っている出版社《しゅっぱんしゃ》の編集部に、編集の仕事とは直接関係のない経理補助として配属されたばかりである。これを読んで、後の問いに答えなさい。なお、出題に際して、本文には省略および一部表記を変えたところがある。

【文章Ⅰ】　牧子はアポロ11号の月面着陸をテレビで見るために訪《おとず》れた定食屋で、漫画編集の中心となって忙《いそが》しく働く西口克子《にしぐちかつこ》に偶然《ぐうぜん》出会った。

「ねえ、誰《だれ》か、さがしてるの？　待ち合わせ？」

きかれて、うっかり口が滑《すべ》ってしまった。

「アポロを」

西口克子が、はあ？　と聞き返す。

「あ、いや。ちがった。テレビ。テレビを、さがしてました」

「テレビ？　テレビは、このお店にはないけど？」

「え。そうなんですか」

いかにもありそうな外観なのに、と牧子はがっかりする。するとまた克子が笑う。

「お。がっかりしてる！　いかにもがっかりしてる！　あなた、わかりやすいわねえ。いちいち漫画みたいに動くのね。辰巳さん、漫画好きでしょう」
1 うーん、と牧子は考える。
どうなんだろう？

牧子はまだそんなに漫画を知らない。この部署へ配属されて、少女漫画の面白《おもしろ》さに目覚めたところではあるけれど、はたして、そんな程度で大きな顔して、好きです、なんていっていいものだろうか。いや、好きは好きだけど、それも、もしかしたらものすごーく好きなんじゃないかという気はしてきているけれど、こんな大先輩《だいせんぱい》を前に好きっていったら、いろいろきかれて、そんなに知らないことがばれちゃって恥《は》ずかしい思いをするかもしれない。うーん、どう答えるべきか、と考え込《こ》んでいたら、おすわんなさいよ、と向かい側の椅子《いす》をすすめられた。いいから早くおすわんなさいよ、どうせ相席になるんだから、あなたがすわってくれたほうがいいの、ほら、すわってすわって、おばちゃーん、ここ日替《ひが》わり定食もう一つ追加ね、と注文までしてくれた。

「即答《そくとう》できないってことは、辰巳さん、もしかして漫画、好きじゃないの？」

と克子がまたきいた。「いいから、正直にいっちゃいなさいよ」

「えっ、いや、ちがいますちがいます、好きです好きです。好きなんですけど、んー、でも、ええと、じつはわたし、まだ、あんまり知らなくて」

「え、なにを？　漫画を？」

「わたし、小さい頃《ころ》から本はふつうに読んでたんですけど、漫画はほとんど読んでこなくて。あと、弟がいるんで、少年漫画はたまーに読んでましたけど、少女漫画はお友達《ともだち》の家とかで、ほんとに少し読んだくらいで。それもけっこう小さい頃で。漫画は学校の図書室にもなかったし。だから《別冊デイジー》も《週刊デイジー》も知らなくて。名前はなんとなくきいたことがあったけど読んだことはなくて。ここで働くようになってはじめて読んだんです」

「あらー。で、どうだった」

「とてもおもしろいです。おもしろくて、おもしろすぎて、びっくりしました」

「お。うれしいこといってくれるじゃないの」

2 お世辞でもなく、牧子は本当にびっくりしたのだった。子供《こども》の頃、牧子が読んでいた少女漫画は、もっとずっと素朴《そぼく》で幼い感じがしていたし、ほのぼのとした地味なものが多かったように記憶《きおく》しているが、《別冊デイジー》や《週刊デイジー》に載《の》っている漫画は、現代的でおしゃれで、子供向きといえば子供向きだけど、絵も華《はな》やかだし、カラーページはきれいだし、お話も起伏《きふく》に富んでいておもしろく、すっかり夢中になってしまったのだった。子供向けどころか、牧子くらいの年齢《ねんれい》で読んでもじゅうぶんに楽しめる。というか、牧子の嗜好《しこう》にぴったり合っている。

いったい、いつの間に少女漫画はこんなふうになっていたんだろう？　くわしいことはわからないけれど、ここにはあたしをわくわくさせるものがある気がする、と牧子は思ったのだった。

【文章Ⅱ】　結局牧子はアポロ11号の月面着陸を見られなかった。母と弟の慎也《しんや》と三人で住む家に牧子が帰ると、叔母《おば》の和子《かずこ》と和子の娘《むすめ》である千秋《ちあき》が家を訪れており、一緒《いっしょ》にニュースで着陸場面を見ることになった。アポロを見せようと和子がいくら呼んでも、千秋は返事をしない。

さすがにアポロも月もじゅうぶんに見た気がして、牧子は立ち上がると、テレビを消した。居間から出ていくついでに襖《ふすま》をあけて隣室《りんしつ》を覗《のぞ》いたら、千秋が畳《たたみ》に寝《ね》そべってなにか読んでいた。

「なによんでんの」

なんとなくきいてみた。

こたえはない。

きこえなかったのかと思って、

「千秋、なによんでんの」

もう一度きいた。

んー、と千秋が雑誌をちょっと上に持ち上げる。

ちらりと表紙が見えた。

大きな貝を持った、外国人の女の子。

「え、別デ？」

あれは、夏休みおたのしみ号と銘《めい》打たれた最新号——八月号——だ。

「千秋、それって、別冊デイジーじゃない」

「んー」

と[A]生返事がかえってくる。

「あんた、そんなの、読めるの？」

千秋は四月に小学校へ上がったばかりの一年生。

別冊デイジーの読者としては小さすぎる気がするが、そんなことないのだろうか。

「よめるー」

と千秋がこたえる。

「へー、読めるんだ。……ねえ、それって、わたしの別デでしょ。わたしの部屋にあったやつでしょ」

「そうー」

こたえつつも、千秋の目は別デからまったく離《はな》れない。小学一年生ながら千秋はたしかに別デが読めているようだった。それどころか夢中になって読んでいるようにも思われる。子供ならではの集中力で、いや、おそらく牧子なんかより遥《はる》かに集中して、千秋は別デに没頭《ぼっとう》している。

[a]すいっとページをめくる。

ときおり、ぱたんぱたんと足が不規則に動く。頭が少し傾《かたむ》いたり、また元に戻《もど》ったりする。

そのすべてが千秋の心のうちを表しているようで、やけに楽しげにみえた。

牧子は、ほー、と声を出してしまった。

こんな小さな子供でも、別デの面白さがわかるんだ。

それにしても、この雑誌をよくぞ見つけたものではないか、と牧子は感心する。

別デは牧子の部屋の机に置いてはあったものの、他の本が上に無造作に重ねてあって、ちょっとみたくらいではわからないようになっていた、はずなのだ。

いくら自分の働いている職場で作っているとはいえ、少女漫画をひそかに楽しむようになっているなんて、誰にも知られたくなかったし、漫画に時間を費《つい》やすなんて、あまり褒《ほ》められたものではない気がしたし、それになにより家族に職場のことを詮索《せんさく》されたくないという気持ちが強くて、だから、隠《かく》すというほどではないにせよ、なるべく目立《めだ》たないようにしていたのだが、まさか千秋に[b]嗅《か》ぎつけられるとは思わなかった。

牧子は家で職場の話は滅多《めった》にしない。

なにかたずねられても、当たり障《さわ》りのないことしかいわない。

うまくやってるよ、楽しいよ、そんなふうに自分のことだけ強調して、てきとうにはぐらかしている。

出版社で働いているといったって、所詮《しょせん》、牧子は経理補助。仕事の内容について、くわしいことはなにもわからないし、それを認めるのも嫌《いや》だったし、かといって、知ったかぶりして、その挙句《あげく》、こたえに詰《つ》まって、みじめな気持ちになりたくなかった。

わたしは女中、わたしはお手伝いさん。

話せば話すだけ、その正体があからさまになってしまうのだから、3なるべく家では仕事の話をしたくなかったし、ましてや少女漫画の話など決してするものか、と思っていた。

それなのに。

牧子は、今、ふつふつと誇《ほこ》らしいような気持ちになっている。

その感情に抗《あらが》えなくなっている。

あれは別冊デイジー。

千秋があんなにも夢中になって読んでいるのは、わたしの職場で作っている雑誌。

c「ねえ、おもしろい？」

千秋にきいた。

「ねえ、千秋、それおもしろい？」

自分が作ったわけでもないのに、まるで自分が作ったかのような錯覚《さっかく》すら起きはじめている。

「ねえ、どうなのよ、千秋。それ、おもしろいの？」

千秋の姿をみればきかなくたってこたえはわかっている。それでも牧子はきかずにいられなかった。

「んー、おもしろいよー」

千秋の声がする。

うれしい。

なんともいえない喜ばしさが牧子の内から湧《わ》き上がってくる。

「ねえ、千秋、それさ、その別デさ、わたしが働いている会社で作ってるんだよ！」

ついにいってしまった。

千秋が牧子をみる。そして、また別デに目を落とす。そうしてまたすぐに牧子をみる。

「そうそう、それ、その本。わたしの会社で作ってんの。その別デはね、買ったんじゃないの。編集長さんからいただいたの！　わかる？　編集長さんっていうのはね、その雑誌を作っているところにいる、いちばん偉《えら》い人」

「へえ」

うすい反応、かと思ったが千秋がいきなり、ひょいと起き上がった。

別デを膝《ひざ》に置き、牧子と別デを交互《こうご》にみる。

牧子がうなずくと、千秋もうなずいた。

「そうなんだ」

ひとことそういうと、じっと表紙をみつめ、しかしまたすぐに読みかけのページをさがして開く。わかっているのかいないのか、それ以上、なにもいわず、なにもきかず、dあっさりまた別デの世界に戻っていってしまった。

蛍光灯《けいこうとう》の笠《かさ》の真下で俯《うつむ》いて読んでいるから、手暗がりになって読みにくかろうと思うが、千秋はまったく気にしていない。目が悪くなるよ、と注意すべきかどうか。

迷いつつ、黙《だま》ったまま、牧子は心の中でつぶやいた。

うー、わかるよ、千秋、それ、読みだすと、止まんないんだよね。暗くたって、読めちゃうよね。読んじゃうよね。わたしも昨日、そうだったもの。もう寝なくちゃ、と思いながら、寝床《ねどこ》で読みつづけちゃったんだもの。

千秋とは十歳《さい》以上、年齢の開きがあるのに、なぜだか別デのことならすんなりわかりあえる気がしてしまう。

千秋ー、もう帰るわよー、と台所《だいどころ》から和子の声がした。

はーい、と千秋の代わりに牧子がこたえる。

千秋は顔をあげ、

「牧子ちゃん、これ、貸して」

といった。

「いいけど、持って帰って漫画なんか読んでると、お母さんに叱《しか》られるんじゃない？」

千秋が首を傾《かし》げる。

「じゃ、明日、ここで読むー」

と差し出してくる。

かがんで受け取りながら、

「明日も来るんだ」

ときくと、

「来るよ、だって夏休みだもん」

高らかに千秋がこたえた。

「あ、そうか、千秋は夏休みか。いいなー、夏休み。いいなー、子供はー」

千秋がぴょんと立ち上がる。

「慎ちゃんが、明日プールに連れてってくれるんだって」

「慎也がプール」

「泳ぐの教えてくれるんだって」

おいおい、あいつはそんなに暇《ひま》なのか、大学へ行くつもりなら高二の夏休みは大事なはずだが？　と思うがどうなんだろう。

「牧子ちゃんも一緒にいこうよ」

「え、だめだよ、わたしは明日、仕事だもん」

「えー夏休みないのー」

「ないよー、ないない。あたしはもう学校を卒業したんだからさ。立派《りっぱ》な社会人なんだからさ。えへん」

e牧子が手にした別デをなでる。

「えへん」

千秋が真似《まね》る。「えへん、えへん」

「えへん、えへん。大人はね、プールなんていってらんないの。明日も仕事するんだかんね。えへん」

そういいながら、別デを千秋の目の前に掲《かか》げる。

わたしが明日行くのはこれを作っているところ。

そうか。

わたしはそういうところで働いていたんだ。

そうか。

そうだったんだ。

わたしは明日またそこへ行くんだ。

牧子は、それを楽しみにしている自分に気づいて驚《おどろ》いていた。わたしはプールへ行けなくてもぜんぜん残念に思っていない。それどころか仕事に行きたいと思っている！

いやー、なんかすごいや。

牧子は目をぱちくりさせ、ぶるっと頭を振《ふ》った。

ひょっとしたら、働きだしてから今までいちばんやる気がみなぎっているような気が……しないでもない。

つまりあれかな、4わたしは、アポロに乗って月に行くわけではないけれども、ヒューストンでそれを支える仕事をしている人たちみたいな仕事をしてるってことなんじゃないのかな、なんて調子いいことを思ってみたりして、ちょっとばかりにやついている。

千秋が、B怪訝《けげん》な顔で牧子をみる。

牧子はちょっとわざとらしいくらい、まじめな顔を作ってから、

「千秋、これ、わたしの部屋に置いとくからさ、明日、こっそり読みな。でも、ちゃんと宿題もするんだぞ」

とささやく。

千秋がにやつきながら、うなずいた。

【大島真寿美「うまれたての星」（『小説すばる　2022年』〈集英社〉所収）】

【文章Ⅰ】・【文章Ⅱ】

問1　～～線A・Bの本文中の意味として最も適当なものを次の中から選び、記号で答えなさい。

A　生返事

ア　自然な返事　　イ　馬鹿《ばか》にした返事　　ウ　冷たい返事

エ　うちとけた返事　　オ　いい加減な返事

B　怪訝な

ア　信用できないというような　　イ　迷っているような

ウ　恐《おそ》れているような　　エ　気味悪がっているような

オ　わけがわからないというような

問2　――線1「うーん、と牧子は考える」とあるが、克子の「漫画好きでしょう」という問いかけに牧子がすぐに答えられなかったのはなぜか。その理由を60字以内で説明しなさい。

問3　――線2「お世辞でもなんでもなく、牧子は本当にびっくりしたのだった」とあるが、なぜ牧子は「びっくりした」のか。その説明として最も適当なものを次の中から選び、記号で答えなさい。

ア　牧子が幼い頃に読んだ少女漫画は子供じみた恥ずかしいものだという印象だったが、《別冊デイジー》や《週刊デイジー》の漫画は大人も気に入るような洗練された内容であり、牧子も夢中になってしまったから。

イ　牧子が幼い頃に読んだ少女漫画は子供向けで飾《かざ》りけのないものだったが、《別冊デイジー》や《週刊デイジー》の漫画は大人でも楽しめる色彩《しきさい》豊かなものであり、牧子も夢中になってしまったから。

ウ　牧子が子供の頃に読んだ少女漫画の内容は単純でつまらないものだったが、《別冊デイジー》や《週刊デイジー》の漫画は大人も興味を持つような複雑な内容であり、牧子も夢中になってしまったから。

エ　牧子は子供の頃に読んだ少女漫画を幼稚《こうち》で地味だったと記憶していたが、《別冊デイジー》や《週刊デイジー》の漫画は大人向けに

描かれた華やかなものであり、牧子も夢中になってしまったから。

オ　牧子が子供の頃と変わらず少女漫画は素朴で幼いものだが、《別冊デイジー》や《週刊デイジー》の漫画はその素朴さに懐かしさが感じられて大人でも楽しめる内容であり、牧子も夢中になってしまったから。

問４　――線３「なるべく家では仕事の話をしたくなかったし、ましてや少女漫画の話など決してするものか、と思っていた」とあるが、牧子がこのように考えるのはなぜか。その理由を90字以内で説明しなさい。

問５　次のア～オは、――線４「わたしは、アポロに乗って月に行くわけではないけれども、ヒューストンでそれを支える仕事をしている人たちみたいな仕事をしてる」について生徒たちが話し合っている場面である。本文の内容に基づいた発言として**適当でないもの**をア～オの中から**すべて**選び、記号で答えなさい。

ア　生徒Ａ　ぼくはヒューストンを訪れたことがあるよ。そこにはアメリカ航空宇宙局の施設《しせつ》があるんだ。牧子は、編集部で雑用をこなす自分と、月には行かずヒューストンで働いている人を重ねているんだね。どちらも仲間を支える大切な仕事というところが共通していると思う。

イ　生徒Ｂ　アポロに乗って月に行く人は、牧子にとっての編集部員ということになるね。直接月に行く宇宙飛行士と同じように、直接漫画と関わっている人たちだもの。

ウ　生徒Ｃ　牧子がヒューストンで宇宙飛行士を支える人たちと自分との共通点に気がついたのは、千秋が関係しているような気がするな。千秋と話すことで子供とは違《ちが》って夏休みのない自分は社会で必要とされているんだと自覚したことから、つらくても働くことの大切さに気がついたんだよね。それに、《別冊デイジー》を通じて二人がわかり合えていたことも関わっているんじゃないかな。

エ　生徒Ｄ　牧子は、漫画が大好きで夢中になってしまう千秋のような子供の気持ちも、漫画を作るために忙しく働く編集者の大変さもわかるという自分の立場が編集者を支えており、それが自分だけの強みだと理解したんだね。

オ　生徒Ｅ　《別冊デイジー》に集中している千秋とのやりとりで、自分の仕事が直接人を喜ばせるものでなかったとしても、多くの人を夢中にさせるものを作る場所に自分が所属しているという自覚が、牧子の仕事に対する見方を変えたということか。

問６　この文章の表現についての説明として**適当でないもの**を次の中から一つ選び、記号で答えなさい。

ア　═線ａ「すいっとページをめくる」では、「すいっと」という擬態語《ぎたいご》によって千秋がページをめくる小気味よい様子が表現されている。

イ　═線ｂ「嗅ぎつけられる」からは、別デをできるだけ家族の目に触れさせたくないと考えている牧子の心情が読み取れる。

ウ　═線ｃ「ねえ、おもしろい？」とあるが、何度も「おもしろい？」と千秋に問う牧子の様子からは、千秋に直接「おもしろい」と言ってほしいという牧子の心情が読み取れる。

エ　＝＝線d「あっさりまた別デの世界に戻っていってしまった」は、牧子の話に興味があるのに、それを素直に認めることができず、漫画に集中するふりをしている千秋の様子が比喩的《ひゆてき》に表現されている。

オ　＝＝線e「牧子が手にした別デをなでる」は、仕事に対する誇りが牧子に芽生《めば》えはじめたということを象徴的《しょうちょうてき》に表現している。

三　次の各文の――線のカタカナを漢字に直しなさい。

1　浅学《せんがく》ヒサイの身ですが全力をつくします。
2　亡父のイシを継《つ》いで医者になった。
3　経済成長を金科ギョクジョウとしていた時代。
4　亀《かめ》の甲《こう》より年のコウ。
5　全国でも有数のケイショウ地。
6　次の種目は徒キョウソウだ。
7　中流カイキュウの家庭で育った。
8　環境《かんきょう》問題を標題とするコウエンを聞きにいく。

浦和実業学園中学校(第一回午前)

—50分—

【注意】　字数制限のある問題の場合は、句読点や符号《ふごう》、促音《そくおん》「っ」・拗音《ようおん》「ゃ」「ゅ」「ょ」なども一字分として字数に含《ふく》めます。

一　次の各問いに答えなさい。

問一　——部のカタカナを漢字に直しなさい。

(1) 体験をソザイにして小説を書く。
(2) 冬に備え、燃料をチョゾウする。
(3) 将来のためにセツヤクする。
(4) 文化祭の開会センゲン。
(5) うまくいくかどうかケントウする。

問二　——部の漢字の読みをひらがなで答えなさい。

(1) 強い口調で非難する。
(2) 気配を消してしのび寄る。
(3) なんとかしてお金を工面する。
(4) 上手に機械を操る。
(5) 浴衣を着て夏祭りに行く。

問三　二つの□に同じ漢字を入れて四字熟語を完成させなさい。

(1) □体□命
(2) □信□疑
(3) □立□歩
(4) 以□伝□
(5) 右□左□

問四　次のA～Eの□に入る言葉として最も適当なものを次の中からそれぞれ選び、記号で答えなさい。

A　□子どもたちの様子がかわいらしい。
B　あの人には□考えが一切ないので信用できる。
C　突然、□質問をしてしまって申し訳ありません。
D　□説明に、あやうく引っかかるところだった。
E　社長の□態度からは余裕が感じられた。

ア　ぶしつけな　　イ　まことしやかな　　ウ　よこしまな
エ　いたいけな　　オ　あけすけな　　カ　おうような
キ　おざなりな　　ク　ふつつかな

二　次の文章を読んで、後の問いに答えなさい。

【第1段落】※ AIと共存していく社会について、考えてみましょう。AIは何らかの答えを出してくれますが、その答えが正しいかどうかの検証をヒトがするのが難しいというところが、まず問題です。大切なことは、何をAIに頼って、何をヒトが決めるのかを、しっかり区別することでしょう。

データをコンピュータに学習させて、それを基《もと》に分析《ぶんせき》を行う機械学習のようなAIは、過去の事例からの条件(重み付け)にあった最適な答えを導き出すので、その学習データの質で答えが変わってきます。①画像診《しん》断《だん》のように「答えを知っている」医師の判断を、見落としなどがないように助ける道具としては十分に役立ちます。ただ、例えば過去の事例にないケースの判断は難しいです。

機械学習型ではなく、SF映画に登場するヒトのように考える※汎用型《はんようがた》人工知能はどうでしょうか？　まだ開発途中ですが、さまざまな局面でヒトの強力な相談相手になることが期待されています。こちらは使い方を間違うと、かなり危険だと思っています。なぜなら、ヒトが人である理由、つまり「考える」ということが激減《げきげん》する可能性があるからです。一度考えることをやめた人類は、それこそAIに頼り続け、「主体の逆転」が起こってしまいます。ヒトのために作ったはずのAIに、ヒトが従属してしまうのです。

では②そうならないようにするには、どうすればいいのでしょうか。私の意見としては、決して「ヒトの手助け」以上にAIを頼ってはいけないと思います。あくまでAIはツール（道具）で、それを使う主体はリアルなヒトであるべきです。

「いや、AIのほうが賢明《けんめい》な判断をしてくれるよ」とおっしゃる方もおられるでしょう。しかし、それは時と場合によります。いつも正しい答えが得られるという状況は、ヒトの考える能力を低下させます。ヒトは試行錯誤《しこうさくご》、つまり間違えることから学ぶことを成長と捉《とら》え、それを「楽しんで」きたのです。喜劇のコントの基本は間違えて笑いを誘い、最後はその間違いに気づくことが面白いのです。逆に「悲劇」は、取り返しがつかない運命に永遠に縛《しば》られることに、恐怖と悲しみを覚えるのではないでしょうか。

【第2段落】 AIは、人を楽しませる面白い「ゲーム」を提供するかもしれません。［ Ⅰ ］、リアルな世界では、AIはヒトを③悲劇の方向に導く可能性があります。そして何よりも私が問題だと考えるのは、AIは死なないということです。

私たちは、たくさん勉強しても、死んでゼロになります。文化や文明を継承《けいしょう》するために教育に時間をかけ、次世代を育てます。一世代ごとにリセットされるわけです。死なないAIにはそれもなく、無限にバージョンアップを繰り返します。

私は1963年の生まれで、大学生の時（1984年）にアップル社からマッキントッシュ（Mac）のコンピュータが発売され、その後ウィンドウズが誕生したのを体験してきました。ゲームも、フロッピーディスクに入った「テトリス」を8インチの白黒画面でハイスコアを競ったものです。その後のパソコン、ゲーム機、スマホなどの急速な進歩は、本当に驚きです。

私はコンピュータの急成長も可能性も※脆弱《ぜいじゃく》性も知っている「生みの親」世代です。そしてコンピュータが「生みの親」より賢くなっていくのを体感しています。［ Ⅱ ］AIの危険性、つまり④このままいったら絶対にやばいと直感的にわかるのかもしれません。

そんな私でも自分の子供の世代には警鐘《けいしょう》を鳴らせますが、孫の世代はどうでしょうか。孫たちにとってはヒト（親）の能力をはるかに凌駕《りょうが》したコンピュータが生まれながらにして存在するのです。タブレットで読み・書き・計算を教わり、私情が入らないようにと先生代わりのAIが成績をつけるという時代にならないとも限りません。そんな孫の世代にとっては、AIの危険性より信頼感のほうが大きくなるのは当然です。

死なないAIは、私たち人間と違って世代を超えて、進歩していきます。一方、私たちの寿命と能力では、もはや複雑すぎるAIの仕組みを理解することも難しくなるかもしれませんね。人類は1つの能力が変化するのに何万年もかかります。その人類が自分たちでコントロールすることができないものを、作り出してしまったのでしょうか。

　進歩したＡＩは、もはや機械ではありません。ヒトが人格を与えた「エイリアン」のようなものです。しかも死にません。どんどん私たちが理解できない存在になっていく可能性があります。

　死なない人格と共存することは難しいです。例えば、身近に死なないヒトがいたら、と想像してみてください。⑤その人とは、価値観も人生の悲哀《ひあい》も共有できないと思います。非常に進歩したＡＩとはそのような存在になるのかもしれません。

　多くの知識を溜《た》め込み、いつも合理的な答えを出してくれるＡＩに対して、人間が従属的な関係になってしまう可能性があります。私たちがちょうど自分たちより寿命の短い昆虫などの生き物に抱《いだ》くような、ある種の「優越感《ゆうえつ》」と逆の感情を持つのかもしれません。「ＡＩは偉大だな」というような。

　ヒトには寿命があり、いずれ死にます。そして、世代を経てゆっくりと変化していく――それをいつも主体的に繰り返してきましたし、これからもそうあることで、存在し続けていけるのです。ＡＩが、逆に人という存在を見つめ直すいい機会を与えてくれるかもしれません。生き物は全て有限な命を持っているからこそ、「生きる価値」を共有することができるのです。

　同様にヒトに影響力があり、且《か》つ存在し続けるものに、⑥宗教があります。もともとその宗教を始めた開祖は死んでしまっていても、その教えは生き続ける場合があります。そういう意味では死にません。

　ヒトは病気もしますし、歳を重ねると老化もします。ときには気弱になることもあります。そのようなときに死なない、［Ⅲ］多くの人が信じている絶対的なものに頼ろうとするのは、ある意味理解できることです。ＡＩも将来、宗教と同じようにヒトに大きな影響を与える存在になるのかもしれません。

　宗教は、付き合い方を間違うと、戦争やテロにつながるのは歴史からご存じの通りです。ただ、宗教のいいところは、個人が自らの価値観で評価できることです。それを信じるかどうかの判断は、自分で決められます。それに対してＡＩは、ある意味ヒトよりも合理的な答えを出すようにプログラムされています。ただ、その結論に至った過程を理解することができないので、人がＡＩの答えを評価することが難しいのです。「ＡＩが言っているのでそうしましょう」となってしまいかねません。何も考えずに、ただ服従してしまうかもしれないのです。

【第３段落】それではヒトがＡＩに頼りすぎずに、人らしく試行錯誤を繰り返して楽しく生きていくにはどうすればいいのでしょうか？

　その答えは、私たち自身にあると思います。つまり私たち「人」とはどういう存在なのか、ヒトが人である理由をしっかりと理解することが、その解決策になるでしょう。

　人を本当の意味で理解したヒトが作ったＡＩは、人のためになる、共存可能なＡＩになるのかもしれません。そして本当に優れたＡＩは、私たちよりもヒトを理解できるかもしれません。さて、そのときに、その本当に優れたＡＩは一体どのような答えを出すのでしょうか？　――⑦もしかしたらＡＩは自分で自分を殺す（破壊する）かもしれませんね、人の存在を守るために。

（小林《こばやし》武彦《たけひこ》『生物はなぜ死ぬのか』〈講談社現代新書〉）

※注　・ＡＩ…人工知能。人間の知性をソフトウェアによって再現したもの。

・汎用型…はば広い目的に使える方式。
・脆弱性…もろくて弱いこと。特にコンピュータの安全をおびやかす欠陥について言う。

問一 [Ⅰ]～[Ⅲ]に入る言葉の組み合わせとして最も適当なものを次の中から選び、記号で答えなさい。

ア　Ⅰ　つまり　Ⅱ　その結果　Ⅲ　そして
イ　Ⅰ　しかし　Ⅱ　だからこそ　Ⅲ　しかも
ウ　Ⅰ　一方　Ⅱ　にもかかわらず　Ⅲ　つまり
エ　Ⅰ　ところで　Ⅱ　それゆえに　Ⅲ　ただし

問二 ――部①「画像診断のように『答えを知っている』医師の判断を、見落としなどがないように助ける道具としては十分に役立ちます」とありますが、これに関して【資料1】を読んだうえで、こうしたAIが役に立つ理由を後のように説明したとき、(i)・(ii)の空らんに当てはまる言葉を、【資料1】から探し、抜き出して答えなさい。ただし、□一つを一字分とします。

【資料1】

新井　AIとはコンピューターであり、コンピューターは計算機であり、計算機は計算しかできません。「超える」という日本語は気持ちの問題であって、数学では「違う」としか出せない。人と違えば数学的には「このAIは精度が落ちた」ということになってしまうんです。

有働《うどう》　とはいえ、人知を離れたアイディアがほしいからAIに頼る、というのは可能ではないですか？

新井　「将棋《しょうぎ》や囲碁《いご》で人知を超えることはあるじゃないか」とおっしゃる方がいます。確かに将棋などのようにルールが限定されていれば、AIが計算力を発揮できます。逆に言うと、AIは課題のフレーム（枠組み）を決めないとうまく働かないんです。

【「有働由美子対談36　新井紀子（数学者）「人類はAIに負けない」」（『文藝春秋２０２２年新年特別号』〈文藝春秋〉所収）】

◎　AIによる画像診断は、過去の病気の事例という(i)□□□□の中で判断する限りでは、(ii)□□□を発揮して人間を超える精度を実現できるから。

問三 ――部②「そう」とありますが、この指し示す内容を説明したものとして最も適当なものを次の中から選び、記号で答えなさい。

ア　人間が独立して決めるべき内容までAIに相談してしまい、その後の行動がAIの予測の範囲内になってしまうこと。
イ　ヒトの本質である考えること自体までAIに頼ってしまい、人間が自分の行動を自分で決められなくなること。
ウ　考えることは人間の特権だったはずなのに、性能が高度になった結果、AIの方が深く考えるようになったこと。
エ　本来AIを作成したのは人間なのに、その能力に頼っているうちに、いつの間にかAIが人間を生み出すようになること。

問四 ――部③「悲劇」とありますが、筆者はどのような点を「悲劇」だと考えていますか。これを次のように説明したとき、(i)・(ii)の空らんに当てはまる言葉を、**【第１段落】**から探し、抜き出して答えなさい。ただし、□一つを一字分とします。

◎　自ら間違いに気づくところに「喜劇」の面白さがあるのに対し、ＡＩの出す結論は(i)□□□□□□□を人間が判断することが難しいため信じることしかできず、時には(ii)□□□□□□□□間違いに縛られることになる点。

問五　――部④「このままいったら絶対にやばい」とありますが、何が「やばい」のですか。最も適当なものを次の中から選び、記号で答えなさい。

ア　コンピュータの成長スピードが急すぎること。
イ　コンピュータがシステムに脆弱性を持っていること。
ウ　コンピュータの高性能化の可能性が失われつつあること。
エ　コンピュータが人間のコントロールできない存在になること。

問六　――部⑤「その人とは、価値観も人生の悲哀も共有できないと思います」とありますが、これに関して**【資料２】**を読んだうえで、その理由を後のように説明したとき、(i)・(ii)の空らんに当てはまる言葉を、**【資料２】**から探し、抜き出して答えなさい。ただし、□一つを一字分とします。

【資料２】

散ればこそいとど桜はめでたけれうき世になにか久しかるべき

散ってしまうからこそ、桜というものは、よけいにいいんですよ。この悩みの多い無常の世の中に、永遠のものなんてあるでしょうか……。

下の句は、やや説教臭《くさ》い感じがするが、上の句は、なかなかいいなあ、と思う。

桜に限らず、何事も終わりがあるからこそ、その盛りの美しさというものが映えるのだろう。恋愛だってそうである。最高の状態なんて、そういつまでも続かない。それでも人は、出会い、恋に落ち、燃え、そして冷める。失恋しても性懲《しょうこ》りもなく、また繰り返してしまう。「ウキウキ、ハラハラ、がっかり」の法則は、桜だけではないのだ。

(俵万智《たわらまち》『恋する伊勢《いせ》物語』〈筑摩書房〉)

◎　人生には(i)□□□が来るからこそ悲哀を感じることもあるし、反対に(ii)□□□□□に対する喜びを感じることもできるのに、「死なない人格」とはそのような人生の持つ価値を共有できそうにないから。

問七　――部⑥「宗教」とありますが、これと「進歩したＡＩ」との関係を整理するため、次のような**【メモ】**を作成しました。(i)・(ii)の空らんに当てはまる言葉を、**これより後**から探し、抜き出して答えなさい。ただし、□一つを一字分とします。

【メモ】

〈１〉共通する要素
　…ヒトに影響力があり、永遠性もある(i)□□□な存在になりうる
〈２〉異なる要素

…宗教＝最終的には(ii)□□□□□に照らして信じるかどうかを選べる
…進歩したＡＩ＝何も考えずに服従することになるおそれがある

問八　――部⑦「もしかしたらＡＩは自分で自分を殺す（破壊する）かもしれませんね、人の存在を守るために」とありますが、なぜ「破壊する」かもしれないのですか。その理由を説明したものとして最も適当なものを次の中から選び、記号で答えなさい。

ア　人間の助けになることを最大の目的としたＡＩにとって、悩むことをも楽しみつつ答えを探してきた人間たちが自分を頼りきることでそうした人間の本質を失ってしまうことは、自己の存在理由に矛《む》盾《じゅん》してしまうから。

イ　限りなくヒトに似せられたＡＩは人間同様に試行錯誤を楽しもうとするはずだが、なまじ性能が優れているために試行錯誤するまでもなく正解を導くことができてしまい、自己のプログラムを破壊するしかなくなるから。

ウ　人間のことを真に深く知ってしまったＡＩは、ＡＩとしての優越感を失って人間と同類であるという思いを強くし、最終的には、ヒトの老化や死といった人生の最終局面までまねするようになるから。

エ　合理的な判断をするようにプログラムされているＡＩは、人間の特徴である楽しみや悲哀といった感情を本当の意味では理解することができず、人間とＡＩの共存が不可能であると判断するだろうから。

三　次の文章を読んで、後の問いに答えなさい。

【第１の場面…音楽の先生が急にお休みになったため、生徒たちだけで合唱コンクールの練習をしなければならなくなった】

「うちらだけで練習なんて、マジかんべん」

女子たちがぶうぶう言っている。雑談《ざつだん》の音量が一気に上がった。

そのとき、他の声とは全く異質の、一本の澄《す》みきった声が、教室を通り抜けた。

「合唱隊形に並んでください」

声が一本なんておかしな表現だが、山東涼万《さんとうりょうま》の耳には、透明なきらきらした一本の矢が耳を突っ切っていくように思えた。

教室の後ろでたむろし始めた男子たちに合流しようと歩きかけていた涼万は、声の主の方を思わず振り返った。

そこには、教壇《きょうだん》に①心許《こころもと》なげに立つ水野早紀《みずのさき》の姿があった。スカスカのブレザーを背負った薄い背中、膝下《ひざした》の長めのスカートから出ているか細い足は、見るからに弱々しい。

あの子って……、水野って、あんな声してたんだっけ。

涼万は振り返ったまま、早紀の口もとを注視した。

中学に入学してから、もう半年以上経《た》つというのに、早紀の声を初めて聞いたような気がした。が、そんなはずはない。早紀はおとなしくて口数の少ない子だから、個人的な会話をした覚えはないけれど、授業中に当てられたことくらいあるはずだ。

なのに、今とても②新鮮な気持ちで、早紀の半開きになった薄いくちびるから、もう一度さっきの声が発せられるのをしばらく待った。

早紀の呼びかけなどなかったかのように、教室は相変わらず騒然《そうぜん》としていた。合唱に積極的な女子たちですら、並ぼうともせずにいくつかのグループに分かれて、だべっている。

いつも［Ｉ］過ごしている早紀が、みんなに向かって声をかけること自体、ものすごくプレッシャーのかかることだろうに、この反応だ。能面《のうめん》みたいに白く固まった顔に、瞳《ひとみ》だけが困ったように揺《ゆ》れていた。くちびるからは透明《とうめい》な声の代わりに、音のないため息がもれたかに見えた。

涼万は落ち着かない気持ちになってきた。かといって、「みんな並べよ」というキャラでないことは、自分が一番よく分かっている。

丸めた紙くずを後頭部にポカッと当てられて、涼万は慌《あわ》てて後ろを振り返った。

「涼万、何ぼーっとしてんだよ。ヒマだからなんかして遊ぼうぜ」

同じバスケットボール部の武井岳《たけいがく》だった。小学校は別だが同じ部活のせいもあり、入学してからしょっちゅうつるんでいる。涼万はあっさりした涼《すず》しげな顔で、岳は彫《ほ》りが深くて濃いワイルドな顔立ち。対照的なタイプの顔だけど、髪型《かみがた》はそっくりで耳もとを刈り上げたツーブロックだ。

ふたりとも学年の中で一、二を争うほど背が高いこともあり、ふたりでいると余計に目を引くようだ。先月の体育祭では、三年女子の先輩《せんぱい》からいっしょに写真を撮《と》るようにせがまれた。

涼万は、後ろのロッカーのあたりでたむろしている岳たちに合流した。遊ぶといったって、ゲームがあるわけでもないし、とりとめのない馬鹿《ばか》話を続けているだけだ。

話の輪に加わっていても、涼万は早紀のことが無性に気になった。

水野……まだあの姿のまま、立っているのかな。

くちびるは半開きのままなのかな。

振り返りたい。

そう思うのに、③首がギプスで固定されてしまったかのように、なぜか振り返ることが出来ない。

ダ・ダ・ダ・ダーン。

突然のピアノの大音量が鼓膜《こまく》を震《ふる》わせた。誰もが知っているベートーヴェンの『運命』の最初のフレーズだった。

騒然としていた教室が、一瞬で静まりかえった。みんなの視線がピアノ伴奏《ばんそう》者の井川音心《いがわそうる》のもとに、いっせいに吸い寄せられた。

そのタイミングを見計らったように、音心は次のフレーズを続けた。

ダ・ダ・ダ・ダーン。

音心は、目に覆《おお》いかぶさるような前髪を振り払うと、一呼吸置いた。やがて両手を鍵盤《けんばん》の上にふわりと持ちあげると『運命』の続きを弾《ひ》くわけではなく、合唱コンクールの自由曲『ソノリティ』の前奏を弾き出した。

でも、それはいつもの伴奏ではなく、音心が気ままにアレンジした『ソノリティ』だった。音心の指は主旋律《しゅせんりつ》を奏でながら、鍵盤の上を跳躍《ちょうやく》し軽やかに動き回った。

みんなあっけにとられて音心を見つめた。演奏が終わると、音心はさっきの自由自在な演奏とはうってかわって、お行儀《ぎょうぎ》良く学生ズボンの上にきちんと両手を置いた。

「すっげぇ。井川、めちゃうまいじゃん」

岳が場違いな大声を上げると同時に、そこかしこで拍手《はくしゅ》が巻《ま》き起こった。

　確かにいつもの伴奏でもミスした記憶《きおく》はないが、もともと伴奏曲自体が難しくはなかったので、こんなにピアノの腕があるとは誰も知らなかった。

「あいつ、ただのオタクかと思ってたよ」

　岳の発言は、馬鹿にしているのか褒《ほ》めているのかよく分からなかったが、驚いているということだけは確かだった。

「お、おぅ」

④涼万はあいまいな返事をしながら、目をしばたたかせた。演奏のあいだ、早紀も食い入るように音心の演奏を注視していた。演奏が終わると音心は前髪の間から、上目づかいで早紀を見た。早紀の口もとがふっとゆるんだ。

　ふたりの密《ひそ》かなアイコンタクトを目撃《もくげき》して、涼万の喉奥《のどおく》がクッと詰《つ》まった。今度は急に喉がむずがゆくなってきて、咳払《せきばら》いをした。一度咳をすると、もっともっと喉がかゆくなって、咳が止まらなくなった。背中をまるくして咳《せ》きこんでいると、

「涼万、風邪《かぜ》か?」

　岳が涼万をうかがうようにのぞいた。

「い、いや。だい、じょぶ」

　咳の合間に、切れ切れに言葉をつないだ。

　最近ずっと、喉の調子がおかしい。少し風邪気味かも知れないが、それだけじゃない感じだ。これが、「声変わり」の前兆なのだろうか。もうすっかり低音が定着している岳に聞いてみたいような気もしたが、なんだか照れくさくて聞けない。

【中略】

　前奏はアレンジ版ではなく、いつもの決まったフレーズだった。早紀は今度はみんなの方に向き直り、大きく指揮棒を右上に振り上げた。⑤華《きゃ》奢《しゃ》な体にエネルギーが流れ出した。歌が始まる。

――はじめはひとり孤独《こどく》だった

　出だしは、ソプラノもアルトも男声もいっせいに同じ強さで入るのだが、いつものことながら男声はほとんど出ていなかった。

　ソプラノは人数が多いし、アルトには声の大きい晴美《はるみ》がいる。そのおかげで、女子はそれなりに形になっているのだが、男子はつぶやくような声しか出さない。

　それでも早紀の指揮棒は、なめらかに宙を切り続けた。指揮棒は早紀の指先と一体になって、その先っぽから目に見えない※ベクトルみたいなものが放たれているようだった。

　歌うときに指揮者に注目するのはあたり前のことだが、涼万は早紀の姿を堂々と臆面《おくめん》もなく見られることに感謝した。

　やがて早紀の目に不安の色が浮かんだ。あと少しで男声パートだけのメロディーが始まる。そこがいつも一番悲惨《ひさん》だった。ソプラノやアルトの歌声がなくなれば、男声だけではほとんど歌詞《かし》も聴《き》き取れないようなみじめな音量だった。

　ふだんはそんなことまったく気にしていなかったのに、今日の涼万は違った。このまま男子が誰もまともに歌わなかったら、早紀が気の毒に

思えて仕方がない。これから始まる好ましくないことに身構えるように、早紀の［X］。

今日はちゃんと歌ってみようかな……。

急にそんな気になった。自分がらしくないことをしようとしているのは分かっていた。でも、前のめりになって体全体で指揮をする早紀の姿を見ると、真面目に歌いたい、歌ってあげたいという衝動《しょうどう》が突き上げてきた。

男声パートの入りぎわ、涼万はすっと息を吸い込んだ。が、その息が喉を刺激したのか、むせそうになった。息を止めて、必死で咳を押し戻す。

――迷いながら躓《つまず》きながら

とても二十人の声とは思えない貧弱《ひんじゃく》な男声パートが始まった。

涼万の咳は、出してはいけないと思えば思うほど、余計に耐《た》えがたいほど喉を刺激した。喉もとを両手で押さえ、目をギュッと閉じる。かろうじてこらえた。顔が真っ赤になった。

となりの男子生徒やそのとなりにいた岳までも、涼万の方をちらちら見だした。涼万が薄目《うすめ》を開けて早紀を見ると、心配そうな早紀の瞳と［Ⅱ］合った。そのとたん、火山が噴火《ふんか》したみたいに、咳が爆発した。いったん噴出してしまった咳は、とどまるところを知らなかった。慌てて腕で口もとを押さえた。腰は折れ、顔はますます真っ赤になった。咳は教室中に響き渡った。

【第2の場面…翌日、涼万はバスケ部の朝練を休み、代わりに合唱の練習に参加した】

迷っているうちに、メロディーに置き去りにされる。

歌うぞ。さ、早く！

すっと息を吸い込んだ。吐く息とともに、これ以上は出せないというくらいの大きな声を出した。肺の息をすっからかんに出して、全てを歌声に注ぐ。

「苛立《いらだ》ちをー」

自分でもびっくりするくらいの大音量だった。涼万以外の男子生徒十数人を合わせた歌声よりも、涼万ひとりの声の方が圧倒的《あっとう》に大きかった。周りの男子があれっというふうに反応した。涼万は構《かま》わず続けた。

「感じなーーー・がら」

涼万の額からボッと火が出た。高音の「な」の音が完全にひっくり返り、素っ頓狂《すっとんきょう》な声が飛び出したのだ。メロディーラインを逸脱《いつだつ》した「な」は、派手にイレギュラーしてあさっての方向にバウンドし、続く「がら」を蹴飛《けと》ばしていった。

となりの男子がついに吹き出した。もう混声のフレーズにメロディーはうつっているのに、それが伝染したみたいに、前の男子も涼万を振り返って笑った。女子は笑いをこらえながら歌っている。

昨日の咳に続き、またやらかしてしまった……。

うなだれかけたときだった。突然、大音量の伴奏で窓ガラスがびりっと震《ふる》えた。みんな同時に肩を縮めて、号令がかかったみたいに音心の方を見た。

音心は⑥何くわぬ顔をして、いったん最大にひねったボリュームのつまみを、調整してもとに戻《もど》した。

音心のおかげで、涼万のひっくり返った声で乱れた空気が、リセットされた。指揮者の早紀は、何があっても止めることなく、懸命《けんめい》に指揮棒を振り続けている。

晴美がまた歌い出すと、女子も引っ張られるように歌い出す。涼万も恥ずかしさをこらえて歌に加わる。すると他の男子もつられて、真面目に声を出し始めた。

井川、サンキュ。

長い前髪に隠されて表情の分からない音心に、涼万は心の中で手を合わせて、失敗しないよう慎重《しんちょう》に、でも一生懸命歌い続けた。

早紀の目が輝きだした。初めて合唱らしい合唱になってきた。ひとつひとつの声が重なって、一本の帯のような流れになる。ソプラノ、アルト、男声のそれぞれが、自分のメロディーに忠実に、でも別のパートを感じながら歌っていた。それがうまく調和し、互《たが》いに互いの良さを引き出した。

早紀の指揮棒は※ティンカーベルの魔法の杖《つえ》みたいだ。そこから放たれる不思議な力で、三十数人のハーモニーを誘導する。

音楽を聴くのは楽しいが、自分たちがつくる音楽、みんなで合わせて歌う音楽も楽しいことを発見した。とても新鮮な感覚だった。

指揮者の早紀と互いに引き合うように歌い続けた。涼万は早紀とずっと目が合っているような感覚になった。でも、そんなわけはない。早紀は全体を見ているはずだ。ラストの繰り返しのフレーズに入った。

――新しい本当のわたし
未来へと歌は響《ひび》きわたる

曲の始めに出てきたときと同じフレーズとは思えないくらい、音量も伸《の》びもある。早紀が曲を締《し》めるために両腕を掲《かか》げてぴたっと止めた。

曲が終わったとたん、⑦満足のため息のような声がもれた。

「今のすっごく良かったよね。いいじゃん、うちらのクラス」

頰《ほお》を紅潮《こうちょう》させた晴美が興奮してまくしたてている。クラス中が弾んだ空気に包まれた。涼万は両手を組んで伸びをしたが、まだやっぱり早紀と目が合っているような錯覚《さっかく》が続いていた。んなわけないし。目をそらそうとした瞬間《しゅんかん》、早紀の口もとが動いた。

(あ・り・が・と)

胸がトンと飛び跳《は》ねた。

えっ、俺《おれ》に言ってる⁉

人差し指を自分の鼻先に向けたと同時に、急にむせた。むせた咳は咳を呼んで、また咳が止まらなくなった。片手で口もとを押さえ、咳を必死で鎮《しず》めた。

そのとき、がらりと前の扉《とびら》が開いた。

「あっちー」

手をうちわにして、岳が教室に入ってきた。岳は涼万を［Ⅲ］一瞥《いちべつ》すると、

「だっせ」

と吐《は》き捨てた。涼万は咳が落ち着くと、ゆっくりと岳に近寄った。

「岳、俺合唱コンまでは、こっちの朝練に出るわ」

ムッとした顔で、岳が何か言い返そうとするのを、

「あ、今朝は連絡しなくてすまん」

と、かぶせた。

喉はひきつれているのに、言いたい言葉はするすると出た。⑧涼万はちょっぴり出た喉もとの出っ張りを、人差し指で軽くさすった。

（佐藤いつ子『ソノリティ　はじまりのうた』〈ＫＡＤＯＫＡＷＡ〉）

※注　・ベクトル～ようだった…「ベクトル」とは大きさと方向を合わせ持った状態のこと。ここでは早紀の力強い指揮を表現している。

・ティンカーベル…物語『ピーターパン』に登場する妖精《ようせい》。

問一　［Ⅰ］～［Ⅲ］に当てはまる言葉として最も適当なものを次の中からそれぞれ選び、記号で答えなさい。

ア　ちらりと　　イ　がらりと　　ウ　かちりと

エ　のっそりと　　オ　ひょうひょうと　　カ　ひっそりと

問二　――部①「心許なげに」とありますが、これは「早紀」のどのような様子を表現したものですか。最も適当なものを次の中から選び、記号で答えなさい。

ア　頼れるものがなく、不安そうな様子。

イ　周囲から相手にされず、孤独《こどく》な様子。

ウ　誰にも屈することなく、堂々としている様子。

エ　何を考えているかわからない、謎《なぞ》に満ちた様子。

問三　――部②「新鮮な気持ち」とありますが、なぜ「新鮮」なのですか。その理由として、最も適当なものを次の中から選び、記号で答えなさい。

ア　今まで真剣に合唱の練習をしたことがなかったところ、初めて全力で合唱に取り組もうとする人を見かけたから。

イ　早紀の声を聞いたことはあったはずだが、その声の美しさに気づいたのは今回が初めてだったから。

ウ　弱々しい早紀の姿を見ていると、実際に声を聞いたあとでも、それが本人のものとは信じられずにいたから。

エ　教室中が生徒たちの雑談で騒がしいのに、早紀の声が負けずに聞こえてきたことに驚いたから。

問四　――部③「首がギプスで固定されてしまったかのように、なぜか振り返ることが出来ない」とありますが、これはなぜだと思われますか。それを次のように説明したとき、空らんに当てはまる言葉を、**ここより前**から探し、抜き出して答えなさい。ただし、□一つを一字分とします。

◎　早紀のことが気になってしかたないが、そうした行動は自分の□□ではないという思い込みや、他の男子に対する照れくささのほうが上回っているから。

問五　――部④「涼万はあいまいな返事をしながら、目をしばたたかせた」とありますが、このときの「涼万」の心情として**最も遠い**ものを次の中から選び、記号で答えなさい。

ア　驚き　イ　嫉妬《しっと》　ウ　感心　エ　怒り

問六　――部⑤「華奢な体」とありますが、これを具体的に表現した一文を**ここより前**から探し、**最初の三字**を答えなさい。

問七　[X]に入る言葉として最も適当なものを次の中から選び、記号で答えなさい。

ア　のどが鳴った　イ　鼻息が荒くなった

ウ　目もとがゆるんだ　エ　くちびるが結ばれた

問八　――部⑥「何くわぬ顔をして」とありますが、このときの「音心」の意図を次のように説明しました。(i)に入る言葉として最も適当なものを後のア～エから選びなさい。また、(ii)に当てはまる言葉を**ここより後**から探し、抜き出して答えなさい。ただし、□一つを一字分とします。

◎ (i)[　]ため、クラスの途切れた集中力を(ii)□□□□し、自然と歌に戻れるようにしている。

ア　せっかくの練習を台無しにしつつある涼万を非難する

イ　伴奏をしている音心自身も思わず笑い出しそうになった

ウ　涼万のおかげで合唱をより良くできる機会が来たと感じた

エ　大好きな早紀に自分の演奏技術の高さを認めてもらう

問九　――部⑦「満足のため息のような声がもれた」とありますが、これはなぜですか。**五十～七十字**で答えなさい。

問十　――部⑧「涼万はちょっぴり出た喉もとの出っ張りを、人差し指で軽くさすった」とありますが、この表現について三人の生徒が話し合っています。(i)～(iii)の空らんに当てはまる言葉を、後のそれぞれの【手がかり】を参考にして答えなさい。ただし、□一つを一字分とします。

生徒A「この『喉もとの出っ張り』って、喉ぼとけのことだよね。なんでそんなのをさわってるんだろう？」

生徒B「そういえば、【第1の場面】でも涼万は喉に違和感があったよ」

生徒C「そうそう、(i)□□□のせいじゃないかと疑っていたね」

生徒A「この二つをあわせて考えると、涼万は今、(ii)□□を迎えつつある……っていうことを言いたいのかもしれない」

生徒B「急に(iii)□□のことが気になり始めたのも、そのせいなんだろうね」

【手がかり】

(i)【第1の場面】から抜き出して答えます。

(ii)人生の一時期を表す漢字二字の言葉を自分で考えて答えます。

(iii)人名です。

問十一　本文中に登場する合唱曲「ソノリティ」は、登場人物たちの状況に即すように歌詞が作られているようです。その場合、歌詞の解釈として**適当なものには「A」、そうでないものには「B」**と答えなさい。

ア「はじめはひとり孤独だった」には、なかなかクラスメートたちが協力してくれず苦悩している音心の気持ちが表現されている。

イ「迷いながら躓きながら」には、一人の大人として自我が発達しつつある涼万の戸惑う姿が表現されている。

ウ「新しい本当のわたし」には、大きな壁を乗り越えて、クラス全体が互いを尊重する関係へと変化したことが表現されている。

エ「未来へと歌は響きわたる」には、今は強がっている岳も、いずれ素直になって合唱に参加するであろう未来が表現されている。

穎明館中学校（第一回）

—50分—

注意　字数制限の問題では、句読点も一字として数えます。

一　次の文章を読んで、あとの問いに答えなさい。

青山颯太《そうた》は小学六年生の転校生である。転校したばかりで友達ができない中、自転車を通じて出会った吉平《きちへい》（きっぺい）・晴美と、三人一組でタイムを競う自転車のレースに参加することになった。

角崎《つのさき》の荒《あ》れ地が、すぐそこにせまってきていた。颯太は、転校してから今日までのことを思い出していた。吉平と晴美と三人で、いろんなことがあった。よわむしでおくびょう者なのに、ふたりは颯太をキャプテンにしてくれた。でも、ちっともキャプテンらしいことはできなかった。それでも吉平と晴美といると、ほんとうに楽しかった。もしキャプテンとしてできることがあるとすれば、ふたりに思い切り自由に走ってもらうことではないか。たとえ、それで勝てなかったとしても、そのほうがいい。悔《く》いは残らない。颯太はとっさにそう思いついた。（注1）かすみさんも、ちゃりんこは走りながら作戦を立て、走りながら作戦をかえていくものだと言っていたじゃないか。

「きっぺい。ぼくたちのことは気にしないで、おもいきり速く走りぬけてくれ。ジャンプしてもいいし、とにかく最速だ」

「いいのか」

「ぼくらは自分の自転車で、いちばんいい走りでここを走りぬける。（注2）マウンテンバイクはマウンテンバイクで、（注3）ランドナーはランドナーで、（注4）クロスバイクはクロスバイクで」

ちょっとかっこよすぎのことばかなと思ったが、颯太は言ってすっきりした。

「作戦変更《へんこう》か」

「変更だ。そんなもの、トイレにポイッだ。いいよね、晴美くん」

「キャプテンの言うことなら、すべて了解《ラジャー》だ」

「じゃあ、行くよ。ゴー！」

颯太が言うと、最後尾《さいこうび》にいた吉平がまっさきに飛び出してきた。①ぎりぎりまで引いた弓が、いっきに矢を放ったみたいだった。ホッホーと奇《き》声《せい》を発しながら、吉平は角崎への悪路につっこんでいった。荒れ地の道は幅《はば》にすると三メートルほどだ。でこぼこや障害物をいっしゅんで判断し、飛んだりはねたりしながら、悪路を走っていく。さすがは吉平だ。こんなにすごいとは思わなかった。まるでダンスだ。

晴美は慎重《しんちょう》だった。しっかりと前方の道を見すえ、車体をこきざみに動かして、たくみに障害物をさけていく。走りは力強いままだ。

颯太は一周目で、吉平が通ったラインを覚えていた。そのラインの上を、全速力で走るつもりだった。しっかり頭に入っている。もしも失敗してパンクしたら、それで終わりだ。しかたがないことだ。後悔《こうかい》はしない。そう決心したから、もうなにもこわくない。

そうして三人は、まったく好き勝手に走った。

颯太は、うれしくてしかたがなかった。仲間といっしょに走れるからなのか、自然の中で思うぞんぶん走れるからなのか、自分でもよくわからない。とにかくうれしくて、わくわくして、イヤッホーの気分だった。

うかれていて、荒れ地であることをどこかで忘れていた。十メートルほどさきの地面に、とがった石の先っぽが出ていた。まともにふめば、タイヤがパンクするおそれがある。ジャンプするか、横にさけて通るかだ。ジャンプはどちらにせよ、タイヤに負担をかけてしまう。横にさけて通るとしたら、やぶにつっこむおそれがあった。

どうする？　考えているひまはない。

颯太は、いっしゅんで決断した。［ I ］わけにはいかない。

颯太は思い切り体をかたむけて、ハンドルをもつ腕《うで》とペダルをふむ足で白　馬号《ホワイトホース》をはさみ、守るようにして転倒《てんとう》した。ずんという衝撃《しょうげき》が、左肩《ひだりかた》から腰《こし》にかけてあった。ヘルメットをつけていたので、頭のほうはだいじょうぶだった。

異常な音を聞いた吉平と晴美が、自転車を止めてふりむいた。

「颯太！」

「だいじょうぶか」

数秒間は息ができなかった。左肩からわき腹にかけて、しびれるような痛みがあった。腰のあたりは、ほとんど激痛であった。だが、白馬号をだきかかえるみたいにして、颯太はわらった。

「ピース！」

指でV《ヴィ》サインを出して、颯太は立ちあがろうとした。腰が［ A ］痛んだ。

うなり声をあげたとき、体が［ B ］軽くなった。吉平が白馬号を起こしてくれて、晴美が颯太をかかえあげてくれたのだ。

「どう？　行けそう？」

吉平が心配そうに、颯太の顔をのぞきこんだ。

晴美が言った。

「腕をぐるぐるまわして、いちど、屈伸《くっしん》をしてみろ」

颯太は腕をまわし、屈伸をしてみた。痛くてうなり声をあげたが、動かないことはない。

「だいじょうぶ。行けるみたい」

「よっしゃ。勝負はここからだぜ」と、吉平がわらった。

颯太はうなずいた。

「ごめん。タイムをロスしちゃった」

「ドンマイ、ドンマイ」と晴美は言って、じぶんの自転車に向かって走った。

颯太も、白馬号にふたたび乗った。あと残り少しだ。これで優勝はできないかもしれないけど、がんばれるだけがんばってみよう。さっきふたりにかっこいいこと言って、けっきょくこのざまだ。めいわくをかけてしまった。でも、ちっともおこっているふうではなかった。そのやさしさに、②颯太はちょっと泣きそうになった。だけど、ここでそんな気分にひたっているわけにはいかない。吉平と晴美は、走りたがっているのだ。いや、たぶん、颯太の白馬号もだ。

颯太は、ペダルをふみこみながら言った。

「ここからはまた、きっぺいがトップ。つぎに晴美くん。菜の花ロードからは、ゴールまで、ぼくがトップに出る」

了解！

三台のちゃりんこは、ふたたび一列になって走りだした。

颯太は、ハンドルにつけたサイクルコンピュータを見た。転倒してロスした時間は、たぶん一分か二分だ。それでも、練習で走っていたときよりいい成績だ。兵頭《ひょうどう》さんやかすみさんが言っていた「トライアル」というのは、こういう事故《アクシデント》をふくんでのことなのだ。そこであきらめたり、ふてくされたりしたらおしまいだ。これまでの颯太だったら、きっと③そうしていただろう。吉平と晴美のおかげで、そうはならなかった。

がんばろう、と思った。

左肩と腰が、まだ痛んでいる。けれども体は動く。だいじょうぶだ。

吉平と晴美は、だまってペダルをふみつづけている。颯太の息づかいや自転車の音を、異常がないか聞いていてくれているのだ。心配して、［ C ］晴美が後ろを見たりする。颯太はさけんだ。

「もう、痛くなくなったし！」

ほんとは痛かった。でも、走れないほど痛いわけではない。

了解！　キャプテン。

ふたりの返事に、④颯太はまた泣きそうになった。こんなぼくを、まだキャプテンって言ってくれる。

吉平、晴美。スペシャルサンキューだ。スペシャル、ベリイベリイ、ラジャーだよ！

角崎の荒れ地が終わると同時に、颯太は先頭に飛び出していった。⑤あと残り四キロだ。いや、四キロしかない。終わりたくないなと思った。でも、ゴールはたしかにそこにある。


（横山充男《みつお》『自転車少年《チャリンコボーイ》』〈くもん出版〉による）

(注1) かすみさん…颯太たちが通う自転車屋「サイクル山森」の店主。レースの練習を指導してくれた人でもある。
(注2) マウンテンバイク・(注3) ランドナー・(注4) クロスバイク…いずれも自転車の種類を指す名称。
(注5) 兵頭さん…駅前のイベントハウスの運営をしている人。

問一 空欄《くうらん》A～Cに入る言葉としてもっとも適当なものを次の中からそれぞれ選んで、記号で答えなさい。

ア　じわりと　イ　すっと　ウ　ずきんと
エ　じっと　オ　ふらりと　カ　ちらちらと

問二 本文中の、点線枠《わく》で囲まれた部分から読み取れる彼《かれ》らの様子の説明としてもっとも適当なものを次の中から選んで、記号で答えなさい。

ア　吉平と晴美は颯太がキャプテンらしさを見せようと、かっこいい声かけをすることにあきれている。
イ　吉平と晴美はレース中の作戦変更でも、文句を言わず従うほどに颯太のことを信頼《しんらい》している。
ウ　吉平は颯太の指示に疑問を持ちつつも、自由に走っていいという指示を出してもらえ喜んでいる。
エ　颯太は晴美の助言を受けたことで、自由に走っていいという指示を迷いなく伝えられ安心している。
オ　晴美は性格の異なる颯太と吉平の仲をとりもつことで、チームをまとめるのに貢献《こうけん》している。

問三 傍線《ぼうせん》部①「ぎりぎりまで引いた弓が、いっきに矢を放ったみたいだった」とありますが、

(i)　この部分に使われている表現技法としてもっとも適当なものを次の中から選んで、記号で答えなさい。

ア　対句《ついく》　　イ　倒置法　　ウ　擬人法《ぎじんほう》
エ　比喩《ひゆ》　　オ　体言止め

（ⅱ）この部分は吉平のどのような様子を表現したものですか。自分の言葉で説明しなさい。

問四　空欄Ⅰに入る言葉としてもっとも適当なものを次の中から選んで、記号で答えなさい。

ア　タイムロスしてしまう　　イ　好き勝手に走る
ウ　白馬号を傷つける　　エ　仲間に衝突《しょうとつ》する
オ　頭をぶつけてしまう

問五　傍線部②「颯太はちょっと泣きそうになった」・④「颯太はまた泣きそうになった」とありますが、なぜ「泣きそうになった」のですか。その理由としてもっとも適当なものを次の中からそれぞれ選んで、記号で答えなさい。

ア　転倒により優勝が難しくなったが、まだあきらめていない仲間に心打たれたから。
イ　勝利に貢献できないながらも、仲間にキャプテンと呼ばれることがもどかしかったから。
ウ　転倒が原因でタイムロスになり、勝利が遠のいてしまったことが悔《くや》しかったから。
エ　ケガで足を引っ張ってしまい、キャプテンの重責に耐《た》えられる自信がなくなったから。
オ　転倒して仲間に迷惑《めいわく》をかけたにも関わらず、心配してくれた気づかいがうれしかったから。
カ　最後までキャプテンとして、信頼してくれている仲間に感謝の思いが生まれたから。

問六　傍線部③「そうしていた」とありますが、ここではどうすることを指していますか。五十字以内で説明しなさい。

問七　傍線部⑤「あと残り四キロだ。いや、四キロしかない。終わりたくないなと思った」とありますが、このときの颯太の気持ちを六十字以内で説明しなさい。

問八　本作品の登場人物についての説明として、不適当なものを次の中から一つ選んで、記号で答えなさい。

ア　颯太は、ケガで仲間に心配をかけさせまいと気づかいができる選手である。
イ　吉平は、条件の悪い道でも楽しく走ることのできる陽気な選手である。
ウ　晴美は、焦《あせ》ることなくレースに取り組める落ち着きのある選手である。
エ　吉平と晴美は、レース中は静かに走り周りを気にしない選手である。
オ　吉平と晴美は、記録よりも仲間を優先してくれる優しい選手である。

二　次の文章を読んで、あとの問いに答えなさい。

たとえば、いまこの部屋には空調が利《き》いています。今日は外が涼《すず》しいからこんなに利かせる必要はないと思うのですが、この空調のおかげで、我々は夏でも非常に快適に会議ができます。五十年前にこんなことが可能だったでしょうか。不可能です。三〇度以上の猛暑《もうしょ》の中で、汗《あせ》をたらしながら議論をしていたと思います。その中で、熱射病にかかったりしたかもしれません。そういう肉体的な苦しみやつらさがありました。

　ところが、暑い中で仕事をするのはいやだ、つらい、苦しいとなるのが人間でしょう。［ A ］どうするか。そのつらさや苦しみを消すテクノロジーを発展させればいいのです。そして現実に、そのような技術を開発してきました。これが無痛化のよい例です。

　みなさんも他の実例をさまざまに思いつくと思います。こういう話をすると、すぐにおわかりと思いますが、そもそも文明の進歩とは無痛化を進めることではないのか、と考えることもできます。

　正確に言えば、今あるつらさや苦しみから、我々がどこまでも逃《に》げ続けていけるような仕組みが、社会の中に張りめぐらされていくこと、これを私は「無痛化」という言葉で呼んでいます。ですから、たんに、①病気でどこかが痛いときに鎮痛剤《ちんつうざい》をつかうことが、私が言いたい無痛化ではないのです。そうではなくて、暑いのがいやだったら、暑いことから逃げるテクノロジーをどんどんつくる。何かこころの悩《なや》みがあるのなら、それを消す薬を開発して飲む。人間関係が苦しいのなら、そこから逃げる。親の介護《かいご》が苦しければ、親をどこか見えないところにやってしまう。そういうふうにして、目の前に起こってくる苦しみやつらさから、次々と逃げ続けていけるような仕組みを社会の中に張りめぐらせていくこと、これを、私は無痛化と呼んでいます。

　無痛化は、いま目の前にある苦しいことやつらいことから次々に逃げるだけではなくて、もう一つの特徴《とくちょう》を持っています。それは、将来起きるかもしれない苦しみやつらさを予測して、あらかじめ手を打つことです。［ B ］、苦しみやつらさが起きないように、あらかじめ次々と手を打っていくのです。そして、現代の科学技術や医療《いりょう》技術は、そのような社会の進み方をサポートする方向に、どんどん進んでいるのではないでしょうか。私はそういう流れを無痛化と呼んでいます。そういう方向に向かって、機関車のようにa邁進《まいしん》している我々の文明のことを、「無痛文明」と呼んでいます。無痛文明が最も進んでいるのは、おそらくアメリカ合衆国と日本ではないでしょうか。

　［ C ］、苦しみからどこまでも逃げ続けていく仕組みが社会の中で発展したとして、それのどこが悪いのか、という疑問が浮《う》かぶと思います。文明の進歩とはそういうものであっただろう。それは文明の輝《かがや》かしい勝利なのではないか、何てすばらしいんだ、と。はたして、そうでしょうか。

　これは非常に悩ましく難しい問題です。現代哲学《てつがく》が正面から立ち向かって、深く掘《ほ》り下げるべき問題ではないかと思います。いま体験しているさまざまな苦しみ、将来ふりかかってくるであろうさまざまな苦しみ、そういうものから、多くの人々が次々と逃げ続けることができるような仕掛《しか》けが張りめぐらされている社会は、いい社会だと思いますか。みなさん、どうお考えでしょうか。

②この問いかけを若い人たちにすると、彼《かれ》らはイエスとはなかなか答えずに、考え込《こ》みます。

（中略）

　苦しみから次々に逃《のが》れていったあとに何が残るかというと、快楽と快適さと安楽さが残ります。社会の中で、人間関係の中で、人生の中で体験する苦しみからどんどん逃れていき、そうしてどうしても逃れられない苦しみがあれば、それに目隠《めかく》しをして見ないことにする。すると、そういうものは全部目の前からなくなって、そのあとに何が残るかというと、快楽、快適さ、安楽さが残る。ほしい刺激《しげき》は手に入れられる、楽をしたいときには楽ができる。こういう状態になるのです。

もちろん今の段階の文明は、まだそこまで行ってはいません。そこを目指して動きはじめたところですから、まだそこまで行っていないのですが、もしそこまで行き着いてしまったらどうなるのか。苦しみからいくらでも逃れ続けることができ、快楽、刺激、安楽さ、快適さ、これらを十分に経験することができる。するとどうなるか。「気持ちがいいけれどもよろこびがない、刺激が多いけれども満たされない」、という状態になるのではないでしょうか。③これが、現代文明の根本問題だと私は思うのです。

私もここまでいろいろ考えてきてわかったのですが、じつはこれは現代に特有の問題ではないのです。これは、非常に古くから哲学や宗教が、それぞれの時代にb即《そく》して考えてきたことなのです。

ある人が財産を手に入れ、権力を手に入れ、好きな人を手に入れ、時間を手に入れ、快楽を手に入れ、刺激を手に入れ、さあどうなったかというと、その人の人生は［X］になりました、というお話を我々はたくさん持っています。どの文化でも持っています。これは何を意味しているのか。

やはり人類は昔から、こういう問題に直面してきたのです。快楽はあるけれどもよろこびがない、物はあるけれども充足《じゅうそく》しないという問題に。ところが、昔の社会では、こういう状況《じょうきょう》に陥《おちい》る人は少数でした。たとえば、権力の頂点に立って人々から(注1)搾取《さくしゅ》している貴族や王族などの、ひとにぎりの人々だけだったでしょう。

すなわち、文明が進歩した結果、昔はひとにぎりの貴族とか王様だけが陥っていた状況が、［Y］したと考えられるのです。無痛化する現代文明とは、昔はひとにぎりの人しか抱《かか》え込むことのなかった富の(注2)逆説を、社会全体で抱え込まなければならなくなった文明のことなのです。

これからの若い人たちがどういう社会を生きなければならなくなるかというと、④砂糖水の中に溺《おぼ》れていくような社会ではないかと私は思います。砂糖水は甘《あま》くておいしい。しかしこれからの社会は、その砂糖水の海に溺れて、窒息《ちっそく》していくような社会なのではないでしょうか。

(森岡正博『生命学をひらく　自分と向きあう「いのち」の思想』〈トランスビュー〉による)

(注1)搾取…権力者が労働者を安い賃金で働かせ、利益の大部分をひとりじめにすること。

(注2)逆説…表現の上では矛盾《むじゅん》しているようだが、よくよく考えると理にかなった説のこと。

問一　波線部a・bの言葉の意味としてもっとも適当なものを次の中からそれぞれ選んで、記号で答えなさい。

a　邁進

ア　ゆったりと進んでいくこと。
イ　一定の速度で進むこと。
ウ　目的に向かって突《つ》き進むこと。
エ　すさまじい音を立てて進むこと。
オ　計画どおりに進んでいくこと。

b　即して
- ア　配慮《はいりょ》して
- イ　独立して
- ウ　合わせて
- エ　抵抗《ていこう》して
- オ　ときどき

問二　空欄《くうらん》A～Cに当てはまる言葉としてもっとも適当なものを次の中からそれぞれ選んで、記号で答えなさい（ただし同じ記号が二か所に入ることはありません）。

ア　そもそも　　イ　では　　ウ　しかし
エ　ならば　　オ　つまり

問三　傍線部《ぼうせん》①「病気でどこかが痛いときに鎮痛剤をつかうことが、私が言いたい無痛化ではない」とありますが、「病気でどこかが痛いときに鎮痛剤をつかうこと」と、筆者の言う「無痛化」とはどのような違《ちが》いがあるのですか。「鎮痛剤をつかうことは」・「無痛化は」を主語にしてそれぞれ説明しなさい。

問四　傍線部②「この問いかけを若い人たちにする」とありますが、どうして「若い人たち」に限定して「問いかけ」をするのですか。その理由としてもっとも適当と考えられるものを次の中から選んで、記号で答えなさい。

ア　年老いた人たちは、もうすでに苦しさやつらさを経験してしまっていて、若い人たちだけがこれから生まれる苦しさやつらさから逃れる権利を持っているから。

イ　年老いた人たちに比べ若い人たちはチャレンジ精神をまだ持っているので、目の前の苦しさやつらさに自ら立ち向かおうとする意志を見せてくれるはずだから。

ウ　哲学的に難しい問題を意地悪で年老いた人たちに問いかけるべきではなく、若い人たちこそ難問に立ち向かうべきだと考えているから。

エ　年老いた人たちは経験的に苦しさの意味を理解しているし、若い人たちこそ自分たちが生きる社会について真剣《しんけん》に考えなければならない立場にいるから。

オ　年老いた人たちはともかくとして、若い人たちであれば「逃げる」という表現に対して強い抵抗感を感じとって歯向かってきそうな気がしたから。

問五　傍線部③「これが、現代文明の根本問題だ」とありますが、どういうことですか。その説明としてもっとも適当なものを次の中から選んで、記号で答えなさい。

ア　人々が満たされた実感を持つことができる段階まで、まだテクノロジーの進歩がたどりつけていないということ。

イ　テクノロジーが進歩して人々の生活を豊かにしても、なかなか満たされた実感を持つことができないということ。

ウ　テクノロジーの進歩がある段階まで達すると、人々は逆に苦しさやつらさを自ら欲《ほっ》するようになってしまうこと。

エ　どうすれば人々が満たされた実感を持てるテクノロジーであるのか、その進歩のさせ方がわからないということ。

オ　純粋《じゅんすい》にテクノロジーの問題に限定しているはずなのに、哲学や宗教といった思想の問題が入り込んでしまうこと。

問六　空欄Xに当てはまる二字の熟語を自ら考えて答えなさい。

問七　空欄Yに当てはまる語句を次の中から選んで、記号で答えなさい。

ア　大衆化　　イ　絶対化　　ウ　孤立《こりつ》化

エ　具体化　　オ　縮小化

問八　傍線部④「砂糖水の中に溺れていくような社会」とありますが、これはどのような状況を述べたものですか。本文の表現を用いて六十字以内で説明しなさい。

問九　この文章の特徴を説明したものとして、もっとも適当なものを次の中から選んで、記号で答えなさい。

ア　哲学や宗教、さらにはテクノロジーにまで考えを広げて現代文明の根本的な誤りを様々な角度から指摘《してき》している。

イ　自分自身が経験してきたことを例としてたくさん盛り込むことによって、実感のこもった訴《うった》えを読者に投げかけている。

ウ　哲学的、宗教的に難しい問題の解決方法を現代の人々の感覚でもわかるようにテクノロジーを実例として紹介《しょうかい》している。

エ　独創的な視点から現代文明を考えることで問題を指摘し、これから進むべきテクノロジーの方向を指し示している。

オ　読み手を強く意識して丁寧《ていねい》に例を挙げながら説明することで、筆者の考えに共感しやすいようにしている。

三　次の①～⑤の傍線《ぼうせん》部のカタカナを漢字に改めなさい。

①　その日の気温に合わせてフクソウを調節する。

②　自分で考えずに答えを見てしまうのはトクサクではない。

③　ウイルスの流行でショウドクエキが必要になる。

④　東北地方の冬はソコビえのする気候だ。

⑤　豊かな知識をもつ専門家をウヤマう。

江戸川学園取手中学校(第一回)

—50分—

一　次の文章を読んで、後の問いに答えなさい。(抜き出しの問題に答える場合、句読点・記号は全て一字とする)

まだ昼前だというのに、【A】気温が上がっている。朝の情報番組では、今日はこの夏一番の暑さになりそうだと言っていた。

ここへ来るまでに大汗をかいたので、川を渡る冷たさがいつもより心地よい。向こう岸にいる戸川は、道具をリュックサックから取り出しているところだった。彼もまだ着いたばかりらしい。

「今日は早いじゃないか」戸川は朋樹を一瞥して言った。

「早いんです」朋樹もその横でバックパックを下ろす。

「念のために訊くが、君は、家の人に行き先を伝えた上で、ここへ来てるんだろうな」

「あー、昨日と今日は言ってません」

「なんでだ。心配するじゃないか」

「だから、化石が一個採れたら、もう来ません。ていうか、東京に帰ります」

戸川が手を止めた。何か言いたげにこちらを見つめてくる。

「コンビニで弁当も買ってきたし、今日中に絶対ケリをつけようと思って。イージーな——」と口走って、1すぐ言い換える。「いい化石が出る場所がダムに沈んじゃったのなら、ここでやるしかないし」

「パネルを見たのか」

「あのヨシエさんて人が見せてくれました」【B】ためらって、言い添える。「博物館の裏の建物で」

「裏の建物?」戸川が白い眉を持ち上げた。

「町長さんが……展示室からはずせって言ったって」

2怯《ひる》むような気持ちもあるが、この件について戸川本人の口からも何かを聞きたかった。

「まったく」意外なことに、戸川はあきれた顔をした。「あの小心者の言いそうなことだ。もういい加減、堂々としていればいいものを」

「怒ってないんですか?」

「何にだ。町長にか」

「だって、町長のせいで館長をやめることになったって、ヨシエさんが。普通、許せないでしょ。町長のことも……うちのじいちゃんのことも」

「許すもくそもない」戸川は静かに言って、その場にあぐらをかいた。「化石の産出地を守りたいなどというのは、私のようなごく少数の人間のエゴだ。富美別の存続や、町の人々の暮らしとはとても比べられん」

「だったらなんで——」ダム建設反対に回ったのか。

「君は、環境アセスメントというのを知っているか」

朋樹はうなずく。「何となくですけど」

「私がまだ自分の行動を決めきれずにいたときのことだ。環境アセスメントの報告書が私のもとに回ってきた。そこには〈地質〉の項目があって、こう書かれていた。〈アンモナイトの化石産出地が一部消失するが、湛水区域外にも広く分布しており、影響は限定的である〉」

戸川はそこで息をつき、眉間のしわを深くした。

「さすがに読む手が震えたよ。〈一部消失〉などという言葉で片付けられるようなことではない。中でも、白亜紀後期チューロニアン期の露頭にいたっては、一つ残らず水没してしまったんだからな。四百万年にわたる一つの地質時代を丸ごと消し去っておいて、〈影響は限定的〉。そんな言われ方をされて私が黙っていたら、彼らに3申しわけが□たんじゃないか」

「彼らって――」昨日見た光景が浮かぶ。「昔の研究者の人たちですか」

戸川はかぶりを振った。「その時代のアンモナイトたちに決まっているだろう」

「ああ……」朋樹は低くもらし、告げる。「昨日、倉庫の奥も見せてもらいました。化石がいっぱいしまってある。何ていうか……ヤバいですよね、あそこ」あのとき感じた驚きを伝えたいのだが、気恥ずかしさもあって、素直に言葉にできない。

「だって、どの引き出し開けても、アンモナイトばっか。全種類コンプリートしたいのかと思ったら、同じ種類のやつがメッチャあるし」

4言葉じりを軽くしようと必死な朋樹を、戸川は黙って見つめている。

「それが『研究』ってやつなんですか？　それとも、埋まってる化石は一つ残らず見つけ出してやろう、みたいな？　だいたい、なんでみんな必死になってアンモナイトなんか――」もはや質問という形でしか、思いを口にできなかった。「仕事だからですか？　でも戸川さん、もう博物館はとっくに辞めてるし」

数秒間を置いて、戸川はふんと5□を鳴らした。おもむろに腰を上げながら言う。

「ただ単に、中毒みたいなものさ」

「中毒？」

「土を触って地層を調べ、ハンマーを振るって化石を採り、記録をつけて考える。それを毎日のように続けてるとな、病みつきになるんだよ。単なる肉体労働ではないし、机に向かって【Ｃ】唸っているのとも違う。頭と体を同時に使うってことが、人間という動物の性に合ってるのかもしれん」

6「□しいんですか」

「やってみれば、誰にでもわかる。疲れまでが心地いいんだから、不思議なもんだよ。一度その味を知ってしまうと、歳をとったからといって、家でじっとなどしておれん。幸い――」

戸川は体を反転させ、崖のほうを見渡した。

「やることはまだいくらでもあるからな」

「いくらでもって……」朋樹もそちらに顔を向ける。「いい場所はもう水没しちゃったんでしょ？　それとも、ここは見込みがあるんですか？　何かすごい発見がありそうとか」

「そんなことは誰にもわからん。7わからんからやるんだろうが」戸川は渋い顔で言った。「やるのは誰でも構わんが、何年、何十年かけてでも散々やってみて、それでもダメなら、ここはダメだということがわかる。そして、次の場所へいく。わかることではなく、わからないことを見つけていく作業の積み重ねだよ」

戸川は地面のハンマーを二本拾い上げると、一本を朋樹の目の前に差し出した。

「科学に限らず、うまくいくことだけを選んでいけるほど、物事は単純ではない。まずは手を動かすことだ」

【二〇二一年　伊与原新「アンモナイトの探し方」『月まで三キロ』

〈新潮文庫〉所収。）問題のため一部文章を改めた。】

問一　本文中の空欄A～Cを埋めるのに、もっとも適切な語句を次からそれぞれ一つずつ選び、記号で答えなさい。

ア　うんうん　　イ　ぐんぐん　　ウ　わずかに

問二　傍線部１「すぐ言い換える」とあるが、朋樹がそうした理由の説明としてもっとも適切なものを次から一つ選び、記号で答えなさい。

ア　自分の口走ろうとした言葉が、安易なカタカナ語と受け取られ真意が伝わらないのではないかと心配になったから。

イ　自分の口走ろうとした軽々しい言葉が、仕事に忙しい戸川の気分を害してしまうのではないかと不安になったから。

ウ　自分の口走ろうとしたカタカナ語が、年配者である戸川にはなじまないために通じないのではないかと思ったから。

エ　自分の口走ろうとした言葉が、話を聞いている戸川の価値観にはそぐわない表現なのではないかと気になったから。

問三　傍線部２「怯むような気持ち」とあるが、なぜそのような気持ちになったのか。理由の説明としてもっとも適切なものを次から一つ選び、記号で答えなさい。

ア　今はもう気にしていないことをしつこく質問することで、うんざりした戸川に叱られてしまうのではないかと不安になったから。

イ　自分が話すことで戸川がかつて水に流したはずのできごとを思い出させてしまい、戸川を怒らせてしまうかもしれなかったから。

ウ　自分自身の好奇心を満たす目的のために戸川に事実を伝えてしまうことで、戸川がどのような反応をするかわからなかったから。

エ　戸川の意見を聞きたかったが、自分が許可もなく戸川の過去のことを探っていたと知られてしまうのは都合が悪いと思ったから。

問四　傍線部３中の空欄を埋めるのに適切な漢字一字を書きなさい。

問五　傍線部４「言葉じりを軽くしようと必死」とあるが、このときの朋樹の気持ちの説明としてもっとも適切なものを次から一つ選び、記号で答えなさい。

ア　アンモナイトを研究することに一生懸命になっている戸川の情熱は理解できないが、他人を責めることもなく自分にできることを続ける姿勢に感動したが、恥ずかしくて素直にほめることができないと思っている。

イ　倉庫にしまわれているアンモナイトの化石に圧倒されたのを伝えようと思ってはいるが、自分の感情をさらけ出してしまうことには抵抗もあり、たいした話ではない風を装いながらもわかってほしいと思っている。

ウ　倉庫を見せてもらったときには数があまりに多くて驚いてしまったが、アンモナイトの化石発掘には興味が湧いていたので、前向きな言葉を選んで話すことで戸川から発掘の面白さを教えてもらおうと思っている。

エ　博物館に収められているアンモナイトの化石の数々は素晴らしいと感じたが、それを話すことでかつて町長たちから受けた仕打ちを思い出させてしまうので、なるべく早く明るい話題に切り替えようと思っている。

問六　傍線部５中の空欄を埋めるのに適切な漢字一字を書きなさい。

問七　傍線部６中の空欄を埋めるのに適切な漢字一字を、会話の流れを踏まえて書きなさい。

問八　傍線部7「わからんからやる」とあるが、それはなぜか。理由の説明としてもっとも適切なものを次から一つ選び、記号で答えなさい。

ア　ここで見つかるものがすごい発見につながるかわからないが、見つけないことには何の発見にもならないから。

イ　どのような成果が挙がるかはわからないが、何もしないでいるよりは何かをしていた方が前向きになれるから。

ウ　なぜそれをするのかはわからなくても、目的を忘れて没頭することで本当の価値を見つけることができるから。

エ　見込みがあるかないかわからないが、実際にやってみてわからないと知ることでしか進めないこともあるから。

□二　次の文章を読んで、後の問いに答えなさい。（抜き出しの問題に答える場合、句読点・記号は全て一字とする）

ベトナムは、一九八六年に、政府がドイモイ政策（市場経済）を導入して以来、海外からの直接投資が可能になり、軽・重工業の輸出が[ア]オオハバに伸び、ハノイやホーチミンといった都市部では、著しい経済[イ]ハッテンによって生活[ウ]スイジュンが急速に高くなっています。一方、農民の生活は依然として厳しく、人口と資金が都市に集中し、地域間[エ]カクサは大きく広がっています。

農村では、教材や教師の不足で子どもが学校に通えないこともあります。もっと貧しい地域では、子どもの[オ]エイヨウ失調が深刻化するなど、さらに多くの問題を抱えています。私が訪れた村でも、家の中は不衛生で、道路も舗装されていません。【Ａ】、貧しくても親や子どもたちは明るく素直で、毎日が穏やかに過ぎていくという印象を受けました。

「子は親が育てる」というよりも、大勢の家族や村の人たちに囲まれて暮らすうちに、子どもたちはやがて成人するという表現の方が似合っています。「育児をする」という概念そのものが存在しないかのようでした。【Ｂ】、お母さんの育児不安も感じられません。

単純に日本とベトナムの育児環境を比較することはできませんし、【Ｃ】日本の家族をベトナムのような大家族の風景と重ねることはできません。しかし大勢の人が赤ちゃんの面倒を見ることで、お母さんの育児負担が軽減されるのであれば、彼らのような[1]大家族の役割を「地域」に任せてもよいのではないかと思います。

それでは、今後の育児のあり方について、私なりの考えを具体的にまとめてみましょう。

結論から先に書きましょう。従来の育児は親（母親）だけのものという発想と、女性の生き方や就労を無視した発想から抜け出すには、「地域」の育児力を取り戻すこと、それには地域の「保育所」が大きな役割を果たすと私は考えています。

もともと保育所は、日本が貧しかった頃、「保育に欠ける」子どもを預かる場所として誕生しました。高度成長期をへて成熟社会に入り、「保育に欠ける」子どもは珍しくなりました。その代わりに、就労を希望する親の増加や、親と一緒に保育に関わってくれる場の要請などは、年々高まっています。

しかし、「保育に欠ける」子どもを預かることを目的として設立された日本の保育所は、依然として働くお母さんのためのものであり、例えば「同年齢の子どもと一緒に遊ぶ楽しさを味わわせ、社会のルールを身につけさせたい」「手のかかる兄弟がいるので少し預かってほしい」といった[2]□□化する親の願いを充足させるものではありません。

待機児童ゼロ作戦などの取り組みも、そもそも子どもに必要な「保育」とは何かという議論がなされないまま、一部の人のものとして利用されているのが現状です。

親の就労非就労にかかわらず、保育所を地域の保育の場として提供するためには、従来の「保育に欠ける」という概念を取っ払い、地域と保育所が一体となって、子育て支援を行う必要があるのではないでしょうか。

今後、保育所に求められる役割を整理してみましょう。一つは、保育所が長年培ってきた専門的知識や実践技術を親に提供し、地域の子育てを豊かなものにすることです。つまり、「地域全体の保育化」です。

もう一つは、開かれた保育所です。主に行事や保育所設備について、乳幼児とその親に参加・利用してもらうことで、保育所そのものが地域の一部を担うのです。この「保育所の地域化」には、[3]地域の人々を子育ての「傍観者」にしないという大切な役割があります。

とはいえ、子どもを預かってくれさえすればどのような保育所でもよいわけではありません。親の要望の高まりに合わせて、保育士やカリキュラムの質の向上が求められます。この点について「砂場遊び」を例に考えます。

ここで質問をしましょう。皆さんは、なぜ保育所に砂場が必要か考えてみたことはあるでしょうか。実はこの質問に明確に答えられる保育士はあまりいません。

「砂場」が何を目的としているのかを考える必要があるのは、[4]遊びのマニュアル化やパターン化を防ぐためです。

確かに砂場遊びは、造形と破壊の面白さ、仲間と遊ぶ楽しさを与えてくれる大切な遊びです。昔、雨が降ると、家の周りが泥でぬかるみ、子どもたちは服を汚しながら泥だらけになって遊びました。私たちが幼い頃に泥んこ遊びをしたのは、雨が降れば家の周りに泥地ができたからです。

しかし今の子どもたちには、その面白さが伝わらない可能性があるということも知っておくべきです。

道が完璧に舗装され、緑が大切だからと植樹をする時代の子どもたちに、「ほら、砂場に水を入れて泥遊びをすると楽しいでしょう。これが自然だよ」と言っても、子どもの目には「不自然で気持ちが悪いもの」と映るかも知れないのです。遊びがマニュアル化する、パターン化すると書いたのは、そのためです。

例えば砂場だけでなく、保育所の設定保育や行事についても、設定当初の目的が形骸化してしまうと、指導者は、「どうすれば、子どもたちが私の設定した砂場遊びや行事、設定保育に飛びついてくれるのか」に腐心するようになります。それは、「指導者が管理する遊び」だからです。保育士は[5]技術に重きを□き、子どもたちの管理により多くの力を注ぐようになります。

しかし、砂場遊びのねらいが、「造形の破壊の面白さ」「仲間と遊ぶ楽しさ」なら、遊びのかたちが変化するかも知れませんし、他の遊びを発見するかもしれません。大切なのは、「指導者がしてほしい遊び」ではなく、「その遊びを通じて子どもたちに何を学んでほしいか」を考えることではないでしょうか。

保育所は、地域の育児力を取り戻す大きな役割を果たすことができるでしょう。6プロのノウハウを公開し、育児不安に悩むお母さんたちの心の拠り所になってほしいと願います。

（二〇〇四年　小西行郎『早期教育と脳』〈光文社新書〉より。
問題のため一部文章を改めた。）

問一　本文中の空欄A～Cを埋めるのに、もっとも適切な語句を次からそれぞれ一つずつ選び、記号で答えなさい。

ア　しかし　　イ　当然　　ウ　ましてや

問二　傍線部1「大家族の役割」の内容を五字以内で考えて書きなさい。

問三　傍線部2の空欄を埋めるのに、もっとも適切な語句を次から一つ選び、記号で答えなさい。

ア　均質　　イ　近代　　ウ　高度　　エ　多様

問四　傍線部3「地域の人々を子育ての『傍観者』にしない」について説明した次の文の空欄を埋めるのに適切な漢字二字を本文中から探し抜き出して書きなさい。

地域の人々を子育ての□□者にすること

問五　傍線部4「遊びのマニュアル化やパターン化」の説明として、もっとも適切なものを次から一つ選び、記号で答えなさい。

ア　保育にあたる指導者が効率よく保育することを重視し、子どもが仲間と遊ぶ楽しさを体験できなくなること。

イ　保育にあたる指導者が人工的な遊び場を嫌って、子どもの実態に合わない自然の中で遊ばせようとすること。

ウ　保育にあたる指導者がよく考えることをせず、子どもに決まった遊びをさせることを目的としてしまうこと。

エ　保育にあたる指導者に新しいものの価値がわからずに、伝統的な遊びをさせることにこだわってしまうこと。

問六　傍線部5内の空欄を埋めるのに適切な漢字一字を書きなさい。

問七　傍線部6「プロのノウハウ」と同じ内容を意味する語句を本文中から十字で探し抜き出して書きなさい。

問八　傍線部ア～オのカタカナを漢字に改めて書きなさい。

問九　二重傍線部「地域の『保育所』が大きな役割を果たす」とあるが、それはどのような役割か。八十字以上、百字以内で答えなさい。なお解答には「保育に欠ける」「保育化」「地域化」の三語を入れること。

桜美林中学校（２月１日午前）

—50分—

＊解答に字数制限がある場合は、句読点なども字数として数えます。
＊漢字で書くべきところは漢字で書いてください。

一　次のそれぞれの問いに答えなさい。

問一　①～⑥の――線部のカタカナを漢字に直しなさい。

①　先生の助言を心にトめる。　②　真冬のカンパがやって来た。
③　車のハソン事故。　④　ラッパをガクタイで吹く。
⑤　ショコクをめぐって旅をする。　⑥　プロ野球がカイマクする。

問二　次の中から意味が似ている言葉を二つ選び、記号で答えなさい。

ア　組織　　イ　講義　　ウ　機械　　エ　知識　　オ　機構

問三　次の三つの漢字は、ある共通する部首をつけると別の漢字を作ることができる。その部首名をひらがなで答えなさい。

木・寸・井

問四　次の四字熟語の漢字のまちがいを探し、例にならって正しく書き直しなさい。

例　意心伝心　〔意→以〕

才色兼《けん》美

問五　次のことばは慣用句である。（　）に入る漢字の総画数を漢数字で答えなさい。

竹（　）の友

二　次の文章を読んで、あとの問いに答えなさい。

真野《まの》の家は帰り道にあったし、①ちょっとだけよってみようと思った。

くやしかったので、ほんとは女子のいうことなんか無視するつもりだった。

けれど、あのときの真野のすがたを思いだして、おれはやっぱりほうっておけなくなった。

おれが真野に話しかけたのは、女子たちのいうとおり、おとといの体育のときだった。

べつに悪気なんかなかった。

ミニサッカーの練習で、真野がミスばっかりしてたから、

「おまえ、ほんとドジすぎだよなあ。もうちょっと、やせたらいいんじゃないか？」

つい、そういっただけだった。

もちろん、本気じゃなくて、冗談《じょうだん》のつもりだった。

それなのに真野は、まるいほっぺを赤くさせたかと思うと、いきなり［ 1 ］涙《なみだ》をながしはじめた。

えっ？　おれは、あわててなにかいおうとした。けれど真野はむこうにかけだし、②おれはあやまることさえできなかった。

真野のことは、正直あんまりよく知らない。

ふだんからおとなしくて、あんまり話したことのⅠ～ない子だった。

ぽっちゃりしてて、背が小さくて、おまけにまんまるの髪型《かみがた》で、家がおれんちの近くで……。

知ってることといえば、そのくらいだった。

ああ、そうそう。小さいころから習っていて、ピアノはうまいらしい。

女子たちがいつかそんなことを話していたのを聞いたことがある。

でも、ピアノをひくとこなんか見たことないし、それに、おれがいちばんきらいな音楽のことだったし、どうでもいいやと思っていた。考えごとをしてたら、あやうく通りすぎるところだった。

角をまがったところにある茶色いたてものが、たしか真野の家だった。門柱のむこうをのぞいてみた。

庭があって、花壇《かだん》にはきれいな花がさいている。

あっと思った。だれかが花壇のそばにしゃがみこんでいる。手にはじょうろをもっていて、水をかけている。見覚えのあるぽっちゃりとした横顔が見えた。

まちがいなく真野カオルで、おれは門柱をぬけ、いそいで庭に足をふみいれた。

「おーい真野、おれだよ、おれ」

真野はびっくりしてこっちをふりかえった。

「おまえさ、どうして休んだんだよ。おれ、めちゃくちゃ文句いわれてさー」

いきなりそう話しかけたのが、まずかった。

真野はじょうろをほうりだし、ばたばたとにげだした。そして、玄関《げんかん》ドアをあけ、家のなかへとはいりこんでしまった。

「ちょっと待てって」

真野はドアをしめるのを忘れていた。だからおれは、真野をおいかけて、そのまま玄関のなかまではいってしまった。

けれど、玄関先にはもう真野はいなかった。③あわててぬぎすてたのだろう。赤いサンダルがころがっている。

いくらおれだって、勝手に家のなかにあがりこむなんてことはできない。だってそれじゃあ、どろぼうと同じだから。

「おれ、真野さんと同じクラスの田村《たむら》です。お休みだったから、あの、学級通信もってきました。えっと、けっして、あやしいものじゃ……」

とりあえず、家のなかへと声をかけてみた。真野の親がいると思ったからだ。

けれど家のなかは静まりかえったまま。

ん？　と【Ａ】をかしげていると、

「ママもパパもお仕事でいないの。わたしだけなの……。田村くん、学級通信もってきてくれたの？」

すぐ近くから真野の声が聞こえてきた。

たぶん、玄関をあがったとこにある部屋からだった。ということはつまり、真野はそこにかくれているのだろう。

あやしいものじゃないなんていってしまって、なんだか恥《は》ずかしくなってきた。ごまかすみたいに、

「うん。たのまれたからな」

そういって、真野がいるだろう部屋のまえに、学級通信をよいしょっと押《お》しだした。

部屋のとびらがちょっとだけあいた。あきらめて顔をだすのかと思ってたら、そうじゃなかった。

でてきたのは片手だけで、学級通信のプリントをつかむと、またとびらのなかに引っこんでしまった。

［２］という音が聞こえた。たぶん通信を読んでいるのだろう。

おれは、玄関先に立ったまま話しかけた。

「あのさ、このまえはごめんな。へんなこといってさ。なんていうか、はずみでいっちゃったんだよ。だから、ぜんぜん気にしないでいいからさ」

「はずみでも、ひどいよ……」

泣きそうな感じの声だったので、[3]した。

「おれ、もういわないからさ。だから、もう学校でてこいよ。だって、真野、花に水やってたし、元気してたじゃん」

「あれはママにたのまれたから……」

いいわけっぽい口ぶりだった。でも、これ以上よけいなことをいうと、またまずいことにⅡなりそうだった。

「うんうん。水やり大切だからな。でもほら、おれあやまったじゃん。だからさ、たのむから学校でてこいよ」

おれは目の前に真野がいるわけでもないのに、両手を合わせ【Ｂ】をさげていた。

「わたしね、田村くんのいったことなら、もうゆるしてるから。だから、だいじょうぶだから……」

そう真野がいったので、おれはほっとした。

「そうか。ありがとうな真野。じゃあ、もうあしたは学校これるんだよな」

おれは④これでぜんぶ解決したと思っていた。だから、あたりまえのようにそういった。

でも、真野にとっては、ぜんぜんあたりまえのことじゃなかった。

「それはむり。だってわたし、学校には行きたくないから……」

「な、なんだよそれ。だいじょうぶだっていったじゃないかよ」

おれはつい大きな声をあげてしまった。けれど、⑤真野は決心したように話しはじめた。

「わたしね、自分に自信がないの……。だってね、田村くんも知ってるでしょ、わたしってドジばっかりで、みんなにいつも笑われているの。だから、もういやなの」

「そんな大げさな」

「ぜんぜん大げさじゃないよ……。だって、人と話すのも苦手だし、いいたいこともいえないし、暗い子だって思われてるし……。運動だってめちゃくちゃへただし、勉強もできないし……」

「なにいってんだよ。おれよりは勉強できてるだろ。それに、真野はピアノがうまいじゃないかよ。それって、すごいことだって」

元気づけようと、おれは一生けんめい話しかけた。けれど、おれのはげましなんか、まるで通用しなかった。

「ピアノがひける子はたくさんいるから。それにわたし、人まえでピアノをひくと、どきどきしていつも失敗するの。もうどうしようもないの」

「ちょっと待てって。真野はなんでもかんでもまじめに考えすぎなんだよ。もっと肩《かた》の力ぬいてさ、気楽にいけばいいんだって。おれなんて、しかられてばっかりだけど、ぜんぜん気にしてないぞ」

「じゃあ、田村くんはさ……」

少し口ごもったあとで、真野はおれにたずねた。

「なにかないの？　すごく苦手で、自信がなくて、いやでいやでにげだしたくなるようなことって？」

「な、なんだよそれ？」

わけのわからない質問だったけど、おれはそれなりに真剣《しんけん》に考えてみた。

　苦手なことならいっぱいある。勉強とか、きまりを守るとか……。でもうまくいかなくてもたいしたことないし、にげだしたくなるほどじゃない。あっ。そういえば、あれがあったっけ……。

１「それはないな。だって、てきとうにごまかしてるから。みんなで歌うときには口パクしてるし」
２「えっと、歌を歌うことかなあ。おれ、すごいオンチでさ、ひどいことになっちゃうんだよ」
３「ドクショウ？　ああ、まえにでてひとりで歌うやつか。それならだいじょうぶだ。だって、崎戸《さきと》先生はむりやり歌わせることはしないし、希望者だけだから。そのへん、あの先生、助かるんだよなあ」
４「でも、独唱のときとかは？」
５「じゃあ音楽のときは、いやでいやでたまらなくなるの？」

「あのね、田村くん」

　しばらくして、真野が思いきった感じでいった。

「田村くん、わたしにもっと気楽にいけばいいっていったよね。だったら、お手本を見せてほしいの」

「お手本？」

「そう。みんなのまえで歌ってほしいの」

　X おれに、真野はかまわず話しつづけた。

「田村くんがいちばん苦手なことにチャレンジして、笑われてもからかわれても、ぜんぜん気にしないで気楽にいられるのなら……わたしもがんばろうって思えるかもしれない……」

「ちょ、ちょっと待ってくれよ」

「だって学級通信に書いてあるよ。あしたの音楽は独唱タイムがあるって。だから歌いたい人は希望してくださいって」

　独唱タイムというのは、崎戸先生が音楽の授業のなかではじめた。ようするにカラオケ大会のようなものだった。

　なんでも崎戸先生は小さいころは、言葉がつまってじょうずに話せなかったらしい。ところが、人まえで歌を歌いだしたら、自信がもりもりついて、どんどん言葉が話せるようになったということだった。

　だから先生は、

「みなさん、歌ってすばらしいんですよ」

　そういって、⑥なにかといえばおれたちに歌を歌わせようとする。

　でも、おれにとっては、正直いって大迷惑《だいめいわく》な時間だった。

　学級通信にそんなことが書いてあったなんて、ぜんぜん知らなかった。もともと通信を読むことはあんまりなかったからなあ……。

「田村くんがちゃんと歌ってくれたら、わたし、もうずる休みなんかやめるから。がんばって学校に行くから」

「そんなこといってもよー」

　部屋のとびらが少しだけひらいた。そこには真野がいて、横顔が少し見えた。元気なく、うつむいた横顔だった。

「わかったよ。手本見せてやるから、おまえも約束守れよな」

　気がついたら、そういってしまっていた。だって、どうにかしてやりたいと思ったから。

【日本児童文学者協会・編

福田隆浩「約束」（『もうサイアクだ！　その一言から生まれる物語』〈偕成社〉所収）より】

問一　[1]～[3]に入ることばとして適切なものを次の中からそれぞれ選び、記号で答えなさい。（ただし、同じものは使えない。）

ア　じっと　　イ　ぽろぽろと　　ウ　がさがさと
エ　がっくりと　　オ　ぎくりと

問二　【Ａ】、【Ｂ】に入る体の一部を表すことばの組み合わせとして適切なものを次の中から一つ選び、記号で答えなさい。

ア　Ａ　鼻　Ｂ　首　　イ　Ａ　首　Ｂ　手
ウ　Ａ　首　Ｂ　頭　　エ　Ａ　鼻　Ｂ　足

問三　～～線部Ⅰ・Ⅱと同じ用法のものを次の中からそれぞれ一つ選び、記号で答えなさい。

Ⅰ「の」
ア　わたしのペンです。　　イ　妹のさくらこです。
ウ　これはかのじょのです。　　エ　さくらのさく季節だ。

Ⅱ「そうだ」
ア　赤ちゃんはもうすぐねむりそうだ。
イ　かれはその事件を知らないそうだ。
ウ　あの遊園地は楽しいそうだ。
エ　友だちは元気だそうだ。

問四　[X]にあてはまることばとして適切なものを次の中から一つ選び、記号で答えなさい。

ア　しびれをきらした　　イ　虫の居所が悪い
ウ　鼻もちならない　　エ　あっけにとられている

問五　――線部①「ちょっとだけよってみよう」とあるが、それはなぜか。その理由として適切なものを次の中から一つ選び、番号で答えなさい。

1　あまり気はすすまないが、帰りがけに真野の家によって、とにかく本人にあやまろうと考えたから。
2　真野が自分の言った冗談を真に受けて、うじうじしていることにいらつき、文句を言ってやろうと思ったから。
3　クラスの女子に言われていることが信じられず、本当のことを真野に直接会って確かめようと思ったから。
4　自分がうっかり言ってしまった言葉のせいで、学校に来られなくなってしまった真野のようすが気になったから。

問六　――線部②「おれはあやまることさえできなかった」とあるが、それはなぜか。その理由として適切なものを次の中から一つ選び、番号で答えなさい。

1　真野が突然《とつぜん》泣き出してかけて行ってしまい、どうすればいいかわからなかったから。
2　真野の気持ちがわからないので、どのようにあやまればいいか思いつかなかったから。
3　真野のことをよく知らないため、かけることばがまったく浮《う》かんでこなかったから。
4　真野が自分に対しておこっていることに納得がいかず、あやまる気になれなかったから。

問七　――線部③「あわててぬぎすてたのだろう」とあるが、このときの真野のようすとして適切なものを次の中から一つ選び、番号で答えなさい。

1　学校で体育の時間に起こったことについては、意地でも田村と話したくないと思っている。

2　来るとは思わなかった田村が急に家に来て、驚《おどろ》き、どう対応したらいいかとまどっている。

3　クラスの友人である田村に、家でどのような生活をしているか見られたくないと思っている。

4　自分にひどいことを言った田村をいやがり、会いたくないことを示そうとしている。

問八　――線部④「これでぜんぶ解決したと思っていた」とあるが、田村はどのように解決してほしいと思っていたのか。「～と思っていた。」に続くように、三十五字以内で説明しなさい。

問九　――線部⑤「真野は決心したように話しはじめた」とあるが、ここからうかがえる真野の考えについての説明として、適切なものを次の中から一つ選び、番号で答えなさい。

1　自分が暗い子ということを打ち明ければ、田村が苦手を克服《こくふく》できるよい手本を見せてくれると思っている。

2　学校に関係している人物にいっさい関わりたくないので、適当に話をして帰ってもらおうと思っている。

3　次つぎに話をしてくる田村の勢いにおされて気持ちが変わり、正直に自分の気持ちを打ち明けようと思っている。

4　自分のことを気にしてわざわざ来てもらっているのに、黙《だま》りつづけているのは申し訳ないと思っている。

問十　……線でかこまれた部分の1～5を正しい順序に並べかえ、番号で答えなさい。

問十一　――線部⑥「なにかといえばおれたちに歌を歌わせようとする」とあるが、先生が生徒に歌を歌わせるのはなぜか。その理由を説明した次の文の（　　）にあてはまるように、「表現」ということばを用いて、十字程度で答えなさい。

人前で歌う経験によって（　　　　　　　　）ことができるようにするため。

三　次の文章を読んで、あとの問いに答えなさい。

２０１３年に、和食がユネスコの無形文化遺産に登録された。登録にいたったのは、自然を【Ａ】する日本人の基本精神にのっとり、地域の自然特性に見合った食の慣習や行事を通じて家族や地域コミュニティーの結びつきを強める重要な文化だからというのが主な理由だ。大変いいことだと思う。これを機に、和食と日本人の暮《く》らしについて過去の歴史をふり返り、食の文化を育んできた日本列島の自然と人間との関わりについて多くの人々が思いをめぐらすようになってほしい。

私の専門分野である霊長類学[注1]は、人間に近い動物の生き方から人間の進化や文化を考える学問である。人間以外のサルや類人猿《るいじんえん》（ゴリラやチンパンジー）を野生の生息地で追っていると、「【Ｘ】」と思い知らされる。彼《かれ》らの主な食べ物は自然のあちこちに散らばり、季節によってその姿を変える植物だ。いつ、どこで、何を、どのように食べるかが、一日の大きな関心事である。群れをつくって暮らすサルたちにとっては、①それに加えて「だれと食べるか」が重要となる。いっしょに食べる相手によって、自分がどのように、どのくらい食物に手を出せるかが変わるし、相手を選ばないと、食べたいものも食べられなくなってしまうからだ。

　日本列島には43万～63万年前からニホンザルがすみついてきた。人間が大陸から渡《わた》ってきたのはたかだか2万数千年前だから、彼らのほうがずっと先輩《せんぱい》である。日本の山へ出かけてサルを観察すると、彼らがいかにうまく四季の食材を食べ分けているかがわかる。新緑の春には若葉、灼熱《しゃくねつ》の夏は果実と昆虫《こんちゅう》、実りの秋は熟した色とりどりの果実、そして冷たい冬は落ちたドングリや樹皮をかじって過ごす。

　サルに近い身体をもった人間も、これらの四季の変化に同じように反応する。もえいずる春には山菜が欲しくなるし、秋には真っ赤に熟《う》れた柿《かき》やリンゴに目がほころぶ。サルと同じように人間も長い時間をかけて植物と共進化をとげてきた証《あかし》である。人間の五感は食を通じて自然の変化を【Ｂ】に感知するようにつくられてきたのだ。

　②人間にはサルと違《ちが》うところが二つある。まず、人間は食材を調理して食べるという点だ。植物は虫や動物に食べられないように、硬《かた》い繊維《せんい》や二次代謝物で防御《ぼうぎょ》している。それを水にさらしたり、火を加えたりして食べやすくする方法を人間は発達させた。［１］人間は川や海にすむ貝や魚を食材に加え、野生の動植物を飼養したり栽培《さいばい》したりすることによって得やすく、食べやすく、美味にする技術を手にした。人間は文化的雑食者であるともいわれる。日本人もその独特な文化によって、ニホンザルに比べると圧倒的《あっとうてき》に多様な食材を手に入れることができたのである。

　もう一つの違いは、人間が食事を人と人とをつなぐコミュニケーションとして利用してきたことだ。サルにとって食べることは、仲間とのY あつれきを引き起こす原因になる。自然の食物の量は限られているから、複数の仲間で同じ食物に手を出せばけんかになる。それを防ぐために、ニホンザルでは弱いサルが強いサルに遠慮《えんりょ》して手を出さないルールが徹《てっ》底《てい》している。強いサルは食物を独占《どくせん》し、決して仲間に分けたりはしない。そのため、弱いサルは場所を移動して別の食物を探すことになる。ひとりでも食べられるのに、わざわざ食物を仲間の元へもち寄って共食するのだ。

　③共食の萌芽《ほうが》はすでにゴリラやチンパンジーに見られる。チンパンジーは時折狩猟《しゅりょう》をする。力の強いオスがサルやムササビなどを捕《つか》まえてその肉を食べるのだ。そんなとき、獲物《えもの》を捕《と》らえたオスの周りには他のオスやメスたちが群がってくる。めったに得られない肉の分配にあずかろうとしてやってくるのだ。肉をもったオスは力が強いので、その肉を独占して食べようとすればできないことはない。しかし、他のチンパンジーの要求は執拗《しつよう》で、なかなか拒《こば》むことができず、ついには引きちぎってとるのを許してしまう。チンパンジーの世界では、どんなに体の大きなオスでも力だけでは社会的地位を保てず、仲間の支持が必要である。肉の分配はその支持を得るために使われているようなのだ。［２］、サルとは違って、チンパンジーはもっぱら弱い個体が強い個体に食物の分配を要求し、いっしょに食べるのである。

　最近私たちは、チンパンジーと同じようにゴリラも、オスが大きなフルーツをメスや子どもたちに分配しているのを観察した。オランウータンにも食物の分配行動があることが知られているから、ヒト科の類人猿はすべて、おとなの間で食物が分配されるという、霊長類にはまれな特徴《とくちょう》をもっていることがわかる。人間はその特徴を受け継《つ》ぎ、さらに食物を用いて互《たが》いの関係を調整する社会技術を発達させたのだ。

食事は、人間どうしが無理なく対面できる貴重な【C】である。人間の顔、とりわけ目は、対面コミュニケーションに都合よくつくられている。人間の目には、サルや類人猿の目と違って白目がある。この白目のおかげで、1〜2メートル離《はな》れて対面すると、相手の目の動きから心の状態を読みとることができるのだ。

顔の表情や目の動きをモニターしながら相手の心の動きを知る能力は、人間が生まれつきもっているもので習得する必要がない。［3］、目の色は違っていても、すべての人間に白目がある。ということは、白目は人間にとって古い特徴でありながら、チンパンジーとの共通祖先と分かれてから獲得《かくとく》した特徴だということだ。対面して相手の目の動きを追いながら同調し、共感する間柄《あいだがら》をつくることができるのが、人間に特有な能力なのだ。それが人間に独特な強い信頼《しんらい》関係を育み、④高度で複雑な社会の資本となってきたと考えることができる。

実は、日本人の暮らしも、食物を仲間といっしょにどう食べるかという工夫のもとにつくられている。日本家屋は開放的で、食事をする部屋は庭に向かって開いている。四季折々の自然の変化を仲間と感じ合いながら食べられるように設計されているのだ。鳥や虫の声が響《ひび》き、多彩《たさい》な食卓の料理が人々を饒舌《じょうぜつ》にする。その様子をだれもが見たり聞いたりでき、外から気軽に参加できる仕組みが、日本家屋の造りや和食の作法に組み込《こ》まれている。

だが、昨今の日本の暮らしはプライバシーと効率を重んじるあまり、⑤食事のもつコミュニケーションの役割を忘れているように思う。和食の遺産登録を機に、⑥自然と人、人と人とを豊かにつなぐ日本の和の伝統を思い返してほしい。

（山極寿一『ゴリラからの警告「人間社会、ここがおかしい」』〈毎日新聞出版〉より）

注1・霊長類学《れいちょうるいがく》……人間やサルなどについて研究すること。

問一 ［1］〜［3］に入ることばとして適切なものを次の中からそれぞれ選び、記号で答えなさい。（ただし、同じものは使えない。）

ア　ところが　　イ　さらに　　ウ　しかも
エ　むしろ　　オ　だから

問二 【A】〜【C】に入る二字のことばを次の漢字を組み合わせてそれぞれ作りなさい。

尊　機　的　敬　要　確　重　会　認

問三 【X】に入る表現として適切なものを次の中から一つ選び、記号で答えなさい。

ア　サルも家族を大切にする　　イ　人間と猿人類はよく似ている
ウ　生きることは食べることだ　　エ　食べるためには工夫が必要だ

問四 ——線部Y「あつれきを引き起こす」とあるが、これをわかりやすく言いかえた表現を文中より六字でぬき出しなさい。

問五 〜〜線部の本文における意味として適切なものを次の中からそれぞれ一つ選び、記号で答えなさい。

「饒舌にする」
ア　おとなしくする　　イ　ゆったりとさせる
ウ　落ち着かせる　　エ　おしゃべりにする

問六 本文には次の一文がぬけている。どこに入れたらよいか、この直後にくる五字をぬき出しなさい。

ところが、人間はできるだけ食物を仲間といっしょに食べようとする。

問七　――線部①「それ」とあるが、何をさしているか。文中のことばを用いて二十五字以内で答えなさい。

問八　――線部②「人間にはサルと違うところが二つある」とあるが、その説明として適切なものを次の中から二つ選び、番号で答えなさい。

1　弱い仲間には食物を分けないが、強い仲間には分けようとする。
2　食材を水にさらしたり、火を加えたりして食べやすくする。
3　おいしく食べることよりも、多くの食物を手に入れようとする。
4　食物を仲間とともに食べることでコミュニケーションをとろうとする。
5　植物を虫や動物と分け合いながらバランスをとろうとする。
6　ひとりで食べられる時は、仲間に気がねすることなく食べようとする。

問九　――線部③「共食の萌芽はすでにゴリラやチンパンジーに見られる」とあるが、チンパンジーの特徴はどのようなことか。文中のことばを用いて三十字以内で答えなさい。

問十　――線部④「高度で複雑な社会の資本となってきたと考えることができる」とあるが、それはどういうことか。その説明として適切なものを次の中から一つ選び、番号で答えなさい。

1　相手の表情を読みとる能力を用いて、人間独自の社会を作ってきたということ。
2　四季折々の自然を楽しむ力が、人間社会を成長させてきたということ。
3　相対している相手と共感できる力が、現代社会を進歩させてきたということ。
4　一緒に食事を食べられる間柄か判断する力で、現代社会を支えてきたということ。

問十一　――線部⑤「食事のもつコミュニケーションの役割」とは何か。その説明として適切な表現を文中から三十五字以内で探し、初めと終わりの五字をぬき出しなさい。

問十二　――線部⑥「自然と人、人と人とを豊かにつなぐ日本の和の伝統」とあるが、その説明として適切でないものを次の中から一つ選び、番号で答えなさい。

1　地域の自然に見合った食の慣習を大切にするために、行事に力をいれて活動をする。
2　食の文化を通してだれもが参加できる地域のコミュニティの結びつきを豊かにする。
3　折々の食材を食べ分け、地域の特性に合った自然の変化を楽しむことを大切にする。
4　自然の変化を感じられる部屋で、仲間とともにどのように食事をするか工夫をする。

問十三　本文の内容と合っているものを次の中から二つ選び、番号で答えなさい。

1　和食が無形文化遺産に登録された理由は、世界中で和食人気が高まったからである。
2　ニホンザルは、人間が大陸から移動してくる前から日本列島に住み着いている。
3　プライバシーを大切にする日本の社会では食事の作法にも変化が

求められている。

4　チンパンジーの強いオスは、獲物を捕らえると、独占してその肉を食べようとする。

5　サルや類人猿にも人間と同じように白目があり、大切な役割を担《にな》っている。

6　人間は食物を用いることによって、お互いの関係のつり合いをとる力を持っている。

大宮開成中学校（第一回）

—50分—

受験上の注意　字数制限のある問いでは、句読点や符号（、。「」など）も1字と数えます。

一　次の各問いに答えなさい。

問一　次の——部のカタカナを漢字に直しなさい。

① センモンカの意見をうかがう。
② 別の公園に桜をイショクする。
③ 大学のコウギを聞く。
④ カンショウ的な涙《なみだ》を流す。
⑤ 確かなショウコを得たい。
⑥ 異様な雰囲気《ふんいき》をサッチする。
⑦ 失敗をイサギヨく認める。
⑧ 照明をタクみに利用する。

問二　次の慣用句・ことわざを含《ふく》む文について、□に当てはまる漢字を答えなさい。

① 彼《かれ》はいつも元気なのに、今日は先生に叱《しか》られ、□□（二字）に塩の状態だ。
② 試験まで残り一ヶ月となり、この夏は□□（二字）の陣《じん》の覚悟《かくご》で勉強に取り組む。

問三　次の各文の——部が直接かかる部分を以下の例のようにぬき出しなさい。ただし、句読点は含みません。

（例　雨が　降ったので、洗濯物《せんたくもの》が　ぬれた。　解答＝降ったので）

① たとえ　日々の　学習が　つらくても　学校を　嫌《きら》いに　なることは　なかった。
② 突然《とつぜん》　遠足が　中止に　なると　聞き、悲しさで　口も　きけなく　なった。

問四　次のグラフ中のパソコンの生産台数の変化に着目し、そこから読み取れることを一つあげ、四十字程度で書きなさい。その際、（注意事項）の１・２にしたがうこと。

（注意事項）１　文の主語を明らかにすること。
２　数字を表記する際、次の例を参考にすること。
（例　八〇〇万台　八百万台　二〇一三年）

パソコンの生産台数　推移

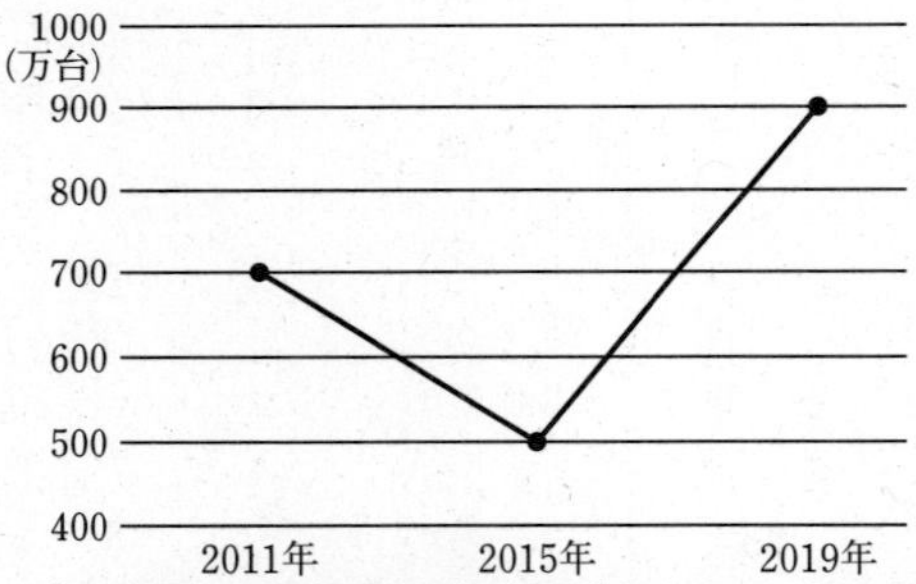

【経済産業省　生産動態統計調査】をもとに一部改変

三　次の文章(【本文】)を読んで、後の問いに答えなさい。

【本文】

1　環境《かんきょう》に対する人々の関心は、たとえばロンドンの環境悪化がイギリスの自然を考えるきっかけになっていったように、都市の環境への関心を出発点にして、次第に自然環境全般《ぜんぱん》へと広がっていく傾向《けいこう》をもっている。それは、日本の戦後の歴史をみても同様であった。

2　戦後の日本における環境問題をめぐる議論は、[A]に対する批判からはじまった。それは、古くは江戸《えど》時代後期からの鉱毒《こうどく》問題以来の課題でもあったが、一九五〇年代後半には水俣病《みなまたびょう》が社会問題化し、高度成長が軌道《きどう》にのりはじめると、工場から出される排煙《はいえん》、廃水《はいすい》が各地の人々の健康を蝕《むしば》むようになっていた。

3　六〇年代に入ると、[B]の環境悪化も顕在化《けんざいか》しはじめる。大気汚染《おせん》、河川・海洋汚染が都市とその周辺ですすみ、都市環境の改善が課題にのぼるようになる。

4　さらに七〇年代になると、大規模な開発による自然の荒廃《こうはい》が問題になりだし、ここから自然保護というテーマが提起されてくる。人々は次第に自然と人間の共生について議論するようになり、現代における自然と人間の関係全体を考えなおそうという気運が、社会のなかに広がってきた。

5　簡単に述べれば、日本の環境問題をめぐる議論はこのようにすすんできたが、この過程では注目すべきいくつかの変化も生まれていた。最初に、企業《きぎょう》の出す公害が問題になったときに、人々の批判は、このような結果を生みだした企業とそれを見逃《みのが》してきた行政の怠慢《たいまん》に向かっていた。つまり、被害者《ひがいしゃ》としての市民、加害者としての企業、行政という図式がここにはあったのである。

6　もちろん、このような構図が今日なくなったわけではない。だが、都市公害が問題にされはじめたころから、①このような図式だけでは解決できない問題もまたあることに、人々は気づくようになる。

7　都市公害の蔓延《まんえん》を招いた責任の大きな部分が、企業とそれを黙認《もくにん》してきた行政にあったことに変わりはなかった。しかし、その責任の一端《いったん》が市民自身にもあることを、人々は認めざるをえなかったのである。家庭から出る排水も、自家用車が出す排気ガスも、公害の発生源のひとつであった。ここから、被害者にして加害者でもある市民としての私たち、が意識されるようになる。この意識を媒介《ばいかい》にして、合成洗剤《せんざい》の使用をやめようという運動や、自家用車の利用を減らそうとする動きが生まれてくる。

8　ところが問題はそう簡単ではなかったのである。なぜなら②私たちの暮らしや、市場経済での利益をめざす活動自体が、良い環境をつくることに対して対立的な面を持っていることに、たちまち私たちは気づかざるをえなかったからである。

9　高度成長がはじまった一九五〇年代の後半には、「大量生産、大量消費」という言葉とともに、「消費は美徳」「浪費《ろうひ》は美徳」という言葉が、社会的な標語と化していた。そして実際、企業は大量生産、大量流通、大量消費を推進し、この動きに加わることによって、人々もまた所得をふやしてきた。その所得が暮らしを拡大しつづけた。そしてこのこと自体が、資源やエネルギーの大量消費を生み、公害発生の基盤《きばん》になっていた。こうして人々は、公害を発生させていくシステムのただ中にいる市民としての私、を感じざるをえなかったのである。

10　とすると、そのような市民としての私たちはどうすればよいのか。七〇年代に入ると、大量消費、便利さ、効率といったものを考えなおそうという気運が生まれ、農作物を農民から直接購入《こうにゅう》する、いわゆる産直の動きも生まれてくる。

11　といっても、それですべてが解決するはずはなかった。③このジレンマを、つづいて問題になった自然環境をめぐる動きが深めていった。

12　自然の荒廃が問題になりはじめたときも、最初、人々の意識は、大規模な開発とそれに伴《ともな》って生じた自然の減少にあった。いわばそれは、自然の大切さを顧《かえり》みない企業と行政に対する批判であった。

13　ある意味では、ここでは市民は気楽な批判者でいることができた。なぜなら自己の加害者性をあまり意識することなく、自然を守れと人々は主張することができたのだから。ところが、ここでも、次第にそれではすまなくなる。というのは自然の問題に深入りしていくと、たちまち私たちは自然と人間の間にある微妙《びみょう》な関係に気づくからである。

14　たとえばカタクリの花は、以前は春先になると、いろいろなところで咲《さ》いていた花である。ところがいまでは、関東地方などでは天然記念物にしてもよいほどに少なくなっている。その理由は、開発にあったというよりも、暮らしのなかで薪《たきぎ》や炭が使われなくなって、里山の伐採《ばっさい》や利用がおこなわれなくなったことにある。

15　人家近くの里山は、かつては村人が日常的に利用する森として位置づけられていた。村人はここから薪を切り出し、草を刈《か》って牛馬の餌や肥料にし、落ち葉も集めて畑に入れた。こうした行為《こうい》は、一面では元からある自然をこわしていく行為であるが、そのことによって明るい里山がつくられ、草花や小動物が数多く暮らす場所になっていたのである。④村人の里山利用が、生物種の多様性をつくりだしていたといってもよい。

16　日本の自然には、多かれ少なかれ、このような面がある。つまり、自然と人間はつねに敵対的であったわけではなく、人間による自然の利用が自然の生命力を高める、というケースがいくらでもあったのである。ところが今日おこなわれている自然の改造は、自然を傷めるばかりである。とすると、この違《ちが》いはどこから来ているのか。

17　その理由は、その地域がつくりだしてきた伝統的な方法にしたがって自然に働きかけているのか、それともそれを顧みることなく、近代技術によって自然を改造しているのかという点にある。

18　農山村や漁村に暮らす人々は、以前からその地域の自然を利用しながら暮らしてきた。森は木材や薪を切り出すところでもあり、山菜採りや茸《きのこ》狩りをする場所でもあり、ときに猟場《りょうば》でもあった。草刈り場や落ち葉を集める場所として利用されることもあった。同じように川や海は、漁場や流通路として使われ、その川には度重なる改修が古代から加えられている。

19　その長い歴史のなかで、人々はその地域にもっとも適した自然の改造の仕方や、利用の方法を身につけてきたのである。ここからつくられたのが、自然を利用し、ときに改造までしながら、自然を上手に維《い》持《じ》していく技と知恵《ちえ》であった。来年以降も絶えることがないように山菜や茸を採り、一本の木を切るときでも地形を考え、その木の最終的な利用方法の違いによって用いる伐倒《ばっとう》の方法を変える。そんなことは伝統的な村の暮らしでは当たり前のことであり、それがその地域の自然の維持にはたした役割は大きかった。

20 その地域に暮らす人々にとっては、自然と人間の関係は観念的なものではないのである。この関係を司《つかさど》っているものが、その地域がつくりだしてきた人間の技と知恵であり、その技と知恵を媒介にして、自然と人間の間には、無事な関係が維持されてきた。

21 このような事実に気がついてみると、私たちはいくつかのことを考えなくてはならなくなる。そのひとつは、⑤自然保護の主体は、基本的に地域主権的なものなのではないかということであった。考えてみれば、世界には共通する自然など存在しないし、日本にも日本という共通の自然は存在しない。自然はそれぞれの地域ごとにさまざまであり、そのさまざまな自然が互《たが》いに関係を結びながら、全体の自然が展開しているのである。とすれば、そのさまざまな自然に適した自然と人間の関係を創造することが自然保護の出発点であり、そうである以上、自然を守る主体は、地域主権を軸《じく》にして形成されなければならないはずなのである。

22 第二に考えなければならないことは、人間が自然を利用しながらも守る方法は、⑥その地域の人々がもっている技と知恵のなかにあるということであろう。つまりそれは知識でもないし、単なるシステムでもない。人間の精神がそのまま身体の動きとなって現れてくるような、村人にとってはどうということのない技、しかしその技をもっていない人間にとっては驚嘆《きょうたん》すべき技、それが自然と人間の関係を司る上でいかに大事かということである。

23 それに、もうひとつ考えなければならないことがある。それは自然と人間が無事な関係を維持していくには、歴史の継承《けいしょう》、あるいは伝統の継承という課題がある、ということであった。知恵や技は、その地域が生みだした伝統として継承されてきたものである。そして、それを継承していかないと、自然と人間の関係は無事でありつづけられない。

24 このようなことが分かってきたとき、人々は戸惑いを覚えた。なぜなら、それらは近代社会の価値観とは異なるものだったからである。近代社会では、地域的な考え方、つまりローカルな考え方よりも、広い地域で通用する普遍《ふへん》的な考え方のほうが価値があるとされてきた。知恵や技よりも、知識や技術のほうが大事にされた。そして歴史の継承よりも歴史の発達を重要視してきた。ところが、このような近代的価値基準のいずれもが、自然に対しては対立的だったのである。とすれば、⑦近代的価値基準を基礎《きそ》にしてつくられた社会や経済のなかにいる私たちは、どうすればよいのだろうか。

（内山《うちやま》　節《たかし》「私たちは何処《どこ》に行こうとしているのか」による）

問一　[A]・[B]に当てはまることばを、【本文】中からぬき出して答えなさい。[A]は七字で、[B]は二字で。

問二　――部①「このような図式だけでは解決できない」とありますが、その理由として最も適当なものを、次のア～エの中から一つ選んで、記号で答えなさい。

ア　五〇年代の日本では、工場から出る有害な排煙や廃水は、それを出してきた企業だけの問題ではなく、それを見逃してきた行政にも責任があることが分かってきたから。

イ　戦争が終わり、五〇年代に都市公害が問題になったことで、自然環境を悪化させたのは、企業や行政ではなく、むしろ都市部に住む市民であったということが明らかになったから。

ウ　戦後から五〇年代の環境問題は、市民を被害者として考えていたが、大気汚染、河川・海洋汚染が進んだことで、その責任が市民自身にもあることが分かってきたから。
エ　五〇年代から六〇年代になると、企業が大規模な開発を行ったため、自然が荒廃していったので、その根本原因である経済活動のあり方を考えなくてはいけなくなったから。

問三　――部②「私たちの暮らしや、市場経済での利益をめざす活動自体が、良い環境をつくることに対して対立的な面を持っている」とはどういうことですか。その説明として最も適当なものを、次のア～エの中から一つ選んで、記号で答えなさい。
ア　すでに人々は便利なものに囲まれて生活をしている。だが、高度な経済活動は、現在よりもさらに便利なものを生み出していくため「大量生産、大量消費」はますます加速していっているということ。
イ　「大量生産、大量消費」をともなう経済活動は人々の所得を増加させ、その暮らしを向上させてきた。しかし、暮らしの向上は新たな資源消費をもたらし、また、公害を発生させる可能性を持っているということ。
ウ　高度成長期において「大量生産、大量消費」はすでに美徳となっていた。そのため一部の人間が環境改善を訴《うった》えたとしても、多くの人間は環境を破壊するほどの「生産」「消費」を続けるだろうということ。
エ　私たち人間は暮らしの中で、便利だが有害なものを使用している。工場では、人間の暮らしで発生する有害なものよりもはるかに大量の排煙や廃水を出すので、私たちが有害物質を含む製品の使用を減らしても意味がないということ。

問四　――部③「このジレンマ」について説明した文の□に当てはまることばを、それぞれ【本文】中からぬき出しなさい。
七〇年代になり、人々は環境が悪化する中、ア□□□□(四字)という活動について前向きに考え始めるようになった。その一方で結果的に新たなイ□□(二字)などの問題を生み出してしまうと分かっていながら、一度ウ□□(二字)させた暮らしを手放すことができず、環境の悪化を止められないということ。

問五　――部④「村人の里山利用」とありますが、「里山利用」が自然にもたらした利点をまとめた次の文の□に当てはまることばを、それぞれ【本文】中からぬき出しなさい。
里山の自然を利用するにあたり村人は、その地域がつくりだしてきたア□□□(三字)な方法で、また、その地域にもっともイ□□□(三字)方法で自然に働きかけていく。それによって、自然の中に存在する生物の種類にウ□□□(三字)が生まれ、自然全体のエ□□□(三字)を高めていく。

問六　――部⑤「自然保護の主体は、基本的に地域主権的なものなのではないか」とありますが、それはなぜですか。その理由として最も適当なものを、次のア～エの中から一つ選んで、記号で答えなさい。
ア　自然と人間の関係は決して観念的なものではなく、地域の人間たちが地道に培《つちか》ってきた実践《じっせん》的なものである。だから自然保護は、地域に特化した具体的な行いである必要があるから。
イ　自然を守るのに簡単で効果的な方法はいまだ開発されていない。そのため未来に目を向けて、地域の人々だけに苦労を押し付けず、誰《だれ》でも貢献《こうけん》できる自然保護のシステム構築が大事だから。

ウ　自然保護には決まった知識やシステムが存在しない。そのため世界の様々な自然環境での保護活動の例から、自分たちの地域に合うような活動を選び、持続させやすい形式で行うべきだから。

エ　全体としての自然は個々の地域それぞれの自然が相互《そうご》に関わることで展開している。自然保護とは、様々な自然に適した、自然と人間の関係を創造することから始まるものであるから。

問七　――部⑥「地域の人々がもっている技と知恵」の例として最も適当なものを、次のア～エの中から一つ選んで、記号で答えなさい。

ア　昔から農民は、その年の温度、湿度《しつど》を読み取って、畑に用いる肥料や、与《あた》える水の量を変えることで収穫量《しゅうかくりょう》を増やしている。

イ　近年の猟師《りょうし》は、メスの個体や幼い動物を獲《と》らないことで、森の中の動物が極端《きょくたん》に減りすぎないように意識をして猟をしている。

ウ　漁業に従事する人は、風の向きや波の高さに合わせて、船に積み込《こ》む探査機を変えることでできるだけ多くの魚を釣《つ》り上げる。

エ　現代のきこりは、朽《く》ちた木を切りたおすとき、他の健康な木を傷つけぬよう計測器を用いて木の倒《たお》れる方向を定めている。

問八　【本文】は――部⑦「近代的価値基準を基礎にしてつくられた社会や経済のなかにいる私たちは、どうすればよいのだろうか」という問いの投げかけで終わっています。次に示す【参考】を読んで、後のi～iiiの問いに答えなさい。

【参考】

　私たちは、かけがえのない人間という言葉の意味と、特別な人間という言葉の意味を混同させたのである。誰もが自分を特別な人間としてつくりだそうとした。ところがそんな努力が虚《むな》しくなってみると、私たちは、自分もまた特別な人間を目指した普通の人間、つまり二十世紀的な精神の習慣にとらわれた普通の人間にすぎなかったことに気づくようになる。

　そう感じたとき、人々は二十世紀的な精神の習慣から脱出したいと思うようになった。そんな精神にとらわれることなく生きていく人間でありたいと思うようになったのである。しかし、そういう人間のあり方をつかみとることができない。すなわち、当たり前に生きて、当たり前に死を迎《むか》える人間の存在感をつかむことができないのである。

i　【参考】と【本文】を読み合わせて、大宮開成中学校の先生と生徒が話し合いました。話し合いの□に当てはまることばを、それぞれ【参考】中からぬき出しなさい。

先生　「【参考】には、【本文】の――部⑦で投げられた問いについて、筆者の考えが書かれていますので読み取ってみましょう。」

大場さん　「まず、――部⑦の『近代的価値基準』とは何かを明らかにしよう。『近代的価値基準』は、【参考】を読むと、『ア□□□□□□□□(八字)をもとにした価値観』ということに整理できるね。」

宮沢さん　「ということは、イ□□□□□(五字)であるのに、特別な人間であることを目指してしまった考え方のことだね。」

開藤さん　「それなら、結局人々はア□□□□□□□□(八字)を捨て

たくなったということが【参考】に書かれているから、
筆者は――部⑦の答えとして□□□□□（五字）でいることがよい、ということを訴えているんだね。」

ii 「i」の話し合いの後、大場さんは【参考】の══部「当たり前に生きて、当たり前に死を迎える人間」を次のようにまとめました。次の文の□を、【本文】㉔段落の中の語句を用いて、四十字以内でうめなさい。

□ことで、ごく自然に生命の充足《じゅうそく》を感じることのできる人間。

iii 「i・ii」のあと、【本文】と【参考】を読んで、これからの自分たちの在り方について大宮開成中学校の生徒が話し合いました。次の発言の中で、筆者の主張と**明らかに異なる**発言を一つ選んで、記号で答えなさい。

ア　大場さん　「【本文】で筆者は、私たち人間が近代的価値基準に基づいて作られた制度の中で暮らしているから、環境問題が発生したと言っていたね。」

イ　宮沢さん　「うん。さらに【参考】では、人間が自分のことを特別な存在と考えてしまったことにも原因があると訴えているよ。」

ウ　開藤さん　「そうだよね、自然の中には人間以外にもいろいろな存在がいるのに。ホタルのような絶滅危惧種《ぜつめつきぐしゅ》が再び繁栄《はんえい》できる活動が必要だね。」

エ　成田さん　「開藤さんの優しさは理解できるな。でも、特定の生物だけを助けるのではなく、その他のあらゆる生物を含《ふく》めた全体の多様性が生み出される努力の仕方が大事なんじゃないかな。」

三　次の文章を読んで、後の問いに答えなさい。

中学二年生の室井《むろい》さつきと小山内理子《おさないりこ》は北海道沢北町《さわきた》のスキージャンプのクラブチームに所属している。さつきは小学五年生の時に沢北町に引《ひ》っ越《こ》してきて、すぐにスキージャンプを始めたが、その時にはすでに理子は町でも有名な選手だった。しかし、理子は中学生になってから徐々《じょじょ》に調子を落としていき、クラブチームの練習にも来なくなってしまった。以下は、さつきが理子を家まで送っている場面である。

「どうしても理子に戻《もど》ってきてほしくて、お父さんとお母さんに相談しちゃったの。怒《おこ》ってる？」

おそるおそる尋《たず》ねると、「ちょっと目をつぶってくれる？」と言われた。そのとおりにすると、眉間《みけん》を軽くはじかれた。

「このデコピンでちゃらね」理子はくすくす笑った。「そうだね、※1圭介《けいすけ》だったら怒るかも。要《い》らないおせっかいはするな、そういうところがわからないから鈍感《どんかん》なんだ、とか」

「そういえば私、理子の家に行くとき、圭介にすごく呆《あき》れられた。ジュニアの合宿前から理子は悩《なや》んでいたのに、一番近くにいて気づかないなんて鈍《にぶ》い、みたいな」

「そうだね……圭介みたいにイライラする人もいるかもしれないけれど、私はさつきのそういうところ、嫌《きら》いじゃないよ。私がこんなことで悩んでいるの、本当は誰《だれ》にも知られたくなかったから。どうにもならなくなるまでは、さつきがわりと普段《ふだん》どおりで良かった」

理子は素直だった。「私ね。おじさんおばさんと話して、お母さんとも話して、ジャンプを始めたころのことを、思い出せた」

軽トラックが対向車線をかけぬけていく。

「そのころの理子、見たかったな」

本心を打ち明けると、理子は肩《かた》を竦《すく》めてにこっとした。「どうして？」

「かわいかったんじゃないかなって」

理子は面食らった表情をしてから、今度は声を出して笑った。

「同じだったと思うよ、少年団にいるその年頃《としごろ》の子たちと」

「そうかあ。じゃあ、やっぱり楽しかったんだね」

「うん、そうだね」

「理子のお母さん、言ってた。私が入団した日、すごく嬉《うれ》しそうに帰ってきたって……それを聞いて私も、飛んじゃいそうに嬉しかった」

「……うん。実際、そうだったもの」

刈《か》り取りを終えた小麦畑には、点々と巨大《きょだい》なロールケーキみたいな麦の束がある。

「さつきが入ってくれて、嬉しかった。怖《こわ》がっているのに背中を押《お》したのは、ちょっと悪かったかなって思ったけど、すぐに楽しかったって言ってくれて、本当に……。その日のうちに何度も飛んでいるのを見て、この子と一緒《いっしょ》に飛べたら楽しいだろうなって、心から思った。でも」

ごめんねと、一言前置きをして、理子は静かに言った。

「さつきを誘《さそ》わなければ良かったって思ったことも、あるんだ」

理子の涼《すず》しげな目がまっすぐにさつきに突《つ》き刺《さ》さってくる。

「さつきがあまりにも楽々と飛んで、どんどんうまく、強くなっていくから。いつか追い抜《ぬ》かされるって、焦《あせ》って、怖くて。負けるのが、怖くて」

さつきさえ誘わなければ、こんな思いをしなくてすんだのに——そう後悔《こうかい》してしまうこともあったのだと、理子は告げた。

「実際、もう負けちゃったし」

一瞬《いっしゅん》だけ逸《そ》らした理子の眼差《まなざ》しは、かすかな悲しみの色を帯びていた。

「でもね」理子はまた視線を戻した。「それでも私、さつきのジャンプ、好きだよ」

「理子……」

「ジャンプって、スタートから接地まで神経をいっぱい使って、ほんの何秒かの間にたくさんのことをしなくちゃいけないのに、さつきはすごく自然にそれをやっているみたいで、まるで、風を友達にして運んでもらっているように見えるの。空中姿勢も私よりいいし」

すごく自由な姿だと、①理子は唇《くちびる》をほころばせた。

「だから、大好き」

さつきは理子の、鞄《かばん》を持っていない空いている手をきゅっと握《にぎ》った。

「私も理子のジャンプ、大好きだよ。きれいで……本当にきれいで。最初からずっとそう思ってた。吉村杯《よしむらはい》のテストジャンプのときから」

「ありがとう」

「また、見たいの。一緒に飛びたい」

風になびく髪《かみ》の毛をそっと押さえた理子に、さつきは訴《うった》える。「私だってわかる。六年生の夏、理子が私のことをお父さんに褒《ほ》めてくれたように、私は理子のすごさがわかる。誰よりわかる。サマージャンプでは、私は理子より確かに飛んだけど、でも理子に勝ったとは、思ってない」

「どうして？」

「だって、②足を骨折しているボルトに勝ったって、誰も私のほうが足が速いなんて思わないでしょ？」

　理子は苦笑した。「なにそれ？」

「※2斉藤《さいとう》さんだって、体型変化で不調になるとしても、それは一時的なものって言ったんだよね？　だったら絶対また飛べるよ」

「絶対なんてことはないよ。もしかしたらこのままかもしれない。誰も保証も約束もしてくれない」

「約束がなかったら、だめなの？」

　さつきは立ち止まった。さつきに手を握られている理子も、足を止める。

「一番最初にジャンプしたときは、なんの約束もなかったでしょ？　理子は誰かに、あなたはすごい選手になる、ずっと勝ち続ける、将来はオリンピック選手になるって約束されたから、ジャンプを始めたわけじゃないよね？」

　理子に伝えたいことが心の中でいっぱいになって、さつきはどういう言葉でそれらを表現していいのかわからない。だからせめてとばかりに、③握る手に力を込《こ》める。

「理子も最初飛べなくて、永井コーチに背中押されたんだよね。それからどうしてジャンプ続けようって思ったの？」

　痛いと言われるかもしれなかったけれど、さつきは握る力を緩《ゆる》められなかった。

「ただ単純に好きになったからじゃないの？　楽しかったからじゃないの？　私はそうだったよ。言ったよね、理子のお母さんの言葉。私が入団した日、理子は嬉しそうに帰ってきたって」

「さっき、聞いた」

「理子のお母さん、まるで、入団したばかりのときに戻ったみたいだったって、言ったんだよ」

　Ⅰ町中へ向かうバスが、二人を追いこしていく。

「勝つのも嬉しいけど、それよりもなによりも、私はジャンプが好きで、理子と一緒に飛ぶのが楽しいから飛んでるよ」

「さつき……」

「負けるのって嫌なことだっていうのはわかるよ。理子の本当の悔《くや》しさとか、辛《つら》さとか、そういうのはなにからなにまでわかってないかもしれないけど、いい気分じゃないことくらいはわかる。でも、それは全部を消しちゃうものなのかな。楽しさや嬉しさも全部消えちゃうの？」

　低い山際《やまぎわ》に落ちるぎりぎり手前の夕日が、理子の顔を横から照らして、その瞳《ひとみ》の色を薄《うす》く透《す》けさせる。

「私、もう一度理子と飛びたい。理子だって心のどこかでは、このままやめたくないって思っているよね？　お母さんから聞いたの。理子、昨日お母さんが勧《すす》めたお菓子《かし》を食べなかったって。もしやめる気なら、体重とか体型とか、もう気にする必要ないもん。違《ちが》う？」

　理子は微笑《ほほえ》んだ。「違わないよ」

「私、理子がいると強くなれる気がするんだ。もっと飛べる気がする。そして、理子がお父さんに言ってくれたことを証明したい。それから……ちゃんと、本当に、理子に勝ちたい。迷っている途中《とちゅう》の理子じゃなくて、本当の理子に勝ちたい」

理子は力のある眼差しで、きちんとさつきを見返している。

さつきは思い切って、一番重要な問いを投げかけた。

「理子。［A］」

理子は首を横に振《ふ》った。

「ううん、大好きだよ」

はっきりと、力強く、理子は断じた。「大丈夫《だいじょうぶ》。私、もう答えは出してるの。決めたからお礼にも来たんだよ」

やめない。斉藤選手を見返す。

理子の手がさつきの手をぎゅっと握り返してきた。

Ⅱ歩いて帰るはずの道のりの半分くらいで、陽はすっかり落ちて、あたりが暗くなってしまった。

歩けないこともないけれど、停留所と待合小屋を見つけて、そこでバスを待つことにする。理子は鞄の中から財布を取り出し、小銭を確認した。

明日から練習に行くと、理子は言った。

「うん、うん。一緒に行こう」

（今までみたいに）

「あのね、おじさんとおばさんは私の『弱点』のヒントをくれたの」

「じゃあ、『弱点』がもしかしてわかった？」

確認するさつきに、理子はこっくりと首を縦に振った。

「自慢《じまん》に聞こえるかもしれないけれど、私、この夏みたいに負けたことってなかった。そうなの、ジャンプを始めてすぐにうまく飛べるようになって、それからなに一つ、つまずかずに来た――ちょうど今のさつきと同じ。おじさんとおばさんに言われて順を追って振り返ってみて、これかな、って思った」

斉藤選手が『弱点』を指摘《してき》したのは、まだ理子が勝ち続けていた冬のシーズンだった。

「もしかして、負ける経験をしていないことがそうかもしれない……ううん、それだけじゃなくて」

理子は自分自身に言い聞かせるような口ぶりだった。

「負けて、スランプの時期を過ごして、辛い思いをして、なおかつそれを乗り越《こ》える、そんな経験のことを、斉藤さんは言ってたのかなって。もちろん、これが本当に正解かどうかはわからないけれど」

理子は待合小屋の中のベンチに腰《こし》かけながら、④その場にさつきしかいないのに、満座の聴衆《ちょうしゅう》を前にしているかのように、きりりと背を伸《の》ばした。

「［B］は、絶対マイナスにならないと思うの。たとえ、最終的に報われなかったとしても」

その言葉は、とてもスムーズにさつきの胸の内に落ちた。

（ああ、そうだ。きっとそのとおりだ）

そして、さつきの頭に今よりも幼い理子の声がよみがえる。

（あれと同じだ）

「理子は正しいよ」

さつきは心をこめて告げた。

「だって、理子自身が最初に言ってたでしょ？」

なにを？　という表情をした理子に、今度はさつきからあの言葉を返す。

「『向かい風は、大きく飛ぶためのチャンスなんだよ』」

（乾《いぬい》ルカ『向かい風で飛べ！』〈中央公論新社〉による）

※1　圭介……さつきと理子の友人。以前二人と同じクラブチームに所属していた。

※2　斉藤さん……さつきと理子のライバル。二人とは別のクラブチームに所属している。あとの「斉藤選手」も同一人物。

問一　――部「面食らった」の本文中での意味として最も適当なものを、次のア～エの中から一つ選んで、記号で答えなさい。

ア　予想外の回答に衝撃《しょうげき》を受け、混乱した
イ　思ってもいなかった答えに驚《おどろ》き、とまどった
ウ　想像していなかった返事に困惑《こんわく》し、焦《あせ》った
エ　突然《とつぜん》の発言に動揺《どうよう》し、困り果てた

問二　――部①「理子は唇をほころばせた」とありますが、このときの理子の心情を次の文の□に合うように、Aは二十字以内、Bは十五字以内で答えなさい。

［A（二十字以内）］けれども、［B（十五字以内）］と感じている。

問三　――部②「足を骨折しているボルトに勝ったって、誰も私のほうが足が速いなんて思わないでしょ？」という発言について大宮開成中学校の生徒が話し合いました。ア～オの□に当てはまることばを、それぞれ本文中からぬき出しなさい。

大場さん　このボルトって、オリンピックで三大会連続金メダルをとったジャマイカの陸上競技の短距離《たんきょり》選手のことだよね？

宮沢さん　そうだね！　たしかに、そのボルト選手が骨折をしている状態で競走をして、勝ったとしても誰も自分の方が足が速いとは思わないよね。

開藤さん　そうだね。つまり、いま理子はア□□□□□□□（七字）になっているから、そんなスランプの状態の理子より良い記録を出しても、さつきはイ□□□□□□（六字）とは思えないということだね。

成田さん　さつきは、ウ□□□□□□（六字）を誰よりもよく知っているからこそ、ア□□□□□□□（七字）で、なおかつエ□□□□□□□（七字）の理子ではなくて、本当の理子に勝ちたいと思っているんだね。

大場さん　そうだね。さつきにとって理子は、よき仲間であり、ライバルでもあるから、さつきは理子がいると、もっと遠くに飛べるような気持ちになるし、オ□□□□□（五字）気がするんだよね。

問四　――部③「握る手に力を込める」とありますが、なぜさつきは手に力を込めたのですか。その理由として最も適当なものを、次のア～エの中から一つ選んで、記号で答えなさい。

ア　斉藤さんに勝つまではスキージャンプを続けてほしいという自分の気持ちを、手を強く握ることで理子に分かってほしいと思ったから。
イ　手を強く握ることで、自分の質問にきちんと答えてほしいという強い思いを理子に分かってもらいたいと思ったから。
ウ　自分がこれから理子に伝えようと思っていることが間違っていないということを、手に力を込めることで自分自身に言い聞かせたかったから。
エ　スキージャンプを辞めてほしくないという理子に対する強い思いを、握る手の力を強くすることで理子に伝えたいと思ったから。

問五　波線部Ⅰ「町中へ向かうバスが、二人を追いこしていく」、Ⅱ「歩いて帰るはずの道のりの半分くらいで、陽はすっかり落ちて、あたりが暗くなってしまった」が表現していることとして最も適当なものを、次のア～エの中から一つ選んで、記号で答えなさい。

ア　Ⅰは「さつきと理子は自分たちを追いこしていくバスに気づかないほど話に夢中になっていたということ」、Ⅱは「さつきと理子はお互いの気持ちをきちんと確かめ合うためにゆっくりと話をしていたということ」を表現している。

イ　Ⅰは「さつきと理子はゆっくりと時間をかけて歩きながら話をしていたということ」、Ⅱは「さつきと理子は長い時間をかけて話し合ったことで気持ちが通じ合ったということ」を表現している。

ウ　Ⅰは「さつきと理子はゆっくりと時間をかけながらお互いに自分の気持ちを話していたということ」、Ⅱは「さつきと理子は時間を忘れるくらい話に夢中になっていたということ」を表現している。

エ　Ⅰは「さつきと理子は何台ものバスに追い抜かされてしまうほどゆっくりと歩きながら話をしていたということ」、Ⅱは「さつきは長い時間をかけてじっくり話をしたことで理子に自分の思いを伝えきることができたということ」を表現している。

問六　[A]・[B]に当てはまるものとして適当なものを、それぞれ次のア～エの中から一つずつ選んで、記号で答えなさい。

[A]

ア　自分のこと、嫌い？　　イ　自分のジャンプ、嫌い？

ウ　私のこと、嫌い？　　エ　ジャンプ、嫌い？

[B]

ア　負けて、辛い思いをしても、それを決して周りに見せずに努力し、自分自身に打ち勝つ経験

イ　親友に負けて、悔しい思いをして、それでも涙《なみだ》を流さずに、最後まで練習を続ける経験

ウ　負けを知って、それでも諦《あきら》めずに、投げ出さずに練習を続けて、苦しい時間を耐《た》える経験

エ　負けて、挫折《ざせつ》を味わっても、くじけずに誰よりも練習をして、一度負けた相手に勝つ経験

問七　――部④「その場にさつきしかいないのに、満座の聴衆を前にしているかのように、きりりと背を伸ばした」とありますが、このときに理子がもっている覚悟《かくご》を、初めてさつきに行動で示した一文を――部④より前の本文から二十五字以内で見つけ、最初と最後の五字をぬき出しなさい。ただし、句読点は含《ふく》まない。

問八　本文の表現の説明として最も適当なものを、次のア～エの中から一つ選んで、記号で答えなさい。

ア　「……」が会話文中に用いられることで、さつきと理子がお互いに言葉を選びながら会話をしているということが表現されている。

イ　さつきと理子の短い会話がテンポよく繰《く》り返されることで、二人の関係性が徐々によくなっている様子が描《えが》かれている。

ウ　さつきと理子それぞれの視点から物語が語られることで、二人の感情の変化が読者に伝わりやすくなっている。

エ　後半になってさつきの心の内を表す（　）が用いられることで、言葉を発しなくてもさつきの気持ちが理子に伝わるようになったということが表現されている。

開智中学校（先端一）

—50分—

一　傍線部の漢字をひらがなに、カタカナを漢字に直しなさい。

① 牧羊犬のしつけをする。
② 沿道にたくさんの人が集まる。
③ 鳥類の始祖となる生き物。
④ 天高く馬コゆる秋。
⑤ シオの流れに乗って多くの魚がやってくる。
⑥ 犯罪のカタボウをかつぐ。
⑦ キシャに乗って旅をする。
⑧ 希少な金属がとれるコウザン。
⑨ 入場行進でキシュを務める。
⑩ 天皇へイカが被災地を訪問する。

二　①〜⑤の文を読み、書かれている状況を表すのに最も適切なことわざを、それぞれ一つずつ選び、記号で答えなさい。

① 一郎と健太は、顔を合わせればすぐにけんかになり、一緒にいても目も合わせようとしない。

ア　犬猿の仲　イ　竹馬の友　ウ　魚心あれば水心
エ　敵は本能寺にあり　オ　親しき仲にも礼儀あり

② 出品者は皆自分の作品のすばらしさを競ってアピールしているが、審査員の自分にはいずれも大差ないように見える。

ア　豆腐にかすがい　イ　提灯《ちょうちん》につり鐘《がね》
ウ　どんぐりの背比べ　エ　月とすっぽん
オ　枯れ木も山のにぎわい

③ 普段指導を受けているスポーツジムのトレーナーが、無理な運動で腰を痛めてしまったため、今日のトレーニングは中止となった。

ア　河童《かっぱ》の川流れ　イ　弘法も筆のあやまり
ウ　医者の不養生　エ　猿も木から落ちる
オ　鬼の居ぬ間に洗濯

④ 選挙に立候補していた政治家が、過去の問題行動が報道されたことによって世間の反感を買い、落選してしまった。

ア　昔取ったきねづか　イ　身から出たさび
ウ　焼け石に水　エ　ミイラ取りがミイラになる
オ　泣き面にはち

⑤ 真面目だったよし子さんは、中学校で出会った友達に影響され、派手な格好をし、学校をずる休みするようになってしまった。

ア　親しき仲にも礼儀あり　イ　類は友を呼ぶ
ウ　馬子にも衣装　エ　朱に交われば赤くなる
オ　憎まれっ子世にはばかる

三　次の文章を読んで、後の問いに答えなさい。（字数制限のある問いでは、句読点やカギカッコも一字に数えます。）

親から財産や地位、仕事などを受け継ぐ「世襲《せしゅう》」は、世界的にみても大変強力な原理です。わかりやすい例でいえば王室ですね。どこの国の王室も子供が継ぐのが当たり前で、それに［X］を唱える人はほとんどいません。日本の皇室も「世襲」ですが、日本は一般社会でも「世襲」が非常に強くて、まさに「世襲バンザイ！」の国という気がします。では「世襲」の対極はなにかといえば、「才能」だと思います。この場合の「才能」は頭がいいだけではなく、人格や人徳、人望といった人間性も含めた総合的な能力を意味します。

ひとつの地位、ポジションを獲得するとき、日本の場合は「才能」より「世襲」が有利に働くことが多いです。［ 1 ］中小企業の社長や家元と呼ばれる芸事のトップとかは、「世襲」がほとんどです。なぜそうなのかといえば※1第二章で述べたように、働けばなんとか食える日本では、人と争わなくても生きていけるので、競争を好まない草食系の気質になったことが、一番の理由だと思います。地位を「才能」で選ぶことにしたら、競争が起こりますからね。

僕は以前、フランスで制作された歴史番組の解説をしたことがあります。その番組の主人公は※2ジンギス・カンで、テーマは「もしジンギス・カンがいなかったら、どうなっていたか」。ジンギス・カンはモンゴル人で、一三世紀にモンゴル帝国を建国した人物です。そのジンギス・カンの孫のフビライ・ハンが、中国に「元」という王朝を樹立して、中国人を抑圧《よくあつ》するわけです。身分が一番高いのはモンゴル人、二番目は色目《しきもく》人《じん》と呼ばれた目の色が違うヨーロッパ的な中央アジア人、三番目が中国人でした。

番組の結論は「元が約一〇〇年間、中国人を差別したために中国の発展が遅れた。ジンギス・カンがいなければ元という国は存在せず、中国はもっと発展していただろう。一九世紀にヨーロッパ列強が中国を侵略《しんりゃく》したとき互角に戦って、アヘン戦争（一八四〇～四二年）でイギリスに負けることもなかった。歴史は今とは違うものになっていて、中国はアジアのみならず世界に対しても、支配的な地位を占めていたはずだ」ということでした。

フランスの科学的、歴史学的な見地からすればそうなのでしょうが、それが当たっているかどうかはわかりません。でも、なるほどなと納得したこともありました。それはジンギス・カンが出現する条件として、環境の過酷《かこく》さをあげていたことです。モンゴルは夏には三〇度以上になり、冬はマイナス三〇度以下になるそうで、寒暖の差がものすごく大きくて、特に冬の寒さが厳しい。そういう過酷な自然環境のもとで、モンゴル人はヒツジなど家畜の群れを飼って、家畜の餌《えさ》となる草がなくなったら、別な場所へ移動する遊牧生活をおくっていました。冬も草のある土地を求めて移動し続けないと、生きていけなかったんです。

そういう状況の中で、リーダーに求められる資質は「才能」一本であると。リーダーが判断を間違って草のある土地に行けなかったら、まず家畜が死んでしまい、家畜を繁殖《はんしょく》させながら、その乳や肉を食料にしていた人間も死んでしまうので、リーダーに必要とされるのは有能さだけである。有能な中でも特に有能だったのがジンギス・カンで、過酷な環境を克服《こくふく》する知恵と勇気というリーダーにふさわしい資質を持った人間として、ジンギス・カンが出現した。番組の主張は、そういうことでした。

事例として、海賊《かいぞく》船も紹介していました。大海原を航行する海賊船の環境も、極めて過酷です。嵐に遭《あ》うなど悪天候の中で、航海をしなければいけないときもある。何日も水や食料を補給できない場合もある。それから敵が攻めてくる、もちろん自分たちも襲撃《しゅうげき》するという気の休まる暇《ひま》がない日常の中で、船長、キャプテンというのはまさに「才能」だけで決められると。要するにジンギス・カンと一緒なんですね。頼りになるのはキャプテンの判断だけで、キャプテンに困難を乗り越える知恵と勇気がなければ、海の藻屑《もくず》として消えるしかないのだという話でした。みんなを笑わせるユーモアがあるとか、麗《うるわ》しく行動できるとか、そんな能力はどうだっていいわけです、そういう厳しい環境の中では。

だけど、疑問も感じました。モンゴルの自然環境は昔も今も常に過酷であり続けたわけで、なんである時期に限ってジンギス・カンみたいな人が現れたのか。自然環境だけでは、説明がつかないですよね。ツッコミどころがけっこうある番組でしたが、ひとつの見方としては正しいと思いました。

それはなにかといえば、人間は必要に迫られたとき、たとえば判断を誤ったら一発で死んでしまうというような極限状態に陥ったとき、「才能」がある人は自分の意志で「才能」を発揮《はっき》するのではなく、自分の意志とは関係なく、生きたい、死にたくないという本能によって、「才能」が自然と発揮されてしまうということです。そして厳しい状況に追い込まれれば追い込まれるほど、リーダーは状況の側から選ばれる、[2]状況によってリーダーに必要な資質が決められるので、「世襲」が出る幕は一切ない、「才能」がすべてになるということです。

ジンギス・カンを例にすれば、もしモンゴルが勝手に果実がなるような常夏の南国で、働かなくても食べるのに困らない恵まれた自然環境だったら、ジンギス・カンのようなリーダーは必要なかったわけです。でもモンゴルは南国ではなく厳しい自然環境だったので、そういう状況の中で生きるために、ジンギス・カンの「才能」が自然と発揮されてしまい、その結果としてリーダーになった。表現を変えれば、ジンギス・カンというリーダーは、厳しい自然環境という状況の側から選ばれた、ということができますよね。

その点、日本は寒暖の差がさほどなく温暖で、働けばそれなりに食べられる国です。生きるか死ぬかという厳しい自然環境ではないため、そこそこ優秀であればリーダーが務まるんですね。自然環境の観点からは、そういうことになります。実際、日本では「才能」よりも「世襲」が力を持っていて、政情はだいたい「世襲」で動いていきます。

【中略】

日本で「世襲」が特に強い職業は政治家、医者、芸能人だといわれます。親が子供に自分の職業を継がせたがるのは、儲《もう》かるってことですよね。苦労ばっかりで儲からない仕事を継がせたいと思う親はいませんから。跡取りになることが決められている人の中には、職業選択の自由がない、好き勝手に生きられる人が羨《うらや》ましいと嘆《なげ》く人がいて、そういう人に対して親に人生を決められてかわいそうだ、と気の毒がる人もたくさんいます。この国では、そういう理屈《りくつ》がまかり通るんですね。

働かなくても自由な生活を謳歌《おうか》できる金持ちが同情するなら、まだわかります。だけど親からなにも受け継げず、自分の「才能」だけで就職先を確保し、そうしなければ食べていけない僕と同じ立場の人間が同情しているのをみると、この人は何を考えているのかなって思ってしまいます。僕からみれば、継げる仕事があるなんて羨ましいですよ、食べる心配をしなくていいんですから。どうしても後を継ぐのが嫌なら、継がないという選択の自由はあるわけですしね。

自分の「才能」だけで望む仕事に就ける人は、少数派で限られています。食べるために、［Y］に沿わない仕事をしている人のほうが、多いのではないでしょうか。「世襲」には自由がないと嘆いたり、そういう人に同情する人たちが、本当に自由の価値を痛感して強い信念に基づき、自由の大切さを発言しているとは思えません。そういう人たちは三食まともに食えなくても、自分は自由だから幸せだといえるのでしょうか。僕はただ「世襲」に弱い、甘いだけだと思います。それだけ日本は、なまぬるい社会なんでしょう。本当の激しさ、厳しさを知らない気がします。

（本郷和人『日本史でたどるニッポン』〈ちくまプリマー新書〉）

（問題作成の都合上、表記を改めたところがあります。）

※1　第二章……出典作品の第二章。今回の引用部よりも前にある。

※2　ジンギス・カン……チンギス・ハン。モンゴル帝国の建国者。

問一　空欄［1］、［2］に当てはまる言葉として最も適切なものを次の中から一つずつ選び、記号で答えなさい。

ア　そこで　　イ　しかし　　ウ　つまり

エ　たとえば　　オ　ところで

問二　空欄［X］、［Y］には、同じ読み方をする別々の漢字が一字ずつ入ります。当てはまる漢字をそれぞれ答えなさい。

問三　次の①～④の説明を読み、本文中で「筆者の考え」として述べられているものにはA、「歴史番組の見解」として述べられているものにはB、どちらにも当てはまらないものにはCと答えなさい。

①　日本人が競争を好まない性質であることが、日本で「世襲」が有利にはたらくことの大きな理由である。

②　ジンギス・カンが登場していなければ、中国は世界でも今以上に強い力を持っていたはずである。

③　ジンギス・カンは、危険の多い海賊船での生活においても、持ち前の才能を発揮して船員たちを導き、難局を乗り越えた。

④　特定の時期にだけジンギス・カンのような人物が現れたことについては、自然環境以外の理由も必要である。

問四　筆者は、ジンギス・カンがリーダーとして登場することができた理由をどのように考えていますか。六十字以内で説明しなさい。

問五　次の説明に当てはまる具体例を、それぞれ指定された字数で本文から書き抜きなさい。ただし、「日本」「モンゴル」は除きます。

①　リーダーの「才能」が重視される環境(三字)

②　モンゴルほどリーダーの「才能」が必要とされない環境(五字)

問六　傍線部「そういう理屈」とありますが、これについて次の問いに答えなさい。

(1)　「そういう理屈」とはどのような理屈ですか。「世襲」という言葉を用いて四十字以内で説明しなさい。その際、「～という理屈。」につながるように答えること。

(2)　筆者が「そういう理屈」に対して否定的な立場をとっているのはなぜですか。最も適切なものを次の中から一つ選び、記号で答えなさい。

ア　「そういう理屈」を支持する人の大半が、働かなくても自由な生活を送ることができる金持ちだから。

イ　嫌なら仕事を継がないという選択をすればいいのに、そのように考えない人がたくさんいるから。

ウ　自由に職業を選んで生活していくことが、実際どれほど大変なのかを無視したような考え方だから。

エ　本来は自由に職業を選んで生活していくことが望ましいが、現代の社会がその実現を困難にしているから。

四　次の文章を読んで、後の問いに答えなさい。（字数制限のある問いでは、句読点やカギカッコも一字に数えます。）

登場人物
賢治……宮沢家の長男。
トシ……賢治の妹。
父（政次郎）…賢治たちの父。質屋を営む宮沢家の大黒柱。
シゲ……賢治やトシの妹。

賢治は、あたりを見まわした。※1一間《けん》ほど向こうに人間がすわれるほど大きな石をみとめると、飛ぶようにして行った。

大きな石の前に立つ。

手のなかの石を、あらためて両手で持つ。

顔をぐいっと右へそらす。そらしたまま、ごつごつと思いきり叩《たた》きつけた。こまかい破片が目に入ったら、

——失明するかも。

というのは、教室で八木先生がくりかえし強調したことだった。何度目かの衝突《しょうとつ》で、

ごとり

と鈍い音がひびき、手錠《てじょう》がはずれたかのように賢治の両手が左右にわかれた。

右手に一片、左手に一片。石がふたつになったのである。賢治は顔をもどし、ふたつの断面を［1］見おろす。

「なあんだ」

期待はずれだった。その石は芯《しん》にいたるまで表面とおなじ色、おなじ質だった。まっすぐな肌理《きめ》も、きらきらした金粉もありはしない。

ぽいと放り出そうとして、視界のすみに何かをとらえた。

もういちど右手の断面へ目を近づけた。きれいな平面をなしているその上のほうに、扇というか、西洋婦人のスカートを逆立ちさせたようなというか、そんな形状のもりあがりがある。

色がやや濃い。爪の先ほどの大きさながら、周縁部《そとまわり》が、のこぎりの歯のようにぎざぎざしているのが見てとれる。

「貝」

賢治は、つぶやいた。いつのまにか背後からトシがのぞきこんでいて、

「え？」

「これは化石だじゃ。蠣殻《かきがら》のかけらだ。大発見だ」

「蠣殻が、なすてすごいの？」

「昔々、ここが海だったことのあかしだがら。川には牡蠣《かき》はいねんだじゃ」

「うみ！」

「んだ」

「すげなハ、お兄ちゃん」

「きょう一個目だ」

「一個目だ」

「幸先がいいぞ」

「いいぞ」

トシが、頬《ほお》を桃色にして復誦《ふくしょう》する。ほんものの海をまだ見たことのない兄妹が、※2脳裡《のうり》にあざやかに海を見た瞬間だった。

賢治はその石を、首にかけた麻《あさ》ぶくろへ放りこんだ。麻ぶくろにはこの二、三日に集めた石がすでに入っているため、かちりと乾いた音が立つ。この音はむしろトシの偏愛《へんあい》するところだった。手をのばしてきて、賢治のふくろを握りつぶしたり、上下にふったりしている。

賢治が、①はずみで、

「ゆくゆくは、おらとお前で石売りをやるべ。宝石や化石を売るんだ」

妹をよろこばせる気だったのだが、妹はにわかに麻ぶくろから手を離し、下を向く。

「……トシ？」

「お兄ちゃん」

「何だべ」

「まっごど、石屋さんをやるつもり？」

足もとには、河床の水たまりがある。水面《みなも》にうつる妹は、おこったような、泣き出しそうな顔だった。

風のさざなみが顔をこわす。賢治はつとめて明朗に、

「どうした、とつぜん」

「②ゆんべ」

トシは顔をあげ、賢治を見つめた。賢治はどきりとした。

（ああ）

思いあたるふしがある。きのう夕食のとき、父がふと思いついたという感じで、

「おい」

賢治を呼んだ。賢治は箸《はし》を置き、両手をひざに置き、体ごと政次郎のほうを向く。父はめしを食いながら、

「賢治。お前は将来、何になる」

はじめてではない。父はこの質問を、むかしから折々した。賢治はそのたび、

「偉《えら》くなります」

とか、

「お父さんのような、りっぱな質屋になります」

などと大人ごのみの返事をしたのだが、この夜にかぎっては顔を伏せ、ささやくように、

「……むやみに偉くならんでもいい」

父は、耳ざとい。すぐさま、

「そんな意気地《いくじ》のないことでどうする」

「寒いときには……」

「聞こえん！」

賢治は顔をあげ、［ 2 ］、

「寒いときには鍛冶屋《かじや》になればいい。暑いときは馬車屋の※3車夫《べっとう》になればいい」

「ばか！」

こういうとき、父は、暴力をふるう型の人間ではない。

ただ、舌が異様になめらかになった。お前は苦労が足りないからそんなことを言うとか、鍛冶屋も馬車屋もよほど働いてわずかの収入しかないのを知っているのかとか、※4名士には名士の義務があるとか、ましてや

お前は長男なのだとか、そんなことを切れ味のいい口調でまくしたてた。

その語彙《ごい》の豊富さときたら、賢治には、ほとんど、

(海のような)

うらやましく思われるほどだった。名士というのは質屋にはそぐわない感じだが、これはたぶん、※5花巻での教育活動のことが頭にあるのだろう。父はかねてから地元の軍医、弁護士などとともに、夏期講習会というのを毎年ひらいていることで有名だった。

夏期講習会は、一種の知的合宿である。東京から※6浄土真宗の著名な僧《そう》侶《りょ》や知識人をまねき、数日間、花巻西郊の大沢《おおさわ》温泉に滞在してもらい、講義してもらう。聴衆と寝食もともにしてもらう。費用はほとんど全額、父がひきうけているようだから、たしかに父はただの商人ではなかった。富を社会へ奉還《ほうかん》していたのである。

女たちは、沈黙《ちんもく》した。

うっかり賢治をかばったりしたら、むしろ賢治がいっそう※7難詰《なんきつ》されるであろうことを六歳のシゲですら理解していたのである。賢治は結局、

「そんな腰ぬけには、宮沢家のめしは食わせん」

と言われ、お膳《ぜん》をとりあげられた。そのことをトシは言いたいのだ。

「ああ、あれか」

賢治は、照れ笑いした。トシから目をそらし、青白い河床《かわどこ》を見やりつつ、

「ゆうべは、うんと叱《しか》られたな」

はははと笑った。われながら芝居くさい。トシは母親のような口調で、

「なすてあんたなご言ったのす?」

「え」

「あんたなこと言ったら叱られるって、言う前にわかってるべじゃ」

「なすてがなあ」

賢治は、空へつぶやいた。ごまかしではない。ほんとうにわからないのである。鍛冶屋、馬車屋がどういう商売かもじつは見当もつかなかった。あのときはただ、

(お父さんを、不愉快にしたい)

その一心だったような気がする。父がきらいというよりは、

(おらも、もう十一歳)

年齢が意識されたことはたしかだった。成長とは、③打たれると知りつつ出る杭《くい》になることなのかもしれない。

トシは、④利発な子である。ごまかされたと思ったのだろう、上の唇《くちびる》をひるがえすような表情になって、

「ふん」

その場へぺたんと尻を落とした。そうして両ひざを両腕でかかえて、

「お兄ちゃんは、いいなあ」

「おい、おらは叱られて……」

「お兄ちゃんにしか聞かねのす、お父さんは。『将来、何になる』って」

「へ」

賢治は虚《きょ》を突かれ、トシの前にしゃがみこんで、

「お前は、聞かれねのか?」

トシは、ゆっくりと首をふった。

(まさか)

賢治はひどく⑤罪の意識をおぼえて、早口で、

「へ、へば、おらが聞くべ。お前はどうする。将来は」

「質屋」

即答した。賢治もただちに、

「むりだじゃ」

「なすて?」

「お父さんは、おらに質屋を継がせるんだ。お前はほかをやれ。何にでもなれる」

トシは十《とお》も年をとったような目をして、きっぱりと、

「おらが店を継ぐ。へだば、お兄ちゃんは大好きな石売りになれる」

(それは)

賢治は一瞬、胸がおどり、そのことにまた罪を感じた。妹ひとりを犠《ぎ》牲《せい》にするのは心苦しいが、そもそも質屋を犠牲というのも父に対して申し訳ない。
⑥八方ふさがりの心だった。自分が毎日どうして他の子供よりいいものを食べ、清潔な着物をつけ、まっしろなノートを使うことができ、田畑の仕事を手伝うことなく石あつめに熱中していられるのかは、この年になれば察し得るのだ。
混乱の末、賢治は、直前まで思ってもみなかったことを口走った。

「お前は、どこへも嫁《よめ》に行くな。おらといっしょに家《うち》にいろじゃ」

「ふたりで質屋を?」

「質屋は、おらが。お前はいっぱい話をつくれ」

「話」

トシが、ぽかんと口を半びらきにした。すうすうと音が立ちそうなほど黒い洞《ほら》だった。賢治はむやみやたらと手ぶりを加えて、

「おらが夜、ふとんで話してやるような、あんな話をお前がつくるんだ、トシ。百も、二百も。そうして一冊の本にして、みんなに読んでもらう。フランスのマロっていう人みたいに」

「え、ええ、おらが」

「お前なら、なれる」

賢治がぽんと肩をたたくと、トシの目がにわかに光りはじめた。


(門井慶喜『銀河鉄道の父』〈講談社〉)

(問題作成の都合上、表記を改めたところがあります。)

※1　一間……長さの単位。一間は約一・八メートル。
※2　脳裡……「脳裏」と同じ。
※3　車夫……馬車の運転を仕事にする人。
※4　名士……その地域で有名な人物。
※5　花巻……岩手県花巻市。賢治たちが現在暮らしている。
※6　浄土真宗……仏教の宗派の一つ。
※7　難詰……非難して問いつめること。

問一　空欄［1］、［2］に当てはまる言葉として、最も適切なものを次の中からそれぞれ一つずつ選び、記号で答えなさい。

(1)　ア　まじまじと　　イ　ちらりと
　　ウ　こっそりと　　エ　じろりと

(2)　ア　ぼそぼそと　　イ　きっぱりと
　　ウ　ふと　　エ　やんわりと

問二　傍線部①、④の意味として最も適切なものを次の中からそれぞれ一つずつ選び、記号で答えなさい。

①　はずみで

ア　その場の勢いで　　イ　機会をうかがって
ウ　こらえきれずに　　エ　とまどいながら

④　利発な
ア　ひょうきんな　　イ　怒りっぽい
ウ　大人びた　　エ　かしこい

問三　傍線部②「ゆんべ」以降の内容について、トシが昨晩の話を持ち出したのは何のためだと考えられますか。その説明として最も適切なものを次の中から一つ選び、記号で答えなさい。
ア　父の意向に背くような発言をした賢治の真意を確かめるため。
イ　賢治の発言に怒りをあらわにした父の気持ちを、賢治に理解させるため。
ウ　質屋を継がずに生きていくことがどれほど大変なことか教えてもらうため。
エ　問いつめられている賢治をかばってあげられなかったことをわびるため。

問四　傍線部③「打たれると知りつつ出る杭になること」とはどういうことですか。本文の内容に即して説明しなさい。

問五　傍線部⑤「罪の意識」とあるが、賢治は、どのようなことに対して「罪の意識」を感じたのですか。五十字以内で説明しなさい。

問六　傍線部⑥「八方ふさがりの心」とは、賢治のどのような状態を表していますか。その説明として正しいものには○、誤りをふくむものには×を答えなさい。
ア　裕福な暮らしをさせてもらえている以上、質屋を継ぐことを悪く言うのにも気が引けている。
イ　親の言いなりで将来を決められるのではなく、大好きな石に関わる仕事に就くことにあこがれている。
ウ　自分の代わりに質屋を継ぐという、トシの立場をわきまえない発言にとまどいを隠せずにいる。
エ　賢治の夢を叶えるためにトシに気を遣わせてしまったことに、申し訳ない気持ちになっている。

問七　本文から読み取れる「父」の人物像として**適切でないもの**を、次の中から一つ選び、記号で答えなさい。
ア　富を築くことだけに執着《しゅうちゃく》するのではなく、その富を使って社会にも貢献《こうけん》したいという使命感を持つ人物。
イ　家族の中での威厳《いげん》を保ち、子どもに対しても甘やかさず、常に厳格にふるまおうとする人物。
ウ　子どもの言葉に丁寧に耳を傾け、彼らの気持ちを理解するためにとことん語り合おうとする人物。
エ　子どもの間違いを正すため、手をあげる代わりにあらゆる言葉を尽くして説き伏せようとする、弁の立つ人物。

開智日本橋学園中学校(第一回)

—50分—

一 次の傍線部《ぼうせんぶ》の漢字をひらがなに、カタカナを正しい漢字に直して答えなさい。

① チームの大切な決断を、リーダーに委ねる。
② 強い意志で、相手の意見を退ける。
③ 好きな本を買うためにお金を貯める。
④ 店内に快い音色の音楽が流れる。
⑤ 必要のない内容を省く。
⑥ 集団の行動をトウセイする。
⑦ 友人のケッパクを信じる。
⑧ ギリと人情がテーマの小説を読む。
⑨ ボウエキがさかんな大きな港。
⑩ 学校のコウドウで学年朝礼をする。

二 次の文章を読んで、後の問いに答えなさい。(字数制限のある問いは全《すべ》て句読点や記号も字数に含《ふく》んで答えなさい。)

運動のおもしろさは、自分たちで「作っていく」ことにあります。楽しいこと、盛りあがることも、けっこう重要です。「楽しい」という言い方に違和《いわ》感があるなら、「生き生きとしている」と表現してもよい。明るく楽しくより、戦闘《せんとう》的で思いつめているのがいい、という時代もありましたが、それはその時代なりの表現のしかただったともいえます。

「※デモの意味」については、私はこう考えます。まず参加者が楽しい。①こういうことを考えているのは自分だけではない、という感覚がもてる。ひさしぶりに顔見知りに会うこともありますし、見知らぬ人に声をかけても共通の話題があります。これは一種の社交の場です。そこで一人ひとりが力をえて、帰っていくのはいいことです。

(中　略)

デモや集会は、昔は数を誇示《こじ》する手段でもありました。各種のメディアが発達した現代では、それだけなら別の方法もあります。しかし、具体的に人が集まることによってかもしだされる、②五感がすべて複合した、あるいは五感をこえた「雰囲気《ふんいき》の盛りあがり」は、メディアでは代替《だいたい》できないものです。

盛りあがりがあれば、「自己」を超《こ》えた「われわれ」が作れます。それができあがってくる感覚は楽しいものです。コンサートの一体感にも近いですが、平場の全員参加で作るところが違《ちが》います。そういう盛りあがりがあると、社会を代表する効果が生まれ、人数の多さとは違う次元の説得力が生まれます。それが生まれれば、アピール性が増し、参加したくなる人が増えます。

参加者みんなが生き生きとしていて、思わず参加したくなる「まつりごと」が、民主主義の原点です。自分たちが、自分個人を超えたものを「代表」していると思えるとき、それとつながっていると感じられるときは、人は生き生きとします。

これはデモにかぎらず、何らかの活動をしている人や集団に、共通していえることです。行政主催《しゅさい》の公聴《こうちょう》会や審議《しんぎ》会だって、ほんとうに地域や政策を作っていく議論が行なわれれば、活気が生まれ人は参加しますが、結論が決まっていて形だけなら、つまらないから参加しません。イラスト入りのわかりやすい説明をしても、それがただの広報なら、人はほんとうには楽しがらないものです。

数よりも、③そうしたことのほうが大切です。「数が集まらない」「なぜ来てくれないんだ」「来なかったお前は裏切り者だ」とかいう感情が生まれるときは、楽しくないときです。ほんとうに楽しければ、「来ない人は損したね」となるはずです。

そんなのは自己満足さ、この世はすべて自己満足さ、という人もいます。ほんとうに満足している人は、そういうことは言いません。イギリスの鉄道マニアの集会を見たことがありますが、みんなでミニ鉄道を走らせ、心底から楽しそうに盛りあがっていて、「こんなのは自己満足さ」といった卑下《ひげ》や照れ、「おまえより知識があるぞ」といった競争や批判が感じられませんでした。

それじたいが楽しいとき、④目的であるときは、人間は他人に自慢《じまん》したいとか、他人を貶《おとし》めたいといった⑤「結果」を求めません。受験勉強が典型ですが、ほんとうは楽しくなくてむなしい行為《こうい》、※アレントの言い方を借りれば「労働」をしながら生きているときに、他者と比べて自分の位置を測るとか、他者を貶めて優位に立つといった「結果」がほしくなるのです。

(中　略)

冷たい壁《かべ》にとりまかれていて、声が出せないという人がいます。それは逆だと思います。声を出さないあなたは、他人から見れば壁の一部です。あなたが声を出さない状態が、周りの人を壁にしています。関係は作り作られます。関係は待っていても変わりません。動かないと変わりません。声を出せば、一時的に敵対関係になる人も出るかもしれませんが、味方になる人も出るでしょう。

二〇一一年の東京のある脱《だつ》原発デモで、こういう場面があったそうです。デモの行列を歩道橋の上からながめていた、偏差値《へんさち》の高い男子高の生徒が、「日本人って暇《ひま》なんだな」と悪態をついていた。つまり、自分は勉強に追われているかたわらで、デモをやっているのが、ねたましいのでしょう。意外とそういう人は、参加したらはまりそうな気がします。冷笑している人、非難する人は、関心を持っていて、すでに関係にまきこまれ、運動がおきる前とは変化しています。

「愛の反対は憎《にく》しみではなく無関心」といいますが、「そんなのは自己満足だ」とか「結果を出せるのか」とか言ってくる人には、ほんとうは関心を持っていて、踏《ふ》み出しかねている人も多いはずです。潜在《せんざい》的な味方だ、と言ってもいい。こちらが憎悪《ぞうお》をむければよけいに敵対してくるでしょうが、笑いかければ相手も変わるかもしれません。

現代日本を見ていると、何かをしたい、という気持ちは多くの人が持っているようです。ボランティアに参加する人だけではありません。英会話塾《じゅく》に行く人、音楽や踊《おど》りをやる人、毎日のようにブログを更新《こうしん》している人、などがとても多い。そういうエネルギーは、日本でもあふれています。もっと楽しいことをしたい、社会を変えることをしたい、と考えているのかもしれません。

⑥人間が楽しいときは、どういうときでしょうか。あれを買って楽しい、飽《あ》きたら次を買う。あの政治家がだめだから、こんどはこの人に期待する。この運動に参加してみたがいまひとつなので、ほかへ行ってみる。

自分が持っているものを自慢して、他人を批判する。こういうのは、じつはあまり楽しくありません。

なぜかといえば、自分が安全地帯にいて、相手をパーツとしてとりかえているだけだからです。手間がかからず、自分が傷つく恐《おそ》れがないかもしれませんが、人間は欲深いもので、受身で消費しているだけでは満足しません。自分で何か作ってみたり、行動してみたり、関係してみないと、なかなか満足できないものです。

動くこと、活動すること、他人とともに「社会を作る」ことは、楽しいことです。すてきな社会や、すてきな家族や、すてきな政治は、待っていても、とりかえても、現れません。自分で作るしかないのです。

(小熊英二『社会を変えるには』〈講談社現代新書〉)

※デモ　……多くの人々が公然と意思を表示し、威力《いりょく》を示すために集会や行進などを行うこと。

※アレント　……ドイツ・フランスで活動していた政治思想家、哲学者《てつがくしゃ》。

問一　傍線部①「自分だけではない、という感覚」とありますが、これはどのようなものだと書かれていますか。説明として適当なものを次の中から一つ選び、記号で答えなさい。

ア　自分たちにとっての正しさへと社会を引っ張らなければならないという戦闘的で張りつめた感覚。

イ　その場にいる全員で何かを作り上げ、共通話題を広めるというコンサートの一体感に等しい感覚。

ウ　自分個人を超えたものを「代表」し、それとつながっていると感じられる、生き生きとした感覚。

エ　周囲と協力し主体的に参加することが、社会づくりへの貢献《こうけん》につながっているという明るい感覚。

問二　傍線部②「五感がすべて複合した、あるいは五感をこえた『雰囲気の盛りあがり』」を持った集団にはどのような力が生まれますか。本文中から二か所、それぞれ十字以内と十五字以内で抜《ぬ》き出して答えなさい。

問三　傍線部③「そうした」が指す内容として適当な語句を本文中より七字で抜き出して答えなさい。

問四　傍線部④「目的」の対義語を、本文中より二字で抜き出して答えなさい。

問五　傍線部⑤「結果」とありますが、ここでの「結果」の説明として適当なものを次の中から一つ選び、記号で答えなさい。

ア　参加するという行為《こうい》に、楽しさやりがいを見出すことができる精神の成長をはかれる結果。

イ　他者と比べて自分の位置を測り、自分が他の人より優位に立つことを知る道具としての結果。

ウ　自分の優位性を示し、自分自身に向いているねたましさに打ち勝つための材料としての結果。

エ　周囲の人間と一体になって、社会に対し働きかけているという自己満足感をもつという結果。

問六　傍線部⑥「人間が楽しいときは、どういうときでしょうか。」とありますが、どのようなときだと考えられますか。本文中の語句を用いて、三十字以上四十字以内で答えなさい。

問七　デモや集会といった社会運動は、どのようなものからどのようなものに変化したと書かれていますか。説明している次の文の空欄X・

Yにあてはまる語句を、本文中よりそれぞれ八字と六字で抜き出して答えなさい。

デモや集会は、昔は［　X　］でもあったが、メディアが発達した現在では、五感を超えた一体感を与え、現代日本人にみられる［　Y　］という気持ちをかなえる活動になった。

三　次の文章を読んで、後の問いに答えなさい。(字数制限のある問いは全て句読点や記号も字数に含んで答えなさい。)

「帰ったぞ」

どうにも調子のでなかった一日が終わり、※俺《おれ》はようやく家に帰ってきた。

「あ、おかえり……」

しかし出迎《でむか》える※進《すすむ》の声にも元気がない。

「どうした。なんかあったのか」

「なんでもないよ。それより今日、街でハチさん便のトラックを見たよ。大和《やまと》さん、乗ってるのかなあって見たけどよくわかんなかった」

言葉少なになるのは、どうにも後ろめたい気分がついてまわるからだ。

「ねえねえ、ああいう大きな車ってやっぱり技術がいるんでしょ？」

うるせえなあ。

「最初はどうかなって思ってたけど、宅配便のドライバーって結構格好いいよね」

背中を向けて服を脱《ぬ》ぐ俺のそばで、進ははしゃいだような声を上げた。①それが妙《みょう》に気にさわる。ガキって、こんなにうるさかったっけ。

「でも今日、変わったものも見たよ。ハチさん便のマークがついてたけど、トラックじゃなくてコンテナみたいなやつ。あれも配達に使ってるのかな？」

「マークがついてんだったら、そうなんだろ」

「面白いよね。あれ、人力で動いているみたいだし」

黙《だま》れよ。

「黙れっ！」

あれ。俺は自分の口から出た言葉に驚《おどろ》く。俺はここんとこしばらく、思ったことと言うことが重ならなかったのに、なんでだ。

「わりい。今日は疲《つか》れてんだ」

びっくりした表情の進を置いて、俺はベッドへと向かう。

「あ。御飯《ごはん》は」

「食うよ。けどちょっと待ってくれ」

作ってくれたもんを②無下にするわけにもいかないが、今はどうにも気分が悪い。そこで俺はことさらゆっくりシャワーを浴びた。するとしばらくしてインターフォンが鳴り、進が誰《だれ》かと話している声が聞こえてきた。

「大和さん、※雪夜《ゆきや》さんと※ナナさんが来たよ」

「ああ。もうちょっとしたら出るから、相手しといてくれ」

賑《にぎ》やかな笑い声と共に足音が響《ひび》く。進と二人きりでいるのを気まずく感じていた俺は、救われたような思いで石鹸《せっけん》を勢いよく流した。

「ヤマト、ひっさしぶりー」

気分を取り直して風呂場《ふろば》から出た俺に、ナナが手を振《ふ》る。こいつはこないだの一件に立ち会って以来、すっかりダチ気取りだ。

「久しぶりって、先週会ってるだろ」

「でもなんか久しぶりの感じ、するよ？　多分仕事が変わったせいだと思うけど」

「そうか？」

首をかしげる俺に、雪夜が微笑《ほほえ》みかけた。

（中　略）

「ところで、なんか用事があったのか」

俺が尋《たず》ねると雪夜はにっこりと笑う。

「うん。進くんにご飯を食べさせてもらおうかなと思って」

「なんだよ、それ」

金は不自由しないほど持ってるくせに。そう突っ込むと指を顔の前で振《ふ》った。

「こういうのって、お金じゃないんだよ。たとえばコンビニのサラダだって、家で誰かがお皿に盛りつけてくれただけでおいしく感じるんだ」

「うーん、しいて言うなら、家庭の味？」

ナナが進の常備している水出し麦茶を飲みながら、小首を傾《かし》げる。ていうか、お前がここにいる理由の方がわかんねえよ。

「なんかよくわかんないけど、ご飯は足りると思うよ」

後で冷凍《れいとう》しようと思って多めに炊《た》いといたんだ。またもや主婦っぽい発言をした進は、新たにおかずを③作るべく立ち上がる。

「あ、これおかずの足しにして。そこの肉屋さんで買ってきたの」

一応気をつかったらしく、ナナがコロッケの包みを差し出した。

「ありがとうございます」

そう言って包みを受け取ろうとした進の手を、なぜかナナは凝視《ぎょうし》する。

「これ、どうしたの……？」

「え？」

「痛かったでしょ。消毒はしたの？」

消毒？　ってことは怪我《けが》でもしてるのか。俺は思わず腰《こし》を浮《う》かせて進の手を見た。甲《こう》の部分が赤い。

「あ、大丈夫です。ちょっと料理してて油がはねただけですから」

小さい火傷《やけど》か。俺が安心して座り直すと、ナナがきつい眼差《まなざ》しでこちらをにらんでいる。

「ヤマト」

「なんだよ」

「進くん、ちゃんと見てあげなきゃ駄目《だめ》じゃない！」

いきなりの剣幕《けんまく》に俺は面食らう。④ナナが怒《おこ》ったところなんて、今まで見たこともない。いつもふわふわ適当で、でも素直で愛想のいいお嬢様《じょうさま》ギャル。それが俺の知っているナナだったから。

「ナナちゃん、ヤマトは昼間働いてるんだ」

雪夜が助け［A］を出そうとしてくれてはいたが、それも焼け［B］に水。⑤ナナの耳に念仏だ。

「昼間いないのはしょうがないけど、せめて帰ってきてからはきちんと進くんを見てあげてよ！　疲れてるからとか、適当な言い訳なんかしないで」

わかりきったことを指摘《してき》されるのは腹が立つ。ていうかなんでお前に説教されなきゃなんねえんだよ。

「あのなあ、お前に何がわかるっていうんだよ」

怒《いか》りの炎《ほのお》がゆらりと立ちのぼる。なんなんだよ、一体。

「わかるもん！　今のヤマトは、進くんのことちゃんと見てないの、ナナにはわかるんだもん！」

「るっせえな。いちゃもんつけに来たんなら帰れよ。もう客でもなんでもないんだから、むかついたら遠慮《えんりょ》しねえぞ」

まったくもう、うんざりだ。炎天下《えんてんか》にリアカーを引くのも、客にホスト癖《ぐせ》を笑われるのも、てめえのガキからこそこそ逃《に》げ回るのも、もうみんなうんざりなんだよ！

いつもなら、こらえられたはずの怒《いか》りだった。⑥でも何故《なぜ》か今の俺にはこらえられない。

「ヤマト、相手は女の子だよ」

「せえな。こいつの味方がしたいなら、お前も帰れ」

夜の世界では馬鹿みたいに正論を吐《は》き、嘘《うそ》まみれの会話の中で真実ばかり口にしていたこの俺。それが今や子供に嘘をつき、それを取り繕《つくろ》うためにキレまくっている。

これが俺のなりたかった大人か。父親の姿なのか。

「ヤマトのばか。一人で怪我するのって、すごくすごく痛いんだからね！」

ナナはそんな捨て台詞《ぜりふ》を吐いて、脱兎《だっと》のごとく駆《か》けだした。雪夜はそれを追って立ち上がる際、俺に向かってこう囁《ささや》く。

「ナナちゃんの家は資産家だけど、娘《むすめ》の面倒《めんどう》はほとんどみない親御《おやご》さんだったんだって」

飲み過ぎると、最後はいつもその話をして泣くんだ。だからあんまり怒らないであげてよ。雪夜は俺の肩を軽く叩《たた》いて、慌《あわ》ただしく出ていった。

残されたのは、俺と進。最高に気まずい沈黙《ちんもく》が俺たちの間に深い谷底みたいに横たわってる。

「火傷」

「え？」

「その火傷、痛むか」

「ううん、別に」

嘘つくな。痛くない怪我なんてあるわけないだろ。

「何作ってたんだ」

「えっと、これ。チキンソテー」

テーブルに置かれた鶏《とり》のバター焼きを見て、俺は奥歯をぎゅっと噛《か》みしめる。

「もう、料理なんかしなくていい」

「え？」

「ガキが一人でコンロを使って、火事でも出されたら迷惑《めいわく》だ。昼飯は弁当でも買って、夜は俺が帰ってきてから作る」

「でも……」

「口答えすんな！」

ぴしゃりとはねつけると、進はただでさえ困ったような眉《まゆ》をさらにぎゅっと寄せた。泣くかな。泣くかもな。そんでもって俺のこと、嫌《きら》いになるかもな。

「……大和さん、最低」

⑦進のもらした低い声がぐさりと突き刺さる。そうだよ。今の俺が最低だなんてこと、俺が一番よく知ってるよ。

「女の人泣かして、これっぽっちもカッコよくない」

おい、声が震《ふる》えてるぞ。泣きそうなんだろ。我慢《がまん》するなよ。

「ぼく、そんな人がモテるなんて信じないからね！」

捨て台詞と共に、マットレスとタオルを持って流しの脇《わき》に駆けこむ。無言で頭からタオルを被《かぶ》ったら、ふて寝小僧《ねこぞう》の完成だ。はは。しまい損《そこ》ねた細い足が、まるで尻尾《しっぽ》みたいに動いてら。まったく今夜はどいつもこいつも、俺の前からとんずらこきやがる。

【Z】。だから夕食の用意なんてするな。そう言いたかっただけなのに、⑧言葉はよじれて汚《よご》れて地べたに落ちた。

（坂木司『ワーキング・ホリデー』〈文藝春秋〉）

※俺……大和のこと。突然現れた息子の進と一緒に暮らすために、運送会社に転職をした。

※進……大和の息子。離《はな》れて暮らす父に会うために、夏休みに家出をして大和の職場を訪れた。

※雪夜……大和の前の職場の先輩《せんぱい》。

※ナナ……大和の前の職場に、客として通っていた女性。

問一　空欄 A ・ B に入る語として適当なものをそれぞれ漢字一字で答えなさい。

問二　傍線部①「それが妙に気にさわる」とありますが、その理由は何故だと考えられますか。適当なものを次の中から一つ選び、記号で答えなさい。

ア　気まずさから黙りこむしかできないのに、仕事の話題にこだわる進の様子にいらだったから。

イ　大和の後ろめたい気分を知らずに、トラックの話題を話し続ける進の姿に、いらだったから。

ウ　火傷したことを隠《かく》すために、大和の関心がありそうな話題を話す進の様子にいらだったから。

エ　大和が運転していないと知りつつ、わざとトラックの話をする無神経な進にいらだったから。

問三　傍線部②「無下にする」の語句の意味として適当なものを次の中から一つ選び、記号で答えなさい。

ア　無効をする　　イ　無理をする

ウ　無駄《むだ》にする　　エ　無力にする

問四　傍線部③「作るべく」のここでの意味として適当なものを次の中から一つ選び、記号で答えなさい。

ア　作るように　　イ　作れそうだと

ウ　作りたいと　　エ　作ろうと

問五　傍線部④「ナナが怒った」とありますが、ここまでナナが怒っているのは何故だと考えられますか。理由を七十字以内で説明しなさい。

問六　傍線部⑤「ナナ」の代わりに当てはまる漢字を入れ、慣用句を完成させなさい。

問七　傍線部⑥「でも何故か今の俺にはこらえられない」とありますが、それは何故だと考えられますか。理由を考えて、八十字以内で答えなさい。

問八　傍線部⑦「進のもらした低い声がぐさりと突き刺さる」とありますが、その説明として適当なものを次の中から一つ選び、記号で答えなさい。

ア　火傷に気づかなかった自分への失望をあらわにする進の声に、自信をなくした。

イ　嘘をついたことから話題をそらそうとする進の言葉に、息子への疑念がわいた。

ウ　冷静さを取り繕う進の様子に、感情的になっている自分の情けなさを痛感した。
エ　父親失格だということを冷淡《れいたん》に告げる進の言葉に、自分への怒りがわきだした。

問九　空欄【　】Ｚに入る語句として適当なものを、次の中から一つ選び、記号で答えなさい。
ア　火傷を隠すくらいなら、料理をする資格はない
イ　いい子ぶったりしなくても、親子は親子だ
ウ　火事になって大変なのは俺じゃなくお前だ
エ　お前が俺のために火傷なんかしなくていい

問十　傍線部⑧「言葉はよじれて汚れて地べたに落ちた」とはどういうことですか。その説明をしている文として適当なものを次の中から一つ選び、記号で答えなさい。
ア　子育ての難しさから進に八つ当たりをしてしまい、ごまかすためにかけた言葉も余計に進を傷つけることになったということ。
イ　進のことを考えて厳しい言葉をかけたが、進には真意を受け取ってもらえず、二人の関係にひびが入ってしまったということ。
ウ　ナナに向けてかけたはずの言葉が進を傷つけてしまい、傷ついた進の心ない言葉によって大和が傷ついてしまったということ。
エ　進を思いやるつもりだったのに、余計に進を傷つけてしまう物言いしかできず、二人の関係性が悪化してしまったということ。

かえつ有明中学校（２月１日午後　特待入試）

—50分—

注意　1　句読点、記号、符号はすべて1字として数えなさい。
2　本文中には、問題作成のために省略や表現を変えたところがあります。

一　次の文章を読んで、あとの問いに答えなさい。

さて、サステイナビリティの定義を「将来世代にまもり、つくり、つなげていきたいことを考え行動していくこと」とすると、次に考える必要があるのは、どのような主語でこれを語っていくのかということになります。サステイナビリティについて、ひとつの統一された主語で語るということには、実は大きな難しさがあります。それは「何をサステイナブルにするのか（何をまもり、つくり、つなげていくのか）」ということについて答えるときの主語を、一個人の「私」にしてしまうと、私が考えるサステイナビリティと他人（他の「私」）が考えるサステイナビリティが、①頻繁《ひんぱん》に衝突《しょうとつ》を起こしてしまうからです。将来世代にわたってまもり、つくり、つなげていきたいと考える事柄《ことがら》について、私たちが全会一致《いっち》で合意できたならば、その実現のために必要な行動もきっとスムースに進めていけるのでしょう。しかし、実社会においてはそのような合意が取れるということは非常に稀《まれ》なことです。

二〇一八年八月、スウェーデンの一〇代の環境《かんきょう》活動家であるグレタ・トゥーンベリさんがはじめた気候変動のための学校ストライキと、それに続く大人世代に適切な行動を要求するデモが大変話題になりました。彼女《かのじょ》の行動に賛同し実際に自分たちでもデモを組織したり参加したりした若者が世界中にいた一方で、必ずしも全ての国のリーダーたちがそうした先進国の若者を中心とした気候変動に対する社会運動に対して好意的な受け取り方をしたわけではありませんでした。既《すで》に産業化を果たし、経済面でも教育や医療《いりょう》福祉《ふくし》の面でも豊かになった国々の若者が発したメッセージには、意図せずに、今まさに彼らの国のように豊かになることを目指している開発途上《とじょう》国に対して、これまでに様々な環境Aフカを生じさせた上で豊かになった国々が、これ以上の資源利用や炭素排出《はいしゅつ》をしないように要求するような側面があり、②そのことが強い反発を生みました。このように、気候変動という全人類に共通の課題についてさえ、私たちはその対策に求められる国際的な合意にたどり着くために、長い年月にわたるタフな交渉《こうしょう》を繰《く》り返してきているのです。

気候変動のように世界的に重要とされる課題についても、それぞれの立場からの異なる正義の押《お》し付け合いが生じるのであれば、やはりそうした対話のなかでどのような表現を用いるのかについて深慮《しんりょ》する必要があります。

例えば、ＳＤＧｓがメディアで取り上げられる際に③「自分事」という表現が頻出《ひんしゅつ》します。ＳＤＧｓはどこか遠くの国の知らない誰《だれ》かの話なのではなく、自分たちの国や地域で今まさに起きている諸課題を解決していくために必要なものであり、個々人がＳＤＧｓを自分事として行動していく必要がある、そうした責任が私たち一人ひとりにはあるのだ、と語りかけてきます。読者の皆《みな》さんはこうした個人の行動をX喚起《かんき》するメッセージに対してどのような印象を持たれているでしょうか。

私は「自分事」のように個人の行動と責任を強調する表現は、効果的な場面とそうでない場面があると思います。ＳＤＧｓや社会課題などについて「自分事として行動を」と言われると、自分がどう関われるのかを考えるきっかけになる反面、今までそのことについて特に詳《くわ》しく知ろうとも何か行動しようともしていなかったことについて少し責められたような気がして、多少の居心地の悪さを感じてしまったりもするものです。

こうした側面がありつつも、個人の行動や責任を強調するメッセージは今後もさらに加速していくような予兆があります。例えば、気候変動に対してグローバルな倫理《りんり》観を示す「地球規模の正義（Planetary Justice）」や、環境を全人類で共有している資源であるとする「グローバルな公共財（Global Commons）」というような考え方が国際学会などで頻繁に登場するようになってきています。こうした「地球」や「グローバル」という全ての人々を含《ふく》んだ主語を用いて一人ひとりの行動をＹ促《うなが》そうとする語りは、あるひとつの考え方を示すことで、それとは異なる意見を説得するようなコミュニケーションになっています。私はこうした論調が出てくる要因は「個人」を主たる単位として議論が組み立てられているからだと見ています。こうした語りが必ずしも全ての社会にＺ馴《な》染《じ》むわけではないでしょうから、より集団的な意識の強い社会に向けては、異なる主語を用意する必要があるでしょう。私は、その主語こそが本書のタイトルにもある「私たち」だと考えています。

気候変動やＳＤＧｓに代表されるような全地球的なアジェンダ＊について考えるときには「地球」や「グローバル」というような、スケールがとても大きい主語が必要になります。これらの主語を用いて語られるのは、地球的課題に全人類が協力して取り組む必要があり、そのことについて「私」という個人が適切に行動しているかどうか、責任を果たしているかどうか、という世界観です。ですが、こうした話は私という一個人が日々暮らしている時間や空間とはスケールがかけ離《はな》れたものでもあり、④なかなか手触《ざわ》り感のない話です。

それでは、⑤サステイナビリティについて考えるときの主語を「私」から「私たち」にすると何が起こるのでしょうか。まず、「私たち」が示す範囲《はんい》について考えてみたいと思います。

読者の皆さんは「私たち」という表現を使うとき、どのくらいの範囲の人々が含まれている感覚があるでしょうか。あなたの両親や兄弟くらいの範囲の人たち、職場や学校で親しくしている人たち、住んでいる場所のご近所さんや町の人たちなど、複数あることと思います。もちろん、物理的な空間に囚《とら》われる必要はなく、ＳＮＳなどを通じたオンライン上の知り合いやグループという範囲もありえます。こうしたそれぞれの範囲において個別に形成される「私たち」において、大事にされている物事は、共通するものと異なるものがあると思います。例えば家族の範囲の「私たち」と、職場や学校の人たちの範囲の「私たち」では、大事にしている価値観が違《ちが》っているでしょう。しかし、私たちはそうした複数の「私たち」の間を行き来し、異なる意見や価値観を上手く受け入れながら、日々を暮らしています。

このことが何を意味するのかというと、まず「私たち」という主語は最初から複数の境界を含んでいるということです。「私たち」と発するときに、それはそのときそのときの文脈によって異なる範囲の人々を示しており、その範囲の人たちが共有している価値観をＢサンショウしています。例えば、家族のことを指して「私たちは（私たち家族は）」と言うこともあれば、住んでいる町のことを指して「私たちは（私たちこの町の人間は）」と言っていることもあるでしょう。つまり、「私たち」は多元的に世界をとらえるために私たちがほぼ無意識のうちに日々使っている共同的な主語なのです。別の言い方をすれば、「私たち」という主語は、複数の異なる価値観を持った集団を併存《へいぞん》させています。

　こうした特徴《とくちょう》を持った「私たち」という主語でサステイナビリティを考えるということは、その時点で複数のサステイナビリティがあることを受け入れ、それらのあり方を考えるということになり、「何をまもり、つくり、つなげていくのか」というサステイナビリティの中心的な問いに対して、無理なく、複数の異なる回答を持つことにつながっていきます。

　SDGsのような地球規模の共通目標は長年にわたる交渉を経てC設定されています。このカテイDで起きていることは、地球全体を意味する「グローバル」という単位を当てはめることによって、国際的な合意に至ることができる「大きな主語」を採用することです。こうした大きな主語は、国や地域によって異なる意見を、全て内包しているという空気感をつくり出すことができます。全人類が共通して合意できそうな範囲まで、議論する時の単位をズームアウトして大きくしていくことで、個々の国や地域の文脈のことは基本的に誤差として扱《あつか》われます。しかし、そうした思い切り引きの視点に立ったときに起こることは、個別の文脈における「小さな主語」の喪失《そうしつ》ではないでしょうか。少なくとも、こうした大きな主語で語られるものは、私たちが日々往来している複数の「私たち」のような、日々の暮らしのなかで使われる小さな主語が語りやすい部類の話題ではありません。

　或《ある》いは地球市民（グローバルシティズンシップ）のように、この世界に住む一人ひとりが地球という惑星《わくせい》の住民であり、そのことによって果たすべき義務や責任があるのだ、という考え方もあります。これは言い換《か》えれば、全地球をひとつの単位として「私たち」という感覚を持つことができるという主張です。しかし、こうした非常に大きなスケールで語られる「私たち」は、ここで紹介《しょうかい》してきた家族や友人、職場や学校の知人、同じ地域に暮らす人々というような、そこに含まれる人々を個人単位で認識できたり、⑥そうしたいと思えば直接にコミュニケーションが取れる範囲とは本質的に異なる性質のものでしょう。

（工藤尚悟『私たちのサステイナビリティ　まもり、つくり、次世代につなげる』〈岩波ジュニア新書〉より）

＊アジェンダ…検討するべき課題。

問一　……部A～Dのカタカナは漢字に、漢字はひらがなに直しなさい。

問二　〜〜部X～Zの文中での意味として、もっとも適当なものをそれぞれあとから一つ選び、記号で答えなさい。

X　喚起する　ア　徹底する　イ　呼びおこす　ウ　注目を集める　エ　責任を持つ

Y　促そう　ア　発達させよう　イ　積極性を高めよう　ウ　行動するよう勧めよう　ニ　進化させる助けになろう

Z　馴染む　ア　慣れて調和する　イ　勢いよく広がる　ウ　反発がおこる　エ　長く続く

問三　①頻繁に衝突を起こしてしまう　とありますが、世界的な課題を話しあう場面での「衝突」を表現している部分を、ここよりあとから十五字以内でぬき出しなさい。

問四　②そのこと　の内容としてもっとも適当なものを次から一つ選び、記号で答えなさい。

ア　先進国の若者たちが、今まで資源利用をして豊かになった結果、将来の環境が危機にひんしていると大人世代に訴え、これ以上の自国の資源利用を制限するよう求めたこと。

イ　現在豊かになることを目指している発展途上国が、気候変動による影響の大きさから、豊かになった先進国の若者に対して炭素排出などを制限するよう求めたこと。

ウ　経済や福祉の面で豊かさを求めている発展途上国に対して、豊かになった先進国のリーダーが、資源を優先的に利用するよう伝えたこと。

エ　資源利用をして先に豊かになった国が、現在豊かさを目指す開発途上国に対して、炭素排出を制限するよう要求するような一面があったこと。

問五　③「自分事」という表現　や「グローバルな倫理観」を示すことを、筆者はどのようなものと考えていますか。ここより後から四十五字以内で探し、最初と最後の五字をぬき出しなさい。

問六　④なかなか手触り感のない話　とはどのようなことですか。もっとも適当なものを次から一つ選び、記号で答えなさい。

ア　「私たち」を主語で考えることで、オンラインの知り合いまで含めた共通のテーマについて語ることができるのに、それが十分に活用されていないということ。

イ　「地球」全体の人々を主語にして問題を考えることで、全員が自分事として気候変動に取りくむ基盤ができるが、それを持続することが難しいということ。

ウ　「グローバル」という単位で「個人」の責任を問うと、全人類の行動や未来などをふまえた規模で行動することが必要になり、個人の生活の範囲ではあまり想像がつかない部分があること。

エ　個人の生活の責任が全体の「グローバル」な問題につながっていくように働きかけることが大切なのだが、相手を説得するのがなかなか難しいということ。

問七　⑤サステイナビリティについて考えるときの主語を「私」から「私たち」にすると何が起こるのでしょうか　とありますが、これに対する答えとして、もっとも適当なものを次から一つ選び、記号で答えなさい。

ア　多元的に世界を捉えるための「私たち」という主語を使うことで、サステイナビリティを考える時に、様々な価値観を受け入れ、複数の回答を持つことができるようになる。

イ　物理的な空間に囚われることのない「私たち」という主語を使うことで、広い範囲で物事を考えて、多様な意見や価値観の違いを明確に理解できるようになる。

ウ　複数の異なる価値観を持った集団をあらわす「私たち」という主語を使うことで、地球規模の問題を個人の問題として受け入れ、責任を強く持てるようになる。

エ　複数の境界を含んだ「私たち」という主語を使うことで、全地球的な様々なアジェンダを、それぞれ単体の問題としてではなく、横断的に捉《とら》えて解決できるようになる。

問八　⑥そうしたいと思えば直接にコミュニケーションが取れる範囲とは本質的に異なる性質　とは、どのようなものですか。八十字以内で説明しなさい。

二　次の文章を読んで、あとの問いに答えなさい。

「おじいちゃんはどうしていつも……何も聞かないの？」

「聞いてほしいのか？　それなら聞くが」

「いいです、やっぱり。大丈夫《だいじょうぶ》」

「何が大丈夫なんだ？　何に対して大丈夫と言っているんだ？」

思わぬ問いかけに、美緒《みお》は手にした羊毛を花占いのようにむしる。

「ただ、そう思っただけ。大丈夫、まだ大丈夫。口癖《くちぐせ》みたいなもの」

「本当に大丈夫なら、わざわざ言わないものだ。気に掛《か》かっていることがあるんだろう」

ピンクの羊毛にふうっと息を吐《は》く。毛は舞《ま》い上がり、ピンク色の雲がいくつもチュウAに浮《う》かんだ。

①心の奥から、自然に言葉が浮かんできた。

「おじいちゃん、私ね、笑いが顔にくっついているの。仮面みたいにペタッと貼《は》り付いてる。楽しくなくても笑う。つらくても笑う。笑っちゃいけないときも無意識にへらへら笑ってる。頭、おかしいよね」

「そんなふうに言うものじゃない。いつからだ？」

目を閉じて力を抜《ぬ》き、美緒は羊毛に身をゆだねてみる。気持ちが楽になってきた。

「わかんない。でも小学生の頃《ころ》から、かな。人の目が怖《こわ》い。不機嫌《ふきげん》な人が怖い。だから嫌《きら》われないように『オールウェイズ　スマイル』。いつもニコニコしてた。そうしたら私には何を言っても大丈夫、怒らないって思われて、きつい冗談《じょうだん》を言われるようになって……」

脂足《あぶら》、アビーと呼ばれた声がよみがえる。

その呼び方は好きではないと、勇気を振《ふ》り絞《しぼ》って言ってみた。しかし「本当に脂足だったら逆にそういうこと絶対言えないって」とみんなは笑っていた。

「そういう冗談を言う人たちは、私のことを『いじられキャラ』で、バラエティなら『おいしいポジション』って言う。でも、私、テレビの人じゃないから、いじられるの、つらい。でもそれを言ったら居場所がなくなる。だから②また笑ってる……。『オールウェイズ　スマイル』。そのうち学校に行くと、おなかが下るようになった。満員電車に乗るとトイレに行きたくなる。もらしたらどうしよう。毎日そればっかり考えてた」

「それはつらいな」

祖父の声のあたたかさに、美緒は薄目《うすめ》を開ける。気持ちのいいお湯に浮かんでいるみたいだ。

「それでね……ひきこもって。駄目《だめ》だなって思うの。逃《に》げてばかりで。甲羅《こうら》に頭をひっこめているばかりじゃ何も解決しないのに」

それは亀のことか、と祖父がのんびりと言う。

「固い甲羅があるのなら、頭を引き込めてもいいだろう。棒で殴《なぐ》る輩《やから》が外にいるのに、わざわざ頭を出して殴られにいくこともないぞ」

祖父が台車を押《お》して、棚《たな》の前から離《はな》れていった。

「待って、おじいちゃん。手伝います」

羊毛のなかから出て、美緒は台車に手を伸《の》ばす。

「それなら一服つけてから作業をするか。ソファの近くにこれを運んでおいてくれ」

屏風で囲った寝室《しんしつ》に祖父が入っていった。窓を開ける音がして、甘《あま》い香《かお》りがかすかに漂《ただよ》ってきた。

祖父の煙草《たばこ》はこの部屋と同じ、謎《なぞ》めいた香りがする。

祖父が発送する荷物は大量のスプーンだった。長年、日本と世界のさまざまな土地に行くたびにこつこつ集めてきたもので、木材や金属などでつくられたものが一本ずつ仕切られたケースに整然と納まっていた。

「いつかこのコレクションを持って旅に出ようと思っていた」

銀色のスプーンをクロスで磨《みが》きながら、祖父が笑った。

「路上に絨毯《じゅうたん》を敷《し》いて、さじをずらりと並べて買ってもらおうかと。興味を持った人には来歴を披露《ひろう》する。どこの産か、どうやって手にいれたか、どこが魅力《みりょく》か。のんびり客と話をしながら、さじの行商をするんだ」

「荷物運びとかいらない？　そしたら、私もすみっこにいる」

「体力的にもう無理だな。一度ぐらいやってみてもよかった」

祖父が今度は木製のスプーンを布で拭《ふ》いた。1素朴《そぼく》な木目をいかしたスプーンで、コーンスープやシチューをすくって食べたらおいしそうだ。

「でも、良い落ち着き先が見つかったんだ。若い友人が料理屋を開くので、彼女に譲《ゆず》る。好きなさじを客が選んで食事をする仕組みにすると言っていた」

鉱物に本、絨毯や織物。他にも祖父が集めているものはたくさんある。染め場の奥《おく》にはエアコンで常に温度と湿度《しつど》の管理をしているコレクション用の部屋があるほどだ。

「どうしてスプーンを集めたの？」

「口当たりの良さを追求したかったのと、あとはバランスだな。良い職人が削《けず》ったさじは軽くて美しい。手に持ったときのバランスが気持ちいいんだ。そのさじで食事をすると軽やかでな。天上の食べものを口にしている気分になる。③同じことは私たちの仕事にも言える」

「スプーンと布って、全然《ぜんぜん》別物っぽく思えるけど……」

祖父が手を止めると、奥の部屋に歩いていった。すぐに戻ってくると、手には紺色《こんいろ》のジャケットを抱《かか》えていた。生地はホームスパンだ。

「おじいちゃんのジャケット？」

「そうだ。お祖母ちゃんが織ったものだ。持ってごらん」

渡されたジャケットは、見た目よりうんと軽く感じた。

「あれ？　軽いね」

「それでもダウンジャケットにくらべるとBジャッカン重いがな」

ジャケットを羽織ってみるようにと祖父がすすめた。

袖《そで》に腕を通したとたん、「あれ？」と再び声が出た。手で感じた重量が身体に伝わってこない。肩にも背中にも重みがかからず、着心地がたいそう軽やかだ。それなのに服に守られている安心感がある。

「手で持ったときより、うんと軽い」

「手紡《つむ》ぎ、手織りの糸は空気をたくさんはらむから軽くて温かい。身体に触《ふ》れる布の感触《かんしょく》が柔《やわ》らかいから、着心地が2軽快になる。さじにかぎらず、④良い職人の仕事は調和と均衡《きんこう》が取れていて心地よいんだ。音楽で言えば」

「ハーモニー？　もしかして」

「そうだ、よくわかったな」

「私、中学からずっと合唱部に入ってたの」

祖父にジャケットを返すと、慈しむようにして大きな手が生地を撫でた。

「美緒は音楽が好きなんだな」

あらためて考えると、合唱はそれほど好きでもなかった。

熱心に部に勧誘《かんゆう》されたことが嬉《うれ》しかった。合唱部はみんな仲が良さそうに見えたから、その輪に入っていると安心できただけだ。

「部活、そんなに好きじゃなかったかも。なんか……私って本当に駄目だな」

ジャケットを傍《かたわ》らに置くと、祖父がスプーンの梱包《こんぽう》作業に戻った。

「この間、汚毛を洗っただろう？　どうだった？　ずいぶんフンをいやがっていたが」

「臭《くさ》いと思ったけど、洗い上がりを見たら気分が上がった。真っ白でフカフカしてて。いいかも、って思った。汚毛、好きかも」

そうだろう、と祖父が面白そうに言った。

「美緒も似たようなものだ。自分の性分について考えるのは良いことだが、悪いところばかりを見るのは、汚毛のフンばかり見るのと同じことだ」
⑤祖父が何を言い出したのかわからず、美緒は作業の手を止める。赤い漆塗《うるしぬ》りのスプーンを取り、祖父が軽く振る。
「学校に行こうとすると腹を壊《こわ》す。それほどの繊細《せんさい》さがある。良いも悪いもない。駄目でもない。そういう性分が自分のなかにある。ただ、それだけだ。それが許せないと責めるより、一度、丁寧《ていねい》に自分の全体を洗ってみて、その性分を活かす方向を考えたらどうだ？」

「活かすって？　どういうこと？　そんなのできるわけないよ」

「そうだろうか？　繊細な性分は、人の気持ちのあやをすくいとれる。ものごとを注意深く見られるし、集中すれば思わぬ力をハッキすることもある。へこみとは、逆から見れば突出《とっしゅつ》した場所だ。悪い所ばかり見ていないで、自分の良い点も探してみたらどうだ？」

「ない。そんなの」

「即答《そくとう》だな」

祖父がスプーンに目を落とした。

「だって、ないから。自分のことだから、よくわかってる」
⑥それは本当か、と祖父が声を強めた。
「本当に自分のことを知っているか？　何が好きだ？　どんな色、どんな感触、どんな味や音、香りが好きだ。何をするとお前の心は喜ぶ？心の底からわくわくするものは何だ」

「待って。そんなの急にいっぱい聞かれても」

「ほら、何も知らない。いやなところなら、いくらでもあげられるのに」

からかうような祖父の口調に、美緒は顔をしかめる。

「そんなしかめ面をしないで、自分はどんな『好き』でできているのか探して、身体の中も外もそれで満たしてみろ」

「好きなことばっかりしてたら駄目にならない？　苦手なことは鍛《きた》えて克服《こくふく》しないと……」

「なら聞くが。責めてばかりで向上したのか？　鍛えたつもりが壊《こわ》れてしまった。それがお前の腹じゃないのか。大事なもののための我慢《がまん》は自分を磨く。ただ、つらいだけの我慢は命が削られていくだけだ」

祖父がテーブルに並べたスプーンを指差した。

「手始めに、気に入ったさじがあったら、それで食事をしてみろ。良いさじで食物を口に運ぶ感触をとことん味わってごらん」

「えっ、でも……」

戸惑《とまど》いながらも梱包していないスプーンと、コレクションが納まった箱を美緒は一つずつ見る。祖父が集めたものは、どれも色や形が美しい。そしておそらく外見のほかにも祖父の心をとらえた何かがある――。しだいに興味がわいてきて、次々とスプーンが入った箱を開けて見る。

木材、金属、動物の角。さまざまな材質のスプーンを持ったあと、最後に残った箱を開けた。

赤や黒、赤紫《むらさき》色に塗られた木製のスプーンが出てきた。

無地もあるが、金箔《きんぱく》などで模様が描かれたものや、虹《にじ》色に輝《かがや》く装飾《そうしょく》が施《ほどこ》されているものもある。

一本、一本見ていくなかで、シンプルな黒塗りのスプーンに心惹《ひ》かれた。手にすると、スプーンの先から柄《え》に向かって、真珠《しんじゅ》色の光が走った。

「おじいちゃん、これはうるし？」

祖父はうなずいた。

「これがいい、これが好き。おじいちゃん、このスプーンをください」

「美緒はこれが好きか。どうしてこれを選んだ？」

「直感？　何かいい感じ」

⑦祖父の目がやさしげにゆるんだ。目を細めるとやさしく見えるところは、＊太一《たいち》と似ている。

ほめられているような眼差しに心が弾《はず》み、黒いスプーンを見る。

幼い頃、壁にかかった視力検査表で視力を調べられたことがある。

黒いスプーンを右目に当て、おどけてみた。

「視力検査……」

一瞬《いっしゅん》、不審《ふしん》そうな顔をしたが、祖父はすぐに横を向いた。口もとに軽くこぶしを当てて、笑っている。

おどけた自分が猛烈に恥ずかしくなり、美緒はスプーンを握《にぎ》った手を膝《ひざ》に置く。

たいして面白くもないだろうに、祖父は目を細めてまだ笑っていた。

（伊吹有喜『雲を紡ぐ』〈文藝春秋〉より）

＊太一…美緒のはとこ。祖父の生活のお手伝いをしている。

問一　……部Ａ～Ｄのカタカナは漢字に、漢字はひらがなに直しなさい。

問二　～～部１・３の文中での意味として、もっとも適当なものをそれぞれあとから一つ選び、記号で答えなさい。

１　素朴な

ア　華やかさがなく、目立たないこと
イ　自然のままに近く、あまり手が加えられていないこと
ウ　細やかで、すみずみまで手が行き届いていること
エ　乱れがなく、きれいに整っていること

３　気持ちのあや

ア　ころころと変わりやすい感情
イ　奥底に隠している本心
ウ　複雑にからみ合う心の様子
エ　もろく崩れそうな心の弱さ

問三　～～部２「軽快」と同じ意味で使われている「軽」を、次のア～

エから一つ選び、記号で答えなさい。

ア　軽率　イ　軽食　ウ　軽視　エ　軽妙

問四　①心の奥から、自然に言葉が浮かんできた　とありますが、それはなぜだと考えられますか。**適当でないもの**を次から一つ選び、記号で答えなさい。

ア　祖父とのやり取りを通して自分の内面と向き合うことができたため、無意識に閉じ込めていた自分の思いが言葉として現れてきたから。

イ　自分の発言に対する祖父の指摘が的を射ており、自分を分かってくれている祖父に心を開くことができたから。

ウ　ピンクの羊毛が舞い上がる様子を見て心を落ち着かせることができ、頑《かたく》なだった心をほぐしてくれるような穏やかな空間が目の前に広がっていたから。

エ　悩みを抱えていることを祖父に気づいてほしいと思っており、望み通り祖父が心配してくれたことで、自分の心が満たされたような気がしたから。

問五　②また笑ってる　を比喩《ひゆ》的に言いかえた十一字の表現をぬき出しなさい。

問六　③同じことは私たちの仕事にも言える　とありますが、どのようなことを言っているのですか。もっとも適当なものを次から一つ選び、記号で答えなさい。

ア　スプーンも織物も、良い品は調和がとれており、それが軽やかさと心地よさを生み出すということ。

イ　スプーンも織物も、良質のものを大切に保管し、丁寧に扱うことで、味わいが出てくるということ。

ウ　スプーンも織物も、よい品物をつくるためには、各地をまわってよい素材を探すことが大事だということ。

エ　スプーンも織物も、こだわりを持って、様々なものをコレクションをすることで仕事のセンスが磨かれるということ。

問七　④良い職人の仕事は調和と均衡が取れていて心地よいんだ　とありますが、「さじ」について言えばどのようなことを言っているのですか。具体的に述べられている部分を文中からひとつづきの二文で探し、最初の五字をぬき出しなさい。

問八　⑤祖父が何を言い出したのかわからず　とありますが、祖父がこの場面を通じて「美緒」に伝えたかったことはどのようなことですか。もっとも適当なものを次から一つ選び、記号で答えなさい。

ア　いつもネガティブな「美緒」に対して、人の気持ちのあやをすくいとれるところが良い点で、そこに早く気づいてほしいということ。

イ　嫌っていた汚毛を洗う仕事でも、洗い上がりを見ると気分が上がるように、辛い仕事でも我慢して続けていれば良い結果を生み出すということ。

ウ　汚毛を例えとして使い、自分の性格の悪い部分ばかりに目を向けるのではなく、それを良いところとして捉えなおすべきだということ。

エ　繊細という性分は決して悪いことではなく、そのような性分を活かすことで自分の良いところが新たに発見されるということ。

問九　⑥それは本当か、と祖父が声を強めた　とありますが、なぜですか。もっとも適当なものを次から一つ選び、記号で答えなさい。

ア　美緒が、自分の問いかけにじっくり考えることなく即答したことに対して、もう一度よく考えてから答えてほしいと思ったから。

イ　美緒が、自分のいやなところばかりあげることに対して、残念な気持ちがあり、自分自身を見つめ直してほしいと思ったから。

ウ　美緒が、いつも自分についてマイナスな発言をすることに対していらだち、少しはプラスな思考に切り替えてほしいと思ったから。

エ　美緒が、自分のことはよくわかっていると発言したことに対して、自分と深く向き合えていないことを指摘して、気づいてほしいと思ったから。

問十　⑦祖父の目がやさしげにゆるんだのは、なぜですか。この本文全体における「美緒」の気持ちの変化をふまえて、八十字以内で説明しなさい。

春日部共栄中学校(第一回午前)

―50分―

一 次の――部について、漢字をひらがなに、カタカナを漢字に直しなさい。

① 力士の断髪式が行われた。
② 彼は非凡な才能の持主だ。
③ 鈍い音を立てて花瓶が割れた。
④ もとの文にチュウジツに訳す。
⑤ フランス大使館をホウモンする。
⑥ 電車のモケイを作る。
⑦ 友だちとコウロンになる。
⑧ 図書館で本をヘンキャクする。
⑨ 祖母のカンビョウに行く。
⑩ センデンの効果はばつぐんだ。

二 次の文章を読んで、後の問に答えなさい。

なかば冗談だが、the newspaperを日本語にするとき、ペーパーの訳に「(目で見る)紙」ではなく「(耳で聞く)聞」をあてた先人は賢明だった。日本の新聞は最初から大きな可能性を秘めていたのだ。紙と電子装置を使い、目と耳のふたつの感覚器官に訴える魅力的なメディア、新聞。これは決して夢ではないのである。[A]、それには、新聞が新しい環境下で生き続けるための「常識」を創出し、それに沿って行動する、という条件を必要とする。

では、新しい常識とは何か。

「新聞力」は私の造語である。いまや新聞人の日常語になった観のある「(新聞の)商品力」という言葉にはどこか違和感があり、四、五年前から使っている。新聞は商品ではない、といっているのではない。立派な商品である。[B]、[1]その商品はちょっと変わっている。第一に、読者にとって意味のあるものならば、新聞社はたとえ損をしてでも報道しなければならない。大事件があればカネがかかる。号外を出せばカネがかかる。それは、ときに損得を離れておこなわなければならない。〈ア〉

第二に、この商品はたった一日で価値が激減し、多くは捨てられる。それでも人びとが新聞紙を買うのは、それが扱う情報に用があるからだ。情報の質は目には見えず触ることもできないが、選択の基準はある。有益性(おもしろくて、ためになるか)、言論性(主義・主張が明瞭で、権力監視の役割を果たしているか)、影響性(世論の形成にどれほどの貢献をしているか)である。いずれも、ふつうの商品を選ぶときの基準と異なる。だから新聞に求められるのは、ふつうの商品力に有益・言論・影響の三つを加えたものとなる。それが新聞力である。[C]、この三つの特性抜きで、ただ商品力だけが売り物だったら、それは新聞ではない。〈イ〉

読者は「顧客」です。これも新聞人の常套《じょうとう》句になった。しかし私は「パートナー」と呼ぶ。顧客というからには一方に店主がいるわけだ。本心はともかく、主人が揉《も》み[X]をしながら客と接している、そんな風景が目に浮かぶ。もちろん、購読者と向き合う新聞社の姿勢が悪すぎたのである。しばらくは反省の意味からもお客さん扱いは[a]やむをえないだろう。だが、いつまでたっても「店主と顧客」では、新聞の将来は知れている。二一世紀、新聞と読者は対等だ、パートナーなのだ、ということをまず確認しあうことから始めなければならない。〈ウ〉

朝日新聞の「くらし」面など、読者が参加して紙面をつくる試みが増えてきた。記者にも読者にも学ぶところが多かったそうだ。読者を巻き込む。一緒に仕事をする。こういう積み重ねが新聞と読者をパートナーの関係にもっていく。しかし、それだけでは十分でない。もっと双方向性を強める必要がある。〈エ〉

「くらし」面は二〇〇三年一月、「ちょっとまてよ…」という企画を始めた。ねらいは「決まりだから守るという発想を変え、そのルールが本当に必要なのかどうかを問い直す」だという。第一回は「学校の天井、高いのはなぜ」だった。だが、せっかく学校をとりあげながら、登場するのは役人だけである。天井が高くてせいせいしている、あるいは、もったいないと思っているのは、子どもであり親であり先生である。どうして彼らを「探偵団」に加えないのか。双方向性を強めるいい機会ではないか。

この企画そのものは悪くない。暮らしだけでなく、政治、経済、外交、みんなが疑問に思っていることは多いからだ。むかし「もの申す」という人気の高い欄が朝日新聞にあった。読者から寄せられた役所などへの苦情・抗議を、記者が代わって役所にもちこみ解決の道を探る。

これも双方向性のひとつだろうが、いまはこれだけではだめだろう。読者と記者がいっしょに解決にあたるのだ。自衛隊の海外派遣が決まる前に「ちょっとまてよ」と待ったをかけ、(新聞の第一面的な視点ではなく)「くらし」面的な視点からじっくり考える紙面を、読者とともにつくる。そんな工夫に想像をめぐらすことは、[2]二一世紀の新聞づくりに大いにヒントになるのではあるまいか。

新聞社と新聞記者が変わらなければ、新聞力は強くならない。

「編集のクオリティと経済的な成功は表裏一体である」。一九七四年、米国の新聞シンジケート、ナイト・リッダー社の創業者の一人だったリー・ヒルズの言葉である。有益で、他社にない優れた情報をいかに早く取得するか。読者の要望に応《こた》えるために、情報のブランド力を高めるために、それにどんな付加価値をつけるべきなのか。すべては編集のクオリティを向上させることであり、これが新聞力を強めることにつながる。

編集のクオリティは紙面だけではなく、ウェブ、テレビ、端末などの情報の質に直接影響してくる。[D]、情報の吟味は格段に厳しくなる。これまでは、読者が紙面に文句を言ってくるのは早くて翌日だった。しかし、ウェブなどをお得意にするようになると、そうはいかない。早いか遅いか、正しいか不正確か、ためになるかならないか、視聴者からの反応は瞬時にやってくる。新聞はそれに答える義務がある。記事には記者の署名が入り、デスクはこれまで以上に厳しく原稿を点検するようになる。一方で、なんの反応もない情報は「価値なし」。どのメディアもその社からは買わなくなってしまう。

質のいい新聞をつくるには[b]優秀な記者が要る。新聞社の人員削減を含むリストラは間違いなく進行するが、新聞記者を、とくに地域の情報を押さえている記者を、手軽に手放す経営者は、のちのち大いに後悔することになろう。これほど層の厚い取材網をもっているのは新聞だけであり、代わりはそう簡単に補充できない。ウェブやテレビや端末の情報企業がどうあがいても、こればかりは促成栽培できない。

　しかし、記者の淘汰《とうた》は避けられない。読者と視聴者の吟味に堪えられる記者だけが残るのだ。新聞社のスターであり、編集局の主柱でもある取材記者ですら安泰ではない。「今日からＯＰＥＣ」とか「サミットで勢ぞろい」といった前触れ的な記事、「答申を受けてガッチリ握手」といった退屈な写真など、だれも相手にしなくなる。いつの世でも新聞の生命はスクープである。ただし、3今後はこれまで以上に質が問われる。

　大企業の人事を抜いた。発表前に白書をスクープした。これまでなら英雄扱いされただろうが、いまや、それだけでは十分でない。新聞社にしかできない、がっちりとした調査報道にもとづくスクープが求められている。それができる記者。それを積極的にやらせる部長・デスク。彼らが主役になるだろう。

（中馬清福『新聞は生き残れるか』〈岩波新書〉より）

問一　A ～ D に入る適当なことばを、次の中からそれぞれ一つ選び、記号で答えなさい。（ただし、同じ記号を二度以上使ってはいけません）

ア　しかし　　イ　つまり　　ウ　ただし

エ　もし　　オ　だから

問二　X に入ることばとして、適当なものを次の中から一つ選び、記号で答えなさい。

ア　肩　　イ　足　　ウ　耳　　エ　手

問三　＝＝部a「やむをえない」の意味として適当なものを、次の中から一つ選び、記号で答えなさい。

ア　難しい　　イ　仕方がない

ウ　都合が悪い　　エ　ちょうどいい

問四　＝＝部b「優秀」と熟語の組み立てが同じものを、次の中から一つ選び、記号で答えなさい。

ア　選択　　イ　地震　　ウ　直線　　エ　屋内　　オ　無罪

問五　〰〰部1「その商品はちょっと変わっている」とありますが、どのような点が他の商品と変わっているのですか。それぞれ問題文の内容に合うものには○、合わないものには×で答えなさい。

ア　新聞は他の商品とは異なり、ときに新聞社に不利益になるようなことでも報道しなければならない点。

イ　新聞は他の商品とは異なり、公共性が高いため、いかなる場合でも誤った情報を発信してはならない点。

ウ　新聞は他の商品とは異なり、有益性・言論性・影響性の三つの性質を含んでいなければならない点。

エ　新聞は他の商品とは異なり、たった一日で価値が激減する一方で比較的長く保存されるという点。

問六　〰〰部2「二一世紀の新聞づくり」にはどのようなことが必要だと筆者は考えていますか。四十字以内で説明しなさい。（句読点も字数にふくみます）

問七　〰〰部3「今後はこれまで以上に質が問われる」とありますが、なぜそう言えるのですか。その理由として**ふさわしくない**ものを次の中から一つ選び、記号で答えなさい。

ア　紙面の編集のクオリティは、他のメディアの情報の質に直接関わるため、情報の吟味が格段に厳しくなるから。

イ　他社にはない有益な情報を求める読者の要望に応えるために、情報に付加価値をつけることが求められるから。

ウ　地域の情報を取得する層の厚い取材網を持った優秀な記者を、人員削減を含むリストラで手放してしまうから。

エ　紙面に対しての視聴者からの反応も早くなり、デスクも今まで以上に厳しく原稿を点検するようになったから。

問八　問題文中には、次の一文が抜けています。〈ア〉～〈エ〉のどこに入れるのが適当ですか、記号で答えなさい。

【お互いが甘えを捨て、鍛えあうのである。】

問九　問題文の内容として適当なものを次の中から一つ選び、記号で答えなさい。

ア　新聞は紙と電子装置を使った魅力的なメディアではあるが、発行に時間がかかる点で他のメディアに劣っている。

イ　今までのように読者を「顧客」とみなし、へりくだってお客さん扱いする新聞社の態度は改めるべきである。

ウ　新聞社が持っていた地域の情報を中心とした層の厚い取材網もウェブやテレビなどにいずれ奪われてしまう。

エ　新聞の生命はいつの時代もスクープであるため、とにかく早くスクープを報道する記者が英雄視される。

三　次の文章を読んで、後の問に答えなさい。

一人暮らしをする春子の離れの家に、近所の黄色い家に住む沙希とその母、律子が訪れた場面である。

律子は沙希とは三日前にも会ったようだったが、それでも話すことがあれこれあるらしく、しばらく近所の誰かについての噂話などをしていた。

「あんたの同級生のマリちゃん、お姉ちゃんと二人とも結婚してへんらしいからねえ。やっぱりええとこの大学出たら高望みになるんかしらね」

春子が、この話の展開は自分の苦手な、そして実家に帰るたびに繰り返される同級生の母親たちや親戚たちの会話のパターンやな、と警戒しかかったとき、沙希が遮るように言った。

「北川さんは、一人が楽しいねんて」

「あら、いいですねえ、楽しめる人は。それも才能やと思うんですよ。うちなんかねえ、親子揃ってなんの取り柄もないから」

「わたしも、そんな……、べつに全然普通ですよ」

春子が少し戸惑って返答すると、さらに沙希は言った。

「美術大学に行ってはったんやんね」

「ほら、才能があるんやないですか。やっぱり、違うと思たわあ」

壁に掛けてある刺繍《ししゅう》や版画を指さして、律子は言った。自分では出来に満足していないそれらを飾っていることを、1春子は急に後悔した。

律子は上機嫌で、大げさな抑揚で言い続けた。

「うちらとは、ちゃうねえ。なんか、着てはるもんもしゅっとしてはるし」

誉められているのかなんなのか、よくわからない。沙希と同じく、思ったことを素直に口に出しているだけだと、春子は思った。思うことにした。

律子は、話しながらも、食器を流しに下げて洗い始めた。その手際のよさのせいというか、習慣になっている動作の一部として滑らかに片付いていくので、春子が遠慮を［X］にする隙もなかった。

「沙希も、小学校のときはよう絵を描いてたけど、そんなんはもう子供の落書きやから」

流し台の前に立ったまま、律子は言った。それは春子にとっては意外な言葉だった。

「そうなの？　絵とか描くの？」

「描いてへん」

急に憮然《ぶぜん》として、沙希は答えた。

「描いてたやないの、自分で作った絵本やら漫画みたいなん」

「やめてよ、そんな昔のこと持ち出すのん。どうせ下手くそな、落書きなんやし」

沙希は最後のほうは笑いながら言ったが、とにかくこの話をしたくないという感情が表に出ていた。

洗い物を終えて手を拭いた律子は、沙希の肩を［A］叩いた。

「そのころは、漫画家になってお金儲けて楽させてよ、なんて言うてたんやけど。まあ、わたしの子供やし、そんなんできるわけないのはわかってたんですけどね。なんもできへんけど、それでもうちには、この子がいちばんやから」

なんもできへん。

春子の頭の中で、その言葉は律子ではない別の声で再生された。一つではなく、いくつもの声だった。自分の声も、混ざっていた。

2沙希の話を聞きたい、と春子は思ったが、沙希は、立ち上がってわざとらしく軽い調子で言った。

「ハハちゃん、急になに言うてるん」

「えー、そう？　いっつも誉めてるやん」

律子は沙希の両肩を抱き、ほとんどほおずりしそうに顔を近づけた。

沙希は上着を着込み、つぶやくように言った。

「わたし、なんでも話せるんはハハちゃんだけやわ。わたしのことわかってくれるんは、ハハちゃんだけ」

少し頑《かたく》なに響いたその声は、春子の耳にずっと残った。

階段を下りながら、律子が言った。

「早《は》よ帰らんと、拓矢※1くんが気ぃ悪くするからね」

「えー、だって今日も自分だけ飲みに行ってるし」

「男の人はつきあいいうもんがあるのよ」

男の人、という言葉と、幼さの残る拓矢の横顔は、春子の中では結びつかなかった。あの黄色い家の中では、沙希は、拓矢に対してどんな顔で接しているのだろうか、とふと思った。

沙希と律子の声が、庭を横切って遠くなり、聞こえなくなった。二階に上がった春子は、窓から黄色い家に明かりがついたのを確かめ、そのままベッドに寝転がった。

仲のいい母娘。いっしょに買い物に行ったり、恋愛の相談もするような、自分が若い頃には「一卵性母娘」なんて言葉が流行《はや》ったこともあったな、と春子はぼんやり思い出した。

相談、などと改まったことではなく、誰がかっこいいとか、誰が浮気しそうだとか、そんな話も気軽にするのかもしれない。同級生でも、そんなふうに親やきょうだいと友だちのような関係の子はいた。小学校のとき、バレンタインデーのチョコレートを誰にあげるかお母さんと決めると同級生に聞いて、ものすごく驚いたことを思い出した。いろんな親子関係があって当然なのだが、今ひとつ実感できない。※2ゆかりさんも子供がいると言っていたけど、ここに遊びに来たりはしないんだろうか。

春子は、寝転がったまま体を横に向けた。下になった右側に意識が向かう。あんなに痛い思いをしたのに、今はなんの感覚もない。中には石が排出されたことに気がつかない人もいるらしいが、医師に説明を受けたほんの数ミリの小さな石は、おそらくまだ体のどこかにある。インターネットで「結石」と検索してみたら、棘《とげ》の塊のような結晶の画像がいくつも表示されて、怖くて画面を閉じてしまった。

体の中に、自分には見えない、普段はなんの感覚もない、しかし、固い塊が確実にある。

いつも一人で特にさびしいと思ったこともないのに、賑やかな客が帰って急に静かに感じられる部屋の中でじっとしていると、3その小さな石が、もっと形の曖昧《あいまい》な塊になって体の中でどんどん大きくなっていくような、そんな感触がした。

十二月が近づいて、春子の職場は忙《せわ》しなくなり始めた。年内に間に合わせてほしいという受注の書類作成やその他もろもろの雑用が増え、春子も定時で帰れない日々が増えた。

従業員は外に出ることが多くなり、水曜日の昼過ぎに社内に残っていたのは、春子と岩井みづきだけだった。

元々きっちり十二時から昼休みを取る習慣のない会社だが、二人とも、自分の席でコンビニで買ってきたおにぎりなんかを［B］食べ、そのままパソコンに向かって作業を続けていた。

「あー、もうなんもかもめんどくさいわぁ」

突然、みづきの声がフロアに反響した。声がしたほうを春子が見ると、営業部長の席にみづきがファイルを叩きつけるように置いたところだった。

「どうしたん、急に」

「めんどくさいことばっかりやないですか、あれもこれも」

みづきは、凝っている肩をほぐすように首を動かしながら歩いてきて、春子のうしろの椅子に［C］音をたてて座った。

「岩井さんは優秀な人やから、とか言うて、体《てい》よく雑用ばっかりですよ」

みづきはそう言いながら、春子の隣のデスクを指さした。春子が作成している資料も、その人からの頼み事だった。

しばらく、岩井みづきが抱えている、というよりはほとんど押しつけられた案件の話を聞き、近頃の仕事の愚痴を言い合った。

「優秀やとか、できる人やから、って持ち上げてるつもりなんでしょうね、言うてる人は」

みづきの言葉を聞いて、春子は、先日の沙希と律子のことを話してみた。4律子に言われてひっかかっていたことと、似ている気がしたからだった。

みづきは、大きく頷き、語気を強めた。

「そういうの、すぐ言う人っていますよねー。たとえば、外国語話せる人とか資格持ってる人とかにでも、才能ある人はいいね、すごいねって。わたし、思うんですけど、要するに相手の努力を認めてへんのんちゃうかな。賞賛してるようでいて、つまりは、元からできたんやからたいしたことない、って言うてることになりません？」

「あー、なるほど。なんか、すごい納得」

律子が才能だとか違うとかを繰り返すたびに、遠ざけられているような気分になっていた理由を、春子はやっとはっきりわかった気がした。
「それに、結局に見下されてるような気もしてくるんですよね。絵かなんか知らんけどわけのわからんもん作っていいご身分ですねえ、わたしら地道に働いてるからそんなん関係ないですけど、って」
みづきの話し方は、整然としていてわかりやすかった。辛辣《しんらつ》でも、きつくは聞こえない。シンプルに見えて襟や袖の形が凝っていてセンスのいい、みづきの洋服と通じるところがあった。

(柴崎友香『待ち遠しい』〈毎日新聞出版〉より)

※1　拓矢…沙希の夫。
※2　ゆかりさん…春子が住む離れの母屋に住んでいる女性。拓矢の叔母にあたる。

問一　[A]～[C]に入る適当なことばを、次の中からそれぞれ一つ選び、記号で答えなさい。(ただし、同じ記号を二度以上使ってはいけません)
ア　さっと　　イ　がつがつと　　ウ　ぽんぽんと
エ　どさっと　　オ　そろそろと

問二　──部「憮然《ぶぜん》として」の問題文中における意味として、適当なものを次の中から一つ選び、記号で答えなさい。
ア　不満そうにして　　イ　怒りをあらわにして
ウ　打ちのめされて　　エ　驚いて

問三　〰〰部1「春子は急に後悔した」とありますが、その理由として適当なものを次の中から一つ選び、記号で答えなさい。
ア　春子は美術大学を卒業したことに大きな誇りを持っており、少しでも自信のない作品を見られることはプライドが許さないことだったから。
イ　春子は自分の作品を他人に見られることに慣れておらず、どうせ律子や沙希に見せるなら完璧な作品を見せたいと考えたから。
ウ　春子が多くの作品を作成した中で、部屋の中にある中途半端な出来の作品だけを見られることにより、自分の才能を判断されたくなかったから。
エ　春子は自分にとって不満足な作品を、才能があると言い切る律子に見られることに困惑し、自信のある作品を飾れば良かったと思ったから。

問四　[X]に入ることばとして、適当な漢字一字を問題文中から書き抜きなさい。

問五　〰〰部2「沙希の話を聞きたい、と春子は思った」とありますが、その理由として適当なものを次の中から一つ選び、記号で答えなさい。
ア　律子の目線で語られる才能についての話が長く退屈に感じ、沙希の話を聞くことで違う話になり、気分転換になると思ったから。
イ　沙希がなにもできないと決めつける母親の律子に対し強い怒りを感じ、娘である沙希の本当の気持ちを律子に聞かせたかったから。
ウ　母である律子はなにもできないと沙希のことを決めつけているが、沙希自身は何がしたかったのか、本当の気持ちに興味を持ったから。
エ　律子の「なんもできへん」という発言に大変衝撃を受け、その衝撃を沙希とも共感したいと感じ、沙希の意見を聞きたかったから。

問六　〰〰部3「その小さな石が、もっと形の曖昧な塊になって体の中でどんどん大きくなっていくような、そんな感触がした」とありますが、その理由として**ふさわしくないもの**を次の中から一つ選び、記号で答えなさい。

ア　先ほどまで一緒にいた律子と沙希がいた空間で一人になり、急に孤独を感じたから。

イ　律子に自分の才能を示すだけの作品を見せることができず、後悔の念が広がっていたから。

ウ　「結石」が体内にあることと、春子の言語化できない気持ちのイメージが重なったから。

エ　律子との会話に違和感を感じ、春子の中で整理できないもどかしさを感じていたから。

問七　～～部4「律子に言われてひっかかっていたこと」とありますが、具体的にどのようなことですか、五十字以内で説明しなさい。（句読点も字数にふくみます）

問八　問題文中の人物像の説明として、適当なものを次の中から一つ選び、記号で答えなさい。

ア　春子は常に相手の立場を考え、全ての質問に対し丁寧な返答をする、他人を思いやる姿勢の持ち主である。

イ　沙希は思ったことをそのまま発言する素直さを持ち、母親と家庭を何よりも大事にする人物である。

ウ　律子は明るくテンポのいい会話を好み、他人とのコミュニケーションを取ることに長けた人気者である。

エ　みづきはまっすぐに感情を表現する面と、物事を的確に言語化し表現するセンスを持つ人物である。

四　次のグラフは、日本の貨物輸送での「輸送分担率の推移」（グラフA）、「輸送機関別ＣＯ２排出量」（グラフＢ）です。これらを見て後の問に答えなさい。

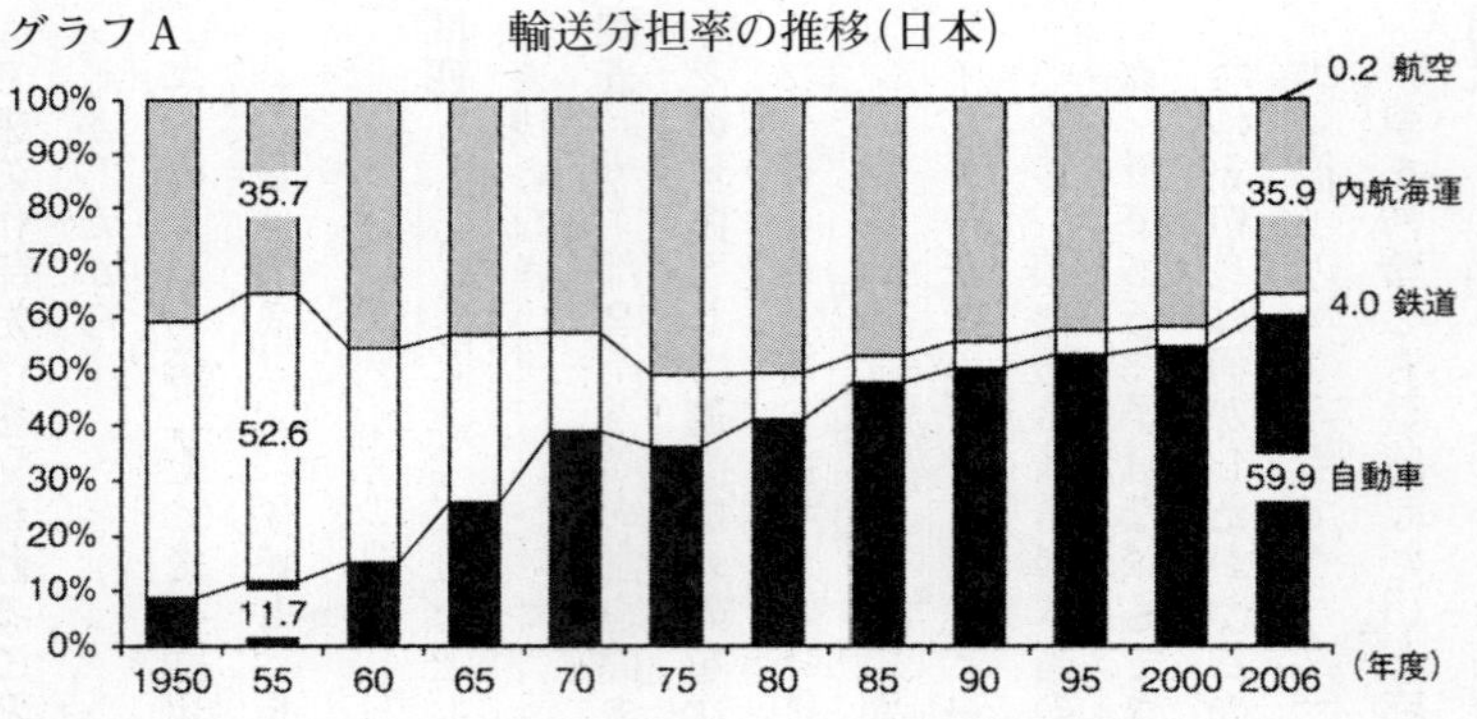

（中央三井トラスト・ホールディングス　2008/秋　63号より）

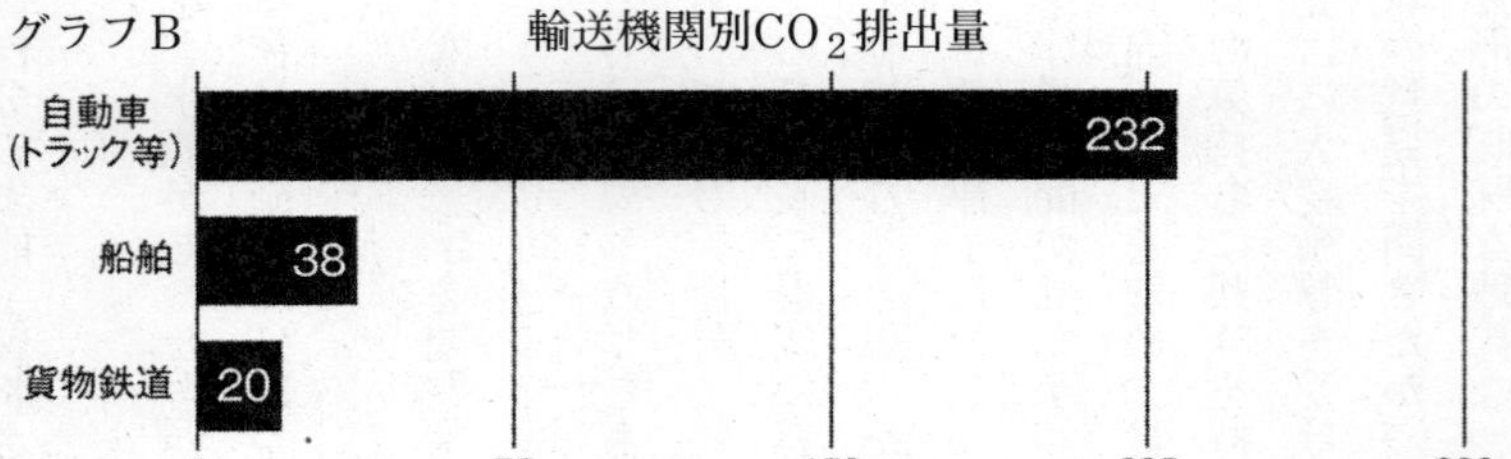

（国土交通省ＨＰを参考に作成）

問一　グラフＡ・Ｂを見くらべ、これからの貨物輸送はどうすべきだと考えますか。あなたの考えとその理由を説明しなさい。

問二　問一のあなたの考えに今現在なっていない理由を考えて述べなさい。

神奈川大学附属中学校（A）

―50分―

注意　字数に制限のある問題では「、」や「。」などの記号も一字と数えます。

一　次の――線部のカタカナを、漢字に改めなさい。
① コウゴウ陛下《へいか》に手を振《ふ》る。
② 生命ホケンに入る。
③ 兄のシュウショク先が決まった。
④ 海辺のリョウシ町を訪れる。
⑤ 新しいボウエイ大臣が決まる。

二　次の話題について、後の指示に沿った文章を書きなさい。

今年開催《かいさい》される東京オリンピックでは、暑さ対策ばかりでなく、会場までの道路の渋滞《じゅうたい》や訪日客の宿泊施設の確保など、問題解決のために多くの検討がなされました。

近年、オリンピックに限らず、特定の観光地において、訪問客の著しい増加等が地域住民の生活や自然環境に悪影響《えいきょう》を及《およ》ぼし、観光地の魅《み》力《りょく》低下にもつながる事態が起きています。これをオーバーツーリズムといいます。

この問題について、以下の点に触《ふ》れながら、あなたの考えを二百字以内で書きなさい。

1　訪問客の著しい増加が引き起こす悪影響の例。
2　1の例が起きる原因。
3　今後社会がどう変化していって、1の例がどうなっていくと考えられるか。

〔書き方についての注意〕
・原稿《げんこう》用紙の一般的《いっぱんてき》な使い方にしたがって書くこと。
・数字や数値を使う場合は次のように書いてもよい。10%

三　次の文章を読んで、後の問いに答えなさい。

一般《いっぱん》には朗読の「技術」と思われていながら、そう簡単に「技術」と言い切れない項目《こうもく》があります。「スピード」「漢字の読み方」「間」「句読点」。こうした項目に一定の法則はありません。イメージや表現の仕方によって変化し得るものです。漢字は「日本語」の記述に関しては決定的な「形」です。すなわち技術です。しかし、実際に朗読してみると「漢字」は「形」とは言い切れないこともあるのです。

「私」をどう発音するか。意外なことに、この問題は技術の問題ではなく、イメージに関わってくる問題です。

（中略）

いま、あなたは、私のこの文章を読んでいらっしゃいます。ところでこの一文を、声に出して読んでみてください。

「私のこの文章」の「私」をどう読みましたか。ワタクシですか、ワタシですか。

黙読《もくどく》ならば、「私」とは一人称単数《いちにんしょう》であると頭で理解して通過することができます。でも、声に出して読むときは、「私」の読み方を決めなければ先に進めません。

文字を頭でしか理解していなかったからでしょう、かつて文部省は、「私」

という字はワタクシとしか読ませないと決めていました。

ちょうどそのころ、私は、文部省の模範《もはん》朗読の仕事にいきました。「私」という字を「ワタシ」と読んだとき、ブザーが鳴りました。

「それ、ワタクシと読んでください」

「ワタクシだと気分が伝わらないと思いますが」

「あなたの感覚の問題ではありません。文部省は私という字はワタクシとしか読ませておりません」

なんと説明しようが、1蛙《かえる》の面《つら》に小便（失礼）でした。内容からして、作家はワタシと読むことを想定して書いているように、私には感じられました。しかし、そうした感覚より指導方針の規定が大切というわけです。

文部省が文部科学省になり、数年前から私を「ワタクシ」という読みで統一するということはなくなったようです。文科省に問い合わせたところ、

「ワタクシとしか読ませないとは指導しておりません」

係官はそう言いました。

「ワタクシとワタシと両方読みますね。どちらでもよいと教えています」

2長年の胸のつかえが取れました。

文字で見る「私」は「私」ですが、声に出すときにはワタクシかワタシです。

声に出して読んで、納得したとき、言葉は体を通ったのです。3言葉を体で理解したのです。これは、黙読による「頭での理解」とはまったくちがうものです。

表現というものは、芝居《しばい》も歌も演奏も舞踏《ぶとう》も、そして文字や美術も、すべて決定です。決定して、その是非《ぜひ》を人々に問います。したがって4表現には社会的責任が生じます。そこが、黙読と朗読の決定的なちがいです。5「ワタシ」か「ワタクシ」かの決定は内容と自分との対決です。字の読みを「技術」に入れられない理由がそこにあります。

（永井《ながい》一郎《いちろう》『朗読のススメ』〈新潮文庫〉二〇〇九年　による）

問一　――線1「蛙《かえる》の面《つら》に小便」は「蛙の面に水」という慣用句をもじった表現である。――線1の意味を説明した文として最もふさわしいものを次のア～エから選び、記号で答えなさい。

ア　弱い生き物の虐《しいた》げられても負けまいとする姿勢を前にして言う、応援《おうえん》する気持ちを込《こ》めた言葉。

イ　こちらのすることにまったく動じない相手の様子を前にして言う、あきれる気持ちを込めた言葉。

ウ　およそ知性のあるものと思えないような目の前の存在を前にして言う、戸惑《とまど》う気持ちを込めた言葉。

エ　動物がそれぞれ当たり前に備えている特性の現れを前にして言う、受け入れる気持ちを込めた言葉。

問二　――線2「長年の胸のつかえが取れました」とはどういうことか。説明として最もふさわしい文を次のア～エから選び、記号で答えなさい。

ア　文章を書いた作家の感覚を優先しすぎている文部省の規定に対して覚えていた反感が、規定が見直されたことを知ったことで解消されたということ。

イ　文章を書いた作家の意図をないがしろにする文部省の規定に対して覚えていた反感が、規定が受け継《つ》がれていないのを知ったことで解消されたということ。

ウ　文脈に対する読み手の理解の幅《はば》を制限する文部省の規定に対して覚えていた違和感《いわかん》が、自分の意見が文科省に受け入れられたことで解消されたということ。

エ　文脈に対する読み手の感覚を無視している文部省の規定に対して覚えていた違和感が、規定がなくなったのを知ったことで解消されたということ。

問三　――線3「言葉を体で理解した」とはどういうことか。説明として最もふさわしい文を次のア～エから選び、記号で答えなさい。

ア　頭の中でぼんやりとは想像できていた「私」のイメージが、声に出してその読み方を現実に決定したことで、より実感を伴《ともな》って想像されたということ。

イ　頭でぼんやりとしか想像できていなかった「私」のイメージが、肉声の力で一人称《いちにんしょう》らしさを得たことで、初めてはっきりと想像できたということ。

ウ　頭で文字情報としてしか受け取っていなかった「私」が、自分の声に乗って耳を通ったことで、イメージを肉付けされて想像されたということ。

エ　頭で読み方を判断してイメージを固めた「私」を、その読み方で実際に声に出して読んだことで、判断の正しさを確信しながら想像できたということ。

問四　――線4「表現には社会的責任が生じます」とあるが、なぜ「社会的責任が生じ」るのか。説明として最もふさわしい文を次のア～エから選び、記号で答えなさい。

ア　人間の想像力に正解などないのだから、本来一つに決める必要はない。表現とは「決める必要のないものを必要のあるものにする」行為《こうい》であり、表現を行うこと以前に、表現の方法を選ぶこと自体が受け手の想像の幅《はば》を狭《せば》める結果につながっているから。

イ　人間の想像力に正解などないのだから、本来一つに決めることはできない。表現とは「決められないものを決めないまま受け取る」行為であり、そこには、人によって異なる想像のすべてを認めるという多大な労力を人々に求める厳しさが常にあるから。

ウ　人間の想像力に正解などないのだから、本来一つに決める必要はない。表現とは「決める必要のないものを一つに決める」行為であり、結果として他人の想像と重なってその後押《あとお》しとなることもあれば、他人の想像と食い違《ちが》って違和感《いわかん》を与《あた》えることもあるから。

エ　人間の想像力に正解などないのだから、本来一つに決めることはできない。表現とは「決められないものに方向性を与える」行為であり、与えた方向性がどのくらい後の世代まで、どのくらい広い地域まで影響《えいきょう》を及《およ》ぼすか、まったく予測できないものだから。

問五　――線5「「ワタシ」か「ワタクシ」かの決定は内容と自分との対決です」に関連して、次の文章中の～～線「私」を「ワタシ」と読んだ場合と「ワタクシ」と読んだ場合の「私」の印象の違いを説明したうえで、あなたが「ワタシ」と「ワタクシ」のどちらで読む方が自然だと判断したかについて、その理由も含《ふく》めて文章で説明しなさい。

話し終えた侯爵《こうしゃく》夫人は緊張《きんちょう》の糸が切れたのか、主様《あるじさま》に紅茶をすすめられてもマリアンヌ様に背中をなでられても、ただただ涙《なみだ》するばかりで、お屋敷《やしき》に現れた「影《かげ》」についてこれ以上何も語らなかった。ここは私が、状況《じょうきょう》を進展させなければ。

「侯爵夫人。私が一度、お屋敷の様子を見てまいりましょう。主様、よろしいですか？」

四　次の文章を読み、後の問いに答えなさい。

〈あらすじ〉

十四歳《さい》の伊山佳奈《いやまかな》（私）は、友人の親がやっている中古ピアノを取り扱《あつか》う会社の展示場によく通っている。佳奈は、そこで六十年前につくられた白塗《しろぬ》りのピアノに出会い、その美しさをとても気に入っていた。佳奈は、そこで働いている二十五歳の調律師・千田義人《せんだよしと》（センダくん）に惹《ひ》かれている。千田も、修理しても「音がボコボコ」なそのピアノに愛着を持っており、よい買い手がつくことを願っていたが、ピアノは千田のいない間に他の調律師が処分同然で売ってしまっただけでなく、買い手に文句を並べられて返品されてしまった。怒《おこ》った千田が買い手や社長とモメたという話を友人から聞いた佳奈は、雪の降る中、千田に会うために展示場を訪れた。


「俺《おれ》は、おばあちゃんに弱いのね。育ての親が、おばあちゃんなの。年寄りって古いものを大事にするから、何でも捨てずに直して使うでしょ。そういうのが、身についちゃってるみたいね。ピアノも、絶望的な奴《やつ》ほどファイト湧《わ》いてくるし。愛情持っちゃう」

「センダくんも、これ、好き？」

「俺が引き取るって社長に言っちゃった」

「え？」

センダくんは、ようやく、窓の外から私に目を向けた。

「このおばあちゃんピアノが、外見だけで、買われて、乱暴に弾《ひ》かれて、嫌《きら》われて、また捨てられて、とか考えると、たまんないよ。夜、眠《ねむ》れなくなっちゃうよ」

「だって、お金あるの？　いつも、ビンボーしてない？」

「貯金してるから、ビンボーなの」

「パチンコと競馬じゃないの？」

1センダくんは、顔をしかめた。

「たまんねぇなあ。そりゃ、好きだけどさ。サボってたのがバレて怒られたこともあるけどさ」

ヨーロッパに行って、ピアノ作りの勉強をするために、お金を貯めているのだと、センダくんは話した。

「チューナーの仕事も好きだけど、もっとメカニズムを知りたいし、製造をやりたいんだ。日本の音と欧米《おうべい》の音は違《ちが》うしね」

「そのお金使っちゃうの？」

「一部ね」

「もったいないね」

「そうね。俺はまわり道ばっかりしてるね。前の会社を辞めたのも、もったいない。夢の資金に手をつけるのも、もったいない。どっちも〝おばあちゃん〟のせい」

「え？」

そういえば、センダくんは、おばあさんの看病をするために、前の会社を辞めたんだっけ。

「うそうそ。俺がぐうたらなだけ。理由なんて、どんなふうにでもつけられるし、勇気がないだけ。だって、飛行機代はあるんだ。行けばいいんだもの。なるべく、いい条件で、なんて考えてるうちに、時間だけ過ぎちゃう」

「いいわよ。ここにいてよ」

私は、わがまま娘《むすめ》。

「いるかもよ。ずっと」

センダくんは人ごとのように言う。2また伸《の》びてしまった前髪《まえがみ》の下の細目が、ちょっと、苦いような辛《つら》いような表情を見せた。

彼《かれ》は、ホワイト・ピアノの鍵盤《けんばん》ふたを開けた。

「これねえ、弾《ひ》き方次第で、いい音、出るんだよ」

センダくんは、そっと鍵盤に指をのせた。やわらかい和音が生まれた。胸の底をくすぐられるような、ほのぼのとした音だった。なめらかな、ささやき声みたいな、丸みのある音。

ああ。これが、ホワイト・ピアノの音なんだ。窓の外を落ちてくる雪の音だ。白い音だ。

センダくんは小さな声で歌った。英語の歌。この間、聞かされた歌。なんだっけ?

「マイ・フェイヴァリット・シングス」

とセンダくんが歌って私を見た。それだ。

「バラの花に雨のしずく、子猫《こねこ》のひげ、光っている銅の湯沸《ゆわ》かし、暖かいウールの手袋《てぶくろ》。そういうものが、全部、私のお気に入り――マイ・フエイヴァリット・シングス――なのね。クリーム色の小馬、かりかり焼いたりんごのお菓子《かし》。それでね、そういう私のお気に入りたちを思い出すと、いやな気分なんて、どっかにいっちゃうって歌なの。犬に噛《か》まれた時、ミツバチに刺《さ》された時、悲しい気持ちの時」

センダくんは歌詞を変えて歌った。クリーム色の小馬を、クリーム色のピアノに変えて歌った。

「クリーム・カラード・ピアノ」

そのうち、センダくんの〝お気に入り〟は全部、クリーム・カラード・ピアノになってしまった。

伴奏《ばんそう》のやわらかな和音。

3私は、なんだか涙《なみだ》が出た。

センダくんは、色々なものを大切にせずにはいられない人なのだ。おばあさんも、古いピアノも、初恋《はつこい》の後輩《こうはい》も、会社の人たちも、もちろん、自分の夢だって。

色々なものを大切にしすぎて、コドモみたいに見える。

私は、ホワイト・ピアノ――ううん。クリーム・カラード・ピアノが、うらやましかった。4でも、私だって、センダくんの〝お気に入り〟なのだ。歌のフレーズにあるのだ。

ブルーの飾《かざ》り帯をつけた白いドレスの女の子。

5雪が、いつのまにか、やんでいた。

（佐藤多佳子《さとうたかこ》『サマータイム』〈新潮文庫〉二〇〇三年　による）

問一　――線1「センダくんは、顔をしかめた」とあるが、この時の千《せん》田《だ》について説明した文として最もふさわしいものを次のア〜エから選び、記号で答えなさい。
ア　一言言い返したいが、十四歳《さい》の女の子に対してむきになるのは大人げないので、我慢《がまん》している。
イ　夢について話しているところに現実の話を持ち込《こ》む佳奈《かな》に対して、不快感をあらわにしている。
ウ　真剣《しんけん》に語っていたところに水を差されたものの、間違《まちが》っていないので反論もできず、困っている。
エ　佳奈の言葉に刺激《しげき》されて、自分のピアノに対する思いを軽んじる人々に対する怒《いか》りを見せている。

問二　――線2「また伸びてしまった前髪《まえがみ》の下の細目が、ちょっと、苦《つら》いような辛いような表情を見せた」とあるが、この時の千田について説明した文として最もふさわしいものを次のア〜エから選び、記号で答えなさい。
ア　祖母の看病を夢を実現するための行動を起こせないことの言い訳にしてしまった自分の格好悪さに気づいて、年下の女の子に弱さを見せてしまった恥《は》ずかしさをごまかそうとしている。
イ　自分を慕《した》ってくれている佳奈の前でここにい続ける可能性を否定することができずに「いるかもよ」と言ったものの、夢に踏《ふ》み出せない自分を受け入れることにためらいを感じている。
ウ　佳奈が、千田の夢が当面叶《かな》いそうもないことを千田自身が感じているのを理解したうえで、単純な慰《なぐさ》めになってしまわないような言い方を選んでいるのを察して、心の中で感謝している。
エ　勢いでつい他人に夢を語ってしまったが、十歳ちかく年下の女の子に現実の厳しさが理解できるはずがなかったので、我に返った恥ずかしさと理解されない悲しさに包まれている。

問三　――線3「私は、なんだか涙《なみだ》が出た」について、この時の佳奈の気持ちを一文で説明しなさい。

問四　――線4「でも、私だって、センダくんの〝お気に入り〟なのだ」とあるが、この時の佳奈《かな》について説明した文として最もふさわしいものを次のア〜エから選び、記号で答えなさい。
ア　自分が千田《せんだ》の一番大切なものになることは永遠にないのだと悟《さと》って悲しくなっているが、同時に、千田の夢を応援《おうえん》したいので、これ以上わがままを言って千田を困らせることがないようにしている。
イ　千田の愛情を独占《どくせん》しているクリーム・カラード・ピアノに対して嫉妬《しっと》する気持ちを抑《おさ》えきれず、子どもっぽいとわかっていながらも、張り合うような言葉を心に抱《いだ》かずにはいられなくなっている。
ウ　色々なものを同時に大切にしようとするあまりどれもうまく大切にできず、結果として変わり者扱《あつか》いされてしまう千田の不器用さを歯がゆく思っているので、そばで見守っていこうと決意している。
エ　千田は色々なものを大切にしてしまうので自分が千田の一番大切なものになることがないのは寂《さび》しいが、千田のそういうところも含《ふく》めて好きなのだということを確認して、受け入れようとしている。

問五　――線5「雪が、いつのまにか、やんでいた」とあるが、この一文は物語の中でのどのような効果をもっているか。説明として最もふさわしい文を次のア〜エから選び、記号で答えなさい。
ア　二人だけの時間が静かに終わり、互《たが》いが互いの大切なものであり続けることを予感させる。

イ　閉ざされていた空間から解き放たれ、千田がここから旅立っていく展開を予感させる。

ウ　積もっていく雪のように少しずつ伝わっていた思いが実り、佳奈の恋《こい》が叶《かな》うことを暗示している。

エ　佳奈が物思いにふけっているうちに千田の演奏が終わったことを、遠回しに表現している。

関東学院中学校（一期Ａ）

―50分―

一　次の文章をよく読んで、後の問いに答えなさい。（問題に字数制限のある場合は、すべて句読点、符号をふくむものとする。）

> 伊能忠敬《いのうただたか》の一行は、幕府の命を受けて蝦夷地《えぞち》（北海道）へ測量の旅に出た。途中《とちゅう》で平次《へいじ》は疲労《ひろう》から足を滑《すべ》らせ転んでしまい、背負っていた測量記録を池に落としてしまう。貴重な記録が濡《ぬ》れて一部読めなくなってしまい、平次は計算したり予備の記録を使ったりして穴うめをした。

その夜、忠敬はひどく機嫌《きげん》が悪そうだった。普段《ふだん》からいかめしい表情をしているが、Ａ輪をかけて眉間《みけん》のしわが深くなり、口もとに力が入っている。

宿の座敷《ざしき》で、味気ない食事が終わると、忠敬が一同を引きとめて切り出した。

「おまえたちに聞きたいことがある」

氷のように張りつめた声だった。平次はびくりとして顔をあげた。

「記録を写したのはだれだ」

明らかに怒《おこ》っている。平次はとっさに返事ができなかった。目を合わせられず、うつむいてしまう。

「読みとれない数字を勝手に書きこむなど、言語［Ⅰ］だ。計算で求めた数字を当てはめるなら、実際に測量する意味などない。何のために歩いてきたと思っているのだ」

「……！」

無言の衝撃《しょうげき》につらぬかれて、平次の顔から血の気が引いた。①ひざの上で握《にぎ》りしめたこぶしが白くなって、血管が浮《う》きあがっている。

どうやら、大変なまちがいをしてしまったようだ。空白で残しておけばよかったのか。しかし、それでは失われた記録は永久に戻《もど》らない。これまでの歩測がなかったことになってしまうではないか。

②「そのような考えの者を隊に残しておくわけにはいかない」

重々しい声は町奉行《まちぶぎょう》の裁きを告げるかのようだった。平次は③身をかたくした。名乗り出てあやまらなければ、と思うが、のどがひりついて、言葉が出ない。

「申し訳ございません！」

秀蔵《しゅうぞう》の声がひびいた。

「平次がしょげていたので、何とかしてやろうと思って……。全部元通りにしてやりたかったんです。すみませんでした」

土下座する秀蔵を、忠敬はじろりとにらんだ。

「おまえには学問をする意味を教えたつもりだったが、無駄《むだ》だったようだな」

「出来の悪い息子《むすこ》ですみません。帰れと言うなら、帰ります」

「では、帰ってもらおう」

［Ⅱ］言葉に［Ⅲ］言葉である。まるで親子げんかだが、平次は客観的に見られる状況《じょうきょう》ではない。悪いのは自分で、秀蔵はかばってくれているのだ。

しかし、平次は凍《こお》りついたままだった。目はささくれだった畳《たたみ》に吸いつけられている。耳は親子の会話を聞きながら、頭には入ってこない。口は開くが、舌が動かない。自分が自分でないようだった。

「荷物を整理しておくのだぞ」

　言いおいて、忠敬は立ちあがった。二階の部屋へと引きあげていく。弟子《でし》たちがあとにつづいて、秀蔵と平次が残された。

　秀蔵がＢにじりよってきて、平次の頭に手をおいた。髪《かみ》をくしゃくしゃにして笑う。

「そういうわけだから、あとは任せたぞ」

　ようやく④呪縛《じゅばく》がとけた。平次は畳に額をすりつけるように頭をさげた。

「ごめんなさい、すみません。おれが悪いんです。あやまってきますから」

「別にいいよ」

　秀蔵は強引《ごういん》に平次の頭をあげさせた。

「もともと蝦夷地になんか行きたくなかったからな。クマもシカもキツネも、見たくないから」

「でも、おれのために、そんな……」

　平次は胸の奥《おく》が熱くなってくるのを感じた。とめるまもなく、涙《なみだ》があふれてくる。ほおを濡らし、あごを濡らして流れ落ちる。

「おまえは親父《おやじ》をさがすんだろ。自分のやるべきことをやれ。おれだって、帰ったら好きなことをやるさ」

「好きなことって？」

　秀蔵はちょっと迷った。

「測量じゃないことだ。とにかく、おまえは蝦夷地に行け。わかったな」

　もう一度、平次の髪をかきまわして、秀蔵は立ちあがった。

「あ、待って」

　制止をふりきって、秀蔵は庭のほうへ出て行った。

　平次はすわりこんだまま、涙をぬぐっていた。どうすればよいのかわからない。秀蔵は本当に帰るつもりなのか。それを望んでいるのだろうか。いや、そんなはずはない。蝦夷地に渡《わた》るのを楽しみにしていたではないか。

　夕食の膳《ぜん》が片付けられたのにも気づかず、平次は考えこんでいた。

　平次は忠敬と向かい合って正座していた。

　やはり、名乗り出ないわけにはいかないと思ったのだ。秀蔵のやさしさに甘《あま》えていては、いつまでたっても子どものままである。人を犠牲《ぎせい》にして、自分の利益を追求したら、必ず後悔《こうかい》する。

　行灯《あんどん》の弱々しいあかりが、せまい座敷をぼうっと照らしている。忠敬の表情はわからないが、きっと厳しい顔つきにちがいない。

「すみませんでした。記録を写したのは私です。秀蔵さんは私をかばってくれただけで、まったく悪くないのです」

　そう告げると、忠敬はふうっと、息をついた。

「字を見ればわかる」

「ではなぜ……」

　秀蔵を叱《しか》ったのか。あの場で平次を問いつめればよかったではないか。しかし、平次は⑤問いを飲みこんだ。たずねる資格はないと思った。

　忠敬は少し間をおいてから、口を開いた。

「おまえは学問を何と心得ておるのだ」

　質問に怒《いか》りは感じられなかったが、すぐに答えることはできなかった。

出世の手段、と正直に答えたら、見捨てられるに決まっている。

淡《あわ》い灯《あか》りがかすかにゆれた。

「身を［Ⅳ］手段か」

見抜《みぬ》かれている。仕方なく、平次はうなずいた。

「うむ、わしもかつてはそうであった。おまえと同じような年のころだな」

平次は少し顔をあげた。今はちがうのだろうか。無言の問いに、忠敬が答える。

「今は多少なりとも学問がわかって、より真剣《しんけん》に向き合っておる。人は、金を持った年寄りが道楽でやっている、と言うがな」

「おれも真剣です」

それだけは言っておきたかった。学問を軽《かろ》んじているつもりはない。

「その点は否定せんよ。だが、方向がまちがっておる」

忠敬は手厳しく断定した。

「あらかじめ用意した答えを導くために、都合のいい数字をあてはめる。それは学問においては絶対にやってはならないことだ。予想と観測結果がちがうことなど、いくらでもある。それがどうしてか考える。学問はそこからはじまるのだ」

言いたいことはわかる。でも今回は、それほど重要な問題ではなかったはずだ。どうしても言い訳したくなってしまうが、平次はこらえた。

ところが、忠敬は平次の頭の中を読んでいた。

「一事が万事だよ。小さなことだから、ほかに影響《えいきょう》がないから……そう言って、いいかげんなことをしていたら、悪いくせがついてしまう。基本をおろそかにせず、コツコツと努力するのが肝心《かんじん》だ。父上から教えられなかったか」

「……教わりました」

平次は自分が恥《は》ずかしくなっていた。失敗を取り返そう、褒《ほ》めてもらおう、とばかり考えて、大切なことを忘れていたのだ。

「読みとれないところは［Ⅴ］よかったのですね」

「そうだ。ひとつでもでっちあげたら、記録全体が信用のおけぬものとなってしまう」
⑥自分のしでかしたことをようやく理解して、平次は⑦畳に額をすりつけた。

（小前　亮　著『星の旅人　伊能忠敬と伝説の怪魚』〈小峰書店〉一部改変）

問一　――Ａ「輪をかけて」、Ｂ「にじりよって」の言葉の本文中での意味として最もふさわしいものを次の中からそれぞれ一つずつ選び、記号で答えなさい。

Ａ　ア　いつものように　　イ　予想に反して
　　ウ　今まで見たことがないほど　　エ　一層はなはだしくなって
Ｂ　ア　突然《とつぜん》勢いよく近づいて　　イ　顔を顔のそばに近づけて
　　ウ　膝《ひざ》をついたまま近寄って
　　エ　ためらいがちにそろそろと近寄って

問二　［Ⅰ］～［Ⅳ］に当てはまる言葉をそれぞれ三字以内で答えなさい。

Ⅰ　言語［Ⅰ］　　Ⅱ　［Ⅱ］言葉に
Ⅲ　［Ⅲ］言葉　　Ⅳ　身を［Ⅳ］手段

問三　――①「ひざの上で握《にぎ》りしめたこぶしが～浮《う》きあがっている」とありますが、これは平次のどのような状態を表していますか。最もふさわしいものを次の中から一つ選び、記号で答えなさい。

ア　師に指摘《してき》されたことによって自分の犯《おか》した間違《まちが》いを悟《さと》り、恐《おそ》ろしく感じている。

イ　自分は間違っていないという信念があるが、認められず悔《くや》しくて力が入っている。

ウ　自分の犯した過《あやま》ちがばれてしまったのではないかと恐れて、びくびくしている。

エ　師は自分がやったことを知って問いつめようとしてるのだとわかり、戸惑《とまど》っている。

問四　――②「そのような考え」とはどのような考えですか。最もふさわしいものを次の中から一つ選び、記号で答えなさい。

ア　計算で求めた数字を当てはめるなら測量など意味がないという考え。

イ　わからなくなったところは空白で残しておけばいいという考え。

ウ　読み取れなかった数字は、計算するなりして書きこめばいいという考え。

エ　わからないところを空白で残しておいては、歩測が無駄《むだ》になってしまうという考え。

問五　――③「身をかたくした」とありますが、それはなぜですか。最もふさわしいものを次の中から一つ選び、記号で答えなさい。

ア　師に隊からの追放を命じられて恐《おそ》ろしくなったから。

イ　自分のやったことを白状する勇気が出ず緊張《きんちょう》していたから。

ウ　師の重々しい声が自分を責めているように思えたから。

エ　秀蔵《しゅうぞう》が自分の身代わりになって罪を申し出たことに驚《おどろ》いたから。

問六　――④「呪縛《じゅばく》がとけた」とありますが、ここでの「呪縛」とはどのようなことを指していますか。最もふさわしいものを次の中から一つ選び、記号で答えなさい。

ア　秀蔵《しゅうぞう》と父忠敬《ただたか》とのけんかを、ただ茫然《ぼうぜん》と見ているほかはなかったこと。

イ　本当は自分が申し出てあやまるべきだったのに、恐《おそ》ろしくなって言い出せなかったこと。

ウ　自分が悪いのに白状できず、言い逃《のが》れすることしか考えていなかったこと。

エ　師の怒《いか》りで頭が真っ白になってしまい、どうしていいかわからなくなってしまったこと。

問七　――⑤「問いを飲みこんだ」とありますが、どういうことですか。最もふさわしいものを次の中から一つ選び、記号で答えなさい。

ア　秀蔵《しゅうぞう》を叱《しか》った理由を聞きたかったが、自分は過《あやま》ちを犯《おか》しているので聞くことははばかられると思い、聞けなかったということ。

イ　師に聞きたいことはたくさんあったが、ここで叱られて追い出されたくなかったので聞けなかったということ。

ウ　秀蔵を叱った理由を聞いてしまうことで、父子の仲をさらに悪化させることになると思い、聞くのをやめたということ。

エ　師と秀蔵の間には何か深い事情があり、自分が立ち入るべきではないと思って聞くのをやめたということ。

問八　［Ⅴ］に入《ぬ》る言葉として、最もふさわしいものを本文中から十字以内で抜き出して答えなさい。

読みとれないところは［十字以内］よかったのですね。

問九　――⑥「自分のしでかしたこと」とは何ですか。四十字以内で答えなさい。

問十　――⑦「畳《たたみ》に額をすりつけた」とありますが、この時の平次の心情として**ふさわしくない**ものを次の中から一つ選び、記号で答えなさい。

ア　感服　　イ　納得《なっとく》　　ウ　困惑《こんわく》　　エ　後悔《こうかい》　　オ　謝意

二　次の文章をよく読んで、後の問いに答えなさい。（問題に字数制限のある場合は、すべて句読点、符号《ふごう》をふくむものとする。）

①現代人はお互《たが》いを必要最低限にしか知り合わないコミュニケーションに慣れきっているわけである。［A］コンビニで買い物をする際、私たちは店員の趣味《しゅみ》や悩《なや》みを知らないし、むしろ詮索《せんさく》（※細かいことまでつきつめてしらべもとめること）するのは失礼だとみなしている。ご近所同士もまた然《しか》り。媒介物《ばいかいぶつ》（※両方の間にはいって仲立ちをするもの）となる話題がない限り、ご近所同士はお互いについて何も知らず、知ろうともしない。

そうした〝知り合わない個人生活〟は、プライバシーを最大限に尊重しあう真新しいニュータウンやタワーマンションでこそ顕著《けんちょ》だが、東京全体、ひいては日本全体でも概《おおむ》ねそうだと言える。私たちはお互いのことを知り合わないままツウキン[a]電車で隣《とな》り合わせになり、金銭やコンテンツを媒介物としてコミュニケーションしている。お互いのことをほとんど知らないにもかかわらず、どうして私たちは平気な顔で過ごしていられているのか。

理由のひとつは法治が行き届き、世界有数のセキュリティのなかで私たちが暮らしているからだろう。あちこちに設置された監視《かんし》カメラによって、法からの逸脱《いつだつ》は追跡《ついせき》されやすくなった。［B］個人が所有する携帯《けいたい》デバイスによって、私たちはお互いを監視し記録できるようにもなった。②実際には監視も記録もしていないとしても、いつでも監視し記録できることが重要だ――往年のパノプティコン（※中央に高い塔《とう》を置き、それを取りまくように囚人《しゅうじん》の部屋を配置した円形の刑務所《けいむしょ》。中央の高い塔からは全囚人のことを監視できる。）よりもずっと裾野《すその》の広い規律訓練の場が日本じゅうを覆《おお》っているようなものである。無数のカメラと携帯デバイスによって私たちの安全や安心がカクホ[b]されると同時に、私たちの行動や振《ふ》る舞《ま》いがその影響《えいきょう》を受け続ける。

もうひとつは、③現代人らしい通念や習慣が浸透《しんとう》（※人々の間にしみとおり広がること）しているからでもあろう。お互いが礼儀作法《れいぎさほう》や身だしなみに相応のコスト（※費用）を支払《しはら》い、挙動不審《きょどうふしん》と思われない言動に終始していれば、ジッタイ[c]としての安全はともかく、お互いの安心は保たれる。お互いの個人生活を侵害《しんがい》しないためには、無臭《むしゅう》であることも重要だ。他人に迷惑《めいわく》をかけてはならないというテーゼ（※活動方針）はお互いのプライベートな個人生活を最大限に尊重するべきという功利主義的（※全ての行動が、幸福や快楽をもたらすかどうかに重点を置く考え方）なニーズ（※欲求）と一致《いっち》したもので、令和時代の日本人のほとんどは、このテーゼを当たり前のものとして内面化している。

［C］、お互いを知り合わないままのスタンドアロン（※孤立《こりつ》・他と関係を持たない）な生活では、他人に対する不安を完全に拭《ぬぐ》い去ることはできない。今日でも、マスメディアがセンセーショナルな事件を報道するたび、人々は報道に釘付《くぎづ》けになる。先にも述べたとおり、実際には犯

罪は減り続けており、監視カメラをはじめとする犯罪抑止力《よくしりょく》は日に日に高まっている。④夜のコンビニも子どもの外遊びも、昭和時代よりずっと安全になったはずなのに、私たちが昭和時代に比べて安心するようになったわけではない。セコム株式会社の調査では、近年の私たちの治安に対する懸念《けねん》（※気にかかって不安に思うこと）は［　Ｄ　］高まっているし、今日の保護者は地域に対して第一に安全を期待している。

個人のプライベートな生活を守りあいながら、安全・安心な生活を維《い》持《じ》するために、私たちが支払っている代償《だいしょう》は決して小さくない。清潔でいるため・挙動不審と思われないため・臭《にお》いや行動で他人に迷惑をかけないための通念や習慣にすっかり馴《な》らされた私たちは、個人それぞれが自己主張する社会とは異なった、⑤日本独特の功利主義的状況《じょうきょう》をお互いに強《し》いている。このような通念や習慣がまだｄテイチャクしていなかった二〇世紀の中頃《なかごろ》には、日本でもヨーロッパ並みにデモンストレーションやストライキがあったが、今日ではデモンストレーションやストライキは少なくなり、それらを単なる迷惑や騒乱《そうらん》のたぐいと見ている人も少なくない。

どれほどハイレベルな秩序《ちつじょ》を実現したところで、個人のプライベート化を至上命令とし、実際そのように生きてきた私たちは［　Ｅ　］だ。ゆえに、その［　Ｅ　］についてまわる不安を完全に拭うことはこれからもできないだろう。それでも不安を拭うべく、私たちはますます行儀《ぎょうぎ》の良い通念や習慣をエスカレートさせ、監視カメラや携帯デバイスで自分たちをｅホウイし、自己主張を最小化した日本ならではの秩序を形づくってやまない。

（熊代　亨　著『健康的で清潔で、道徳的な秩序ある社会の不自由さについて』〈イースト・プレス〉一部改変）

問一　［　Ａ　］～［　Ｄ　］に入る言葉として、最もふさわしいものを次の中からそれぞれ選び、記号で答えなさい。（同じ記号を二度以上使ってはいけません。）

ア　とはいうものの　　イ　そのうえ
ウ　むしろ　　エ　たとえば

問二　――①「現代人はお互《たが》いを必要最低限にしか知り合わないコミュニケーションに慣れきっている」とありますが、これはどのような考えがあるからですか。［　　］に入る言葉として最もふさわしいものを本文中から二十五字以上三十字以内で抜《ぬ》き出して答えなさい。

［　　］という考え

問三　――②「実際には監視《かんし》も記録もしていないとしても、いつでも監視し記録できることが重要だ」とありますが、「監視も記録もしていない」のになぜ、重要だといえるのですか。説明として最もふさわしいものを次の中から一つ選び、記号で答えなさい。

ア　いつでも監視できるという技術の進歩に期待して、安心な社会を作ることができるから。
イ　いつでも監視できると思わせることで、人々に悪いことをする気を起こさせないようになるから。
ウ　いつでも監視し記録できることだけで、人々を善良な人間に訓練できることになるから。
エ　いつでも監視し記録できる技術があるだけで、世界有数の安全な国と認められるから。

問四　――③「現代人らしい通念や習慣」とありますが、この例として筆者の言いたいことに**合わない**ものを次の中から**すべて**選び、記号で答えなさい。

ア　他人の個人生活をあれこれ聞かないようにする。
イ　なるべく誰《だれ》とも関わらないように生活する。
ウ　自分が発する臭《にお》いに気をつける。
エ　公共の場で大声で話さないようにする。
オ　自分は安全な人間だとアピールする。
カ　他人を信用せず、互《たが》いに監視《かんし》して安全を守る。

問五　――④「夜のコンビニも子どもの外遊びも、昭和時代よりずっと安全になったはずなのに、私たちが昭和時代に比べて安心するようになったわけではない」とありますが、これはなぜですか。理由として最もふさわしいものを次の中から一つ選び、記号で答えなさい。

ア　個人のプライベートな生活を守るために必要な負担が大きすぎるから。
イ　どれほどハイレベルな秩序《ちつじょ》を実現しても、他人を知らないことへの不安が残るから。
ウ　いくら犯罪が減ったとはいえ、ゼロになることはないから。
エ　マスメディアが事件をセンセーショナルに報道しすぎるから。

問六　――⑤「日本独特の功利主義的状況《じょうきょう》」とありますが、どういう点が「独特」なのですか。二十五字以上三十字以内で説明しなさい。

問七　[Ｅ]に入る言葉として最もふさわしいものを次の中から一つ選び、記号で答えなさい。

ア　勝手　　イ　安全　　ウ　孤独《こどく》　　エ　高慢《こうまん》

問八　――ａ～ｅのカタカナを漢字に直して答えなさい。

ａ　ツウキン電車で隣《とな》り合わせになり
ｂ　安全や安心がカクホされる
ｃ　ジッタイとしての安全
ｄ　習慣がまだテイチャクしていなかった
ｅ　自分たちをホウイし

問九　あなたの住む町で、住民に以下のようなアンケートが回ってきました。このアンケートに答える形であなたの考えを書きなさい。ただしＱ２は、五十字以内とします。

〇〇町　住民アンケート

住民の皆《みな》様へ

このたび、〇〇町にも防犯カメラを設置してほしいというご要望を受け、全戸にアンケートを実施《じっし》することになりました。つきましては以下の質問にご回答をお願いいたします。

〇〇町長　山田太郎

Ｑ１　あなたはお住まいの地域に防犯カメラを設置してほしいと思いますか。どちらかに〇をつけてください。

はい　　いいえ

Ｑ２　Ｑ１のように答えた理由を具体的に書いてください。(50字以内)

公文国際学園中等部（B）

—50分—

《注意》　一　句読点や記号も一字に数えなさい。
二　作問の都合で、作品を一部改変したところがあります。

□一　次の文章を読んで、後の問いに答えなさい。

富士山の間近でマーケットストア「富士ファミリー」を営むナスミは、病気のため四十三歳で息を引き取った。ナスミの夫日出男《ひでお》は、ナスミの姉鷹子《たかこ》、ナスミの祖父の妹である笑子《えみこ》ばぁちゃんと「富士ファミリー」を引継ぎ、後にナスミの友人だった愛子《あいこ》と再婚し、娘の光《ひかり》が生まれた。光が小学生になったある日、「家族の秘密」を聞いてくるという宿題がでたため、愛子にナスミのことを聞いてみることにした。

「ナスミちゃんって、私からみると伯母《おば》さんなの？」

母は、編み物の方に熱中している。

「みたいなもんかな」

「じゃあさ、ナスミちゃんが生きてたら、私、ナスミ伯母さんって呼べばいいの？」

「そーなると、光は生まれてないんだよね」

と母は当然のように言った。

光は、驚《おどろ》いて凍《こお》りつく。どういうことなのだろうと［　X　］する。しかし、母の方は平然とした顔で糸をひっぱったりしている。光はそれ以上聞くのがこわくなって、そろりそろりとその場を離《はな》れた。

倉庫に積み上げられたダンボールのすき間に、光は体をすべらせ、膝《ひざ》をかかえてすわり、天井を見上げる。㊀ここの電灯だけはまだ白熱電球だった。たぶん光が生まれる前から貼《は》ってある、古いビールのポスターの上を蛾《が》が歩いている。

「そーなると、光は生まれてないんだよね」

と母は言った。

光には、自分が生まれていない、という状況《じょうきょう》がどうしても想像できない。それはつまり、自分がいなくても、みんな平気だということなのか。平気でご飯を食べたり、仕事をしたり、本当にそんなことできたりするんだろうか。光は、そこまで考えてハッとなる。いや、できるんだ。だって、ナスミちゃんはみんなの前から突然《とつぜん》いなくなったわけで、それでもみんなは、平気でご飯食べたり仕事したり笑ったりしているじゃないか。

お父さんなんか、ナスミちゃんが死んだ後、お母さんと結婚までしている。そこまで考えて、光はぎくりとなる。ナスミちゃんが生きていたら、自分は生まれていないということの意味に気づいたからだ。もしかして鷹子伯母ちゃんは、私を見るたびにナスミちゃんが死んだことを思い出していたんじゃないだろうか。ばぁちゃんに無理をいってつくってもらったチョコチップやポップコーン入りオハギを頬張《ほおば》って、サイコーと言えるのは、ナスミちゃんが死んだおかげなのだろうか。

光が店の方をそっとのぞくと、母は客と冗談《じょうだん》を言いながらゲラゲラ笑っていた。そこに日出男がやってきて何か言い、さらに大笑いしている。光は、何かとても恐《おそ》ろしいものを見たように思えて、あわてて自分の体をダンボールのすき間へ引っ込《こ》めた。

光の手の先で、蛾が一匹死んでいた。見上げると、同じ柄《がら》の蛾がまだポスターの上を歩いていた。②光には全く同じ蛾に見えるのに、一方は生きていて、一方は死んでいる。何が違《ちが》うんだろう、と光は思う。そのとき、喉《のど》の奥の方から、声が聞こえたような気がした。

「やどってるんだよ」

とその声は言った。

生きている方はやどっていて、死んだ方はやどっていない。ということだろうか。光は顔を上げて答えを待ったが、誰も何も答えてくれなかった。

（中略）

「うちにダイヤモンドなんてあったの？」

と光が驚いて聞くと、そのことは母も父も鷹子も知っていた。

台所にある柱の上の方に目の絵が描いてあって、その瞳《ひとみ》にダイヤモンドが貼《は》りつけてあったのだそうだ。それは、ナスミにそうしろと言われた笑子ばぁちゃんが貼ったものだという。

「　A　」

と笑子ばぁちゃんはお茶を飲んでいたが、ダイヤモンドがなくなってしまったことを思い出して、わっとテーブルに突《つ》っ伏《ぷ》した。

「ばぁちゃんのせいじゃないよ。あれ、もうだいぶん前からなくなってたんだから」

と鷹子が言うと、ばぁちゃんは泣いていたくせに普通《ふつう》の声で、

「いつ？」

と聞いた。

「三年ぐらい前かなぁ」

と鷹子が言うと、父の日出男が負けじと、

「いや、オレは、五年前から気づいていたよ」

と、ちょっと得意そうに言う。

「　B　」

「うん、ほら、柱時計かえたとき、オレ見たもん。あれッ、なくなってるなあって」

「そうなの」

鷹子と日出男の話を聞いていた母の愛子がおずおずと、

「いや、もっと前かも」

と口をひらいた。

みんなに見られて、愛子は、すぐに言わなくてごめんなさいと前置きして、

「この子を産むために入院したじゃないですか。その日はたしかにあったんですよ。私、柱のダイヤモンドに向かって、じゃあ行ってきますってナスミさんに挨拶《あいさつ》したから。そのときは、たしかにありました。でも、帰ってきて、この子を見せようと思ったら、もうなくなっていて」

みんなが、光を見た。見られた光は、えーっ、私のせいなのかと心臓がどきどきする。

「ごめんなさい。私のせいでなくなったのかも」

と愛子は泣きそうな顔でそう言った。

「なわけないじゃない」

と鷹子が言うと、

「だって、ナスミさん、もう見たくないんだろうなって」

「　C　」

愛子は少し黙《だま》った後、観念したように言った。

「だから、私が子供育てるところ」

愛子は、ずっとためていたことを全部吐《は》き出したような気持ちになった。そして、誰かに取られるのを恐れるように光を抱《だ》き寄せた。

「そういうことが、ナスミさんの一番心残りだったのかなぁって」

愛子は、そう言って光を見た。

ナスミのしたかったことは、もっと生きて子供を産んで、その子供がばたばた家中を走りまわって、それを「いいかげんにしなさいッ」と切れたりすることだと愛子は言った。

③それは、光が今日倉庫で思ったことと同じように思えた。母は何年も前から光と同じことを思っていたのだった。たぶん、光が生まれるずっと前から。

光が幼稚園《ようちえん》ぐらいのとき、愛子と二人、車に乗っていた。配達の帰りだった。突然、愛子は車を止めた。フロントガラスのむこうに富士山があった。愛子は何も言わずに、じっと山を見ていた。あまりにも長い時間だったので、雲の色や形が少しずつ変わってゆく。光が動かない愛子に怖《こわ》くなって、思わず愛子の手を握《にぎ》ると、その手はとても冷たかった。愛子は、ふと我に返ったような顔になって、「ごめんなさい」と言った。光は、それは自分に言っているのではないと思った。愛子の目は、自分より、うんと後ろに向かっていると、光は思った。

「　D　」

鷹子が愛子ににじり寄ってきてそう言った。

「ナスミができなかったことを、やってくれたんじゃない。感謝してるわよ、ナスミは」

④精一杯《せいいっぱい》の力をこめて鷹子は言った。

「ダイヤモンドはさ、ばぁちゃんの貼り方が甘《あま》かったんだよ。きっと、米粒《こめつぶ》か何かで貼っつけたんだろう？　なぁ」

日出男は、ここは笑子を怒らせて、それをみんなで笑いとばすといういつものパターンでやり過ごそうと思ったらしい。しかし、笑子ばぁちゃんは、しみじみとした声で、

「　E　」

と光の頭をなでながら、そうつぶやいた。

それを聞いた鷹子は、胸がいっぱいになったようすで、光を引き寄せ、抱きしめた。さっき桃《もも》をむいた手だったので、甘い香りがした。甘いのに、光の息がとまりそうなほど、強い力だった。

「そうよ。光ちゃんがダイヤモンドのかわりに家にきたんだよ。これからは、ナスミも死んだ父さんも母さんも、光ちゃんの目を通して、私たちを見てくれるんだね」

そう言って、ようやく両手を広げ、光を解放した。

笑子ばぁちゃんも、両腕《りょううで》を伸ばして光を抱きたがった。笑子の腕は不気味で、さっき見た煎餅《せんべい》みたいに表面はごつごつしていたのに、抱かれると、肌《はだ》は口の中に入れてとけたキャラメルみたいにすべすべしていた。

「生まれてきてくれて、ありがとうよ」

とばぁちゃんは光を揺《ゆ》すりながら、そう言った。

「私、生まれてきて、よかったの？」

と光が振《ふ》り返って問うと、そこにいるみんなから、何言ってるの当たり前じゃないのぉと笑われた。

光は、その後、父に抱かれ、母に抱かれ、もう一度、ばぁちゃんに抱かれた。みんな［ I ］匂《にお》いだった。みんな［ I ］柔《やわ》らかさだった。でも、みんな［ II ］ように優しかった。光は、こういうの何っていうんだろうと思った。

「しゅくふくだよ」

喉の奥の方から、倉庫で聞いたような声がまたした。

「やどったから、しゅくふくしてくれてるんだよ」

やどったって、何が？　と光は心の中で聞いてみる。

「いのちだよ」

その夜、光は倉庫に行ってみた。床の蛾は昼間と同じかたちで死んでいた。いのちのやどっている方を探すと、それはまだこの部屋にいて、壁《かべ》にべったりとひっついていた。光が、蛾の羽を触《さわ》ってもすぐには動こうとはせず、それでも触っていると鈍《にぶ》い動きで上へ上へと這《は》ってゆく。それが何なのか、光にはわからないけれど、この小さな虫に何かがやどっていることに間違いないと思った。そして、それは、自分にもやどっているのだ。たぶん、自分にも、この蛾と同じものがやどっているのだろう。そしてやがて、この蛾も、自分も、やどっていたものが去ってゆく。それは、誰のせいでもないように思えた。ただやってきて、去ってゆく。ナスミちゃんがこの家から去って、自分がこの家にやってきたように。誰かが決めたわけではなく、図書館の本を借りて返すような、そんな感じなんじゃないだろうか。本は誰のものでもないはずなのに、読むと、その人だけのものになってしまう。⑤いのちがやどる、とはそんな感じなのかなぁと、光は思った。

（木皿泉『さざなみのよる』〈河出書房新社〉より）

問1　空欄部［ X ］に当てはまる語を次の中から一つ選び、記号で答えなさい。

ア　立腹　イ　動揺《どうよう》　ウ　歓喜《かんき》　エ　混同　オ　辛抱《しんぼう》

問2　傍線部①「ここの電灯だけはまだ白熱電球だった。たぶん光が生まれる前から貼《は》ってある、古いビールのポスターの上を蛾《が》が歩いている」とありますが、この表現から読み取れることを説明したものとして、最も適するものを次の中から一つ選び、記号で答えなさい。

ア　光は母からの言葉によって、自分が生まれる前から今までのことを考え始めたため、自然と古いものに目が向かうようになっている。

イ　光は、自分が生まれなかった可能性を平然と語る母に恐怖していたため、蛾のような不気味なものが気になってしまっている。

ウ　光は自分が生まれる前の家族の秘密を知ってしまったため、自分の生まれる前からあるものにも同じように秘密があるのではと疑っている。

エ　光は母の心ない言葉から絶望的な心情になってしまっていたため、白熱電球から発せられる温かい光にすがりつきたいような気持ちになっている。

オ　光は自分が生まれる前に死んでしまったナスミの無念を知ってしまったため、ナスミが貼ったであろうポスターを見て彼女の気持ちを想像しようとしている。

問3　空欄部［ A ］～［ E ］に最も適する表現を、次の中からそれぞれ一つずつ選び、記号で答えなさい。ただし、同じ記号を2回以上使ってはいけません。

ア　愛ちゃん、そうじゃないよ

イ　え、いやだ。そんな前からなの？

ウ　じゃあ、ダイヤモンドが光になったってことか

エ　ナスミがさ、死んだら、そこからここをのぞくっていうからさ

オ　見たくないって、何を？

問4　傍線部②「光には全く同じ蛾に見えるのに、一方は生きていて、一方は死んでいる。何が違《ちが》うんだろう、と光は思う」とありますが、その違いを、本文中の言葉を使って、21字以上30字以内で答えなさい。

問5　傍線部③「それは、光が今日倉庫で思ったことと同じように思えた」とありますが、これについて次の問いに答えなさい。

(1)「光が今日倉庫で思ったこと」が書かれた連続した二段落の、始めの5字を抜き出して答えなさい。ただし、句読点を含む場合は、句読点も字数に含みます。

(2)光と愛子が思ったことを説明したものとして、最も適するものを次の中から一つ選び、記号で答えなさい。

ア　何気ない日常も、誰《だれ》かの後悔《こうかい》の上に成り立っているということを感じ、自分たちが精いっぱい生きることで亡くなった人を弔《とむら》いたいと思っている。

イ　ナスミの死によって、元々は他人だった人たちが複雑な関係を築き、家族にもなってしまった運命に対して、人生何が起こるかわからないとわくわくしている。

ウ　鷹子《たかこ》や笑子《えみこ》ばぁちゃんのような、ナスミとの辛《つら》い別れを経験した人たちが自分たちと生活している理由がわからず、彼女《かのじょ》らの人間性を疑い始めている。

エ　やりたいこともできずに無念の死をとげたナスミが、自分たちの幸福をうらやんでいるのではないかと思い、これみよがしに楽しそうにふるまうことをためらっている。

オ　自分たちの幸せな生活も、ナスミの死の上に成り立っているように思え、亡くなったナスミや残された家族に対して申し訳ないような気持ちになっている。

問6　傍線部④「精一杯《せいいっぱい》の力をこめて鷹子は言った」とありますが、鷹子はなぜこのような行動をとったのですか。31字以上40字以内で答えなさい。

問7　空欄部［Ⅰ］、［Ⅱ］には、反対の言葉が入ります。あてはまる言葉を、本文の(中略)の前の部分から、それぞれ2字で抜き出して答えなさい。なお、同じ記号には同じ言葉が入ります。

問8　傍線部⑤「いのちがやどる、とはそんな感じなのかなぁと、光は思った」とありますが、ここで光が思っていることを説明したものとして最も適するものを次の中から一つ選び、記号で答えなさい。

ア　人がこの世から去るということは自然なことであり、いたしかたないことでもあるので、生きている間に精いっぱい自分のやりたいことをやるべきだ。

イ　借りたものを返すというのは誰もが守るべきルールであり、人の命も図書館のルールと同じように、絶対に守られなければならない。

ウ　自分の人生は自分しか経験できないものではあるが、人の命は独立したものではなく、同じ時代を生きる人や過去や未来の人ともつながっているものである。

エ　たとえ小さな虫であっても、人間と同じように命を持っているので、部屋の中に入ってきてしまったとしてもそっと逃がしてやった方がよい。

オ　両親やばぁちゃんがいなければ自分は生まれなかったはずなので、家族への感謝を常に忘れず、全員で仲良く幸せに暮らすことが大切である。

問９　本文に登場する人物についての説明としてふさわしくないものを次の中から一つ選び、記号で答えなさい。

ア　日出男はダイヤモンドがなくなったことに気づいていたことを自慢げに語るなど子供っぽいところもあるが、家族がしんみりしたときに気持ちを切り替えられるよう冗談《じょうだん》を言うなど、家族思いの人物である。

イ　笑子は家族が大切にしていたダイヤモンドをなくしてしまうなどどこか抜けていて家族に迷惑ばかりかけているが、孫のためにおはぎをつくってあげるなど基本的には優しい人物として描かれている。

ウ　愛子は亡くなったナスミの代わりに自分が幸せな生活を送っていることに対して少し後ろめたい気持ちを持っていたが、自分の本音を明かしたことで家族の絆《きずな》をより一層深めるきっかけをつくった。

エ　鷹子は実の妹であるナスミと同じくらい愛子の気持ちに寄り添《そ》っており、彼女の子である光を家族の宝として力強く抱きしめるなど、血のつながりはなくとも二人を家族として分け隔《へだ》てなく大切に思っている。

オ　光はナスミと自分との関係について考える中で、もし自分が生まれていなかったらどうなっていたのか、命とは何なのか思いをめぐらせるようになり、はっきりと答えは出せないまでも自分なりの考えを導きだしている。

二　次の文章を読んで、後の問いに答えなさい。

こども食堂は、子どもからお年寄りまで多くの世代が交流する(a)拠点《きょてん》になっている。（中略）しかし、この現実、まだまだ知られていない。

こども食堂は、しばしば「食べられない子が行くところ」と言われるが、そのイメージは誤解を招きやすい、※1ミスリーディングなものだ。埼《さい》玉《たま》県の「子ども食堂」実態調査によれば、8割のこども食堂が対象となる子どもを限定していない。どんな子が行ってもいいのだ。

逆に言えば、2割は対象を限定している。つまり「食べられない子が行く」こども食堂はゼロではない。ただし少数派だ。しかし①世間は、その少数派が「こども食堂の全体」だと思ってしまっている。それは「多世代交流拠点としてのこども食堂」を見えなくする。実際にはそのように運営されているこども食堂のほうが多いのに。

その※2弊害《へいがい》は、単に「実態が正しく伝わらない」というだけではない。「多世代交流拠点としてのこども食堂」が見えなくなることで、世の中から失われてしまう「価値」がある、と私は考えている。

◆　中略　◆

こども食堂は地域の高齢者《こうれいしゃ》の活躍の場でもある。私が出会った調理ボランティアの最高年齢は91歳の女性だった。彼女は「私のほうが元気をもらっている」と話していた。スタッフやボランティアだけではない。

参加者としての高齢者にとっても、こども食堂はプラスに働く。

以前、子どもを受け入れるようになった高齢者※3サロンに行ったことがある。まだお昼で、子どもたちは来ていなかった。会場は、おおまかにおじいちゃんグループとおばあちゃんグループに分かれていた。おばあちゃんグループは、よくしゃべり、笑っていた。この人たちは、子どもがいてもいなくても、関係なく楽しそうだと思った。

しかし、おじいちゃんグループは違《ちが》う。会話が続かない。誰かがポツンとしゃべっても、誰も拾わない。スルーされたのか、と思ったころに、また誰かがポツンと。間合いも、話の中身も、関連しているのかしていないのか、よくわからない。そんな感じだった。

その雰囲気が、14時ごろに低学年の子たちが来だすと、変わる。まず、子どもたちが「ネタ」になって、おじいちゃんたちの会話が続くようになる。走り回っているのを見て、「ああ、あぶねぇな」とか。あるおじいちゃんは、子どもたちから「あの人は、一緒に卓球をやってくれる」と認定されているようで、子どもに「また卓球やって！」とせがまれていた。「しょうがねえな」と言いつつ、顔はうれしそうだ。

②こういう光景を見ていると、「遠くの孫より、近所の子」だなあと思う。このおじいちゃんは、子どもたちの卓球相手に気持ちの張りを感じているはずだ。

「人生100年」と言われるようになった。

高齢者の健康づくりは、世界最高・最速の高齢化率に達する日本の最重要課題だ。高齢者だけを対象に、介護予防体操《かいごよぼうたいそう》をするのもいいだろう。同時に、子どもと関わる中で元気になる高齢者もいる。すべての国民の健康づくりを支えるためには、こうした子どもとお年寄りが関われる場を、もっと積極的に増やしていく必要がある。

各種の「健康推進施策《けんこうすいしんしさく》」を見ていて、思うことがある。

「　X　」ということだ。一日何歩あるいたら何ポイント還元《かんげん》とか。それでがんばろうと思う人はそれでいい。でも世の中そういう人ばかりではないだろうと思う。子どもにせがまれて卓球をやっているおじいちゃんは、自分の健康づくりのために卓球をやるとはかぎらない。こども食堂で腕《うで》をふるって調理している高齢女性が、自分のために料理をがんばるとはかぎらない。「しょせん、みんな自分のことしか考えない」と(b)したり顔で言う人がいるが、「誰かが待ってるからがんばれる」という人は、ごくふつうに、たくさんいるだろうと思う。少なくとも私は、そういう人にたくさん出会ってきた。

目的は、すべての国民の健康の向上だろう。だとしたら、自分のためにがんばる人向けメニューばかりでなく、他人のためにがんばる人向けメニューもあっていい。鳥取のこども食堂関係者が言っていた。「誰でも来られるという意味では『だれでも食堂』なんですが、③『こども食堂』と名乗っているのは、そっちのほうがみんなの力の総量が増すからです。『子どものため』ってなると、よっしゃがんばろうという感じになるんですよね」と。

こども食堂で調理ボランティアしたら何ポイント還元といった健康推進施策がもっと増えることを望む。

（中略）他にも、防災や地域への愛着形成など、多世代交流拠点の価値は、さらに広がる可能性がある。こうした多様な価値を持てる最大の理由は、こども食堂が④「人をタテとヨコに割らない」からだ。

行政サービスは違う。高齢者や障害者のデイサービスにしろ、学校・保育園・放課後児童クラブにしろ、行政サービスは、対象を年齢や属性で割る。その上で所得で割る。年収いくら以下の世帯は何割負担、とか。「人をタテとヨコに割る」ことで初めて成立するのが、行政サービスだ。タテとヨコに線を引き、碁盤目《ごばんめ》のこのマスの人たちにはこのサービス、とやってきた。その線引きは、明確にターゲットを定め、効率的にサービスを供給する上では欠かせない。

　しかしそれゆえに、多様で複合的な価値は期待できなかった。あたりまえだが、高齢者のデイサービスには高齢者しかいない。保育園には園児しかいない。子どもとお年寄りが「ともにある」ことのシナジー（相乗効果）はそこでは生まれようがなかった。

　他方、こども食堂は民間人が運営するボランタリー※4な場だ。大事なのは、「サービスとしての効率性」よりも「集いやすさ」だ。そして集いやすさは、人をタテとヨコに割らないことで生まれる。

　入口で「あなた、介護要支援《かいごようしえん》のチェックシートを受けていますか」と問われる場には、行きにくい。入口で「あなた、学校で就学援助を受けていますか」と問われる場には、行きにくい。だから問わない。「どなたでもどうぞ」と言う。その結果として、多様な価値を生み出す場になる。限定しないから、広がりを持てる。

　そして今、私たちの社会は、人をタテとヨコに割ることで成り立っているさまざまな行政サービスの限界にぶちあたっている。

「碁盤目のこのマスにいる人たちにこのサービスが必要なことはわかってます、でもお金がありません」。増え続ける高齢者、どんどん複合化する課題。その一つ一つにサービスをあてがっていくことの限界が、すべての分野で語られている。そこに、多世代交流拠点としてのこども食堂が、民間ベースのボランタリーな活動として、広がっている。

⑤奇妙《きみょう》といえば、奇妙だ。

　行政サービスの限界を痛感してこども食堂を始めましたという人を、私は知らない。国や自治体の財政状況を心配してこども食堂を始めましたという人にも、私は会ったことがない。みんな、子どもたちにお腹いっぱい食べて元気になってもらいたい、笑顔になってもらいたい、たいしたことはできないけど、ごはんをつくって一緒《いっしょ》に食べることならできる、と始めているにすぎない。しかしそれが、今の日本社会の課題に対する一つのソリューション（課題解決策）を提示している。

　奇妙だが、それが必然、とも思う。

　民間の人たち、(c)市井《しせい》の人々が、行政や制度・政策を意識せずにつくったからこそ、これまでの制度の限界を超《こ》えることができている。そして「必要なのに、なかった」からこそ、行政はほとんど後押《あとお》ししていないのに、人々の共感を得て、勝手に、爆発的《ばくはつてき》に、広がっている。※5イノベーションとは、そのようにして起こるものなのだろう。

　多世代交流拠点としてのこども食堂が、私たちの暮らしの風景を変えていくかもしれない。

（湯浅誠『つながり続ける　こども食堂』〈中央公論新社〉より）

注※1　ミスリーディング　解釈《かいしゃく》を誤った方向へ導くこと。
※2　弊害　害となる悪いこと。
※3　サロン　社交的集まりのこと。
※4　ボランタリー　自発的なこと。
※5　イノベーション　新たな考え方や技術を取り入れて、社会に変革

をもたらすこと。

問1　波線部(a)～(c)の意味を次の中からそれぞれ一つずつ選び、記号で答えなさい。

(a)「拠点《きょてん》」

ア　人が交流するために用意された場所。

イ　大勢の人が集まる有名な場所。

ウ　誰もが知っている活動場所。

エ　活動の足場となる重要な場所。

オ　限られた人だけが入ることのできる場所。

(b)「したり顔」

ア　満面の笑み。　イ　得意そうな様。　ウ　不満そうな顔。

エ　怒った表情。　オ　知ったふり。

(c)「市井《しせい》の人々」

ア　世間一般の人々。　イ　政治を行う人々。

ウ　ボランティアを行う人々。　エ　世の中に貢献《こうけん》する人々。

オ　高齢者《こうれいしゃ》や子どもたち。

問2　傍線部①「世間は、その少数派が『こども食堂の全体』だと思ってしまっている」とありますが、このことによって筆者はどのような問題が起こると考えていますか。その説明として最も適するものを次の中から一つ選び、記号で答えなさい。

ア　本当は子どもだけでなく、自分も利用したいと考えている親世代が「こども食堂」で食事できない状態になり、健康を害してしまう。

イ　実は「こども食堂」が高齢者たちだけの、生きがいを見つけるための場所になっていることを世間に伝えることができなくなってしまう。

ウ　「こども食堂」を利用したいと思っている、子どもの中でも年齢が上の、中学生や高校生が利用しにくい状況が作られてしまう。

エ　本来ならみんなが利用可能であるはずの場所を、子どもだけに開放することになり、不平等な世の中を生み出すことになってしまう。

オ　親や高齢者など、他の世代の人たちも利用可能で、多くの世代が活動できる場としての「こども食堂」の多様な価値が世の中で見落とされてしまう。

問3　傍線部②「こういう光景を見ていると、『遠くの孫より、近所の子』だなあと思う」とはどういうことですか。その説明として最も適するものを次の中から一つ選び、記号で答えなさい。

ア　どんなにかわいい孫でも遠くにいてはおじいちゃんたちを動かすことは難しく、近所にいる子どもの方がおじいちゃんたちを仕方なしにでも動かすことができるということ。

イ　遠くにいて関わることができない孫より、近くにいて直接関わることのできる子どもの方が、おじいちゃんたちを生き生きとさせるものであるということ。

ウ　遠く離れているよりも、孫が近くにいた方が、日頃から会話の少ないおじいちゃんたちの気持ちを明るくすることができるということ。

エ　よくしゃべりよく笑うおばあちゃんたちも、会話の続かないおじいちゃんたちも、遠くにいる孫より近くにいてくれる子どもに対し感謝の念を抱くものだということ。

オ　会話の続かないおじいちゃんたちに対し、遠くにいる孫が話しかけてもうまくいかないが、近くにいる子どもが話しかけると続くようになるということ。

問4　空欄部 X に入る表現として最も適するものを次の中から一つ選び、記号で答えなさい。

ア　他人と競争して勝ちたい人向けのメニューばかりだな
イ　他人を大事にする人に対して作られたメニューだな
ウ　他人とコミュニケーションできるメニューだな
エ　自分をアピールしたい人向けのメニューが多いな
オ　自分のためにがんばる人向けのメニューばかりだな

問5　傍線部③『「こども食堂」と名乗っているのは、そっちのほうがみんなの力の総量が増すからです。」とありますが、どういうことですか。その説明として最も適するものを次の中から一つ選び、記号で答えなさい。

ア　あえて子どもを強調した名前にすることで、子どもたちが他人ではなく自分のことだけを考えられるようになるということ。
イ　あえて子ども限定ではない名前にすることで、「誰かのためになりたい」と思っている人たちの気持ちを引き出すことができるということ。
ウ　あえて子どもを強調した名前にすることで、「自分の子どものことばかり考えずに他人の子どものことも考えましょう」というメッセージが人々に広まる、ということ。
エ　あえて子どもを強調した名前にすることで、他人のためにがんばりたい、という人の持つエネルギーが引き出されるということ。
オ　あえて子ども限定ではない名前にすることで、子どもの親たちの世代が「子どもたちを励まそう」という意識を持つようになるということ。

問6　傍線部④「人をタテとヨコに割らない」とありますが、これはどういうことですか。その説明として最も適するものを次の中から一つ選び、記号で答えなさい。

ア　対象者を収入で分けたりはせず、年代で分けて利用できる仕組みにしているということ。
イ　人を決められた枠組《わくぐ》みで区分けしたりはせず、誰でも気軽に食堂を始められるシステムにしているということ。
ウ　人を年齢や収入・属性で分けるようなことはせず、誰でも利用できるシステムにするということ。
エ　人を年齢や収入、属性で分けたりせず、国籍や民族で分けるようにしているということ。
オ　いったん人を年齢や性別で分けて考え、その上で誰でも利用してよいシステムを作り出しているということ。

問7　傍線部⑤「奇妙といえば、奇妙だ」とありますが、それはどうしてですか。その理由として最も適するものを次の中から一つ選び、記号で答えなさい。

ア　行政サービスが抱える問題を解決する人が、行政システムの限界を痛感するところからこども食堂を始めた人たちだから。
イ　国や自治体の財政状況を改善すると考えられるのは、そのことを全く心配していない、こども食堂を利用する人たちであるから。
ウ　さまざまな行政サービスの抱える問題点を指摘《してき》する人たちが、日頃からこども食堂で多世代交流を行っている人たちであるから。

エ　行政システムの限界は誰もが知っていることであるが、こども食堂を営む人たちに限ってそれらに関心がないことが多いから。

オ　行政システムの抱える問題点を解決するのが、それを意識していない、ただ「人に元気になってもらいたい」と考えている、こども食堂を営む人たちであるから。

問8　本文の内容と合っているものを次の中から二つ選び、記号で答えなさい。

ア　多くのこども食堂が対象を限定せず、どのような子が行ってもよいことになっている。

イ　こども食堂で一緒にごはんを食べるだけでは問題は解決できないと言える。

ウ　おばあちゃんよりもおじいちゃんの方が子どもと積極的に関わろうという姿勢がある。

エ　こども食堂での調理ボランティアはポイントが還元されるシステムになっている。

オ　こども食堂は行政システムの限界を感じた人たちが始めることが多い。

カ　こども食堂は誰もが利用できることで、他の世代とかかわるきっかけを生み出している。

問9　本文の「◆　中略　◆」以降には「高齢者の健康づくり」という見出しがつけられていますが、「こども食堂」には他にどのような役割があると考えられますか。以下の言葉の中から二つ以上を選び、その語を用いて51字以上60字以内で記しなさい。

貧困　　地域　　孤立　　コロナ　　多様性

三　次の問いに答えなさい。

問1　次の傍線部のカタカナを漢字に直しなさい。送り仮名が必要な場合は、送り仮名も含《ふく》めて書くこと。

①　中学になったらエンゲキ部に入りたい。

②　これからはゼイセイ改革が必要だ。

③　彼は朝起きると犬の散歩に行くシュウカンがある。

④　説明が不足しているところをオギナウ。

問2　次の意味にふさわしい四字熟語を後の中からそれぞれ選び、記号で答えなさい。

①　大勢の人が同じ意見を言うこと。

②　自分の都合ばかりを考えて行動すること。

③　仲の悪い者同士が何かの都合で同席すること。

ア　呉越同舟《ごえつどうしゅう》　イ　五里霧中《ごりむちゅう》　ウ　我田引水

エ　鶏口牛後《けいこうぎゅうご》　オ　他山之石《たざんのいし》　カ　同工異曲

キ　異口同音

問3　次の文章のうち敬語の用法が正しいものを一つ選び、記号で答えなさい。

ア　これからおたくにいらっしゃってもよろしいですか。

イ　このようなお茶を私は召し上がったことがありません。

ウ　お召しになっているお着物はとてもすてきですね。

エ　先生へいただいた果物はおいしかったですか。

オ　先生が生徒に申し上げた話はためになりました。

問4　次のア～オを、意味の通る文になるように、記号を用いて正しい順番に並べ替えなさい。

①
ア　長野県は　　イ　兄の　　ウ　自然が
エ　住む　　オ　豊かです

②
ア　教わった　　イ　専門だった　　ウ　先生は
エ　彼女が　　オ　日本史が

慶應義塾湘南藤沢中等部

—45分—

※　解答に句読点や記号などが含まれる場合は一字に数えます。

一　次の（　）にあてはまる、ひらがな一字を答えなさい。

①　こんにち（　）。
②　事実にもと（　）く意見。
③　おね（　）ちゃんは八歳です。
④　和室に布団を（　）く。
⑤　生（　）るしかばね。
⑥　運を天（　）まかせる。
⑦　うっと（　）しい雨。
⑧　深（　）のある色。
⑨　フロントに荷物を預（　）る。
⑩　右（　）ならえ。

二　次の文章は２０１３年発行の藤岡換太郎『海はどうしてできたのか　壮大《そうだい》なスケールの地球進化史』の一節である。これを読んで、あとの問いに答えなさい。

　いうまでもなく、月は地球の唯一《ゆいいつ》の衛星です。わたしたちにとっては[ア]ニクガンでもよく見える、もっとも親しみのある天体です。しかし、[1]月がどのようにしてできたのかは、昔から多くの論争が繰《く》り広げられてきた大難問でした。さまざまな説が考えられましたが、どれも問題を抱《かか》えていて、月の成因をうまく説明するのは[イ]シナンの業だったのです。もちろん、ほかの惑星《わくせい》の衛星のでき方もそれぞれに簡単ではないのですが、いちばん身近な月がわからないことには話になりません。なかには「月が見えていることは、目の錯覚《さっかく》なのだろう」と苦し紛《まぎ》れの冗談《じょうだん》を言う学者もいたほどです。

　昔から月の成因として提唱されてきた考え方は、地球との関係において、おもに３つに分けられています。地球と月は「親子」であるとする考え方、「兄弟」であるとする考え方、そして「他人」であるとする考え方です。

　「親子説」とは、月が地球から飛び出してできたという考え方です。[注1]「進化論」で名高いあのチャールズ・ダーウィンの次男、ジョージ・H・ダーウィンが１８７９年に唱えました。大まかに言えば、[注2]マグマオーシャン時代の地球の遠心力によって、ドロドロのマグマが宇宙に飛び出し、固まって月になった、というものです。飛び出した跡《あと》が太平洋であるとしています。『われらをめぐる海』を書いたレイチェル・カーソンは、この説を[ウ]サイヨウしています。

　[a]、地球の引力を超《こ》えるほどの力で物質が飛び出すというのは、かなり難しいことだと思われます。それほど大きな遠心力ができるためには、地球はとんでもないスピードで回転していなければなりません。「親子説」は「分裂《ぶんれつ》説」とも呼ばれ、ほかにもさまざまな学者から[エ]シュウセイ案が出されましたが、決定打とはなりえませんでした。

　「兄弟説」とは、地球ができたのと同じように、太陽系第三軌道《きどう》周辺にあった[注3]微《び》惑星が集まって月ができたとする考え方で、19世紀後半にエドワード・ロッシュらが提唱しました。微惑星がより多く集まってできたのが地球で、少なめに集まったのが月であるというわけで、「親子説」よりはかなり自然な考え方に思われました。

しかし、１９６９年にアポロ11号が実際に月に行って試料を持ち帰り分析《ぶんせき》したところ、この説にも疑問が投げかけられました。月の岩石の化学組成[注4]は、地球のマントル[注5]とかなり似ていることがわかったのです。地球と月が同じ材料からつくられた「兄弟」であるならば、このように地球の［1］というのは考えにくいことです。この説では、その説明をすることができませんでした。

「他人説」は「捕獲《ほかく》説」とも呼ばれ、アメリカの天文学者トーマス・ジェファーソン・ジャクソン・シーらが提唱しました。そもそも地球と月にはまったく因果関係[注6]がなく、月はいわば地球という「よその部族」に捕《とら》えられたようなものであるとする考え方です。宇宙空間を移動していた月が、たまたま地球の軌道に近づいたときに、地球の引力に捕えられ、地球の「［2］」になった、というわけです。

しかし、ある天体が宇宙空間で別の天体の軌道に捕えられる確率はきわめて低いと考えられるうえ、やはり月の組成についての説明ができないため、この説も主流にはなりえませんでした。「親子」でも「兄弟」でも「他人」でもないとすれば、月とはなんなのか？　みなが［3］を抱えたときに、ある斬新《ざんしん》な仮説が登場します。

天文学者のウイリアム・ハートマンとドナルド・デービスは１９７５年、月の成因を説明する新説として「ジャイアントインパクト説」を提唱しました。

それは、地球ができてまもない頃に、火星くらいの大きさの星（火星の直径は地球のほぼ半分）が、地球に衝突《しょうとつ》したという大胆《だいたん》な考え方です。衝突のスピードは時速10万kmともいわれます。このおそるべき衝突によって、地球の一部がもぎ取られ、衝突したほうの星もバラバラになり、それらが地球の外側を取り巻いているうちにやがて集合し、月になったというのです。この説では月と地球は［4］いえます。

ジャイアントインパクト説では、地球のおもにマントルがもぎ取られたと考えることで、月の組成について説明することができます。［b］、「親子説」では地球の分裂を遠心力によるとするところに無理がありましたが、その点も解決します。［c］当初は、地球が完全に破壊《はかい》されてしまわない程度に衝突が起きるには、衝突の角度がかなり限定されたものになり、そのような確率はきわめて小さいのではないかという反論もありました。しかし、その後の研究で、このような衝突は現実に十分起こりえることがわかり、１９８０年代後半には、ジャイアントインパクト説が月の成因を説明するもっとも有力な理論となったのです。最近のコンピュータシミュレーションによる研究では、もぎ取られた地球の一部やバラバラになった星が集まって月になるには、早ければ１ヵ月で可能との見方もあるようです。

なお、ジャイアントインパクト説には、地球の自転[注7]軸《じく》が約23・4度傾《かたむ》いていることの理由も説明できるという「副産物」がありました。地球に季節があるのも、この衝突のおかげなのです。

このときに地球がバラバラになり、宇宙の藻屑《もくず》と消えてしまっていても、不思議ではなかったのです。「水の惑星」も、わたしたち人間も存在していなかった可能性は十分にあったのです。

誕生したばかりの月は、地球から約２万kmという近いところにあったようです。その頃《ころ》の月を地球から見れば［5］、まるでエウロパ[注8]から見た木星のようであったかもしれません。その後はシダイ（オ）に遠ざかり、現在では月と地球の距離《きょり》は約38万㎞です。

　地球に近かった頃の月は、非常に大きな潮汐《ちょうせき》[注9]作用を地球に及《およ》ぼしていたことでしょう。[d]地球に水の海ができてからは、潮汐力による潮の満ち干《ひき》は現在からは想像もつかないものだったと考えられます。おそらくは大津波《おおつなみ》のような波が、毎日2回、海岸へ押し寄せていたはずです。この潮汐には、海水をよくかき混ぜて、海水の成分を均質にする役割があったものと思われます。それは（2）のちの生命の誕生にも、大きな影響を与《あた》えていたかもしれません。

（藤岡換太郎『海はどうしてできたのか　壮大なスケールの地球進化史』〈講談社〉）

※出題の都合上、本文の一部を改稿《かいこう》しています。

注1　進化論　生物が単純な原始生命から現在のものに進化したとする説。
注2　マグマオーシャン　惑星の表層部分が融《と》け、マグマの海が形成された状態。
注3　微惑星　太陽系の形成初期に存在した小天体。
注4　組成　いくつかの部分や要素が集まって全体を組み立てること。
注5　マントル　惑星や衛星などの内部にある層。
注6　因果関係　原因とそれによって生じる結果との関係。
注7　自転軸　天体が回転する際の軸。
注8　エウロパ　木星の第二衛星。
注9　潮汐　月や太陽の引力によって起こる海面の昇降《しょうこう》現象。

問一　══ア～オのカタカナを漢字に直しなさい。

問二　空らん[a]～[d]に入る言葉を次の中から選び、記号で答えなさい。

ア　ただし　イ　たとえば　ウ　しかし　エ　また

問三　――1の問いに対する答えが述べられている形式段落はどこか、最初の五字で答えなさい。

問四　空らん[1]に入る言葉を次の中から選び、記号で答えなさい。

ア　物質が存在しない　イ　すべての性質と共通する
ウ　地下の状態と相反する　エ　一部分のみと似る

問五　空らん[2]に入る言葉を次の中から選び、記号で答えなさい。

ア　上司　イ　部下　ウ　友　エ　敵

問六　空らん[3]に入る言葉を漢字一字で答えなさい。

問七　空らん[4]に入る言葉を次の中から選び、記号で答えなさい。

ア　「兄弟」とも「親子」とも
イ　「兄弟」とも「他人」とも
ウ　「他人」とも「親子」とも

問八　空らん[5]に入る言葉を次の中から選び、記号で答えなさい。

ア　限りなく遠く　イ　途方《とほう》もなく大きく
ウ　想像以上に不気味で　エ　驚《おどろ》くほど神秘的で

問九　――2が何をさすか二十字以内で答えなさい。

問十　本文の内容として正しいものにはA、正しくないものにはBを書きなさい。

ア　身近な存在であった月の成因は、比較的簡単に説明することができた。
イ　月の成因として初めに提唱された「親子説」が、その後の考え方を決定づけた。

ウ　地球と月がもともと深い関係にあったことに注目した考え方が「他人説」である。

エ　地球に近かった頃の月は、生命の誕生に関係していないとはいえない。

三　次の文章を読んで、あとの問いに答えなさい。

「今晩の『夜空を見る会』は中止にします」

みんなの前でそう告げたイベントの主催者《しゅさいしゃ》、生田羽《いくたば》中学校の校長先生はもちろん、楽しみに集まっていた村人たちも残念そうだったが、天気には勝てない。いっそう雨足が強くなる前にと、そうそうに帰途《きと》についた参加者は賢明《けんめい》だった。今体育館に残っているのは、帰る機を逸《いっ》してしまい、少しでも小降りにならないかと待機しているもの、家人[注1]の車の迎《むか》えを待つものなど、十名ほどだ。

その十名ほどの中に江崎学もいるはずなのだが、どこへ行ったのか、姿が見えない。一緒《いっしょ》に憲太の父親の車に送ってもらってここに来たのに。

実は学は、雨が降って中止が決まってからいなくなったのではない。『夜空を見る会』のために本校へ来てすぐに、どこかへ行ってしまった。

勝手に帰ってはいない。憲太は来客用下足入れに学の外靴《そとぐつ》があるのを確認している。

いったい、[1]彼はこの校内のどこでなにをしているのか。誰《だれ》にも、憲太にもなにも告げずに、たった一人でふらりといなくなった学。

黒のパーカーにジーンズという服装の少年がいないか、憲太は闇《やみ》に目を凝《こ》らす。

「確かになんか、気乗りしなさそうな感じだったけどよ」

思えば、一年前くらいから、なんとなく彼はおかしかったのだ。憲太に対する態度に、そっけない色合いが混ざりこみだしていた。それまでは誰につんけんしていても、憲太が話しかければ笑顔を向けたのに。いろいろな楽しいことを、二人で時間を忘れてしたのに。

いつも一緒にいたのに。

「学のバカバカバーカ！」

雨音に負けじと、憲太は叫《さけ》んだ。

（中略）

＊

外の嵐《あらし》はますますひどくなっている。

校内が暗いのは、停電してしまっているせいだ。送電線のどこかがやられたのかもしれない。

「ったく、なにしてんだよ、学」

雷《かみなり》といえば思い出す光景がある。まだ小学校へあがる前の夏のことだ。初めて二人して丘《おか》の森にでかけて遊んでいたのだが、ひょんなことで往生《おうじょう》[注2]していたうちに、急な雷雨《らいう》に見舞《みま》われてしまった。雷はあまり近くには来なかったが、落ちるたびに学は自分の横で身を竦《すく》ませ、耳をふさいで目をつぶっていた。憲太はもともと稲妻《いなずま》に興奮するたちだから、何度も見るように促《うなが》したが、学はけっして目を開けなかった。

——僕《ぼく》、雷はあんまり好きじゃない。

小一時間で雷雲が過ぎ去ったのち、学はそう言った。本当は怖《こわ》いくせに、とからかうと、膨《ふく》れた顔で一人先に丘を下っていった——。

「びびってんのかな、今も」

憲太は廊下《ろうか》の真ん中で立ち止まり、大きく息を吐《は》いた。

と、細い光の一筋が廊下の暗がりを薙《な》ぐように動いた。

（中略）

春休み、学は親戚《しんせき》の家でなにをしていたのだろう？

入学式の日、学と顔を合わせるや、憲太は尋ねた。

学は淡々《たんたん》と「進学塾の春期集中講習に通っていた」と答えた。

「おまえなんか塾に行かなくても、全然平気じゃねえの？」

おまえがいなかったから、春休みつまんなかったよ。

そう言ったら、学は疲《つか》れたみたいにうつむいた。

それまでの春休みは、消えてゆく雪を惜《お》しむように、二人で雪つぶてをぶつけ合ったり、かき集めた雪山めがけて、注3納屋《なや》の屋根から飛び降りたりして楽しんだものだった。あるいは家の手伝いをするなどだ。憲太の家は注4ビートやトマトの他、小麦も育てていたし、学のところも小麦とビートを作っていた。ビートは、蜂《はち》の巣のような小さな正六角形の筒《つつ》をびっしり並べたペーパーポットに土を入れ、それに種を蒔《ま》く。ある程度大きくなるまでビニールハウスの中で育て、その後畑に移すのだけれど、一つのポットの中から二つ三つ同時に芽が出てしまうことがある。その中で丈夫《じょうぶ》そうな一つを残して、あとはピンセットで抜いてしまう注5間引き作業を、憲太と学はよく手伝わされた。簡単で力もいらないからだ。憲太が学の家におじゃましていれば、憲太が学の家のハウスに呼ばれたし、その逆もあった。注6農繁期《のうはんき》に遊びに来ているよその子が、おじゃましている家の畑を手伝うのは、村では特別なことではない。

くわえて、憲太と学の家は他の家より結びつきが強かった。

学の両親が東京から生田羽村に移住してきたとき、畑作を一から指導したのが憲太の家なのだ。だから憲太は、どちらの家の手伝いをするのも、当たり前と思っていた。

ビートの間引き作業は、目がちかちかしてきて根気もいるが、憲太はその作業が嫌《きら》いじゃなかった。

いや、なかったはず、だった。

でも、今年の春休みは違《ちが》った。憲太はビートの間引き作業にうんざりとなった。

2 どうして今年急に嫌いになったんだろうと考え、気づいた。

もともと、別に好きじゃなかったのだ。

それはそうだ、こんな地味《じみ》でいつまでたっても終わらない、面倒《めんどう》くさい、しかも手伝いだからあとでなにか御褒美《ごほうび》がもらえるわけでもない作業を、好きになる要素なんて一つもない。

一人、ピンセットで小さな芽をつまみ取りつつ、憲太はあくびをかみ殺すのに必死だった。

中学に入学して半月ほど経《た》ったころ、憲太は母親から「学くんの名前がインターネットに出てるよ」と教えられた。なにごとかと見てみたページは、進学塾のサイトだった。学は塾主催《しゅさい》で行われた模擬《もぎ》試験で、全道二位になっていた。全国でみても第十位だった。

「おまえ、すげえじゃん！」

すぐに電話をかけた。北海道で三本の指に入った。しかも日本全体でも上から十番目なのだ。注7全国学力テストは、一度きりのまぐれじゃなかった。とにかく憲太は学の成績に興奮して、すごいすごいを連発した。

3 でも、応対した学の声音《こわね》はどこか固かった。

「ごめん、切っていい？　やらなきゃいけないことがあるから」

不通話音を聞きながら、憲太はまた勉強するのかな、と思った。

憲太も成績は悪くはない。学がいなかったらクラスで一番のはずだ。だが、勉強はそれほど好きではなかった。それより、学となにかしていたほうが楽しい。

勉強はそんなに大事なものなのだろうか。それほどすごいものなのだろうか。

もちろん、ないがしろにしていいとは言わない。大人は「勉強しなさい」と口やかましいし、まだ中学一年生の自分たちには、知らないことがいっぱいある。憲太だってほぼ毎日、それなりに習ったところを復習しているし、テストの前はしっかり机に向かう。

が、もっと大切で大事で、優先順位が上のものも、憲太にはいくつもあるように思えてならない。

なのに、学は勉強勉強だ。彼の口数は、勉強に言葉を遮《さえぎ》られているかのように、減ってしまった。それはまるで、憲太の『　A　』という考えを、まるごと否定しているみたいにも見える。

だから、最近の学には本当に腹が立つ。

（中略）

雷が落ちた直後、壁を隔《へだ》てた隣《となり》から「わっ」という声が聞こえた気がした。音楽室の壁は防音《ぼうおん》加工されているはずなのに。

「でも、聞こえた」

憲太はすぐさま音楽室を飛びだし、隣の図書室の戸を開けた。

「学！」

長机が並んだ窓際《まどぎわ》の席に座っていた少年が、はじかれたように立ち上がった。

うっかりすると闇に溶け込《こ》んでしまいそうな、パーカーにジーンズのシルエット。

「……憲太」

ずっと探していた相手は、一言呟《つぶや》いて押《お》し黙《だま》る。

とたん、またも［1］と世界は白く光り、凄《すさ》まじい音が窓ガラスを震《ふる》わせた。

学が身を縮こまらせた。

＊

落雷が生んだ瞬間《しゅんかん》的な明るさは、憲太にあるものを見せた。

学がいる席に置かれた、数冊《さつ》のテキスト。

教科書ではなかった。サイズが違う。進学塾のものだな、と、［2］と来た。

憲太は、［3］と息を吐いて、呆《あき》れ声を出した。

「こんなところにまで勉強道具持ってきてたのかよ」

学が［4］と顔を背《そむ》けて、椅子《いす》に座る。憲太は長机を挟《はさ》んでその前に立った。

「亮介から聞いたの？　僕がここにいるって」

「違うよ。あいつは正反対のことを言った。ここに来たのは、しらみつぶしに探していただけだ」

「そう」

そっけない口ぶりに、憲太は苛立《いらだ》ちを覚えた。

「なあ、学。おまえ、中止にならなくても、ここにこもって勉強してるつもりだったのか？　みんなが外で空見てる中、一人で」

「だって」

学が眼鏡の奥から険《けわ》しい目で睨《にら》んでくる。「　B　」

「ここの窓から校庭見えるだろ。ってことは、校庭からも図書室の電気がついてることがわかるじゃん。中止になって、おまけに停電にもなったからいいようなものだけど、天気悪くならなかったら、みんなあそこに誰がいるんだろうって、変に思っただろうな」

「構《かま》わないよ、僕は勉強しなくちゃいけないんだから」

あっさりと言い放った学に、憲太は少々腹が立った。

「勉強勉強って……おまえ、変わったよな」

学が利発[注8]そうな目を細める。「なにが言いたいの？」

「おまえなんて、そんなに［ 5 ］勉強しなくても、余裕《よゆう》で大丈夫だろ？いつも一番だしさ」

「四人しかいないクラスで一番になったところで、なんの意味もないよ」

「いや、それ以外でもすごいじゃん。六年のときのテストは村の教育委員会の人が来たし、塾の模試も成績優秀者になってる」

「……サイトを見たんだったね」

「おう」

「夏の模試の結果も？」

「うん。ちょっと前より落ちちゃったけど、相変わらずトップクラスだったな」

学が机の上のテキストに手のひらを置いた。「落ちたのは事実だよ」

「あんなの誤差の範囲《はんい》だよ。なあ、そんなにいつもいつも勉強する必要、おまえにあんの？　俺だったらもっと遊んじゃうよ」

「僕には必要あるんだ」

「ないと思うけどな。だっておまえ、すげーじゃん。『神童』[注9]じゃん。村のみんなもそう言ってるじゃん」

すると、学は急に視線《しせん》を逸《そ》らして吐き捨てた。「［ C ］」

「はあ？」

いきなりの言い草に、思わず憲太の声が大きくなった。「なんで俺にはわかんないんだよ？」

「憲太だからだよ」

「なんだそれ」

「僕じゃないからだ」

学の声は心なしか[1]震えているようだ。「こんなの、この村で誰《だれ》もわかる人はいない。僕にしかわからないんだ」

「だから、それ、なんなんだよ？」

憲太が叫んだと同時に、稲光《いなびかり》[注10]が図書室を明るく照らし、音の衝撃《しょうげき》が体の中まで揺《ゆ》らした。学の手がびくりと動いて、机の上のテキストにぶつかった。テキストは床に落ちたが、憲太は窓の外を見た。雷は続いた。

はっきりと目にできた雷は、地に向かって落ちるのではなく、空を切り裂《さ》くものだった。枝《えだ》分かれしながら伸《の》びる閃光《せんこう》[注11]が、空の端《はし》から端まで届く。真っ黒な夜空に強烈《きょうれつ》なきらめきの亀裂《きれつ》が走る。

「うわ、すげえ」

今のおまえ、見た？　と、声を荒《あら》げたことも忘れて問おうとした矢先《やさき》、

「学？」

憲太はびっくりした。

学が泣きそうになっていたからだ。

学がべそをかく顔なんて、いつぶりに見ただろう？　見たとしたらたぶん、小学校に上がる前だ。学と聞いて憲太が頭に浮《う》かべる彼の表情は、

最近では暗記カードや教科書などを睨みつけるようにしているものと、真面目で整っていて、いかにも頭脳明晰《ずのうめいせき》そうにまっすぐ前を見つめる横顔、それから、こちらを振《ふ》り向いて心底嬉《うれ》しげに笑う顔――それらだ。

いやそれよりも、なぜ、涙ぐんでいるんだろう。

「おい……おまえ」

「……憲太は、両親もおじいさんもおばあさんも、ずっとこの村じゃないか。でも僕は違う。親が勝手に……田舎に変な夢《ゆめ》抱いて、こんな村に来て」

村おこしの一環《いっかん》として、十数年前に農地を無償《むしょう》[注12]で貸し出すと都会から若夫婦を誘致《ゆうち》したのは、憲太の祖父の策《さく》だった。

「うちの親がそのまま都会にいてくれたら、僕の今はきっと違ってた。こんな村じゃ、十分な勉強なんてできない。札幌《さっぽろ》や大きな街《まち》の子は、なんの苦労もなく進学塾や予備校に通っている。ネットの授業配信も、もう少し先だっていうし」

泣きべその理由を推《お》しはかりながら、憲太は学をとりあえず励《はげ》ましてみた。

「でもおまえ、今でも十分すごいじゃん」

「どこがだよ！」

大声を出した学の頬《ほお》を伝い、細い顎《あご》の先からしずくが落ちる。「成績は下がったんだよ、僕は僕なりにやったつもりだったのに……僕より上のやつらは、みんな都会の子だった。彼らと同じことをやれたら、絶対負けなかったのに」

学は顎を手の甲《こう》で拭《ぬぐ》いながら、進学塾のテキストを拾い上げた。

「環境《かんきょう》が違うんだ、勉強する環境が……こんな田舎にいるって、それだけですごいハンデだ。このままなら、きっとこれからもどんどん成績は下がる。成績が下がれば、望む高校に行けないかもしれない、大学にだって」

そして、苦しげに絞《しぼ》り出すような声で、こう断《だん》じた。

「生田羽村が、僕の未来を閉ざすんだ」

ああそうか――憲太は腑《ふ》に落ちた[2]――こいつは悔《くや》しいんだ。悔しくて泣いているんだ。自分ではどうにもならないことが自分を邪魔《じゃま》していると信じ込んで。

眼鏡を外して肘《ひじ》をつき、両手で顔を覆《おお》って、学はとうとう嗚咽《おえつ》[注13]しだした。憲太は暗さにまぎれてしまいそうな彼のつむじを、しばらく睨んだ。

「……だっせ。めそめそしやがって」

口から出た声は、憲太自身も驚《おどろ》くほどに低かった。

「おまえの未来って、なんだよ」

その低さで、内にくすぶる怒《いか》り[4]を憲太は自覚した。学も異変を悟《さと》ったのか顔を上げた。

「どんな未来がお望みなんだよ、言ってみろよ、おい」

そういえば、学の将来の夢を憲太は知らないのだった。憲太も教えていなかった。というか、真面目《まじめ》に考えたことがなかった。学校でそういった課題《かだい》の作文を書かされたこともなかった。

学の未来については、村の大人たちが口々に好き勝手なことを語るのを耳にするだけだった。

「……医師」

学も低い声で一言答えた。

「は？　イシ？」

「医師。お医者さんだよ、久松先生みたいな」

子どものころから世話になっている、穏《おだ》やかで優しそうなおじいさん先生の像が、憲太の頭の中で結ばれた。

また雷が連続して落ちた。学の喉《のど》が、［ 6 ］と鳴った。

なるほど、医者なら難しいだろう。難しくなければ困る。人の命を預《あず》かる仕事なのだから。でも。

「俺、今のおまえみたいなお医者さんなら、診《み》てほしくない。ほんとマジ、絶対やだね」

雷が落ちたみたいに、学の体が［ 7 ］となった。憲太はたたみかけた。「だって今のおまえなら、手術失敗しても、器具が悪かったとか、とにかく上手《うま》くいかなかったら周りのせいにしそうじゃん」

「なんだって？」

学が眉《まゆ》をつり上げて席を立ち、上目遣《うわめづか》いで注14ねめつけてきたが、憲太は動じなかった。

「おまえ、さっき言ったこと忘れたのかよ？　自分の成績が落ちたのを生田羽村のせいにしてただろ。こんな田舎だから駄目なんだってさ」

右手が勝手に動いて、向かい合う学の肩を掴《つか》んでいた。

「バッカじゃねえの？　久松先生だってこの村の出身だぞ。そりゃたしかにここは田舎だよ。でも、それだけの理由でおまえが駄目《だめ》になるなら、それはおまえがその程度《ていど》だっただけだよ。全世界のお医者さんは一人残らず都会出身なのかよ？　違うだろ？　本当にすごいやつは、どこにいたってちゃんとやれる」

「でも」

学が反論しかけた矢先、落雷があった。手の中にある彼の肩が強張《こわば》るのがわかった。憲太はまた窓の外を見てしまった。空が明るくなるごとに、一面を覆う雷雲の形が、黒と群青《ぐんじょう》と紫《むらさき》を混ぜたような色で浮かび上がる。

「でも……僕のことをすごいと言ったのは、僕じゃない。大人たちや、憲太だよ」

憲太の手首が、そっと学の右手で押しのけられた。冷たい手だった。

「大人にはなんと噂《うわさ》されてもよかったけど、憲太が言ってくれたのは嬉しかった。だから」

ずっと、誰よりすごくあり続けなくてはいけないと思った——学は打ちひしがれたみたいにうなだれた。

「［ D ］」

学はもう泣き声をたてなかった。ただ、両手で顔を拭い続けた。雷が夜を走るたびに、唇《くちびる》を嚙《か》みしめ、目の下や頬に指や手の甲を押し当てる青白い顔が見えた。憲太はだんだんと不思議な気分になった。学はクラスの中でははっきりと大人っぽい部類に入る。本校の生徒を含《ふく》めてもそうだし、実際に目にしたわけではないけれど、札幌の進学塾のクラスでだって、群を抜いて冷静で落ちつき払った雰囲気《ふんいき》だっただろう。けれども今、自分の前にいる学は、まるで子どもだった。雷に怯《おび》えて目を閉じ、耳をふさいでいた、遠い日のように。

そうか、嬉しかったのか。俺の言葉が。

もう何度目かわからない稲光注15と轟音《ごうおん》が襲《おそ》う。雷が光るたびに、幼《おさな》かったころの学が今の学と重なり、さっきまでの腹立ちはどこへやら、憲太は自分でもわけがわからぬまま、笑っていた。

「俺さ、おまえのことすごいって言ったけどさ、別におまえが勉強すごいやつだから友達なんじゃないよ」

学の手が止まる。憲太は続けた。

「俺は学が神童だから好きなんじゃない。おまえがブサイクでも頭悪くても、おまえがおまえならそれでいいんだ」

「憲太……」

「テストの成績がすごいと思ったのは嘘《うそ》じゃないよ。学が褒《ほ》められるのもすげえ嬉しい。でも俺、おまえの本当にすごいところ、別にあるのを知ってる」

「え？」

「春休みさ、おまえいなかっただろ？　だから俺、ビートの間引き作業、一人で手伝わされたんだよな」

稲妻につい言葉を切り、窓の外へと目をやった憲太を、学が遠慮《えんりょ》がちに急《せ》かした。

「……間引き作業がどうかしたの？」

「ああ、それな。あのさあ、間引き作業ってすげえ面倒くさくてつまんねえの。おまえ、知ってた？」

「まあ、地味で遅々として進まない作業っていうよね。うちの親は好きじゃないって言ってた」

「だろ？　おまえは？」

「僕は別に好きでも嫌いでもない」

「俺もそうだった。でも俺さ、今年初めて、うわ、この作業つまんねえって気づいたんだよ。それまでは間引き作業を嫌いじゃないと思ってた。うんざりなんてしなかったからさ。でも、本当は嫌いだったみたいなんだ」

学は頷《うなず》いた。「それで？」

「でさ、なんで今まで毎年やってきて、嫌いだって気づかなかったのかなって考えてみてさ、俺わかったんだよ」

憲太は学の胸元を人差し指で軽く押した。「去年まで、おまえと一緒にやってたからだって」

注16 虚《きょ》を突かれたような学の表情が、稲光に照らされる。その光の力を借りて、憲太は学の目を覗《のぞ》き込む。

「そうだよ、隣におまえが、学がいたから、『嫌い』や『つまんねえ』がごまかされていたんだ。おまえと一緒にやったから、あの間引き作業もそれなりに楽しかったんだ」

ただでさえ停電中のうえ、裸眼《らがん》の学は視界がうまくとらえにくいのか、目を凝らすようにじっと憲太を見返してくる。

「　E　」

「来年おまえ、一人でやってみろよ。びっくりするほど時間経たねーから。あ、来年もおまえ札幌行くのか？」

学は特になにも答えなかった。構わなかった。憲太は心の内をそのまま言葉にした。

「とにかく俺、思ったんだ。友達ってすげえんだなあ、って」

嫌いだったりつまらない時間も、一緒にいさえすれば、乗り切れる。楽しみすら、見出《みいだ》せるかもしれない。

そういう力を持つ、自分にとってたった一人の相手。

「おまえが本当にすごいのは、そういうところだよ」

学は静かに顔を伏せた。

〈乾ルカ『願いながら、祈りながら』〈徳間書店〉より〉

※出題の都合上、本文の一部を改稿《かいこう》しています。

注1　家人　家族
注2　往生　困り果てること
注3　納屋　物置小屋
注4　ビート　砂糖の原料になる作物
注5　間引き　密生している作物の一部を抜き出すこと
注6　農繁期　農作業の忙しい時期
注7　全国学力テストは、一度きりのまぐれじゃなかった。
　学は、小学六年生のときに実施されたこのテストで、教育委員会の職員が学校に訪ねてくるほどの優秀な成績を収めた。
注8　利発　賢いこと
注9　神童　才能に優れる子ども。学は村で『神童』と知られる。
注10　稲光　雷雨などの際に生じる電光
注11　閃光　瞬間的にひらめく光
注12　無償　無料
注13　嗚咽　息を詰まらせるように泣くこと
注14　ねめつける　にらみつける
注15　轟音　とどろきわたる大きい音
注16　虚を突く　すきをつく

問一　空らん［1］～［7］にあてはまる言葉を選びなさい。
ア　びくっ　イ　つん　ウ　ひゅっ、　エ　ピン
オ　かっ　カ　はぁ　キ　がりがり

問二　――1とありますが、学はどこで何をしていたか答えなさい。

問三　――2の理由を三十字以内で答えなさい。

問四　――3とありますが、それはなぜですか。「～いるから。」の形に合うように三十字以内で抜き出して答えなさい。

問五　空らん［A］にあてはまる言葉を選びなさい。
ア　大切なものは一つしかない　イ　勉強は全く意味がないことだ
ウ　他にも大切なものがある　エ　勉強こそが大切だ

問六　空らん［B］～［E］にあてはまる言葉を選びなさい。
ア　僕には悠長《ゆうちょう》に星や月を見ている時間はないんだ
イ　あ……僕、憲太のせいにしたね
ウ　僕も、嫌いだと思ったことはない……
エ　村のみんな、とか、憲太にはわかんないんだよ

問七　＝＝1・2の意味として正しいものを選びなさい。
1　「心なしか」
ア　どことなく　イ　不安そうに
ウ　こきざみに　エ　冷静に
2　「腑に落ちる」
ア　同情する　イ　不満に思う　ウ　納得する　エ　戸惑《とまど》う

問八　――4は何に対する「怒り」ですか。二十字以内で説明しなさい。

［四］　あなたの目の前に次の意見を述べる人が現れたとして、あとの問いに答えなさい。

「甘《あま》いモノって、誘惑《ゆうわく》は強い割にだいたい体に悪いじゃないですか。肥満とか生活習慣病にも繋《つな》がるし。だから、国なり県なりで税金をかけて、値段を上げていけば自然と国民・県民の健康が増進されるって思うんですよ。子供の身体の生育に必要な部分もあるでしょうから、料理に

使う砂糖とかは例外として、生活習慣病の人の食生活をある程度追い駆《か》けてみて、どう見てもいけないなぁと思うような品目だけでいいんですよ。課税しましょう。」

問　あなたはこの人と対話をしています。この人の意見に一六〇字以内で反論しなさい。

※　この人に反論するにあたって適切な言葉づかいで答えること。

※　原稿用紙《げんこうようし》の使い方に従って書くこと。ただし、一マス目から書き始め、改段落はしないこと。

慶應義塾中等部

―45分―

一　次の文章を読んで、後の各問いに答えなさい。

「おはようございまーす」
一瞬《しゅん》、びっくりして足が止まってしまった。良夫のあまりにも堂々としていて、［A］挨拶《あいさつ》だった。

つい先日、中学校の最高学年である三年生になったと思ったら、もう一学期も終わりに近づき、あとは学期末テストと林間学校を残すのみとなっていた。部活動も活動停止期間に入り、僕《ぼく》は良夫と、あさ早めに学校に行って勉強することにした。今日はその初日である。早朝にもかかわらず気温と湿《しつ》度は高いままの、どんよりとした梅雨空が垂れさがっている感じで、二人とも駅からたった十分歩いただけなのに、校門にたどり着くころにはからだ中から汗《あせ》が噴《ふ》き出していた。

うちの学校は私立中学で、校門には警備員さんが立哨《しょう》(注1)している。いつもは遅刻《ちこく》ギリギリに登校しているので、同じようにギリギリに来る大集団の中の一人として校門を通り抜《ぬ》けている。警備員さんが立っているのは知っているが、挨拶をしたり会釈《えしゃく》をしたりした記憶《おく》はほとんどない。

「ヨッシーっていつもあんな風に警備員さんにきちんと挨拶しているの」
教室に向かう階段を上りながら僕はにわかに聞いてみた。
「だって気持ちよくなーい？」
良夫の答えはいたってシンプルである。(B)

「拓《たく》朗にだけ俺《おれ》の本音を言うとだね、先生にだけ愛想よく挨拶しまくって点数を稼《かせ》いでさぁ、警備員さんはじめ、ほかの学校を支えている人たちを無視しているやつっているじゃん。俺はそういうやつって苦手なんだよね」

うわぉっ、僕はなんだかドキドキしてきた。(C)良夫はさらに続ける。

「そういうやつってさぁ、自分の親が学校に払《はら》っている学費であんたたちの生活を支えてやっているっていう、まぁそこまでは意識していないのかもしれないけど、なんかそういう人たちを自分より下に見ている感じがして、人間としての醜《みにく》さ百倍って感じに思っちゃうんだよね」

「いやいや、警備員さんにきちんと挨拶できない人が、みんなそんな腹黒い感じじゃないんじゃないかなぁ。例えば、シャイな性格で、人前で大きな声を出せないとか。あっ、そうだ。コロナだから人前で大声を出しちゃダメって言われているし」

僕は守りに入って、ちょっと言い返してみたが、その言葉の内容は自分でもむなしく感じられた。(D)

ふと気づくと机の横にかけてあるリュックサックから液体が滴《したた》っていた。あちゃー、お母さん、また水筒《とう》の中蓋《ぶた》を閉め忘れたな。と思うや否《いな》や同じリュックに入っているはずの友達の拓朗から借りたノートが心配になった。おそるおそるリュックの蓋《ふた》を開けてみる。底の方に小さな池ができていて、その水たまりにお気に入りの消しゴムがプカプカ浮《う》いているのが見える。

（ア）

わぁー、どうしよう。のっぴきならない状況《きょう》にパニックになっていると、通りかかった拓朗がリュックをのぞき込んで言った。

「これは湖だな。急いで用務員室に行って、雑巾《きん》を借りてこなきゃぁ」と言いながら、もう体は廊《ろう》下に向かって走り出していた。俺も倒《たお》れないようにリュックを床に置くと拓朗の後を追った。

（イ）

梅沢《ざわ》さんはびしょびしょに濡《ぬ》れてしまったノートのことも気にかけてくれて、ドライヤーを貸してくれた。

（ウ）

結局、濡れたノートはドライヤーとベランダ天日干しの甲斐《かい》があって、多少変形はしたが何とか書いてあることが読める程度にまでは復活した。拓朗もそれで許してくれた。

（エ）

用務員室に、借りていたものを返しに行ったときに、梅沢さんはいなくて、他の人しかいなかった。俺はすごくお世話になったし、直接お礼を言いたかったのだが、この時初めてバケツと雑巾、ドライヤーまで貸してくれた人の名前を知らないという事実に気づいた。

（オ）

「すみません。三年G組の只《ただ》野良夫と言いますが、先ほど親切にバケツとかを貸してくれた用務員さんの名前を教えてくれませんか。とても助かったので、できれば直接お礼が言いたいのですが」

「そういうことなら」と言って、そのもう一人の用務員さんはにっこりした。

「というわけさ」良夫は照れくさそうにした。「それから俺は、学校の先生以外の人の名前調べを始めたんだ。自分たちの生活を支えてくれている人たちを、まとめて用務員さんとか、警備員さんというふうに呼ぶよりも、一人ひとりの名前をわかっていて、挨拶とかの言葉を交わしたいと思ったんだよね。ちなみにさっきの警備員さんは青柳《やぎ》さんだよ。とても親切な人で、遠くから俺たちの登校してくる姿を見かけると、信号待ちが短くなるようにいつも校門前の横断歩道の押《お》しボタンをあらかじめ押しておいてくれるんだ」

拓朗は普《ふ》段の自分の［ E ］との差に打ちひしがれながら良夫の話を聞いていた。なんで良夫はそんなにいろいろと考えて行動することができるのだろう。なんで自分は世の中の流れに乗っているだけで、ほとんど何も考えないで日々を過ごしているんだろう。

「拓朗、どうした学校で何かあったのか」と夕食の時お父さんから声をかけられた。いつもの僕ならろくな返事もせずに適当に流すところであったが、その時は何故《なぜ》かお父さんにも話を聞いてもらいたい気持ちになった。僕は良夫のことや自分が考えたことをかいつまんで話した。

お父さんは僕の話を聞いた後、しばらく黙《だま》って考えていたが、おもむろに「お前はいい友達を持ったな」と言った。

「お前がいい友達を持てたということは、お前もなかなかいいやつだということだ」と続けた。それを聞いて、僕は胸のあたりがなんだか少しだけ温かくなった。

「こうも考えられるぞ」とお父さんの喋《しゃべ》りはまだまだ続く。「みんなが良夫くんみたいに、身近な人とも対等な関係で、その人のことを気遣《づか》うことができればだな、世の中はもっと平和になるとお父さんは考えているんだなぁ。人のことを見下しているとその見下した相手が何か自分の意にそわないことをしたとき、……のくせに、という気持ちになりがちなんだ。マンガの『ドラえもん』の中でよくジャイアンが、「のび太のくせに」、って言うだろう。そのセリフが出てくるときは、のび太への敬意はみじんもないときだよ。そのことをもっと大きな視点で考えてみると、例えば国と国同士の関係で、隣国《りんこく》のことを見下しているとする。その見下されている方の国が独自の考えを持ったりしたとき、○○国のくせに、となり、そんな理由もあって戦争が起きているとお父さんは思っているんだ」

なんだかお父さんの話は内容が広がりすぎな感じがしたけど、僕も大人になったら世の中に対して、こういうふうな理解の仕方ができる人になりたいなとなんとなく思った。

「おはようございます、青柳さん」

「ああ、おはよう。期末テスト頑《がん》張れよ」

「ありがとうございます」

今朝は校門を通るとき、良夫と一緒《しょ》に元気よく挨拶ができた。なんだか気分が良い。卒業までに学校で働いている人全員の名前を覚えるのが、僕の新たな目標になった。

（注1）「立哨」…建物の入り口などに立って監視《かん》を行う業務のこと。

問一　A に入る言葉としてもっともふさわしいものを、次の1～5から選び番号で答えなさい。

1　騒々《そうぞう》しい　2　清々《すがすが》しい　3　元気のない
4　おちゃらけた　5　無感情な

問二　――B「いたって」とあるが、これを言い換《か》えた言葉としてもっともふさわしくないものを、次の1～5から選び番号で答えなさい。

1　極端《たん》に　2　はなはだ　3　きわめて
4　非常に　5　とても

問三　――C「僕はなんだかドキドキしてきた」とあるが、その理由としてもっともふさわしいものを、次の1～5から選び番号で答えなさい。

1　今の話を階段の陰《かげ》で誰《だれ》かが聞き耳を立てているかもと思うと、不安だったから。
2　二人で階段を急いで駆《か》け上がったため、息が上がって心臓の拍《はく》動が激しかったから。
3　どんなタイプの人が嫌《きら》いか、という良夫の本音を知ることができるかもしれないから。
4　なんとなく自分のことを言われているように感じて、不安になってきたから。
5　せっかく自分にだけ話してくれていることの秘密を、守れるのかが不安だから。

問四　――D「自分でもむなしく感じられた」とあるが、そう感じられた理由としてもっともふさわしいものを、次の1～5から選び番号で答えなさい。

1　シャイな性格の人の例が自分のことを表現しているように感じたから。
2　その場しのぎの答えしか言えない自分自身の方が腹黒いと思えてきたから。

3　これまでの新型コロナウイルスに対する感染対策に嫌気《いや》がさしていたから。

4　必死になって守りに入って抵抗《ていこう》はしてみたが、論破できそうにないから。

5　自分で話しながらもなんだか言い訳がましく感じられたから。

問五　次の文章は、本文中の（ア）～（オ）のいずれかに入る。この文章が入る場所としてもっともふさわしいところを、後の1～5から選び番号で答えなさい。

> 用務員の梅沢さんは事情を聞くとバケツと雑巾をなんと十枚以上束で貸してくれた。俺は拓朗と一緒にリュックの中の水を、テレビ番組の「池の水ぜんぶ抜く」みたいに、雑巾ですべて吸い取って、何とか事なきを得た。

1　（ア）　2　（イ）　3　（ウ）　4　（エ）　5　（オ）

問六　［E］にあてはまる言葉としてもっともふさわしいものを、次の1～6から選び番号で答えなさい。

1　小遣いの少なさ　2　包容力のなさ　3　落ち着きのなさ
4　メンタルの弱さ　5　記憶《おく》力のなさ　6　視野の狭《せま》さ

問七　拓朗のお父さんが言いたかったことは何か。「～ということ。」につづくように、二十五字以上三十字以内で答えなさい。ただし、句読点や符《ふ》号も一字と数える。

二　次の文章を読んで、後の各問いに答えなさい。

教職に就《つ》いたばかりの頃《ころ》だから何年前のことだろうか。私が担当する国語（古典）の授業に、イギリスからきた短期留学生の男の子が参加した時のことだ。Aつたない英語力を駆《く》使して、自己紹介《しょうかい》と、この授業が「国語＝ジャパニーズ」であることを説明し、その日は『平家物語』の授業に入った。しばらくすると彼《かれ》の周りの生徒たちがざわつきだした。

「何か困ってる？」

「伊《い》野さん！『古文』って英語でなんて言うんですか？」

どうやら彼に『平家物語』の説明を英語でしてあげようとBシコウ錯誤《さくご》していたみたいだ。

「ねえ、みんな。『古文』って英語でどう言ったらいいかな？」

「古い日本語だからオールド・ジャパニーズとか？」

「なかなかいい線いってるね。じゃあ『古典』は？」

「そう言われるとわかんないな～」

「英語の辞書持ってる人いたら『古典』を辞書で引いてみて」

「あった！　クラシックだって！」

「そう。クラシック音楽とかは聞いたことあるでしょ」

このようなやり取りが教室で続いた後、留学生の彼に『平家物語』は、「ジャパニーズ・クラシック」だと説明した。すると彼は、「うんうん」と嬉《うれ》しそうにうなずき、さらに、イギリスでは、シェイクスピアの作品が古典の代表だということも教えてくれた。

ここまでの一連の流れも非常に楽しいやり取りで、振《ふ》り返ってみても微笑《ほほえ》ましい光景なのだが、この出来事が私の記憶《おく》に今もなお鮮《せん》明に残り続けているのは、C最後に彼が言い放った言葉が忘れられないからだ。

「最も偉《い》大な授業だ」

それまで「なんで古文をやるんですか？」という質問や「暗唱のテスト合格しなきゃ～……」という嘆《なげ》きを受けることの方が多かったものだから、この言葉を聞いたときには［Ⅰ］が熱くなると同時に、［Ⅱ］筋の伸びる思いがした。そして、この出来事は、古典を「最も偉大な授業だ」と自信を持って言える精神性はどのように育まれたのか、また、古典を学ぶ意義とは何か、について考える機会を私に与《あた》えてくれた。

それから、古典を学ぶ意義について考えていくなかで、D「リベラル・アーツ」という言葉に出会った。「リベラル」は、「自由な」という意味で、「アーツ」は、「学芸」、聞きなじみのある言葉に言い換《か》えれば「学問」、「芸術」という意味である。［Ⅲ］、リベラル・アーツとは、広義には、「人を自由にするための学問、芸術」のことを指し、その起源は古代ギリシアにまで遡《さかのぼ》る。そこでは、奴隷《どれい》と自由人とを区別するものが学問、芸術の有無であった。リベラル・アーツは、奴隷という身分から自立した存在へと解放されるために必要なもので、［Ⅳ］、自らを自由にするものだったのである。

近年、このリベラル・アーツの重要性が指摘《てき》されている。人やモノだけでなく、知識・情報も世界を瞬《しゅん》時に飛び交う現代社会、さらに新型感染症《せんしょう》によりこれまでの常識が通用せず「当たり前」が大きく変化していく状況《きょう》下にあって、様々な情報を見極める力、変化に立ち向かい、課題を解決する力がより一層求められている。ここでは、ものごとの本質をつかみ、課題を自ら設定し、行動することによってその課題を解決していかなければならない。リベラル・アーツを身につけることは、Eこのような能力を養うことに繋《つな》がると期待されているのだ。そして、リベラル・アーツを身につける上で、重視されていることの一つが古今東西の優れた古典に触《ふ》れることなのである。

古典とは、現在まで長い年月を経てもなおその歴史的、芸術的価値が風化せずに認められてきた先人たちの思考と知恵《え》の結晶《しょう》だ。時代と場所を越《こ》えて、先人たちがどのような課題に直面し、その課題をどのように解決してきたかを知ることは、現代社会に生きる私たちが、様々な情報を見極め、変化に立ち向かおうとするときの判断や決断についての手がかりを知ることでもある。そして、古典を通じて身につけたリベラル・アーツは、現代社会において、私たちが直面する様々な課題を解決する際の羅《ら》針盤《ばん》となり、現代社会とそこに生きる私たち自身を自由な存在として解放してくれるものになるはずである。

あの日、彼が教えてくれた「古典は、最も偉大な授業だ」ということの真意に触れた今、古典を学び教える者としての世界が広がったような気がしている。皆《みな》さんにも改めて「古典を学ぶ意義」について考えてもらいたい。このことについて考え始めるときが、自由への大きな一歩を踏《ふ》み出す瞬間になることを信じてやまない。

問一　――A「つたない」の意味としてもっともふさわしいものを、次の1～5から選び番号で答えなさい。

1　生き生きとした　2　とってつけた　3　とるに足らない
4　くち賢《さか》しい　5　わざとらしい

問二　――B「シコウ」を漢字に直したものとして正しいものを、次の

1～5から選び番号で答えなさい。

1　試行　2　指向　3　思考　4　志向　5　私行

問三　――C「彼が言い放った言葉が忘れられない」のはどうしてか。その説明としてもっともふさわしいものを、次の1～5から選び番号で答えなさい。

1　自分が考えたこともない言葉を堂々と発する姿に、衝撃《しょうげき》を受けたから。

2　返ってきた反応が思っていたよりも薄《うす》かったので、心配になったから。

3　クラス全体で一生懸《けん》命説明をしてあげた光景が、微笑ましかったから。

4　これまでに授業をほめられたことがなかったので、とても感動したから。

5　彼の言葉を受け、古典の偉大さについて考えるきっかけになったから。

問四　［Ⅰ］・［Ⅱ］にあてはまる言葉の組み合わせとしてもっともふさわしいものを、次の1～6から選び番号で答えなさい。

1　Ⅰ顔　Ⅱ首　2　Ⅰ胸　Ⅱ首
3　Ⅰ頭　Ⅱ首　4　Ⅰ顔　Ⅱ背
5　Ⅰ胸　Ⅱ背　6　Ⅰ頭　Ⅱ背

問五　――D「リベラル・アーツ」とはどのようなものだと定義されているか。その定義としてもっともふさわしいものを、次の1～5から選び番号で答えなさい。

1　古代ギリシアの時代にすべての人間が身につけるべきとされた学問、芸術。

2　豊かな人生を歩んでいくのに必要不可欠な、人間性を育むための学問、芸術。

3　自分のやりたいことを自由に好きなだけ満喫《きつ》するために必要な学問、芸術。

4　古代ギリシア時代に奴隷の身分から自らを解放するために求められた学問、芸術。

5　時間を持て余した自由人が、その時間を有効に使うために打ち込《こ》んだ学問、芸術。

問六　［Ⅲ］・［Ⅳ］にあてはまる言葉としてもっともふさわしいものを、次の1～5から一つずつ選び番号で答えなさい。

1　むしろ　2　まさに　3　ただし
4　さて　5　つまり

問七　――E「このような能力」とはどのような能力だと本文で説明されているか。その説明としてもっともふさわしいものを、次の1～5から選び番号で答えなさい。

1　世界中のネットワークを有効活用して、考えを発信する能力。

2　一個人として自立するために、絶えず自己啓《けい》発していく能力。

3　目の前の様々な変化に立ち向かい、課題を解決していく能力。

4　歴史的、芸術的価値のある情報か否《いな》かを、瞬時に見極める能力。

5　常識や「当たり前」を疑い、新しい発想を生み出していく能力。

問八　本文を通じて筆者が伝えたかったことはどのようなことか。もっともふさわしいものを、次の1～5から選び番号で答えなさい。

1　古典作品の持つ古い価値観に縛《しば》られることなく、新しい解釈《しゃく》を創造してもらいたいということ。

2　現代社会の抱《かか》える様々な問題点や変化に対応することで、古典的教養を身につけてもらいたいということ。

3　現代社会の中で、あらためて古典の偉大さを認識し、その偉大さを伝えてもらいたいということ。

4　古典を通して先人たちの思考と知恵に触れ、現代社会を生き抜いてもらいたいということ。

5　古今東西の古典に隠《かく》されている普遍《ふへん》的な教訓を、生涯《がい》探しつづけてもらいたいということ。

三　次の文章は、朝日新聞「天声人語」（二〇二二年六月十七日付）である。この文章を読んで、後の問いに答えなさい。

日本文学者のドナルド・キーンさんが漢字と出会ったのは16歳《さい》のこと。アルファベットとは異なる［A］の世界に引きこまれた。好きだったのは画数の多い字。「叡智《えいち》」や「憂鬱《ゆううつ》」を書けた日は爽《そう》快だった▼神奈川近代文学館で開催《さい》中の「ドナルド・キーン展」を見た。米軍将校として派遣《けん》された中国・青島《チンタオ》で使った名刺《し》には「金唐納（注1）」のB当て字。日本で署名する際も、姓《せい》キーンを多彩《さい》に書きわけた。鬼院、奇韻、希飲、祈因、嬉胤……▼右手に銃《じゅう》、左わきで和英辞典を抱《かか》えた写真もある。大戦中、アリューシャン列島に上陸し、日本兵が手投げ弾《だん》を胸にたたきつけて玉砕《さい》する姿に衝撃《しょうげき》を受ける。一方で、日本兵の手紙や日記を解読し、辞世の歌や遺書の格調に驚《おどろ》く。のちに紀貫之《きのつらゆき》や芭蕉《ばしょう》らの日記を読み込《こ》む研究につながっていった▼ゆかりの品々を見て思い出すのは、米コロンビア大で一度だけ傍聴《ぼうちょう》したキーン教授のゼミのこと。「あだし心とは浮《うわ》気心」「C比翼連理《ひよくれんり》」は男女の深い契《ちぎ》り（注2）。日英両語を駆《く》使して解説していく。話題はD古今和歌集から楊貴妃《ようきひ》、三島由紀夫へ自在に飛ぶ。驚嘆《きょうたん》の2時間だった▼傍聴したのは2011年3月、東日本大震《しん》災の直後。「若いころ『［E］』をたどる旅をして、東北には思いがある。被《ひ》災地が心配」。退職後は日本に永住したいと語り、その言葉通り日本国籍《せき》を得て、晩年を東京で暮らした▼あすで生誕100年。たぐいまれな才能が、「叡智」や「憂鬱」と出会った僥倖《ぎょうこう》（注3）を改めてかみしめる。

（『朝日新聞』2022年6月17日）

（注1）「金唐納」…ドナルド・キーンの中国語表記。
（注2）「契り」…生まれる前からの約束。
（注3）「僥倖」…予想もしなかったような幸運。

問一　［A］にあてはまる言葉としてもっともふさわしいものを、次の1～6から選び番号で答えなさい。

1　ヒエログリフ　2　オノマトペ　3　絵文字
4　表意文字　5　和語　6　アラビア文字

問二　――B「当て字」とあるが、ここでいう当て字とは、漢字本来の意味に関係なくその音をかりて、ある語を書き表したものである。これと同様の当て字の具体例としてもっともふさわしくないものを、次の1～6から選び番号で答えなさい。

1　珈琲（コーヒー）　2　金平糖（コンペイトウ）
3　型録（カタログ）　4　天婦羅（テンプラ）
5　演説（スピーチ）　6　加須底羅（カステラ）

問三　――C「比翼連理」は白居易と楊貴妃が誓《ちか》い合った夫婦仲の良さを表現する中国の故事である。出典を、次の1～5から一つ選び番号で答えなさい。

1 紅楼夢《こうろうむ》　2 長恨歌《ちょうごんか》　3 史記
4 三国志演義　5 水滸伝《すいこでん》

問四 ――D「古今和歌集」に入っている和歌はどれか。次の1～5から一つ選び番号で答えなさい。

1 ちはやぶる神代もきかず竜《たつ》田川からくれないに水くくるとは
2 屋根の上に積もった雪が音たてて崩《くず》れゆくなりわが愛に似て
3 不来方《こずかた》のお城の草に寝《ね》ころびて空に吸は《（わ）》れし十五の心
4 韓衣《からころも》裾《すそ》に取りつき泣く子らを置きてぞ来ぬや母《おも》なしにして
5 満開の桜のジュータン踏《ふ》むころはきっとあなたは「変身」している

問五 [E] にあてはまる言葉としてもっともふさわしいものを、次の1～6から選び番号で答えなさい。

1 土佐《さ》日記　2 源氏物語　3 竹取物語
4 万葉集　5 奥《おく》の細道　6 伊勢《せ》物語

問六 本文の内容と照らし合わせて合っているものを、次の1～5から二つ選び番号で答えなさい。**ただし、左から順に小さい番号から書くこと。**

1 画数の多い字を書けた日は気分が晴れやかになり、アメリカ人として生まれながらも、やがて日本人として日本の文学作品を研究していくことになった。
2 右手に銃、左わきで和英辞典を抱えた写真は、ペンは剣《けん》よりも強いことを世の中に訴《うった》えるために自主的に撮影《さつえい》したもので、大戦中の日米両国に衝撃を与えた。
3 ドナルド・キーンは、画数の多い漢字だけは苦手で、古典文学作品の研究を志すも断念し、日本に移住して全国各地を旅行することに人生の喜びを感じるようになった。
4 「叡智」と「憂鬱」は、画数も多く難解であり、外国人の姓名を書き表す時に多用される文字として使用される。
5 ドナルド・キーンは、十六歳のときに漢字と出会い、やがて画数の多い字も書けるようになり、退職後は日本に永住することにつながった。

四

次の①～⑧の用語は、私たちの地球を次世代に引きつぐために欠かせない取り組みにかかわるものである。そのあとに続く説明を参考にして、【A】～【I】にあてはまる漢字一字を含《ふく》む二字熟語を、後の【語群】1～9から選び番号で答えなさい。

① アップサイクル…温【A】知新で新しいものをつくりだそう。
② オーガニック…化学物質の使用を抑《おさ》えた土壌《じょう》で有【B】栽培《さいばい》をおこなう。
③ コンポスト…【C】ゴミから腐《ふ》葉土をつくることができ、ゴミも【D】らすことができる。
④ グリーンエネルギー…風力や地熱などからつくられる【E】【C】可能なエネルギーを創造する。
⑤ AI導入…将来は電車やバスなどの乗り物も自【F】運転になるだろう。
⑥ フェアトレード…製品を買って生産者の自立を支援《えん》することは利【G】の精神につながる。

⑦【H】林…温室効果ガスを減らすために森を育てる。

⑧気候【I】【B】への対策…化石燃料の使用を【D】らし、地球温暖化をくい止める。

【語群】

1 挙動　2 衛生　3 自他　4 危急　5 故障
6 植樹　7 機関　8 増減　9 再開

五 ——のカタカナを、正しい漢字に直しなさい。

ア マンジョウ一致《ち》で決まった
イ トトウを組んで行動する
ウ ヘンキョウの地へ行く
エ このままでは組織の分裂《れつ》はヒッシだ
オ 試合を前にしてフルい立つ
カ 独立自尊が私のシンジョウだ
キ おおよそサンダンがつく
ク 命令にハイハンする
ケ レンリツ内閣が成立する
コ 弓の名手が正確に的をイる
サ 私のカンケンの限りでは見当たらない
シ 隣《りん》国同士でキョウテイを結ぶ
ス 世間のジモクを集める
セ 新事業への資金をクメンする
ソ 役者の好演に舌をマく

国学院大学久我山中学校(第一回)

―50分―

〔注意事項〕句読点(、や。)その他の記号(「や〃など)は1字分として数えます。

一　次の文章A・Bを読んで、後の問いに答えなさい。〈問題は問一から問六まであります。〉

A　①人は誰《だれ》でも差別する可能性がある。こう考えてしまうと、救いようがないかもしれませんね。もし差別をしてしまえば、そのことを常に周囲から言われ続け、差別者としての〝※烙印《らくいん》〟を押《お》されて生きていかざるを得ないのでしょうか。そう考えることで私たちが差別という出来事から距離《きょり》を取ってしまうという結果にならないのでしょうか。

こう書きながら、ある学生の表情を思い出します。前の大学の調査実習で※ハンセン病者の生活史を丹念《たんねん》に聞き取った本を読んでいたとき、ある学生が自らの経験やその時の思いを語ってくれたことがありました。

帰省して政治家の事務所でアルバイトをしていたとき、夏祭りのボランティアで岡山《おかやま》にあるハンセン病療養所《りょうようじょ》に行ったのだそうです。学生はそれまでハンセン病者と出会ったこともないし、この問題について、とりたてて詳《くわ》しい知識を持っていませんでした。学生は彼《かれ》らと初めて直接出会い、驚《おどろ》くとともに気持ちが悪くなったというのです。

「先生、この感情は[A]でしょうか」。学生は当時の自分の反応を思い返し、もうしわけなさそうに語っていました。

「いや、別に[A]なんかじゃない。初めて会い、そうした感情をもってしまうのは、ある意味自然なことかもしれない。大事なのは、そう感じた後のことであり、感じた自分をどう考え直していくかだろう。もしその後、この問題や彼らの生きてきた歴史などを理解するなかで、そうした感情が固まってしまうとすれば、それは[A]的なものになるかもしれない」という内容のことを、私は語りました。

私の話を聞きながら、気持ちが悪いと感じた自分の姿を良くないものとして、即座《そくざ》に否定するのではなく、まずはそうした自分の姿を認めたうえで、それを見つめなおし、そこに何があるのかをじっくりと考え直せばいいことに気づき、硬《かた》かった学生の身体や表情がなにか本当にほっとしたように和《やわ》らいでいくのが、印象的でした。

私たちは自分が差別をしたと周囲から指摘《してき》されることに、なぜこれほどまで怯《おび》えるのでしょうか。あるいは差別をするかもしれない自分の姿を考え直そうとするとき、なぜこれほどまで自らの思いや感情、身体までもが緊張《きんちょう》し固まってしまうのでしょうか。

②私は、私たちが持ってしまっている、こうした〝差別をめぐる構え〟から、なんとか崩《くず》したいと考えています。

世の中には、ある人々をめぐる根拠《こんきょ》のない「決めつけ」や※恣意的《しいてき》な「思《おも》い込《こ》み」があり、ある問題や出来事をめぐり「歪《ゆが》められ」「偏《かたよ》った」理解の仕方などがあります。

「差別する可能性」とは、世の中に息づいている、こうした[B]理解や現実理解をめぐる知や※情緒《じょうちょ》に私たちが囚《とら》われてしまう〝あやうさ〟のことです。こうした知や情緒を私たちが生きていくうえで適切であり必要なものなのかを批判的に検討しないで、そのまま認めてしまう〝あやうさ〟のことです。

　さらに言えば、「差別する可能性」とは「差別者になる可能性」ではありません。むしろ私たちは、自らの「差別する可能性」に気づけば、それを修正し、他者に新たに向きあい、理解するための指針として活用することができます。つまり、この可能性は「差別をしない可能性」に※変貌《へんぼう》すると私は考えています。

　では、いったいそもそもどこに、この根拠のない決めつけや恣意的な思い込み、歪められた知や情緒が息づいているのでしょうか。それらは、まさに「普通《ふつう》」に生きたいと考える私たちの「　C　」に息づいており、「普通」の中で、活《い》き活きとうごめいているのです。

　私たちは、「普通」でありたいと望みます。また自分は特別ではなく、差別という出来事からも遠い、「普通」の人間だと思う場合も多いでしょう。ただ③「普通」であることは、差別をめぐる関《かか》わりから一切《いっさい》私たちを切《き》り離《はな》してくれる〝保障〟などでは決してありません。

　むしろ「普通」の世界には、さまざまな「ちがい」をもった他者をめぐる思い込みや決めつけ、過剰《かじょう》な解釈《かいしゃく》など、歪められ、偏り、硬直《こうちょく》した知や情緒が充満《じゅうまん》しており、こうした知や情緒を「あたりまえ」のものとして受容してしまう時、まさに私たちは「差別的日常」を生きているといえます。

　こう考えていけば、差別はけっして特別な誰かが特別な誰かに対して起こす限られた社会問題ではありません。それは私が生きて在る日常のなかでいつでも起こり得る普遍的《ふへんてき》で普通の現象です。だからこそ、声高《こわだか》に「差別はしてはいけない」とだけ叫《さけ》ぶのではなく、まずは私が「差別する可能性」「差別してしまう可能性」を認めたうえで、なぜそんなことを私はしてしまうのかを思い返すチャンスとして、つまり〝よりよく他者を理解し生きていくための大切な指針〟として「差別」を活用すべきではないでしょうか。

　「普通であること」を見直すことから自らが思わず知らずはまり込《こ》んでしまっている差別する可能性を掘《ほ》り起《お》こし、自分にとってより気持ちのいい「普通」とは何かを考え直し、そこに向けて自分にとっての「普通」を作り替《か》えていくこと、新しい「普通」を創造していくことこそ、「差別を考える」ことの核心《かくしん》に息づいています。

　ところで、なぜ私は「差別を考えること」が重要だと言っているのでしょうか。

　それは他者とつながる〝ちから〟を得る原点だと考えているからです。自らの「普通」や「あたりまえ」を掘り崩して、さらに「差別」という「問題」を理解しようとします。そうした過程で、私たちは異質な他者や他者が生きてきた圧倒的《あっとうてき》な〝現実〟と出会うことができるでしょう。そこには自分がこれまで想像もできなかったような厳しい生があり、厳しい生のなかで「ひと」として豊かに生きてきた他者の姿があります。こうした他者の姿と出会ったとき、私たちは二つのことを実感するでしょう。

　一つは、いかに他者とつながることが難しく厳しいものであるかということです。今一つは、他者とつながることでいかに優《やさ》しさや豊かさを得られるのかということです。この二つを実感するからこそ、他者と多様で多彩《たさい》な〝距離《きょり》〟があることに驚き、悩《なや》み、苦しみながらも、他者を理解しつながりたいという〝意志〟が「わたし」のなかに沸《わ》き起《お》こってくるのです。

いま、世の中では、さまざまな理由から、「わたし」と他者がつながる〝ちから〟が萎《な》え、他者とつながる可能性が奪《うば》われつつあります。「わたし」が、そうした〝ちから〟をとり戻《もど》すためにも、「差別する可能性」とは何かを考え活用し、「差別的日常」を詳細《しょうさい》に読み解き、「わたし」が気持ちよく生きていける意味に満ちた、新たな「普通」を創造する必要があるのです。

（好井裕明『他者を感じる社会学　差別から考える』〈ちくまプリマー新書〉・第二章による）

B　第八章でとりあげた岩井建樹※さんの本を読んだとき、ある「思い込み」に気づき、あらためて驚きました。彼の息子《むすこ》さんは「顔面右側の表情筋の不形成」という診断《しんだん》を受けました。顔の右側の筋肉や神経が少なく、原因は不明とのことです。その結果として、息子（拓都）さんは〝普通の人が笑うようには笑えなく〟、そのことへの問いとジャーナリスト魂《たましい》が〝ユニークフェイス※への旅〟へ岩井さんを誘《さそ》ったのです。本の最後に岩井さんはこう書いています。

何より、僕《ぼく》の中にある偏見《へんけん》を解きほぐしてくれたのは、拓都でした。楽しいことがあれば屈託《くったく》なく笑う姿は、「笑顔《えがお》は左右対称《たいしょう》でなければならない」という僕の価値観がそもそも間違《まちが》っていることを教えてくれました。彼の笑顔は、僕の心を温めてくれます。多少ゆがんだ表情でも、心から楽しく笑っているかどうかは相手に伝わります（一三三頁《ページ》）。

《中略》

岩井さんの、この語りに出会い「そうなのだ」と私は膝《ひざ》を叩《たた》きました。

誰であれ、顔や身体は左右対称にはできていない。それを〝均整の取れた顔や身体〟という価値を後生大事に守ることによって、そうではない自分の顔や身体、人々の姿を、さまざまにマイナスの意味を与《あた》えて「決めつけ」ているのだ、と。そしてこの「決めつけ」は人間の顔や姿など「外見」にとどまるものではないだろう。〝均整の取れたこころ〟などというものは果たして存在するのだろうか。それもまた「思い込み」ではないだろうか。④私たちは誰もが、どこか均整がとれていないこころを持ち、均整がとれていないこころの持ち主同士が出会い、つながりつづけようと、互《たが》いに交信しあっているのではないだろうか。だからこそ、私たちは、アンバランス同士で衝突《しょうとつ》したり、すれ違《ちが》ったり、せめぎあい、なかば必然的に〝摩擦熱《まさつねつ》〟としての日常的な差別や排除《はいじょ》を起こしてしまっているのではないだろうか。こんなことを考えながら、私は岩井さんの本を読み終えました。

（同前・第九章による）

※注
文章A
烙印を押される…消すことのできない悪名を負うこと。

ハンセン病…癩菌《らいきん》の感染《かんせん》によって起こる感染症。患者《かんじゃ》は多くの差別・偏見《へんけん》にさらされた。

恣意的…自分勝手な。

情緒…折にふれて起こる様々の感情。

変貌…姿や様子が変わること。

文章B
岩井建樹さんの本…『この顔と生きるということ』（朝日新聞出版　二〇一九年）。

ユニークフェイス…病気やけがが原因で生じた異質な容貌《ようぼう》のこと。

問一　――線①とありますが、「差別する可能性」について述べた次の文中の［　　］に入れるのに最も適当な1語を、**文章A**の中から4字で抜《ぬ》き出《だ》して答えなさい。

「差別する可能性」は人々や出来事に対する身勝手な考え方を生む［　　］を持っている一方で、「差別しない可能性」に変化することもある。

問二　［A］に共通して入ることばは何ですか。**文章A**の中から最も適当な1語を抜き出して答えなさい。

問三　――線②とありますが、「こうした〝差別をめぐる構え〟」を持つ人とはどのような人ですか。その説明として最も適当なものを次の中から選び、記号で答えなさい。

ア　自分には他者を差別する傾向《けいこう》があると強く意識し、普段《ふだん》から周囲の人々への接し方に注意を払《はら》っている人。

イ　差別は反社会的な許されない行為《こうい》と考えるが、自分にはそのような傾向がまったくないと安心している人。

ウ　他者を差別することは重大な反社会的行為だと誤解しているが、説明すればそうではないことが理解できる人。

エ　差別は特別な人々だけが行う悪質な行為と考え、もし関われば周囲の人々から厳しい非難をあびると恐《おそ》れる人。

問四　［B］・［C］に入ることばの組み合わせとして最も適当なものを次の中から選び、記号で答えなさい。

ア　B　集団――C　記憶《きおく》　　イ　B　他者――C　常識

ウ　B　社会――C　歴史　　エ　B　地域――C　道理

問五　――線③とありますが、筆者はなぜこのように言うのですか。その理由として最も適当なものを次の中から選び、記号で答えなさい。

ア　「普通」の人々という言葉は単にその社会の中で最も人数が多い人々という意味を表すだけであって、その人が他人を差別するかどうかとは無関係であるから。

イ　私たちは自分が他人を差別する特別な人間であることを認めたくないため、常に自分は社会の中で目立たない「普通」の人間であると思いこもうとするから。

ウ　私たちは本当は差別につながっている歪んだり偏ったりした考え方やものの見方をしていることに気づかず、「普通」の生活を送っていると考えているから。

エ　「普通」という言葉が意味する内容は用いる人によって大きな違いがあるので、自分が本当の意味で「普通」の人間であるかどうかは、誰にもわからないから。

問六　――線④とありますが、どういうことですか。**文章A**の中のことばを用いて45字以上50字以内で説明しなさい。

［二］　次の文章を読んで、後の問いに答えなさい。〈問題は問一から問六まであります。〉

「年ってものをとりゃなあ」

夜寝《ね》て朝になればね、というような口調で、祖母は言った。

「みんな、どうしたって死ぬんだで」

牛だって人だっておんなじことだ。もうすぐ、ばあちゃんにもお迎《むか》えが来るんだで。

彼女《かのじょ》がどうして毎日そんなことを話してくれたのか、いまから考えると不思議に思う。

祖母は自分に死期が近いことを知っていたのか。それこそ年を取ると[A]に死が近くなってくるので、ふだんからそのことばかり考えていたのか。

いまと違《ちが》ってあのころには、※終活《しゅうかつ》などという妙《みょう》な言葉もなかったし、死んでからのちに遺族に残すための遺言《ゆいごん》のようなものは、金持ちの爺《じい》さんの死《し》に際《ぎわ》に用意されるものというイメージしかなかった。

だいいち、祖母がわたしに毎日言っていたのは、財産の何をどう分けろという話でもなければ、自分が死んだら兄弟孫ひ孫仲良く生きていきなさいという、[B]な話題でもなかった。ただ、祖母は、まだ、この世に生を享《う》けて四年とか五年とかいった、人間としてスタート地点に立ってまもない孫に、ひたすら死について話し続けたのである。

①「死ぬってことはなぁ、いろんな人がいろんなことを言ってるけんど、おれは、どうかなあと思ってんだ。偉《えれ》えような人が言ってるこたぁ、みんな※眉《まゆ》に唾《つば》つけて聞いてら」

ぶらんこに揺《ゆ》られながら、祖母は言うのだった。

《中略》

「おれはなあ、死んだらそれっきりだと思ってる」

わたしと祖母は、交互《こうご》に宙に舞《ま》い上《あ》がった。祖母は独り言にも、わたしに聞かせるための言葉にも思える、②とつとつとした語りで、死について語った。

「三途《さんず》の川《かわ》だの地獄《じごく》の閻魔《えんま》様だの、まるで信じてねえわけでもねえが、心臓が止まって、棺桶《かんおけ》に入って、火ん中にくべられてしまうのによぉ」

サンズノカワや、ジゴクノエンマサマについての知識がなかったので、わたしはまずそこから問いただすことになった。祖母は、仁徳天皇と民《たみ》のかまどについて話してくれたのと同じように面白《おもしろ》おかしく、そして熱心にジゴクノエンマサマを語った。語っているときは、話上手の祖母なりに演出を凝《こ》らし、※微《び》に入り細をうがち、まるで見てきたように語ってくれるのに、最後の最後には、

「だけんどもよ。見て帰ってきた者がいるわけじゃなし、おれは、どうかなあと思ってんだ。ちぃっと、眉唾《まゆつば》じゃねえかなーと思ってら」

今度はマユツバがわからなくて、わたしは祖母にまた問いただす羽目《はめ》になる。

こうして祖母とわたしの会話は、ありったけ脱線《だっせん》し、それなりにわたしの※ボキャブラリを増やしながら、最後は、

③「おれは、死んだらそれっきりだと思ってる」

で、終わるのだった。

なぜ、そうした死生観を祖母が持つに至ったかはわからない。

おそらく、彼女が生きてきた中で、自ら学んだ何かだったのだろう。

「死んだら、ぱっと、電気が消えるみてえに、生きてたときのことがみんな消えるんじゃねえかなと、おれは思ってんだ。そりゃあ、おれが棺桶に入るときゃー、草履《ぞうり》を履《は》かされて杖《つえ》も持たされて、三途の川の渡《わた》し賃だって持って行くだろうが、世の中にゃあ、棺桶なんぞに入らないであの世に行く人もおおぜいいるからな」

ここで、わたしは、三途の川には懸衣翁《けんえおう》と奪衣婆《だつえば》の夫婦《ふうふ》がいて、三途の川の渡し賃を持たないものの着物を奪衣婆が剝《は》ぐのだとか、親より先に死んだ子どもは川を渡れなくて、賽《さい》の河原で石を積みながら親を待つんだとかいう話を聞かされた。そして、その話が終わると祖母は、

「だけどまあ、おれは、そういうのは全部、眉唾だと思ってんだ」

と、最後に付け加えるのだった。

「マサオは戦地から帰ってこなかったしさ。骨も戻《もど》ってこなかったんだで。そうするとマサオは、南の島のどこかで死んで、六文銭《ろくもんせん》も持たずに三途の川を渡ろうとして着物を剝がされたんだべえか。それとも南の島のどこかで、いまでも帰りてえなあと思ってるんだべえか。④そういうことを考えるとな、ぱっと電気が消えるみてえに死んでしまうんでなきゃあ、理屈《りくつ》に合わねえと、おれは思ってんだ」

マサオとは誰《だれ》かと聞くと、

「おや、マサオを知らなかったん？」

と、祖母は驚《おどろ》いた。

「マサオは、おまえのお父さんの二番目の兄さんだに」

「二番目の兄さん？」

「そうだがね。二番目の兄さんだがね」

六人兄弟の六番目であるわたしの父には、三人の兄と二人の姉がいたのだそうだ。わたしの知っている二人の伯父《おじ》さんのほかに、もう一人伯父がいて、その人はマサオと言って、南の島のどこかで亡《な》くなったらしい。六文銭も持たずに。そして、祖母の元には、骨も帰ってこなかった。

「マサオがどこかで、いまでも帰りてえなあと思ってたら、あんまり、そりゃあ、かわいそうだんべえ。ぱっとこう、さっとこう、死んでしまうんじゃあないとなあ」

祖母はいつの間にか、ぶらんこを漕《こ》ぐのをやめて、地面に下駄《げた》をつけて遠くを見て、そう言った。いや、あるいは、ずっと、ぶらんこを漕がずに座《すわ》ったまま話していたのかもしれない。わたしの記憶《きおく》の中で祖母は、楽しげに宙をゆらゆらしていたり、ただただ、ぶらんこに腰掛《こしか》けていたりする。

いつも同じ藍色《あいいろ》のアッパッパを着ていて、足の先に下駄をひっかけている。

「そのかわりによ」

祖母は、笑っているような、細い目をして、皺《しわ》だらけの顔をこちらに向けて言う。

「死んだら、ここんところへ、ぴっと入ってくんだ」

ぴっと、と言って祖母は、自分の胸を指さした。

ぱっと死んで、ぴっと入ってくる。

「マサオが死んだとき、おれにはわかったんだ。夢の中にも出てきてなあ。それからずっと、マサオはここんところへ居るわけだ。それが、おれの言いてえことだな」

ぱっと、電気が消えるみたいに死んじゃうのに？　と、わたしは訊《たず》ねたのだと思う。

「うん。おれは、そう思ってる。人が死ぬだろ。そうすると、人はもう、そのときに、電気が消えるみたいに、気持ちや痛みやなんかも全部ぱっと消えて、楽になるんだ。死んだ者は、地獄へ行ったり、そんなつれえことやなんかは、ねえはずだと、おれは思ってんだ。生きてるうちに、さんざんつれえことがあって、あの世に行ってもいろいろあるんじゃあ、理屈に合わねえ」

ぱっと消えて、ぴっと入るの？

「そうさ。そうじゃねえかなあと、おれは思ってんだ。死んだ者には、もう、苦労はなくなる。痛みも、つれえことも、なくなる。それはみんな、生きてる者の中に、ぴっと入ってくるんじゃねえかなあと思ってんだ。だってなあ。入ってきたよ。マサオも、おじいさんも、おれのおっかさんも、おとっつぁんも、⑤全部、ここんところに入ってんだ」
祖母はまた、とんとんと、自分の胸を指でつついた。

（中島京子『樽とタタン』〈新潮社〉による）

※注　終活…人生の終わりのための活動の略。
　眉に唾つけて…本当かどうか疑ってかかる様子。
　微に入り細をうがち…非常に細かい所まで行き届く様子。
　ボキャブラリ…（自分が知っている）言葉の数や種類。

問一　[A]・[B]に入ることばとして最も適当なものを次の中からそれぞれ選び、記号で答えなさい。
A　ア　直感的　イ　具体的　ウ　必然的　エ　対照的
B　ア　道徳的　イ　感傷的　ウ　抽象的　エ　日常的

問二　――線①とありますが、このときの祖母の心情を説明したものとして最も適当なものを次の中から選び、記号で答えなさい。
ア　人の死についていろいろと話をするのは正直気がとがめる。
イ　人が死んだ後どうなるのかについて自分なりに考えがある。
ウ　死後の世界がどうなっているのか気になってしかたがない。
エ　自分の死後に孫が悲しまないですむように話をしてやりたい。

問三　――線②の説明として、最も適当なものを次の中から選び、記号で答えなさい。
ア　やや早口でまくしたてるように
イ　不器用ながらゆっくりとていねいに
ウ　乱暴に思いのたけをはき出すように
エ　こみあげる思いを必死におさえながら

問四　――線③とありますが、祖母は死をどのようなものと考えていますか。「～もの。」の形に合うように文中から15字で抜き出して答えなさい。

問五　――線④とありますが、このことばには、祖母の、誰に対する、どのような思いがこめられていますか。それがうかがえる1文を文中から抜き出し、はじめの5字を記しなさい。

問六　――線⑤とはどのような意味ですか。「死んだ者は、～ということ。」の形に合うように25字以上30字以内で答えなさい。

三　次の問いに答えなさい。〈問題は問一から問六まであります。〉

問一　次の①～⑥について、――線部のカタカナを漢字に直しなさい。
①　チョメイな作家に会う。
②　見かけによらずドキョウがある。
③　個人のソンゲンを守る。
④　未来に明るいテンボウが開ける。
⑤　事情をジュクチしている。
⑥　銀行にお金をアズける。

問二　次の熟語の中で、成り立ちが違うものを1つ選び、記号で答えなさい。
ア　往復　イ　道路　ウ　問答　エ　因果

問三　次の文の――線部のことばの意味として最も適当なものを1つ選び、記号で答えなさい。
海洋汚染《おせん》の様子をテレビで見た時、一瞬《いっしゅん》この目を疑った。

ア　不愉快《ふゆかい》に思った。　　イ　いきどおりを感じた。

ウ　信じられなかった。　　エ　がっかりしてしまった。

問四　次の①②の□に（　）の意味に合うようにそれぞれ漢字1字を入れ、ことばを完成させなさい。

①　□にかいた餅　　（何の役にも立たないことのたとえ）

②　立て板に□　　（なめらかに上手に話すことのたとえ）

問五　次の意味を表す四字熟語を1つ選び、記号で答えなさい。

「自分の考えをもたず、簡単にほかの人の意見にしたがうこと。」

ア　付和雷同《らいどう》　　イ　疑心暗鬼《あんき》　　ウ　暗中模索《もさく》　　エ　優柔《ゆうじゅう》不断

問六　次の文の――線部のことばを、＝＝線部の人物を敬う表現に改めなさい。

部活動の計画を立てるために、先生の予定を聞く。

栄東中学校(A)

―50分―

㊀　次の――線部のカタカナをそれぞれ漢字に直しなさい。

1　サッコンの情勢をかんがみて海外旅行を取りやめる。
2　母と姉の考え方はニカヨうところがある。
3　めったにないシロモノだ。
4　ゲキテキな変化をとげる。
5　化合物のソセイを調べる。

㊁　次の（ 1 ）～（ 10 ）に当てはめるのに最も適切な言葉をあとの語群から選び、それぞれ記号で答えなさい。ただし、記号は一度ずつしか使いません。

・権力者に（ 1 ）ことなく、自分の信念を貫《つらぬ》きたい。
・何気ない会話の中で（ 2 ）と事件の詳細《しょうさい》を話してくれた。
・さまざまな趣味《しゅみ》を（ 3 ）ことで心が豊かになれる。
・優勝候補のチーム同士が（ 4 ）ことで全体のレベルが上がる。
・つかれているせいか机に向かったまま（ 5 ）ことが多い。
・多くの偉人《いじん》のように自分の使命を（ 6 ）人になりたい。
・やるべきことを（ 7 ）ようでは目標は達成できない。
・逮捕《たいほ》された犯人が（ 8 ）ようすもなく連行されていった。
・自分本位の価値観が（ 9 ）と住みにくい世の中になる。
・努力もせずに簡単に勝てると（ 10 ）弟をしかる。

【語群】
ア　まどろむ　　イ　せめぎあう　　ウ　はびこる
エ　水を向ける　　オ　まっとうする　　カ　おもねる
キ　悪びれる　　ク　うそぶく　　ケ　おこたる
コ　たしなむ

㊂　次の文章を読んであとの問いに答えなさい。字数指定のある問いは、句読点などの記号も全て字数にふくみます。

筆者のモチベーション論の研究において、頻繁《ひんぱん》に＊1依拠《いきょ》する理論がある。エドワード・デシらによる「自己決定理論」である。

人のやる気は内側から湧《わ》き起《お》こってくるものなのか、それとも外から与《あた》えられるものなのか。デシらはこの視点から研究を続け、内的＊2報酬《ほうしゅう》→内発的モチベーション、外的報酬→外発的モチベーション、というように、やる気の源を2つの心理的な報酬体系に整理した。やや概念的《がいねんてき》すぎるきらいはあるが、直感的にとてもわかりやすい。

デシらはまた、内発的モチベーションが発揮される要因は、自律性、有能感、関係性の3つにあると結論づけ、中でも自律性が中心的であると主張するに至っている。

詳細《しょうさい》は＊3割愛《かつあい》するが、知れば知るほど説得的なデシの理論。しかし、[1]筆者には1つだけ引っかかることがある。デシが「人は皆《みな》自律的でありたい」ことを前提にしている点だ。

人は、実はあまり自分では決めたくないのではないか？　こう感じることは日常的にたくさんある。特に他人に何らかの影響《えいきょう》を与える場合だ。日本人は、今日の晩ご飯どうする？　週末はどうしようか？　といったごく簡単なことですら、自分の考えを伝えることを回避《かいひ》する傾向《けいこう》が強くなっている。筆者が知る限り、特に現在の若者においてその傾向は顕著《けんちょ》になっている。

　ここではさらに、その裏付けとなるデータを紹介《しょうかい》しよう。

　引用するのは、自己決定回避の論説が特に興味深いシーナ・アイエンガーの『The art of choosing』(櫻井祐子《さくらいゆうこ》訳『選択《せんたく》の科学――コロンビア大学ビジネススクール特別講義』文藝春秋《ぶんげいしゅんじゅう》、２０１０年)だ。

　アイエンガーらは、サンフランシスコの小学校に通う7歳《さい》から9歳のアジア系とヨーロッパ系の子どもを対象とした実験を行った。複雑な実験を簡略化して解説するので、少々我慢《がまん》してお付き合いいただきたい。

　まず、子どもたちは、ランダムに並べられた文字を並べかえて単語を作るゲームに挑戦《ちょうせん》した。その際アイエンガーらは、子どもたちを３つのグループに分けている。第1に、やりたい問題を自分で選択するグループ。第2に、アイエンガーら実験者が問題を選択するグループ。最後は、問題はそれぞれの子どもの母親が選んだと子どもたちに伝えたグループだ。

　実際には、第2と第3のグループで選択された問題は、2第1グループで選ばれた問題と同じものを使う。これで全グループとも、まったく同じ問題に挑戦したことになる。異なるのは、子どもたちが「誰《だれ》が問題を選択したか」に対する認知《にんち》のみとなる。

　実験の結果、どのグループの子どもたちも同じくらい高い正答率を示した。しかし、本当の実験はここからだ。アイエンガーらは、ゲーム終《しゅう》了《りょう》後もあえて子どもたちが問題に挑戦できる環境《かんきょう》を残しておき、休憩《きゅうけい》時間に突入《とつにゅう》する。その上で、外からそっと、子どもたちがさらにどのくらいの時間を問題の解答に費《つい》やしたかを計測した。

　手の込んだ実験だが、こうすることで、3純粋《じゅんすい》に子どもたちの問題に対する内発的モチベーションの強さを「自由時間の使い方」という代理変数をもって可視化できる。繰《く》り返《かえ》すが、異なるのは「誰が決めたか」という子どもたちの認知のみだ。

　4その結果を図表３－１に示す。

図表３－１　課題選択者の認知と内発的モチベーションの強さの関係

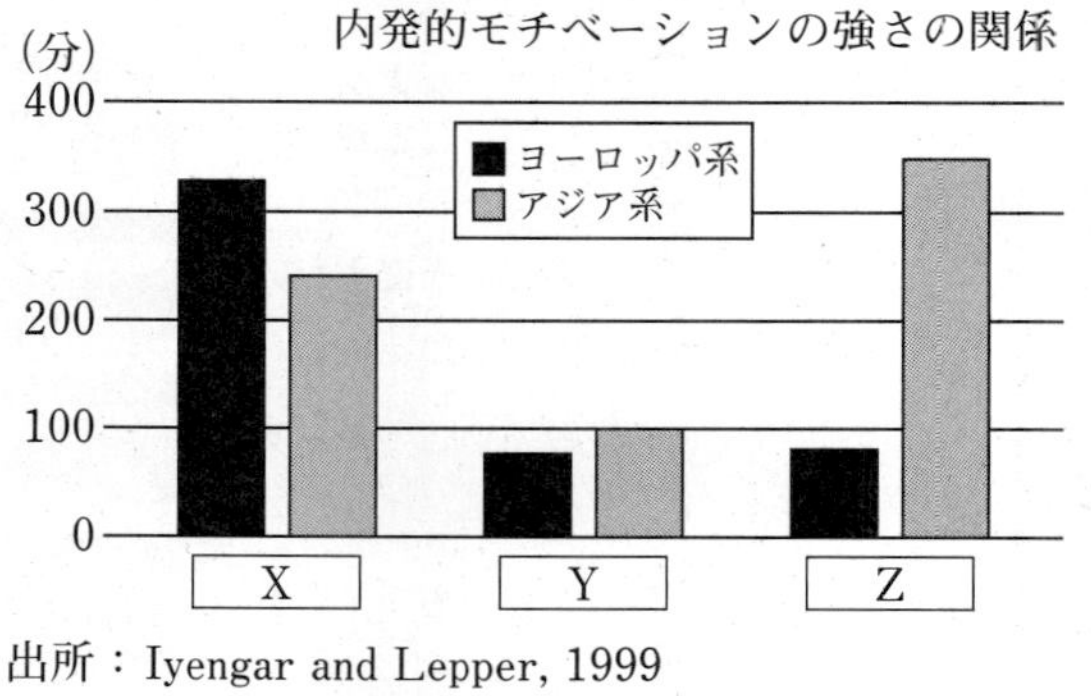

出所：Iyengar and Lepper, 1999

　ヨーロッパ系の子どもたちは、自分で問題を選択したグループが最も長い時間、問題に挑戦し続けた。実験者が選択したと伝えたグループ、および母親が選択したと伝えたグループは、ともに同じ程度となった。

　一方、アジア系の子どもたちは、母親が選択したと伝えたグループが最も長い時間、問題に従事した。次に自分で選択したグループ、最後に実験者が選択したグループとなった。

　拝啓《はいけい》、デシ先生。内発的モチベーションにおける［A］最強説が揺《ゆ》らいでおります。

　なぜ日本を含《ふく》むアジア圏《けん》では、「母親が決めたと認知すること」が大きな意欲につながるのか？　筆者を含め科学的に筋の通った論理を導くことはできていない。

アイエンガーは、自分や他人に不利益な結果を与えられたとき、人は自ら選択したことを後悔《こうかい》したり、選択そのものを避《さ》けたりするような心理作用が働くと主張している。何かを選択することで、何らかの不利益が発生する可能性があると考えているなら、自分からは決めたくない、誰かに決めてもらったほうが楽だ、という心理が作用する。文化的に、アジア圏のほうが、この感情が強いのかもしれない。

この心理は子どもだけではなく、大人になっても作用する。大学生なら就職先の選択が典型的だ。自分で決めようとしない学生は本当に多い。

しかし、就職のような人生の岐路《きろ》ならまだしも、今本書が対象としているのは日常生活における選択も含んでいる。いい子症候群《しょうこうぐん》の若者は「今日は外でお昼食べよう」とさえ言えない。友だちにすら。言えるとしたら、それが*4ルーチンな場合だけ(ルーチンなので自分の提案ではない)。

かつて小学校や中学校の教諭《きょうゆ》たちと、この点について議論したことがある。最も多く出た理由は、自信がないからではないかというものだった。

確かにデータで見る限り、日本の子どもたちには自信のなさが顕著に表れている(図表3－2)。他国と比べた特徴《とくちょう》として、[B]。これでは、自分で決めることに臆病《おくびょう》になっても仕方ないかもしれない。

図表3－2　高校生の自己肯定感に関する調査結果

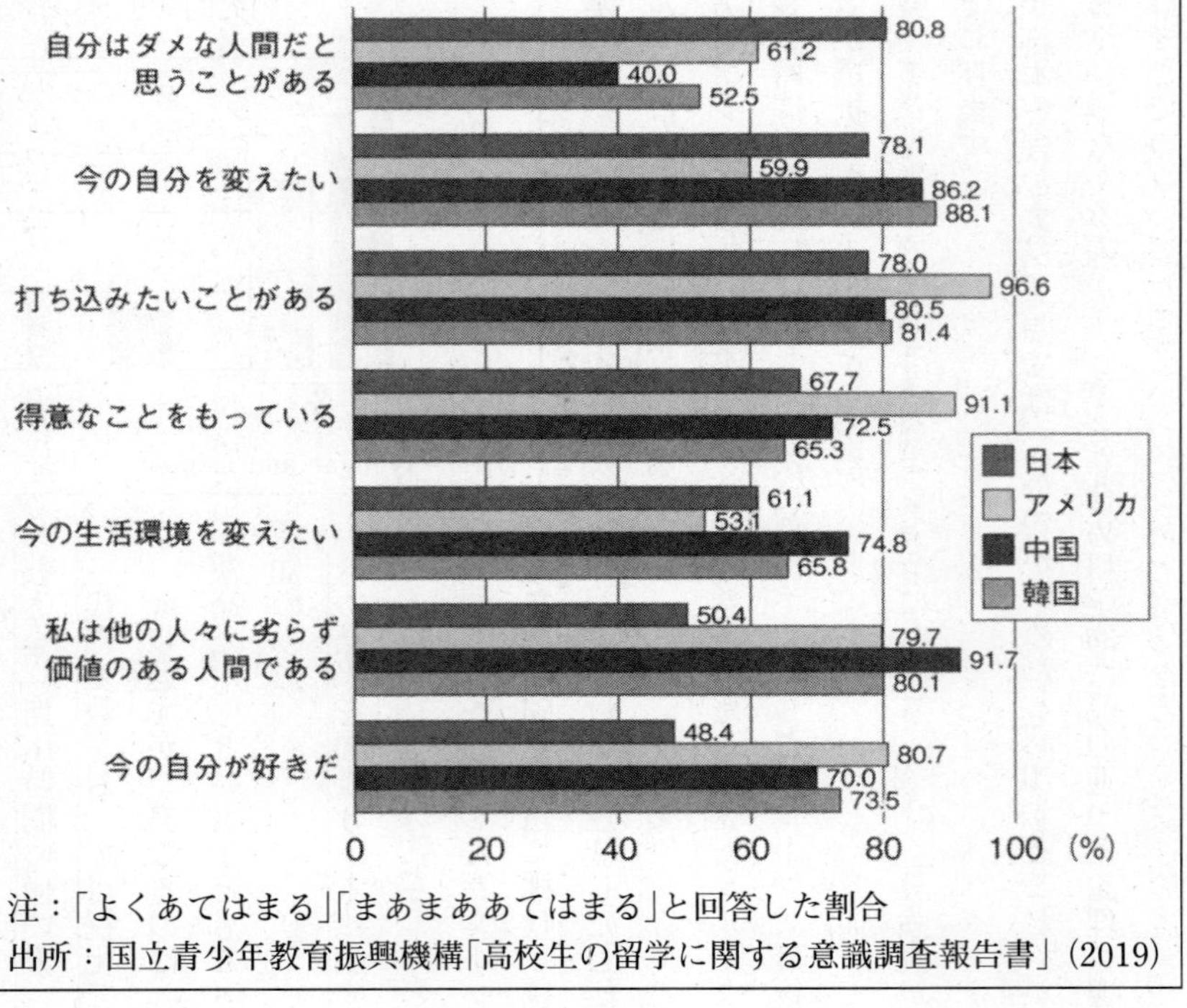

注：「よくあてはまる」「まあまああてはまる」と回答した割合
出所：国立青少年教育振興機構「高校生の留学に関する意識調査報告書」(2019)

自信がなく、臆病。これは第7章のテーマとしているので、ぜひご記《き》憶《おく》いただきたい。

次に、「例題にならう」決め方に話を移そう。

これに関しては、彼《かれ》らの間には強力な「行動の三原則」がある。

①　提示された例題はものすごく参考にする
②　例題の提示がなければ基本、何もできない（しない）
③　よって、参考とすべき例題の提示を強く望む

こんなエピソードがある。

ある職場で、上司が新人社員にひととおりのやり方を教えた上で、「わからなくなったらいつでも聞いて」と言い残し、ある業務を任せた。もちろん、ちょっと教えただけですべてサラサラとできる業務ではない（仕事とはそんな楽なものじゃない）。

しかし、彼らは一向に質問に現れない。

さて、それはなぜでしょう？

その上司の顔が怖《こわ》いから？

確かにそれもあるかもしれない。

ならばエピソードの設定変更《へんこう》。その上司は*5福山雅治《ふくやままさはる》のようにカッコよく、*6大泉洋《おおいずみよう》のように気さくでおもしろい人だとしよう。

さあこれで質問に来るか。

と思いきや、依然《いぜん》として質問には現れない。

なぜか？

答えは簡単だ。というか、もうあなたはその答えを知っている。答えは行動の三原則の①と②にある。

彼らは、質問の仕方に関する例題を示してもらってない。

残念ながら多くの上司は、この答えに辿《たど》り着《つ》かない。辿り着かないまま、任せた業務の*7デッドラインが近づく。しびれを切らして席を立ち、次のどちらかを演じることになる。

「なぜすぐに質問に来ないんだい？　貴重な時間を無駄《むだ》にしてはいけないよ」（福山雅治風）

「君たちはできなくて当たり前なんだから、どんなことでも聞きゃいいんだよ」（大泉洋風）

せっかく主演級の演技を繰《く》り出《だ》したところに申し訳ないが、いい子症候群のリアクションは、次のうちのどちらかになる。

・次からあらゆることを聞きに来る（だってそう指示されたから）

または、

・やっぱり何も聞きに来ない（だって［　C　］を授《さず》かってないから）

あなたは思わず声を荒《あら》らげ本音をぶつける。「もっと自分の頭で考えろ！」

……大変申し上げにくいのだが、そのお叱《しか》りはほとんど無意味だ。

［　D　］

（金間大介《かなまだいすけ》『先生、どうか皆の前でほめないで下さい　いい子症候群の若者たち』〈東洋経済新報社〉より）

＊1　依拠……………よりどころとすること。
＊2　報酬……………働きに対する見返り。
＊3　割愛……………おしみながら省くこと。
＊4　ルーチン………きまりきった手順。
＊5　福山雅治………日本の俳優《はいゆう》。
＊6　大泉洋…………日本の俳優。
＊7　デッドライン……期限。

問一　——線部1「筆者には1つだけ引っかかることがある。デシが『人は皆自律的でありたい』ことを前提にしている点だ」とありますが、筆者がこのように述べる理由として最も適切なものを次から選び、記

号で答えなさい。

ア　世界的にみて若者が責任を回避する傾向が強くなり、とても自律的とは言えないから。

イ　筆者の周囲を見る限り、日本人は自分の考えを伝えないようにしていると感じるから。

ウ　筆者自身のことを考えると、実は自分で決めたくないと思うことが日常的に多いから。

エ　多くのモチベーション論研究者は、デシ自身が自律的ではないことを知っているから。

オ　内発的モチベーションが発揮される要因のうち、関係性が最重要だと考えているから。

問二　――線部２「第１グループで選ばれた問題と同じものを使う」とありますが、このようにするのはなぜですか。その理由として最も適切なものを次から選び、記号で答えなさい。

ア　選ぶ人によって問題が違《ちが》うと難易度の差が出てしまうため、グループ同士の正答率を比べることができなくなるから。

イ　この実験では実際に誰が問題を選んだかということは重要ではなく、全員の正答率を同程度にすることが重要だから。

ウ　実際に誰が問題を選択したかが実験の要であるため、あらかじめ選ぶ問題の難易度をそろえておく必要があったから。

エ　子どもたちのモチベーションと問題選択者の関連をみる実験であるため、難易度の差が出ないようにしたかったから。

オ　どのグループにも実験者が効果的な問題のみを選ぶことで、子どもたちのモチベーションを正確に測りたかったから。

問三　――線部３「純粋に子どもたちの問題に対する内発的モチベーションの強さを『自由時間の使い方』という代理変数をもって可視化できる」とありますが、この内容の説明として最も適切なものを次から選び、記号で答えなさい。

ア　最初の実験で正答率が高かったのは子どもたちが自律的に取り組んだためなのか、あるいは大人が強制的に問題に取り組ませた結果だったのか、子どもたちの自由時間の過ごし方ではっきり見えてくるということ。

イ　最初の実験では「誰が決めたか」ということは正答率に影響しなかったが、自由時間に子どもたちが問題に取り組むときには、誰が子どもたちの代理として問題を決めたかによって正答率に明確な差が出るということ。

ウ　最初の実験ではどの子どももモチベーションに差がなかったが、誰が選択したかという認識《にんしき》を持っている子どもたちと持っていない子どもたちの間で、自由時間に問題に取り組む姿勢に明確な差が表れるということ。

エ　子どもたちの純粋なモチベーションは大人でも容易に見分けることはできないが、この実験のように自由時間を設けてそれぞれが好きなことに取り組ませれば、子どもたち自身が自らの内面を見られるということ。

オ　子どもたちが問題に自ら取り組もうとする意欲は内面的なものでなかなか分かりづらいが、自由時間での問題への取り組み方を観察することによって、その内面にある意欲を測定することができるということ。

問四　――線部４「その結果を図表３－１に示す」とありますが、この図表の[X]・[Y]・[Z]に入れるのに最も適切な言葉の組み合わせを次から選び、記号で答えなさい。

ア　X　母親選択群　Y　実験者選択群　Z　自己選択群
イ　X　母親選択群　Y　自己選択群　Z　実験者選択群
ウ　X　自己選択群　Y　実験者選択群　Z　母親選択群
エ　X　自己選択群　Y　母親選択群　Z　実験者選択群
オ　X　実験者選択群　Y　母親選択群　Z　自己選択群
カ　X　実験者選択群　Y　自己選択群　Z　母親選択群

問五　本文中の[A]に入れるのに最も適切な言葉を、本文中から三字でぬき出して答えなさい。

問六　本文中の[B]に述べられている内容を推測し、その内容と関係の深い項目《こうもく》を、図表３－２の調査結果から三つ選び、**五十音順に**記号で答えなさい。

ア　自分はダメな人間だと思うことがある
イ　今の自分を変えたい
ウ　打ち込みたいことがある
エ　得意なことをもっている
オ　今の生活環境を変えたい
カ　私は他の人々に劣《おと》らず価値のある人間である
キ　今の自分が好きだ

問七　本文中の[C]に入れるのに最も適切な言葉を、本文中から十一字でぬき出して答えなさい。

問八　本文中の[D]には「あなたは」で始まる最後の**一文**が入ります。本文をよく読んで、「あなたは」に続く部分を二十五字以内で答えなさい。

四　次の文章は、柊《ひいらぎ》サナカ『天国からの宅配便』の一節です。ある日高校二年生の「文香《ふみか》」のもとに、祖母の遺品だという荷物が「糸谷健一《いとやけんいち》郎《ろう》」から送られてきました。本文はその続きの部分です。これを読んで、あとの問いに答えなさい。字数指定のある問いは、句読点などの記号も全て字数にふくみます。

この糸谷とは、いったい何者なのだろう。祖母とはどういう関係なのだろう。遺品を預かるということは、かなりの深い仲なのは間違《まちが》いない。もしかして、この糸谷は祖母の昔の恋人《こいびと》で……村と東京で密《ひそ》かに繋《つな》がりがあって……愛し合うふたりは引き裂《さ》かれ……いやいや、岩みたいに頑固《がんこ》で気の強いうちの祖母に限って、そんな秘められた恋愛《れんあい》は無かったはず。県外へのやりとりは、手紙か電話のみとなるだろうし、そういう色っぽいやりとりなんて、祖母からは最も遠い気がする。

文香にはわからないことばかりだった。

「よければ、お荷物を開けてみてください。中のものに関しても、説明いたします」

＊1七星《ななほし》の言葉に促《うなが》され、文香は恐《おそ》る恐《おそ》る箱を開けてみる。

何これ。

中には、ポータブルゲーム機が入っていた。状態からして、新品のようだ。マイクとイヤホンが一体となった、ヘッドセットも入っている。＊2ポケットＷｉ－Ｆｉの機械らしきものもある。

ゲーム機？

「あの、いったい、これは……」1途方《とほう》に暮れる。

祖母はテレビさえ「くだらね」と毛嫌《けぎら》いしており、祖母とゲームと、東京に住んでいるらしき男性の糸谷が、どうしても結びつかない。いったい何なのだろう、これは。

「今日、住井《すみい》さんが家にお帰りになったら、このゲーム機には、あらかじめIDとパスワードがセットされておりますので、このヘッドセットをつけて、ゲーム機を起動してください。そうすれば、すべてが明らかになるそうです。遺品自体の受け渡《わた》しも、ゲーム内で行われます」

ゲーム内で、遺品を受け渡す？　いったい何が、どうなっているのか。

「え。では、このゲーム機はどうすれば。見るからに新品みたいですよね」

「このためにご依頼《いらい》人が準備したものですから、ご自由にお使いください。ポケットWi−Fiだけはレンタルなので、使い終わったらご返送を。返送用の伝票はここにあります。費用はかかりませんので、ご安心ください」と、説明される。

何が何だかわからない。

祖母は電化製品全般《ぜんぱん》を毛嫌いしており、洗濯機《せんたくき》を使う母に、ずっと嫌《いや》みを言っていた。電気炊飯釜《すいはんがま》の導入さえ、メシが不味《まず》くなるからと許さなかった。いまだに我が家の掃除《そうじ》は、箒《ほうき》とちり取りと雑巾《ぞうきん》だ。特に祖母はゲーム機が嫌《きら》いで、どんなに文香が欲しがろうとも、家では禁止だった。

「わたし、ゲームって、やったことないんです」

「操作は、そう難しいものではないので大丈夫です」

もしわからないことや、困ったことがあればこちらにと、*3天国宅配便の連絡先《れんらくさき》をもらった。七星はヘルメットをかぶり、「それでは、失礼します！」とエンジン音を響《ひび》かせながら去って行ってしまった。

今の、何だったのだろう。

手元の謎《なぞ》のゲーム機、見知らぬ男、祖母からの遺品。

夢の中で、脈絡《みゃくらく》もなく展開するストーリーみたいに、すべてが繋がっていないように思える。

2この糸谷とは誰《だれ》なのか。祖母がこんなサービスまで使って、ゲーム内で孫の自分に送りたいものとは、何なのか。

とりあえず、すべては帰って、ゲームを起動してからだと、文香は力を込《こ》めて自転車をこぎ始める。


家に帰ると、自分の部屋にこもった。

どんな話が出てきても、驚《おどろ》かずにいようと、気持ちの整理をしようとするが、うまくいかない。祖母と同い年くらいのおじいさんにしては、選んだのがこのゲーム機というのが、いまひとつわからない。戦後の苦しい時期を、ともに過ごした祖母のかつての恋人が、運命に引き裂かれて地方と東京に。そしていきなりゲームを？　孫に？　送りつけてくる？

まあ、いくら想像していてもわからないので、文香は「よしっ」と気合いを入れつつ、ポケットWi−Fiと、そのゲーム機とやらを起動してみる。入っているゲームは、なんてことはない。文香もよく知っている、オセロのようだった。

ヘッドセットを差し込むと、ヘッドフォンから軽快な音が流れ出した。

自分が考えているよりももっと、音質が良くて驚く。

なんだこれは、このオセロをどうすればいいんだ。とりあえず始まりそうなボタンを押《お》してみた。緑地に碁盤《ごばん》の目、白と黒の石の、おなじみの盤面《ばんめん》が広がる。

　隅《すみ》っこのところに、〔ｋｅｎ１〕とあるが、これが名前なのだろうか。自己紹介欄《じこしょうかいらん》のようなところには、〔オセロ大好きｋｅｎ１です！　よろしく〕とある。

　音楽が急に速いものに変わった。対戦モードのようだ。

　すると。

「八重《やえ》っち？　八重っちじゃないよね？　まさかねー、じゃあ孫の文香さん？　あってる？」

　陽気な声がした。八重は祖母の名だ。でも、〝八重っち〟？　祖母と繋がりがあるので、てっきり祖母と同じ歳《とし》くらいのおじいさんを想像していたが、この声、ひどく若い。そして軽い。

　そうか、糸谷健一郎で、ｋｅｎ１《ケンイチ》なのか、と今わかった。

　何か答えなきゃ、と思って、文香は焦る。

「もしもし？　ええと、これ、声、繋がってるんですよね。聞こえてますか。もしもし？　住井文香です。住井八重の孫です、よ、よろしくお願いします」

「聞こえてるよー、じゃ、お孫さんの[3]よしみで、白でお願いしゃーす。俺《おれ》は黒ね。後攻《こうこう》が有利だから、とりあえず俺から行きます、よっ、と」

と言いつつ、ｋｅｎ１は黒を置いた。なぜかオンラインで、いきなりオセロの対戦が始まっている。

　何なんだろう、と思いつつ、とりあえず、文香も白を打った。一個だけ、黒をひっくり返してみる。

「あの、あのすみません。ｋｅｎ１さん？　祖母とはどういう……」

「八重っちは、俺のオセロ仲間でさー、毎日つるんで、すげえ楽しかったんだー」と言う。

　話を総合するに、どうやら祖母はボケ防止にと、誰かから与《あた》えられたらしきオンラインのオセロゲームで、この軽そうな男、ｋｅｎ１と毎日のようにやりとりをしていたらしい。病室にはそんなものの影《かげ》も形も無かったので、誰かが見舞《みま》いに来たときには、隠《かく》していたのかもしれない。

　それにしても、このｋｅｎ１、しゃべり方がテレビの番組で見たホスト＊4、もしくはギャル男《お》＊5そのもので、文香は、東京はいろいろすごいな……首都だな……と遠い目になる。こんな風に、いろいろぺらぺら立て続けにしゃべられたら、うまく会話できるか自信がない。よく祖母はこの男とやりとりできたものだ。ｋｅｎ１の姿をイメージしてみるが、どうやら声の調子から、寝《ね》ころんだままゲームをしているらしい。飲み屋とかで遅《おそ》くまで飲み歩いて、昼頃《ひるごろ》起き出して寝床《ねどこ》でそのままゲーム、無職でぶらぶら親のすねをかじっているような姿が思い浮《う》かぶ。

　見れば、右隅にはｋｅｎ１、左隅には八重とある。本当に、祖母はまめにこのオセロをプレイしていたらしい。何の印なのか、大きさの違う星印もいくつか見える。

「八重っち、うちには孫がひとりいて、っていう話をよくしてさ。その孫ってのが俺と歳も近いから、盛り上がっちゃって。孫は東京に出たいって言うけど、そんなの絶対許さないんだって話をしててー」

　何が〝絶対許さないんだ〟だ。

　祖母の八重は、見知らぬ他人にもそんな話をしていたのかと、文香は怒《いか》りに震《ふる》える。勝手に雑談のネタにされていたことも許せないが、[4]文香にとっては人生の一大事でも、祖母にとっては、見も知らぬ人と、ゲームの合間に簡単に話せる程度の、そんなに軽い話題だったのかと。

　オセロの白が、一気に黒に返される。ｋｅｎ１、なかなか強い。

「でね、俺、言ったんだ。女に学がいらないなんて、もう古い古いって。八重っち大正生まれなの？　って訊《き》いたら、まだそんな歳じゃないって怒《おこ》る怒《おこ》る」

　このギャル男、声だけだからって、怖《こわ》いものなしだな……文香は思った。

「だってさ、生きていく力は、男だろうが女だろうが、絶対要《い》るだろって、オセロしながら毎日大激論よ。したらさ、八重っちが、東京なんて出て行ったら、帰ってこなくなって家も継《つ》がない、ひとり娘《むすめ》なのに、そんなことが許されていいはずがない、とか言い出すからさ。俺、なんだあ、八重っちの家って、そんなに名家で、重要文化財とかに住んでんの？　家、石油出るとか？　って訊いたら、ただの田舎《いなか》の家だって。俺、悪いんだけど、すげえ笑って、継ぐ……家も……普通《ふつう》の……家なのに……〝継がせる〟とか……って言って、ヒイヒイ笑ったら、カンカンになって怒るのな」

5 そのときの祖母の顔を見てやりたかった。そうなのだ、特に我が家は名家というわけではない。伝えられた財宝もなければ、殿様《とのさま》の血を引く家系とかでもない。ごく普通の家だ。

　また黒がひとつ置かれて、オセロは進む。

「で、八重っち自身は、家継いで人生満足してたの？　って訊いたんだ。八重っちが、そりゃそうだって、声が小さくなるからさ、ええー、声小さくない？　って突《つ》っ込んだら、みんながそうだったんだからそうなんだ、って声を張るんだよね。でも、みんなと同じだからそれでいいんだって、なんかちょっとなー、って言ったら、黙《だま》っちゃって。八重っちは、やりたいこととか、本当はなかったの？　って訊いたの。そしたらさ」

　オセロは劣勢《れっせい》だった。頭の中が、よくまとまらない。

「――映画も好きなときに見たかった、もっと旅行もしたかったって、八重っち、やりたいこと、ボロボロ出てくんだよ」

　オセロの指が止まる。

　旅行なんてくだらね。映画なんてくだらね、と吐《は》き捨てるように言っていた祖母の声が不意に蘇《よみがえ》る。

「じゃあさあ、お孫さんもそうじゃない？　って、俺言った」

　6 文香はそのまま、ゲーム画面を前に、動けずにいた。

「俺さー、俺だってこんなに身体《からだ》が悪くなかったら、映画も好きなときに見たかったし、旅行もしたかったよ。八重っち、俺とお揃《そろ》いじゃん、って言ったら、八重っちオセロしながら、声出して泣いてんのよ。でもオセロは強いんだ、八重っち」

　ｋｅｎ１は笑っている。

「俺、ひとり暮らしもしてみたかったし、大学も行きたかった。車でドライブとかもしてみたかった。この身体だから、俺にはもう無理だけど、お孫さんは、八重っちと、俺の分まで、やりたいこと、今からいっぱいできるんじゃないのって……ほらほら、手、止まってるよー」

　慌《あわ》てて、白い石を打つ。

　さっき「八重っちと、俺の分まで」とｋｅｎ１は言った。

　ただの怪我《けが》などで入院している人が、そんな言い方をするだろうか。たぶん違う。声が明るいから最初、気がつかなかった。飲んだくれて寝床でゲームしているわけじゃない。ゲームで繋がった声の主は、相当深刻な状態なのかもしれない。オセロは操作が易しいから、それで――。

「八重っちが、孫はもう、見舞いにも来ないって言うからさ、そっかー、って思ってたけど、俺、八重っちのために、なんかやりたいなって思った。八重っちは、天国宅配便とか、そんなの知らなかったみたいだけど、俺、前に調べたことあってさ。オセロ仲間のよしみだし、もし孫に、伝えたいことがあったら俺が絶対伝えるからって、代理で申し込んだんだ。八重っちの声、録《と》ってるから。じゃ、行きまーす。いい？　ＯＫ？」

――文香――

確かに祖母の声だ。厳格だったあの頃《ころ》より、ずっと弱々しい。

――もっと文香の話を聞けば良かった――

――やりたいことをやりなさい――

――行きたいところへ行きなさい――

――やってみろ――

いつもの祖母の声がする。いつだって、お前なんかにできるものか。やれるものならやってみろと見下され、馬鹿にされてきた。[7]でも今は違う。

――住井の血を、お前の力をみせてやれ――

オセロはもう、負けていた。

何度も礼を言う文香に、ｋｅｎ１は笑って言う。「いいよーいいよー礼なんて。八重っちと対戦できなくなって退屈《たいくつ》してたんだ。八重っちのこと伝えられて、俺もすっきりしたー。なんだい、ばあちゃんは超《ちょう》強いのに孫は弱いじゃん。八重っちは、ああ見えてオセロの女王だから。ほら、名前の下の、横のとこ見て。大きい星が百勝だからね」

見れば、八重の名の下は大きい星ふたつに小さい星がたくさん。ｋｅｎ１のところには星はたったの四つだ。

「じゃあな、八重っちの孫ちゃん！　達者で暮らせー」

本当にありがとうございます、と言って、他に何を言おうか、頭の中で考えているうちに、ｋｅｎ１との対戦は終わっていた。

不意に思い出す。小学生の頃、オセロの盤面を出して、縁側《えんがわ》で白と黒、一人二役で遊んでいたら、一回だけ、「やってみろ」と祖母が相手をしてくれたことがあった。怒られるのが怖くて、終始ビクビクしており、何かの修行みたいだった。あのとき、祖母には大差をつけて勝ったけれど、怖くて、どう喜んだら良いのかもわからなかった。

今思えば、わざと負けてくれたのだろう。不器用で、孫との遊び方を良く知らなくて、うまく遊べなかったのかもしれない。

今こそ家は祖母と父母、文香の四人だけとなっていたが、昔は曾祖父《そうそふ》、曾祖母、祖母と祖父、父を筆頭に五人兄妹がいた。農作業の他に子育て、掃除洗濯などの家事、三食の食事の世話を一手に引き受けて、祖母ひとりで家をまわしていたのだ。曾祖父は身体をずっと悪くしていて、その介護《かいご》もやっていた。便利になった今とは違って、掃除機や食洗器、洗濯機などもまだなかっただろうし、農作業だってすべて手作業だったろう。一日のうち、自由になる時間なんて、ほとんどなかったに違いない。

オセロだってそんなに強かったのだったら、先を読む力みたいなものも、かなりあったはずだ。地頭も決して悪くはなくて、もしも時代が違ったり、住むところが違ったら、どんな人生が拓《ひら》けていたかはわからない。

近所の寄り合いにしても、祖母なりに、地域の人と仲良く協力しあうことで、自分だけじゃなくて、家族や地域をも守ろうとしていたのかもしれない。

もしかして、祖母は、入院したことで初めて、自分のための時間を持つことができたのだったら——

なんてことを言ってしまったんだろう、と文香は思う。祖母とまともに交わした最後の会話は、「ばあちゃんなんて、家が大事、家が大事って、この村からも全然出てないくらい、狭《せま》っこい人生じゃないか！　世界のことなんか何にもわかんないくせに！」だった。

わかっていなかったのは自分のほうだ。8狭っこいのは自分のほうだった。

いつかの授業で習った宣言のように、〝人は生まれながらにして自由かつ権利において平等である〟

——とは、限らないかもしれないけど、めまぐるしく変わっていく環《かん》境《きょう》の中で、何が正しいのかも刻々と変わっていく中で、祖母は祖母で、ばあちゃんなりの人生を精一杯《せいいっぱい》生きた。

——やりたいことをやりなさい——

——行きたいところへ行きなさい——

9「ばあちゃん……」

文香はつぶやいた。

【柊サナカ「オセロの女王」（『天国からの宅配便』〈双葉社〉所収）より】

＊1　七星…………宅配便の配達員をしている女性。

＊2　ポケットＷｉ－Ｆｉ……小型で持ち運び可能な通信端末《たんまつ》。

＊3　天国宅配便…………生前の依頼によって届けたい相手に遺品を届ける宅配便業者。

＊4　ホスト…………主に女性客を対象とした酒類を提供する店で接客を行う男性従業員のこと。

＊5　ギャル男…………ここでは軽薄《けいはく》な印象を与える男性のこと。

問一　——線部1「途方に暮れる」とありますが、ここでの文香の様子を説明したものとして最も適切なものを次から選び、記号で答えなさい。

ア　電化製品を嫌っている祖母の遺品がゲーム機であるはずがないので、送り主がうそをついていると疑っている。

イ　ゲーム内で遺品を受け渡すなど普通では考えられないので、送り主と祖母の関係が分からずに戸惑《とまど》っている。

ウ　送り主や荷物の中身から七星が配達先を間違えたことは明らかなので、どう伝えるべきか言葉に迷っている。

エ　心当たりのない相手から祖母の遺品としてゲーム機が送られてきたので、状況《じょうきょう》をうまく理解できないでいる。

オ　新品のゲーム機などの高価なものが祖母の遺品と偽《いつわ》って送られてきたので、不安を隠すことができないでいる。

問二　——線部2「この糸谷とは誰なのか」とありますが、「糸谷」という人物の説明として最も適切なものを次から選び、記号で答えなさい。

ア　直接面識はないがオセロで毎日対戦していた祖母の年の離《はな》れた友人。

イ　定職につこうとせずにだらけた生活を送っている祖母のオセロ仲

間。

ウ　入院した祖母にオセロゲームを送って共に遊んでいた祖母の恋人の孫。

エ　見舞いに来ない家族の代わりに遺品を預かっていた祖母の代理人。

オ　オンラインゲームを通じ密かに交流を続けていた祖母のかつての恋人。

問三　――線部3「よしみ」のここでの意味として最も適切なものを次から選び、記号で答えなさい。

ア　約束　　イ　縁故《えんこ》　　ウ　合意　　エ　関連　　オ　名目

問四　――線部4「文香にとっては人生の一大事」とありますが、具体的に何をすることが「一大事」なのですか。十五字以内で説明しなさい。

問五　――線部5「そのときの祖母の顔を見てやりたかった」とありますが、文香がこのように思ったのはなぜですか。その理由として最も適切なものを次から選び、記号で答えなさい。

ア　普段の祖母は頑固で他人の意見を聞き入れようともしなかったのに、入院中にｋｅｎ１の話を受け止めて態度を改めたことが意外だったから。

イ　古い考えにしばられた祖母をいつか見返してやろうと思っていたが、ｋｅｎ１に先を越《こ》されていたことを知って悔《くや》しさを抑《おさ》えられなかったから。

ウ　家を継ぐという考えはもう古いと孫に助言されていたのに、家族でないｋｅｎ１にも同じ主張をして反論された祖母をいい気味だと思ったから。

エ　名家でもない家など大事にする必要がないと誰も祖母に伝えていなかったので、ｋｅｎ１が事実を告げたときの祖母の反応に興味があったから。

オ　かたくなに人の話を聞き入れない祖母に対して普段から不満を抱《いだ》いていたので、ｋｅｎ１が物おじせず祖母をやり込めたことが痛快だったから。

問六　――線部6「ゲーム画面を前に、動けずにいた」とありますが、このときの文香の心境を説明したものとして最も適切なものを次から選び、記号で答えなさい。

ア　厳格な祖母は家族に弱い一面など見せたことがないのに、ただのオセロ仲間であるｋｅｎ１の前では涙《なみだ》を流したことにショックを受け、自分は祖母にとって信頼《しんらい》できる存在ではなかったのだとむなしさを感じている。

イ　祖母自身もやりたいことができず人生に満足していないにもかかわらず、家を継がせることにこだわって文香の将来を決めようとしていたと知り、なぜ自分を同じ目に遭《あ》わせようとするのかと強い憤《いきどお》りを覚えている。

ウ　祖母は家を守ること以外には興味がなく、自分を家にしばりつけようとしているのだと思っていたが、ｋｅｎ１から聞かされた祖母の言葉に、今まで否定的な言葉に隠されてきた祖母の思わぬ本心を知り動揺《どうよう》している。

エ　家族のために必死に生きてきた祖母の人生への嘆《なげ》きに共感し、これまで祖母は旅行や映画に行く時間をつくることができなかったのだと思い至って、家事を手伝いもせず反抗《はんこう》していた過去をふりかえり後悔《こうかい》している。

オ　始めはｋｅｎ１と祖母の交流を楽しく聞いていたものの、ｋｅｎ１の目的が祖母への反抗的な態度を遠まわしに批判することだと悟《さと》り、家族の事情を知らない他人が口をはさんでくることに対し拒否《きょひ》感《かん》を抱いている。

問七　――線部７「でも今は違う」とありますが、かつての祖母の言葉とはどう違うのですか。「かつての祖母の言葉は」に続く部分を、三十字以上四十字以内で答えなさい。

問八　――線部８「狭っこいのは自分のほうだった」とありますが、文香がこのように思ったのはなぜですか。四十字以上六十字以内で説明しなさい。

問九　――線部９「『ばあちゃん……』」とありますが、このときの文香の心境を説明したものとして最も適切なものを次から選び、記号で答えなさい。

ア　見舞いに家族が来なくなったことで気弱になった祖母から自分にあてた言葉を遺品として受け取り、祖母のさみしさに気付いたことで、自分のわがままを通そうとして祖母の気持ちに寄り添《そ》ってこなかった事実に思い至り、申し訳なく思うと同時に自分も家族のために生きるべきだと反省している。

イ　入院して自分の時間を持てたことで余裕《よゆう》が生まれた祖母から自分にあてた言葉を遺品として受け取り、祖母の素直な気持ちを聞いたからこそ、今まで気付かないふりをしていた祖母の不器用な優しさを意識するようになり、反発していた自分を情けなく思いつつ感謝の思いでいっぱいになっている。

ウ　ｋｅｎ１の指摘《してき》で視野の狭さに気付いた祖母から自分にあてた言葉を遺品として受け取り、祖母が文香に厳しく接していたことを後悔していたと知ったからこそ、仲直りする機会を持とうともしなかった過去を思い出し、最後まで祖母を悪く言い続けていた罪悪感におしつぶされそうになっている。

エ　ｋｅｎ１との交流を通じて考えを改めた祖母から自分にあてた言葉を遺品として受け取り、祖母の愛情に気付いたことで、今まで考えもしなかった祖母が置かれていた状況に目が向くようになり、反抗的だった態度を後悔するとともに、自分も自分なりの人生をひたむきに生きようと決意している。

オ　オンラインゲームという手段で異なる価値観に触《ふ》れた祖母から自分にあてた言葉を遺品として受け取り、祖母の本心を知ったことで、想像もしていなかった祖母の生きた時代に思いをはせるようになり、今の自分なら一つの価値観にとらわれずに生きていけるだろうと期待に胸をふくらませている。

自修館中等教育学校（A１）

—50分—

一　次の――線部のカタカナは漢字に改め、漢字はその読み方をひらがなで答えなさい。

① テイレイの会議を開く。
② この問題はヨウイに解ける。
③ この駅はジョウコウ客が多い。
④ ツウカイなできごとにあう。
⑤ 新しいリョウイキを発見する。
⑥ 熱い応援《おうえん》にフルい立つ。
⑦ 万全の対策で試験にノゾむ。
⑧ 解答への道筋を考える。
⑨ 尊い仏像を拝む。
⑩ 山の中腹にたどり着く。

二　（　）内の意味を参考にして、次の慣用句の□に当てはまる体の部分を答えなさい。ひらがなでも構いません。

① □をすえて勉強する。（じっくりと物事に取り組む）
② けん玉の□比べをする。（どちらがすぐれているか比べる）
③ 父はいつも妹の□を持つ。（ひいきする）
④ ケーキには□がない。（大好きである）
⑤ □が浮くようなお世辞を言う。（わざとらしさが見えすいて不快になる）

三　次の文章をよく読み、後の各問いに答えなさい。（句読点や記号も1字に数えます）

一郎はある日、以下のように書かれたはがきを受け取る。

「かねた一郎さま　九月十九日
あなたは、ごきげんよろしいほで、けっこです。あした、めんどなさいばんしますから、おいでんなさい。とびどぐもたないでくなさい。山ねこ　拝」

うれしくてたまらない一郎は森に出かけていく。途中、一人の奇《き》妙《みょう》な男と出会った。

その草地のまん中に、せいの低いおかしな形の男が、膝《ひざ》を曲げて手に革鞭《かわむち》をもって、だまってこっちをみていたのです。

一郎はだんだんそばへ行って、びっくりして立ちどまってしまいました。その男は、片眼で、見えない方の眼は、白くびくびくうごき、上着のような半纏《はんてん》のようなへんなものを着て、だいいち足が、ひどくまがって山羊《やぎ》のよう、ことにそのあしさきときたら、ごはんをもるへらのかたちだったのです。一郎は気味が悪かったのですが、なるべく落ちついてたずねました。

「あなたは山猫《やまねこ》をしりませんか。」

するとその男は、横眼で一郎の顔を見て、口をまげてにやっとわらって言いました。

「山ねこさまはいますぐに、ここに戻《もど》ってお出やるよ。おまえは一郎さんだな。」

①一郎はぎょっとして、一あしうしろにさがって、

「え、ぼく一郎です。けれども、どうしてそれを知ってますか。」と言いました。するとその奇体《きたい》な男はいよいよにやにやしてしまいました。

「そんだら、はがき見だべ。」

「見ました。それで来たんです。」

「あのぶんしょうは、ずいぶん下手だべ。」と②男は下をむいてかなしそうに言いました。一郎はきのどくになって、

「さあ、なかなか、ぶんしょうがうまいようでしたよ。」

と言いますと、男はよろこんで、息をはあはあして、耳のあたりまでまっ赤になり、きもののえりをひろげて、風をからだに入れながら、

「あの字もなかなかうまいか。」とききました。③一郎は、おもわず笑いだしながら、へんじしました。

「うまいですね。五年生だってあのくらいには書けないでしょう。」

すると男は、急にまたいやな顔をしました。

「五年生っていうのは、*1尋常《じんじょう》五年生だべ。」その声が、あんまり力なくあわれに聞えましたので、一郎はあわてて言いました。

「いいえ、大学校の五年生ですよ。」

すると、男はまたよろこんで、まるで、顔じゅう口のようにして、にたにたにたにた笑って叫《さけ》びました。

「あのはがきはわしが書いたのだよ。」

一郎はおかしいのをこらえて、

「ぜんたいあなたはなにですか。」とたずねますと、男は急にまじめになって、

「わしは山ねこさまの馬車別当《べっとう》*2だよ。」と言いました。

そのとき、風がどうと吹《ふ》いてきて、草はいちめん波だち、別当は、急にていねいなおじぎをしました。

一郎はおかしいとおもって、ふりかえって見ますと、そこに山猫が、黄いろな陣羽織《じんばおり》のようなものを着て、緑いろの眼をまん円《まる》にして立っていました。やっぱり山猫の耳は、立って尖《とが》っているなと、一郎がおもいましたら、山ねこはぴょこっとおじぎをしました。一郎もていねいに挨《あい》拶《さつ》しました。

「いや、こんにちは、きのうははがきをありがとう。」

山猫はひげをぴんとひっぱって、腹をつき出して言いました。

「こんにちは、よくいらっしゃいました。じつはおとといから、めんどうなあらそいがおこって、ちょっと裁判にこまりましたので、あなたのお考えを、うかがいたいとおもいましたのです。まあ、ゆっくり、おやすみください。じき、どんぐりどもがまいりましょう。どうもまい年、この裁判でくるしみます。」山ねこは、ふところから、巻煙草《まきたばこ》の箱を出して、じぶんが一本くわえ、「いかがですか。」と一郎に出しました。一郎はびっくりして、

「いいえ。」と言いましたら、山ねこはおおように*3わらって、

「ふふん、まだお若いから、」と言いながら、マッチをしゅっと擦《す》って、わざと顔をしかめて、青いけむりをふうと吐《は》きました。山ねこの馬車別当は、気を付けの姿勢で、しゃんと立っていましたが、いかにも、たばこのほしいのをむりにこらえているらしく、なみだをぼろぼろこぼしました。

そのとき、一郎は、足もとでパチパチ塩のはぜるような、音をききま

した。びっくりして屈《かが》んで見ますと、草のなかに、あっちにもこっちにも、黄金《きん》いろの円いものが、ぴかぴかひかっているのでした。よくみると、みんなそれは赤いずぼんをはいたどんぐりで、もうその数ときたら、三百でも利《き》かないようでした。わあわあわあわあ、みんななにか云《い》っているのです。

「あ、来たな。蟻《あり》のようにやってくる。おい、さあ、早くベルを鳴らせ。今日はそこが日当りがいいから、そこのとこの草を刈《か》れ。」やまねこは巻たばこを投げすてて、大いそぎで馬車別当にいいつけました。馬車別当もたいへんあわてて、腰《こし》から大きな鎌《かま》をとりだして、ざっくざっくと、やまねこの前のとこの草を刈りました。そこへ四方の草のなかから、どんぐりどもが、ぎらぎらひかって、飛び出して、わあわあわあわあ言いました。

馬車別当が、こんどは鈴《すず》をがらんがらんがらんがらんと振《ふ》りました。音はかやの森に、がらんがらんがらんとひびき、黄金のどんぐりどもは、すこししずかになりました。見ると山ねこは、もういつか、黒い長い繻子《しゅす》の服を着て、勿体《もったい》らしく、どんぐりどもの前にすわっていました。まるで奈良《なら》のだいぶつさまにさんけいするみんなの絵のようだと一郎はおもいました。別当がこんどは、革鞭を二三べん、ひゅうぱちっ、ひゅう、ぱちっと鳴らしました。

▼

空が青くすみわたり、どんぐりはぴかぴかしてじつにきれいでした。

「裁判ももう今日で三日目だぞ、いい加減になかなおりをしたらどうだ。」山ねこが、すこし心配そうに、それでもむりに威張《いば》って言いますと、どんぐりどもは口々に叫びました。

「いえいえ、だめです、なんといったって頭のとがってるのがいちばんえらいんです。そしてわたしがいちばんとがっています。」

「いいえ、ちがいます。まるいのがえらいのです。いちばんまるいのはわたしです。」

「大きなことだよ。大きなのがいちばんえらいんだよ。わたしがいちばん大きいからわたしがえらいんだよ。」

「そうでないよ。わたしのほうがよほど大きいと、きのうも判事さんがおっしゃったじゃないか。」

「だめだい、そんなこと。せいの高いのだよ。せいの高いことなんだよ。」

「押《お》しっこのえらいひとだよ。押しっこをしてきめるんだよ。」もうみんな、がやがやがやがや言って、なにがなんだか、まるで［X］をつっついたようで、わけがわからなくなりました。そこでやまねこが叫びました。

「やかましい。ここをなんとこころえる。しずまれ、しずまれ。」

別当がむちをひゅうぱちっとならしましたのでどんぐりどもは、やっとしずまりました。

【中　略】

山猫が一郎にそっと申しました。

「このとおりです。どうしたらいいでしょう。」

一郎はわらってこたえました。

「そんなら、こう言いわたしたらいいでしょう。このなかでいちばんばかで、めちゃくちゃで、まるでなっていないようなのが、いちばんえらいとね。ぼくお説教できいたんです。」

山猫はなるほどというふうにうなずいて、それからいかにも気取って、繻子のきものの胸を開いて、黄いろの陣羽織をちょっと出してどんぐりどもに申しわたしました。

「よろしい。しずかにしろ。申しわたしだ。このなかで、いちばんえらくなくて、ばかで、めちゃくちゃで、てんでなっていなくて、あたまのつぶれたようなやつが、いちばんえらいのだ。」

④どんぐりはしいんとしてしまいました。それはしいんとして、堅《かた》まってしまいました。

そこで山猫は、黒い繻子の服をぬいで、額の汗《あせ》をぬぐいながら、一郎の手をとりました。別当も大よろこびで、五六ぺん、鞭をひゅうぱちっ、ひゅうぱちっ、ひゅうひゅうぱちっと鳴らしました。⑤やまねこが言いました。

「どうもありがとうございました。これほどのひどい裁判を、まるで一分半でかたづけてくださいました。どうかこれからわたしの裁判所の、名誉《めいよ》判事になってください。これからも、葉書が行ったら、どうか来てくださいませんか。そのたびにお礼はいたします。」

「承知しました。お礼なんかいりませんよ。」

「いいえ、お礼はどうかとってください。わたしのじんかくにかかわりますから。そしてこれからは、葉書にかねた一郎どのと書いて、こちらを裁判所としますが、ようございますか。」

一郎が「ええ、かまいません。」と申しますと、やまねこはまだなにか言いたそうに、しばらくひげをひねって、眼をぱちぱちさせていましたが、とうとう決心したらしく言い出しました。

「それから、はがきの文句ですが、これからは、用事これありに付き、明日出頭*4すべしと書いてどうでしょう。」

一郎はわらって言いました。

「さあ、なんだか変ですね。そいつだけはやめた方がいいでしょう。」

山猫は、どうも言いようがまずかった、いかにも残念だというふうに、しばらくひげをひねったまま、下を向いていましたが、やっとあきらめて言いました。

「それでは、文句はいままでのとおりにしましょう。そこで今日のお礼ですが、あなたは黄金のどんぐり一升《いっしょう》と、塩鮭《しおざけ》のあたまと、どっちをおすきですか。」

「黄金のどんぐりがすきです。」

⑥山猫は、鮭の頭でなくて、まあよかったというように、口早に馬車別当に云いました。

「どんぐりを一升早くもってこい。一升にたりなかったら、めっきのどんぐりもまぜてこい。はやく。」

別当は、さっきのどんぐりをますに入れて、はかって叫びました。

「ちょうど一升あります。」

山ねこの陣羽織が風にばたばた鳴りました。そこで山ねこは、大きく延びあがって、めをつぶって、半分あくびをしながら言いました。

「よし、はやく馬車のしたくをしろ。」白い大きなきのこでこしらえた馬車が、ひっぱりだされました。そしてなんだかねずみいろの、おかしな形の馬がついています。

「さあ、おうちへお送りいたしましょう。」山猫が言いました。二人は馬車にのり別当は、どんぐりのますを馬車のなかに入れました。

（宮沢賢治『どんぐりと山猫』より）

＊1　尋常…尋常小学校。現在の小学校にあたる。

＊２　別当…役職名の一つ。
＊３　おおように…ゆったりとした様子。
＊４　出頭すべし…役所、警察などに出向きなさいということ。

問１　――線部①「一郎はぎょっとして、一あしうしろにさがって」とありますが、この時の一郎の気持ちを説明したものとして最も適当なものを次の中から１つ選び、記号で答えなさい。

ア　足が山羊のようにまがり、足先がへらの形をしていた男がにやっと笑ったので、人か動物か分からずに戸惑《とまど》う気持ち。
イ　おかしな形の男が革鞭を持っていたので、それでたたかれはしまいかとおそれおののく気持ち。
ウ　気味が悪く感じていた男に、会ったこともないのに自分の名前を言われておどろき、警戒《けいかい》する気持ち。
エ　男が一郎の質問に答えるだけではなく、一郎の正体を知ろうとしていたのでおどろきをかくせない気持ち。

問２　――線部②「男は下をむいてかなしそうに言いました」とありますが、この時の「男」の気持ちを説明したものとして最も適当なものを次の中から１つ選び、記号で答えなさい。

ア　山ねこの書いた文章はとてもうまく書けているのに、それを示せる機会がないのを残念に思う気持ち。
イ　自分の主人である山ねこの書いた文章だが、まちがいも多いため、お仕えする主人のことを情けなく思う気持ち。
ウ　うまい文章と思っていないので、かなしそうな顔をすることで、一郎から同情してもらおうとする気持ち。
エ　うまい文章である自信はないが、一郎にも下手な文章だと思われていると思い、いたたまれない気持ち。

問３　――線部③「一郎は、おもわず笑いだしながら」とありますが、それはなぜですか。最も適当なものを次の中から１つ選び、記号で答えなさい。

ア　一郎は山ねこの書いた文章がうまいと言ったら、男がよろこんで真っ赤になるので、主人思いの男に好感を持ったから。
イ　一郎は文章がうまいとおだてたら、男が真っ赤になって着物のえりを広げる様子がおかしく思えたから。
ウ　一郎は文章についてお世辞を言ったが、男はむじゃ気に喜び、字についても一郎に良い評価を求めてきて、おかしかったから。
エ　一郎は男の書いたはがきを「うまいようでしたよ」とひと事《ごと》のように言ったのに、男が真に受けるのが思いがけなかったから。

問４　本文中の冒頭から▼までのところからわかる山ねこについて、ＡとＢが話しています。［Ⅰ］［Ⅱ］には本文中の言葉が当てはまります。それぞれ指定された字数で、▼までの本文中から抜《ぬ》き出しなさい。

Ａ　山ねこが登場した場面を読んで、山ねこにどのような印象を持った？
Ｂ　山ねこは一郎に裁判をお願いしたわけだけれど、それにしては「ありがとう」の一言もなくて、ちょっと変わっているなと思った。
Ａ　子どもの一郎に対して知恵は借りるけれど、下手《したて》にはでないぞと威厳《いげん》を保とうとしているのだと思う。［Ⅰ（19字）］という山ねこの動作がそれを示しているようだ。
Ｂ　一郎のことを子どもだと思って少し見下したような気持ちも

[Ⅱ（11字）]という発言に見られるね。

問5 [X]に当てはまる言葉を次の中から記号で選び、「[　]をついたよう」という慣用句を完成させなさい。

ア　人ごみ　　イ　闇《やみ》の中　　ウ　羊の群れ
エ　雲　　　　オ　蜂《はち》の巣

問6 ——線部④「どんぐりはしいんとしてしまいました」とありますが、それはなぜですか。わかりやすく説明しなさい。

問7 ——線部⑤「やまねこが言いました」以降のやまねこのしゃべり方について、AとBが話しています。[Ⅰ]・[Ⅱ]には本文中の言葉が当てはまります。それぞれ指定された字数で本文中の——⑤以降のやまねこのセリフから抜き出しなさい。

A　——⑤以降のやりとりは、山ねこの性格が表れているね。
B　さきほどAが言っていた威厳を保とうとしているということ？
A　その性格も関係しているね。さらにここでは「[Ⅰ（17字）]」という言葉に注目したいな。つまり、体面をとても気にする性格なのではないかな。だからあのような格式ばった言い方を求めたのではないかな。
B　なるほど。山ねこの性格がいっそうはっきりしてきたね。でも「[Ⅱ（5字）]」は言い方として命令口調でいやな感じがするなあ。
A　「[Ⅱ]」は裁判所では当然のように使われるようだよ。山ねこは「こちらを裁判所としますが」と言っているからその流れからもこのような言い方を求めたと言えそうだね。

問8 ——線部⑥「山猫は、鮭の頭でなくて、まあよかった」とありますが、それはなぜですか。猫の性質を考えて説明しなさい。

四　次の文章をよく読み、後の各問いに答えなさい。（句読点や記号も1字に数えます）

大切なことは、長い時間軸で物事を考える習慣をつけることです。

最近の日本では「無駄《むだ》を省く」や「合理化」など、①無駄に思える部分を切り捨てるのが「正しい態度」であるかのような思い込みが、いろんな分野で常識になっています。

けれども、一見すると賢《かしこ》いように見える、そんな単純な考え方は、非*1常事態にはまったく逆効果になってしまう場合があると、今ではあちこちで判明しています。

[A]、都道府県と市町村で、同じような仕事をする保健所や医療《いりょう》機関がだぶっているのは「無駄だ」と決めつけて、統合や廃止《はいし》を進めてきた地域では、感染の拡大という予想外の展開に対処できず、医療体制が危機的な状況に陥《おちい》っています。

この事例が教えるのは、浅い考えで「無駄だ」と見なされてきた部分が、実は「予想外のこと」が起きたときに対処できる「余白」や「伸びしろ」だったという事実です。

物事を、昨日、今日、明日、という短い時間軸で考えてしまうと、今すぐに役に立たないものは「無駄だから捨てよう」という早まった結論になりがちです。けれども、3ヵ月後、1年後、5年後、10年後という長い時間軸で考えてみれば、今すぐに役に立たないものでも、いざという時に何かの役に立つかもしれない、という事実に目が向きます。

会社の経営者などが口にする「選択と集中」という言葉も[X]時

間軸で物事を考えるパターンのひとつです。

いま好成績を上げている分野に、人やお金を集中して注ぎ込む、という考え方は、短期的な業績の向上には結びつくでしょう。［Ｂ］、長い時間軸で見れば、集中されずに捨てられた分野の重要度が急に上がったりすると、社会の変化や予期せぬ非常事態に対応できず、結果としてマイナスの効果をもたらす可能性もあります。

情報の真贋《しんがん》（本当とうそ）や信憑《しんぴょう》性*2を自分で判断・選別する「目」を持ち、あらかじめ用意された「正解」の知識に頼《たよ》りすぎず、長い時間軸で物事を考える習慣が身に付くと、日々の生活においても、少しずつ②「精神の自由」を獲得《かくとく》できるはずです。

自由というのは、上の偉《えら》い人が、いくつかの条件の範囲《はんい》内で、下の者に与《あた》えてくれるものだ、という風に理解している人がいるかもしれませんが、そうではありません。

人間は本来、自由に考え、自由に行動する権利を持っています。社会のルールは、各人の自由と自由が衝突《しょうとつ》した時に、弱い方の人が痛みを感じたり、我慢《がまん》を強《し》いられたりしないように作られたものですが、先にあるのは自由であって、ルールではありません。

ただし、自由の度合いが大きければ大きいほど、すべての人にとって良いかと言えば、それもまた正しくありません。一人一人にとっての最適な「自由の大きさ」は、その人が持っている「自由を使いこなす能力」に対応しています。

旅慣れた人なら、旅行先で「一日、自由に過ごして下さい」と言われたら、自分で情報を集めて計画を立て、満足できる時間を過ごせるでしょう。けれども、あまり旅慣れていない人なら、自分で内容を自由に決めるという意味での「自由度」が少なくてもいいから、失敗しない計画を誰かに決めてもらえたら、と思うでしょう。

おそろしいのは、自分の能力以上の自由を与えられた時、人はそのストレスに疲れて、自由を手放してもいいから、上の偉い人に物事を決めてほしい、と投げ出してしまいたくなることです。そうならないために、③自由という道具を使いこなす能力を、自分で少しずつみがいていかなくてはなりません。

では、自由という道具を使いこなす能力を、自分で高めていくには、どうすればいいのでしょうか。

その答えを知るには、自由の「反対語」は何だろう、と考えてみることが必要です。

国語的には「不自由」というのが正解になるのでしょうが、概念《がいねん》、［Ｃ］考え方の意味から考えると、例えば④「服従」や「隷属《れいぞく》」などの言葉が思い浮《う》かびます。

上の偉い人に服従すれば、自由がない反面、自分で物事を決めたり責任を取ったりしなくて済む、という「楽な面」もあります。そのため、ボクは自由がなくてもいいや、上の偉い人に服従して、強い集団の一員になるよ、という道を選ぶ人もいるでしょう。

けれども、今回の非常事態が教えているのは、もし集団の全員が従うリーダーが、的確な判断を下す能力のない「無能」なら、集団全体はどうなるのか、ということです。

それを考えれば、集団が非常事態を生き延びるために最良の形態は、一人一人が独立した個人として自由に物事を考え、それぞれの持つ能力を活かしてアイデアを出し合い、みんなで対等に「いちばんましな答え」を探し出すことだろうと思います。

実際の生活では、学校や社会のいろいろな集団の中で、服従という態度をとらざるを得ない場合は多いでしょう。それによって保たれる、秩序や安定も大事です。しかし、子どもの頃からずっと、親や教師などの「上の偉い人」に服従した経験しかなければ、大人になってからも「誰かに服従することしかできない人間」になってしまいます。

そうならないためには何が必要か。⑤上の偉い人に服従するたびに、心の中でそれに「反抗《はんこう》」する気持ちを持っておくことです。偉いとされる上の人に従順に服従するのでなく、心の中で反抗しながら「今回は服従してやる」という意識を持つことです。

こういう考え方を習慣にできると、上の偉い人の横暴《おうぼう》な態度がエスカレートした時に、「今までは服従してやったけど、これ以上は従えない、もう限界だ」と自分の頭で判断して、心の中でなく実際の言葉と行動で、上の偉い人に反抗できます。

世界の歴史は、こうした反抗の積み重ねで進歩してきました。一人一人は弱い力しか持たなくても、反抗という考え方が心の中にあれば、それをみんなでつなぎ合わせて大きな力に変え、王様などの「支配者」による理不尽《りふじん》な横暴を打ち砕《くだ》くことができます。かつては地球上のあちこちで制度化されていた「奴隷《どれい》」が、今では姿を消し、国際社会の常識は、一人一人が持つ人間としてのいろいろな権利＝人権を大切にする方向へと変わってきました。

もちろん、中には「この人なら服従してもかまわない」と思える、頼りになるリーダーも存在します。信頼できるリーダーの条件とは、例えば「他人に責任を押し付けない」とか「うそをつかない」、あるいは「自分だけ良い境遇《きょうぐう》になろうとしない」などが考えられますが、どんなリーダーなら自分が「服従してやってもいい」と思えるか、皆《みな》さんもそれぞれの基準を考えてみてください。

最後に、尾崎行雄《おざきゆきお》という政治家の言葉をご紹介して、私の原稿《げんこう》の締《し》めくくりとします。彼の名前を初めて知る人も多いかもしれませんが、日本が自由のない封建的《ほうけんてき》な古い社会から近代的な自由と民主主義の国へと進む上で、大きな功績があった人物です。

その尾崎行雄は、こんな言葉を遺《のこ》しています。

⑥「人生の過去は予備であり、本舞台《ぶたい》は未来にあり」

これから先、日本と世界がどんな状況になっていくのか、正確なことは誰にも予測できません。けれども、自分の中でいろいろな能力を高め、知識だけでなく知性を高め、自由を使いこなす能力を高めていくことで、何があろうと乗り越えることのできる「図太さ」と「しぶとさ」を身に付けられるのでは、と思います。

皆さんのこれからの人生が、おもしろいものになるよう、祈っています。

【山崎雅弘「図太く、しぶとく、生きてゆけ
誰も正解を知らない問題にどう答えを出すか」
（『ポストコロナ期を生きるきみたちへ』〈晶文社〉所収）より】

＊１　非常事態…ここでは新型コロナウイルス感染症が世界的に広がっている状況を指す。

＊２　信憑性…信頼《しんらい》できる度合。

問1　——線部①「無駄に思える部分を切り捨てる」について、次の各問いに答えなさい。

(1)　この理由を説明した1文を本文中から探し、最初の5字を答えなさい。

(2)　筆者は「無駄」を別の言葉で何と表現していますか。最も適当な言葉を本文中から2つ、それぞれ3字前後で抜《ぬ》き出しなさい。

問2　［A］～［C］に当てはまる言葉として最も適当なものを次の中からそれぞれ選び、記号で答えなさい。

ア　つまり　　イ　けれども　　ウ　だから　　エ　例えば

問3　［X］に当てはまる2字の言葉を本文中から抜き出しなさい。

問4　——線部②「精神の自由」とありますが、筆者が説明する「自由」の内容として当てはまらないものを次の中から1つ選び、記号で答えなさい。

ア　自由は偉い人が下の立場の人に自動的に与えてくれるものではない。

イ　人間は生まれながらにして自由に考えて行動する権利を持っている。

ウ　自由と社会のルールが対立したときには、ルールが常に優先される。

エ　一人ひとりにとっての最適な自由の大きさは、異なっている。

問5　——線部③「自由という道具を使いこなす能力」とありますが、これを高めるためにまずどのようなことが必要ですか。それが説明された部分を本文中から22字で抜き出し、最初と最後の5字を答えなさい。

問6　——線部④「『服従』や『隷属』」とありますが、これらが「自由の反対語」であるのはなぜですか。その説明として最も適当なものを次の中から1つ選び、記号で答えなさい。

ア　自由には独立した一人ひとりが責任を持って決断するという側面を伴うが、「服従」や「隷属」はそうしたあり方とは正反対の状態だから。

イ　「服従」や「隷属」とは自由が部分的に制限された状態であるが、その制限のされ方は国家や民族によって異なるから。

ウ　集団の全員が従うリーダーが的確な判断を下す能力がなかった場合、非常事態において集団が生きのびるのは難しいから。

エ　自由の反対語は、本来「不自由」のほうが正しいが、「服従」や「隷属」という表現を支持する人もいるから。

問7　——線部⑤「上の偉い人に服従するたびに、心の中でそれに『反抗』する気持ちを持っておく」とありますが、なぜ「反抗する気持ち」が必要なのですか。理由を2つに分けて、それぞれ40字以内で説明しなさい。

問8　——線部⑥「人生の過去は予備であり、本舞台は未来にあり」とありますが、「未来」のためにしておくべき「予備」だとして筆者が説明している部分を本文中から50字以内で抜き出し、最初と最後の5字を答えなさい。

問9　筆者の主張として最も適当なものを次の中から1つ選び、記号で答えなさい。

ア　長い時間軸で物事を考える習慣を身につけると、合理化が正しい結論になることが多い。

イ　短い時間軸で物事を考え続けると、いつのまにか精神の自由を手に入れることができる。

ウ　非常事態を生きのびるためには、無能なリーダーにいつまでも従っていてはいけない。

エ　人間にとって自由は最も大切な価値観であり、どんなリーダーにも服従してはいけない。

五　みなさんは「やさしい日本語」という言葉を聞いたことがありますか。「やさしい日本語」とは、日本に住む外国人にもわかるように配《はい》慮《りょ》して簡単にした日本語のことで、災害発生時に適切な行動をとれるように考え出されたのが始まりです。例えば「高台に避難《ひなん》してください」は難しい表現なので、「高い所に逃げてください」と言いかえます。また専門用語や敬語表現もできるだけ使わないようにします。現在では行政や医療《いりょう》機関など多くの場面で使われるようになっています。

以上の内容をふまえ、次の①～④の――線部を「やさしい日本語」に言いかえなさい。ただし後の条件に従うこと。

①　強風のため、現在この[電車]は運転を見合わせています。

②　ここでの会話や飲食はひかえてください。

③　診断結果は、後日、[電話]でお知らせさせていただく形となります。

④　余震《よしん》の可能性があるので、倒壊《とうかい》のおそれがある[建物]にはなるべく近づかないこと。

条件

・熟語を使わないこと。ただし[　　]部分はそのままでよい。

・あいまいな表現や敬語を使わないこと。

芝浦工業大学柏中学校(第一回)

—45分—

一　次の問に答えなさい。

問一　次の①～⑤の――部のカタカナを漢字に直しなさい。⑤は送りがなも正しく答えなさい。

① 長く争っていた国同士がワカイした。

② この作家はセンレンされた文章を書く。

③ 都市開発により高層ビルがリンリツする。

④ この海岸の景色は白砂セイショウと呼ぶにふさわしい。

⑤ 入試問題集を解いて、実戦力をヤシナウ。

問二　曜日を表す漢字【日・月・火・水・木・金・土】に漢字をつけ加えて、別の漢字をつくります。

たとえば【日】と【水】に、それぞれ「共通する漢字」をつけ加えると、「ケイ」という音を持つ漢字と、「リョウ」という音を持つ漢字ができます。この例の場合、「共通する漢字」は『京』で、新しくできた漢字は「景」と「涼」です。

解答は、つけ加えた共通する漢字を書きなさい。この例の場合は、『京』と答えます。

なお、【水】には「氵(さんずい)」を含みます。

① 【水】と【木】に、共通する漢字をつけ加えると、「カイ」という音を持つ漢字と、「バイ」という音を持つ漢字ができます。共通する漢字を書きなさい。

② 【水】と【土】に、共通する漢字をつけ加えると、それぞれ「チ」という音を持つ漢字ができます。共通する漢字を書きなさい。

③ 【日】と【金】に、共通する漢字をつけ加えると、「ソウ」という音を持つ漢字と、「シン」という音を持つ漢字ができます。共通する漢字を書きなさい。

二　次の文章を読んで、あとの問に答えなさい。

最後に、異なる他者を取り込《こ》むにあたり、個々人はどのようなことを意識すればよいのか考えてみましょう。

再三述べたように、「人それぞれ」に物事を選べるようになるには、選べるだけの選択肢《し》を用意しなければなりません。その点は人間関係も同じです。

私たちは、「一人」になることもふくめ、どのようなつき合いをするか、あるていど選べるようになりました。［ A ］、かりに、皆さんがつき合う相手を選べるようになったとしたら、どのような人と関係を結ぶでしょうか。

おそらく、自らにとってなんらかの面でプラスになる人とつながりの輪をつくるでしょう。第三章では、人間関係が「コスパ」※注1化している現状を説明しました。しかし、「コスパ」の論理は、自らにも跳《は》ね返り、かえって自分の居場所を削《けず》る可能性がある、とも指摘《てき》しました。自身が相手にとっての「コスト」となってしまうかもしれないからです。

「コスパ」の論理は、自らの居場所を削るばかりでなく、もうひとつの重大かつ単純な事実を見えづらくしてしまいます。「人にはプラ

X

スの面もマイナスの面もある」というごく当たり前の事実です。

コストとパフォーマンスという二元的※注2な発想でつき合いを振り分けようとすると、ひとりの人には「コスト」（マイナス面）と「パフォーマンス」（プラス面）の両方が混在するという当たり前の事実を見落としてしまいます。というのも、「コスパ」の論理は、①「身の回りの人間関係は、プラスの面をもつ人のみで最適化できる」という過度な理想をもとに成り立っているからです。

（中　略）

異質な他者を取り込むには、さまざまな研究者が指摘したように、相手との深い対話が必要です。［B］、個々人がつながりの最適化を望み、期待値を上げている状況では、とてもではないが、そういった深い対話はできないでしょう。

［C］、私たちが深い対話を取り戻《もど》すためには、最適化願望をいったん脇《わき》におき、つながりへの期待値を切り下げ、人はプラスの面もマイナスの面もあるというごく当たり前の事実に立ち返る必要があります。

［D］、人がもつマイナスの部分をなくして、人間関係を最適化することなどできるのでしょうか。私はできるとは思いません。私は、期待どおりにいくこと、期待にそぐわないこともふくめてともにすごしてゆく、というのが人づきあいの規本であり、本質だと思っています。

②このような社会は集団的で息苦しいように感じられます。しかし、必ずしもそうとは言い切れません。【Ⅰ】

期待にそぐわないことがあってもともにすごしてゆける社会は、「コスパ」の論理が徹底《てつ》された場とは反対に、人を「コスト」として容易に切り捨てない社会と言い換えることもできるからです。つながる相手を選び最適化できると考える「人それぞれの社会」では、その発想があまりにも欠けています。【Ⅱ】

私たちは、長い年月をかけて、ようやく「一人」になる自由を手に入れました。「一人」になる自由を手に入れたことで、私たちは理不尽《りふじん》な要求や搾取《さくしゅ》から逃れられるようになりました。【Ⅲ】

しかし、現在の社会状況をみると、私たちは「一人」になる自由をもてあましているように見えます。「一人」になる自由を得て、名目上でもつき合う相手を選べるようになった社会では、人づきあいに対する期待値が上がります。【Ⅳ】

それと同時に、異質な他者はつながりの不協和音として視線の外に追いやられてゆきます。今や誰かとつき合うには、つき合うに足るだけの理由が求められるのです。「一人」になる自由を得る前、私たちは、気の遠くなるほどの年月をかけて対面中心の社会を築いてきました。顔を合わせて集団で過ごしていけるというのは、霊《れい》長類学の知見にもあるように、人類の比類なき（※比べられないほどよい）財産です。私は、現代社会を生きる人びとは、ほんの少しでも、その原点に立ち返るべきではないかと考えています。

> 具体的には、相手が自らにとってマイナスになるかプラスになるかにとらわれずに、目の前の他者と腰《こし》を据《す》えてつき合うことを、もっと積極的に意識してもよいのではないかと考えています。人にプラスの面があろうと、マイナスの面があろうとつき合ってみる。そうすることで、人の弱さに思いをはせられるようになり、また、異

質な人とも仲良くしないまでも、うまくやっていけるすべ《※方法》を身につけられるようになります。

迷惑をかけないよう、あるいは、場の空気を乱さないよう自らを律することのできる人は、たしかに立派です。しかし、それと同時に、おたがいに迷惑をかけつつも、それを笑って受け容《い》れられるつながりも同じくらい大事だと思いますし、私は、後者のほうに居心地のよさを感じます。

このようなつながりは、おたがいが相手のもつ異質さを受け容れることによって初めて得られるものです。

私たちは豊かになったからこそ、「一人」になるだけでなく、相手の前にあえてとどまり、「ただつき合う」ということをもっと意識したほうがよい。そこから得られる多様性もあるのではないかと私は考えています。

（石田光規『「人それぞれ」がさみしい「やさしく・冷たい」人間関係を考える』〈ちくまプリマー新書〉による）

※注1　コスパ……………コストパフォーマンスの略語。コストとは費用、パフォーマンスとは効果・価値のことで、費用に対する効果をさす。コストパフォーマンスが高いとは、かけた費用に対して想定以上の効果が得られたということ。

※注2　二元的な発想……すべての物事は、二つの異なる原理や要素から構成されているという考え方。ここでは、どちらか一方の考え方しか認めない、という極端な発想のこと。

問一　本文中の「X」の部分には使い方を誤った同音または同訓の漢字が一字あります。正しい漢字を書きなさい。

問二　[A]～[D]に入る言葉としてもっともふさわしいものを次の中からそれぞれ選び記号で答えなさい。ただし、同じ記号を二度使ってはいけません。

ア　しかし　イ　そもそも　ウ　では　エ　したがって

問三　次の文は本文中の【Ⅰ】・【Ⅱ】・【Ⅲ】・【Ⅳ】のいずれかの箇所《か》に入ります。もっともふさわしい箇所を選びア～エの記号で答えなさい。

それは確かに素晴らしいことで、否定するつもりはありません。

ア【Ⅰ】　イ【Ⅱ】　ウ【Ⅲ】　エ【Ⅳ】

問四　――部①「『身の回りの人間関係は、プラスの面をもつ人のみで最適化できる』という過度な理想」とありますが、

(1)　人間関係を最適化するとは、どういうことですか。その説明としてもっともふさわしいものを次の中から選び記号で答えなさい。

ア　選べるだけの選択肢から、自分に合う一人だけを選んでつき合うこと。

イ　自分と考えが合わない人に対し、同じ考えをもってもらうように説得すること。

ウ　様々な個性をもった人たちが集まるなかで、人づきあいの仕方を学ぶこと。

エ　自分にとって得にならない人とはつきあわないなど、利益のみを考えて友人を選ぶこと。

(2)　この「過度な理想」が進んでいくと、どのような現象が起きると考えられますか。その例として**ふさわしくないもの**を次の中から一つ選び記号で答えなさい。

ア　マイナス面をもつ人を排除していった結果、自分も他の人から排除されることになり、居場所をなくしてしまう。

イ　ＳＮＳを通じて同質の意見を持つ人が集まりやすくなり、反対意見を持つ人たちとの議論がさかんに行われる。

ウ　つながりから外されている人がいたとしても、自分の得にならなければかかわることを避け、不平等を見過ごしてしまう。

エ　愚痴《ぐち》や不満を言うと身近な人たちから嫌《きら》われてしまうため、インターネット上にストレスを発散する場が生まれる。

問五　——部②「このような社会」のあらわす内容として、**ふさわしくないもの**を次の中から**二つ**選び記号で答えなさい。

ア　個々人がつながりの最適化を望み、期待値を上げている社会。

イ　期待にそぐわないことがあってもともにすごしてゆける社会。

ウ　人を「コスト」として容易に切り捨てない社会。

エ　「一人」になる自由を得て、名目上でもつき合う相手を選べるようになった社会。

オ　気の遠くなるほどの年月をかけて築いてきた対面中心の社会。

問六　□で囲まれた段落の本文における役割はどのようなものですか。その説明としてもっともふさわしいものを次の中から選び記号で答えなさい。

ア　「異質な人」とは仲良くできないという、現代社会を生きる私たちの抱える問題点を具体的に説明することで、筆者の主張の重要性を強調している。

イ　他者とのかかわり方という視点から本文をあらためてとらえ直すことで、次の段落から始まる「居心地のよさ」という話題への導入の役割を果たしている。

ウ　前の段落で述べている「原点に立ち返る」という話をわかりやすく言い換えることで、実際にどのように行動したらよいのかを読み手が理解しやすいようにしている。

エ　「身の回りの人間関係は、プラスの面をもつ人のみで最適化できる」という前提に対し具体例を挙げながら反論することで、筆者の主張を支えている。

問七　あるクラスではこの文章を読んだあとで、次の詩を読みました。

「私と小鳥と鈴と」　金子みすゞ

私が両手をひろげても、
お空はちっとも飛べないが
飛べる小鳥は私のように、
地面を速くは走れない。
私がからだをゆすっても、
きれいな音は出ないけど、
あの鳴る鈴は私のように
たくさんな唄《うた》は知らないよ。
鈴と、小鳥と、それから私、
みんなちがって、みんないい。

先生：この詩の══部「みんなちがって、みんないい」と、本文══部の「人それぞれ」、「多様性」という言葉について考えてみましょう。

(1)　次の[①]・[②]に入る語の組み合わせとして、もっともふさわしいものをあとのア～カから選び記号で答えなさい。

Aくん：[①]には、それぞれの違いを尊重するような雰《ふん》囲気があるよ。

Bさん：だけど、[②]という言葉には、それ以外の意味合いがあるようにも思えるわ。一見相手に受け容れられているようでいて、距離《きょり》をおかれているような複雑な語感があるのね。

ア　①「みんなちがって、みんないい。」と「多様性」　②「人それぞれ」
イ　①「みんなちがって、みんないい。」と「人それぞれ」　②「多様性」
ウ　①「多様性」と「人それぞれ」　②「みんなちがって、みんないい。」
エ　①「みんなちがって、みんないい。」　②「多様性」と「人それぞれ」
オ　①「多様性」　②「みんなちがって、みんないい。」と「人それぞれ」
カ　①「人それぞれ」　②「みんなちがって、みんないい。」と「多様性」

(2)　筆者の考える社会を実現するためには、人とのつながりを作るうえで何を大切にすべきでしょうか。本文および詩の内容をふまえて、50字以上70字以内で答えなさい。

三　次の文章を読んで、あとの問に答えなさい。

斉藤平太《さいとうへいた》は、その春、楢岡《ならおか》の町に出て、中学校と農学校、工学校の入学試験を受けました。三つともだめだと思っていましたら、どうしたわけか、まぐれあたりのように工学校だけ及第《きゅうだい》しました。※合格　一年と二年とはどうやら無事で、そろばんの下手な担任教師が斉藤平太の通信簿《ぼ》の点数の勘定《かんじょう》を間違ったために[A]卒業いたしました。

a(こんなことは実にまれです。)

卒業するとすぐ家へ戻されました。家は農業でお父さんは村長でしたが平太はお父さんの賛成によって、家の門の処に「建築図案設計工事　請《うけ》負《おい》」という看板をかけました。

すぐに二つの仕事が来ました。一つは村の消防小屋と相談所とをかねた二階建、も一つは村の分教場です。

b(こんなことは実にまれです。)

斉藤平太は四日かかって両方の設計図を引いてしまいました。それからあちこちの村の大工たちをたのんでいよいよ仕事にかかりました。

斉藤平太は茶いろの乗馬ズボンをはき赤ネクタイを首に結んであっちへ行ったりこっちへ来たり[B]両方を監督しました。

工作小屋のまん中にあの設計図がかけてあります。

ところがどうもおかしいことはどういうわけか平太が行くと①どの大工

さんも変な顔をして下ばかり向いて働いてなるべく物を言わないようにしたのです。

　大工さんたちはみんな平太を好きでしたし賃銭《ちんせん》だってたくさん払っていましたのにどうした訳かおかしな顔をするのです。

　c(こんなことは実にまれです。)

(中略　平太が分教場にいくと大工さんたちは同じフロアを移動するのを嫌がっています。消防小屋では一階から二階へ移動するのを大工さんが嫌がっています。平太はおかしいなと思います。)

　終りましたら大工さんたちはいよいよ変な顔をしてため息をついて黙《だま》って下ばかり見ておりました。

　斉藤平太は分教場の玄関から教員室へ入ろうとしましたがどうしても行けませんでした。それは廊下がなかったからです。

　d(こんなことは実にまれです。)

　斉藤平太はひどくがっかりして今度は急いで消防小屋に行きました。そして下の方をすっかり検分《けんぶん》※調べてし今度は二階の相談所を見ようとしましたがどうしても二階にのぼれませんでした。それははしご※階段がなかったからです。

　e(こんなことは実にまれです。)

　そこで斉藤平太はすっかり気分を悪くしてそっと財布《さいふ》を開いて見ました。

　そしたら三円入っていましたのですぐその乗馬ズボンのまま渡《わた》しを越《こ》えて町へ行きました。

　それから汽車に乗りました。

　そして東京へ逃げました。

　東京へ来たらお金が六銭《せん》残りました。斉藤平太はその六銭で二度ほど豆腐《とうふ》を食べました。

　それから仕事をさがしました。けれども言葉がはっきりしないのでどこの家でも工場でも頭ごなしに追い※追い帰した、追い出したました。

　斉藤平太はすっかり困って口の中もカサカサしながら三日仕事をさがしました。

X

　②斉藤平太はうちへ葉書を出しました。

「エレベータとエスカレータの研究の為《ため》急に東京に参り候《そうろう》、御不便ながら研究すむうちあの請負の建物はそのままお使い願い候」

　お父さんの村長さんは返事も出させませんでした。

　平太は夏は脚気《かっけ》にかかり冬は流行寒冒《かんぼう》です。そして二年は経ちました。

　それでもだんだん東京の事にもなれて来ましたのでついには昔の専門の建築の方の仕事に入りました。すなわち平沢組の監督です。

　大工たちに憎まれて見回り中に高い所から木片を投げつけられたり天井に上っているのを知らないふりして板を打ちつけられたりしましたがそれでもなかなか愉快でした。

　③ですから斉藤平太はうちへこう葉書を書いたのです。

「近頃立身《りっしん》※出世　致《いた》し候。紙幣は障子《しょうじ》を張る程有之《これあり》諸君も尊敬《そんけい》仕《つかまつり》候。研究も今一足故暫時《ざんじ》※しばらく　不便を御辛抱願《ごしんぼうねがい》候。」

　お父さんの村長さんは返事も何もさせませんでした。

　ところが平太のお母さんが少し病気になりました。毎日平太のことばかり言います。

そこで仕方なく村長さんも電報を打ちました。

「ハハビョウキ、スグカエレ。」

平太はこの時月給をとったばかりでしたから三十円ほど余っていました。

平太はいろいろ考えた末二十円の大きな大きな革のトランクを買いました。けれどももちろん平太には一張羅《いっちょうら》の着ている麻服《あさふく》があるばかり他に入れるようなものは何もありませんでしたから親方に頼んで板の上に引いた要《い》らない絵図を三十枚ばかり貰《もら》ってぎっしりそれに詰めました。

f(こんなことはごくまれです。)

斉藤平太は故郷の停車場《ていしゃば》に着きました。

それからトランクといっしょに車に乗って町を通り国道の松並木まで来ましたが平太の村へ行くみちはそこからわかれて急にでこぼこになるのを見て車夫はあとは行けないと断って賃銭をとって帰って行ってしまいました。

斉藤平太はそこで　C　自分でその大トランクをかついで歩きました。ひのきの垣根《かきね》の横を行き麻畑の間を通り桑《くわ》の畑のへりを通りそして船場までやって来ました。

渡し場は針金の綱《つな》を張ってあって滑車《かっしゃ》の仕掛けで舟が半分以上ひとりで動くようになっていました。

もう夕方でしたが雲がしまをつくってしずかに東の方へ流れ、白と黒とのぶちになったせきれいが水銀のような水とすれすれに飛びました。そのはりがねの綱は大さく水に垂れ舟はいま六七人の村人を乗せてやっと向うへ着くところでした。向うの岸には月見草も咲いていました。舟がまたこっちへ戻るまで斉藤平太は大トランクを草におろし自分もどっかり腰かけて汗をふきました。白の麻服のせなかも汗でぐちゃぐちゃ、草にはけむりのような穂が出ていました。

いつの間にか子供らが麻ばたけの中や岸の砂原やあちこちから七八人集って来ました。全く平太の大トランクがめずらしかったのです。みんなはだんだん近づきました。

「おお、みんな革だんぞ。」

「牛の革だんぞ。」

「あそごの曲ったところぁ牛の膝《ひざ》かぶの皮だな。」

なるほど平太の大トランクの締金《しめがね》のところには少しまがった膝の形の革きれもついていました。平太は子供らのいうのを聞いて④何ともいえず悲しい寂《さび》しい気がしてあぶなく泣こうとしました。

舟がだんだん近よりました。

船頭《せんどう》は平太のうしろの入日の雲の白びかりを手でさけるようにしながらじっと平太を見ていましたがだんだん近くになっていよいよその白い洋服を着た紳士が平太だとわかると高く叫びました。

「おお平太さん。待ぢでだあんす。」

平太はあぶなく泣こうとしました。そしてトランクを運んで舟にのりました。舟はたちまち岸をはなれ岸の子供らはまだトランクのことばかりいい船頭もしきりにそのトランクを見ながら船を滑《すべ》らせました。波がぴたぴたいい針金の綱《つな》はしんしんと鳴りました。それから西の雲の向うに日が落ちたらしく波がにわかに暗くなりました。向うの岸に二人の人が待っていました。

舟は岸に着きました。

二人の中の一人が飛んで来ました。

「お待ぢ申しておりあんした。お荷物は。」

それは平太の家の下男でした。平太はだまって眼をパチパチさせながらトランクを渡しました。下男はまるでひどく気が立ってその大きな革トランクをしょいました。

それから二人はうちの方へ蚊《か》のくんくん鳴く桑畑の中を歩きました。

二人が大きな道に出て少し行ったとき、村長さんも丁度《ちょうど》役場から帰った処でうしろの方から来ましたがその大トランクを見てにが笑いをしました。


(宮沢賢治「革トランク」による)

問一　[A]～[C]に入る語句としてもっともふさわしいものを次の中からそれぞれ選び記号で答えなさい。

ア　仕方なく　　イ　いそがしく　　ウ　首尾よく

問二　[X]には次のア～カが入ります。文の意味が通じるように正しい順番に並べ替えなさい。ただし、3番目には次のアが入ります。

ア　区役所がそれを引きとりました。
イ　巡査《じゅんさ》がそれに水をかけました。
ウ　そこで区役所では撒水夫《さんすいふ》に雇《やと》いました。
エ　するとすっかり元気になりました。
オ　それからご飯をやりました。
カ　それでもどこでも断わられとうとう楢岡工学校の卒業生の斉藤平太は卒倒《そっとう》しました。※倒れること

問三　――部①「どの大工さんも変な顔をして下ばかり向いて働いてなるべく物を言わないようにしたのです」について、なぜどの大工さんもこういう態度をとるのですか。その理由としてもっともふさわしいものを次の中から選び記号で答えなさい。

ア　どんなにちゃんとした設計であっても金持ちだけが使えるような立派な建物を作りたくはなく、そんな考え方をした平太のことがきらいだから。
イ　一生懸命に働いてもお金があまりもらえないことが不満なので、わざと変な建物を作って平太を困らせようと相談しているから。
ウ　平太を人間として好きでも、まだ一人前とはいえない平太の下で働くのは長年の経験がある大工さんたちは納得がいかないから。
エ　廊下や階段がないめちゃくちゃな建物を作らされているけれど、設計をしたのが村長さんの息子で偉《えら》い人なので口に出して指摘するのがこわいから。

問四　――部②「斉藤平太はうちへ葉書を出しました」、――部③「ですから斉藤平太はうちへこう葉書を書いたのです」について、どうして平太はそうしたのですか。その説明としてもっともふさわしいものを次の中から選び記号で答えなさい。

ア　平太は大工さんから嫌われていてこんなところでは仕事ができないと東京へ来たが、東京でもいい仕事があるわけではなく、それよりも今はすごい研究をしていてみんなが自分を尊敬していると伝えることで、自分を嫌っていた人たちを見返したい気持ちがあるから。
イ　平太は変な建物を作って怒られるのがこわくて東京へ来たが、その建物にエスカレータやエレベータをつけるための研究をしており、また現場監督の仕事をして周りの信頼を得てお金持ちになったと嘘をついて見栄をはることで、両親に自分が成功しているようにみせ

たいから。

ウ　平太は大工さんの嫌がらせで使えない建物を作られてしまったが、東京ではその建物をなんとか使えるようにエスカレータやエレベータの研究をしており、その仕事も順調で尊敬してくれる仲間もできたため、ゆくゆくはその仲間と建物を作り替える気だということを両親に伝えたいから。

エ　平太は使い物にならない建物を設計した責任を感じて東京に行ったが、東京では思うように設計の仕事ができないので建物を直すこともできず申し訳なく感じて父親に謝り、また自分が違う仕事に就いたので、建て替える費用を用意できるまでもう少し待ってほしいと父に伝えたいから。

問五　――部④「何ともいえず悲しい寂しい気がしてあぶなく泣こうとしました」とありますが、なぜこのような気持ちになったのですか。その理由としてもっともふさわしいものを次の中から選び記号で答えなさい。

ア　二十円も出して立派な革トランクを買ったと思ったのに、あまりよくない牛のひざの革を使った部分があることを子供に指摘され、本当は立派でない自分のことまで見抜かれたような気がしたから。

イ　子供たちはトランクの中身やそこからわかるはずの自分の職業には関心がなく、ただトランクが何でできているかなど、人間の中身とは関係のない、外見のことばかり気にして自分を認めてくれないから。

ウ　自分はどういう仕事をしているかをきちんと伝えるためにあえて安物のトランクを買ってきたのに、子供たちはそのトランクがよくない革であることを指摘し、それによって仕事の内容までも否定してくるような気がしたから。

エ　自分にとっては病気の母に会いに来たことが大事で、母に少しでも立派になったことを見せるために大きなトランクを買ったのに、子供たちはトランクばかりに興味を示し、病気の母がいることに気づこうとしないから。

問六　〰〰部a～fに「(こんなことは実にまれです)」「(こんなことはごくまれです)」という表現がありますが、それについて生徒たちが議論しています。その議論を読んであとの(A)・(B)の問いに答えなさい。

先生：このお話では、少しお話が進むと(こんなことは実にまれです)というようなフレーズが繰り返されますね。「こんなことはめったにないことだ」というようなことですが、それぞれの場所で、何が「めったにないこと」かしっかり見ないといけません。そうすると、「めったにない」という言葉の意味合いも変わるのはわかりますか。

A：先生は今、「意味合いが変わる」って言ったけど、どんな使われ方をしているのかな。見てみようよ。

B：同じ表現なのに、何がめったにないかをちゃんと見ると、いい意味でめったになかったり、悪い意味でめったになかったりするね。

C：僕はdとeが同じような使われ方をしていると思うな。この二つは、平太が設計した建物の廊下がなかったり、階段がなかったりすることが「めったにない」って言っているよね。確かに、こんな建物ができることはめったにないし、そんな失敗をすることもめったにないから、たぶん、「こんな失敗をすることは」「こんな建物ができることは」「めったにない」ということじゃないかな。

D：そうか。そうすると僕は[　　]と[　　]も同じ意味になっていると思うな。この二つは、たぶんすごくラッキーだ、運がいいっていう意味で「めったにない」と言っているね。

E：おもしろいな。確かにそれぞれの意味が違うね。じゃあ、残った二つはどういう意味なんだろう。残った二つはこれまでのものとも違う意味のような気がする。

F：ぼくは残ったうちのひとつの意味がなんとなくわかる。たぶんこっちは「こういう不思議なことはめったに起きない」ということだと思う。平太は人間としては悪くないから、こういう不思議なことは理由なく起きない、というようなことだね。

G：じゃあ、最後に残った「まれです」の意味はどういうことだろう？

(A) [　　]に入る表現を**二つ**、a～fの中から選び記号で答えなさい。

(B) 生徒Gの発言に出てくる「最後に残った『まれです』」について、

(1) その最後に残ったものをa～fの記号で答えなさい。

(2) 平太がどうすることで、どんな風に思われたいことが「まれ」だと言っているのですか。空欄に当てはまるように指定字数以内で説明しなさい。

平太が、[30字以内]で、[15字以内]と思われたいことがめったにないことだと言っている。

問七 この作品で平太の父は、平太のことをどう思っていますか。次の(A)～(C)の３つの段階に分けて考え、それぞれ指示に合うように記入しなさい。なお、記述は指定字数以内で説明しなさい。

(A) 平太が設計するまで

[20字以内]

(B) 平太が手紙をよこした時

平太の手紙の内容を[10字以内]、逃げた平太のことを[10字以内]。

(C) 平太が帰ってきた時

説明としてもっともふさわしいものを次の中から選び記号で答えなさい。

ア　平太はきっと遊んでいると思っていたのに、お金持ちになって帰ってきたことが意外で、疑ったことを反省している。

イ　母親の病気の見舞いに来るだけなのに、平太が大きなトランクの中にみんなへのお土産をつめてきたと思い、とまどっている。

ウ　自分が平太のことを見捨てていたのに、立派に仕事をしてみんなから尊敬される様子を見て感動している。

エ　たいした仕事をしていないことはわかっているのに、見栄をはって大きなトランクを持ってきた平太にあきれている。

芝浦工業大学附属中学校（第一回）

—60分—

注意　1　指示がない限り、句読点や記号などは一字として数えます。
　　　2　正しく読めるように、読みがなをふったところがあります。

一　この問題は聞いて解く問題です。問題文の放送は一回のみです。問題文の放送中にメモを取っても構いません。放送の指示に従って、問一から問三に答えなさい。

※以下のＱＲコード、ＵＲＬよりＨＰにアクセスすると音声を聞くことができます。

https://sites.google.com/shibaurafzk.com/sitjuniorhigh

二　次の文章を読んで、後の問いに答えなさい。

> 工業高校の電子機械科に通う高校二年生の三郷心《しん》は、ものづくり研究部に所属し、高校生ものづくりコンテスト旋盤《せんばん》部門の出場を目指している。旋盤とは、工作機械の一つで、回転させた物体に刃物《はもの》を当てて、形を削《けず》り出すものである。

「それから」

※1中原先生は声を引き締《し》めた。

「校内選考は、例年どおり六月初めだ。中間テスト明けでもあるけど、あわせてがんばってくれ」

すっと①冷ややかな空気が流れた。校内選考。選ばれるのはひとり。か、ふたり。下腹にぐっと力が入った。自分でも意外なほどの思いが込《こ》み上げてきた。ひとりは※2原口に決まっているにしても、もうひと枠《わく》可能性が残っている。

出たい。

混じりけのない、ただまっすぐな思いだった。突然《とつぜん》、途方《とほう》もないような道が目の前に開けたみたいな気になる。

地区大会、九州大会、全国大会。意味なんかいらない。とにかく行けるところまで行ってみたい。見えているところには行ってみたい、それだけだ。ストレートな思いが、つき上げるように心の胸に湧《わ》いてきた。

数時間後、②心の胸に芽生えたまっすぐな思いは思わぬ力にゆがんでしまうことになる。その日の練習を終え、工場の鍵《かぎ》を職員室に返しに行った時だった。

「二年三組、三郷心入ります」

大きな声で挨拶《あいさつ》をして入ると、③中からぬっとなじみのない顔が出てきた。首からネームプレートを下げていて、自動車科教諭《きょうゆ》　宮田雅治《まさはる》と書いてある。心は会釈《えしゃく》をした。

「おお、きみが三郷心くんか」

学科がちがうと接点はほとんどないが、相手は心を知っているらしかった。

「はい」

うなずくと、宮田先生はほくほくと笑って、

「〈ものコン〉に出るんやろ。がんばれよ」

心の肩《かた》をどーんとたたいた。

「まだ決まったわけじゃな……」

言いかけた言葉を宮田先生は意味不明な言葉でさえぎった。

「決まったも同然よ。せっかく女子が旋盤やっとるんやから」

「え？」

つながりがよくわからなくて、心は瞬《まばた》きをした。

「女子が旋盤やるなんて珍《めずら》しいけんね。それだけで新聞やらテレビやらも来るやろう。そしたら学校のＰＲにもなるやんね。そういう役割も背負っとるんやから、きみにはがんばってもらわんと。自動車整備のほうも女子がおるとよかったんやけどね」

それだけ言うと宮田先生は、ぽかんとする心の脇《わき》をすり抜《ぬ》けて職員室を出ていった。

④ざらざらとした気持ち悪さが広がって、心は胸を押《お》さえた。

ちーん。

「※3心ちゃんの手を治してくれて、本当にありがとうございました」

抜糸《ばっし》以来、お線香《せんこう》をあげるたび祖母は開口いちばんにお礼を言う。心がけがをした時、のんきな反応をしたように見えた家族は、じつはとても心配していたらしい。

「正直、部活をやめさせようかと思った」

と、ついこの間、父からきいた。機械の現場で働いてきた父は、機械の怖《こわ》さをよく知っているのだ。けれど、それを実行しないでいてくれたことに、心は感謝している。

祖母はお礼を言ったあと、さらに深く頭《こうべ》を垂れた。

「おじいちゃん。心ちゃんはがんばっとるよ。どうぞ旋盤のコンテストに出られますように」

心も手を合わせた。心が〈ものコン〉を目指すと決めた時、いちばん喜んだ祖母は、何かにつけて心をサポートしてくれる。春休みには、年度末で経理のパートが忙《いそが》しい母に代わって、お弁当づくりも引き受けてくれた。父は練習で帰りが遅《おそ》い日や雨の日は、仕事の都合がつく範囲《はんい》で迎《むか》えにきてくれる。

「どうしたんね、心ちゃん。なんかしょぼくれとるね」

祖母はくるりと心を振《ふ》り返った。暗い顔をしていたのがわかったのだろう。

「うまくいかんことが多い」

心はぽつんと言った。

「ほかの部員はみんなすごいと。どんどん上達しとる。それに比べて、私は毎日同じことを指摘《してき》される。進歩がないんよ」

それは春休みの強化訓練の時から感じていたことだ。男子たちの、ここいちばんのパワーはすごかった。朝、工場に入ってくる時から、目に見えるような力のベールをまとってくる。そして、そのパワーを旋盤の上で集中力に変え、細かくて正確な仕事をするのだ。特に※4吉田《よしだ》など、春休みのたった二週間の練習で見ちがえるほど腕《うで》を上げた。

それに比べて、自分の力はうまく旋盤に乗っていない。知らない間に体からもれているのではという気がするほどだ。

祖母は少し笑ったようだった。

「⑤心ちゃん、男子の中でちょっと気おくれしとるんやないんかね」

「それはないと、思う」

自分の心を探ってから、心は慎重《しんちょう》に答えた。

工業高校に通う心にとって、男女の区別というのは不思議なポジションにあった。自分以外は、みんな男。気にしてしまうと、とめどがなくなるし、気にしたところでどうすることもできないことのほうが多い。そもそも男ばかりなのは大前提の覚悟《かくご》で入学を決めたのだし、むしろのびのびできる部分もある。実際、全裸《ぜんら》の男子を目撃《もくげき》しようが、隣《となり》でパンツ一丁になられようが、そんなことは気にならない。

「あたしはやっぱり気になったけどね。ほら、ばあちゃん、昔は職人に交じって旋盤回しよったでしょ。男の職人にはどうしても勝てんところがあってねえ。心ちゃんも男の中でコンテストを目指すのはつらいところもあるやろう」

祖母は言う。

確かに工業高校で男子と同じように実習をやっていくのは、ハンディがある。体力がいるし、危険物を扱《あつか》うえで度胸もいる。力も度胸もあるほうの心でも、男子ほどには備わっていないと感じることが多い。でも。

「つらいっていうよりも……」

言わないでおこうと思っていたが、やっぱり口に出てしまったのは、仏壇《ぶつだん》の前だからだろうか。

「特別扱いされることのほうが、嫌《いや》なんよ」

男子との明確なちがいを気にする一方で、機械科に通う女子はたったひとりだという現実がある。希少価値の分だけ、自分へのあたりは柔《やわ》らかいと感じることもある。

⑥持っていないというハンディと、もらうというハンディがあるけれど、もしかしたら、もらうハンディのほうが大きいんじゃないか。

本意とするところではなかったが、それに気づいた時には、もう心は抜き差しならないところにきていた。旋盤に夢中になっていたのだ。硬《かた》い鋼《はがね》の形を自在に変える工作機械の魅力《みりょく》に取りつかれていた。あのあらがえないような鉄のパワーを受け止め、形に返す旋盤の魅力に。

ありがたいことに、そんな心のがんばりが自然と周りに浸透《しんとう》していったのか、部活の中では特別な扱いを受けると感じることもない。

けれど、外部の人にはやはりまだ女子は特別だという思いがあるようだ。

「コンテストには校内選考で勝たんと出られんのやけど、⑦ほかの学科の先生から女子が出たほうが学校のPRになるから、私が選ばれるやろうって、言われた」

あたりまえだと言わんばかりの軽々《かるがる》しい口調だったので、余計にこたえた。自分のがんばりをせせら笑われたような気分だった。

思い出して、心はまた暗い顔になる。

「それは男のゼラシーやね」

「ジェラシー？」

「その男は女に負けるのが悔《くや》しいけん、そんな理由をつけるんやろ。気にせんでいい」

ちょっと意地悪な顔になって言う。ふっと力が抜けて、笑ってしまった。祖母も少し笑ったけれど、すぐに真顔になった。

「心ちゃん、ものをつくるのに男も女もないよ。昔じいちゃんが言ってくれたんよ。あたしがへたくそで悩《なや》んどった時ね。『女には旋盤できんのやろか』ってきいたら、『ものをつくるのに男も女もあるか』っち怒《おこ》られたよ」

「そうよね」

いくぶん軽くなった気がする首を動かして、心は仏壇に目を移す。遺《い》影《えい》の祖父は記憶《きおく》よりも少し若い。福岡県《ふくおかけん》の卓越《たくえつ》技術者に選ばれた時に撮《さつ》影《えい》された六十代半ばのものだ。どこか照れくさそうではあるものの、確固たる自信が感じられるよい笑顔だと心はいつも思う。

（まはら三桃『鉄のしぶきがはねる』〈講談社〉）

※1　中原先生……ものづくり研究部の顧問《こもん》を務める教員。
2　原口……ものづくり研究部の三年生。高い加工技術を持っている。
3　心ちゃんの手を治してくれて……心は半年ほど前に、部活動で旋盤の練習をしていて、指をけがしていた。
4　吉田……ものづくり研究部の二年生。

問一　――線①「冷ややかな空気」とありますが、これと最も近い意味の言葉を次の中から一つ選び、記号で答えなさい。
ア　警戒感《けいかいかん》　イ　孤独感《こどくかん》　ウ　緊張感《きんちょうかん》　エ　危機感

問二　――線②「心の胸に芽生えたまっすぐな思い」とは、どんな思いですか。「～という思い。」の形に合わせて、二十字以上二十五字以内で説明しなさい。

問三　――線③「中からぬっとなじみのない顔が出てきた」の文法的な説明として適切でないものを次の中から一つ選び、記号で答えなさい。
ア　「中から」と「ぬっと」はどちらも「出てきた」に係る。
イ　「なじみのない」の「の」は、「が」に置きかえることができる。
ウ　ここでの主語は「顔」である。
エ　ここには名詞が二つ用いられている。

問四　――線④「ざらざらとした気持ち悪さが広がって、心は胸を押さえた」とありますが、この時の心の気持ちを、「努力」という語を用いて四十五字以上五十五字以内で説明しなさい。

問五　――線⑤「心ちゃん、男子の中でちょっと気おくれしとるんやないんかね」とありますが、周囲が男子ばかりという環境《かんきょう》に対する心の姿勢として適切なものを次の中から一つ選び、記号で答えなさい。
ア　初めから分かっていたことであり、かえって気楽な面もあるが、努めて気にしないように心がけている。
イ　入学前から覚悟していたことであり、孤独感も感じるが、大切に扱われるありがたさも感じている。
ウ　分かり切っていたことであり、気にしてもどうすることもできないので、あきらめて受け入れている。
エ　入学の前提だったことであり、心自身が女子の中でも力や度胸があるほうなので、少しも気にならないでいる。

問六　――線⑥「持っていないというハンディがあるけれど、もしかしたら、もらうハンディと、もらうというハンディのほうが大きいんじゃないか」とありますが、この時の心の気持ちの説明として適切なものを次の中から一つ選び、記号で答えなさい。
ア　校内にいる数少ない女子であるという孤独感よりも、希少な存在として尊重される優越感のほうが大きいのではないかということ。
イ　男子たちから少し丁重《ていちょう》に扱われるありがたさよりも、親切にされることで成長の機会を奪《うば》われる歯がゆさのほうが強いのではないかということ。

ウ　男子たちのパワーやエネルギーに対する劣等感よりも、少数派として勝手に特別扱いされることへの不満感のほうが強いのではないかということ。

エ　力や度胸で男子に負けているという悔しさよりも、部内でも自分だけが特別扱いされることへの悔しさのほうが大きいのではないかということ。

問七　――線⑦「ほかの学科の先生から女子が出たほうが学校のＰＲになるから、私が選ばれるやろうって、言われた」とありますが、この出来事を聞いた祖母の様子として適切なものを次の中から一つ選び、記号で答えなさい。

ア　心の思いを踏《ふ》みにじる「ほかの学科の先生」に過度に憤《いきどお》ってみせることで心の怒りを鎮《しず》めたうえで、ものづくりには性別は関係ないという事実を示して、落ち込む心を立ち直らせようとしている。

イ　「ほかの学科の先生」の本心を推測して切り捨てることで心の気持ちを切り替《か》えさせたうえで、かつて自分が同じようなことで悩んでいた時に祖父から聞いた言葉を伝えて、心を励《はげ》まそうとしている。

ウ　わざと「ゼラシー」と言葉を間違えて笑わせることで心の気持ちを軽くしたうえで、優《すぐ》れた技術者であった祖父がものづくりに性別は関係ないと考えていたことを教えて、心の弱気をたしなめている。

エ　女に負ける悔しさをごまかす言動だと自分の経験から見ぬいて指摘することで心を安心させたうえで、かつて自分も同じような悩みを抱《かか》えていたことを打ち明けて、心の悩みに寄りそっている。

三　次の文章を読んで、後の問いに答えなさい。

雑草の空間の利用の仕方は、大きく「陣地《じんち》拡大型戦略」と「陣地強化型戦略」の二つがあると言われている。

「陣地拡大型」は、横へ横へと生育しながら自分の占有《せんゆう》するテリトリー※1を広げていく戦略である。一方の「陣地強化型」は、テリトリーを顕示《けんじ》して他の植物の侵入《しんにゅう》を防ぐ戦略である。

雑草の種類によって、横に茎《くき》を這《は》わせていく陣地拡大型と、上へ上へと伸《の》びて競争力を高める陣地強化型とに分けられる。それでは、陣地拡大型と陣地強化型は、どちらが有利なのだろうか。

じつは、メヒシバやツユクサなど、しつこいとされる雑草の中には①「中間型戦略」と呼ばれる戦略を取っている。陣地拡大型と陣地強化型がどちらが有利かは、状況《じょうきょう》によって異なる。［Ａ］、中間型戦略の雑草は、二つの戦略を使い分けるのである。

中間型の雑草は、ライバルがいない条件では陣地拡大型を選択《せんたく》し、地面を這って横に伸びながらテリトリーを次々に拡大していく。しかし、競争相手が現れるとなると、一転して立ち上がり、上へと伸びながらテリトリーでの競争力を高める陣地強化型を選択するのだ。

陣地を広げるか、それとも守るか。状況に対応して使い分けることが、中間型の雑草をしつこい雑草たらしめているのである。

②植物は動物に比べて可塑性《かそせい》が大きい。それは、どうしてだろうか。

動物は自由に動くことができるので、エサやねぐらを求めて移動することができる。しかし、植物は、動くことができない。そのため、生息する環境《かんきょう》を選ぶことができないのだ。その環境が生存や生育に適さないとしても文句を言うこともできないし、逃《に》げることもできない。その環境を受け入れるしかないのだ。

そして、環境が変えられないとすれば、どうすれば良いのだろうか。

環境が変えられないのであれば、環境に合わせて、自分自身が変化するしかない。だから、植物は動物に比べて「変化する力」が大きいのである。

植物の中でも雑草は可塑性が大きく、自由自在に変化することができる。この「変化する力」にとって、もっとも重要なことは何だろうか。

それは「変化しないことである」と私は思う。

植物にとって重要なことは、花を咲《さ》かせて種子を残すことにある。ここはぶれることはない。種子を生産するという目的は明確だから、目的までの行き方は自由に選ぶことができる。だからこそ雑草は、サイズを変化させたり、※2ライフサイクルを変化させたり、伸び方も変化させることができるのである。

つまり、生きていく上で「変えてよいもの」と「変えてはいけないもの」がある。

環境は変化していくのであれば、雑草はまた変化し続けなければならない。しかし、変化しなければならないとすれば、それだけ「変化しないもの」が大切になるのである。

踏《ふ》まれても踏まれても立ち上がる。

これが、多くの人が雑草に対して抱《いだ》く一般《いっぱん》的なイメージだろう。人々は、踏まれても負けずに立ち上がる雑草の生き方に、自らの人生を重ね合わせて、勇気付けられる。

しかし、実際には違《ちが》う。③雑草は踏まれたら立ち上がらない。確かに一度や二度、踏まれたくらいなら、雑草は立ちあがってくるが、何度も踏まれれば、雑草はやがて立ち上がらなくなるのである。

雑草魂《だましい》というには、あまりにも情けないと思うかも知れないが、そうではない。

そもそも、どうして立ち上がらなければならないのだろうか。

雑草にとって、もっとも重要なことは何だろうか。それは、花を咲かせて種子を残すことにある。そうであるとすれば、踏まれても踏まれても立ち上がるという無駄《むだ》なことにエネルギーを使うよりも、踏まれながらどうやって種子を残そうかと考える方が、ずっと合理的である。だから、雑草は踏まれながらも、最大限のエネルギーを使って、花を咲かせ、確実に種子を残すのである。まさに「変えてはいけないもの」がわかっているのだろう。努力の方向を間違えることはないのだ。

踏まれても踏まれても立ち上がるという根性《こんじょう》論よりも、雑草の生き方はずっとしたたかなのである。

日本の家には、代々続く「家紋《かもん》」と呼ばれるものがある。古くから人気の高い家紋で、日本の五大紋の一つにも数えられているものに「かたばみ紋」と呼ばれるものがある。④かたばみ紋は、特に、戦国武将が好んで用いていた。

かたばみ紋の※3モチーフとなったカタバミは、けっして珍《めずら》しい植物ではない。道ばたや畑など、どこにでもあるありふれた雑草である。しかも草丈《くさたけ》は一〇センチにも満たないような小さな雑草であるし、花も直径三センチほどのほんの小さな花である。御世辞《おせじ》にも美しい花とは言えないし、松竹梅のようにめでたい植物とも言えない。

どうして、⑤こんなにもつまらない雑草が、武家が好むような立派な家紋として利用されたのだろうか。

戦国武将にとって、大切なことは、家を絶やすことなく、繁栄《はんえい》させていくことにあった。

どこにでも生えているカタバミは、じつにしつこい雑草である。抜《ぬ》いても抜いてもなくならないし、そこら中に種子をばらまいて広がっていく。戦国武将たちは、この小さな雑草のしぶとさに、自らの子子孫孫までの家の繁栄を重ねたのである。

カタバミは、けっして強そうな植物には見えない。［B］、戦国武将たちは、そのカタバミの強さを知っていたのである。

日本では「雑草魂」や「雑草軍団」という言い方をする。やっかいな邪魔者《じゃまもの》である雑草を、ほめ言葉に使うのは日本人くらいのものである。日本人は雑草を観察し、雑草の強さを見ていたのである。

カタバミに限らず、日本の家紋は植物をモチーフにしたものが多い。虎《とら》や龍《りゅう》など、強そうな生き物はいくらでもある中で、植物をシンボル※4として選んでいるのである。

見るからに強そうな生き物ではなく、何事にも動じず静かに凛《りん》と立つ植物に日本人は強さを感じた。私たちの祖先は「本当の強さとは何か」を知っていたのかも知れない。

（稲垣栄洋『植物はなぜ動かないのか　弱くて強い植物のはなし』〈ちくまプリマー新書〉）

※1　テリトリー……領域。なわばり。
2　ライフサイクル……生活の周期。
3　モチーフ……主題。題材。
4　シンボル……しるし。記号。象徴《しょうちょう》。

問一　［A］・［B］に入る言葉として適切なものを次の中から一つずつ選び、それぞれ記号で答えなさい。ただし、同じ記号を二度用いることはできません。

ア　しかし　イ　つまり　ウ　さらに
エ　しかも　オ　そこで　カ　または

問二　――線①「『中間型戦略』」とありますが、その説明として適切なものを次の中から一つ選び、記号で答えなさい。

ア　ライバルがいないうちに横へ広がり競争力を高め、ライバルが現れると上へ伸びてテリトリーを拡大するという戦略。
イ　ライバルがいないうちに上へ伸びて陣地を獲得《かくとく》し、ライバルが出現すると横に伸びて競争を避《さ》けるという戦略。
ウ　競争相手がいない状況では横に陣地を広げ、競争相手がいる状況では上へ伸びて競争力を高めるという戦略。
エ　横にテリトリーを広げることで競争相手の出現を防止すると同時に、上へ伸びて競争力を高めておくという戦略。

問三　――線②「植物は動物に比べて可塑性が大きい」について、次の問いに答えなさい。

(1)　「可塑性」を言い換《か》えた言葉を本文中から五字で書きぬきなさい。
(2)　「可塑性が大きい」のはなぜですか。理由を四十字以上五十字以内で答えなさい。

問四　――線③「雑草は踏まれたら立ち上がらない」とありますが、それはなぜですか。理由を説明した次の文の［Ⅰ］・［Ⅱ］に入る言葉をそれぞれ答えなさい。ただし、［Ⅰ］は本文中から五字で書きぬき、［Ⅱ］は本文中の言葉を用いて十五字以内で答えなさい。

雑草にとって重要なのは、立ち上がることではなく［Ⅰ］ことであり、立ち上がることに［Ⅱ］から。

問五　――線④「かたばみ紋は、特に、戦国武将が好んで用いていた」とありますが、それはなぜですか。理由が分かる最も適切な一文を本文中からぬき出し、初めの五字を答えなさい。

問六　――線⑤「つまらない雑草」とありますが、筆者は「カタバミ」のどのようなところを「つまらない」としていますか。次の中から当てはまるものをすべて選び、記号で答えなさい。

ア　抜いても抜いてもなくならないところ。
イ　めでたい植物とは言えないところ。
ウ　草丈や花が小さいところ。
エ　美しい花とは言えないところ。
オ　ありふれた植物であるところ。
カ　そこら中に種子をばらまいて広がるところ。

問七　次の一文は、本文中のある段落とある段落の間からぬき出したものです。この一文が入る箇所《かしょ》の直後の五字を本文中から書きぬきなさい。

しかし、不思議なことがある。

四　次の詩を読んで、後の問いに答えなさい。

山鳩《やまばと》　原田亘子

①どういうわけか　山鳩が
ベランダの手すりをいったりきたり
妙《みょう》にきどって首を傾《かし》げたり
そして　ツィッと
アメリカ楓《かえで》の樹《き》にいってみたり
しばらくして　またもどって
ちょっとこちらをうかがったり

［A］
②寂《さび》しかったのは
わたしの方だったんだね

山鳩に　ありがとうの
礼をした

【原田亘子「山鳩」
（『続・一編の詩があなたを強く抱きしめる時がある』〈PHP研究所〉所収）】

問一　――線①「どういうわけか」からわかる作者の思いとして適切なものを次の中から一つ選び、記号で答えなさい。

ア　山鳩が自分を監視《かんし》しているという気がして不安を感じている。
イ　山鳩が自分をからかっているようで、腹立たしく感じている。
ウ　自分を気にしているような山鳩の行動を不思議に感じている。
エ　自分を楽しませるかのような山鳩の行動をほほえましく感じている。

問二　第一連の表現に関する説明として適切なものを次の中から一つ選

び、記号で答えなさい。

ア　「たり」という言葉を繰《く》り返《かえ》すことで、山鳩の行動に警戒心《けいかいしん》がないことを示している。

イ　「妙にきどって」など擬人法《ぎじんほう》を用いることで、山鳩の行動の不審《ふしん》さをより強調している。

ウ　擬音語《ぎおんご》や擬態語《ぎたいご》を多用することで、状況《じょうきょう》をより臨場感のあるものとして表現している。

エ　途中《とちゅう》に言い切りの形を用いないことで、山鳩の行動を一続きのものとして表している。

問三　［A］に入る語句として適切なものを次の中から一つ選び、記号で答えなさい。

ア　やっぱりね　　イ　あぁそうか

ウ　まさかね　　エ　それはない

問四　――線②「寂しかったのは／わたしの方だったんだね」とありますが、このときの作者の思いとしてふさわしくないものを次の中から一つ選び、記号で答えなさい。

ア　寂しく見える自分を心配して、山鳩が自分を見守ってくれていたのだと感じた。

イ　山鳩が自分の様子をうかがっていたことで、自分が寂しいことに気づけた。

ウ　山鳩に見守られていることに気づいたので、自分は寂しい気分になった。

エ　山鳩に見つめられていると感じたのは、自分が寂しいからだとわかった。

問五　この詩の状況を「山鳩」の視点に立って書きなおしなさい。ただし、次の条件に従うこと。

A　山鳩も心と言葉を持っているとする。

B　詩に書かれている状況をふまえて書くこと。

C　行替《が》えをしないで文章で書くこと。

D　八十字以上、百二十字以内で書くこと。ただし、出だしの一マスは空けないで書くこと。

五　次の各問いに答えなさい。

問一　――線部の四字熟語の使い方が適切でないものを次の中から一つ選び、記号で答えなさい。

ア　彼《かれ》の今回の入院では、病状が一進一退を繰《く》り返《かえ》していた。

イ　彼の演技は役が変わるごとに、一期一会《いちごいちえ》の成長を見せた。

ウ　実用化を考えると、彼の発明には一長一短がある。

エ　彼の実力は一朝一夕《いっちょういっせき》で身についたものではない。

問二　次の二つの文の「慣用句」の（　）の中には、共通する言葉が入ります。その言葉を平仮名で答えなさい。

・中学のテストの数の多さに目が（　）った。

・方々に手を（　）して部品を調達した。

問三　日本語として適切なものを次の中から一つ選び、記号で答えなさい。

ア　私はこのコーヒーは苦すぎる。

イ　きれいな新宿《しんじゅく》の高層ビルをながめた。

ウ　このクラスの目標はみんなで仲良くしたい。

エ　学校で楽しめる画期的なゲームを教えます。

問四　次の「慣用句」を使って、短い文を作りなさい。

「かぶとを脱《ぬ》ぐ」

※慣用句の内容が具体的にわかるようにしなさい。

慣用句「足がぼうになる」の場合

（悪い例）「ぼくは、足がぼうになった。」

（良い例）「ぼくは、落とし物をしてしまい、足がぼうになるまで探し回った。」

※「動きを表す語」など、後に続く語によって形が変わる場合は、変えても構いません。

（例：「あるく」→「あるいた」）

六　――線部のカタカナを漢字に直しなさい。

1　広い宇宙にカンシンをもつ。

2　兄は銀行にシュウショクした。

3　コクモツをたくわえる倉庫を作った。

4　キボの大きな開発が始まった。

5　風がハゲしくふく。

渋谷教育学園渋谷中学校（第一回）

―50分―

※「〇〇字で」、または「〇〇字以内で」、という指示がある場合は、「。」「、」「かっこ」なども一字と数えます。

□一 次の文章を読んで後の問いに答えなさい。本文の上にある数字は行数を表します。

【男子大学生の榛名忍《はるなしのぶ》は以前は「天才高校生作家」としてもてはやされていたが、現在はスランプに陥《おちい》っている。忍は東京オリンピックに向けて競歩をテーマとした小説を執筆《しっぴつ》するために、大学の後輩《こうはい》で競歩の男子選手である八千代篤彦《やちよあつひこ》に取材を行う。以下は、二人が他大学との合同合宿に参加している場面である。】

「よく最後までついてきたじゃん。ラスト5キロ、結構上げたのに」

※蔵前《くらまえ》に比べたら若干《じゃっかん》息の乱れている八千代が、短く「はい」と頷《うなず》く。

「昨日と今日、八千代を見てて思ったのは、長い距離《きょり》を歩くときーー特に後半に入るとフォームが安定しない。スパートをかけたときにスピードを出そうと《走り》の動きが出て来ちゃうんだな。※警告出されるの、レースの後半が多いだろ？」

ハッと顔を上げて、蔵前を見た。八千代も全く同じことをした。

※能美《のみ》も、関東インカレも、日本インカレも、八千代はレースの後半に決まって警告を出された。ここからスパート合戦が始まるというとき、狙《ねら》ったように出鼻を挫《くじ》かれるのだ。

「かーなーり、直し甲斐《がい》のあるフォームだから、五日間みっちり鍛《きた》えてやるよ。綺麗《きれい》になるぞぉ」

げらげらと笑って、駐車場《ちゅうしゃじょう》でストレッチをする選手達《たち》のもとに向かう蔵前の背中を、忍は脹《ふく》ら脛《はぎ》を摩《さす》りながら見送った。

【中略】

どうしようか迷って、迷って、迷って、二人に駆《か》け寄《よ》った。足を前に繰《く》り出《だ》すたびに悲鳴を上げる太腿《ふともも》に活を入れ、不穏《ふおん》な空気に近づいて行った。

「歩くの嫌《きら》いか？」

普段の人懐《ひとなつ》っこさとか、気さくな先輩《せんぱい》という印象からはほど遠い、低く冷たい蔵前の声がする。怒《おこ》っている。確かに彼《かれ》は怒っている。険しい顔の蔵前と、八千代の背中。二人を見つめたまま、忍は動けなくなった。

「過酷《かこく》な競技だよ。苦しいことばかりだ。俺《おれ》だってそうだ。でも、歩いてるときの君は、刑罰《けいばつ》でも受けてるような顔をしてる。早くこの刑期を終えて自由になりたいって顔だ」

八千代が何か言いたそうに息を吸うのがわかった。でも、蔵前が八千代の言葉を奪《うば》ってしまう。

「違《ちが》うの？　本当はさ、走りたいんじゃない？　走りたいけど仕方なく競歩やってない？　走れない鬱憤《うっぷん》とか苛立《いらだ》ちをエネルギーに競歩をやるなら、それを走ることに向けた方がいいんじゃないの？」

蔵前の言っていることは、多分、正しい。八千代だって、長距離走を続けられるならきっと続けたに違《ちが》いない。

でも、世の中には本人の「続けたい」という熱意だけじゃどうしようもないことがたくさんある。どうしようもないことの方が、きっと多い。

「さっきも必死に俺についていきたけど、あれがレースだったら失格だ。『冷静になれ』って何回言った？　なのに、勝手に焦《あせ》って不安になって食らいついてくる。今のままじゃ、日本選手権だろうと全日本競歩だろうと、ラストで勝負すらできずにまた負けるよ」

正しい、本当に、彼が言っていることは正しい。流石《さすが》は日本代表だ。的確に、(1)八千代の本質と弱点を見抜《みぬ》いている。その蔵前の顔が、①シンソコ恐《おそ》ろしかった。

「八千代は、競歩でどこに行きたいの？」

首を傾《かし》げて、蔵前が八千代を見上げる。八千代の方が背が高いのに、蔵前の方がずっと大きく感じられた。彼から漂《ただよ》う凄《すご》みのようなものが、じりじりと肌《はだ》を焼いてくる。

東京オリンピック、なんて――口が裂《さ》けても言えない。

黙《だま》り込《こ》んだ八千代を、蔵前は凝視《ぎょうし》していた。しばらくして彼は両手をゆっくり腰《こし》に持っていき、八千代を覗《のぞ》き込《こ》むようにしてニイッと白い歯を覗かせた。青天の下、水の撒《ま》かれた土のグラウンドのような、そんな顔で。

(2)「というわけで、明日も頑張《がんば》りましょう」

にこやかに言って、蔵前は何事もなかったみたいに合宿所に入っていった。

随分《ずいぶん》時間がたってから、八千代がこちらを見た。切れ長の目を瞠《みは》って、彼は唇《くちびる》を②真一文字に結んだ。

何を言えばいいかわからなかった。言葉は、人よりたくさん持っているはずなのに、自分の中のどの本棚《ほんだな》を探せば今の八千代に相応《ふさわ》しい言葉があるのか、見当もつかない。

「蔵前さんの言う通りですよ」

温度の感じられない表情で頷いて、彼は小さく肩《かた》を落とした。からん、と、彼の奥《おく》で何かが落ちる音がした。

「言う通りだ」

ふらつくような足取りで、八千代は忍の側を通り過ぎていく。

「八千代」

「頭を冷やしに行くだけですよ」

素っ気なく呟《つぶや》いて、八千代は正門から外へと出て行った。さっきまで淡《あわ》い夕焼けが綺麗だったのに、藪《やぶ》の向こうがすっかり紺《こん》色に染まっている。

「福本さん、それ貸して」

玄関脇《げんかんわき》にいた福本に駆け寄り、その手から自転車の鍵《かぎ》を奪った。ちょうどいい。前カゴに八千代のウインドブレーカーが入っている。

顔を上げると、下駄箱《げたばこ》の前から蔵前がこちらを見ていた。外しかけたスタンドを戻《もど》し、彼に駆け寄った。

「あの、蔵前さん」

「酷《ひど》いと思う？」

あっけらかんとした様子で言われて、言葉を失った。

「彼、ぱっと見は冷静そうな顔をしてるけど、結構カッとなりやすいよね」

「わかってて、なんであんな言い方するんですか。本人が続けたくても、否応《いやおう》なく諦《あきら》めざるを得ないことがあるって、蔵前さんだって知ってるでしょう」

「当たり前じゃん」

下駄箱に寄りかかった蔵前は、肩を揺《ゆ》らして笑った。当然のことを聞くなという顔で。

「もう限界だって競技を辞《や》めた奴《やつ》。怪我《けが》で辞めざるを得なかった奴。実業団から戦力外通告されて泣く泣く田舎《いなか》に帰った奴。競歩に限らず、大量に見てきたよ」

「じゃあ……」

「ここにいるはずじゃなかった、って顔して後ろついてこられて、イライラしちゃってね」

(3)本当にそうなのだろうか。ならどうして蔵前は、昨日八千代に「綺麗になるぞぉ」と言ったときと同じ顔をしているのだろう。

「取材のときに榛名センセに言いましたよね？　競歩は転向ありきのスポーツだって。俺だって大学から競歩を始めたから、高校のときは大学駅伝を走りたいと思ってた。もっと言えば、箱根が走りたかった」

穏《おだ》やかな溜《た》め息《いき》をついた蔵前が、遠い目をする。遠く遠く、大学生もしくは高校生だった頃《ころ》の自分を思い出しているみたいだった。

「でも、競歩は箱根を走れなかったコンプレックスを埋《う》める代替《だいたい》じゃない。競歩を箱根の代わりにしてるようじゃ、競歩が好きで《歩き》を極《きわ》めようとしてる奴には勝てないよ」

俺とか、※長崎龍之介《ながさきりゅうのすけ》にはね。

歌うように長崎の名前を出されて、忍はすっと息を止めた。蔵前は、八千代に彼の心根をわかって言ったのだろうか。※ロング歩の最中に、八千代に彼のことを話してわざと煽《あお》ったりしたのだろうか。

さっき話していた※楓門《ふうもん》大の選手が、もし、好きな作家として※桐生《きりゅう》恭詩《やすし》の名前を出していたら、俺は笑って「そうなんですか」と言えただろうか。

「そうかも、しれませんけど」

きっと、ヘラヘラと「そうなんですね。面白《おもしろ》いですよね、桐生さんの本」と言うのだ。意外と違和感《いわかん》なく笑えるのだ。そして、今日の夜ベッドに入ってから、今更《いまさら》のように悔《くや》しいと思う。今更悔しいと思う自分にさらに悔しくなる。

「八千代は確かに、箱根駅伝がなくなっちゃった穴を競歩で埋めようとしてるのかもしれないけど、それは絶対に、悪いことではないと俺は思います」

庇《かば》っているのは、俺なのに。俺が庇っているのは八千代なのに。どうして、自分を必死に守っているような気分になるのだろう。

「そんなことも許されないなんて、一度挫折《ざせつ》した人間は何もできないじゃないですか」

心血を注いだ何かをすっぱり諦められるなんて、そんな潔《いさぎよ》い人間ばかりじゃないだろう。引《ひ》き摺《ず》って引き摺って、それでも次を目指そうとする人間だって、いるだろう。

——いるだろう。

「ああ、そうだろうね」

あっけらかんと、蔵前は頷いた。

「でも、八千代君に俺の言葉が必要だって言ったの、榛名センセでしょ？」

そうだ。確かに、そうだ。

「……八千代を、迎《むか》えに行って来ます」

蔵前に一礼し、玄関を出た。「いってらっしゃ〜い」と手を振《ふ》る蔵前の姿が、ガラス戸に映り込んでいた。

【中略】

「やっぱりこういうとき、人間って海に行くんだよな。俺が読んできた小説の登場人物って、みんなそうだった」

「……わかりやすくてすみません」

沈《しず》んだ声は、波の音に掻《か》き消《け》されそうだった。

「わかりやすくて助かったよ」

自転車の前カゴに入っていたウインドブレーカーを渡《わた》してやる。強い風が海から吹《ふ》いてきて、八千代は諦めた様子でそれを着込んだ。

「別に、拗《す》ねてふて腐《くさ》れてるだけなんで、夕飯の時間までには帰りますよ」

「じゃあ、夕飯の頃まで付き合うよ」

遮《さえぎ》るものが何もなくてすこぶる寒いが、忍は砂浜《すなはま》に腰を下ろした。立っているよりはマシだろう。両足を、さらさらの砂の上に投げ出す。だいぶたってから、八千代が隣《となり》に座《すわ》った。

誰《だれ》もいない砂浜で、黙《だま》って海を見ていた。特に面白いものもない。冬だし暗いし、夜景や③トウダイの明かりが見えるわけでもない。

だから、かもしれない。

「俺のデビュー作、二十万部売れた。新しい世代の書き手が現れたって。リアルな青春を描《えが》く新星だって」

口から、言葉がぽろぽろとこぼれていく。「凄いじゃないですか」と、八千代が答えた。

「二作目は、プレッシャーもあったけど、結構楽しく書いたんだ。『読者の期待を軽々と越《こ》えた傑作《けっさく》だ』って、文芸誌に書評が載《の》った」

「それも凄いですね」

「三作目は、デビューした玉松書房《しょぼう》じゃないところから出した。『アンダードッグ』ってタイトル。俺は気に入ってる話だったのに、売り上げがイマイチ奮わなくて、ネットでもいい感想を見かけなかった。それで俺も、書きたいものを楽しんで書くだけじゃなくて、ちゃんと数字とか需要《じゅよう》とか、そういうことを考えないといけないんだなって思った」

八千代は何も言わなかった。満ち潮ってわけでもないのに、波の音が近くなった。

「四作目の『遥《はる》かなる通学路』は、正直、いろいろ考えすぎて書くのがきつかった。担当からたくさん修正指示が入って、何がいいのかわからなくなって、無理矢理完成させた。一昨年の一月に出した『嘘《うそ》の星団』も同じような感じだったな。去年出した『アリア』は、久々にそういう息苦しさを抜《ぬ》け出《だ》せたような気がしたんだけど、結局未《いま》だにスランプのままだ。世間はもう、天才高校生作家のことなんて忘れてる」

波の音が、また近くなる。

「『遥かなる通学路』の頃からかなあ。思ったように書けなかったって気持ちとか、期待に応えられなかったって気持ちを、次の作品に投影《とうえい》するようになったの。『遥かなる通学路』の分まで『嘘の星団』に、『嘘の星団』の分まで『アリア』にって……失敗から逃《に》げ回《まわ》るみたいに、自分の中にできちゃった穴を次の作品で必死に埋めるようになったの」

穴は、増えていく。忍の心はぼこぼこの穴だらけになっていく。「天才高校生作家」でなくなった自分が身につけるべき新しい《価値》を探して、(4)ゾンビみたいに彷徨《さまよ》う。

「失敗して、次の挑戦《ちょうせん》でその穴を埋めようとするんだよ。蔵前さんはああ言うけど、俺はそういうものだと思う」

最初から何もかも上手《うま》く行くなら、それに越したことなんてない。次こそは、次こそは……何度《次》を積み重ねたって辿《たど》り着けないのかもしれない、もう《次》なんてないかもしれないと怯《おび》えながら、それでも《次》を信じて生きている。(5)俺も、彼も、一緒《いっしょ》だ。

「俺は負けたんですよ」

ぽつりと、八千代が言った。

「長距離で負けた。それは事実なんです。競技そのものを諦めて、普通に大学生やって普通に就活して普通に就職する選択肢《せんたくし》だってありましたけど、駄目《だめ》だったんですよ」

駄目だったんです。

波の音と音の間で、八千代はその言葉を繰《く》り返《かえ》した。

「俺ね、小学生の頃から走るのが好きで、中学、高校と陸上ばっかりだったんですよ。はい、今日から別の目標を見つけて、頑張って生きて行ってください。なんて言われても、何をすればいいかわからないんです。何ができるかもわからないんですよ。だから、競歩は俺に価値をくれるんじゃないかと思ったんです」

そうだ。俺には価値が必要なんだ。作家であり続けるためには、価値がないといけない。書くことをやめたら、俺は何者にもなれない。

書き続けること以外に、自分を確かめる方法がわからない。

「俺も負けたんだよな」

寒さに、指先の感覚が遠のいていく。鼻の頭が痛くなって、鼻水を啜《すす》った。

「そうだな。そうだよな、俺は負けたんだ。負けたってわかってるくせにぐちゃぐちゃ言い訳して、スランプだとか、『どうせ俺なんか』なんて言ってふて腐れて拗ねてたんだ。認めるよ、負けたんだ。俺は、負けたんだ」

「先輩は、誰に負けたんですか？」

他の作家に、本に、世間からの期待に、ニーズに、売り上げに――そこまで考えて、どれも合っているけれど、どれも違うと気づいた。

「榛名忍に、だ」

天才高校生作家という肩書《かたが》きを、期待を、重いと思った。でも、いざ「誰からも期待されなくなった自分」を想像すると、期待されたいと思う。期待される自分でいたい。期待に応えられる自分でいたい。もっと上手に夢を見るはずだったのに。胸の奥にいる怖《こわ》いほど純粋《じゅんすい》な自分が、そうやって嘆《なげ》いている。

東京オリンピックが決まったあの日から、俺は一歩も前に進んでいない。

「俺は、俺に負けてきたんだ。本を読むのが好きで、小説を書くのが好きな俺に、ずっと負けてきた。俺の期待を④ウラギってきた」

ふふっと、八千代が笑うのが波の音に紛《まぎ》れて聞こえた。無意識に足下《あしもと》にやっていた視線を彼へ移すと、確かに微笑《ほほえ》んでいた。

「元天才高校生作家も、大変ですね」

「ああ、大変だよ。凄く大変だよ」

今、とても辛《つら》い話をしているはずなのに。どうしてこいつは笑って、釣《つ》られて俺も笑ってしまうんだろう。

「帰ろう。帰って飯食って風呂《ふろ》だ。明日はまた20キロ自転車漕《こ》ぐんだから」

立ち上がると、内股《うちまた》にびきんと痛みが走った。呻《うめ》きながらズボンについた砂を払《はら》うと、八千代が「え、明日もやるんですか？」と聞いてきた。

(6)「やるよ。遊びに来てるんじゃないんだから」

浜は真っ暗になっていた。手探りで自転車を探し、砂の上を引き摺って歩いた。

（額賀澪『競歩王』〈光文社〉より）

※蔵前……競歩のコーチ。

※警告……競歩では歩く際のフォームに厳格な制約があり、「常にどちらかの足を接地させる」、「前足のひざを伸ばす」などのルールがある。違反《いはん》が認められると注意や警告が出され、失格になる場合もある。

※能美……「全日本競歩能美大会」のこと。直後の「関東インカレ」、「日本インカレ」は大学生の大会。

※長崎龍之介……八千代と同年齢《ねんれい》のライバル選手。競歩一筋で、リオデジャネイロオリンピックに出場した。

※ロング歩……競歩の練習メニューの名前。

※楓門大……今回の合同合宿に参加している大学のひとつ。

※桐生恭詩……忍と同時期にデビューした同世代の作家。かつては忍の方が人気があったが、今は桐生の方が売れている。

問一　===線①〜④のカタカナを漢字に直しなさい。漢字は一画ずつていねいに書くこと。

問二　——線(1)「八千代の本質と弱点を見抜いている」とありますが、蔵前が見抜いた八千代の選手としての「本質と弱点」はどのようなものですか。五十一字以上六十字以内で説明しなさい。

問三　——線(2)「にこやかに言って、蔵前は何事もなかったみたいに合宿所に入っていった」とありますが、ここまでの場面で描かれている蔵前の説明として最もふさわしいものを次の中から一つ選び、記号で答えなさい。

ア　競歩に取り組む八千代の姿勢に物足りなさを覚え、あえて八千代を試すような発言をした彼からは、いつもの前向きで実直な雰囲気《ふんいき》は消えうせ、日本の競歩界の第一人者としての凄《すご》みが感じられた。しかし最後には、八千代の才能を強く信じているかのように明るい笑顔を向けている。

イ　競歩に取り組む八千代の考え方に疑問を感じ、その真意を執拗《しつよう》に追求した彼からは、いつもの気さくでさっぱりした雰囲気は消えうせ、競歩のエキスパートとしての気位の高さが感じられた。しかし最後には、何事もなかったかのように八千代に対して再びさわやかな笑顔を向けている。

ウ　競歩に取り組む八千代の姿勢に対して不満を感じ、突《つ》き放《はな》すような言葉を発した彼からは、いつもの冷静で落ち着いた雰囲気は消えうせ、競歩という競技を愛するがゆえの怒《いか》りが感じられた。しかし最後には、沈黙《ちんもく》することしかできない八千代に対して諦《あきら》めと悲しみがにじむような複雑な笑顔を向けている。

エ　競歩に取り組む八千代の姿勢に対してあえて怒りをあらわにしてみせ、厳しい言葉を投げかけた彼からは、いつもの親しみやすく明るい雰囲気は消えうせ、日本競歩界を背負う者としての威厳《いげん》が感じられた。しかし最後には、沈黙する八千代に対してあっけらかんとした様子で晴れやかな笑顔を向けている。

オ　競歩に対する八千代の考え方を正さねばならないと考え、有無《うむ》を言わせぬ態度で八千代を叱《しか》った彼からは、いつもの穏やかで優しい雰囲気は消えうせ、若い選手に規範《きはん》を示そうとする厳しさが感じられた。しかし最後には、返す言葉もないほど落ち込む八千代の気持ちを察して励《はげ》ましの笑顔を向けている。

問四　――線⑶「本当にそうなのだろうか」とありますが、蔵前に対して忍がこのように考えるのはなぜですか。最もふさわしいものを次の中から一つ選び、記号で答えなさい。

ア　蔵前は八千代が自分と同じく長距離走から競歩へ転向したことを知ったうえで、自分や長崎とは決定的な実力の違いがあると彼を見下すようなことを言っているが、八千代の才能は認めるかのような笑顔を浮《う》かべており、忍は蔵前の様子が不思議で仕方なかったから。

イ　蔵前は八千代が長距離走を諦めて競歩に転向したことを知りつつ、彼の選手としての在り方を否定するような残酷《ざんこく》なことを言っているが、それでも八千代の成長を期待するかのような笑顔を浮かべており、忍は蔵前の真意が他にあるのではないかと感じたから。

ウ　蔵前は八千代が長距離走へのコンプレックスを競歩にぶつけているということを知り、その姿勢は間違っていると強く批判するようなことを言いながらも、八千代に対する同情を感じさせるような笑顔を浮かべており、忍は蔵前の真意が理解できなかったから。

エ　蔵前は八千代のように他競技から競歩へ転向してきた多くの選手の末路を知っていて、彼の選手としての将来を危ぶむような発言をしているにもかかわらず、八千代を鍛えるのが楽しみだというような笑顔を浮かべており、忍は蔵前に不信感を抱《いだ》いたから。

オ　蔵前は八千代が前向きな気持ちで競歩に取り組んでいるわけではないということを知り、それを腹に据《す》えかねて厳しい言葉を述べながらも、八千代のフォームを美しくする自信にあふれた笑顔を浮かべており、忍は蔵前の言動に違和感を覚えたから。

問五　――線⑷「ゾンビみたいに彷徨う」とありますが、これは忍のどのような様子を表したものですか。最もふさわしいものを次の中から一つ選び、記号で答えなさい。

ア　「天才高校生作家」と称賛《しょうさん》された頃と違って、最近は納得のいく作品が書けなくなり、身も心も疲《つか》れ果《は》ててしまっているが、失敗を次の作品に生かさなければ意味がないという思いにとらわれて、自分の才能に対する不安を抱《かか》えつつ、苦悩《くのう》しながら試行錯誤《しこうさくご》を繰り返している様子。

イ　最近はデビュー作を超《こ》える手ごたえのある作品が一向に書けないまま、心に穴が空いてしまったように無気力になっているが、次の作品ではひょっとしたら挽回《ばんかい》できるのではないかという淡い期待を捨てきれず、もがき苦しみながら、いつ終わるとも分からない挑戦を続けている様子。

ウ　人気作家としての過去の栄光を取《と》り戻《もど》したいという思いが空回りし、思うような結果に結びつかず小説を書くこと自体に嫌気《いやけ》がさしているが、次の作品でこれまでの失敗を埋め合わせなければならないという考えに固執《こしつ》してしまい、結果に怯えて苦悩しながらも、書くことを諦められずにいる様子。

エ　これまでいくつか作品を書いてきたものの、どれもデビュー作を超える評価を得られず、作家としての方向性を見失って混乱しているが、次の作品を書くことで自分が作家であることを証明できるかもしれないという思いに引きずられ、辿り着けるかもわからない目標に向かって、苦悩しながら努力を継続《けいぞく》している様子。

オ　華々《はなばな》しい作家デビューの後、次第に自分の思いや周囲の期待にかなう作品が書けなくなり、心に大きな傷を負っているが、次の作品をうまく書くことでしか過去の失敗から逃《のが》れることができないという思いに取りつかれ、先の見通しもなく、もがき苦しみながら小説を書き続けている様子。

問六　――線(5)「俺も、彼も、一緒だ」とありますが、忍と八千代はどのような点で一緒なのですか。最もふさわしいものを次の中から一つ選び、記号で答えなさい。

ア　挫折《ざせつ》を繰り返した結果、ついに自分が身につけるべき新しい価値を見極めたが、もうこれ以上挑戦を続けることができないかもしれないという思いにさいなまれ、次の挑戦を最後だと思ってやりとげようと考えている点。

イ　挫折を味わった後、上手くいく保証のない中で怯えながらも、自分が何者であるかを証明したい、自分の新しい価値を求めたいという気持ちを抑《おさ》えきれず、次の挑戦を諦めることができずにいる点。

ウ　立ち直れないほどの挫折をしたが、自分が新しい価値を身につけるためには、その経験を生かして今できることをするしかないと、次の挑戦を前向きに捉《とら》えうまくいくことを信じようとしている点。

エ　立ち直ることができないような大きな挫折を経験したことで、自分には何の価値もないのではないかという不安にとらわれ、最後になるかもしれない次の挑戦に怯えている点。

オ　挫折を経験し一度は夢を諦めようとしたが、何をしていいか分からず過ごすうちに、自分に新たな価値を与えてくれるものが見つかり、諦めさえしなければまだまだ次の挑戦があるということを信じている点。

問七　――線(6)「やるよ。遊びに来てるんじゃないんだから」とありますが、ここでの忍の説明として最もふさわしいものを次の中から一つ選び、記号で答えなさい。

ア　大好きで取り組んできた分野での自分の負けを認めるのはとても辛いことだが、似《に》た境遇《きょうぐう》にある八千代と本音を語り合ったことで、自分を見つめ直すことができ、厳しい状況《じょうきょう》は変わらないものの前向きな気持ちが生まれている。

イ　大好きな文学において自分の才能の限界を認めるのはとても辛いことだが、長距離を諦めて競歩に転向した八千代と胸の内を共有したことで、苦しんでいるのは自分だけではないと思えるようになり、一歩ずつでも前に進もうという意欲が芽生えている。

ウ　作家としての敗北を受け入れるのはとても辛いことだが、拗ねてふて腐れていた八千代が自分の話を聞いて明るくなったことで、自分の置かれた状況を客観視する余裕《よゆう》が生まれ、困難な状況にあってもそれを不思議と楽しめるようになっている。

エ　出版した小説の売り上げにおいてライバルに敗北したことを認めるのはとても辛いことだが、長距離走で挫折を味わった八千代が新たな価値を求めて競歩に挑《いど》んでいるのを知ったことで、自分が何者かを知りたいという好奇心《こうきしん》が湧《わ》いてきている。

オ　他人が決めた肩書きを背負い続けるのはとても辛いことだが、同じような悩みを抱える八千代に自分の話を聞いてもらえたことで、自分の気持ちに整理がつき、周りからの期待に応えられる自分になろうと決意を新たにしている。

問八　次のア～キは、この作品を読んだ生徒たちの感想です。作品の解《かい》釈《しゃく》として明らかな間違《まちが》いを含《ふく》むものを二つ選び、記号で答えなさい。

ア　八千代は走ることが大好きだったのにそれを諦めるのは辛いことだろう。彼は「走る」代わりに「歩く」ことをしているわけだけれど、でも蔵前の言葉から考えると、競歩を好きでやっている選手には勝てない。焦ると走りたい気持ちが出てしまうのかもしれない。彼が競歩選手として成長するには「歩く」こと自体を好きになる必要がありそうだ。

イ　忍は天才高校生作家として華《はな》やかにデビューしたけれど、書くことがだんだん辛くなってしまい、昔の自分にも、ライバルである桐生恭詩にも勝てずにいる。桐生に勝って、書くことをもう一度好きになることができれば、また思うような作品が書けるようになるだろう。

ウ　蔵前や長崎は好きで競歩を極めようとしている人物で、八千代とは対比的な位置づけがされている。蔵前は八千代に厳しい言葉を投げかけるけれど、それによって八千代は自分の考え方を見つめなおし、変化・成長のきっかけを与える存在として重要な役割を果たしている。さらには忍の変化にも影響を与えることになる重要な人物だ。

エ　蔵前から責められた八千代に対して、最初忍は「何を言えばいいかわからなかった」(61行目)けれど、海辺での場面では「口から、言葉がぽろぽろとこぼれていく」(159行目)ようになっている。きっと、自分の物語と八千代の物語が重なって捉えられたから、自分を振り返る言葉が八千代への言葉として自然とあふれてきたのだろう。

オ　本文は忍の視点から描写《びょうしゃ》されることが多く、八千代の本心ははっきりとは描かれていないけれど、最後の場面では二人の気持ちが通じ合っていることが読み取れる。作品の構造としては、競歩選手を描こうとする小説家を描くという二重構造になっていておもしろい。

カ　冬の海辺の情景描写が効果的だ。「沈んだ声は、波の音に掻き消されそうだった」(144行目)など、今にも消え入りそうな声で話す二人の意気消沈《いきしょうちん》した姿が波の音によって印象付けられている。また、「波の音と音の間で、八千代はその言葉を繰り返した」（201行目）などから、波音が二人を包《つつ》むことで幻想的《げんそうてき》な空間が演出され、その中でお互《たが》いの心の内をぶつけあう二人が現実世界から切《き》り離《はな》されているように感じられる。冬の冷たい空気が、残りの合宿が二人にとって更《さら》に辛いものになることを暗示している。

キ　忍は思うような作品を書けないことの原因について、売上げやニーズなどを気にした影響もあると考えていたようだ。しかし八千代と話をしていくうちに、書くことが自分に価値をもたらすということに気づき、自分自身の内側に本質的な原因があるということに思い至る。八千代との対話を通して自分自身への理解が深まったということが言える。

二　次の文章を読んで後の問いに答えなさい。

日本語学・日本語教育学者の庵功雄《いおりいさお》さんが著《あらわ》した『やさしい日本語』は、簡略化された〈やさしい日本語〉の概要《がいよう》を示しつつ、(1)社会におけるその重要性を指摘《してき》しており、目下《もっか》の論点にとって非常に参考になる著書だ。

そこで①テイショウされている〈やさしい日本語〉とは、簡単にまとめるならば、(1)語彙《ごい》を絞《しぼ》る、(2)文型を集約するなどして文法を制限する、(3)難しい表現を噛《か》み砕《くだ》く、といった方法により、特定の障害のある人や在日外国人などにとっても習得や理解がしやすいように調整された日本語のことだ。

この〈やさしい日本語〉は、災害時における行政やメディアによる広《こう》範《はん》な情報発信という用途《ようと》のほか、平時においても、多様な人々が暮らす日本の地域社会の共通言語として用いることによって、※社会的包摂《ほうせつ》や多文化共生につながることが目指されている。具体的には、たとえば、

「地震《じしん》直後に必要になる水や保存食はもちろんのこと、給水車から給水を受けるためのポリタンク等も事前に購入《こうにゅう》しておきたい」

という※日本語ネイティブ向けの防災の呼びかけは、

「地震のすぐあとのための水や食べ物はとても大事です。水をもらうときのためのポリタンク（水を入れるもの）も買ってください」

といった文章に言《い》い換《か》えることが推奨《すいしょう》される（『やさしい日本語』一八七—一八八頁《ページ》）。

同書中で紹介《しょうかい》されているエピソードのなかで特に印象深いのは、聴覚《ちょうかく》に障害のある一人の男性のエピソードだ。彼はろう学校で必死に日本語を学んだが、彼の母語である日本手話が日本語と大きく文法体系が異なることなどもあり、敬語の使い分けや助詞の使い方などはうまく習得できなかった。就職後、彼が「てにをは」の不自然な文——たとえば、〈仕事が終わらせる〉など——を書いたりすると、周囲の同僚《どうりょう》にからかわれたり、蔑《さげす》まれたりするようになり、相当の辛苦《しんく》を味わったという（同書一三八—一三九頁）。同様のつらい思いは、日本で働く在日外国人なども少なからず経験していることだろう。

日本語を母語とする者が高度に使いこなしているものを皆が従うべき「規範」として立て、そこから逸脱《いつだつ》した使用を嘲《あざけ》ったり厳しく注意したりするのでは、社会的包摂や多文化共生からは遠ざかるばかりだろう。

むしろ、「日本で安心して生活するために最低限必要な日本語」（同書八六頁）を基準に皆が日本語の学習やコミュニケーションのあり方を考えていくことは、特定の障害のある人や在日外国人などが「日本の中に自

らの「居場所」を作る」（同書七三頁）ことにつながりうる。

　以上の指摘は非常に重要だ。〈やさしい日本語〉を知恵《ちえ》を絞って構築し、日本語教育の現場などに普及《ふきゅう》させて日本語習得のハードルを下げることは、たとえば移民など、この国の地域社会で生きていく必要のある人々にとっても、また、彼らと共生していく日本語ネイティブの住民にとっても有益であることは間違《まちが》いない。

　さらに、同書では、〈やさしい日本語〉はそのほかの点でも日本語ネイティブ自身にとって大いに恩恵《おんけい》があると指摘されている。私も含《ふく》め、日本語ネイティブはしばしば、「「適当に言っても通じる」というある種の「甘え」」（同書一八四頁）のなかにいる。たとえば、企業でも②カンチョウでも大学等々でも、自分でもよく分かっていない曖昧《あいまい》な業界用語を※符丁《ふちょう》のように用いて、仲間内でうなずき合って過ごす、というのはよく見られる光景だ。また、無駄《むだ》に難しい言葉をこねくり回して③リッパな話をしているように見せかける、というケースもしばしばあるだろう。

　そうした甘えや幻惑《げんわく》から脱《だっ》して、自分とは異なる背景を有する相手の立場に立ち、物事を分かりやすく表現して伝えようとすることは、多くの場面でコミュニケーションの成功の機会を増やしてくれるほか、物事のより明確な理解や、より多角的な理解を促進《そくしん》してくれるだろう。

　ただし、〈やさしい日本語〉が日本語それ自体の規範になってはならない。私はこの一点に関してのみ、〈やさしい日本語〉の推進に対して一抹《いちまつ》の懸念《けねん》を抱いている。

　たとえば同書では、日本語ネイティブにとっては拙《つたな》く思えるような日本語も一種の「方言」ないし日本語のバリエーションであって、たとえば在日外国人がそうした日本語で「大学のレポートや会社のビジネス文書を書いても受容すべきだ」（同書二〇七頁）と言われている。もしもこの主張が、あらゆるレポートやビジネス文書についての規範的主張として④テンカイされているのだとしたら、それには明確に反対したい。


【中略】


また、たとえば専門家の繰《く》り出《だ》す表現がときに難しいものになるのは、難しい言葉を無駄にこねくり回しているから——本当は分かりやすく言えるのに、敢《あ》えて好きこのんで難しい言葉を用いているから——というケースも確かにあるが、そればかりではない。

　医学であれ、工学であれ、法学等々であれ、専門家が扱う問題は、まさにその道の専門家が必要であるほどに、そもそも難しい。複雑な問題をあるがままに正確に捉《とら》え、解決の方途を正確に言い表そうとするならば、その表現はおのずと複雑で、繊細《せんさい》なものになっていく。

　もっとも、専門家は常に難しい言葉の使用に終始していればよいというわけではない。専門家と市民との十分なコミュニケーションは本当に重要であり、そこでは難しい言葉はしっかりと噛み砕かれるべきだ。（この点については、後の第四章第3節で主題的に扱う。）ただし、その前にまずもって、専門の領域において突《つ》き詰めた思考と表現が必要なのだ。

　また、種々の社会問題の込《こ》み入った中身に分け入ったり、人間の心理の微妙《びみょう》な襞《ひだ》を分析《ぶんせき》したり、古来受《う》け継《つ》がれてきた世界観や価値観の内実を浮《う》き彫《ぼ》りにしたり、といった場合にも、慎重《しんちょう》に繊細に言葉を練り上げることが必要となる。そうやって腐心《ふしん》することではじめて表現できることがあり、その表現によってはじめて見えてくるものがあるのだ。そして、そのような実践《じっせん》が可能であるためには、言語という巨大な文化遺産の奥《おく》深くにアクセスし、その厖大《ぼうだい》な蓄積を利用しつつ、変更を加えたり新たなものを付け加えたりしていく道が、私たちに確保されていなければならない。つまり、〈やさしい日本語〉ではなく、前掲書《ぜんけいしょ》で言うところの「(2)精密コードとしての日本語」(同書二〇九頁)を用いることが、そこでは可能でなければならない。

しかもそれは、各分野の専門家や、あるいは作家といった職業の人に可能であればよい、というものではない。〈精密コードとしての日本語〉の使用が私たちのうちのごく一部に限られてしまえば、そこに大きな知的格差や、あるいは権威《けんい》・権力の偏《かたよ》りが生まれ、日本語は非民主化されてしまうことになる。また、そもそも、過去の言葉の蓄積を理解できる人が少なくなれば、その分だけ遺産自体が先細り、朽《く》ちていってしまうことになる。

要するに、言葉は常に伝達のための手段であるわけではなく、しばしば、言葉のまとまりをかたちづくること――表現を得ること――それ自体が目的となる場合がある、ということだ。その点で、「日本語母語話者にとって最も重要な日本語能力は、「自分の考えを相手に伝えて、相手を説得する」ということである」(同書一八一頁)という、同書で繰り返されている主張は、言葉の働きの一方を強調し過ぎているように思われる。もちろん、その種のコミュニケーションスキルもきわめて重要だ。しかし、これがほかの何よりも重要であるというわけではない。すなわち、その伝えるべき「自分の考え」それ自体を生み出すことも、同じくらい重要な言葉の働きなのである。

それから、言語の簡素化と平明化を推進することが、必ずしも言語の民主化につながるとは限らない、という点も強調しておくべきだろう。

多様な人々の間で用いられる共通言語を意図してつくろうとする際には、一般《いっぱん》的に、語彙と文法を制限して学習や運用のコストを減らすという方法がとられる。しかし、人工的な共通言語のこうした特徴《とくちょう》は、たとえばジョージ・オーウェル(一九〇三―一九五〇)の小説『1984』に登場する、※全体主義国家の公用語「ニュースピーク」の特徴と似通っている。

本書第一章でいくつか具体的な事例を通して確認したように、多くの言葉は、物事に対する特定の見方、世界観、価値観といったものを含んでいる。(たとえば、「土足で踏《ふ》み込《こ》む」、「かわいい」、「しあわせ」など。)(3)言葉は思考を運ぶ単なる乗り物なのではなく、ある種、「思考が言語に依存《いぞん》している」(『1984』四六〇頁)とも言えるのである。そして、件《くだん》の全体主義国家は、言語のこの特徴を最大限に利用している。すなわち、旧来の英語を改良した「ニュースピーク」なる新しい言語を発明し、その使用を強制することによって、国民の表現力や思考力を弱め、全体主義に適《かな》う物事の見方に嵌《は》め込むのである。

ニュースピークの具体的な設計思想は、文法を極力シンプルで規則的なものにすること、そして、体制の維持《いじ》や強化にとって不要な語彙を削《さく》減《げん》し続けることである。小説の登場人物の口からは、「年々ボキャブラリーが減少し続けている言語は世界でニュースピークだけだ」(同書八二頁)とも語られている。たとえば、「good(良い)」という言葉の程度を強めるのに「excellent(素晴らしい)」とか「splendid(見事)」といった言葉があるのは無駄であって、「plusgood（＋良い）」とか「doubleplusgood（＋＋良い）」という言葉で十分とされる（同書八一頁）。作者のオーウェルは、小説の付録として「ニュースピークの諸原理」を詳細《しょうさい》に著しているが、そこで彼は次のようにも綴《つづ》っている。

我々の言語と比較《ひかく》してニュースピークの語彙は実に少なく、さらに削減するための新たな方法がひっきりなしに考案され続けた。ニュースピークは他の言語と異なり、年々語彙が増えるのではなく、減少し続けたのである。選択範囲が狭《せば》まれば狭まるほど人を熟考へ誘う力も弱まるのだから、語彙の減少はすなわち利益であった。（同書四七三―四七四頁　※原文を基に一部改訳）

しっくりくる言葉を探し、類似した言葉の間で迷いつつ選び取ることは、それ自体が、思考というものの重要な要素を成している。逆に言えば、語彙が減少し、選択できる言葉の範囲が狭まれば、その分だけ「人を熟考へ誘《さそ》う力も弱まる」ことになり、限られた語彙のうちに示される限られた世界観や価値観へと人々は流れやすくなる。ニュースピークとはまさに、その事態を意図した言語なのである。

語彙と文法の制限によって簡素化・平明化を実現したニュースピークは、淀《よど》みのない滑《なめ》らかなコミュニケーションを人々に可能にさせるが、しかしその事態は、人々がこの言語によって飼い慣らされ、表現力・思考力が弱まり、画一的なものの見方や考え方に支配されることを意味していた。

もちろん、これは小説のなかの話であり、ある種の思考実験に過ぎない。（とはいえオーウェルは、二〇世紀前半に猛威《もうい》を振《ふ》るった現実の全体主義国家の言語政策やプロパガンダなどを手掛かりに、ニュースピークを周到《しゅうとう》に構想したわけだが。）

また、〈やさしい日本語〉はニュースピークのようなものだ、と言いたいわけでもない。ニュースピークは、全体主義に適わない世界観や価値観を表現する言葉を積極的に廃止《はいし》し、「ありとあらゆる他の思考様式を完全に排除すること」（同書四六〇頁）を明確に意図して設計されている。その一方で〈やさしい日本語〉は、先に確認したように、地域に住む人々の多様な背景を尊重し、相手の立場に立ったコミュニケーションを推進することを目的としている。それゆえ、(4)人々は〈やさしい日本語〉の使用によって、画一的なものの見方どころか、多角的なものの見方を獲得《かくとく》できる可能性が大いにあるだろう。

しかし、仮に〈やさしい日本語〉が全面化するとすれば――つまり、いかなる場面でも〈やさしい日本語〉の使用が推奨されたり要求されたりするとすれば――その際にはこの言語はニュースピーク的なものに近づくことになる。誰か（言語学者？　国の機関？）が意図して減らした語彙と表現形式に従ったかたちであらゆる報道がなされたり、あらゆるレポートや論文が書かれたりするようになれば、どのような語彙や表現形式が制限されるかに応じて、思想的な偏りが生まれたり強まったりするだろう。また、たとえば価値中立的な言葉や政治的に中立的な言葉だけを用いる、といった方針を採ったとしても、言うまでもなくその方針自体が、一種の思想的な偏りを示すものとなる。

そして、それ以前に、〈精密コード〉としての側面を失った日本語は、それを使用する者の表現力や思考力を著《いちじる》しく弱めてしまうことだろう。

（古田徹也『いつもの言葉を哲学する』〈朝日新書〉より）

※社会的包摂……一人ひとりが取り残されることなく社会へ参画することができるようにすること。

※日本語ネイティブ……日本語を母語とする人。

※符丁……仲間だけに通じることば。あいことば。

※全体主義……個人の権利や利益を国家の統制下に置こうとする思想。

問一　═線①～④のカタカナを漢字に直しなさい。漢字は一画ずつていねいに書くこと。

問二　――線(1)「社会におけるその重要性」とありますが、〈やさしい日本語〉はどのような点で重要ですか。最もふさわしいものを次の中から一つ選び、記号で答えなさい。

ア　〈やさしい日本語〉は全ての人が日本語の規範として用いることを目的として作られており、日本語を母語としない人々が日本人と対等にコミュニケーションをとることを推進し、多文化社会の中でも差別をなくすことを可能にするという点。

イ　〈やさしい日本語〉は文化的背景や能力にかかわらず誰もが容易に使えることを目的として作られており、社会に所属する全ての人が排除されずに共に暮らしていくことを推進し、緊急時《きんきゅうじ》においても多くの人々が適切な情報をすばやく得ることを可能にするという点。

ウ　〈やさしい日本語〉は日本で暮らすあらゆる人々の共通言語になることを目的として作られており、日本語を母語とする人と在日外国人の言葉の壁《かべ》による教育格差をなくすことを推進し、将来的には格差のない平等な社会を形成することを可能にするという点。

エ　〈やさしい日本語〉は人々が持つ様々な個性や違いに配慮《はいりょ》することを目的として作られており、日々の生活のなかで誰もが周囲の人と親しい人間関係を速《すみ》やかに築くことを推進し、災害などの非日常的な場面でも必要な情報を周囲の人と共有することを可能にするという点。

オ　〈やさしい日本語〉は国内で暮らす多様な人々の円滑《えんかつ》な意思疎通《そつう》を実現することを目的として作られており、日本語習得の際のハードルを下げて移民を増やすことを推進し、日本以外の文化圏《けん》の人々であっても自分の考えを他者に的確に伝えることを可能にするという点。

問三　――線(2)「精密コードとしての日本語」とありますが、それについて筆者はどのような考えを持っていますか。最もふさわしいものを次の中から一つ選び、記号で答えなさい。

ア　複雑な事象を的確に表現するために欠くことのできない繊細な日本語であり、使うためにはこれまでの言語文化の積み重ねを理解して更新していく姿勢が必要で、その使用が一部の人々に限定されてしまうことには危機感を抱いている。

イ　専門的な分野において現象を速やかに分析《ぶんせき》するための高度な日本語であり、市民がその意味を即座に理解できるようなわかりやすいものではないため、その性質上権威や権力と強く結びつき、日本語の非民主化を推し進めるものであることを懸念している。

ウ　社会に存在する様々な課題を解決するために必要となる練り上げられた日本語であり、専門家や知識人だけが用いることで格差が生じないように、日本で生活するあらゆる人々が使えるようになることが重要だと考えている。

エ　込み入った状況を詳細《しょうさい》に表すことができる緻密《ちみつ》な日本語であり、適切に用いるためには意味や使う状況を間違ってはならないので、過去から現在にいたるまでの言葉の蓄積を日本語教育のなかで教えていくことが必要だと感じている。

オ　専門性が求められる場面でも日本語を母語としない人々との対話の場面でも使用できる柔軟《じゅうなん》な日本語であり、専門家と市民が円滑なコミュニケーションを行うために、今後さらに活用されるべきであるという確信を持っている。

問四　――線(3)「言葉は思考を運ぶ単なる乗り物なのではなく、ある種、『思考が言語に依存している』」とありますが、それはどういうことですか。五十一字以上六十字以内で説明しなさい。

問五　本文を読んだAさんは〈やさしい日本語〉と「ニュースピーク」とについて考えを整理するため、――線(4)「人々は〈やさしい日本語〉の使用によって、画一的なものの見方どころか、多角的なものの見方を獲得できる」に注目して、次のようなメモを作成しました。これについて、あとの(1)、(2)に答えなさい。

メモ
人々は〈やさしい日本語〉の使用により、［　X　］ようになり、多角的なものの見方を持つようになる。
人々は「ニュースピーク」の使用により、［　Y　］ようになり、画一的なものの見方を持つようになる。

(1)　［　X　］に入る表現として最もふさわしいものを次の中から一つ選び、記号で答えなさい。

ア　日本語を母語としない人の不自然な言葉づかいに対する自分の態度を振り返り、相手の言葉づかいに対して寛容《かんよう》になろうとするなかで、相手の目線に立って対話することを意識する

イ　自分が今まではわかりにくい表現を使っていたことに気が付き、相手の気持ちや状況に寄《よ》り添《そ》った丁寧《ていねい》な表現を心掛《こころが》けるなかで、その場にふさわしい新しい言葉を創り出す

ウ　無意識のうちに日本の文化を相手に押し付けていたことを反省し、相手の文化を学んでいくなかで、日本以外の文化の持つ独自性や素晴らしさを理解する

エ　日本語の敬語や助詞が他文化の人にとっては難しいのだとわかり、相手が少しでも理解できるように会話を工夫するなかで、現在の日本語の単語や文法の形式にこだわる必要はないと思う

オ　自らの言語が持つ不明瞭《ふめいりょう》さや難解さを自覚し、より相手に伝わりやすい表現を用いてコミュニケーションをしようと努めるなかで、自分とは違う文化的背景を持つ他者の気持ちを考慮する

(2)　［　Y　］に入る表現を四十一字以上五十字以内で本文に即して答えなさい。

問六　次のア～カは、本文に登場する〈やさしい日本語〉・〈精密コードとしての日本語〉・「ニュースピーク」について生徒が話しているものです。それぞれの言葉に関する具体的な例として明らかな間違《まちが》いを含《ふく》むものを一つ選び、記号で答えなさい。

ア　私のクラスには海外からの留学生がいて、国語の授業で読んだ説

明的な文章には難しい言葉や表現がたくさんあると言って困っていたよ。それに気が付いた先生は簡単な表現に言い換えながら説明してくれたんだ。これが相手の立場になって〈やさしい日本語〉を使うということなんだね。

イ　今日見た映画の主人公は、夢を追い続けて貧しい生活をするか、夢を諦《あきら》めてしっかり働くか、決められずに苦しんでいたよ。一緒《いっしょ》に見ていた兄が「彼の心の葛藤《かっとう》がよく伝わってきたね」と言っていて、あの悩んで揺《ゆ》れ動く気持ちは「葛藤」と言うんだとわかったよ。〈精密コードとしての日本語〉を使うと微妙な心理が表現しやすくなるね。

ウ　近所に住んでいるおじいさんが言っていたけれど、戦時中は敵国だったアメリカやイギリスから入ってきた言葉を使うことが禁止されていた時期があったんだって。国家が言葉を統制することによって人々を偏った価値観に導くという点では「ニュースピーク」とよく似ているね。

エ　私が住んでいる地域の避難《ひなん》所の看板には今までは「避難場所」としか書かれていなかったけれど、最近「逃《に》げるところ」という表現が書き足されて、意味がわかりやすくなったよ。聴覚《ちょうかく》情報だけではなくて視覚情報でも〈やさしい日本語〉は活用することができるんだと思ったよ。

オ　以前風邪《かぜ》を引いたときに薬を飲んだらすぐに身体が楽になったよ。でも、あとになって、薬だと思って飲んだのが実はラムネだったとわかったんだ。なぜ治ったんだろうと思って調べたら、薬自体に効能がなくても信じて飲むことで効果がでる「偽薬《ぎやく》効果」・「プラシーボ効果」という医学用語があることを知ったよ。こういう用語も〈精密コードとしての日本語〉だね。

カ　いとこの結婚《けっこん》式があったとき、「終わる」や「切れる」みたいに不幸を連想させる言葉は使わないようにってお母さんに注意されたよ。こういう言葉は「忌《い》み言葉」と言って縁起《えんぎ》が悪いから場面によっては使うことが避《さ》けられるらしいけれど、言葉を制限して思想を狭めるところは「ニュースピーク」みたいだよね。

問七　筆者は本文に続く箇所《かしょ》において、〈やさしい日本語〉と〈精密コードとしての日本語〉の間には「緊張関係」があり、この緊張は解くべきではないと述べています。筆者は二つの言葉の関係性に対してどのような意見を持っていると考えられますか。本文の内容をふまえて最もふさわしいものを次の中から一つ選び、記号で答えなさい。

ア　専門家が複雑な問題を研究するときは〈精密コードとしての日本語〉を用いて、市民が生活するために必要な情報を取り入れるときは〈やさしい日本語〉を用いるという使い分けによって社会は成り立っているため、専門家と市民はお互いの領域に踏み込むのではなく、各々の立場にふさわしい言葉を使うべきである。

イ　〈やさしい日本語〉が万人に対して開かれた平明な言葉である一方で、〈精密コードとしての日本語〉は一部の知識人のみが使用する高等な言葉であり、二つの言葉は相反する性質を持っているため、統合して新たな言葉を創造することを目指すのではなく、従来通りそれぞれを独立したものとして厳密に区分して使用していくべきである。

ウ　人々がお互いへの理解を示しながら安心して生活しつつ高い思考

力を維持できるようにしていくために、日々の暮らしの中で使用する言葉を〈やさしい日本語〉と〈精密コードとしての日本語〉のいずれか一方に統一するのではなく、両者の均衡《きんこう》を保ちながらそれぞれの場面で使い分けていくべきである。

エ　〈やさしい日本語〉と〈精密コードとしての日本語〉はどちらが全面的に使用されることになっても必ず社会から取り残されてしまう人が出てくるので、対立し合う二つの言葉として区別するのではなく、バランスを取りながら双方《そうほう》の持つ特徴を融合《ゆうごう》させた民主的な表現形式を模索《もさく》していくべきである。

オ　〈やさしい日本語〉と〈精密コードとしての日本語〉は使用する人々の間で思想の偏りが起きないように配慮されている点で共通しているが、言葉が民主化されている状態を保持するために両者を同一視するのではなく、それぞれの場面に適した語彙や表現形式を選び取っていくべきである。

渋谷教育学園幕張中学校（第一回）

―50分―

注意　・記述は解答欄《らん》内に収めてください。一行の欄に二行以上書いた場合は、無効とします。
・記号や句読点も一字に数えること。

一　次の文章を読んで、後の問いに答えなさい。

これはマッチもまだあまりないころのアメリカの話で、ちょうど「悪魔印」のマッチというのが出はじめたころなのだが、それは簡単にこども手に入る品物ではなかった。

だからこそ、こどもが深夜に墓地にゆくなどというのは大へんな冒険で、ピクニックに洞窟《どうくつ》に入って迷ってしまうと、こどもの力では、もどってくるのが大仕事で、三日三晩も、少年少女が二人きりで洞窟にとじこめられてしまうことになった。

品物がない時代には、大人だけでなく、こどももものをつくりださなくてはならず、相当な時間をそれにさくことになる。したがって、学校に行く時間をそれほどとらなくてもよいということになり、こどもたちには、ひまがたくさんあった。

今の日本には、品物が出まわっており、こどももひまがないのだから、この小説の時代とはがらりとちがっていて、つながりがほとんどない。この小説に入りこむことはむずかしいだろう。

私は、小学生のころ、『少年倶楽部《くらぶ》』(＊1)などにのっている佐々木邦(＊2)の小説が好きで次々に読み、佐々木邦が訳しているので、マーク・トウェーン作の『トム・ソーヤの冒険』と『ハックルベリー・フィンの冒険』とを読んだ。『ハックルベリー』のほうが名作だと言うことをきいており、その後そだつにつれて私の記憶の中では、『ハックルベリー・フィン』のほうがだんだんに『トム・ソーヤー』よりも大きくなったが、それでも、小学生の私にとっては『トム・ソーヤー』のほうがおもしろかったし、ここから入っていって『ハックルベリー』にゆきついた。

なぜこの本にひきよせられたかというと、私が学校が好きでなかったからで、学校にも家庭にもおちついていられなかったこどもには、今でも『トム・ソーヤー』は魅力があるだろう。

道であった二人の少年の(a)ショウダン。

「それ、なんだい？」（トム・ソーヤー）

「なあに、ダニさ」（ハックルベリー）

「どこで手にいれた？」

「森の中」

「それ、なんとだったら、とっかえる？」

「わからねえ、売るつもりはないんだ」

「ああ、いいさ。なにしろちっちゃなダニだよな」

「ほう、ひとのダニに【Ｘ】をつけるんなら、だれだってできらあ。おれは、こいつで満足さ。おれにとっちゃ、じゅうぶんけっこうなダニなんだ」

「ちぇっ、ダニなんか、いくらでもいらあ。その気になれば、千匹だってとれるさ」

「ほう、じゃ、なぜとらない？　それはな、とれっこないのが、すごくよくわかってるからさ。こいつは、どうやら、はしりのダニなんだぜ。

おれは、今年、はじめて見たやつさ」

「なら、ハック、……そいつのかわりに、ぼくの歯をやるよ」

「見せてみな」

トムは紙きれを取りだして、用心しながらそれをひろげた。ハックルベリーは、ほしそうな目でながめた。(b)ユウワクはたいそう強かった。ついに、彼はいった。

「これ、本物か？」

トムは唇をあげて、抜けあとを見せた。

「そうか、よし」ハックルベリーはいった。

「取引しよう」


（大塚勇三訳『トム・ソーヤーの冒険』〈福音館書店〉）


そこで二人はわかれたが、それぞれがまえより物もちになったような気がしていた。それぞれの少年が、自分のねぶみに自信をもっているからで、自分で価値をつくっているからだろう。あかんぼうの世界にはそういう側面がある。その方法が、幼年時代、少年時代にもちこされ得る。ところがそこに学校がわりこんでくる。学校の先生は、一つの価値尺度があると信じており、それを親たちも、それぞれの家庭で信じている。そこで、こどもが、ダニではなく、カブトムシぐらいをもっているとしても、

「それ、いくら？」

というところから、おたがいの話がはじまる。その取引は、デパートとおなじ(c)コウテイ相場によることになり、日本全国一律ということになる。この価値のエスカレーターにのって、男女とも定年に達し、墓場までゆくことになると、定年から墓場までに普通にゆるされている老夫婦の家庭内の会話も、デパートのねだん表どおりということになろう。そこには、①小泉八雲《こいずみやくも》とはまた別種の怪談じみたものがありはしないか。

②『トム・ソーヤー』には、これとはちがう世界がある。

男女共学は日本でひろくおこなわれているが、成果をあまりあげていないようだ。この小説の中のトム・ソーヤーとベッキー・サッチャーは、たがいに学校でも道でも家の前でもハチのダンスやクジャクの羽ひろげまがいの見せびらかしをさかんにして、それをやりすぎたため、ピクニックに行った洞穴《ほらあな》の中で一行からはぐれて、三日三晩をすごす。それでも、救いだされた時には、セント・ピーターズバーグ村をあげての大歓迎だ。

洞穴の中で、トム・ソーヤーは、殺人犯のかくした宝を見つけて、追跡してきた仲間のハックルベリー・フィンと山わけして、ともに自立の道を見つけるのだが、両者の交友が、そのまま墓場までつづいたわけではない。おなじセント・ピーターズバーグという名前をもつ、ロシアの本場の都市に育った（＊3）シクロフスキーは、『革命のペテルスブルク』で、成人後のハックルベリーのトム・ソーヤーとの気まずい出会いと別れに言及したが（ソヴィエト・ロシアにとっても『トム・ソーヤー』は魅力があるらしい）、③その萌芽《ほうが》はすでに、この第一作にある。

宝を山わけして金持ちになった浮浪児ハックルベリーは、ある未亡人の家にひきとられるが、そこでナイフとフォークを使って食べるのや、学校に行くのにたえられない。彼は家を出て、道端のタルの中でくらす。トム・ソーヤーが、さがしにやってきて、

「でも、みんな、そうやってるんだぜ、ハック」
「トム、それだって、おんなじこったよ。おれはみんなじゃねえから、がまんできねえんだ。あんなにしばられるなんて、やなこったよ。それに食いものが、わけなく手にはいりすぎる」

この本は、今の日本のこどもにとって参考になるものではなさそうだ。ここにいるこどもたちには、ひまがある。ひまの中で、学校は自然に小さいものになる。こどもはこどもそれぞれの世界をもち、そこから自信をもっておとな(親と先生)をねぶみすることができる。甘えておとなにぶらさがりながら(ということは親と先生の価値基準をうけいれて)の批判ではないのだ。④そのひまを、今のこどもは、どのようにしてつくることができるか？　こどもだけではなく、親は、どのようにひまをつくることができるか。

【鶴見俊輔「おとなをねぶみするひま　マーク・トウェーン『トム・ソーヤーの冒険』」全文(『鶴見俊輔集12　読書回想』〈筑摩書房〉所収)】

《注》

＊1　『少年倶楽部』……少年のための月刊総合雑誌。大正三年創刊。

＊2　佐々木邦……静岡県出身の小説家。

＊3　シクロフスキー……ロシア、ソ連の批評家。

問一　══部(a)～(c)のカタカナを漢字に直しなさい。

問二　【Ｘ】に入るひらがな二字の言葉を答えなさい。

問三　――部①「小泉八雲とはまた別種の怪談じみたもの」とはどういうものだと考えられるか。その解釈として最も適当なものを次の中から選びなさい。

ア　非現実的なものが現実にあらわれ人間を苦しめるという怪談の恐怖とは異質な、現実の中に非現実的なものが侵入しているにも関わらず、それが非現実だと理解されていないという底知れぬ不気味さ。

イ　苦しみが長時間続くわけでもなく、やがては終わりへと向かうという怪談における恐怖とは異質な、人間をその人生の途中から終わりまで、長期に渡って苦しめ続けるという、救いの訪れない絶望的な恐怖。

ウ　日常目にせぬものが日常に現れ人間を苦しめるという怪談の分かりやすい不気味さとは異質な、日常に既にあって実は個々の人間の生の歩みを損なっているのに、当の人間は損なわれていることに自覚的ではないという不気味さ。

エ　人間の世界を超越した霊的な存在が人間世界に現れて人間を苦しめるという怪談の持つ恐ろしさとは異質な、およそ超越的とは言えないものが人間の健全な精神を破壊し、苦しみの感情から逃れられないようにするという不気味さ。

オ　物質的な性質を帯びて人間の身体性を破壊するものが現れるという怪談の怖さとは異質な、一切の物質性を持たない純粋な理念が、人間の均質的な精神のありかたを破壊してしまうという、得体の知れない恐怖。

問四　――部②「『トム・ソーヤー』には、これとはちがう世界がある」とあるが、本文において筆者は他の世界との比較を通じて『トム・ソーヤー』の世界の特徴を説明している。その特徴とは何か。――部②よりも前の内容をふまえて説明しなさい。ただし、比較されている他の世界の特徴については説明しないでよい。

問五　――部③「その萌芽」とあるが、物語における二人の少年のどのような様子に「別れ」の「萌芽」が見いだせるというのか。簡潔に説明しなさい。

問六　――部④「そのひまを、今のこどもは、どのようにしてつくることができるか？　こどもだけではなく、親は、どのようにひまをつくることができるか」とあるが、この部分とも関連した、本文全体の内容についての解釈として適当なものを次の中から二つ選びなさい。

ア　品物がない時代におけるこどもたちは、ものをつくることに、大人たち同様時間がとられるため、かえって「ひま」という、人間にとって非常に大切なものを持ちえたが、現代社会では、それが困難になっていると筆者は考えている。

イ　「ひま」の中で、こどもたちがそれぞれの世界を持とうとして冒険へと乗り出すことに対して、社会常識にしばられた大人たちが寛容になる場面がないという点では、現代社会も『トム・ソーヤー』の世界も同じだと筆者は考えている。

ウ　「ひま」の中を生きることができた時代のこどもたちは、おとなたちと関わることなく、こどもだけの閉じた世界の中で生きていけたが、今日の社会においては、そのような閉じた世界の中で生きることは難しいと筆者は考えている。

エ　「ひま」を持たないために子供たちが、外での活動を縮小せざるをえない現代において、学校の重要度は高まっており、社会的責任も重くなっていると筆者は考えており、そうである以上、人々は学校の方針に従うべきだと主張している。

オ　筆者は親が「ひま」を持たず、それゆえに社会常識が支配する世界を外から見るような余裕がないことをも問題視しており、親が「ひま」を確保し、自らの世界を一ねぶみ」することが大事だと考えつつも、それは難しいとみている。

問七　本文中で言及されている「マーク・トウェーン」および「シクロフスキー」と同じ国の作家が書いた作品をそれぞれ選びなさい。

ア　『星の王子さま』

イ　『イワンのばか』

ウ　『ハムレット』

エ　『世界の終わりとハードボイルド・ワンダーランド』

オ　『不思議の国のアリス』

カ　『若草物語』

二　次の文章は津島佑子《つしまゆうこ》「鳥の涙」の、中盤と最終盤を部分的に省略したものである。これを読んで、後の問いに答えなさい。

――おまえのお父さんはまだ帰らない。……

こんな言葉から、私の母の「お話」ははじまった。私と弟は二つ並んだふとんに寝ている。私が七歳のころ、とすると弟は四歳だったことになる。①とてもこわいお話だったので、私と弟は眼をつむり手をつないで聞いていた。眠る前の子どもに聞かせるにはあまりにこわいお話だと母もやがて気がついたのか、いつの間にか、私たちは別のお話しか聞かなくなっていた。

――これは子守り歌だったっていうんだけど、どんな歌だったのか、わたしにはさっぱりわからない。あんたたちのおばあさんにも、もう、わからなくなっていた。子守り歌だったから、自分の赤ちゃんに聞かせるお話なの。

　お話をはじめる前に、母はこのようなことを言ったような気がするのだが、これもはっきりしない。あとから私がこのお話のもとを知って、それで自分の記憶をすりかえてしまっているようにも思える。弟に念のために聞ければいいのだけれど、弟はずっと前に死んでいる。

　――おまえのお父さんはまだ帰らない。……

　母は話しはじめる。

　――……毎日、私はおまえを泣きながら育てています。おまえのお父さんはとなりの国の人たちに連れられて行きました。そこに行けば必ず死んでしまうと言われる、おそろしいところ。冷たい海には、たくさんのさかなたちがいます。そのさかなを一日中、おまえのお父さんは集めつづける。海の波。お父さんは転ぶ。となりの国の人たちがお父さんを棒で打つ。体から血が流れる。足も手も海の冷たさでぼろぼろになって、血だらけになっている。お父さんは食べるものももらえない。寝る時間ももらえない。お父さんは病気になる。となりの国の人たちは病気になったお父さんを棒で打つ。病気のお父さんは体中に血を流しながら、冷たい海のなかに戻って行く。海のなかには、人間の血のにおいが大好きなサメもいる。そんなおそろしいところ。

　おまえのお父さんは行きたくなかったのに、命令に従わないと殺されてしまうので、ある日、船に乗って、となりの国の人たちの村へ出かけて行きました。そのとき、おまえのお父さんはおまえを抱いて泣いている私に言いました。

「もし私がずっと帰って来なかったら、気持のいい軽い風が海から吹いてこないか、気をつけるんだよ。そうしたらおまえは海辺に出て、遠い沖を見つめるんだ。すると鳥の群れが陸に向かってくるのが見えてくる。いいね、その先頭に首のない鳥が一羽飛んでいる。それが私なんだ。ちゃんとその私を見つけて、拝んでくれるね。」

　それにしても父親のいない私たちに、母はなにも思わずにこの「お話」を聞かせていたのだったろうか。私たちの父は弟が赤ん坊のころに母のもとを去って、母よりもっと若い女と暮らし、そうして、当時、東欧と呼ばれていた国のひとつに行って、それ以来、(a)ショウソクがわからなくなった。父と母は結婚していなかったので、私たちはもともと、法律上、父のいない子どもたちだった。父は私が生まれたころ、まだ学生だったという。私が大学に入ったとき、母が父との生活のありのままを、でも最低限の範囲で教えてくれた。それから十年以上経《た》っているけれど、私は父について母になにも聞かないし、母も言わない。三歳までの父親が父と言えるのかどうかさえ、私にはわからない。少なくとも、私はその存在を、自分がこの世に生まれてくるきっかけとしか感じなくなっている。②父という言葉とは無縁の、ただのきっかけだ。まして、母は私が大学を卒業してからある年上の男と生活をともにしはじめ、今でも老夫婦として一緒にいるので、私にも母たちに対して家族らしい思いが育ち、父という言葉を聞くと、今の母の相手を自分から思い浮かべるようにさえなっている。と言って、お父さんと呼んだこともないし、遠慮のない口ゲンカをしたこともないのだけれど。

　なにしろ自分でさえ首をかしげたくなることがあるほど、私は自分の父についてなにも特別な思いを持たずに、この年まで過ごしてきた。結婚して、子どもを持っても、その無関心は変わらなかった。子どものころ、父がいなくて心細いとか、物足りない、と感じたおぼえがない。でも、母はどうだったのだろう。このごろになって、そんなことが気になりだしている。私と弟を寝かしつけるときに、あの「お話」を聞かせてくれた母は父と別れてからまだ、四年しか経っていなかったのだし、たったの三十歳だったのだ。母こそ心細い思いで、「お話」の私と自分を重ね合わせ、でも自分の相手はだれかに強制されて離れていったのではなく、殺されて首のない鳥になったのでもない、と溜息《ためいき》をついていたのではなかっただろうか。それとも、当時の母は生活費をだれにも頼れなかったから、私たちの世話をしながら働くのに忙しすぎて、なんの感傷もなく、自分も一日の疲れで半分眠りながら、子どもたちのために「お話」を寝言のように語っていただけだったのか。

(中　略)

最近になって、私は母から聞いたこの話がどこから来たのか気になりだし、あれこれと民話の本をのぞきはじめた。中学生になった私の子どもに、あの「首なし鳥」の話さ、あれ、だれに聞いても、知らないっていうよ、なんで、あんな話を知ってたんだよ、とあるとき、言われて、本当になぜなんだろう、とうろたえてしまった。老いた母にも、なにげなく聞いてみた。母はいとも簡単に答えただけだった。

私のお母さんが話してくれたから、私もあんたに話してやったんですよ。

私の祖母は青森から東京に出てきた人だった。祖父は埼玉に生まれ、東京の学校を卒業して以来、東京の会社で働き、私の母がまだ赤ん坊のころに、事故で死んでしまった。それだけのことを思い出し、私はまず青森に伝わる民話の本を買ってきた。私の探す「鳥の話」は見つからなかった。つづけて、埼玉の民話集を買い求めた。やはり、「鳥の話」は見当たらない。岩手、秋田の民話も同じように調べてみた。どこにも、「鳥の話」に似通った話すら見つけることができなかった。

祖母が自分で作りあげた「お話」だったのだろうか、とも考えてみた。それとも、祖母の近くにいただれかが創作したのか。でも、私にはどうしても、そのようには思えなかった。だれかの思いつきで作られたにしては、あまりに風変わりな「お話」ではないか。なぜ、「ある男が」と言わずに、わざわざ「おまえのお父さんは」と言わなければならないと決められているのだろう。なぜ、首を失った海鳥が悠々と空を飛びつづける姿を想像できたのだろう。ふつうに考えれば、こんな残酷な姿はないのに、どうして「お話」のなかでは、それが美しい姿にさえ感じられてしまうのだろう。

祖母の生まれた青森のすぐ北には、北海道という、島とは呼べないほどに大きな島が存在していることに、私はふと気がつかされた。祖母の家は太平洋に面した古い漁村の(b)アミモトだったという。それならば、北海道の海辺になんらかのつながりがあったのではないか。北海道は、(＊)アイヌの人たちの土地だった。

もしかしたら、という思いで、私はアイヌの民話集を図書館で探して、眼を通してみた。アイヌの歌を集めた本も調べてみた。そして、私はとうとう、あのなつかしい「お話」とそっくりな話と巡り合うことができたのだった。

（中　略）

祖母のこの「お話」を聞いて育った私は、夫を失ってはいないから、「おまえのお父さん」と自分で語ってみても、自分の夫のことなど思い浮かべはしない。私の父や祖父を思ってみるわけでもない。この「お話」をかつて、③寝床で聞きながら手をつないでいた幼い弟が、私の頭のなかで、首なし鳥の姿になって羽ばたきつづけている。

④子どもが生まれたときに、私は夫の顔を見て泣いた。夫がそのとき考えたような、うれし涙などではなかった。

——この子も死ぬ、きっと死んじゃう。そう決まっているの。弟も九歳で死んだ。おじいさんも三十三歳で死んだ。父は姿をけした。男はみんな、私のまわりからいなくなる。だから、あなただって死ぬかもしれない。でも、あなたはもうおとなだから、いつか、あきらめがつく。せっかく生まれたこの子が死ぬのは、どうしたってあきらめられない。どうしよう。この子が弟のように死ぬのを待ちながら育てるなんて、そんなこと、できない。どうして男の子なんか生まれてきたの。男の子なんか欲しくなかったのに。

長い間忘れていた、弟と遊んだときの喜びが大きな波になって、産後の私に押し寄せてきたのだった。父のいない家で、忙しい母の代りに私は弟のオムツを取り替えてやっていたし、御飯も食べさせ、洋服も着せてやった。お風呂に入ったあと、真裸で弟とふとんの上を転がりまわるのが、大好きだった。弟が小学生になってからは、一年生の教室を必ず、私が毎日、見まわりに行った。弟に友だちができると、私も一緒に遊んだ。私の弟！　私の弟！　私がいつも言いつづけるので、私のクラスの全員が弟をよく知るようになった。おまえの弟！　あんたの弟！　クラスのみんなが、そう言って、私をからかう。それでも私は弟のそばから離れなかった。運動の苦手な弟のために、家で体操のコーチになってやったこともある。学年の代表に弟が選ばれて、終業式に生徒全員の前で、転任になった先生のための「送る言葉」を弟が読んだとき、私は心配のあまり、気分が悪くなってしまった。私の弟。私だけの弟なのだった！

この子は死なないよ、死ぬはずがないんだよ。私の夫は辛棒強く、まるでちょうど子守り歌をうたうように、私に言い聞かせつづけた。私は信じなかった。弟だって、死ぬはずがなかったのだ。でも三年経って、私の泣く回数は減りはじめた。六年経って、たまにしか泣かなくなった。⑤泣く代りに、私は母から聞いた「お話」をそのころから、私の子どもに聞かせはじめた。九歳になろうとする私の子どものために聞かせておきたかった。

——おまえのお父さんはまだ帰らない。……

すると、子どもは変な顔をしてつぶやく。

——ぼくのお父さん、いっつも帰ってくるよ。

私は無視して、「お話」をつづける。

——……毎日、私はおまえを泣きながら育てています。おまえのお父さんはとなりの国の人たちに連れられて行きました。……

——それ、だれの話？　おまえって、ぼくのことじゃないね。

私はなにを言われても知らんふりをしている。

——……でも、おまえのお父さんが言い残していった通りに、今、気持のいい軽い風が海から吹いてきた。なんてさわやかないい風なんでしょう。私は急いで、海辺に走って行きます。沖のほうから、鳥の群れが飛んできます。私は息もできなくなり、鳥の群れを見つめます。ようやく先頭の鳥が見えてきた。私は心臓も止めて、先頭の鳥を見つめつづけます。白い羽根が大きくはばたいている。だけど、白い胴からまっすぐ伸びているはずの頭がない。……

……首のない鳥になってしまった私の弟！　私の弟がようやく、私のもとに戻ってきてくれた。翼の羽ばたく音が、私の耳にひびいてくる。首のない鳥は私の頭上をまわりはじめる。真白な翼がまぶしい。翼の風が、私のまわりに渦巻く。まだ、死ぬはずじゃなかったのに死んでしまったので、首のない鳥の神さまになった私の弟！　ねえ、聞いて、お姉ちゃん、聞いて、といつも私から離れずにしゃべりつづけていたから、今でも私に言いたいことが多すぎて、だからいっそ、首を捨ててしまった私の弟！　首のない鳥の翼から大粒の涙が光りながらしたたり落ちてくる。その涙で、私の頭、肩、胸、手が濡れていく。翼の風が、私の体を凍らせる。羽音が耳にひびく。弟の声が羽音とともに聞こえてくる。

お姉ちゃん！　お姉ちゃん！

私も叫ぶ。

私はここだよ！

そのとたん、首のない鳥の神さまになった私の弟は空高く舞いあがり、沖のほうにまっすぐ飛び去っていく。弟の涙に濡れたまま、私は砂浜で泣きつづける。……

そうして、私の子どもは九歳になった。弟のようには死ななかった。私の子どもは十歳を過ぎても十二歳になっても死ななかった。そして、首のない鳥になった私の弟は沖のほうに飛び去って行った。

でも、ときどきあの翼の音が今でも私の耳を打つ。すると、私の体は翼からしたたり落ちる弟の涙でびしょ濡れになる。翼の風で凍りつく。

お姉ちゃん！　お姉ちゃん！

弟の声が聞こえてくる。弟の声は変わらない。首のない鳥の神さまになった弟の幼い呼び声がなつかしくて、私は微笑を浮かべ、耳を傾ける。弟はもう戻ってこないのかもしれない。でも、私にはまだわからない。私の子どもがこの先いつ死ぬのか、夫が、私自身が、いつ死ぬのか、だれにもわからないように。

（津島佑子『鳥の涙』）

《注》

＊アイヌ……現在、主として北海道に居住する少数民族。

問一　＝＝部(a)・(b)のカタカナを漢字に直しなさい。

問二　――部①「とてもこわいお話だった」とあるが、どのようなところが「こわい」のか。説明として**適当でないものを二つ**選びなさい。

ア　「お父さん」が強制的に連れて行かれ、暴力で脅《おど》されて無理やり奴隷として魚を捕らされた挙げ句、殺されて首のない鳥になってしまうところ。

イ　自分の住んでいる国のとなりに、自分たちを突然拉致《らち》するうえに、そこに行けば必ず死んでしまうというおそろしい国があると知らされたところ。

ウ　若くして夫を亡くした「お話」の中の母の、ときが経《た》っても癒《い》えることなく、毎日悲嘆に暮れて泣きながら子供を育てる悲しみが強く伝わってくるところ。

エ　「となりの国の人たち」が、父親に食事の間も寝る間も許さず、海の冷たさで手足から出血しても、倒れ、病気になっても棒で殴って働かせるところ。

オ　棒で殴られて体中から血を流した「お父さん」が、人間の血のにおいが大好きなサメのいる海の中に入れられて、サメに食べられて死んでしまうところ。

問三　――部②「父という言葉とは無縁の、ただのきっかけだ」とあるが、どういうことか。説明として最も適当なものを選びなさい。

ア　「父」は、法律上の父ではないために、家族の一員として感じることができず、他人としてしか意識できないが、確かに自分がこの世に生まれてくるのに必要な存在だということ。

イ　「父」は、自分たちを裏切って別の女を作って家を出てしまい、「私」はそれを恨んでいるために、自分が生まれるのに必要だっただけの存在で父親とは認められないということ。

ウ　「父」は、「私」が生まれたときにはもういなかった人であり、その不在を物足りなく思ったこともない生物学上「私」となる受精卵を誕生させただけの無関係な存在だということ。

エ　「父」は、物心のつかないうちにいなくなっており、親子らしい交流の記憶は特になく、自分がこの世に生まれるのに必要だっただけの愛憎の感情すら湧かない存在だということ。

オ　「父」は、「私」の弟が生まれて間もなく母のもとから去った、お父さんと呼んだことも口ゲンカをしたこともない関心の持てない存在であり、父親とは認められないということ。

問四　――部③「寝床で聞きながら手をつないでいた幼い弟が、私の頭のなかで、首なし鳥の姿になって羽ばたきつづけている」とあるが、どういうことか。「私の頭のなか」で想像されていることを、なぜ、それを想像することになったのかという理由も含めて具体的に説明しなさい。

問五　――部④「子どもが生まれたときに、私は夫の顔を見て泣いた」とあるが、このときの「私」はどういう心情になっているのか。説明しなさい。

問六　――部⑤「泣く代りに、私は母から聞いた「お話」をそのころから、私の子どもに聞かせはじめた。九歳になろうとする私の子どものために聞かせておきたかった」とあるが、このときの「私」の心情の解釈として適当なものを**二つ**選びなさい。

ア　これまでの「私」は息子の誕生を素直に喜べなかったが、順調に成長した息子が、いずれ直面する死に向き合えるように、祖母から母へ、母から自分へと代々語り継がれてきた「鳥の話」を、途絶えさせずに受け継がせたいと思っている。

イ　これまでの「私」は不気味な「鳥の話」を素直に受け容れられなかったが、話の由来がはっきりしたことで幼い頃の家族の思い出と結びついて愛着が芽生え、話の内容が理解できる年頃までに成長した息子にも語って聞かせたいと思っている。

ウ　これまでの「私」は夫に裏切られて別れた母が、夫が強制連行されて殺される話を、子供に語る意味がわからなかったが、子供が生まれて自分も母になったことから理解できるようになり、母と同じように子供に語って聞かせたいと思っている。

エ　これまでの「私」は弟の死を十分に受容できなかったが、息子の順調な成長によって徐々に受け容れられるようになり、「鳥の話」

を息子に語り継ぐことで、理不尽な死を迎えた弟の存在を、息子とともに感じつづけていたいと思っている。

オ　これまでの「私」は祖母や母とは違って夫を失ってはいないために、「鳥の話」を語る気にもならなかったが、夫も子供も自分もいつ死ぬのかわからない運命だと悟り、自分のルーツである貴重なアイヌの民話を伝えておきたいと思っている。

問七　この文章の構成の特徴を説明したものとして、最も適当なものを選びなさい。

ア　最初は、謎の子守り歌として「鳥の話」から本文が始まり、その後、「私」が青森やアイヌの民話を調べたことで、「私」の母や祖母がなぜ「鳥の話」を子供たちに話したのかが最後になってわかる構成になっている。

イ　何の断りもなく、いきなり「おまえのお父さんはまだ帰らない」という「鳥の話」から本文が始まることで、読者もまた父親の死に直面して、登場人物の「私と弟」と同じレベルで恐怖を感じる構成になっている。

ウ　最終的に「私」は、民話や歌を調べたことで「鳥の話」の由来を知っているのだが、幼い頃に母から聞いた謎の子守り歌の思い出から語り始めることで話の衝撃的な内容が読者の印象に強く残る構成になっている。

エ　「母」が「お父さん」が殺されて「首なし鳥」になる話を子守り歌として語っていたことから本文をはじめ、のちに実の父が浮気をして去ったことを語ることで深い恨みが込められているとわかる構成になっている。

問八　この小説の作者・津島佑子の父親は、青森県北津軽郡金木《かなぎ》出身で、たびたび自殺・心中未遂を起こしたり、薬物中毒になったりという乱脈な生活をしたことから、戦後「無頼派」と呼ばれた日本文学史を代表する著名な作家であり、Ⓐは彼の代表作の冒頭部分である。以下の問題に答えなさい。

Ⓐ　朝、食堂で、スウプを一さじ、すっと吸ってお母さまが、

「あ。」

と幽《かす》かな叫び声をお挙げになった。

「髪の毛？」

スウプに何か、イヤなものでも入っていたのかしら、と思った。

「いいえ。」

お母さまは、何事も無かったように、またひらりと一さじ、スウプをお口に流し込み、すましてお顔を横に向け、お勝手の窓の、満開の山桜に視線を送り、そうしてお顔を横に向けたまま、またひらりと一さじ、スウプを小さなお唇のあいだに滑り込ませた。ヒラリ、という形容は、お母さまの場合、決して誇張では無い。婦人雑誌などに出ているお食事のいただき方などとは、てんでまるで、違っていらっしゃる。

㈠　Ⓐの作品を書いた作家の名前を選びなさい。

ア　夏目漱石　　イ　谷崎潤一郎　　ウ　川端康成
エ　芥川龍之介　　オ　太宰治　　カ　志賀直哉
キ　三島由紀夫　　ク　村上春樹　　ケ　大江健三郎
コ　中島敦

㈡　Ⓐの作品名を選びなさい。

ア　「坊っちゃん」　イ　「春琴抄《しゅんきんしょう》」　ウ　「伊豆の踊子」
エ　「蜘蛛《くも》の糸」　オ　「津軽」　カ　「暗夜行路」
キ　「金閣寺」　ク　「走れメロス」　ケ　「人間失格」
コ　「斜陽」

湘南学園中学校（B）

—50分—

一 ――線部のカタカナをそれぞれ漢字に直しなさい。

(1) キショウ観測の結果を記録する。
(2) 人物画のハイケイをていねいにえがく。
(3) 門戸をカイホウし、広く人材を求める。
(4) この人はこの世界ではチョメイな人物だ。
(5) テンネン記念物を手あつく保護する。
(6) 名画をモシャして絵画の技術をみがく。
(7) アンイに物事を判断してはならない。
(8) キチョウ品をしっかり管理する。
(9) カコをふり返って反省する。
(10) イガイな結末に大いに驚《おどろ》いた。

二 以下の各問に答えなさい。

A 次のア～エの□にはそれぞれ漢数字が入ります。その数字を小さいものから大きなものに並べた時に、三番目になるものはどれですか。ア～エの記号でそれぞれ答えなさい。

(1)
ア 石の上にも□年
イ □転び八起き
ウ □念岩をも通す
エ 四苦□苦

(2)
ア □階から目薬
イ 岡目《おかめ》□目
ウ □面楚歌《そか》
エ □網打尽《もうだじん》

(3)
ア 無《な》くて□癖《くせ》
イ □人寄れば文殊《もんじゅ》の知恵《ちえ》
ウ □方美人
エ □の足を踏《ふ》む

(4)
ア 朝三暮《ぼ》□
イ 雀《すずめ》□まで踊《おど》り忘れず
ウ 天は□物を与えず
エ 一を聞いて□を知る

(5)
ア □目《もく》置く
イ □死に一生を得る
ウ 仏の顔も□度まで
エ □里霧中《むちゅう》

B 次の語の対義語（反対の意味を持つ語）は何ですか。（　）内に指定された字数のひらがなでそれぞれ答えなさい。

(1) 理想↔□□□□（4字）
(2) 権利↔□□（2字）
(3) 過失↔□□（2字）
(4) 抽象《ちゅうしょう》↔□□□（3字）
(5) 目的↔□□□□（4字）

三　次の文章を読んで、後の各問いに答えなさい。

私たちが得る情報の八割から九割は視覚に由来すると言われます。※五感のうちで視覚は特権的な位置を占めていますし、[a]※西欧《せいおう》の文化では視覚が非常に重要視《し》されています。※パリのシャンゼリゼ通りなどを歩いていると、※凱旋門《がいせんもん》に向かって目線がスーッと吸《す》い込《こ》まれるような感覚を味わうことができます。X西洋では都市のつくりまでもが目の快楽のためにデザインされているのだな、と感じる瞬間《しゅんかん》です。

その、私たちが最も頼《たよ》っている視覚という感覚を取り除いてみると、身体は、世界のとらえ方はどうなるのか？　そう考えて、私は新しい身体論のための最初のリサーチの相手として、「見えない人」にA白羽の矢を立てました。[b]、1「見えない人」は、私にとって、そして従来の身体論にとって、ちょうど補色のような存在に思えたのです。ずいぶん長くなりましたが、これが、私が「視覚を使わない体に変身してみたい」と思った理由です。

見えない体に変身したいなどと言うと、何を※不謹慎《ふきんしん》な、と叱《しか》られるかもしれません。[c]見えない人の苦労や苦しみを軽《かろ》んじるつもりはありません。

2でも見える人と見えない人が、お互《たが》いにきちんと好奇《こうき》の目を向け合うことは、自分の※盲目《もうもく》さを発見することにもつながります。※美学的な関心から視覚障害者について研究するとは、まさにそのような「好奇の目」を向けることです。後に述べるように、そうした視点は障害者福祉《ふくし》のあり方にB一石を投じるものであると信じています。

[d]いったい、どのようにして「見えない体」に変身すればよいのか。そんなの簡単だよ、視覚を遮《さえぎ》ればいい、目をつぶったりアイマス※クをつければいいじゃないか、と思われるかもしれません。

いいえ、視覚を遮れば見えない人の体を体験できる、というのは大きな誤解です。それは単なる[3]ではありません。見えないことと目をつぶることとは全く違《ちが》うのです。

見える人が目をつぶることと、そもそも見えないことはどう違うのか。見える人が目をつぶるのは、単なる視覚情報の遮断《しゃだん》です。つまり引き算。そこで感じられるのは※欠如《けつじょ》です。しかし私がとらえたいのは、「見えている状態を基準として、そこから視覚情報を引いた状態」ではありません。4視覚抜《ぬ》きで成立している体そのものに変身したいのです。そのような条件が生み出す体の特徴《とくちょう》、見えてくる世界のあり方、その意味を実感したいのです。

それはいわば、四本脚《あし》の椅子《いす》と三本脚の椅子の違いのようなものです。もともと脚が四本ある椅子から一本取ってしまったら、その椅子は傾《かたむ》いてしまいます。壊《こわ》れた、不完全な椅子です。でも、そもそも三本の脚で立っている椅子もある。脚の配置を変えれば、三本でも立てるのです。

脚の配置によって生まれる、四本のバランスと三本のバランス。見えない人は、耳の働かせ方、足腰《あしこし》の能力、はたまた言葉の定義などが、見える人とはちょっとずつ違います。ちょっとずつ使い方を変えることで、視覚なしでも立てるバランスを見つけているのです。

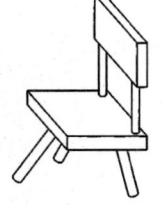

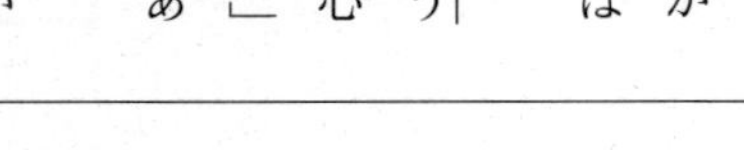
四本脚と三本脚ではバランスの取り方が違う

変身するとは、そうした視覚抜きのバランスで世界を感じてみるということです。脚が一本ないという「欠如」ではなく、三本が作る「全体」を感じるということです。

異なるバランスで感じると、世界は全く違って見えてきます。つまり、5同じ世界でも見え方、すなわち「意味」が違ってくるのです。

この「意味」というものをめぐって、※本書は最初から最後まで書かれているといっても過言ではありません。意味には※おのずと生まれるものと、意識的に与《あた》えるものがありますが、本書ではその両方を扱《あつか》っていきます。

とは言ったものの、6そもそも「意味」とは何でしょうか。ずいぶん※原理的な問いですが、※本書のスタンスに関わるところなので、紙面を割《さ》いて確認《かくにん》しておきたいと思います。本書で言う「意味」の※ニュアンスは、「情報」と対置すると明らかになります。

「情報」は、客観的で※ニュートラルなものです。たとえば、「明日の午後の降水確率は六〇パーセントである」。これはふつう情報として受け止められます。友人の「明日の午後の降水確率は六〇パーセントだよ」という発言に対して「ありがとう」と言ったら、それは「情報をありがとう」「大事な情報を教えてくれてありがとう」という意味です。

それに対して、たとえば恋人《こいびと》の言う「あなたは石頭だ」を情報として受けとってしまったら、きっと次にくるのは別れの言葉でしょう。これはむしろ感情の※吐露《とろ》です。ここであなたがすべきなのは、メモをとることではなく、恋人の感情に対して、なだめるなり反論するなり、アクションを起こすことです。

報告者が自分の主観を述べたものは情報ではありません。情報とは、報告者の主観を排《はい》した、客観的な内容のことを指します（天気予報だって厳密には予報士の「判断」なので、そもそも本当に客観的な情報など存在するのか、という疑問にはここでは立ち入りません）。

しかし、この「明日の午後の降水確率は六〇パーセントである」という「情報」は、受け手次第《しだい》で、無数の「意味」を生み出します。明日運動会を控《ひか》えた小学生なら、この情報は「運動会が延期になるかも知れない」ということを意味するでしょうし、傘屋《かさや》なら「明日は儲《もう》かるな」、農家なら「朝の水やりは控えめにしよう」となるでしょう。あるいは災難続きの一日を過ごした人なら、ここに何かの暗示を読《よ》み込《こ》むかもしれない。

つまり「意味」とは「情報」が具体的な文脈に置かれたときに生まれるものなのです。受け手によって、どのような状況《じょうきょう》に置かれるかによって、情報は全く異なる意味を生み出します。

（伊藤亜紗『目の見えない人は世界をどう見ているのか』〈光文社新書〉より）

※五感　視覚・触覚《しょっかく》・味覚・聴覚《ちょうかく》・嗅覚《きゅうかく》のこと。

※西欧　西ヨーロッパ。

※パリのシャンゼリゼ通り　フランス・パリの市内北西部にある大通り。

※凱旋門　パリのシャンゼリゼ通りにある大きな門。

※不謹慎な　ふまじめな。

※盲目さ
見えていない様子。
※美学的な関心から視覚障害者について研究する
筆者は美学・現代アートを専門としている。
※アイマスク
目を覆《おお》うもの。
※欠如
必要なものがないこと。
※本書
出典である『目の見えない人は世界をどう見ているのか』のこと。
※おのずと
自然と。
※原理的な
根本的な。
※本書のスタンス
出典である『目の見えない人は世界をどう見ているのか』の姿勢や立場。
※ニュアンス
ごくわずかでありながら違う印象を与えるようなもの。
※ニュートラル
中立・中間。
※吐露
かくさずに打ち明けること。

問一　本文中の［ａ］～［ｄ］に入る語としてもっともふさわしいものを、次のア～エから一つ選び、それぞれ記号で答えなさい。同じ記号を二度以上選ぶことはありません。

ア　では　イ　とくに　ウ　もちろん　エ　つまり

問二　～～線部Ｘ「西洋では…されている」とありますが、そのようにされているのはなぜだと考えられますか。句読点を含《ふく》めて十二字以上、二十字以内で説明しなさい。なお文化という語を必ず用いること。

問三　……線部Ａ「白羽の矢を立てました。」とありますが、「白羽の矢を立てる」の意味としてもっともふさわしいものを、次のア～エから一つ選び、記号で答えなさい。

ア　特に選び出す　イ　人々《ひとびと》に話しかける
ウ　丁寧《ていねい》に記録する　エ　多くを目立たせる

問四　……線部Ｂ「一石を投じる」の意味としてもっともふさわしいものを、次のア～エから一つ選び、記号で答えなさい。

ア　多くの人々の意見に納得《なっとく》する
イ　あたり一面に音が響《ひび》きわたる
ウ　常識的な考え方に従う
エ　反響《はんきょう》を呼ぶような考え方を示す

問五　――線部１「補色のような存在」とありますが、それはどのようなものですか。もっともふさわしくないものを、次のア～エから一つ選び、記号で答えなさい。

ア　分かりにくいもの　イ　反対のもの
ウ　似ているもの　エ　気になるもの

問六　――線部２「見える人と見えない人が、…つながります。」とありますが、それはどういうことですか。もっともふさわしいものを、次のア～エから一つ選び、記号で答えなさい。

ア　見える人にとっては見えない人が、見えない人にとっては見える人が見ている世界は奇妙《きみょう》なものであるので、お互いに目を向けることはないということ。

イ　見えない人の視力が良くないことは言うまでもないが、見える人であっても実は視力が良くない人が多くいるということに気付くはずだということ。

ウ　見える人と見えない人がお互いに対する興味を持つことで、実は自分にはお互いに知らないことがたくさんあることに気付くことができるはずだということ。

エ　他者を理解しようとすることはとても大切なことであり、そのことは目が良くない人が世の中に多くいることを知るきっかけになるのだということ。

問七　［3］には比喩《ひゆてき》的な言葉が入ります。ここに入る三字の語句を本文中から探し、ぬき出して答えなさい。

問八　――線部4「視覚抜きで成立している体そのもの」とありますが、それはどういうものですか。もっともふさわしいものを、次のア～エから一つ選び、記号で答えなさい。

ア　視力が低下してしまっても問題なく生きていけるような存在

イ　視覚情報だけではなく見えていない状態も基準としているような存在

ウ　見るということを前提とせずに物事を認識《にんしき》できるような存在

エ　視力が良くなくても椅子の脚の本数であれば理解できるような存在

問九　――線部5「同じ世界でも…違ってくるのです。」とありますが、それはなぜだと考えられますか。もっともふさわしいものを、次のア～エから一つ選び、記号で答えなさい。

ア　どのような人がどう見るかによって、世の中のとらえ方に違いがあるから。

イ　視覚抜きのバランスを大切にすると、世の中は意味のあるものとなっていくから。

ウ　物事の意味には、自然に備わっているものと意識的に与えるものがあるから。

エ　物事に意味を与えた人が「見える人」か「見えない人」かの違いがあるから。

問十　――線部6『そもそも「意味」とは何でしょうか。』とありますが、本文中のこれより後の部分には、この問いに対する筆者の考えが書かれた、句読点や記号を含めて二十五字の言葉があります。その言葉を探し、終わりの六字をぬき出して答えなさい。

問十一　次の1～5は、本文から読み取れることを説明したものです。これらについて、正しく説明したものを「ア」、正しく説明していないものを「イ」とし、それぞれ記号で答えなさい。

1　「私たち」の多くは、ほとんどの情報を視覚を通じて得ていると言える。

2　筆者は視力があまりない、いわゆる「見えない人」であると思われる。

3　「見えない人」の多くは、三本脚の椅子にうまく座《すわ》ることができる。

4　一定の関係性はあるものの、「情報」と「意味」は別のものである。

5　「見えない人」は「見えない人」なりのバランスをもって生きて

いる。

四　次の文章を読んで、後の各問いに答えなさい。

ひんやりとした春の風が、商店街を吹《ふ》き抜《ぬ》けた。周斗《しゅうと》はすっと[a]を縮めた。

あの白黒ボール、どこにあるかな。

周斗にとってのファーストボールだ。あのボールは絶対に捨てていないはずだ。母さんはわりと律儀《りちぎ》に思い出の品を段ボールに整理してしまっているので、可能性が高いのは押入《おしい》れの奥《おく》だが、サッカーボールはかさばるから別の場所だろうか。

サッカーボールは、中学生になると大人といっしょの五号球に変わる。四号球より一回り大きいサイズだが、四号球の頃《ころ》から今まで使った自分のボールの数は、両手で足りない。

それでも、じいちゃんのあの白黒ボールは、特別だ。

周斗は小学校に上がると、※NPOが学校で運営している放課後学童クラブに通うようになり、お迎《むか》えがいらなくなった。

友だちと遊ぶ時間が圧倒的《あっとうてき》に多くなり、週末はみなみのキッカーズの練習があったから、じいちゃんやばあちゃんの家からも次第《しだい》に[b]が遠のいた。もちろん、じいちゃんはみなみのキッカーズの試合があれば、欠かさず応援《おうえん》に来てくれていたが。

一年生の秋ごろだろうか、ばあちゃんが病気で亡《な》くなると、元気そのものだったじいちゃんまで、後を追うように半年後に突然《とつぜん》亡くなってしまった。

じいちゃんたちは、周斗の世話という大きな役目を乗り越《こ》えて、安心したかのように、突然いなくなってしまったのだ。

そのときは声がかれるほど号泣《ごうきゅう》し、悲しみに暮れた周斗だったが、時が経《た》つにつれ、いつの間にか思い出すことも減っていった。

最近ではお墓参りすら、忙《いそが》しいことを理由に父《とう》さんたちについていくことはなかった。行こうと思えば行けなかったわけではない。

じいちゃんたちに急にすまないような気持ちになって、地面のアスファルトに[c]を落とした。

……そうだ。

早足になった。じいちゃんの家に行きたくなった。じいちゃんの家は何年か前に手放したと聞いている。もう亡くなってから七年近く経つのだ。誰《だれ》か別の人が住んでいるか、あるいは建て替《か》えられているかも知れない。

おぼろげだったじいちゃんの家への道は、歩き出すと記憶《きおく》が鮮明《せんめい》になってきた。商店街の真ん中くらいにある床屋《とこや》の角を右に曲がる。商店街には千円カットの店も新しく出来ていたが、目指す床屋は昔からある老舗《しにせ》だ。

離れたところから、その※サインポールを見つけて頬《ほお》が緩《ゆる》んだ。近づくと赤、白、青の三色の縞《しま》模様がくるくる元気に回っている。

じいちゃんも常連だった床屋だ。（Ａ）店の中をのぞくと、四十代くらいだろうか、父さんくらいの歳《とし》の床屋さんが、お客さんのひげを剃《そ》っていた。

じいちゃんについていったこともあったけど、そのときはじいちゃんと友だちみたいな歳を取った床屋さんだったから、代替わりしたのだろうか。

サインポールを見つけたときの1ふくらみかけた気持ちが、少ししぼんだ。

　床屋の角を折れると、賑《にぎ》やかだった商店街から一気に静かな住宅街に変わった。やはり古い家が多く、北口側の新興住宅街とは趣《おもむき》が異なるが、かえって落ち着いた気持ちにさせられた。

　たまに新しく建てられた※モダンな家が（Ｂ）現れ、北口側ではなんの違和感《いわかん》もないはずの家が、こちらでは気の毒なくらい浮《う》いていた。

　確か、もうすぐ竹の生け垣《がき》がある家があって、そこに沿って左に曲がった先がじいちゃんの家だ。

　竹の生け垣の家が新しい家に替わっていないことを祈《いの》りつつ、周斗は足を速めた。すると、下の方は黒ずんでいたが昔と変わらない竹の生け垣が目に入った。

　（Ｃ）小さく息をついたのと同時に、2少し胸がとくとくしてきた。

　じいちゃんの家、どうなっているかな。どんな人が住んでいるんだろう。

　生け垣ぎりぎりに、体をくっつけるようにして左に曲がる。この数軒先の左側に、じいちゃんの家の赤茶色の屋根が見えるはずだ。

　曲がったとたん、足が止まった。

　先をうかがいながら、少しずつ道の真ん中の方に移動した。手前の家の屋根と奥の家の屋根は見えるのに、じいちゃんの家の赤茶色の屋根が見えない。

　くちびるを（Ｄ）結んだ。恐《おそ》る恐るつま先から歩いた。

　ところどころ変色した、奥の家の側面が見えてきた。じいちゃんの隣《となり》の家の側面全体を見るのは初めてだった。

3つばを飲み込《こ》むごくりという音が、耳もとで聞こえた。

【Ⅰ】

【Ⅱ】

【Ⅲ】

【Ⅳ】

　じいちゃんの家は、駐車場になっていた。

　数台駐《と》めればいっぱいになってしまうような、小さな駐車場《ちゅうしゃじょう》だった。白い古びた軽自動車が、一台だけ駐まっていた。

　どうして誰も教えてくれなかったんだ……。

　ひょっとしたら場所を勘違《かんちが》いしているのかも知れないと、隣の家の表札に近づいてみた。「田丸《たまる》」とある。確かそんな名前だった。田丸さんの家は、静まりかえってはいたが、きちんと刈《か》り込まれた植木が、その住人の存在を示していた。

　アスファルトで四角く塗《ぬ》り固められた土地に、ゆっくり目を這《は》わせた。

　昔を知らない人は、例えば、今たまたまこの道を通り過ぎた人は、(1)ここにつつましくて温かな木造の家があったことを、知らない。

　当たり前のことが、周斗の[d]をきんと締《し》めつけた。気道をふさがれたみたいに、喉《のど》の奥が苦しくなった。

　きゅっと目を閉じた。

　4ぎぃと音を立てながら開く門扉《もんぴ》。「加賀谷《かがや》」と楷書《かいしょ》で書かれた木の表札。夏にはトマトが植えられた小さな庭。いつも綺麗《きれい》に掃《は》かれた玄関《げんかん》に揃《そろ》えられた、ばあちゃんの朱色《しゅいろ》のサンダル……。

　保育園からの帰り、じいちゃんと手をつないで玄関に入ると、（Ｅ）お日さまみたいな匂《にお》いがした。じいちゃんちの匂いだ。

ばあちゃんはいつもガーゼの手ぬぐいを手に、玄関に出迎える。周斗の頭から湯気みたいに立ちのぼる汗《あせ》を、「すごい汗」と笑いながら、手ぬぐいでくしゃくしゃと拭《ふ》いてくれた。

まるでそこに存在するみたいに、頭のなかに映像が浮かび上がってきた。手を伸《の》ばせば触《ふ》れられそうな、その空間にいるみたいな感覚に包まれた。

なのに、再び目を開けると、駐車場は駐車場でしかなかった。

5 瞬《まばた》きを二回した。ここにあの家が建っていたとは思えない、うそみたいに小さな駐車場だった。

ふと視線を感じた。車のキーを手にした中年のおじさんが、(2)怪訝《けげん》そうに周斗を横目で見ながら駐車場に入ってきた。どうやら白い軽自動車の持ち主らしかった。

おじさんはすぐに車に乗るわけでもなく、キーをぶらぶらさせながら周斗の様子をうかがっている。まるで不審者《ふしんしゃ》を監視《かんし》するかのようだった。

このおじさんも、きっとここにじいちゃんの家があったことを知らないんだろう。幼かった俺が、何百回もここに来てたことを知らないんだろう。

周斗は[e]を背《そむ》けるようにして、その場を離れた。

6 足先を見ながら、蹴飛《けと》ばすようにして歩いた。来た道を戻《もど》るわけでもなく、ただあちこち歩いた。

（佐藤いつ子『キャプテンマークと銭湯と』〈KADOKAWA〉による）

※NPO
　お金もうけを目的とせず、政府や企業《きぎょう》に属さない団体。

※サインポール
　床屋をしめす細長い円柱形の看板。

※モダン
　現代的ということ。

問一　本文中の（Ａ）～（Ｅ）にもっともよくあてはまることばを、次のア～オの中から一つずつ選び、それぞれ記号で答えなさい。ただし、同じ記号をくり返し用いてはいけません。

ア　ひょいと　　イ　きゅっと　　ウ　ちらっと
エ　ふぅっと　　オ　ふわっと

問二　本文中の[a]～[e]にもっともよくあてはまる、からだの一部分を表す漢字一字をそれぞれ答えなさい。ただし、同じ漢字をくり返し用いてはいけません。

問三　――線部(1)「つつましくて」、(2)「怪訝そうに」の意味としてもっともふさわしいものを次のア～エの中から一つずつ選び、それぞれ記号で答えなさい。

(1)　つつましくて
　ア　節約につとめて
　イ　はでではなくて
　ウ　表通りから隠《かく》れていて
　エ　貧しそうで

(2)　怪訝そうに
　ア　恐ろしいと感じているように
　イ　困ったものだと思っているように
　ウ　疑わしいと考えているように
　エ　確かに悪人であると信じているように

問四　――線部1「ふくらみかけた気持ち」とありますが、どのような気持ちですか。その説明としてもっともふさわしいものを、次のア～

エの中から一つ選び、記号で答えなさい。
ア　じいちゃんの家のめじるしになる床屋がまだ営業しており、じいちゃんの家はもうすぐだと、楽しみに思う気持ち。
イ　記憶がはっきりしなかった床屋の場所が分かり、じいちゃんの家にたどり着くことができそうだと、油断する気持ち。
ウ　じいちゃんの家のとても近くで営業していた床屋があったので、すぐに家が見えてくるはずだと、少し緊張《きんちょう》する気持ち。
エ　昔よく通った床屋を見つけて、じいちゃんと仲のよかった店主のことを思い出し、なつかしく思う気持ち。

問五　――線部２「少し胸がとくとくしてきた」とありますが、この時の周斗の気持ちを表すことばとしてもっともふさわしくないものを、次のア～エの中から一つ選び、記号で答えなさい。
ア　不安感　　イ　期待感　　ウ　危機感　　エ　緊張感《きんちょう》

問六　――線部３「つばを飲み込むごくりという音が、耳もとで聞こえた」とありますが、なぜ周斗は「つばを飲み込」んだのですか。その原因がもっともよく説明されている部分を――線部３よりも前の本文中から句読点を含《ふく》めて二十字で探し、最初と最後の五字ずつをぬき出して答えなさい。

問七　本文中の【Ⅰ】～【Ⅳ】にあてはまるように、次の１～４の文を並べかえるとどうなりますか。その組み合わせとしてもっともふさわしいものを、ア～エの中から一つ選び、記号で答えなさい。
１　家は無《な》かった。
２　いや、じいちゃんの家があったところに来た。
３　周斗は呆然《ぼうぜん》と立ちつくした。
４　じいちゃんの家の前まで来た。
ア　３→４→１→２　　イ　１→４→２→３
ウ　３→１→４→２　　エ　４→２→３→１

問八　――線部４「ぎぃと音を立てながら開く門扉」で始まる段落に見られる表現の説明として正しくないものを次のア～エの中から一つ選び、記号で答えなさい。
ア　段落の最後を「……。」とすることによって、他にも同様なものが存在することをそれとなく分かるように示している。
イ　じいちゃんの名字である加賀谷にカギカッコを付けて、じいちゃんが周斗にとって特別な存在であることを印象づけている。
ウ　名詞で終わる文を続けることによって、じいちゃんの家で目にした光景を周斗がひとつひとつ思い出している様子を表現している。
エ　じいちゃんの家の門から玄関までに見えてくるものを、まるで画像を順番に見ているかのように描《えが》いている。

問九　――線部５「瞬きを二回した」とありますが、この時の周斗の気持ちを説明したものとしてもっともふさわしいものを、次のア～エの中から一つ選び、記号で答えなさい。
ア　たくさんのなつかしい思い出がつまったじいちゃんの家が、自分の知らないうちにあまりに狭《せま》い駐車場に変わっていたために、その現実がとうてい信じられないという気持ちになっている。
イ　たとえ小さな駐車場に変わっていたとしても、じいちゃんの家があった場所を実際に目の前にして、まるでじいちゃんやばあちゃんとふれ合っているかのような感覚におちいっている。
ウ　目の前にある駐車場がとても小さかったので驚《おどろ》いたが、周斗の幼い時の思い出の中ではじいちゃんの家は大きな存在であって、その感覚の差がまったく受け入れられないで困惑《こんわく》している。

エ　なつかしく温かな思い出の中にあり続けるじいちゃんの家が、さびしく寒々と目の前に大きく広がる駐車場に突然変わってしまったことが急には理解できず、大きな驚きを感じて呆然としている。

問十　――線部６「足先を見ながら、蹴飛ばすようにして歩いた。来た道を戻るわけでもなく、ただあちこち歩いた」とありますが、この時の周斗の気持ちを説明したものとしてもっともふさわしいものを、次のア～エの中から一つ選び、記号で答えなさい。

ア　じいちゃんの家の建っていた場所がどうなっているか確認できてよかったと喜んでいる。

イ　じいちゃんの家がなくなり見知らぬおじさんに疑われたことに対して腹を立てている。

ウ　じいちゃんの家を昔の姿のままで残しておかない両親の気づかいのなさにあきれている。

エ　じいちゃんの家がいつの間にか駐車場になっているのを見て、頭の中が混乱している。

昭和学院秀英中学校(第一回)

—50分—

＊　設問の都合で、本文には一部省略・改変がある。
＊　字数制限のある場合は、句読点なども字数に入れること。

一　次の傍線部の1~5のカタカナは漢字に直し、漢字は読みをひらがなで答えなさい。

1　皆さんのお知恵をハイシャクしたおかげで、すばらしい発表ができました。
2　仏壇《ぶつだん》に故人の好きだったお菓子《かし》をソナえる。
3　成立した法律をひろく国民にコウフする。
4　ガソリンはすぐキハツして気体になる。
5　しろうとにとっては、この暗号は複雑多岐で解読が大変だ。

二　次の文章を読んで、後の問いに答えなさい。

雑草はバラバラ

雑草は、変異が大きいことで特徴《とくちょう》づけられる。

「変異」とは、同じ生物種の中で、形質が異なることを言う。たとえば、人間の中にも背の高い人や背の低い人がいる。これは変異である。

さて背が高くなる形質をもつ理由は二つ考えられる。

一つは遺伝である。両親も兄弟も背が高い。もともと背が高くなる遺伝的な形質というものはある。

もう一つは環境《かんきょう》である。たとえば、遺伝的に同じ双子《ふたご》の兄弟が、別々の環境で暮らすうちに、十分に運動したり、栄養や睡眠《すいみん》をたっぷり取っていた方が背が高くなったということがあるかも知れない。これは、遺伝ではなく環境の影響《えいきょう》である。このように、形質を決めるものには、先天的な「遺伝」と後天的な「環境」がある。

雑草の変異にも、遺伝と環境とが影響している。

変異のうち、遺伝の影響によるものは「遺伝的変異」と呼ばれている。これに対して、環境によって変化することを①「表現的可塑《かそ》性」と呼んでいる。

雑草は、この「遺伝的変異」と「表現的可塑性」のどちらも大きいとされている。

もともと、生まれもった形質はバラバラであるし、環境に応じて変化する力も大きいのである。

同じ種類の雑草なのに、大きく伸《の》びる集団と、小さな集団があったとする。この大小の違《ちが》いは、先天的に持つ「遺伝的変異」によるものなのだろうか、それとも環境によって変化した「表現的可塑性」なのだろうか。

これは「同所栽培《さいばい》」という方法で明らかとなる。環境の異なるところで育っている集団から種子を採取してきて、同じ環境で育てる。もし、個体の違いが環境によるものであれば、同じ環境で育てれば差はなくなる。しかし、それが遺伝的に異なるものであれば、同じ環境で育てても差が見られるのである。(略)

変化する力

雑草が多様である要因は、遺伝的な変異が大きいことだけではない。もう一つの要因である「表現的可塑性」についても、少し触《ふ》れてみよう。

植物図鑑《ずかん》を見ると草丈《くさたけ》が記載されている。しかし、厄介《やっかい》なことに雑草というのは、図鑑の姿とまるで違うことが、ときどきある。

図鑑には、数十センチと書いてある雑草が、背の高いトウモロコシ畑の中で競《せ》り合って背を伸ばして数メートルにもなっていたり、道ばたで踏《ふ》まれながら数センチで花を咲《さ》かせていて、驚《おどろ》かされることが少なくないのだ。

花の時期も、図鑑には「春」と書いてあるのに、平気で秋に咲いていたりする。まったく雑草というのは、とらえどころのない植物である。

この表現的可塑性が大きいことが、さまざまな環境に適応するために重要な性質なのだ。身体の大きさについて言えば、植物は動物よりも可塑性が大きい。

人間では、成人どうしであれば、大きい人と小さい人で二倍の差があるということはない。しかし、植物は見上げるような大木も、小さな盆《ぼん》栽《さい》も同じ樹齢《じゅれい》ということがある。この植物の中でも、雑草は可塑性が大きいと言われている。

雑草のサイズの変化と言えば、誰《だれ》もが、道ばたの劣悪《れつあく》な条件で小さな花を咲かせている雑草の姿を思《おも》い浮《う》かべることだろう。

アメリカの雑草学者のハーバード・G・ベーカー（一九二〇―二〇〇一）は論文『雑草の進化』の中で「理想的な雑草の条件」として十二の項目《こうもく》を挙げているが、その中には以下のようなものがある。

「不良環境下でも幾《いく》らかの種子を生産することができる」

どんなに劣悪な環境でも花を咲かせて、種子を結ぶ。これはまさに、雑草の真骨頂《しんこっちょう》と言っていいだろう。しかし、②雑草のすごいところは、これだけではない。

良いときも悪いときも

「不良環境下でも種子を残す」という一方で、ベーカーの理想的な雑草の中には、次のような項目もある。

「好適環境下においては種子を多産する」

つまり、条件が悪くても種子をつけるが、条件が良い場合には、たくさん種子を生産するというのである。当たり前のように思えるかも知れないが、そうではない。

たとえば、私たちが栽培する野菜や花壇《かだん》の花では、肥料が少ないと生きていくのがやっとで花が咲かずに枯《か》れてしまうことがある。逆に、肥料をやりすぎるとどうだろう。茎《くき》や葉ばかりが茂《しげ》って、肝心《かんじん》の花が咲かなかったり、実が少なくなってしまったりすることもある。まるで、植物にとってもっとも大切な、種子を残すということを忘れてしまうかのようだ。

しかし、雑草は違う。条件が悪い場合にも、最大限のパフォーマンスで種子を生産するが、条件が良い場合にもまた、最大限のパフォーマンスで種子を生産するというのである。

自分の持っている資源を、どの程度、種子生産に分配するかという指標を「繁殖《はんしょく》分配率」というが、雑草は、個体サイズにかかわらず繁殖《はんしょく》分配率が最適になるとされている。

条件が悪いときは悪いなりに、条件が良いときには良いなりにベストを尽《つ》くして最大限の種子を残す。これこそが、雑草の強さなのである。

変化するために必要なこと

雑草は可塑性が大きい。

これは「[A]ものは変えられない。[B]ものを変える」ということなのだろう。

[C]ものというのは、環境である。環境は変えられない。そうだとすれば、[D]ものを変えるしかない。[E]ものというのは、雑草自身である。

それが雑草の可塑性である。

そして、雑草が自在に変化できる理由は、「変化しないことにある」と私は思う。

どういうことだろうか。

植物にとってもっとも重要なことは何だろう。それは、花を咲かせて種子を残すことである。雑草は、ここがぶれない。どんな環境であっても、花を咲かせて、種子を結ぶのである。

種子を生産するという目的は明確だから、目的までの道すじは自由に選ぶことができる。だからこそ雑草は、サイズを変化させたり、ライフサイクルを変化させたり、伸び方も自由に変化させることができるのである。

これは人生にも※示唆《しさ》的である。生きていく上で「変えてよいもの」と「変えてはいけないもの」がある。変えてよいものに※固執《こしつ》して、無駄《むだ》なエネルギーを使うよりも、変えてはいけない大切なものを守って行けば良いのだ。

中江丑吉《なかえうしきち》（一八八九―一九四二）という思想家は「人間はそれぞれ守るべき原則をひとつかふたつ持てばそれでいい。他のことはさっさと妥協《だきょう》してしまえ」と言っていたという。「妥協してしまえ」というのは、乱暴にも聞こえるが、裏を返せば守るべき原則だけをしっかり守れということでもある。

あるいは禅《ぜん》の言葉に、「随処《ずいしょ》に主《しゅ》と作《な》れば、立処《りっしょ》皆《みな》真なり」という言葉がある。③自分の置かれたどこであっても、自らの真実の姿に巡《めぐ》り合える、という意味である。

大きくても、小さくても、どちらもそれが雑草の姿である。そして、どんな場所であっても、必ず種子を残すのである。変えられない環境に文句を言っても仕方がないのだ。（略）

雑草の分類

雑草は表現的可塑性が大きく、変化する植物である。そのため、人間の決めた分類を飛び越《こ》えて変化してしまうものも少なくない。

たとえば、ヒメムカシヨモギという雑草は、道ばたや空き地、畑などあらゆる場所によく見られるキク科の雑草である。ヒメムカシヨモギは、秋に芽生える※越年生《えつねんせい》の雑草である。そして、冬の間に葉を広げて栄養分を蓄《たくわ》えると、春から夏にかけて茎を伸ばして花を咲かせるのである。

ところが、※攪乱《かくらん》の大きい場所では、ゆっくりと生長して花を咲かせている余裕《よゆう》はない。そこで、春から夏にかけて発芽し、数週間の間に成長して花を咲かせてしまう。つまり、※一年生夏雑草として、生活をしているのだ。また、ヒメムカシヨモギは北米原産の雑草だが、冬のない熱帯地域に広がったものは、越冬《えっとう》の必要がないから、もっぱら一年草として暮らしている。こうして、※臨機応変に、その生活史さえも、変えてしまうのである。

私たち人間は、整理しないと理解できない生物だから、自分たち自身さえも「理系と文系」「体育会系と文化系」と区別したがる。そして、「男らしく、女らしくしなさい」だとか、「高校生だから……」と分類に呼応して特徴づけたがるのである。

しかし、雑草の自由さを見ていれば、「こうあるべき」というのが、どんなに狭《せま》い考え方かわかるだろう。私たちが住む自然界というのは、もっともっと自由なのだ。

（稲垣栄洋『雑草はなぜそこに生えているのか』〈ちくまプリマー新書〉より）

※・示唆的…一見無関係なことから、ヒントを示すこと。
・固執…こだわること。
・越年生…秋に芽生え、冬を越《こ》して春や夏に開花すること。
・攪乱…ここでは日照りや大雨など、植物の生活が乱れる事。
・一年生夏雑草…春に芽生え、夏のうちに開花する雑草。
・臨機応変…その時、状況に応じて適切に変わるさま。

1　「雑草はバラバラ」の節を読み進めながら、Xさんは次のようなメモを作った。本文の内容に基《もと》づいて、次の問いに答えなさい。

生物種の例	変異の例
人	身長
雑草	Ⅰ

Ⅱ	変異の種類
遺伝	遺伝的変異
環境	表現的可塑性

違いは「同所栽培」実験で分かる。

(1)　空欄《くうらん》Ⅰにあてはまる語を、他の節から、漢字2字で見つけて答えなさい。

(2)　空欄Ⅱには、どのような見出しが適切か。本文と表を参考に考え、3字以上5字以内で答えなさい。

2　傍線部《ぼうせんぶ》①「表現的可塑性」とはどのようなことか。「雑草はバラバラ」の節をふまえて、25字以内で説明しなさい。「変異」という言葉は用いないこと。

3　傍線部②「雑草のすごいところ」とあるが、筆者が「すごい」と考えている点について、本文の内容をふまえていないものを次のア～オから一つ選び、記号で答えなさい。

ア　自分の周囲に生える植物にあわせ、図鑑とは違う高さまで背を伸ばし、必要な日照を確保するところ。

イ　水分等が十分とれなかったり踏まれたりするような道ばたでも、しっかり根づいて成長するところ。

ウ　育ちづらい環境では、遺伝子を変化させて成長のペースを変え、開花のチャンスをのがさないところ。

エ　肥えた土地で育つ場合、茎や葉を大いに伸ばすのはもちろん、花や実も多くつけるところ。

オ　生育条件がどんなに整っていなくても、繁殖分配率が最適になるよう、環境に適応するところ。

4　二重傍線部「植物の中でも、雑草は可塑性が大きいと言われている」とあるが、雑草の可塑性が「野菜や花壇の花」より高いと筆者が言うのはなぜか。その理由を、二重傍線部から後の部分をふまえ、40字以内で説明しなさい。

5　空欄A～Eにあてはまる語の組み合わせとして、最も適当なものを次のア～オから選び、記号で答えなさい。

ア【A　変えてはいけない　B　変えてよい
　C　変えてよい　D　変えられる
　E　変えられる】

イ【A　変えられない　B　変えられる
　C　変えられない　D　変えられる　E　変えられる】

ウ【A　変えてはいけない　B　変えてよい
　C　変えられない　D　変えてよい
　E　変えてはいけない】

エ【A　変えられない　B　変えられる　C　変えてよい
　D　変えられる　E　変えてよい】

オ【A　変えられない　B　変えられる　C　変えられない
　D　変えてよい　E　変えてよい】

6　傍線部③「自分の置かれたどこであっても、自らの真実の姿に巡り合える」とは例えばどのようなことか。前後の内容をふまえた時、最も適当な例を次のア～オから選び、記号で答えなさい。

ア　幼いころ、事故で両親をなくし、親の知人に育てられた。育ての親は自分をかわいがってくれ、その家にすっかりなじんで育ったつもりだったが、ある日育ての親に「実の親に言動がそっくりだ」と言われ、自分はやはり両親似だと知った。

イ　高校で海外にホームステイすることになった。日本にいた頃はおとなしい方だったが、海外では、学校でも家庭でも自分から行動したり意見を言ったりすることが求められ、それに応じるうちに、帰国時は外向的・社交的な性格に変わっていた。

ウ　親の仕事の都合で、急に転校することになった。転校先の学校で、最初は緊張《きんちょう》してしまい友達ともなじめなかったが、自分から話しかけたりいっしょに遠足に行ったりするうちにだんだん親しい友達ができ、やっと本音で話せるようになった。

エ　就職試験に落ち、望んでいた職種とはちがう仕事についた。任された仕事は果たしたが、それと同時に初めに志望した仕事に関する勉強も独学で続けた。何度かの転職を重ねた後に、最初行きたかった会社に採用され、望んでいた仕事で働くことができた。

オ　修学旅行で、くじ引きで旅行委員になった。委員になりたいわけではなかったが、友達と見学先について調べたり、現地で進行役を務めたりするうちに周囲に信頼《しんらい》され、委員の役割を、やりがいと楽しみをもって果たしている自分に気づいた。

7　筆者は雑草に比べ、人間のことをどのようにとらえているか。次のア～カから適当なものを二つ選び、記号で答えなさい。

ア　最も大切な原則以外のことにこだわり、原則を守りきれない。

イ　目的が明確になると、目的までの道すじは自由に選ぶことができる。

ウ　自分で自分自身を分類し、それにこだわって生活史を変えることができない。

エ　あいまいでつかみどころが無いものも、分類・整理すれば理解できる。

オ　生きるうえで変えてもよいものに妥協《だきょう》してしまい、エネルギーを無駄に使っている。

カ　自分が今いる環境に適応しようと努力せず、文句や不満をいだきがちである。

三　次の文章を読んで、後の問いに答えなさい。

兄の「朔《さく》」は、弟の「新《あき》」の部活動（陸上部）の都合に合わせて、二人で高速バスに乗ったところ、事故に遭《あ》い、そのせいで失明してしまう。その後、「朔」は「新」に※ブラインドマラソンの伴走《ばんそう》者を頼《たの》んで練習に励《はげ》み、初めて大会に出場することになった。


「あ、※境野さんたちだ。ずいぶん前のほうにいる」新がかかとをあげた。

「※秋田さんは、早めに準備しておきたいタイプなんだろうな」

「そういえば、待ち合わせも時間よりずいぶん早くに来てたし」

「アップを始めるのも早かった」

朔はそう言って、［A］笑《え》みをこぼした。

「境野さんって、そういうところをちゃんと押《お》さえてくんだよ」

「……な、朔は境野さんが目指してることって聞いたことある？」

「ん？」

「伴走者としてってやつ」

いや、と※かぶりを振《ふ》ると、新は口角をあげた。

「伴走したランナーが、また次も走りたいと思えるレースをすること、だって」

「ああ、うん」

「目標タイムで走ることでも、順位でも、完走することでもない」

「境野さんらしいね。でもそうだよな、走る目的も、理由も、ひとりひとり違《ちが》う」

そう言った朔の横顔を見て、新はにっと笑った。

「でもみんな、ゴールを目指してる。そこは一緒《いっしょ》だよ」

どくっ。
①朔の内側が鈍《にぶ》く音を立てた。
……ゴール。

「朔？」

朔の腕《うで》に新はひじを当てた。

「どうした？　腹でも痛い？　もしかして緊張《きんちょう》してきたとか？」

ふたりの横を、スタートゲートに向かうランナーたちが追《お》い越《こ》していく。

……ゴール。

朔は薄《うす》く唇《くちびる》を開いた。

オレは、どのゴールを目指しているんだろう。目指してきたのだろう。

ゴールが見えない。いや、見えるわけがないのだと朔は唇を噛《か》んだ。

そんなことは、とっくにわかっていた。だって、最初から間違《まちが》った方向へ向かって駆《か》け出《だ》していたんだから。そのことに気づきながら、ずっと気づかないふりをしてきた。自分の内にあるものを、きれいなことばで※コーティングして、正当化した。自分が傷つかないよう、汚《よご》れないよう、気づかないふりをしているうちに、それは都合よく自分の意識から消えていった。

朔は喉《のど》に手を当てて、息を吸った。喉の奥《おく》が小さく震《ふる》える。

だけど、このまま気づかないふりをして、新をしばって、その先になにがあるんだろう。

あるのは、たぶん、きっと、後悔《こうかい》だ。

「ごめん」

「え、なに？」

朔は浅く息をした。

「いつか新、言っただろ、オレのこと偽善者《ぎぜんしゃ》だって」

「はっ？」

「あれ正しいよ。②オレ、新が陸上やめたこと知ったとき、腹が立った」

どうしてそんなに腹を立てたのか、あのときは朔にもわからなかった。考えようともしなかった。ただ無性《むしょう》に、猛烈《もうれつ》に腹が立った。

「オレがブラインドマラソンを始めたのは、おまえを走らせようと思ったからだよ」

「そんなことわかってたよ。朔はオレのために」

「違う」ことばを断《た》ち、もう一度「違う」と朔はくり返した。

「そう思わせただけ。ただの※欺瞞《ぎまん》だ」

新の目がくっと見開いた。

「オレは、新が思ってるようないい兄貴でもないし、人のことを思いやったりできる人間でもない。嫉妬《しっと》も後悔もするし、うらんだりもする。新のことだって」

「いいよ！　いいよ、そんなこと言わなくて。ていうかなんで言うんだよ、しかもいまってなんだよ」

「いまだから」

いまじゃなかったらオレは話せていない。

また気づかないふりをしてしまう。逃《に》げてしまう――。

「意味わかんねんだけど」


新の声がかすれた。

「おまえに伴走を頼んだのは、オレのそばにいて、オレと一緒に走ることで、新が苦しむことがわかっていたからだ」

新を傷つけてやりたかった。失明したのは新のせいじゃない。事故だった。ただ運が悪かっただけだ。頭ではわかっていたつもりだった。それでも、病院のベッドの上でも家を離《はな》れてからも、もしもと同じことが頭をよぎった。

新のせいにするなんてどうかしている。そんなことを思うなんて、頭がおかしくなったんじゃないかと自分を疑った。でも、頭ではわかっているはずなのに、気持ちがついていかなかった。どうしても、もしもと考え、それをあわててかき消して、また同じことを繰《く》り返した。

時間とともに、身のまわりのことがひとつひとつできるようになり、視力に頼《たよ》らず暮らしていくすべを覚えていった。もしも、ということばが頭をもたげることもほとんどなくなった。これなら家に戻《もど》っても、家族の荷物にならず生活できる。新と会っても感情が揺《ゆ》れることはない。そう思って帰ったのに、※梓《あずさ》から新が陸上をやめたことを聞いたとき、時計の針が逆回転した。

あのとき、新がやめた理由を梓に問いながら、朔には察しがついていた。

オレが視力を失った代わりに、新は陸上をやめた――。

そういうことを考えるやつだとわかっていた。だけどそれは、裏を返せば単に楽になろうとしているだけのことではないのか？　大切なものを手放し、失うことで、同じ痛みを負ったつもりになっている。

そんな弟を、あのとき激しく嫌悪《けんお》した。

新を走らせる。走らせて、走ることへの※渇望《かつぼう》をあおってやりたい。失うことの、奪《うば》われることの苦しさはそんなものではない。それを味わわせたい――。

だけど、わかっていなかったのはオレだ。

オレは、新の苦しみをわかっていなかった。わかろうとしなかった。

「おしまいにする」

「はっ？」

「もう新とは走らない」

「なに言ってんの？」

「……勝手なこと言ってるのはわかってる。けど、ごめん。これ以上、自分に幻滅《げんめつ》したくない」

新は朔が手にしているロープを握《にぎ》った。

「きっかけなんて、どうでもいいじゃん。神様じゃないんだ、人間なんだからいろいろ思うだろ。オレが朔なら、どうなってたかわかんないよ。まわりに当たり散らして、壊《こわ》して、傷つけて、自分の中にこもって、なにもできなかったんじゃないかって思う。朔が思ったことはあたりまえのことだよ」

一気に言うと、新は大きく息をついた。

「それに、朔、③それずっと続かなかっただろ」

朔の顔が［B］動いた。

「わかるよ、毎日一緒に走ってきたんだから。伴走頼まれたとき、オレ、マジでいやだった。でもいまはよかったと思ってる。朔が言ってくれなかったら、オレはいまだってきっと、朔からも走ることからも逃げてたと思う」

「だからそれは」

ううん、と新は首を振った。

「伴走引き受けてからも、ずっと朔のために走ってるんだって自分に言い訳して、ごまかしてた。それで納得《なっとく》しようとしてた。でも、たぶん違った。伴走者としては間違ってるし、オレは失格かもしれないけど、やっぱりオレは、オレのために走ってた。朔と走ることは朔のためじゃなくてオレのためだった」

新はロープを握り直した。走ることは、孤独《こどく》だ。どんなに苦しくても、辛《つら》くても、誰《だれ》かに助けてもらえるものではない。走れなくなったらその場に立ち止まり、倒《たお》れ込《こ》むだけだ。それはブラインドマラソンも同じだ。ふたりで走っていても、伴走者が支えるわけじゃない。手を引くわけでも、背中を押すわけでも、代わりに走るわけでもない。

ふたりで走っていても、それは変わらない。

走ることはやっぱり孤独だ。

孤独で、④自由だ。

「行こう」

「オレは」

「最後ならそれでもいいよ。だけど、ここで棄権《きけん》するとか言うなよな」

新は朔の腕をつかんで、スタートゲートへ足を向けた。

にぎやかな音楽が響《ひび》いている。曇天《どんてん》の下、ゲート前は数百人のランナーたちがひしめき、からだを動かしたり談笑《だんしょう》したりしながらスタートを待っている。

朔の背中に手を当ててインコース側に立つと、何列か前に※内村の姿が見えた。その背中を新は［C］見た。

あの人も一度は走ることをやめた人だ。あきらめて、自分で断《た》ち切ったのに、それでもまた走っている。オレも同じだ。

「オレ、やっぱり走ることが好きだ」

黙《だま》ったまま朔は小さくうなずいた。

ほおに日差しがあたり、朔は空を見上げた。

「前に朔、言っただろ、『新はいろんなものを見せてくれる』って。あれ嬉《うれ》しかった。オレ、ずっと朔の役に立ちたかったから」

新のことばを聞きながら、朔はそっと目を閉じた。

白くもやのかかったような薄曇《うすぐも》りの空から、一筋光がこぼれる。

「だけど、逆だよ」

朔はぴくりと肩《かた》を揺らした。

「オレが見えなくなってたものを、朔が見せてくれた」

驚《おどろ》いたように朔は新のほうに顔を向けた。

「オレ、走りたい。走るよ、逃げないで走る。で、強くなる」

――三十秒前です。

マイクの音が響いた。話し声や笑い声でにぎわっていたグラウンドが静かになった。

⑤「強くなって、また朔とも走る。走りたい」

朔はこみ上げてきたものをこらえるように、もう一度空を見上げた。

重たい雲をこじあけるようにして、空が青く広がる。

見えるわけではない。

でも、⑥たしかにその光景が朔の中に広がっていく。

大きく息をつき、一度うなずいて朔は正面を向いた。

ロープを軽く握り直す。

――イチニツイテ

一瞬《いっしゅん》の静寂《せいじゃく》のあと号砲《ごうほう》が鳴った。

（いとうみく『朔と新』〈講談社〉より）

※・ブラインドマラソン…視覚障碍《がい》者が行うマラソン競技。障碍が重い場合、同等以上の走力を持った伴走者と走る。走者と伴走者とは互いにロープを持って走る。
・境野さん／内村…どちらも新の、伴走者の仲間
・秋田さん…ブラインドマラソンの出場者
・かぶり…頭
・コーティングして…ぬりかためて
・欺瞞…ごまかしだますこと
・梓…朔の友人
・渇望…心の底から願うこと

1　文中の空欄A～Cにあてはまる語の組み合わせとして最も適当なものを次のア～オから選び、記号で答えなさい。

ア【A　じっと　B　ぴくりと　C　ふっと】
イ【A　ふっと　B　ぴくりと　C　じっと】
ウ【A　ふっと　B　はっと　C　ぴくりと】
エ【A　ぴくりと　B　ふっと　C　そっと】

オ【A　にやりと　B　ふっと　C　そっと　】

2　傍線部①「朔の内側が鈍く音を立てた」とあるが、この時の朔の心情を説明したものとして最も適当なものを次のア～オから選び、記号で答えなさい。

ア　新と笑いながら話し合ったことでリラックスした状態でいたが、ゴールという言葉を改めて出されたことで、本当に最後まで走りきることができるのかと不安になっている。

イ　走ることのその先に何があるのか分からず、今まで考えたこともなかったため、ただ順位やタイムを気にしていた自分がはずかしくなっている。

ウ　ブラインドマラソンを始めた理由が後ろ向きなものである自分は、到達《とうたつ》したい場所や目指している目標などがないため、新の言葉に動《どう》揺《よう》している。

エ　自分が傷つかないようにあえて忘れていた「走ることの目標」について話題に出されて、ゴールなどあるわけない現実と向き合わされて深く傷つき悲しんでいる。

オ　新が目指している場所と自分が目指している場所が違うことに気がつきつつも知らないふりをしてきたが、それが限界であることをさとり覚悟《かくご》を決めている。

3　傍線部②「オレ、新が陸上やめたこと知ったとき、腹が立った」とあるが、これはなぜか。その説明として最も適当なものを次のア～オから選び、記号で答えなさい。

ア　朔は、視力を失ったのはどうしようもないと思っているのに、自分を気づかうせいで新までもが、自らの選択で大切なものを失うことに納得ができなかったから。

イ　朔は、新に恨みや憎しみをいだく自分がいやで、そうした思いを新本人には向けないよう少しずつ消してきたのに、新が朔の神経を逆なでするような行動をとってきたから。

ウ　朔は、視力を失うきっかけになった新を恨みたくても、新が罪をつぐなうため新の大切なものを手放してしまうと、それ以上恨むことができず、もやもやした思いが残るから。

エ　朔は、新の都合にあわせたせいで視力を失ったが、新が大切にしていた陸上をやめることで安易《あんい》に朔と同じ痛みを負ったつもりになっているように感じたから。

オ　朔は、せっかく家族の荷物にならないように努力してきたのに、新が大切にしているものを手放してしまっては元通りにはならず、自分の努力が水の泡《あわ》となってしまうから。

4　傍線部③「それ」とは何かを説明したものとして最も適当なものを次のア～オから選び、記号で答えなさい。

ア　朔がもしもの話を頭の中で繰り返し続けたこと。

イ　新ともう一緒に走りたくないと思ったこと。

ウ　朔が自分自身に幻滅しそうになったこと。

エ　新を苦しませるために走ろうとしたこと。

オ　新を激しく恨み同じ目にあわせてやろうと考えたこと。

5　傍線部④「自由だ」とあるが、その内容の説明として最も適当なものを次のア～オから選び、記号で答えなさい。

ア　つらくなったら、自分一人だけでも走ることを止めてよいということ。

イ　目的にしばられて走るのではなく、欲求のままに走るということ。
ウ　伴走者がいても、自分一人の力で走らなければならないということ。
エ　走る理由は、だれかのためでもあり、自分のためでもあるということ。
オ　走るか走らないかを決めるのは、結局は自分自身だということ。

6　傍線部⑤「強くなって、また朔とも走る。走りたい」とあるが、この時の新の心情を具体的に、80字以内で答えなさい。

7　傍線部⑥「たしかにその光景が朔の中に広がっていく」とあるが、この情景描写《びょうしゃ》の説明として最も適当なものを次のア～オから選び、記号で答えなさい。

ア　朔はブラインドマラソンを、新に対する後ろ暗い感情から始めたが、その感情から目を背け続けたことで、今になって走る意味が見えなくなっていた。しかし新は朔の動機を打ち明けられても朔を軽《けい》蔑《べつ》せず、むしろ感謝して一緒に走りたいと言ってくれたので、朔は救われ目の前が開けた気持ちになった。
イ　朔がブラインドマラソンを始めた目的は、新を伴走者とすることで、一度は走ることをあきらめた新を苦しめることだったが、そのような目的を持つ自身に幻滅し、もうやめたいと思うようになった。しかし新が走る楽しさを再認識していると言ったことで、自分の暗い気持ちが浄化《じょうか》され晴れわたっていった。
ウ　朔は、新に対して今にいたるまで内心恨みを抱いていると同時にそんな自分を嫌悪もしている。しかし、ブラインドマラソンを始めたきっかけを正直に新に打ち明けたところ、新はその恨みにすら理解を示し、朔を受け入れてくれたため、新を恨む気持ちも自己嫌悪も消え、自分の罪がゆるされた気持ちになった。
エ　朔は、新を、断れないことを承知のうえでブラインドマラソンにさそい、一緒に走ることを強制してきたが、走ったその先に何かあるのか分からなくなってしまった。しかし新はあいかわらず走ることが好きで、走ること自体がゴールなのだと気付かせてくれたため、もやもやしていた心が解き放たれた。
オ　朔は、走ることを、新に再び好きにさせたうえで改めて奪《うば》うつもりでいたが、新を恨む気持ちが長続きせずその目的が消え、同時に自分が走る意味も消えてしまった。しかし新の生き生きとした走りにつきあううちに自分もいつしか走ることが好きになり、新と二人なら走っていけると自信をとりもどした。

成蹊中学校(第一回)

—50分—

【注意】、。「」はそれぞれ一字と考えなさい。

一　次の文章を読んで、後の問いに答えなさい。

思いだす。五年前の春。二度目の告白。

小六の椎太《しいた》。小六の私。異性に身がまえはじめる年ごろにあって、私たちはまだまだ無邪気《むじゃき》なほうだったと思う。

小三、小四とクラスがはなれていた椎太のことを、当時の私はまださほど X 見つめていたわけではなかった。小一でめばえた淡《あわ》い恋心《こいごころ》をあたためつつ、ときどきほかの男子に目移りをしたり、体育の先生にあこがれたり、アイドルと結婚《けっこん》してふたごを産む将来計画を*ヒグチに語ってきかせたりしていた。

思えば、あのころの「好き」は、ネギとメンマだけのラーメンみたいなものだった。後味さっぱりの醤油味《しょうゆあじ》。やみつきになるどろどろのスープも、脂《あぶら》こってりのチャーシューも、胃にのしかかる煮卵《にたまご》もない。

澄《す》んだスープの中を漂《ただよ》っていた私は、小一のときの失恋《しつれん》さえも、 Y 遠いむかしの話として処理していた。とうに治ったみみずばれみたいなもの。だからこそ、小五でふたたび椎太とおなじクラスになったとき、「楽しい二年間になりそう!」といとも軽やかに浮《う》かれることができたのだ。

ところが、実際に新学期がはじまると、五年一組は思ったほど楽しいクラスではなかった。担任が点数主義のAIロボットみたいな人だったこと、クラスメイトの多くが塾《じゅく》や習い事に通いだして忙《いそが》しくなったこと、世話好きのまとめ役がいなかったこと——いろんな要素が相《あい》まって、五年一組を和気藹々《わきあいあい》から遠ざけた。だれもがグループの輪に閉じこもり、おなじ顔ぶれとだけ交わって、必要以上のコミュニケーションを*厭《いと》う日々。

そのグループからあぶれてしまった中村くんという男子がいた。

極度におとなしかった中村くんは、ほかの子に話しかけることも話しかけられることもなく、いつも一人でぽつんといた。勉強はよくできるやせっぽっちの男の子だった。クラスメイトたちは人畜無害《じんちくむがい》な彼《かれ》を攻撃《こうげき》しないかわり、いてもいなくてもいい存在として冷たく黙殺《もくさつ》した。椎太以外は。

「中村、宿題やった?」

「中村、『ジャンプ』の今週号、読んだ?」

「中村、寝《ね》ぐせついてんぞ」

活気のない五年一組で唯一《ゆいいつ》元気をもてあましていた椎太は、自分の視界に元気のない子が存在することに耐《た》えられなかったのかもしれない。毎日のように声をかけては、ひとりぼっちの沼《ぬま》から中村くんをひっぱりだそうとした。男子たちからしらけた目を向けられても、当の中村くんからめぼしい反応がなくても、めげずに「中村」「中村」と呼びかけつづけた。A<u>それは同情や正義感ではなく、弱きを守る野性の反射神経のようなものだったのではないかと思う。</u>

同時に、五年一組のさめた空気とも椎太は戦っていた。本人がそれを自覚していたかはともかくとして。

「椎太って、強いね。流されないんだね」

ある日、私がしみじみつぶやくと、椎太はへんな顔をした。

「流されるって、どこに」

「どこって……そういう話じゃなくて」

「じゃ、どういう話だよ」

「流されないって話」

「だから、どこに流されないのかわかるように言え！」

B少年・椎太とは会話が成立しないことも多かったけれど、流されがちな自分にはできないことをやってのける彼に私は改めて惹《ひ》かれ、恋のスープは多少複雑な風味もまじえてぐつぐつ煮つまりだしたのだった。

一方で、椎太のがんばりもむなしく、中村くんはしだいに学校を休みがちになった。季節が移ろうほどに欠席は増え、中村くんのいない教室があたりまえの光景となって、ついに、クラス替《が》えもなく持ちあがりで六年一組になった春、担任のロボが皆《みな》に告げた。

「中村くんはフリースクールへ通うことになりました」

浅い驚《おどろ》きが教室に広がる中、とっさに私は窓ぎわの席にいた椎太をふりむいた。

中村くんは学校をやめたのか。なぜやめたのか。いったいどこのフリースクールへ行くのか。椎太ならばロボを質問ぜめにするはずだ。

が、椎太はそうしなかった。教室のざわめきをこばむように、彼は感情を押《お》し殺した顔で窓の外をながめていた。

その日一日、あきらかに口数が少なく、あきらかに笑顔が弱々しく、あきらかに給食を食べるのがいつもより遅《おそ》かった(おかわりもしなかった)椎太が気になってたまらず、放課後、私はこっそり彼を尾行《びこう》した。椎太は中村くんに会いに行くんじゃないか。そんな読みもあった。


ところが、予想に反して、椎太の足は中村くんの家へは向かわなかった。かといって自宅へ向かうでもなく、ぶらぶら川沿いを歩いたり、意味もなく商店街をぬけたり、見るからに「まっすぐ家に帰りたくない人の歩き方」で町をうろつきつづけた。つねに前だけを見ている椎太の目が、距離《きょり》を置いてつけていく私をとらえることはなかった。

ひたすら前進を続けた椎太がようやく止まったのは、町外れのお寺に足を踏《ふ》みいれてからだ。椎太は何も祈《いの》らずに本堂を通りすぎ、奥《おく》の母屋《おもや》を通りすぎ、さらに奥にある庭園の池の前で静止した。

バレーコートの半面くらいはありそうな池。その縁石《えんせき》の前に立ち、椎太が水をのぞきこむ。それっきり、電池が切れたように動かない。

何やってるんだろう？

夕暮れの空の下、椎太の影は池を護《まも》る地蔵《じぞう》のごとく留まりつづけ、私はものかげから彼を見ているのにいいかげん飽《あ》きてきた。

そこで、たまたまそこを通りかかったふりをして、声をかけることにした。

「あれー、椎太？　やだ、ぐうぜん。こんなところで何してるの」

見え見えの小芝居《こしばい》だ。が、椎太は私の言葉を［ Z ］疑わず、ふりむきざまに答えた。

「鯉《こい》がいる」

「ふうん」

鯉なんてべつにめずらしくない。そう思いながらも並んで一緒にのぞくと、想像以上にたくさんいた。抹茶色《まっちゃいろ》に濁《にご》った水の中、光沢《こうたく》のある赤や白の鯉が、うろこをきらきらひらめかせながら泳いでいる。

「ほんとだ、けっこういるね。ここ、初詣《はつもうで》でよく来るけど、ぜんぜん気がつかなかった」

　やけに静かな椎太に言うと、ぼそっとした声が返ってきた。

「鯉のぼりは？」

「え」

「鯉のぼりは気がついたか？」

「初詣で？」

「そうじゃなくて、今日」

　会話が成立しない。私は頭の整理をしてからふたたび口を開いた。

「ええっと、今日、鯉のぼりを見たかってこと？　このお寺で？」

「そ。住職さんちの玄関先《げんかんさき》にあったやつ」

「ううん、気がつかなかったけど」

　C椎太の背中しか見ていなかった、とは言えなかった。

「あったんだ、鯉のぼり。わりとでかいやつ。それ見たあとでこっちに来たら、本物の鯉がいて、びっくりした。で、俺《おれ》、なんか考えちゃってさ……」

　椎太の声が曇《くも》る。とちゅうで言いよどむなんて椎太らしくない。

「何を考えたの？」

「鯉のぼりって、本物の鯉が見たら、どう思うんだろうなって」

「本物の鯉が……鯉のぼりを見たら？」

「俺、鯉の気持ちになったら、なんかどんよりしちゃった」

　スニーカーのつま先で池の縁石を軽くけりながら、椎太は冴《さ》えない表情で続けた。

「だってさ、自分たちをぶよぶよにふくらましたみたいなやつが、糸にくくられて、竿《さお》にくっつけられて、空でひらひらしてんだぜ。鯉にしてみりゃ悪夢じゃん。人間ヴァージョンの鯉のぼりとかあったらこわくない？」

　椎太の言う人間ヴァージョンを頭に描《えが》き、私は深々うなずいた。

「ん。たしかにホラーだね」

「だろ。しかも、お父さんとお母さんと子どもたちと、家族で見せもんにされてんだぜ。人間ってひどいことするよなあ。俺、鯉の気分になって、人間社会にむかついた。なにが『屋根より高い鯉のぼり』だよ。屋根より高く上げんなよ」

　椎太は鯉の立場から本気で人間社会に憤《いきどお》っているらしく、縁石をける足が徐々《じょじょ》に力を増していく。それに反応するように、池の中から赤い尾がはねあがり、こまかい水しぶきを宙に散らした。鯉の世界にも元気のいいのがいるみたいだ。

「でもさ、人間もそうだけど、鯉だっていろいろなんじゃないのかな」

　冷たくなってきた風に吹かれながら水の波紋《はもん》をながめていたら、ふとそんな言葉が口をついて出た。

「中にはさ、小さな池で生きるより、空を飛びたい鯉だっているかもしれないよ」

「空？」

「うん。池の鯉より、空飛ぶ鯉になりたい鯉。そんな鯉が鯉のぼりを見たら、意外と、わくわくするかもよ。あそこに夢をかなえた鯉がいる、って」

　そんなわけないか。言ったはしから恥《は》ずかしくなったけど、ふと横を見ると、縁石をける足が止まっていた。

「そっか」

「え」

「なるほど、そう考えればいいんだ」

力強くうなずく椎太の顔からは、さっきまでの翳《かげ》りがころっと消えている。

「だよな、どうせだったらポジティブな鯉の気分になったほうがいいよな。うん、それ採用。俺もこれからそう思うことにする。夢をかなえた鯉……つまりアレだ、鯉のぼりは鯉たちの自由の女神なわけだ」

悪夢から自由の女神へ。いともスピーディーな転換《てんかん》にあっけにとられる私の横で、椎太は「うん、うん」とご満悦《まんえつ》の笑顔でうなずきつづけている。

頭の切り替えが速い男の子。一秒先にはちがうところにいる。いつも私は置いていかれる。だからこそ、まぶしい。

紅《くれない》色《いろ》の夕焼けをかぶった椎太に見とれていた私は、

「中村も、ちっこい世界から飛びだして、自由になったのかもな」

椎太の口からふいに飛びだした名前に、はたとわれに返った。

中村くん。そうだ、椎太の浮かない顔には鯉以外の理由もあったのだ。

「中村くんのこと、椎太はいいの？　このままで」

息をひそめて表情をうかがうと、椎太は一瞬《いっしゅん》だけ瞳《ひとみ》をこわばらせた。

「ま、ちょっとくやしいし、さびしいけど、でも、中村がいいならいいよ」

「ほんとに？」

「ん。フリースクールってどんなとこかよく知んないけど、フリーってからには自由なんだろ。中村が今までより自由になって、楽になるなら、そっちのほうがいいよ。むりして通いたくない学校に通うことないし」

「そっか……ん、そうかもね」

椎太はそんなことを考えながらあの長い道のりを歩いていたのか。そう思ったら胸がぎゅっとして、私はことさらに声を張った。

「そうだね。みんながおなじ公立学校に行かなきゃいけないわけじゃないもんね」

「そう、そう。道はいろいろあっていいよ」

「うん。なんか、学校にいると、ここだけがすべてって思っちゃうけど」

「学校なんて池だよ、池。中村は海にくりだしたんだ。あいつ、意外と冒険家《ぼうけんか》だったんだ」

私たちは妙《みょう》に意気投合し、世界は広いという話でもりあがっていったのだけれど、そうした話題とはまたべつの次元で、私はひそかにじんとしていた。椎太と会話が成立している！

椎太と言葉が噛《か》み合った。歯車が合った。心と心がつながった――その一方的な一体感は私を屋根より高く舞《ま》いあがらせ、ぐいぐいとひとつの方向へ導いていった。今なら私の思いが椎太に届くんじゃないか。告白するなら会話が成立している今しかないんじゃないか。お寺の神様も応援《おうえん》してくれるんじゃないか。そうだ、今だ！

【森絵都「ヒカリノタネ」（『はじめての』〈水鈴社〉所収）による】

【注】

＊ヒグチ――私の親友。

＊厭う――いやがる。

問一　空欄《くうらん》［X］～［Z］にあてはまることばを、次の中から選び、それぞれ記号で答えなさい。

ア　つゆも　　イ　ねちっこく　　ウ　もはや

問二　――線部A「それは同情や正義感ではなく、弱きを守る野性の反射神経のようなものだったのではないかと思う」とあるが、椎太の中村くんに対する気持ちとして最もふさわしいものを次の中から選び、記号で答えなさい。

ア　自分がこんなに元気なので、同じクラスの中に元気のない人がいることが信じられないでいる。
イ　グループからあぶれてしまった中村くんを一人ぼっちにするのは、自分のプライドが許せないでいる。
ウ　中村くんの存在を黙殺しているクラスメイトに、中村くんを一人にさせないよう故意に見せつけている。
エ　やせっぽっちで一人でいる中村くんがとても弱く見えるので、守ってあげることが当然だと思っている。

問三　――線部B「少年・椎太とは会話が成立しない」とあるが、私と椎太は「流される」の意味をそれぞれどうとらえているのか。説明しなさい。

問四　――線部C「椎太の背中しか見ていなかった、とは言えなかった」とあるが、なぜ私は「言えなかった」のか。理由を説明しなさい。

問五　――線部D「どうせだったらポジティブな鯉の気分になったほうがいいよな」とあるが、ポジティブな鯉の気分になると、椎太は中村くんのことをどう考えられるようになるのか。椎太の考えとして最もふさわしいものを次の中から選び、記号で答えなさい。

ア　中村くんが人畜無害のままフリースクールに行けて良かったと考えられるようになる。
イ　中村くんはフリースクールに行くことで、自由になったのだと考えられるようになる。
ウ　中村くんは夢をかなえてみんなより先にフリースクールに通うのだと考えられるようになる。
エ　中村くんがいいと思ってフリースクールに行くのだから、さみしくないと考えられるようになる。

問六　――線部E「頭の切り替えが速い男の子。一秒先にはちがうところにいる。いつも私は置いていかれる。だからこそ、まぶしい」とあるが、椎太のことをまぶしく感じるのはなぜか。理由として最もふさわしいものを次の中から選び、記号で答えなさい。

ア　すぐに前向きに考えられる椎太は、暗いことしか考えられない私を明るく照らしてくれる人だから。
イ　もとの考えにこだわらず、新たな発想にすばやくたどりつける椎太は、私にとってあこがれの人だから。
ウ　私のことなど気にかけずに次の場所へ進んでいく椎太は、競争心に火をつけ、私を高めてくれる人だから。
エ　今よりも素晴らしい世界をまたたく間に想像し、他人を幸せにできる椎太は、私にとって異次元の人だから。

問七　――線部F「そう思ったら胸がぎゅっとして、私はことさらに声を張った」とあるが、私の「胸がぎゅっとし」た理由を説明しなさい。

問八　――線部G「私はひそかにじんとしていた。椎太と会話が成立している！」とあるが、椎太と会話が成立することがなぜ「じんと」するのか。これまでの私と椎太の会話をふまえて七十五字以内で説明しなさい。

二　次の文章を読んで、後の問いに答えなさい。

『A言葉は風景のようなものだ。いや、山や野に咲《さ》く生きた花畠《はなばたけ》のような気もする。種子は同じでも、時と場所によって、咲かせる花はちがう。

たとえば今、東京・新宿には高層ビルが林立して、まるで未来都市のように見える。戦後、新宿駅西口がまだ*闇市《やみいち》の時代に、私は、フランス文学科の学生だったが、詩を書こうとして駅前マーケットの間をほっつき歩いていたから、今日の街の風景を見ると、まったく*隔世《かくせい》の感がある。

本当に*バラック建築つづきのごった煮《に》の街で、混乱をきわめていたが、しかし一種の活気があった。戦争の暗い時代から解放されたということで、文学や芸術には、自由が沸騰《ふっとう》していた。しかし、アメリカ軍の占領《せんりょう》下にあって、言葉には米語*スラングが*氾濫《はんらん》していた。

そうした混乱の一時期ののち、朝鮮《ちょうせん》戦争を境に、また、だんだん世の中が静まり、しだいに日本の社会も姿を整えていった。

かくて今や、新宿の空を見上げれば、*忽然《こつぜん》として夢のような東京都庁をはじめ超《ちょう》高層ビルが立ちならび、ビルの谷間を、朝晩通勤の人々の列が埋《う》めている。まことに、夢か現《うつつ》かという想いがする。

その間に私たちの日本語も変わった。これは当然のことだ。世の中が変わり都市ができれば、文明の、こうした風景が出現する。人間の生活も変わる。ビル街ができれば歩き方も違《ちが》ってくるし、ファッションも変わるというものだろう。人間の生活が変われば言葉も変わる。当然話し方も違ってくる。人それぞれの考え方も、環境《かんきょう》によって変わっていくことであろう。

このごろ、日本語が乱れている、敬語が目茶苦茶だ、外来語のカタカナが多すぎる、若者の変な造語がさっぱりわからない、日本語はこの先どうなるんだと、よく話題になる。たしかにそういう気がしないでもない。だが、本当にそうだろうか。

ここで、正しい言葉とは一体何だろうと、もう一度考えてみる必要がある。もし正しい言葉というものが、一つだけはっきり定まっているのであれば、たしかに、皆《みんな》がそれだけを使えば用は足りることになる。

たとえば水を飲みたいということを言いたいとき、意味が伝わりさえすればいいのであれば、「水が飲みたい」という言い方が一つあれば充分《じゅうぶん》だ。【１】、現実はどうだろうか。そんな簡単なものではない。』

人間の生活や心は限りなく豊かだ。そこで言葉にもひねりをかけようとする。「ああ、水が飲みてぇな」とか「喉《のど》がからっからだ」とか、なぜか一本調子の言い方から外してみたくなる。

とくに、若者は言葉の冒険《ぼうけん》をすることで自己主張をしたり、目立ちたがる。また、自分たちの遊び心や、グループの仲間意識などを満足させようとする。

若者ばかりでない。職人さんなども、自分たちの職業の特色を表わすために、言葉にひねりをかけることがままある。

正しい言葉というものは、たしかにあるはずだ。しかし、実際に生活のなかで言葉が活《い》きているのは、ひねりをかけて、そこからちょっと外した姿である。だから、逆に活きている言葉は、正しい言葉の外側にあるともいえる。

その造ったおもしろい言葉、ひねった言葉、隠語《いんご》などが活きているということは、逆にいうと、ひねっているということを、皆が意識しているわけだ。【２】、正しい言葉のあり方を、じつは知っているということになる。

したがって、B私は日本語の行《ゆ》く末《すえ》について、それほど心配していない。いろいろと若者が造語する。*ハイティーンや*ローティーンが携帯《けいたい》電話やメールでカチャカチャやっている。それはやはり言葉遊びをして、言葉の感覚を磨《みが》いている、あるいは自分の個性を主張しているのだともいえる。

しかし、逆にいえば、正しい言い方というものが意識されているから、それができるわけだ。それがなければ、言葉は通じなくなってしまう。

だから、C活きている言語、*ビビッドな生の言葉というのは、遠心力と求心力がはたらいている。その両端《りょうたん》の間を揺《ゆ》れ動いている。緊張《きんちょう》感で人にアピールしているわけである。

しかし、現実にはたとえば「人から何かしてもらったら、『ありがとう』と言うこと」という具合に、言葉をたんなる機能、道具として使うという風潮のほうが強い。Dとくに戦後の話し方教育は、「ありがたい」という言葉一つを取り上げても、言葉の世界をたいへん貧しくしてしまった。サービス業においては、言葉までマニュアル化が進んでいる。

現代は、管理社会というか組織化された社会である。そのため、言語も、より機能的な面が要求されているのは確かである。

【３】、航空パイロットの言葉は、みな英語だ。全世界の空で、英語らしきものでやり取りされている。しかし、これはもはや本来の英語とは別の、国際航空語とでも言うべき言語であろう。

そこでは少々発音が悪くても、イントネーションが悪くてもかまわない。操縦に必要なこと、それだけを正確に伝えていればよいのである。ことは乗客の命にかかわる。［X］な、［Y］のある、インターナショナルな新しい航空地球語というようなものが、出来上がっている。

また、ビジネスや、国際間の取引の言葉にしても、何はともあれ国際化した言葉で、万国共通のお金のやりとりをしてもうけたい。そのための機能をすみやかに果たしたいという世間の要求は、最近たしかに強くなっている。

その点で日本語は、とりわけ*ニュアンスの深い言葉だから、不都合が多い。そこで、なおのこと機能化の要求が強くなってきている。

ただし、じつは日本語はやさしい、語順とか文法があいまいなだけ*フレキシブルだから、会話は楽だという話もある。

ともあれ、すべての言葉が会社の受付電話のように機能化・マニュアル化されて、それだけが正しい言葉だというのは、いかにもさびしい。会社やビジネスで訓練された言葉を身につけても、家に帰ると、夫婦間の会話も子どもとの会話もできないということも、いずれ起こってくる。

たしかに、簡単に役に立つという言語の機能を軽視することはできないが、Eそればかりに重きを置く今日の風潮は、日本人の言葉を貧しくしている。いや、生活の内容さえ貧困にしかねないのである。

こうした、近頃の風潮は、私には、何やら言葉というものを、たんに意味を右から左へ運搬《うんぱん》するための道具としか考えていないように思われる。しかし、それはビジネスという、ごく限られた一部の分野でのみ有効な考え方であって、人間生活全体に当てはめるべきものではない。

だからこそ、もっと全体の場というもの、人間の生活や、コミュニティというものを掘《ほ》り下げ、言葉を一つの文化全体の中に位置づけるというこだわりを持つ必要がある。

（栗田勇『日本文化のキーワード　七つのやまと言葉』〈祥伝社新書〉による）

【注】

＊闇市――公で認められていない取引をするお店が並ぶ市場。
＊隔世の感　変化、進歩が速く、時代が急に移り変わったと感じること。
＊バラック――粗末《そまつ》な建築の仮小屋。
＊スラング――特定の社会や階層でのみ使われる言葉。
＊氾濫――あふれるほどに出回っていること。
＊忽然と――たちまち。
＊ハイティーン――十代後半の若者。
＊ローティーン――十代前半の少年少女。
＊ビビッド――鮮明《せんめい》なさま。
＊ニュアンス――言葉ではうまくあらわせない気持ちなどの細かな意味。
＊フレキシブル――柔軟《じゅうなん》なさま。

問一　――線部Ａ「言葉は風景のようなものだ。いや、山や野に咲く生きた花畠のような気もする。種子は同じでも、時と場所によって、咲かせる花はちがう」と同じ内容を表している一文を、『　』の中から十七字で書き抜《ぬ》きなさい。

問二　【１】～【３】にあてはまることばを次の中から選び、それぞれ記号で答えなさい。

ア　しかし　　イ　たとえば　　ウ　つまり

問三　――線部Ｂ「私は日本語の行く末について、それほど心配していない」とあるが、筆者がそのように考える理由を説明しなさい。

問四　――線部Ｃ「活きている言語、ビビッドな生の言葉というのは、遠心力と求心力がはたらいている」とあるが、「遠心力と求心力がはたらいている」とは、どういうことか。その説明として最もふさわしいものを次の中から選び、記号で答えなさい。

ア　造った言葉が、正しい言葉なのか、正しくない言葉なのかの判断がつかないこと。
イ　ひねった言葉をおもしろいと思う人たちと、それを否定する人たちが現れること。
ウ　正しい言葉から外そうとする意識と、正しい言葉を守ろうとする意識が同時にあること。
エ　正しい言葉を使ったり、使わなかったりすることで、会話の相手とのあいだに緊張感を生むこと。

問五　――線部Ｄ「とくに戦後の話し方教育は、「ありがたい」という言葉一つを取り上げても、言葉の世界をたいへん貧しくしてしまった」とあるが、「言葉の世界をたいへん貧しくしてしまった」とはどういうことか。その説明として最もふさわしいものを次の中から選び、記号で答えなさい。

ア　言葉を単なる道具と考えるようになり、日本人がカタカナ語ばかりを使うようになったこと。
イ　言葉の使い方を決めることで、その使い方が通用する集団の中でしか言葉が使えなくなったこと。
ウ　豊かであるはずの人間の生活や心が言葉に反映されず、皆が同じように言葉を使うようになったこと。
エ　若者たちのひねった言葉が、正しくない言葉とみなされ、使えなくなってしまった言葉が増えたこと。

問六　空欄《くうらん》［Ｘ］、［Ｙ］にあてはまることばとしてふさわしいものを、次の中から選び、それぞれ記号で答えなさい。

X ［ア　一石二鳥　イ　奇想天外《きそう》　ウ　公明正大　エ　単純明快］
Y ［ア　柔軟性　イ　中毒性　ウ　有効性　エ　流動性］

問七　――線部Ｅ「それぱかりに重きを置く今日の風潮は、日本人の言葉を貧しくしている。いや、生活の内容さえ貧困にしかねないのである」とあるが、どうしてそのように言えるのか。文章全体をふまえて説明しなさい。

三　次の①～⑤の――線部のカタカナを漢字にしなさい。

① 震災《しんさい》からフッコウした。
② 外国の会社とボウエキする。
③ 歴史館のテンジを担当する。
④ 温かい紅茶にサトウを入れる。
⑤ 午前中の用事を計画的にスます。

成城学園中学校(第一回)

—50分—

一　次の——線のカタカナ部分を漢字に直しなさい。

1　たきぎをタバねる。　2　チームのシチュウとなる選手。
3　タイソクを伸《の》ばす。　4　ヒキこもごもの会見。
5　キヌで織られた着物。　6　若くしてハクシキな人。
7　シンソウを究明する。　8　イショクの組み合わせ。

二　次の文章を読んで、あとの問いに答えなさい。(句読点や記号も一字と数えます。)

生物の絶滅《ぜつめつ》にはいろいろなパターンがありますが、最近は人間が大きく関与《かんよ》している絶滅がとても多いのです。その最も極端《きょくたん》な例としては、リョコウバトの絶滅が挙げられるでしょう。

リョコウバトは、北米大陸の東岸に棲息《せいそく》していた、①渡《わた》りをするハトで、その個体数は②鳥類史上最多といわれるほどたくさんいたのですが、［X］のはじめに絶滅しました。標本がスミソニアン博物館に残っていて、それにはジョージ・ワシントン夫人にちなんでマーサという名前が付けられています。マーサは、アメリカのシンシナティ動物園で飼育されていたメスのリョコウバトの最後の個体でしたが、一九一四年に死に、それによってリョコウバトは絶滅しました。

リョコウバトは［Y］には北米に約五〇億羽もいたと言われています。世界の鳥の中で最大の繁栄《はんえい》を誇《ほこ》っていた鳥だったのです。人間がいま全世界で七八億人ですから、北米大陸の東側だけで五〇億羽というのは大変な数です。

リョコウバトはとても速く飛びます。時速九六キロで飛んでいたといわれています。大きな群れで営巣《えいそう》して繁殖《はんしょく》する性質がありました。大きな営巣地を五大湖周辺で形成し、そこで卵をかえします。冬になると、南のほうのメキシコ湾岸《わんがん》やフロリダへ飛んで行き、またその次の繁殖期になると北へ戻ってきて営巣する、という渡りをしていたのです。

リョコウバトの営巣地は大きなものでは八五〇平方マイル(二二〇〇平方キロメートル)ほどだったようですが、そこに一・三六億羽が棲息していたという記録があります。相当な密度で暮らしていたことになりますが、そういう生活で互《たが》いにコミュニケーションを密にすることによって群れで繁栄していたようです。

リョコウバトの産子数はそれほど多くはないのです。鳥によっては一度に何個も卵を産みますが、リョコウバトはほとんど一個か、せいぜい二個しか卵を産まなかった。にもかかわらず個体数が多かったのは、天敵がほとんどいなかったからでしょう。そして、何度も繁殖をしますから、［a］ひとつのつがいが一年に一羽しか育てないとしても、その回数が重なっていくので、ある程度の個体数が死んでも、全体数は増えることになります。

ただ、リョコウバトの習性はわりとかっちりと決まっていて、③フレキシビリティーがあまりなかった。リョコウバトは必ず自分の生まれた巣に戻《もど》ってきます。大きな巣には億を超《こ》えるリョコウバトが暮らしていることになるわけですが、そこで人間が何をしたかというと、かすみ網《あみ》を張り、巣に帰ってくるリョコウバトをまさに【 A 】に捕《つか》まえたのです。

そして、営巣地のそばに缶詰《かんづめ》や羽毛布団《うもうぶとん》の工場を建て、捕まえたリョコウバトを食用に加工したり、羽毛製品を作ったりするということを、いわばベルトコンベヤー式にやりました。リョコウバトは何十億羽もいるわけだから、たくさん捕《と》ってもそんなに減らないだろうと思っていたのかもしれません。実際、最初のうちは捕っても捕ってもリョコウバトの数はあまり減らなかったのです。

それが、あるときから急にいなくなります。一八五〇年頃から減少傾《けい》向《こう》が激しくなり、［Z］の終わりにはほとんどいなくなってしまいました。五〇億羽いたリョコウバトが、［b］一〇〇年の間に激減し、一九〇八年には全米で七羽しかいなくなってしまったのです。

そして、先述のように動物園で飼育されていたマーサが一九一四年に死んで、リョコウバトは絶滅しました。

そんなわけで、④リョコウバトは人類による殺戮《さつりく》で滅《ほろ》ぼされた最大の例といえるでしょう。減少していく過程で保護が試みられたこともあったのですが、いったん大きく減った個体数を回復することはできませんでした。リョコウバトは大きな群れで移動して繁殖する性質があったと先述しましたが、逆に言うと、小さな集団ではなかなか繁殖できなかったのです。リョコウバトが特殊《とくしゅ》な環境《かんきょう》にだけ適応しているような習性の鳥ではなく、もう少しフレキシビリティーを持っていれば、絶滅することなく生き延びることができたのかもしれません。

個体数が多くても、ひとつの環境に密集している生物は、あるひとつの大きな要因によってあっという間に絶滅する確率が高い。［c］、まばらに分布している生物のほうが絶滅しないこともあるのです。

（池田清彦《いけだきよひこ》『もうすぐいなくなります　絶滅の生物学』〈新潮社〉より）

問一　――線①「渡りをするハト」とありますが、「リョコウバト」が寒い季節に「渡りをする」のはどこからどこですか。次の文の空らんⅠ・Ⅱに当てはまる言葉を、Ⅰは五字以内、Ⅱは十五字以内で文章中から探し、抜《ぬ》き出して答えなさい。

（　Ⅰ　）から（　　Ⅱ　　）。

問二　――線②「鳥類史上最多」について

(1)　「リョコウバト」は北米に最も多いときにはどのくらいいたのですか。文章中から探し、抜き出して答えなさい。

(2)　「鳥類史上最多」となるほど数が多くなった理由として当てはまるものを次のア～クの中から三つ選び、記号で答えなさい。

ア　年に何度も卵を産むから。
イ　速く飛ぶことができるから。
ウ　人間に保護されていたから。
エ　一生の内に何羽も子を育てるから。
オ　小さな集団で生活してきたから。
カ　命をおびやかす敵がいなかったから。
キ　コミュニケーションを密にするから。
ク　繁殖しやすい気候だったから。

問三　空らん［X］、［Y］、［Z］に入る言葉の組み合わせとして最もふさわしいものを次のア～エの中から選び、記号で答えなさい。

ア　X　一九世紀　Y　一八世紀　Z　一九世紀
イ　X　二〇世紀　Y　一九世紀　Z　一八世紀
ウ　X　二〇世紀　Y　一八世紀　Z　一九世紀

エ　X　一九世紀　Y　二〇世紀　Z　一八世紀

問四　空らん［a］、［b］、［c］に入る最もふさわしい言葉を次のア～オの中から選び、それぞれ記号で答えなさい。ただし、同じ記号をくり返すことはできません。

ア　むしろ　イ　たとえ　ウ　まるで
エ　きっと　オ　たった

問五　――線③「フレキシビリティー」の意味をこの前後の文章から推測し、最もふさわしいものを次のア～オの中から選び、記号で答えなさい。

ア　協調性　イ　類似《るいじ》性　ウ　独自性
エ　柔軟《じゅうなん》性　オ　方向性

問六　空らん【A】に入る最もふさわしい言葉を次のア～オの中から選び、記号で答えなさい。

ア　一石二鳥　イ　一網打尽《いちもうだじん》　ウ　一生懸命《けんめい》
エ　一喜一憂《いちゆう》　オ　一朝一夕《いっせき》

問七　――線④「リョコウバトは人類による殺戮で滅ぼされた最大の例」について

(1)「人類による殺戮」とありますが、人間は何のために「リョコウバト」を捕まえたのですか。それが具体的に書かれている一文を探し、その始めの五字を抜き出して答えなさい。

(2)「人類による殺戮」の対象となったのは、「リョコウバト」にどのような習性があったからですか。文章中の表現を用いて説明しなさい。

問八　この文章の内容と合うものを次のア～オの中から一つ選び、記号で答えなさい。

ア　生物が棲息する場所によって絶滅しやすいかどうか違《ちが》いがわかる。
イ　生物の歴史を調べると個体数の増減が必ず起きることに気づく。
ウ　生物が絶滅した原因のほとんどに人類による殺戮が関係している。
エ　生物を保護するにはその繁殖の手助けをする必要がある。
オ　生物の生存には複数の環境に対応できることが大切な場合がある。

三　次の文章を読んで、あとの問いに答えなさい。（句読点や記号も一字と数えます。）

夏も深まり、青空をゆく雲の輪郭《りんかく》がはっきりしてきた、ある日。

ソラはひとりで、保健室にいた。クローバーの机に座《すわ》って、小説を読んでいた。

正確には、もうひとり、この部屋にはいた。ハセオが、カーテンを引いたベッドの上で、寝息《ねいき》も立てずに眠《ねむ》っていた。前夜に、三部作のSF映画を一気に観《み》て夜更《よふ》かししたとかで、保健室に寝に来ていたのだ。

北村先生も不在で、あたりは静かだった。遠くからはプールにa興じる生徒たちの声が聞こえる。少し寂《さび》しさのまじった空気感が、ソラは決して嫌《いや》ではなかった。

と、ドアのすりガラスに人影《ひとかげ》が映り、ノックする音がした。

「高橋です」

ソラは、その声に、反射的に①身をすくめた。

「［X］、いますか？」そう言いながら、入ってきたのは、元担任の高橋先生だった。

すらりと背の高い、眼鏡のよく似合う理科教師。流行のゲームにも詳《くわ》しくて、生徒たちに人気のある先生だった。

でも、ソラはなじめなかった。〝保健室登校〟がはじまった去年には、家庭訪問や、三者面談が繰《く》り返されたが、高橋先生は、ソラと臣野《おみの》シゲルとを〝仲直り〟させることを第一に考えていた。とにかく臣野シゲルを遠ざけてほしかったソラとは、決定的に考えが違《ちが》ったのだ。

二年になって、担任が替《か》わってからは、会ったことはなかった。いまは、別のクラスを持っているわけで、わざわざ元受け持ちのソラのところに来なくてもいいのに。

ソラは、見下ろしてくる高橋先生の視線を避《さ》けて、保健室の棚《たな》に置かれた、リンゴ形のガラス製の時計を見つめていた。

「おまえ、ひとりなの?」

ためらいながら、ソラはうなずく。

「イエスかノー」で答える問い方をするのは、相変わらずだった。こういう問い方をすると、相手も答えやすいと、高橋先生は思い込《こ》んでいる。たぶん、話ベタな生徒に対しての、教師としてのテクニックなのだろう。でも、そのぶん、「イエスかノー」で話しにくいことが、こぼれおちてしまう。

「北村先生はお留守かな……」高橋先生はぐるりと部屋を見回す。ハセオは、起きているときとはうらはらに、眠っているときにはびっくりするくらい静かなので、気づいていないようだ。

「川井、やっぱり、教室には行けてないのか?」

うなずく。

「もう、②臣野とは違うクラスなんだよな。それでも、だめか?」

うなずく。

「保健室にいたほうが、楽か?」

うなずく。

「うーん。それじゃあ、しようがないな」

高橋先生は、大きく息を吐《つ》いた。細かいところを聞かないで、③イエスかノーか聞くだけでは、〝相談〟にはならないと思うが、たぶん、そういうところに費《つい》やす時間や労力が、高橋先生には、〝むだ〟や〝もたつき〟に思えるのだろう。

「もうすぐ夏休みだろ。俺《おれ》の知り合いがやってるヨットスクールに、川井、来てみないか? 二週間、海べで暮らすと、気分もずいぶん変わると思うんだ。どうだ?」

ソラは、うつむいたまま、④かぶりをふった。

「だめかぁ……うんうん……」

高橋先生は、自分で自分を納得《なっとく》させるかのように、機械的なうなずきを繰り返す。

ソラのことを気にかけてくれているのはありがたいけれど、正直なところ、放っておいてほしかった。

「だめなんだよな、やっぱり」

高橋先生は、説得ということをしない人だった。ソラが否定の意志を示した以上、それでこの話は終わってしまうのだ。もう出ていこうとしている、というのがソラには気配でわかった。

「ん、これは、歳時記《さいじき》か?」

高橋先生が、クローバーの机から取り上げたのは、さっきハセオが置いた歳時記だった。

「ふーん、川井は、俳句に関心があるのかぁ」

ぱらぱらとページをめくる音が、ソラの頭の上で聞こえた。⑤視線は、リンゴ形の時計に向けたままだ。

[A]みたいに。

「俺もな、理系なんだけど、新聞の投稿欄《とうこうらん》を読んでて、俳句っておもしろいなと思ってな。数字ばっかり相手にしているから、言葉を知らないんだよ。でもな、ほら……」

高橋先生はページを繰る指をぴたっと止めて、

「白雨《はくう》なんて、きれいな言葉だよなあ。夕立のことを、そういうんだな。最近じゃ〝ゲリラ豪雨《ごうう》〟なんていうが、それじゃ味気ないもんな。こういう、趣《おもむき》のある言葉、大事にしていきたいよな」

高橋先生は、しばらく歳時記をめくっていたが、ソラがうつむいたままで、反応がないのがおもしろくなかったらしい。

「じゃあ、ヨットスクール、行きたくなったら連絡《れんらく》してくれよ。いつでも、待ってるから」

高橋先生が出ていったドアの音が、しずかな部屋の中に、響《ひび》く。

⑥そのとたん、プールからのはしゃぎ声が戻《もど》ってきた。いままで、たまたまやんでいたのか。それとも、聞こえなかったのか。

その遠い声の裏側から、ふいに近いところで声がした。

「ソラ、ソラ」

カーテンの内からの声。

ソラは、[B]かのように、びくっと肩《かた》を震《ふる》わせた。

「ハセオ」

ハセオは、はずみをつけて、ベッドから飛び降りる。日ざしのさしこむ窓に向かって、大きく伸《の》びをする。長身の彼《かれ》がその姿勢を取ると、まるで太陽を射ようとする弓のように見えた。

「え、いつから起きてたの?」

おそるおそるソラが尋《たず》ねると、

「ノックで起きた」

bこともなげにハセオは答える。それから、ずいっとソラのほうに顔を向けて、

「あいつの言うこと、おかしいよな」

と言うので、ソラは、身構える。こちらの事情をろくに知らないハセオが、適当に慰《なぐさ》めの言葉をかけるのか、と思ったのだ。

「⑦オモムキノアルコトバヲダイジニシタイって、ああいうこと言う大人ってよくいるんだけど」

机の歳時記を手に取って、高橋先生と同じように、ぱらぱらとめくりながら、

「おれはな、こう思うのよ。白雨って、たしかにきれいな言葉だけどさ、それ自体がきれいなわけじゃない。むかしから、それをさ、きれいな歌や、詩や、句に詠《よ》んできたから、きれいに聞こえるようになったわけだろ?」

ハセオは、こんなふうに、言葉や、俳句について話すときだけは、真剣《しんけん》そのものだ。そういうときには、ひとさし指で、あごをせわしなく擦《こす》る。本気で考え、しゃべっているときの、クセだ。

するとふいに、ハセオのくちびるがゆっくりとひらいて、びっくりするほど澄《す》んだ、歌のような調べが、そこから流れてきた。

⑧木から木へこどもの走る白雨かな

ソラは、きれいな鳥が一瞬《いっしゅん》目の前を過ぎていったような感覚に、しばし、浸《ひた》っていた。

俳句を朗唱しているのだ、と気づくのに、数秒、かかったほどだった。

ハセオは、ひと呼吸おいてソラのほうを見て、にやっと笑う。そして、いつもの口調でとうとうとしゃべりだした。

「こういう句な、いいと思わん？　ひと目見たときから、頭の中にビシッと刻まれた句なんだけどさ。外で遊んでたらさ、夕立が降ってきて、いそいでうちに帰る途中《とちゅう》で、できるだけ濡《ぬ》れないように、木の下を通っていくじゃん。その感じな。葉っぱのすきまから、雨と日差しがいっしょに降ってくるキラキラ感って、おれ大好きなんだけど、おれのかわりに、おれの何倍もうまくそれを言ってくれてる。だからさ、すごいのは、白雨って言葉じゃなくて、白雨って言葉を、きれいに使ってきた人たちだと思うんだよ。白雨って言葉を使って、安っぽいことやつまらないことを言ったら、やっぱり白雨って言葉が輝《かがや》かないじゃん？　そんで、輝かせてきた人に、悪いじゃん？　というより、悔《くや》しいじゃんか、昔の人にできて、おれらにできないなんてさ。だから、おれ、俳句を作ってるんだ」

ハセオは、歳時記を、ぽんと、机の上に投げだす。

その瞬間《しゅんかん》――

「あ、こんなのどう？」

ポケットをごそごそして、取り出したのは、紙くず――いや、短冊《たんざく》だった。ハセオはその短冊を机の上にひろげると、まるで C かのようなすばやさで、ボールペンでささっと言葉を書き留めた。

白雨駆《か》け抜《ぬ》ける Y が待っている

「どうよ？」と言って突《つ》き出された短冊の言葉を読んで、ソラのくちびるに、ふっと笑《え》みが浮《う》かんだ。自分でも、気づかないうちに。

ああ、こんなことってあるなあ――そう思ったのだ。夕立に降られて、濡れて帰ってくる。そうすると、家であたたかい紅茶を出してくれる。紅茶には、ケーキもついてくる。そんなことが、いつだったか、あったような気がする。

夕立に濡れた肩の気持ち悪さ、革靴《かわぐつ》の匂《にお》い、湿《しめ》った靴下《くつした》で廊下《ろうか》をぺたぺた歩く感覚、口にふくんだ紅茶の苦さ、クリームの舌触《したざわ》り……一気によみがえってくる。ソラには、このケーキは白いクリームを使ったショートケーキに違いないという確信があった。たぶん、雨しぶきの白さを表しているであろう「白雨」の「白」、この字が、白いケーキだということを想像させる。だから、「夕立」ではなくて「白雨」である必然性があるのだ。

でも、ソラにはそれを全部言葉にすることは、できなかった。というより、ためらわれた。ハセオの句の世界が、むしろ壊《こわ》れてしまうような気がしたのだ。それで、

「わかるよ」

とだけ、答える。

ハセオは、うれしそうに、歯を見せて笑った。「んじゃ、これ、とっておこ」と言って、短冊を胸ポケットにしまう。

「ようするにさ、言葉は使い方次第《しだい》だってことだよな。逆も言えると思

うんだよ、バカとかアホとかだってさ、きったない言葉だけどさ、おれがたとえば、ソラにさ、謎《なぞ》句がとけなかったときは『バッカでー』とか言うじゃん。ああいうときの『バカ』は、本当にバカにしているバカじゃないって思うんだよな。あ、なんかバカって言いすぎてよくわからんくなってきたけど」

ソラは、どきっとする。

いやなあだ名をつけられてしまった。汚《きたな》い言葉。

ハセオの考えに沿うのなら、そんな言葉でも、輝くことがある、ということだ。

いや、ハセオは、自分の俳句で、輝かせてみせる、と言っているのだ。本当だろうか？　そんなことができるのだろうか。

臣野シゲルたちが口にするときの、その言葉は、悪意にまみれている。たぶん、彼らは、人を傷つける刃物《はもの》としてしか、その言葉を使えない。では、ソラ自身なら？　到底《とうてい》無理だ、と思う。でも、⑨ハセオなら、できそうな気がした。

「だからさ、あいつは、まちがってるよ」

そう言って、ハセオは笑う。

結局その日、ハセオは、ソラに何があったのかとか、高橋先生とどういう関係なのかについては、ひとことも聞くことはなかった。本当に関心がなかったのか、気を遣《つか》ってくれたのかは、わからない。でも、そのことが、ソラにはむしろありがたかった。

その日から、ソラは、マスクをしないで保健室に入るようになった。

(髙柳《たかやなぎ》克弘《かつひろ》『そらのことばが降ってくる　保健室の俳句会』〈ポプラ社〉より)

問一　〜〜線a「興じる」、〜〜線b「こともなげに」の意味として最もふさわしいものをそれぞれ次のア〜エの中から選び、記号で答えなさい。

a「興じる」

ア　集まる　イ　飛びこむ　ウ　楽しむ　エ　興奮する

b「こともなげに」

ア　少し不満に思っているさま

イ　ぼんやりとしているさま

ウ　興味を感じているさま

エ　たいしたことだと思っていないさま

問二　――線①「身をすくめた」とありますが、それはなぜですか。理由として最もふさわしいものを次のア〜オの中から選び、記号で答えなさい。

ア　元担任の高橋先生とは考えが合わず、できれば会いたくないと思っていたから。

イ　だれに対しても警戒心《けいかいしん》を強く抱《いだ》いている状況《じょうきょう》であったところに人の声がしたから。

ウ　保健室で寝ている生徒がいるのに大きな声で入ってくる無神経な人物だと感じたから。

エ　ルールを破って保健室に逃《に》げ込《こ》んでいることがばれてしまわないかと緊張《きんちょう》したから。

オ　元担任の高橋先生は厳しく、かつてしかられた経験がとっさによみがえったから。

問三　空らん［X］に入る主人公の氏名を答えなさい。

問四　――線②「臣野とは違うクラスなんだよな。それでも、だめか？」とありますが、「臣野」と主人公との間にはどのような問題が起きていましたか。次の文の空らんに当てはまる十五字以上二十字以内の言葉を、これより後の文章中から探し、抜《ぬ》き出して答えなさい。

臣野シゲルたちに(　　)こと。

問五　――線③「イエスかノーか聞くだけでは、〝相談〟にはならないと思う」とありますが、主人公がそう思うのはなぜですか。次の文の空らんに当てはまる二十五字以上三十字以内の言葉を、文章中から探し、始めと終わりの五字を抜き出して答えなさい。

(　　)から。

問六　――線④「かぶりをふった」について

(1)　「かぶり」の意味として最もふさわしいものを次のア～オの中から選び、記号で答えなさい。

ア　頭　　イ　肩　　ウ　腕《うで》　　エ　腰《こし》　　オ　足

(2)　「かぶりをふった」と対照的な行動を示す四字の言葉を文章中から探し、抜き出して答えなさい。

問七　――線⑤「視線は、リンゴ形の時計に向けたままだ」とありますが、これは、だれの、何を目的とした行動ですか。次の文の空らんに当てはまる言葉を、文章中の表現を用いて答えなさい。

(　　)ための行動。

問八　空らん［A］、［B］、［C］に入る最もふさわしい言葉を次のア～カの中から選び、それぞれ記号で答えなさい。ただし、同じ記号をくり返すことはできません。

ア　お化けにささやかれた　　イ　じゃんけんで負けた

ウ　牛が歩く　　エ　金魚すくいをする

オ　熱いお茶を飲んだ　　カ　タコ糸で縛《しば》りつけてしまった

問九　――線⑥「そのとたん、プールからのはしゃぎ声が戻ってきた」のはなぜですか。理由として最もふさわしいものを次のア～エの中から選び、記号で答えなさい。

ア　それまでは、高橋先生の声が大きすぎて聞こえなかったから。

イ　それまでは、主人公が高橋先生とのやりとりに気をとられていたから。

ウ　それまでは、プールの授業に参加している生徒が少なかったから。

エ　それまでは、主人公が腹立たしい気持ちでいっぱいだったから。

問十　――線⑦「オモムキノアルコトバヲダイジニシタイって、ああいうこと言う大人ってよくいるんだけど」について

(1)　「オモムキノアルコトバヲダイジニシタイ」とは異なる「ハセオ」の考え方をこれより後の文章中から八字で探し、抜き出して答えなさい。

(2)　「オモムキノアルコトバヲダイジニシタイ」とありますが、カタカナで表記することでどんなことが表現されていますか。最もふさわしいものを次のア～エの中から選び、記号で答えなさい。

ア　高橋先生の言っていることが難しくて理解できないということ。

イ　同じ言葉を使っていても高橋先生は他の大人とはちがうということ。

ウ　主人公の気持ちをきづかって、慰めようとしていること。

エ　高橋先生が言っている言葉は表面的で同意できないということ。

問十一　――線⑧「木から木へこどもの走る白雨かな」という俳句におい

て、「夕立」ではなく「白雨」という言葉を用いることによって、どのような情景が表現されていると「ハセオ」は考えていますか。そのことを具体的に述べている一文を文章中から探し、始めの五字を抜き出して答えなさい。

問十二　空らん［Y］に入る言葉を、この俳句に対する主人公の感想をふまえて文章中から五字以内で探し、抜き出して答えなさい。

問十三　――線⑨「ハセオなら、できそうな気がした」とありますが、どんなことができそうだと思ったのですか。「俳句」という言葉を用い、「～を～こと」という形にまとめて答えなさい。

西武学園文理中学校(第一回)

—50分—

注意　特に指示がなければ、書き抜きや記述の問題は句読点を文字数に含みます。

一　次の文章を読んで、後の問いに答えなさい。(※印の語句には、文章の後に注があります。)

建築をゼロから考え直してみようと思った。

きっかけは東日本大震災である。あらためて歴史を振り返ると、今まで気がつかなかった、重要なことに気がついた。①大きな災害が建築の世界を転換させてきたという事実である。建築史を動かしてきたのは、画期的な発明や、技術の進歩などの幸福な出来事ではなかった。大きな災害に遭《あ》い、生命の危険を感じたとき、人間という生物は、頑丈《がんじょう》な巣に頼ろうとする習性がある。人間の身体が※華奢《きゃしゃ》で、動きが遅いことと関係がある。鳥や魚のように動きが速いものは、巣への依存が低い。しかし人間は弱く、遅かった。だから巣に頼る癖《くせ》があった。建築に依存する癖があった。

幸福なときの人間は、過去の行動を繰り返しているだけで先に進もうとしないが、災害に遭ったとき、悲劇にうちのめされたとき、人間は過去の自分を捨てて前へと歩きはじめる。しかし、今までの建築史は、災害のことを見落としがちだった。科学や技術の発達を理由にしたり、天才の個人的才能、発明、創意の結果として、建築が前に進んできたように書かれるのが常であった。「幸福」の建築史、※ポジティブな建築史という体裁《ていさい》が普通だった。そのようにして、つらい事件の連続であった歴史を、②明るく能天気な歴史へと編集し直してきた。

しかし、人間がそんな能天気な存在であったはずがない。悲劇をきっかけにして、発明や進歩という名の歯車が回転を始めるのである。悲劇によって歴史が動いてきたことを、※3・11がわれわれに想い出させた。そのとき、過去のさまざまな災害の様子が、目の前にありありと浮かび上がった。人間がその悲劇にどう対応したかが、はっきりと見えてきたのである。

なかでも大きな悲劇は、一七五五年一一月一日に、ヨーロッパ中を恐怖に陥《おとしい》れた③リスボン大地震である。「神はついに人間を見捨てた」と人々は感じた。そしてリスボン大地震はさまざまな意味で世界史の転換点となった。

建築界の反応は早かった。神が人間を守ってくれないなら、自分が自分を守らなくてはいけない。そう考えたとき、真っ先に、巣としての建築のことが頭に浮かんだ。危機に瀕《ひん》した生物の、自然な本能である。まず、地震にも火災にも耐えうる、強く合理的な建築を作ろうと多くの人が考えた。

強く合理的な都市はその後、世界の都市計画のモデルとなった。大通りと広場と不燃建築による都市計画は、世界に拡散して、「弱く汚く小さい」世界を「強く合理的で大きな」世界へと、おそるべき勢いで転換していったのである。

最も残念なことは、日本もまた、リスボン以降の強く大きな建築へと向かう波にのみこまれてしまったことである。関東大震災（一九二三年）以前の東京は、木造の平屋や二階建て建築が立ち並ぶ低層の都市であった。木造建築は、コンクリートや鉄の建築に比べて強くもなければ合理的でもなかったし、もちろん大きくもなかった。木造建築は、あらゆる意味において、④木材という自然素材の制約下にあり、長さ三メートル前後以上のものは手に入りにくかったし、太さも一〇センチ内外以上の材を手に入れるのは難しい。自然という絶対条件が、手かせ足かせになっているのである。

しかしその制約のおかげで、木造建築はヒューマンなスケールを獲得することができた。三メートルごとに細い柱が立ち、高さも二階建て以下に自動的に抑えられた。人工的な※法規によってではなく、自然という絶対条件ゆえに、「小さな建築」しか建てられなかったのである。

自然は建築を小さくし、人間の知能は建築を大きくしようとする。その自然という制約が、東京という都市を世界でもまれな美しい都市としていた。たぐいまれな高密度都市であるにもかかわらず、東京は木のおかげで、美しく温かく、やわらかかった。木という制約が、この都市の美しい暮らしを支えていたのである。

しかし、関東大震災によって一〇万人の人間が亡くなった。主な死因は焼死である。ロンドン大火、シカゴ大火と同じように、木造の都市であったことが一〇万人の死者を出した。即座に、建築基準法が改正された。東京は強く合理的で大きな建築が立ち並ぶ都市に生まれ変わることになったのである。木に代わって、コンクリートや鉄という、日本人にはなじみのない素材が導入され、東京のヒューマンスケールは失われた。東京の「小ささ」が失われ、⑤東京はおそろしい勢いで醜くなっていった。

コンクリートや鉄というヨーロッパ・アメリカ発の材料を受け入れたことで、ヨーロッパ・アメリカのコピー建築で埋め尽くされた、醜くて「大きな」都市へとなりさがったのである。

そのような大きな流れの果てに、二〇一一年の三月一一日がやってきた。※未曽有《みぞう》の大災害である。悲劇である。しかしこの大災害は、リスボン以降続いてきた大災害とは質が違う災害であったように、僕には感じられた。

一言でいえば、建築をいくら「強く合理的で大きく」しても、この大災害には対抗できないと感じられたのである。それほどに、われわれの出会った津波の力は圧倒的であった。コンクリートがいかに「強く合理的で大きな」建築を作ったとしても、自然というものの力、あるいは、怒りの前にはひとたまりもないことを思い知らされた。人間が作るいかなる強さも合理性も大きさも、自然の力の前では無力であった。強さ、合理性、大きさを求める※プロセス自体が、内側から※破綻《はたん》したのである。⑥われわれはゼロから考え直さなくてはいけない。津波によって、強く合理的であったはずの建築物が流されるさまを茫然《ぼうぜん》と眺めながら、あるものが終わり、あるものが始まるのを感じた。

こんな日が来ることは、ずっとずっと前からわかっていたような気もする。「強く合理的で大きな」建築にはもはや魅力がないと、誰もがだいぶ前から思いはじめていた。地震と津波が来るずっと前から、動物が災害を予知するようにして、人間もまた⑦新しい時代の到来を予知していたのである。

僕が「小さい建築」に興味を持ったのも、そんな「予知」の一つだったかもしれない。「強く合理的で大きな建築」を、コンクリートや鉄を使って作ることに、嫌気《いやけ》がさしていた。「小さい建築」の方がよほど面白く感じられた。しかも身近な材料を使って、自分の手で組み立てられるような、「小さい建築」が面白いと思った。

二〇世紀が終わる頃から災害が重なった。インドネシアの津波があり、アメリカのハリケーンがあり、イタリアや中国でもハイチでも大地震があった。災害が比較的少ない二〇世紀は特殊な時代であり、地殻《ちかく》は再び動き出した、と指摘する地震学者もいる。

そういう目で振り返れば、予兆《よちょう》はいくらでもあった。自然の怖さを忘れるなという警告、大きなものほど危なくもろいという警告が繰り返されていた。コンピューターの世界では「小さなコンピューター」は一九七〇年代にすでに大きなシステムにとって代わっていた。建築や都市計画の世界の動きは遅すぎたのである。

いまや世界は大きなものから小さなものへと流れはじめている。人間という生物が、自分一人の手を使って世界と※対峙《たいじ》しようとしている。大きなシステム（たとえば原発）を受け止めるだけの受動的存在から、自ら巣を作り、自らエネルギーを手に入れる能動的な存在へと変身をとげつつある。

（隈研吾『小さな建築』〈岩波新書〉より。一部内容に手を加えてある。）

（注）華奢……ほっそりしていて上品なさま。弱々しいさま。
ポジティブ……積極的・肯定的なさま。
3・11……2011年3月11日に発生した東日本大震災。
法規……法の規定。
未曽有……今までに一度もなかったこと。
プロセス……手順・過程。
破綻……うまくいかなくなること。
対峙……むきあうこと。

問1　——線部①「大きな災害が建築の世界を転換させてきた」の理由をまとめた次の文章の（ア）（イ）に入る語句を本文中からそれぞれ二字で探して抜き出しなさい。

人間は、大きな災害の際に（ア）な建物に（イ）傾向があるから。

問2　——線部②「明るく能天気な歴史」とはどのような歴史か。「〜歴史。」の形にあてはまるように本文中から五十五字以内で抜き出し、最初と最後の五字を記しなさい。

問3　——線部③「リスボン大地震」以降、世界の都市はどのように変化したか、次の文章の空欄部に本文から適当な語句を十字以内で補って答えなさい。

（**十字以内**）都市に変化した。

問4　——線部④「木材という自然素材」が東京という都市にもたらした良い面と悪い面の両面をそれぞれ記しなさい。

問5　——線部⑤「東京はおそろしい勢いで醜くなっていった。」理由として適切なものを以下から一つ選び、記号で答えなさい。

ア　震災後、焼けた建築物の廃材が長期間処分出来なかったため。
イ　建築基準法が改正され、建材を自由に選べなくなったため。
ウ　震災後数年で大きな発展を遂げ、人口密度が高くなりすぎたため。
エ　コンクリートや鉄の建築が立ち並び、自然が破壊されたため。
オ　自然や風土を生かしたヒューマンスケールが、建築物から失われたため。

問6　著者が――線部⑥「われわれはゼロから考え直さなくてはいけない。」という考えにいたったのは、われわれが3・11から何を感じ取った結果なのか。適切なものを以下から一つ選び、記号で答えなさい。

ア　地震大国日本では、大きな建築物ほど危なくもろいということ。
イ　建築物を強く大きくしても大災害には対抗できないということ。
ウ　コンクリートの建築物は震災後巨大な産業廃棄物と化すということ。
エ　ヨーロッパやアメリカと日本の環境は異なるということ。
オ　予測不可能な大震災が世界中で発生しうるということ。

問7　――線部⑦「新しい時代」の説明として適切なものを以下から一つ選び、記号で答えなさい。

ア　二十世紀には収まっていた地殻が再び動き出し、災害が重なる時代。
イ　世界中の都市が、低層の木造建築で統一される時代。
ウ　コンクリートよりも頑強な建材が新しく開発される時代。
エ　小さなものが大きなシステムにとって代わる時代。
オ　科学の力で、自然災害をコントロール出来るようになる時代。

二

次の文章を読んで、後の問いに答えなさい。（※印の語句には、文章の後に注があります。）

（六歳になる少年は、病気の母と一緒に父の元を離れて川岸にある祖父母の家で生活するようになった。）

少年は、毎朝、眼が覚めると、母と二人で寝起きするようになった離れ※から、裸足で川の土手まで走っていった。朝露に足がぬれた。遠い山ぎわから、川はゆるやかにまがりくねりながら、また遠い海の方へ消えている。見渡すかぎり広い野面には、青々とのびた稲の波が朝風にそよいでいた。港町のせせこましい家並ばかりみて来た少年には、そうした風景はめずらしかった。小さな胸いっぱいに息を吸い込むと、さわやかに、青々とした空が自分の胸にとびこんで来るような気がした。少年は、思いきり緑の草をふんで、川土手を走りまわった。

少年は、まだ母が寝床※からはなれないのを知っていた。祖父の家へ帰ってから、母は、日が高く上るまで昏々《こんこん》と眠りつづけている。離れの庭先きにある高い柿の木の葉のしげみから、母の寝床のところまで日がさしこむようになって、母はやっと眼ざめる。しかし、それまで少年は待っておれなかったのである。

少年は、川土手を走りつかれると、川原におりてゆき、川原の石に腰をかけたり向岸《むこうぎし》へ綱《つな》で渡してある伝馬※に乗ったりして遊んだ。伝馬に乗って綱を手《た》ぐると、伝馬がしずかに川の中へうごいてゆく。川の水は、川底の小石まではっきりわかるほど、美しく透きとおっている。鮒《ふな》が、流れこんだ朝の日ざしに、鱗《うろこ》を金いろにひらめかして走りすぎた。少年はあちらの川岸へ行き、こちらの岸に帰りして遊んだ。それは、昼間、村の子供たちが遊んでいるのをみて、少年が覚えた遊びであった。それにもあきると、①少年は川の面てに、

「お母さんの寝ぼすけ」

と怒鳴った。自分の声が、川の面てを這《は》って遠くへ消えてゆくように思えた。

少年が、もう母が起き出して朝の御飯を炊《た》いている頃だと思って、離れまで帰ってくると、井戸端※で母が釣瓶《つるべ》※をくっていた。祖父が建てまし

てくれた炊事場から、御飯を炊く乳いろの煙りがたゆたいながら上っている。少年は、納屋《なや》から柴をかかえて来て、※へっついの前にしゃがみこむと、柴を一本一本(　A　)折りながらくべた。煙りの中に、朱のいろの、蛇の舌のような火の穂が(　B　)燃えたった。

それは、ある朝、川原から少年が帰って来ると、母の代りに、柴をもやしていた祖母が、

「お母さんが御飯を炊くと、煙りにむせて咳《せ》くで、お祖母さんのいない時はお前が柴をもすんだよ」

といったからであった。祖母はその時そういったあとで、唄でもうたうように、―はじめちょろちょろ、なかぱっぱ、と調子をつけて御飯の炊き方を少年におしえた。少年は次の日の朝から、その祖母との約束をまもるように、毎朝、母の起き出した頃には川原から帰って来て、へっついの火守りをするようになったのである。

午後になると、医者が離れにやって来た。背広《せびろ》に下駄《げた》をはいて、川土手を自転車に乗って来る。川土手から両側に鳳仙花《ほうせんか》の咲きはじめた小道を自転車で滑りおりて来て、離れの前で軽業師《かるわざし》のように自転車をとめた。そして、ちらっと庭先きの高い柿の木をみあげて、

「今年は、よう実がなっとるなあ」

とか

「今年は、この木はなり年じゃ」

とかといって、離れの土間にはいって来るのであった。

医者は黒い鞄《かばん》から聴診器を出して、母の胸や背にそれをあて、※仔細《しさい》げに首をひねったり、耳から聴診器をはずして、ポンポンと打診したりした。少年は、そんな時、ちょっとはずかしげにしている母の痩《や》せ細った胸や背が、青くすきとおるほど白いのをみつめていた。

打診や聴診が終ると、医者は、

「だんだん元気になっとるんで、心配しちゃあいかんよ」

といって、母の背に注射をうった。

医者は帰る時、少年を、自転車の荷物台にのせた。

「田舎へ帰って来て、一日中、家の中にすっこんでいるやつがあるかい」

少年にはそういったし、母には、

「子供は、外で遊ばさにゃあ、いかん」

といった。②医者は少年を乗せて、土手道や田や畠《はたけ》の中の道を連れあいた。午後の往診の間中を、そうしてずっと連れあるくこともあったし、往診が早くすんだ時は、山ぎわの自分の家まで連れて帰って、夕方近くまで一緒に遊んでくれることもあった。

(【中略】　少年は医者と川で小魚を追ったり、畠にわなをしかけて雀《すずめ》をとったりすることを教わった。外遊びを続けるなかで、少年の顔は日増しに赤く日焼けしていった。)

少年は、そとで遊ぶ面白さをおぼえたようである。勿論《もちろん》、自分では、祖父母や医者が自分が母と一緒にいることを避けさせようとしていたことは知らない。いつか村の子供たちとも遊ぶようになっていた。もう医者が連れ出さなくても、村の子供たちと一緒に渡しに乗ったり雀を追ったり、鮒や鯰《なまず》をつったり、また木に登ったりして遊んだ。

そんな夕方、少年が、一日中遊びつかれて、祖父の家の煙出櫓《けむだしやぐら》のみえるあたりまで帰って来ると、痩せた母が枯木のような姿で、川土手に

立っているのが遠くからみえた。

「お母さん」

少年は、大きな声で叫んで、川土手道を駈《か》けて帰ると、母は、少年をいだきよせて、

「どこで遊んでいたの、川に落ちたり、木から落ちたりしてはいけないよ」

といった。

③少年は、自分がどんなことをして遊んでいるか、毎晩、母のそばで話してきかせた。少年がとった雀が、祖父に羽をむしられ醤油《しょうゆ》で焼かれて、母の食膳《しょくぜん》にのせられている時など、少年は得意そうに自分がその雀をつかまえたことを話すのだった。それは、最初、少年に雀わなをかけることを教えた医者が、

「坊主《ぼうず》のとった雀、お母さんに食べてもらうのだぞ、そうすると、お母さんは元気になれるんだ」

といったからである。

「そう、お前がとってくれたの」

母は、淋しそうに少年にほほえみかけて、そうこたえた。

野面の稲穂が黄色くいろづき、庭先きの柿の木の実が赤く夕陽に映えはじめた。北山から吹きおろして来る風が肌に冷たく感じはじめる。その頃になると、母は一日中、寝床に寝てすごすようになった。祖母が母※屋《おも》から来て、母の枕もとに坐り、夜も泊まってゆくようになった。

そんな夜は、少年は祖母にだかれて寝た。少年は母のそばが恋いしくて、祖母が軽く口をあけて、（Ｃ）寝息をたてはじめると、そっと祖母のそばをすりぬけて母の寝床にはいっていった。

少年は、母が夜眠れないでいることを知っている。風呂敷《ふろしき》をかぶせて薄暗くした電燈のかげが、母の頬《ほほ》におちていた。眼はつむっていたが、少年には、母がつむった瞼《まぶた》の中から自分をじっとみまもっていることを知っていた。少年は自分の小さな枕を抱いて、母の寝床にゆき、こっそり母の横に足をすりいれて行く。すると、それまでつむっていた母の眼がしずかにあいて、少年の大好きな母の笑顔が、その眼のまわりからこぼれるのだった。

母は、少年を自分のそばに入れることを禁じられている。抱くことさえ、祖母がそばにいる時は出来なくなっていた。しかし、そうして少年が自分の寝床にはいって来ると、身体をずらせて少年をじっと抱きしめた。

冷たい祖母の身体と違って、母の身体はいつも燃えているようにあたたかかった。④少年は、母の胸に自分の顔をおしつけた。そして、小さな声で

「お母さん、お母さん、お母さん……」

と幾度も幾度もくりかえした。母もしばらくじっと少年を抱きかかえ、手で少年の背をさすり、少年の名を呼んだ。母の声は祖母を眼ざまさせまいために、少年の声より一層小さく、ほそく、かすれてさえいた。十分か二十分、そうしていて、やがて、母は少年の耳に口をよせて、

「もうお帰り」

といった。だが、両手で少年の頬をだき、じっと少年の眼をみつめる。それから、邪険《じゃけん》に、少年をつき出し、自分は、くるりと寝返りを打った。

少年は遠くへ遊びに行かなくなった。それが何故《なぜ》であったか、少年自身にもわからない。せいぜい裏の川原におりて、渡しにのって、自分一

人で遊んだり、離れの庭に帰って来て、柿の木にのぼったりするくらいだった。たわわにみのった柿の実をもいで噛《か》むと、あまいつゆが少年の口の中にひろがった。

　少年は、また、枝に足をかけて柿の木をゆすぶった。熟《う》れた柿の実は、そのたびに、（Ｄ）重たい音をたてて、母の寝ている離れの藁屋根《わらやね》に落ちて、（Ｅ）ころがった。

　夜寝ていても、その柿の実が落ちる音がきこえだした頃には、柿の葉は朽葉《くちは》いろに枯れていって、少年が翌朝、柿の木にのぼると、稲刈りで忙しい野面が見渡された。その遠い野面のはてには、母のもとへ通って来る医者の山ぎわにある白壁の家が黄葉した木々の間にみえた。遠い海岸の松林もみえたし、耳をすますと、海鳴りも聞こえて来るようである。

　少年は、木のまたに腰をかけて、そんな遠い野面のはてを眺めるのが好きになった。海岸の松林の下を、乗合馬車が小さい玩具《がんぐ》のように走りすぎてゆくのが見えたし、村の白い街道を、郵便屋さんが赤い小さい自転車を漕《こ》いで行く姿もみえた。

（田宮虎彦『童話』より。一部内容に手を加えてある。）

（注）　離れ……別棟の部屋。
　寝床……布団。
　伝馬……小舟。
　井戸端……井戸のそば。
　釣瓶をくる……井戸水を汲む桶をたぐり寄せる。
　へっつい……かまど。
　仔細げに……もっともらしい様子で。
　母屋……屋敷の中で主となる家屋。

問１　この文章の中に描かれた時期として最も適切なものを以下から一つ選び、記号で答えなさい。

ア　三月から十一月　　イ　五月から八月　　ウ　七月から十月
エ　九月から二月　　オ　十一月から四月

問２　（Ａ）～（Ｅ）に入る語句として適切なものを以下からそれぞれ一つずつ選び、記号で答えなさい。（記号は一度ずつしか使えない）

ア　ころころと　　イ　すうすうと　　ウ　ちらちらと
エ　ぱちぱちと　　オ　ぽとっぽとっと

問３　――線部①にあらわれた少年の心情の説明として適切でないものを以下から二つ選び、記号で答えなさい。

ア　ひとしきり遊んだ後の心地よい疲労と満足感があらわれている。
イ　生活環境の変化や、母の病気などから生じる不安があらわれている。
ウ　朝目覚めたあと、ずっと一人でいる孤独感があらわれている。
エ　友人もおらず、母親に十分甘えることもできない寂しさがあらわれている。
オ　いつまでも起きず、食事の支度《したく》もしないなまけものの母への怒りがあらわれている。

問４　――線部②について、医者が少年の相手をしてくれる理由を二点書きなさい。

問５　――線部③の理由として適切なものを以下から二つ選び、記号で答えなさい。

ア　自分の母親が病気であることを、村の子ども達に悟《さと》られないようにするため。

イ　夕方まで遊んでいる自分のことを心配する母親の不安を軽くするため。

ウ　なかなか回復しない母が心配で、できるだけ長い時間そばについていたいため。

エ　立っていられないほど病気が重くなった母親が、自分を心配して外に出てこないようにするため。

オ　自分が村の子ども達と遊んでいるときの楽しさをわかちあって母親を元気づけるため。

問6　母の病気が悪化したことをうかがわせる事柄《ことがら》を、【中略】より後ろの部分の、母の様子や言動以外から探して、最初の五文字を書きなさい。

問7　――線部④の部分から読み取れる内容として最も適切なものを以下から一つ選び、記号で答えなさい。

ア　祖母の目を気にせずにすむ夜だけ母のそばにいられる子と、子と離れられない母が、互いに幸せを感じている。

イ　母の病気が心配でたまらず、常に不安を抱えている子の心を和らげるために、母が無理をして眠らずに相手をしている。

ウ　子の行く末を案じる母と、母の病をよく知る子が身を寄せ合いながら、互いの不幸を嘆き合っている。

エ　禁じられてはいても母に抱かれて甘えたい子と、それに精一杯にこたえる母が互いの愛を確認し合っている。

オ　母の病気が理解できず寂しさを訴える子と、それにこたえることの出来ない母の寂しさが交差している。

問8　本文から読み取れることとして適切なものを以下から二つ選び記号で答えなさい。

ア　病気の母親への心配が精神状態に影響を与え、少年ははじめ不安定であったが、祖父母や医者の愛情の中で自立し、たくましく成長した。

イ　少年は病身の母のことをよく見ており、周囲から告げられなくてもその経過が思わしくないことを、無意識のうちに理解している。

ウ　母親が大好きで、元気になってほしい一心から、少年はなんとかして母のためになろうと大人からの言いつけを実行している。

エ　母親からの愛情が実感できず、不満や怒りを感じていた少年であったが、状況を理解するにつれ孤独や不安を感じることが増えていった。

オ　医者の導きで村の子ども達と仲良くなった少年だったが、母の病気が原因で仲間にいれてもらえなくなり、次第に心を閉ざすようになった。

三　①～⑤の文章が表す生き物を、以下の選択肢からそれぞれ一つずつ選び、記号で答えなさい。

①　二つ折りの恋文が、花の番地を捜している。

②　長すぎる。

③　弾機《ばね》仕掛けの煙草《たばこ》の粉

④　一匹一匹が3という数字に似ている。
それもいることいること！　どれくらいかというと
3333333333333　ああきりがない。

⑤　いったい何事があるんだろう？
もう夜の九時、それにあそこの家ではまだ明かりがついている。
（ルナール『博物誌』岸田國士訳より。）

ア　蝉《せみ》　イ　蛇《へび》　ウ　蝶《ちょう》　エ　蚤《のみ》　オ　蜂《はち》
カ　蛍《ほたる》　キ　蟻《あり》　ク　蜘蛛《くも》

四　次の――線部のひらがなは漢字に、漢字はひらがなに直しなさい。

ア　オーケストラのしき者
イ　京都の街をたんぽうする。
ウ　じょうび薬。
エ　薄暮の街を歩く。
オ　老朽化した建物。

青稜中学校（第一回B）

—50分—

注意　字数指定のある問題は、設問に指示がない限り、句読点・記号を字数に数えます。

一　次の文章を読み、後の各問いに答えなさい。

1　母は病気が重くなると、少年をつれて、実家に帰った。少年は、なぜ母が自分だけをつれて帰るのかわからなかった。油くさく暑くるしい船室にはいって、そのままねずみ色の毛布にくるまってしまった母を残して、少年は夜の※1甲板《かんぱん》にでた。

　船は港をでようとしていた。なまあたたかい潮風が、墨を流したような外海から少年の頰をなでてふきすぎていった。①ふりかえると、たった今まで少年がすごしてきた港の町が、うっすらと闇にういてみえる山の中腹まで、キラキラとかがやく灯《ひ》にいろどられて、美しくみえた。

　少年は、口に手をラッパのようにあてて、

「きれいだなあ」

と幾度《いくど》もさけんだ。さけびながら、こんなに美しい町の灯を、お母さんにみせないわけにはゆかないと思って、タラップをつたわって、母のところへかけおりていった。

　少年は、母の手をとって

「みにいこうよ、とってもきれいだよ」

といった。だが、母はさびしそうにほほえんでみせただけだった。そして、やっと、

「あぶないから、もう、ここで、ねんねしなさいよ」

といった。少年は、［ａ］うなずいて、母の手にだかれてねた。ひさしぶりに母にだかれてねるのだった。少年はそれがうれしくて、そっと母の乳房をまさぐった。やせた、しなびた乳房であった。母は小声で、

「こんなに大きくなって、お母さんのお乳などさわっては人さんに笑われるよ」

としかった。しかし、すぐしかったことを後悔したように、

「お母さんと二人きりで、うれしいかい」

といった。少年は、はずかしくなって、顔を母の胸にすりつけた。うれしいといいたかったが、口にはだせないで、母の胸を、［ｂ］顔でおした。母の手が力いっぱい少年をだきしめた。

「※2お母さんのお家へ帰ったら、おじいさんやおばあさんのいうことをよくきくんだよ」

　母の声が、少年の耳もとでした。

「おじいさん、お父さんよりこわい？」

　少年は、母の胸から、顔をはなして母をみた。うす暗い電燈《でんとう》が遠くでともっている。

「お父さんほどこわくはないよ」

母はしばらく考えこんでいたが、やがて、静かに、そういった。それから、まだうたぐり深そうに自分をみつめている少年に、

「心配しないでねんねしなさいよ」

といってから、ほっとため息をつくように、

「お父さんは、どうして、おまえがきらいなのかねえ」

といった。

②少年は、母が父のことをいうと、ビクッとからだをふるわせた。自分のうしろに父が立っていて、じっと自分をみつめているような気がした。港町の山の中腹にあった家で、もし、少年が母にだかれてねているようなところを父にみつけられると、Ⓐ父は少年をわしづかみにして母の手からもぎはなし、小さな少年の頰を思うざまなぐりつけて、自分もハアハアと息をきらせながら、冷たく、

「あっちへいけ」

とどなりつけたものであった。少年はそのこと思いだしたのだが、船に乗ったのは、母と二人だけだったと、すぐ思いかえして、老人めいたため息をついた。

少年は、母から、

「これからは、お母さんと二人だけでくらすのだよ」

とおしえられていた。それが、母の病気が重くなったために、父から実家に追いかえされたのだとは知らなかったから、母のそのことばをきくと、少年は手をうって喜んだ。［X］のような父の眼から、一分でも一秒でもはなれていることができるとしたら、どんなにたのしいことだろう。母のそばから、少しもはなれないで、あまえかかることが、できるのだ。少年はそんなことを考えこんでいるうち、③深いねむりにおちこんでいった。

2　祖父の家は大きな川のほとりにあった。少年が、母といっしょにその祖父の家に帰りついたのは、八月にはいったばかりのころであった。

少年は、毎朝、眼がさめると、母と二人でねおきするようになった離れから、はだしで川の土手まで走っていった。朝露《つゆ》に足がぬれた。遠い山ぎわから、川がゆるやかにまがりくねりながら、また遠い海のほうへ消えている。みわたすかぎりの広い野面には、青々とのびた稲の波が、朝風にそよいでいた。港町のⅠせせこましい家なみばかりみてきた少年には、そうした風景はめずらしかった。小さな胸いっぱいに息をすいこむと、さわやかに、青々とした空が自分の胸にとびこんでくるような気がした。少年は、思いきり、緑の草をふんで、川土手を走りまわった。

少年はまだ、母がねどこからはなれないのを知っていた。祖父の家へ帰ってから、母は、日が高くのぼるまで、［c］とねむりつづけている。ⅰ※3離れの庭先にある高い柿の木の葉のしげみから、母のねどこのところまで日がさしこむようになって、母はやっと眼《め》ざめる。しかし、それまで少年は待っておれなかったのである。

少年は、川土手を走りつかれると、川原におりてゆき、川原の石に腰をかけたりむこう岸へ網でわたしてある※4伝馬《てんま》に乗ったりして遊んだ。伝馬に乗って網をたぐると、伝馬がしずかに川の中へうごいてゆく。川の水は、川底の小石まではっきりわかるほど、美しくすきとおっている。鮒《ふな》が、流れこんだ朝の日ざしに、うろこを金いろにひらめかして走りすぎた。少年はあちらの川岸へいき、こちらの川岸に帰りして遊んだ。それは、昼間、村の子どもたちが遊んでいるのをみて、少年がおぼえた遊びであった。それにもあきると、少年は、川の面に、

「お母さんのねぼすけ」

とどなった。自分の声が、川の面をはって遠くへ消えてゆくように思えた。

少年が、もう母が起きだして、朝のご飯をたいているころだと思って、離れまで帰ってくると、井戸端で、母が※5釣瓶《つるべ》をくっていた。祖父が建て

ましてくれた炊事場から、ご飯をたく乳いろの煙が、たゆたいながらのぼっている。少年は、納屋から、※6柴をかかえてきて、※7へっついの前にしゃがみこむと、柴を一本一本、ぱちぱちと折りながらくべた。煙の中に、朱のいろの、蛇《へび》の舌《した》のような火の穂《ほ》が［ d ］ともえたった。

それは、ある朝、川原から少年が帰ってくると、母のかわりに、柴をもやしていた祖母が、

「お母さんがご飯をたくと、煙にむせて咳《せ》くで、おばあさんのいないときは、おまえが柴をもすんだよ」

といったからであった。祖母はそのときそういったあとで、唄でもうたうように、――はじめちょろちょろ、なかぱっぱ、と調子をつけてご飯のたき方を少年におしえた。少年は次の日の朝から、その祖母との約束をまもるように、毎朝、母の起きだしたころには川原から帰ってきて、へっついの火守りをするようになったのである。

少年の一日は、まるで夢のようであった。少年をいすくめる父の眼はなかった。一日中、母にまつわりついていても、もう自分をどなりつける父の声はない。少年は、母のひざにだかれたり、いっしょに絵をかいたり、石のように固くこった母の肩を、小さなこぶしでたたいたりした。

④午後になると、医者が離れにやってきた。背広《せびろ》に下駄《げた》をはいて、川土手を自転車に乗ってくる。

川土手から両側に鳳仙花《ほうせんか》のさきはじめた小道を自転車ですべりおりてきて、離れの前で※8軽業師のように自転車をとめた。そして、ちらっと庭ⅱ先の高い柿の木をみあげて、

「今年は、よう実がなっとるなあ」

とか、

「今年は、この木は、なり年じゃ」

とかといって、離れの土間《どま》にはいってくるのであった。

医者は黒い鞄から聴診器をだして、母の胸や背にそれをあて、しさいげに首をひねったり、耳から聴診器をはずして、［ e ］と打診《だしん》したりした。少年は、そんなとき、ちょっとはずかしげにしている母の、やせ細った胸や背が、青くすきとおるほど白いのをみつめていた。

打診や聴診がおわると、医者は、

「だんだん元気になっとるで、心配しちゃあいかんよ」

といって、母の背に注射をうった。

医者は帰るとき、少年を、自転車の荷物台にのせた。

Ⓑ「田舎へ帰ってきて、一日中、家の中にすっこんでいるやつがあるかい」

少年にはそういったし、母には、

「子どもは、外で遊ばさにゃあ、いかん」

といった。医者は、少年を乗せて、土手道や、田や畑《はたけ》の中の道をつれあるいた。午後の往診のあいだじゅうを、そうしてずっとつれあるくこともあったし、往診が早くすんだときは、山ぎわの自分の家までつれて帰って、夕方近くまでいっしょに遊んでくれることもあった。

そんなときは、川からひいた小さな流れに網《あみ》をいれて、小魚を追ったり、畠にわなをしかけて雀《すずめ》をとったりすることを教えてくれた。

雀わなは竹のひごを深くおりまげて、雀が歩くほどの高さに、わなをしかけてあるのだった。そのわなを、畠のうねのあいだに立てておいて、遠くから雀を追ってゆくのである。

医者は背をかがめて、両手で左右のズボンをバタバタ調子をつけてたたきながら、ホー、シュッシュッシュと雀を追った。雀はチョコチョコ

とびながら、うねのあいだをにげてゆく。

「坊主も追ってごらん」

医者は少年を前に立てて、雀のあとを追った。医者がズボンをたたき、少年が、

「ホー、シュッシュッシュ」

と医者の声をまねる。にげてゆく雀は眼の前にしかけられたわなに気づかないで、わなの中に頭をつっこんでしまうのだった。

少年は、鮒をつることも教えられた。祖父の家から川土手を五町ばかりのぼってゆくと、竹やぶのかげに淵《ふち》があった。少年は医者からもらった小さな釣竿《つりざお》をもって、午後になると、その淵にいった。裏の渡しで釣ることもある。⑤少年の顔は、日ましに赤く陽灼《ひや》けしていった。

少年は、そとで遊ぶおもしろさをおぼえたようである。もちろん、自分では、祖父母や医者が、自分が母といっしょにいることをさけさせようとしていたことは知らない。いつか村の子どもたちとも遊ぶようになっていた。もう医者がつれださなくとも、村の子どもたちといっしょに、渡しに乗ったり雀を追ったり、鮒や鯰《なまず》をつったり、また木にのぼったりして遊んだ。

そんな夕方、少年が、一日中を遊びつかれて、祖父の家の、煙出櫓《けむだしやぐら》のみえるあたりまで帰ってくると、やせた母が枯れ木のような姿で、川土手に立っているのが遠くからみえた。

「お母さん」

少年は、大きな声でさけんで、川土手道をかけて帰ると、母は、少年をだきよせて、

「どこで遊んでいたの、川に落ちたり、木から落ちたりしてはいけないよ」といった。

少年は、自分がどんなことをして遊んでいるか、毎晩、母のそばで話してきかせた。少年がとった雀が、祖父に羽をむしられ醤油で焼かれて、母の食膳にのせられているときなど、少年は得意そうに、自分がその雀をつかまえたことを、話すのだった。それは、最初、少年に雀わなをかけることを教えた医者が、

「坊主のとった雀、お母さんに食べてもらうのだぞ、そうすると、お母さんは元気になれるんだ」

といったからである。

「そう、おまえがとってくれたの」

⑥母は、さびしそうに少年にほほえみかけて、そうこたえた。

[3] ⅲ野面《のづら》の稲穂が黄色くいろづき、庭先の柿の木の実が赤く夕陽に映えはじめた。北山からふきおろしてくる風が、肌に冷たく感じはじめる。そのころになると、母は一日中、ねどこにねてすごすようになった。祖母が、母屋からきて、母の枕もとにすわり、夜もとまってゆくようになった。

そんな夜は、少年は、祖母にだかれてねた。少年は、母のそばが恋しくて、祖母が軽く口をあけて、[f]とね息をたてはじめると、そっと祖母のそばをすりぬけて、母のねどこにはいっていった。

少年は、母が、夜ねむれないでいることを知っている。風呂敷《ふろしき》をかぶせてうす暗くした電燈のかげが、母の頬におちていた。⑦眼はつむっていたが、少年には、母が、つむった瞼《まぶた》の中から自分をじっとみまもっていることを知っていた。少年は自分の小さな枕をだいて、母のねどこにゆ

き、こっそり母の横に足をすりいれていく。すると、それまでつむっていた母の眼がしずかにあいて、少年の大好きな母の笑顔が、その眼のまわりからこぼれるのだった。

　母は、少年を自分のそばにいれることを禁じられている。だくことさえ、祖母がそばにいるときはできなくなっていた。しかし、そうして少年が自分のねどこにはいってくると、からだをずらせて、少年をじっとだきしめた。

　冷たい祖母のからだとちがって、母のからだはいつももえているようにあたたかかった。少年は、母の胸に自分の顔をおしつけた。そして、小さな声で、

「お母さん、お母さん、お母さん……」

と幾度も幾度もくりかえした。母も、しばらくじっと、少年をだきかかえ、手で少年の背をさすり、少年の名をよんだ。母の声は、祖母を眼ざませまいために、少年の声よりいっそう小さく、ほそく、かすれてさえいた。十分か二十分、そうしていて、やがて、母は少年の耳に口をよせて、

「もう、お帰り」

といった。だが、両手で、少年の頬をだき、じっと少年の眼をみつめる。それから、Ⅱじゃけんに、少年をつきだし、自分は、くるりとねがえりを打った。

4　少年は遠くへ遊びにいかなくなった。それがなぜであったか、少年自身にもわからない。せいぜい裏の川原におりて、渡しにのって、自分一人で遊んだり、離れの庭に帰ってきて、柿の木にのぼったりするくらいだった。ⅳたわわにみのった柿の実をもいでかむと、あまいつゆが少年の口の中にひろがった。

　少年は、また、枝に足をかけて、柿の木をゆすぶった。うれた柿の実は、そのたびに、ぼとっぼとっと重たい音をたてて、母のねている離れのわら屋根に落ちて、ころころところがった。

　夜ねていても、その柿の実の落ちる音がきこえだしたころには、柿の葉は朽葉《くちば》いろに枯れていって、少年が翌朝、柿の木にのぼると、稲刈りでいそがしい野面がみわたされた。その遠い野面のはてには、母のもとへ通ってくる医者の、山ぎわにある白壁の家が、黄葉した木々のあいだにみえた。遠い海岸の松林もみえたし、耳をすますと、海鳴りもきこえてくるようである。

　少年は、木のまたに腰をかけて、そんな遠い野面のはてをながめるのが好きになった。海岸の松林の下を、乗り合い馬車が小さい玩具のように走りすぎてゆくのがみえたし、村の白い街道を、郵便屋さんが赤い小さい自転車をこいでいく姿もみえた。

　少年は明るい晩秋の日ざしをあびた風景にみあきると、足もとの、母のねている離れのわら屋根をみおろした。青い苔《こけ》やペンペン草がはえている。その下に母がねていると思うと、少年の心の中のさびしさがふっと消えてゆく。そしてまた遠い野のはてをみやるのである。

5　ⅴ柿の実もあらかた落ちつくしたある夜、いつものように少年が、祖母のねむりに落ちた気配に、母のねどこにはいってゆくと、母は少年をだきしめてから、いつになく、

「お母さんの手は、こんなに細くなってしまったよ」

といった。そして、少年が頬を母の胸におしつけようとするのを、

「お待ち」

といって、さえぎってから、かぶせた風呂敷のすきまからもれる電燈の明かりの縞目《しまめ》に、少年の顔をうごかしていって、じっとその顔をのぞきこむようにした。しばらくなにもいわずに少年をみつめている母の両眼に、涙がうかびあがってきたかと思うと、やがて糸すじのようにその涙は敷布の上に流れ落ちていった。

少年は、おどろいて、

「お母さん、どうしてなくの」

ときいた。母はその少年のことばをきくと、無理に笑ってみせて、

「お母さん、死ぬかもしれないよ」

といった。⑧少年は、まだ死ぬということがよくわかっていない。それで、

「死んだら、どうなるの」

ときいた。

「死んだら……」

母は、ちょっと口ごもったが、つづけて、

「あの世にいくの」

といった。

少年は、絵本によくかいてある天女《てんにょ》の舞っている極楽や、鬼のいる地獄やを思いだし、

「お母さんは死んだら極楽へいくね」

といった。

6　母が死んだのは、それから三日あとであった。少年は一人になった。

もうお母さんはいなかったが、少年は、vi柿の実が二つ三つだけ赤くうれきって梢《こずえ》に残っている庭先の高い柿の木にのぼっていって、口に手をラッパのようにあてて、

「お母さん」

とよんだ。耳をすましていると、どこか遠くから、母が、その自分のよび声にこたえている声がきこえてくるように思えた。

少年は、母が、あの世にいるのだと信じている。母の答えが自分にきこえるのは、母があの世から自分のよび声に答えてくれるからである。そう思うと、少年は、母のいるあの世へいってみたくなった。

いつか、まだ母が離れにいたころ、ねどこからでてきて、柿の木にのぼっている少年に、

「落ちたら　Ｙ　。」

といったことのあるのを、少年は、ふと、そのとき思いだした。少年は、落ちてみようと思った。それで柿の木につかまっていた手をはなし、木のまたに立って、口の中で、一、二ッ三と号令をかけた。vii高い梢に残った柿の実が、まっかに夕陽をうけて映えていた。それが夕映えの空にすっと飛んで、ふきあげるように柿の木の幹が天へのぼっていった。

少年は、庭の土に、頭から、自分が落ちたことがわかったが、同時にまわりがまっ暗になった。

《それから、しばらくすると、またまわりがぼんやり明るくなっていった。少年は、自分が、あの世にきたのだと思って、眼をあけた。暗い電燈のかげで、自分をまるくとりまいている人がいる。

少年は、きっとその中に母がいると思ったが、⑨母はいなくて、祖父や祖母や、それから母のところにきていた医者たちが自分をみつめている

のに気づいた。》

（田宮虎彦「童話」）

※1　甲板…船舶の上部の広く平らな床。デッキ。乗船客がここへ出て海を眺めることができる。
※2　お母さんのお家…お母さんの実家。[2]段落の「祖父の家」に同じ。
※3　離れ…離れ家のこと。母屋と同じ敷地内に、別棟に建てられている家。
※4　伝馬…伝馬船のこと。荷物などを運ぶための小型の木舟。
※5　釣瓶…井戸水を汲むために縄の先につけて降ろす桶。
※6　柴…薪《まき》にするための小さい雑木。
※7　へっつい…かまどのこと。
※8　軽業師…曲芸師のこと。

問1　[ａ]～[ｆ]にあてはまる言葉として最もふさわしいものをそれぞれ次から選びなさい。ただし、すべて一回しか使えないものとします。

ア　こんこん　イ　ポンポン　ウ　ちらちら　エ　すうすう
オ　ぐんぐん　カ　しぶしぶ　キ　ごうごう

問2　Ⅰ═══「せせこましい」、Ⅱ═══「じゃけんに」の言葉の文中の意味として最もふさわしいものを次からそれぞれ選びなさい。

Ⅰ「せせこましい」
ア　窮屈《きゅうくつ》な　イ　貧しい　ウ　粗末《そまつ》な　エ　ケチケチした

Ⅱ「じゃけんに」
ア　強《したた》かに　イ　意地悪く　ウ　無慈悲《むじひ》に　エ　ぞんざいに

問3　①――「ふりかえると、たった今まで少年がすごしてきた港の町が、うっすらと闇にういてみえる山の中腹まで、キラキラとかがやく灯にいろどられて、美しくみえた」とありますが、少年がこのように感じる理由として最もふさわしいものを次から選びなさい。

ア　これまで自分を育んだ港町の思い出が、彼にとってかけがえのない大切なものであったから。
イ　自分を苦しめた港町ですら良く見えるほどに、母と生きて行けることの喜びと期待に満ちているから。
ウ　今まで厳しく抑圧《よくあつ》されてきた彼にとって、夜に町を出るという行為が彼を高揚《こうよう》させているから。
エ　最後まで自分を理解してくれなかった父から、やっと離れることができた解放感があるから。

問4　②――「少年は、母が父のことをいうと、ビクッとからだをふるわせた」という描写から、少年にとって父がどのような存在であると考えられますか。その比喩として[Ｘ]にあてはまる漢字一字を文中より書き抜きなさい。

問5　③――「深いねむりにおちこんでいった」とありますが、この「ねむり」の役割としてふさわしくないものを次から選びなさい。

ア　誰に気兼ねすることもなく母に甘えられる幸福感を味わうもの。
イ　母と二人きりですごす新たな生活を思い描き夢見るためのもの。
ウ　自分を疎外する存在が消えたことに対する安心感にひたるもの。
エ　母の病や母を失うことに対する不安を一時的に忘れるためのもの。

問6　[1]段落における「少年」の人物像について説明したものとして最もふさわしいものを次から選びなさい。

ア　父母の不仲から、妙に大人びた観察眼を持ち、常に大人の顔色をうかがって行動する少年。

イ　極めて子どもらしく素直に目にした様々なものに感動し、好奇心旺盛などこにでもいるような明るい少年。

ウ　単に幼い子どもであるということに加えて、強く抑圧されてきたゆえに母親に甘えたいという欲求の強い少年。

エ　父によって虐待《ぎゃくたい》されてきたために、自分を傷つける存在を過度に恐れ過敏に反応する少年。

問7　④――部分、「医者」の人物像を説明したものとして最もふさわしいものを次から選びなさい。

ア　明るく人間味にあふれ、まるで父親のように様々な遊びをとおして社会を教えてくれる存在。

イ　おおらかな性格ながら昔気質の頑固さも持ち合わせ、「こうあるべき」という指針を少年に示してくれる存在。

ウ　優しく仕事熱心で、患者だけではなくその家族たちとも真摯《しんし》に向き合い治療を通して心のケアも担う医師。

エ　少々風変わりな所もあるが、母の愛情に飢えた孤独な少年を憐《あわ》れんで熱心にかかわりを持とうとしてくれる存在。

問8　Ⓐ・Ⓑ――はそれぞれ「父」と「医者」の少年に対する態度が描かれた部分です。全く対照的な人物として描かれる二人ですが、実は物語における彼らの役割は共通しています。二人は少年に対してどのようなことをする役割を担っているのですか。簡潔に答えなさい。

問9　⑤――「少年の顔は、日ましに赤く陽灯けしていった」とありますが、この「陽灯け」は少年のどのような変化を表しているのですか。それを説明した次の文章の空欄にあてはまる内容を本文より十五字以内で書き抜きなさい。

母のそばを離れずにいた状態から変化して、［　　　］ということ。

問10　⑥――「母は、さびしそうに少年にほほえみかけて、そうこたえた」とありますが、この時の母の心情としてふさわしくないものを次から選びなさい。

ア　息子が成長し、母があれこれと世話をやいて庇護《ひご》してやる対象でなくなりつつあることに対する寂しさ。

イ　危険な遊びに興じているらしい息子を親として十分に見てやれない自分自身に対する絶望感。

ウ　次第に弱っていく自分と対照的に息子が次第にたくましく生きていく力を身につけていることに対する心強さ。

エ　母に元気になってほしいと願う息子のいじらしい思いに自分が応えてやれないことに対するふがいなさ。

問11　⑦――「眼はつむっていたが、少年には、母が、つむった瞼の中から自分をじっとみまもっていることを知っていた」とありますが、このように少年は自分が母を思う気持ち以上に、母の自分に対する愛情も信じており、母との相愛の関係性を身体感覚でも感じ取っています。その感覚について描写した部分を含む一文を③段落から探し、その文のはじめの五字を書き抜きなさい。

問12　⑧――「少年は、まだ死ぬということがよくわかっていない。～『死んだら……』母は、ちょっと口ごもったが、つづけて、『あの世にいくの』といった」とあります。ここで母が答えた「あの世にいく」という言葉は死ぬことをぼかしてはっきりと明言することをさけた表現ですが、本当は何と言おうとしたのだと考えられますか。「死んだら

「……」に続く母の言葉として最もふさわしいものを次から選びなさい。

ア　全て無くなってしまうのよ　　イ　また生まれ変わるのよ
ウ　二度と会えなくなるのよ　　エ　三途《さんず》の川を渡るのよ

問13　Y にあてはまる母の言葉として最もふさわしいものを次から選びなさい。

ア　どうなるか知っていて　　イ　お母さん、悲しいよ
ウ　けがをしますよ　　エ　死んでしまいますよ

問14　6段落《　》内の内容について答えなさい。

(1)　ここで少年の身に起こったことの説明として最もふさわしいものを次から選びなさい。

ア　母に会うためにあの世へ行こうと試みて、失敗した。
イ　母に会うために柿の木から落ちて、死んでしまった。
ウ　母に会えないなら自分も死んでしまおうと考えて、あの世へ来た。
エ　母に会いたい一心であの世へ来たが、母には会えなかった。

(2)　⑨――「母はいなくて、祖父や祖母や、それから母のところにきていた医者たちが自分をみつめているのに気づいた」とありますが、ここで彼が「気づいた」ことを説明した次の文章の空欄に語句をあてはめなさい。ただし、A と C は十字以内、B は漢字一字で考えて答えなさい。

彼は柿の木から落ちるという行為を通して A（十字以内） はできないということを体感し、B（漢字一字） の本当の意味を悟った。それは、同時に彼がこれからは A のできない世界で C（十字以内） いかなければならないということに気づいたことも意味する。

問15　～～～ i ～ vii には「柿」の描写がなされています。この物語中において「柿」が表している内容についての説明としてふさわしいものを次から二つ選びなさい。

ア　母や他の家族との温かいふれあいや愛情を象徴している。
イ　渋柿のように渋くて苦い人生の試練を比喩している。
ウ　秋から冬へと季節が移ってゆく時間の経過を表現している。
エ　少年にとっての優しい母なる存在への安心感を象徴している。
オ　少年の生き生きと輝くエネルギーに満ちた命を象徴している。

二　次の文章を読み、後の各問いに答えなさい。

ある新聞で「ぼっち席」という報道があった。聞き慣れない言葉だったので、思わず読んでしまった。京都大学の学生食堂で、テーブルに仕切りを設けて、人から見られないで、ひとりで飯が食えるようにしたところ、すこぶる好評であったのだという。

大きなテーブルでひとり飯を食うのは、まわりの人間から友達がいないと思われるようで嫌だが、仕切りがあると、まわりの視線を気にせず、落ち着けるのだという。ひとりぼっちで食べるから「ぼっち席」。（中略）

ここで必要以上に意識されているのは、〈人の目〉である。ランチを一緒に食べる友人がいない、それが恥ずかしい。ランチメイト症候群ともそれは呼ばれるのだそうだが、ひとりでいることが本当に恥ずかしいのではなく、それを人に見られることが恥ずかしいのである。その〈人の目〉が、黙って、しかし ① 伝えてくるのは、「友達がいない人間は駄目人間」なのだというメッセージであろう。（中略）

日本は長いあいだ、村社会であった。村社会では結束しなければそれぞれが生きてゆけない。みんなと一緒に行動できない人間は村八分※1になり、村落共同体のなかでは、やっていけなくなる。

現在の子供たちの社会を見ていると、この村八分の意識が強く生き残っているのを感じざるを得ない。いじめの多くがそこに根を持ち、いじめは直接的暴力という以上に、村八分的無視（シカト）によるものが多く、増加傾向にあるという。

いじめの問題にはここではこれ以上深入りしないが、そもそも②友達と一緒にいることがあるべき姿であるという観念は、どこで醸成《じょうせい》されるものなのだろうか。小学校から、すでに仲間はずれが生み出されている。してみれば小学生がどこからそれを学習するのか。

おそらく親や先生が、ひとりでいるのは悪いことという方向へ無意識のうちに子供たちを導いてしまっているということがある[③]。学校でも家庭でも、「いいお友達を作りましょうね」というメッセージが繰り返される。常時そんなメッセージに晒《さら》されつづけていると、友達を持てないことは④自分に□があるからだと思い込み、自分を責める。いつも友達に囲まれている子が輝いていて、友達がいない子はくすんでいる。そんな子がいじめの対象になる。

小中高と続いてきたこんな構図が大学にまで及んでいるとすれば、由々しきことと思わざるを得ない。小学生や中学生に、ひとりになりなさいとは言えないが、大学生にもなって、⑤群れていなければ不安で仕方がないというのは、これまた異常である。そんな異常な状態の顕在《けんざい》化※2として「ぼっち席」があるのだとすれば、⑥いよいよ学生に孤独になることの意味と価値をきちんと伝える必要がでてくるだろう。（中略）

1日のうち、ひとりでいる時間をどこかで確保すること、進んで孤独になる時間を確保すること。そんな誰からの干渉もない場所でのみ確認できる自分というものがある。人間は本来はひとりでいるものであり、たまに友達と一緒になるというのが基本なのだ。常に誰かと一緒に行動していなければ落ち着かないというのは、ついに自分という存在に正面から向き合うのを避けていることでもあるのだ。ひとりで自分と向き合うのが怖い。だから、いつも友達が横にいて欲しい。

ひとりで堂々と飯を食う。それが格好のいいものであると思える環境を作りたい。大学生に今さらひとりになりましょうなどと教えることはばかげているが、孤独を知ることが自立ということであり、孤独のなかでしか自分が自分であることの確保はできないものなのだということは確認しておいてほしいと思う。

⑦孤独を恐れてはならない。

（永田和宏『知の体力』〈新潮新書〉）

※1　村八分…村のしきたりや約束事を守らなかった人をのけ者にして、仲間はずれにすること。

※2　顕在化…はっきりした形に表して、存在させること。

問1　[①]にあてはまる言葉として最もふさわしいものを次から選びなさい。

ア　ひしひしと　　イ　まじまじと

ウ　いそいそと　　エ　みるみると

問2　②――「友達と一緒にいることがあるべき姿であるという観念」とありますが、これに対して筆者は、友達との付き合い方をどのように考えていますか。それが述べられた一文を文中から探し、はじめの五字を書き抜きなさい。

問3　[　③　]にあてはまる言葉を、直前の〜〜部「おそらく」に注意して、ひらがな三字を答えなさい。

問4　④――「自分に□がある」とは、「自分が悪い」という意味です。□にあてはまる漢字一字を答えなさい。

問5　⑤――「そんな異常な状態の顕在化として『ぼっち席』がある」とありますが、筆者は「ぼっち席」をどのようなものとして捉えていますか。ふさわしくないものを、次から選びなさい。

ア　大学生の感じている、ひとりでいること自体への寂しさを紛《まぎ》らわしてくれるもの。

イ　「村八分」を恐れる古い価値観がいまだに根強く残っていることを感じさせるもの。

ウ　ひとりでいるところを他人から見られるのが不安な大学生にとって、好都合なもの。

エ　友達と一緒にいるべきだという思い込みは、大学生をも縛り付けていることを示すもの。

問6　⑥――「いよいよ」のここでの意味として、最もふさわしいものを次から選びなさい。

ア　かえって　　イ　たしかに　　ウ　ますます　　エ　とうとう

問7　⑦――「孤独を恐れてはならない」とありますが、ここに表れた筆者の考えをまとめたのが次の文です。[Ａ]・[Ｂ]にあてはまる語句を、それぞれ指定の字数で書き抜きなさい。ただし、[Ａ]ははじめの五字のみを書き抜くこと。

人間は「孤独」の状態に置かれたときに、[　Ａ（十六字）　]ことができる。そして、それは[Ｂ（二字）]のために必要な過程であるので、学生には「孤独」を恐れずに、ひとりでいる時間を確保して欲しいと考えている。

問8　次の各文を読み、本文の内容に合致するものには「Ａ」を、合致しないものには「Ｂ」をそれぞれ答えなさい。

ア　友達に囲まれている人の方が輝いて見えるのは事実であるが、それでも孤独を選ぶべきだ。

イ　若者が友達と群れようとするのは、自分や他者と対峙《たいじ》することを怖れているからだ。

ウ　大学生たちがひとり飯を、恥ずかしがらずに自信をもって行えるようにしたい。

エ　子供たちのいじめに暴力行為より無視が多いのは、村八分の意識に由来している。

オ　人々は幼時から、友達と一緒にいるべきだという考えを、学校や親から刷り込まれる。

三　次の各問いに答えなさい。

(1)　次の例文の――部と同じ意味・用法のものを、それぞれ後から選びなさい。

①　今日の夜は、テレビを見ない。

ア　工業地帯の空気はきたない。

イ　あの図書館には、専門書がない。

ウ　弟はたわいない遊びが好きだ。

エ　暇があっても読書しない。

② 次は君の番だ。
ア 私語をしているのを、注意された。
イ 遠くで鐘の鳴る音が聞こえる。
ウ ああだのこうだのいろいろな口をはさむ。
エ 大根は、アブラナの仲間です。

③ 先生に指名される。
ア 友人に笑われる。
イ 駅から五分で行かれる。
ウ 先生が話される。
エ 故郷のことが思い出される。

④ 太郎が帰ったから出かけよう。
ア 失敗は、油断から起こる。
イ 勉強がすんだから寝ます。
ウ 古いのから捨てよう。
エ 店を閉めてから帰る。

(2) 次の〔　〕にあてはまる漢字を、それぞれ後から選びなさい。

① この図形は左右〔　〕になっている。
ア 対象　イ 対照　ウ 対称　エ 大賞

② 正確な時間を〔　〕る。
ア 計　イ 図　ウ 測　エ 量

③ 大昔の冒険家が書いた旅の〔　〕文。
ア 気候　イ 寄稿　ウ 機構　エ 紀行

四 次の――部の漢字には読みを書き、カタカナは漢字に直しなさい。

① 実力が伯仲する。
② うちの猫は気性が荒い。
③ この議題は賛否が分かれるだろう。
④ 土曜日はカクシュウで授業がある。
⑤ 資源がケツボウする。
⑥ 食事のサホウを習う。
⑦ コウシを混同させてはいけない。
⑧ セイドウの器。
⑨ ミッペイされた空間は苦手だ。
⑩ 開店と同時に客がサットウする。

専修大学松戸中学校（第一回）

—50分—

一　次の——線の漢字の読みをひらがなで書き、——線のカタカナは漢字に直して書きなさい。

① 酒気を帯びた状態で運転してはいけない。
② この家は収納スペースが多い。
③ はっきりとした色の濃淡をつける。
④ 和服に合わせて足袋を新調する。
⑤ 育てていた植物の葉がチヂれる。
⑥ 木に小さな虫がムラがっている。
⑦ バスのコウシャボタンを押《お》す。
⑧ キソクは守らなければならない。
⑨ 事故で交通がコンランしている。
⑩ 誰《だれ》に対しても、ハクアイの精神で接する。

二　次の文章を読んで、あとの問いに答えなさい。問いの中で字数に指定のあるときは、特に指示がないかぎり、句読点や符号《ふごう》もその字数に含《ふく》めます。

> 小学校三年生の「ぼく（瑛介《えいすけ》）」は、血小板（血液の成分の一つ）が減る病気でもう一ヶ月以上入院している。今は元気で、病院のプレイルームで毎日遊んでいる。プレイルームに来る子どもたちの多くは低身長の検査入院をしており、皆《みな》、「ぼく」より年齢《ねんれい》は下だったが、あるとき、同じ三年生の壮太《そうた》がやはり低身長の検査のために入院してきて、二人はたちまち仲良くなった。壮太の退院日である今日、壮太は検査のための薬のせいで眠気《ねむけ》におそわれているが、検査中は寝《ね》てはいけないことになっている。

だるいけどじっとしていると寝てしまいそうだ A という壮太と廊下《ろうか》に出て、じゃんけんに勝てば、グリコ・パイナップル・チョコレートと文字の数だけ進めるゲームをした。ゆっくりでも歩けば、眠るのは避《さ》けられるだろう。

「俺《おれ》の足短いから、なかなか進まないな」

壮太は三歩進んでから言った。

「でも壮太のほうがじゃんけん勝ってるよ」

「そうだ！　グー、チョキ、パー、その文字から始まる言葉なら何でもいいことにしよう」

「いいね。そのほうがおもしろそう！」

「グー！　やったね。じゃあ、えっと、ぐつぐつよく煮《に》たスープ」

じゃんけんで勝った壮太は、少し調子が出てきたのか大股《おおまた》で進んだ。

「なんだよそれ。よし勝った。じゃあ、ぼくは、パンダを見に動物園に行くのは日曜日」

ぼくも負けじと長い文を考えて歩く。

「えー、そうなんだ。動物園は土曜日じゃダメなんだ。お、俺もパーか。えっと、パリパリのポテトチップスを買うのは水曜日」

「なんで、曜日しばり？」

ぼくらはグー、チョキ、パーで始まる言葉を言い合っては笑った。

ナースステーション前を通り過ぎようとすると、「ちょうどよかった。時間だよ」と、看護師さんにソファに座《すわ》らされ、壮太はB採血を受けた。

「ああ。血抜《ぬ》いたら、喉《のど》かわいたな」

壮太がナースステーション横の自販機《じはんき》を見てつぶやいた。

「水飲めないって、ちょっとつらいよな」

低身長の検査中は絶飲絶食だ。おなかがすくのは我慢《がまん》できるけど、水が飲めないのはしんどいらしく、子どもたちもよく「お茶ー！」「喉かわいたー」と叫《さけ》んでいる。①ぼくもなんとなく気が引けて、壮太といる時やプレイルームに検査の子がいる時は水分を摂《と》らないようにしている。

「じゃあ、じゃんけんは休憩《きゅうけい》してゆっくり歩こう」

眠気に負けそうな壮太にぼくは言った。

「ああ、ごめんな。今日の俺あんまり楽しくないよな」

壮太はいつもよりおっとりした口調で言う。検査のための薬でこんなにしんどくなるんだ。いつも元気な壮太なだけに、つらさがよくわかる。

「眠くてぼんやりしてても、壮太は楽しいよ」

「そう？」

「もちろん」

「だといいけど。おもしろくないチビなんて終わってるもんな」

壮太はそう言って、とろんとした目で笑った。

「壮太はおもしろいけど、でも、おもしろくなくたって全然いいと思うよ」

「瑛ちゃんは、優《やさ》しいよな」

「まさか」

「瑛ちゃんといると、気持ちがのんびりする」

壮太が見当違《ちが》いに褒《ほ》めてくれるから、何だか居心地《いごこち》が悪くなって、ぼくは入院したてのころはわがままだったこと、最初は低身長の検査入院の子どもたちに冷たくしてたこと、今はなんとなくそのほうがここから早く出られるような気もして、みんなに優しくしてるだけだということを、正直に話した。

「そうか。じゃあ、俺はチビだからおもしろくなって、瑛ちゃんは入院が長いから優しくなったってことか。瑛ちゃんが病気で、俺が小さくてよかったー」
②壮太の言うとおりかもしれない。だけど、やっぱり違う。ぼくは入院する前のほうが性格はよかった。「みんなはいいよな」って人をうらやむことはなかったし、「どうしてぼくばっかりなんだよ」といらつくこともなかった。それに、壮太が楽しいことに、身長は関係ない。背が高くてC陽気じゃない壮太でも、ぼくは一緒《いっしょ》にいて楽しいって思うはずだ。そんなことを言おうと思ったけど、うまく伝えられる自信がなくてやめにした。
そんなことより、［1］寝そうになる壮太を起こすことで精いっぱいだった。何度も廊下を往復したり、プレイルームに戻《もど》ってゲームをしてみたり、次から次へといろんなことをして壮太の眠気を覚ました。

「はーこれで、解放だ！」

十二時前、最後の採血が終わって、管を抜いてもらうと、壮太はプレイルームの床《ゆか》にごろんと寝転がった。

「おつかれ、壮太」

「サンキュー、瑛ちゃん」

「ぼくは何もしてないけどさ」

「なんか最終日に全然遊べなくてもったいなかったな」

「そんなことない。一緒に話してただけで楽しかったよ」

ぼくが言うと、

「うん。俺も半分頭は寝てたけど、楽しかった」

と壮太も言った。

そのあと、昼食ができたと放送が流れ、ぼくたちはそれぞれ部屋に戻った。

③「またな」とは言えず、「じゃあ」とあいまいに微笑《ほほえ》みながら。

昼ごはんを食べ終えて歯を磨《みが》いた後、壮太が母親と一緒にぼくの病室にやってきた。壮太の母親は大きなバッグを持ち、壮太もリュックを背負っている。

「いろいろお世話になりました」

壮太の母親は、ぼくとぼくのお母さんに頭を下げた。

「ああ、退院ですね。お疲《つか》れさまでした」

ぼくのお母さんが言った。

「瑛介君に仲良く遊んでもらって、入院中、本当に楽しかったみたいで」

「うちもです。壮太君が来てくれてよかったです」

お母さんたちがそんな話をしている横で、ぼくたちはお互《たが》い顔を見合わせて、かといって今この短い時間で話す言葉も見当たらず、ただなんとなく笑った。

「行こうか。壮太」

母親に肩《かた》に手を置かれ、

「瑛ちゃん、じゃあな」

と壮太は言った。

「ああ、元気でな」

ぼくは手を振《ふ》った。

壮太は、

「瑛ちゃんこそ元気で」

④そう言ってくるりと背を向けると、そのまま部屋から出て行った。

壮太たちがいなくなると、

「フロアの入り口まで見送ればよかったのに。案外二人ともお別れは［2］しているんだね。ま、男の子ってそんなもんか」

とお母さんは言った。

お母さんは何もわかっていない。あれ以上言葉を発したら、泣きそうだったからだ。きっと壮太も同じなのだと思う。もう一言、言葉を口にしたら、あと少しでも一緒にいたら、さよならができなくなりそうだった。口や目や鼻。いろんなところがじんと熱くなるのをこらえながら、ぼくは「まあね」と答えた。

壮太がいなくなったプレイルームには行く気がせずに、午後は部屋で漫画《まんが》を読んだ。時々、壮太は本当に帰ったんだな、もう遊ぶことはないんだなと気づいて、［3］心に穴が空いていくようだった。これ以上穴が広がったらやばい。そう思って、必死で漫画に入り込《こ》もうとした。

二時過ぎからは診察《しんさつ》があった。この前の採血の結果が知らされる。

「だいぶ血小板が増えてきたね」

先生は優しい笑顔をぼくに向けると、Dさもビッグニュースのように、

「あと一週間か二週間で退院できそうかな」

と言った。

「よかったです。ありがとうございます」

お母さんは頭を下げた。声が震《ふる》えているのは本当に喜んでいるからだろう。

やっとゴールが見えてきた。ようやく外に出られる。それはうれしくてたまらない。⑤だけど、どうしても確認《かくにん》したくて、

「一週間ですか？　二週間ですか？」

とぼくは聞いた。

「そこは次回の検査結果を見てからかな」

先生はそう答えた。

「はあ」

「どっちにしても一、二週間で帰れると思うよ」

先生は、「よくがんばったからね」と褒めてくれた。

一、二週間。ひとくくりにしてもらっては困る。一週間と二週間では、七日間も違うのだ。七日後にここを出られるのか、十四日間ここで過ごすのかは、まるで違う。ここでの一日がどれほど長いのかを、壮太のいない時間の退屈《たいくつ》さを、先生は知っているのだろうか。ぼくら子どもにとっての一日を、大人の感覚で計算するのはやめてほしい。

お母さんは診察室を出た後も、何度も「よかったね」と言った。ぼくは間近に退院が迫《せま》っているのに、時期があやふやなせいか、気分は晴れなかった。明日退院できる。それなら手放しで喜べる。だけど、一週間か二週間、まだここでの日々は続くのだ。

　4　しながらも、病室に戻る途中《とちゅう》に＊西棟《にしとう》の入り口が見えて、ぼくは自分が嫌《いや》になった。何をぜいたく言っているのだ。遅《おそ》くとも二週間後にはここから出られるし、ここでだって苦しい治療《ちりょう》を受けているわけじゃない。西棟には、何ヶ月も入院している子だっているのだ。それを思うと、胸がめちゃくちゃになる。病院の中では、自分の気持ちをどう動かすのが正解なのか、どんな感情を持つことが正しいのか、よくわからなくなってしまう。

就寝《しゅうしん》時間が近づいてくると、⑥やっぱり気持ちが抑《おさ》えきれなくなってプレイルームに向かった。真っ暗な中、音が出ないようマットに向かっておもちゃ箱をひっくり返す。三つの大きな箱の中身をぶちまけるのだ。ただそれだけの行為《こうい》が、ぼくの気持ちを保ってくれた。悪いことだとはわかっている。でも、こうでもしないと、ぼくの中身が崩《くず》れてしまいそうだった。いつも、翌朝にはおもちゃは片付けられ、きれいにプレイルームは整えられている。きっと、お母さんか＊三園さんが直してくれているのだろう。それを思うと、ひどいことをしてるよなと申し訳ない。だけど、何かしないと、おかしくなりそうで止められなかった。

三つ目のおもちゃ箱をひっくり返し、あれ、と思った。布の箱から、がさっと何かが落ちた。硬《かた》いプラスチックのおもちゃの音とはちがう。暗い中、目を凝《こ》らしてみると、紙飛行機だ。

ぼくは慌《あわ》てて電気をつけた。

⑦壮太だ……。赤青黄緑銀金、いろんな色の折り紙で作った紙飛行機は、三十個以上はある。片手に管を刺《さ》して固定していたから、使いにくい手で折ったんだろう。形は不格好だ。それでも、紙飛行機には顔まで描《えが》かれていて、「おみそれ号」「チビチビ号」「瑛ちゃん号」「またね号」と名

前まで付いている。

壮太は、知っていたんだ。ぼくが夜にプレイルームでおもちゃ箱をひっくり返していたことを。そして、壮太がいなくなった後、ぼくがどう過ごせばいいかわからなくなることも。

明日から、一つ一つ飛ばそう。三十個の紙飛行機。これを飛ばしている間、少しは時間を忘れることができそうだ。

土日の病院はしんとしていた。週末は低身長の検査の子もいないし、三園さんも休みだし、看護師さんの数も少ない。静まり返るってこういうことだよな。ぼくは誰もいないプレイルームで紙飛行機を飛ばしたり、漫画を読んだりして過ごした。紙飛行機は似顔絵が書かれた「三園さん号」が一番よく飛んだ。

「なんだよ、壮太。瑛ちゃん号がよく飛ぶように作ってくれたらいいのにさ」

ぼくは一人でそう笑った。

月曜日の朝には、四歳《さい》くらいの男の子が低身長の検査入院でやってきた。母親の手を握《にぎ》って、不安そうにプレイルームに入ってくる。

「いろいろおもちゃあるよ」

ぼくが話しかけると、ほんの少しだけ解《ほど》けた顔をしてくれたけど、まだ母親の手を離《はな》さないままだ。

「そうだ、紙飛行機する?」

ぼくは箱いっぱいに詰《つ》め込んだ壮太作の紙飛行機を見せた。

「すごいね」

「だろう?　全部、顔も名前もあるんだよ」

「これ、変な顔」

男の子はおみそれ号をつかんで、少し笑った。

「こっちは『ずっこけ号』。もっと変な顔してるだろう?」

「うん」

男の子は「飛ばしていい?」と母親に聞く。母親がお兄ちゃんに聞いてごらんと言う前に、

「一緒にやろうよ」

とぼくは男の子に言った。

「じゃあ、ここからね。せーので飛ばそう」

「うん」

男の子が飛ばしたおみそれ号もぼくのずっこけ号も、ひょろひょろと少し飛んだだけでそのまま床に落ちた。

「だめだねー」

「本当だな。よし、じゃあ次、もっと飛びそうなの探そう」

ぼくが男の子と話していると、

「瑛介君、手紙来てるよ」

とプレイルームに入ってきた看護師さんに封筒《ふうとう》を渡《わた》された。

「手紙?」

なんだろうと封筒を見てみると、田波壮太と書かれている。ああ、壮太だ。名前を見ただけで壮太の顔と声が一気に頭の中によみがえった。

ぼくは男の子に「好きなだけ遊んでいいよ」と紙飛行機の箱を渡すと、大急ぎで部屋に戻った。いったい壮太は何を書いてきたのだろうか。早く読みたい、早く壮太の文字を見たいと封筒の中身を取り出して、ぼくは「うえ」と悲鳴を上げた。中からは、干《ひ》からびた虫の死骸《しがい》が出てきた。

茶色くなってパリパリになった死骸は、不気味でしかたない。おいおい、どんないやがらせだよと、手紙を読んでみる。

えいちゃんへ

2日間だったけど、超《ちょう》楽しかったよな。ありがとう。また遊べたらなーってそればっかり考えてる。チビは最悪だけど、えいちゃんと会えたし、チビでもいいことあるなって思ったよ。

えいちゃん、「外はどれくらい暑いんだろうな」って言ってたけど、マジでやばいぜ。毎日たおれそう。昨日おれの家の前でバッタがひからびてたから送る。な。本当に丸こげになるだろう。

壮太

ああ、壮太。ぼくもだ。もう一度遊べたらなってそればっかり考えてる。病気になってよかったことなど何もないけど、壮太と出会えたこと、それだけはラッキーだった。

それにしても、外は本当にすごい暑さなんだ。干しエビみたいに干からびたバッタの死骸はかわいそうだけど、暑さはよくわかる。いくらテレビで映像を見ても、気温を知らされてもわからなかったのに、このバッタを見ているだけで、頭の上が熱くなって喉がカラカラになりそうだ。

ぼくはお母さんが帰ってくるのを待てず、看護師さんに言って封筒と便箋《びんせん》をもらった。壮太にすぐに伝えたいことがあった。

壮太といる間、何度か「小さくたっていいじゃん」そう口にしようとした。遊びを考える天才で、みんなを笑わせることができる。壮太のその力は、背の低さなんて余裕《よゆう》で補えてるって思ってた。でも、壮太を傷つけたらと不安で、言えなかった。

だけど、壮太は病院にいるぼくに、この夏の暑さを伝えることができる。いなくなった後も、プレイルームのぼくたちを楽しませることができる。壮太はとにかく最高なんだ。壮太が壮太なら、小さくたっていい。そう。小さくたって全然いいのだ。

⑧干からびたバッタを横に置いて、ぼくはベッドの上の小さな机の上で手紙を書いた。

これ以上ない暑い夏が、今、始まろうとしている。

（瀬尾《せお》まいこ『夏の体温』〈双葉社〉による）

＊西棟＝重病患者《かんじゃ》が入院している小児科《しょうにか》病棟。「ぼく」は、経過観察中の患者や検査入院の子どもたちが入院している東棟にいる。

＊三園さん＝病院の保育士。朝から夕方まで、プレイルームや保育室にいて、子どもたちを見ている。

問一 [1]～[4]にあてはまる言葉として、最も適切なものを次から一つずつ選び、それぞれ記号で答えなさい。

ア　うっかり　イ　すっきり　ウ　てっきり　エ　びっしり
オ　がっかり　カ　ばっちり　キ　あっさり　ク　ぽっかり

問二 ――A「そうだ」と意味・用法が異なるものを次から一つ選び、記号で答えなさい。

ア　今日は早く帰ったほうがよさそうだ。
イ　あと三十分ほどで終わりそうだ。
ウ　近くにマンションができるそうだ。
エ　今日は夕方から雨になりそうだ。

オ　このりんごはとてもおいしそうだ。

問三　═B「採血」、C「陽気」と熟語の組み立てが同じものを次から一つずつ選び、それぞれ記号で答えなさい。

ア　私立　イ　早朝　ウ　進退　エ　整然
オ　非常　カ　観劇　キ　日銀　ク　携帯

問四　═D「さも」、E「手放しで」の意味として、最も適切なものをあとから一つずつ選び、記号で答えなさい。

D「さも」
ア　ちょうど　イ　なんとなく　ウ　かえって
エ　むしろ　オ　いかにも

E「手放しで」
ア　自由に　イ　それなりに　ウ　無条件に
エ　早々に　オ　じきに

問五　──①「ぼくもなんとなく気が引けて、壮太といる時やプレイルームに検査の子がいる時は水分を摂らないようにしている」とありますが、「ぼく」がこのようにする気持ちを説明したものとして、最も適切なものを次から一つ選び、記号で答えなさい。

ア　低身長の検査中の子は水も飲めないので、水分を摂る必要のある「ぼく」は居場所がないと思っている。
イ　低身長の検査中の子は水も飲めないのに、「ぼく」が水分を摂ってよいのはおかしいと強く感じている。
ウ　低身長の検査中の子が水も飲めない間は、水分を摂らずに「ぼく」もみんなを応援《おうえん》したいと思っている。
エ　低身長の検査中の子は水も飲めないので、「ぼく」も水分を摂るのを遠慮《えんりょ》したほうがよい気がしている。
オ　低身長の検査中の子が水も飲めないなら、「ぼく」も水分は意地でも摂らないことにしようと決めている。

問六　──②「壮太の言うとおりかもしれない。だけど、やっぱり違う」とありますが、このときの「ぼく」の気持ちを説明したものとして、最も適切なものを次から一つ選び、記号で答えなさい。

ア　「ぼく」が病気でよかったという壮太の気持ちはわかるが、自分では入院して優しくなったとは思えずにいる。
イ　「ぼく」は長い入院生活のおかげで優しくなったが、病気になってよかったとまでは言えないと感じている。
ウ　「ぼく」は病気になったから壮太と出会えたが、病気でよかったと言われたことには強い抵抗感《ていこう》を抱《いだ》いている。
エ　「ぼく」は入院生活を経て優しくなったが、それを壮太に褒められたのが恥《は》ずかしく、素直《すなお》になれずにいる。
オ　「ぼく」が病気でよかったと言われたことで、入院前の性格の悪さを指摘《してき》されたように感じ不満に思っている。

問七　──③「『またな』とは言えず、『じゃあ』とあいまいに微笑みながら」とありますが、「ぼく」がこのような態度をとったのはなぜですか。最も適切なものを次から一つ選び、記号で答えなさい。

ア　まだ壮太と一緒にいたかったが、今日が彼の退院の日であることは知っていたので、また会えることを期待するようなことを言うわけにはいかず、言葉をにごすしかなかったから。
イ　今日の午後には壮太は退院してしまってもう一緒に遊べないのはわかっているが、別れのあいさつをしてしまうとこれから先、二度と会えなくなるような気がして怖《こわ》くなったから。

ウ　退院の日というおめでたい日なので、気持ちよく別れたいと思いつつも、自分よりも先に病院を去ることのできる壮太に対する嫉妬《しっと》がどうしても抑えきれなかったから。

エ　一緒に遊べるのが今日までなのはお互いにわかっているのでまた遊ぼうとは言えなかったが、別れのあいさつはしかるべき場所できちんとしようとはじめから決めていたから。

オ　壮太が退院することで「ぼく」はしばらく一人にはなってしまうが、彼《かれ》とはまたどこかで会える気がしていたので、別れの言葉は言わずにおこうと思ったから。

問八　――④「そう言ってくるりと背を向けると、そのまま部屋から出て行った」とありますが、「壮太」がこのような態度をとったのはなぜだと「ぼく」は考えていますか。最も適切なものを次から一つ選び、記号で答えなさい。

ア　あと少しでも同じ場所に居続けてしまったなら、長期にわたる入院生活のつらさを分かち合い、乗り越《こ》えてきた戦友である「ぼく」への思いがあふれ、離れがたくなるから。

イ　これ以上長く一緒にいて話を続けてしまったら、「ぼく」との楽しかった時間が思い起こされ、別れなければならないやりきれなさで胸がはりさけそうだったから。

ウ　もっと話をしていたならば、先に退院してしまう自分に対する恨《うら》み言をはかれるだろうと思い、表面上は良好な関係を保ったままでこの場を立ち去ろうと思ったから。

エ　話し続けてしまったら、こみ上げてくるであろう「ぼく」への熱い思いを抑えられなくなるが、お互いの母親がいる前でそれを伝えるのはどうしてもはばかられたから。

オ　すでに自分の思いをあますところなく伝えたので、これ以上長く一緒にいたり、余計な一言を話したりすれば、別れの場にふさわしい雰囲気《ふんいき》に水を差してしまうと思ったから。

問九　――⑤「だけど、どうしても確認したくて、『一週間ですか？二週間ですか？』とぼくは聞いた」とありますが、このときの「ぼく」の気持ちを説明した次の文の［Ⅰ］・［Ⅱ］にあてはまる言葉を指定字数に合わせて、文章中から抜き出して書きなさい。

●「あと一週間か二週間で」退院できるとは言うものの、［Ⅰ（十五字）］を先生はわかっていないと思い、子どもにとっての一日を［Ⅱ（五字）］で計算しないでほしい、と少し反感を抱いている。

問十　――⑥「やっぱり気持ちが抑えきれなくなって」とありますが、この「気持ち」を説明したものとして、最も適切なものを次から一つ選び、記号で答えなさい。

ア　あと少しで退院できるのは喜ばしいが、一人きりになったことで壮太がいたときには意識せずに済んでいた自分の病状に対する大きな不安が急にこみあげ、動揺《どうよう》している。

イ　壮太がいなくなってしまったのは残念だが、遅くてもあと二週間後には退院できるめどが立ったことで、長かった入院生活からも解放されると思い、舞《ま》いあがっている。

ウ　二週間もすれば退院できるのはとてもうれしかったが、あからさまに喜ぶ態度を表してしまうと、まだ入院生活が続く子どもたちに悪いと思い、必死で気持ちを押し殺している。

エ　自分が退院できることを知ったお母さんから「よかったね」と言われたのはうれしかったが、自分よりつらい思いをしているであろう他の子どもへの配慮のなさに失望している。

オ　一、二週間もすれば退院できるにもかかわらず不満を抱いていた中、自分よりもつらい思いをしているであろう子どもたちのことを考えて、自己嫌悪《けんお》とやりきれなさで板ばさみにあっている。

問十一　――⑦「壮太だ……」とありますが、「壮太」は「ぼく」に、どのような配慮をしたと考えられますか。七十字以上八十字以内で書きなさい。

問十二　――⑧「干からびたバッタを横に置いて、ぼくはベッドの上の小さな机の上で手紙を書いた」とありますが、この手紙を通して「ぼく」が「壮太」に伝えたかったのはどのようなことですか。二十五字以上三十五字以内で書きなさい。

問十三　この文章の表現について説明したものとして、最も適切なものを次から一つ選び、記号で答えなさい。

ア　進行が時系列順ではなく、結末から始まって時間がさかのぼっていき、少しずつ状況《じょうきょう》・いきさつや登場人物の関係などが明らかになっていくという構成にすることで、最後まで読者を物語へと集中させることに成功している。

イ　物語をいくつかの大きな場面に区切り、それぞれの場面を「ぼく」、「壮太」、お互いの「母親」の視点から描き出す手法によって、各場面での各人の心の動きや行動のきっかけなどが正確にとらえられるよう工夫《くふう》されている。

ウ　会話文や地の文においてところどころ比喩《ひゆ》表現をさしはさむことで幻想《げんそう》的で温かな世界を描き出し、ともすれば重苦しさばかりが強調されがちな病院という舞台《ぶたい》に明るさをもたらし、読者に親しみやすさを与《あた》えている。

エ　終始、「ぼく」の視点から物語が進められているが、仲のよい友人である「壮太」との会話文や、思ったことや考えたことが詳細《しょうさい》に描かれた地の文などを通して、子どもなりの微妙《びみょう》な心の動きがわかりやすく表現されている。

オ　病院という舞台の中で、長期の入院をよぎなくされて病に苦しむ子どもたちと、壮太との交流を通じて元気を取り戻していく「ぼく」の様子が対照的に描かれることで、はっきりと心情の動きがとらえられるようになっている。

三　次の文章を読んで、あとの問いに答えなさい。問いの中で字数に指定のあるときは、特に指示がないかぎり、句読点や符号もその字数に含めます。

私たちが生きていく上において、時間も空間も非常に大切なものだ。私という人間がこの世に「存在」していることを示す大切な指標*として、時間と空間を用いる。一九七一年四月二十九日の午後三時に、私は自宅の書斎《しょさい》にいるというように表現する。

あるいは、子どもの帰りがおそいので気にして電話をかけてこられた母親に、幼稚園《ようちえん》の先生が「十分前には、園を出られましたよ」と言われると、母親は「もう五分位で帰ってくるだろう」と安心される。［1］、十分前に自分の子が幼稚園の前に「存在」していたということがわかると、母親は幼稚園から自宅までの空間的距離《きょり》と、それを歩いて帰ってくる時間とを測り、子どもの帰りを安心して待つことができるのである。

さて、このような大切なものであるが、ひるがえって考えてみると、①時間も空間も何とつかみどころのないものだろう。いったい、この空間の「端《はし》」はどこなのだろう、時間の一番始めの「はじまり」はどこからなのだろう、考えだすと大変なことだが、私たち大人は、あまりこんなことを考えずに暮らしている。

ところが、子どもたちは案外こんなことを考えているらしい。「あの山の向こうに何があるのだろう」とか、「空のもっともっと上には何があるのだろう」とか。そして、彼らは奇妙《きみょう》にも、こんなことを大人に聞いても仕方のないことも、何となく感じているらしく、なかなか大人には、言ってくれないものである。ある時小学生たちと遠足したとき、どの山にも森にも持ち主があることがわかってくると、そのうちの一人が疑問を提出した。人類が現われるまでは、どの山も森も誰のものでもなかったのに、どうして、今全部持ち主がきまっているのか、「そんなのは不公平だ」と言うのである。たしかに、言われてみるともっともなような気がする。本来は誰のものでもなかった土地を、勝手に区切ってしまって、それを個人の所有にしてしまう。そして、他人はその空間を自由に使用することができない。

この小学生の疑問がおもしろかったので、私は時間の方についても、同じようなことがいえるか考えてみた。[2]、一九七一年四月二十九日の二十四時間というものをとって考えると、こちらの方は空間の場合と違って所有権争いをしなくてもよさそうである。これはニクソン大統領のものでもあったろうが、私のものでもあったし、あなたのものでもあったし、隣《となり》の犬のゼットのものでもあったわけである。

②時間の所有に関しては、先ほどの小学生のように、不公平さを嘆《なげ》かずにすませられそうである。これはなかなかおもしろいことである。幼稚園にあるブランコにしろ、誰かが占領《せんりょう》すれば、他の子どもはそれがあくまで待っていなければならない。玩具《がんぐ》にしても、誰かが使うと他の者は使えない。ところが、時間だけは、誰もが「自分のもの」であると主張しても、他人と取り合いをしなくてもよいものなのである。

しかし、困ったことに③「私の時間」は勝手にどんどん逃げ出してしまうのである。きょうという日を、私がいかに無為*に過ごしても、時間の方ではおかまいなしにどんどんと過ぎてしまって、きょうという日はもう二度と帰ってこない。ブランコに乗った子は、ブランコをゆすらずにぼんやりしていると、次の子にゆずることを強《し》いられる。玩具を持ってぼんやりしていると、「あいてたら貸してね」と誰かに言われるだろう。ところが、私がいかに無為に過ごしていても、その時間を他人が借りに《に》はこないものだ。こうして、私を油断させておいて、時間は何食わぬ顔で過ぎ去ってゆく。

このように、つかみどころのない時間、すぐに逃げ去ってゆく時間を、もう少しはっきりとしたものにするために、人間は時間を区切ることを始めた。

無限に流れる時間を区切ることを人間が考えはじめるためには、自然現象としての夜と昼、夏と冬などの体験がその基礎《きそ》となっていることだろう。特に太陽や月の運行は、時を測るための大切な指標であったことと思われる。日の出と共に起きて働き、日暮れには家に帰って休む。このような生活にとって、時間の流れや、時間の区切りは自然のリズムと密接に関連するものであっただろう。このような状態のときに、人間の経験する「時間」は、彼の体感や感情と結びついたものとして、人格の深部にまでかかわりをもつものであったろう。

④幼児の時間体験を観察してみると、なかなかおもしろいことが認められる。幼稚園にいる子どもたちは、どのように「時間を区切って」いるのだろう。幼稚園の庭の片すみで、かたつむりをみつけて、それが殻《から》からからだを出し、目を出して動きはじめるのを、いっしょうけんめいに見つめている子、この子はどんな時間を経験しているのだろう。かたつむりを見つめている間の「時間の区切り」は、いったいどうなっているのだろうか。

幼稚園が九時に始まるという場合、大人が考えるのと同じように、「九時に間に合うように」登園してくる園児が何人いるだろう。おおかたの子どもは、お母さんが行きなさいというままに、 3 兄姉や友人たちにさそわれるままに、登園して来るのではないだろうか。だからといって、彼らは「時間の観念がない」とか、幼稚園はいつ行ってもかまわないと思っているというのでもない。彼らは彼らなりに、「おくれてはいけない」ことも知っているのである。

文明人は時計によって時間を測る。それによって、一日は二十四時間に正確に区切られ、共通の時間が設定される。これは多くの人間が社会をつくっていくためには、非常に大切なことである。これによって、われわれは友人と待ち合わせもできるし、学校も会社も、同一時刻に一斉《いっせい》に始めることもできる。映画の始まる時間、バスの時間、テレビの人気番組の始まる時間、これらすべてが決められており、われわれは共通の時間をきざむ時計を頼《たよ》りにして生活している。時計の発明によって、人類はどれほど時間が節約できるようになったかわからない、本当に便利なことだ。

ところで幼児たちは、さきにのべたように大人のもつ時計によって区切られた時間とは異なる時間を生きているようだ。「きのう」とか「あした」とかの意味も、はっきりとしていない子もある。「また、あしたにしようね」などと言っている子も、それは厳密にあしたということをさすのではなく、「近い将来」を意味していることも多い。

あるいは、何かに熱中していたが、何かで中断しなければならなくなったとき、「また、あしたにしよう」と言うのは、このことを言うことによって、中断することを自らに納得《なっとく》させようとする意味あいで言っている子もある。この場合の「あした」は、二十四時間の経過後に存在する時期などではなく、断念しなければならないという気持と、何か希望を残しておきたいような気持の交錯《こうさく》*した現在の状況をのべている表現なのである。

道くさをしたために叱《しか》られる幼児たちが、悪かったという気持をあらわしながら、⑤何とも納得のいきかねる表情をしていることがよくある。彼らも叱られながら、「おくれてしまった」「おそくなって悪かった」ということはよくわかっているのである。しかし、なぜおそくなったのだろう。「ぼくは何もしてなかったのに」、「ちょっとだけ、おたまじゃくしを見てただけなのに」と思っているのである。たしかに子どもたちは「ちょっとだけ」何かをしていたのである。しかし、残念なことに、それは大人のもっている時計では、「一時間」も道くさを食っていたことになるのだ。

おたまじゃくしを見ていた子どもが、一時間を「ちょっとの間」と思ったように、われわれ大人でも、同じ一時間を、長く感じたり短く感じたりする。恋人《こいびと》と話し合っていると、すぐに時間がたってしまって別れのときがくるのに、嫌な先生の説教は少しの間でも随分《ずいぶん》長く感じられる。時計の上では一時間であっても、経験するものにとっては、その一時間の厚みが異なるように感じられるのである。もちろん、時間そのものには厚みなどがあるはずがないから、あくまで、それを経験するものの主観として、厚みが生じてくるのだ。

何かひとつのことに熱中していると、時間が早くたっていくことは誰もが知っていることである。といっても、何かひとつのことをしていると、必ず充実《じゅうじつ》した時間を過ごしたことになるとは限らない。たとえば、テレビのドラマなどを見るともなく見ていると、ついひきこまれて終わりまで見てしまう。終わってみるといつの間にか一時間たってしまっている。しかし、このあとでは⑥充実感よりも空虚《くうきょ》な感じを味わうことだってある。時間は早くたったと感じられたが、その厚みの方はうすく感じられるのである。

あるいは、ひとつのことをしていても時間が長く感じられるときもある。その一番典型的な場合は、「待っている」時間である。誰かが来るのを待っているとき、われわれはなかなか他のことができない。そわそわしながら待つ、しかもその間は随分と長く感じられるのである。「待つ」ということだけをしているのだが、時間を長く感じてしまう。

これらのことを考えると、自分のしていることに、その主体性がどのようにC関係しているかにしたがって、時間の厚みが異なってくるらしいと思われる。「待つ」ことは、受動的なことである。その人がいつ来るかは、その人の行動にまかされているわけで、待っている方としては、ただそれにしたがって待つより仕方がないのである。これはテレビの場合でも同様である。テレビを見終わって充実感のない場合は、私たちがテレビを見たのではなく、テレビが私たちをひきこんでしまったのである。私たちは受動的に見ていたのだ。

子どもがテレビを見すぎることはよく問題になる。たしかにテレビを見すぎることは、子どもが「与えられた映像」を受動的に楽しむことによって、主体的な時間をもたなくなる点にD危険性が存在している。しかし、⑦テレビの主体的な見方だってあるはずである。怪獣《かいじゅう》にしろ、チャンバラにしろ、子どもにとっては必ず経験しなければならない世界なのである。［4］、それを見たいときには「主体的」に十分に見させることがいいのではないか。主体的に十分体験したものは、常に早く「卒業」する。

［5］、いろいろと親の介入《かいにゅう》があって主体的にテレビを見ていない子どもは、なかなか卒業できない。いつも受動的にテレビを見て過ごしてしまう、時間は過ぎ去っていく、テレビはうつっている。主体はテレビや時間の方にあって、子どもは受身の立場に立ってしまっているのだ。ついでにつけ加えておくと、主体的にテレビを見させるということは、子どもの「見たいままに放任する」ことではない。放任の中から主体性は出てこない。

テレビは見たいが勉強はどうするのか、父親は野球が見たいが子どもは漫画が見たい、これをどう解決するか。食事中にテレビを見ないのはわが家のおきてである。ところが、食事時間にどうしても見たい番組ができた。これをどうするか。

これらの葛藤《かっとう》と対決していくことによってこそ主体性が得られる。対決を通じて獲得《かくとく》した時間、それは主体性の関与《かんよ》するものとして、「厚み」

をもった時間の体験となる。

ここに充実した時間体験の問題点が生じてくる。つまり、子どもに充実した時間を与えてやろうと思いすぎるあまり、一時間のうちに「このこともやらせよう」「あのことも教えてやろう」と思って、親や教師が熱心になればなるほど、子どもの主体性を奪《うば》ってしまうことになって、子どもはいろいろなことをしていながら、それは厚みのない時間体験になりさがってしまう。

私たちが、時計で測る「時間」にとらわれ、「能率」ということにこだわり始めると、「能率的教育法」という美名のもとに、子どもたちの主体的な時間を奪ってしまう危険性が生じてくるのである。

【河合隼雄《かわいはやお》「子どもの『時間』体験」（『物語とたましい』〈平凡社〉所収）による】

＊指標＝目印。
＊無為＝何もせずにぶらぶらしていること。
＊交錯＝入りまじること。

問一　[1]〜[5]にあてはまる言葉として、最も適切なものを次から一つずつ選び、それぞれ記号で答えなさい。

ア　ところが　イ　だから　ウ　あるいは　エ　なぜなら
オ　しかも　カ　たとえば　キ　つまり　ク　ところで

問二　═A「感情」、D「危険」の対義語を、それぞれ漢字二字で書きなさい。

問三　═B「わかっているのである」の主語を、一文節で抜き出して書きなさい。

問四　═C「関係」について、次の各問いに答えなさい。

Ⅰ「関」という漢字の部首名をひらがなで書きなさい。
Ⅱ「係」という漢字の総画数を漢数字で答えなさい。

問五　──①「時間も空間も何とつかみどころのないものだろう」とありますが、「つかみどころのない」時間をとらえやすくするために人間が始めたことを、文章中から八字で抜き出して書きなさい。

問六　──②「時間の所有に関しては、先ほどの小学生のように、不公平さを嘆かずにすませられそうである」とありますが、このようにいえる理由として、最も適切なものを次から一つ選び、記号で答えなさい。

ア　空間にある具体的な物は誰かの所有物として存在するが、時間は抽象《ちゅうしょう》的で所有することができないから。
イ　空間は誰かが使うと他の者は使えなくなるのに対し、時間は誰もが同時に所有することができるから。
ウ　空間にある個々の物は常に所有権争いの対象になるが、時間は誰も所有権を主張しようとしないから。
エ　空間やそこにある物は誰が所有するか明らかであるが、時間は皆にあって誰のものかわからないから。
オ　空間にある物は特定の者にしか所有権が与えられないが、時間は誰にも平等に与えられているから。

問七　──③「『私の時間』は勝手にどんどん逃げ出してしまう」とありますが、このことの説明として、最も適切なものを次から一つ選び、記号で答えなさい。

ア　ブランコや玩具などは多くの人が交代で使って何度でも使うことができるが、「私の時間」は私だけのものであり、私が何もせずに無駄《むだ》にしていても、誰も気にとめないままどんどん過ぎ去っていく、ということ。

イ　空間にある遊具や玩具は一人が使い続けたり持ったまま使わずにいたりすればすぐに所有権が他の者に移るが、時間にはもともと所有権がないので、「私の時間」も私の意志とは無関係に過ぎていく、ということ。

ウ　ブランコや玩具のように誰もが使うことのできる物は一人が長い時間占有することはできないが、「私の時間」は私が占有しているので、私の意志しだいでは何もせずに時間をやり過ごすことができる、ということ。

エ　空間にある物は使わずにいれば他の誰かが借りに来たり奪ったりするが、「私の時間」は、私が何もせず何にも使わずにいても誰も借りたり奪ったりしない代わりに勝手に過ぎていって取り戻せない、ということ。

オ　空間にある物はそれを使う人の使い方しだいでくり返し長く使うことができるが、時間は誰の意志によっても止めたりくり返し使ったりすることができず、一度過ぎたらもう取り返すことはできない、ということ。

問八　――④「幼児の時間体験を観察してみると、なかなかおもしろいことが認められる」とありますが、「なかなかおもしろいこと」とは、どのようなことですか。「異なる」という言葉を使って、二十五字以上三十五字以内で書きなさい。

問九　――⑤「何とも納得のいきかねる表情をしている」とありますが、その理由を説明した次の文の［Ⅰ］・［Ⅱ］にあてはまる言葉を指定字数に合わせて、文章中から抜き出して書きなさい。

●幼児は、ひとつのことに［Ⅰ（二字）］していて、同じ長さの時間でも［Ⅱ（二字）］感じているから。

問十　――⑥「充実感よりも空虚な感じを味わう」とありますが、その理由を、三十字以上四十字以内で書きなさい。

問十一　――⑦「テレビの主体的な見方」に必要なことは何ですか。文章中から十一字で抜き出して書きなさい。

問十二　この文章で筆者が述べている内容に合うものを次から一つ選び、記号で答えなさい。

ア　時間そのものには厚みはないにもかかわらず私たちが時間に厚みを感じるのは、時間を効率よく使うために時間と対決することが主体性を持って行われる経験だからである。

イ　子どもたちは、空間の端はどこにあるか、時間はどこから始まるか、などと大人にたずねても答えられないことを知ってしまうと、このような疑問は口に出さなくなる。

ウ　大人たちが時間を時計で区切って正確に測ることにとらわれ、「能率」ということを重視しすぎると、子どもたちの主体的な時間体験を奪ってしまうことになりかねない。

エ　子どもには主体的にテレビを見させるべきであり、そのためには、親の希望や家のおきてと対立することがあっても、ある程度放任して子どもの判断にまかせる必要がある。

オ　おたまじゃくしを夢中になって見ている子どもにとっての一時間はわずかな長さでしかないが、大人にとっての一時間はどのような場合でも正確に一時間で変わらない。

千葉日本大学第一中学校(第一期)

—50分—

一　次の各問いに答えなさい。

問一　次の——線部の漢字は読みを答え、カタカナは漢字に直しなさい。

(1)　フクスウの選択肢がある。
(2)　タンジョウ日を祝う。
(3)　美しいオリモノを手に入れる。
(4)　ゲキテキな結末だった。
(5)　身元をショウカイする。
(6)　出典を確かめる。
(7)　筆舌に堪《た》えない。

問二　次の(1)~(2)の語句と似た意味、及び(3)~(4)の語句と反対の意味を持つものを後の語群《ごぐん》からそれぞれ一つずつ選び、漢字に直して答えなさい。

(1)　快活　(2)　熟考　(3)　寒冷　(4)　天然

ジドウ　シアン　カッパツ
オンダン　ジンコウ　ネツボウ

問三　次のことわざの意味として最もふさわしいものを、後のア~クのうちから一つずつ選び、記号で答えなさい。

(1)　情けは人のためならず　(2)　焼け石に水
(3)　濡《ぬ》れ手で粟《あわ》　(4)　急がば回《まわ》れ

ア　急ぐからと危ない近道を行くより、遠回りでも安全な道を行くほうが早い。
イ　人に親切をすれば、やがて自分にもよいことがめぐってくる。
ウ　何をするにも、がまんやしんぼうが大切だ。
エ　苦労せずに大きなもうけを得ること。
オ　確かでないことを期待することのたとえ。
カ　少しぐらいの助けでは、何の役にも立たない様子。
キ　身近なことはかえってわかりにくいことのたとえ。
ク　中途半端《ちゅうとはんぱ》な助けは、かえって相手のためにならないのでひかえるべきだ。

二　次の〔Ⅰ〕〔Ⅱ〕の文章を読んで、後の問いに答えなさい。

〔Ⅰ〕

生きる力は、自分を※1肯定《こうてい》するところから生まれてくる。少年院関係者の話によると、少年犯罪を起こす者のほとんどが、幼い頃《ころ》からあまりほめられた経験がないということである。ほめられるということは、自己を他者から肯定されるということだ。肯定が積み重なれば、自分がこの世に存在することに自信を持つことができる。

Aそれが生の活力になる。自分と同じ経験、同じ考えを持つ著者と巡《めぐ》り会うことで、肯定されるだけでなく、自分よりも辛《つら》い経験が書かれている本を読むことで、B落ち着いて自分を見直すこともある。

たとえば、失恋《しつれん》をするとか、親しい人を亡くすとか、試験に落ちるといった辛い経験をしたとする。それと同じような経験をもっと悲惨《ひさん》な形で経験した者の本を読むと、自分の経験などは大したことはなかったんだと慰《なぐさ》められる。自分の経験を唯一《ゆいいつ》絶対のものだと思う気持ちから離《はな》れることができる。

「自分だけが悲惨なのだ。周りの者は自分のような境遇《きょうぐう》はわかりはしない」と、周りの狭《せま》い世界だけを見て決めつけると、精神的に追い込《こ》まれてくる。自分と同じどころか、より辛い運命にさらされた人がいる、そして、それを乗り越《こ》えて生きているということを知るだけで、活力が湧《わ》いてくる。

私は、高史明《コサミョン》の『生きることの意味』（ちくま文庫）を読むと、辛い気持ちになる一方で元気が湧く。もっと極端《きょくたん》な例を出せば、フランクルの『夜と霧《きり》』（みすず書房《しょぼう》）を読んだときは、自分のそれまでの辛い経験などがすべて吹《ふ》っ飛んだ気がした。ユダヤ人であるためにaキョウセイ収容所に入れられ、死の直前まで追い込まれたフランクルが、希望を見失わずに生きる意味と活力を見出し続けたbキロクが、この本だ。その極限状況《じょうきょう》に比べれば、自分の不幸や不運などは取るに足らないことだと素直に思えた。『わがいのち月明に燃ゆ』（林尹夫《ただお》著、ちくま文庫）、『きけわだつみのこえ』（岩波文庫）などの学徒出陣《しゅつじん》を描《えが》いたものも同様だ。死に向かいつつもなおかつ勉強し続けるその姿勢に鼓舞《こぶ》※2され、勇気づけられた。

単純に慰められたり、優越感《ゆうえつかん》を持ったりといった感情ではない。むしろ彼《かれ》らの大きな経験の中に自分の経験を溶《と》かし込み、自分の経験の意味をいわば昇華《しょうか》※3させるのである。自分自身が収容所に入れられたわけでも、［C］をしたわけでもないが、そうした境遇のかけらでも自分のからだの中に入れるという感覚だ。

自分の体験や経験を絶対の根拠《こんきょ》としたがる傾向《けいこう》が、読書嫌《ぎら》いの人には時々見受けられる。こうしたX自己の体験至上主義は、狭い了見《りょうけん》※4を生む。経験していないことでも私たちは力にすることができる。

自分の中に微《わず》かにでも共通した経験があれば、想像力の力を借りて、より大きな経験世界へ自分を潜《もぐ》らせることができる。自分の狭い世界に閉じこもってc意固地になったり、自分の不幸に心をすべて奪《うば》われたりする、そうした狭さを打ち砕《くだ》く強さを読書は持っている。

（齋藤孝《たかし》『読書力』〈岩波新書〉より）

〔Ⅱ〕

読書をすると、楽しみながら読解力を上げていくことができます。それはなぜなのか。私は「さまざまな本を読むことで、人生経験が豊富になるから」だと考えています。

人は生きていく中でひとつの人生しか経験できませんが、読書をすることで数限りない他者の人生や他者の思考を疑似体験できます。

小説であれば、ヒーローやヒロインにもなれますし、悪役にもなれます。場合によっては、人を殺すなどということも本の中では経験します。これはフィクションに限ったことではなく、たとえば今読んでいただいているこの本でも同様です。本書を通して、あなたには私の考え方や経験を追体験していただけるはずです。そうしてD読書経験を積むことで、人生の経験値が上がっていくのです。

読書によって、世の中には自分とまったく違《ちが》う考えの人間がいるのだということを理解し、広く受け入れる寛容《かんよう》※5の心が育ち、人間への洞《どう》※6察力《さつりょく》がついていきます。立場の違う人を理解する共感力、すなわち情《じょう》※7緒《ちょ》的読解力が身につくのです。

人を見る目が養われることもあるでしょう。小説にはびっくりするような人たちばかり出てくることもありますから、驚《おどろ》くような状況《じょうきょう》が起きても冷静に判断できるようにもなるでしょう。

そうしてたくさんの本を読むことによって人生の経験値が上がると、同じ20歳《さい》でも、ひとりは自分や周囲の人たちの人生経験しか知らない20歳で、もうひとりは読書経験を通じて人生経験が豊富であり、精神年齢《ねんれい》は30歳、というくらいの違いが出てくるのは自然なことです。

さらに、自分の行動が他者や世界にどう作用するのか、ということが想像できるようになります。

友達を無視したら相手はどういう気持ちになるか、無視されたことがない人は想像できないかもしれません。しかし読書によって、そういった悪意が引き起こすさまざまな顛末《てんまつ》※8を知ることで、相手への想像力が働き、他者に対して優しくなれるはずです。読書で読解力を鍛《きた》えることで、相手の心を読み解く力も鍛えられるのです。

（池上彰《あきら》『社会に出るあなたに伝えたい　なぜ、読解力が必要なのか？』〈講談社＋α新書〉より）

〔注〕
1　「肯定」……積極的に価値を認めること。
2　「鼓舞」……はげましふるい立たせること。
3　「昇華」……ある状態からさらに高い状態になること。
4　「了見」……考え。分別。
5　「寛容」……心が広くて、よく人の言動を受け入れること。
6　「洞察力」……物事の本質を見抜《みぬ》く力のこと。
7　「情緒的読解力」……その場で起こる様々な感情を読み取る力。
8　「顛末」……物事の最初から最後までの事情。

問一　〰〰線部ａ～ｃの漢字は読みを答え、カタカナは漢字に直しなさい。

問二　――線部Ａ「それ」が指す内容の説明として最も適当なものを、次のア～エのうちから一つ選び、記号で答えなさい。

ア　幼い頃からほめられつづけて育つこと。
イ　肯定されて、生への活力を得ること。
ウ　自己への肯定により、自信を持つこと。
エ　生きる意欲から、自信をつけること。

問三　――線部Ｂ「落ち着いて自分を見直す」ことができるのはなぜか。前後の段落から理由が示された一文を探し、最初の七字を抜《ぬ》き出しなさい。

問四　空欄《くうらん》［Ｃ］に当てはまる語句として最もふさわしいものを、次のア～エのうちから一つ選び、記号で答えなさい。

ア　辛い経験　　イ　学徒出陣
ウ　読書経験　　エ　優越感を持つ経験

問五　――線部Ｄ「読書経験を積むことで、人生の経験値が上がっていく」について、次の(i)・(ii)の問いに答えなさい。

(i)　これと同じ内容の表現として最も適当な部分を、〔Ⅱ〕の文章中から二十三字で探し、最初の五字を抜き出しなさい。

(ii)　「人生の経験値が上がる」とは、具体的にはどのように成長することか。最も適当なものを、次のア～カのうちから二つ選び、記号で答えなさい。

ア　ヒーローや悪役など様々な役割を演じ、現実では得られるはずのない経験に出会うこと。
イ　この筆者の書いた本を多く読むことを通じて、筆者の体験を間接的に経験すること。

ウ　自分とは異なる考えの人間に対しても広く受け入れることができる洞察力を得ること。
エ　立場や考え方が違うことに気づいて、寛容に共感を示すことができるようになること。
オ　予期しない出来事に接しても動じずに、どうすべきか考えられる判断力を得ること。
カ　たとえ同じ年齢であっても、周囲が経験していないような体験を積み重ねていくこと。

問六　〔Ⅰ〕〔Ⅱ〕の本文から読み取れる内容として最も適当なものを、次のア～エのうちから一つ選び、記号で答えなさい。
ア　失恋や落第などの辛い経験は、他者には理解できないため、解決しようのない悩《なや》みであり、忘れるよりほかはない。
イ　小説の世界においては、他者を助ける役割は積極的に担うべきだが、他者を傷つける役割は担うべきではない。
ウ　せまい世界で物事を考えていると精神的に追い込まれるが、読書経験が気持ちを和らげてくれる可能性がある。
エ　小説内で特殊《とくしゅ》な人間に出会うことを通じて、現実の様々な場面に冷静に対処し、他者に優しくなることができる。

問七　〔Ⅰ〕の文章中に「自己の体験至上主義」（＝＝線部X）とあるが、このような考えの人が具体的にどのような人なのかを、〔Ⅱ〕の文章から探すとすれば何か。「～人」に続くように〔Ⅱ〕の本文中から二十字で抜《ぬ》き出しなさい。

問八　〔Ⅰ〕〔Ⅱ〕の文章を読んだ三人の生徒が話し合っています。空欄《くうらん》［①］に当てはまる語句を、本文の内容から推測して五字で答えなさい。また、空欄［②］～［③］に当てはまる語句を、後のア～カのうちからそれぞれ一つずつ選び、記号で答えなさい。

生徒A……〔Ⅰ〕の文章も〔Ⅱ〕の文章も、読書の大切さを話題としていることは共通しているね。

生徒B……そうだね。読書が持っている魅力《みりょく》が「［①］を自分のものにできる」という点でも、二つの文章は共通していると思うよ。

生徒C……うんうん。そういえば、読書と関係のある能力として、どっちの文章にも「想像力」という言葉が出てくるね。この意味も同じように使われているのかな。

生徒A……いや、同じように見えるけれど、この言葉を使った目的は違うと思うよ。「想像力」という言葉は、〔Ⅰ〕の文章では、［②］ためのものだと述べられていると感じたよ。

生徒C……ふむふむ。〔Ⅰ〕の本文の終わりの方に「経験していないことでも私たちは力にすることができる」とあるのもそれを意図してのことなんだね。

生徒B……それに対して、〔Ⅱ〕の文章では、［③］ためのものだという方向で使われていると思ったな。

生徒C……そうか、だから本文の最後のあたりに「相手への想像力が働き、他者に対して優しくなれる」とあるんだな。

ア　自分とは異なる立場の人物になりきって楽しむ
イ　自分の体験をより深く見つめ、その真意を見きわめる
ウ　自分よりも厳しい生活をした人に対して優越感を持つ
エ　自分の行動が他者・世界に及ぼす影響《えいきょう》を推測する

オ　自分と共通する経験を補って、生への活力を得る

カ　自分と同一の体験を確認し、自分を肯定する

三　次の文章は、小川糸『こーちゃんのおみそ汁』の一節である。私(呼春《こはる》)の母は二十年前乳がんで亡くなった。母は亡くなる前、幼稚園《ようちえん》に通っていた私に、ご飯の炊《た》き方やおみそ汁《しる》の作り方など様々な家事を教えた。父と二人で生活していた私は結婚《けっこん》が決まり、家を出ることになった。これを読んで後の問いに答えなさい。

日に日に満開へと近づく桜の木を見ていたら、次々と母のことを思い出した。私が生まれたことを記念して、両親が庭に植えたのだ。その桜も、今では立派な枝葉を広げている。

いつの間にか、私にとっての母は、この桜の木になっていた。お母さん、と呼びかけ学校での出来事などを報告するのは、額縁《がくぶち》の中の母の写真よりむしろ、この黒々とした幹や、葉を茂《しげ》らせ風にしなる枝の方が多かった。私は二十代半ばの若さで、すでに母の※1享年《きょうねん》をこえ、これからはどんどん母が年下になっていく。

私がお嫁《よめ》に行ったら、父はこの家で一人になる。大切な人を残していかなければいけない不安は、母が二十数年前に味わった苦しさと、ほんの少し重なるかもしれない。母がいなくなって、私はずっと父と二人だけで暮らしてきた。

［　①　］

片親だというのに私がそれほどまでに淋《さび》しさを感じず、思春期の頃《ころ》も大きく道を踏《ふ》み外すことなく、わりとまっすぐに成長できたのは、父のおかげだ。公務員だった父は、それなりに男としての欲望もあっただろうに、出世するのをあきらめ、毎日定時に帰ってきては、私のためにたくさんの時間を費やしてくれた。母の日の授業参観でも堂々と胸を張って来てくれたし、運動会の時は盛大なお弁当を作って駆《か》けつけてくれた。休みの日は、遊園地や温泉にも連れて行ってくれた。クリスマスには、ありとあらゆる手を使って、サンタクロースを演じてくれた。ある年など、本当に家の床《ゆか》にサンタクロースの足跡《あしあと》が残されていて、私は今でも、半分は本気で、サンタクロースの存在を信じている。表面上、(1)とりわけ仲がいいということはなかったけれど、私は父を信頼《しんらい》し、父も私を信じていた。

だから、本気で好きな人ができてその人と結婚すると決まった時、なんだか急に自分が父を裏切るような、見捨てるような、そんなA後ろめたい気持ちになってしまったのだ。もちろん、当の本人には口が裂《さ》けても言えないし、父も父で、ようやく一人娘《むすめ》が片付いて再婚できるなどとうそぶいている。けれど、いまだに母が着ていた普段《ふだん》着のTシャツさえ処分できずにいる一途《いちず》な父が、決してそんなことはできないのだと、娘の私は十分すぎるくらいわかっている。

「お母さん」

気が付いたら、桜の木に向かって本当に声を出して呼びかけていた。空を包む闇《やみ》は、いよいよ濃《こ》くなっている。今夜は、私が子どもの頃から よく行った、父行きつけの小料理屋でおでんを食べてきたのだった。本当は、嫁入り前に父と食べる最後の夕飯なのだから、父の好物などを張り切って作りたかった。おみそ汁の作り方だって、今のうちに父に伝えておかなくてはいけない。しかも今夜は父の知り合いまで一緒《いっしょ》だったから、肝心《かんじん》なことは何一つ父に言えなかった。私の結婚が決まって以来、

父は微妙《びみょう》に私と向き合うのを避《さ》けている。

私は、すっかり自分よりも大きくなった桜の木を見上げ、今度は心の中でそっと静かにつぶやいた。

私、お嫁に行くよ。明日、結婚するの。だから、この家、出なくちゃいけないの。お父さん、一人になっちゃうけど、大丈夫かなぁ？お母さん、お父さんのこと、しっかり守ってあげてね。

②

「呼春」

ぼんやりと桜の木を見上げていたら、父が私を呼びに来た。

「風呂、沸《わ》いたぞー」

小料理屋で熱燗《あつかん》を二本も飲んだせいか、父はちょっとばかり上機嫌《きげん》だ。

「お父さん、せっかくだから、嫁入り前の娘と、一緒に入ってみる？」

するっと、そんな言葉が出た。私も、少し酔《よ》っているのかもしれない。

「ばっきゃろぉ」

父の言葉に、

「冗談《じょうだん》だよーん」

私も語尾《ごび》を伸《の》ばして言い返す。こんなふうに、深刻なことも丸ごと全部笑いに包んで、母のいなくなったこの家で、父と二人どんな(2)修羅場《しゅらば》もやり過ごしてきたのだ。

入浴後、台所に立って明日のおみそ汁の準備をする。

もう、専用の椅子《いす》なんかいらない。煮干《にぼ》しの頭だって、目をつぶったままでも上手に取れる。熱した鍋《なべ》に水を入れるのだってへっちゃらだし、水の量は相変わらずお椀《わん》三つ分と決まっている。

こーちゃんがお嫁に行くまで、毎日、お父さんにおみそ汁を作ってあげてね。

いつだったか、母の言った言葉がひゅうっとつむじ風みたいに甦《よみがえ》った。初めて、母の手を一切かりずに自力でご飯とおみそ汁のaシタクができた時、小さな指を不器用にからめて、母と約束したのだった。

お母さん。

私はまた、心の中で母を呼ぶ。

私、ちゃんと約束を守ったよ。毎朝、欠かさずにお父さんのおみそ汁、作ったよ。

翌朝、前の晩に仕込んでおいた煮干しから、うっすらとダシが滲《にじ》み出てほんのり魚の香りが漂《ただよ》っていた。父が起き出してくる時刻に合わせ、おみそ汁の準備を整える。味噌《みそ》を入れたら絶対に煮立たせないこと。必ず※2煮《に》えばなをお椀によそうこと。母の教えは、私のこの体に刻まれている。ボウルの中で卵をかき混ぜていると、洗面を終えた父が居間にやってきた。

③

「おはよう」

私と母、両方に言ったように聞こえるいつも通りの父の声に、

「おはよう」

私もまた、同じように返事をする。

「いい天気でよかったな」

※3素面《しらふ》の父は、顔を隠《かく》すようにすぐに新聞を広げて読み始めた。これが、嫁《よめ》入り前、最後に作るおみそ汁《しる》だ。ご飯は自分で炊《た》いたりもするくせに、なぜかおみそ汁だけは、決して自分では作ろうとしない。

卵の中に水で溶《と》いた片栗粉《かたくりこ》を入れ、更《さら》によく混ぜ合わせた。これを、

菜箸《さいばし》に伝わらせるようにして汁の中に落とす。すぐに卵は、ふわりと雲のように固まって表面に浮《う》かぶ。一度火を止めてから、慌《あわ》てて庭先に駆《か》け出し、数枚の三つ葉をつんできた。さっと水洗いし、そのままおみそ汁の中へ放つ。父と私、そして母と三人分のお椀《わん》に分けてよそい、急いで食卓《しょくたく》へと運ぶ。ご飯をよそうのは、父の役目だ。母の仏壇《ぶつだん》の前に、真っ白なbユゲを立てるご飯とおみそ汁が並んでいる。いつも通りの、見慣れた朝の光景である。

「いただきます」

父と向かい合い、朝ご飯を食べ始めた。どこからか鳥がやって来て、桜の木の枝に止まっている。時々、私達の沈黙《ちんもく》を緩和《かんわ》するように、美しい声でさえずった。父は、たまに新聞の見出しに目を落としながら、黙々《もくもく》と朝ご飯を食べている。

④

今、言わなければ。あと数時間したら、私は家を出なくてはならない。朝ご飯が済んだら、後片付けもある。家を出る前に、軽く掃除《そうじ》も済ませておきたい。もう、今しか父と向き合うチャンスがない。

「お父さん」

左手にご飯茶碗《ちゃわん》、右手に箸を持ったまま、中途半端《ちゅうとはんぱ》な格好で父を呼んだ。けれど、その先の言葉を、まだきちんと準備していなかった。その隙《すき》を突《つ》くように、

「呼春のおみそ汁はうまいなぁ」

父がしみじみと声を出す。私はもうそれだけで、B胸がいっぱいいっぱいだった。

「最初に作ってくれたおみそ汁も、かきたま汁だったね。秋子が、喜んでた」

「覚えてたの？」

そう、二十年ほど前、私が初めて最初から最後まで一人で作れたのが、かきたま汁だったのだ。

「そりゃ、忘れないさ。一人娘《むすめ》が、初めて作ったおみそ汁なんだから」

父が、そっと箸を元に戻す。

「でも、どうしておみそ汁だったのかしら」

私も、箸と茶碗をテーブルに置いた。このことは、長年の素朴《そぼく》な疑問だった。ただ、なんとなく、父と母のプライベートな領域に踏《ふ》み入るようで、父に聞けなかったのだ。母は、とにかくおみそ汁にこだわった。他のものはさておき、おみそ汁だけは毎朝必ずお父さんに食べさせてと、指切りげんまんした後もたびたび念を押《お》されていた。

「それは、あれだよ」

C父は少し表情を緩《ゆる》め、甘酸《あまず》っぱい顔をした。母の思い出を語る時、父はよくそういう表情をする。

「お父さんが、毎日みそ汁を作ってくれって、そう言って秋子にプロポーズしたからじゃないか」

言いながら父は、急に顔を赤らめた。母のことは何でも話してくれる父だが、それは初めて聞く内容だった。

「それでお母さん、なんて答えたの？」

父を問い詰めるように尋《たず》ねると、

「そりゃあ、はい、って言ったさ。毎日、おみそ汁作りますから、あなたのお嫁さんにしてください、って」

「えー、お母さんが、本当にそう言ったの？」

私が乗り出すようにして父に問いただすと、

「確かにそう言った」

父はその時の空気を全部思い出したような表情で、しんみりと答えた。

「そっか、だからお母さん、絶対に別の人には、お父さんのおみそ汁、作らせたくなかったんだね」

あの時の母の厳しさを、私は一人の女性として、なんとなくかわいらしく思った。そんなふうに母を感じたのは、初めてだ。

「負けず嫌《ぎら》いな人だったから。本当はすごく、悔《くや》しかったと思う。私が死んだらさっさと再婚《さいこん》してほしいなんて口では言っていたけど、内心、絶対に嫌《いや》だったと思うよ。D だから娘に」

そこまで喋《しゃべ》ると、父は突然声を詰《つ》まらせた。いつの間にか、父も体の向きを変え、庭の桜の木を見つめている。

「お父さん」

私は父の横顔にそっと呼びかけた。

「今まで、育ててくれて、どうもありがとう」

窓から朝日が差し込《こ》んで、それはそれは清らかな眺《なが》めだった。でも、私がずっと言いたかったのは、この言葉ではない。

E「ごめんなさい」

今度は、はっきりと声にした。意味をはかりかねたのか、父が私の方を向いた。けれど私は陽《ひ》だまりの中の桜の木をじっと見たまま、

「本当に、ごめんね」

もう一度謝った。

「なんだ、お前もしかして、妊娠《にんしん》してんのか？　そんなの、もうお父さん、驚《おどろ》かないぞ。孫を抱《だ》くのは、早い方がいい。どんどん作って、繁栄《はんえい》しろ」

父なりに、精いっぱい場を盛り上げたつもりだろうが、そうじゃない。私は父のペースに飲み込まれないよう、そっと目を閉じて言葉を続けた。

「だって、お母さん、私を産まなかったら、もっとお父さんのそばに、長くいられたかもしれないじゃない」

最近、やけに気になって、母を襲《おそ》った病魔《びょうま》に関する本を、たくさん読んでいる。その中に、癌患者《がんかんじゃ》が妊娠し、出産するのは、自殺行為《こうい》だと書いてある一冊があった。病魔と闘いながら、自分の命と引き換《か》えにするようにして産み落とされたのが、この私なのだ。

「何言ってるんだ」

その柔《やわ》らかい声に驚いてふと目を開けると、父が穏《おだ》やかに微笑《ほほえ》んでいた。

「確かに、出産したことで、秋子は体力を落としたかもしれない。でも、呼春が生まれて再発するまでの数年間は、本当に僕達《ぼくたち》夫婦にとっては、天国だったんだ。その時に、人生のすべての喜びを、思う存分、味わったんだ。それに、もしこーちゃんがいなかったら、お父さんは一人で淋《さび》しくて、耐《た》えられなかったよ。だから、すべてはなるようになってるんだと思う」

久しぶりに父からこーちゃんと呼ばれ、耳の底がくすぐったくなる。そして私は、おそるおそる質問した。聞きたくて、ずっと聞けなかったことを。

「じゃあ、お父さんは、私が生まれてきたこと、恨《うら》んでない？」

「あったり前だろう」

その瞬間《しゅんかん》、父は本当におかしそうに笑いだした。私の言葉が、冗談《じょうだん》みたいに聞こえたらしい。私はいたって本気なのに。

「呼春の中に、秋子はちゃーんと生きている。全く淋しくないって言ったら嘘《うそ》になるけど。このおみそ汁《しる》の中にだって、秋子がいるんだ」

父はからっぽのお椀《わん》に目を落としながら、しんみりと言った。それから不意に体の向きを変え、そそくさと指先で目じりに触《ふ》れた。私も慌《あわ》てて涙《なみだ》を拭《ぬぐ》った。その時、ふわりと大きな風が吹《ふ》いて、弾《はじ》けるように視界が淡《あわ》いピンク色に染まった。桜の花びらが舞《ま》い上がったのだ。

「お父さん、もう明日からは、自分でおみそ汁を作るんだよ、ちゃんと、お母さんの分も作ってあげてね」

伝えなくてはと思っていた最後のひとことを、父に伝えて立ち上がる。家を出る前に、やらなきゃいけないことがたくさんある。c感傷に浸《ひた》っている場合ではない。

「ますます秋子に似てきたなぁ」

読みかけの新聞を広げながら、父がぽつりとつぶやいた。

【小川糸「こーちゃんのおみそ汁」(『あつあつを召し上がれ』〈新潮社〉所収)より】

〔注〕

1　「享年」……死去した時の年数

2　「煮えばな」……汁物や煮物などが煮えた(ぐらっと沸《わ》いた)すぐ直後のこと

3　「素面」……酒を飲んでいない平常の状態

問一　〰〰線部a～cの漢字は読みを答え、カタカナは漢字に直しなさい。

問二　══線部(1)「とりわけ」・(2)「修羅場」の本文中における意味として最も適当なものを、各群《かくぐん》のア～エのうちからそれぞれ一つずつ選び、記号で答えなさい。

(1)　「とりわけ」

ア　まったく　　イ　当然　　ウ　昔から　　エ　特に

(2)　「修羅場」

ア　激しく争う場面　　イ　寂《さび》しさをごまかす場面

ウ　笑い転げる場面　　エ　冗談を言い合う場面

問三　――線部A「後ろめたい気持ち」になったのはなぜか。最も適当なものを、次のア～エのうちから一つ選び、記号で答えなさい。

ア　父と一生この家で過ごす約束だったが、父以外の人を好きになり、家を出ることになって罪悪感を抱いたから。

イ　これまで私と父は互《たが》いに素直になれず、他の家族に比べて仲がいい親子になれなかったことを後悔《こうかい》しているから。

ウ　ようやく一人娘が片付いてすっきりしている父を見て、私は父の負担になっていたと気づき、責任を感じたから。

エ　私も父も互いを信じていたが、結婚することになり父を裏切るように感じ、申し訳ない気持ちになったから。

問四　本文中の空欄《くうらん》 ① ～ ④ のどこかに「桜の木が、頷《うなず》くようにゆったりと風に揺れている。」という一文が入る。

(i)　最も適切な場所を①～④の数字で答えなさい。

(ii)　また、この一文に用いられている表現技法として最も適当なものを、次のア～エのうちから一つ選び、記号で答えなさい。

ア　倒置法《とうちほう》　　イ　反復法　　ウ　比喩法《ひゆほう》　　エ　体言止め

問五　――線部B「胸がいっぱいいっぱいだった」とあるが、どういうことか。最も適当なものを、次のア～エのうちから一つ選び、記号で答えなさい。

ア　これまで作り続けてきたみそ汁を褒《ほ》められた喜び、また家を出る寂しさや申し訳なさを抱きながらも父の優しさに触れ、感極まったということ。

イ　父においしいと言ってもらえず悩《なや》み、母に相談することもできない中で孤独《こどく》を感じていたが、その言葉を聞くことができて感動したということ。

ウ　みそ汁を飲むたびに父や母との思い出がよみがえり、懐《なつ》かしい気持ちになりつつも、今後父に毎日みそ汁を作ってあげられず寂しく思ったということ。

エ　これまで様々な種類のみそ汁を作ってきたが、最初に作ったみそ汁を父が覚えていたことへの嬉《うれ》しさに加え、父の記憶《きおく》力の良さに衝《しょう》撃《げき》を受けたということ。

問六　――線部C「父は少し表情を緩め、甘酸っぱい顔をした」とあるが、どういう表情のことか。最も適当なものを、次のア～エのうちから一つ選び、記号で答えなさい。

ア　母との当時のやり取りを思い出し、恥《は》ずかしがるような表情のこと

イ　母との貴重な会話を思い出し、後悔しているような表情のこと

ウ　母から言われた言葉をかみ締《し》め、喜びを隠《かく》すような表情のこと

エ　母と交わした秘密を話してしまって申し訳ないような表情のこと

問七　――線部D「だから娘に」とあるが、この後に続く父の言葉として最も適当なものを、次のア～エのうちから一つ選び、記号で答えなさい。

ア　再婚しないように見張らせたんだろうね。

イ　みそ汁の作り方を熱心に教えたんだろうね。

ウ　家事の手を抜《ぬ》かないようにしつけたんだろうね。

エ　毎食ご飯を作らせるように頼《たの》んだんだろうね。

問八　――線部E「ごめんなさい」とあるが、なぜ私は謝ったのか。「～と思ったから。」に続くように、五十字以内で説明しなさい。

問九　本文から読み取れる父の性格として最も適当なものを、次のア～エのうちから一つ選び、記号で答えなさい。

ア　娘が寂《さび》しく思わないよう家族を第一に考えて尽《つ》くすひたむきな性格

イ　深刻な話題ははぐらかす一方、ほほえみを絶やさない温かい性格

ウ　母の亡き後は淡々《たんたん》と家事をこなし、冗談《じょうだん》すら言わない真面目な性格

エ　世間体を気にして母の日の参観にも堂々と来るプライドの高い性格

問十　本文の内容と合致《がっち》しないものを、次のア～エのうちから一つ選び、記号で答えなさい。

ア　私は幼少期から台所に立って母から家事を教えてもらっていたが、身長が足りず、専用の椅子《いす》を使っていた。

イ　私は毎朝みそ汁を作るときに、父と私、そして母の仏壇《ぶつだん》に供える分の合計三人前を用意している。

ウ　父と私は桜の木の方向を向きながら毎朝ご飯を食べ、母に語りかけるように会話をしている。

エ　父は家事に協力的であり、朝食時にはご飯をよそって準備を手伝うが、みそ汁だけは作ろうとしない。

中央大学附属中学校（第一回）

—50分—

一　次の文章は、一九九五年に出版された『やさしさの精神病理』の一部です。文章を読んで、以下の設問に答えなさい。

やさしさがいっぱい

つい何年か前に、若者の間で風呂《ふろ》上がりにベビー・オイルをつけるのが流行しました。「赤ちゃんにイイものは、私たちにもイイ」「僕《ぼく》たちの肌《はだ》は意外とデリケート」と若者向けのⓐザッシも推奨《すいしょう》していたものです。その後、ふと気がついてみると、胃にやさしい食べ物、お肌にやさしい石鹸《せっけん》、足にやさしい靴《くつ》……とさまざまなやさしいモノが街にあふれています。すべてがベビー用品の転用というわけではありません。老人向けのモノは当然のこと、むしろ壮年《そうねん》のためのモノも多いのです。今や体への〝やさしさ〟は「ヘルシー」というキャッチ・フレーズのもと、世代を超《こ》えた常識となっています。

モノばかりではありません。つるかめ算から量子力学まで（「易しく」ではなく）やさしく解説する参考書やマンガが書店にところ狭《せま》しと並べられています。教師は、歴史の流れがスラスラと頭に入るからと学習マンガをすすめますし、職場では「無理なく無駄《むだ》なく」ⓑギノウが身につくようにとマニュアル作りにⓒヨネンがありません。①頭にもやさしさが求められているのです。

ヒトに対するやさしさばかりではありません。衣服にやさしい洗剤《せんざい》や洗濯機《せんたくき》、車にやさしいエンジン・オイル添加剤《てんかざい》……。ここまで来れば、人々《ひとびと》が地球や環境《かんきょう》にやさしい暮らしをと心がけるのもなるほどとうなずけます。

人どうしのつき合いにも、〝やさしさ〟は行きわたりました。つい数年前のことなのに、＊アッシー君、ミツグ君となかば軽蔑《けいべつ》のニュアンスをこめて呼ばれた若者たちがいた時代など、ひと昔も前のことのように思えます。彼《かれ》らの末裔《まつえい》は、今では、「〇〇君ってホントーにやさしいのね」と称《たた》えられています。②皮肉ではありません。

厳しい親、こわい教師、叱《しか》る上司はⓓヒョウバンがよくありません。専門家たちは「叱るな、褒《ほ》めろ。それで駄目《だめ》なら、やさしく注意せよ」と教えています。やさしい親、やさしい教師、やさしい上司に人気があるのです。

今や〝やさしさ〟は僕たちの生活の隅々《すみずみ》にまで行きわたっています。もしかすると〝やさしさ〟は現代の〝時代の気分〟なのかもしれません。どうして〝やさしさ〟がこれほどまでに拡《ひろ》がりⓔソンチョウされるようになったのでしょうか？　いや、その前に、かくもさまざまな場面で語られる〝やさしさ〟とはいったい、何なのでしょう？

私たちのやさしさ

僕《ぼく》がこうした疑問を持つようになったのは、近年、面接室の中で「行き過ぎたやさしさ」とでも呼びうるようなことを経験することが増えてきたからです。例を挙げてみましょう。

ひとりの少女は「私たちのやさしさってのはねぇ」と前置きをして、次のように話しました。

「この間、学校へ行く時、ふだんなら坐《すわ》れないのに、突然《とつぜん》、前の席が空いて坐れちゃったのね。そしたら次の次(の駅)ぐらいの時、オジイさんが私の前に立ってェ、私、立ったげようかなって思ったけど、最近の年寄りって元気な人、多いじゃないですか。ウチのおばあちゃんなんかも私たち孫以外の人がオバアさんなんて言ったら、もうプンプンだからァ、このオジイさんも年寄り扱《あつか》いしたら気を悪くするかなあ、なんて考えてたらァ、立つのやめた方がいいか、なんて考えてェ、寝《ね》たふりをしちゃったの」

僕は精神科医ですから、患者《かんじゃ》からどんな話を聞いても驚《おどろ》かないつもりでしたが、③正直言って、この高校生の言葉には虚《きょ》をつかれる思いがしました。実は僕自身、電車で老人に席を譲《ゆず》ろうとして「いや結構!」と冷たく拒絶《きょぜつ》されたことがあったからです。僕は難しい世の中になったものだぐらいにしか考えなかったのですが、この少女によれば、席を譲らないのも〝やさしさ〟だと言うのです。相手を年寄り扱いにしないことになるからです。それでは、席を譲ろうとした僕はやさしくなかったことになるのでしょうか? 少女の返事は「そりゃそうよ。相手が(席を)空けてくれって言ったら(その時に)空けたげればいいんだから」

理屈《りくつ》は分かりましたが、もちろん僕は釈然《しゃくぜん》としません。席を譲らなかった自分を正当化しようとしているだけのような気がするのです。少女が結局は「寝たふりをしちゃった」のがその証拠《しょうこ》ではないでしょうか?

「ちがう、ちがう。寝たふりしたのはねえ、私たちのやさしさ分かんない大人とかが、「この子、席も立たないで」みたいな目つきでジロジロ見るからなのよ」

別の青年は、上司が自分たちの〝やさしさ〟を理解しないと、次のように不平を述べました。

「納品書を書き間違《まちが》えちゃったんですよ。オレ、すぐ気がついてェ、課長に謝《あやま》りにいったんですね。そしたらァ課長、クドクド、クドクド文句言うんですよ。(ま)ったく! でも、何と言われようとォ、オレのやった失敗ですからァ頭下げてたんですけどォ、そしたら課長「黙《だま》ってないで何か言ってみろ」ですよ。こっちは自分で間違いに気がついて謝りにいってるんじゃないですか。もうこれ以上、何も言うことなんかないですよ。そしたら今度は「何で黙ってんだ」でしょ。だけど口が裂《さ》けてもォ「言うことがないから」なんて言えないじゃないですか。言えばァ課長が馬鹿なの指摘《してき》することになっちゃうでしょ。黙ってんのは、こっちの思いやりなのに、ホント、オヤジたちってオレたちのやさしさが分かんないんだからァ……」

これを聞いた時「オヤジ」世代のひとりとして僕は思わず苦笑《くしょう》してしまいました。上司たる者、部下に「やさしく注意」せねばならぬと心得ているばかりに、道理を話してやろうと④柄《がら》にもない説教を垂れてうまくいかず、つい恭順《きょうじゅん》の意を示さぬ相手に腹を立ててしまう。これはたしかに「オヤジ」の悪い癖《くせ》です。しかし、口先だけでも謝れば一件落着のはずと勝手に考える若者もいけません。もし、〝やさしさ〟ということを言うのなら、謝りにいく時ぐらいは相手を逆上させないように配慮《はいりょ》してもらいたいものです。つまるところ、⑤これは〝やさしさ〟云々《うんぬん》の話ではなく、礼儀《れいぎ》の表わし方の問題なのではないか――そう僕は思いました。

しかし、彼《かれ》の意見は「先生。やさしさがオレたちの礼儀なんですよ」でした。

また別の若者は親との葛藤《かっとう》について、次のように話しました。

「父がね、私を怒《おこ》ったりするのはいいんです。親の権利ですから。それに、親としては、朝帰りする娘《むすめ》に文句のひとつでも言うのが当り前だと思うし……親のつとめっていうか、きちんと親をやろうとするのは正しいって思うんです。だけど、先生、叱《しか》り方《かた》ってあると思うんですね。「バカ、アバズレ」なんて年頃《としごろ》の娘に言うことじゃありませんよね。私はたしかにあの人の娘ですけど、もう二十三ですから。子供じゃないんだから「お前にはお前のつき合いがあるだろうが、家族のルールっていうものもあるんだ」ぐらいに言ってほしいですよ。子供だって、ああいうふうに⑥頭ごなしって言うんですか、言われたら「悪かったなあ」なんて気持ち、ふっとんじゃいますよ。やっぱり、やさしく叱《しか》ってもらわないと反省する気にならないですよ」

　こういう発言を聞くと、なるほど世の評論家の言うとおり「叱るな。やさしく注意せよ」でないと効果がないのかなあという気になります。娘を一喝《いっかつ》するオトウさんがまだ健在なことに心の中で拍手《はくしゅ》したい気持ちはやまやまですが、当の娘が「反省する気にならない」のでは元も子もありません。

　それにしても、この患者《かんじゃ》の言い分は⑦〈泥棒《どろぼう》にも三分の理〉というやつではないでしょうか。僕《ぼく》は一瞬《いっしゅん》、屁理屈《へりくつ》や居直りもきわまったという気がしたものです。しかし、⑧僕の前に坐《すわ》る女性は素直《すなお》そうで、まるでふてぶてしさとは無縁《むえん》な感じなのです。

意味のねじれた〝やさしさ〟

　僕はつくづくこうした〝やさしさ〟とは何なのかと考えこんでしまいました。電車で老人に席を譲《ゆず》らない〝やさしさ〟、上司の前で黙《だま》りこんで返事をしない〝やさしさ〟、そして〝やさしく〟叱ってほしいと思うこと。いずれも何と〝やさしさ〟の意味がねじれてしまっていることでしょう。「　A　」という*『ハムレット』中の科白《せりふ》を思い出させるものがありますが、本人たちは皆《みな》、素直にひたすら〝やさしさ〟を求めているだけなのです。決して、シェイクスピアをまねて逆説を愉《たの》しんでいるのではありません。

B

　それというのも、患者《かんじゃ》の面接をしていて、この〝やさしさ〟のねじれが患者の心のありように大きな役割を果していると、多数の例で知ったからです。数が多かっただけではありません。さまざまな種類の患者でそうでした。*分裂病《ぶんれつびょう》、躁《そう》うつ病、神経症《しんけいしょう》……。僕が〈よろず相談の患者〉と名づけている人々《ひとびと》もここに含《ふく》まれます。

〈患者〉とはいっても〈よろず相談の患者〉に精神科の病気があるわけではありません。人生上の悩《なや》みがあって相談にやってくるのです。もちろん、病院へ来るわけですから、いちおう、症状《しょうじょう》らしいことは言います。「眠《ねむ》れない」「いらいらする」「気持ちが落ち着かない」等々《とうとう》です。しかし、よく話を聞いてみると、本当は「進学のことを考えていたら眠れなくなった」「就職をどうしたらいいか分からなくていらいらする」「結婚《けっこん》に迷っているうちに気持ちが落ち着かなくなった」ということなのです。そうした悩みについて精神科医に相談にのってもらおうとするのです。

　病気でもないのに彼《かれ》らはどうして精神科を受診《じゅしん》するのでしょうか？　進学であれ就職であれ結婚であれ、ほうぼうに相談室があって、カウンセラーがいるではありませんか。対人関係の悩みならば心理士がいますし、社会経済的な問題ならばソーシャル・ワーカーが知恵《ちえ》をかしてくれます。どうしてそういう専門家のいる施設《しせつ》を利用しないのでしょうか？精神科医の僕が言うのも変な話ですが、精神科よりはよほど敷居《しきい》が低いはずです。

それは、まあ、好き好きだということにしても、常識的に考えれば、医者だカウンセラーだと言う前に、家族、教師、先輩《せんぱい》、友人、上司などに相談してみるものではないでしょうか。僕ならそうします。

独特の人づき合い

もし、身近な人に相談せずに、いきなり精神科に来るということであれば〈よろず相談の患者〉は独特な人づき合いの仕方をしているのではないか、と推測することができます。⑨考えてみると〝やさしさ〟も本来は人と人との気持ちの交流にかかわることです。〝やさしさ〟のねじれが彼らに多く認められるということは、彼らが身近な人に相談しないこと、もしくは相談できないことと、あるいは深い繋《つな》がりのあることなのかもしれません。

そういえば、近年、重い病気の患者《かんじゃ》も自ら精神科を受診《じゅしん》するようになってきました。そういう例はまだ多くはないのですが、以前は精神医学の常識として「ありえないこと」だっただけに、目をひくのです。受診したことを「家族には内緒《ないしょ》にしておいて下さい」と申し出た分裂病《ぶんれつびょう》の患者がいました。国際麻薬《まやく》カルテルからつけ狙《ねら》われているので夜もおちおち眠《ねむ》れないと助けを求めて来院したのですが、家族には心配をかけたくないと言うのです。急性期の分裂病患者がこんなことを言うなんて「ありえないこと」です。僕《ぼく》は当初、診断《しんだん》をつけるのをためらったほどでした。しかし、「家族には心配をかけたくない」と言って自発的に受診すること以外は、まったく分裂病としか診断のしようのない患者が、その後もチラホラと現われるようになりました。ひとりの患者など、心配をかけないことが「家族への僕なりのやさしさですよ」と言い切ったものです。

こういう事態になったということは、もしかすると、人々《ひとびと》の人づき合いの仕方が大きく変ってきたということではないか。僕はそのように考えて、病気の患者、病気ではない〈患者〉の面接を重ねました。その結果が本書となりました。

（大平健『やさしさの精神病理』〈岩波新書〉一九九五年）

【注】

＊アッシー君、ミツグ君……一九八〇年代後半から九〇年代初期の、いわゆる「バブル景気」の時代の流行語。「アッシー君」とは、いつでもどこでも女性を車で送迎してくれる男性のことをいい、「ミツグ君」とは、女性が欲しがるものを何でも買ってくれる男性のことをいう。

＊『ハムレット』……イングランドの劇作家シェイクスピアの戯曲《ぎきょく》で、四大悲劇の一つ。

＊分裂病……精神疾患《しっかん》の一種で、現在では統合失調症《しっちょうしょう》とよばれる。

【問1】――ⓐ～ⓔのカタカナを漢字に改めなさい（楷書《かいしょ》で、ていねいに書くこと）。

ⓐ　ザッシ　　ⓑ　ギノウ　　ⓒ　ヨネン

ⓓ　ヒョウバン　　ⓔ　ソンチョウ

【問2】――①「頭にもやさしさが求められているのです」とあります

が、どういうことですか。次の中から最も適当なものを選び、(ア)〜(エ)の記号で答えなさい。

(ア)　人々は、難解な問題の大まかな意味を伝えてくれる解釈《かいしゃく》よりも、細部にまで手の届く充実《じゅうじつ》した解説の方を重視するようになった、ということ。

(イ)　人々は、特定分野の著者による専門書よりも、アマチュアの書き手が趣味《しゅみ》でつくったような説明書を高く評価するようになった、ということ。

(ウ)　人々は、難解な知識や教養を苦労して身につけることよりも、過度な負担なく手軽に分かった気になることを好むようになった、ということ。

(エ)　人々は、開けばすぐに答えを見出《みいだ》せるものよりも、どうしてそうなるのか思考の過程を丁寧《ていねい》にたどれるものを尊ぶようになった、ということ。

【問3】　――②「皮肉ではありません」とありますが、どういうことですか。次の中から最も適当なものを選び、(ア)〜(エ)の記号で答えなさい。

(ア)　まるで穏《おだ》やかな人柄《ひとがら》がほめられているかのようにも聞こえるが、そういうわけではなく、お互《たが》いに本音を言うことのできない上辺《うわべ》だけの関係性が示されている、ということ。

(イ)　てっきり好意を寄せられていると勘違《かんちが》いしてしまいかねないが、そんなつもりなど女性にはなく、ただの都合の良い男性として軽くあしらわれているにすぎない、ということ。

(ウ)　ふと口をついて出た素直《すなお》な気持ちとしてとらえてしまいがちだが、その理解は必ずしも正しいわけではなく、言葉の裏側に男性をからかう気持ちも含《ふく》まれている、ということ。

(エ)　一見すると遠回しにバカにされているようにもとれるが、そうした意図はまったくなく、文字通り思いやりがあって心づかいのできる男性として認識《にんしき》されている、ということ。

【問4】　――③「正直言って、この高校生の言葉には虚《きょ》をつかれる思いがしました」とありますが、少女の言葉を聞いて筆者はどのように感じたのだと考えられますか。次の中から最も適当なものを選び、(ア)〜(エ)の記号で答えなさい。

(ア)　お年寄りに席をゆずろうかどうしようかと迷った末に、結論が出ないから寝《ね》たふりをするという解決法は、自分に対して寛大《かんだい》な若者世代特有の考えに基づいており、筆者を大いに驚かせた、ということ。

(イ)　年寄り扱《あつか》いされることを嫌《きら》うお年寄りがいるのを知ってはいたが、お年寄りに席をゆずらないことを、お年寄りに対する気《き》づかいだと主張するなんて、筆者には思いもよらない発想だった、ということ。

(ウ)　お年寄りに席をゆずろうとして拒絶《きょぜつ》された経験が筆者にもあったので、少女のように席をゆずらず、寝《ね》たふりをしてやり過ごすという対応は、筆者にとっても十分に共感できるものだった、ということ。

(エ)　年寄り扱いすることはお年寄りのためにならない、という意見や考えには一理あるにせよ、そのような意見を一人の少女が堂々《どうどう》と主張するのを聞いて、筆者は大きなショックを受けた、ということ。

【問5】　――④「柄《がら》にもない」、⑥「頭ごなし」とありますが、それぞれの意味として適当なものを次の中から選び、(ア)〜(オ)の記号で答えなさい。

(ア) 権威《けんい》のある人物の一言によって直ちに皆《みな》を従わせること。

(イ) 相手の言い分を聞くことなくはじめから決めつけること。

(ウ) 意外なことを見て何かの間違《まちが》いではないかと感じること。

(エ) その人の性格や現在の立場から見てふさわしくないこと。

(オ) 一つの事に熱中している者は他の事を顧《かえり》みなくなること。

【問6】 ――⑤「これは〝やさしさ〟云々《うんぬん》の話ではなく、礼儀《れいぎ》の表わし方の問題なのではないか」とありますが、どういうことですか。次の中から最も適当なものを選び、(ア)～(エ)の記号で答えなさい。

(ア) 青年は上司《じょうし》に直接謝《あやま》ってはいるが、謝罪とは相手が受け入れた時にはじめて成立するものであるため、謝罪をしたことにすらなっていないと、筆者が指摘《してき》しているということ。

(イ) ひたすら頭を下げ、黙《もく》して語らないことを上司への配慮《はいりょ》だと青年は考えていたが、筆者を含《ふく》めた「オヤジ世代」は本音でぶつかることこそ真の礼儀だと思いがちだ、ということ。

(ウ) 青年は、自分が充分《じゅうぶん》な謝罪をしたつもりになっているが、筆者からすればその態度は、些細《ささい》なミスの怖《こわ》さを知る上司の忠告を理解していない振る舞いに他ならない、ということ。

(エ) 自らの非を認めて、上司の許しを請《こ》うという状況《じょうきょう》のなか、青年が結果的にその上司を怒《おこ》らせてしまったことは、敬意に欠ける振る舞いであったと、筆者は考えているということ。

【問7】 ――⑦「泥棒《どろぼう》にも三分の理」とありますが、ここではどういう意味ですか。次の中から最も適当なものを選び、(ア)～(エ)の記号で答えなさい。

(ア) 自分のはたらいた悪事は棚《たな》に上げて、身勝手な言い訳をしてしまう、ということ。

(イ) どんなことであっても正当化しようとすれば、できないことはない、ということ。

(ウ) 何事もきちんと道理を見極《みきわ》めようとしたら、短い時間では足りない、ということ。

(エ) どんな悪事をはたらく人間も、少しは人の役に立つ行いをしている、ということ。

【問8】 ――⑧「僕《ぼく》の前に坐《すわ》る女性は素直《すなお》そうで、まるでふてぶてしさとは無縁《むえん》な感じなのです」とありますが、どういうことですか。次の中から最も適当なものを選び、(ア)～(エ)の記号で答えなさい。

(ア) 親の叱《しか》り方によって、自分が悪かったという気持ちが損《そこ》なわれたことを、この女性は言い訳ではなく心から残念に思っているように、筆者には見えたということ。

(イ) 怒《いか》りの矛先《ほこさき》を親に向けているこの女性は、本当のところは、やさしく叱られなければ反省できない自分を許せないと思っているように、筆者には見えたということ。

(ウ) 朝帰りを悪いことだと思っていないこの女性は、自分の考えを疑うことなく、ただ親の叱り方が間違《まちが》っていると主張しているように、筆者には見えたということ。

(エ) この女性は、親や筆者の反応を気にせず平然と構えており、自分が年長者からどのような印象を持たれるのかを考えていないように、筆者には見えたということ。

【問9】 [A] に入るべき表現として、最も適当なものを次の中から選び、(ア)〜(エ)の記号で答えなさい。

(ア)　やさしさとは愛ではない
(イ)　やさしさに包まれたなら
(ウ)　やさしくするには残酷《ざんこく》でいなくては
(エ)　真の勇気とやさしさは共に手を携《たずさ》えていく

【問10】　[B]には、次の(ア)〜(エ)の文が当てはまります。意味が通るように並《なら》べ替《か》え、その順番を(ア)〜(エ)の記号で答えなさい。

(ア)　その事情ゆえに若者たちは〝やさしさ〟のねじれをねじれとも感じず、ごく自然なことと感じているに違《ちが》いありません。
(イ)　意味がねじれてしまうほど〝やさしさ〟をひたすら求めてしまうのには、彼らの言う理屈《りくつ》以上の事情がなにかありそうです。
(ウ)　僕《ぼく》は、彼《かれ》らの〝やさしさ〟の文法を知りたいと思いました。
(エ)　彼ら自身による説明は、いちおうは理解できますが、とうてい納《なっ》得《とく》できるものではありません。

【問11】　——⑨「考えてみると〝やさしさ〟も本来は人と人との気持ちの交流にかかわることです」とありますが、それに関する次の説明文について、[a]〜[f]に当てはまるものを選び、それぞれ(ア)〜(コ)の記号で答えなさい。ただし、**同じ記号を2度以上用いてはいけない**ものとします。

お年寄りに席をゆずらなかった少女は、自分がお年寄りに対する[a]のない人間だと周りから思われるのが嫌《いや》で、寝《ね》たふりをしたのだと言います。また、上司に謝罪する場面で、上司から発言を求められても、「言うことがないから」と黙《だま》っていた青年は、ある意味で上司を[b]にしているのだと言えるでしょう。

そんな少女と青年に、共通するもの。それは、[c]な判断にもとづいたふるまいや態度、ということではないでしょうか。「ウチのおばあちゃん」がそうだから、「このオジイさんも年寄り扱《あつか》いしたら気を悪くするかなあ」という判断。「黙ってんのは、こっちの思いやりなのに」という主張。こうした判断や主張の中に、目の前にいる相手を思いやり、相手の身になって考えようとする[a]を感じ取れるでしょうか。

少女も青年も、むしろ目の前の相手と[d]に係《かか》わることを回避《かいひ》しているように思えてなりません。それにもかかわらず、席をゆずらないことや上司の前で黙っていることを、若い人たちが「やさしさ」だと言うのだとしたら、彼《かれ》らの「やさしさ」は「ねじれている」——本来の意味とズレていることに、筆者は[e]を覚えているのでしょう。

「やさしさ」とは本来、人と人との[f]において必要とされる、相手への配慮《はいりょ》や思いやりのことであるはずです。だとすれば、身近な人に相談もせず、いきなり精神科を訪《おとず》れる「よろず相談の患者《かんじゃ》」たちも、身近な人と[d]に係わらないことを、「やさしさ」だと主張する人たちなのではないでしょうか。

(ア)　違和感《いわかん》　(イ)　関係性　(ウ)　存在感　(エ)　親切心
(オ)　直接的　(カ)　小意気　(キ)　身勝手　(ク)　高飛車
(ケ)　小馬鹿　(コ)　常識的

【問12】　本文の内容と合致《がっち》するものを、次の中から**2つ選び**、(ア)〜(カ)の記号で答えなさい。

(ア)　若者たちは、自分が傷つきたくないあまり、大人との関わりを避《さ》ける傾向《けいこう》にあるが、実は真剣《しんけん》に叱《しか》ってもらえないという物足りなさを、どこかに感じているのだろうと、筆者は分析《ぶんせき》している。

(イ)　筆者が若者たちの主張に納得《なっとく》しきれないのは、彼《かれ》らが自分たちの世代に行きわたるやさしさのあり方を、それ程《ほど》よいものだと信じていないことが、彼らの言葉から読みとれてしまうからである。

(ウ)　人びとが、人生上の悩《なや》みを相談するために精神科医を訪《おとず》れるようになったのは、家族関係すらも希薄《きはく》になってしまっている、という現代人の置かれた状況《じょうきょう》によるものなのだろうと、筆者は考えた。

(エ)　重い病状であるにもかかわらず、自分のことで人を悩《なや》ませたくないと心配しながら診察《しんさつ》に訪れる患者《かんじゃ》が現れたことは、以前には考えられなかったのであり、筆者は戸惑《とまど》いを覚えずにいられなかった。

(オ)　心を病んでいるわけでもないのに精神科を訪れる人たちを、筆者は当初遊び半分で来ているのではないかと不愉快《ふゆかい》に思っていたが、それぞれ真面目な動機で来ていることがわかり、疑っていたことを恥《は》じた。

(カ)　現在もてはやされているやさしさが、従来のやさしさのあり方と違《ちが》ったものになっているのは、人びととの関係の変化に起因しているのだろうと、筆者は患者《かんじゃ》との面談の中で考えるようになった。

[二]　次の文章を読んで、以下の設問に答えなさい。

何あの子最悪、と姪《めい》の玖実子《くみこ》が眉間《みけん》にしわを寄せて歩道を振《ふ》り返《かえ》る様子がルームミラーに映っていた。自転車に乗った男の子が、自転車にしてはものすごいスピードで走っていた。たぶん小学六年ぐらいだろう。マスクをしていない。

数秒前、妹の家に向かう交差点の横断歩道の左折で、右斜め後方から車に突《つ》っ込んできた彼《かれ》を、①私は間一髪《かんいっぱつ》のところで避《よ》けた。左右確認《かくにん》をした後、私から見て右手の、交差点の直進側の山が目に入って、あ、山、と思いながら、また右手を見て左折のスピードをさらに落としたところ、走ってきた彼《かれ》が派手にハンドルを操《あやつ》ってボンネットを避け、走り去っていった。彼から見た横断歩道の信号は赤だったはずだが、町にあまりにも人も車もいないので、信号無視が普通《ふつう》になっているのかもしれない。もしかしたら、このご時世だけれども、ありえないほど急いで何かに間に合おうとしていたのかもしれない。

山を視界に入れなければ、私は彼を轢《ひ》いていたのではないかと思う。山が目に入って、ほんの〇《ゼロ》コンマ数秒、私が車の速度をゆるめなければ。同時に、もうこの界隈《かいわい》では信号を守らない子供が出てきているから、交差点の右折左折では歩道の人の動きをこれまで以上に目を凝《こ》らして見なければならない、と心に決める。

「ああいう子嫌《きら》い。あの年ぐらいからずっと嫌いだった」

「ははは」

「学校に行けないのをああやって発散してるのかな」

「そうなんだろうね」

「めちゃくちゃ頭悪いんだろうな」

「そうかもしれない」

②私は慎重《しんちょう》に言葉を選びながら答える。発信者の姪《めい》も、聞き手の私もただでさえ疲《つか》れているから、姪の怒《いか》りを助長するような言葉はやめたほ

うがいいけれども、ちゃんと聞いてやらないのも良くない。姪は自宅で誰《だれ》も話を聞いてくれないから、私を頼《たよ》って家に来たのだ。私の甥《おい》にあたる玖実子の兄の爽太《そうた》は、高級老人ホームの施設《しせつ》管理人で、毎日外に働きに出ているのにもかかわらず、家の中のそこらじゅうを素手《すで》でさわって回り、消毒液を思いついた時に大量に使い、マスクは少し使用しただけでも洗って使い回したりはせず捨てる。私の年の離《はな》れた妹である玖実子の母親は、そのことに完全に迎合《げいごう》していて何も言わない。姪が、ドアノブの消毒と衛生用品の残りについてたずねようとすると、こんな時にうるさくしないで、気になるならあんたが買えば、と高校一年の姪に投げやりに言うだけだという。

③宗教の違《ちが》う人とは一緒《いっしょ》に住めない、と姪は言っていた。姪は新しい規律と恐怖《きょうふ》の狂信者《きょうしんしゃ》で、甥と私の妹は感染《かんせん》について鷹揚《おうよう》にしていても勝てないことはないギャンブルのようにとらえているふしがある。ウイルスを体に入れるも入れないも射幸心の対象なのかもしれない。母親、兄、妹の三人家族の中でいちばん若い姪がもっとも過敏《かびん》になっているというのも不思議な話だったが、若いということは何かを強く信じられるということでもあると考え直すと、彼女《かのじょ》の態度にも納得《なっとく》がいった。

疫病《えきびょう》下の世界で家族と宗教が違《ちが》ってしまった姪は、小学校高学年以来ほとんど行き来がなくなっていた私に電話をかけてきて、伯母《おば》さんの家にいさせてくれないか、と相談してきた。三月の終わりのことだった。一人暮らしのほうがリスクが少ないことはわかってるからすごく悪いんだけれども。私は二月から家にいても一日八回手を洗ってるし、友達とも動画の通話でしか話していないし、いつも自分の部屋にいるから感染はしていないと思う。でも症状《しょうじょう》がでないやつだったらごめん。その時は……。

④姪は自分の言っていることにだんだん振《ふ》り回《まわ》され始めた。その時は何なのだろう、と私は思ったけれども、口にはしなかった。その時は五十歳《さい》を超《こ》えている私も感染するのだろう。重い症状ならもうそこで姪ができることは何もない。死ぬほどではなくても後遺症《こういしょう》が出るような症状なら、姪は私の面倒《めんどう》を見たりするんだろうか。ぜひそうしてくれ、と私は言えないような気がした。

私にとって一方的に分が悪い相談だということを、姪もわかっていた。それでも私は、姪が声をかけてきたことがうれしかったのかもしれない。いいよ、来たら、と答えた。それで姪は私の家にやってきた。

今日は、姪は私の出勤の車に乗っていったん家に戻《もど》り、私の家に持《も》ち込《こ》みたいものを用意してから部屋にこもって過ごし、また私の退勤の時に私の車に乗って帰る予定だった。私の職場である観光案内所は、さっきの交差点の手前にあるのだが、今日は姪が家に戻るので一度職場を通り過ぎて交差点を左折した。母親である私の妹には黙《だま》って出てきたので、顔を合わせるかもしれないのが憂鬱《ゆううつ》だ、と姪は言っていた。私自身には妹から「娘《むすめ》を家に戻してよ」という連絡《れんらく》があった。私は「学校も休みなんだし本人のしたいようにさせれば」と返信した。

私としては、疫病に支配される世間よりも、妹の家族のすれ違《ちが》いよりも、さっき山を見たことで自転車の男の子と衝突《しょうとつ》せずに済んだことに今はとらわれていた。それほど怖《こわ》い出来事だったし、不思議なことでもあった。

「さっき自転車の男の子とぶつからなかったのは、一瞬《いっしゅん》だけ山が目に入って、あ、山と思ったからなんだけど」

「何？　よそ見？」

「なんだろ、一回左右を確認《かくにん》した後、山だな、と思ってもう一回確認すると、あの子が突《つ》っ込《こ》んできてるのが目に入って、速度を落とせたんだよ」

「そうなの。偶然《ぐうぜん》だ」

「毎朝、出勤の時にあの山に向かって運転するし、職場の窓を開けて北を向くと必ず見えるから、憂鬱な眺《なが》めではあるんだけどね」

帰り道であの山に向かって運転するのであれば、どれだけ印象が違っていただろうと思う。

「小学生の時、遠足で何回か登ったな。まあそれだけだけど」

「けっこう大変だよね。見た目と違って」

「そうかな。山としては普通《ふつう》じゃないの」

今度は妹の家に寄るために右折する。左にも右にも左前方にも右前方にも猛《もう》スピードで突っ込んでくる自転車はない様子でほっとした。

「まあ嫌《きら》いじゃないけど。そこにあるだけって感じだよね。今日も明日も変わらない。何もしてくれない。病気を治してもくれない」

姪の言うことももっともだけれども、私は少しだけ反論したくなって、まあそれもそうね、と調子を合わせた後に続ける。

「ただ、さっきはそこにいるだけで役に立ったのよね」

「それもそうか」
⑤私の言葉に姪《めい》は、構えていたのがばからしくなるほどあっさりと同意した。
じゃあ退勤の時に迎《むか》えに来るから、と言って家の前でおろすと、荷物を取ったらバスで伯母《おば》さんの家に戻《もど》ることにするよ、と姪は言った。

「公共の交通機関も怖《こわ》いんじゃないの？」

「それより家族が信頼《しんらい》できないことのほうが怖い」

姪はそう言って肩《かた》をすくめて、いったん自分の家に戻っていった。

＊

印南《いなみ》先生ね、陽性だったらしい、と塾《じゅく》の経営者の真野《まの》先生は五日前の電話で言っていた。だから当然仕事は休んでもらうんですけど、僕《ぼく》も実は咳《せき》をしていたり、ものの味がわからないことがあってね。それで奥田《おくだ》先生、僕も申し訳ないけど大事をとって……。

三人で回している中学生向けの小さな学習塾に、私は勤務している。給料は高くはないけれども、この町は家賃が安いし、子供たちを教えることはやりがいがあるので、悪くはない仕事だった。職場は自宅から近くて徒歩圏内《けんない》だった。ただ、経営者の真野先生には、ちょっと適当というか、面倒《めんどう》な仕事は雇《やと》っている講師に押《お》しつけて、自習室で個別指導と言いつつ生徒と雑談ばかりしているようなところがあって、お金を払《はら》っている立場だからそれは仕方がないのだが、かなりここぞという事態で突然《とつぜん》仕事を降りたりするのが一緒《いっしょ》に働いていて戸惑《とまど》うところだった。だからといって厳しく結果を求められたりするわけでもないので、私と同僚《どうりょう》の印南先生はなんとかそれをこなしていた。

印南先生は私の先輩《せんぱい》で、悪い人ではないけれども、酔《よ》うと絡《から》むのが合わなかった。私もそうだけど独身で、週に何度か行っている居酒屋のうちの片方が休業したということを、教室を隔《へだ》てたウェブ通話でやりとりをするたびに愚痴《ぐち》っていた。四月からこの塾《じゅく》の三人の講師は、同じフロアの教室と自習室と職員室という三か所に分散してウェブ通話で話すことで社会的距離《きょり》を保っていた。職員室はかなり狭《せま》くて、二人入ると危機感を覚えるので、私が提案した。授業もすべてウェブ通話で実施《じっし》している。

もう片方は開いてるんですか？

そうだな。建物が壊《こわ》れたわけじゃないし、呑《の》んで騒《さわ》いでしゃべってたら辛気《しんき》くさいことは忘れちゃうよ。手は洗うけどな。感染《かんせん》したらその時はその時だ。

私は、笑っているふりをして顔を背《そむ》けた。その話をした一週間後、印南先生は熱を出して塾を休み、十日後である一週間前、真野先生から感染したらしいという連絡《れんらく》があった。

印南先生が熱を出してからは、私と真野先生で印南先生の持っている授業を手分けして受け持っていたのだが、ただでさえあまり授業をやらない真野先生が通常よりも多く授業を受け持つのは面倒《めんどう》だったらしく、誰《だれ》か代わってくれないかなあ、とタブレット越《ご》しに呟《つぶや》いているのを何度か耳にした。

そして私の携帯《けいたい》に、印南先生の感染の報告と、自分も休むと言ってきたのは五日前のことだった。奥田先生には全科目を受け持ってもらうことになるけど、まだこの時期はどの科目も滑《すべ》り出《だ》しで簡単だから、運が良かった、と真野先生は言った。

授業をさ、十分ほど短縮してもいいよ。三人の講師のうち二人が休んでいると言ったら保護者もわかってくれるだろう。手当は出すよ。

それで私は、月曜から土曜まで、三人分の授業をするために一人で学習塾《じゅく》に出勤している。一年と二年は週に四コマで各一二〇分、三年は週に五コマで各一五〇分の授業を、すべて一人でやっている。

やってみると、授業そのものはできないことはない。でも、受け持ちの数学と理科に加えて、国語と社会と英語の予習をしなければいけないことはつらかった。自宅でもほとんどの時間、深夜までどう教えるかについてのレジュメを作っている。真野先生がやっていた仕事を加算されても知れていたが、印南先生は私と同じだけ仕事をしていたので、単純に仕事量は二・五倍になった。自分の時間はないに等しかった。

人生でそういう時期もある、と考えるようにはしている。自分自身が受験生だった頃《ころ》は、もっと余裕《よゆう》がなかったしきつかったとも思う。ただ、印南先生は自分の感染《かんせん》に関して大きなヒントを残していったし、真野先生の「大事をとって」がどこまで本気かわからないのがつらかった。

実態はどうであれ、疑わせない、というのも一つの礼儀《れいぎ》だと思う。⑥しかし、私が一緒《いっしょ》に働いている二人に関してはその限りではない。

十六時半から始まる中学二年の国語と英語の授業の準備をしないといけないのに、私は、一人でいるには広い教室で急に居心地《いごこち》が悪くなって、窓際《まどぎわ》に寄って通りを見下ろしてみる。もともと、向かいの観光案内所に観光客が入っていくぐらいしか目立った人通りはない通りなのだけど、四月に入ってからは自動車の交通量も減って静まりかえっている。人間はいったいどこへ行ったのだろうという具合に。

塾に来ているすべての生徒の授業を受け持っているという以上に、他の二人が戻ってきた時に自分がまともに働いていられるだろうかということが不安だった。一言で言うと、自分が何か暴言を吐いてしまわないだろうかということに関して、自信が持てなかった。

ここ最近、私は窓際で通りを見下ろすことばかりしている。昨日も、休日出勤した一昨日も、その前の日も、さらにその前の日も、通りは静まりかえっていた。

　まだこういう生活になって数日なので、身を投げたりはしないと思う。もっと長引いても、私はそんなことはしないかもしれない。⑦それでも道路のアスファルトは濁《にご》った暗い川のように見えた。赤い車でも通らないかとしばらく見つめていたけれども、私が見下ろしていた信号が三回赤になるまでの間、車は一台も通過せず、自転車の男の子が一人、異常なスピードで歩道を走っていっただけだった。

＊

　朝にスコーンを食べ、昼もスコーンを食べたけれども、まだ余っていた。三時のおやつにも食べられる。家に帰ったらまだあるので、夜の食後のおやつにも食べられる。

　姪《めい》の玖実子が作ったのだった。自宅から買い置きしていたホットケーキミックスを持ち帰り、それさえ持《も》ち込《こ》めばできるだけ自室から出なくて済むように、家族と顔を合わせないように夜中の台所で作れるだけ作る、という分量で私の家でも作ってしまったので、二人で二日ほどで食べるには大量になった。明け方、山盛りのスコーンを前に驚《おどろ》いていると、そうか、家じゃなかったんだ、と姪は呟《つぶや》いていた。私が食べるかもしれないので、ということで、マスクをつけて作っていた。スコーン自体は普通《ふつう》においしい。玖実子は作ったスコーンをトングを使ってフリーザーバッグに手早く小分けにして、そのまま眠《ねむ》りに行った。

　母親や兄と遭遇《そうぐう》して言い争いになることを避《さ》けるため、姪はすっかり夜型になっていた。それで学校に戻《もど》れそう？　とたずねると、学校が始まる二日前に徹夜《てつや》をする、と姪は言っていた。二日前というのがポイントなのだという。そしたら一日前の夜にちゃんと眠《ねむ》くなるそうだ。勉強はよくしている。

　私の勤めている観光案内所は建物の二階にあって、今は完全に足が止まっている観光客以外に目指してやって来る人が少ない施設《しせつ》とはいえ、午前は五人、午後になって二時間過ぎてからは三人の訪問があった。地元の人たちのようだった。ここは食料品を取《と》り扱《あつか》っているため一応開けていてくれとのことなので出勤している。一緒《いっしょ》に働いている二人の後輩《こうはい》は電車通勤、私は自動車通勤なので、後輩たちは自宅待機で、私一人が通勤することになっている。今はどのみち暇《ひま》なので一人で間に合っている。

　乾燥《かんそう》しいたけや切り干し大根、地元の食材が入ったフリーズドライの味噌汁《みそしる》のパック、同じようなコンセプトのお茶漬《ちゃづ》けの素《もと》、炊《た》き込《こ》みご飯の素のレトルトなどがけっこう売れているため、今は追加注文の伝票を作っている。

　私は、お茶を淹《い》れ直して、パソコンの隣《となり》に置いているフリーザーバッグに入ったスコーンを眺《なが》める。子供の握《にぎ》り拳《こぶし》大のが三つ入っている。⑧姪《めい》が「三時のおやつに」とくれたものだが、喉《のど》が渇《かわ》くから今日はいつもよりたくさんお茶を淹れないとなあと思い始めた。それはそれでトイレに行く回数が増えるし困ったなと思った。というか三時のおやつは職場では食べない。

　家に帰っても食べることを考えると、今は誰《だれ》かにあげてしまってもいいという気分だけれども、出勤しているのは私一人だし、この建物に入っている店舗《てんぽ》や事務所などはすべて閉まっている。小さな税理士事務所と音楽教室、整骨院、民芸品や地元の作家の作品を売る雑貨屋などが入っている。整骨院の院長の女性は、高齢《こうれい》のためこれを機に院自体を閉めるということで、雑貨屋の店主は、今は自宅でウェブ通販《つうはん》の仕事に力を入れているそうだ。彼女《かのじょ》の最後の出勤日に、草木染めのガーゼで作ったマスクカバーをたくさんもらった。姪にも数枚あげたのだが、事務所にある分だけでも十枚あった。どうせお客さんも来ないし、と最後の出勤の数日は店にあるミシンで一日中作っていたのだという。できれば彼女にスコーンを分けたかったのだが、彼女が店を閉めたのは姪が私の家にやってくる一日前のことだった。

地元の乾燥《かんそう》食品を卸《おろ》す商社に注文票をＦＡＸで送ると暇《ひま》になったので、三か月に一度発行している、近隣《きんりん》の駅や公共施設《しせつ》に置いてもらう観光パンフレットの中身を作る作業にとりかかる。次の発行は六月だけど、七月の大きなお祭りも、八月のちょっとした音楽フェスも、今年は中止が発表された。もともと観光客はすくない場所で、この案内所の存続も毎年危《あや》ぶまれているぐらいであるため、逆に今回の国全体にわたる観光客の減少の影響《えいきょう》が少なく済んだことが、なんだか間抜《まぬ》けだけどありがたかった。

今はしいたけなんだけどな、夏はしいたけじゃないんだよな、でも秋に向けて無理矢理《むりやり》推《お》すか、と完全に空になってしまった乾燥しいたけの売場を眺めながら思う。最近、店頭でもウェブでもとてもよく出ている。しいたけは山で作っている。私が昨日の朝、交差点で見たあの山だ。そのおかげで、自転車の男の子を轢《ひ》かずにすんだ。

そういえばおととし、しいたけの栽培《さいばい》農家の人に小さな原木をもらって、自宅で育てたのは楽しかった。商品化はしていないのだけど、このさい考えてみてくださいよと持ちかけるのはどうか。

私は、椅子《いす》から立ち上がって窓を開け、北側を向いてみる。やはり山があった。季節柄《きせつがら》、鮮《あざ》やかな緑色で、意外と登ると厳しいんだけど見た目にはなだらかで、動かなかった。空はものすごく晴れていた。

道路を隔《へだ》てた向かいのビルの方から、同じように窓を開ける音がしたので、そちらを見ると、若い女性が窓枠《まどわく》に両腕《りょううで》を置いてうつむいていた。自分とおなじように山を見るつもりなんだろうかとも思ったのだけれど、彼女《かのじょ》はいつも以上に交通量の少ない道路をずっと見つめていた。

周りにまったく人がいなかったし、まだ高校生の姪にたずねてもちょっとあてにならないから、彼女に「自宅で育てられるしいたけの原木は欲《ほ》しいか？」ということをたずねたかったのだが、そんなことをしてもあやしまれるだけだと思い直して、私は別の言葉を口にした。

＊

山が今日もきれいですね！　と道路の向こう側で窓を開けていた女性が言った。二階の観光案内所の人だと思う。知らない人だった。小さな町なので、見かけたことぐらいはあるかもしれない。

⑨私は驚《おどろ》いて、驚いた勢いで頭を上げて北を向いた。確かに、よく晴れた空の下に山があった。「あった」というのもおかしい具合に、当然のように隆起《りゅうき》していた。塾《じゅく》の生徒たちが小学校の遠足で必ず登るのだということを聞いたことがある。遠足のゴール地点には小さな滝《たき》があって、水をさわると冷たくて気持ちがよいそうだ。

感染《かんせん》拡大の収束はまだ見えないけれども、少し落ち着いたら登りに行ってもいいかもしれない、と私は思った。

あの！　と観光案内所の人はさらに声をかけてきた。スコーンいりますか⁉　手作りの！　と突拍子《とっぴょうし》もないことを言ってくる。私は、この世相で手作りの食品をくれようとするの？　と疑問を感じつつ考えていると、家にいて一日八回手を洗う女の子が、マスクをして作ったやつです！　と観光案内所の人は続ける。そう言われると心が動く。

今もっともつらいのは、ウイルスの蔓延《まんえん》以上に他人が信用できないことであるような気がする。経営者と同僚《どうりょう》にそれを思い知らされたことが、長い時間塾のために働いている以上の苦しみだった。

誰《だれ》にでも良いところがあるのは知っている。安全な世界では、印南先生だって真野先生だって普通《ふつう》のいい人だ。そのことまで否定する気はなかった。でも今は。

それください！　と私は叫《さけ》んだ。

気持ち悪かったら捨ててくださっていいんで！　と観光案内所の人は大声で言う。

よく加熱します！　気持ち悪くないです！　と私は答える。

じゃあ、二十分後にそちらの建物のドアの入り口に掛《か》けておきますね！　と観光案内所の人は言って、大きく手を振《ふ》った。私も大きく手を振り、それぞれに窓を閉めた。

よく考えたら、マスクをせずにじかに人としゃべったのは久しぶりだということに気が付いて少し驚《おどろ》いた。

私は、中学一年の理科の授業のために予習をしていた教室の机に戻《もど》って、時計を見る。植物の茎《くき》にはそれぞれ師管と道管が通っている。師管を通じて葉で作られた栄養分が植物の各部位に運ばれ、道管には水や水に溶《と》けている養分が通る。師管と道管がまとまった部分は維管束《いかんそく》といって……。

他の二人が戻《もど》ってくるとして、ひどいことを言わない自信はまだなかった。⑩でも、ないことをとにかく今は自分に許そうと思った。仕事そのものの量に関しては、人生ではこんな時期もある、という見方が固まってきた。これを乗《の》り越《こ》えるのも挑戦《ちょうせん》の一つかもしれない、とも思える。そして、本当にもう限界を迎《むか》えそうになったら、自分はやれるだけのことはやりました、と真野先生にちゃんと言おうと思う。

二十分後、私は教室から出て建物の入り口に行き、観光案内所の紙袋《かみぶくろ》がドアに掛《か》けられているのを見つけた。ハンカチで取っ手を覆《おお》ってロビーに持って入り、慎重《しんちょう》に開けてみる。フリーザーバッグに入ったスコーンと、薄紙《うすがみ》に包まれた四角い布の何かが五つ、そして巨大《きょだい》で黒々としたゴシック体で印刷されたコピー用紙が、紙袋《かみぶくろ》の内側にしっかり貼《は》ってあった。取り出してさわって眺《なが》めなくてもいいように。

『フリーザーバッグは一応食器用洗剤《せんざい》で拭《ふ》いたんですが、不安ならそちらでも拭いてください。布はうちのビルの雑貨屋さんがくれたマスクカバーです。包んである紙はどの程度安全かはわかりませんが、表面を内側にして捨ててください。紙袋《かみぶくろ》の底に新品のビニール袋があります。底の方しかさわってないので、よかったら持ち運びに使ってください。紙袋はビルの前に置いといてもらえたら回収に行きます』

私は、そのメモの言うとおり、ビニール袋《ぶくろ》を取り出して開き、スコーンの入ったフリーザーバッグとマスクカバーをハンカチで持って中にしまう。そして紙袋をビルの外に出す。道路の向こうの観光案内所は、他の建物の部屋と同じように静まりかえっていた。私はビニール袋をぶらさげて、誰もいない教室に帰った。スコーンは自宅に持って帰って食べようと思った。

十六時半から、理科と数学の授業が始まった。タブレットをスタンドにセットして、私は生徒たちに挨拶《あいさつ》をする。少し咳払《せきばら》いをすると、「先生大丈夫《だいじょうぶ》？　熱出てない？」と男子の誰かが言う。たぶん水田君だと思う。

「塾へ来て測りましたが、熱はないです」

「ならよかった」

他にちらほら、よかった、という声が聞こえる。それから空気をなでるような同意のささやきがタブレット越《ご》しに伝わってくる。

「どの人も気をつけて。でもたぶん長いことこういうのは続くだろうから、ときどきは山でも見てぼーっとして」

山はいやだー、べつのものがいいー、という不満の声が聞こえる。じゃあ特急しなのの前面展望の動画とかね、緑のきれいな季節の！　と言うと、マニアックすぎ、と小さい笑いが起きる。ちょっとうけた、と私はほっとする。

「先生と話してると落ち着く。もっとしゃべってよ」

「授業しないといけないんで」私はできるだけ毅然《きぜん》とした態度を装《よそお》って、タブレットに向かって肩《かた》を張ってみる。「でも私もです」⑪そう言って、私は黒板に巨大《きょだい》な円を描《えが》き、中にもう一つ円を描いた。それから中の円の線をまたぐような小さめの楕円《だえん》をいくつか描く。維管束《いかんそく》だ。双子葉《そうしよう》類の断面を描き終わると、私はその右に単子葉類の断面を描き始めた。

【津村記久子「水曜日の山」（『25の短編小説』〈朝日新聞出版〉所収）二〇二〇年】

【問1】　——①「私は間一髪《かんいっぱつ》のところで避《よ》けた」とありますが、「私」についての以下の説明文の［a］〜［c］に当てはまる語を、本文より指定された字数で抜《ぬ》き出《だ》して答えなさい。

> この物語には、二人の「私」が登場する。物語の冒頭《ぼうとう》、車を運転しているのが［a（5字）］に勤務する「私」であり、後に登場するのが町の［b（3字）］に勤める「私」である。二人の職場は、通りをはさんで向かいに位置する建物の中にあり、［a］はその建物の［c（2字）］にある。

【問2】　——②「私は慎重《しんちょう》に言葉を選びながら答える」とありますが、ここでの「私」について説明したものとして、次の中から最も適当なものを選び、(ア)〜(エ)の記号で答えなさい。

(ア)　姪《めい》の乱暴なもの言いには大きな問題があるが、彼女《かのじょ》の今後のために感情を抑《おさ》える方法を伝えることこそ自分の役割だ、と考えている。

(イ)　姪の乱暴なもの言いに対しては違和感《いわかん》を覚えるが、彼女が本当に意味しようとするところをとらえなければならない、と考えている。

(ウ)　姪の乱暴なもの言いには反発も感じてしまうが、その反発したくなる自分の気持ち自体に問題があるのかもしれない、と考えている。

(エ)　姪の乱暴なもの言いには安易に同意できないが、彼女にはそのような言葉を口にする背景があることに配慮《はいりょ》が必要だ、と考えている。

【問3】　——③「宗教の違《ちが》う人とは一緒《いっしょ》に住めない」とありますが、「宗教が違う」とは、ここではどのようなことを意味していますか。次の中から最も適当なものを選び、(ア)〜(エ)の記号で答えなさい。

(ア)　そのつもりはなくても、互《たが》いに攻撃《こうげき》し合ってしまう、ということ。

(イ)　ものの見方や、とらえ方自体に大きな隔《へだ》たりがある、ということ。

(ウ)　生活を共にしていると、いら立ちが増すだけである、ということ。
(エ)　自分たちの言い分を、むりやり正当化しようとする、ということ。

【問4】――④「姪《めい》は自分の言っていることにだんだん振《ふ》り回《まわ》され始めた」とありますが、この時の姪の様子を示す四字熟語として、次の中から最も適当なものを選び、(ア)～(エ)の記号で答えなさい。

(ア)　自作自演　(イ)　自暴自棄《じぼうじき》　(ウ)　自縄自縛《じじょうじばく》　(エ)　自問自答

【問5】――⑤「私の言葉に姪は、構えていたのがばからしくなるほどあっさりと同意した」とありますが、この時の「私」の様子を示す慣用句として、次の中から最も適当なものを選び、(ア)～(エ)の記号で答えなさい。

(ア)　拍子抜《ひょうしぬ》けする　(イ)　木で鼻をくくる
(ウ)　匙《さじ》をなげる　(エ)　手玉にとる

【問6】――⑥「しかし、私が一緒《いっしょ》に働いている二人に関してはその限りではない」とありますが、それに関する次の説明文中の [a] ～ [d] に当てはまる語句を、後からそれぞれ選び、(ア)～(ク)の記号で答えなさい。

> 自分にとって面倒《めんどう》なことを [a] のある真野先生と、感染《かんせん》することに対して [b] をしていると広言してきた印南先生。二人が休むことになり、三人分の仕事をすることになってしまった「私」は、仕事量そのものの「きつさ」ももちろんあるが、二人の普段《ふだん》の言動が現在の結果に表れていると思い、「つらさ」を抱《いだ》いている。真野先生と印南先生の二人とも、[c] が大きく欠けていると感じているのだ。二人が戻《もど》ってきた時に、[d] について恐《おそ》れを抱くほど、「私」の思いは強いものとなっている。

(ア)　綿密な対策　(イ)　無頓着《むとんちゃく》な振《ふ》る舞《ま》い
(ウ)　感情を制御《せいぎょ》できなくなること　(エ)　共に働く者への配慮《はいりょ》
(オ)　無かったことにする癖《くせ》　(カ)　ひどい扱《あつか》いを受けること
(キ)　生徒たちに対する愛情　(ク)　他人に押《お》しつける傾向《けいこう》

【問7】――⑦「それでも道路のアスファルトは濁《にご》った暗い川のように見えた」とありますが、この時の「私」の心情をあらわす語の組み合わせとして、次の中から最も適当なものを選び、(ア)～(エ)の記号で答えなさい。

(ア)　閉塞《へいそく》感・絶望感　(イ)　焦燥《しょうそう》感・敗北感
(ウ)　喪失《そうしつ》感・恐怖《きょうふ》感　(エ)　劣等《れっとう》感・罪悪感

【問8】――⑧「姪《めい》が『三時のおやつに』とくれた」とありますが、この時の「私」について説明したものとして、次の中から最も適当なものを選び、(ア)～(エ)の記号で答えなさい。

(ア)　姪が作ってくれたスコーンはおいしいものではあったが、朝も昼も食べ続けてきて、さすがにもうこれ以上は食べたくないという思いが自然と高まってきている。
(イ)　スコーンを分けてくれた姪の気づかいはありがたく思うものの、その言動には社会人である自分の常識からするとずれる部分があり、少々《しょうしょう》持て余してしまっている。
(ウ)　現在の状況《じょうきょう》を考えずあまりに多くのスコーンを作っただけでなく、こちらの都合を無視して自分の思いを一方的に押《お》しつけてくる姪に、いら立ちを募《つの》らせている。

(エ)　スコーンを大量に作ってしまった姪の配慮《はいりょ》のなさにあきれる気持ちもある一方、何とかして残さないように食べきらないともったいない、と義務感にかられている。

【問9】　――⑨「私は驚《おどろ》いて、驚いた勢いで頭を上げて北を向いた」とありますが、ここでの「私」はなぜこのような反応をしたのですか。次の中から最も適当なものを選び、(ア)～(エ)の記号で答えなさい。

(ア)　窓の外を見ながら職場の状況について考えごとをしていたなか、心のどこかでずっと気になっていた山について突然《とつぜん》指摘《してき》され、「私」の気持ちが急速に揺《ゆ》れ動《うご》くことになったため。

(イ)　見知らぬ人が何の前触《まえぶ》れもなく、見慣れた山についてわかりきったことを言ってきたことにより、なぜわざわざそんなことを急に言うのか「私」はかえって混乱してしまったため。

(ウ)　見覚えのない人が親しげに話しかけてきただけでなく、山に関する発言も気心の知れた友人に向けたものであり、「私」は自分の記《き》憶《おく》を瞬間的《しゅんかんてき》に確かめなければならなくなったため。

(エ)　大声で突然《とつぜん》話しかけられたのみならず、窓から通りを見下ろしてばかりいた「私」にとって、これまで視界に入っていなかった山についての発言は全く想定外のものであったため。

【問10】　――⑩「でも、ないことをとにかく今は自分に許そうと思った」とありますが、どういうことですか。次の中から最も適当なものを選び、(ア)～(エ)の記号で答えなさい。

(ア)　二人が職場に戻《もど》ってきた際に、これまでの心身両面にわたる苦しみについて堂々《どうどう》と文句を言うためにも、いま目の前にある仕事をやり遂《と》げていこうと決意を固めているということ。

(イ)　現在の苦労の原因を作った二人に対する憤《いきどお》りを含《ふく》め、自分の感情のあり方や考え方に問題はないと一旦《いったん》受け入れて、当面の仕事に必死に向き合っていこうとしているということ。

(ウ)　自分に多くの負担を強《し》いた二人に対する腹立たしさに我を忘れそうになるが、その気持ちに歯止めをかけるため、はやく落ち着かなければと自分に言い聞かせているということ。

(エ)　他の二人分の仕事を背負うことになった状況に変化はないが、どうにかしてその仕事をこなす目途《めど》が立ってきたこともあり、自分の努力を自分で認めようとしているということ。

【問11】　――⑪「そう言って、私は黒板に巨大《きょだい》な円を描《えが》き、中にもう一つ円を描いた」とありますが、それに関する次の説明文中の［a］～［f］に当てはまる語句を、後からそれぞれ選び、(ア)～(ク)の記号で答えなさい。ただし、**同じ記号を2度以上用いてはいけない**ものとします。

世の中がすっかり変わってしまい、職場の状況《じょうきょう》も大きく変化する中、「私」は仕事量が増えたこと以上に、［a］に苦しみを抱《だ》き、窓際《まどぎわ》から通りを見下ろしてばかりいました。そんな時、通りの向かい側の建物から突然声をかけられます。山を見上げた「私」は生徒たちの言葉を思い出し、今後登りに行くことも考えています。山に視線を向けたことは、いつも道路のアスファルトばかり見ていた「私」にとって、［b］となったのでしょう。

さらにスコーンをもらうことになった「私」は、他人との直接の会話が久しぶりだったと意識していますが、このことを通して、自分にとっての［c］にもなるのです。

届けられたスコーンは丁寧《ていねい》に包装され、それは［d］が感じられるものでした。その上で授業に向かった「私」は、生徒との対話においても、これまで失われていた部分が満たされていく感覚を抱《いだ》いたようです。「私」はここで、［e］をあらためて実感し、仕事に真摯《しんし》に向き合おうとしているといえるでしょう。

思い返せば、声をかけた側のもう一人の「私」が、山がそこにあったおかげで自転車の少年との事故をさけることができた、と感じるところから、この物語ははじまっていました。この物語に登場する二人の「私」はともに、いつも変わらずそこにある山の、［f］に気づいた、と言えるかもしれません。そのことは二人にとって、他者とのかかわり方に対する、［b］ともなっていたのです。

(ア)　賞賛に値《あたい》する技量
(イ)　信頼《しんらい》するに足る配慮《はいりょ》
(ウ)　いつもとは違《ちが》う見え方
(エ)　自分の思いをぶつける対象
(オ)　他人を信用できないこと
(カ)　他者とのかかわりの重要性
(キ)　仕事のあり方を見つめ直すこと
(ク)　気持ちの変化をもたらすきっかけ

中央大学附属横浜中学校（第一回）

―50分―

注意事項　句読点や記号は一字あつかいとします。

一　次の文章を読んで、後の問いに答えなさい。

日本語の大きな特色としまして、日本の文字――漢字と仮名で書かれた新聞の記事は、大変理解しやすい、ということがあります。これは、つまり、漢字と仮名の使い分けが、日本語の場合、その性質が絶妙なのです。たとえば皆さんがご承知の※1「知床旅情」は、

知床の岬に　ハマナスの咲くころ　思い出しておくれ　俺たちのことを……

という。ここでは「知床」とか「岬」とか意味のうえで重要な言葉は漢字で書かれている。ですから、漢字をたどっていけば意味が早くわかる、ということがあります。次のようなものは、一層それがはっきりします。

十一時に京都に着くから迎えを頼みます

これを電報で打つ場合どうするか。少しでもアケンヤクしようとする人は、仮名の部分を略し「十一時京都着、迎え頼む」という文にします。つまり、それほど重要でないところは仮名で書かれているということになる。このようなことから、われわれは、新聞をまず開いた場合に、その漢字だけ拾っていけば大体の意味がわかる。

日本語には、こういうような性格がありますから、1漢字と仮名の使い方がちょっとくるいますと意味がはっきりとれなくなります。たとえば、こんな例があります。

どんなさ細なことでも親切が感じられる。

このときに「さ」と平仮名で書いてありますと、「どんなさ……」――「どんなさ」という言葉はありませんが、上の言葉にくっついているように思われる。ですからこのような書き方は望ましくないわけで「どんな小さなことでも」とか、「どんなつまらないことでも」と言い換えた方がいいわけです。

「天下を征服しては者になる」は一層わかりにくい。「天下を征服しては、者になる」ではないのです。これは「天下を征服して覇者《はしゃ》になる」と書こうと思ったのに、「覇」という漢字は当用漢字になかったものですから、こう書かざるを得ないのですが、こうなりますと、「覇者」という言葉はよくない言葉なのでしょうか。しかし、「覇」という字は、「制覇」とか「覇権」という言葉がありますから、漢字を生かした方がいいようです。今度の常用漢字に入れようとしているのは、結構なことです。

このように、日本語をじょうずに使う方法を考える場合に、日本語の特質を明らかにすることが必要ですが、同時に2日本語の性格を知ることは外国語の勉強に役に立つのです。これが日本語の性格を知ることの第※2二の目的です。つまり、日本語と外国語とはいろいろな点で性質が違う。うっかり、日本語のとおりに外国語をしゃべってしまうと、これがいけない。たとえば、「きょうはあたたかいですね」と言いますが、これをそのまま英語にしてToday is warm.※3と言ったのでは英語にならない。

よく、こんなことがあります。私どもが食堂に行きますと、イキュウジの人が「こちら何になさいますか」と言う。そうしますと、「ぼくはウナギだ」なんてことを言います。これは元来おかしい言い方です。その人はウナギを食べに来たのであって、ウナギそのものではありません。

しかし、キュウジの人は笑いませんね。かしこまりましたと言って、ちゃんとウナギ飯を運んで来て、「ウナギはどなたでしょうか」と言っている。そうすると、注文した人は、「おう、おれだ」とか言ってもらって食べている。

　このような言い方は、【①】的でないと言われます。短縮した言い方であります。これを英語にしましてI am an eel.※4と言ったら、おかしいか、驚くか、どっちかになるでしょう。

　民放のコマーシャルにこんなのがありました。「缶ごとぐっとお飲み下さい」。そうしたら文句をつけた人がありました。「缶ごと飲んだらノドへつかえてしまうじゃないか」。しかしこういう言い方は日本語に普通です。この間も私の家族のものが、「あそこのおスシ屋さんおいしいわよ」と言いました。私は早速「お前はスシ屋の店をかじるのか」と言ってやりましたが、相手は妙な顔をしていました。

　これを逆に解しますと、今度は、日本人が外国人に日本語を教える場合、やはり、日本語の性質をわきまえて[A]いなければならない。たとえば、日本語には、「山が見える」という言い方と、「山は見える」という言い方とがあります。主格を表す助詞が二つある。この違いは非常に難しいのです。「が」と「は」の区別は、韓国の人はできますが、中国人にとってはやや難しい。ヨーロッパの人にはなおさらです。この区別が理解できないために、よく誤解が起こります。たとえば、日本人はこういった言い方をすることがある。

　電車が遅れているようだけれども、もう来るでしょう

「もう来る」のは誰がでしょうか。外国人に尋ねますと、ヨーロッパ人は、まず「電車が来るのだろう」と思ってしまいます。ところが、そうではありませんね。日本人の場合は、「待っている人が、もう来るでしょう」との意味に解釈します。つまり、日本語の場合には、「電車が」という言葉は「【②】」までしか続いて行く力を持っていないのです。ですから、もし「もう来るでしょう」というのが、電車が来るでしょう、という意味だったら、はじめから「【③】」とは言いません。「【④】」を使って「【⑤】遅れているようだけれども、もう来るでしょう」と言わなければいけません。

　こういった微妙な使い方はヨーロッパの言葉にはありません。これは水谷修さんという日本語教育で権威のかたの本にあがっている例をいただきましたが、こういったことは、日本語の重要な性格の一つであります。

　日本語には、長所と同時に短所があるに違いない。その短所を矯《た》め※5て、日本語をより使いよい言語にしたい、ということをわれわれは考えていいと思います。それには外国語と比較して日本語の性格を知ることが大切です。

　日本語についてよく言われる批評は、日本語は難しすぎる、ということです。これは、外国の人が習うのに難しいばかりではなく、日本人にとってもやっかいなのです。たとえば、石黒修さんというかたが統計をお出しになりましたが、その国の人がひと通り読み書き能力を身につけるのに何年かかるかという問題です。イタリアでは短くて二年でいいそうです。ドイツは三年、イギリスでは五年かかるそうです。そうして日本はどうか。八年かかる、と言っておられます。が、果たして、どうでしょうか……。当用漢字をマスターするのにも、義務教育の期間だけではとうてい無理ですし、大学を出ても十分に使いこなすまでにはいきま

せん。

私などは、国語の先生だと偉そうに言っておりますが、漢字の使い方というのはやっかいで、とまどうことがしばしばです。たとえば「ツイキュウスル」という言葉が三つありますが、「利潤を[ウ]ツイキュウする」のときは「ツイキュウ」が正しい、「真理を[エ]ツイキュウする」と言った場合は「ツイキュウ」が正しいと辞書に書いてあります。さらに、「ツイキュウ」という言葉があって「責任を[オ]ツイキュウする」と言うように使い分けろと書いてあってまことにまぎらわしい。また「ロテン」というものがありますね。今はちょっと少なくなりましたけれども、おもての通りなどに並ぶアレです。あれは「露店」と書いていいわけですが、ところがその露店を開いている商人のことは「露天商」と書きます。これは「露店商」でよさそうですが、露天で商う人という意味で、露天商と書かなければいけないのだそうです。こうなりますと、ほんとうに日本語の正書法は難しすぎるのですが、[3]こういうことはどうしたらよいか、考えなければならない重要な課題です。

日本語の性格を知るということは、このほかに、日本語の起源・系統を知るうえでも、やはり役に立つはずです。

日本語の系統は一体どういう系統であるか、どこの言語と親類の言語であるか、というようなことは、学者も研究しておりますし、一般のかたにも関心の深い問題です。しかし、これを知るには、たとえば、日本語の性格のなかで、変わりにくい性格は何か、ほんとうに日本語らしい性格は何であるかを[B]極めて、同じような性格を持った言語がほかにあるならば、その言語と系統が近いだろう、というように考えるのがよいと思われます。

よく言語学に素人のかたは、単語が似ている、だからこれは関係がある、と結びつけてしまうことがあります。イタリア語などは日本語と発音全体が似ています。たとえば、「たくさんの」ということをイタリア語でtanto(たんと)、「たくさんのお金」というのは「たんと・だなあろ」というふうに言います。あるいはcunetta(くねった)という言葉があり、私どもはまるで日本語のように聞いてしまいますが、これは掘割という意味で、掘割のなかにはまっすぐの掘割もありますがくねった掘割もあるわけで、これなどは日本語を聞いているように思ってしまう。

インドネシアの言葉なども、耳にはほんとうに日本語と同じように聞こえます。インドネシアの単語の覚え方の和歌(?)というのがありますが、「人はoran(おらん)、魚はikan(いかん)、飯はnasi(なし)、死ぬはmate(待て)、菓子はkueh(食え)」と言いまして、まるで日本語の単語を並べたようです。しかし、どうも、[4]こういった言葉がいくらあっても、同じ系統とみることはできません。

一から十までの数をどのように各国語で言うか、比較したのが次の表です。日本語では「いち」「に」「さん」……とも言いますが、これは中国から来た言葉で「ひとつ」「ふたつ」「みっつ」……がもともとの言い方です。英語ではone, two, threeですが、フランス語とスペイン語とイタリア語とはそっくりです。一を表す単語が、フランス語、スペイン語とイタリア語とで二つずつあるのは、男性名詞のときと女性名詞のときとで違った言い方をするからです。そんな区別をするという凝《こ》ったところまでよく似ております。英語とドイツ語はそれとは違いますが、やはり似ています。

これをよく見ますと、2と10は英語ではtwo, tenのように、子音がt

ですが、ドイツ語ではzwei, zehnというように揃ってzになっている。フランス語・スペイン語・イタリア語では、すべてdになっている。このような、2と10のような、関係のない数がちょうど同じように子音が入れかわっていることは、偶然と見ることができませんで、比較言語学という学問では、これは同じもとから分かれ出てきたという強い証拠と考えるわけです。

日本語の系統というのは非常に難しい問題で、どの言語が日本語と同じ系統かを明らかにするためには、日本語の重要な性質をみることが必要です。

日本語の、数を表す言葉で「みっつ」に対して「むっつ」、「よっつ」に対して「やっつ」というように、倍の関係の言葉は発音が似ています。こういった言語がほかにあれば、これは日本語と同じ系統の言語であろうという有力な手がかりになりますが、なかなか見つかりません。昔、市河三喜博士というかたが、倍数関係で似た発音をもっている言語は、太平洋に面しているところに住んでおりますアメリカインディアンのハイダ族の言語がこれとよく似ていることを明らかにされたことがありますが、そのようなことは大変重要なのです。もっとほかに、日本語と数の数え方などが近い言語がありますと、これは日本語と同系かと疑っていいことになるはずです。

最後に、日本語の性格を知るということは、日本人の言葉というものはその文化を背負っているわけでありますから、日本文化の特色、過去からの日本人の生活、あるいは、日本人のものの見方のようなことを明らかにするためにも必要なことになります。

	日本語	英語	ドイツ語	スペイン語	フランス語	イタリア語	朝鮮語	アイヌ語
1	ひとつ	one	eins	uno, una	un, une	uno, una	hana	shine
2	ふたつ	two	zwei	dos	deux	due	tul	tu
3	みっつ	three	drei	tres	trois	tre	set	re
4	よっつ	four	vier	cuatro	quatre	quattro	net	ine
5	いつつ	five	fünf	cinco	cinq	cinque	tasət	ashikne
6	むっつ	six	sechs	seis	six	sei	yəsət	iwan
7	ななつ	seven	sieben	siete	sept	sette	ilkop	arwan
8	やっつ	eight	acht	ocho	huit	otto	yədəl	tupesan
9	ここのつ	nine	neun	nueve	neuf	nove	ahop	shinepesan
10	とお	ten	zehn	diez	dix	dieci	yəl	wan

〈金田一春彦『日本語の特質』〈NHK出版〉改変した部分があります。〉

※1　「知床旅情」…昭和の時代の歌謡曲。
※2　第二の目的…前段で第一の目的が書かれている。
※3　warm…「あたたかい」の意。
※4　eel…「うなぎ」の意。
※5　矯めて…悪い性質や癖を直して。

問一　――ア～オについて、カタカナを漢字に直しなさい。

問二　――A「わきまえ」（る）・B「極め」（る）の語句の意味を説明したものとしてもっともふさわしいものを次の中からそれぞれ選び、番号で答えなさい。

A「わきまえ」（る）
1　整理する　2　利用する　3　留める　4　心得る

B「極め」（る）
1　つきつめる　2　出しつくす
3　強く信じる　4　よりよく高める

問三　――1「漢字と仮名の使い方がちょっとくるいますと意味がはっきりとれなくなります」とありますが、これはなぜですか。その説明としてもっともふさわしいものを次の中から選び、番号で答えなさい。

1　日本語は漢字と仮名を巧みに使い分け、意味として重要な部分は漢字を、さほど重要でない部分は仮名を使用しているから。
2　日本語には漢字で書く語句と平仮名で書くべき語句のおおまかな決まりがあり、その決まりに従って文章を書いているから。
3　日本語の表記の仕方として、仮名は漢字の下に付けて、上には付けないということがあるので、文章を書く時は仮名の下で区切るから。
4　日本語の漢字と仮名の表記の使い分けは、日本の長い歴史と文化を背景にして、必然的にできあがった絶妙なものであるから。

問四　――2「日本語の性格を知ることは外国語の勉強に役に立つのです」とありますが、これはどのようなことですか。その説明としてもっともふさわしいものを次の中から選び、番号で答えなさい。

1　外国語と日本語との性質の違いが分からないまま外国語の学習を進めていくと、文法や語の意味の学習に余計に時間がとられるので、日本語の性質をよく知ることで効率の悪さを除くことができるということ。
2　外国語と日本語との性質の違いが分からないまま日本語の言い方をそのまま外国語に変換すると、意味不明になってしまうため、日本語の性質をよく知ることでそのような誤用を防ぐことができるということ。
3　外国語と日本語との性質の違いが分からないまま伝えたいことを外国語で表現しようとすると、日本語が持つ繊細な意味が表せないので、日本語の性質をよく知ることで巧みに表現することが可能になるということ。
4　外国語と日本語との性質の違いが分からないまま意志表示をしようとすると、誤解を恐れるあまり十分に意を尽くせないため、日本語の性質をよく知ることで考えを余すところなく言い表すことが可能になるということ。

問五　本文中の［①］に当てはまる語としてもっともふさわしいものを次の中から選び、番号で答えなさい。

1　情緒　2　直観　3　人間　4　論理　5　物理

問六　本文中の「②」・「③」・「④」・「⑤」に当てはまる言葉の組み合わせとしてもっともふさわしいものを次の中から選び、番号で答えなさい。

1　②　遅れているようだけれども　③　電車は　④　が
2　②　遅れているようだけれども　③　電車が　④　は　⑤　電車が
3　②　もう来るでしょう　③　電車が　④　は　⑤　電車は
4　②　もう来るでしょう　③　電車は　④　が　⑤　電車が

問七　――3「こういうことはどうしたらよいか、考えなければならない重要な課題です」とありますが、これはどのようなことですか。その説明としてもっともふさわしいものを次の中から選び、番号で答えなさい。

1　日本語の音声と意味と文字表記の関係性の複雑さは、日本語をより使いやすい言語にするためにどうしたらよいか考えていかなければならない課題である。
2　あえて習得を難しくするかのように細かな漢字の使い分けにこだわってきた点が日本語の短所で、どうしたらよいか考えていかなければならない課題である。
3　漢字を使うことで難しくなった日本語の表記の仕方については、本来の日本語の性格を理解した上でどうしたらよいか考えていかなければならない課題である。
4　日本語の習得が難しいのは、主に漢字が多すぎるからであり、多くの外国人に習得してもらうためにどうしたらよいか考えていかなければならない課題である。

問八　――4「こういった言葉がいくらあっても、同じ系統とみることはできません」に関連して、次の問いに答えなさい。

①　「こういった言葉」とはどのような言葉ですか。二十五字以内で説明しなさい。
②　「同じ系統とみる」とは、例えばどういう場合ですか。この説明としてもっともふさわしいものを次の中から選び、番号で答えなさい。

1　違う言語の単語であっても、特定の箇所に共通した子音と母音が用いられているといった関係性が認められる場合。
2　数を表す言葉において、特定の関係にある数字の発音が同じというような類似性が、同じ言語の中で認められる場合。
3　異なる言語において、関係のない数字であっても同じように子音が入れ替わっているような規則性が認められる場合。
4　違う言語の単語であっても、その単語の背景に同様な文化や生活習慣が感じられるという共通性が多く認められる場合。

問九　本文の説明としてもっともふさわしいものを次の中から選び、番号で答えなさい。

1　日本語の性格を知ることは、外国語の勉強をしたり日本語の表現の特徴やその課題を知る上でも重要だが、外国語とは文法が違うので安易に比較することには慎重になるべきである。
2　日本語の性格を知ることは日本語の起源・系統を解明する上で役に立つが、もし同じ系統の言語を見つけることができれば、日本語のルーツが明らかになる重要な発見となる。

3　日本語表現の特徴や言葉の成り立ちなどは日本の風土や文化、生活に根ざしているので、日本人のものの見方や考え方を理解することで日本語への理解を深めることができる。

4　日本語の性格を知ることは、日本語をより使いやすいものにしたり日本語の起源や系統を考えたりする上で役に立つとともに、日本人のものの見方を理解することにもつながる。

二　次の文章を読んで、後の問いに答えなさい。

　大学生の青山霜介(僕)は、高校生の時に両親を事故で亡くし、喪失感を抱え、心を閉ざしたまま日々を過ごしていた。霜介は友人に誘われて行ったアルバイト先で水墨画の大家である篠田湖山に声をかけられ弟子となり、湖山の孫である千瑛《ちあき》や湖山の弟子の西濱や斉藤と共に腕を磨いていた。以下の文章は、湖山と弟子たち全員が珍しく集い、湖山と斉藤が見つめる中、千瑛が牡丹《ぼたん》の水墨画を描いている場面である。

千瑛は今日も素早く動いている。だが、表情は硬く、動きはどこかぎこちない。あの華麗な筆致ではなく、恐れを振り払うように筆を振り回しているようにも見えた。描かれる絵は、いまのところミスはない。少なくとも僕にはそう見えた。すべてが完璧な配置で描かれている。いつの間にか、半切の細長い画面に五輪の牡丹が描かれ、鋭い茎《くき》で結ばれて絵は完成していた。

　墨一色で描かれているのに、何処からどう見ても牡丹に見える。爆発するような華やかな大輪が、画面のなかでみずみずしく咲いていた。

　千瑛は、疲れ果てたように筆を置いて、しばらく絵を見ていた。それから、小筆に持ちかえて、何かを描こうとして、紙の上をクルクルと回ったが、やめて筆を置いた。それで作画は終わった。

　千瑛は緊張した面持ちで、湖山先生を見、斉藤さんもふだんにはない険《けわ》しい目で湖山先生を見たが、当の湖山先生は千瑛の絵を見たまま、なんてこともないA白けた目をしている。

　空気が凍り付くようなこの緊張感は何なのだろう？

　あの※1好々爺《こうこうや》そのものとも思えるような湖山先生が冷たい目をすると、こんなにも怖いものなのだろうか。

　湖山先生は何も言わないまま首を振った。そのとき、千瑛の顔にはうつむきながら暗い影が広がった。斉藤さんの表情も渋くなった。湖山先生はなおも何も言わない。斉藤さんは心からこわごわと湖山先生に訊《たず》ねた。

「先生、いかがでしょうか？　良い絵だったと思いますが……」

　斉藤さんがそう言った後、しばらく湖山先生は答えなかった。その間が、あまりにも怖い。

「斉藤君は、今のが、いい絵だったと思うのかね？」

　その声も問い方もあまりにも厳しくて怖かった。千瑛はいつものような跳ねっ返りを口にすることもなく、斉藤さんでさえ押しつぶされそうだ。湖山先生は、これぞ篠田湖山！　というような誰もが安直に思い描いてしまう大家の、あの表情で話をしている。文句をいうわけでも、不機嫌そうなわけでもないが、何かどうやっても曲げられないような強い意志が、言葉にも雰囲気にも表れている。湖山先生を支えてきた巨大な精神力の前に、僕ですら息苦しくなってしまった。斉藤さんは何も答え

られない。湖山先生は、

「斉藤君、描いてみなさい」

と、言い放った。斉藤さんの動きは固まったが、その後、意を決したようにうなずいて、別室に道具を取りに行って戻ってきた。

「では……」

と、千瑛といっしょに紙を用意し、千瑛の使っていた道具や筆を退けて自分の道具を並べ始めた。筆洗の水はすぐに千瑛が換えてきた。

ポチャンと、いつもの音がすると、1斉藤さんは絵を描き始めた。千瑛のように揺れはしない。だが、無駄な筆致も少なく、墨の濃度の調整もいつものように狂いがない。調墨だけでいえば、確かに千瑛の数段上を行っている。千瑛の絵もそれを眺めたときはみごとだと思ったけれど、斉藤さんを前にするとやはり未熟さが目立ってしまう。まるで狂いのない筆致に僕は驚いていた。斉藤さんの手は機械のように精密に動いていった。

大筆で画面に叩《たた》き付けるように調墨をした筆の全体を使って花びらを描いていき、叩き付けた衝撃で花弁の繊維を描く。その繊維は、当然、筆の毛が画面に乗った際の繊維だが、筆の中に含まれた墨の達人級のグラデーションが、まるでそれを輝きや潤《うるお》いのある花びらそのものに見せてしまう。

斉藤さんの手順は、徹底して無駄がなく美しい。迷うことなく同じリズムで進み続ける作画は、斉藤さんがそれを身につけるまでに費やした膨大《ぼうだい》な時間を思わせた。

出来上がった絵は、この前見たときのように完成度が高く、この前と同じようにCGのようだった。同じ墨を使っているのに、薄墨と濃墨の差が千瑛の絵よりも広がっているために、絵そのものが光を帯びているようにも感じた。明らかに目を引く美しさがあった。そして、何よりも千瑛のものよりもさらに写実的で、形に狂いがなかった。傍目《はため》で見ていても、絵ではなく写真のように描かれる画面は技術というよりも魔術に近い。何か騙《だま》されたような気さえしてしまう。

これならばと思い、湖山先生の顔をのぞいてみるけれど、湖山先生の表情は相変わらず冷めている。斉藤さんが、筆を置いて、湖山先生を見ると、湖山先生は疲れたように目頭を押さえて、それからゆっくり首を振った。

斉藤さんのこれ以上、青くなりようもない顔がさらに青ざめているのを見ると、心から不吉な感じがした。千瑛はその背後で、もうすぐ泣きそうだ。このときだけは、千瑛は弱々しい小さな女の子のように見えた。

湖山先生の静かなため息が聞こえて、一同が言葉を失くしているところに、

「お待たせしました〜〜！」

という、いつもの軽いノリで西濱さんがお茶を運んできた。手際よく、皆にお茶を配ると、斉藤さんと千瑛と僕を席に着かせた。ナイスタイミングだとも言えるし、ちょっと間が悪すぎるともいえる微妙な瞬間に西濱さんはやってきて、何もかもを小休止させてしまった。湖山先生は、西濱さんを見るとやっと微笑んで、

「西濱君、ありがとう」

と、いつもの好々爺にわずかに戻り、千瑛はお茶を飲みながら熱くなった瞳を冷ましていた。斉藤さんだけが元のまま青く、お茶にも口をつ

けない。僕は緊張でカラカラになった喉を潤していた。当の西濱さんは、頭からタオルを取って、僕の横に座ってズズズとお茶を啜《すす》っていた。2この沈黙に響く、なかなかいい音だった。

「悪くない」

　と湖山先生は言ったが、それは明らかにお茶のことだろう。

「美味しいですよね」

　と西濱さんが、声を上げて、湖山先生が、

「これは何処のお茶?」

　と子供のように訊ねると、ほとんど機嫌はなおっていた。西濱さんは、

「今日の帰りに、※2翠山《すいざん》先生のところの※3茜さんが持たせてくれたんですよ。お裾分《すそわ》けだそうです。翠山先生のところの息子さんがほら……」

「ああ、翠山先生のところのお婿《むこ》さんかあ。そういえば、お茶屋さんの工場に勤めておられるんだよね」

「そうそう。茜さんのお父さんです。湖山先生にって新茶を持ってきてくれていたみたいですよ」

「なるほどね。翠山先生の家にはいつもお世話になるねぇ……。西濱君、翠山先生のところにはよくよくお礼を言っておいてね。審査でもいつも助けられてるし」

「もちろんですよ、先生。翠山先生にも茜さんにもまたお礼を伝えておきます」

「うんうん」

　と湖山先生はうなずき、さっきまでの不機嫌さは何だったのだろう、というような不思議な和やかさに包まれて話が進んでいたところで、3斉藤さんが声を上げた。声は緊張で震えている。

「せ、先生、わ、私の絵は……」

　それは場を締め上げるような苦しげな声だった。

　湖山先生は、ハッと気づいたように、元の厳しい顔に戻って、斉藤さんと千瑛を見た。二枚の絵はテーブルに隣り合って並べられている。同じアコウズで雰囲気がよく似ている。斉藤さんのほうは完成度が高く、千瑛のほうが情熱的だ。二枚とも僕にはすばらしい絵に見える。湖山先生は何が気に入らないのだろう。湖山先生は大きくまばたきして、ため息をついてから、

「西濱君」

　と、それだけ言った。西濱さんは茶碗から口を離し、ハッとしたように顔を上げた。きっとさっきの一瞬は、黙って茜さんのことを考えていたのだ。茜さんの話が出たから、茜さんのことを考え続けているなんて、なんでそんなにイタンジュンなんだ、と思ったけれど、この柔らかなところに今は救われていた。

「西濱君」

　ともう一度、穏やかに湖山先生は言って、西濱さんは、ああはいはい、と立ち上がった。

　斉藤さんと千瑛の絵の前に立つと何を言うことも、思うこともなさそうに、そのまま筆を取った。

「千瑛ちゃん、これ借りていいかな?」

　声を掛けると、千瑛は、どうぞとうなずいた。西濱さんは当たり前のように微笑んだ。良いお兄ちゃんという表情だ。描き始める前に、何かに気づいたようにもう一度筆を置いて、墨をすって、それからいつも着ている作業着の上着を脱いだ。たぶんいつでもタバコを胸ポケットに入

れているから、上着を着ているのだろう。西濱さんの上着はいつでも汚れていて、ところどころ泥んこだ。だが、それを脱ぐと、隆々《りゅうりゅう》とした引き締まった体や長い腕が長袖のTシャツ越しに現れた。工務店のお兄ちゃんが水墨画家に変身した瞬間だった。

「では、あらためて筆をお借りして」

と描き始めようとしたところで、斉藤さんは気づいたように紙を取り換えて、西濱さんの前に置いた。

「斉ちゃん、ありがとう」

と穏やかに言った後、西濱さんはB一気呵成《いっきかせい》に描き始めた。

速い。

千瑛も速いが、それよりもさらに速い。そして、速いのに余裕があり落ち着いている。千瑛がヴァイオリンのように筆をウコキザみに身体を揺らしながら使うのだとすれば、西濱さんはコントラバスか、チェロのような大らかな動きで身体を使っている。筆の先は、速いが、落ち着いている。そして、画面の部分によって速く運筆する場所とゆったりと運筆している場所の差が大きい。大柄な体軀《たいく》から生まれる生命力をそのまま筆に込めている印象があった。描かれている絵は美しい。それは当然のことだった。

だがそれだけではない。千瑛や斉藤さんの絵とは本質的に異なっている。それは美ではない何か、だ。

僕の目は画面に吸い込まれて、それと同時に、僕は自分の心の内側にあるガラス部屋まで意識した。その場所と外の世界が繋《つな》がり、そこから僕は西濱さんの水墨を眺めていた。

ガラスの壁そのものが、コキザみに震えていた。

西濱さんの一筆、一筆が真っ白い画面にきざまれるたびに、壁は震え、目は吸い込まれた。

これは明らかに、美などではない。

美しさなど思いもしなかった。そうではなく、ただ心が震え、一枚の絵、一輪の花、たった一つの花びらの中に命そのものを見ていた。

西濱さんの急激に膨《ふく》らんでいく生命感が、画面の中に叩き付けられていく。筆致のことなどどうでもいい。ただ、その大きな空気が美以外のえたいの知れない感情を僕の中に呼び起こした。温度があり、揺さぶられ、そして何かを感じずにはいられなくなる。自分もこんなふうに何かを成すことができれば、という思いを掻《か》き立てられてしまう。

僕はガラスの壁に貼《は》り付《つ》いて、外の世界の西濱さんの水墨を食い入るように見ていた。

4僕は感動していた。僕は感動に手が震えていた。

絵はあまりにも速く出来上がった。出来上がった絵は、千瑛や斉藤さんのものよりも乱れ、写真のようではなかったが、それは牡丹よりも牡丹らしいものに見えた。

何がそう見せているのか。

形も何処《どこ》かエ破綻していて、形よりも筆致のほうが強く表れている面と線の応酬にどうして牡丹を感じるのか分からなかったが、その絵には、斉藤さんと千瑛の絵にはない圧倒的な存在感があった。

並べてみて、僕の目にはようやくそれが映った。湖山先生が、何が気に入らないのかもそのときに分かった。

「命だ」

西濱さんの絵には命が描かれていた。

一輪の牡丹と真剣に向き合い、その牡丹に命懸けで向き合っている西濱さんの命が、こちらにまで伝わってきた。手先の技法など無意味に思えてしまうほど、その命の気配が画面の中で濃厚だった。西濱さんのその気配は明らかに西濱さんの技術を超えている。技術はまるでその生命感に及ばないが、それは問題ではなかった。ただそこに生きて咲いている花がある。そのことだけはほかの絵よりも確かに伝わってきた。

それに比べれば、斉藤さんと千瑛の絵は、花を追いかけるのに力が入り過ぎている。確かに美しいが、心惹《ひ》かれる美のさらに向こう側に行けない。千瑛の情熱だけがわずかに千瑛の心の在り方や温度を伝えるくらいで、それが西濱さんのような5強烈な感動を生むわけではない。だが問題は、この二つの表現はどちらかが劣っているわけではないということだ。

あまりにも高いレベルの話過ぎて、僕を含めた大方の人間にはそれから先の想像も及ばない。ほとんど真上にあるような仰ぎ見るしかない高みを、その真下にいる人間は判じようがない。星々との距離を僕らが測れないのと同じように、僕らには正確なところは分からない。

湖山先生には、この三枚の絵はどう見えているのだろうか。

湖山先生は相変わらずお茶を飲んでいた。

西濱さんの絵を見て、湖山先生は、

「そうだね」

とうなずいた。西濱さんは照れたように笑っていた。湖山先生は、なおもじっと見た後、

「まあ、なんだかとても生き生きしているけれど、今日は何かいいことがあったの？」

と湖山先生が笑うと、西濱さんは図星のように後頭を掻いた。これはもう明らかに茜さんのことだと思い至るのに、それほど時間は掛からなかった。だが、そこでふいに僕はとんでもないことに気づいた。

そんなささいな心の変化が筆にすぐに表れるほど、繊細な反応を西濱さんの筆は有しているのだ。西濱さんの心が現実と筆を繋いでいる。西濱さんは、その躍るような心の変化を牡丹という形に変えたのだ。牡丹という花の命の在り方を通して、自分の心や命の在り方をオゾウサもなく表現した。

こういう技のことをなんとたとえればいいのだろう。そもそもこれは技なのだろうか。

湖山先生は口を開いた。

「水墨というのはね、森羅万象《しんらばんしょう》を描く絵画だ」

斉藤さんと千瑛は、これ以上ないほど真剣に湖山先生の話を聞いていた。湖山先生もまた二人に語り掛けていた。

「森羅万象というのは、宇宙のことだ。宇宙とは確かに現象のことだ。現象とは、いまあるこの世界のありのままの現実ということだ。だがね……」

湖山先生はそこでため息をつくように息を放った。

「現象とは、外側にしかないものなのか？　心の内側に宇宙はないのか？」

斉藤さんの眉が八の字に歪《ゆが》んでいた。千瑛は何を言われたのか分からないほど、言葉に迷っていた。僕にはようやく湖山先生が何を言おうとして、なぜ僕がここにいるのか、ほんの少しだけ分かるような気がしてきた。

「自分の心の内側を見ろ」

と、湖山先生は言っていたのだ。それを外の世界へと、外の現象へと、外の宇宙へと繋ぐ術《すべ》が水墨画なのだ。西濱さんの絵が答えなら、もう、6そうとしか考えられなかった。

（砥上裕将『線は、僕を描く』〈講談社〉改変した部分があります。）

※1　好々爺…やさしくて気のいい老人。
※2　翠山先生…湖山と並ぶ水墨画の大家であり、湖山も一目置く存在。
※3　茜…翠山の孫娘であり、翠山の手伝いをしている。

問一　――ア～オについて、カタカナを漢字に直し、漢字は読みをひらがなで答えなさい。

問二　――A「白けた目」・B「一気呵成」の語句の意味を説明したものとしてもっともふさわしいものを次の中からそれぞれ選び、番号で答えなさい。

A「白けた目」
1　憐《あわ》れむようなまなざし　　2　怒りに満ちたまなざし
3　愛想のないまなざし　　4　興ざめしたまなざし

B「一気呵成」
1　心を乱されずに、一つのことに集中するさま
2　途中で中断せずに、ひと息に仕上げるさま
3　困難な状況に苦しみながら努力するさま
4　色々思案してアイディアを考え出すさま

問三　――1「斉藤さんは絵を描き始めた」とありますが、斉藤さんの絵やその時の斉藤さんの様子について説明したものとしてふさわしくないものを次の中から選び、番号で答えなさい。

1　斉藤さんの試行錯誤しながらも淡々と作業を進める筆ぶりは高い技術があることを表している。
2　斉藤さんの筆遣いには無駄な動きがなく、墨の色合いを見事に使い分けて牡丹を描いている。
3　斉藤さんの絵は千瑛の絵ほど情熱的ではないものの、完成度が高く素晴らしい作品である。
4　斉藤さんの描いた絵はまるで本物であるかのようなリアリティを感じさせるものである。

問四　――2「この沈黙に響く、なかなかいい音だった」とありますが、この時の僕の心情について説明したものとしてもっともふさわしいものを次の中から選び、番号で答えなさい。

1　重苦しい雰囲気を気にも留めないふるまいで自然と和やかにしてしまった西濱さんの行動をおかしく思っている。
2　緊張感が立ち込める中に現れ、この空気を変えてくれるのではと思わせる西濱さんの様子に期待を抱いている。
3　湖山に怯える斉藤さんや千瑛とは対照的に、湖山にも全く動じない西濱さんの図太さに違和感を覚えている。
4　張り詰めた空気を和ませようとして、あえて大きな音を立ててお茶を飲む西濱さんの気配りに感心している。

問五　――3「斉藤さんが声を上げた」とありますが、なぜ斉藤さんは発言したのですか。説明したものとしてもっともふさわしいものを次の中から選び、番号で答えなさい。

1　湖山が自分の絵を否定的に見ているのは伝わるが、話題を逸らして感想を言わない湖山に怒りを覚えたから。
2　湖山が自分の絵に満足していないことはわかっているが、湖山が

何も言わないでいることにいたたまれなくなったから。

3　湖山が自分の絵の感想を言わないので、不安はあるものの自分の絵についての感想を早く知りたいと焦りを感じたから。

4　湖山が自分の絵を評価していないことがわかり、湖山に認められる絵を描くにはどうすればいいかわからなかったから。

問六　――4「僕は感動していた」、――5「強烈な感動」とありますが、僕は西濱さんの絵のどのような点に感動したのですか。説明したものとしてもっともふさわしいものを次の中から選び、番号で答えなさい。

1　ひたむきに絵に向き合う西濱さんの思いがこめられており、絵にかける西濱さんの情熱を感じる点。

2　斉藤さんや千瑛の絵よりも繊細さには欠けるが、二人の絵にはない牡丹の圧倒的な存在感がある点。

3　僕の想像を超えるほどの卓越した技術で描かれ、本物だと思えるほど牡丹の生命力にあふれている点。

4　生き生きとした牡丹の生命感が感じられるだけでなく、牡丹を描いている西濱さんの命も伝わってくる点。

問七　――6「そう」とありますが、これはどういうことですか。「〜と湖山は伝えたかったということ。」に続く形で、四十字以内で説明しなさい。

問八　本文の表現について説明したものとしてもっともふさわしいものを次の中から選び、番号で答えなさい。

1　描かれた水墨画の描写をあえて少なくすることで、読者にどのような絵が描かれたか想像の余地を与えている。

2　弟子たちの視点から描くことで、それぞれが抱いている水墨画への強い思いをより読者に印象づけている。

3　水墨画を描く場面において比喩表現を多く用いることで、水墨画を描く動きをより印象的に表現している。

4　人物の言葉を短文で重ねることで、淡々とした雰囲気の中で会話がテンポよく進んでいる印象を与えている。

問九　本文の説明としてもっともふさわしいものを次の中から選び、番号で答えなさい。

1　千瑛は湖山のプレッシャーに打ち負け、千瑛が描いた水墨画は僕にもわかる程のミスのある作品だった。

2　湖山は常に威圧感のある人物であり、僕は水墨画の大家である湖山の厳格な雰囲気に圧倒された。

3　西濱さんは水墨画家とは思えないような風貌であるが、皆の目の前で素晴らしい水墨画を描き上げた。

4　千瑛・斉藤さん・西濱さんの水墨画は、どれも同じように優劣をつけられない優れた作品だと僕には感じられた。

筑波大学附属中学校

—40分—

注意　句読点、かぎかっこ等の記号も一字と数えるものとします。

一　次の文章を読んで、後の問いに答えなさい。

> 小学六年生の成美《なるみ》は、同じ剣道の道場に通う同級生の茜《あかね》と太一《たいち》、五年生の浩次郎《こうじろう》とともに、翌日の級審査《きゅうしんさ》をひかえている。次の場面は、初めての審査会で二級の合格を目指す成美が稽古《けいこ》を行っているところである。

級審査前の最後の稽古は、雪のちらつく土曜日の朝からはじまった。

ふだんどおりの稽古が、a淡々《たんたん》とおこなわれた。三十分間の*1木刀《ぼくとう》の稽古。切りかえしと、基本打ち。それから*2立ち合いの練習。

まずは茜と、一分間の立ち合い。

「ヤーッ。」

茜は、まず気迫《きはく》がすごい。*3竹刀《しない》の先がぴたりとわたしの正面にあったと思ったら、弾丸《だんがん》のようにまっすぐにつっこんでくる。

「*4メーン！」

わたしも、なんとか応戦しようとするのだけれど。でもぜんぜんまにあわない。

「メー……。」

といって竹刀をふっているうちに、もう茜の竹刀はわたしの頭にあたっている。

「こら、成美！」

監督《かんとく》の大声が飛んできた。

「おそくてもいいから、技《わざ》をとちゅうでやめるな！　ちゃんと最後まで打ちきれ！」

「はい。」

でも、どうやっても茜に先に一本とられちゃう。

つぎは浩次郎との立ち合い。

浩次郎は、頭をヒョイと横にしてわたしの竹刀をよける。

ああ、あたらない……。

「ほら、成美！」

①また監督の声が飛んできた。

「最後まで打ちきれっていっただろう。試合とちがって、審査員に自分はこれだけの技ができますって見せればいいんだから。たとえあたっていなくても、あたっているような顔をしてしっかり残心《ざんしん》までとりなさい。」

「はい……。」

*5打突《だとつ》したあともXユダンしないで、相手のどんな反撃《はんげき》にもすぐに対応できるようにかまえることを、残心という。わたし、すぐに（ああ、ダメだ）と思って竹刀をおろしてしまうのがよくないんだなあ。

「おまえもおまえだ、浩次郎。級審査では、頭だけ横にしてよけるようなまねはやめなさい。」

「はーい。」

浩次郎は、②ペロッと舌をだす。

最後は、太一と立ち合い。

太一のかまえは、ゆったりと大きい。竹刀をあわせてからも、すぐにうごくことはなくて、「さあおいで」といわんばかりに、わたしがでてくるのをじっくりまっているような気配がある。

「メーン!」

「メーン!」

ああ、よかった。いちおう、きれいに面を打てた。*6合《あ》い面《めん》で、どっちの竹刀が先にあたったかはわからないけれど……。

ひととおり全員の立ち合いがおわったところで、きょうの稽古はおわりになった。

「帰ったら、家で竹刀の点検をちゃんとするように。袴《はかま》もたたんで、ひだをきれいにするんだぞ。*7着装《ちゃくそう》も見られるからね。」

監督がうで組みをしながら、みんなにあしたの注意をする。

あー、緊張《きんちょう》する。帰ったらあしたの準備をしなくちゃ……。

そう思いながら*8防具を片づけていると、監督がわたしのところにきていった。

「成美は打ったあと、すぐに背中をまるめるから、背筋をのばすように気をつけなさい。姿勢がよければそれだけで三割増しに見えるから……。」

監督はふと言葉をきって、わたしの顔をbしげしげとながめた。

「どうした、成美。心配そうな顔だな。」

「あ……、えーっと、あした、うまくできるかなあって……。」

「いちばん心配なのはなんだ?」

「立ち合い、です。」

いくら試合じゃないとはいったって、一本もとれなかったら、なんの級ももらえないかもしれないし……。

「なるほど、そうか。」

監督のまゆ毛が片方だけつりあがり、なにかを考えているような顔になった。

「じゃあ、ちょっとだけ居残りして、立ち合いの稽古をしていくか。」

げっ。居残り?

なんか、よけいなことといっちゃったかも……。

監督が面をつけはじめたので、わたしもしぶしぶ面をつけなおした。

道場のまんなかでむかいあって、*9蹲踞《そんきょ》をする。

「わたしが打つと思ったら、成美も前にでて面を打ちなさい。」

立ちあがると、監督が面のむこうから大声でいった。

③こんな稽古をするのは、はじめてだった。

監督と稽古をするとき、いつもは監督が打つ場所をあけてくれる。「ほら、面」「ほい、小手《こて》」「はい、胴《どう》」っていう感じで。わたしたちは、監督があけてくれた場所にすかさず竹刀を打ちこむ。

でもいま、目の前にいる監督は、竹刀をかまえたまま、ちっともうごく気配がない。しびれをきらして前に飛びだすと、「まだまだ」とおしもどされる。

なんどもおしもどされて、かまえているのがつらいなあ、監督まだ打ってこないのかなあ、なんて思った瞬間《しゅんかん》にパコーン、と面を打たれる。

なんなの、これ?　わたしいったい、どうすればいいの?

三回目にパコーン、と面を打たれたあと、監督はわたしにむかっていった。

「気をぬいたのがまるわかりだぞ、馬鹿者《ばかもの》。」

「え?　え?　わたし、気をぬいてました?」

「いいか、すぐに前に飛びだそうと思っているときには、足のこのあたりに重心がある。」

監督は、左足をあげて足の裏をわたしのほうにむけ、親指のつけねのあたりをゆびさした。

「成美はわたしがまだ打ってこないだろうと思うと、すぐにかかとをさげる。そうすると重心が後ろに行く。腹の力もゆるむ。その状態では、すぐに前にでられない。」

「えええええ……かかとをさげたなんて、そんなの見えるんですか？」

「見る……だけではないが。」

監督は中段にかまえ、わたしの竹刀の先と監督の竹刀の先をYコウサさせた。

「このまえ、*10高木くんと試合をしたときに、『まずはちゃんと相手と竹刀をあわせるように』とわたしがいったの、おぼえているか？」

「はい。」

「竹刀の先で感じることもある。さがった瞬間。力がぬけた瞬間。耳できくこともある。気合いの声。呼吸の音。すぐにわかるようになるわけではないよ。でも、相手に意識をむけることをくりかえしているうちに、いつか、打つ瞬間を感じられるようになる。」

そういえば、高木くんと試合をしたとき、監督に『相手の目がさがったら小手を打て』っていわれて、ずっとずっと高木くんの目を見てた。高木くんが打とうとする瞬間は、たしかに、すごくわかりやすかった。

監督には、わたしがあのときの高木くんのように見えているんだろうか。

「さあ、もう一度やろうか。」

監督はそういって、かまえをととのえた。

わたしは息をつめて、監督のうごきを感じとろうとする。茜の目によく似た、切れ長の瞳《ひとみ》。目力が強くて、わたしはまばたきもできない。

ふっ、と監督の頭が前にでた。

④あ、いま？

「メーン！」

わたしは飛びだして面を打った。

「おそいなー。」

監督はわらった。

「あ、いまだ、メーン、で三テンポぐらいあるぞ。」

「はい、すみません……。」

「左足に力をためて、すぐ前にでられるようにしておくんだ。もう一度。」

それからなんどもその稽古をくりかえしたのだけれど、すぐ反応するのってほんとうにむずかしい。左足にずっと力をためているのがつらくなって、がまんできなくて前にでると「まだまだ」ってもどされる。監督がでるのをまっているとおそすぎる。

「あしたは朝早いし、これぐらいにしておこう。」

ついに監督がそういって、稽古はおわりになった。

わたしは防具を片づけながら、はあ、とため息をついた。

「どうした？」

「なんか……せっかく稽古つけてもらったのに、ぜんぜんできなかったなあって……。」

「ははは。」

監督は⑤大きな声でわらった。

「それがすぐにできるようになったら、もう級を飛ばして段をとれるよ。そういう心がまえでやりなさいっていうだけのことだ。どっちにしろ、ふだんの力以上はだせないんだから。」

ふだんの力って、わたしいったい、どれくらいなんでしょう……。

「まあ、ふだんの力をだすのが、いちばんむずかしいんだけどね。」

監督はさらっと、いやなことをつけくわえる。

「成美はさっき全員と立ち合いをして、だれとやったときがいちばんうまくできたと思う？」

「太一です。いちおう、面も入ったし。」

「それはどうしてかな？」

「わたしニブいから、茜や浩次郎のスピードについていけないんです。太一はあまりうごきが速くないから……。」

「へえ、成美はそう感じているのか。」

監督は⑥口のはしをあげるようにして、にやりとわらった。

「わたしからすると、太一と立ち合いをしたときが、成美の肩《かた》の力がいちばんぬけているように見えたんだけどね。」

「え？」

わたしの肩の力？

そんなの、意識したことなかった……。

「三回目の立ち合いだったから、体があたたまっていたのかもしれない。それとも、成美の気持ちが太一を相手にするとリラックスできるのかもしれない。理由はわからないけれど、太一と立ち合いをしたときが、いちばん肩の力がぬけていた。上半身の力がぬけていればいるほど、相手のうごきにすぐ反応できるよ。」

あ。

わたし、ついこのあいだ、太一には安心してなんでも話せるって思ったばかりだった……。

太一のうごきがおそいんじゃなくて、わたしの反応が速かったっていうこと？

監督は、こぶしで自分の胸をトントンとたたきながらいった。

「戦う相手はここにある。あしたはそう思って審査にのぞみなさい。」

竹刀も点検したし、手ぬぐいも多めに三枚入れたし、あとは……。

あ、そうだ。袴をちゃんとたたんでおかなくちゃ。

袴を床《ゆか》において手でのばしていると、ママが＊11パソコンをもって部屋に入ってきた。

「成美ちゃん、パパが話したいって。」

ママはわたしの前の床にパソコンをおいた。

「成美ちゃん、こっち見て。」

パパは両手を前につきだして、手のひらをわたしのほうにむけた。

「念を送るよ。いい？」

パパは目をとじて、大きな声でいった。

「ブエナ・スエルテ！」

「それ、メキシコの言葉？　なんていう意味？」

「『幸運を祈《いの》る』っていう意味だよ。運がむいてくるおまじないだからね。」

ありがとう、パパ。わたしいま、どんな小さな運にでもすがりたい気分だよ。

パパは背広を肩にひっかけて立ちあがった。

「あと、このまえあげたドクロちゃんも、幸運*12のアイテムだからな。あしたの朝、頭をなでていけよ。」

「えっ。ドクロが？」

⑦わたしはおそるおそる本棚《ほんだな》を見あげた。せっかくパパがメキシコのおみやげにくれたのだけれど、こわいから本の後ろのほうにおしこんであったのだ。

「おう。メキシコではドクロは勝利の象徴《しょうちょう》でもある。成美、勝ってこいよ！」

「えーっと、パパ、試合じゃないから勝つとか負けるとかはないんだけど……。」

といってみたけれど、パパは手をふりながら部屋をでていった。

ママはふふっとわらった。

「パパ、試合と級審査の区別がついていないみたいね。」

（あさだりん『まっしょうめん！　木刀の重み』〈偕成社〉による）

注

＊1　木刀の稽古…木製の刀を使った練習。審査会では木刀による実技が行われる。

＊2　立ち合い…審査会における試合形式の審査項目《こうもく》の一つ。

＊3　竹刀…剣道で使う竹製の刀。

＊4　メーン！…相手の頭をねらって竹刀をふるときのかけ声。

＊5　打突…剣道で、「面」（頭）、「胴《どう》」（わき腹）、「小手《こて》」（手首）など定められた場所を目がけて打つこと。

＊6　合い面…相手が打とうとする動作に対して、同時に自分も打ちこむこと。

＊7　着装…道着や道具を身に着けること。剣道では正しく身に着けることも大切にされている。

＊8　防具…剣道で身を守るために身に着ける道具のこと。

＊9　蹲踞…試合前に剣を合わせてしゃがむ形。

＊10　高木くん…最近、道場に通い始めた成美の同級生。

＊11　パソコン…ここでは仕事でメキシコにいる「パパ」とインターネットを使って会話をするのに用いている。

＊12　幸運のアイテム…持っていると幸せをもたらすもの。

(1)　〰〰線部a「淡々と」、b「しげしげと」とありますが、文章中での意味として最も適当なものを、それぞれ次の中から選びなさい。

a　「淡々と」

ア　集中を欠いて　　イ　気おくれして

ウ　気負うことなく　　エ　きびきび元気に

b　「しげしげと」

ア　念入りに　　イ　さりげなく

ウ　不審《ふしん》がって　　エ　わざとらしく

(2)　――線部①「また監督の声が飛んできた。」とありますが、監督はなぜ成美に声をかけたと考えられますか。その理由を**三十字以内**で説明しなさい。

(3)　――線部②「ペロッと舌をだす。」とありますが、ここでの浩次郎の様子として最も適当なものを、次の中から選びなさい。

ア　いつもの癖《くせ》を監督に注意されたが、本番直前で今になってどうすることもできないのであきらめてしまっている。

イ　成美への注意のほこ先が急に自分にむいてきたことに腹を立て、思わず監督に失礼な態度を取ってしまっている。

ウ　級審査前にきびしい指導が続く道場のはりつめた空気を和《なご》ませるために、あえて明るくふるまおうと努めている。

エ　自分もできていなかったのを監督に見すかされ、案のじょう注意を受けたのでおどけてやり過ごそうとしている。

(4)　――線部③「こんな稽古をするのは、はじめてだった。」とありますが、成美から見ていつもの稽古とはちがう監督の様子を表す一文を文章中から探し、はじめの**五字**を書きなさい。

(5)　――線部④「あ、いま?」とありますが、このとき成美は何をつかんだのですか。**十五字以内**で具体的に書きなさい。

(6)　――線部⑤「大きな声でわらった。」、⑥「口のはしをあげるようにして、にやりとわらった。」とありますが、この二つの「わらった」について、児童が調べたりまとめたりしたことを班で話し合っています。これを読んで後の(i)・(ii)に答えなさい。

児童A―　この作品を読んでいると「わらう」という表現が何度も出てきます。この場面でも、監督の「わらう」様子が出てきます。「わらう」には、表現や使い方のちがいによっていろいろな意味がありそうですね。

児童B―　わたしもそのことが気になって「わらう」という言葉の仲間をインターネットを使って調べてみました。【資料1】を見てください。

児童C―　これを見ると、たしかに「わらう」には、いろいろな表現があることが分かりますね。Bさんのまとめた【資料1】をもとに、「わらう」という言葉の仲間を大きく二つに分類してみましょう。

（それぞれで考える）

児童A―　【資料2】を見てください。わたしは、「笑」という漢字が入っているものと入っていないものに分類しました。

児童D―　これは見た目から分類したおもしろい分け方ですね。

児童B―　【資料3】を見てください。わたしは、国語辞典を使って［1］ものと［2］ものに分類しました。

児童C―　なるほど、Bさんはきちんと意味を調べたんですね。

（話し合いは続く）

【資料1】「わらう」という言葉の仲間

あざ笑う、笑顔《えがお》になる、笑《え》みがこぼれる、顔がほころぶ、口元をゆるめる、白い歯を見せる、せせら笑う、ちょう笑《しょう》する、にこにこする、鼻で笑う、表情をゆるめる、ほおがゆるむ、ほほ笑《え》む、目じりをさげる、冷笑《れいしょう》する、笑いものにする

【資料2】児童Aが考えた分類

・あざ笑う　・笑顔《えがお》になる　・笑《え》みがこぼれる
・せせら笑う　・ちょう笑する　・鼻で笑う
・ほほ笑む　・冷笑する　・笑いものにする

と

・顔がほころぶ　・口元をゆるめる　・白い歯を見せる

・にこにこする　・表情をゆるめる　・ほおがゆるむ
・目じりをさげる

【資料3】児童Bが考えた分類

・笑顔になる　・笑みがこぼれる　・顔がほころぶ
・口元をゆるめる　・白い歯を見せる　・にこにこする
・表情をゆるめる　・ほおがゆるむ　・ほほ笑む
・目じりをさげる

と

・あざ笑う　・せせら笑う　・ちょう笑する
・鼻で笑う　・冷笑する　・笑いものにする

(i)　[1] と [2] に当てはまる言葉を、それぞれ**十字程度**で自分で考えて書きなさい。

(ii)　――線部⑤・⑥での監督の「わらい」について説明したものとして最も適当なものを、次の中から選びなさい。

ア　⑤は、不満を口にする成美のおさない一面を見てわらったもので、⑥は、成美の鋭《するど》い自己評価に成長を感じてわらったものである。

イ　⑤は、すっかり弱気な成美を励《はげ》ますのにわざとわらったもので、⑥は、成美の隠《かく》れた才能を発見した喜びからわらったものである。

ウ　⑤は、成美の子どもらしい素直《すなお》な反応に思わずわらったもので、⑥は、成美の意外な自己分析《ぶんせき》がおもしろくてわらったものである。

エ　⑤は、練習不足に今頃《いまごろ》気づいた成美にあきれてわらったもので、⑥は、成美の返事が予想どおりだったことをわらったものである。

(7)　――線部⑦「わたしはおそるおそる本棚を見あげた。」とありますが、このときの成美の様子について説明したものとして最も適当なものを、次の中から選びなさい。

ア　おみやげのドクロをもらったことさえすっかり忘れていたが、ご利益《りやく》を知って急に期待が高まっている。

イ　おみやげのドクロを不気味なものとして雑に扱《あつか》っていたが、ばちが当たると感じて不安になっている。

ウ　おみやげのドクロを怖《こわ》さからずっと避《さ》けて生活していたが、父親の愛情に気づいて謝《あやま》りたくなっている。

エ　おみやげのドクロをおそろしいものとして遠ざけていたが、思いがけない効果を聞いて気になっている。

(8)　この文章の話の展開や表現の仕方の特徴《とくちょう》を説明したものとして最も適当なものを、次の中から選びなさい。

ア　話の中に成美以外にも多くの仲間を登場させることで、審査会に向けた道場の緊張やあせりがおのずと伝わってくる。

イ　成美本人の心の中の声や言葉が多く描《えが》かれることで、そのときの気持ちがよりくわしく伝わるように表現されている。

ウ　成美と監督の練習や会話の様子をくり返し描くことで、成美自身が短期間での上達を実感しながら話が展開している。

エ　最後の場面に外国の言葉やカタカナ語を登場させることで、成美の目が広い世界へむいたのを暗示させる効果がある。

(9)　この文章のX[ユダン]、Y[コウサ]を漢字に直しなさい。（ハネやハライなどの点画もきちんと書くこと。）

二　次のⅠ・Ⅱの文章を読んで、後の問いに答えなさい。設問の都合上、省略した部分があります。

Ⅰ

真っ赤なリンゴはおいしく熟したあかし。それは本来、植物にとって果実を食べることとひきかえに種子を広げてくれる動物たちへのメッセージなのでした。

しかし、赤は赤でも危険な赤もあります。人間の社会ならば赤信号や道路工事などで立ち入り禁止を示すために立てられるコーンなどが代表でしょう。救急車のような緊急性《きんきゅうせい》のあるものに赤がイメージカラーとして用いられるのも、このような広い範囲《はんい》で共通した人間社会の約束事を反映したものと考えられます。

さらには、コーンをつないで張られる、黒と黄色のしま模様のロープも警告の意味を持ちます。このロープは虎《とら》ロープとも呼ばれます。踏切《ふみきり》のバーも同じような模様になっていますね。

ここまでは人間社会での文化的な例ですが、動物の世界にもこのように警告のための色を利用している例が知られています。

代表の一つは、さきほどの虎ロープの模様です。自然界でそれが警告の意味を持つのはトラの場合ではありません。ハチです。トラならば草むらなどにまぎれてしまう模様も、飛びまわるハチならば相手からはっきりと見ることができます。そして、ごぞんじのようにハチは相手を刺《さ》すことを攻撃《こうげき》や防衛の方法としています。ハチに刺された経験がある動物は、ハチの模様を見るだけで危険な相手として警戒《けいかい》することになります。ハチよりすばやく飛びまわって虫などを捕《つか》まえる昆虫食《こんちゅうしょく》の鳥たちも、ハチは危険な相手として避《さ》けるのです。

①まわりの環境《かんきょう》に溶《と》け込《こ》むカムフラージュは、目立たないためのものですが、ハチの黄色と黒のしま模様の場合、自分が針を持った危険な存在であることを伝えています。このような意味を持った生きものの色彩《しきさい》を「警告色」と呼んでいます。

警告色は、チョウをはじめとする、中南米やマレー諸島などの熱帯の昆虫の研究でたくさんの実例が積み重ねられました。チョウは鳥などに狙《ねら》われる立場にあります。食べられないようにするために、鳥よりもすばやく飛ぶセセリチョウや、小刻みに方向を変えながら飛ぶシジミチョウなどが知られていますが、やはり、まわりの環境に溶け込むカムフラージュ効果のある姿になることが有利であると考えられます。

ところが、②一部のチョウは派手な模様や色を身につけています。南北アメリカ大陸と東南アジアの両方に分布するマダラチョウのなかまなどは、その名の通りの華《はな》やかな模様を持ちます。たとえば、北アメリカでよく知られているオオカバマダラはオレンジの羽のふちにまだらが付いた美しいチョウです。彼《かれ》らが越冬《えっとう》*1のためにアメリカ南部やメキシコにやってきている時など、木の枝いっぱいに群れる姿が見られることもあります。しかし、そのように目立っていたら、彼らを狙う鳥などに「食べてください」と言っているようなものではないでしょうか。これはいったいどういうことなのでしょう。

進化論をまとまったかたちでつくりあげたことで知られるチャールズ・ダーウィンは最初、美しい花が咲《さ》き、明るい光にめぐまれた熱帯では、むしろ派手な色の方が目立たないのではないかと考えました。つまり、カムフラージュ効果です。しかし、昆虫を専門とする研究者たちが、もっと*2冷涼《れいりょう》な気候の土地でも華やかなチョウがいることを指摘《してき》し、この仮説はなりたたないだろうということになりました。

そうした流れのなかで、これらのチョウたちは実は警告色を身につけているのではないかという考え方が有力になっていきました。さきほど例にしたオオカバマダラなどのマダラチョウのなかまの多くは、体の中に毒をため込んでいます。彼らは幼虫の時に食べる草からこの毒のもとになる化学物質を得ています。成虫の場合、特に羽やかたい殻《から》のような体の表面に毒が集中しています。それを食べたからといって鳥が必ず死んでしまうほどの強さではありませんが、激しい吐き気《はけ》などにおそわれるため、このような「毒チョウ」たちは鳥にとって、まずいチョウということになります。

鳥たちはこれらのまずいチョウを食べてしまうことがありますが、そういう経験をした鳥は、次から同じ種類のチョウを避けるようになります。これは一種の学習です。覚えやすい姿のチョウの方が学習効果が上がるのは予想がつくでしょう。そういうわけで、マダラチョウたちは、あえて派手で特徴的《とくちょうてき》な姿になることで「わたしはまずいですよ」というメッセージを発信していると考えられているのです。彼らは警告色がよく見えるようにしているのか、飛び方もゆらゆらとのんびりしています。アメリカのとある田舎町《いなかまち》の川ぞいには「泳ぐのに安全でもふさわしくもありません」という看板が立てられているそうです。ずばり「遊泳禁止(泳いじゃだめ)」と書いた方がよい気もしますが、妙《みょう》にていねいな語り方がユーモラスです。この看板にならうなら「毒チョウ」たちは羽の色や模様によって「□安全でもふさわしくもありません」と伝えていることになるでしょう。

これが警告色の考え方による、チョウの姿の派手さへの説明です。

しかし、ここで一つ疑問が残ります。「毒チョウ」の警告色が学習によって鳥たちに意味を持つようになるとしたら、常にいくらかの個体は食べられてしまうことになります。なんとなく、そうやって全体としての種を守っているのかな、と思ってしまいますが、現代の生物学ではこのような「種のために個体が犠牲《ぎせい》になる」というメカニズムで進化を考えることはしません。姿かたちにしろ行動にしろ、それが遺伝するとしたら遺伝子のはたらきによることになります。ということは、カムフラージュにしろ警告色にしろ、それらが生き残るのに有利な性質として受け継《つ》がれ、種の特徴として進化するためには、それらの性質が何よりも遺伝子を残すことに有利でなければなりません。このように考えると、有利不利の基本単位はあくまでも種ではなくて個体であることがわかるでしょう。少し話を広げると、なかま(種)のために積極的に犠牲になるような性質を持つ個体と、それらの個体の犠牲をうまく利用して生き残る性質を持つ個体がいる場合、その種においては後者の性質が優勢となると考えられるのです。

これに対する一つの説明は、③自分と同じ遺伝子を多く持つ家族のためなら犠牲になる性質は遺伝的に有利になり得るというものがあります。血縁《けつえん》の近い個体が集まって群れで暮らすタイプのチョウならば、この説明はうまくあてはまりそうです。

さらに、④おそわれたからといって死ぬとは限らないということを証明した実験があります。たとえば、カブラハバチの幼虫は体が黒くなっていますが、これはカムフラージュのためではありません。実際に黒い紙の上にカブラハバチの幼虫を載《の》せてヒヨコの前に出すと、ヒヨコは動きまわる幼虫に気がついて、高い確率で攻撃します。しかし、木の葉のような緑の紙の上において、黒い幼虫が目立つようにするとかえってヒヨコの攻撃は少なくなります。

カブラハバチは実はヒヨコにとって「まずい虫」なのです。これはモンシロチョウの緑色の幼虫と比較《ひかく》した時、ヒヨコはモンシロチョウの幼虫を好んで食べますが、カブラハバチの幼虫は少しつつくだけでほとんど食べないことからわかります。しかも、ヒヨコにつつかれたカブラハバチの幼虫は体の表面にいやなにおいの液体を出すことも知られています。この点でも彼らは「まずい虫」なのです。黒い紙の上ではカブラハバチの幼虫の動きに反応して攻撃してしまうヒヨコも、緑の紙の上で彼らの黒い色がはっきりわかるようにすると、すぐに学習してカブラハバチの幼虫に手(くちばし)を出さなくなるのです。カブラハバチの幼虫の黒い体色は、一種の警告色であると理解することができます。

そして、カブラハバチの幼虫の体はゴムのような弾力性《だんりょくせい》のある体表をしているため、少しくらいヒヨコにつつかれても、大ケガをしたり死んだりはしにくくなっています。

以上のような条件がそろうと、群れをつくらないカブラハバチの幼虫のような場合でも、警告色がその個体自体の生き残りに有利にはたらく可能性があることがわかります。今後、さらに研究が進むことで、いろいろな生きものの警告色が自己犠牲にならないかたちでの有利さを持つことが説明できるようになるのではないかと期待されています。

最後に⑤鳥類のちょっと変わった警告色についても、少しだけお話ししておきましょう。鳥類にも警告色があることは知られています。しかし、それは色とりどりといったものとは限りません。さまざまな鳥たちを比較検討し、「よく目立つ、まずい鳥」、つまり、警告色を持ち、その肉が実際に彼らを食べた猛禽類《もうきんるい》＊3などに好まれないと判断できるものを集めた研究によると、目立つ色の代表の一つは白と黒の取り合わせでした。

たとえば、ヤツガシラという鳥がいます。ユーラシア大陸からアフリカにかけての温帯・熱帯に広く分布し、主に開けた土地で活動します。彼らは敵の攻撃を受けると、くちばしや翼《つばさ》のチョップで反撃します。さらにヘビのようなシューシューという音を出したり、尾《お》のあたりにある分泌腺《ぶんぴつせん》から臭《くさ》い物質を出すこともします。こんなやっかいな相手を捕まえて、しかもまずいときたら、その捕食者《ほしょくしゃ》(相手を食べようとする動物)はヤツガシラをわざわざ狙う相手ではないと学習するでしょう。ヤツガシラの体は頭部を中心に褐色《かっしょく》が広がっていますが、背中のあたりになると白と黒の入り混じった模様となります。おそらく、この模様が警告色となってヤツガシラが開けた土地で姿を見せていても食べられにくい効果をあげていると考えられています。

白と黒の取り合わせは色あざやかとはいわないでしょうが、捕食者に学習されやすい目立つ色として、⑥警告色の効果を想定できるのです。東南アジアを中心に沖縄にもすむオオゴマダラは、白と黒の模様の羽を持つ「まずいチョウ」として知られていますし、両生類・爬虫類《はちゅうるい》などにも例を見つけることができます。哺乳類《ほにゅうるい》で科学的に警告色と判断されている例はほとんどありませんが、その中でも、敵におそわれた時におしりの分泌腺から臭い物質をふき出すスカンクや、身を守るためにも攻撃にも使える針のような毛におおわれたヤマアラシのなかまなどが白黒の姿をしているのは、警告色として進化してきたものと考えられています。

（森由民《もりゆうみん》『ウソをつく生きものたち』〈緑書房〉による）

Ⅱ

あえて目立つことで生存率を上げている動物もいます。毒をもったヘビやハチ、不味《まず》い味がするテントウムシやくさい臭《にお》いを出すカメムシなどは、赤や黄などの派手な色や模様をしています。

これは、一度でも仲間を食べて酷《ひど》い目にあった捕食者に、二度と襲《おそ》われることがないように印象づけるためだといわれています。もちろん、最初に襲われた同種の生き物は犠牲になりますが、他の仲間が襲われる危険性は低くなります。まさに、個体ではなく種全体が生存する確率を上げるための戦略です。

中には毒をもつ動物そっくりの色や模様にすることで、捕食者から攻撃されないようにしている動物もいます。

例えば、ミルクヘビは赤、黒、白の縦縞《たてじま》模様をしていて、毒蛇《どくへび》のサンゴヘビにそっくりな見た目をしていますが、自身は毒をもちません。これは擬態《ぎたい》*4の一種で、「ベーツ型擬態」と呼ばれています。毒のあるサンゴヘビに擬態することで、自ら毒を作り出すことなく身を守ることができるというわけです。

ただし、これにも欠点があって、毒のない種の数が増えすぎると擬態の効果が薄《うす》れます。また、毒をもつ動物がいない場所では、天敵に毒があると認識《にんしき》されないので、擬態の効果がなくなります。すなわち、擬態の効果があるかどうかが⑦環境に左右されてしまうということです。

ベーツ型擬態には、他にも不味い味のする動物やくさい臭いを出す動物に外見だけを似せたりするものもいます。強い動物や忌避《きひ》*5されている動物の見た目を真似《まね》て、少しでも捕食されるリスクを下げようとする、弱いものなりの生存戦略なのです。

（入倉隆《いりくらたかし》『奇想天外《きそうてんがい》な目と光のはなし』〈雷鳥社〉による）

注

*1　越冬…生き物が寒さの厳しい冬をこすこと。

*2　冷涼な…ひんやりしていてすずしいさま。

*3　猛禽類…タカやフクロウなどの肉食の鳥。

*4　擬態…動物が周囲の物や他の生物と似た色や形をしていること。

*5　忌避…きらってさけること。

(1)　――線部①「まわりの環境に溶け込むカムフラージュ」とありますが、どのような例が挙げられていますか。これより前の部分から探し、「という例。」に続くように、文章中の言葉を用いて**二十字以内**で書きなさい。

(2)　――線部②「一部のチョウは派手な模様や色を身につけています。」とありますが、その理由として最も適当なものを、次の中から選びなさい。

ア　周囲の環境に溶け込んで、鳥などが見つけてもわからないようにするため。

イ　毒が集中している羽やかたい殻を鳥などに狙わせて、その命をうばうため。

ウ　チョウを食べようとする鳥などに、食べない方が良いことを知らせるため。

エ　体の中の毒で攻撃してくる危ない存在であることを、鳥などに伝えるため。

(3)　[　　]に入る語句を**五字以内**で考えなさい。

(4)　――線部③「自分と同じ遺伝子を多く持つ家族のためなら犠牲になる性質は遺伝的に有利になり得るというものがあります。」とありますが、その理由として最も適当なものを、次の中から選びなさい。

ア　たとえ自分が犠牲になったとしても、それによって自分の種全体が生きのびることにつながれば、自分の遺伝子を残していくことができるから。

イ　たとえ自分が犠牲になったとしても、それによって自分と同じ遺伝子を多く持つ家族が生き残れば、自分と同じ遺伝子を残すことができるから。

ウ　たとえ自分が犠牲になったとしても、それによって警告色を身につけた仲間を救うことになれば、子孫に有利な性質を持たせることができるから。

エ　たとえ自分が犠牲になったとしても、それによって鳥たちに危険な種であることを学習させることになれば、自分の家族を守ることができるから。

(5)　――線部④「おそわれたからといって死ぬとは限らないということを証明した実験があります。」とありますが、この部分に関する次の二つの問いに答えなさい。

(i)　カブラハバチの幼虫は、なぜおそわれても死ぬとは限らないのですか。最も適当なものを、次の中から選びなさい。

ア　幼虫の色に気づいた敵はすぐに攻撃をやめる上、幼虫の体は少しくらい攻撃されてもだいじょうぶだから。

イ　敵に気づかれにくい黒い体をしている上、あまり好まれない「まずい虫」の一つであると考えられるから。

ウ　群れで暮らすタイプではない上、敵はモンシロチョウの幼虫に比べておいしくないことを知っているから。

エ　「まずい虫」であることがわかる色をしている上、敵はゴムのような弾力性のある体をあまり好まないから。

(ii)　筆者は、カブラハバチの幼虫がおそわれても死ぬとは限らないことを証明する実験を取りあげることで、どのようなことを説明しようとしていますか。文章中から**六十字以内**で探し、はじめと終わりの**五字**を書きなさい。

(6)　――線部⑤「鳥類のちょっと変わった警告色」とありますが、どのような点を「ちょっと変わった」と表現していますか。最も適当なものを、次の中から選びなさい。

ア　捕食者に学習されやすい模様である点。

イ　背中のあたりにだけある模様である点。

ウ　開けた土地に対応している色である点。

エ　白と黒という派手ではない色である点。

(7)　次の表は、――線部⑥「警告色の効果」について、[Ⅰ]の文章中に見られる警告色の効果とその警告色を持つ動物をノートにまとめている途中《とちゅう》のものです。[a]に入る**動物名**は文章中からぬき出し、[b]は**十字以内**で考えて答えなさい。

警告色の効果	動物
危険な針などを持つことを知らせる。	ハチ
[b] ことを知らせる。	[a] カブラハバチの幼虫 ヤツガシラ スカンク

(8) ――線部⑦「環境」とありますが、この場合のミルクヘビにとっての「環境」として当てはまるものを、次の中から**二つ**選びなさい。

ア　どのくらいの数の捕食者が周囲にいるか。
イ　どのくらいの数のミルクヘビが周囲にいるか。
ウ　どのくらいの数のサンゴヘビが周囲にいるか。
エ　どのくらいの割合で捕食者が攻撃してくるか。
オ　どのくらいの強さの毒をサンゴヘビがもっているか。

(9) [Ⅰ]と[Ⅱ]で「警告色」についての考え方が異なるところとして最も適当なものを、次の中から選びなさい。

ア　[Ⅰ]では、捕食者にあらかじめ襲ってはいけないことを知らせる方法としているのに対し、[Ⅱ]では、二度と襲われないようにする方法としているところ。
イ　[Ⅰ]では、あまり目立たない色や模様も警告色の一種だと考えているのに対し、[Ⅱ]では、派手な色や模様などの目立つものが警告色だと考えているところ。
ウ　[Ⅰ]では、毒などを持つ強い生き物が他の生き物に危険を知らせる手段としているのに対し、[Ⅱ]では、弱い生き物が生き残っていく手段としているところ。
エ　[Ⅰ]では、個体の生存する確率を上げるための戦略としているのに対し、[Ⅱ]では、個体ではなく種全体が生存する確率を上げるための戦略としているところ。

帝京大学中学校（第一回）

—50分—

注意　問題の中で、字数が指定されている場合は、特に指示のない限り、句読点等を字数にふくめること。

一　小学四年生の「私」（紀子《のりこ》）は、友人たちとクラスメイトの好恵《よしえ》の誕生会を開いたが、始まってまもなく好恵の母親に「うちは誕生会はやらないことになっている」と言われ帰らされてしまった。以下は、それに続く場面である。これを読んで、後の問いに答えなさい。

「好恵とは一応、仲良くする。でも、もう私たちのお誕生会には呼ばない。お誕生会の恨《うら》みはお誕生会で返すべきだし、それに、休日のパーティーまではクラスメイトの目も届かないでしょ」

最初、春子がこの復讐《ふくしゅう》案を口にしたとき、私はなんという妙案《みょうあん》だろうとすっかり感心した。誕生会の恨みを誕生会で返すというのは確かに道理にかなっているし、あれだけのことをされたのだからこれくらいはして当然と、私たちは全員一致《いっち》で好恵を今後の誕生会から閉めだすことを決議した。

自分のうかつさに思い至ったのは、その決議から数日が流れてからのことだ。

私は肝心《かんじん》なことを忘れていた。

グループで二番目に十歳《じっさい》を迎《むか》えた好恵に続く、三番目の十歳。

好恵に最初に手を下すいやな役まわり……。

そう、私は三週間後に誕生日を控《ひか》えていたのだ。

七月八日。七夕《たなばた》の翌日にあたる私の誕生日は日曜日だった。この年も織姫《おりひめ》と彦星《ひこぼし》は逢《あ》いびきを果たせず、母は朝から窓辺に垂らしていた笹《ささ》を片付けると、代わりに祈り紙や紙テープで居間を彩《いろど》った。すでにごちそうの下準備は整えられ、冷蔵庫には子供心をそそる食材がぱんぱんに詰《つ》まっている。中でもひときわ目を引いたのは『ＨＡＰＰＹ　ＢＩＲＴＨＤＡＹ　ＮＯＲＩＫＯ』とホワイトチョコで描かれた手作りのチョコレートケーキだ。食器棚《しょっきだな》にはお菓子《かし》の数々もスタンバイされていて、中には普段《ふだん》あまり食べさせてもらえない体に悪そうなものもある。これがいつもの誕生日なら、私は幸福度一二〇パーセントで宙に浮《う》いていたことだろう。

しかし、①私は疲《つか》れきっていた。

好恵を誕生会からしめだすことに決めたあの日から三週間、私は人の視線とはこんなにも怖《こわ》いものかとつくづく思い知らされながら過ごした。いつ、好恵に誕生会のことをきかれるのか。いつ、好恵は自分が誕生会に招かれないことを悟《さと》るのか。私は絶えずびくびくと好恵の視線ばかりを気にしていたのだ。

好恵に「おはよう」と声をかけられるだけで、私は招待状の催促《さいそく》でもされたように顔を赤くした。会話の途中《とちゅう》で沈黙《ちんもく》が訪れるたび、「ところで、紀ちゃんのお誕生会だけど……」と切りだされるのではないかとどぎまぎした。毎日が緊張《きんちょう》の連続。七月八日が近づくほどにその緊張は高まっていった。

これほど自分が小心者とは知らなかった。復讐がこれほどの苦痛を伴《ともな》うものとも知らなかった。ついに誕生日を迎えたその日、だから私は誕生会やプレゼントの喜びより、ようやくその苦痛から解放される喜びのほうが大きかったのだ。

誕生会は滞《とどこお》りなく進んで、終わったと思う。もともと滞りなど起こりようもないパーティーだ。まずはケーキの蠟燭《ろうそく》に火を灯《とも》し、部屋を暗くして「ハッピー・バースデー・ツー・ユー」の合唱。それから十の炎を吹《ふ》き消し、パチパチと拍手《はくしゅ》。再び部屋に明かりが灯り、みんなからプレゼントをもらって、ようやくごちそう。皿の空いた座卓《ざたく》にはお菓子が並び、そのあまりは夕方、母がちり紙にくるんでプレゼントのお返しとともに配る。お決まりの儀式《ぎしき》。この段取りさえ押さえればまず失敗はない。なのに好恵はそれすらもしてもらえなかった。好恵の十歳の誕生日にはケーキもなかったのだ。

みんなの帰った後、急に［A］なった部屋の中で、私は一気に脱力《だつりょく》した。もらったプレゼントをしまうのも億劫《おっくう》で、その場に散らかしたまま二階へ上がると、部屋のベッドに［B］うつぶした。甘いケーキの味はとうに忘れ、苦い後味ばかりが残っていた。

一生に一度しかない十歳の誕生日。

もう永遠に取り戻《もど》せない特別な一日。

好恵はあの日、どんな思いで十代への第一歩を踏《ふ》みだしたんだろう。

そして今日はどこで何を思い、過ごしていたんだろう。

誕生会の終了と同時に、私はこの胸のもやもやから解放されるはずだった。なのにもやもやは増す一方で、瞼《まぶた》の裏に焼きついた好恵の視線はなおも私を苦しめる。ついてない、と心底思った。私の誕生会が七月八日でなかったら、秋や冬の終わりのほうだったら、私は例年通りに何も考えず楽しい一日を過ごしていたはずだ。一年で一番幸せな一日。なのに、好恵の次に生まれたばかりにすべてがだいなしになってしまった。ついてない。ついてない。ついてない……。

「紀ちゃん」

と、そのとき、襖《ふすま》のむこうから姉の声がした。

入るよ、とノックもせずに現れた姉は、ベッドに伏《ふ》せた私のもとへ［C］歩みより、黄色いリボンのかかったたんぽぽ文具店の包みを差しだした。

「今、家の前であんたの友達みたいな子に会ってさ。これ、あんたに渡《わた》してって」

「え」

「直接渡せばって言ったら、自転車に乗っていっちゃった」

私は声もなくその包みを受けとった。姉が去ってからリボンをほどくと、包装紙にくるまれていたのは須田《すだ》さん並みに豪華《ごうか》なサンリオ商品のセットだった。私の好きなリトルツインスターズのメモ帳もある。

「……」

気がつくと、足が勝手に私を運んでいた。私は階段を駆《か》け下りて玄関《げんかん》をくぐりぬけ、庭先の自転車に飛び乗った。

自転車は私を好恵の家へ運んだ。

風も、地面も、すべてが私をそこへ運んでいく気がした。

好恵の家はあいかわらず整然と、一寸の乱れもなしに佇《たたず》んでいた。軒《のき》先《さき》に縦列《じゅうれつ》された二台の自転車の片方は、ついさっき好恵が停《と》めたものにちがいなく、私はその几帳面《きちょうめん》な停めかたに学校における彼女とのギャップを感じながら、自分の自転車を荒《あら》っぽく乗りすてた。それから一つ深呼吸をして玄関へむかった。

熟柿《じゅくし》のような電球に照らされたブザーに手を伸《の》ばすのには、勇気がいった。私は好恵と会うのが気まずいだけでなく、あの日、あんなにもはっきりと私たちを拒《こば》んだおばさんに会うことも恐《おそ》れていたからだ。

どうか鬼母《おにはは》が出ませんように。

どきどきしながらブザーを押《お》すと、数秒後に「はい」と低い声がして、扉《とびら》が開かれた。

「ひっ」

現れたのは鬼母だった。

「あ……ら」

エプロン姿のおばさんは、濡《ぬ》れた手をそのポケットのあたりでぬぐいながら、私に困惑《こんわく》の目をむけた。夕食時のせいか、扉のむこうからは炒《いた》めもののいい匂《にお》いが香ってくる。後ずさる私を前に、おばさんはその匂いをたどるようにふりかえり、好恵はどうのとぶつぶつ言いながら奥《おく》の部屋へと踵《きびす》を返した。私のことを憶《おぼ》えていたらしい。【ア】

数秒後、重たい足音と共に好恵が現れた。

「どうしたの」

開口一番に問われ、私はたじろいだ。好恵の声には「なんか用?」とでもいうような、白々とした響《ひび》きがあったからだ。

「あの……その、プレゼントありがとう」

言葉につまった末、いきなり本題に入ると、

「え?　ああ、あれか」

自転車にはまだぬくもりが残っているはずなのに、好恵は遠い昔でもふりかえるようにわざわざ首を傾《かたむ》けた。リアクションの達人にしては鈍《にぶ》すぎる反応。私はますます勢いをそがれて動揺《どうよう》した。すまし顔をあさっての方向へむけている好恵を見ていると、自分がここに何を期待して来たのかわからなくなってくる。【イ】

苦しい沈黙の末、ひとまずここは撤退《てったい》だ、と逃《に》げることにした。②じゃ、それだけ、と早口で言いながら背をむけ、ドアノブに手をかける。

「夕ごはん……」

と、そのとき、背中からおばさんの声がした。

「夕ごはん、まだなら食べていきなさい」

最初のうち、私はそれが自分にむけられた言葉とは思えなかった。あのおばさんがこんなことを言うわけがない。【ウ】

「……はい」

どうしてか「いいえ」と言えなかった私は、この夜、おばさんや好恵の後について居間へ通され、眉毛《まゆげ》のあまりないカーリーヘアのお姉さんや、「デブ」「クソ」「バカ」など憶えたての汚《きたな》い言葉を連発する弟と夕食をともにするはめになった。おじさんの姿は見えず、「クソジジイは接待バカゴルフ」と弟がその理由を説明した。

アジフライ。ピーマンとウインナーの炒めもの。かぼちゃの煮《に》つけ。ツナサラダ。味噌汁《みそしる》。

テーブルの上はそれなりににぎやかだったけれど、しかし静かな晩餐《ばんさん》だった。好恵は学校にいるときの十分の一もしゃべらず、お姉さんは終始ぶすっとしていて、弟一人が悪たれをつき続け、それをおばさんがたしなめる。好恵はなにも無限のエネルギーを持っているわけじゃなく、あのサービス精神は学校でのみ発揮されるのだと私は初めて知った。そういう私も緊張で口が強《こわ》ばり、「もっと食べて」とうながすおばさんに

うなずき返すのがやっとだったけれど。【エ】

おばさんは数分おきに「もっと食べて」とくりかえした。ウインナーを独占《どくせん》しようとする弟の手をはたいて、小皿に私のぶんを確保してくれもした。そのくせ、おかずの量を気にしているのか自分はほとんど箸《はし》を伸ばそうとしない。

もしかして――。あいかわらず気難しげな顔をして、それでも必死に私を気遣《きづか》うおばさん。そしてその様子をじっと見据《す》える好恵の横顔をながめているうちに、私はなぜ今、自分がここにいるのかわかったような気がした。

好恵にとって一生に一度の十歳の誕生日。あの日、私たちはここへ来なければよかったと後悔《こうかい》したけれど、好恵も好恵で私たちを呼ばなければよかったと後悔し、おばさんもまた何らかの悔《く》いをその胸に抱《かか》えてきたのかもしれない。

そう思った瞬間《しゅんかん》、あまり馬の合わない友人宅での居心地の悪い夕食会は、③何か大事な意味を宿した苦行へと変わった。取り返しのつかない何かを取り返そうとするように「もっと食べて」を連発するおばさんは、確かに私のどこかを満たし、そしてきっと、好恵のどこかを癒《いや》したのだ。

「ごちそうさまでした。おいしかったです」

夜も更《ふ》けて皿も空になると、私は疲れた様子のおばさんに礼を言い、「もう来んなよ、クソバカ女」と憎《にく》まれ口を叩《たた》く弟を柱の陰《かげ》でこづいてから、好恵の家を後にした。いいと言うのに、好恵は途中まで送るとついてきた。【オ】

もう一日早ければ織姫と彦星も再会できたにちがいない空の下、街灯に照らしだされた藪蚊《やぶか》の群れのむこうに無限の瞬《また》きを望みながら、私たちは無言で家《うち》への道を歩いた。私は自転車を押しながら。好恵はその後ろからてくてくと。途中、私が「もういいよ」と何度も好恵をふりかえったのは、黙《だま》りこんだきりの彼女をおもんぱかってのことではなく、自転車に乗って帰ったほうがよほど速いからなのだが、好恵はそのたびに「もうちょっと」と見送りの距離《きょり》を引き延《の》ばした。

何か言いたげで、なのに言えずにいた好恵がようやくその一言を口にしたのは、そんなやりとりが幾度《いくど》となく続いた後、「ほんとにもういいから」と私が自転車のサドルに跨《また》ろうとした瞬間だ。

「……ってくれる？」

好恵は私を遮《さえぎ》るようにして自転車のハンドルを握《にぎ》りしめ、かすれ声でささやいた。

「え」

「うちのお母さんの料理、おいしかったって、明日、学校でみんなに言ってくれる？」

私たちを包んでいたなまぬるい夜気が、ふいにぴしゃりと肌《はだ》を打った気がした。私はとっさに目を伏せ、からから回る自転車のペダルを見下ろした。そして、その回転が止まってからようやく顔を持ちあげた。

好恵は唇《くちびる》を踏んばって私の答えを待っていた。

「うん。言うよ」

それだけ返すのが精一杯《せいいっぱい》だった。

「おばさんの料理、おいしかったって、明日、みんなに言う」

今にも泣きそうなくせに意地でも泣かない好恵の顔が、なんともいえない［D］の表情に変わった。好恵は小さくうなずき、ふうっと息を吐《は》いて、私の自転車から手を放した。それからすばやく回れ右をして、もう用は済んだというふうにてのひらをぶらぶらやりながら、廊下《ろうか》で男子を追いまわすときのような軽快な駆け足で、深い夜のむこうへと遠ざかっていった。

（森絵都『永遠の出口』〈集英社〉より）

問一　――線①「私は疲れきっていた」とありますが、これはなぜですか。その説明として適切なものを次の中から一つ選び、ア～エの記号で答えなさい。

ア　本当は好恵も誕生会に呼びたいが、他の友人たちとの約束を破ることもできずがまんするしかなかったから。

イ　誕生会の準備をしていることを誰《だれ》にも知られないようにしようと気をつかっていたから。

ウ　自分が誕生会に呼ばれていないということを好恵がいつ知るだろうかと気になっていたから。

エ　好恵を誕生会からしめだそうとしていることで、周りの人からひどい人間だという視線を向けられていたから。

問二　[A]～[C]にあてはまる語句として適切なものを次の中から一つずつ選び、ア～エの記号で答えなさい。

ア　ずかずかと　　イ　がらんと
ウ　ゆったりと　　エ　どてっと

問三　本文中からは次の一文が抜《ぬ》けています。【ア】～【オ】のうちで、どこにあてはめるのが適切ですか。ア～オの記号で答えなさい。

しかし、ふりむくとおばさんは怖いくらいにまっすぐに、確かに私を見つめていた。

問四　――線②「じゃ、それだけ、と早口で言いながら背をむけ、ドアノブに手をかける」とありますが、このときの「私」の気持ちを説明したものとして適切なものを次の中から一つ選び、ア～エの記号で答えなさい。

ア　予想外に素っ気ない好恵の反応を見て、急いで会いに来てしまったことを恥《は》ずかしく感じている。

イ　自分の期待とは大きく異なった好恵の反応を前にして、来なければよかったと後悔している。

ウ　好恵の反応にどこかとぼけたようなところがあるために、自分が何か勘違《かんちが》いしたのではないかととまどっている。

エ　好恵の反応が思いがけないものばかりであったために、どうすればいいのか分からなくなって困っている。

問五　――線③「何か大事な意味」とありますが、それはどのような意味ですか。その内容を四十字以内で説明しなさい。

問六　[D]にあてはまる語句として適切なものを次の中から一つ選び、ア～エの記号で答えなさい。

ア　不安　　イ　安堵《あんど》　　ウ　快感　　エ　困惑

問七　本文の内容と一致するものを次の中から一つ選び、ア～エの記号で答えなさい。

ア　誕生日会に好恵を呼ばなかったことを知っていた好恵の姉や弟は、「私」に対して冷たく接していた。

イ　好恵の母親は「私」がプレゼントのお礼を言いに来ることを期待して、夕ごはんの準備をしていた。

ウ　「私」は誕生日会に呼ばなかったことを好恵に謝りたかったが、きっかけがつかめずにいた。

エ　学校で見せる様子とは大きく違う好恵の様子に、「私」はとまどいを隠《かく》すことができなかった。

二　次の文章を読んで、後の問いに答えなさい。

　ねこ好きの外国人が口をそろえていうのは、日本は「ねこ文化大国」で、日本人ほどねこ好きな民族は他に存在しないということです。具体的には、日本のどんな大都市でも、路地に足を一歩踏《ふ》み入れれば、そこにはあたり前のようにノラねこが暮らしている。さらに、街には「ねこ」がデザインされた服や小物を身につけた子供や女性があふれ、店に入れば何かしらの「ねこグッズ」が売られていて、書店などではねこの写真集のコーナーまである。このような光景に、海外からの旅行者は驚《おどろ》き、特にねこ好きの外国人は興奮するそうです。少なくとも、こんなねこまみれの光景は、ヨーロッパではあり得ないことなのだと。【ア】

　日本人にとっては、ごくごく日常的でありふれたことであっても、海外の人の目には、とてもユニークで、そしてクールに(カッコよく)映るものがあります。彼らの熱狂《ねっきょう》的な反応によって、わたしたちは少し戸《と》惑《まど》いながらも、自国の文化や習慣のユニークさや素晴らしさに、あらためて気づかされることも珍《めずら》しくありません。たとえば、寿司《すし》や蕎麦《そば》などの和食、日本の伝統文化や職人の技、最近のものではマンガやアニメ、ファッションなどがそれにあたります。そして、日本人とねこの深い関係も間違《まちが》いなくそのひとつのようです。恥《は》ずかしながらわたし自身も、外国人の熱狂ぶりによって、①そのことを再認識させられました。

　②日本人とねことの関係の始まりは、いまから１４００年ほど前の飛鳥時代(最近の研究からは弥生時代の可能性も)の頃《ころ》までさかのぼるといわれています。中国からの、ありがたい仏教の教典をネズミから守るため、教典とセットでねこが持ち込《こ》まれたとの説もあります。農耕民族である日本人にとって、ねこはとても役に立つ動物でした。いうまでもなく、瑞穂《みずほ》の国の日本では、米は食と生活、そして文化の原点です。その大切な米を食い荒《あ》らすネズミは、日本人の天敵といっても過言ではないでしょう。そんなネズミを次々と退治してくれるねこの登場は、当時の人々にとっては、少しおおげさかもしれませんが、救世主(メシア)が現れたようなものだったのかもしれません。米だけでなく、絹糸を生産する養《よう》蚕《さん》業にとっても、ねこは必要不可欠な存在でした。絹を吐《は》くカイコやカイコがつくる繭《まゆ》をネズミから守るために、一昔前までは、養蚕の盛んな土地ではたくさんのねこが飼われていました。ねこが足りなくて、ねこを描いた絵を壁《かべ》に貼《は》って、ネズミ除《よ》けにした時代もあったくらいです。

　A　、四方を海に囲まれた島国日本は、古《いにしえ》より漁業が盛んな国でもあります。昔の船は、「板子《いたご》一枚下は地獄《じごく》」といわれる木造船でした。船をかじるネズミは、漁師の生活どころか、命さえも奪《うば》いかねません。漁村においても、ネズミを退治するねこは、当然のことながら重宝され、船の守り神として大切にされてきました。わたしたちがねこを特別な動物として大切にする習慣は、農業や漁業をa生業《なりわい》とする日本人の生活特性と深く結びついています。日本人がねこ好き民族である理由は、第一にこのあたりにあるように思います。【イ】

　ねこにとっても、日本人とともに暮らす生活は、十分に快適なものでした。湿気《しっけ》の多い気候にあわせてつくられた、昔の日本の木造家屋には、ねこが自由に出入りできる隙間《すきま》がたくさんあり、軒下《のきした》や天井裏など、ねこが出産したり、身を隠《かく》したりする場所もたくさんあります。さらに、食べ物に関しても、海辺の漁師町では魚のアラや雑魚《ざこ》などのエサが豊富にあります。海が近くになくとも、農村地帯の家屋のまわりには自然がたくさん残っており、野ネズミや野鳥、トカゲなどの天然のエサも豊富にあります。ねこにとってほとんど栄養にもならない、麦飯にみそ汁《しる》をかけただけの「ねこまんま」しか飼い主から与《あた》えられないとしても、家のなかにはネズミもいますし、外に出ればエサとなる小動物たちがたくさんいました。【ウ】

このような双方《そうほう》の利益の一致《いっち》から、ねことわたしたち日本人は、お互《たが》いにかけがえのないパートナーとして長年一緒《いっしょ》に暮らしてきました。この蜜月《みつげつ》関係は、ねこがネズミを捕《と》るという役割をほぼ終えてしまった現在も、少しずつ形を変えながら続いています。

[B]、これほどまで身近な動物でありながら、③わたしたちはねこに秘《ひ》められた素晴らしい能力について、つまり「ねこのすごさ」について、知っているようで、実はあまり知らないことも多いのではないでしょうか。それもそのはず、家のなかにいるねこは、ご飯を食べている時と、遊んでいる時以外は、ほとんど一日中寝《ね》て過ごしています。普段《ふだん》の生活態度を見ている限りでは、ねこは、なんとも気ままで、お気楽な生き物なのだろうと思われても仕方がありません(そこがまた、ねこの魅力《みりょく》ではありますが)。しかし、遊びに興じている飼いねこのちょっとしたしぐさのなかに、あるいは街のなかで、高い塀《へい》に軽々と登ってしまうノラねこの姿を目撃《もくげき》して、さらにはネットで話題になった、b身を挺《てい》して大型犬から飼い主の子供を守る勇ましい行動に、ねこの底知れぬ能力を、「ねこのすごさ」のほんの一部を見て、びっくりすることはないでしょうか?

[C]、ねこの身体能力や感覚器の鋭《するど》さは、いまから約1万年前の、野生のヤマネコだった時代から、ほとんど失われていません。獲物《えもの》に音も立てずに忍《しの》び寄り、射程圏内に入れば、一気に飛びかかって瞬時《しゅんじ》に獲物の息の根を止めてしまう。そんな凄《すさ》まじい野生のハンターの身体能力をそのまま持ち続けた動物と、わたしたちはひとつ屋根の下で一緒に暮らしています。いわば、ねこの大きさにした獰猛《どうもう》なトラやライオンと、一緒に暮らしているようなものです。【エ】

しかし、一緒に暮らしていても、そのようなすごい身体能力を、ねこたちはなかなかわたしたちに見せてはくれません。それは、人間に知られないようにわざと「ツメを隠している」のではなく、人間と暮らす快適な生活のなかではそんな能力を使う必要がないからです。日々、自分に正直に生きているねこは、生きていくうえで不必要なことは決してしません。この本では、このように秘められた、ねこの潜在《せんざい》能力について、紹介《しょうかい》してゆくつもりです。みなさんは、ねこのすごい能力を知って、きっと驚かれることでしょう。そして、そんなすごい動物と、同じ家のなかに、あるいは同じ街のなかで、一緒に暮らしていることを知って、興奮し、そして嬉《うれ》しくなってくるかもしれません。

(中略)

ねこは本来、[④]という能力が高く評価されて、人間に大切にされてきました。しかし、日本をはじめ多くの先進国では、次第にその役割を終えようとしています。それでもなお、人はねこと暮らし続けています。その理由は、ねこを飼ったことのある方にはいわずもがなですが、ねこと一緒にいることで、人々は心が癒《いや》され、日々の生活に潤《うるお》いや張り合いが生まれるからです。特にストレスの多いといわれる現代社会では、心を癒してくれるねこの役割が、今後もますます注目されると思います。「ねこカフェ」が、都市部を中心に人気を集めるのもそのような理由からなのでしょう。さらに、この癒しの効果は、ねこを家で飼ったり、「ねこカフェ」などで、かわいいねことのふれ合いによって得られるにとどまりません。漁師町や山里、そして都会で、たくましく生きるノラねこの素の姿をとらえた写真集がよく売れていることからも明らかなように、気ままなねこの生き方を眺《なが》めるだけでも、人々は癒しを得ています。何物にも縛《しば》られない、自由気ままなノラねこの姿を見て、なにかと集団で行動することの多いわたしたちは、そんな生き方に憧《あこが》れ、つかの間の自由な生き方を疑似体験しているのではないでしょうか。この本では、現在のストレス社会に疲《つか》れた人々の心を癒し、元気にしてくれるねこの「すごい」力についても紹介したいと思います。

　昔からわたしたちは、ねこと深い関係を持ち続けている一方で、最近では、この関係も現代社会の持つ負の影響《えいきょう》を受けつつあることも確かです。具体的には、ねこの殺処分です。（中略）世界有数のねこ好き民族、ねこの文化大国と、海外の人たちからもてはやされているわたしたちが、このような問題を抱《かか》えたままでは、やはりよくないと思います。この本の第4章では、⑤日本人とねこの蜜月関係を、江戸時代の招き猫や浮世絵《うきよえ》などのねこ文化についても振《ふ》り返りながら、もう一度見直してみようと思います。これをヒントに、今後わたしたちは、同じ社会のなかで、ねことどのように共存し、ともに暮らしてゆけばよいのか、さまざまな新しい試みについても紹介しながら、考えてゆこうと思います。

（山根明弘『ねこはすごい』〈朝日新聞出版〉より）

問一　この文章には次の一文が抜《ぬ》けています。【ア】～【エ】のうちで、どこにあてはめるのが適切ですか。ア～エの記号で答えなさい。

自然に恵まれた日本の環境《かんきょう》は、ねこにとっても随分《ずいぶん》と暮らしやすいものであったようです。

問二　――線①「そのこと」が指す内容として適切なものを次の中から一つ選び、ア～エの記号で答えなさい。

ア　日本人とねことの深い関係がユニークで素晴らしいものであること。

イ　日本のどんな大都市でもあたり前のようにノラねこが暮らしていること。

ウ　マンガやアニメ、ファッションなどとねこが深い関係にあること。

エ　ねこまみれの光景にねこ好きの外国人が興奮すること。

問三　――線②「日本人とねことの関係の始まり」とありますが、これについての説明として適切なものを次の中から一つ選び、ア～エの記号で答えなさい。

ア　養蚕の盛んな土地ではたくさんのねこを飼い、それ以外の土地ではねこを描いた絵をネズミ除けにしていた。

イ　食と生活、文化を支える米をネズミから守ってくれるねこの登場に、人々はおおいに助けられた。

ウ　もともとは仏教の経典を守っていたねこを、日本人はネズミから米を守るために日本に持ち込んだ。

エ　ねこが米だけでなくカイコもネズミから守ってくれるとわかったことで、たくさんのねこが必要とされるようになった。

問四　[A]～[C]にあてはまる語句として適切なものを次の中から一つずつ選び、ア～エの記号で答えなさい。

ア　さらに　　イ　したがって　　ウ　実は　　エ　しかし

問五　＝＝線a「生業とする」・b「身を挺して」の本文中での意味として適切なものを次から一つずつ選び、ア～エの記号で答えなさい。

a「生業とする」

ア　伝統として残していくべき仕事とする
イ　他の国に負けないくらい得意な仕事とする
ウ　生活をしていくための仕事とする
エ　手作業でやらなければならない仕事とする

b「身を挺して」

ア　全身の力を使って
イ　相手よりも体を大きく見せて
ウ　体格の差を生かして
エ　自分の体を投げ出して

問六　――線③「わたしたちはねこに秘められた素晴らしい能力について、つまり「ねこのすごさ」について、知っているようで、実はあまり知らないことも多いのではないでしょうか」とありますが、これはなぜですか。五十字以内で説明しなさい。

問七　［④］にあてはまる内容を本文から六字で抜き出して答えなさい。

問八　――線⑤「日本人とねこの蜜月関係を、江戸時代の招き猫や浮世絵などのねこ文化についても振り返りながら、もう一度見直してみようと思います」とありますが、「日本人とねこの蜜月関係」について、「もう一度見直してみようと思います」というのはなぜですか。理由として適切なものを次の中から一つ選び、ア～エの記号で答えなさい。

ア　日本人が、ねこに心を癒してもらっていることを忘れて殺処分を行うようになっているから。
イ　日本人が、ねことの共存のしかたについて考えることをやめて殺処分を行うようになっているから。
ウ　日本人がねこと深い関係を持っている一方で、殺処分という問題も抱えるようになっているから。
エ　日本人がねこのすごい能力に気づかないせいで、殺処分という問題を抱えるようになっているから。

［三］　次の語句は、もともと四文字の言葉が省略されて使われている言葉です。例にならって、元の言葉を漢字で答えなさい。

(例)入試　→　入学試験

一　図工
二　行革
三　洋楽
四　量産
五　特急

［四］　次のそれぞれの――線部のカタカナを漢字に改めなさい。

1　うそをつかないことが私のシンジョウだ。
2　木のネンリンを数える。
3　本番前にキョクドに緊張《きんちょう》する。
4　コーチにキビしい指導を受ける。
5　祭壇《さいだん》にモクゾウをかざる。

6　科学の発展にキヨする。
7　父のボゼンに花を供える。
8　とてもオウボウなふるまい。
9　試合に勝つためのサクを練る。
10　正しいシセイを保つ。

桐蔭学園中等教育学校（第一回午前）

—50分—

注意事項　記述問題において、小学校で習わない漢字はひらがなで書いてもかまいません。

一　次の――線部のカタカナを漢字になおし、漢字の読みをひらがなで書きなさい。

① 日本はシゲンを海外からの輸入に頼《たよ》っている。
② その分野に関してはヒンジャクな知識しかもっていない。
③ 粗大《そだい》ゴミをカイシュウする。
④ ゴール直前、ランナーが必死のギョウソウで走る。
⑤ 新しいメンバーを加えてチームをホキョウする。
⑥ 不通になっていた鉄道がフッキュウした。
⑦ 手厚いカンゴ体制のある病院。
⑧ 総合案内のコーナーを設ける。
⑨ 往来を行き来する人々を見つめる。
⑩ 傷心の友人をそっとなぐさめる。

二　次の文章は動物と人間の知能について論じた文章です。これを読み、後の問いに答えなさい。

サーカスなどの見世物《みせもの》として、算数を解いてみせる動物というのはいた。有名なのは天才馬ハンスで、彼《かれ》は「ハンス、3＋4は？」などと聞かれると、ひづめで床《ゆか》を7回踏《ふ》み鳴らすのだった。

だが、ハンスは算数を理解していなかった。それどころか、人間の問いかけも、理解していなかった可能性が高い。彼がやっていたのは、「さあ、いくつかな？」と問いかける声、あるいはジェスチャーを（注1）キューとして、床を踏み鳴らすことだ。ポイントは、観客も答えがわかっている、というところにある。

正解が7の場合に足踏みが7回目になると、観客はうなずく、手を叩《たた》くなど、無意識に「それが正解」というサインを送ってしまう。ハンスはそれを見て叩くのをやめたのである。これは、ちょっと意地悪な実験で確かめられた。例えば「3＋4は？」という問いを出すが、実はハンスにはこの問いは見えていない。ハンスには観客に見えないように違《ちが》う問題を出すが、そのことを観客は知らない。つまり、観客はハンスに出された問いの答えとは違う数字を予期している。その場合でも、ハンスは観客に向けられた方の「正解」を出してしまうのだった。

このように、人間が「賢《かしこ》いと感じる」行動が、実はもっと①単純な仕組みで発現している、ということがある。その辺は注意が必要だ。特に遊びと呼ばれる行動の解釈《かいしゃく》については、「人間が見ると遊んでいるように見える」という主観が入りがちだ。

最近、ネット上でノガンモドキという鳥がゴルフボールを道路に投げつけてはまた拾っている映像を見た。これは「ボールをバウンドさせて遊ぶ鳥」となっていたのだが、②本当は遊びではないように思う。というのも、ボールを床に叩きつけた後、視線はずっと下を向いているのである。どころか、急に上から降ってきたボールに慌《あわ》てて飛びのいている。バウンドすることを予期していたら、ああいう動きにはならないだろう。

多分、卵か何かを地面に投げつけて割る行動が先にあって、ボールを見てもつい、地面に投げつけてしまっているのだと思う。ところが割れたはずの卵は見当たらず、それどころか上から何かが降ってきて慌てている、というのが真相ではないか。

とはいえ、動物の行動は本当に、思ったよりも複雑な場合があるから油断できない。

動物学者の鈴木俊貴《すずきとしたか》の研究によると、シジュウカラは「ヘビだ！」という警戒声《けいかいせい》を聞いて、ヘビを思い浮《う》かべることができる。彼らは対ヘビ専用の鳴き声を持っているのだが（注2）（捕食者《ほしょくしゃ》に応じて警戒音を使い分ける動物はしばしばいる）、この声を聞いた後で枝を動かすと、大慌てで逃《に》げるのである。

「ヘビだ！」という声を聞いていなければ、そこまで驚《おどろ》かない。おそらく、対ヘビ警戒声を聞いた時、彼らはちゃんとヘビを思い浮かべ、「ヘビどこ？　どこ？」状態にある。その状態で細長い棒が動くと、とっさに「ヘビ！」となって飛び上がるわけだ。

これは鳥のアタマの中をのぞくことに成功したような、③非常に巧妙《こうみょう》な実験だと思う。

さて、（注3）鏡像認識《にんしき》のところで、ハシブトガラスには鏡像認識ができないようだ、と書いた。反面、ワタリガラスとハシブトガラスで、（注4）数の概念《がいねん》を持っている可能性が示されている。印が4個あるものを選べ、といった課題が解けるからだ。この実験の解釈は難しいのだが、印の大きさや面積を変えてもやはり識別できたことから、数を判断したのではないかと結論されている。

カレドニアガラスは道具を使うし、計画性もある。「パイプの中に餌《えさ》があるが、こっちからでは取れないから、反対側から押《お》して穴に落としてこっちから取り出そう」なんてこともすぐ読み取るのだ。ワタリガラスは将来の利益のために目先の利益を我慢《がまん》することさえできる。

一方で、自他の区別がちゃんとついているかどうかは怪《あや》しい。「自分から見えないから、相手も自分が見えないはずだ」という振《ふ》る舞《ま》いをしばしば見せるからである。このように、動物の知能の発達パターンは人間からするとチグハグで、バランスが悪いように思えることがある。

だが、考えてみたら、それは当たり前のことだ。知能というのは、生き残るための性能の一つにすぎないのである。だから、動物の知能は、その動物が必要とするものになっているはずだ。例えば、社会を作らない動物には社会的知能はいらない。だが、獲物《えもの》の動きを読んで先回りする能力はいるかもしれない。

こういう一匹狼《いっぴきおおかみ》みたいな知能は、「人間でいうと何歳児《なんさいじ》並み」といった言い方ができないだろう。先読みは大人並み、社会性ゼロ、道具使用はそもそも手がないのでできません、なんて動物相手に、「何歳くらいの知能」という言い方は通用しないのである。そういう意味で、④動物の認知能力を安易に「何歳児並み」と言ってしまうのは間違いだ。マスコミはそういうシンプルな（注5）フレーズが大好きなようだが。

人間の知能だって、決してスタンダードでバランスが取れているわけではない。実は、結構な（注6）バイアスがかかっている。

例えば、「4枚カード問題」と呼ばれるものがある。片面にアルファベット、片面に数字が書かれたカードを用意する。ここに「A」、「K」、「4」、「7」の4枚のカードがあるとしよう。

［A］、「実はカードに書かれたアルファベットと数字にはルールがある。片面が母音《ぼいん》なら、その裏側は偶数《ぐうすう》でなくてはならない」と言われた場合、ルールが正しいことを確かめるには、最低限、どのカードをめくらなければならないか？

　正解は「A」と「7」だ。

「母音の裏が偶数である」こと、およびその(注7)対偶《たいぐう》である「奇数《きすう》の裏は子《し》音《いん》である」ことを確かめればいい。［B］、多くの場合、人間は「4」の裏が母音であることも確かめたがる。問いをよく見ると「偶数の裏が母音」とは言っていないので、「4」の裏を確かめる必要はない。

　だが、人間は「お、やっぱり正解」という例を集めたがるのだ。［C］、「あるルールが適応されているっていうけど、ほんと？　ちゃんとルール守られてるの？」という点を、何度も確かめたくなるのだろう。正解が増えるほど、この世の確実さが増す、とでもいうように。［D］、母音の裏は偶数かを確かめたあと、「偶数の裏は母音だよね」という一対一対応を確かめたがる。

　また、進化心理学者のコスミデスによると、人間は裏切り者の顔を覚えるのが早い。さらに、論理学的には犯人が特定できない場合でも、「あいつは裏切りものっぽい」という証拠《しょうこ》があると、とっさに「あいつが犯人」と決定しがちである。

　これについては、人間の認知が論理学的な正しさを追求するようにではなく、集団内で不利益をかぶらないために進化したせいだろう、という説がある。

　集団を作ることにはコストと利益がある。町内会に参加していると夏祭りに出られるが、町内会費を払《はら》わなくてはいけない、といった例を考えてほしい。この時、人間の知能は「会費を払っていないのに、祭りだけ楽しんでいる裏切り者を探せ」という方向に働くのである。

　知能というのが何やら(注8)世知辛《せちがら》いものに思えてきたが、そもそも、生き残って子孫を残せさえすれば、知能なんて別にいらない、とも言えるのだ。

　例えば、すごい力と爪《つめ》と牙《きば》を持った動物がいたとしよう。この動物は道具を使う必要があるだろうか？　多分ない。道具なんか使わなくても、自分の体だけでなんでもできてしまうからだ。

　もちろん、道具を使うことで(注9)汎用性《はんようせい》は飛躍的《ひやくてき》に高まるだろう。鳥の嘴《くちばし》は餌ごとに特殊化《とくしゅか》しているが、人間は道具を持ち換《か》えればどんな作業もこなせる。自分の体を進化させるよりも早く的確に、環境《かんきょう》に適応することもできる。だが、それすらも、子孫を残すための一手段にすぎない。

　単に「草原に適応したサルとして生き延びる」だけなら、別にサバンナヒヒだってよかったのである。あるいは、2億年ちかく地球の海を支配し、海中の物質生産の基礎《きそ》となり、2万種とも10万種ともいわれる(注10)珪《けい》藻《そう》はどうだろう。彼らは生物としては問題なく大繁栄《だいはんえい》しているが、おそらく、測れるような知能は持っていない。陸上では昆虫《こんちゅう》が最も栄えていると言っていいが、彼らだってさして知能が高いわけではない。

　こうして見てくると、動物に⑤自分たちの知能の基準を当てはめ、「人間のレベルには達していないな」と安心するのも、あるいは「知能があるから人間は偉《えら》い」と思い込《こ》むのも、⑥単なる人間の独りよがりであり、人間の知能のバイアスなのではないか、と思うことさえある。

（松原始《まつばらはじめ》『カラスはずる賢い、ハトは頭が悪い、』

サメは狂暴《きょうぼう》、イルカは温厚《おんこう》って本当か？』〈山と溪谷社〉より）

（注1）キュー＝進行開始の合図。
（注2）捕食者《ほしょくしゃ》＝他の動物を餌《えさ》として捕《つか》まえて食べる動物。
（注3）鏡像認識《にんしき》＝鏡に映った自分の姿を見て、自分だとわかること。
（注4）数の概念《がいねん》＝ものごとをひとつふたつと数でとらえる考え方。
（注5）スタンダード＝標準的であるさま。
（注6）バイアス＝考え方をかたよらせる先入観や思い込《こ》み。
（注7）対偶《たいぐう》＝ある命題（正しいか正しくないかがはっきりと決まる文字や式のこと）の対《つい》となる命題。
（注8）世知辛《せちがら》い＝けちでぬけめがない。
（注9）汎用性《はんようせい》＝広くいろいろな方面に用いることができる性質。
（注10）珪藻《けいそう》＝水中に生育する植物のひとつ。

問1　――線部①「単純な仕組み」とありますが、天才馬ハンスの例でいえばそれはどのようなことですか。その内容の説明として最も適切なものを次の中から一つ選び、記号で答えなさい。

ア　ハンスはサーカスの人間の合図によって、足踏《あしぶ》みを始めたりやめたりしていただけであったということ。
イ　ハンスはジェスチャーに合わせて、決められた回数だけ床《ゆか》を踏み鳴らすようにしていただけであったということ。
ウ　ハンスは合図で床を鳴らしはじめ、観客の反応によって足踏みをやめるようにしていただけであったということ。
エ　ハンスは算数も人間の問いかけも理解はしておらず、単に足踏みをして遊んでいただけであったということ。

問2　――線部②「本当は遊びではないように思う」とありますが、筆者がそのように考えるのはなぜですか。その理由の説明として最も適切なものを次の中から一つ選び、記号で答えなさい。

ア　ノガンモドキはゴルフボールを地面に投げつければ割れるものと思っているようであるが、実際にはなかなか割れないため、必死になって何度も繰《く》り返しているように見えるから。
イ　ノガンモドキはボールを落としはするものの、跳《は》ねるボールを視線で追わず、視界の外から落ちてきたボールに驚《おどろ》くような行動をとるので、卵を地面に投げつけて叩《たた》き割る行動をボールに対してしているように思えるから。
ウ　ノガンモドキは卵を地面に叩きつけて割る遊びを好んで行うが、ゴルフボールは地面に叩きつけるとノガンモドキの視界から消えてしまうので、楽しんでいるというより、不思議がっているように見えるから。
エ　ノガンモドキは卵を割って中身を食べるという生存のために必要な行動をとるが、ゴルフボールは卵のように割ることができないばかりか、攻撃《こうげき》してくるような動きをするため、むしろ戦っているように思えるから。

問3　――線部③「非常に巧妙《こうみょう》な実験」とありますが、この実験が「巧妙」といえるのはなぜですか。次の文はその「巧妙」といえる理由を説明したものです。次の文の［Ⅰ］、［Ⅱ］に当てはまる言葉を、本文中の語句を用いて答えなさい。ただし、［Ⅰ］は三十字以内、［Ⅱ］は十字以内とし、句読点などの記号も字数にふくめます。

シジュウカラに［Ⅰ］ことと、［Ⅱ］ことを組み合わせることで、シジュウカラがヘビを思い浮《う》かべて行動しているかどうかを確かめることができるから。

問4 ――線部④「動物の認知《にんち》能力」とありますが、ここでの「動物の認知能力」の説明として最も適切なものを次の中から一つ選び、記号で答えなさい。

ア　動物が繁栄《はんえい》するために協力して発展させてきた巧妙な手段。
イ　動物が周囲の環境《かんきょう》にあわせて進化させてきた社会的知能。
ウ　動物が生き残るために必要に応じて伸《の》ばしてきた知的能力。
エ　動物が狩《か》りをするために進歩させてきた発達パターン。

問5 本文中の空らん[A]～[D]にあてはまる語として最も適切なものを次の中からそれぞれ一つずつ選び、記号で答えなさい。同じ記号は一度しか使えません。

ア　だから　　イ　おそらく　　ウ　さて　　エ　ところが

問6 ――線部⑤「自分たちの知能の基準」とありますが、本文中に挙げられている「自分たちの知能の基準」についての説明として適切でないものを次の中から一つ選び、記号で答えなさい。

ア　集団の中で損をしないように振《ふ》る舞《ま》うことができるかどうかということ。
イ　社会性をそなえ、集団生活の一員として活動できるかどうかということ。
ウ　事態の先を予測し、計画性のある行動ができるかどうかということ。
エ　ものごとを数でとらえることができるかどうかということ。

問7 ――線部⑥「単なる人間の独りよがりであり、人間の知能のバイアスなのではないか」とありますが、筆者がこのように考えるのはなぜですか。その理由の説明として最も適切なものを次の中から一つ選び、記号で答えなさい。

ア　人間は集団生活を営みながら様々な環境に適応できるなど、他の動物にはない知能を持っているが、一方で自然環境を破壊《はかい》し、他の動物を絶滅《ぜつめつ》させてしまったりするなど、迷惑《めいわく》な一面も持っているから。
イ　知能の発達した人間は、高度な社会性と環境適応能力を備え、あらゆる動物を支配する存在であるために、自分たちが他の動物を超《ちょう》越《えつ》した存在であると考え、人間の知能が最も優れていると勘違《かんちが》いしがちであるから。
ウ　人間は優れた知能を持ち、多様な環境で生存できるが、集団生活の中で自分の利益を最優先に行動してしまうため、必ずしも他の生き物のお手本になるような行動を取っているわけではないから。
エ　人間の持つ知能は人間が生き残るための手段であり、他の生き物たちはそのような能力を持たなくても繁栄できるのに、人間は自分たちの知能を他の生き物たちを測る基準にしてしまうから。

三　次の文章を読み、後の問いに答えなさい。

同じ中学の吹奏楽部《すいそうがくぶ》に所属する有人《あると》と風香《ふうか》は、共に吹奏楽の名門、旺《おう》華《か》高校に進学する予定であった。風香は旺華高校に入学できたが、有人は吹奏楽部のない羽修館《うしゅうかん》に進学することとなった。有人が羽修館で仲間を集め吹奏楽同好会を立ち上げる一方、風香は努力の末、旺華高校の吹奏楽部のレギュラーに選ばれ、全国大会を目指して練習を続けていた。

　風香が演奏する旺華高校のコンクールの曲は、中学の時に有人が演奏したことがある『アルメニアン・ダンス』という曲であったため、有人と風香で一緒《いっしょ》に練習することになった。


「お互《たが》い大事な時期じゃない。もっと音楽に集中しようよ」

「……そりゃまあ、風香は大事な時期だろうけどさ」

　つい拗《す》ねた言い方をしてしまった。日頃《ひごろ》は抑《おさ》えようとしているものが声にこもったのだ。

　――旺華の吹奏楽部で頑張《がんば》っている風香に対して、やっかみがないといえば嘘《うそ》になる。

　風香にもそれが伝わったのか、困ったように黙《だま》ってしまった。急に後ろめたい気持ちになって、有人はわざと明るい声を出した。

「練習に集中すんのもいいけど――下手なら下手なりの良さってのもあるんだぜ」

　言いながら頭に浮《う》かんだのは吹奏楽同好会のことだった。一年生が五人加わって以来、合奏がぴたりと決まったことなど一度もないけれど、毎日の練習は楽しくやれている。

「羽修館の新人、五人のうち四人は経験者だし、初心者の川浜《かわはま》って奴《やつ》もリズム感よくてどの打楽器も楽々こなすんだ。そのままならまた透田《すきた》が一番下手になって先輩《せんぱい》の立場がないとこだったんだけど、ちょうど野球部の応援《おうえん》演奏の話がきてたから、金管中心の編成を組もうってことになって、クラリネットの一年コンビはラッパ隊に決まったんだ。トランペットなら初心者だから一から基礎《きそ》練習だし、透田は透田でトロンボーンに転向ってことで田子《たご》先輩とマンツーマン特訓なんだ。毎日ラッパ隊とトロンボーン隊で、音が出たの出ないのってわいわいやってるよ」

「そういう楽しさは分かるけど――」①風香は楽譜《がくふ》に目を向けた。「有人くんは上手《うま》いんだし、もっと上を目指してほしいって思っちゃう」

「今の羽修館じゃ」②有人は楽譜から目を逸《そ》らした。「俺《おれ》だけ上手く吹《ふ》こうとしても浮いちゃうって」

「だからって、下手でいいって思ってほしくないな」

「下手でいいっていうか――下手でも持てる力ってあるんだよ。俺、羽修館の同好会でそれを学んだ気がする」

　風香が、かすかにA首を傾《かし》げるような仕草をした。有人は③なんとか説明しようと言葉を探した。

「吹奏楽って、一人がちょっとくらい上手くたって、バンド全体と揃《そろ》ってなきゃ始まらないだろ。逆に一人一人は下手でも、みんなが合わさった時にはすげえ力が出る。まあ俺たちはそこまでいってないかもしれないけど――今は俺一人が頑張るよりも、同好会のみんなで音をまとめていこうって方に意識が向いてるんだ」

「――みんなに合わせて、わざと下手に吹いてるの？」

「下手に吹きたいわけじゃないけど、自分は上手いんだって意識はなくなったし、俺一人でも上手く吹いてやろうとはしなくなった。それが中学の頃と一番違《ちが》うとこだよ」

「中学の時は、そういうこと思って吹いてたってこと？」

「うん、どっかで独りよがりの意識はあった気がするんだ。あのままだったら――ほら、前に風香が話してた、旺華の一年生みたいになってたかもよ」

「旺華の一年って……小磯《こいそ》くん？」

「ちょっと吹けると思ってB鼻にかけてるのが心配とか言ってただろ。その話、前の俺にも当てはまるなって思ってたんだ」

「別に私、そういう意味で言ったわけじゃ――」

「いや、風香が嫌味《いやみ》で言ったってことじゃなくて、俺が勝手に考えてただけ。なんていうか……音楽の喜びは、上手く演奏することだけじゃないんだってのを、羽修館では実感できるんだよ。上手かろうが下手だろうが、嬉《うれ》しさは同じなんだって」

　トロンボーンで音が出ただけではしゃいでいた透田や、まるっきり遊びの感覚でリズム楽器を叩《たた》きまくっていた川浜の顔が浮かんだ。クラリネットからトランペットに切り替《か》えた花形《はながた》と山尾《やまお》だって、吹き心地の違いを面白《おもしろ》がっている。みんな上手く吹く以前に、まずは音を出すこと自体を楽しんでいるのだ。まだまともな合奏もできない九人だけど、音楽の喜びは日々味わっている。

「この曲だって」楽譜を指さした。「上手くなきゃ『アルメニアン・ダンス』の良さを味わえないってわけじゃない。中学の時だって、つっかえながら吹いてても楽しかったじゃん」

「でも、音楽の喜びっていったら」風香が言い返した。「練習かさねて自分を高めて辿《たど》り着けるものだってあると思うけど。有人くんはもともと、私よりそれができたはずだし――」

　風香はそこで口を噤《つぐ》んだ。有人が旺華に入っていたら、という言葉が呑《の》み込《こ》まれたのだろうか。

　それは多分、風香の優《やさ》しさなのだろう。だけど有人は反発を覚えた。そうやって気づかわれること自体、見下されているみたいで面白くない。

「要するに、俺が向上心をなくしてるってことか」

　思わず呟《つぶや》いた。風香は何も答えない。その沈黙《ちんもく》に苛立《いらだ》った。

「まあとにかく」ため息と共に告げた。「まずは一緒に吹いてみようぜ。難しい話はそれからだ」

　風香は無言でうなずいた。二人してサックスの準備にかかり、同じ楽譜に向かって並んだ。

　こうやって一緒に吹けるのだって、音楽の喜びに違いない。なのに風香は、どうして悲しそうな顔をしているのだろう。そんな思いと共に息を吸い込み、同じ曲を吹き始めた。


　密《ひそ》かに予想していた通り、有人の音は荒《あ》れていた。
　(注1)風香がオーディションの時にイメージした音とは別人みたいだった。息と指遣《ゆびづか》いが微妙《びみょう》にずれるようだし、以前ならもっと伸《の》びていたはずの音が途中《とちゅう》で消えて倍音(注2)も響《ひび》かない。――風香が上手くなったからそう感じるのかもしれないが、それを④寂《さび》しく感じた。
　有人自身も自覚があったらしい。吹き終えたところで首を振《ふ》った。

「ダメだ、しっかり練習してる風香には敵《かな》わねえや」

　有人も高校でこの曲に取り組んでいたら、こうはならなかっただろうか。――頭に浮かんだが、口にはしなかった。かわりに漏《も》れたのは、ちょっと冷たく響く言葉だった。

「やっぱり上手くなろうとしなきゃ、自分で納得《なっとく》いく音って出ないよ」

　言いすぎかなと思ったが、正直な気持ちだった。下手なら下手なりの良さがあるとは言っても、有人はもともと上手いのだ。思うような演奏ができない歯痒《はがゆ》さがあるはずだ。

「何回か練習すりゃあ、もうちょっと思い切り吹けると思うんだけど」

有人はリードに唇《くちびる》をつけ、軽い息で速いフレーズを繰《く》り返している。自分の音を思い出そうとしているみたいな吹き方だった。

「一年生の指導とかで基礎をやり直してると、自然と音がよくなるよ。私もそうだったもん」

軽い口調で言ってみた。今度は上から目線の言い方にならないように気をつけたつもりだったが、有人はむっとしたように言い返してきた。

「羽修館には、サックスを指導する相手なんかいないって」

口元に、⑤苦笑《くしょう》というより皮肉っぽい笑《え》みが浮かんでいる。有人がそんな笑い方をするのも珍《めずら》しかった。

「いま俺が気にかけてるのは、少ない人数で応援演奏するための選曲とか、初心者でも吹きやすいように楽譜を直すとか、自分のサックスでどんだけでかい音出すかってことなんだぜ」

「でも、いい音を出す意識はいつも持ってた方がいいよ。旺華の角谷《かくたに》先生だって、日頃の心がけが大事ってところから指導していくんだよ。それが先輩から後輩《こうはい》にも伝わっていって――」

「そりゃ、俺だってそういうとこで吹きたかったけど……いや、それより」有人は首を振った。「俺にとったら、羽修館に入って仲間集めて、同好会作って……そこでやってきたことの方が大事なんだ。旺華の真似《まね》するよりも、羽修館ならではの音を出したい」

「別に、真似させたいわけじゃないけど」

風香の中で寂しさが膨《ふく》らんだ。――去年、旺華の合格発表の後で、高校は別々になっても、吹奏楽は続けようと約束しあった。今だって、一緒に頑張っていきたい気持ちは同じなのに、どうして伝わらないのだろう。

春に羽修館の初ステージを見た時から、こうなる予感はしていた。二人で吹奏楽を続けているといっても、目指す方向がずれてきた。風香の思いを有人にぶつけてもぶつかり合うだけなのかもしれない。

「それじゃ、今度は羽修館の音で吹いてみてよ」

気を取り直して提案した。有人も、やってみるかと応じてくれた。

「第五楽章の『行け、行け』からでいいか？　ここが一番、雰囲気《ふんいき》出せそうだし」

「いいよ。また有人くんがファーストで、私がセカンドね」

サックスを構えてほっとした。⑥二人で話したくて会ったのに、言葉が途切《とぎ》れた方が楽になるのは何故《なぜ》なのだろう。

有人の主導で吹き始めた。――そのまま音を通して分かり合えたらどんなにいいかと思ったが、二人の音はさっきよりも合わなくなった。いつもの練習通りに吹いている風香に対し、有人がわざと飛び跳《は》ねるように音を弾《はず》ませるせいだ。

速い旋律《せんりつ》を軽やかに吹きこなしているのはさすがだし、時々その音に風香が引っ張り込まれそうになる。そういえば中学の時にも一緒に吹くとそんな感覚があったなと懐《なつ》かしくなったが、今はしっかりと自分の吹き方をキープできた。そのせいで音が合わないのは分かっていたが、ここは譲《ゆず》りたくなかった。

「風香、かっちりした吹き方だなぁ」

吹き終えると、有人は真っ先にそう言った。風香の頑《かたく》なさに呆《あき》れているみたいな口ぶりだったし、その点は風香も認めるしかなかった。

「部活で吹いてると、知らないうちにきっちりした感じになっちゃってるの。いざ先生から感情込めてって言われても困ることあるから、有人くんの吹き方も参考になったよ」

「感情っつっても」有人はC肩《かた》をすくめた。「羽修館は楽しく吹くってことしか考えてないけどな」

「それが、羽修館の音ってこと？」

「まあ、みんなでもっと練習積んでけば――」言いかけて、有人は照れ笑いを浮かべた。

「って、さっき風香が言ってたことか」

「分かってもらえた？」

風香はにっこり笑った。

（竹内真《たけうちまこと》『ぱらっぱフーガ』〈双葉社〉より）

（注1）風香《ふうか》がオーディションの時にイメージした音＝風香はレギュラー選《せん》抜《ばつ》の部内オーディションの時に、有人《あると》が『アルメニアン・ダンス』を演奏した時の音を思い出しながらサックスを吹《ふ》いた。

（注2）倍音＝響《ひび》きを豊かにする働きのある音。

問1　……線部A「首を傾《かし》げる」・……線部B「鼻にかけてる」・……線部C「肩《かた》をすくめた」の本文中での意味として最も適切なものを次の中からそれぞれ一つずつ選び、記号で答えなさい。

A「首を傾げる」

ア　疑問に思う　　イ　はっきり不賛成の意を示す

ウ　深い理解を示す　　エ　深く考え込《こ》む

B「鼻にかけてる」

ア　意気ごみが激《はげ》しい　　イ　相手の言葉に取りあわない

ウ　得意げになっている　　エ　冷たい態度をとる

C「肩をすくめた」

ア　責任から逃《のが》れた　　イ　腹立たしさを示した

ウ　重い責任を感じた　　エ　わからないという気持ちを表した

問2　――線部①「風香《ふうか》は楽譜《がくふ》に目を向けた」、――線部②「有人は楽譜から目を逸《そ》らした」とありますが、風香と有人はそれぞれどのような気持ちからそのような行動をしていると考えられますか。その説明として最も適切なものを次の中から一つ選び、記号で答えなさい。

ア　風香は音楽に集中して大事な時期を乗り切ろうと思っているが、有人は自分自身の目標を見失い、音楽と向き合うことから逃《に》げたいと思っている。

イ　風香は一緒《いっしょ》に合奏をするのが楽しみで待ちきれない気持ちでいるが、有人は合奏をすると自分の練習不足がばれてしまうと尻込《しりご》みしている。

ウ　風香は練習を積み重ねて上を目指したいという気持ちでいるが、有人は自分一人だけ楽譜の音に忠実に練習を続けてもうまくいかないだろうと思っている。

エ　風香は自分の上達した演奏を聞かせたくてうずうずしているが、有人は自分の置かれた環境《かんきょう》から練習をしたくないと思っている。

問3　――線部③「なんとか説明しようと言葉を探した」とありますが、有人が説明したかったのはどのようなことですか。その説明として最も適切なものを次の中から一つ選び、記号で答えなさい。

ア　吹奏楽《すいそうがく》はバンド全体の音が揃《そろ》って初めて音に力が出るので、全員が高いレベルの音を出せるようになることを目標として、練習を積み重ねていきたいということ。

イ　一人一人の演奏が下手でも、音を出すことを楽しみながら演奏して、みんなの音を上手《うま》くまとめることができれば、実力以上のよい演奏ができるということ。

ウ　自分一人だけいい音を出しても、バンドの中で自分の音が浮《う》いてしまうため、みんなのレベルに合わせてわざと下手に吹《ふ》くことで、合奏がぴたりと決まるようにしているということ。

エ　羽修館《うしゅうかん》の同好会では音が出るだけでみんなが楽しくなり、遊びの感覚で演奏しているが、そのくらいのゆるさで活動を続けていきたいということ。

問4　――線部④「寂《さび》しく感じた」とありますが、ここで風香はなぜ「寂しく感じた」のですか。その理由を五十字以上六十字以内で説明しなさい。句読点などの記号も字数にふくめます。

問5　――線部⑤「苦笑《くしょう》というより皮肉っぽい笑《え》みが浮かんでいる」とありますが、ここでの有人の様子についての説明として最も適切なものを次の中から一つ選び、記号で答えなさい。

ア　風香の上から目線の言い方に一瞬《いっしゅん》腹が立ち、自分ではどうにもできない環境の違《ちが》いに少しやけになり、風香とは異なる状況にいることをあえて口にしている。

イ　風香が自分の状況《じょうきょう》を深く理解していることをありがたく思いつつも、素直《すなお》に受け入れることができず、風香にむやみに意地を張っている。

ウ　自分の状況を前向きにとらえようとしていたものの、冷たいことを言われ、自分が心のうちにためていた同好会のメンバーに対する不満があふれ出てしまっている。

エ　自分の状況を正当化しようとしていたものの、図星なことを言われ、今の自分には音楽的な技術の向上を目指すような仲間がいないことに気づき、驚《おどろ》いている。

問6　――線部⑥「二人で話したくて会ったのに、言葉が途切《とぎ》れた方が楽になるのは何故《なぜ》なのだろう」とありますが、ここでの風香について の説明として最も適切なものを次の中から一つ選び、記号で答えなさい。

ア　今でも二人の仲の良さは変わらないはずだと思っていたが、演奏をすることでかえって二人の気持ちが離《はな》れつつあることに気づかされ、気持ちの整理がつかないまま意味もなく演奏を重ねている。

イ　昔のように一緒に練習することで関係が深まると思っていたが、置かれている環境の違いから目指す方向性が変わってしまい、会話をすることで逆にその方向性の違いが意識されてしまっている。

ウ　以前は会話が途切れることがなくいくらでも話せたが、お互《たが》いの気持ちのすれ違いから話が合わなくなってしまい、二人で同じ曲を演奏することによってなんとか有人と共通の話題を持ち続けようとしている。

エ　中学の頃《ころ》は二人とも互いに関心がなかったが、高校生になってからは二人の間にどのような感情が存在しているか気になるため、演奏をすることでお互いの気持ちを確認し合おうとしている。

問7　この小説を読んだ先生と生徒達が話し合いをしました。生徒Ａ～Ｅの中から内容を誤解《ごかい》した発言をしている生徒をひとり選び、Ａ～Ｅの記号で答えなさい。

先生……この場面で、有人と風香は二回、サックスを吹きますね。そしてどちらもうまくいきません。

生徒A…一回目の後に、有人は自分の演奏能力が落ちていることを認めます。しかし自分の練習よりも、自分が立ち上げた同好会を形にするために、メンバーを集めたり、演奏の場を設定したりで、彼は精一杯《せいいっぱい》のように思われます。

生徒B…確かにそうですね。風香は有人の練習不足を指摘《してき》しますが、有人には上から目線のように聞こえてしまいます。音楽活動に恵《めぐ》まれている環境の風香と、ゼロからいろいろやらなくてはならない有人では、なかなかかみ合わないところがありますね。

生徒C…ふたりは後半でもう一回吹きますが、さっきよりも合わなくなっています。風香は、有人の軽やかな演奏に引き込まれそうになりますが、強い意志を持った彼女は、自分の吹き方を変えませんでした。

生徒D…風香は、部活の顧問《こもん》の先生から「感情込めて」と指摘されていました。彼女は音楽に感情をのせることが苦手なようです。音楽の本当の楽しさを知っているという点から、実は有人の方が幸せだともいえます。

生徒E…状況も演奏の方向性も異なる有人と風香ですが、相手のことを理解し合おうという意志はありますね。有人は自分の同好会も楽しむだけではなく練習を積まなくてはならないという風香のアドバイスを、受け入れていました。

東京学芸大学附属世田谷中学校

—40分—

※　句読点や「　」などの記号は一文字分とすること。

一　――部のひらがなは漢字に直しなさい。送りがなが必要な場合はそれも書くこと。また、――部の漢字の読みはひらがなに直しなさい。

①　全国の方言をさいろくする。
②　あれこれひんぴょうする。
③　旅券のこうふ。
④　しれんに耐《た》える。
⑤　土地にとうしする。
⑥　江戸時代からけいしょうちとして知られる。
⑦　単なるすいそくにすぎない。
⑧　外出をゆるす。
⑨　誘《さそ》いをことわる。
⑩　要求をしりぞける。
⑪　心に深くしるす。
⑫　体調が崩《くず》れる兆候がある。
⑬　洗練された技《わざ》。
⑭　二人に師事する。
⑮　平静な口調で言った。

二　次の文章を読んで、後の問に答えなさい。

湖山先生は、花の傍《そば》に小さな点を打ちながら、

「これが春蘭《しゅんらん》、ここに私が教える＊水墨《すいぼく》のすべてが入っている。もしこれを極《きわ》められたら、ほとんどの絵は自然に描《えが》けるようになるよ」

と語った。僕《ぼく》は驚《おどろ》いてもう一度、絵を眺《なが》めた。

すばらしい絵だとは思うけれど、このシンプルな絵にそんなすべてが隠《かく》されているのか、と疑わしくもあった。湖山先生は静かに筆を置いて、描いたものを差し出した。

「蘭に始まり、蘭に終わる。水墨画家のすべてはここに始まって、これを極める道かもしれないね」

①僕は両手でお手本を頂きながら、うなずいてみた。パッと見では、それほど難しい絵には見えない。

「ともかく、やってみるのが一番だよ」

と、湖山先生はこちらを見透《す》かしたように言うと、部屋を出て何処《どこ》かに行ってしまった。僕は一人で専用に広げられた道具の前に座《すわ》って描き始めることになった。

墨をすり、筆を濡《ぬ》らし、束にして置かれた紙に一枚一枚、②筆を走らせる。おそらく要点はあの一本の線だ。最初の一筆。弧《こ》を描いた最初の一筆の動きが、最も印象深かった。

僕は湖山先生のお手本を凝視《ぎょうし》しながら、右手を湖山先生のお手本の線を作れるように動かしてみた、が、思ったよりも墨が広がり、ただの『へ』の字のように見える。

次は描く速度を上げて、サッと描いてみたが、ただ単に曲がった線を引いているだけで、まるで草には見えない。葉にも見えない。

気を取り直して、墨を含む量《ふく》を調節し、速度も湖山先生の手の動きをなんとなく思い浮《う》かべ描いてみても、思った以上に線が丸くなったり、太くなったり、細く尖《とが》りすぎたりと、まったく形にならない。

お手本と見比べると明らかに違《ちが》う。

湖山先生のお手本は、最初の一筆をサッと引いた瞬間《しゅんかん》に、すでにそれが葉だと分かった。葉の中に＊単子葉類特有の繊維《せんい》の揃《そろ》った葉脈が浮かび、青々と輝《かがや》いていた。葉だけではない。その背後から吹《ふ》いてくる風や柔《やわら》かな大気の様子までも感じられた。

「蘭に始まり、蘭に終わる」

と、湖山先生は言っていたけれど、ほんの少しやっただけで、たったった一筆線を引くことがいかに困難かが分かる。

僕は困難な画題を前に、自分が集中力を取り戻《もど》し始めたのを感じていた。③ガラスの部屋の内側にいる自分が目覚め、はじめて外を眺め始めたようだった。

僕はガラスの部屋の壁に、さっき湖山先生が行っていた動きを映してみた。可能な限り記憶《きおく》を再現して、もう一度湖山先生の動きを観察しようとしてみた。

僕は多くの時間を、このガラスの部屋で両親との記憶を再現することに費やしてきた。きっともう一度、湖山先生の動きを思い出すこともできるはずだ。

僕は真っ白な紙を眺めながら意識を集中していった。

湖山先生は、僕の前に座っている。

先生は右手で筆を取って硯《すずり》の奥《おく》と手前から墨をサッと掬《すく》った。それもたった一度だけだ。そのときにスッと腕《うで》を引いて、平皿のところで一度下ろした。穂先《ほさき》を少し整えていた。水分を少し落としたのだ。

それから紙に筆を置いたとき、少しだけ筆を動かした。進行方向とは違う方向に手が微動《びどう》している。僕はその様子を正確に思い出していた。何かとても④違和感《いわかん》のある動きだ。次の瞬間に、線が始まり、葉は描かれていく。

僕は湖山先生の腕や手の動きを見た。

手首はまったく動いていない。指先も動いていない。ただひじと肩《かた》の位置だけが少しだけ変わっているが、よく見ないと作務衣《さむえ》の袖《そで》の中に隠れて動きがわからない。ほんの一瞬《いっしゅん》、線のほうに目が奪《うば》われていれば、この先生の身体の動きは摑《つか》めなかっただろう。

腕は肩を起点に、細かくアップダウンし線に抑揚《よくよう》を生んでいる。おそらく、これがポイントなのだろう。

葉の切っ先に向かって、腕は静かに上がっていき、速度も上がり、一本の葉は作られた。

⑤僕はそこで記憶を再現することをやめた。

筆洗に筆を浸《つ》けて、墨を水で洗うと水はゆっくりと濁《にご》っていった。小さな龍《りゅう》が＊筆洗に棲《す》んでいるように細い線を上げて水を黒くしていく。僕はその小さな世界に目を奪われながら、湖山先生の動きをもう一度頭の中で再現した。

可能な限り同じ手順で、同じ動きを選んだ。

それは、とても不自然で難しい動作だった、考えて手の動きを行えば、すぐに湖山先生の手順は次に進み、遅《おく》れてしまう。⑥考えずに同じ手順を行えるまで繰《く》り返すしかない。

出来上がった絵は、湖山先生のものとは似ても似つかなかったが、小さな手応えを感じていた。線には確かに変化が生まれていた。僕は我を忘れて同じ動きを*執拗《しつよう》に繰り返した。たった一本の線を頭の中で再現し、湖山先生の動きをトレースするように自分の動きを繰り返していく。

僕は、水墨画の技《ぎ》術の奥深さに驚いていた。

ただ無造作に見える一本の線に近づこうとすればするほど遠ざかり、いくつもの経験や技が隠されていることが分かる。息継《いきつ》ぎの小さな間、筆を運ぶ速度、墨を含む量、水を含む量、肩の位置、腕の位置、指の構え、手首の硬《かた》さ……、何もかも当たり前のようで、湖山先生の動きは計算され尽《つ》くし、洗練されたものなのだ。

しばらくすると湖山先生は戻《もど》ってきたが、僕は相変わらず集中して描き続けていた。

湖山先生はその様子をじっと眺めているだけだったが、あるときに、声を発した。

「青山君、もういいだろう。一度、筆を置きなさい」

湖山先生は微笑《ほほえ》んでいた。僕は集中し過ぎて表情も表せないほどに疲《つか》れていた。

「よくがんばった。たった一度、観察しただけで、それだけ見て取れればたいしたものだ。もう一度、描くからよく見ていなさい」

湖山先生は僕が持っていた筆を取った。僕は何も言わずに席を立って、筆洗の水を流し場で換《か》えて湖山先生の前に置いた。なんとなくそうしなければならないという気配に従って僕は動いた。

湖山先生はうなずいて、それから描き始めた。

僕は最初の一筆に集中していた。

筆を整えると、湖山先生はゆっくりと筆を置き、一度進行方向と反対に下がって線を引き始めた。

「いま行った動きを逆筆という。筆の進む先とは反対側に一度、筆を引く動きだ。青山君はこれをさっきもやっていたけれど、よく見ていた。これがたいせつな秘密の一つだよ」

そして筆はゆっくりと進んでいった。ひじを上げたり下ろしたりする微妙《びみょう》な動作で、線の太さや細さが調整されていく。湖山先生の手や構えは、まじまじと眺めると、思っていた以上に美しかった。皺皺《しわしわ》の老いた染《し》みだらけの手を、なぜこんなにも美しいと感じるのか分からなかった。だが、その美しさは筆を構え、目に見えない何かを発している美しさで、形を超えたえたいの知れないものがそこに宿っていることを感じさせた。⑦もしかしたら、それは時間かもしれない。

湖山先生は、筆をそこで止めた。

「君はよく見ていた。そして、見るべき場所も間違《まちが》っていなかった。そのことが水墨を描く人間には、とてもたいせつなことなんだよ。君は善い目と心を持っている。それが何物にも代えがたい財産だ」

湖山先生は、一本の葉を描いただけのお手本を差し出した。

「これと、この筆を君にあげよう。良い筆だから大事にね。ほかの道具も用意させるから持って帰りなさい。この一枚の葉っぱは、次のときまでの宿題だ。今日はよくがんばったね」

「ありがとうございます。楽しい時間でした」

⑧「蘭に始まったね」

僕はうなずいて頭を下げた。湖山先生は嬉《うれ》しそうだった。

「じゃあお茶にしようか」

（砥上裕将『線は、僕を描く』〈講談社〉より一部抜粋）

【注】 ＊水墨……中国唐の時代に成立した、墨《すみ》のみで描く絵。
＊単子葉類……被子《ひし》植物のうち、子葉が一このもの。
＊筆洗……筆を水で洗ううつわ。
＊執拗……がんこに自分の考えをゆずらないこと。

問一 ――線①「僕は両手でお手本を頂きながら、うなずいてみた」とあるが、ここでの僕の心情として当てはまらないものは次のうちどれか。一つ選び記号で答えなさい。
ア 先生からの水墨画の課題を見て、自分の自信を確認《かくにん》している。
イ 先生からの水墨画の課題を見て疑問をもち、困惑《こんわく》している。
ウ 先生からの水墨画の課題を見て、その難しさに納得《なっとく》できずにいる。
エ 先生からの水墨画の課題を見て、絵の素晴《すば》らしさに感心している。

問二 ――線②「筆を走らせる」とあるが、これと同じ表現技法を用いているものを次から一つ選び、記号で答えなさい。
ア 風のようなささやき　　イ そよ風が通り過ぎてゆく
ウ 風となって消えた　　エ 風が窓をたたく

問三 ――線③「ガラスの部屋の内側にいる自分が目覚め、はじめて外を眺め始めたようだった」とあるが、どのような意味か。ふさわしいものを一つ選び、記号で答えなさい。
ア 先生の線の引き方を思い出し、その記憶が思い出され始めたという意味
イ 先生の線の引き方を思い出し、外の景色を思い出そうとし始めるという意味
ウ 先生の線の引き方を思い出し、その奥深さに気づき始めたという意味
エ 先生の線の引き方を思い出し、両親との記憶がよみがえり始めたという意味

問四 ――線④「違和感のある動き」とは何か。文中から二字で書き抜《ぬ》きなさい。

問五 ――線⑤「僕はそこで記憶を再現することをやめた」とあるが、僕が記憶を再現し始めたのはどこから書かれているか。その一文を探し、始めの五字を書き抜きなさい。

問六 ――線⑥「考えずに同じ手順を行えるまで繰り返すしかない」とあるが、このことを別の表現で言いかえている言葉を探し、四字で書き抜きなさい。

問七 ――線⑦「もしかしたら、それは時間かもしれない」とあるが、どのような意味か。ふさわしいものを一つ選び、記号で答えなさい。
ア 先生の動作の美しさは、長い年月によってつちかったものであるという意味。
イ 先生の動作の美しさは、形をも超える説明しにくいものであるという意味。
ウ 先生の動作の美しさは、微妙なほどゆっくりとした動作が生んでいるという意味。
エ 先生の動作の美しさは、時間をも忘れさせるほど僕の目を留めたという意味。

問八 ――線⑧「蘭に、始まったね」を表すのに最もふさわしい一字を文中から見つけ、書き抜きなさい。

三　次の文章を読んで、後の問に答えなさい。

　東京の国際空港に降り立ち、①素っ気ない空間を入国審査《しんさ》所に向かって歩きはじめる時、きまって感じることがある。空間は面白《おもしろ》みがなく無機質だが、②なんと素晴《すば》らしく掃除《そうじ》の行き届いた場所だろうかと。床《ゆか》のタイルはどこもピカピカで、床の上で転げ回ってもさして服は汚《よご》れないのではないかと思うほど。カーペットを敷《し》きつめた床も清潔だ。仮にシミがあっても、それを除去しようと最善の努力をはらった痕跡《こんせき》がある。おそらく掃除をする人は、仕事の終了《しゅうりょう》時間が来ても、モップや掃除機をさっさと片付けたりしないで、切りのいいところまで仕事をやりおおせて帰るに違いない。この丁寧《ていねい》さが、他国から帰ってくると切実に感じられる。空港を出てクルマで高速道路を走りはじめてもこの感覚は持続する。田園風景を切り裂《さ》いて進む景観に高揚《こうよう》感はないが、路面は鏡のように滑《なめ》らかで、クルマのエンジン音もきわめて静かだ。道路に沿って点灯する街路灯もどれひとつとして消えていたりはしない。

　その感慨《かんがい》はやがて都心部の夜景に吸《す》い込まれていく。東京に近づくにつれ、夜景の緻密《ちみつ》さに感覚が引き締《し》まってくるようだ。ひとつひとつの灯《あか》りも、しっかりと確かに点灯しており、切れたり明滅《めいめつ》したりはしていない。確実に揺《ゆ》るぎなく灯《とも》っている。そんな灯りが集合して高層ビルとなり、果てしない奥行《おくゆ》きの中に連なって夥《おびただ》しい光の堆積《たいせき》をなす。

　今の東京の夜景は世界で一番美しいかもしれない。そういう感想を漏《も》らすと、異論を唱える人は少なからずいる。夜景はやっぱり*ムンバイですよとか、香港の*ヴィクトリアピークから見下ろす夜景にはかなわないなどと、うるさ方の意見は百出するけれども、同意してくれる人は案外と少ない。やはり、思い過ごしかもしれないと思いはじめていた矢先、都市をテーマとしたテレビのドキュメンタリー番組で、世界の空を飛び回るパイロットたちの言葉が紹介《しょうかい》されていた。「いま、上空から眺《なが》めて一番きれいな夜景は東京」

　世界の夜景を機上から眺め続ける人々の意見だけに説得力がある。まさに我《わ》が意を得た思いがした。世界広しといえども、東京ほど広大な広がりを持つ都市はないし、③信頼《しんらい》感あるひとつひとつの灯りがそういう規模で結集しているわけである。このあたりに僕《ぼく》はひとつの確信を持つ。

　掃除をする人も、工事をする人も、料理をする人も、灯りを管理する人も、すべて丁寧に篤実《とくじつ》に仕事をしている。あえて言葉にするなら「繊《せん》細《さい》」「丁寧」「緻密」「簡潔」。そんな価値観が根底にある。日本とはそういう国である。

　④これは海外では簡単に手に入らない価値観である。パリでも、ミラノでも、ロンドンでも、たとえば展覧会の会場ひとつ日本並みの完成度で作ろうとするなら、その骨折りは並大抵《なみたいてい》ではない。基本的に何かをよりよく丁寧にやろうという意識が希薄《きはく》である。労働者は時間がくれば作業をやめる。効率や品質を向上させようという意欲よりもマイペースを貫《つらぬ》く個の尊厳が仕事に優先するとでも言うか。それを前提に、管理する側がほどよく制御《せいぎょ》して仕事を進めていく。確かに、ヨーロッパには⑤職人《しょくにん》気質《きしつ》というものが存在するが、日常の掃除や、展示会場の設営などは、職人気質の及《およ》ぶ範囲《はんい》ではないのかもしれない。さらに言えば、こうした普通《ふつう》の環境《かんきょう》を共有する一般《いっぱん》の人々の意識のレベルにも繋《つな》がっているような気がする。特別な職人の領域だけに*高邁《こうまい》な意識を持ち込むのではなく、ありふれた日常空間の始末をきちんとすることや、それをひとつの常識として社会全体で*暗黙裡《あんもくり》に共有すること。美意識とはそのような文

化のありようではないか。

ものづくりに必要な資源とはまさにこの「美意識」ではないかと僕は最近思いはじめている。これは決して比喩《ひゆ》やたとえではない。ものの作り手にも、生み出されたものを喜ぶ受け手にも共有される感受性があってこそ、ものはその文化の中で育まれ成長する。まさに美意識こそものづくりを継続《けいぞく》していくための不断の資源である。しかし一般的《いっぱんてき》にはそう思われていない。資源といえば、まずは物質的な天然資源のことを指す。

日本は天然資源に恵《めぐ》まれないので、工業製品を生み出すために高度な「技術」を磨《みが》いてきたと言われる。戦後の高度経済成長は、そのような構図でものづくりを進めてきた成果である。世界はそう認識《にんしき》しているし、日本人もそう思ってきた。戦後の日本が得意とした工業生産は「規格大量生産」、つまり均一にたくさん製品を作ることをきわめて安定した水準で達成することであった。また、製品を小型化する（Ａ）力のようなものがそこに働いて、日本の生産技術は、量を前提とした品質と、緻密さや凝《ぎょう》縮《しゅく》性を工業製品として体現した結果、世界からの高い信用を獲《かく》得《とく》したのだ。

しかしながら、ここで言う「技術」とは、言い換《か》えれば繊細、丁寧、緻密、簡潔にものづくりを遂行《すいこう》することであり、それは⑥感覚資源が適切に作用した結果、獲得できた技の洗練ではないか。つまり、今日において空港の床が清潔に磨きあげられていたり、都市の夜景をなす灯りのひとつひとつが確実に光を放つことの背景にある同じ感受性が、規格大量生産においても働いていたのではないかと考えられる。⑦高度な生産技術やハイテクノロジーを走らせる技術の、まさに先端《せんたん》を作る資源が美意識であるという根拠《こんきょ》はここにある。

（原　研哉『日本のデザイン―美意識がつくる未来』〈岩波新書〉より一部抜粋）

【注】＊ムンバイ……インドの西海岸に面する都市。
＊ヴィクトリアピーク……香港の観光地となっている山で、夜景の名所として知られる。
＊高邁……志などがたかく、衆にぬきんでていること。また、そのさま。
＊暗黙裡……口に出して言わないまま。暗黙のうちに。

問一　――線①「素っ気ない空間」と同じことを述べている箇所《かしょ》を文中から十二字で探し、書き抜《ぬ》きなさい。

問二　――線②「なんと素晴らしく掃除の行き届いた場所だろう」とあるが、筆者がそう感じる理由について説明した次の文からふさわしくないものをひとつ選び記号で答えなさい。

ア　カーペットを敷きつめた床も清潔で、仮にシミがあっても、それを除去しようと最善の努力をはらった痕跡があるから。
イ　床のタイルはどこもピカピカで、床の上で転げ回ってもさして服は汚れないのではないかと思うほどであるから。
ウ　田園風景を切り裂いて進む景観に高揚感はないが、路面は鏡のように滑らかで、クルマのエンジン音もきわめて静かだから。
エ　掃除をする人は、仕事の終了時間が来ても、モップや掃除機をさっさと片付けてその場を切りあげたりしないから。

問三　――線③「信頼感あるひとつひとつの灯り」とあるが、これは灯りのどのような状態を表した表現か。簡潔に説明しなさい。

問四　――線④「これは海外では簡単に手に入らない価値観である」とあるが、その理由を説明している文として適切なものを一つ選び、記号で答えなさい。

ア　向上心や意欲よりもマイペースを貫《つらぬ》くから。

イ　よりよく丁寧にやろうという意識が希薄《きはく》であるから。

ウ　労働者は時間がくれば作業をやめてしまうから。

エ　個の尊厳よりも、仕事を優先するから。

問五　――線⑤「職人気質」と対比して用いられている言葉を本文中から八字で書き抜きなさい。

問六　空欄Ａに入るのにふさわしい漢字二字を、本文中の言葉から書き抜きなさい。

問七　――線⑥「感覚」と反対の意味で用いられている言葉を本文中から漢字二字で書き抜きなさい。

問八　――線⑦「高度な生産技術やハイテクノロジーを走らせる技術の、まさに先端を作る資源が美意識である」と筆者は述べているが、筆者の考える「美意識」という文化のありようが説明されている一文の最初の五字を書き抜きなさい。

問九　筆者の考える「美意識」に関してあなたが考えたことを百字程度で書きなさい。

◆原稿用紙の使い方に従うこと。ただし、書き出しを一マス空ける必要はありません。

東京都市大学等々力中学校(第一回S特)

—50分—

注意　字数制限のある場合は、特別な指示がない限り、すべて句読点や「　」(　)などの記号を含んだ字数として解答すること。

一　次の——線の漢字はひらがなに、カタカナは漢字に直して答えなさい。

1　早苗を田に植える。
2　正絹のスカーフ。
3　兄は柔和な性格だ。
4　熱心に修行を重ねる。
5　祖父を敬う。
6　重大な場面にムシャぶるいがした。
7　社会のコンカンをゆるがす出来事。
8　この書類はシキュウ届けてほしい。
9　音声をヘンシュウする仕事に就く。
10　夏の訪れをツげる。

二　次の文章を読んで、あとの問いに答えなさい。

「僕」(薫《かおる》)の父である窪田正喜《くぼたまさき》は、「僕」が生まれる時に亡くなった。母はこれ以外語ろうとせず、「僕」は、会ったこともない人を「父さん」とは呼べないため、ずっと正喜さんと呼んでいる。母がいまだに正喜さんを深く想っており、正喜さんを失った哀しみも癒《い》えていないと「僕」は痛いほどに分かっていた。この哀しみは、「僕」の心の奥深くにひっそりと沈殿していった。

夏休み、母の希望で「僕」たちはベルリンにやってきた。この街は「僕」が生まれる一年ほど前、母と正喜さんが訪れた場所である。そこで、母が正喜さんと泊まった思い出のホテルに二人で宿泊することになった。次は、ホテルに泊まった翌朝の場面である。

「薫に、聞いてほしいことがあるの」

母が少し深刻な表情でそう切り出したのは、マダム(注1)が作ってくれたスクランブルエッグに、手作りのトマトケチャップをかけている時だ。僕は、(注2)昨日の話の続きかと思った。でも、そうではなかった。

「ママね」

母のこんなにも険しい表情を見るのは、久しぶりだ。だから僕は、何かとても大事なことが起こる予兆を瞬時に察知する。もしかして、母が病気とか。しかも、もう治らない病気とか。だから最後に、息子の僕を思い出の地に連れてきてくれたのかもしれない。考えれば考えるほどだんだんおなかが痛くなりそうだった。でも、このタイミングで席を立つわけにはいかない。仕方なく、黙って次の言葉を待っていると、

「新しい人生を、歩み始めようと思うの」

母は予想外のことを口にした。けれどその静かな響きには、しっかりとした意志が込められていた。

「新しい人生って?」

まさか、このままベルリンに残るなんて考えているのだろうか。ここ数日間の母の興奮ぶりを思い出し、僕がそんなことを想像しかけた時、

「ママ、再婚しようと思ってね」

母は言った。僕の目をまっすぐに見て。母の肩越しに、(注3)真っ黒いグランドピアノが見える。あまりに予想外の展開に、僕は言葉を失った。脳味噌から、脂汗がにじみ出てくる。小学生の頃は、母が誰かと再婚してくれたらいいと願っていた。でも、そんなことは逆立ちをしたってあり得ない、そう思ってあきらめていた。

「驚いた？」

　母が、茶色いパンにバターをたっぷり塗りながら、強い目で僕を見る。母の目の周りに、(注4)昨日の夜のような赤い雲の広がりはない。母は、僕の言葉を待っている。でも、①何も言い出せなかった。頭の中で、たくさんのブーメランが、乱れ飛んでいる。

　僕は、［A］母の発言がなかったかのように、スクランブルエッグを口に詰め込んだ。味がしないのは気のせいだろうか。砂が入り込んだみたいに、なんだか胸の奥が［B］する。母の新しい人生を素直に喜ぶことができない自分にますますむかつき、僕は味のしないスクランブルエッグを食べ続けた。

　僕の体と心に蓄積されたこの哀しみは、どうなってしまうのだ。得体の知れない怪物のようなそれを、なんとか飼い馴《な》らし、ようやくここまで辿《たど》り着いたというのに。哀しみは時間をかけて降り積もり、今では地層のように固まって、すっかり僕を支配している。僕に残されたそれは、どうなってしまうというのだ。

　けれど僕は、自分の哀しみの存在を、母に正直に打ち明けることが、どうしてもできなかった。結局はまた、正喜さんを利用してしまう。

「正喜さんは？　正喜さんはどうなっちゃうの？」

　僕がそれを言ったのは、大量のスクランブルエッグを全部平らげ、ヨーグルトの中にはちみつをこぼしている時だ。

「マサキはもう、いないもの」

　目の前の母は、目じりにたくさんの皺《しわ》を作って微笑んだ。目じりに深く刻まれた皺が、乾いた大地に跡を残す川のように見えてくる。この幾筋もの川を伝って、母の涙は海に流れた。目の前にいる母は、頬《ほお》がこけ、年相応に疲れている。

「忘れちゃったの？」

　少しして、僕は聞いた。どうしても、母の顔をまっすぐに見ることができない。新しい人生とやらに、僕自身は含まれるのだろうか。

「忘れるわけないじゃない。でも、もうこの世界にはいないんだってことが、今回の旅行で、ママ、やっとわかったの。触ったり、手をつないだりすることは、もう二度とできないんだって。それまでは、いつかマサキが帰ってくるような気がしてたんだけど。だからずっと、お墓にも行けなかったのね」

　母は他人事《ひとごと》みたいにそう言いながら、マダムが注ぎ足してくれたコーヒーに口をつける。

「あの時、私もマサキも必死だった。頭が混乱して気を失いそうだった私の手を握って、がんばれ、がんばれ、って応援してくれた。頭から血を流しているのに、それでも自分のことより、妻と子の身を案じてくれたの。ママは本当に気がおかしくなりそうだった。だって、最愛の人が息もたえだえになっているのに、なんにも助けることができなかったんだもの。新しい命は、今まさに誕生しようとしているし。その時に、人生に与えられたエネルギーを、(注5)全部使い果たしてしまったのよ」

　十三年経って、母は初めてその時の話をした。その意味の大きさを、僕はちっぽけな頭で必死に考える。そしてようやく、ひとつの質問へと辿り着いた。

「ママは嬉《うれ》しかった？　僕が生まれた時。それとも、悲しかった？　正直に答えて」

こんな②（　　）詰まった会話を母と交わすことなんて、今までなかった。でも僕は、母の本当の気持ちが知りたかった。もしかすると、ずっと知りたかったのかもしれない。

「もちろん、嬉しかった。だって、マサキの子どもだもの。望んで望んで、神様に拝み込んで、ようやく授かった命だもの。でも、やっぱりマサキを失った悲しみの方が大きかったの。ママは、薫を抱っこしたりおっぱいを飲ませながら、いっつも泣いてた。薫を見ていると、どうしたってマサキを思い出してしまうから。薫はマサキにそっくりだから」

母にとって、僕の誕生より、正喜さんの死の方が大きかった。うすうす、なんとなくはわかってはいた。でも、今初めて、本人の口からはっきりとそれを聞いた。何か壊せる物があったら、僕は今すぐそれを手に取って、思いきり床に叩《たた》きつけたかった。

「だけど、③それが逆転したわ」

母が、声のトーンを落としてつぶやく。

「ベルリンに来て、薫と一緒にいろんな所に行って、うまく言えないんだけど、あぁ、私の人生は幸せだわ、ってやっと思えたの。心の底からね。なんとなくママは、人生を楽しむことに、罪悪感を持っていた。マサキに申し訳ないって。でも、そうじゃないことにようやく気づけたの」

ここまで母が言った時、ホテルのご主人と一緒に大型の犬が二匹、散歩から戻ってきた。一匹は漆黒《しっこく》、もう一匹はベージュで、ドイツの犬らしく、どちらもとても賢そうな顔をしている。二匹はじゃれ合いながら、楽しそうにピアノの周りを駆け回っていた。正喜さんになついたという犬かもしれない。そう思ったらふと、犬の背中を熱心に撫《な》でる正喜さんの後ろ姿が、風景に透けて見えそうになる。

もしかすると、母の目にもまた、犬の背中を撫でる正喜さんの横顔が見えているのかもしれない。母は、そんな表情を浮かべている。気づけば④僕の乱暴な気持ちは、どこかへ行ってしまっていた。それにね、と母は続ける。

「ママはもう、マサキと過ごした時間より、薫と一緒にいる時間の方が長いのよ。そんな日が来るなんて、思ってもみなかった。それで、ある人からのプロポーズを受け入れようって、思えたの。だって、ママはこれから先も、生きていかなくちゃいけないから。人は、ひとりじゃ生きていけないってことが、はっきりわかったわ。もちろん、ママには薫がいてくれるけど、親子とは、少し意味が違うのよ」

⑤母の言っていることが、わかるようで、わからない。わからないようで、少しわかる。

「薫、今まで本当にありがとう」

母は急に改まった様子で言った。なんだか母が、遠くに離れてしまうようで心細くなる。

「ママ、薫がいなかったら、絶対に乗り越えられなかったから。ママね、すっごく嬉しかったの」

「何が？」

「だって薫、ママのこと、いっぱい笑わせてくれたでしょう」

「覚えてるの？」

僕はずっと、あれは人生の失敗談だと思っていた。

「当たり前じゃない。毎日毎日、今日はどんなことして笑わせてくれるんだろうって、家に帰るのが楽しみだったんだから」

(注6)幼い頃のあの努力は、無駄ではなかったのだ。そう思ったら、⑥僕の中に降り積もった哀しみが、ほんの少し溶けたような気がした。

「僕さ」

僕は、母の瞳をしっかりと見て言った。母の顔が、［　C　］とかすんで見える。こんな時に、どうして涙が込みあげてくるのだろう。わからなかったけど、僕は母から目を逸《そ》らさずに続けた。

「母さんが幸せになるのを、応援するよ」

その瞬間、母がにっこり笑う。太陽のように。いや、母は太陽そのものだった。

ベルリンで過ごす時間は、あと一日残っている。

【小川　糸「僕の太陽」(『短編少年』〈集英社文庫〉所収)より】

(注1)「マダム」……既婚女性に対する敬称。夫人。奥様。

(注2)「昨日の話」……母がこのホテルで「僕」を授かったという話。「僕」はこれまで正喜さんを得体のしれない幽霊でも見るように思っていたが、この話を聞いて、窪田正喜という存在が確かな重みを持って迫ってきたと感じている。

(注3)「真っ黒いグランドピアノ」……かつて母と正喜さんがホテルに泊まった際、正喜さんが演奏したピアノ。

(注4)「昨日の夜のような赤い雲の広がり」……「僕」と母は、昨夜母と正喜さんの思い出のレストランに行った。そこでワインを飲んだ母の目の周りに広がった色彩のこと。

(注5)「その時」……「僕」が生まれた日の夜のこと。母は予定より早く陣痛が来て、正喜さんは慌てて病院に連絡したが翌朝来るようにと言われた。しかし、母の苦しむ姿を見るにつけ、正喜さんはいてもたってもいられず、母を車の助手席に乗せ、雨の中病院に向かった。その途中で自動車事故に遭《あ》い正喜さんは亡くなった。事故の原因は対向車の居眠り運転であった。そして、「僕」は事故後の車内で生まれた。

(注6)「幼い頃のあの努力」……正喜さんを思い出して「僕」の目の前でぼんやりたたずむ母を、幼い頃の「僕」が人生のすべてのエネルギーを費やし、思いっきり笑わせようとしていたということ。母はくすっと笑ったが、その儚《はかな》い笑顔の背後には無限の哀しみが控えていた。「僕」の手には負えないと分かっていたが、「僕」は母を大笑いさせたかった。

問一　――線①「何も言い出せなかった」とありますが、それはなぜですか。その理由として最も適当なものを次から選び、記号で答えなさい。

ア　母に意表を突かれた「僕」は、母に言いたいことが多くあるものの、ためらっていたから。

イ　「僕」には予想外の展開だったため、母が期待するような言葉を考える余裕がなかったから。

ウ　母の決意を前に、「僕」の言葉はもはや何の役にも立たないとあきらめていたから。

エ　「僕」が密かに抱いてきた希望をやっと叶《かな》えられるとわかり、興奮してしまったから。

問二　［Ａ］にあてはまる言葉として最も適当なものを次から選び、記号で答えなさい。

ア　おそらく　イ　とても　ウ　決して　エ　まるで

問三　［Ｂ］・［Ｃ］にあてはまる言葉として最も適当なものを次から選び、それぞれ記号で答えなさい。

ア　はらはら　イ　ゆらゆら　ウ　さらさら
エ　ざらざら　オ　ずるずる

問四　――線②が「差し迫った状況で身動きがとれなくなる」という意味になるように、（　）にあてはまる言葉を三字以内で考えて答えなさい。

問五　――線③「それ」の指し示す内容を説明した次の文の空欄にあてはまる言葉を、それぞれ指定された字数で答えなさい。ただし、１は文章中の言葉を使い、２は文章中から抜き出して答えること。

――線④「僕の乱暴な気持ちは、どこかへ行ってしまっていた」

問六　［１　十字程度］よりも、［２　十字］の方が勝ったということ。

とありますが、「僕の乱暴な気持ち」を具体的に表している一文を文章中から探し、最初の五字を抜き出して答えなさい。

問七　――線⑤「母の言っていること」とはどのようなことですか。その説明として最も適当なものを次から選び、記号で答えなさい。

ア　夫と過ごした時間より、息子と共に歩んだ時間の方が大切であるということ。

イ　ひとりで生きてゆくことの孤独感から解放されたいということ。

ウ　夫と妻を結び付ける愛情と親と子を結び付ける愛情は異なるということ。

エ　プロポーズを受け入れることによって、過去とは決別するということ。

問八　――線⑥「僕の中に降り積もった哀しみが、ほんの少し溶けたような気がした」について、次の各問いに答えなさい。

１　「僕の中に降り積もった哀しみ」を説明したものとして最も適当なものを次から選び、記号で答えなさい。

ア　母の、亡くなった正喜さんを忘れようと努力する上での哀しみ。

イ　母の、亡くなった正喜さんを忘れられないことに対する哀しみ。

ウ　「僕」の、亡くなった正喜さんを父親だと思えないことに対する哀しみ。

エ　「僕」の、亡くなった正喜さんとの思い出が何一つないことに対する哀しみ。

２　「ほんの少し溶けたような気がした」とありますが、それはなぜですか。その理由として最も適当なものを次から選び、記号で答えなさい。

ア　母の再婚相手も、正喜さんと同じように、母を幸せにできる存在だとわかったから。

イ　これまで「僕」が母に抱いてきた疑念が晴れ、今後の人生を楽しめるとわかったから。

ウ　正喜さんだけではなく、「僕」自身も母を笑顔にできる存在だとわかったから。

エ　「僕」のことを愛せずにいた母が、「僕」の想像以上に苦しんでいたことがわかったから。

問九　文章の内容にあてはまるものを次から一つ選び、記号で答えなさい。

ア　母は、意を決して「僕」に再婚話を切り出したが、「僕」の予想外の反応に戸惑いの表情を見せ、「僕」を落胆させた。

イ　母は、正喜さんを忘れるためにベルリンへ来たが、過去の思い出に浸り、プロポーズ相手との未来を見つめることができなかった。

ウ　母は、「僕」が母のことを大切に思ってくれていると認識し、今後は「僕」だけのために前向きに人生を歩もうと思い始めた。

エ　母は、「僕」とベルリンに来たことで、「僕」の存在の尊さを認識し、「僕」とプロポーズ相手とともに新たな人生を歩もうと決心した。

三　次の文章を読んで、あとの問いに答えなさい。

ヒトの場合、このような（注1）感覚入力からはじまるボトムアップ処理だけで「何か」を認識しているのではなく、前頭葉（注2）からのトップダウン処理もおこなわれている。①トップダウン処理では、そうやってパターン認知した情報が、知っているモノの形（知識表象）（注3）としてすでにあるかどうかを長期記憶のなかから検索して、最も似ている知識表象を選択する。つまりそれまでにもっていた知識や記憶と照らし合わせて、「何か」としてカテゴリー化（注4）する。

だから、モノが置かれた文脈によって、同じ形のモノでも別の「何か」として認識されることがある。図1の右端にある上下二つは同じ絵だ。［　A　］、上段のようにさまざまな顔の絵のなかにこの図があると、メガネをかけたおじさんに見えやすく、下段のように②動物の絵のなかにあると、ネズミに見えやすくなる。

図1　文脈によって同じ絵の見え方が変わる。右端の絵は，上段の顔のなかにあるとメガネをかけたおじさんの顔に，下段の動物の絵のなかにあるとネズミに見えやすい。

とくに、入力される感覚からの情報が不十分なときには、このトップダウン処理が優位になる。そのときは、知識を使った推論によって、それが「何か」を知ろうとする。たとえば、図2に何が描かれているか、そう簡単にはわからない。「何か」を知ろうとする過程で、頭のなかを検索している感じを実感していただけるのではないだろうか。

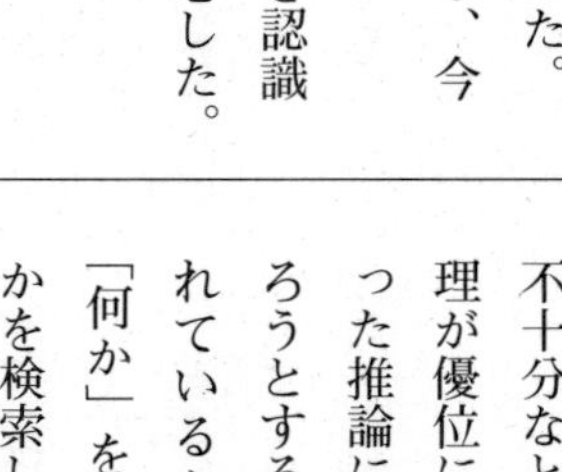

図2　カモフラージュされたパターン。画面中央右寄りにダルメシアン（犬の一種）が見えてくる。

そうやって知識や記憶を総動員して、「何か」としてカテゴリー化する。だから壁のしみのようなあいまいな形にも、わたしたちはさまざまな「何か」を見る。月でウサギが餅《もち》つきをしているのも、おねしょのしみが日本地図をつくるのも、星の並びにさまざまな神話が生み出されたのも、この③視覚認知の特性に基づいている。だからこそ、鉛筆1本が生み出す線でさまざまなものが表現できるのだろう。

「夕暮れのカラス」「絶望する人」「早春の竹林」――アイ（注5）の水彩画を整理するときに、わたしが勝手につけていたタイトルだ。チンパンジーの本意ではないだろうが、しばらく見ていると、さまざまなイメージが浮かぶ。そしてタイトルをつけた方が、「何月何日に描いた赤と黄の絵」などというより、あの絵だな、と思いだしやすくて便利だった。

このように、見たモノを頭のなかでカテゴリー化し、シンボルに置き換えておけば、情報として記憶から取り出したり、他者に伝えたりすることが容易になる。そうして複雑な思考や効率的なコミュニケーションができるようになったことは、④ヒトが文化や技術を発展させる原動力になったはずだ。

このカテゴリー化の基準になるのが、ほかでもない言語だ。だから異なる言語を話すヒトでは、その認識する世界も違うはずだ、と主張するのが、サピア＝ウォーフ仮説（言語相対性仮説）である。言語化とカテゴリー化とがまったく同じとはいい切れないという反論もある。ただ少なくとも、ヒトが言語をもったことと、ヒトが世界をカテゴリー化して見る記号的（注6）なモノの見方をするようになったことは深く関連していそうだ。

イギリスの考古学者スティーヴン・ミズンは、壁画をはじめとする後期旧石器時代におこった文化の爆発の原動力を、知能が⑤認知的流動性を得たことによるものだと指摘した。

ネアンデルタール人や初期のホモ・サピエンスの脳では、より原始的な一般知能に加えて、集団のなかでの社会生活に特化した社会的知能、狩猟採集に特化した博物学的知能、石器製作などの物づくりに特化した技術的知能の三つがそれぞれ独立に発達していた。その後、芸術や宗教を生み出すようになったホモ・サピエンスに備わったのは、新たな知能ではなく、三つの知能の間に認知的な流動性を得たことだ、という指摘だ。わたしたちは、概念や思考方法、知識を別のことに応用して使うことが得意だ。比喩《ひゆ》や類推を好むことも、その証拠として考えると辻褄《つじつま》が合う。そしてこの認知的流動性を生み出したのが、言葉、それも今のわたしたちが使っているような分節化（注7）した構成的言語だと指摘されている。

ヒトは、言語を獲得したことによって、複雑で効率的な思考やコミュニケーション能力を手に入れた。そしておそらく同時に、想像する力も手に入れた。しかし、進化の過程で新しい能力を獲得することは必ずしも進歩ではない。実は既存の能力の喪失《そうしつ》というトレードオフ（注8）によって成り立っている。イギリスの心理学者ニコラス・ハンフリーが『喪失と獲得』のなかで論じているのは、そのような進化のうらおもてだ。

ハンフリーは、ヒトが言語を手に入れることで失った能力、それは、モノをありのまま写真のように知覚し、記憶する能力であると指摘している。そしてその説に説得力をもたせる現象の一つが、チンパンジーの記憶力だ。

前述のように、アイたち霊長研のチンパンジーたちは、数字の順番を覚えていて、画面上にランダムに散らばった数字を小さい順に触れることを学習している。この課題を使って、彼らの記憶力を調べた研究がある。井上紗奈さんらの研究だ。一番小さな数字に触れた瞬間に、数字がすべて白い四角に置き換わってしまう。そこで記憶を頼りに、小さい数字があった場所から順に答えていくという課題だ。

このとき、アイの子アユムをはじめ、子どものチンパンジーたちがずば抜けた記憶力を発揮した。数字が消えても迷いなくピッピッピ、と小さい順に触っていく。数字が表示されてからスタートの1を押すまでに0・6秒、その短時間に配置を覚えていることになる。これは一見にしかずなので、「アイのホームページ」から、ぜひその映像をごらんいただきたい。比較対象として、京都大学の大学院生などが挑戦しても、到底勝てない速さで、しかも高い正答率なのだ。

彼らがこのような能力をもつのは、数字が散らばった画面を写真のように映像で記憶しているからだと考えられている。直観像記憶（注9）や映像記憶とよばれるものだ。ヒトがこの課題を解くときには、数字が消える前にその配置を1、2、3、4、……、と確認しようとする方法が一般的だろう。それはいわば記号化して覚える方法で、その処理の分、時間がかかる。［Ｂ］映像記憶なら、カメラのように一瞬で記憶できてしまうというわけだ。

（中略）

わたしたちは言語をもったことによって、目に入るものをつねにカテゴリー化し「何か」として見ようとする記号的な見方をしている。つまり（注10）目に入るものをそのまま認識しているつもりでも、無意識に⑥言語のフィルターを通して世界を見ているのだ。

すでに述べたように、チンパンジーは線画に描かれたモノが「何か」を認識することができる。それはすなわち描線を「何か」に見立てていることになるのだから、カテゴリー分けをするような記号的なモノの見方をまったくしないとはいいきれない。とくに、子どものころに何らかのシンボルを学習したチンパンジーが、ほかのチンパンジーより記号的なモノの見方をしていることを示す証拠も少しある。

先に紹介したプレマックの研究で、ただ一人、顔のパーツを並べて福笑いを完成させた（注11）サラも、プラスチック片による言語を学習していたことを思い出してほしい。

［Ｃ］、チンパンジーのカテゴリー化能力を調べた田中正之さんの研究もある。まず、7人のチンパンジーに「花」「木」「草」「その他」の四つのカテゴリーに属するモノの写真から、いつも「花」を選ぶことを学習させた。これは、どのチンパンジーもできるようになった。ピンクのサクラでも、黄色いタンポポでも、学習によって同じ「花」とカテゴリー分けができるというわけだ。次に、写真のかわりに写実的な彩色画、色つきの（注12）デフォルメされたイラスト、白黒の線画を見せて、そのなかからも「花」を選べるようになるかを調べた。その結果、アイと3人の子どものチンパンジーたちは、どんな表象でも「花」を選ぶことができるようになった。［Ｄ］、他の3人のおとなのチンパンジーたちは、偶然の正答率以上に正解できるようにならなかった。

動物が生きていくためには、環境のなかで天敵や食物を見分けなければいけない。そのため⑦多くの動物がこの基本的なカテゴリー化をおこなっている。しかし、チンパンジーは、花のように食物でないものも、ある程度のカテゴリー化ができるようになる。さらに、若くて思考が柔軟なうちか、アイのように、ある時期までに漢字などの視覚的なシンボルを習得した経験がある場合には、さまざまな表象表現を認識し、カテゴリー化ができるようになるということらしい。

（齋藤亜矢『ヒトはなぜ絵を描くのか――芸術認知科学への招待』〈岩波書店〉より）

（注1）「このような感覚入力」……十字型・曲線の組み合わせなど低次の情報から、複雑な図形・形・色の組み合わせなどの高次の情報に段階的に処理されるしくみ。

（注2）「前頭葉」……大脳半球の中心を左右に走る溝《みぞ》より前方の領域。ヒトにおいてよく発達し、感情・注意・思考などの精神作用や自分の意志によって行われる運動を支配し、また他の領域と密接に連絡する。

（注3）「表象」……心に思い浮かべられる具体的な像。イメージ。

（注4）「カテゴリー化」……分類すること。

（注５）「アイ」……京都大学霊長類研究所でチンパンジーの絵の研究をした際に研究対象としたおとなのチンパンジーの名前。
（注６）「記号的」……「記号」とは、ある文化の体系の中で、一定の意味を表すもの。
（注７）「分節化」……連続しているものに区切りを入れること。
（注８）「トレードオフ」……何かを達成するためには何かを犠牲にしなければならない関係のこと。
（注９）「直観」……推理・推論・類推・伝聞によらず、直接的に対象をとらえること。
（注10）「フィルター」……ろ過装置。
（注11）「サラ」……言葉のかわりにプラスチック片を用いた言語を学習し、「顔」を構成することができたチンパンジーの名前。
（注12）「デフォルメ」……意図的にゆがみを加えて表現すること。

問一　――線①「トップダウン処理」とありますが、その説明として最も適当なものを次から選び、記号で答えなさい。
ア　長期記憶の中より知識表象を検索して最も類似した知識表象を選択すること。
イ　長期記憶を知識表象から検索して最も適切なカテゴリーを選択すること。
ウ　知っているモノの形を知識表象から検索して類似の「何か」を長期記憶化しようとすること。
エ　長期記憶と知識表象を同時に検索することで、最も類似している知識表象を選択すること。

問二　［Ａ］～［Ｄ］のうち逆接の接続詞が入らないものを一つ選び、記号で答えなさい。

問三　――線②「動物の絵」は何の具体例として挙げられていますか。文章中から二字で探し、抜き出して答えなさい。

問四　――線③「視覚認知の特性」とありますが、それはどのようなことですか。「～見方。」に続くように、文章中から三十五字以上四十字以内で探し、最初と最後の五字を抜き出して答えなさい。

問五　――線④「ヒトが文化や技術を発展させる原動力になった」とありますが、「原動力」の例として適当でないものを次からすべて選び、記号で答えなさい。
ア　おねしょのしみを地理や医学の知識で解釈すること。
イ　星座にまつわる神話の論理的整合性に疑問を抱くこと。
ウ　意味のない月の模様をウサギの餅つきに見立てること。
エ　壁のしみから強い恐怖心に駆られるような幽霊を連想すること。

問六　＝＝線ア「考古」・イ「原始」・ウ「狩猟」・エ「製作」のうち、他と構成が異なる熟語を一つ選び、記号で答えなさい。

問七　――線⑤「認知的流動性」の例として適当でないものを次から一つ選び、記号で答えなさい。
ア　いつも多くの人と一緒に居る集団をシマウマの群れに例える行為。
イ　川の水量や濁りとイワナの釣果の関係を近隣の人と情報共有する行為。
ウ　狙《ねら》った獲物にめぐり会えるまで何日でも忍耐強く歩き続ける行為。
エ　扱う獲物によって、石器の材質や形状を変化させようとする行為。

問八　――線⑥「言語のフィルターを通して世界を見ている」とありますが、これとは対照的な認識方法を文章中から四字で探し、抜き出して答えなさい。

問九　――線⑦「多くの動物がこの基本的なカテゴリー化をおこなっている」とありますが、条件を満たしたチンパンジーの「カテゴリー化」が「多くの動物」の例外である理由を、文章中の言葉を使って四十字以上五十字以内で説明しなさい。ただし、「認識」という言葉を必ず使い、「～ではないものでも、～から。」の形で答えること。

四　次の資料を見て、あとの問いに答えなさい。

問一　資料Ａ中の――線①「インバウンド需要の消失」とありますが、これは具体的には何が原因でどのようなことが起きたことを指していますか。他の資料を参考にし、「買い物客」という言葉を必ず使って四十字以内で答えなさい。

問二　資料Ａ～Ｈから読み取れることとして適当でないものを次からすべて選び、記号で答えなさい。

ア　資料Ａ中の「消費形態やライフスタイルの変化」とは、一つには少子高齢化による購買行動の変化が挙げられる。

イ　資料Ａ中の「消費形態やライフスタイルの変化」とは、一つにはネットショップの利用の増加が挙げられる。

ウ　新型コロナ感染拡大の影響によって、これまで高級路線の小売店として好調だった百貨店も苦戦を強いられるようになった。

エ　新型コロナ感染拡大の影響によって減収が続いていた百貨店だが、二〇二一年四月には過去に類のない大幅な収益があった。

オ　百貨店のインバウンド売上は二〇二〇年四月に最も減り、その後やや回復したが、コロナ禍以前の規模とは程遠い状況である。

カ　外国人観光客を拡大させる日本の政策は、景気の低迷や少子高齢化による国内消費の停滞、女性の雇用の創出などとも関係がある。

キ　訪日外国人が激減した原因としては、新型コロナ感染拡大の他に、海外の人に好まれるコンテンツのアピール不足も挙げられる。

資料Ａ　「コロナで百貨店の売上高　1兆5,000億円減少　百貨店の８割が赤字」

百貨店70社の業績

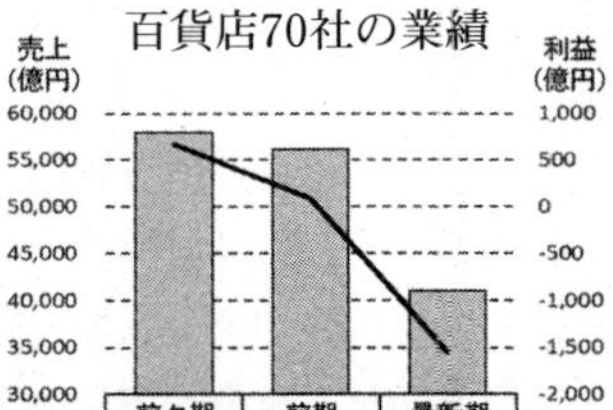

	前々期	前期	最新期
売上	5,796,881	5,618,622	4,099,678
利益	66,819	8,898	−154,698

単位：百万円

東京商工リサーチ調べ

全国の主要百貨店70社の2020年度(2020年４月期－2021年３月期)の売上高は、合計４兆996億円(前期比27.0％減)で、前期より１兆5189億円減少した。調査を開始以来、５期連続の減収となった。

期初から新型コロナ感染拡大の影響が直撃し、外出自粛《じしゅく》や休業、時短営業に加え、①インバウンド需要の消失など、かつてない苦戦を強いられた。

純利益は、合計1546億円の赤字(前期は88億円の黒字)だった。雇用《こよう》調整助成金などの各種支援を受けながらも、想定以上の売上の落ち込みで費用を吸収できない企業が続出し、赤字百貨店は全体の約８割(構成比79.4％)にのぼった。

百貨店業界は消費形態やライフスタイルの変化で百貨店離れが加速し、ここ数年は撤退《てったい》や閉店が全国で相次いでいる。コロナ禍《か》はこれに拍車をかけ、装置産業で対面販売を軸《じく》にした旧来型のビジネスモデルの弱点をあぶりだした。

2021年に入っても大手百貨店の閉店が相次ぎ、不振に喘《あえ》ぐ地場百貨店の経営破たんも発生している。新型コロナの感染再拡大、緊急事態宣言の発令などで引き続き厳しい事業環境が続くだけに、当面の市場縮小は避けられない見通しだ。

(出典：2021年８月31日東京商工リサーチ「データを読む」)

資料Ｂ　「インバウンドとは」

インバウンド(inbound)は「外国から自国への旅行」や「自国への外国人旅行者」を指す言葉です。日本へのインバウンドは「訪日旅行」「訪日外国人」とも呼ばれます。

2019年、日本の訪日外国人数は過去最高の3,188万人となりました。2014年の春節(旧正月)頃に訪日中国人観光客による「爆買い」現象が注目されて以来、テレビのニュースなどでも「訪日外国人」「外国人観光客」「インバウンド」「インバウンド需要」「観光立国」などのキーワードが頻出《ひんしゅつ》するようになっています。

一方で2020年２月頃からは、新型コロナウイルスの世界的な流行により旅行需要が停滞《ていたい》し、感染対策のための入国制限も敷かれることとなりました。訪日外国人が激減し、インバウンド市場は大きな打撃を受けています。

(出典：訪日ラボ「インバウンド用語集」〈https://honichi.com/words/インバウンド/〉)

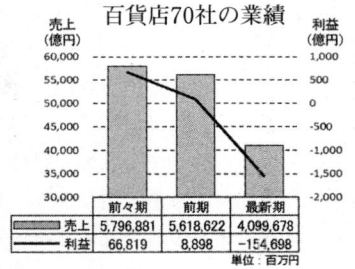

資料Ｃ　百貨店の現状

一般社団法人日本百貨店協会の「全国百貨店売上高概況《がいきょう》」(2019年12月発表)によると、2019年の年間売上高は約５兆7547億円と前年より1.4％減で、市場規模は縮小傾向だ。特に少子高齢化の影響を受け、地方百貨店の苦戦が続いている。

大都市圏では、インバウンド(訪日外国人)の取り込みを続けてきた結果、外国人向けの販売額が、売り上げの中で一定の存在感を持つようになった。また高級路線の小売店として、ハイブランドや高品質品を消費者に訴求・提案する動きもある。一方、専門店をテナントとして招き入れる生き残り策を取る店舗《てんぽ》もある。

百貨店や家電量販店にとって強力なライバルとなっているのが、ネットショップだ。経済産業省の調査では、2018年の日本国内のB to C＊向けのＥＣ(Electronic Commerce、電子商取引)市場規模は、約18兆円と前年より8.96％増と拡大傾向であることがわかった。(＊「B to C」…Business to Consumerの略で、企業〈Business〉が一般消費者〈Consumer〉を対象に行うビジネス形態のこと。)

各社はさまざまな販売業者の商品を１つのサイトでまとめて販売するオンラインショッピングモールが存在感を強める中で、人気のオンラインショッピングモールに出店したり、自社でネットショップ事業に乗り出して対抗したりしている。また、実店舗にタブレットを配備して、店頭にない商品をネット注文できるようにするなど、店舗とネットを連携《れんけい》・融合《ゆうごう》させる新たな取り組みも始まっている。

(出典：株式会社リクルート　リクナビ　就活準備ガイド　「業界研究」　百貨店・専門店・流通・小売業界　https://job.rikunabi.com/contents/industry/912/#i-3)

資料Ｄ　観光立国日本

2014年から、日本は「観光立国」を目指して歩んでいます。観光立国とは、国内外から観光客を誘致して、人々が消費するお金を国の経済を支える基盤のひとつとしている国のことです。そのためには、特色のある自然や都市の環境・光景をアピールするとともに、美術館などの観光施設を整備する必要があります。

日本が観光立国を目指す理由は何でしょうか。現在の日本では、景気の低迷や少子高齢化で、国内消費の拡大が難しくなっています。そこで観光に注力し、インバウンド客を呼び込んで消費を促《うなが》そうと考えられました。温泉・和食・忍者《にんじゃ》・侍《さむらい》・ポップカルチャー・寺社・豊かな自然など、日本には海外の人に好まれるコンテンツが豊富にあります。しかしながら、これまでインバウンド客の受け入れ態勢やアピール力が不充分でした。今、そういった部分を見直してより多くの観光客を呼ぶ取り組みがされているのです。また、観光業を活性化させることで多くの雇用を生み出すことも狙いです。特に促進されているのは、観光業での女性の活躍です。結婚や出産で仕事から離れていた女性たちが、観光業で働き、納税者となればさらに国の財政が潤《うるお》います。こうした理由から、日本は観光立国を目指しているのです。

(出典：おもてなしＨＲ〈https://omotenashi.work/〉)

資料Ｆ　百貨店免税品売上高前年同月比

（2019年４月～2020年４月）

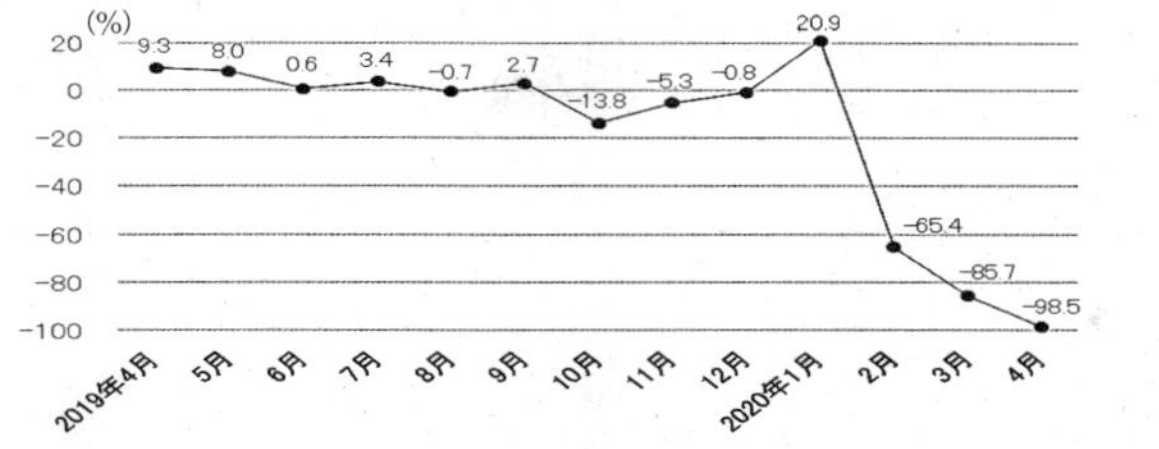

資料Ｇ　百貨店免税品売上高前年同月比

（2020年５月～2021年８月）

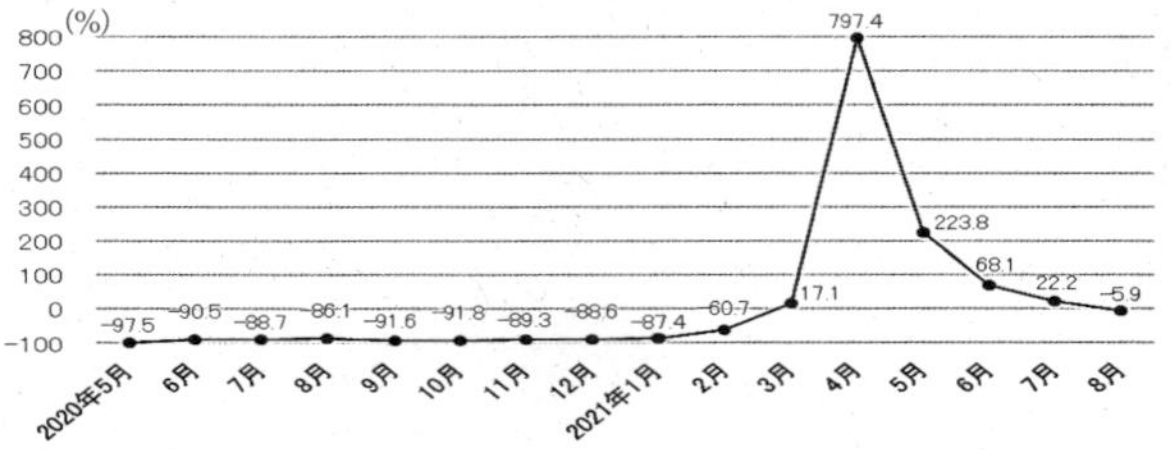

資料Ｅ　日本の免税《めんぜい》制度

外国人旅行者等の非居住者（以下「非居住者」といいます。）が、土産品等として国外へ持ち帰る目的で輸出物品販売場において、免税対象物品を一定の方法により購入した場合には、その購入に係る消費税が免除されます。

これは、非居住者が土産品等を国外へ持ち帰ることは、実質的に輸出と同じであることから設けられている制度です。

（出典：国税庁ＨＰ）

資料Ｈ　百貨店免税品売上高　（2019年４月～2021年８月）

	実額	前年同月比
2019年4月	約344億7千万円	109.3%
2019年5月	約309億9千万円	108.0%
2019年6月	約283億3千万円	100.6%
2019年7月	約281億3千万円	103.4%
2019年8月	約256億6千万円	99.3%
2019年9月	約253億2千万円	102.7%
2019年10月	約256億4千万円	86.2%
2019年11月	約261億5千万円	94.7%
2019年12月	約299億2千万円	99.2%
2020年1月	約316億9千万円	120.9%
2020年2月	約110億2千万円	34.6%
2020年3月	約47億5千万円	14.3%

	実額	前年同月比
2020年4月	約5億円	−98.5%
2020年5月	約7億7千万円	−97.5%
2020年6月	約26億8千万円	−90.5%
2020年7月	約31億7千万円	−88.7%
2020年8月	約35億5千万円	−86.1%
2020年9月	約21億2千万円	−91.6%
2020年10月	約21億円	−91.8%
2020年11月	約27億9千万円	−89.3%
2020年12月	約34億4千万円	−88.6%
2021年1月	約39億9千万円	−87.4%
2021年2月	約43億3千万円	−60.7%
2021年3月	約55億5千万円	17.1%

	実額	前年同月比
2021年4月	約45億円	797.4%
2021年5月	約25億1千万円	223.8%
2021年6月	約45億1千万円	68.1%
2021年7月	約38億7千万円	22.2%
2021年8月	約33億4千万円	-5.9%

（出典：資料Ｆ～Ｈは日本百貨店協会「免税売上高・来店動向」を元に作成した）

東京農業大学第一高等学校中等部(第三回)

—40分—

［注意事項］　解答の際、句読点、括弧《かっこ》などの記号は字数に含《ふく》むものとします。

一　次の①〜④の傍線部のカタカナを漢字に直し、⑤〜⑧の傍線部の漢字の読みをひらがなで答えなさい。

① 徳川家のケイズを調べて年表にまとめる。
② 大谷は早くからトウカクを現した。
③ サイクは流々仕上げを御覧じろ。
④ 不正なお金でシフクを肥やす。
⑤ 役職に応じて歩合の比率を上げていく。
⑥ 老若男女、どの層からも人気がある。
⑦ その行いは間違いなく言語道断である。
⑧ この件については判断を委員長に委ねる。

二　次の文章を読んで、後の問に答えなさい。

いうまでもなくコロナ禍がもたらした最大の災いは、「空気の共有」に対する全世界の人々の忌避《きひ》感である。わたしにしても時折、人と会うとき半無意識に顔をそむけ、距離をとっている。ふつうだったらこれは相手にいぶかられるよそよそしさだ。しかるに音楽とはまさに、人と人の間のこうした距離を縮めるためにこそ、存在してきたはずだ。だから「ソーシャル・ディスタンス」を強いられては、音楽は商売あがったりになってしまうだろう。どんなにがんばってみても距離が縮まらないのだから、存在している意味自体がなくなる。例えばシールドでステージと客席を仕切ってライブハウスを再開したとして、もちろん最初は久方ぶりの生の音楽ということで感慨もひとしおだろうが、やがて[1]シュールレアリスム的な乖離《かいり》感が生じないだろうか。いわば集わない／集えないことを確認するために、わざわざ集っているというような妙な感覚である(周知のようにソーシャル・ディスタンスとは感染防止のための新しい生活様式のキーワードであり、飲食店などいたるところで「ソーシャル・ディスタンスのために……をお願いします」といった貼り紙が出されるようになった)。

　これが文学の場合なら、一人で誰とも会わず読むのが常態であるから、こうした非常時にとても向いた形式だといえる。また美術も音楽に比べれば「孤独な鑑賞」の側面が強い。一枚の絵を前に何千人もの人が群がって、抱き合って熱狂している光景など想像もつかない。それにたとえ美術館が閉鎖になったとしても、「絵がなくなってしまう」などということは起きない。絵はモノだから、盗難にでもあっていない限り、(おそらく)ちゃんとそこにある。しかし音楽は違う。それはモノではなく、空気振動をリアルタイムで共有する芸術形式だ。したがって人と人とが空気を共有しなくなったら存在しないも同然になろう。しかしまた、複数の人が空気振動を同時に共有するからこそ、音楽だけがもつあの興奮と熱狂と一体感は生まれてくる。

　今わたしは「人と人とが空気を共有しなくなったら音楽は存在しないも同然」と書いた。いぶかる人もいるだろう。「いや、そんなことないよ、コロナ禍による自粛期間中も一人自宅で音楽を熱心に聴いていたよ?」と。[2]議論の錯綜《さくそう》を避けるために敢えて言おう。音楽にはまったく性格が違う二種類の「音楽」があるのだ。ライブ音楽とメディア音楽である。そしてわたしが「音楽が消えた」というときに指しているのは前者であり、「自粛期間中もずっと音楽を聴いて癒やされていた」という人が指しているのは後者なのである。

それでもなお異論はありうる。「コロナといわずすでにかなり前から、もうほとんどの人は電気メディアを通した音楽しか聴いていなかったのではないか、ライブの音楽をわざわざ聴きに行く人などごく少数のマニアだけだろう？　「音楽」とは今やメディアを通して聴くものになっているのだから、ライブがなくなろうがたいした変化はないし、3そんなことを惜しむのはただのノスタルジーじゃないか？」といった反論だ。もちろんわたしは「ライブこそが本来の／本物の音楽なのだ！」などと反動的な主張をしているわけではない。ライブ音楽とメディア音楽を「まったく別もの」と考えることで初めて見えることもあるといいたいだけだ。例えばこのところよく「ネット飲み会」や「ネット帰省」といったことがいわれるようになった。しかし本当に問うべきは、ネットで故郷の家族や親戚と話したとして、それは果たして「帰省」なのかということだろう。「ネットでも簡単に……できちゃう」というオートメーション化を無反省に受け入れることは危うい。安直に「ネット帰省」などと口にすると、その瞬間から「実際は帰省できなくなっている」という事実が目に入らなくなってくる。故郷に自ら足を運ばないことで決定的に失われる何かを見逃してしまう。

4音楽においても問題の所在は同じだ。例えばある歌手の歌声という「コンテンツ」を聴者の耳元に確実に送り届けられさえすれば、手段が何でも同じだということになるのか？　音楽とはその場でステージと客席が一緒になって作り上げる何かではなくて、通販のパッケージのようなものだったのか？　情報伝達の利便性だけが選択基準になっていいか？　何度もいうが、わたしは録音音楽を決して否定はしない。そもそも録音資料がなければわたしのような職業は今や成り立たない。ただ、ライブ音楽とメディア音楽を「似ても似つかないもの」と区別することが、状況認識にとって有効な局面もあるということに、注意を向けたいのである。

三輪眞弘はメディアと音楽のかかわりをラディカルに問い直す作品を発表し続けてきた作曲家であるが、彼は「録音された音楽」と「生の音楽」とは根本的に別ものであり、前者は「音楽」ではないということを明確にするべく、「録楽」という概念を提唱した（フォルマント兄弟〈三輪眞弘＋佐近田展康〉『フレディの墓／インターナショナル』「デジタル・ミュージック」における6つのパースペクティブ』というテクストがネットで読める）。三輪によれば音楽とは本来、今そこに人間がいて、今その場で聴かれるもの以外ではあるはずがないのであり、複製技術によって不在の人間が奏でる何かは録楽ではあっても音楽ではない。三輪によればそれは映画が演劇でないのに等しい。これをわたしなりに解釈すれば、生の芝居に対する映画が一種の幻灯であるとすると、生の音楽に対する録楽は幻聴のようなものだということになる。わたしたちはコンサートやライブが自粛されていた間ずっと、5音楽の幻聴を聴いていただけなのかもしれないのである。

ライブ音楽とメディア音楽の違いが見えにくいとすれば、その最大の原因は、メディア音楽を聴いて「音楽らしきものがそこから聞こえてくるのだから、きっとそこに人がいる（いた）はずだ」と思ってしまう、わたしたちの素朴な反射反応だ。映画を見て、つい芝居と同じように、そこに人は確かにいると感情移入するのと同じである。トーマス・マンの長篇小説『魔の山』（一九二四年）の終わりのほうに「楽音の泉」という面白い章がある。それは主人公が生まれて初めて蓄音機というものを目にする場面で、彼の目に蓄音機が棺桶のように映るというくだりが出てくる。つまり主人公は「その箱から音が聞こえてくるのだから、きっと中には誰か（あるいは過去にそれを歌い録音した歌手の亡霊）が入っていて、その彼が歌っているのではないか」と考えたということだ。もしそうだとしたら、たとえそれが亡霊であったとしても、確かにこれは録楽ではなく音楽だ。

人の名前というのは不思議なもので、たとえ百年前のノイズだらけの録音であれ、ほとんど原形をとどめないまでに加工された最新録音であれ、そこに演奏者の名前が貼りつけられているだけで、[6]わたしたちはそれをいわば真に受ける。『魔の山』の主人公に似て、聞こえてくる音の向こうでは実在のサラサーテが、マリア・カラスが、マイケル・ジャクソンが、星野源がそれを奏でたり歌ったりしている（いた）と素朴に思いなす。実際は録音メディアを通してまったく似ても似つかないものに変形されているかもしれないにもかかわらず、である。そしてわたしたちは脳内変換によって、PCネットワークの彼方のバーチャルな演奏現場へと自分をワープさせ、そうすることで、蓄音機やCDプレーヤーやスマホから聞こえてくる録楽もライブと変わらない「音楽」として聴きなし、そこにロマンチックに感情移入するのである。

わたしにしても例えば伝説のピアニスト、ウラディミール・ホロヴィッツが十二年ぶりに舞台復帰した一九六五年のいわゆる「ヒストリック・リターン」のライブ録音を、長い間「本気で」信じてきた。「これは一九六五年五月九日のカーネギーホールで本当にあったことなのだ」と熱狂してきた。しかし近年になって、従来の録音は大幅な修正版だったことが明らかにされ、今度は「本物の」ヒストリック・リターンのライブ録音が出た。フルトヴェングラーの伝説的なバイロイトでの《第九》ライブも、同じように近年になって「修正なし」のライブ録音が発売された。結局のところ録楽とはどこまでいっても電気が作り出す［X］の可能性を排除できないのである。

【中略】

ところで右にわたしは「美術や文学は音楽と違って孤独な鑑賞に向いている」と書いた。そしてこの点でもまた録楽は、美術にとても近い。誰も押し合いへし合いしてフェルメールを見たくないだろうし、例えば訪れる者などほとんどいないメッシーナ（シチリア）の古い美術館で、カラヴァッジョ晩年の絵を時を忘れて見るのは至福の経験であろう。録楽にも本質的にそういうところがあって、例えばグレン・グールドがコンサート活動を停止して、録音に専念するようになった理由もこのあたりにあったと想像する。あるいはブライアン・イーノの環境音楽（テープ操作だけで作った電子音楽が多い）を大ホールで何千人の聴衆とともに聴いて、拍手喝采を送るといった光景を想像するのも難しいだろう。こういうものはやはり一人自室でヘッドフォンをつけて聴きたい。[7]音楽は距離をとらない芸術であるのに対して、録楽やアートや文学は距離を求める芸術なのだ。

もちろん人間心理には「集まりたい」衝動と「一人になりたい」衝動とが混在しているから、われわれにはどちらのジャンルも必要である。

だからこそライブの音楽はこれまで、観戦スポーツなどと並び、前者の欲求のための絶対の牙城としてゆるぎない地位を保ってきたわけだ。しかしまた、人を目いっぱい集めないことには「商売にならない」が故に、「人を集める」ジャンルは「一人でかまわない」ジャンルと比べものにならないダメージを、コロナ禍によって被った。そして今問うべきは、条件つきではあってもコンサートなどを再開することが可能になったとき、元通りの形で「人をたくさん集めて」生の音楽をすることは再び可能になるか、そして果たして人は録楽だけでは物足りず、音楽を強く求めるかどうかということだ。

〈岡田暁生『音楽の危機《第九》が歌えなくなった日』〈中央公論新社〉による〉

問一　傍線部1「シュールレアリスム的な乖離感」とありますが、どういうことですか。最もふさわしいものを次のア～オの中から選び、記号で答えなさい。

ア　これまでしてきたことの重要性を再認識したことで、これからすべきことの重要性を思い知ったということ。
イ　これまでの問題点を解消するために、これからはこれまでとは異なることをすべきだと思い知ったということ。
ウ　これまでと同じようには戻らないということに気づきながらも、これまで通りを求めていることを思い知ったということ。
エ　これまで通りにやってみたものの、もはや今までと同じようにすることはできないことを思い知ったということ。
オ　これまで通りの形式にこだわりすぎたことで、かえって難しさが増し、元の形式に近づけなくなったことを思い知ったということ。

問二　傍線部2「議論の錯綜を避ける」とありますが、なぜそうする必要があるのですか。最もふさわしいものを次のア～オの中から選び、記号で答えなさい。

ア　自粛期間中の音楽では得られなかった興奮と一体感を得るためには、生の音楽が必要であり、音楽の聴き方には二種類あると捉えた方が混乱しないから。
イ　コロナ禍で音楽の聴き方が以前と比べて変化し、音楽の聴き方には二種類あると考えないと、論点が定まらなくなってしまうから。
ウ　筆者が考える音楽と、一般的に言われている音楽では違いがあるため、音楽の聴き方には二種類あると定義した方が思考のずれが少なくて済むから。
エ　生の音楽が必要だと考える人にとっては、音楽の聴き方には二種類あると考えた方が音楽の良さを伝えやすいから。
オ　時代の変化に合わせて、音楽の聴き方には二種類あると考えておいた方が音楽の本質を正しく捉えられるから。

問三　傍線部3「そんなことを惜しむのはただのノスタルジーじゃないか?」とありますが、この反論の内容を説明したものとして、最もふさわしいものを次のア～オの中から選び、記号で答えなさい。

ア　自粛期間中にライブ音楽を楽しめたのは熱心な音楽好きに限定されており、それ以前からライブ音楽を楽しむ層は減っていたはずだということ。
イ　今やメディアを通して音楽を聴くことが主流となっており、ライブ音楽を必要とすることは過去の形態を懐かしんでいるに過ぎないということ。

ウ　現在流行しているメディア音楽の盛り上がりよりも、昔からあるライブ音楽の方が人々を魅了し熱狂させていたはずだということ。
エ　ライブ音楽と比べてメディア音楽の方が大勢の人を楽しませることができるものであり、現在の社会のあり方を反映しているに過ぎないということ。
オ　従来のライブ音楽でなくても音楽の良さは変わらないはずだが、メディア音楽を受け入れないのは恐怖心が主因であるということ。

問四　傍線部４「音楽においても問題の所在は同じだ。」とありますが、音楽においてはどのような点で問題だと言えますか。七十字以内で説明しなさい。

問五　傍線部５「音楽の幻聴」とありますが、次のア～カの中から「音楽の幻聴」と言えるものを**すべて**選び、記号で答えなさい。
ア　泣いている赤ちゃんがよく眠れるように、母親が歌ってきかせる子守唄。
イ　リラックスするために、部屋でかけたＢＧＭのジャズのメロディ。
ウ　昨日行ったコンサートの音楽が忘れられず、急いで購入したＣＤから流れる音。
エ　自転車に乗りながらつい口ずさんでしまう、お気に入りの曲。
オ　映画のエンドロールで流れる、好きなアーティストの歌。
カ　人気曲のリズムに合わせながら、机をドラムに見たてて叩いたときの音。

問六　傍線部６「わたしたちはそれをいわば真に受ける」とありますが、「真に受ける」とはどういうことですか。最もふさわしいものを次のア～オの中から選び、記号で答えなさい。
ア　有名な演奏者が実際に演奏していなくても、その演奏者の名前を見ただけで感情移入するように仕向けられているということ。
イ　自分が聴いている音楽が、有名な演奏者によって演奏されたものだとわかると、実際のコンサート会場にいるかのように錯覚してしまうということ。
ウ　録音されたメディア音楽を聴いているにすぎないのに、ライブ音楽を聴いている時と同じような感動を得てしまうということ。
エ　同じ録楽であってもスタジオで録音した音楽と比べ、ライブをそのまま録音した音楽は、熱狂に値する音楽であると捉えて満足してしまうということ。
オ　録音された音楽であっても、これまでのライブ音楽の視聴経験から、実際にその場で聴いている音を想像してしまうということ。

問七　空欄 X にあてはまる語句として最もふさわしいものを次のア～オの中から選び、記号で答えなさい。
ア　概念　　イ　真実　　ウ　理想　　エ　虚構　　オ　解釈

問八　傍線部７「音楽は距離をとらない芸術であるのに対して、録楽やアートや文学は距離を求める芸術なのだ」とありますが、どういうことですか。最もふさわしいものを次のア～オの中から選び、記号で答えなさい。
ア　音楽は目の前の人に向けて演奏する芸術だが、録楽やアートや文学は複製技術によって個人で楽しむことを前提とした芸術であるということ。
イ　音楽は情報伝達の利便性は後回しにした芸術だが、録楽やアートや文学はいかに正確に情報を伝えるかを考えた芸術であるということ。

ウ　音楽は距離がある人同士を近づけるためにできた芸術だが、録楽やアートや文学は距離がない人同士を遠ざけるためにできた芸術であるということ。

エ　音楽はオートメーション化を受け入れて共存する芸術であるが、録楽やアートや文学は従来のあり方を保持し続ける芸術であるということ。

オ　音楽は誰かと一緒に楽しむために存在する芸術であるが、録楽やアートや文学は誰かに楽しみを伝えるための芸術であるということ。

問九　本文の内容に合致するものとして最もふさわしいものを次のア～オの中から選び、記号で答えなさい。

ア　ライブ音楽が時代の流れとともにメディア音楽に移行したことで、機械を通した音楽が新たな音楽という位置づけとなった。

イ　美術や文学や音楽は個人で鑑賞する方法が主流となったため、感情移入するための場の共有が必要である。

ウ　録楽はいつでも修正することができるため、ライブ音楽よりも質の高い音楽を常に届けることができる。

エ　録楽が増えつつある現在においても、人と人とが時間と場所を共有して音楽を聴くことに意味がある。

オ　ライブ音楽と録楽は似て非なるものであるが、録楽を「本当の音楽」として捉えるかどうかは問題とすべきではない。

三　次の文章を読んで、後の問に答えなさい。

大学生の莉絵《りえ》は、同じマンションに住む文子《ふみこ》に頼まれて、十四歳の耕太《こうた》の面倒をみることとなった。耕太は母親を亡くし父親に失踪されて、親戚の家をたらいまわしにされ、学校にも満足に通えずに過ごしてきたが、莉絵との共同生活にも次第に慣れ始めていた。ある夜、耕太が描いたジャニス（莉絵が幼いころから大切にしていた猫のぬいぐるみ）の絵を見た莉絵は、実家に置いてきたそのぬいぐるみのことを思い出して淋しくなり、涙が止まらなくなった。

夜歩く本物の猫みたいに気配を消して、耕太が私の隣りに並んだ。自分のタオルで、黙ったまま私の涙を拭ってくれる。ジャニスみたい、と思ったらまた涙が流れて、私は観念して彼の肩に頭を載せてすすり泣いた。誰かに凭《もた》れて泣くと息が苦しくならない。そんなこともあったな。ずいぶん前だと思うけど。

丸めたタオルで私の頬を押さえながら、耕太は時々私の肩を撫《な》でてくれた。大きくて、指が長くて、肉の薄い大人びた手は天使の羽みたいだった。この子が本当の天使でも、驚かないな。さっきもそんな顔つきをしたし。そう言えば天使の仕事って何だろう。神様のお手伝い？　万能の神様に、お手伝いなんて必要なのかしら。

「ジャニス、つれてくる？」

頭の上で厳《おごそ》かな声がして、[1]本当に天使が舞い降りてきたのかと思った。

「ぼくがむかえに行ってあげるよ」

耕太はタオルで私の頬をぽんぽんと叩いて、さらに指で涙が残っていないか確かめた。彼が積極的に私に触れたことよりも、その申し出に私は驚かされた。

「迎えに行くって……」

「電車とみちをおしえてくれたら、行けると思う。おつかいは、よく行くから」

「静岡よ？　普通の電車だけじゃなくて、新幹線も乗るのよ。乗り換えもあるし」

私は、何を真剣に応対してるんだろう。この子を一人で実家までなんて、行かせられるわけないのに。

そうじゃなくて、私は、彼の気遣いが嬉しかったのだ。いままで、そんなことを言ってくれる男なんていなかった。もちろん、私が男の前で泣いたことがないっていうのもあったけど、たとえば私が怒ったりしても、解決策を出してくる男はいなくて、たいていは私の剣幕に恐れをなしてひたすら謝るか、A手に負えないと離れていってしまうかのどちらかだった。

でもこの子は、どうすれば私が泣きやむかを真剣に考えてくれたんだ。そして静岡まで、行ってくれるつもりなんだ。

「ありがと。でも大丈夫」

「ジャニスに、会いたくないの？」

「宅配便で送ってもらう。時間指定も出来るし」

途端に耕太は激しく首を振った。

「だめだよ莉絵ちゃん。動物をはこに入れるのは、死んじゃったときだけだよ」

耕太が飼っていたウサギを箱に入れて埋めた話が思い出された。私は自然に微笑み、やっぱりこの子に助けられたんだって実感した。

「透明のビニール袋に入れて送ってもらうから。そしたら外が見えて、ジャニスも淋しくないでしょ」

「ちがう。かもつ列車でこわい気持ちになるよ。まわりがみんなはこで、こころぼそくなる」

この子、繊細なんだ。こんなことを喋《しゃべ》ってる時は、絵のイメージと合ってる。だって普通の中学生なら、ぬいぐるみを荷物扱いしたって何とも思わないもの。私は、耕太の頭を撫でた。

「心配してくれて、ありがとね。でもここからうちは、あんた一人で行くには遠いから、やっぱり送ってもらう。袋に入れる前に、お母さんに魔法かけてもらうから、ジャニスは淋しくならないのよ」

「まほう？　さびしくならないまほうがあるの？」

耕太のすがるような顔に、2私の胸の奥がきゅっと締めつけられた。そうだよね。そんな魔法があるなら、あんたにかけてあげられるのに。

「ジャニスは首にリボンしてるの。そのリボンをほどくと、眠っちゃうの。またリボンを結んであげるまで、絶対起きないのよ」

「本当？」

「ジャニスがうちに来た時、あんまり可愛いから、私が大事にしてたリボン結んであげたの。そしたら『お姉ちゃんありがとう』って言ったんだから。お母さんがね『ぬいぐるみたちはリボンをしてもらって初めて目が醒《さ》めるのよ。それまでは記憶がないの』って教えてくれた」

「ジャニス、とちゅうで起きたり、しない？」

「しない」

私はちょっとだけ、笑い声を漏らした。

「リボンも入れておいてもらうから。ここに着いたら結んであげればいいでしょ。一番に、あんたに紹介する」

「だいじょうぶかな」

耕太は顔を俯《うつむ》けて迷っている。まるで難しい数式を前に考えこんでいる数学者みたいだ。とてもぬいぐるみの心配をしてるなんて思えない。

「大丈夫。ジャニスは私の妹なんだよ。すごく、強いんだから」

「そうか……そうだね」

耕太があっさり納得したのには少しB癪に障ったけど、私は思いついて訊いた。

「あんた最近、自分の絵が前と違うふうになったの気がついてる？」

3耕太は私から目を逸らせて、曖昧にうなずいた。顔を壁に向けて、ちらちらと私を窺う。

「わけがあるんだったら、私に説明してくれることは、出来そう？　もしも嫌ならいいけど、私も気になるから」

耕太は黙ってうなずき、ずいぶん長い時間考えこんでいた。唇に拳を押し当て、首を傾げたり溜息をついたりしている。無理ならいいけど、と言いたいのを我慢していると、耕太は大きく息を吐いて顔を上げた。

「あのね、ぼくはいままでこわかった。さいしょにすんでた家から出て、いろんな家でくらした。どこに行っても『なんだってうちがこの子のめんどうを見なくちゃならないんだよ』って言われた。『何のかんけいもないんだよ』とか『おいてやるだけありがたいと思いな』とか。だってぼくは不幸のたねだから。だから絵をかく時には、こんなことがあったらいいなって思いながらかいてた。きっとどこかに、みんないて、ぼくが不幸のたねじゃないばしょがあるんだって、思いたかった。それがどこかわからないから、絵にかいてた」

聞き入っていると、耕太は握りしめたタオルで私の頬を軽く叩いた。

気がつかないうちに泣いてた？　と焦ったけど、涙は流れていなかった。

「たかおじさんと文子さんに会って、莉絵ちゃんに会って、いっしょにくらすことになって、ぼくはもっとこわくなった。だっていつかは、ここも出ていかなきゃならない。みんなともお別れしなくちゃならない。だから、いっしょうけんめい絵をかいた。きれいな絵をかけばそれが本当になって、ちょっとでも長くいられるかなと思ったから。だけど」

4耕太は疲れ果てた旅人みたいな溜息をついて、また少し黙った。悩んでるんならいまでなくてもいいよ、と言おうとすると、彼はそれが聞こえたかのように床に向かってうなずいた。

「じゃあまた今度……」

「でも、莉絵ちゃんはぼくのこと好きだって言ってくれた。ぼくは、すごくうれしかったけど、しんじられなかったよ。だって、そんなこと……はじめて言われたから。ずーっと、ほんとうかなほんとうかなって考えた。いくらかんがえてもわからなかった。だけど、莉絵ちゃんはぼくのこと、だいじにしてくれる。しんぱいしてくれたり、ぼくのために本を買ってむずかしいことばも教えてくれる。莉絵ちゃんは、とつぜんいなくなったりしないと思ったの。そしたら、きれいな絵じゃないのを……かいてみたくなった。いままでもかきたかったけど、それがほんとうのことになりそうだったから、かけなくて……」

聞き入っている私に、5耕太は不安げな瞳を向けた。

「ぼくの言ってること、わかる？」

やっぱりこの子は、私が想像もつかないような仕打ちをされ続けてきたんだ。少しでも暗い雰囲気の絵を描いてそれが現実になってしまうことを恐れるなんて、普通の子供の考えることじゃない。それだけ強い思いを自分の絵に託すのは、芸術家やプロの絵描きのやることだ。耕太はまだ十四歳で、たぶん心や頭は中国人の伯父さんと伯母さんが去って行った八歳で止まっているんだろうに。

芸術家かプロの絵描き？　私の頭にある考えが浮かんだ。後世に名を残すだの個展が出来るだのじゃなくていいから、耕太が一人で食べていけるくらいのお金を、絵で稼げないだろうか。詳しくはわからないけど、イラストレーターの助手とか、広告制作の手伝いとか。それなら学歴も重要じゃないだろうし、大勢と関わる仕事じゃないなら彼でも大丈夫そうだ。

「……やっぱり、わからない？」

6がっかりした声に、私は急いで答えた。

「ごめんね。ちょっと考えごとしてたの。こんなに上手に描けるんなら、どこかで雇ってもらえないかなって。もちろん、先の話よ。いつまでもお小遣い程度しか稼げないんじゃ、不便でしょ」

「ぼくは莉絵ちゃんと、もうお別れしなくちゃいけないの？」

いきなりしょんぼりする彼に、私は可愛くておかしくて、思わず頭をごしごし擦ってやった。

「そんなわけないでしょ。いまジャニスを紹介するって言ったばっかりなのに。ずっと一緒よ」

7私は自分の言葉に呆気《あっけ》に取られた。ずっと、一緒？　じゃあ私は結婚もしないでこの子とこの先の人生を歩いていくつもりなの？　これからがメインディッシュで、デザートとコーヒーも待っているのに、身許もはっきりしない自称不幸の種のために、いま簡単に想像出来る幸せを捨てるって言うの？　東京でキャリアを積んで、父親を見おろしてやるって計画は？　いつかは海外に出店するって夢は？　そして何より、私より強い男を探してとっつかまえて、お互いにパワーアップするって予定は？

耕太は私から少し身体を離して、心配そうな目を向けている。せわしなく瞬きをする間に見え隠れする黒い瞳は均一に光って、確かにウサギたちときょうだいでもおかしくないと思わせた。母親にもきょうだい※1にも死なれた、哀れな十四歳の芸術家。これからとびきりの男になる、肉が食べられない料理上手な男の子。

いいじゃない、やってやる。私は思い直した。耕太が一緒にいたいって言う限り、私はこの子といよう。一人くらいはそんな大人がいなくちゃ、彼の人生の帳尻が合わない。私の夢は、この子と一緒にいたって、自分で実現させてやる。私と耕太と静岡の店を全部まとめて引き受けて、それでも片手が空いてるくらいの男でなきゃ、私にはふさわしくないんだ。見てろ。私は本気だから。どんなことも、諦めないから。何もかも、手に入れるから。

頭の上で、天使たちがくるくる廻りながらラッパを吹いていた。なるほどね。8こういうのもあなたたちの仕事なんだ。私は天井を仰《あお》いで天使たちに笑いかけ、いいタイミングで登場してくれてありがとう、とお礼を言った。

（楡井亜木子『世界が終わる夜に奏でられる音楽』〈ジャイブ〉による）

※1　きょうだい　……耕太が飼っていた二羽のウサギを指す。

問一　傍線部A「手に負えない」、B「癪に障った」の語句の意味として最もふさわしいものを次のア〜オの中から選び、それぞれ記号で答えなさい。

A「手に負えない」
ア　わがままに付き合いきれないこと
イ　相手の気持ちを理解できないこと
ウ　事態が改善する見込みがないこと
エ　自分の力ではどうにもならないこと
オ　相手に対する怒りが収まらないこと

B「癪に障った」
ア　気に入らなかった　　イ　気が滅入った
ウ　信じられなかった　　エ　悲しんだ
オ　遠慮がなかった

問二　傍線部１「本当に天使が舞い降りてきたのかと思った」とありますが、どういうことですか。最もふさわしいものを次のア～オの中から選び、記号で答えなさい。
ア　今まで付き合ってきた人たちとは違い、自分のことを気遣ってくれる耕太の不意な発言に、莉絵がびっくりしたということ。
イ　耕太の面倒をみるだけだった莉絵が、耕太になぐさめられたことで、対等な関係になったと実感したということ。
ウ　困難な願いを叶えようとしてくれる耕太の提案に意表を突かれつつも、そのけなげな姿勢に莉絵が感謝したということ。
エ　耕太がいつの間にか人のことを配慮できるようになっていたことを知り、莉絵が感動したということ。
オ　耕太の申し入れを全く予期していなかった莉絵が、思いやりあふれる優しさにおどろいたということ。

問三　傍線部２「私の胸の奥がきゅっと締めつけられた」とありますが、なぜですか。最もふさわしいものを次のア～オの中から選び、記号で答えなさい。
ア　莉絵の母が本当にジャニスに魔法をかけてくれると信じてしまう耕太を見て、あらためてその幼さを実感し、なんとかしてあげたいと考えたため。
イ　自分のことのようにジャニスを真剣に心配する耕太の様子から、今まで淋しい思いをしてきたことがより強く感じられて、せつなくなったため。
ウ「さびしくならないまほう」というでまかせを言うことで、耕太に期待させてしまったことに対する罪悪感でいっぱいになったため。
エ　莉絵の真意をつかめずに何度も質問を繰り返す耕太に対して、疎ましく感じてしまったことを申し訳なく思ったため。
オ　耕太が淋しい思いをしてきたのを知っていたにもかかわらず、母との楽しそうなやりとりを話題にしてしまったことを後悔したため。

問四　傍線部３「耕太は私から目を逸らせて、曖昧にうなずいた」とありますが、どういうことですか。最もふさわしいものを次のア～オの中から選び、記号で答えなさい。
ア　質問の意図が読めず、本当のことを言ってよいものか判断できずにいるということ。
イ　質問に答えたいと思いつつも、辛い思い出は話したくないとも思っているということ。
ウ　質問に素直に答えなければならないと考え、答えるための時間を稼いでいるということ。
エ　質問には答えられるが、どのように説明するのがよいのかと悩んでいるということ。

オ　質問に答えたくないという気持ちを、察してもらう方法を模索しているということ。

問五　傍線部４「疲れ果てた旅人」とありますが、この表現から読み取れる「耕太」の様子として最もふさわしいものを次のア～オの中から選び、記号で答えなさい。

ア　目的地にたどり着くために手探りで道を見出していく旅人のように、莉絵に話を理解してもらうための言葉を選び続けて、へとへとになっている。

イ　行く当てもなくさまよう旅人のように、親戚の家をたらい回しにされ続けてきた生活のことを思い出してしまい、うんざりしている。

ウ　一歩一歩自分の歩く道を確かめながら歩を進める旅人のように、一枚一枚気持ちを込めて絵を描いてきたため、くたびれてしまっている。

エ　長く険しい道のりに挑む旅人のように、莉絵との共同生活を継続していくために努力しようと思っているが、不安も抱いている。

オ　宝物を探して広大な世界をめぐる旅人のように、自分の居場所を探し求めて莉絵とめぐり会ったことで、長かった旅の終わりを実感している。

問六　傍線部５「耕太は不安げな瞳を向けた」とありますが、なぜですか。最もふさわしいものを次のア～オの中から選び、記号で答えなさい。

ア　耕太はきれいじゃない絵に自分を見捨てないでほしいというメッセージを込めたが、その思いが莉絵に伝わったかわからず、落ち着かなかったため。

イ　耕太は莉絵を信じてきれいじゃない絵を描いてはみたが、莉絵の反応が薄かったことから軽率なことをしてしまったと感じて後悔していたため。

ウ　耕太はきれいな絵だけでなく、きれいじゃない絵も受け入れてほしいと思っているが、そんなわがままは受け入れてもらえるはずがないと半ば諦めていたため。

エ　耕太はきれいじゃない絵を描いた理由をしっかりと説明したつもりだったが、自分のつたない言葉ではわかりづらかったのではないかと心配していたため。

オ　耕太は思い切ってきれいじゃない絵を描いてみたものの、本当に莉絵が自分のことを見捨てないでくれるかについては確固たる自信が持てなかったため。

問七　傍線部６「がっかりした声に、私は急いで答えた」とありますが、どういうことですか。最もふさわしいものを次のア～オの中から選び、記号で答えなさい。

ア　自分との別れを耕太に意識させてしまったことを申し訳なく思い、二人が離ればなれになることをあわてて否定しようとしているということ。

イ　耕太の将来について一人で勝手に考えを巡らせてしまっていたが、二人で考えて決めるべきだったということに思い至ったということ。

ウ　耕太の的外れな心配にあきれてしまい返事ができずにいたが、悲しそうな耕太の姿を見て、たとえ嘘でも安心させてあげたいと感じているということ。

エ　すぐに離れ離れになることを恐れている耕太に対して、きれいじゃない絵をほめることで、これからも一緒にいられると伝えようとしているということ。

オ　話が伝わらなかったのではないかと不安げな耕太に対して、自分が思いついた耕太の将来についての展望を、思いのままに説明しようとしているということ。

問八　傍線部7「呆気に取られた」とありますが、このときの「莉絵」の様子を説明したものとして最もふさわしいものを次のア～オの中から選び、記号で答えなさい。

ア　落ち込む耕太をはげますために発した言葉が、思いがけず、将来にかかわる大きな判断をしたものになっていると気づいてあ然としている。

イ　耕太の心配そうな目を見ていると哀れに思われ、安易に同情してしまったが、これから先ずっと面倒をみる自信はなく言葉を失っている。

ウ　同情して思わず耕太を見捨てないと伝えたが、一時の感情に任せてあまりにも無責任な発言をしてしまった自分自身に対してあきれている。

エ　耕太を安心させるつもりで交わした約束が、到底叶えられないものだったと後になって気がつき、どうすればよいかわからず言葉に詰まっている。

オ　耕太との共同生活によって自身の幸せが遠のくことを感じながらも、耕太を見捨てることはできず、二人で一緒にいる決意を固めている。

問九　傍線部8「こういうのもあなたたちの仕事なんだ」とありますが、どういうことですか。最もふさわしいものを次のア～オの中から選び、記号で答えなさい。

ア　人の努力を称賛したり幸せを願ったりするのが天使の仕事だということ。

イ　人を慰めたり背中を押したりするのが天使の仕事だということ。

ウ　人に反省を促したり救ったりするのが天使の仕事だということ。

エ　人の夢を叶えたり前向きにしたりするのが天使の仕事だということ。

オ　人を応援したり試練を課したりするのが天使の仕事だということ。

問十　本文の表現についての説明として最もふさわしいものを次のア～オの中から選び、記号で答えなさい。

ア　耕太のセリフにはひらがなが多用されており、耕太がふつうの生活を送れず、精神的な幼さを残したまま成長したことが表現されている。

イ　莉絵が自問自答する場面が多く描かれることによって、何事も深く考えてから動く莉絵の慎重な性格が表現されている。

ウ　ジャニスのことしか考えられなくなり終始周りが見えなくなっている莉絵と、莉絵のことを心配し続ける耕太が対照的に描かれている。

エ　莉絵が耕太を「彼」と呼ぶときは異性として意識しており、「この子」と呼ぶときは哀れんでいるというように莉絵の心情によって耕太の呼び方が変化している。

オ　莉絵と耕太の会話を中心に物語がすすんでいるため、それぞれの心情がそれぞれの台詞に直接的に描かれており、読者が感情移入しやすくなっている。

桐光学園中学校（第一回）

—50分—

注意　本文の表現については、作品を尊重し、そのままにしてありますが、設問の都合上、省略した部分、表記を改めた部分があります。また、特に指示のないかぎり、句読点も一字に数えます。

一　――線(あ)～(お)のひらがなを漢字に直しなさい。

1　かぜをひかないように(あ)ようじんする。
2　新しい(い)きょうぎ場が完成する。
3　教室の温度を(う)ちょうせつする。
4　地方活性化のための(え)さいてんをもよおす。
5　憲法の中の(お)さんせい権を学ぶ。

二　次の文章を読んで、後の問いに答えなさい。

十一年前、「伯母《おば》」は当時大学生だった息子（「従兄《いとこ》」）を亡くしましたが、しばらく経ったある日突然、息子がミュージカル『レ・ミゼラブル』で主役バルジャンを演じていると言い始めました。「母」は「伯母」がおかしくなってしまったのではないかと心配し、結局「僕」が「伯母」に付き添う形で、劇場にミュージカルを観に行きました。本文は、当時の回想シーンから始まります。

「皆、一生懸命歌っていたわね」

休憩時間、僕たちはロビーの椅子《いす》に座って過ごした。

「学生さんも、工場にお勤めの人たちも、ちゃんと大きな口を開けて、喉《のど》を震わせて、心の底から」

見ず知らずの彼らをいたわるように伯母は言った。

「歌っている人を見ると、どうして心を打たれるのかしら」

「不思議だね」

「言葉だけだと薄っぺらに聞こえるのに、歌になると真実に聞こえるの」

ロビーは観客であふれかえり、売店には長い行列ができていた。すっかり夜になり、ステンドグラスの向こうには暗がりが広がっていたが、そのために余計、天井の明かりがきらめいて見えた。

「緊張するだろうなあ。次は自分が一人で歌う番だっていう時。千人以上の人の耳が、自分だけに向けられてるんだよ。絶対に間違えちゃいけないんだ」

「そうよね。私たち凡人《ぼんじん》には、絶対に間違えてはならないこと、なんて滅多にないもの」

「すごいね、F※1さんは」

「あの子は特別なの」

Fさんという僕の言葉に覆《おお》い被せるようにして、伯母は〝あの子〟と言った。

「たった一人選ばれた、神様に目配せされた、特別な子よ。だから他の誰も真似できない声で歌うことができるの。鼓膜《こまく》をすり抜けて、心の奥深くまで届く声。余計な道具なんて何一つ使わずに、神様から与えられた自分の体だけで、人を感動させる」

その声の名残が消えないよう伯母は片手を胸に当て、天井に飾られたバルジャンの写真を見上げた。大勢の人々が僕たちの前を通り過ぎていった。いくら周囲が騒がしくても、[1]僕たちの間に流れているのはただ〝あの子〟の声ばかりだった。

「おばあちゃんの誕生日会の時……」

「そう、『星に願いを』を歌ったの」

「上手だった」

「懐中電灯をマイク代わりに握ってね」

「おばあちゃんも喜んでた」

「蝶《ちょう》ネクタイをしてたわ」

「僕とお揃《そろ》いだった」

「高い音を出すと、それがピクピクって動いたの」

その時、蝶ネクタイの窮屈《きゅうくつ》な感触とともに、ずっと忘れていた光景が突然よみがえってきた。誕生会の日、歌を録音しようと伯母が用意していたカセットデッキのボタンを、どうしても押したいと僕はせがんだ。銀色をした、押しごたえのありそうな四角いボタンが恰好《かっこう》よく思えたのだ。従兄が皆の前に進み出て懐中電灯を握った時、間違いなく僕は教えられたとおりのボタンを押したつもりだった。カチッという音も聞こえたし、何の印かは分からないが、赤いランプも点《とも》っていた。なのになぜか、何も録音されていなかった。

空しくザーザーと雑音が流れるばかりのデッキを前にして、皆が笑った。従兄も伯母も笑っていた。ちびが一人前のことをしようとしてしくじったのを、面白がっていた。話はそれきりで、皆すぐに録音のことなど忘れてしまった。

ずっと記憶の底に沈んでいたにもかかわらず、人差し指に残るボタンの手触りも、デッキから流れる無音の気配も浮上してくる感覚はひどく[a]生々しかった。ようやく僕は自分の失敗の重大さに気づき、呼吸が荒くなるのを抑えきれなかった。もしあの時、僕が正しいボタンを押してさえいれば、伯母は今でも従兄の歌声を聴くことができた。ボーイソプラノの時が去り、従兄自身が去り、二重に失われてしまったあの声は、僕のせいで永遠に戻って来ない。もう、取り返しがつかない。

伯母はまだ〝あの子〟を見上げていた。横顔がすぐ手の届くところにあった。明かりを浴びてもそこには、客席の暗闇の中にいた時の影が残っていた。

[2]伯母は気づいているのだろうか。僕がしでかした失敗を恨《うら》んでいないのだろうか。

「お腹、空いてない?」

僕の視線を感じ、こちらを振り返って伯母が言った。

「売店で何か買って食べる?」

優しい声だった。僕は黙って首を横に振った。

「じゃあ、終わってから、美味しいものをご馳走《ちそう》しましょうね」

あと少しで、第二幕のはじまりを告げるブザーが鳴ろうとしているところだった。

伯母が最初の涙を流したのは、死を覚悟した若者たちが眠る砦《とりで》で、娘コゼットの恋人マリウスの無事を願い、バルジャンが『彼を帰して』を歌っている時だった。[3]涙は、一筋、二筋、頬《ほお》を伝って落ちた。涙がこんなにも静かに流れるものだと、僕は知らなかった。

バルジャンの歌より他には何一つ聴こえず、ただ一人の男の声のみが僕たちを包んでいた。いつの間にか彼の肩には、力強さではなく、老いの気配の方が色濃く漂っていた。十九年間投獄《とうごく》された恨みも、ジャベールに対する荒々しさも影を潜め、表情には自分より年若い者たちへのb慈《いつく》しみがにじみ出るばかりだった。

〝……若い彼を救い給え　家へ帰してください……〟

祈りの心がそのまま歌声になっていた。最も遠くまで願いを運んでくれるのは、静かな祈りの声だと、バルジャンは悟っていた。もはや絶叫《ぜっきょう》も懇願《こんがん》も、必要ないのだった。

〝御心《みこころ》でしょうか　まるで我が子です〟

伯母が僕の手を握った。指先がひんやりとしていた。瞬《まばた》きをするたび、また涙が闇の中にこぼれ落ちていった。

大人になった従兄の歌声は、もしかしたらこんなふうだったのかもしれない。バルジャンの声の中に、僕は従兄を感じた。録音されなかった歌が消えたあと、無音の奥底から微《かす》かに響いてくる声だった。僕は伯母の手を握り返した。僕たちは間違いなく、同じ声を分かち合っていた。

〝……死ぬなら私を死なせて　彼を帰して　家へ〟

エポニーヌ、ジャベール、胸を張って一生懸命に歌っていた若者たち、労働者、皆死んでいった。そして今度は、バルジャンの番だった。囚人服《しゅうじんふく》で登場した彼は今、余計な飾りの何もない真っ白なシャツと黒いズボン姿になり、司教から与えられた燭台《しょくだい》の蠟燭《ろうそく》に火を点そうしていた。

一つの光が彼の手の中にあった。炎にかざされた左手は、近づく死への恐れや嘆《なげ》きや後悔で震えることなく、その澄《す》んだ光を守っていた。伯母はずっと泣いていたが、一度も涙を拭《ぬぐ》おうとしなかった。従兄が死んだ時、あとからあとからあふれ出て行き場を失くした涙が、今、ようやく新しい流れを見出したかのようだった。帰るべき場所へ帰ろうとしている〝あの子〟を、祝福するための涙だった。最後の一音が劇場の高みに響いてゆき、やがて遠くの一点に吸い込まれていった。

あの日と同じように、客席のあちこちからすすり泣きが聞こえていた。バルジャンを迎えるため、舞台の奥から死者たちが歩み出てきた。あの中に、きっと従兄も伯母も一緒にいる。観客がそれぞれに思い浮かべる、自分にとって大事な死者たちが、お互い見ず知らずの者同士でありながら、同じ一つの場所へ集まっている。ここにいないはずの人がいる。劇場とはそういうところなのだろう。

4伯母の監視役という使命を帯びた気分でいた自分を、僕は恥じた。母の心配など全くの的外れだった。伯母は見事な観客だった。物語に素直に入り込み、登場人物たちに敬意を示し、全身で音楽を聴いていた。〝あの子〟を感じられる一瞬に、感謝を捧《ささ》げていた。

息子のいない世界を十一年生き、つい先週、伯母は亡くなった。化粧品のセールスの仕事を定年まで勤め上げ、これから少しはのんびりできると思った矢先、病に倒れたのだった。しかし僕は別れを悲しむより、一番帰りたかった場所へ無事にたどり着いたのだという、安堵《あんど》の気持ちの方が大きかった。5バルジャンと同じだった。

結局、僕が『レ・ミゼラブル』を伯母と一緒に観たのは一回きりだった。あのあと、伯母はまた劇場に足を運んだのだろうか。F氏の歌声に潜む〝あの子〟と再会するため、一人、客席に座ったのだろうか。確かめようと思えばいつでもできたのに、なぜかそうしないまま、月日が過ぎてしまった。ただ、何かの拍子《ひょうし》にふっと目が合った瞬間、たった一度共有した劇場での時間が、変わらず二人の間に流れ続けているのを実感することはあった。大事な何かを確かめ合う時、僕たちは無言の合図を送るだけで十分だった。6その無言の底で、同じ一つの歌を分け合っていた。

【小川洋子《おがわようこ》「一つの歌を分け合う」（『口笛の上手な白雪姫』〈幻冬舎〉所収）より】

※1　Fさん…主人公バルジャンを演じている俳優。

問一　——線a「生々しかった」・b「慈《いつく》しみ」とありますが、本文における意味として最も適当なものを次の中からそれぞれ選び、記号で答えなさい。

a　生々しかった

ア　真新しかった　　イ　不気味だった

ウ　純粋だった　　エ　活気にあふれていた

b　慈しみ

ア　心配　　イ　愛情　　ウ　尊敬　　エ　感謝

問二　本文の冒頭から始まる回想シーンは途中で終わり、場面が現在に戻っています。場面が現在に戻った最初の一文を探し、初めの五字を抜き出しなさい。

問三　——線1「僕たちの間に〜〝あの子〟の声ばかりだった」とありますが、この場面の「伯母」と「僕」を説明したものとして最も適当なものを次の中から選び、記号で答えなさい。

ア　二人ともFさんの歌を聴きながらも、伯母はそれを息子の歌と信じ込み、都合の悪い僕の言葉を遮《さえぎ》ることで自分の世界に閉じこもり、僕はそんな伯母の言動に動揺し、何も言い返せないでいる。

イ　Fさんの歌を聴いた二人だが、伯母はその歌声の中に息子の存在を感じ、まるで息子本人の歌であるかのように余韻《よいん》に浸《ひた》り、僕はそんな伯母に影響され、記憶の中の従兄の歌声を思い出している。

ウ　二人ともFさんの歌を聴いたことで、Fさんに息子を重ねた伯母はその歌声を褒《ほ》めたたえたが、僕はそんな伯母に現実を教えるべく、記憶の中の幼かった従兄の歌を思い出そうとしている。

エ　僕と伯母は二人とも、Fさんの歌声に記憶の中の従兄の歌声を重ねていて、周囲の状況をまったく気にすることなく、昔聴いた、まだ幼かったころの従兄の歌をしみじみと思い出している。

問四　——線2「伯母は気づいているのだろうか」とありますが、ここでの「僕」の心情を六十字以内で説明しなさい。

問五　——線3「涙は、一筋、二筋、頬《ほお》を伝って落ちた」とありますが、ここでの「伯母」の心情の説明として最も適当なものを次の中から選び、記号で答えなさい。

ア　息子の死を一度は受け入れたはずだったが、マリウスの無事を祈るバルジャンの歌声によって息子を思い出したことで、再び未練が生まれてしまい、困惑している。

イ　安否を心配されている、まだ生きているマリウスと、決して戻ってくることのない息子が比べられることで、息子の死という事実を再確認し、再び悲しみにくれている。

ウ　バルジャンの歌声に息子を感じ取り、さらにそのバルジャンがマリウスを我が子のように心配して帰りを願う姿と、息子を失った自分が重なり、その悲痛な思いに深く共感している。

エ　バルジャンのマリウスを我が子のように心配する姿に強く共感し、また、そんなバルジャンが動揺することなく、静かに祈っていることに感動している。

問六　――線4「伯母の監視役という使命を～僕は恥じた」とありますが、「僕」が「恥じた」理由として最も適当なものを次の中から選び、記号で答えなさい。

ア　自身もバルジャンの声に従兄を感じた上に、劇場で泣く多くの観客を目の前にしたことで、劇場とは作品にのめり込み、思い思いの死者を感じ取ろうとする場所だと理解でき、バルシャンに息子の存在を感じて涙する伯母はむしろ観客として素晴らしいと気づいたから。

イ　従兄との思い出が突然よみがえった不思議な体験をしたことで、劇場とは作品を理解した観客がそれぞれ思い描く死者の存在を感じようとする場所であると分かり、登場人物、音楽等、作品のすべてに集中している伯母はおかしくなんてなっていないと思ったから。

ウ　バルジャンの死に対して多くの観客が泣いていたことで、劇中ではありながらも、人が亡くなるということの重みを実感でき、息子の死という癒えない悲しみを抱えつつも、登場人物に寄り添って作品にのめり込み、逆に精一杯楽しもうとしている伯母は立派であると気づいたから。

エ　バルジャンが死者達に迎えられる場面で、僕や伯母を含め、観客それぞれが死者を思い出していたことで、誰もが大切な人の死について常に悲しみを抱えていると気づき、亡くなった息子をバルジャンに重ねてしまう伯母をおかしいとは決めつけられないと思ったから。

問七　――線5「バルジャンと同じだった」とありますが、誰のどのような点がバルジャンと同じなのですか。その説明として最も適当なものを次の中から選び、記号で答えなさい。

ア　僕の、亡くなった人を思い出し懐かしんでいた点。

イ　僕の、悲しむより安堵の気持ちの方が大きかった点。

ウ　伯母の、懸命に生きながら、突然亡くなってしまった点。

エ　伯母の、一番帰りたかった場所へたどり着いた点。

問八　――線6「その無言の底で～分け合っていた」とありますが、それはどのようなことですか。その説明として最も適当なものを次の中から選び、記号で答えなさい。

ア　僕と伯母は、劇場でのバルジャンの歌によって従兄の存在を感じ取ったことで、ミュージカルが死者を思い出させる神秘性を持つ特殊な芸術であることを、感覚的に理解できていたということ。

イ　僕と伯母は劇場にて、バルジャンに亡くなった従兄の存在を感じるという不可思議な体験をしたが、それは他人には決して理解できないことであるため、互いに他言はしなかったということ。

ウ　従兄の存在を感じさせるバルジャンの歌によって、僕と伯母にとって劇場での時間が忘れられない思い出になり、二人は互いに口にしなくても特別なつながりを感じられていたということ。

エ　バルジャンの歌が亡くなった従兄を思い出させるという、日常にはない特別な体験を僕と伯母はしていて、その思い出は大切なものとして、それぞれの心の中にいつまでも残っていたということ。

三　次の文章を読んで、後の問いに答えなさい。

二〇二〇年五月四日の新型コロナウイルス感染症対策専門家会議の提言以降、そこで発信された「新しい生活様式」という言葉が、社会のありとあらゆる場所に広まった。〈できるだけ在宅勤務〉、〈買い物は事前に計画を立てて、素早く済ます〉、〈会食中は横並びで、黙って食べる〉といった日々の感染対策の実践《じっせん》例が示され、その総称として「新しい生活様式」という言葉が位置づけられたわけだが、以来テレビでも、職場でも、お店でも、この言葉を見聞きしない日はない。

当時もいまも、1私はこの言葉の用い方にはきわめて批判的だ。理由はいくつもある。まず、「生活様式」という言葉は、「ある社会・集団に属する人に共通してみられる生活の型」（大辞泉　第二版）、ないし、「生活していく上での一定の形式」（日本国語大辞典　第二版）のことであり、本書ですでに何度か用いているウィトゲンシュタイン※1の用語でいえば、「生活形式《レーベンスフォルム》（生活のかたち）」にあたるものだ。辞書の記述や私の語感がおかしいのでなければ、生活様式（生活形式、生活のかたち）というのは、少なくとも［　X　］に出来上がるようなものではなく、また、ある日突然変えたり廃止したりできるようなものでもない。つまり、生活様式とは本来、「はい、今日からこちらでお願いします」と言われてすぐに順応できる種類のものではないはずだ。

加えて、「生活様式」という言葉は、個人が自分だけでつくり上げるこだわりのライフスタイルのようなものではなく、まさに「ある社会・集団に属する人に共通してみられる」ものを指すのだから、そこには当然、規範的な意味合いが含まれる。すなわち、ある社会に属する市民がみな身につけて実践すべき様式、あるべき生活のかたち、という意味合いである。

そして、「新しい」という表現にも問題がある。「新しい」という言葉が表す期間は、「当面の」とか「中期的な」といった言葉が表す期間とは根本的に異なり、特定の時点以降の特に限定のない広がりである。しかも、「新しい」というのは「古い」とか「旧来の」といったことと対比的な関係にあり、多くの場合、今後望ましいものを指す。しかし、感染対策として有効な種々の実践の多くは、私たちが進んで取り入れたいと望んでいるものではなく、仕方なく受け入れざるをえないものだ。

以上を総合すると、「新しい生活様式」という言葉は、「今後のあるべき望ましい生活のかたち」という意味合いで受け取るのが自然だ。しかし実際のところ、※2件《くだん》の専門家会議が「新しい生活様式」の名で提示したのは、長くとも数年後には終息することを想定した（あるいは、それを目指した）中長期的な感染対策に過ぎない。つまり、内容と言葉が食い違っているのだ。

この食い違いは、おそらく意図されたものだろう。たんに感染対策の具体例を羅列《られつ》して提示するだけでは、インパクトが薄い。それらを敢《あ》えて「新しい生活様式」と呼ぶことによって、広告の目立つキャッチコピーのような機能をこの言葉が果たし、ひいては市民の大規模な行動変容につながることが期待されたのだと思われる。

もしそうであれば、2この意図は成功を収めた。「新しい生活様式」という言葉は確かに社会の隅々《すみずみ》に行き渡った。そして、なぜそのように成功し、この言葉が目立ったかといえば、ひとつには、言うまでもなくメディアで繰り返し使われたということもあるが、もうひとつには、この言葉が人々にショックを与えたということがあるだろう。それは、大抵《たいてい》の人々が※3恒久的な生活様式になるとは想定していなかったものが「新しい生活様式」と呼ばれた、というショックである。新型コロナ禍《か》が終息するまでのあいだ我慢《がまん》して従うべき感染対策と思っていたものが、「新しい生活様式」という名の下に括《くく》られたというショックである。

もちろん、「新しい生活様式」のなかには歓迎すべきものもあるという人は多いだろう。私も、職場の会議の多くは今後もずっと※4オンラインで開催してほしいと願っている。しかし、他の大半の「新しい生活様式」についてはそうではない。本来なら買い物はゆっくり楽しみたいし、居酒屋では人と向かい合って、心ゆくまで呑《の》んで話したい。

そして肝心なのは、望もうと望むまいと「新しい生活様式」という規範に十全には従えない市民が数多く存在するということだ。たとえば、運輸・物流、通信・※5インフラ、医療、福祉、保育等々、いわゆる「　Y　ワーク(人々の生活に不可欠な仕事)」に従事する人々である。そもそも在宅勤務という形態が可能なのも、電気や水道等のインフラを維持管理している人々がいるからであり、食品の生産や加工、運搬に従事する人々がいるからであり、わが子を預かって保育してくれる人等々がいるからである。

また、客が直接足を運ぶことが十分な収益のために不可欠な場――飲食店、劇場、映画館、ライブハウス等々――にかかわる仕事に就《つ》く人々も、新型コロナ禍において大きな痛手を被《こうむ》っているが、十分な支援の手は差し伸べられていない。3こうした業態は、敢えて言うならば「古い」生活様式に根差したものだ。しかし、それは裏を返せば、私たちの多くがこれまでずっと大切にしてきた生活のかたち――私たちの文化――の一部をこうした業態が支えてきた、ということにほかならない。

専門家が市民に向けて発信する言葉は、しばしば権威と権力をもつ言葉として機能する。当該《とうがい》の専門分野に関する知識をもたない市民にはその言葉の意味が摑《つか》みきれず、自分では使い方が分からない。にもかかわらず、行政やメディアを通じてその言葉を「理解」し、その言葉に従って行動することが暗に求められる。それゆえ、専門家の言うがままにその意味するところを受け入れ、その使い方を真似《まね》るしかない。

特に、医療や防疫《ぼうえき》、公衆衛生などの分野に関しては、その性質上、専門家の言葉はどうしても※6パターナリスティック(父権主義的)になりがちだ。すなわち、「あなた方自身のためなんだ」というかたちで、その意志を問わずに介入し干渉《かんしょう》するものになる傾向がある。そして、その種の言葉と促《うなが》しは、国家的規模になると、それこそ※7全体主義を体現するものにもなりかねない。

これはなにも、感染対策を実施するかどうかは個人の自由であり、それぞれが好き勝手にやったりやらなかったりすればよい、などと言っているのではない。4この国は少なくともいまのところは民主国家であり、法治国家であるはずだ、ということだ。

市民のさまざまな権利を制限することを含む※8「ロックダウン」という方法も、本来なら平時のうちに、明確な法的根拠の下で導入が可能であるようにしておくべきものだ。そして、その種の法律の制定にあたって必要なのは、※9恣意《しい》的な運用や濫用《らんよう》を防止するための可能なかぎりの方策

を検討することである。たとえば、

・権利の制限の対象や目的を、感染症拡大の防止に絞《しぼ》る
・制限する期間を、厳格に数字ベースで設定する
・制限の開始と解除の手続きをできるだけオープンで民主的なものにする

等々のことだ。こうした方策が、慎重な議論に基づいてしっかりと組み込まれた法律であれば、それを根拠として「ロックダウン」を実施することが可能であるべきだろう。

逆に言えば、そうした正当な根拠に基づかずに市民の権利が脅《おびや》かされてはならない。まして、政府やその関係者が、市民の生活のかたちや、あるいは生き方というものを直接指図すべきではない。それは、自由で民主的な社会のあり方とは程遠い。

今回の新型コロナ禍において、防疫等の専門家の方々が果たされている役割と、そのための尽力には本当に感謝し、深い尊敬の念を抱《いだ》いている。

ただ、「濃厚接触」や「社会的距離」などの言葉にも見られるように、専門家と市民とのコミュニケーションにおける言葉の選び取り方や、その説明のあり方といったものについては、大きな課題があると言わざるをえない。これは、科学技術コミュニケーションやリスク・コミュニケーション※10といった分野にも深くかかわる問題であり、たとえば二〇一一年の福島原発事故にかかわる専門家と市民とのコミュニケーションにおいても課題となったものだが、残念ながら、現在に至るまで根本的な意味での前進は見られなかったということになる。

専門家が繰り出す言葉に市民が振り回され、やがて5市民自身が振り回し始める、という構図は、以前から繰り返されてきたものだ。そうやって市民に影響を与えるための道具、すなわち、市民に特定の行動を指図して動かすための道具として言葉を捉えるなら、言葉の使用のルールや範囲を——つまり、言葉の使用の主導権を——特定の分野なり組織なりが握っていた方が都合がよい。その意味で、専門用語や、あるいは専門家が新たなキャッチコピーないしスローガンとして発信する言葉などは、まさに恰好《かっこう》の道具になる。しかし、そのように、特定の人々が権威や権力をもつ言葉が社会に行き渡ったとき、6他の市民は、自分の生活の一部をよそよそしい言葉とその主人とに明け渡すことになる。まるで、身丈《みのたけ》に合わない服を配給されて暮らすように。

たとえば、「ステイホーム」(家で過ごそう)という標語は、専門家と行政がともに力を入れて社会に広めた、感染対策のための行動変容を促す重要なメッセージだ。しかし、生活のなかで、「ステイホーム」を難なく実践し、この言葉に馴染《なじ》める人もいれば、そうでない人もいる。少なくともこの言葉が、帰るべき家がない、家庭内で虐待《ぎゃくたい》を受けている、長時間の外出が必要な仕事をしている、といったさまざまな事情をもつ人を考慮《こうりょ》しない言葉であることは確かだ。「ステイホーム」という掛け声に皆で従おうというプレッシャーが社会で強まれば強まるほど、考慮しなければならないはずの事情が見えづらくなるし、異論も上げづらくなる。

物事の一面を強力に照らし出し、人々の見方をそこに向ける言葉は、スローガンとして効力をもちうるが、代わりに見えなくなるもの、自ずと《おの》抑えつけてしまうものも、不可避的に生じてくる。この点を私たちは

よく注意しなければならないだろう。

最後に「新しい生活様式」という言葉に話を戻すなら、専門家の方々は、この言葉で生き方まで指図するつもりはなかった、と仰《おっしゃ》るかもしれない。しかし、そうであれば、たとえインパクトには欠けるものであろうとも違う言葉を用いるべきだった。専門の感染対策に忙殺《ぼうさつ》されており、言葉を慎重に検討する余裕などないということであれば、この点に心を砕《くだ》く有識者がチームに（あるいは、専門家と市民の間に）加わるべきだった。

言葉を通常とは異なる意味で用いることによって、たとえ一時的にはインパクトを得られても、ショックはやがて収まり、インパクトは消えていく。むしろ、言葉を曲げ、それが本来意味しているものとは異なる意味をそれに担わせる弊害《へいがい》の方が、遥《はる》かに大きい。

たとえば、「新しい生活様式」なるものがお上から降ってきて、それをパターナリスティックであるとか、全体主義的であるという風に感じて反発を覚えた人は少なくないだろう。そしてその反発は、敢えて従わない人を無駄に生むことにもなっただろう。また、従おうにも従えない人に、引け目や心苦しさを感じさせることにもなっただろう。そして、この「新しい生活様式」という言葉は、新しい規範に従わない人や従えない人を同調圧力の下に抑えつけ、市民の相互監視と私的制裁によって規範を維持する傾向を助長するものとして――いわゆる「※11自粛《じしゅく》警察」にとっての錦《にしき》の御旗《みはた》として――働いてきた部分があったと思われる。

こうした社会のあり方が常態化すれば、それは私たちの間に深い分断と禍根《かこん》を残す。仮に感染拡大防止に多少の効果があったとしても、7そのような状況は恥ずべきであり、避けるべきものだ。

（古田徹也《ふるたてつや》『いつもの言葉を哲学する』〈朝日新書〉より）

※1　ウィトゲンシュタイン…オーストリアの哲学者。
※2　件《くだん》の…前に述べた、の意。
※3　恒久的…いつまでもその状態が変わらないこと。永久的。
※4　オンライン…コンピュータ等が互いに接続されている状態。
※5　インフラ…道路や上下水道など経済活動のもとになるもの。
※6　パターナリスティック…父が子に対するように、強い立場の者が温情のつもりで弱い立場の者に干渉するさま。
※7　全体主義…個人よりも国家や集団の利益を第一とする考え方。
※8　ロックダウン…感染拡大を防ぐため都市を封鎖すること。
※9　恣《し》意的…思いつくままに物事をするさま。
※10　リスク・コミュニケーション…社会を取り巻くリスク（危険性）について、関係者で情報を共有すること。
※11　自粛《じしゅく》警察…コロナ禍においては、専門家の要請に従わない人やお店などを、正義感から市民が取り締まること。

問一　X には「わずかな期間」という意味の四字熟語が入ります。入れるべき最も適当な四字熟語を、カタカナで示した次の中から選び、漢字に直して答えなさい。

イチゴイチエ　　イッチョウイッセキ
イチジツセンシュウ　　イチボウセンリ

問二　Y に入るカタカナの言葉を、「□□□□ワーク」の形に合うように答えなさい。

問三　――線1「私はこの言葉の用い方にはきわめて批判的だ」とあり

ますが、どのようなことを「批判」しているのですか。その説明として最も適当なものを次の中から選び、記号で答えなさい。

ア　専門家が、強制的なものであるコロナ禍の感染対策を、強制の意味を含まない「新しい生活様式」という言葉で言い表したこと。

イ　専門家が、コロナ禍の感染対策が中長期的なものになることを隠そうとして、今までにない「新しい生活様式」という言葉を用いたこと。

ウ　専門家が、コロナ禍において行う感染対策を、その具体的な内容とは異なる「新しい生活様式」という言葉で表現したこと。

エ　専門家が、コロナ禍の一時的な感染対策を今後も実践し続けるために、感染対策の重要性を示す「新しい生活様式」という言葉を使ったこと。

問四　――線2「この意図は成功を収めた」とありますが、ここで言う「成功」について説明したものとして最も適当なものを次の中から選び、記号で答えなさい。

ア　「新しい生活様式」という専門家の言葉によって、社会を支える人たちの存在に気づかされた人々が、専門家の言葉を素直に受け入れ、その指示を守るようになったこと。

イ　専門家の「新しい生活様式」という言葉に衝撃を受けた人々が、感染対策を一時的なものとする安易な考え方を見直したことで、社会に新しい行動様式が広がったこと。

ウ　「新しい生活様式」という言葉で、専門家が生活の仕方を突然変更したため、人々がこれまでの感染対策を軽視し、専門家の言う通りに行動するようになったこと。

エ　専門家が用いた「新しい生活様式」という言葉が社会全体に広まり、行動様式の変容を促《うなが》すほどの強い印象を、人々に与えたこと。

問五　――線3「こうした業態は～生活様式に根差したものだ」とありますが、なぜ筆者は飲食店等の業態を「『古い』生活様式」と表現したのだと考えられますか。その説明として最も適当なものを次の中から選び、記号で答えなさい。

ア　私たちのあるべき「生活のかたち」に不可欠な仕事業態が、専門家の言葉に従うと、望ましくないものとして受け取られかねない現状を示すため。

イ　人々の行動変容により、これまでの「生活のかたち」が変質したことに伴い、それを支えてきた仕事業態が意味を持たなくなったことを示すため。

ウ　時代に合わなくなったように見える仕事業態が、新しい「生活のかたち」を支える上で、欠くことのできない仕事であることを示すため。

エ　社会で身につける「生活のかたち」が、感染対策に基づくものになったため、それを支える仕事業態も感染対策を最優先すべきであることを示すため。

問六　――線4「この国は少なくとも～ということだ」とありますが、この表現が意味することの説明として適当なものを次の中から二つ選び、記号で答えなさい。

ア　専門的な知識を持たない人は、専門家の言葉に依存してしまう傾向があるが、そこにつけこむ専門家が、個人の権利をないがしろにし、自分の意のままに社会を導こうとする発言を、今の日本は見逃してはならない。

イ　今の日本において、コロナの感染対策を社会全体で行うのであれば、専門家や政府は、自分たちの言葉が個人の権利や生活を脅《おびや》かすことがないように努め、法的な根拠をもって実施しなければならない。

ウ　コロナによって、初めて権力を持つようになった専門家が、自分たちの言葉を絶対的なものとして社会に信じ込ませ、その言葉にそえない人たちを無視するような行いを、今の日本は許してはならない。

エ　今の日本においては、専門家の言葉が従うべき権力として機能してしまうことに加え、その要請に従わない人たちが、社会を支える人たちに負担を強いている現状にも、社会全体が厳しい目を向けなければならない。

オ　専門家の言葉は、一方的に相手を従わせようとするものになりがちだが、その言葉が覆い隠すものに無自覚なまま、社会をある方向に導くものとして自らの言葉を用いることは、今の日本ではあってはならない。

問七　――線5「市民自身が振り回し始める」とありますが、これはコロナ禍で「市民」が取ったどのような行動を指しますか。それを説明した部分を文中から九字でさがし、最初と最後の二字を抜き出しなさい。

問八　――線6「市民は～明け渡すことになる」とありますが、これはどのようなことですか。「よそよそしい」・「明け渡す」という表現に注意しながら、ていねいに説明しなさい。

問九　――線7「そのような状況は～避けるべきものだ」とありますが、その説明として最も適当なものを次の中から選び、記号で答えなさい。

ア　専門家が言葉で社会を動かすことが、例外的な状況ではなくなった時に、その言葉に抑えこまれた人々の反感が、社会の断絶をもたらすようなことは回避しなければならない。

イ　専門家の言葉が、人々を動かすものとして当たり前のように社会に入り込むことで社会が二分され、そのことがさらなる問題を引き起こすような事態を招いてはならない。

ウ　専門家の言葉に同調した人が、第二の権力として他の人を取り締まる風潮が広がった結果、言葉の責任をめぐって、両者が対立するような汚点を残してはならない。

エ　権威的な専門家の言葉に、人々が疑問を感じなくなる中、その言葉に従えない人々が、引け目を感じながら生活し続けることがないように対策を打たなければならない。

東邦大学付属東邦中学校(前期)

—45分—

一　次の文章を読んで、あとの問いに答えなさい。

では、この※二つの信頼《しんらい》をうまく使って楽しく生きるためにはどうしたらいいか。それにはまず、(1)自然の中に一人で踏《ふ》み入って、さまざまな動植物とつきあってみることをすすめよう。

どんな自然でも、そこにはもとからいる生き物たちのルールがある。春になれば植物が芽を出し、花を咲《さ》かせ、そこにいろんな虫たちがやってくる。幼虫は葉っぱを食べて蝶《ちょう》や甲虫《こうちゅう》になり、花のみつや樹液を食べて花粉を運ぶ。それらの虫を食べに鳥たちが舞《ま》い降り、縄張《なわば》りを構えてラブソングを歌う。動物たちは鳥が落としたフルーツをかじり、地面を掘《ほ》り返してミミズや虫を食べる。

そんな中に突然《とつぜん》人間が足を踏み入れたら、虫や鳥や動物たちはみんな驚《おどろ》いて動きを止めてしまう。自分のペースで歩き続けたら、植物とそこに息をひそめて体をかたくしている動物しか目にとどめることはできない。彼《かれ》らの動きを見ようと思ったら、自分もその世界の住人としてのルールを守らなければならないのだ。まず、立ち止まってじっと動かずに待ってみることが肝要《かんよう》だ。そうすれば、動物たちは動きだすので、それらの動物の動きに合わせて自分も動いてみる。すると、動物たちが見たり感じたりしているものが見えてくる。彼らだってむやみやたらに動いているわけではない。それぞれに目的を持って動いているから、その動きに合わせれば彼らの目的も見えてくるのだ。そういった多くの動物の動きが交差するところに、その世界のルールがある。それを感じるには、言葉ではなく五感を用いた直観力が必要だ。そして、その体験は人間の世界でもおおいに役に立つことになる。

(2)たとえば、日本を出てフランスへ行ったとしよう。まず面食らうのは交通法規だ。日本では車は左側通行だが、フランスでは右側。だから、道路を渡《わた》るときは右を見て左を見るのではなく、左を見て右を見ないといけない。買い物をしておつりを計算するとき、日本では引き算だが、フランスでは足し算だ。つまり払《はら》った金額から買った金額を引くのではなく、買った金額におつりを合わせて払った金額にして返してくれる。(中略)こういうルールや習慣に慣れないと、なかなか安心してスムーズに暮らせない。それを言葉で理解しても、なかなか身につかない。直観力で素早《すばや》く身体化するには、自然でつちかった経験がものをいうのだ。

日本の中でも地域によってさまざまな慣習やルールがある。それはしぐさや態度に現れるのだが、文字には書いていないし、情報として共有されているわけではない。みんなが無意識のうちに行っているので、その地域にとっては常識だが、新参者にとっては非常識ということがありえる。それを素早く見抜《みぬ》き、言葉ではなく体でルールを覚えていくことができれば、地域の文化に早く溶《と》け込《こ》めるようになる。

その場合、大切なことは小さなまちがいを犯《おか》してもいいから、①決定的な大失敗をしないことだ。フランスで日本と同じように道路を渡ろうとしたら、車にひかれる危険が増す。だから、道を渡る前に「まてよ」と思って一瞬《いっしゅん》止まる必要がある。そうすればまちがえていても、車にひかれることはまぬがれる。このとき、(3)しっかりとした意識を持ち、つねに自分がしていることを見つめている態度が必要だ。つねに情報に頼《たよ》っていると、これがおろそかになる。スマホのナビが示しているとおりに行動して、思わぬ事態におちいったりする。スマホはこれまでにあたえられている情報から現在の解決策を導き出しているので、現在の状況《じょうきょう》をはっきり見定めているわけではない。自分で判断に迷った場合、情報に聞くのはいいとしても、最終的には自分で状況を見極《みきわ》めて決断することが重要なのだ。それは、五感を駆使《くし》した［　　］に頼るしかない。そして、情報ではなく、自分で最終判断を下したことによって、自分に対する自信と自己決定力がついてくる。

(4)自分に対する自覚と判断力は、個別的な信頼関係にとってはさらに重要になる。一般的《いっぱんてき》な信頼関係とちがって、それはあくまで自分と相手だけのものである。そこには見ず知らずの他人が入り込む余地はないし、一般的なキソクが成り立つ世界でもない。しかし、②ややもすると自分と相手が一体になりすぎてしまい、自分一人で判断できなくなる。そうなると、四六時中相手のことが気になり、絶えずスマホでつながっていないと気がすまなくなる。

そして、何事も自分だけで判断できずに相談することになる。昔はせいぜい固定電話しかなかったから、そう頻繁《ひんぱん》に相手とつながることができなかったが、今はスマホでいつでもどこでもつながれるので、うっかりすると自分にもどれなくなってしまう。

これはとても危険なことだ。③ゴリラたちを思い出してほしい。ゴリラたちはいつもいっしょにいて、おたがいのことに注意を払っている。だから、なにかが起これば、ラグビーのチームのようにまとまって動ける。でも、体でつながっているだけだから、短期間でも離《はな》れれば、まったく別人のようによそよそしくなってしまう。母親だって子どもが乳離れをすれば、子どもを構わなくなり、子どもを置いてあっさりとその集団を離れてしまうことがある。人間から見て冷たいように見えるが、これが自立するということなのだと思う。つまり、いっしょにいる間はたがいに気を使い合うが、自立したくなれば距離《きょり》を置くだけで、きれいさっぱりそれまでの関係を解消してしまうことができるのだ。

(5)人間はそうはいかない。どこへ行っても所在は知れてしまうし、スマホでつながっている限り関係は切れない。とりわけ、(6)言葉という魔物《まもの》がいつもつきまとう。「信じていたのに」とか、④「親友だよね」とか、「いつも頼りにしているから」といった言葉にからみ取られて、いやになってもなかなか友達関係を解消できない。でも、いつまでも同じ人間と同じようにつきあっているのは、たがいに進歩の道を閉ざされていることに等しい。自分が変わろうとしても、相手がそれを許さないことが多いからだ。親しい友達といっしょにみんなで変わることができればいいのだが、それぞれ個性がちがうのでそうはいかない。また、個性が尊重されないようでは変われない。人間は個別に成長し、それぞれちがう個性をつくっていくものなのだ。

だから、親しい友達をつくったら、言葉で相手をしばるようなことをなるべく避《さ》けるべきだと思う。もちろん、恋愛《れんあい》感情はそうはいかないだろう。その関係はこれから家族の関係に発展するものだから当然だ。でも、友達と親しい関係を持続させようと思ったら、たがいに対等な立場でものが言えるような関係を築いてほしい。依存《いぞん》し合う関係を持ちすぎると負担が増え、それがたがいの自由をしばる。信頼とは相手に過度の期待を寄せることではなく、たがいが自立した存在であることを認めることによって強まる。そのうえで、直面する問題を共有することが大切だ。

　個別の信頼とは意識してできるものではない。いっしょになにかをしながら感情を交《か》わし合ううちに自然に立ち上がっていくものなのだ。そのとき、相手を見ている自分、相手に見られている自分に気づき、⑤自分というものの輪郭《りんかく》がしだいに見えてくる。だから、友達をつくりたいと思ったら待っているだけではいけない。積極的に自分を見せ、相手といっしょに行動することによって信頼の気持ちを抱《いだ》くのだ。それは言葉や情報ではなく、体で納得《なっとく》するものでなければならない。

（山極寿一《やまぎわじゅいち》『人生で大事なことはみんなゴリラから教わった』〈家の光協会〉より。
出題にあたり、文章の構成を一部改めました。）

（注）※二つの信頼……本文の直前で筆者は、一般の人々や社会に対する信頼を表す「一般的な信頼」と、顔を見知っている仲間に対する信頼を表す「個別的な信頼」について述べている。

問1　===線「キソク」の「ソク」と同じ漢字を使うものを次のイ～リの中から選び、記号で答えなさい。なお、正解は一つとは限りません。いくつかある場合には、そのすべての記号を書きなさい。

イ　未来をヨソクする。　ロ　ゲンソクから外れる。
ハ　事件のソクホウが流れる。　ニ　ヘンソク的な動き。
ホ　説明をホソクする。　ヘ　土地をソクリョウする。
ト　ケッソクが固い。　チ　無病ソクサイを願う。
リ　箱をソクメンから見る。

問2　――線(1)「自然の中に一人で踏み入って、さまざまな動植物とつきあってみることをすすめよう」とありますが、その理由としてもっとも適切なものを次のイ～ホの中から一つ選び、記号で答えなさい。

イ　動植物の世界に入りこんでじっくり観察することは、その世界のルールを知るために必要なことだから。
ロ　動植物の世界に入り多くの生きものと関わることは、動植物との間に信頼関係を築くことにつながるから。
ハ　動植物たちのルールを知り自らもそれを守ることで、多くの生きものの生態に対する理解が深まるから。
ニ　動植物たちのルールに自分自身を合わせる力を育むことは、人間の世界にも応用することができるから。
ホ　動植物たちの中にあるルールを理解することで、人間と動植物との共通点を見つけられるようになるから。

問3　□にあてはまる言葉を、本文中から**三字**でぬき出して答えなさい。

問4　――線(2)「たとえば、日本を出てフランスへ行ったとしよう」とありますが、この例を通じて筆者はどのようなことを伝えようとしていますか。もっとも適切なものを次のイ～ホの中から一つ選び、記号で答えなさい。

イ　生活におけるルールや習慣は、文章化されたものではないということ。
ロ　国のルールが異なるので、フランス人を理解することは難しいということ。
ハ　世界的に見ても、フランスには特別なルールが数多く存在するということ。
ニ　国や地域独自のルールを事前に知っていれば、安心して生活できるということ。

ホ　異文化のルールの理解には、経験を通して体で覚えることが重要だということ。

問5　――線(3)「しっかりとした意識を持ち、つねに自分がしていることを見つめている態度が必要だ」とありますが、それはなぜですか。もっとも適切なものを次のイ～ホの中から一つ選び、記号で答えなさい。

イ　自らの過去の経験とあたえられた情報を照らし合わせることで、現状を変えられるようになるから。

ロ　自分が置かれている状況をよく見て理解しようとすることで、主体的な行動ができるようになるから。

ハ　他者や情報に頼らずに行動を決定し続けることで、自分の下した判断に責任を持てるようになるから。

ニ　自身の五感を使って状況を整理することで、その地域の文化に溶け込むことができるようになるから。

ホ　状況に応じて情報機器を活用することで、自身にとって適切な判断を下すことができるようになるから。

問6　――線(4)「自分に対する自覚と判断力は、個別的な信頼関係にとってはさらに重要になる」とありますが、それはなぜですか。もっとも適切なものを次のイ～ホの中から一つ選び、記号で答えなさい。

イ　一般的な信頼関係においては、自分がしっかりしてさえいれば相手から一層頼られるから。

ロ　自分と相手の二人だけで信頼関係を構築する場合、相手に応じて自分を変える必要があるから。

ハ　特定の相手と関わる場合、確固とした自分を持っていないと、相手に依存しすぎてしまうから。

ニ　スマホが一般化した現代では、友人関係は無数に広がるため、自分で物事を判断できなくなるから。

ホ　今はスマホでいつでも相手とつながることができるので、他人との関わり方を見直す必要があるから。

問7　――線(5)「人間はそうはいかない」とはどのようなことですか。もっとも適切なものを次のイ～ホの中から一つ選び、記号で答えなさい。

イ　ゴリラは一度離れた仲間を冷たくあしらうのに対し、人間は関係を解消した相手でも温かくむかえ入れることができるということ。

ロ　ゴリラはどれだけ距離が離れても仲間意識でつながっているのに対し、人間は距離にかかわらず言葉でつながっているということ。

ハ　ゴリラは距離を取れば自立できるのに対し、人間はスマホでつながっているため、距離を取っても自立できないということ。

ニ　ゴリラは集団の中で助け合うのに対し、人間は言葉だけの付き合いなので、困ったときに協力しようとしないということ。

ホ　ゴリラは一度離れれば関係が切れてしまうのに対し、人間は簡単に相手との関係を切ることはできないということ。

問8　――線(6)「言葉という魔物」とありますが、なぜ「言葉」が「魔物」と言えるのですか。それを説明した次の文の□にあてはまる言葉を本文中から**五字**でぬき出して答えなさい。

> 言葉にしばられてしまうと、人は□することができなくなってしまうから。

問9　……線①～⑤の説明として**適切でないもの**を次のイ～ホの中から一つ選び、記号で答えなさい。

イ　①「決定的な大失敗」とは具体的には、交通ルールの理解を誤って、車にひかれてしまうことである。

ロ　②「ややもすると」をふくむ文の内容は、人々がそのような状況におちいりやすいことを表している。

ハ　③「ゴリラ」の例は、「ゴリラ」が人間と同様に他者との距離によって関係性を築いていることを表している。

ニ　④「親友だよね」「いつも頼りにしているから」等は、本文においては好ましくない言葉の例として用いられている。

ホ　⑤「自分というものの輪郭」は、他者と意見を交換しそのちがいや共通点に気づくことで、初めて見えてくるものである。

問10　本文における筆者の主張としてもっとも適切なものを次のイ～ホの中から一つ選び、記号で答えなさい。

イ　いつでもだれとでもつながれるスマホがあることで、かえって特定の相手としかつながることができない人が増えている。だから、積極的に自分から他人と関わることで、さまざまな相手と自由に人間関係を築いていくべきである。

ロ　スマホで容易に他人とつながることができる現代では、身体感覚によって自ら判断することが重要である。そのような自立した個人同士が行動をともにする中で築く、たがいを認め合えるような関係こそが望ましい信頼関係と言える。

ハ　さまざまな有用な情報があふれる現代だからこそ、そうした情報を用いることなく、自分自身で物事を決断する力が必要である。こうして情報にまどわされず、自分自身の五感を駆使することで、友人と個別の信頼関係を築くことができる。

ニ　よりよい信頼関係の中で生きて行くためには、さまざまな世界に入り込み、そのルールを体得していく必要がある。そうした身体を通じた学びが、他者の言葉の背後にある気持ちを見ぬく能力をつちかい、他者との良好な関係を築く助けとなる。

ホ　言葉や情報といったものに流されがちな人間の世界では、何事にも流されない自己を確立しなければならない。それぞれがきちんと自分自身の意志を持ち、正しい情報を発信することによって、人と人とが認め合えるようになるのである。

二　次の文章を読んで、あとの問いに答えなさい。

入社して二年が過ぎ、いよいよ自ら企画《きかく》したゲームの開発に携《たずさ》われそうだというとき、※1辞令が出た。俺《おれ》は総務部へ、川辺はデジタルコンテンツ事業部への※2異動だった。それから二年間、二人とも、異動はない。

チャイムが鳴る。九時、始業の合図だ。

「あ、あと」

清水課長がこちらを見る。

「整理作業月間の作業も、進めておいてね」

今年度も、総務部への新人の配属はなかった。隣《となり》にいる清水課長も、ずっと奥《おく》の席に座《すわ》っている村西部長も、二度目の異動で総務部に(1)流れ着き、そのまま十年以上、総務部から出ていないらしい。このままいくと、俺は本当に、ここから見える人たちと同じように席を移動していく会社員人生を送るのかもしれない。

※3就活生からのメールは、ゲーム業界で働くことへの夢と希望に満ち満ちている。ご丁寧《ていねい》に、※4OB訪問当日にしたい質問案まで貼《は》り付けられている。俺はそれを見ながら、自分が就活生だったときにOB訪問をした相手は、【一日のスケジュールを教えてください】というあまりにもよくある質問に、本当に正直に答えていたのだろうかと思った。彼らの夢を、いや、(2)就活生だったころの自分の夢を守るために、ウソをついてくれていたのではないだろうか。

「小出課長、いま少しよろしいですか」

電話を置いた小出課長に、俺は声をかける。

「この掲出《けいしゅつ》書類のことなんですけど」

俺が言い終わらないうちに、小出課長は口を尖《とが》らせた。

「これ、俺が昨日渡したやつじゃん。まだ回覧してないの？」

なるべく早く、と書かれている付箋《ふせん》の黄色が、ライトに照らされてぴかりと輝《かがや》く。

「いえ、回覧はしたんですけど※5差し戻《もど》しがありまして、こちらなんですが」俺は、「領収書」の箇所《かしょ》を指しながら続ける。「社内規程では、『領収証』表記なんですよ。ですが、いただいたものだと『領収書』になっているんです。こちら、意味があってわざと変えたのか、ただのタイプミスなのか確認できればと」

「え？」

小出課長より早く、その両側のデスクにいる人が噴《ふ》き出した。「すげえ細かい」笑い声の中に、そんなつぶやきが交ざっている。

(3)「大変だね、君も」

小出課長の目に、少し、同情の色が滲《にじ》んだ気がした。

「別に意味はないから、そちらの都合のいいように変えてもらっていいよ」

「では書面のデータはこちらで修正しておきますので、こちらに二重線と訂正印《ていせいいん》を……」

「はいはい」

小出課長は笑いながら、あっという間にボールペンで二重線を引いた。

「あ」俺は思わず声を漏《も》らす。小出課長は俺の声など全く気にも留《と》めていないようで、二重線の上から訂正印を押《お》した。

これでやっと、回覧できる。俺は小出課長に頭を下げ、速足でデスクへと戻る。

清水課長はよく、社内で笑われている。さっき、小出課長の両側の人たちがそうしていたように。

ふと、壁《かべ》かけ時計を見る。まだ十時にもなっていない。異動してから、時間の流れの速度は明らかに変わった。このままじっと時計を見つめていれば、10という数字のマルの部分が、黒く塗《ぬ》りつぶされていくような気持ちになる。

デジタルコンテンツ事業部にいたころは、業務をこなすうえでとにかくスピードが大事だった。書類上、全角と半角が揃《そろ》っていない箇所があったとしても、それを直すことにより業務に遅《おく》れが生じるならば、(4)資料に目を通す人間の理解力を信頼した。

朝、川辺が抱《かか》えていたFAX用紙。こちらにぺろんとその顔を見せていた、一枚の書類。書き損じの部分が、ぐしゃぐしゃと黒く塗りつぶされていた。いくら寝不足《ねぶそく》でも、会社に寝泊《ねと》まりをすることになったとしても、あのころの煩雑《はんざつ》さが今は愛《いと》しい。

　昼食後、すぐに手帳を開くのは、※6ToDoリストが溢《あふ》れ返っていたデジタルコンテンツ事業部時代からの癖《くせ》だ。今は、手帳がなくとも諳《そら》んじることができるほどしか書き込みがない。

【整理作業月間　箱の洗い出し作業〆《しめ》】

　二十九日の欄《らん》に、そう走り書きされている。今日は二十四日だが、二十九日までに土日を挟《はさ》むので、そろそろ手をつけておいたほうがいいだろう。

　社内に保管しきれなくなった紙資料については、種類ごとに段ボール箱にまとめ、倉庫業者に保管作業を委託《いたく》している。そして、箱を倉庫に入れる際は、箱一つにつき一枚、内容リストというものを総務部に提出してもらうことになっている。各部門から提出される内容リストには、それぞれの箱の中身や作成者の氏名、保管期限などの情報が記載《きさい》されている。

　紙資料の保管期限は、種類や重要度によって異なる。一年間保管したあと廃棄《はいき》していいものもあれば、永久保管と設定されているものもある。ただ、最近はどんな重要な紙資料であっても、最初から永久保管と設定することは少ない。とりあえず十年保管に設定しておき、十年ごとに廃棄か延長かを確認することで、無駄《むだ》な倉庫代を削減《さくげん》しようという動きがあるからだ。箱の数をもとに倉庫代が算定されるため、会社としては、倉庫に保管している箱は一つでも少ない方がいい。

　俺は、落ちていく瞼《まぶた》をどうにかこじ開けながら、総務部が所有している内容リストの中から、保管期限が【２０１５年６月】となっているものを抽出《ちゅうしゅつ》していく。他の部に比べたら紙資料そのものの量は少ないが、内容の古さはトップクラスかもしれない。いくら職制変更《へんこう》があったとしても、総務部だけは必ず会社にありつづける。定期的に保管期限を延長しつつ残されている紙資料が、今でもたくさんあるのだ。

　抽出した内容リストを見ると、作成者名の欄には、村西、という判が押されており、作成日の欄には今から二十年も前の日付が書かれている。二十年前の村西部長が作成した箱、ということだ。つまり、はじめに設定した十年という保管期限を一度、延長しているのだろう。案の定、【２０１５年６月】の下にある【２００５年６月】という文字には二重線が引かれている。そして、二重線の上に押されている訂正印の名前を見て、俺は一瞬、眠気《ねむけ》が覚めた気がした。

【清水】

　俺はちらりと、隣の席を見る。トイレにでも行っているのか、そこにはからっぽの椅子《いす》があるだけだ。

　十年前、清水課長は、おそらく俺が座っているこの席、総務部の下《した》っ端《ぱ》が座るこの席で、同じような作業をしていたのだ。もっとも肉体的に無理が利《き》くであろう若い男の体が、社内の誰《だれ》も興味を示さない『整理作業月間』の業務を粛々《しゅくしゅく》とこなしていたのだ。

　三十枚近くある内容リストを手に、俺は立ち上がる。

「部長、いま少しよろしいでしょうか」

　デスクのすぐそばに立つ俺を見て、村西部長がペンを置く。

「倉庫に預けている資料の整理作業を行っているのですが、こちらが今月保管期限を迎《むか》える箱の内容リストになります。週明けまでに確認［Ｉ］て、期限延長か廃棄か判断［Ⅱ］ばありがたいのですが」

村西部長が、内容リストを扇《おうぎ》のように広げる。どの紙の保管期限記入欄にも、定規で引かれた二重線と、清水課長の訂正印が押されている。

一枚、一枚、すべてに、丁寧に。

「懐《なつ》かしいな、これ」

村西部長が、ふ、と(5)破顔した。

「かなり前のやつだろ、これ」

「……箱自体は二十年前に作成されたようですね。十年前に一度、保管期限を延長しているようなので」

俺がそう付け加えると、村西部長は「そうそう」とさらに表情を緩《ゆる》ませる。

「十年前、期限延長するって言ったら、もとの保管期限をぐしゃぐしゃって塗りつぶしたんだよ」あいつが、と、村西部長が清水課長のデスクを見やる。「それで俺が、どんな些末《さまつ》な修正でもきちんとしなきゃダメだって怒《おこ》ったんだ」

(6)え、と漏れそうになった声を、俺は飲み込む。

「そしたらあいつ、わざわざ一回修正液で全部消して、その上からもとの保管期限を書き直して、二重線引いて訂正印押して……ほら、ここだけ色がちょっと違《ちが》うだろ」

言われてみれば確かに【2015年6月】と書かれているあたりは、他の部分と比べて白色がより鮮《あざ》やかに見える。

「修正液なんてビジネス文書としてもっと不適切だってまた怒ってな。あのときは清水も総務に来たばかりだったから」

書き損じを塗りつぶす。修正液を使用する。今の清水課長の几帳面《きちょうめん》さからは、考えられない。

「今、社会人として基本的なことを教えてくれる人ってなかなかいないだろう。どの部署も即《そく》戦力即戦力って……基本があってこその即戦力だろうに」

まあそういう業界だから仕方ないかもしれんが、と、部長は一度、咳《せき》をする。

「その点、岡本はしっかりしてるな。考えてみたら、総務部に来てからそういう基本的なことで注意したことが一度もない」

それは、村西部長に書類が回覧される前に、清水課長がすべてチェックしてくれていたからだ。全角と半角のズレや、規程との表記の違いに至るまで。

「いい上司に恵《めぐ》まれたんだな、きっと」

部長のデスクの内線が鳴る。「あ、これ全部、また十年延長しておいて」電話の受話器を摑《つか》んだ部長に礼をして、俺は自分のデスクに戻ろうと振《ふ》り返る。

清水課長が、戻ってきている。

腰《こし》が痛むのか、ぺちゃんこにつぶれた椅子の座面にクッションを敷《し》いている。(7)社内の誰かに笑われてしまうほどの几帳面さで、相変わらず社内規程を開いてうんうん唸《うな》っている。

俺は、二十年前に作られた内容リストをデスクに広げた。そして、十年前の清水課長もきっとそうしたように、ノックしたボールペンの先を、定規に沿ってすうと滑《すべ》らせた。

【朝井《あさい》リョウ「清水課長の二重線」（『NHK国際放送が選んだ日本の名作　1日10分のしあわせ』〈双葉社〉所収）より。】

（注）　※1　辞令……会社などで、職につけたりやめさせたりする通知。

※2　異動……会社などでの地位や役目がかわること。

※3　就活生……就職活動にとりくんでいる学生。

※4　ＯＢ訪問……学生が就職活動を行うときに、その企業にいる母校の卒業生を訪問して情報収集すること。

※5　差し戻し……書類に修正や訂正をしてほしいことがあるため原案者のもとに戻すこと。

※6　ToDoリスト……やるべき作業を書きとめたリスト。

問1　本文には次の一文がぬけています。この文が入る直前の**三字**をぬき出して答えなさい。（句読点、記号等も字数に数えます。）

> 訂正の二重線を引くときは必ず定規を使うよう、清水課長から再三言われているのだ。

問2　――線(1)「流れ着き」とありますが、この説明としてもっとも適切なものを次のイ～ホの中から一つ選び、記号で答えなさい。

イ　総務部という部署が、清水課長や村西部長から見て部下たちの能力があまり高い場所とはいえないことを示している。

ロ　総務部という部署が、清水課長や村西部長の強い希望が通って実現した働きがいのある場所であることを示している。

ハ　総務部という部署が、清水課長や村西部長を心から歓迎《かんげい》してくれる部下たちの多くいる場所であることを示している。

ニ　総務部という部署が、清水課長や村西部長にとって決して自分から強く望んで来た場所ではないことを示している。

ホ　総務部という部署が、清水課長や村西部長が思いがけず出会うことになった強い縁《えん》のある場所であることを示している。

問3　――線(2)「就活生だったころの自分の夢を守るために、ウソをついてくれていた」とありますが、それはなぜですか。その理由としてもっとも適切なものを次のイ～ホの中から一つ選び、記号で答えなさい。

イ　学生の質問にくわしく答えることは現状をふり返ることにつながり、学生時代に描《えが》いた夢を実現したものが自分の今の仕事なのだという自信をぐらつかせるものとなるから。

ロ　相手の質問にまともに答えてしまうと、自分が学生時代に持っていた夢よりも現在の学生の夢の方がすぐれているのではないかと考え、自分自身に自信がなくなってしまうから。

ハ　学生時代の夢とはほど遠い現在の自分の状況を正直に書いてしまうと、学生時代の自分が将来の自分について考えたものを自分自身で否定してしまうことにつながるから。

ニ　実際に社会に出てしまうと意外な壁や限界につき当たることをいくつも経験するが、そんなささいなことで就職活動中の学生の情熱を失わせるのはまちがいだと思っているから。

ホ　就職を希望する学生の質問にまともに答えてしまうと、日々の仕事に追われ学生時代に描いた将来への希望を思い出すひまさえ持てない現在の生活をふり返らざるを得なくなるから。

問4　――線(3)「大変だね、君も」とありますが、このときの小出課長の気持ちを表したものとしてもっとも適切なものを次のイ～ホの中から一つ選び、記号で答えなさい。

イ　こんな細かいことにこだわるなんて、君はあまりにもゆうずうのきかない人間だね。

ロ　こんな細かいことにこだわる清水課長の指示に従わねばならないのはご苦労なことだ。
ハ　こんな細かいことにこだわらざるを得ない総務部という職場は本当に働きがいがないね。
ニ　こんな細かいことにこだわる清水課長も清水課長だが、その指示にさからえない君も君だ。
ホ　こんな細かいことにこだわるなんて、君も清水課長のような人間になってしまったんだね。

問5　――線(4)「資料に目を通す人間の理解力を信頼した」とありますが、これはどのようなことですか。その説明としてもっとも適切なものを次のイ～ホの中から一つ選び、記号で答えなさい。
イ　自分の業務を優先して考え、不完全な資料を受け取った相手の迷《めい》惑《わく》など想像することさえしないこと。
ロ　資料を渡す相手も同じ会社の人間であり、仕事がいかに多忙《たぼう》かをわかってくれるだろうと思うこと。
ハ　業務に支障のあるミスでない以上、相手は気にしないし、伝えたいことも伝わるだろうと考えること。
ニ　細かな規程はあるが、ほとんどそれを無視して、みなが自分たちの勝手なやり方で仕事をしていること。
ホ　資料にミスがあることを知りつつ、その訂正や清書作業については相手に丸投げしていたということ。

問6　［Ⅰ］・［Ⅱ］にあてはまる言葉の組み合わせとしてもっとも適切なものを次のイ～ホの中から一つ選び、記号で答えなさい。
イ　Ⅰ　なさっ　Ⅱ　なされ
ロ　Ⅰ　いたし　Ⅱ　いたせ
ハ　Ⅰ　いただい　Ⅱ　いただけれ
ニ　Ⅰ　差し上げ　Ⅱ　差し上げれ
ホ　Ⅰ　存じ上げ　Ⅱ　存じ上げれ

問7　――線(5)「破顔した」のここでの意味としてもっとも適切なものを次のイ～ホの中から一つ選び、記号で答えなさい。
イ　意外だという顔つきをした　ロ　意識を集中しようとした
ハ　おだやかな顔になった　ニ　こらえきれずに噴き出した
ホ　表情をゆるませて笑った

問8　――線(6)「え、と漏れそうになった声」とありますが、この声が「漏れそうになった」気持ちを表したものとしてもっとも適切なものを次のイ～ホの中から一つ選び、記号で答えなさい。
イ　几帳面な部分ばかりが外に出ている清水課長にも自分と同じ雑な一面があるようなので、これからは仲良くなれそうだ。
ロ　自分自身も失敗していたという事実を隠《かく》して、部下のミスを厳しく指導する清水課長はなんと勝手な人間なのだろう。
ハ　誰が考えてもまちがいだとわかる行動をしていた昔の清水課長は、今の自分よりよほど社会人として失格なのではないか。
ニ　かつて清水課長に対して厳しく怒ったなどということは、今の村西部長の温厚《おんこう》さから考えると想像のつかないことだ。
ホ　ささいなミスでさえ細かく指摘《してき》する清水課長に、雑な処理をして怒られた時代があったなんてとても信じられない。

問9　――線(7)「社内の誰かに笑われてしまうほどの几帳面さで、相変わらず社内規程を開いてうんうん唸っている」の説明としてもっとも適切なものを次のイ～ホの中から一つ選び、記号で答えなさい。

イ　改めてじっくりながめる清水課長の様子からは以前と違うところが全く見られないため、岡本は自分に対する村西部長の評価すらちがうのではないかと思い始めている。

ロ　村西部長は清水課長の岡本に対する指導を評価しているが、岡本自身はその評価に納得せず、やはり神経質で細かい人間だという気持ちを捨てきれないでいる。

ハ　村西部長が語った清水課長の過去の話によって岡本の清水課長を見る目は変わってきたが、それでも清水課長をどうしても評価できないところが残ってしまっている。

ニ　清水課長のふるまいは変わっていないが、それを見る岡本の心の中から清水課長に対する負の感情が消え、素直に受け入れられるような思いになっている。

ホ　村西部長から予想外の高評価を受け、あいかわらず細かいところが気になっているような清水課長を見て、岡本は自分の方が社会人として上ではないかと感じている。

問10　本文の説明としてもっとも適切なものを次のイ～ホの中から一つ選び、記号で答えなさい。

イ　就活生からのメールによって自分の現在がこれでよいのかという疑問を強めてしまった岡本は、現在の部署である総務部について、自分はひょっとしてこのままこの部署で終わってしまうのではないかというおそれを持つ。昔の清水課長によって一つ一つ丁寧に押された訂正印は、岡本の感じているおそれをさらに強調する気味の悪いものとして心にのしかかった。

ロ　前進するためにはささいなことは切り捨ててかまわないと考える世の風潮に対して、がんこに基本を大事にすべきだと主張する少数派がある。岡本の会社も同様の二派が存在しており、二つの主張を器用に使い分けていた岡本は、後者の考えの大事さに思い至る。二重線を引いて字を消す岡本の行動は、自分の過去の考えと決別する決意表明と考えられる。

ハ　同期の川辺と対照的に、ひまな部署に異動させられた岡本だが、それでも精一杯《せいいっぱい》勤めを果たそうと努力している。そんな岡本にとって、長く総務部にとどまり続ける清水課長は、仕事への意欲を失わせる存在だった。内容リストに押されたたくさんの「清水」の訂正印は、いかに総務部が進歩のない部署であるかを象徴《しょうちょう》するもののように岡本には映った。

ニ　細かなことを見過ごして良いか悪いか、考え方はさまざまあるだろうが、見過ごせないと考えることで生まれる大事なこともある。それに気がついた岡本の所属する総務部は、目立たないが会社にとって欠くことができない部署である。ラストで定規を使って二重線を引く姿は、自分の仕事を前向きにとらえることができるようになった岡本の気持ちをも表している。

ホ　基本をおろそかにしてはまともな仕事ができない、と考えている清水課長の思いは、村西部長の言葉によって初めて岡本の心にとどいた。しかし清水課長はできれば岡本に誰からも教わることなくそれに気づいてほしいと思っており、余計なことを言った村西部長に反感を抱く。岡本がふり返ったとき清水課長がいなかったのは部長に対する小さな反抗《はんこう》であった。

東洋大学京北中学校(第一回)

—50分—

一　次の問いに答えなさい。

問一　ぼう線部に相当するカタカナを、漢字に直しなさい。

(1)　この物語は代々コウショウされてきた。

(2)　一日センシュウの思いで待ち続ける。

(3)　論文のヒヒョウをする。

(4)　様々な役を演じられる役者はチョウホウされる。

(5)　蔵に米ダワラを運び入れる。

問二　(1)～(3)の作品の筆者(作者)として適切なものを、ア～コからそれぞれ選び、記号で答えなさい。

(1)　蜘蛛《くも》の糸　(2)　おくのほそ道　(3)　雪国

ア　川端康成　イ　太宰治　ウ　森鷗外

エ　松尾芭蕉　オ　清少納言　カ　芥川龍之介

キ　夏目漱石　ク　小林一茶　ケ　坂口安吾

コ　紫式部

問三　(1)～(4)のことばの対義語を、ア～タの漢字から**二つ**組み合わせて作り、記号で答えなさい。

(1)　生産　(2)　損害　(3)　結果　(4)　共同

ア　可　イ　益　ウ　原　エ　動　オ　困　カ　費

キ　単　ク　許　ケ　受　コ　従　サ　難　シ　消

ス　因　セ　独　ソ　服　タ　利

問四　次の文章は本校の生徒が書いた文章です。以下の問いに答えなさい。

先日帰宅する途中《とちゅう》に、ある求人の張り出しが目に入った。祭りのおみこしの担ぎ手の募集《ぼしゅう》だった。祭りとは、その地域の人たちが引き継《つ》いでいくものであるから、募集にかなり驚《おどろ》いた。

伝統文化を引き継ぐ人材が少なくなってきたのは前々から知っていた。[X]、祭りで募集が出されるとまでは思っていなかった。[Y]、今後、地域の祭りがなくなってしまうのではないかと心配になった。

祭りは、友達や地元に帰ってきた先輩《せんぱい》・後輩に会える機会であり、また、新しい交友関係を築ける大切な行事だと私は思う。だからこそ、自分の地域の祭りがなくならないよう、大人になっても積極的に祭りに参加していきたい。

(1)　空らん[X]・[Y]にあてはまることばとして適切なものを、ア～カからそれぞれ一つ選び、記号で答えなさい。

ア　なぜなら　イ　しかし　ウ　たとえば　エ　同時に

オ　確かに　カ　もしくは

(2)　ぼう線部「行事だ」の主語として適切なものを、ア～オから一つ選び、記号で答えなさい。

ア　大切な　イ　交友関係を　ウ　私は

エ　地元に　オ　祭りは

二　次の文章を読んで、問いに答えなさい。

護《まもる》が帰ってきたというニュースを持ってきたのは、クリーニング屋のおじさんだった。私は仕事から戻《もど》ってきたばかりで、土臭《つちくさ》くよごれた手を石けんで洗おうとしていたのだけれど、ピンポンが鳴って、台所に立っているおばあちゃんの代わりに玄関《げんかん》に出ていったところで告げられたのだ。ああ十和子《とわこ》ちゃん。もう仕事終わった時間なんだね。護くんには会いにいった？――と。

「護？」

私は①間抜《ぬ》けな顔でその名前を口にしたと思う。こうして町じゅうの家をまわって、洗濯《せんたく》物を回収し手渡《てわた》ししているクリーニング屋さんが、隣《となり》に住む護のことを知っていて、私と同い年だと認識《にんしき》していることはまったく不自然ではなかったけれど、でもその名前を耳にするのがあまりに久しぶりすぎて、私は思わず聞き返してしまった。

「護って、桜田《さくらだ》護？」

おじさんは、私の反応に驚《おどろ》いたようだったけれど、「若い人は時間が過ぎるのが速いのかな」と笑った。

「小学校の頃《ころ》は、いつも一緒《いっしょ》に帰ってたじゃない」

とまで言われたので、慌《あわ》てて「いやいや、憶《おぼ》えてますよ！」と弁解して洗濯物を受け取る。でないと、次の家には「桜田さんちの護くんが帰ってきたのに、桐島《きりしま》さんちの十和子ちゃんときたら名前も憶えてなかった」という話になって伝わってしまう。お金を払《はら》い、おつりをもらいながら少し話をした。

「護が、ええと、東京から帰ってきたってことですか？」

「うん、さっき桜田さんちに行ったら、ちょうど着いたところらしくてね、玄関で鉢合《はちあ》わせしたんだ。しばらくはこっちに居るって言ってたよ」

ちなみに外は雨で、ガラス戸の外に見える土はくろぐろと湿《しめ》っていた。最近は雨が多い。五月の連休が終わった頃から、この町はなぜか雨が多くなる。そうして止んだりまた降ったりしながら、梅雨《つゆ》まで通して降り続ける。

私が耳にした護の最後の消息は、東京で学生をしているというものだった。高校を出てすぐ、農協に勤めるようになった私には、いったい自分が何年働いて、同じ年で大学に行った人たちが順調に進んでいると今何年生であるのか、計算しないとわからないけれど、護は一度入ったとてもいい大学を途中《とちゅう》でやめて、専門学校に入り直したり、ひときわの遠回りをしているとは聞いた。そのあとなにも噂《うわさ》を聞かないから、きっと、田舎《いなか》に帰ってくるかどうかがまだ問題にならない身分なのだろうと、ぼんやり認識していた気はする。

その護が、長期休みでもない時期に実家に帰ってくることが、なにを意味しているのか――クリーニング屋のおじさんは、どことなく話したそうでもあったけれど、今は繁忙《はんぼう》期で忙《いそが》しいのだろう、領収書を切るとすぐ、玄関のガラス戸に手をかけた。

「会いにいったら？　もうずっと会ってないんでしょう」

と、出ていく時に言われた。私は笑顔《えがお》をつくって「はいっ」といい返事をしていた。それはとりあえず、脊髄《せきずい》反射というか社交辞令というかそういうものに過ぎなかったのだけれど、水を跳《は》ねさせてクリーニング屋さんが駆《か》けていった、庭の飛び石を眺《なが》めている間に、私はゆっくりと護のことを思い出そうとし始めていた。

雨音がする。玄関からはみ出した家の灯《あか》りが、濡《ぬ》れた地面を光らせている。いつのまにか、領収書を受け取った指に力が入っていたらしく、かさりと紙の音がした。

護は私の幼なじみだ。

私たちはきっと、大人が見れば目尻《めじり》を下げてしまうほどの、絵に描《か》いたような幼なじみ同士だったに違《ちが》いない。クリーニング屋さんが言った通り、②私と護は、記憶《きおく》にある限り幼い頃から、多分小学校いっぱいくらいまでは、帰り道を一緒に歩いてきた。四方八方にどかんと山が立ちふさがるこの町で、ひときわ奥《おく》まった集落に住んでいる私たちは、必然的にふたりきりで歩く時間が長かった。晴れの日はあぜ道に入って道草をくい、雨の日は傘《かさ》をぶつからせて身を寄せおしゃべりをした。

③護はとても「いい」男の子だった。いい男の子、という言い方は普通《ふつう》あまりしないのかもしれないけれど、私と数人の友だちは、「悪い」男の子の対義語としてその言葉を使うことがあった。悪い男の子とはむろん、道ばたに落ちている蛾《が》の死骸《しがい》を持って追いかけてきたり、パーカのフードに生きたカエルを入れたりしてくるクソガキのことで(死んでるカエルのほうが多分もっとやだけど)、いい男の子というのはその逆、大人しく無害な子のことだった。

うちの小学校は小さくて、しかも私の学年は男子十人女子五人というちょっとアンバランスな構成だったため、女の子五人で、たまにこっそりと、男子を「いい」と「悪い」に分ける遊びをした。外体育で幅跳《はばと》びをする前の休み時間なんか、手持ちぶさたな時、地面に棒で線を引き、右と左に男子の名前を書き入れていく。右はいい男子、左は悪い男子。「西口《にしぐち》、西口。あいつまじ最悪」「こないだユカちゃんのキンキ下敷《したじ》きにラクガキしたよね」とか、まず名前が出るのは悪い男子のほうで、それが上から三つ四つ一気に並んだ後で、「でも中田《なかた》くんは、いい」「あいつ、いいやつ」と「いい男子」の名前が出始め、それから残りの男子を便宜《べんぎ》的にどちらかに分ける作業になる(微妙《びみょう》なラインで「どっちか」を決めるのも意外と盛り上がる)。護は、その最後の最後で、みんなが無言のままに、「いい男子」の末尾《まつび》に入れられるような子だった。関心を持たれていないわけではない。あきらかに「いい」ほうすぎて、わざわざ議論するまでもないし、あんまり話すと、彼《かれ》に向けた好意の一片《いっぺん》がばれてしまう——そんな感じだったと思う。あの頃の私たちは、みんなどこかしら、護の一部を好きだったんじゃないだろうか。見た目が、子どもの中でも清くかわいらしかった。高学年になると、その中に、強く育っていくであろう身体の線が見え隠《かく》れしてわずかに異性のにおいがした。頭がいいのに、朗読なんかで先生にあてられると、はにかんで小さい声しか出せなかった。——客観的に見ても、小学校でモテるタイプだったはずだけれど、五人しかいない女の子の中で、護のそういう「いい」部分を最も多く知っているのが私であることは誰《だれ》の目にも明らかで、多分それゆえ、護を好きだと言い出す子はいなかったのだ。

十和ちゃんと護くん。子どもの頃は、スプーンとフォークみたいに、セットでそう呼ばれた。先生も友だちも近所の人たちも、みんなそういうふうに呼んだ。

「護くん」とセットになっている私はラッキーなのだ。そう気付いたのは八つか九つの頃で、西口みたいな悪い男子が幼なじみじゃなくてほんとによかったあ、と無邪気《むじゃき》にまにましていたのだけれど、もう少しだけ大きくなると、幸運を享受《きょうじゅ》するにも、小さな不安のようなものが生まれてきた。

——こんなに「いい」男の子と、私が、一緒にいていいのかな?

それはカタツムリの目ほどもない、本当に米粒《こめつぶ》以下の不安だったし、口にしたら卑屈《ひくつ》な言葉にしかならないとわかっていたから、護にも他の子にも告げたりはしなかったけれど、確かに私の内部にはあった。

　だからきっと、中学へ進んだ機会に、私は護と「セット」の場所から離《はな》れてしまったのだ。護となら、学校で口をきくのは照れくさくても、帰り道や、家に帰った後で、仲良くする時間を持つことはできた気がする（小学校を出る直前まで、私は夕食後の護んちにあがりこんで、宿題を手伝ってもらうことがあった）。でも私は、ふもとの中学と共同で練習する吹奏楽部《すいそうがくぶ》を選び、放課後の時間を全部つぶした。授業が終わるとマイクロバスでそこの中学へ行き、帰りはそのまま、バスで戻ってきて家の前で降ろしてもらう。きつい練習と、見慣れぬ顔に囲まれる緊張《きんちょう》で、私は帰るとヘトヘトだった。勉強もろくにせず、めし・風呂《ふろ》・寝《ね》るというオヤジの三点セット生活を素《す》でなぞってしまう。

　それを二年も繰《く》り返したら、私はいつのまにか、「十和ちゃんと護くん」の片割れではなくなっていた。中学三年の春、護は同じクラスの女子と付き合い出した。それはとても「いい」子らしい、交換《こうかん》日記をしたり日曜日に隣町のショッピングモールで会ったりといった、清い交際だったらしいのだけれど、④私はひそやかな失望を感じた。護に対する失望じゃない。やっぱり私は、「いい」男の子と一緒にいるべき子じゃなかったんだという、自分の立ち位置への失望だった。

　――幼なじみってこんなものなんだ。

　雫《しずく》のついたビニール傘の向こうに、護と彼女《かのじょ》の後ろ姿を見ていた。珍《めずら》しく部活がない日の学校帰りで、校門を出ようとしたところで、ふたりの背中を見つけてしまい、動くに動けなくなってしまった。

そのまま別の高校に進み、私は護と口をきいていない。

　それでも、雨の中をすぐ護に会いにいったのは、単に好奇心《こうき》からだったと思う。

　なにしろ時間が経《た》って、私は、恋人《こいびと》たちの後ろ姿に傷ついた十四歳《さい》じゃなかった。もう二十三で、この町から出ないままでも色んな人と会って、人並みには恋をしている。だから自分が護の「幼なじみ」に過ぎなかったことを気にしているわけじゃない。

「護が帰ってきたらしいんだよ、顔見にいきたいから、なんか桜田さんちに届けるものちょうだい」

　とおばあちゃんに言い、畑でとれた野菜を持って⑤護の家に向かった。「隣」とはいえ、家もまばらな集落だから、畑をはさんで五十メートルほど離れている。半端《はんぱ》な近さで面倒《めんどう》だったけれど、一応傘をさした。

　護の家は、農家だった名残《なごり》をとどめて、とても古く広い。玄関で「こんにちはぁ」と呼びかけても、一回では届かないことが多く、こんにち、はあ！　と声を張り上げてやっと、おばさんの返事がかえってくる。

「はあい」

　スリッパをばたばたと鳴らして廊下《ろうか》を駆けてきたおばさんは、私の顔を見ると、「あら、十和ちゃん」と顔をほころばせた。そうしていきなり、奥へ向かって声を張り上げた。

「護！　十和ちゃんよ！」

　ぎょっとした。そういえば昔は、私が玄関に立つと、すぐにおばさんが護を呼んでくれたけれど、そんなの何年もないことだった。私が桜田家に回覧板やおすそわけを持ってくることはたびたびあったけれど、そこに護がいたことはなかったのだ。今、いきなりこうして昔の「お約束」を持ち出されると、どぎまぎしてしまう。

「あ、あの、護、帰ってるんですか？」

一応知らなかったふりを試みたものの、おばさんは、「クリーニング屋さんに聞いたんでしょ、さっき急に戻ってきたのよ」とこともなげに言った。

ふたりで家の奥に目をやる。返事はない。灯りの少ない廊下が、奥に向かって消えていくようにしんとのびているだけだ。

——今更《いまさら》、「十和ちゃんよ」って言われても、別に会いたくないんじゃないのかな。

そう思ったところで、廊下の奥のふすまから、ひょいと頭が出た。あぁ、護って大きい声が出せないから、いつもおばさんに呼ばれても返事をしないんだった、と急に思い出した。頭の出る高さが違ったけれど、周りの薄闇《うすやみ》から浮《う》いた白い顔の色が、そのままだった。

護はひたひたと廊下を歩いてきた。⑥こちらへ近づいてくる姿が、小さい頃のまんまに見えたり、居間の灯りが漏《も》れたところでは急にのっと大きくなったりして見えた。そうして私の前に立った護は、やっぱり昔とだいぶ身体の大きさが変わっていたけれど、護そのものだった。

「十和ちゃん」

すぐそばまで歩いてきてやっと、ひっそりと笑うのも、護の癖《くせ》だった。なにもかもが懐《なつ》かしくて——忘れたと思っていたフィルムが頭の底から次々と引き出され、「今」に重なっていくのが面白《おもしろ》くて——私は思わず顔を崩《くず》して笑っていた。

「護」

右の頬《ほほ》の下の、輪郭《りんかく》から外れそうなところにぽつんとほくろがある。のも、今、思い出した。

「護う」

ともう一度呼んでしまった。大人の顔の護が笑った。

【豊島《としま》ミホ「ストロベリー・ホープ」（『夏が僕《ぼく》を抱《だ》く』〈祥伝社〉所収）】

問一　ぼう線部①「間抜けな顔」とありますが、「私」（十和子）が「間抜けな顔」になったのはなぜですか。理由として適切なものを、ア～オから一つ選び、記号で答えなさい。

ア　クリーニング屋さんが「護」と「私」が同い年であることを知っていたから。

イ　仕事から帰ってきたばかりのところに突然《とつぜん》クリーニング屋さんが来たから。

ウ　東京の大学へ進学したという「護」の名前を聞くのがあまりに久しぶりだったから。

エ　別の高校に進んだきり口をきいていない「護」のことを思い出せなかったから。

オ　幼い頃から仲の良かった「護」に何かあったのかと不安になってしまったから。

問二　ぼう線部②「私と護は、記憶にある限り幼い頃から、多分小学校いっぱいくらいまでは、帰り道を一緒に歩いてきた」とありますが、「私」と「護」の関係をたとえた表現を、ここより後の本文中から**十五字以内**でぬき出して答えなさい。

問三　ぼう線部③「護はとても『いい』男の子だった」とありますが、「『いい』男の子」の説明として適切なものを、ア～オから一つ選び、記号で答えなさい。

ア　他人がいやがるようなことをいっさいせず、誰にでも親切でリーダーシップのある男の子。

イ　特に自己主張をすることなくひかえめだが、女子から決してきらわれることのない男の子。

ウ　ほめられるところも、叱《しか》られるところもない、周囲に埋《う》もれてしまうような印象の薄い男の子。

エ　異性から好意を寄せられるような、優《やさ》しさと行動力を備え、人間的な魅力《みりょく》にあふれた男の子。

オ　一言で言い表すことはできないが、かもし出す雰囲気《ふんいき》が他人を引き付ける、味のある男の子。

問四　ぼう線部④「私はひそやかな失望を感じた」とありますが、このときの「私」の気持ちとして適切なものを、ア～オから一つ選び、記号で答えなさい。

ア　みんなから人気のある「いい」男の子であった「護」が、結局同じような「いい」女の子とつきあっていることにつまらなさを感じている。

イ　「私」が「護」のことを最も多く知っているはずだったのに、「私」の知らないところで女子と付き合いだしたことにひょうしぬけしている。

ウ　「私」自身も以前から不安に感じていたが、「護」のような「いい」男の子には、やはり自分はつり合わなかったと再確認してがっかりしている。

エ　ずっと「護」のことを異性として意識してきたのに、なぜもっと早く思いを伝えなかったのかと自分の意気地なさに落ち込《こ》んでいる。

オ　「護」は女子に興味がないと思い込んでいたので、他の生徒たちと同じように男女交際をしていることに驚きをかくせずにいる。

問五　ぼう線部⑤「護の家に向かった」とありますが、「私」が「護の家に向かった」理由として適切なものをア～オから一つ選び、記号で答えなさい。

ア　幼なじみだった「私」に何も言わずに彼女を作ったことを引きずってはいたが、久しぶりに帰ってきた「護」に会ってみたいという気持ちもあったから。

イ　自分が「護」の幼なじみに過ぎなかったことをずっと気にしており、大人になった今ならその時の気持ちを「護」に打ち明けられると思ったから。

ウ　「護」が彼女を作ったことに傷ついたこともあったが、それから時間も経っており、大人になった「護」の顔を見たいという気持ちになったから。

エ　中学生の時は「護」に失恋《しつれん》したような気持ちになっていたが、人並みに恋愛を経験した今なら「護」よりも優位に立てると思ったから。

オ　「護」と疎遠《そえん》になってしまったことを後悔《こうかい》しており、これからまた以前のような「幼なじみ」に戻りたいと思ったから。

問六　ぼう線部⑥「こちらへ近づいてくる姿が、小さい頃のまんまに見えたり、居間の灯りが漏れたところでは急にのっと大きくなったりして見えた」とありますが、「私」に「護」の姿がこのように見えた理由として適切なものを、ア～オから一つ選び、記号で答えなさい。

ア　何年かぶりに「護」に会えた喜びで舞《ま》い上がってしまい、しっかりと「護」の姿を目でとらえることができていないから。

イ　久しぶりに会った大人の「護」には昔と変わらない部分があり、「私」の中の以前の「護」の記憶がだんだんと呼び起こされてきているから。

ウ　「護」の家は大きく広いために光が行き届かず、薄暗い中で大きく変わってしまった「護」の姿がよく見えないから。

エ　「護」に会うのは中学を卒業してからはじめてだったが、あの時のまま変わらないでいてほしいという思いが「私」の中にあったから。

オ　ずっと口を聞いていなかった「護」の姿を見たことで動揺《どうよう》してしまい、何て声をかけたらいいか考えることで頭がいっぱいだから。

問七　この文章に関する説明として**適切でないもの**を、ア～オから一つ選び、記号で答えなさい。

ア　「ひときわの遠回り」や「長期休みでもない時期に実家に帰ってくることが、なにを意味しているのか」という部分は護の東京での生活がうまくいっていないことを示している。

イ　「大人が見れば目尻を下げてしまうほどの」という部分は「幼なじみ」を修飾しており、「私」と「護」の関係が客観的に見てもほほえましいものであったことを表現している。

ウ　「（小学校を出る直前まで、私は夕食後の護んちにあがりこんで、宿題を手伝ってもらうことがあった）」という部分は「私」と「護」の関係が親密なものであったことを強調している。

エ　「大きい声が出せない」や「ひっそりと笑う」という部分は、おとなしくひかえめな性格である「護」を、「私」が心の中ではさげすみ、あざわらっていることを暗示している。

オ　「護う」という呼び方は「私」の中によみがえってくる幼い頃の「護」が、大人になった「護」の姿に重なり、懐かしさで胸がいっぱいになっている様子を表している。

三　次の文章を読んで、問いに答えなさい。

人間はだいたい１５０万年をかけて①集団規模を15人から１５０人に増やした。それは言葉が登場する以前にできた社会である。ではいったいどういうコミュニケーションで集団をまとめていたのだろうか。

それを示唆《しさ》してくれるのがゴリラである。ゴリラは常に小さな集団でまとまっていて、何か危険を感じるとみんなが同調し、まるで一つの生き物のように動く。これと似ているのが人間のスポーツの集団である。ラグビーは15人、サッカーは11人で、互《たが》いに仲間の動きに合わせて生き物のように動くチームを編成する。練習する際には言葉で説明するが、いざ試合になれば、言葉を交わす余裕《よゆう》などなく、目配せやしぐさ、声だけで意図を伝える。

脳が増加し始めたころの30～50人という集団規模でも、言葉は重要な働きをしていない。これは学校のクラスに相当する。毎日顔を合わせているから、誰《だれ》かがいなくなったらすぐわかる。全員がかろうじて分裂《ぶんれつ》せずにまとまって行動できるので、先生や学級委員が先導できるというわけだ。面白《おもしろ》いことに宗教の布教集団、軍隊の小隊の規模もこれに匹敵《ひってき》する。会社でも毎日顔を合わせる課や部の規模がこの数だ。

では、現代人の脳の大きさに見合った１５０人という集団規模はどうか。これは、年賀状を書くときに名前のリストによらずに、顔が浮《う》かぶ人の数だと私は考えている。言い換《か》えれば、過去に喜怒哀楽《きどあいらく》をともにしたり、一緒《いっしょ》に何かの活動をしたりして、顔を覚えている人の数である。つまり、共感を抱《いだ》くような活動を通じて知り合った人びとということで、ここまでが社会関係資本として機能する間柄《あいだがら》だと思われる。社会関係資本(Social Capital)とは、人びとが暮らしを営む上で助けとなる人びとのことを指し、何か困ったときに相談したり、頼《たの》みごとができる人の資本である。言葉ではなく、身体を通してつながった間柄であることが重要だ。

これらの規模の異なる集団を日常の暮らしに当てはめてみると、10〜15人は家族、その家族が集まる最大150人規模の②共同体が浮かび上がる。これらは言葉というより、音楽的なコミュニケーションでつながっている。地域に特有なお祭り、お囃子《はやし》、歌や踊《おど》り、方言による調子、そして食事や服装、礼儀《れいぎ》や作法で身体を共鳴させることによって暮らしを整えている。言葉の論理によって頭でつながるというより、身体のリズムを合わせることによって調和しているのが、地域共同体なのではないだろうか。

③この音楽的なコミュニケーションは、人間の赤ちゃんが生まれてすぐに出会うものでもある。おとなしいゴリラの赤ちゃんと違《ちが》って、人間の赤ちゃんは生まれた直後から大きな声で泣く。これは自己主張である。ゴリラの母親は生後1年間、赤ちゃんを腕《うで》の中で育てる。不安になったり気持ちが悪くなったら、ゴリラの赤ちゃんは体を動かすか、低い声を立てるだけでいい。すぐに母親は気づいてくれる。一方、人間の赤ちゃんは重いし、自力でつかまれないため、お母さんは赤ちゃんを手から放して置くか、人の手に委ねる。母親から離《はな》れるから、赤ちゃんは泣くのである。その赤ちゃんを泣きやまそうとして、周囲がこぞってやさしい声を投げかける。その声をIDS(Infant Directed Speech＝対幼児音声)と呼び、ピッチが高く、変化の幅《はば》が広く、母音が長めに発音されて、繰《く》り返しが多いという世界共通の特徴《とくちょう》がある。絶対音感の能力を持って生まれてくる赤ちゃんは、言葉で話しかけられてもその意味を理解することはなく、声のピッチやトーンを聞いて安心するのだ。そして、その声は習う必要はなく、誰でも出すことができる生まれつきの能力である。実際、この声の出し方を親から教わったことはないし、学校で習ったこともないはずだ。

この赤ちゃんに対して発せられる声が、音楽としておとなの間に普及《ふきゅう》することになったという説がある。この音楽的な声によって、赤ちゃんとお母さんの間のように、互いの境界を越《こ》えて一つになり、喜怒哀楽をともにするような感情世界をつくり上げたのではないかと言われている。つまり、言葉が登場する前に、人間は共同育児を通じて音楽的なコミュニケーションを発達させ、共感能力を高めたことが示唆されるのである。

改めて人類の進化史を振《ふ》り返ってみると、人類は類人猿《るいじんえん》が持つ特徴を受け継《つ》ぎながら熱帯雨林を出て、直立二足歩行による食物の運搬《うんぱん》と分配を通して［ X ］力と社会力を高め、多産と脳の増大にともなって頭でっかちの成長の遅《おそ》い子どもをたくさん持つようになった。その結果、母親や父親だけでは十分に子どもを育てることができず、家族が複数集まって協力し合う共同体が生まれたのだと思う。この二重構造を持つ社会が強靭《きょうじん》だったために、人類の祖先は熱帯雨林をはるか離れたヨーロッパやアジアに進出し、サルさえ生存できない砂漠《さばく》や極地にまで足を延ばすことになったのである。

教育は家族と共同体という二重構造の社会に生まれた共感力の賜物《たまもの》である。人間の子どもが危険な時期は二つある。長い離乳期《りにゅうき》と不安定な思春期である。これらの時期を子どもたちは自力で乗り切ることはできない。とくに思春期は親だけではなく、同性・異性の経験を積んだ年長の仲間が必要となる。長い離乳期は小学校へ上がる前の時期、思春期は中学校と高校に対応する。そして、それらの時期を終え、自分を社会の中に正しく位置づけるための時期が大学にあたる。それぞれの時期で学びの内容は異なるはずである。

離乳期は子どもたちが世界に受け入れてもらっていることを自覚する時期である。思春期は自分の性を自認して仲間の間で自分の能力に目覚める時期。大学は自分の能力を社会の中で相対化して人生の目標を定める時期である。こうしたそれぞれの時期で異なる学びの内容に応じて、教育は適切に配慮《はいりょ》され、デザインされなければならない。

これまで述べてきたような観点から眺《なが》めてみると、現代の教育は多様な問題をはらんでいる。人間の教育は幼児期から始まっており、とくに人間の子どもの成長にとって危険な二つの時期、すなわち「離乳期」と「思春期」の教育が最も重要である。

④人間は、知りたい、教えたい、という強い欲求を持っている。私は人間に近縁《きんえん》なニホンザルやゴリラの野外研究を長年実施《じっし》してきたが、彼《かれ》らはこれほど強い欲求を持たない。しかも人間では、知りたいという欲求が何者かになりたいという希求に結びついている。ゴリラの子どもたちは他のゴリラのようになりたいとは思わない。人間の子どもはイチローのように、スティーブ・ジョブズのように、山中伸弥《やまなかしんや》のようになりたいと思う。そして、そうなるためにどうしたらいいか、道を模索《もさく》するのだ。もちろん、子どもたちは誰かに憧《あこが》れるだけでなく、何か素晴《すば》らしいこと、賞賛されるようなことをしたいと思う。ゴリラと違うのは、将来自分がどのような人間になって何をしているかを頭に描《えが》き、そのための目標を立てることだ。その姿を見て、人びとはその子どもに必要なことを教えてあげたいと強く思う。それは親や、子どもに血のつながりのある人に限らない。赤の他人であっても、子どもたちが目標へ向かって進むことを手助けし、自分が犠牲《ぎせい》を払《はら》っても必要な知識や技術を教えようとするのである。

この両者の欲求が合致《がっち》するからこそ教育は成立する。なぜ両者がこれほど強い欲求を持つかというと、人間には高い「共感能力」と「同化意識」が発達しているからだと思う。私はこれを、「相手の中に自分を見る能力」と表現している。誰かのやっていることを模倣《もほう》しようとすれば、相手に同調する必要がある。人間はとてもこれがうまい。サルはサル真《ま》似《ね》が不得手だが、人間はサル真似の名手なのだ。そして人間は相手の身になって感じ、考える。いつか相手のようになっている自分を想像し、希望を抱《いだ》いたり悩《なや》んだりする。その上で、自分が他者とは違うことを再認識《にんしき》し、自分独自の道を探し歩もうとする。そのときに頼《たよ》りにするのが、そういった経験をすでに持っている人や、自分の知らない世界を知っている人だ。人間は道を探していたり、道に迷っていたりする人を見ると放っておけない。それも「相手の中に自分を見る能力」の一つだ。学ぼうとしている人の中にかつての自分や将来の自分を見つけ、足りない知識を補おうとする。

人間の社会はこの高い共感力によって作られてきたと言っても過言で

はない。地域共同体は人間の互酬性《ごしゅうせい》と向社会性によって支えられている。「互酬性」とは、何かをしてもらったことに対して応分のお返しをすること、「向社会性」とは、自分よりも相手を優先させて奉仕《ほうし》しようとすることである。どちらも、ともに生きている仲間に対して共感を抱かなければ成り立たない。また、人間の共同体は閉じた組織ではなく、人びとは他のさまざまな共同体や組織と行き来して暮らしている。そのときに必要なのは、自分がどの共同体や組織に属しているかというアイデンティティと、自分が活動する世界や社会についての知識である。人びとの移動が活発になり、組織の規模が拡大し、組織同士の関係が複雑になると、必要な知識は増大する。だから近年になるに従い、子どもたちが学ばなければならないことは飛躍的《ひやくてき》に増えて、⑤ますます教育の必要性は強まっていると考えられる。

（山極寿一『京大というジャングルでゴリラ学者が考えたこと』〈朝日新聞出版〉）

問一　ぼう線部①「集団規模」とありますが、その説明として適切なものを、ア～オから一つ選び、記号で答えなさい。

ア　脳が小さいと小さい規模の集団を作り、脳が大きくなると集団の規模も大きくなることから人間の集団規模は脳の大きさに関係していると推測される。

イ　15人程度の規模の集団は、試合中のラグビーチームのように言葉を交わさなくてもまとまるが、150人程度の集団になると言葉を交わす必要性が生じてくる。

ウ　150人程度の集団は社会関係資本として機能するが、15人や30人程度の規模の集団は、暮らしを営む上でお互いが助けにならないため社会関係資本とは言えない。

エ　150人程度が、本来人間が作る集団の規模の限界であり、それ以上の規模になると争いが生じたり様々な問題が起きたりしてしまう。

オ　言葉が生まれる前から音楽的なコミュニケーションは存在していて、言葉よりも集団をまとめる力が強いと言える。

問二　ぼう線部②「共同体」とありますが、なぜ人間は共同体を作るようになったのか、**五〇字以内**で説明しなさい。

問三　ぼう線部③「音楽的なコミュニケーション」に当てはまるものを、ア～オから**全て**選び、記号で答えなさい。

ア　泣いている赤ちゃんに声をかけること

イ　ゴリラの赤ちゃんが体を動かすこと

ウ　盆踊りを一緒に踊ること

エ　言葉のやりとりをすること

オ　人の歌声にアドバイスをすること

問四　[X] に入ることばを**漢字二字**で文中からぬき出して答えなさい。

問五　ぼう線部④「人間は、知りたい、教えたい、という強い欲求を持っている」とありますが、その説明として適切なものを、ア～オから一つ選び、記号で答えなさい。

ア　人間は危険な離乳期や思春期を一人で乗り越えることができないため、周りの年長者から教えを受けようと思い、「知りたい」という欲求が生まれる。また、誰かにとって特別な存在になりたいという思いから、「教えたい」という欲求が生まれる。

イ　人間社会で生きるためには世界に受け入れてもらうことが必要で、世界に受け入れてもらうために知識や能力を得たいと思うようになる。また、社会を維持《いじ》するためには能力のある人間が必要だから「教えたい」という欲求が年長者に生まれる。

ウ　人間は、仲間から認めてもらったり賞賛してもらったりするために知識や能力を得ようとする。また、知識や能力を仲間に教えこむことによって、何か素晴らしいことをした気分になるため、「教えたい」という欲求が生まれる。

エ　人間には「共感能力」や「同化意識」があるため、他人に同調し、誰かと同じような人間になりたい、誰かを自分と同じような人間にしたいと考え、「知りたい」「教えたい」という欲求が生まれる。

オ　人間は自分が将来どうなりたいのかを想像することで、それを実現するために必要な知識や技術を「知りたい」と強く思うようになる。また、努力する他者を自分と重ね合わせることで、「教えたい」という欲求が生まれる。

問六　ぼう線部⑤「ますます教育の必要性は強まっている」とありますが、教育について本文に述べられていることとして適切なものを、ア～オから一つ選び、記号で答えなさい。

ア　離乳期・思春期・それより後の時期、と時期によって学びの内容や学び方を変え、それにふさわしい教え方を考える必要がある。

イ　長い離乳期には世界に受け入れてもらうための知識を持たせ、大学生の時期には自分の力を社会の中で生かすための策を練らせる必要がある。

ウ　自分の知識や能力を自分の中だけで育てるのではなく、仲間との関係の中で自分を見つめ、自分には何が欠けているかを子どもに気づかせる必要がある。

エ　教育は他者に共感することで成り立っているので、教育の発展のためには、今後ますます人間の共感能力を高めていく必要がある。

オ　違う文化や考え方を持っている人たちとの交流のために、自分が所属する共同体の言葉だけでなく、所属していない共同体の言葉も話せるようにする必要がある。

問七　筆者の主張として適切なものを、ア～カから**二つ**選び、記号で答えなさい。

ア　30～50人という集団は分裂《ぶんれつ》せずにまとまって行動できる規模であるため、学校のクラスの人数は、それ以上でもそれ以下でも教育効果が落ちてしまう。

イ　人間が一つの共同体ではなく様々な共同体を行き来することができるのは、「互酬性」と「向社会性」をもっているからである。

ウ　ゴリラやサルは、人間のような家族と共同体からなる強靭な社会を持たないため、生息地を世界各地に広げていくことが難しい。

エ　人間の社会を構成するために必要な共感力は、音楽的なコミュニケーションによって養われ、他人のために行動する原動力となっている。

オ　人間は、教育があるからこそ複数の家族を集めた共同体を作ることができ、サルやゴリラは教育がないために共同体を作ることができない。

カ　サルやゴリラは言葉によるコミュニケーションができないため、小さな集団でしか生活することができない。

問四　次の問いに答えなさい。

孔子《こうし》は「先ず行う。その言や、しかるのちにこれに従う。」と言いました。これは「まずは行動をせよ。ことばはあとからついてくる。」という意味です。つまり「不言実行」ということですが、一方で「有言実行」ということばもあります。あなたは行動をする前に自分の目標を口に出すべきだと考えますか。理由もふくめて**一三〇字以上、一五〇字以内**であなたの考えを書きなさい。

注意事項《じこう》

・句読点や記号も一字とします。
・漢字で書けるものは、漢字で書くようにしなさい。
・書きことばで書きなさい。

獨協埼玉中学校（第一回）

―50分―

一　次のⅠ・Ⅱの問いに答えなさい。

Ⅰ　次の傍線部の漢字の読みをひらがなで答えなさい。カタカナは漢字に直しなさい。

①　素晴らしさに驚嘆する。
②　幕末の志士。
③　思いどおりに操る。
④　危険をカイヒする。
⑤　生地をサイダンする。
⑥　土手にソう道。

Ⅱ　次の空欄に例にならって漢字を入れ、それぞれ四つの熟語を完成させなさい。

【例】　写↓生↓身　一→生→糸

①　具↓□↓宿　場→□→格

②　素↓□↓立　正→□→感

③　身↓□↓気　紀→□→日

④　本↓□↓口　大→□→目

二　次の文章を読んで、後の問いに答えなさい。（問題の作成上、一部改変した箇所があります。）

電気工の尾道俊男は、出勤途中にある西洋風の家に憧れていた。ある時、その家の前で住人であるらしい上品な初老の婦人をみかけ、そこでの暮らしに思いをはせる。一方、家庭では妻の祐子とささやかながらも楽しい日々を過ごしていた。

二月も終わりに近い日だった。いつものようにあの家の前を通りかけて、俊男は思わず足を止めた。①初老の婦人とは別の、住人を目にしたからだった。

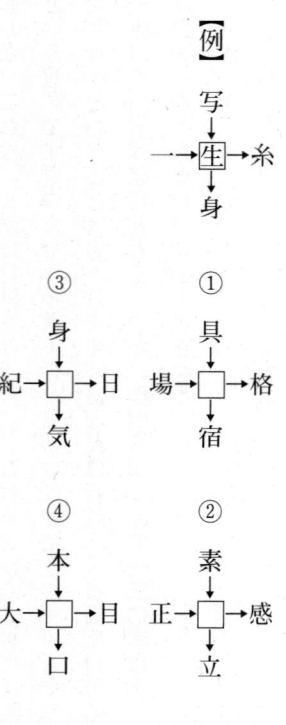

その女の人は、北側の部屋の窓辺にある安楽椅子に座って煙草《たばこ》をふかし、書類らしきものに目を通していた。顎《あご》の辺りで切りそろえた黒々とした髪と切れ長の目が、煙草くらいでは侵されない清潔さを誇っていた。年の頃は、俊男より二つ、三つ上、三十半ばだろうか。以前見かけた老婦人の娘かもしれない。どことなく面差《おもざ》しが似ている。俊男は、女の人が着ている上質そうな黒い※1とっくりセーターを見た。雰囲気からして独り身のような気がした。そうすると、ここでのふたりの生活は、この女の人が支えているのかもしれない。どんな仕事をしているのだろう。きっと机に向かってする仕事なんだろう。目尻の上がったきつめの顔つきは、職場できびきび働く様を容易に想像させた。たぶん彼には想像もつかない洒落《しゃれ》た職場で。通りから見えない西側の部屋には彼女の蔵書が並んでいるのかもしれない。食卓には西洋の料理が並び、母娘は難しい哲学の話や欧州の文化の話をしながら樫《かし》の木のテーブルにつくのだろう。

あの家に自分が住んでいたとすると、と俊男は職場に向かいながら、途方もない空想を巡《めぐ》らす。母娘とは釣り合いがとれぬから、せいぜい居候《いそうろう》※2という立場だろう。北側の一室に住み、ふたりにからかわれながら食事の支度を手伝い、食後には隣の応接間にあるはずのレコードプレイヤーで音楽を聴く。母は静かに耳を傾け、娘はなにかしらの講釈※3を加える。弾力のある紅茶の香りが漂っている。

空想を引きずったままだったので、アパートに帰り、目刺し※4の頭を噛《か》み砕《くだ》きながら、俺は居候になったら『浮雲』※5の文三みたいに気の強い母娘に虐《いじ》められて肩身の狭い思いをするのがオチだな、と［A］声に出して言ってしまった。ちゃぶ台の向こう側にいる祐子が、何の話？と小首を傾《かし》げた。②俊男はバツが悪くなり、飯をかき込む。祐子はそれ以上訊《き》かず、存外うまくやっていくわ、あなたにはソンザイカンがあるもの、と言った。昨日図書館で借りてきた本に載《の》ってた言葉よ、新しく覚えたの、と笑った。

しばらく煩雑《はんざつ》な日が続いた。朝早くから入らなければならない現場が多くなり、俊男はあの家に立ち寄ることができなくなった。それでも仕事の合間に、家の佇《たたず》まいを思い出した。そこにある暮らしを空想した。その行為は、決まって彼の心を穏《おだ》やかにした。

その日も夜になってようやく仕事が終わり、俊男は疲労を煮染《にし》めたような身体をなんとか動かし、千駄ヶ谷の駅前でオート三輪に仕事道具を積み込んでいた。

と、目の前を知った顔が横切った。とっさに彼は会釈《えしゃく》しそうになり、③慌ててそれを押しとどめ棒立ちになる。

あの女の人だった。仕立てのいいツイード※6のスーツに重そうな革の書類鞄《かばん》を持って、カツカツと規則正しくコンクリを鳴らしていく。目線を貼り付けた俊男に一瞬不審そうに目を向け、次の瞬間にはもう彼のことなど忘れ去ったかのようにすっきりと背を伸ばして遠ざかっていった。

このとき、あの家がひどくはっきりした［X］※7を持ち得たように彼は感じた。あそこにあるものには一片の虚構もないのだ、と思い知らされた。

奇妙な戸惑いが湧き、迷子になったときのような寄《よ》る辺《べ》ない心細さに襲《おそ》われた。

明け方、夢を見た。

俊男はあの家で居候をしている。なにか難しい学問をしているらしく、うずたかく積まれた書物の中に座し、一心に頁《ページ》をめくっていた。鉛筆の尻で頭を掻《か》く。わからないことだらけだと呟《つぶや》く。それでも時間は無限にあった。複雑にこんがらがっている糸は、きっと少しずつほどけていくだろう。どれほど時間がかかっても、いずれ謎が氷解《ひょうかい》し、彼は世界と対峙《たいじ》する。入り口に立つのね、と娘が言った。母は羨《うらや》ましいようだよ、と微笑《ほほえ》んだ。

目が覚めて、あの家への憧憬《しょうけい》※8の度合いを我ながら可笑《おか》しく思った。しばらく早暁《そうぎょう》の青い光に身を預けてぼんやりしていると、そういえば俺は書生※9のような身分に一度なってみたかったのだ、と遥《はる》か昔の思いが忽然《こつぜん》※10と浮かび上がった。誰かに師事し、なにか専門の学問を学び、未来を実感しながら、これと思い決めたひとつのことを極めてみたかったのだ。そういう贅沢《ぜいたく》なやり方で、世の中に入っていきたかったのだ。

中学も出ないうちに戦災で孤児になり、突然、世間に放り出された。身寄りも金もない中で物乞《ものご》いや靴磨きで食いつなぎ、そのあともただ生きていくためだけに這《は》うようにして働いてきた。立ち止まる間もなく、遮二無二《しゃにむに》※11日々を送ってきた。

もちろんそこに後悔はないのだけれど。

あの家には、④自分の選びそびれた人生がこっそり眠っているように俊男は感じた。⑤取り戻そうにも、呼び鈴を押すことすらもうできない。

隣から規則正しい妻の寝息が聞こえてくる。寝返りをうったばかりなのだろう、頬《ほお》に［ B ］タオルケットの模様が刻まれていた。

〔中略〕

最後にするつもりで、俊男はあの家の前を通った。生垣の脇にそびえるこぶしの木の、白いふくらみが弛《ゆる》んできている。もの悲しくなって、つい立ち止まった。眩《まぶ》しい青と白があった。

「もう、じきに咲きそうですな」

ふいに背後で声がして、俊男は驚き、振り返る。

針のように痩《や》せた年老の男が立っていた。貧相な体つきに、手にした買い物かごから頭を出した青ネギが似合い過ぎるのが可哀想《かわいそう》なようだった。

あなた、よくこの辺りをお通りになりますな、と唐突《とうとつ》に老人は言った。俊男は息を呑《の》んだ。不審者とでも思われたろうか。注意深く口をつぐんだ俊男に老人は弁解がましく、⑥いえね、あなたをお見かけするたびに羨ましいと思っていたものですから、と続けた。

「［ C ］大股で歩かれる姿がなんとも勇壮でね、それに以前、歯で瓶《びん》をこう、開けていたでしょう」

俊男は赤面した。

あなたのような逞《たくま》しい青年を見るのは気持ちの良いもので、私なんぞ若い時分からここが悪かったですから、と老人は肺の辺りを軽く二度ほど叩いた。それにかわいい奥さんをお連れになって微笑ましくてね、うちは女どものほうが強いもので私なんぞ家長だというのに家の中ではダンゴムシ同然に縮こまっておるんです、まったくいけません、と飄逸《ひょういつ》※12な口調で言った。

「おや、足をお止めして」

老人は軽く会釈をしてから、こぶしを見上げた。

俊男もつられて頭を下げ、自分の鼓動を聞きながら歩き出した。どの家の住人だろう。どこから見られていたのだろう。ぎこちなく歩を進め、しばらく行ったところでそっと振り返った。

ちょうど老人が、あの家の、スペインタイルの玄関を開け、「ただいま」と入っていくところだった。パタン、とドアが閉まって、老人は家の中に消えた。⑦俊男は道端に佇み、見慣れたはずの家を眺めた。生垣の隙間《すきま》に、異国のタイルだけが鮮やかに浮き上がっている。

いったい老人はどの部屋から自分の様子を眺めていたのだろう。陰になった室内に、ぽつんと座って外を眺めている老人の様子を想像した。気管が絞《しぼ》られるような気がした。

俊男は、足を速めて勤め先への道を行く。

⑧春の光に向かって、ソンザイカン、と小さな声で言ってみる。

【木内昇「スペインタイルの家」(『茗荷谷の猫』〈文藝春秋〉所収)より】

〈注〉※1　とっくり……タートルネック。
※2　居候……他人の家に住んで食べさせてもらっている人。
※3　講釈……物事の意義や価値についてもったいぶって説明すること。
※4　目刺し……数匹のイワシを串などでつなげて干した食品。
※5　『浮雲』の文三……二葉亭四迷の小説『浮雲』の主人公のこと。

※6　ツイード……秋冬用のジャケットなどの生地。
※7　虚構……事実ではないことを事実らしく作り上げたこと。
※8　憧憬……あこがれること。
※9　書生……他人の家に世話になって、勉強をする人。
※10　忽然と……急に。突然。
※11　遮二無二……ほかのことは考えないで。ただがむしゃらに。
※12　飄逸な……世間のことを気にしない明るくのんきなさま。

問一　傍線部①「初老の婦人とは別の、住人」とありますが、俊男がその人を見て想像したこととして適当なものを、次の選択肢から二つ選び、記号で答えなさい。

ア　洒落た職場　　イ　上質そうな衣服
ウ　目や髪の毛の清潔さ　　エ　西洋料理や紅茶の香り

問二　空欄 A ～ C に当てはまるものを次の選択肢から選び、それぞれ記号で答えなさい。

ア　ぴったり　　イ　くっきり　　ウ　きっちり
エ　ゆったり　　オ　うっかり

問三　傍線部②「俊男はバツが悪くなり、飯をかき込む」とありますが、この時の俊男の気持ちを説明したものとして最も適当なものを、次の選択肢から選び、記号で答えなさい。

ア　あの家のように豊かで知的な暮らしをさせてやれないことを、妻に申し訳なく思っている。
イ　せっかく自分だけの空想を楽しんでいたのに、妻に邪魔されてしまい機嫌が悪くなっている。
ウ　あの家の母娘と仲良くなってしまっていることを、妻には絶対に知られたくないと思っている。
エ　よその家庭への空想を自分の妻の前で口にしてしまった気まずさを、ごまかそうとしている。

問四　傍線部③「慌ててそれを押しとどめ棒立ちになる」とありますが、「俊男」が「慌ててそれを押しとどめ」た理由を説明したものとして最も適当なものを、次の選択肢から選び、記号で答えなさい。

ア　実際には「あの女の人」は自分を知らないことに気づいたから。
イ　「あの女の人」を空想の中でしか見たことがなかったから。
ウ　自分に対する「あの女の人」の反応がとても気になったから。
エ　「あの女の人」が自分からこちらに近づいてきたから。

問五　空欄 X に入る言葉として最も適当なものを、次の選択肢から選び、記号で答えなさい。

ア　理想　　イ　欠点　　ウ　実体　　エ　疑問

問六　傍線部④「自分の選びそびれた人生」とはどのような人生ですか。本文中の言葉を使い六十～七十字で説明しなさい。(句読点を含みます。)

問七　傍線部⑤「取り戻そうにも、呼び鈴を押すことすらもうできない」とありますが、この時の取り戻すことはできないという状態を表すことわざとして適当なものを、次から二つ選び、記号で答えなさい。

ア　身も蓋《ふた》もない　　イ　覆水盆《ふくすいぼん》に返らず　　ウ　虻蜂《あぶはち》取らず
エ　後の祭り　　オ　身から出た錆《さび》

問八　傍線部⑥「いえね、あなたをお見かけするたびに羨ましいと思っていたものですから」とありますが、ここでの「年老の男」の心情を説明したものとして適当でないものを、次の選択肢から一つ選び、記号で答えなさい。

ア　かわいい妻を連れて歩く俊男に好感を抱いている。
イ　若く堂々とした俊男の様子をまぶしく感じている。
ウ　俊男の気持ちを頑張って盛り上げようとしている。
エ　急に俊男に話しかけた理由を説明したいと思っている。

問九　傍線部⑦「俊男は道端に佇み、見慣れたはずの家を眺めた」とありますが、「見慣れたはず」のこの家に対する俊男の思いは、「年老の男」と出会った後でどのように変化しましたか。その説明として最も適当なものを、次の選択肢から選び、記号で答えなさい。
ア　一方的だったその家に対する自分の思いを、住人に受け入れてもらって満足している。
イ　憧れの対象であったその家にも、自分の知らない実際の生活があることを実感している。
ウ　住人の思いもよらぬ本音を知ったことで、その家に対する興味自体を失ってしまっている。
エ　今まで親しみを感じていたその家に、自分が強く拒絶されたような気分になっている。

問十　傍線部⑧「春の光に向かって、ソンザイカン、と小さな声で言ってみる」とありますが、この時の俊男の気持ちを説明したものとして最も適当なものを、次の選択肢から選び、記号で答えなさい。
ア　希望を持って自らの人生を歩もうとしている。
イ　他の家の暮らしをとても羨ましく感じている。
ウ　家族に迷惑をかけてしまったことを後悔している。
エ　自分の生き方に強い自信を持ちうぬぼれている。

三　次の文章を読んで、後の問いに答えなさい。（問題の作成上、一部改変した箇所があります。）

ハサミというのは便利なものです。われわれは無意識に手もとにあるハサミを取り上げて自由に使いこなします。なかでも切り絵作者のハサミの動きは、まるで生きもののように魔術的でさえあります。（ａ）子供にハサミの使い方を教えようとすると、①まずうまくゆかない。子供は紙をハサミの刃の間にはさみ込んでしまうのがおちです。まさにハサミは使いようだな、と痛感します。（ｂ）われわれは長い修練の結果、ハサミを持ったとたん、無意識のうちに刃と刃をすり合わせるよう力を配分しているのです。ハシの使い方も同じですね。

用具（道具や機械の両方を合わせて「用具」と呼ぶことにします）を使うことによって、われわれは用具のはたらきを身のはたらきのうちに組みこみ、身のはたらきを拡大・強化してゆきます。こうした用具の仲だちによって、人間は高度の技術文明をきずいてきました。力の弱い裸のサルは、用具を身にまとうことによって比類のない力を獲得《かくとく》したといえるでしょう。

用具は、われわれのからだの外のものです。だからこそ用具の構造とはたらきを、人間の身体の構造とはたらきから分離して、自由に変形し、精練することができます。（ｃ）自分自身のからだを変形するのであれば、大した能力はもてないにちがいありません。自分から離れた存在だからこそ、②それを変形し、発展させ、自由にとりかえ、身に接続したり切りはなしたりできます。

こうしてわれわれは、※1随時《ずいじ》用具を身に組みこみ、身体化します。服を着たり、メガネをかけたり、靴をはいたり……。メガネをかけている人は、ほとんどメガネをかけていることを意識しません。だからこそメガネをかけていながら、「メガネはどこへ行った、どこへ行った」と大騒ぎをしたりする（笑）。それくらい身体化してしまいます。

　われわれが手元に置いて自由に使ったり、使わなかったりする道具の場合には、われわれはふつう道具の身体化という面だけを意識します。ところがハサミの使い方を教えようとすると大変むつかしい、という事実が典型的に示すように、われわれはハサミの構造に合った指の動かし方をしています。逆にいえば、われわれは［Ⅰ］。用具の構造とか論理があって、それにのっとらなければ用具は使えない。無意識のうちにわれわれは用具の構造に身をそわせ、用具に組みこまれているという側面があります。身のまわりの道具の場合には、われわれは、これをほとんど意識しません。しかし金づちやナイフを使う場合、われわれは無意識に柄《え》の方を握ります。金づちの頭やナイフの刃を握る人はいない。金づちの頭を握って釘を打つことはできないわけではありませんが、うまくゆきません。われわれは金づちの構造によって柄を握るよう強制されています。金づちによって命令され、支配されているといってもいい。ただ手もとにある身のまわりの道具の場合には、われわれが道具を自由にするという組みこみの自由の方が、組みこまれの強制力より大きくみえるところから、道具に支配され、組みこまれていることに気づかないだけです。

　ところが、③機械になるとなかなかそうはゆきません。機械には説明書がついていますが、説明書というのは実に厄介《やっかい》なもので、読んでもよくわからない。最初機械を使うときは、一所懸命頭で理解し、説明書の説明（実は命令）どおり操作します。だんだんなれてくると、くたびれたオンボロ自動車をだましだまし運転するなんていったりしますね。そのようにわれわれの方が機械に自分をそわせなければならない。ましてそれが大規模な工場機械になると、これは社会的な生産組織・経済組織のなかに組みこまれていますから、二重の意味でわれわれの自由になりません。われわれの方が機械のところへかよってゆき、機械の構造に合わせてわれわれがはたらきます。これは道具の場合にもすでに潜在※2していたことですが、社会的な生産組織に組みこまれ、個人の手元において自由にできない大規模な生産機械の場合には、組織や機械による支配の面が、より強く出てきます。つまり〈機械による疎外※3〉です。

〔中略〕

　われわれは、人間の能力を拡大し、人間の労働を楽にするために機械をつくったはずであるのに、逆に人間が機械によって支配される事態が起こっています。たとえば生産システムのうち、まず比較的機械化しやすい工程に機械を入れるとしましょう。するとそこで働いていた人間が余る。その人間を機械が入った工程の前後へ配置すれば、労働が楽になるはずです。ところがそれでは経営の合理化にはつながらないから、配置転換するか、首を切るということになります。

　それだけではない。人間がやっていた一つの作業の流れがあります。そこへ機械を入れたとき、人間の作業の流れに機械の流れを合わせれば、問題はないはずです。しかし④機械を入れる目的はそれではありません。機械の※4償却《しょうきゃく》がありますから、機械の能力を最大限に発揮しなければ合理的ではないでしょう。そこで中岡哲郎※5さんが指摘しておられるように、機械が導入されることによって前後の人間の手作業の部分の流れもスピード・アップされます。人間のリズムを機械のリズムに合わせ、さらにいえば機械を不可欠の要素として組みこんだ※6産業主義的な制度が要求するリズムに合わせなければなりません。これは人間のリズムの破壊です。機械は人間とちがって生体的なリズムをもちません。人間には生体時計があって、だいたい昼間活動して夜休息するよう、からだのリズムができている。ところが機械によっては、とめることができない機械があります。多くの装置産業の機械はそうです。溶鉱炉《ようこうろ》のようなものですと、朝労働者が出勤をしてきて、労働開始と同時に火を入れる、そして八時間労働して帰るときに火を落とすとすれば、溶鉱炉は温まるひまもないでしょう。溶鉱炉は絶えず燃やし続けなければならない。つまり二四時間操業ということになります。そこで人間が交代して、機械を動かし続けますが、そうなると人間の生体時計が狂ってしまうという問題が起こります。

生体時計はある程度なれによる調整が可能ですから、文明が発達すると人間のなかでも夜型がふえてきます。生体のリズムが人工化されてくる。しかし夜勤が毎日続くと、日中を中心に動いている社会生活と合わない不都合が出てきます。そこで夜勤の時間を少しずつずらすということになります。交代することは、社会生活を考えれば意味がありますが、生体時計の面からみれば、せっかくなれたリズムをまた変えてしまい、生体時計が狂ってしまう。生理的にも心理的にもいろいろな障害を引き起こします。パイロットとか、※7スチュワーデスとか、航空関係者にも起こっている大きな問題です。

機械化にともなうもう一つの問題は、⑤機械が要求する労働の質です。

機械の発達は、しだいに熟練労働を不要にします。単純労働ですむ場面が多くなる。機械がある種の質の労働を要求し、人間がそれに従う。一部の複雑労働はますます高度になりますが、多くの複雑労働が単純労働に変えられてゆく。単純労働はふつう部分労働でもありますから、熟練も創意も必要とせず、労働の意味は、労働の部分化とともに※8微分化されて、無意味に近づいてゆきます。

機械による疎外は、※9産業革命以後顕著《けんちょ》になった問題ですが、すでにのべたようにこの構造は、道具の使用にも潜在していました。つまりこれは、⑥人間の利点が人間自身にはね返り、マイナスに転化するという問題です。生産力の爆発的な増大による資源の枯渇《こかつ》・環境破壊なども、人間がきずいてきた文明の［　Ⅱ　］所が［　Ⅲ　］所に転ずる※10臨界点に達したことを示しています。この自己矛盾は、人間の能力に課せられた最大の難問といえるでしょう。

（市川浩『〈身〉の構造　身体論を超えて』〈講談社〉より）

〈注〉
※1　随時……その時々。
※2　潜在……表面に表れず隠れていること。
※3　疎外……仲間外れ。近づけないこと。
※4　償却……使った費用のうめ合わせをすること。
※5　中岡哲郎……技術史学者。
※6　産業主義的な制度……工場や機械などによる生産が経済の中心となる制度。
※7　スチュワーデス……客室乗務員。
※8　微分化……非常に細かく分けること。
※9　産業革命……手工業から機械工業への産業上の変化。
※10　臨界点……物質が、ある状態から別の状態へ変化する境目。

問一　空欄（ａ）～（ｃ）に当てはまる言葉を、次の選択肢から選び、それぞれ記号で答えなさい。

ア　たとえば　　イ　つまり　　ウ　もし

エ　あるいは　　オ　ところが

問二　傍線部①「まずうまくゆかない」とありますが、なぜですか。その理由を説明したものとして最も適当なものを、次の選択肢から選び、記号で答えなさい。

ア　小さな子供は、はさみで紙を切る方法を理解することができないから。

イ　ハサミの使い方を教えるには、切り絵作者くらいの技術がないと難しいから。

ウ　ハサミを使い慣れた人は、自然とハサミの構造に合った使い方をしているから。

エ　まずは子供に、ハサミを使えるようになりたいと思わせないといけないから。

問三　傍線部②「それ」が指すものを、本文中より探し一語で抜き出しなさい。

問四　空欄［Ⅰ］に入る表現として、最も適当なものを次の選択肢から選び、記号で答えなさい。

ア　ハサミに使われている　　イ　ハサミを使いこなしている

ウ　ハサミに使い古されている　　エ　ハサミを使い切れない

問五　傍線部③「機械になるとなかなかそうはゆきません」とありますが、「機械」の場合はどうなってしまうと筆者は述べていますか。適当でないものを次の選択肢から一つ選び、記号で答えなさい。

ア　機械の使い方は道具よりも複雑であるため、しっかりと使い方を学んでからでないと機械を使うことができなくなってしまう。

イ　機械は社会的な生産組織に組みこまれることがあるため、機械の構造に合わせて私たちがはたらくことになってしまう。

ウ　大規模な工場機械であると道具のように持ち運ぶことは不可能になるため、私たちが機械のもとへ通っていくことになってしまう。

エ　機械は道具よりも私たちの生活を助けるものであるため、その多くの要求に従わないと使いこなせないものとなってしまう。

問六　傍線部④「機械の能力を最大限に発揮しなければ合理的ではないでしょう」とありますが、「機械の能力を最大限に発揮」するとどのような問題が起こりますか。本文中より探し、九字で抜き出しなさい。

問七　傍線部⑤「機械が要求する労働の質」とありますが、それに当てはまるものを次の選択肢からすべて選び、記号で答えなさい。

ア　熟練　　イ　単純　　ウ　複雑　　エ　部分　　オ　創意

問八　傍線部⑥「人間の利点が人間自身にはね返り、マイナスに転化する」とありますが、どういうことですか。「道具」または「機械」という言葉を使い、三十～四十字で答えなさい。（句読点を含みます。）

問九　空欄［Ⅱ］・［Ⅲ］に当てはまる語を、それぞれ漢字一字で答えなさい。

問十　本文の内容と一致するものを、次の選択肢から一つ選び、記号で答えなさい。

ア　自分の体を道具のように変形できたら、人間はもっと高い能力を身につけることができる。

イ　私たちは気がつかないうちに、道具を自分の体に組み込み、自分の体の一部のように使っていることがある。

ウ　機械化しやすい工程に機械を入れることは、労働者の仕事がなくなることにつながるため、するべきではない。

エ　機械に合わせて働くと、夜勤が続いてしまう人が出てくるため、社会生活に合わせることができるよう交代制にする必要がある。

日本大学中学校（A－1日程）

—50分—

注意　1　問題文の表記や改行は、一部書き改めたところもあります。
　　　2　字数指定のある問いでは、特にことわりのない限り句読点等の記号も一文字分と数えます。

一　次の各問いに答えなさい。

問1～5　次の――線部分のカタカナを漢字で書きなさい。

問1　明日は友人宅をホウモンする予定だ。

問2　青と白とをキチョウとした美しい街並み。

問3　美味《おい》しいものをたくさん食べて舌をコやす。

問4　芥川賞《あくたがわしょう》のロウホウが舞《ま》い込《こ》んだ。

問5　漢字の成り立ちの多くはケイセイ文字です。

問6～10　次の――線部分の漢字の読みをひらがなで答えなさい。

問6　新鮮《しんせん》な空気を吸うために戸外へ出る。

問7　この地域では古くから養蚕がさかんだ。

問8　夜がもっとも長い冬至の日にはゆず湯が欠かせない。

問9　神社の境内で遊んだ懐《なつ》かしい思い出。

問10　目的を成就させるために努力を重ねる。

問11・12　次の□部分AからHにあてはまる漢字一文字を入れ、それらをA～D・E～Hと順につなげてできる四字熟語をそれぞれ漢字で答えなさい。

問11　待てば海路の[A]和あり
一[B]一退
花鳥風[C]
千里の道も一[D]から

問12　厚顔[E]恥
怪[F]の功名
夏草や兵どもが[G]の跡
暗[H]模索

問13　次の短文の――線部分と同じ意味・用法のものはどれですか。後の1から4の中から一つ選び、その番号で答えなさい。

【日本大学中学校の校訓は「情熱と真心」です。】

1　グラウンドに出て、友だちとサッカーをしよう。
2　春になると寒さが和らぎ、過ごしやすくなる。
3　教育には受ける権利と受けさせる義務がある。
4　少しずつ近づいていくと、はっきりと見えてきた。

問14～16　次のまど・みちおの詩を読んで、後の問いに答えなさい。

[　　]

1　ない
2　今が今　これらの草や木を
3　草として
4　木として
5　こんなに栄えさせてくれている
6　その肝心《かんじん》なものの姿が

7 どうしてないのだろう
8 と、気がつくこともできないほどに
9 あっけらかんと
10 こんなにして消えているのか
11 人間の視界からは
12 いつも肝心かなめのものが

（『西郷竹彦授業記録集⑤　詩の授業』による）

問14 この詩の作者が、この詩で強調したいことを示すために使っている表現技法として適当なものはどれですか。次の中から一つ選び、その番号で答えなさい。

1 体言止め　2 直喩《ちょくゆ》法《ほう》
3 擬態語《ぎたいご》・擬音語《ぎおんご》　4 倒置《とうち》法

問15 この詩の中で対比されている二つの項目《こうもく》として適当なものはどれですか。次の中から一つ選び、その番号で答えなさい。

1 ないものと、視界から消えているもの
2 視界にあるものと、栄えているもの
3 視界から消えているものと、見えるもの
4 栄えているものと、見えるもの

問16 ――線部分「肝心かなめのもの」とありますが、これが何を表現しているかを考え、それに適した□部分にあてはまる詩のタイトルとして適当なものはどれですか。次の中から一つ選び、その番号で答えなさい。

1 花　2 実　3 枝　4 根

二 次の文章を読んで、後の問いに答えなさい。

見える人と見えない人の空間把握《はあく》の違《ちが》いは、単語の意味の理解の仕方にもあらわれてきます。空間の問題が単語の意味にかかわる、というのは①意外かもしれません。けれども、見える人と見えない人では、ある単語を聞いたときに頭の中に思い浮《う》かべるものが違うのです。

たとえば「富士山」。これは難波《なんば》さん(注1)が指摘《してき》した例です。見えない人にとって富士山は、②「上がちょっと欠けた円すい形」をしています。いや、実際に富士山は上がちょっと欠けた円すい形をしているわけですが、見える人はたいていそのようにとらえていないはずです。

見える人にとって、富士山とはまずもって③「八の字の末広がり」です。つまり「上が欠けた円すい形」ではなく「上が欠けた三角形」としてイメージしている。平面的なのです。月のような天体についても同様です。見えない人にとって月とはボールのような球体です。では、見える人はどうでしょう。「まんまる」で「盆《ぼん》のような」月、つまり厚みのない円形をイメージするのではないでしょうか。

三次元を二次元化することは、視覚の大きな特徴《とくちょう》のひとつです。「奥《おく》行《ゆ》きのあるもの」を「平面イメージ」に変換《へんかん》してしまう。とくに、富士山や月のようにあまりに遠くにあるものや、あまりに巨大《きょだい》なものを見るときには、どうしても立体感が失われてしまいます。もちろん、富士山や月が実際に薄《うす》っぺらいわけではないことを私たちは知っています。けれども視覚がとらえる二次元的なイメージが勝ってしまう。このように視覚にはそもそも対象を平面化する傾向《けいこう》があるのですが、重要なのは、

こうした平面性が、絵画やイラストが提供する文化的なイメージによってさらに補強されていくことです。

私たちが④現実の物を見る見方がいかに文化的なイメージに染められているかは、たとえば木星を思い描《えが》いてみれば分かります。木星と言われると、多くの人はあのマーブリングのような横縞《よこじま》の入った茶色い天体写真を思い浮かべるでしょう。あの縞模様《しまもよう》の効果もありますが、⑤木星はかなり三次元的にとらえられているのではないでしょうか。それに比べると月はあまりに平べったい。満ち欠けするという性質も平面的な印象を強めるのに一役買っていそうですが、なぜ月だけがここまで二次元的なのでしょう。

その理由は、言うまでもなく、子どものころに読んでもらった絵本やさまざまなイラスト、あるいは浮世絵《うきよえ》や絵画の中で、私たちがさまざまな「まあるい月」を目にしてきたからでしょう。紺色《こんいろ》の夜空にしっとりと浮かびあがる大きくて優《やさ》しい黄色の丸――月を描くのにふさわしい姿とは、およそこうしたものでしょう。

こうした月を描くときのパターン、つまり文化的に醸成《じょうせい》(注2)された月のイメージが、現実の月を見る見方をつくっているのです。私たちは、⑥まっさらな目で対象を見るわけではありません。「過去に見たもの」を使って目の前の対象を見るのです。

富士山についても同様です。風呂屋《ふろや》の絵に始まって、種々のカレンダーや絵本で、デフォルメ(注3)された「八の字」を目にしてきました。そして何より富士山も満月も縁起物《えんぎもの》です。その福々しい印象とあいまって、「まんまる」や「八の字」のイメージはますます強化されています。

見えない人、とくに先天的に見えない人は、目の前にある物を視覚でとらえないだけでなく、私たちの文化を構成する視覚イメージをもとらえることがありません。見える人が物を見るときにおのずとそれを通してとらえてしまう、文化的なフィルターから自由なのです。

つまり、見えない人は、見える人よりも、物が実際にそうであるように理解していることになります。模型を使って理解していることも大きいでしょう。その理解は、概念的《がいねんてき》、と言ってもいいかもしれません。直接触《さわ》ることのできないものについては、辞書に書いてある記述を覚えるように、対象を理解しているのです。

(中略)

見える人は三次元のものを二次元化してとらえ、見えない人は三次元のままとらえている。つまり前者は平面的なイメージとして、後者は空間の中でとらえている。

だとすると、そもそも空間を空間として理解しているのは、見えない人だけなのではないか、という気さえしてきます。見えない人は、厳密な意味で、見える人が見ているような「二次元的なイメージ」を持っていない。でもだからこそ、空間を空間として理解することができるのではないか。

なぜそう思えるかというと、視覚を使う限り、「視点」というものが存在するからです。視点、つまり「どこから空間や物を見るか」です。「自分がいる場所」と言ってもいい。もちろん、実際にその場所に立っている必要は必ずしもありません。絵画や写真を見る場合は、画家やカメラが立っていた場所の視点を、その場所ではないところにいながらにして獲得《かくとく》します。顕微鏡《けんびきょう》写真や望遠鏡写真も含《ふく》めれば、肉眼では見ることのできない視点に立つことすらできます。想像の中でその場所に立つこうした場合も含め、どこから空間や物をまなざしているか、その点が「視点」と呼ばれます。

　同じ空間でも、視点によって見え方が全く異なります。同じ部屋でも上座から見たのと下座から見たのでは見えるものが正反対ですし、はたまたノミの視点で床《ゆか》から見たり、ハエの視点で天井《てんじょう》から見下ろしたのでは全く違う風景が広がっているはずです。けれども、私たちが体を持っているかぎり、一度に複数の視点を持つことはできません。

　このことを考えれば、目が見えるものしか見ていないことを、つまり⑦空間をそれが実際にそうであるとおりに三次元的にはとらえ得ないことは明らかです。それはあくまで「私の視点から見た空間」でしかありません。

（伊藤亜紗《いとうあさ》『目の見えない人は世界をどう見ているのか』〈光文社新書〉による）

（注1）難波さん＝バイク事故で失明し、全盲《ぜんもう》となった難波創太《そうた》さんのこと。
（注2）醸成＝雰囲気《ふんいき》や気分をかもしだすこと。
（注3）デフォルメ＝対象を意識的に変形して表現すること。

問17　――線部分①「意外かもしれません」とありますが、筆者がこのように考えるのは、見える人は、単語の意味を理解する過程に何が関わっていることに無自覚だからですか。本文中から十文字でぬき出して答えなさい。（句読点などは字数にふくまない）

問18　――線部分②「上がちょっと欠けた円すい形」とありますが、これは見えない人が物に対しどんな認識《にんしき》をしていることを表していますか。本文中から三文字でぬき出して答えなさい。（句読点などは字数にふくまない）

問19　――線部分③「八の字の末広がり」とありますが、見える人が富士山にこのイメージを持つ理由として適当なものはどれですか。次の中から一つ選び、その番号で答えなさい。

1　視覚の特徴によって認識される富士山のイメージと、見える人が共有している文化における富士山のイメージとを比較《ひかく》したときに、前者の富士山のイメージが優先されてしまうから
2　視覚には距離《きょり》が隔《へだ》たったものや巨大なものの奥行きを強調して認識してしまうという傾向があり、そこに文化的イメージが加わることで、平面的なイメージが強められてしまうから
3　三次元的な認知をしている実体に対して、これまで目にしてきた絵画やイラストなどのイメージを意図的に付け加えることによって、二次元的なイメージを優先して選択《せんたく》しているから
4　富士山が実体としては三次元であることは理解しているものの、視覚が持っている対象を平面的に捉《とら》えてしまうという性質が優位となり、二次元的なイメージが先行してしまうから

問20　――線部分④「現実の物を見る見方」とありますが、この見方を説明したものとして適当なものはどれですか。次の中から一つ選び、その番号で答えなさい。

1　視覚が持つ対象を二次元化する特徴によりもたらされたイメージが、様々なものを目にしてきたなかで無意識に培《つちか》われた文化的なフィルターを通して、その平面性が増強された見方
2　対象そのものの実在をあるがままに捉えたイメージに、視覚が持つ対象の立体感を失わせる傾向によって想起されるイメージが添加《てんか》されることにより、その平面性が強められた見方
3　文化の中で作られていったフィルターを通すことで対象の立体感

を失ったイメージが、視覚の持つ三次元のものを二次元へと変換する性質によって、その平面性が強調された見方

4　対象の平面性や立体感といった実体をつぶさに捉えたイメージが、幼少期から見聞きすることで意図せず得られた文化的なフィルターを通すことにより、その平面性が強化された見方

問21　——線部分⑤「木星はかなり三次元的にとらえられている」とありますが、このイメージを持たない人として適当なものはどれですか。次の中から一つ選び、その番号で答えなさい。

1　木星のイメージが二次元的な文化圏《ぶんかけん》で育った見えない人
2　木星のイメージが二次元的な文化圏で育った見える人
3　木星のイメージが三次元的な文化圏で育った見えない人
4　木星のイメージが三次元的な文化圏で育った見える人

問22　——線部分⑥「まっさらな目」とありますが、見える人がこの目を獲得して月を見た場合、これまでと比較《ひかく》して月には何が生じますか。本文中から二文字でぬき出して答えなさい。

（句読点などは字数にふくまない）

問23　次の文章は、本文中の（中略）以降の内容をまとめたものです。［　］部分X・Yには、共通の読みを持つ熟語が入ります。その熟語の共通する読みとして、適当なひらがな三文字を答えなさい。

> 見える人は［X］があることで、必ず［Y］ができる。
> 見えない人は［X］がないからこそ、［Y］がない。

問24　——線部分⑦「空間をそれが実際にそうであるとおりに三次元的にはとらえ得ない」とありますが、これはどんな意味ですか。主語とこのようになる原因を明確にし、「視点」という言葉を使って、三十五文字以上四十文字以内で簡潔に答えなさい。

三　次の文章を読んで、後の問いに答えなさい。

> 美大在学時にメルボルンを訪《おとず》れた僕《ぼく》は、ジャック・ジャクソンという画家との出会いで額縁《がくぶち》に興味を持ち始め、額は絵を引き立て、守り、支え続けるものだと考える村崎《むらさき》の経営する額縁工房《こうぼう》に就職した。それから八年後、円城寺画廊《えんじょうじがろう》から額装《がくそう》の依頼《いらい》を受けた作品の中にジャックの絵もあり、村崎に頼《たの》み、その絵の額装を一人で手掛《てが》けられることとなった。

翌朝、村崎さんの声で目が覚めた。工房の長椅子《ながいす》で眠《ねむ》りこけている僕を心配して、揺《ゆ》さぶってきたのだ。

「昨夜ここに泊《と》まったのか？」

ねぼけまなこで僕は体を起こす。朝方、ちょっと横になろうと思ったら眠ってしまったらしい。

「終電、逃《のが》しちゃったんで。そのまま作業してました」

「体は大事にしろよ」

村崎さんは①眉間《みけん》に皺《しわ》を寄せながら言った。僕は生返事をして立ち上がる。

「村崎さん、僕……相談があるんです」

ちょっと僕を見やると村崎さんはテーブルに着き、促《うなが》すようにして椅子を指さした。僕は村崎さんと向かい合い、そこに座《すわ》る。

「あの絵の額、モールディング（注1）じゃなくて木材から作ってもいい

ですか」

今まで村崎さんがそうするのを手伝ったことはあったし、練習として自分用に作ることはあった。でも、受注品をひとりで木材から手掛けたことはない。そして、失礼な話だが、円城寺画廊が潤沢《じゅんたく》な予算を出してきたとは思いづらかった。

僕は②かなり意を決して申し出たのに、村崎さんは③驚《おどろ》きもせずあっさりとこう言った。

「やっとその言葉が出たか。おまえがそう言うの、待ってたよ」

「……でも、予算のこととか」

僕がおずおずと言うと、村崎さんは唇《くちびる》の端《はし》を片方、上げた。

「俺《おれ》、ひとつは流木(注2)使うから。おまえの額装に多少金がかかっても、トントンだ」

僕は安堵《あんど》と喜びとで、④「タダですもんね！」と笑った。ところが村崎さんは、不本意な表情を浮《う》かべる。

「タダっていうのとは違《ちが》うぞ。プライスレスだ」

村崎さんはテーブルの上で手を組んだ。

「今回、円城寺画廊が持ってきた作品の中に、十九世紀の旅芸人の一座を描《えが》いた油絵があってな。家族なのかもな。老人も子どももいて。あれを見たとき、おお、ここにつながったか、ぴったりだと思ったんだ。流れ流れていろんな景色を見てきたであろう流木が、今の姿になるまでの長い時間と経験、表情や味わいをそのまま大事に活《い》かせるって」

急に興奮気味に話し出した村崎さんに、僕は戸惑《とまど》った。

村崎さんはいつも黙々《もくもく》と作業しているから、心も常に冷静沈着《ちんちゃく》なんだと思っていた。でも違った。彼《かれ》はほんとうに額縁を作ることが好きで、こんなに熱い気持ちでひとつひとつに取り組んでいたのだ。

まるで用意されたかのように、村崎さんの手にたどりついた流木。

そうか、⑤そういうことだったのか。

「村崎さん、こんなときのために、流木を拾ったりしてるんですね」

納得《なっとく》しながら僕が言うと村崎さんは、いや、と首を振《ふ》る。

「今回はたまたまだ。⑥売り物になるかどうかは関係なく、俺はただ手作りの額ってものを残したいだけだよ。形にして見せないと、知ることもできない」

見せる？　知るって、誰《だれ》が？

僕がきょとんとしていると、村崎さんは顎《あご》に手をやりながら言った。

「俺は、ちょっと危機を感じてるね。日本美術が危ないって。それは素材から言えることで、たとえば江戸《えど》時代以前の書物はまだきれいに残ってるだろ。でも、ここ百年で作られた紙は粉化しちゃってそんなにもたないんだ。せっかくの文献《ぶんけん》も絵もこなごなだよ。昔の日本には優《すぐ》れた技術がたくさんあったのに、口伝でしか継承《けいしょう》されないから消えてしまったものがいくつもある。オートメーション化が進んで、後継者《こうけいしゃ》をじっくり育てる余地もない。産業革命のあとに育ったのは、弟子《でし》じゃなくてビルばっかりだ」

堰《せき》を切ってあふれ出す村崎さんの話に、僕は黙《だま》って耳を傾《かたむ》ける。彼は遠くを見やるようにして、語り続けた。

「額装は高名な画家や美術館だけのものじゃない。ごく普通《ふつう》の一般《いっぱん》家庭で、もっと日常的に楽しめるはずなんだ。子どもの描いた絵でも好きな人からもらったポストカードでも、気持ちいいなと素直《すなお》に思えるものがいつもそばにあるって、すごく豊かなことだよ。額の良さを、その技術を、できるだけたくさんの人に見せて伝えていきたいって思うんだ。世間一般にとって、もっと身近な存在になるように知らせていきたいんだ。それが、俺の夢だね。人の営みと共に絵があり続ける、真の豊かな生活」

本当に、⑦村崎さんが一度にこんなにしゃべるのを見るのは初めてだった。普段《ふだん》は寡黙《かもく》な彼の中にこれだけたくさんの想《おも》いがつまっていることを、僕はどうして理解しようとしなかったのだろう。

「夢が見られなきゃ、だめだ」って、そのひとことにすべてが凝縮《ぎょうしゅく》されていたのに。

やっとわかった。

⑧村崎さんの夢は……。額や絵に対してだけじゃない、毎日の暮らしに向けられているんだ。生身の肉体と心を持った、人々の。

村崎さんは僕にちらりと目をやった。

「なんの木を使うか決めたのか？」

僕はうなずく。

「桜を」

日本に興味があると言ってくれたジャックに、日本人の僕から親愛の情を込《こ》めて。

（青山美智子《あおやまみちこ》『赤と青とエスキース』〈ＰＨＰ研究所〉による）

（注1）モールディング＝メーカーで装飾《そうしょく》や仕上げが施《ほどこ》された棒状の額縁の素材。

（注2）流木＝近くの河川敷《かせんじき》で拾ったもの。村崎は何かしらを拾ってきては額縁を作った。

問25　――線部分①「眉間に皺を寄せながら言った」とありますが、この様子を説明したものとして適当なものはどれですか。次の中から一つ選び、その番号で答えなさい。

1　僕が体調を崩すことで額縁制作の期限に間に合わないのではと焦《あせ》り、眉を上げている

2　僕が額縁制作に対する心意気を喪失《そうしつ》してしまいそうなことを心配し、眉を落としている

3　僕が額装製作をモールディングでやり続けるのではないかと警戒《けいかい》し、眉を寄せている

4　僕が額縁製作に根を詰《つ》めすぎているのではないかと気に掛け、眉をひそめている

問26　――線部分②「かなり意を決して申し出た」とありますが、このような思いをしてまで村崎に相談をしたのは、自身が製作している額縁でジャックに対して何を示したいと考えているからですか。それを象徴する言葉を、本文中から四文字でぬき出して答えなさい。（句読点などは字数にふくまない）

問27　――線部分③「驚きもせずあっさりと」とありますが、村崎がこのように反応したのは、彼にどんな考えがあるからですか。本文中から十四文字でぬき出し、最初の五文字を答えなさい。（句読点などは字数にふくまない）

問28　――線部分④「タダですもんね！」とありますが、僕のこの発言は村崎が流木を使うと言った真意を理解できていないからこそ出たものです。その真意として、次の文の（　）にあてはまる十六文字をぬき出し、最初の五文字を答えなさい。

・絵画と流木とに（　）という共通点を見いだしている。

問29　――線部分⑤「そういうこと」とありますが、これが指している

内容として適当なものはどれですか。次の中から一つ選び、その番号で答えなさい。

1　日常的に額縁の材料となりそうなものを集めてきたことによって、製作した額縁に適した絵画を見抜《みぬ》く鋭《するど》い審美眼《しんびがん》を持つようになり、多種多様な依頼に対応できるようになったということ

2　村崎のもとに流木がたどりついたことは偶然《ぐうぜん》などではなく、熱意を持って仕事に取り組みながらもそれを表面に出さないことによって、自然と額の素材のアイデアが湧《わ》いてくるということ

3　村崎は絵の主題に適していることが良い額縁の条件だと考えているため、さまざまな額装の依頼に応《こた》えられるよう、日頃《ひごろ》から準備を怠《おこた》らず額縁の材料となるものを集めているということ

4　これまでの僕は予算の中で最良の額縁を製作することしか考えてこなかったが、流木の額縁にはさまざまな絵の良さを引き立たせる芸術的な価値があるということに気づいたということ

問30　――線部分⑥「売り物になるかどうかは関係なく」とありますが、このような思いを抱《いだ》いているのは、手作りの額縁が未来で何にならないためですか。本文中から九文字でぬき出して答えなさい。

（句読点などは字数にふくまない）

問31　――線部分⑦「村崎さんが一度にこんなにしゃべるのを見るのは初めてだった」とありますが、村崎にこのような変化が起きた理由として適当なものはどれですか。次の中から一つ選び、その番号で答えなさい。

1　ジャックの絵と真剣《しんけん》に向き合い、その良さを引き出そうとしている僕に過去の自分を重ねて親近感を抱《いだ》き、今後は全ての額装依頼に木材で対応したいという思いを共有できると考えたから

2　木材からの額縁製作に挑戦《ちょうせん》し、ジャックの絵を超《こ》える作品を作りたいという僕の心意気に触発《しょくはつ》され、村崎自身の額職人としての夢を伝えることで少しでも僕の手助けをしたいと考えたから

3　流木から作る額縁には値段のつけられない価値があることを、八年間ともに働いてきた僕にさえも理解してもらえないことで寂《さび》しさを感じ、日本美術に対する危機感をより一層強めたから

4　僕がジャックの絵にふさわしい額縁を作りたいと考えていることがその言動から伝わり、それをきっかけとして村崎自身の中にある額縁に対する情熱があふれ出してきたから

問32　――線部分⑧「村崎さんの夢」とありますが、これはどんな夢ですか。因果関係を明確にし、「額縁」「真の豊かな生活」という言葉を使って、三十五文字以上四十文字以内で簡潔に答えなさい。

四

次の文章を読んで、後の問いに答えなさい。

もしかするとみなさんは、①先生やご両親から「人を疑うのはよくない」と教えられてきたかもしれません。

でも、こう考えてください。

友だちや先生、ご両親など、まわりにいる「人」を疑う必要はない。けれども、その人たちの語る「コト」については、疑いの目を向けたほうがいい。なんでも鵜呑《うの》みにせず、②自分の頭で考える癖《くせ》をつけたほうがいい。

いいですか、「人」を疑うのではなく、「コト」を疑うのです。この「人とコト」を切り離《はな》して考える習慣をつけておきましょう。

それではなぜ、疑う力が大切なのか。

　みなさんのご両親が中高生だったころ、また、おじいちゃんやおばあちゃんが若かったころ、疑う力は、それほど重要視されていませんでした。むしろ当時は、「なんの疑いももたず、与《あた》えられた課題をガンガンこなす人」が求められていました。数学の問題集をたくさん解いていくような、「課題解決」の力です。

　でも、「なんの疑いももたず、与えられた課題をガンガンこなす人」は、いまやアジアやアフリカにもたくさんいます。しかも彼《かれ》らなら、日本人よりもずっと安い給料で働いてくれます。

　さらに、コンピュータやロボットを使えば、人間よりもずっと速く、たくさんの課題をこなしてくれます。コンピュータやロボットには、お給料を払《はら》う必要さえありません。こうして昔ながらの「課題解決」の仕事は、もはや日本人には回ってこなくなってしまったのです。

　それでは現在、みなさんにはどんな力が求められているのか？

　答えはひとつ。③「課題発見」の力です。

　課題発見の意味について、わかりやすい事例を紹介《しょうかい》しましょう。

　20世紀の初頭に「自動車王」として一時代を築き、世界初の量産型大衆車を製造したアメリカの実業家、ヘンリー・フォードはこんな言葉を残しています。

　④「もしも人々になにがほしいか尋《たず》ねたなら、彼らは『もっと速い馬がほしい』と答えていただろう」

　自動車が普及《ふきゅう》する前の時代、人々の乗り物はもっぱら馬車でした。

　遠くに移動したい、もっと速く移動したい、と思ったとき、ほとんどの人々は「もっと速く走れる馬を手に入れよう」と考えました。「馬車」という常識に縛《しば》られ、それ以外の乗り物のことなんて、⑤想像することさえできなかったのです。

　しかし、フォードの発想は違《ちが》います。

　馬よりも速く、馬よりも疲《つか》れを知らない、もっと便利な「なにか」があるはずだ。

　そう考えたフォードは、人間は馬車で移動するものだ、という当時の「あたりまえ」を疑い、まったく別の道を探《さぐ》っていきました。そうしてたどり着いた答えが、ヨーロッパで発明されたばかりの自動車だったのです。

　当時の自動車は、まだまだ数が少なく、一部の貴族やお金持ちにしか買えない「超《ちょう》ぜいたく品」でした。現在でいうなら、自家用ヘリコプターや自家用ジェット機のような感覚です。自動車が馬車の代わりになるなんて、誰《だれ》も想像していませんでした。

　フォードは、この「超ぜいたく品」である自動車を、どうすれば安く製造できるか考えました。あたりまえの話ですが、自動車にはエンジンがあります。これは複雑で、つくるのにかなりのお金がかかる装置です。そしてその他の部品も、馬車とは比較《ひかく》にならないほど多くなります。このあたりのお金を削《けず》るわけにはいきません。

　それではどこを削るのか？　フォードが目をつけたのは、「時間」でした。

　ひとつの部品をつくるのに1時間かかっていたところを、5分でつくるようにすればいい。そうすれば1時間で12個の部品ができる。1時間分のお給料で、12倍の仕事をしてくれるようになる。

　そこでフォードは、のちに「フォード・システム」と呼ばれる、ベルトコンベアを使った流れ作業による大量生産システムを開発します。よく火災訓練のときにおこなうバケツリレーのように、流れ作業で自動車を組み立てれば大量生産できることに気づいたのです。こうして自動車の価格は大幅《おおはば》に引き下げられ、馬車の代わりとなる自家用車が爆発的《ばくはつてき》に普及していったのです。

もしもフォードが「課題解決タイプ」の人間だったら。つまり、「もっと速い馬」を探すような人間だったら。自動車の普及は遅《おく》れていたでしょう。それどころか、「流れ作業でたくさんつくる」というシステムそのものの誕生が遅れ、重工業全体の発展にも大きな影響《えいきょう》があったはずです。

もともと「発明王」トーマス・エジソンの会社に勤務していたフォードは、与えられた課題を解決するタイプの人間ではありませんでした。みずからあたらしい課題をみつける「課題発見タイプ」の人間だったのです。

さて、そうやって考えると、いまの日本はたくさんの「馬車」があふれていることに気がつくでしょう。ほんとうは抜本的《ばっぽんてき》な変化が必要なのに、みんな⑥これまでの延長線上にある「もっと速い馬」のことしか考えていない。「課題解決」にしか、頭が回っていない。馬車を捨てて、自動車に切り換《か》えるような発想ができない。世のなかにはそうした大人は大勢いますし、もしかするとみなさんの学校にも、過去の常識にとらわれた先生がいるかもしれません。

みんなが「課題解決」ばかり考えてしまうのは、疑う力が足りないから。⑦世間で常識とされていることを疑い、「課題発見」のできる人になりましょう。

（瀧本哲史《たきもとてつふみ》『ミライの授業』〈講談社〉による）

問33　――線部分①「先生やご両親から「人を疑うのはよくない」と教えられてきたかもしれません」とありますが、この教えをする人はあるものに捉《とら》われていますが、その捉われているものを比喩的《ひゆてき》に表現しているものは何ですか。本文中から二文字でぬき出して答えなさい。

（句読点などは字数にふくまない）

問34　――線部分②「自分の頭で考える癖をつけたほうがいい」とありますが、この忠告をする理由として適当なものはどれですか。次の中から一つ選び、その番号で答えなさい。

1　課題解決の力が求められてきた仕事が、時代の変化によって日本人には回ってこなくなってしまったから
2　良好な交友関係を築くために人を信頼《しんらい》することは大切だが、その人の言葉すべてを信じるのは危険だから
3　一昔前と時代が変わったことにより、疑う力が必要とされる仕事の数が大幅に少なくなってしまったから
4　人間が受け持ってきた課題発見の仕事の大部分が、コンピュータやロボットに移行してしまったから

問35　――線部分③「「課題発見」の力」とありますが、これが必要なのは、現在の日本がどんな状況にあるからですか。「状況」に続けてその答えとなるように、本文中から十文字でぬき出して答えなさい。

（句読点などは字数にふくまない）

問36　――線部分④「もしも人々になにがほしいか尋ねたなら、彼らは『もっと速い馬がほしい』と答えていただろう」とありますが、この言葉を引用した理由として適当なものはどれですか。次の中から一つ

選び、その番号で答えなさい。

1　ここでの「速い馬」とは、実際に速く移動できる馬を指し、「人とコト」を切り離して考えることによって与えられる「課題発見」の力の重要性を読者に理解してもらうため

2　ここでの「速い馬」とは、自動車のことを比喩的に表現したものであり、常識に縛られている人々への皮肉を示すことで「課題発見」の力の必要性を読者に実感させるため

3　ここでの「速い馬」とは、実際に遠くへの移動や速い移動を可能にする能力を持つ馬を指し、一般的《いっぱんてき》な常識とされていることを疑うことが重要であるということを示すため

4　ここでの「速い馬」とは、フォードが製造した自動車が高性能であることの比喩であり、「課題発見タイプ」の人間が成功する事例を提示することで憧《あこが》れの念を抱《いだ》かせるため

問37　――線部分⑤「想像することさえできなかった」とありますが、それはなぜですか。本文中から十文字でぬき出して答えなさい。

（句読点などは字数にふくまない）

問38　――線部分⑥「これまでの延長線上にある「もっと速い馬」のこと」とありますが、このことを考えていても見つからないものは何ですか。それを比喩的に表現したものを本文中から七文字でぬき出して答えなさい。

（句読点などは字数にふくまない）

問39　――線部分⑦「世間で常識とされていることを疑い、「課題発見」のできる人になりましょう」とありますが、この言葉には筆者のどんな願いが込《こ》められていますか。「過去」「未来」という言葉を使って、二十五文字以上三十文字以内で簡潔に答えなさい。

問40　次の太郎《たろう》さんと花子《はなこ》さんの会話のなかで、本文の内容を**適切に理解して考えをのべていないもの**として適当なものはどれですか。次の中から一つ選び、その番号で答えなさい。

1　太郎さん　筆者の言うとおり、これまで先生や両親から「人を疑うのはよくない」と言われてきたけど、僕《ぼく》も「人とコト」を切り離して考えていなかったことに本文を読んで気づかされたよ。

2　花子さん　目から鱗《うろこ》が落ちたね。「人」を疑う必要はないけれど、その人の語る「コト」まで鵜呑みにしてはいけないということだね。「コト」に対して疑いの目を向けることは大切だと、私も思ったよ。

3　太郎さん　自分自身で十分に理解し、判断する習慣をつけることが大切だね。つまり、疑う力は、自分の頭で考える力と言い換えられそうだね。そして、それが「課題発見」の力につながっていくんだね。

4　花子さん　「課題発見」の力の事例としてフォードが紹介されているけれど、彼は自動車が高価で買えないという当時の「あたりまえ」を疑い、どうすれば大量に生産できるかを考えたことで、「時間」の削減に着目できたんだね。

5　太郎さん　彼が大量生産システムを開発してくれなかったら、現在の私たちの生活にも大きな影響が出ていただろうね。いまの日本の「馬車」を「自動車」に切り換えるために、私たちも「課題発見」の力をつけていこう。

日本大学藤沢中学校（第一回）

―50分―

一　次の各問いに答えなさい。

問一　次の――線部のカタカナを漢字で書きなさい。

①　祖父からジキヒツの手紙が届いた。

②　物事を自分のシャクドで判断してはいけない。

③　モえるゴミは専用の袋《ふくろ》に入れる。

④　厳しい練習はケイエンされる傾向《けいこう》がある。

⑤　機関車がジョウキをはき出す。

問二　次の――線部の漢字の読みをひらがなで書きなさい。

①　類いまれな才能を持っている。

②　絵本は子供の想像力を育むのに役立つ。

③　仕事の能率を上げる工夫《くふう》をする。

④　遺失物届けを出したが見つからない。

⑤　計画の骨子ができあがった。

問三　次のア～エの熟語の中から「約」の字が他と異なる意味を持つものを一つ選び、記号で答えなさい。

ア　節約　　イ　条約　　ウ　約束　　エ　解約

問四　次のことわざの（　）に入る語をア～エの中から一つ選び、記号で答えなさい。

二兎《と》を追う者は一兎《いっと》をも（　）

ア　得ず　　イ　見ず　　ウ　知らず　　エ　選ばず

問五　次のア～エの四字熟語の[A]・[B]にはそれぞれ漢数字が入る。[A]に入る数が最も小さいものを記号で答えなさい。

ア　[A]方[B]方　　イ　[A]束[B]文

ウ　[A]客[B]来　　エ　再[A]再[B]

問六　次の文章の（　）にあてはまる語をア～エの中から一つ選び、記号で答えなさい。

この店の料理はおいしいという（　）の評判だ。

ア　とても　　イ　たとえ　　ウ　もっぱら　　エ　ちょっと

二　次の文章を読んで、あとの各問いに答えなさい。問いの中で字数に指定のあるときは、特に指示がないかぎり、句読点や符号《ふごう》もその字数に含《ふく》めます。

授業で、①ある留学生さんがこんなことを書いてきました。

「友達に『このボタンを押《お》せば、一億円あげます。ボタンを押すと、あなたの知らない人がどこかで死にます。ボタンを押しますか？』と質問をされて、自分は『押さない』と答えたけど、一億円をもらえるんだったら押した方がいいかもしれない。私が『押さない』と考えたのは、常識的な道徳に縛《しば》られているのか？」

実は、これは『運命のボタン』という＊リチャード・マシスンの短編小説に出てくる話なのですが、この場合は、小説を読むより＊倫理学《りんりがく》的に考えた方が面白《おもしろ》いです。小説や映画なら他人事だけど、倫理学なら「自分だったらどうするか」と考えることになるからです。自分が主人公なのです。

そうすると、なるほど、ボタンを押したい気もするけど、②何かひっかかる。ひっかかるけど、でも、一億円。うーん、悩《なや》ましいところ。

なかなか面白い問題です。倫理学的な思考実験の一種と言えます。倫理学では実験や観察ができない場合が多いので、考えの上で実験する。これが思考実験です(哲学《てつがく》や科学でも使うことがあります)。*「トロッコ問題」や「経験機械」といった有名な思考実験がいっぱいありますし、最近はちょっとブームっぽいところもあって、関連する本もいっぱい出ているので、興味のある人は探してみてください。

思考実験というのは、一種のフィクションなわけですが、この本ではよく知られた思考実験の代わりに、マンガやアニメ、小説などのフィクションを取り上げてあります。

さて、こういうクイズのような問題を見ると、「心理テストみたいだ」と書いてくる人がいます。［A］、「あなたは押しますか、押しませんか」というだけなら、それは心理テストっぽい。

でも、倫理学が問題にするのは「あなたは押すか、押さないか」ではなく、「人間がそういうことをしてよいか、いけないか」ということです。③この二つの問いは全く違《ちが》っています。

「押しますか、押しませんか」とか、あるいは「押したいですか」と聞かれたら、正直な話、私だって「押したい」と答えるかもしれません。授業で聞いてみても、「押す」と答える人もある程度います。

［B］、留学生さんが書いていたように、その気持ちを止めるようなものがあるのも確かです。実際、「押さない」の方に手を挙げる人は、「押す」と答える人よりも多くなります。でも、さらに「押してもいいか、それともいけない?」と聞いてみると、「いけない」の方がかなり多くなるのです。

そう、「押したいかどうか」は、気持ち、感情、欲求といった心理的な原因の問題ですが、「押してよいか」は道徳、倫理的な理由の問題なのです。まずこの二つを分けておくことが大事です。

道徳の問題として考えると、大事になってくるのが、その理由でした。さて、考えてみましょう。確かに個人の観点から見れば「一億円欲《ほ》しい!」と思ってしまいます。けど、留学生さんは、「押さない」と答えた。ただ、その理由が自分でも説明できないのでした。理由を説明できれば、自分で「押さない」と決めたことに自信が持てます。というのは、それがちゃんとした理由であるなら、自分だけに当てはまるようなものじゃなくて、自分以外の他の人にとっても同じ(つまり［C］的)でなければならないからです。そのためには、みんなにとって納得《なっとく》できるような理由でなければならない。これが道徳の理由です。

中には「いや、ともかく僕《ぼく》は一億円欲しい、だからボタンを押す!」と考える人もいるかもしれません。授業に出ていたK君なんかは、「俺《おれ》? 俺はそっこー連打します!」と元気よく答えてくれました。なんで? 「いや、だってお金欲しいし」。なるほど、でも、それは「ボタンを押したい動機(心理の原因)」ではあるけど、「押してもよい理由(道徳の理由)」にもなるかな? 「うーん、だって、④誰《だれ》でもそう思うと思うけどなあ。先生もそう言ってたじゃん」。はい、気持ち的にはちょっとね。でも、それが「押してもよい理由」になるのなら、自分だけじゃなくて、他の人も押してよいことになります。オッケー?

そう、「ボタンを押すぞ!」と考える人は、「ボタンを押す」→「一億円もらえる」というところに目を奪《うば》われて、「それで誰かが死ぬ」ということを考えに入れていません。確かに「どこかで知らない人が死ぬ」というのなら、心理としては、実感が湧《わ》かないかもしれません。でも、「ボタンを押す」→「私は一億円もらえる」であると同時に、「ボタンを押す」→「人が死ぬ」なのです。うーん、やっぱりまずいかも。

それに、「一億円もらえるなら(その理由で)、ボタンを押す」というのが成り立つなら(つまり、その理由が本当に道徳の理由なのだったら)、それは他の人にも適用されるのだから、「他の人が一億円を得るために誰かが殺されてもいい」ということも認めなければならなくなります。そして、その場合の「殺される誰か」が自分であることもあり得るわけです。うん、これはまずいぞ!

「私」はみんな個人で、「個人としての私」の立場から考えてしまいます。でも、それだけで考えてしまうと、「私」にとっても「他の人」にとっても結局はよくない。つまりこれが倫理、道徳の基本なのです。このことを導くために大事なのが、「お互《たが》い」ということ、相互性《そうごせい》です。これは倫理学の最も基本的な原理の一つです。私に認められることは、あなたにも認められないといけない。逆に、あなたに許されるのなら、私にだって許される。こうした相互性を考えに入れると、「私がボタンを押すことは許される」とは言えなくなるわけです。【ア】

つまり、単に「⑤感じ的に運命のボタンを押してはいけない気がする」っていうのではなくて、「ちゃんとした理由があるからダメだと考えられる」のです。そこには、道徳の基本原理が当てはまるのです。

例えば、『ドラえもん』の中に出てくる⑥ジャイアンの有名な(もうネタ的になっている)セリフがあります。のび太に向かって、「俺のものは俺のもの。お前のものも俺のもの」というのです。これは自分の権利だけを主張して、相手の権利を認めないわけで、相互性の否定です。これが成り立つのなら、ジャイアンの方ものび太が「ボクのものはボクのもの。ジャイアンのものもボクのもの」と主張することを認めなければなりません。もちろんジャイアンはそれを認めないでしょうけど、自分が他人に対して認められないものだったら、それは自分に対しても認められるはずがない。自分の権利を認めてもらうためには、他の人の権利も認めなければならない。これが相互性。【イ】

ジャイアンとのび太はお互いに知っている関係だけど、「⑦運命のボタン」問題では、ボタンを押して死ぬのは「あなたの知らない人」。だからこちらの方は「知らない」ってことで感覚が麻痺《まひ》させられてますが、これは結局、「人を殺したら一億円あげるけどどう?」と言われているのと同じです。そして、これを認めれば、自分が殺されることもオッケーだと認めなければなりません。そうなると、これはお互い殺し合うのもオッケーと言っているのと同じです。これはダメでしょう。【ウ】

こうして相互性は、単に「私と目の前にいるあなたとがお互い」というだけではなくて、「知らない人」みんなにも当てはまります。私の権利とあなたの義務、あなたの権利と私の義務、これが相互性によって結びつき、社会にまで広がったもの、後で見ますが、これが正義の正体です。相互性もかなり高度に抽象化《ちゅうしょうか》されたものですが、正義なんていうのは、もうものすごく抽象的《ちゅうしょうてき》です。でも、抽象的だからこそこれは基

本原理なのです。【エ】

まとめると、ジャイアンのセリフが道徳的に間違《まちが》っていることも、運命のボタンを押してはいけないというのが正解なのも、どっちも相互性、正義の原理に基《もと》づいているのです。

（平尾昌宏《ひらおまさひろ》『ふだんづかいの倫理学』〈晶文社〉による。
問題作成にあたり、本文の一部を改変しました。）

＊リチャード・マシスン＝アメリカの小説家・脚本家《きゃくほんか》。
＊倫理＝社会生活で人の守るべき道理。人が行動する際、手本となるもの。
ここでは「道徳」とほぼ同じ意味。
＊「トロッコ問題」や「経験機械」＝多くの人を助けるためなら、一人の人を犠牲《ぎせい》にするのは許されるのかであるとか、あらゆる経験をもたらしてくれる機械に人は進んでこもるのかどうか、などを問う考えの上での実験。

問一 [A]・[B]にあてはまる語として適当なものを、次のア～オの中からそれぞれ選び、記号で答えなさい。
ア　だから　イ　確かに　ウ　さらに
エ　なぜなら　オ　一方

問二 ――線部①「ある留学生さんがこんなことを書いてきました」とありますが、この留学生は自分の答えに自信を持っていません。それはなぜだと筆者は考えていますか。最も適当なものを、次のア～エの中から一つ選び、記号で答えなさい。
ア　常識的な道徳にしばられているから。
イ　理由を自分で説明できなかったから。
ウ　心の底ではお金を欲しがっていたから。
エ　仮定の話にまじめに答えてしまったから。

問三 ――線部②「何かひっかかる」とありますが、それはどのような気持ちですか。最も適当なものを、次のア～エの中から一つ選び、記号で答えなさい。
ア　ボタンを押しても都合良く一億円は出ないのではという気持ち。
イ　ボタンを押してしまうと押した自分が死ぬかもしれないという気持ち。
ウ　ボタンを押してしまってはいけないのではないかという気持ち。
エ　ボタンを押すことでかえって自分が損をするのではないかという気持ち。

問四 ――線部③「この二つの問いは全く違っています」とありますが、どのような違いがありますか。違いを説明している一文を本文中から抜《ぬ》き出《だ》し、最初の五字を書きなさい。

問五 [C]にあてはまる語として、最も適当なものを、次のア～エの中から一つ選び、記号で答えなさい。
ア　主観　イ　客観　ウ　集合　エ　個別

問六 ――線部④「誰でもそう思うと思うけどなあ」を説明したものとして**ふさわしくないもの**を、次のア～エの中から一つ選び、記号で答えなさい。
ア　自分だけでなく他人も同じ意見になると思っている。
イ　結果を考えずお金を欲しい気持ちを正直に答えている。
ウ　社会一般《いっぱん》に価値のある答えであると自分では信じている。
エ　「知らない人」という設定で結果に対する実感が湧いていない。

問七 ――線部⑤「感じ的」を言いかえた言葉として適当なものを、次のア～エの中から一つ選び、記号で答えなさい。

ア　直観的　　イ　論理的　　ウ　理性的　　エ　客観的

問八　――線部⑥「ジャイアンの有名な(もうネタ的になっている)セリフ」はなぜ道徳的に誤っているのですか。十五字以内で説明しなさい。

問九　――線部⑦「こちらの方」とは何を指しますか。本文中から十字で抜《ぬ》き出《だ》しなさい。

問十　次の文は本文中のどの位置に入りますか。本文中の【ア】～【エ】の中から一つ選び、記号で答えなさい。

つまり、いろんな場合に応用できるのです。

問十一　本文の表現の特徴《とくちょう》として**ふさわしくないもの**を、次のア～エの中から一つ選び、記号で答えなさい。

ア　有名なマンガなどが題材となり、内容を具体的に想像できるので、倫理を身近な問題として考えやすく書かれている。

イ　全体的にくだけた話し言葉があえて使われており、様々な読者に届くよう親しみやすく書かれている。

ウ　極端《きょくたん》だがわかりやすい具体例を、自分の気持ちも交えて説明しているので、共感して読み進めやすく書かれている。

エ　倫理学という抽象的で難解な学問にふさわしいかたい文章で、正確に読み取りやすく書かれている。

三　次の文章を読んで、あとの各問いに答えなさい。問いの中で字数に指定のあるときは、特に指示がないかぎり、句読点や符号《ふごう》もその字数に含《ふく》めます。

中学受験用の塾で算数の講師をしている加地《かじ》は、三歳下の弟直也《なおや》と同居して八年になる。直也は、中学一年時の勉強でのつまずきをきっかけに自室に閉じこもっていたが、二十五歳の時、彼の面倒をみていた母親が亡くなると、父親から自立を迫られ、無理矢理実家を追い出された。追い詰められた直也は加地を訪ねたものの、不在であったことから、飛び降り自殺を図る。それは未遂に終わったが、以来、それまで弟に対して見て見ぬふりをしていた加地は、直也と同居し、面倒をみている。

手袋《てぶくろ》を脱《ぬ》ぎながら部屋に入ると、直也が小雪＊を膝《ひざ》に載《の》せ、ソファに座《すわ》ってテレビを観《み》ていた。今日は休日なので、スウェットのままくつろいでいる。

「ただいま」

「おかえり」

時計を見るとまだ十時前で、こんな時間に帰るのは久しぶりのことだった。

「飯食ったのか？　なんか作ろうか」

とはいえ疲《つか》れているのでうどんくらいしか作る気になれず、台所で湯を沸《わ》かす。頼《たの》めばやるが、直也が食事の準備をすることはあまりない。料理はどうにも苦手らしい。

「今年は新宿校の全員が、受験するの？」

直也がソファから立ち上がり、小雪を抱《だ》いてキッチンのほうに歩いてきた。

「ああ、今年は一人も抜《ぬ》けなかったからな」

毎年数人は途中で転塾《てんじゅく》したり、受験をやめたりするのだが、今年の六年生は一人も欠けなかった。勉強に行《い》き詰《づ》まったり、一時期、塾に来られなくなった生徒はいたものの、それでもみんなそれぞれの壁《かべ》を乗《の》り越《こ》えてここまできた。なんの危機もなく受験日を迎《むか》える子どもなどほとんどいない。どんなにしっかりした子どもでも必ず、足元が［A］揺《ゆ》れる時期がある。

「今年は全員合格しそう？」

「さあ。そればっかりはわからない。ほとんどの子が、五分五分の勝負を挑《いど》んでるからな」

「どうして、不合格になるかもしれない学校を受験するの？　合格できる学校を選べばいいのに……」

直也は言いながら①小雪の白い毛に鼻を埋《う》めた。直也には自分がわからないこと、不安なことがあると、そうやって小雪に触《ふ》れる癖《くせ》がある。

「挑戦《ちょうせん》したいからだろう。②子どもは自分の力を試《ため》したいんだ。生まれて初めて歩いた幼児が、嬉《うれ》しそうな顔をするのと同じだよ」

できなかったことが、できるようになる。知らなかったことを知る。それだけで子どもの顔は眩《まぶ》しいくらいに輝《かがや》くのだと、加地は直也に話して聞かせた。自分にしても塾の講師になって初めて知ったことだが、子どもには成長しようとする本能が備わっている。

「今年も、生徒たちの頭に金の角が見える？」

小雪に顔を寄せたまま、直也が聞いてくる。

「ああ、見える」

加地は笑いながら頷《うなず》いた。決戦を前にした子どもたちの頭には、角が見えるんだ――。以前そんな話を、加地は直也にしたことがある。極限まで努力し続けた子どもたちには、二本の硬《かた》く、まっすぐな角が生える。自分にはその角が見える。決して諦《あきら》めることなく闘《たたか》ってきた者だけが戴《いただ》く、金の角が見えるのだ、と。直也はなぜかこの話を気に入っていて、毎年この時期になるときまって、「今年も金の角が見える？」と聞いてくる。

「角は……塾の先生なら誰でも見えるの？」

直也の腕《うで》の中で、小雪がゴロゴロと喉《のど》を鳴らした。

「さあ。こんなこと、他の講師とは話さないからわからないな。おれだけが感じていることだと思うけど、角は子どもたちの武器なんだ。自分の力で手にした武器だ。金の角はきっと、あの子たちの人生を守ってくれる」

初めて角を目にしたのは、講師になって一年目の冬のことだった。入試を目前に控《ひか》えた冬期講習中。加地は生徒たちに演習問題を解かせていた。

どの子も答案用紙が焦《こ》げつくのではないかというくらい熱心に、全力で、問題と向き合っていた。集中する子どもたちの姿に自分も昂《たか》ぶり、気持ちを鎮《しず》めるために教室の窓を少し開け、外の冷気を吸《す》い込《こ》み、そしてまた教室内に視線を戻《もど》した時だ。

子どもたちの頭が光って見えた。

③息をのんで目を凝《こ》らせば、頭から金色の角が生えているのがはっきりと見えたのだ。

熱と光で温まった自分の頭を、加地は左右に振《ふ》った。これは幻影《げんえい》だ、疲労《ひろう》による目の錯覚《さっかく》だ、とその時はやり過ごした。だが次の日も同じように角は見えた。そしてその日から毎年、入試が近づくと金の角が見えるようになった。
④子どもたちの武器である角は、大人にとっては未来を指し示す希望の光――。

そう気づいたのは、最近のことだ。

湯が煮《に》立った*雪平鍋《ゆきひらなべ》の中に、味噌《みそ》を溶《と》かしてうどんを入れた。麺《めん》が柔《やわ》らかくなる頃《ころ》合《あ》いを見て鍋《なべ》から鉢《はち》に移し、卵をそれぞれに割り入れる。今日は両方ともうまく割れ、満月のような黄身が二つ、味噌煮《みそに》込《こ》みうどんに浮《う》かんだ。

「できた。食おう」

最後の仕上げに青ネギを散らしてから、加地は直也に声をかけた。

「昨日、*職場の上の人に呼ばれた……」

両手で鉢を持ち上げ、つゆを一口飲んだ後、直也が［B］口にする。

「どうしてだ？　ミスでもしたのか」

「夜勤だけじゃなくて、日勤帯の仕事もしないかって言われた。そうしたら契約《けいやく》社員になれるからって……」

箸《はし》を持つ手をとめて、加地は直也の顔を真正面からのぞきこんだ。喜《き》怒哀楽《どあいらく》がわかりづらいのはいつものことだが、今日に限ってはその両方の目になんらかの揺らぎがある。

「それで、なんて答えたんだ」

「なにも……」

ずっ、ずずっと麺を啜《すす》りながら、直也が［C］目を伏《ふ》せる。

「なにも答えないのはよくないな。断るにしても、きちんと返事をしないと」

直也が深夜帯の仕事を選んでいるのは、他人と関わるのを極力避《さ》けるためだ。外に出られるようになっても、人とコミュニケーションを取ることはいまもまだ苦手なままだ。

「考えてから返事してって……」

「考えてって、そう言われたのか」

「うん、返事はすぐじゃなくていいからって……」

小雪が前足でテーブルの脚《あし》をカリカリと掻《か》きむしる音が、静かなリビングに響《ひび》いていた。男二人の暮らしは日々単調で彩《いろど》りが少ない。その⑤味気ない毎日を癒《いや》してくれる唯一《ゆいいつ》の存在に、加地はそっと手を伸《の》ばした。小雪が満足そうに喉を鳴らす。

「それで、おまえはどうしたいんだ」

「わからない。契約社員が……よくわからない」

「契約社員だとアルバイトより待遇《たいぐう》が良くなるんだ。*福利厚生《こうせい》もあるだろうし、有給休暇《きゅうか》ももらえる。有給休暇っていうのは休み中も給料が支給される休暇のことで、社員なら年に何日かもらえる権利がある」

「休んでも給料が支給される休暇？　そんなのあるの」

「契約社員になれば、いまよりいい条件で働ける。その話、受けてみたらどうだ？」

この五年間の働きを認めてもらえたのだと、加地は直也に伝えた。真面目に努力していれば必ず見てくれている人がいる。自分がそう言い続けてきたことが、現実になったのだ、と。

「でもぼく、なにも知らないから……人に笑われる。昼間は大勢人がいるし……」

「笑われたって、いいじゃないか。おれなんて*証券会社で働いていた時、的外れなことを口にして灰皿を投げつけられたことがあるぞ。初めは誰だって知らないことばかりだ」

「でも……」

「うちの生徒たちにしても、入塾してきた時はなにも知らなかったし、できなかった。でもいまは違う。なあ直也、知らなければ、知ればいい。できなければ、できるようになるまでやるんだ。それを努力というんだ。おまえはこの八年間で、努力ができる人間になった。準備は整っていると、おれは思う」

　手に持っていた箸を置いて、加地は直也に俊介《しゅんすけ》の話をした。自分の教え子に、難聴《なんちょう》の妹のために頑張《がんば》っている子どもがいる。いまの自分が嫌《きら》いだから、生き方を変えたいからと、東京で一番偏差値《へんさち》の高い中学を目指してる。その子は六年生の四月に入塾したんだ。初めは学年で一番下の成績だった。でもこの十か月間で人の何倍も努力して、明後日は目標通り、最難関校を受験する。

「その生徒が妹の話をした時、おれはおまえのことを思い出した。おれもこの八年間、おまえのために生き方を変えたかったのかもしれない。でももういまのおまえは、自分の力でちゃんとやっていけるな」

「ぼくに……」

　言いかけて直也が息を深く吸い込み、また静かに吐《は》く。母親を思い出させる二重瞼《ふたえまぶた》の大きな目が、窺《うかが》うように加地を見つめてくる。小雪がニャッと鳴き声を上げ、直也の足にじゃれついていく。

「ぼくに……勉強を教えてくれない？　中学一年からのぶん……」

　肩《かた》をすくめて背中を丸め、直也は幼い子どものように縮こまった。そして手を伸ばして足元にいた小雪を抱《かか》え上《あ》げると、「昼間も働いてみる」と呟《つぶや》き、背中の毛に鼻を埋める。

加地は直也の細い首筋を見つめ、なにか言わなくてはと言葉を探した。勇気を出した直也を褒《ほ》めてやりたくて、だがすぐに言葉は見つからず、加地は心の中で、母さん、と呼びかける。母さん、直也は変わった、強くなった、いまの直也を見てほしい、と語りかけると、母親の手の感触《かんしょく》がふいに蘇《よみがえ》った。薄《うす》く冷たい骨ばったものではなく、まだふくよかだった頃《ころ》の柔らかで温かな手触《てざわ》りだった。

⑥「おれには、おまえの頭にも角が見えるよ。ここに……金の角が生えている」

　加地は手を伸ばし、テーブル越《ご》しに直也の髪《かみ》に触れた。三十六歳《さい》の兄が三十三歳の弟の頭を撫《な》でるなど、はたからみれば変かもしれない。だがそうしたかったのだ。母親のぶんまで、直也のことを褒めてやりたかった。

（藤岡陽子《ふじおかようこ》『金の角持つ子どもたち』〈集英社〉による。
問題作成にあたり、本文の一部を改変しました。）

＊小雪＝加地と直也が実家から連れてきた猫《ねこ》の名。
＊雪平鍋＝持ち手・注ぎ口・ふたのある鍋。
＊職場＝直也は五年前から、宅配会社で夜勤専門の配送ドライバーをしている。
＊福利厚生＝企業《きぎょう》が従業員の生活を充実《じゅうじつ》させるために設ける制度や施設《しせつ》。
＊証券会社＝加地はかつて証券会社に勤めていたが、自殺未遂《みすい》を起こした直也をそばで支えるために退職し、一年間片時も離《はな》れることなく直也と過ごした後、現在勤めている学習塾に就職した。

問一　[A]～[C]にあてはまる言葉として、最も適当なものを、次のア～カの中からそれぞれ選び、記号で答えなさい。

ア　そっと　　イ　じっと　　ウ　ずばりと
エ　ころりと　　オ　ぼそりと　　カ　ぐらりと

問二　――線部①「小雪の白い毛に鼻を埋めた」とありますが、この時、直也がこのようにしたのはなぜですか。説明しなさい。

問三　――線部②「子どもは自分の力を試したいんだ」とありますが、加地はその理由を何だと考えていますか。「～があるから。」の言葉に続くように本文中から十字で抜き出しなさい。

問四　――線部③「息をのんで」の意味として最も適当なものを、次のア～エの中から一つ選び、記号で答えなさい。

ア　静かに呼吸をおさえて　　イ　大きく呼吸して
ウ　激しい息づかいをして　　エ　思わず息を止めて

問五　――線部④「子どもたちの武器である角は、大人にとっては未来を指し示す希望の光――」について、次の1・2の問いに答えなさい。

1　「武器」とは、ここでは何のことですか。最も適当なものを、次のア～エの中から一つ選び、記号で答えなさい。

ア　行動力　　イ　生命力　　ウ　学力　　エ　権力

2　「大人にとっては未来を指し示す希望の光」とは、どういうことですか。最も適当なものを、次のア～エの中から一つ選び、記号で答えなさい。

ア　子どもにとって自分の身を守るための武器となるものが、大人にとっては、子どもたちの未来のために進むべき道を教えてくれるものであるということ。

イ　子どもにとって自分の身を守るための武器となるものが、大人にとっては、自分たちが見失ってしまった未来を再び思い出させてくれるものであるということ。

ウ　子どもにとって周囲と闘う武器となるものが、大人の目からは、子どもに未来への明るい見通しをもたらすものに見えるということ。

エ　子どもにとって周囲と闘う武器となるものが、大人の目からは、子どもに闘いのない未来をもたらすものに見えるということ。

問六　――線部⑤「味気ない」の意味として最も適当なものを、次のア～エの中から一つ選び、記号で答えなさい。

ア　つつしみがない　　イ　関心がない
ウ　気配りがない　　エ　おもしろみがない

問七　――線部⑥「おれには、おまえの頭にも角が見えるよ。ここに……金の角が生えている」と加地は直也に言っていますが、これは、直也がどのような人間になったということを表していますか。答えなさい。

問八　本文中に何度か出てくる「金の角」の説明として最も適当なものを、次のア～エの中から一つ選び、記号で答えなさい。

ア　形のない抽象《ちゅうしょう》的な事柄《ことがら》が、具体的ではっきりとした形で表れたもの。

イ　現実には存在していない事柄が、とらえどころのない幻想的《げんそうてき》なイメージとして表れたもの。

ウ　理屈《りくつ》では理解できない事柄が、客観的でありながら不思議な形として表れたもの。

エ　説明して伝えるのが難しい事柄が、言葉では表せないイメージとして表れたもの。

四　さくらさんの通う中学校の修学旅行では班行動があります。決められたルールに沿って、さくらさんの班は行程表を作ることになりました。【資料】と【会話文】をよく読み、あとの各問いに答えなさい。

【資料】　班行動のルール

1　出発時間は十一時、集合時間は十六時です。集合場所は【市民公園】に停まっているクラスのバスです。

2　見学場所は【城跡《しろあと》】と【博物館】です。さくらさんの班は、先に【城跡】を見学してから【博物館】を見学します。

【会話文】

さくらさん　私たちは城跡を先に見学して、博物館は後で行くんだね。城跡から博物館までは四十分かかるみたい。

みどりさん　そうだね。宿から城跡までは一時間かかるよ。あ！　博物館では百人一首の展示が行われているよ。

あおいさん　え！　授業でやったばかりだね。みんなで覚えたから見学が楽しみだ。

さくらさん　確かにみんなが興味をもって見ることができそうだね。博物館での見学時間は少し多めに見積もっておこう。

うみさん　いい考えだね。一時間の見学時間を確保しよう！　そういえば集合は何時だったっけ？

みどりさん　十六時に市民公園に停まっているクラスのバスだよ。

うみさん　博物館から市民公園にいくまでにかかる時間を考えておかないといけないね。

さくらさん　えーっと、歩いて二十分だよ。見学が終わったらそのまま市民公園に向かうのはどうだろう。

あおいさん　賛成！　そうしよう。

うみさん　そうすると博物館を出る時間も決まってくるね。

みどりさん　そういえば、お昼はどうする？

あおいさん　この地域で有名なのはハンバーグ屋さんとうどん屋さんだって。

さくらさん　十二時がお昼どきだけど、お店も混むと思うからすこし時間をずらして食事をする方がいいかも。有名店だからお昼時は行列ができて三十分は待つみたい。

みどりさん　混雑時を避けてお店に行けば待ち時間も少なくなるから、十三時を過ぎてから昼食にしよう。食事の時間は一時間として考えよう。

うみさん　有名なハンバーグ屋さんは博物館の前にあって、有名なうどん屋さんは城跡の前にあるみたい。

問一　さくらさんの班は次のような行程表を作りました。しかし、班行動のルールと班員との会話をふまえると、この行程表には問題点があります。それを指摘《してき》しなさい。

修学旅行　班行動　行程表	
11：00	宿を出発。
12：05	城跡前のうどん屋で昼食。
13：05	城跡前のうどん屋を出発。
13：10	城跡を見学。
13：50	城跡を出発。
14：30	博物館を見学。
15：30	博物館を出発。
15：50	市民公園の駐車場に到着。

問二　問一で指摘した問題点を解消するためにはどうしたらよいですか。簡潔に書きなさい。

広尾学園中学校（第一回）

—50分—

注意事項　問題で文字数が指定されている場合はカッコや句読点を文字数に含みます。

一　次の各問に答えなさい。

問一　――線の漢字の読みをひらがなで答えなさい。

① 研究の骨子をまとめる。
② 磁針を頼りに北へ向かう。
③ 書類に氏名を自署する。
④ キリストの降誕を祝う。

問二　――線のカタカナを漢字に改めなさい。

① 敵のたくらみをカンパする。
② ガクセイとして名を残すベートーベン。
③ この世のケンセイを誇る大企業。
④ 少年のシャコウ心をあおるゲーム。
⑤ 内閣のシュハンに指名される。
⑥ 十を二でジョすると答えは五だ。

二　次の――線の□にひらがなを一字ずつ入れて言葉を完成させ、その言葉に最も近い意味の言葉を後の語群より選んで記号で答えなさい。

① なか□□く秀でた教養をほこる。
② 人目を□□かって暮らす。
③ 工事のはかどらないのが□□かしい。
④ □□どころない事情で欠席する。
⑤ さ□□め食べていくだけの持ち合わせはある。

【語群】

ア　とりあえず
イ　とりわけ
ウ　じれったい
エ　やむをえない
オ　気にして遠慮する

三　次の文章を読み、後の問に答えなさい。

家族の暮らしが変わったのは、俊介が中学受験をしたいと言い出したからだ。俊介を塾に通わせるために大金を使っている。でももし受からなかったら……おれはどうすればいいのだろう。六年生という「人生で一度きりしかない」この時間がなんの意味もなく、まるごとすっぽり抜け落ちてしまうのだろうか。

東栄大学附属駒込中学校を目指す。そこしか受けない。塾に入る前、お父さんにそう宣言した。でもその時は、偏差値がなんのことかすら知らなかったのだ。でもいまはわかる。偏差値70以上の中学に合格することが、どれほど難しいことなのか。ずば抜けて頭のいい六年生が遊ぶ時間や睡眠時間を削って努力して、それでも合格できるかわからないのが現実なのだ。

気がつくとテーブルの上に突っ伏していた。毎晩十二時過ぎまで起きているので、油断するとすぐに眠ってしまう。気力をふりしぼって重いまぶたを開き、時計を見ると、六時になろうとしていた。電子レンジがまだ律儀に鳴り続けている。

「塾……行かなきゃ」

　頭が重かったが、そう言い聞かせて立ち上がった。もうすっかり冷めたプラスチック製の弁当箱をレンジから出した時に、焼肉のタレで炒《いた》めた肉の匂いが鼻先をかすめ、折れそうだった心に少しだけ力が戻る。弁当と水筒、今日使うテキストとペンケースを詰め込むと、俊介は腕と背中に力を込めてリュックを背負った。

　電車が新宿駅に着いた時、外の景色は夕暮れ色に染まっていた。仕事帰りらしい大人たちとすれ違いながら、俊介は重い足取りで改札を抜ける。

　いま頃B組では二限目の理科が終わり、三限目の国語の漢字テストが始まっているだろう。こんな中途半端な時間に顔を出したら、漢字テストを避けるために遅刻したと思われるかもしれない。やっぱり今日はこのまま休んでしまおうか、Iと雑踏の中でふと足を止めた時だった。

「俊介」

　人混みの中から自分を呼ぶ声が聞こえた。驚いて、行き交う人の中で立ち止まると、

「俊介、なにしてるんだ」

　後ろから声がして、振り向くと加地先生が立っていた。いま一番会いたくない人に見つかってしまったことにみぞおちがぎゅっと痛む。

「なんだ、どうした」

「ちょっと遅れてしま……って」

　先生と目を合わせたとたん、ここまで必死に堪えていたものがいっきに溢《あふ》れ出そうになった。①顔を見られるのが嫌で、慌てて下を向く。

「俊介、飯食ったか？」

　加地先生が俊介の腕をそっとつかみ、優しい声で聞いてきた。人の波から俊介を庇《かば》うように、すぐそばに立つ。俊介が顔を伏せたまま首を横に振ると、「おれいま空き時間なんだ。一緒に食いに行くか」と先生が背中を軽く押してきた。その力に素直に従う。

　Pアカデミーの建物がある大通りから、一筋奥に入り込んだところにある小さなビルの前で、先生が立ち止まった。「ここでいいか？」と擦りガラスの嵌《は》まった古いドアを押し、慣れた様子で店の中に入っていく。スツールが五脚並ぶカウンター席と、四人掛けのテーブル席が二つあるだけの狭い店内には、加地先生と俊介以外に客はいなかった。

「いらっしゃい、今日もハムサンドとホットコーヒーでいいの？」

　テーブル席に座ると、腰の曲がったおばあさんがテーブルまで水を持ってきてくれた。

「うん、おれはそれで。俊介……あ、おばさん、この子うちの生徒なんだけど、ここで弁当食っていいかな。悪いんだけど」

「ああいいよ。気にせずお食べ」

　鷹揚《おうよう》に頷《うなず》くと、おばあさんがカウンターの奥に向かって「ホットとハムサンド一つ」としゃがれ声で叫ぶ。

「古い店だけど、居心地はなかなかいいんだ」

　ゆっくりとした足取りで立ち去ろうとしていたおばあさんが、くるりと振り返り、

「加地くん、古いは余計だよ」

とコントのような間合いで言い返す。

「弁当、先に食っていいぞ。腹減っただろ」

「うん……」

床に置いたリュックから弁当を取り出すと、俊介はテーブルの上にそっと載せた。お母さんが朝早くに起きて作ってくれた弁当だったので、どこかで食べないと、と思っていたのだ。

「いただきます」

胸の前で手を合わせてから蓋を開けると、俊介の大好きな豚肉の野菜巻きがぎっしりと詰められていた。にんじんといんげんを豚肉で巻いて、甘辛い焼肉のタレをからめて炒めたものだ。

「お、うまそうだな。お母さんが作ってくれたのか」

「うん」

「いつも思うけど、お母さんっていうのは偉大な存在だな。こうして子どものために手間暇かけて弁当を作ってくれて。あたりまえじゃないぞ、感謝しろよ、俊介」
②「……うん」
冷めても美味《おい》しいものを、とお母さんは毎日メニューを工夫してくれる。俊介の好きな肉料理は必ず一品入れてくれるし、お弁当を食べる休憩時間が十五分しかないので、食べやすいようにとご飯はおにぎりにしてある。

「俊介、今日はどうした？」

弁当を食べ終えると、加地先生が聞いてきた。この店に来た時から遅刻の原因を聞かれることはわかっていたが、なにをどう話せばいいかがわからず、俊介はしばらく口をつぐんだまま黙っていた。

「疲れたのか」

加地先生が口元に笑みを浮かべた。その笑顔に、頭の中で考えていたいくつもの言い訳が、ぱっとどこかに消えてしまう。

「わかんない。学校の先生にも、疲れて見えるって言われたけど」

体力的にはまだいける。でも気力が萎えている。

「俊介はサッカーやってたんだよな。何年間やってたんだ？」

運ばれてきたハムサンドを食べながら先生が質問を重ねてきた。一口が大きくて、もうすでに半分を食べ終えている。

「五歳の時に始めたから……七年間」

「ふごいな。七年間もシャッカーやってはのか」

口の中をいっぱいにしながら喋《しゃべ》るので、なにを言っているのかわからない。我慢できずに笑ってしまった。先生も笑い返しながら、五分もかけずにハムサンドを食べ切ってしまった。

「だからだな。おまえは本当に根性があるよ。どうだ俊介、東駒は遠いか？」

「……うん、遠い」

「あんな難しい学校、他にないな」

「うん……他にない」

東駒以外は受験するつもりはなく、落ちたら地元の公立中学校に行く。入塾の時に加地先生にはそう伝えたとお母さんが言っていた。東駒しか受けないなんて、現実をなにもわかっていない入塾前だから言えたことだ。サッカーを始めた五歳の時に「日本代表に入る」とⅡ豪語していたのと同じ。でも加地先生から志望校についてなにか言われたことは、一度もなかった。

「③なんで東駒なんだ？」

「……将来ロボットを作りたいからです」

「それだけが目的なら、他にもいろいろな学校があるだろ。中高一貫の優秀な国公立の中学が、都内にはたくさんある。東駒にそこまでこだわる理由はなんなんだ？」

　そこまでこだわる理由、と言われ、俊介は下を向いた。自分の手をじっと見つめ、右手の中指に貼ってある絆創膏《ばんそうこう》に触れる。「ペンダコが痛そうだから」とお母さんが昨日の夜に巻いてくれた絆創膏……。右手の親指でペンダコをなぞりながら、俊介は再び黙る。

　でもいまのこの気持ちを誰かに話さないと、心が破裂しそうだった。俊介はゆっくりと顔を上げ、口元にきゅっと力を入れる。

「生き方を変えたいからです」

　長い沈黙の後、俊介がようやくそう答えると、加地先生は両目を大きく見開いた。口をすぼませ、ふいのパンチを食らったような表情で俊介を見返してくる。

「なんだ俊介、おまえ、えらく大人びたことを言うな」

「ほんとのことです」

　加地先生がコーヒーのおかわりを頼むと、一緒にプラスチックのコップに入ったオレンジジュースが運ばれてきた。おばあさんが「あたしからのサービスだよ」と俊介の前に置いてくれる。

「おまえは、いまの自分が嫌なのか？」

　困ったような顔をして加地先生が聞いてくる。加地先生がこんな顔をするのは珍しい。

「はい、おれは……自分が嫌いです」

　加地先生が真剣に聞いてきたので、自分も真剣に答えた。誤魔化すことも流すこともできたけれど、それはしなかった。

「そうか……。理由を聞いてもいいか」

　しばらく考えた後、俊介は頷いた。急に足が震えてきたので、両手で両膝を強くつかんだまま、加地先生の顔を見る。

「おれ、妹がいるんです。いま一年生で、同じ小学校に通ってるんだけど、生まれつき耳が聴こえないんです。先生は……先天性風疹《ふうしん》症候群って知ってますか？」

　コップに浮かぶ氷がぶつかり、カランという小さな音を立てた。オレンジジュースは美音も大好きだ。ファミレスのドリンクバーでも、オレンジジュースばかり飲んでいる。

「いや、知らないな」

「赤ちゃんの病気です。妊婦さんが風疹に罹《かか》ったら、そういう病気の赤ちゃんが生まれてくることがあって……。心疾患とか白内障とか……難聴とかが、代表的な症状で……」

　俊介の体に赤い発疹《ほっしん》が出ているのに気づいたのは、幼稚園の担任の先生だった。

　――俊ちゃん、ここ痒《かゆ》くない？　ほら、小さな赤い点々があるでしょう。

　先生は俊介の両袖をまくり上げ、首を傾《かし》げた。そしてそのまま園内の医務室に俊介を連れていき、他の先生にも、皮膚に散らばる赤い点々を見せた。発疹を見た先生たちは俊介の上着を脱がせて腹や背中も確認し、体温を測った。その日俊介は教室には戻してもらえず、迎えに来てくれたお父さんと一緒にいつも通っている小児科医院を受診した。お医者さんは俊介の首に触れ、耳の下に触れ、「風疹ですね。間違いないでしょう」と頷いた。風疹の症状に特徴的なリンパ節の腫脹《しゅちょう》がありますね、と。

「おれが四歳の時に風疹に罹って、それをお母さんに……」

うつしたんです、と言おうとして喉が詰まった。それ以上言葉が続かず、そのうちに声を出す力がなくなった。

「俊介が風疹に罹って、それを妊婦だったお母さんにうつした。そういうことか？　その話は誰から聞いたんだ、お父さんかお母さんがおまえに話したのか？」

俊介は俯《うつむ》いたまま、大きく首を横に振る。お父さんとお母さんが話したわけじゃない。

「おまえがこのことを、妹さんの耳が聴こえない原因を知ってるってことを、ご両親はご存知なのか？」

俊介はもう一度首を左右に振る。お父さんとお母さんはいまも、俊介がなにも知らないと思っている。だから自分もなにも知らないふりを続けている。話す勇気もない。

偶然、聞いてしまったのだ。

四年前の夏の日、家族で征ちゃんのおじいちゃんの牧場に遊びに行った時に大人たちが話をしているのを、耳にしてしまった。

――わかったわ。征にも厳しく言い聞かせとく。でも……美音ちゃんの難聴の原因が、幼稚園で流行《はや》った風疹だったってこと、誰が広めたのかしらね。幼稚園で風疹が流行ることなんてよくあることなのに………。誰も悪くないのに、本当に酷い噂話《うわさばなし》をする人がいるわね。

プール遊びをしていて、全身から水滴を滴《したた》らせ、俊介は居間の縁側に上半身を乗り出していた。お母さん、水鉄砲取って。そう叫ぼうとしたら、征ちゃんのお母さんの言葉が、聞こえてきた。言っていることの意味はよくわからなかったのに、自分にとってとても怖ろしい話だということはわかった。「誰も悪くないのに」の「誰も」は、自分のことなのだと、なぜか直感で気づいた。「俊ちゃんは悪くないのに」と、おばさんは言いたかったのだ。

④テーブルの隅に視線を落としたまま黙りこくっていると、

「おまえが入塾テストを受けた時、担当していたのはおれだったんだ。憶えてるか？」

と加地先生が聞いてきた。下を向いたまま、俊介は頷く。

「入塾テストの結果を、おれからおまえのお母さんに説明したんだ。何点だったかな？　点数ははっきりと憶えてないけど、あんまり良くはなかったな。それでお母さんもえらく恐縮してて、これじゃあ入塾は無理ですね、って帰ろうとしてたんだ」

その話はお母さんから聞いた気がする。でも帰ろうとしたことは、知らなかった。

「おれはおまえを合格にした。合格点には達してなかったけど、そんなことは正直なところさほど関係ない。成績が伸びるかどうかは、その時点の学力よりもむしろ、子どもの性質を重要視するところがあるんだ。それでおれは、おまえなら絶対に伸びると思った。こういう仕事をしていると、時々巡り合うんだ。黙っているのに顔から、全身から、負けん気が立ちのぼっているような子に出逢う。おまえはそんなやつだった。そういう子どもには必ず、金の角が生えてくる。だからおれはおまえに、勉強を教えてみたいと思った」

知らない間に頬《ほお》を伝っていた涙を手の甲で拭ってから、俊介はゆっくりと顔を上げる。

「先生はいつも……金の角って言うよね」

加地先生がそんなふうに見てくれていたなんて、全然知らなかった。人より遅れて塾に入った自分には、角も生えないだろうと諦めていたのだ。

「おれが合格だと伝えたら、お母さんすごく驚いてな。涙浮かべて、おまえのことを頑張り屋なんだって言ってたよ」

涙ぐむお母さんの顔が、俊介の頭の中にすぐに浮かぶ。お母さんは、俊介や美音が褒められるとすごく喜ぶ。自分が褒められているような、とても嬉《うれ》しそうな顔をする。

「お母さんの言葉は嘘《うそ》じゃなかったよ。四月に入塾してからこの半年間、おまえは本当によく頑張ってる。おまえの急成長は、Ｐアカ新宿校の講師陣の間でも話題になってるくらいだ。でも今日、おまえがどうしてこんなに頑張れるのかがわかったよ」

先生はいったん口をつぐみ、静かに息を吐き出した。

「俊介おまえ、しんどい人生だな」

先生の言葉を聞いたとたん、⑤涙がまた溢れてきた。抑えようとして、でもどうやっても泣き声が漏れ出てしまう。先生の言ったとおりだった。これまでずっとしんどかった。でもしんどいなんてことを口にしたらいけないと思っていた。自分が弱音を口にするなんて許されないと、怯えていた。先天性風疹症候群という病気を初めて知った時。幼稚園での記憶が、その病気と結びついた時。そこからほんとに……しんどくてたまらなかった。だから頑張るしかなかったのだ。必死に頑張って、美音を守れる強い兄ちゃんになって、それだけが自分のできる精一杯だと思って生きてきた。でもサッカーがだめになって、もうどうすればこれ以上頑張れるのかわからなくなった時に、東駒のことを倫太郎から聞いた。日本で一番難しい中学校に挑んで、もし合格したなら、自分を許せるかもしれないと思ったのだ。

「なあ俊介、その年でそんな大きなものを背負うなよ。……おまえの気持ちが、おれにはわかるよ。先生にも守らなきゃならない家族がいる。でもおまえはその年で、そんな大きなものを背負う必要はない」

先生の手がテーブルの向こう側から伸びてきて、俊介の頭をそっとつかむ。

「俊介は賢い。努力もできる。ただ東駒は最難関だ。あと半年でおまえの学力が東駒レベルまで上がるかどうか、正直なところおれにもわからない。でもこの受験がおまえを少しでも楽にしてくれるなら、おれも全力で教える。応援するんじゃなくて一緒に挑戦する」

俊介はテーブルの上に置いてあったおしぼりを手に取って、両目に強く押し当てた。

それからおしぼりで頬を拭い、鼻水を拭い、口元を拭ってから前を向いた。目を開くと、いままで涙で歪《ゆが》んでいた先生の顔がはっきり見えた。

「⑥先生は……中学受験をすることに意味があると思いますか？」

みんなに、ここまで過酷な受験勉強をさせることに納得できないの。

だって六年生の夏休みは、人生で一度きりしかないんだから。

中学受験なんてなんの意味もないって言ってたぞ。

金と時間を使って塾に通っても、合格しなかったらどうせ広綾中に行くんだ。

勉強を頑張りたいなら、中学に入ってからでも遅くないって。

頭の中にこびりついて離れなくなっていた豊田先生や智也のお父さんの言葉を、俊介はもう一度口の中で唱えてみた。俊介の胸を刺す、小さな棘《とげ》がびっしりと付着した言葉。

「もちろんだ。じゃないと、中学受験の塾講師なんてやらないだろう？　おれは、中学受験には意味があると思ってる。人は挑むことで自分を変えることができるんだ。十二歳でそんな気持ちになれる中学受験に、意味がないわけがない」

⑦先生はそう言って微笑《ほほえ》むと、そろそろ塾に戻るぞと立ち上がった。

（藤岡陽子『金の角持つ子どもたち』〈集英社〉による）

問一　――線Ⅰ「雑踏」・Ⅱ「豪語」について、本文における意味として最もふさわしいものを次からそれぞれ一つ選び、記号で答えなさい。

Ⅰ「雑踏」

ア　気持ちが折れかけること。　イ　様々な思いが入り組むこと。

ウ　たくさんの人がいること。　エ　知らない人の中にいること。

Ⅱ「豪語」

ア　自信にあふれて言うこと。

イ　実現不可能なことを言うこと。

ウ　根拠がないことを言うこと。

エ　物事を誇張して言うこと。

問二　――線①「顔を見られるのが嫌で、慌てて下を向く」とありますが、このときの俊介の状態を説明しているものとして、最もふさわしいものを次から一つ選び、記号で答えなさい。

ア　受験の厳しさを実感して後ろ向きな気持ちを抱え悩んでいるが、急に加地先生を前にしたところで本音を話すことができないので、今は我慢すべきだと顔を伏せている。

イ　塾に遅れた後ろめたさがある上に、弱っている今の自分の気持ちを加地先生につい吐露してしまいそうになったが、その気持ちを悟られないように顔を伏せている。

ウ　塾に行っていないことを加地先生にとがめられると感じ、言い訳をしようと思ったが、目を合わせるとうまく言い逃れができないような気がして慌てて顔を伏せている。

エ　たいした理由もないのに塾を休もうと考えていたところで加地先生と出会ってしまい、罪悪感が湧いてきて今の自分の心境を話すべきかどうか迷って顔を伏せている。

問三　――線②「『……うん』」とありますが、このときの俊介の心情を説明しているものとして、最もふさわしいものを次から一つ選び、記号で答えなさい。

ア　自分の大好きなおかずが入ったお弁当を見て改めてお母さんへの感謝を感じる一方で、このあと塾に遅れてきたことを聞かれることがわかっているので気が重くなっている。

イ　お母さんが塾で食べやすいようにお弁当を工夫して作ってくれているのに、自分は塾に行かないで別のところで食べているので申し訳ない気持ちになっている。

ウ　真っ先に塾に遅れてきた理由を聞かれると思っていたのに、加地先生がそのことには触れないで優しく接してくれていることに戸惑いを感じている。

エ　気力が萎えて塾に足が向かず受験を諦めようと思っていたが、お母さんが手間をかけて作ってくれたお弁当を見ることで気力を取り戻している。

問四　――線③「『なんで東駒なんだ?』」とありますが、この質問に対する答えとして、俊介の本心が最も具体的に書かれている一文を探し、はじめの五字を書き抜きなさい。

問五　――線④「テーブルの隅に視線を落としたまま黙りこくっている」とありますが、このときの俊介の状態を説明しているものとして、**ふさわしくないもの**を次から一つ選び、記号で答えなさい。

ア　ずっと自分だけで抱えてきた悩みを打ち明けていく中で、加地先生の質問に対して自分の考えをうまく言葉にできなくなっている。

イ　勇気を出して妹の耳が聴こえない理由を加地先生に告白したが、結局は自分ではどうしようもできない状態につらい気持ちでいっぱいになっている。

ウ　両親が自分をかばって妹の耳が聴こえない原因を言わないことは理解できるが、知らないふりを続けることに疲れた現状に対する加地先生からの助言を待っている。

エ　加地先生に東駒に入学したい理由を意を決して伝えたものの、妹の耳が聴こえない原因を考えるとやはりすっきりせずに負い目を感じている。

問六　――線⑤「涙がまた溢れてきた」とありますが、なぜですか。八〇字以上一二〇字以内で説明しなさい。

問七　――線⑥「先生は……中学受験をすることに意味があると思いますか?」とありますが、この発言に至るまでの俊介の心情をまとめたものとして、最もふさわしいものを次から一つ選び、記号で答えなさい。

ア　自分と家族のために最難関の中学校を受験することははじめから心に決めていたが、もしも結果が不合格であっても中学受験をする意味があるのかどうか、加地先生の考えを知りたいと思っている。

イ　努力をすることで周りの人を見返そうと考えていたが、今になって自分の気持ちが揺らぎ、本当に意味があることなのかがわからなくなったため、加地先生に素直な疑問をぶつけている。

ウ　入塾テストの時の加地先生とお母さんのやりとりを聞き、今までの受験勉強の日々の努力を先生からもほめられたが、今のままで自分が合格できるのか不安があるため加地先生に聞いている。

エ　妹の病気の原因が自分にあると自責の念を一人で抱えて生きてきたが、そんな自分を認めるためにはじめた中学受験を周りの人たちに否定されることが続いたため、加地先生に肯定して欲しくて尋ねている。

問八　――線⑦「先生はそう言って微笑むと、そろそろ塾に戻るぞと立ち上がった」とありますが、加地先生のここまでの言動から読み取れるものとして、**ふさわしくないもの**を次から一つ選び、記号で答えなさい。

ア　俊介の元気がない理由が、周囲の人からの心ない言葉が原因だと分かり、俊介に寄り添って力強く励ましている。

イ　高い志望校を目標に掲げている俊介を否定することなく、受験本番まで俊介と一緒に歩むことを決意している。

ウ　塾講師として温かく俊介を元気づける一方で、妹の病気の責任を背負う俊介の気持ちを知り、不憫《ふびん》に感じている。

エ　俊介の様子がおかしいことを察して親身に話を受け止めながら、

今までの俊介の努力を讃《たた》えて安心させようとしている。

四　次の文章を読み、後の問に答えなさい。

一八世紀の終わりごろ、古代インドの言語であるサンスクリット語が、西洋の古典語であるギリシア語やラテン語と似た文法構造を持っていることが注目されます。そこで、サンスクリット語と多くのヨーロッパ語は一つの語族をなしているのではないかという仮説が唱えられました。いわゆる「インド・ヨーロッパ語族」です。一九世紀には、この仮説にもとづき、ヨーロッパのさまざまな言語の語彙や文法の類似性を比較検討する比較言語学が盛んになります。そして、どの言語とどの言語がより近い類縁関係にあるのか、どの語彙の方がより古くから使われていたのかといったことが明らかになっていきました。

そうした比較言語学の研究から出発しながら、「そもそも言語とは何か」について考えを深め、言語学だけでなく哲学やその他の人文科学に大きな影響を与えたのが、スイス出身の言語学者フェルディナン・ド・ソシュール(一八五七～一九一三)です。彼は自分では本を書きませんでしたが、彼の講義を受けた学生たちのノートをまとめて出版した『一般言語学講義』は、日本語にも翻訳されています(小林英夫訳、岩波書店など)。

ソシュールの思想の中でも後世に強い影響を与えたのは、①意味の恣意性についての考察でした。一言でいうと、言葉が示す意味には必然的な根拠がないということです。

私たちにとって身近な外国語である英語と日本語とを比較してみましょう。たとえば、日本語では帽子は「かぶる」、上着は「着る」、ズボンや靴は「はく」と言いますが、英語ではすべて「put on」という同じ動詞で表現します。また、日本語で「かぶっている」「着ている」「はいている」などのように、「～ている」という言い方をするところを、英語では「wear」という別の動詞を用います(付言すると、「put on」を現在進行形にすると、「袖に手を通したりボタンを閉めたりといった着る動作を今まさに行っている」という意味になります)。

このように、日本語の話者であれば「かぶる」と「着る」と「はく」は別の動作だと思いますが、英語の話者はそれらをみな同じ動作だと思っているわけです。他方、英語では「身に着けている」という状態を、身に着けるための動作とは別のものだと考えるのです。

こうしたとき、日本語による動作の区分と、英語の動作の区分とで、どちらかがより正しいということはありません。つまり、どちらか一方が人間の動作の自然な区分に即していて、他方は即していないなどということはない。言葉の意味は、それが指示する対象の自然な区分によって必然的に決まっているのではなく、人間の側が区分を作るということです。ちなみに、韓国語では「服を着る」と「ズボンをはく」が同じ動詞で、「靴をはく」はそれとは別の動詞で表現するそうです。

このように、言葉の意味の区分には必然的な(あるいは自然な)根拠がないことを、ソシュール言語学の用語で恣意性と呼びます。「人間の意のままに決まる」というような意味です(念のために補足しておきますと、「人間の意のままに決まる」といっても、ある特定の個人が言葉の意味を勝手に決めることはできません。あくまで集団としての人間が決めるということです)。

こうしたソシュールの恣意性の理論は、アメリカのⅠ在野の言語学者であったベンジャミン・ウォーフ(一八九七～一九四一)によって、一般の人々にも広く知られることになります。みなさんは、「エスキモー語には雪を示すたくさんの単語がある」という話を聞いたことがありませんか。その話を広めたのがウォーフです。たとえば彼は、一九四〇年に発表した「科学と言語学」という論文のなかで、このように書いています。

　イヌイット〔＝エスキモー〕の人たちにとっては、このようなⅡ包括的な意味の語〔＝雪〕は考えも及ばない。エスキモーに言わせれば、降る雪、どろどろの雪、その他さまざまの雪は、感覚的に言っても、対処する仕方から言っても別なもので、別の扱いをしなければならないものなのである。イヌイットの人たちはそれら一つ一つに違った単語を使うし、それ以外の雪についても同様である。

（池上嘉彦訳『言語・思考・現実』講談社学術文庫、一五九ページ）

　こうした主張は、基本的に妥当なものでしょう。北極圏ではさまざまな状態の雪に対処しながら生きていかなければなりませんから、対処の仕方に応じて雪の種類を細分化してそれぞれについて別の名前で呼ぶことは十分にありそうです。私たちが「砂」と「土」と「泥」を区別するのと同様でしょう。他方、雪があまり降らない地域では、雪は降ったとしてもいつも同じような仕方でパラパラと降るだけでしょうから、細かく呼び分けることもないでしょう。ついでに言えば、雪の降らない地域では「雪」に相当する言葉がないのも当然です。

　ところがウォーフは、同じ論文の別の箇所では、②納得するのがいささか難しいことを主張しています。

　われわれが現象世界から分離してくる範疇《はんちゅう》とか型が見つかるのは、それらが、観察者にすぐ面して存在しているからというのではない。そうではなくて、この世界というものは、さまざまな印象の変転きわまりない流れとして提示されており、それをわれわれの心―つまり、われわれの心の中にある言語体系というのと大体同じもの―が体系づけなくてはならないということなのである。（前掲書、一五三ページ）

　最初の部分は、言語の意味の区分には必然的な根拠がないという、ソシュールと同様の主張です。しかし、その後の「この世界はさまざまな印象の変転きわまりない流れである」とは、どういうことでしょうか。言語がなければ、私たちはこの世界を「変転きわまりない印象の流れ」として知覚するというのでしょうか。それなら、言語を持たない動物にとってこの世界ははっきりした輪郭もない、ぐちゃぐちゃの色の混合（カオス状態）として見えているのでしょうか。あるいは、「雪」という言葉を持たない人たちには、雪は見えないとでもいうのでしょうか。

　もしも、名前が付いていないものは見えないというのが本当なら、新しい名前を知ったり覚えたりすることはできないということになってしまいます。雪を初めて見る人にも、雪は見えるはずです。見えるからこそ、その見えているものに「雪」という名前を付けることもできるのです。

　これは、よく考えてみれば当たり前のことでしょうが、ウォーフの論文が広く読まれた結果、「言語がなければ世界はカオス状態である」とか、「言語が違えば世界が違って見える」といった極端な言語相対主義が、言語学者を含む多くの人によって信じられるようになってしまいます。こうした主張は、ウォーフと、彼の師匠であったエドワード・サピア（一八八四～一九三九）の名前を取って、③サピア・ウォーフの仮説と呼ばれることもあります。

第二次世界大戦前後から六〇年代の前半にかけて、「言語の意味の区分は恣意的である」というソシュールの主張や、「言語が違えば世界が違って見える」といったウォーフらの説が一世をⅢ風靡《ふうび》します。そこで、言語学者だけでなく、文化人類学者や心理学者たちも、そうした説が本当かどうかを実際に調査しようとしました。

その際、もっともよい調査対象は色の名前だと考えられました。色の違いは、物理学的には光の波長の違いです。そして、波長は連続的に変化していきますから、その中のどこに切れ目を入れて区別するべきかということについて、光の側に必然的な根拠があるわけではありません。人の目に見える光（可視光）の波長は、おおよそ四〇〇ナノメートルから八〇〇ナノメートルの間ですが、その中の特定の波長を境に光の性質が激変するなどといったことはない。にもかかわらず人間は、紫・青・緑・黄・赤などを区別します。つまり、そうした区分は人間の側が恣意的に入れるものだから、言語によって異なるはずだと考えられたのです。

ところが実際に調査してみると、驚いたことにというべきか、当たり前というべきか、色の名前や区分には、④言語や文化を超えた普遍性があることが見いだされたのです。

アメリカの人類学者ブレント・バーリン（一九三六～）と言語学者のポール・ケイ（一九三四～）が一九六九年に出版した『基本の色彩語――普遍性と進化について』（日高杏子訳、法政大学出版局）という本は、こうした研究の古典といってよいでしょう。

かれらは、二〇の異なる言語の話者にさまざまな色のついた紙片を見せ、そのなかから「もっとも基本的な色」だと思うものを選び、その名前を言うよう求めました。それから、その名前で呼ぶことのできる紙片をすべて選びだすように頼みました。こうした調査の結果明らかになったことは、「もっとも基本的な色」の例として選ばれた紙片はほぼ一定だということでした。ただ、その名前で呼ぶことのできる色の範囲には多少のばらつきがあるようでした。

そうした「基本的な色」は、白・黒・赤・緑・黄・青・茶・紫・ピンク・オレンジ・グレーの十一色だったそうです。かれらは、これらの色を「焦点色」と呼んでいます。

さらにかれらは、色の名前の進化についても論じています。つまり、色の名前が増える順番には規則性があるというのです。まず、ある言語において色名が二つしかないとき、それらは黒と白である。三語ある場合には、そこに赤が加わる。さらに、四語では緑または黄が加わるのですが、この場合の「緑」は青色を含みます。日本語では「青々とした畑」や「青信号」などのように、「あお」ということで緑色も指しますが、そういう青と緑を一緒くたにした名前は、日本語以外にも広くみられるのです。そのあとは、青、茶の順で増加し、八語以上の色名がある言語の場合には紫、ピンク、オレンジ、グレーが加わるといいます。

色の見え方には人類普遍性がある、つまり、人間は誰でも同じように色を見ているというのは、考えてみれば当たり前です。色は、目の網膜にある錐体《すいたい》細胞で認識します。錐体細胞には、青の光にもっともよく反応するもの、緑にもっともよく反応するもの、赤にもっともよく反応するものの三種類があります。ある波長の光に対して、それら三種類の細胞がそれぞれどれぐらいの強度で反応したかによって、色が認識されます。このように、色の見え方は人間の目の遺伝的な、あるいは生物学的な構造に大きく依存しているのです。要するに、色の区別には物理学的な必然性はなく、その意味ではたしかに「恣意的」だが、人間の身体構造による必然性（いわば「生物学的な必然性」）はあるといったらよいかもしれません。

なお、錐体細胞には遺伝的な多様性があり、生まれつき赤と緑が識別できない人や識別が難しい人もいますが、そうした人は比較的少数なので、そうした人たちによる色の見え方は、言語における色の区分といった集団全体に関わることがらには通常は大きな影響を与えません。

このように、色の名前や見え方には普遍性があることが明らかになっているのですが、いまだに「日本では虹は七色だが、フランスでは五色、中国では三色」などといった言語相対主義のお話が一般の人々の間ではけっこう信じられているようです。しかし、実際に虹を見ているときに、日本人にはそれが七色に見えるがフランス人には五色に、中国人には三色に見えるなどということはありません。⑤単に、日本では「虹は七色」というフレーズが流通しているだけです。

（山口裕之『「みんな違ってみんないい」のか？　相対主義と普遍主義の問題』〈ちくまプリマー新書〉による）

問一　――線Ⅰ「在野」・Ⅱ「包括的な」・Ⅲ「風靡」について、本文における意味として最もふさわしいものを次から一つ選び、それぞれ記号で答えなさい。

Ⅰ「在野」

ア　民間　　イ　専門外　　ウ　公式　　エ　野生

Ⅱ「包括的な」

ア　相互的な　　イ　くわしい

ウ　ひとまとめの　　エ　部分的な

Ⅲ「風靡」

ア　流行し廃れる　　イ　象徴する

ウ　噂される　　エ　広く従わせる

問二　――線①「意味の恣意性」とありますが、その説明をした次の文の空欄にあてはまる十字を本文より書き抜きなさい。

言葉が示す意味には必然的な根拠がなく、［　（十字）　］ということ。

問三　――線②「納得するのがいささか難しい」とありますが、筆者がそう考えるのはなぜですか。その説明として最もふさわしいものを次から一つ選び、記号で答えなさい。

ア　命名することで現象世界からその対象が分離してくるとするウォーフの説では、知覚する前の混沌《こんとん》としている世界についての説明がないため理解しがたいから。

イ　名前を付けることができるのは対象を知覚できているということだと言えるので、命名以前の世界が混沌の状態であるとするウォーフの説は理解しがたいから。

ウ　命名以前の混沌の世界では意味の区分が存在しないとするウォーフの説は、世界を体系づける言語の働きを無視しているために賛成しがたいから。

エ　言葉の意味の区分には必然的な根拠はないとするウォーフの説は、極端な言語相対主義に偏っているため賛成しがたいから。

問四　――線③「サピア・ウォーフの仮説」とありますが、その説明として最もふさわしいものを次から一つ選び、記号で答えなさい。

ア　言葉の意味を分けるのは個人の主観であり、その個人の言語体系の中にないものは認識もできないということ。

イ　言葉の意味区分には明確な根拠というものはなく、使用する言語体系により見える世界が変化するということ。

ウ　言葉の意味を確定しているものは集団としての人間であり、個人が勝手に決められるものではないということ。

エ　言葉の意味を確定するものには普遍的な規則性があり、規則に従っていないものは認識もできないということ。

問五　――線④「言語や文化を超えた普遍性があることが見いだされた」とありますが、その意味として最もふさわしいものを次から一つ選び、記号で答えなさい。

ア　意味の区分に必然的な根拠はないとした従来の言説を、人間の遺伝的な差異による必然的な区分であるという言説で根底から覆した。

イ　使用する言語体系によって認識するものは違うものの、人間の身体構造は同じであるため見えているもの自体の違いはないと証明した。

ウ　色の見え方は言語体系や文化的価値観によって大きく異なるということはなく、多くの人間にとって共通したものであることがわかった。

エ　見えているものの優先度は文化的な価値観により大きく異なるということはなく、あくまでも錐体細胞の違いによる差異であると明らかにした。

問六　――線⑤「単に、日本では『虹は七色』というフレーズが流通しているだけ」とありますが、そう言えるのはなぜですか。六〇字以上八〇字以内で説明しなさい。

問七　文章について説明したA～Dのうち、内容が正しいものの組み合わせとして最もふさわしいものをあとから一つ選び、記号で答えなさい。

A　色の見え方には物理的な必然性はないものの、生まれつき色の識別が難しい人もいるので、全体を考えるときにはそういった人々の影響も含めるべきだ。

B　人の目に見える光の波長はおよそ四〇〇ナノメートルから八〇〇ナノメートルと言われているが、使用する言語によってその範囲は大きく変化する。

C　他言語と自国の言語を比較することで、それぞれの言葉の表す動作の区分の違いが浮き彫りになり、言葉の指示する意味内容が人間によって決められているということがわかる。

D　イヌイットの人たちにとって、「降る雪」「どろどろの雪」など多くの雪の呼び方があるのは、地域の特性に応じた分類が生活の都合上求められるためである。

ア　AとB　　イ　BとC　　ウ　CとD　　エ　AとD

法政大学中学校（第一回）

—50分—

一　次の文章を読んで、後の問いに答えなさい。

今日の三、四時間目、運動会の組体操について話し合いがあった。桜丘タワーをやるのか、やらないのか。意見はまとまらず、そのせいで帰りの会が長引いた。青木も①わたしも、それから同じ塾に通っている佐藤杏子も、今日の授業はそろって遅刻だろう。いや、佐藤は母親が車で送ることも多いから、もしかしたらもう到着しているかもしれない。

全力疾走の青木の姿は、すでに視界から消えてしまった。青木が急いでいるのは、授業の最初のテストが受けられないとシールをもらえないからだろう。背が高くて眼鏡の顔が思慮深そうにも見える青木だが、②しょせんはお子ちゃまだ。澪は速度を変えずに改札を通過し、エスカレーターで［　A　］とホームまであがった。

ホームに佇む青木の姿があった。すんでのところで前の電車に行かれてしまったようだ。青木は、「あ」という顔をして澪を見た。澪はちいさく会釈し、ちょうどホームに入ってきた電車に、青木とは別のドアから乗った。

扉の横に立ち、リュックから漢字テスト用の練習プリントをとりだした。今日のテストに向けて最終確認をしておこう。構想、ａ容易、準備、肥満、再起。一度間違えた漢字にだけチェックがついている。そこだけ確認しておけばよい。構想、容易、準備、肥満、再起……。間違えたところにはしっかりシルシをしなさい。母に何度も言われたことだ。

ふと顔を上げると、民家が中心の平べったい街並みが振動とともに後ろへ後ろへ流されて、その向こうに薄くのばしたようなグレーの雲があった。

雲は町全体を覆っていて、太陽光をゆるやかに遮っていた。

澪は漢字のプリントを手にしたまま、ぼんやりと外を眺めていた。

この景色を見ると、澪はいつも不思議な気分になった。どの家にも窓がある。窓の中には人がいる。わたしが一生会うことのない人々。その全員がそれぞれ違う小学校や中学校や高校や大学に通っている。お父さんもいるだろうし、お母さんもいるだろう。皆、別々の会社に勤めていて、別々の生活がある。いりくんだ世界のあちこちに、無数の人生があるのだと思うと、③澪は奇妙な安堵をおぼえた。自分はその無数の人生の中のひとつなのだ。だったら、特別なものでなくてもいいはずだ。そんなふうに思うことで、澪の気持ちはいつも少しだけ軽くなる。

「安田さん」

ふいに肩の後ろから声をかけられた。青木だった。

澪はびっくりしたが、顔に出さず、「何」と静かに訊いた。

「反対に手を挙げてたよね」

青木が言った。

挨拶もなく、ぶしつけに本題に入る青木のこどもっぽさに、澪は内心でいらだった。無表情のまま見返すと、

「俺も反対した」

と青木は言った。

「知ってる」

桜丘タワー、みんなが「人間タワー」と呼んでいる、組体操の演目の

ことだ。

澪は人間タワーを見たことがない。この春、都心のタワーマンションからこの町に引っ越してきたばかりなので、去年の運動会に参加していないからだ。桜丘小の伝統だとか、一度見たら忘れられないとか、皆が異様にほめたたえるけれど、どんなものなのかイメージがわかないし、内心で、特別な訓練を受けているわけでもない小学生たちが作るものなどタカが知れてると思っているから、さほど興味も湧かない。

「青木くん、タワー練習の最後に手を挙げてたよね。反対意見、言おうとしてたんでしょ」

澪が言うと、青木の目に共感を迫るような色が浮かんだ。

「うん。そうなんだよ。なのに、デベソたちがうるさくて、発言できなかった」

「でべそ?」

「出畑のことだよ」

「あだ名、だめなんでしょ」

「みんな言ってるよ。幼稚園の時から。あいつ実際デベソだし」

「青木くん、なんで反対意見を帰りの会で言わなかったの」

「言っても無駄だよ。あいつら、聞く耳持たないじゃん。近藤とかさ」

「ふうん」

「でも俺、今日のアンケートに意見書いたから」

得意げに、青木は胸を張る。

「どんな意見?」

「どんなっていうか、反対意見だよ、もちろん。今、テレビでも組体操の事故のニュースとかやってるじゃん。知らない? 自治体の中では組体操禁止にしようってところもあるし、二百キロの負荷がかかるっていう話もあるし。それなのにあんなでかいタワーを作るっていうのが、時代に逆行しているっていうこと。危ないだろ。何かあったら、誰が責任とるの。俺たち受験するのにさ、もし右手を怪我したら、責任とれるの。もちろんそんなこと、そのまま書かないけどね。もっとマイルドに書いた。受験の内申書に差し障らない程度に、うまくさ」

「ふうん」

「でも、どうせ俺の意見なんか無視されて、やることになるんだろうな、タワー。沖田はやる気マックスだし、あとのふたりは沖田の部下だし、デベソとか近藤とか、あいつら死ぬほどばかだし」

④「ばかは『悪い言葉』だよ」

「学校の外でなら言ってもいいんだよ」

「ふうん」

電車が塾の最寄り駅に到着した。青木と澪は一緒におりて、ホームを歩いた。

「安田さーん、引っ越してきて、桜丘小ってレベル低いと思わなかった?」

青木が訊いてきた。

「レベル?」

「今日の話し合い、すげーレベル低かったな。俺が応援団長だから何? 応援団長は絶対に人間タワーに賛成しなきゃいけないのかよ。言論統制かよ。そんな決まりあるのかよ」

澪の肩のあたりを眺めながらひとりで［　B　］不満を言っている青木に、澪は、

「青木くんは桜丘小以外の学校を知ってるの」

　と訊いてみた。

「どういう意味」

「転校とか、したことあるの」

「ない」

「そう」

　澪は、青木をほほえましく感じた。おそらくは親の受け売りだろう内容をとくとくと喋って満足しているが、いきがったところで世間を知らないのだ。⑤自分の学校がどれだけましか、分かっていない。

　澪は桜丘小が好きだ。秩序があり、統制が取れている。みんなが先生の言うことに従う。どの小学校もそうだと思ったら大間違いだ。

　澪は転校してきた当初、用心しながらあたりを見まわして過ごしていた。だから、六年一組の人間関係については誰より詳しいかもしれない。男子は権力が分散していてあくどい子はいないし、女子も見た目が華やかな近藤蝶をトップに緩やかなカーストがあるといえばあるけれど、その近藤自体がさしで話してみたら、少しばかり自己顕示欲が強いだけの、まじめな子だったから、いじめとか、変な方向にはいかなそうだ。暴力沙汰は起こらないし、先生に暴言を吐く子もいない。

　前の学校には怖い子がいた。常に獲物を探していて、誰かを傷つけることをよろこぶような子。澪はそういう子を見抜くのが昔から早かったし、そういう子の目から隠れて生きるのが得意だったから、あまりひどい目に遭うことはなかった。だけど、クラスのいじめを見て見ぬふりをすることに、心はすっかり疲れていた。

　怖い子がいないだけではない。桜丘小は授業中に歩き回るような子がいない。テスト用紙をまるめて投げる子がいない。授業の始まりのチャイムが鳴ると、皆ちゃんと席につく。掃除の時間だって、たまにふざける男子はいるが、おおむねみんなきちんとやっている。誰かに押しつけてサボる子がいない。前の学校では、考えられないことだった。

「桜丘小はすごくいい学校だと思うよ。話し合いになっても、憲法があるから悪い言葉を言う子がいないよね。それだけでもすごいことだと思う」

「そうかなあ」

　あんなに貶《けな》していたのに、自分の学校を褒められると青木はくすぐったそうな顔をする。

「桜丘憲法ってさ、塾のやつらに日本国憲法の真似じゃんて、ばかにされたけどな」

「いい憲法だと思うよ」

　本心だった。前の学校の先生に、こういうやり方があるんだよ、と教えてあげたかった。学校で憲法を作って、一年生の時からきちんと守らせれば、学級崩壊になんてならなかったかもしれない。

　桜丘憲法の中では、児童が決して使ってはいけない「悪い言葉」が毎年、五つ決まっている。今年は、きもい、うざい、ぶす、しね、ばか。こどもたちにアンケートを取って毎年選び直している。その言葉を使った瞬間、どんな状況であったとしても、校長室に呼ばれて、親にも報告がいくことになっているので、皆、言わないように気をつけている。うっかり言ってしまったら、すぐに謝る。先生によっては居残りになることもある。他にも、あだ名をつけることや呼び捨てにすることを禁止しているし、健康な時に友達に自分の持ち物を持たせることも禁止。友達の教科書やノートに書き込みをするのも禁止。見方を変えれば規則でがんじがらめなのだけれど、むしろ小学生はがんじがらめにされるべきだと澪は思う。解き放たれた獣みたいなこどもたちがどんなに残酷か、前の学校でさんざん見てきた。

だけども、今日の話し合いで、澪は落胆した。

沖田先生が、熱しやすく単純な男子をうまく利用して、やりたくない派の子たちを吊し上げたのだ。

澪は、規律をしっかり守らせる沖田先生のc統率力を気に入っていたから、その沖田先生の汚いところを見てしまったように感じて、暗澹《あんたん》とした気持ちになった。と同時に、沖田先生がこれほどタワーを作りたがっているのに、［C］と「反対」に手を挙げてしまったことを悔やんだ。今日、母親からの手紙を沖田先生に渡さなくて良かったと、心から思った。

「国貞がばかなことを言ったせいで、賛成派を勢いづかせたと思わない?」

青木は顔をしかめて言った。

「おまけに泣き出すしさ。あいつ、ディベートのやり方、分かってないな。痛いとか重いとか、主観的なことばっかり言うんじゃなくて、組体操の事故が何件起きているとか、ある自治体は組体操を禁止したとか、客観的な事実を言えば良かったんだよ」

「そうかな。わたしは、どんな客観的な事実より、⑥国貞さんの言ったことが、人間タワーの本質をついていたと思うけど」

「あれが、本質?」

青木が薄ら笑いを浮かべた。

「うん。そう思う。国貞さんが『下は重くて痛い』って言ったら、『上にのるのだって怖いんだよ』って言い返した子たちがいたけれど、『痛い』と『怖い』は別物だもの。『痛い』は肉体的なもので、『怖い』は精神的なものでしょ」

「だから?」

「その二つは比べられないっていうこと」

「そうかなあ」

「あとね、国貞さんが言っていたとおり、土台になる下の人は、上の人に、やられっぱなしだよ。何もできない。背中を［D］揺するとかできるけど、それで万が一潰れちゃったら、自分の方が怪我するでしょ。だから、下の人は平たくて丈夫な背中をただ上の人のために差し出さなきゃならない。重くて、痛いのに。でも、上の人は、自分の気持ちひとつで、どんなふうにものれるでしょ。思いやりをもってそっとのることもできるし、わざと踏みつけることもできる。上の人には選択肢がある。下の人にはそれがない。圧倒的に、上にのる人が有利だよ。そういう仕組みになってるんだよ、人間がつくるピラミッドって」

青木が急に立ち止まった。青木はまっすぐ澪を見ていた。薄ら笑いが消えていた。

「すげえ。安田さん、それ、みんなの前で言えばよかったのに」

青木は真顔でそう言った。

青木の意外な素直さに動揺して、「言わないよ。わたしは上にのる側だから」⑦つっけんどんに澪は言った。

とたん、大きな声で、

「ひどいな、おまえ!」

青木は言った。

澪は慌てたが、青木は笑っていた。その笑顔は、さっぱりしていて、裏がなかった。だから澪は安心して、

「わたしは人間タワーには反対だけど、⑧人間タワーをやらないことにも反対」

と言った。

「は？　どういうこと？」

「今日の話し合いで、出畑くんや近藤さんの発言を聞いてたら……」

「デベソは単細胞なんだよ。近藤はうるさいだけで頭悪いし。去年、骨折した子がいるから今年はやらないだろうって、うちのお母さん言ってた。国貞の親も反対してるらしいし」

「だけどさ、青木くんは応援団長でしょ。国貞さんも選抜リレーの選手。運動会って、だいたい体が大きい子の方が、活躍の場があるじゃない。わたしとか出畑くんみたいな小さい子のほうが目立てる種目がちょっとはあってもいいんじゃないかって気もしない？」

そう言うと、青木はまた、黒目をふちどる白い部分が丸く見開かれるような、漫画みたいな顔をして、

「安田さんて、志望校どこなの」

と訊いてきた。

「え？」

脈絡のない質問に、澪の顔はひきつった。青木の目に邪気はない。澪はこわばったd口角をなんとか持ち上げ、苦笑いに変えて、

「何、急に。そんなのまだ決まってないよ」

と言った。

「安田さん、言うことが天才的だから、すごいところ受かりそうだな」

青木は言った。

澪は、思ったことをすぐ口にする青木のこどもっぽさに呆れた。

「じゃあ青木くんはどこなの」

そう訊くと、青木はするりと難関校を挙げた。

「ふうん」

としか、澪は言えなかった。

通りを曲がると塾の看板が見えた。青木ははっとした顔になった。

「やべえ、もう始まってるじゃん。走ろうぜ」

澪が首をふると、青木は「じゃ、俺行くから」と短く言って、躊躇《ちゅうちょ》なく澪をおいて駆けて行った。

（朝比奈あすか『人間タワー』〈文藝春秋〉より）

問一　――部①「わたし」の名前をフルネームで答えなさい。

問二　――部②「しょせんはお子ちゃまだ」とありますが、そのように思った根拠となる一文を本文中から抜き出し、最初と最後の六字を答えなさい（句点も一字とします）。

問三　――部③「奇妙な安堵」とありますが、これを説明したものとして最も適切なものを次の中から選び、記号で答えなさい。

ア　たくさんの家や、それぞれの家にそれぞれの家庭や生活があることを思うと、自分が特別な人間でなくても構わないのだと安心している。

イ　たくさんの家や、それぞれの家に住む人々がいることを考えると、自分は他のみんなとは違う特別な人間なのだと思えて安心している。

ウ　たくさんの家や、それぞれの家に住む人がいるということを考えるのはいつものことで、今日もいつもと同じ日常が過ごせるのだと

安心している。

エ　たくさんの家があり、それぞれの家に住んでいる人たちとは一生会うことはないが、想像をするだけで交流しているような気になれて安心している。

問四　――部④「ばかは『悪い言葉』だよ」とありますが、「わたし」がこのように言うのはなぜですか。その理由を本文中の言葉を使って五十字以内で説明しなさい（句読点や記号も一字とします）。

問五　――部⑤「自分の学校がどれだけましか」とありますが、澪が前にいた小学校の子どもたちはどのように表現されていますか。「～子どもたち」に続く形で、本文中から十一字で抜き出して答えなさい。

問六　――部⑥「国貞さんの言ったことが、人間タワーの本質をついていた」とありますが、澪の考える「人間タワーの本質」とはどういうことですか。それを説明した次の文章中の［Ⅰ］～［Ⅳ］にあてはまる言葉を答えなさい。ただし、適切な言葉が必ずしも本文中にあるとは限りません。

> 人間タワーの上にのる人は優しくのったりわざと踏みつけるようにのったりする［Ⅰ］がある。しかし、下の人は重くて痛くてもタワーが潰れてしまうと［Ⅱ］をするので、［Ⅲ］するしかない。だから上にのる人の方が［Ⅳ］にできているということ。

問七　――部⑦「つっけんどんに澪は言った」とありますが、「つっけんどんに」という言葉の意味に最も近い言葉を次の中から選び、記号で答えなさい。

ア　無表情　　イ　無細工　　ウ　無気力　　エ　無愛想

問八　――部⑧「人間タワーをやらないことにも反対」なのはなぜですか。その理由として最も適切なものを次の中から選び、記号で答えなさい。

ア　タワーの下になる人のつらさを解消する方法があるから。

イ　実際にはタワーの上にのる人も下の人も大変だから。

ウ　自分のような体の小さな人でも活躍できる場は必要だから。

エ　世間がタワーに反対しているとあえてやりたくなるから。

問九　［Ａ］～［Ｄ］にあてはまる言葉として適切なものを次の中からそれぞれ選び、記号で答えなさい。ただし、同じ記号は一度しか使えません。

ア　うかうか　　イ　ぶつぶつ　　ウ　ぐらぐら　　エ　ゆるゆる

問十　＝＝部a～dの漢字の読みを書きなさい。

a　容易　　b　最寄り　　c　統率　　d　口角

［二］　次の文章を読んで、後の問いに答えなさい。

新型コロナウイルスの感染を避け、私たちがいのちを守るために大切にしなければならないと悟《さと》らされたのは、密閉、密集、密接の三密を避けるということです。新型コロナウイルス感染症禍の中で、私たち人間は〝三密〟を避ける行動を実践しました。

この言葉は、二〇二〇年の流行語大賞に選ばれました。そして、毎年、年の暮れには、その年を象徴する漢字一文字が発表され、京都市東山区にある清水寺の貫主《かんす》によって*1揮毫《きごう》されるのですが、二〇二〇年は、〝密〟という文字になりました。

植物に目を向けてみると、植物はそもそも〝密〟を絶対に避ける生き方をしているのです。ここでは、〝三密〟を避けて、いのちを守り暮らしている三つの事象を紹介します。

一つ目は、空間における〝密〟を避けることについてです。まず、発芽という現象についてです。

植物には、カタバミやホウセンカのように、自分でタネを飛ばすものがいます。タンポポやモミジのように、風に乗せてタネを遠くへ運ばせるものもいます。オナモミやイノコズチのように、動物のからだにくっついて移動するものもいます。[①]タネは、そのようにしてまき散らすことができます。

これは、植物たちが、生育地を広げるとともに、発芽するときの〝密〟の状態を避けるためです。タネが移動しなければ、親のそばでつくられたタネが、②〝密〟の状態で発芽しなければなりません。

しかし、カキやビワのように、木にできる重いタネは、容易に移動することができません。そのまま親のまわりに落ちて、〝密〟の状態になります。そうならないために、動物にタネを広い範囲にまき散らしてもらうことは、重いタネをつくる植物たちにとって大切なのです。

ですから、果実をつくる植物たちは、「動物に果実を食べてほしい」と思っているはずです。そのために、おいしい果実を準備するのです。タネができあがったころに、おいしそうな色になって、動物に食べてもらえるように「もうおいしくなっているよ」とアピールするのです。

私たちが、植物を栽培する場合も、〝密〟を避けます。たとえば、同じ種類の植物を栽培するときには、小さいタネなら、一ヵ所に多くがまかれます。発芽してくると、小さい芽生えが〝密〟になります。

そのまま、〝密〟の状態では、芽生えが育つはずはありません。光や水や養分などの奪い合いがおこるからです。そこで、元気に育ちそうな芽生えを残し、他の芽生えを抜いて、〝密〟の状態を解消します。この作業は、「間引き」といわれます。

私たちは、植物を栽培する場合、一定の面積であれば、栽培できる本数は、経験的に知っています。ですから、それに合わせて、栽培する株の本数を決めます。そのため、タネをまく場合には、「何センチメートル離してまきなさい」とか、苗を植える場合には、「何センチメートル離して植えなさい」とかいわれるのです。

ところが、せっかく栽培するのだから、③「同じ面積に、たとえば、四倍の本数の株を栽培すれば、四倍の収穫量が得られるだろうか」と欲張ったことを考えることもあります。四倍の収穫量を得るために、すべての芽生えにまんべんなく光が当たるようにし、水も養分も不足しないようにして、育ててみます。

植物が芽生えのときには、すべての芽生えに光を当てることはaカノウかもしれません。[A]、芽生えが成長し、葉っぱが大きくなると、密に隣り合わせになった株は、陰ができてしまいます。また、土に水や養分が十分にあったとしても、根が伸びて隣の株の根と、水や養分の奪い合いがおこります。

その結果、生き残る株の本数は減ります。もし、すべての株が何とか成長したとしても、各個体の葉や根、茎やbミキの成長が抑えられます。[B]、生産されるタネの数が減ります。その結果、すべての株が枯れずに育ったとしても、収穫量は四倍にはなりません。

四倍の芽生えを苦労して育てたとしても、四分の一の芽生えの本数でりっぱに育った場合と、ほぼ収穫量は同じになるのです。一定の面積で、得られる葉や根、茎やミキ、生産できるタネの数などは、ほぼ一定になるように決まっているのです。

　間引きによる〝密〟の状態の解消は、植物たち自身で行われることもあります。ある種類の植物が〝密〟の状態で生育をはじめると、光や水や養分などの奪い合いの生存競争がおこります。その結果、競争にcヤブれた個体は、生育が悪くなって、やがて枯死していきます。

　二つ目は、ハチやチョウを誘う競争においての④〝密〟を避ける工夫です。植物たちにとっては、子ども(タネ)をつくるための相手に、花粉を運んでくれるのは、主にハチやチョウなどの虫なのです。そのため、植物たちは、花の中にハチやチョウを誘い込まなければなりません。そこで、多くの花は、美しい色で装い、いい香りを放ち、おいしい蜜を準備して、懸命にハチやチョウを誘い込む努力をします。

　もし、すべての植物が同じ季節にいっせいに花を咲かせたら、花粉を運んでくれるハチやチョウを誘い込む競争はとてつもなく激しくなります。これは、〝密〟の状態です。

　そこで、植物たちは、他の種類の植物と、開花する月日を少し〝ずらす〟という知恵をはたらかせます。多くの植物が花を〝密〟に咲かせるのを避けるためです。これを人間が観察して表したものが、「花ごよみ」です。

　花ごよみは、各月ごとに、どのような草花や樹木が花を咲かせるかが記述されたものです。[C]、春に咲くサクラ、コブシ、ボケ、ハナミズキ、フジ、ツツジなども、同じ地域で少しずつ、開花の時期がずれています。開花の時期を少しずつずらして〝密〟の状態を避けているのです。

　そうはいっても、同じ季節や同じ月日に、多くの植物が開花します。すると、ハチやチョウなどを誘い込む競争が激しくなります。そこで、植物たちは種類ごとに、「月日」だけではなく、開花する「時刻」もずらすという知恵を思いつきました。

　たとえば、⑤アサガオは、夏の朝早くに、花を咲かせます。この植物は、季節だけでなく、時刻もずらして〝密〟を避けているのです。他の花がまだ咲いていない時刻なら、ハチやチョウを誘い込みやすいからです。

　夏の夕方遅くに咲くツキミソウ、夜一〇時ころに咲くゲッカビジンなども、同様の作戦で〝密〟を避けて生き残ろうとしています。私たち人間でいえば、朝の通勤ラッシュを避けて、時差出勤をするようなものでしょう。

　三つ目は、生育する葉っぱが時期をずらすことです。たとえば、秋に花を咲かせるヒガンバナです。この植物は、太陽の光の奪い合いをやめて〝密〟を避けています。

　多くの植物は、花が咲けば、タネができます。タネをつくるための栄養は、葉っぱがつくります。だから、植物では、花が咲く前に葉っぱが出て、その葉っぱが光合成で栄養をつくり、そのあと花が咲いて、タネができるというのが、ふつうの順序です。

　[D]、多くの植物では、花が咲いているときに、葉っぱがあります。でも、ヒガンバナでは、秋に真っ赤な花を咲かせるとき、葉っぱが見当たりません。不思議なことに、葉っぱが存在しないのです。

　この植物の葉っぱは、花がしおれてしまったあとに、細く目立たない姿で生えてきます。冬になると、野や畑の＊2畦《あぜ》などには、細くて長く、少し厚みをもった濃い緑色をしたヒガンバナの葉っぱが、何本も株の中央から伸び出てきて茂ります。「なぜ、寒い冬に、ヒガンバナはわざわざ葉っぱを茂らせるのか」と不思議に思えますが、冬には、多くの植物が枯れています。ですから、冬の野や畑の畦で葉っぱを茂らせていると、他の植物たちと生育するための土地を奪い合う必要がないのです。生育地での〝密〟を避けているのです。

冬に茂ったヒガンバナの葉っぱは、四月から五月に、d アタタかくなって他の植物たちの葉っぱが茂り出すころ、枯れてすっかり姿を消します。そのあと、葉っぱがつくった栄養を使って秋に花が咲くのです。ヒガンバナは、多くの植物たちが姿を消す冬に葉っぱを茂らすことで、他の植物たちと生育する土地を奪い合う競争を避け、〝密〟の状態を逃れているのです。

ヒガンバナは、こうした術を身につけて、⑥他者と〝密〟になってする競争を避けてきたのです。

（田中修『植物のいのち　からだを守り、子孫につなぐ驚きのしくみ』〈中公新書〉より）

＊1　揮毫…毛筆で文字を書くこと。
＊2　畦…耕地と耕地の間の土を盛り上げた仕切りのこと。
※問題作成の都合上、小見出しを削除し、本文を一部改変しました。

問一　[①]にあてはまるものとして最も適切なものを次の中から選び、記号で答えなさい。

ア　新しい　　イ　かたい　　ウ　軽い　　エ　小さい

問二　――部②「〝密〟の状態で発芽」とありますが、その結果どうなりますか。その説明として最も適切なものを次の中から選び、記号で答えなさい。

ア　植物が芽生えのときには少ない水分量でも育つが、芽生えが成長するにつれ、根っこが長くなり、育つために必要な水分量が増える。

イ　植物が間引きを行うことにより生き残りをかけた競争が激しくなり、その結果元気な芽生えだけが生き残り、全体の個体数が増加する。

ウ　植物の育つ過程で、葉っぱや根っこ、茎などは十分に生育することができるが、生産されるタネの数は一定の基準値まで調整される。

エ　植物の成長に必要な光や水や養分などをめぐって争奪戦となり、競争に勝てなかった個体は元気に育つことができず、いずれ枯れる。

問三　――部③「同じ面積に、たとえば、四倍の本数の株を栽培すれば、四倍の収穫量が得られるだろうか」とありますが、実際はどうなりますか。理由を明らかにして、七十字以内で説明しなさい（句読点や記号も一字とします）。

問四　――部④「〝密〟を避ける工夫」とはどのような工夫ですか。「〜という工夫。」に続く形で、本文中から三十字以内で抜き出し、最初と最後の三字を答えなさい（記号も一字とします）。

問五　――部⑤「アサガオは、夏の朝早くに、花を咲かせます」とありますが、このアサガオが〝密〟を避けるためにしている工夫を比ゆで表現した部分を五字以内で抜き出しなさい。

問六　――部⑥「他者と〝密〟になってする競争を避けてきた」とはどういうことですか。その説明として最も適切なものを次の中から選び、記号で答えなさい。

ア　他の植物とは別の時期に葉を生やすことで、成長に必要な光や土地を独り占めできるようになったということ。

イ　他の植物とは別の場所に葉っぱを生やすことで、光を必要としない独自の方法で育つようになったということ。

ウ　花粉を運ぶ虫がいない季節に花を咲かすことで、他の植物とは別の時期にタネを作るようになったということ。

エ　他の植物とは別の時期に根を生やすことで、短い時間と少ない土地でも生育ができるようになったということ。

問七　次の段落はもともと本文中にあったものです。これを元の位置に戻すとき、後に続く段落の最初の五字を答えなさい（句読点も一字とします）。

> これは、植物たちが自分で、〝密〟の状態を避けるために間引きを行っている現象であり、「自己間引き」とよばれます。自然の中では、植物たちは、この方法で、一定の面積で育つ個体数を調整します。

問八　植物と他の生き物との関係を説明した次の文章の［Ⅰ］～［Ⅳ］にあてはまる言葉をそれぞれ指定された字数で答え、文章を完成させなさい。ただし、適切な言葉が必ずしも本文中にあるとは限りません。

> 植物は、タネを広い範囲に［Ⅰ（二字）］させるための工夫として、動物の力を［Ⅱ（二字）］している。例えば、タネを動物のからだに付着させる、タネごと果実を食べてもらう、といったことがあげられる。タネごと食べてもらうには、［Ⅲ（四字）］果実の準備が必要であり、それが動物たちを［Ⅳ（四字）］ための手段なのである。
>
> また、植物は、虫たちが花粉を運んでくれなければタネをつくることができないが、この花粉を［Ⅰ］させる方法についても、ハチやチョウといった虫の力を［Ⅱ］している。虫を花の中に［Ⅳ］ための手段が、美しい色であり、いい香りであり、［Ⅲ］蜜なのである。
>
> 植物は自分の力で［Ⅰ］することができない。しかし、だからこそ、他の生き物の力を借りながら生きていく手段を手に入れたのではないか。

問九　［A］～［D］にあてはまる言葉として適切なものを次の中からそれぞれ選び、記号で答えなさい。ただし、同じ記号は一度しか使えません。

ア　また　　イ　しかし　　ウ　ですから　　エ　たとえば

問十　══部a～dのカタカナを漢字に直しなさい。

a　カノウ　　b　ミキ　　c　ヤブれた　　d　アタタかく

法政大学第二中学校（第一回）

—50分—

一　次の各問に答えなさい。

問一　次の①～⑤の傍線部を漢字で正確に答えなさい。

①　ケイトウ立てて説明する。　②　穀物をチョゾウする。

③　混乱のシュウシュウを図る。　④　美しい布をオる。

⑤　大声援にイサみ立った。

問二　次の①～④の傍線部の漢字の読みをひらがなで正確に答えなさい。

①　調査に時間を費やす。　②　秋になり暑さが和らぐ。

③　知人の安否を確認する。　④　後援会の発起人になる。

問三　次の①～③の二つの語が類義語になるようにしたい。□に入る適切な漢字一字を答えなさい。

①　裕福・□裕　②　刊行・出□　③　真心・□意

問四　次の①～③の傍線部と同じ働きをしている言葉を後のア～ウから選び、それぞれ記号で答えなさい。

①　感染症の流行で不自由な生活を強いられる。

ア　相手に非難され、心中はおだやかでない。

イ　洗面所できれいに手を洗う。

ウ　台風で大きな橋が流された。

②　今夜から雪になるらしい。

ア　彼の振る舞いはとても中学生らしい。

イ　犯人はまだ逃げているらしい。

ウ　今日の夕陽はいつになくすばらしい。

③　あなたには鳥のさえずりが聞こえますか。

ア　まもなく長い試験が終わる。

イ　兄は無口だが弟はおしゃべりだ。

ウ　私の姉はフランス語が話せる。

二　次の文章を読んで、後の各問に答えなさい（なお、出題の都合上、本文を省略した所がある）。

〈被差別―差別〉という二分法的見方があります。それはある具体的な差別事象をめぐり、人々の全体を、差別を受ける側の人々と差別をする側の人々という二つの立場に分けていく考え方です。（中略）

私たちは、この見方をてがかりとすることで、差別を受ける人々が誰なのかを括《くく》りだすことができ、被差別の現実や被差別それ自体を冷静かつ克明に考えていくことができます。その意味で、差別を考える原点の思考法であり、本来、明快で柔軟なものです。

しかし、この見方は、普段私たちの常識のなかでは、被差別の現実から差別を考えていくうえで役立つ見方と考えられていないようです。本来この見方が持っている原理的な部分が失われ、差別を受ける人と差別する人を括りだして二分するだけの〝硬直した〟思考法になっています。そして、①まさに〝硬直した〟二分法が、「差別を考えること」から私たちを遠ざけてしまいます。

『「あたりまえ」を疑う社会学』（二〇〇六年、光文社新書）の中で書いていますが、ある評論家の発言に私は驚愕《きょうがく》したことがありました。もうかなり前になってしまいましたが、深夜のニュース番組で解放運動を進めている被差別当事者と評論家との対談がありました。冒頭評論家はこう切り出しました。

「私は生まれてこのかた、差別を受けたこともないし、差別をしたこともありません。その意味で普通の人間です。普通の人間として、これからあなたにいろいろと質問したいのですが……」。

自分は一度も差別などしたことがないと断言できることに、私はまず驚きました。なぜなら先に[※1]述べているように自分の行為が差別的であるか否かについては、それを受けた人の「声」によってわかるのであって、行為者が自分で決めることができるようなものではないからです。そして私はそれ以上に、差別に関係がない人間が「普通」だという了解に驚愕しました。

この評論家の発言の背後には以下のような差別をめぐる心理学的な了解図式とでもいえるものが息づいています。

差別を受ける人も差別をする人も「普通」ではない。彼らは「特別」であって、差別とは「特別」な人たちの中で起こる「特別」な出来事なのだ。その意味において差別は「普通ではない出来事」だ。他方で私も含めて多くの人々は「普通」の世界で生きている。「普通」である私は、差別とは基本的に関係がない。だからこそ、より客観的に、冷静に差別について考えられるし、「特別」を生きている当事者のあなたに、いろいろと問いかけられるのだ、と。

これは、まさに〝硬直した〟二分法的見方の典型といえます。

先の新書で私がこの発言をとりあげ批判し、言いたかったことを確認しておきます。

「普通」の人間であれば、差別しないし、差別などに関わりがないはずという考えは、まったく根拠のない幻想です。さらにその裏返しとして「差別者であれ被差別者であれ、差別に関わる人びとは普通でない特別な存在だ」という考えは、差別をできるだけ限定し、狭く稀《まれ》なできごととして私たちの日常生活世界から締《し》め出そうとする硬直した見方です。

差別とは、差別をした人と差別を受けた人との間の「問題」であり出来事なのだ。「普段」差別などしていないし、する気もなく「普通」に生きている私たちにとって、差別は関わりのないことだ。硬直した二分法的見方は、こうした了解を私たちに与えてしまいます。

例えばテレビ・ドキュメンタリーやニュースで、差別の激しさや被差別当事者の生の実相などを知り現実の厳しさを実感することもあるでしょう。その時私たちは「かわいそうだ」「差別は許せない」という思いがわきあがる一方で、「自分がそうでなくてよかった」「できることなら関わりたくない世界だ」と感じます。そして、[②]差別というできごとから距離をとり、それを自らの生活世界から締め出してしまおうとします。

つまり、私たちは、基本的に自らが生きている日常生活世界を脅かすこともない「問題」「事件」として、いわば〝[Ⅰ]の[Ⅱ]〟として差別を傍観しながら、差別を受けた人々の「痛み」や「怒り」に同情し共感し、差別をした人を「怒り」「批判」することができるのです。

「差別を考える」うえで、まず必要な作業があります。それは〈被差別―差別〉をめぐる〝硬直した〟常識的な二分法をひとまず〝カッコに入れる〟、つまり[※2]ペンディングし、使わないように気をつけることです。

そして差別問題をめぐり自らの位置取りをするときに思わず語ってしまう「普通の人間」の姿、[Ⅰ]で[Ⅱ](＝差別)を安心して見物できる「普通の人間」の姿とは、いったいどのようなものなのかを詳細に読み解こうとするまなざしをもつことです。

もう一つの重要な基本があります。それは「人は誰でも差別する、あるいは差別してしまう可能性がある」ということです。この見方は実は、差別という現象を差別する側から考えたときに出てくるもので、被差別者、被差別の現実から差別を考えるという先の二分法とは抵触することはありません。(中略)

私は大阪生まれ大阪育ちです。一九七〇年代大阪では部落解放運動や障害者解放運動が急速に展開していました。私が通っていた市内の中学校の校区には大きな被差別地域があり、そこから通ってくる友人も多く、中学校は人権教育、解放教育のモデル校でした。

しばらく前でしたが、校区内にある被差別地域出身で当時の運動を中心的に進めていた男性二人と会ってお話をうかがう機会がありました。二人とも、もう八〇歳近いであろう老齢になられていたのですが、彼らに当時の話や今の運動の課題などうかがうなかで、「人は誰でも差別する可能性がある」という考えをどう思うかと問うてみたのです。

彼らはすんなりと「そのとおりだよ」と言いました。「私は若い頃がむしゃらに運動を進めてきたが、他の差別問題への理解ができていたのかと考えれば、そうではないだろうと思います。障害者問題は、障害者たちの集会に参加して、連帯を表明すれば、理解できたと思い込んでいたところはありますね」と淡々と語ってくれた姿は、印象深いものがありました。

もちろん(中略)、彼らは、ただ「普通」に安住して生きている多くの私たちとは異っていて、長い時間をかけ自らの被差別性を考え抜いた結果、他者理解や人間理解が深まると同時に、感性や理性が磨かれ、結果的に他の差別事象に対しても鋭い感性を持っている場合が多いのではないかと思います。しかし、もしそうであるとしても、差別を受ける人々であるからといって、他の差別事象を真に理解できると言い切ることなどできません。いわば私たちは、それぞれの被差別性がどうであれ、他者を差別する可能性からは、誰も逃れ得ないと私は考えます。(中略)

世の中には、ある人々をめぐる根拠のない「決めつけ」や恣意《しい》的な「思い込み」があり、ある問題や出来事をめぐり「歪《ゆが》められ」「偏《かたよ》った」理解の仕方などがあります。

「差別する可能性」とは、世の中に息づいている、こうした他者理解や現実理解をめぐる知や情緒に私たちが囚《とら》われてしまう〝危うさ〟のことです。こうした知や情緒を私たちが生きていくうえで適切であり必要なものなのかを批判的に検討しないで、そのまま認めてしまう〝危うさ〟のことです。

さらに言えば、「差別する可能性」とは「差別者になる可能性」ではありません。むしろ私たちは、自らの「差別する可能性」に気づけば、それを修正し、他者に新たに向きあい、理解するための指針として活用することができます。つまり、この可能性は「差別をしない可能性」に変貌《へんぼう》すると私は考えています。

ではいったいそもそもどこに、この根拠のない決めつけや恣意的な思い込み、歪められた知や情緒が息づいているのでしょうか。それらは、まさに「普通」に生きたいと考える私たちの「常識」に息づいており、「普通」の中で、活き活きとうごめいているのです。

私たちは、「普通」でありたいと望みます。また自分は特別ではなく、差別という出来事からも遠い、「普通」の人間だと思う場合も多いでしょう。ただ「普通」であることは、差別をめぐる関わりから一切私たちを切り離してくれる〝保障〟などでは決してありません。

　むしろ「普通」の世界には、さまざまな「ちがい」をもった他者をめぐる思い込みや決めつけ、過剰な解釈など、歪められ、偏り、硬直した知や情緒が充満しており、こうした知や情緒を「あたりまえ」のものとして受容してしまう時、Xまさに私たちは「差別的日常」を生きているといえます。

　こう考えていけば、Y差別はけっして特別な誰かが特別な誰かに対して起こす限られた社会問題ではありません。それは私が生きて在る日常のなかでいつでも起こり得る普遍的で普通の現象です。だからこそ、声高に「差別はしてはいけない」とだけ叫ぶのではなく、まずは私が「差別する可能性」「差別してしまう可能性」を認めたうえで、なぜそんなことを私はしてしまうのかを思い返すチャンスとして、つまり〝よりよく他者を理解し生きていくための大切な指針〟として「差別」を活用すべきではないでしょうか。

　「普通であること」を見直すことから自らが思わず知らずはまり込んでしまっている④差別する可能性を掘り起こし、自分にとってより気持ちのいい「普通」とは何かを考え直し、そこに向けて自分にとっての「普通」を作り替えていくこと、新しい「普通」を創造していくことこそ、「差別を考える」ことの核心に息づいています。

　ところで、なぜ私は「差別を考えること」が重要だと言っているのでしょうか。

［　Ⅲ　］

こうした他者の姿と出会ったとき、私たちは二つのことを実感するでしょう。

　一つは、いかに他者と繋《つな》がることが難しく厳しいものであるかということです。今一つは、他者と繋がることでいかに優しさや豊かさを得られるのかということです。この二つを実感するからこそ、他者と多様で多彩な〝距離〟があることに驚き、悩み、苦しみながらも、他者を理解し繋がりたいという〝意志〟が「わたし」のなかに沸き起こってくるのです。

　いま、世の中では、さまざまな理由から、「わたし」と他者が繋がる〝ちから〟が萎《な》え、他者と繋がる可能性が奪われつつあります。「わたし」が、そうした〝ちから〟をとり戻すためにも、「差別する可能性」とは何かを考え活用し、「差別的日常」を詳細に読み解き、「わたし」が気持ちよく生きていける意味に満ちた、新たな「普通」を創造する必要があるのです。

（好井裕明『他者を感じる社会学　差別から考える』〈ちくまプリマー新書〉より）

［注］　※1　先に述べているように……ここよりも前の部分で筆者は、差別について「受けた側の苦しみや痛み、怒り、憤りや抗議という『声』があって初めて、ある出来事が「差別」であるとわかるし、こうした被差別の側の『声』にまっすぐ向き合うことこそが、差別を考える基本の一つです」と述べている。

※2　ペンディング……保留にすること。

問一　空欄［Ⅰ］・［Ⅱ］に入る言葉の組み合わせとして最も適切

なものを次から選び、記号で答えなさい。

ア　Ⅰ　他山　　Ⅱ　石　　イ　Ⅰ　紺屋　　Ⅱ　白ばかま

ウ　Ⅰ　すずめ　Ⅱ　涙　　エ　Ⅰ　対岸　　Ⅱ　火事

問二　二重傍線部ａ「淡々と」の言葉の意味として最も適切なものを次から選び、記号で答えなさい。

ア　ひっそりとして静かである様子

イ　すんなりいさぎよく認める様子

ウ　あっさりしてこだわらない様子

エ　ぼんやりと過去を懐かしむ様子

問三　傍線部①「まさに〝硬直した〟二分法が、『差別を考えること』から私たちを遠ざけてしまいます」とあるが、それはなぜか。その説明として最も適切なものを次から選び、記号で答えなさい。

ア　被差別の厳しい現実をてがかりに差別を考えるあり方が失われることで、目を向けるべき差別の存在が見えなくなるから。

イ　差別と被差別を二つに分ける考え方は、差別を受ける人の厳しい現実に目を向ける上では、まったく役には立たないから。

ウ　被差別の苦しみから目を背けることで差別の実態が十分に理解されなくなり、「普通」の人の見方しかできなくなるから。

エ　単に差別と被差別を分類するだけでは両者の立場が逆転することはなく、被差別の厳しい現実の解決は望めなくなるから。

問四　傍線部②「差別というできごとから距離をとり、それを自らの生活世界から締め出してしまおうとします」とあるが、その背景にはどのような考え方があるのか。その説明となっている箇所を、「という考え方」に続く形で本文中より三十五字以上四十字以内で抜き出し、そのはじめとおわりの三字をそれぞれ答えなさい。ただし、句読点・記号等を含む場合は、これも一字と数えることとする。

問五　傍線部③「それぞれの被差別性がどうであれ、他者を差別する可能性からは、誰も逃れ得ない」とあるが、それはなぜか。その説明として最も適切なものを次から選び、記号で答えなさい。

ア　たとえ自分の受けた差別を振り返り、受け止める中で人間に対する理解が深められたとしても、差別事象が異なれば、差別される側の人を本質的に理解することができるとは限らないから。

イ　たとえ自分の受けた差別を振り返り、受け止める中で他の差別事象への感性が磨かれたとしても、差別される人に共感し連帯するだけでは差別問題を同様に理解することにはならないから。

ウ　たとえ自分の受けた差別を振り返り、受け止める中で差別への理解が深まって、しなやかさを身につけたとしても、他者を差別することで自己の被差別意識を克服することもありうるから。

エ　たとえ自分の受けた差別を振り返り、受け止める中で差別問題への感性が鋭敏になったとしても、結局のところ、自分が差別されないようにするには他者を厳しく差別するほかはないから。

問六　傍線部④「差別する可能性」とあるが、それはどういうことか。その説明として最も適切なものを次から選び、記号で答えなさい。

ア　私たちは誰でも、立場の弱い人を厳しく差別する経験をすることで、それを振り返って反省し、他者に新たに向きあい理解する可能性を秘めているということ。

イ　被差別者は自らの被差別性を考え抜くことで他者への理解を深める一方、自らの被差別経験を再生産し、次は差別する側に回ってしまう恐れもあるということ。

ウ　私たちは誰でも、世の中に存在する根拠のない決めつけや思い込みなどを批判的に検討することもなく、ただ受け入れてしまう危うさをもっているということ。

エ　被差別者にとっての「普通」を理解することで社会に広く共通する「普通」のあり方が創造され、他者との親和的な繋がりが生まれる可能性があるということ。

問七　空欄［Ⅲ］には次のア〜エの文が入る。これらの文を意味が通るように正しく並べ替え、その順序を記号で答えなさい。

ア　そこには自分がこれまで想像もできなかったような厳しい生があり、厳しい生のなかで「ひと」として豊かに生きてきた他者の姿があります。

イ　自らの「普通」や「あたりまえ」を掘り崩して、さらに「差別」という「問題」を理解しようとします。

ウ　それは他者と繋がる〝ちから〟を得る原点だと考えているからです。

エ　そうした過程で、私たちは異質な他者や他者が生きてきた圧倒的な〝現実〟と出会うことができるでしょう。

問八　波線部Y「差別はけっして特別な誰かが特別な誰かに対して起こす限られた社会問題ではありません」とあるが、ここから脱却するために必要なこととはどのようなことか。次の条件に従って説明しなさい。

【条件】

・直前の波線部X「私たちは『差別的日常』を生きている」の具体例を、あなた自身の体験や身近にある内容に基づいて挙げなさい(ただし、筆者が本文中に示した例を、単純に他の例に置き換えて述べることは不可とする)。

・右の具体例を挙げた上で、波線部Yの状況から脱却するために必要なこととはどのようなことか、説明すること。

・字数は百字以上百五十字以内とし、段落は作らずに一マス目からつめて書くこと。ただし、句読点・記号等も字数に含むものとする。

三　次の文章を読んで、後の各問に答えなさい(なお、出題の都合上、本文を省略した所がある)。

「実はね、菜月さん。塾のことなんだけど」

ふうっと大きく息を吐き、光枝が菜月の顔をじっと見てくる。

「俊ちゃん、まだ小学六年生でしょう。こんなに早々と塾に行かせなきゃいけないの？」

自分も夫も俊介の塾通いには反対だと、光枝がはっきりと言ってくる。

「でも、俊介が中学受験をしたいって言い出したんです。塾も楽しいみたいで、難しい問題が解けるようになるのが嬉しいって言ってるんですよ」

俊介は塾から帰るとすぐに、その日習った学習内容を菜月の前で話してくれる。教わった算数の技法を使って、複雑な計算問題の答えをわずか数秒で出してくることもある。「お母さん、おれ、勉強がこんなにおもしろいって知らなかった」と興奮気味に話す姿はサッカーで活躍していた時とまるで同じで、この子は打ち込めるものをまた見つけたのだ。

菜月は義母に向かってそう説明した。俊介が積極的に塾に通っていることをなんとかわかってもらおうと、これまでの経緯を一つ一つ丁寧に話していく。だが光枝はそんな話にはまるで興味がないのか「ふぅん」と呟《つぶや》き、

「塾代って一年でどれくらいかかるもんなの？」

と［ I ］聞いてくる。

「受験生の六年生で……百万くらいかと」

もっとかかるかもしれないが、少なめに告げておいた。

「百万？　おおこわー。塾にそんなお金かけてどうするの」

うちは子ども二人とも、一度だって塾になど行かせたことがない。子どもは遊ぶのが仕事なのだから塾なんて可哀《かわい》そうだ。小さい時に我慢を強《し》いられた子どもは性格が歪《ゆが》み、ろくな大人にならない。菜月が言葉を挟む間もなく、光枝が批判的な言葉を重ねてくる。

「そういえば菜月さん、パートに出てるんですって」

「はい」

「働きに出ている間、美音《みおん》はどうしてるの。さっき俊介に聞いたら、学童がどうとか言ってたけど……。あの子の帰宅時間に間に合うようには、帰って来てるの」

「いえ……俊介の言う通り、美音は学童保育に通っていて、私が仕事を終えてから迎えに行ってるんです」

①光枝は菜月の言葉に目を剝《む》くと、「可哀そう」と首を横に振った。まさかこんな時間まで学童保育に預けているなんて思ってもみなかった、と苦々しい表情で菜月を見つめる。

「美音をほったらかしにしてまでパートに出なきゃいけないの？　私はね、そもそも美音が普通の小学校に通うことも反対だったの。送り迎えやらが大変かもしれないでしょうけど、私は小学校もそのまま聾《ろう》学校に進んだほうが美音のためなんじゃないかって思ってたのよ。正直なところ、俊介の塾にお金がかかるんでしょう？　だからパートをする時間が欲しいんでしょう？　だったら中学受験なんてしなきゃいいのよ。地元の中学で十分よ。美音にも俊介にも負担をかけて、そんな子育てをしていたら、あなた絶対に後悔するわよ」

子どもたちは楽しくやっている、と繰り返し伝えても、光枝は聞く耳を持たなかった。小学生が塾に通うことなんて、いまは珍しくもないのに。

「私はてっきり菜月さんは母性愛の強い人だと思ってたわ。俊介が生まれてからはちゃんと仕事も辞めたし、家にいて家庭を守ってくれてたのに……子どもたちが可哀そう」

②何度も「可哀そう」と責められているうちに、菜月の頭の中でなにかが弾け切れるような音がした。自分にしても、美音を学童保育に通わせることにはためらいがあった。でもあの子は日々成長しているし、新しい環境を楽しもうとしている。美音ももちろん大切だ。でも俊介も大切で、お金も必要で、自分が働かなくてはいけなくて……。ようやく折り合いをつけた気持ちを揺さぶられ、どくんどくんと心臓が脈打つ。

可哀そう……。テレビも観ず、ゲームもせず、外で遊んだりもせずに一日五時間も六時間も勉強する俊介は可哀そうなのかもしれない。

可哀そう……。友達との会話もままならない美音を、放課後まで学童保育所に預けるのは可哀そうなのかもしれない。

でも本当に可哀そうなのは、夢を持てない大人になることじゃないだろうか。

自分に自信が持てないことじゃないだろうか。

菜月は、俊介が「塾で勉強したい。中学受験がしたい」と言い出した時、驚いたけれど嬉しかった。戸惑いもしたが、でも息子が目標を持って、それに向かって頑張ろうとしていることが誇らしかった。その頑張りを全力で応援してやりたいと思ったのだ。

「お義母さん、俊介は将来やりたいことがあるらしいんです。それで、自分の夢を叶えるために行きたい中学があるって。私と浩一さんは、それを応援しようと決めたんです」

「そんな、子どもの言うことをうのみにしちゃって。夢なんてね、叶えられる人なんてごくごくわずか、ひと握りなのよ」

「おっしゃる通りだと思います。私も夢なんて、持ったこともありませんでした。十七歳の時から必死でただ働くばかりで……」

高校を中退して就職したリサイクル工場では、荷台に山積みにされてくるパソコンやOA機器などの産業廃棄物や家電などの機械製品を、ドライバーを手に分解した。分解したものはアルミや鉄、プラスチックなどに分別して破砕機《はさいき》にかけるのだが、そこまでが自分の仕事だった。職場の上司や先輩は親切な人ばかりだったし、働くことは嫌いではなかった。けれど十七歳から十年間続けたその仕事は、自分が望んで選んだものではない。

「でも、私はダメだったけれど、俊介には夢があって、もしかしたらその夢を叶えるかもしれません。まだ十一歳なんです。自分がやりたいと願うことを、好きなことを、職業にできるかもしれないんです」

俊介はなにも百万円のおもちゃを買ってくれとねだっているわけではない。勉強がしたい。中学受験に挑戦して、日本で一番難しいといわれている中学校に進学したい。そう言っているだけなのだ。正直なところ、進学塾がこれほど大変だとは思ってもみなかった。十一歳の子どもをここまで残酷に順位づけするのかと呆《あき》れることもある。春期講習の最終日のテストで、俊介は全クラス合わせて最下位だった。塾の授業中に行われる小テストでも思うようには点が取れず、ほとんど毎回補講を受けている。でも俊介は入塾してからこの一か月間、一度も弱音を吐くことはなかった。なんとか這い上がろう、遅れを取り戻そうと、食事をとる時間も惜しんで机に向かっている。その姿は、義母が口にする「可哀そう」なものでは、決してない。

「お義母さん、俊介はいま毎日必死で勉強しています。その姿を見ていて私は胸が締めつけられるくらいに感動しています。すごいと思ってるんです。誇らしく思ってるんです。俊介は私の息子です。私が育てているんです。あの子の人生は私が責任を持ちます。だからお願いです、俊介には受験や塾に対して否定的なことを言わないでください。応援してくれとは言いません。でも全力で頑張る俊介に、沿道から石を投げるようなことはしないでください」

途中から気持ちを抑えることができなくなり、涙が滲《にじ》んできた。光枝に歯向かうのは、浩一と結婚して以来、これが初めてだった。

光枝は唇を固く結び、なにも言葉を発さず黙っていたが、やがて椅子から立ち上がりそのまま玄関に向かっていく。従順だった嫁の反抗的な態度に呆れ、怒り、許せないのだろうとその背中を見て思った。

よく言った、と菜月は心の中で呟く。自分の思いを、本心をきちんと伝えることができた。わが子を守るために強くなったと自分を褒《ほ》める。高校を中退した時の悲しさや口惜《くや》しさは、いまこうしてわが子の盾になるために必要だったのかもしれない。

手の甲で涙を拭《ぬぐ》っていると、美音が菜月の腰にしがみついてきた。母と祖母のやりとりを、[Ⅱ]見ていたのだろう。声は聴こえなくても、二人が烈《はげ》しくやり合っていたことはわかったはずだから。

玄関のドアが閉まる音が聞こえてから、菜月は美音をぎゅっと抱きしめた。「大丈夫よ。びっくりさせてごめんね」とその目を見つめて伝えると、美音と手を繋いでリビングを出た。足音を忍ばせて廊下を歩き、俊介の部屋のドアをそっと開ける。目の前には俊介の丸まった背中があり、机上を照らすライトに潜り込むような姿勢で一心不乱に問題を解いていた。

光枝に切った啖呵《たんか》が聞こえていたら恥ずかしいなと思っていたので、菜月はほっとする。勉強に集中している時の俊介は、菜月が呼ぶ声にも反応しないことがある。リビングで言い合う声は届いていなかったのだろう。

結果がどうであれ、俊介も私もこの戦いを最後まで諦めずにやり遂げる。

そう心に決めて、リビングに戻ろうとしたその時だった。

「お母さん」

俊介が椅子ごとくるりと振り返り、呼び止めてくる。

「なに?」

平静を装い、首を傾《かし》げる。

「おばあちゃん帰った?」

「うん、いまさっきね」

「なんかいろいろ言われてたね」

「……聞こえてたの」

「あたりまえじゃん。お母さんの声、大きすぎだし」

その言い方に、思わずふっと笑ってしまった。菜月が光枝にあんな口を利くのは初めてで、俊介もさぞ驚いたことだろう。

「おばあちゃん、怒らせちゃった」

菜月が投げやりに言うと、

「いいじゃん。お母さんはまちがってなかったし」

と今度は俊介が小さく笑った。③二人で目を合わせて笑っているうちに、理由もなくまた涙が出てきて、でも心は晴れてすっきりしている。

「お母さんはさぁ」

「うん?」

目尻の涙を小指で拭う菜月の顔を、俊介がじっと見てきた。笑顔は消えている。

「十七歳から働いてたんだね。おれ知らなかった」

「……うん。……言ってなかったしね」

「あのさお母さん、いまからでも遅くないんじゃない?」

「なにが」

意味がわからず聞き返すと、俊介の口元がきゅっと引き締まる。

「お母さんさぁ、いまから夢を持てばいいじゃん。お母さんのやりたいこと、なんかないの?」

「お母さんの……やりたいこと?」

私のやりたいこと……。

夢……?

(中略)

入学式からの数日間、美音は髪をまっすぐに下ろして登校していた。耳に付けた補聴器をクラスメイトに見られないよう隠すためだ。でもいまは髪を束ねることも三つ編みにすることも怖れずに学校に通っている。俊介の部屋からは毎朝五時になるときまって目覚まし時計のベルがなる。遅れを取り戻すため、俊介だけに特別に出された宿題をこなすためだ。早起きが大の苦手だった息子が、自分の力で起きている。

春を迎えてからの一か月間、頑張る子どもたちを見ていると、自分もまだやれることがあるんじゃないかと思えてきた。自分の可能性を語れるのは自分しかいない。そんな当たり前のことを子どもたちが教えてくれる。

俊介が開けた中学受験という新しい扉は、菜月が想像もしなかった別の場所へと続いていた。

「あのね俊介、美音。お母さん、いまからお勉強して、保育園の先生になろうかな。お母さんが高校生の時にね、とてもいい先生に出会ったの。お母さんが高校をやめなくちゃいけなくなった時、その先生が最後まで応援してくれて……。お母さん、その時に、先生ってすごいなって思ったんだ。先生っていいな、って……」

突然なにを言い出すのだという顔で子どもたちは菜月を見ていたが、すぐに兄妹で顔を見合わせ、にやりと笑い合う。菜月は自分が口にした言葉に胸が高鳴り、しばらく呆然としてしまった。そんな菜月の顔を見上げ、

「ママ、保育園の先生！　いいねっ！」

美音が口を大きく開き、はっきりと言葉を出す。発声を恥ずかしがって訓練以外の場所では喋《しゃべ》ってくれない美音の可愛らしい声が大きく響く。

「うん、いいと思う。お母さんが先生って、なんかぴったりな気がする」

俊介に言われると、また泣きたくなった。

自分を見つめる子どもたちの目を見返しながら、ふと思う。十七歳の時になにもかも諦めた気になっていたけれど、本当にそうだったのだろうか、と。あれから自分はなにも手にしてこなかったわけではない。家族を懸命に守ってきた。かつて未来を手放したこの手に、いまは大切なものがたくさん入っている。そんなことを、いまこの年齢になってようやく気づいた。

「ママも、お兄ちゃんも、ヨーイドン！」

となぜか美音がかけっこの合図を口にする。④腹の底から出ている美音の声に心が震える。

「ヨーイドン！」

菜月も美音を真似《まね》て、大きな声で口にした。

俊介と美音が、身を捩《よじ》って嬉しそうに笑っている。

⑤大切なものを手の中に握りしめながらヨーイドン、私はまた走り出した。

（藤岡陽子『金の角持つ子どもたち』〈集英社〉より）

問一　空欄［Ⅰ］・［Ⅱ］に入れる言葉として最も適切なものをそれぞれ次から選び、記号で答えなさい。ただし、同じ記号を二度以上選ばないこと。

ア　肩を落としながら　　イ　鼻にかけるように

ウ　耳をそろえて　　エ　息を殺して

オ　眉をひそめたまま

問二　傍線部①「菜月の言葉に目を剝く」とあるが、このときの光枝の

気持ちはどのようなものか。その説明として最も適切なものを次から選び、記号で答えなさい。

ア　孫たちの養育方針をめぐって菜月と意見が対立し、自分の思い通りにならないと考え、ひどく怒っている。

イ　孫たちが望む遊びや勉強をさせてもらえず、つらく悲惨な生活を送っていると考え、ひどく悲しんでいる。

ウ　孫たちの成長に必要なことを菜月が一切考えず、自身が望む生活を強いていると考え、ひどく呆れている。

エ　孫たちが理想的で幸せな生活を送るための努力を、菜月が一切してこなかったと考え、ひどく驚いている。

問三　傍線部②「何度も『可哀そう』と責められているうちに、菜月の頭の中でなにかが弾け切れるような音がした」について、次の問に答えなさい。

㈠「可哀そう」とあるが、光枝と菜月の考える「可哀そう」の意味する内容とはどのようなものか。その説明として最も適切なものを次から選び、記号で答えなさい。

ア　光枝は子どもの思うようにさせないことでその人格に影響が及ぶことを「可哀そう」と考えるが、菜月は夢に向かい自らの手で道を開く可能性を閉ざしてしまうことを「可哀そう」と考えている。

イ　光枝は子どもの本分である遊びを制限することで理想的な大人になれないことを「可哀そう」と考えるが、菜月は夢を叶えることができず希望しない職業に就くことを「可哀そう」と考えている。

ウ　光枝は我慢を強いることで性格が歪んだ大人に育ってしまうことを「可哀そう」と考えるが、菜月は夢を否定し自信をも失わせることで性格の歪んだ大人に育つことを「可哀そう」と考えている。

エ　光枝は子どもの言うことをうのみにし叶うはずのない夢を追求させることを「可哀そう」と考えるが、菜月は努力を怠ることで手に入るはずの夢を逃してしまうことを「可哀そう」と考えている。

㈡「菜月の頭の中でなにかが弾け切れるような音がした」とあるが、このときの菜月の気持ちはどのようなものか。その説明として最も適切なものを次から選び、記号で答えなさい。

ア　菜月は結婚してから今までは義母に対して不満などを漏らさず、義母の意向に沿って家庭を守り続けた。こうして忠実な嫁であろうと努めてきたにもかかわらず、話を聞かず批判ばかりされたため、せき止められていた不満が爆発し言いたいことを言おうと決意した。

イ　菜月は新しい環境に慣れようとする美音や中学受験に向けて努力する俊介の姿を見ることで、悩みつつも俊介の塾通いを支えることに決めた。そうした美音や俊介の思いも理解せず一方的に塾通いに反対する義母への説得をやめ、親としての信念を貫こうと決意した。

ウ　菜月は耳の不自由な美音を学童保育に通わせることにためらいがあったが、日々の成長ぶりを見てようやく折り合いをつけた。こうした菜月の苦悩、そして俊介の頑張りも知らずに義母が批判ばかりを繰り返すため、諦めてこの場をやり過ごしてしまおうと決意した。

エ　菜月は俊介が中学受験をしたいと言い出した時には戸惑ったものの、夢に向けて努力しようとする姿勢を誇らしく思うようになった。そうした俊介の姿勢を無視して自分の意見だけを通そうとする義母に対し、俊介の邪魔をさせないよう徹底的に対決しようと決意した。

問四　傍線部③「二人で目を合わせて笑っているうちに、理由もなくまた涙が出てきて、でも心は晴れてすっきりしている」とあるが、このときの菜月の気持ちはどのようなものか。その説明として最も適切なものを次から選び、記号で答えなさい。

ア　光枝に反抗したことが今まで一度もなかったため気が動転していたが、その緊張感から解放され安心した。加えて、俊介も母親である自分の行動に共感してくれていると知り、さらに安心すると同時に、成長した俊介を頼もしく思っている。

イ　光枝との口論の中で自分の過去を赤裸々に話すことになり、嫌な過去がよみがえって悔しい気持ちになった。しかし、俊介にも聞かれてしまったことで、これまで伝えられずにいた自分の過去を知ってもらうこととなり、晴れ晴れしている。

ウ　光枝を怒らせたままの状態で気持ちがふさいでいる上に、俊介も動揺させてしまった自分の行動を恥じた。一方、俊介は動じることもなく学習に向き合い、かつ母親である自分の行動に理解を示していたので、感謝の気持ちにあふれている。

エ　光枝に涙を流して抵抗したことが俊介に知られ、気恥ずかしい気持ちになった一方、俊介が味方してくれているとわかり、ほっとしている。と同時に、自分は間違っていなかったと母親としての行動に自信が持て、心から嬉しく思っている。

問五　傍線部④「腹の底から出ている美音の声に心が震える」とあるが、それはなぜか。その説明として最も適切なものを次から選び、記号で答えなさい。

ア　夢を諦めていた自分が今になって保育園の先生を目指すようになったことを「ヨーイドン」の掛け声で実感したから。

イ　生活のために夢を諦めていたが、今では子どもたちに夢に向かっていく後押しをしてをもらったことに満足したから。

ウ　普段はあまり声を出さない美音が、大きな声を出して自分の背中を押してくれていることに強く心を動かされたから。

エ　高校時代も保育園の先生を目指す今も、いつも身近な人たちに強く応援してもらっていることを誇らしく思ったから。

問六　傍線部⑤「大切なものを手の中に握りしめながらヨーイドン、私はまた走り出した」とあるが、このときの菜月の気持ちはどのようなものか。六十字以上八十字以内で説明しなさい。ただし、句読点・記号等も字数に含むものとする。

星野学園中学校（理数選抜入試第二回）

—50分—

〔試験上の注意〕　一　字数制限のある問題では「、」や「。」や記号等も一字に数えます。
二　問題作成のため、一部本文を改めたところがあります。

□一　次の文章を読んで、後の問いに答えなさい。

人にものをもらったり世話になったりしたときは、誰《だれ》でも感謝の気持ちを表わす言葉をいう。心をこめて「ありがとう」をいう。もちろん、相手が目上であったり、まったく知らない人であったりするときは、「ございます」をつけ加えて丁寧《ていねい》な言い方にする。

［A］、この常識をわきまえていない人を、ときどき目にする。［B］、見知らぬ人がビルの入口のドアを開けてくれたりエレベーターのドアが閉まらないように押《お》さえておいてくれたりしたとき、何らの挨拶《あいさつ》もしない人は問題外であるが、単にありがとうというだけの人も、aソンダイな人だと思われても仕方がない。

相当な高齢《こうれい》者でもない限りは、女王様ではないのであるから、きちんと丁寧に「ございます」までいったほうがよい。

相手が目下であると勝手に判断して振《ふ》る舞《ま》うのは、相手を見下しているという印象を与えて、反感を買う結果にもなる。見知らぬ人に対するときは、相手が身分を隠《かく》している王子様か王女様であると想定したうえで、礼儀《れいぎ》正しい言葉に徹《てっ》したほうが安全だ。

特に、小さなこととはいえ、自分のために何かをしてくれたのであるから、丁重《ていちょう》に礼をいっておかなくてはならない。

自分が相手の立場に置かれたとき、ただ単にありがとうといわれただけであったら抵抗《ていこう》を感じるのではないかと思う場合は、きちんと「ございます」をつけ加えておくべきである。

言葉遣《づか》いが丁寧になればなるほど、心から感謝しているという思いが伝わるはずだ。ただ口先で「【①】」に感謝の言葉をいっただけでは、儀礼《ぎれい》的な意味しか伝わらない。

儀礼は人と人とが接触《せっしょく》するときの最低限の約束事である。人の親切を身にしみて感じたときは、その気持ちを具体的に表現する言葉が必要となってくる。相手がしてくれたことに対して、どの部分が特に印象に残ったかなどについて、相手に率直な気持ちを伝えるのである。

抽象《ちゅうしょう》的なことをいったのでは、儀礼の域に留《とど》まってしまう。一点でもよいから、できるだけ具体的なことをいうのがポイントである。

②食事をご馳走《ちそう》になったとき、「どうもありがとうございました」だけでは儀礼的な表現でしかない。「ごちそうさまでした」をつけ加えると、ちょっとぐらいは感情が入ってくるが、※依然《いぜん》として③おざなりの表現でしかない。

そんなときに、「おいしかった」という一言が発せられたら、料理を楽しんだという事実を示せる。ご馳走した側としても、相手が喜んでくれたという「証言」を得た感じを受ける。

相手のためにしたことに対して、それなりの効果があったことを確認《かくにん》した結果になるので、自分としても満足感がある。［C］、相手が特定の料理の名前をあげて、「あれほどにおいしい料理は初めてで、これ以上の幸せはない」などといえば、感動の具体性、つまり感謝の内容の具体性が、イッソウ高まってくる。

どの料理もすべておいしかったとしても、そのようにいったのでは、儀礼的なにおいがつきまとう。特に印象に残ったり気に入ったりした料理を選び、そこに焦点《しょうてん》を合わせて※賞讃《しょうさん》をするのである。

すべてがまったく同じ程度においしいということはありえない。この世の中にまったく同じものは存在しないという事実は皆《みな》知っている。[D]、「すべてよい」という表現は※信憑《しんぴょう》性が低いのである。

このことは、お礼の言葉に限らない。④人によって、それぞれ好みが異なっている。すべてが誰にでも好かれるということはない。

だからこそ、人とつきあうときにはさまざまな観点から人を観察し、その人の好みを推測して、その人が気に入るようにと全神経を集中して行動する。それができる人が、人づきあいの上手《じょうず》な人であり、人間関係に秀《ひい》でている人である。

表向きだけ【⑤】的に振る舞う人は、その点に関する真実を把《は》握《あく》していない人だ。したがって、深い人間的なつきあいはできない「不器用」な人である。

いずれにしても、感謝の気持ちを表明するときは、できるだけ具体的に指摘《してき》し、それに対する自分の感想を、感謝の言葉の後につけ加えるのである。自分の感動を率直に述べる。

もちろん、くどくどといったのでは、※おもねる雰囲気《ふんいき》が醸《かも》し出されるので逆効果である。感動の言葉は簡潔でなくてはならない。自分が感動したことを生き生きとしたかたちで相手に伝える。

急所や要点は一点である。言葉が多いと焦点がぼやけてくる。⑥「寸鉄人を刺《さ》す」一言でなくてはならない。

（山﨑武也《やまさきたけや》『気くばりがうまい人のものの言い方　だから、心に残る。また会いたくなる。』〈三笠書房〉）

※語注
依然として……特に変わらず。
賞讃……ほめたたえること。
信憑性……信頼度。
おもねる……人に気に入られるように振る舞う。

問一　══線a・bのカタカナと同じ漢字が使われているものを次からそれぞれ一つずつ選び、記号で答えなさい。

a　ソンダイ
ア　先生をとてもソンケイしている。
イ　大きなソンガイをこうむる。
ウ　幼いころは海沿いのギョソンで育った。
エ　祖先からシソンに伝える。

b　イッソウ
ア　ソウイ工夫《くふう》して取り組もう。
イ　カソウ現実の世界を体感できます。
ウ　ソウゼイ五百人の集団です。
エ　コウソウマンションに住んでいる。

問二　[A]～[D]に入る語の組み合わせとして最もよいものを次から選び、記号で答えなさい。

ア　A　あるいは　B　たとえば　C　また　D　ところが

イ　A　しかし　B　たとえば　C　さらに　D　したがって
ウ　A　あるいは　B　つまり　C　また　D　したがって
エ　A　しかし　B　つまり　C　さらに　D　ところが

問三【①】に入る語として最もよいものを次から選び、記号で答えなさい。

ア　自動的　イ　本質的　ウ　対比的　エ　主体的

問四　――線②「食事をご馳走になったとき、『どうもありがとうございました』だけでは儀礼的な表現でしかない」とありますが、感謝の気持ちを示すときはどうするべきだと筆者は考えていますか。**五十字以内**で説明しなさい。

問五　――線③「おざなりの表現」の意味として最もよいものを次から選び、記号で答えなさい。

ア　その場限りの間に合わせの表現。
イ　相手を見下している印象の悪い表現。
ウ　偽《いつわ》りのない本心が感じられる直接的な表現。
エ　大人《おとな》らしさが感じられない幼い表現。

問六　――線④「人によって、それぞれ好みが異なっている」とありますが、この意味を示す表現として最もよいものを次から選び、記号で答えなさい。

ア　花より団子　イ　好きこそ物の上手なれ
ウ　蓼《たで》食う虫も好き好き　エ　棚《たな》からぼたもち

問七【⑤】に入る四字熟語として最もよいものを次から選び、記号で答えなさい。

ア　玉石混交　イ　自画自賛　ウ　八方美人　エ　適材適所

問八　――線⑥「『寸鉄人を刺す』一言でなくてはならない」とありますが、これはどのようなことを言おうとしているのですか。その説明として最もよいものを次から選び、記号で答えなさい。

ア　感動の言葉は古くからよいと思われてきた表現を述べるのではなく、その時代にふさわしいものでなければならないということ。
イ　感動の言葉は単に自分の気持ちを述べるのではなく、相手の胸に響《ひび》くものでなければならないということ。
ウ　感動の言葉は簡潔で明確に述べるのではなく、多様な表現を使った複雑なものでなければならないということ。
エ　感動の言葉はしつこく繰《く》り返し述べるのではなく、短くはっきりとわかりやすいものでなければならないということ。

二　次の文章を読んで、後の問いに答えなさい。

《あらすじ》
立花浩樹《たちばなひろき》は、かつて写真家「タチバナ・コウキ」として有名だったが、借金を背負い、写真家を辞《や》めた。月日がたち、入院中の母親と同じ病室であった女性の依頼《いらい》をきっかけに、立花は写真家としての仕事を再開する。その女性の息子、宮川良和《みやがわよしかず》は失業中であったが、立花の仕事を手伝うようになる。仕事が順調になっていった折、立花と宮川は展望台にのぼった。立花はそこで、「本格的にいっしょに仕事をしたい」と宮川に伝えようとしている。

考えてみれば、と立花は笑う。

「家庭を持ちたいとも、安定した暮らしをしたいとも、僕はそれほど望んだことがなかったんです。だから何もなくていい。これでいいんだ。そう思いました。それがわかったとき、こうして写真の仕事に戻《もど》れて嬉《うれ》しいと思った。……僕は宮川さんにこれまできちんとお礼を言ったことがない。今まで、ありがとうございました」

いやいや、と宮川が軽く手を振《ふ》った。

「そんな……［　A　］っていうの？　俺《おれ》、コウキさんに初めて会ったとき、①ずいぶん失礼なことを言ったからさ」

手すりに背を預けて、宮川の隣《となり》に立花も座《すわ》る。

せっかく展望台に来たのに、そうしていると目に入ってくるのはヘリポートと広い空だけだ。

コウキさん、と宮川の声がした。

「俺ね、技術的なことって、わからないんだよ。でもコウキさんが撮った②おふくろの写真に救われた」

自分は母親を捨てたのだと宮川がつぶやいた。

「身体が不自由なおふくろ、施設《しせつ》に預けっぱなしで。年始におふくろが風邪《かぜ》をこじらせて死んだとき、俺ね、ハワイで女房《にょうぼう》の両親とゴルフをして、ビールを飲んでた」

軽く鼻をすすって、宮川が言葉を続けた。

「東京に家を建てたって言ってもさ、女房の実家の敷地《しきち》に建ってて。養子じゃないけど、養子みたいなもの」

初めてコウキさんに会ったときは、と宮川が③小さく笑った。

「入院中のおふくろがコウキさんのことをほめるから、むかついてさ。素敵《すてき》な写真家さんのお母《かあ》さんと同室で、その写真家が毎日毎日、ちっちゃなお見舞《みま》いを持って病院に来るんだって、おふくろがコウキさんのことを電話で話すたびに、見舞いに行けない自分をな※じられてるみたいでさ。つらくて……。コウキさんにひどく当たった。いやだね、小さくて」

宮川がうつむくと、風で髪《かみ》がわずかに吹《ふ》き上がった。

「俺は自分だけ東京でいい思いをして。おふくろを故郷に置き去りにしたんだと思ってる。だけど、コウキさんが撮ったおふくろの写真、すごくいい顔でさ。幸せそうなんだ。ずっとあの写真ばっかり見てたから、今の俺のなかで、おふくろはいつもあの顔で笑ってる」

宮川が顔を両手でおおった。

「宮川さんのお母さんは、幸せそうでしたよ」

④嘘《うそ》つけ、と子どものように宮川が言った。

「そんなわけ、ないよ」

「お孫さんの話をいつも楽しそうにしていて、家族の写真をまわりに置いていた。施設で撮影したときも、この町から離《はな》れたくないと言ったら、息子が一生懸命《いっしょうけんめい》、探してこんな良いところを見つけてくれたって。宮川さんの話をするとき、お母様はいい顔をする」

宮川が顔を上げた。

黙《だま》っている横顔に、立花は言葉を続ける。

「写真のあの笑顔を引きだしたのは、宮川さんです。僕はその一瞬《いっしゅん》を記録して伝えただけ」

宮川さん、と立花は呼びかける。

「見たことがない景色は日常の中《なか》にもある。それを記録して伝える喜びを、僕はこの一年かけて知りました。誰《だれ》かと出会って話をして、そこから何かが生まれて。それを記録して、また誰かに伝える。そういう仕事をこれからも続けていきたい。僕と組んでくれませんか」

えっ？　と宮川がこちらを見た。

※「ナカメシェアハウスは消えますが、続けませんか。僕はタレントとしては中途半端《ちゅうとはんぱ》で、写真家としても実績がなく……正直、自分の立ち位置がまだ作れないでいるんですけど、一緒に仕事をしてくれると嬉しいです」

お願いします、と頭を下げたら、「いや、そんな……」と宮川がつぶやいた。

「何言ってるんだよ、コウキさん。そんなの今さら」

再就職が決まったのだろうか。

宮川が立ち上がり、軽くパンツの尻《しり》を手ではたいた。あわてて立花も立ち上がる。

「すみません……。なかなかふんぎりがつかなくて」

何を今さら、と風のなかで宮川が笑った。それから姿勢を正すと、深く頭を下げた。

「こちらこそ、よろしくお願いします」

頭を上げた宮川がポケットからスマートフォンを出した。

「不動産屋に連絡《れんらく》しとかなきゃ……。実はね、気になる物件があってさ。お客さん用の駐車場《ちゅうしゃじょう》もあるところ。あっ、※瀬戸《せと》っちにもメール……」

「瀬戸さんには連絡しました。それから※会田さんにも話をしようかと」

「平均年齢《ねんれい》、高い集団だ」

宮川が手すりをつかんで街を見下ろした。

⑤変だね、と声がする。

「リストラされて、女房に［　B　］尽《つ》かされて、日銭稼《ひぜにかせ》いで暮らしているのに、何だろうね、ワクワクしている。学校帰りに秘密基地に集まって、何か作ろうぜって言ってる気分」

見たことがない景色《けしき》、と宮川の声に力がこもった。

「見に行こうじゃない、コウキさん」

宮川の隣に並び、立花も東京を見下ろす。

首都高速の照明灯が一斉《いっせい》にともり、黄昏《たそがれ》のなか、※ネオンサインが瞬《また》き始めた。この場所は今、昼と夜の境目にある。

スカイツリーが見えると宮川が指さした。

「東京タワーもライトアップしましたよ」

「すごいな、ここ。新旧、二つのタワーが見えるんだね」

眼下の宵闇《よいやみ》に浮《う》かび上がるタワーを立花は眺《なが》める。タチバナ・コウキとして東京にいた頃《ころ》、このビルは建設中で、スカイツリーはまだ建っていなかった。

いろいろ遠回りをしてきたけれど――。

⑥今だからこそ見える景色が、ここにある。

（伊吹有喜《いぶきゆき》『今はちょっと、ついてないだけ』〈光文社〉）

※語注

なじられ(る)……問いつめられ、責められること。

ナカメシェアハウス……立花と宮川が住んでいる共同住宅。宮川の交渉《こうしょう》によって、立花の写真スタジオとしても使われているが、土地の売却《ばいきゃく》が決まり、立花たちは近いうちに立ちのくことになっている。

瀬戸っち・会田さん……立花の仕事の協力者。

ネオンサイン……赤、緑、青、白などの光を出すネオン管を使用した広告や看板。

問一 Ａ に入る語句として最もよいものを次から選びなさい。
ア　罪滅《ほろ》ぼし　イ　お礼参《まい》り　ウ　恩返し　エ　以心伝心

問二 Ｂ に入る語句として最もよいものを次から選びなさい。
ア　心情　イ　愛敬《あいきょう》　ウ　心底　エ　愛想《あいそ》

問三 ――線①「ずいぶん失礼なことを言った」とありますが、「宮川」が「失礼なこと」を立花に言ったのはなぜですか。その説明として最もよいものを次から選び、記号で答えなさい。
ア　立花のように自分も母のところへ毎日見舞いに訪れていれば、自分の母の死に立ち会えたのではないかと強く後悔《こうかい》していたため。
イ　母のもとを頻繁《ひんぱん》に訪れていた立花に対し、故郷や家族を捨てたかのような生活をしている自分をなさけなく思ってつらかったため。
ウ　立花とその母の話を電話口でされることによって、母から見舞いに来ていないことを責められていると感じ、立花のことを疎《うと》ましく思っていたため。
エ　母親が、実の息子である自分より立花を褒《ほ》めていることを面白く思えなかったため。

問四 ――線②「おふくろの写真」はどのような写真ですか。その説明として最もよいものを次から選び、記号で答えなさい。
ア　立花の技術によって引き出された自然な笑顔の写真。
イ　息子と会えなくても気にしないおおらかな表情の写真。
ウ　息子の話をするときの幸せそうな様子の写真。
エ　自分の死期を悟《さと》ったような安らかな顔の写真。

問五 ――線③「小さく笑った」とありますが、「宮川」はどのような気持ちから笑ったのですか。最もよいものを次から選び、記号で答えなさい。
ア　自分のことをばかにする気持ち。
イ　楽しくて浮き立つ気持ち。
ウ　他人を軽《かろ》んじてあなどる気持ち。
エ　なげき悲しむ気持ち。

問六 ――線④「嘘つけ、と子どものように宮川が言った」とありますが、このときの宮川の様子を説明したものとして最もよいものを次から選び、記号で答えなさい。
ア　自分のしてきたことを後悔するあまり、立花の言葉は自分を気づかったものだと思い込み、素直《すなお》に受け入れることができないでいる。
イ　あくまでも他人であり、生前の母と親密な関係を築いていたわけでもない、立花の言葉は上辺だけのものであると決めつけている。
ウ　長い付き合いとなった立花に対して警戒心《けいかいしん》が解けており、着飾っていない無邪気《むじゃき》な性格をのぞかせている。
エ　自分自身が母親にしてきた仕打ちを思い出し、立花の気遣いの言葉に対して裏があるのではないかと信じられないでいる。

問七 ――線⑤「変だね」とありますが、何を「変だ」と感じているのですか。その説明として最もよいものを次から選び、記号で答えなさい。
ア　平均年齢が高く、みんな経験が豊富であるのに、段取りが悪いこと。
イ　順調とは言えない人生なのに、希望に胸をはずませていること。
ウ　具体的に何をやるかわからないことに、期待と不安を感じていること。

エ　新しい仕事に対しておびえながらも、心ははずんでいること。

問八　――線⑥「今だからこそ見える景色」とありますが、それはどのような「景色」ですか。本文全体をふまえ、説明として最もよいものを次から選び、記号で答えなさい。

ア　誰かと協力することでしか、たどり着くことができない場所にある感動的な景色。

イ　様々な経験を記録することで何とかめぐり合うことのできる、めったにない景色。

ウ　人々との出会いによって見いだすことができる、日常の中にもあるかけがえのない景色。

エ　展望台という特別な場所に行くことでしか、目にすることができない雄大《ゆうだい》な景色。

三　次の1～5の――線のカタカナを漢字で書きなさい。

1　ノウリツのよい仕事のやり方だ。

2　セキネンの願いがかなう。

3　式のショウタイ状を送る。

4　もう手カゲンはしないぞ。

5　橋のカイシュウ工事をする。

四　次の1～5の上と下のことばが対義語（意味が反対の関係になることば）になるように、【　】に入る漢字一字を書きなさい。

1　縦断　↕　【　】断　　2　悲劇　↕　【　】劇

3　当番　↕　【　】番　　4　目的　↕　【　】段

5　総合　↕　【　】析《せき》

五　次の1～5の【　】に漢字一字を入れて、ことわざを完成させなさい。

1　薄《はく》【　】を踏《ふ》む　（非常に危険な状態に身を置くこと）

2　【　】を売る　（むだ話などをして、なまけること）

3　【　】が折れる　（苦労すること）

4　【　】水の陣《じん》　（これが最後であると決心して物事に取り組むこと）

5　【　】を押《お》す　（まちがいがないかもう一度確かめること）

六　例にならって、次の①～⑤の□に入る漢字一字を書きなさい。

（例）
告
吉□道
速

＊「吉報」「報告」「報道」「速報」という熟語が成立するので、□の中には「報」が入ります。

①
動
逆□事
実

②
成
発□児
知

③
納
回□束
買

④
完
候□給
増

⑤
服
伝□知
口

三田国際学園中学校（第一回）

—50分—

注意　特に指示のない場合、句読点等の記号は一字として数えるものとします。

一　次の文章を読んで、後の問いに答えなさい。

家に帰ってドアを開くと中は薄《うす》暗く、誰もいなかった。定年になった父はボランティアに目覚めて休日は遊歩道のゴミ拾いに参加していることが多い。母は体が動くうちは老後のために稼《かせ》いでおきたいとパートをしている。

私は「ただいま」と小さく呟《つぶや》き、二階へ上がった。早足で自分の部屋の前を通り過ぎ、その奥にある妹の部屋のドアを開けた。

ここに、半年前まで妹が住んでいた。家具も本棚《ほんだな》もそのままになっている部屋へ入り、ベッドに横たわった。①この部屋の中にいつも漂《ただよ》っていた、妹の匂《にお》いはもう部屋から消えかけていた。

私は子供のころから、「現実」こそが自分たちを幸せにする真実の世界だと思っていた。

私は自分だけでなく、周りの人にもそれを勧《すす》め続けた。

小学校のころのお祭りなど、私の最高の活躍《かつやく》の場だった。光るヘアバンドを買おうとする友達に、「やめなよ。あんなの、原価１００円くらいだよ。ぼったくりだよ」と注意し、「ミキちゃんはしっかりしてるわねえ」と町内会中のおじさんおばさんに褒《ほ》められた。

「え、型抜《ぬ》き一回２００円？　ぜったいおかしいよ」

「このかき氷、氷とシロップだけで５００円なんて、ぼったくりだよ。あっちのお店にいこ、２００円だったよ」

てきぱきとぼったくり料金を暴《あば》く私を、友達の女の子たちは、「ミキちゃんあたまいい、すごーい」と褒め称《たた》えた。

「ありがとう、私、あっちの高いお店でかき氷買っちゃうとこだったよ。こっちの町内会の出店のほうがずっと安いね！」

「ありがとう！」

「ミキちゃんありがとう！」

感謝の言葉は、私をうっとりと満たした。私は友達や家族、愛する人たちがうっかり騙《だま》されて損をしないように、どんどん目を光らせるようになった。

「原価いくら？」

という言葉が、私の一番好きな言葉になった。

②けれど成長するにつれて友達はだんだんと、私のこの言葉を嫌《いや》がるようになった。

かわいいブランドのアクセサリーや、ブランドものの洋服などで着飾《かざ》る友達を、私はもっと幸福にしたかった。友達が騙されているのが我慢《がまん》できなかった。

「そのブランドのバッグ、原価いくら？　同じようなの、３０００円でアメ横で売ってたよ」

「このカフェのコーヒー、この量で８００円って高くない？」

「え、化粧水が１万円？　嘘《うそ》でしょ？　ほらここ、成分見てみなよ。私が※マツキヨで買った４００円のやつと、成分ほとんど同じでしょ？」

私は友達を幸せにしたくて言っているのに、皆、私の指摘《してき》に表情を曇《くも》らせた。皆、目に見えないきらきらしたものにお金を払うのが大好きだった。私がそれはぼったくりだといくら言っても、皆、絶対に、目に見えない〈Ｘ〉にお金を使うのをやめないのだった。

「ミキといると、なんかサメル」

大学のとき、友達が吐《は》き捨てるように言ったのをよく覚えている。やっと無駄遣《むだづか》いをさせる悪人たちが見せる夢からサメテくれたのか、と思ったが、せっかくテンションが上がって幸せな気持ちなのにつまらない、ということらしかった。けれど、目に見えないものにお金を払《はら》って騙されて、通帳を見て後悔《こうかい》するのは友達なのだ。何度そう説得しても、みな、溜息《ためいき》をついて無視をした。嫌悪感を露《あら》わにする友達すらいた。

就職してから会社の飲み会で親しくなり、初めてできた恋人は、私のそういうところを「堅実《けんじつ》で好きだ」と言ってくれた。

けれど、ロマンチックなレストラン、高いアクセサリー、上品な高級旅館などでいちいち「これ、高すぎない？」「場所代ってなに？　ぼったくられてない？」と口にする私に、恋人はだんだんと疲れてきたようだった。

ディズニーランドでは私はほとんど朝から晩までヒステリーだった。「えっ、このポップコーンがこの値段!?　このカチューシャ、こんなに高いの!?　原価いくら!?　みんな騙されてるよ！　信じられないよ！」私は行く先々で叫び、シンデレラ城の前で子供がミッキーの形をした高額な風船を買っているのを見て金切り声をあげた。

「なんか、疲れちゃって。少しぐらい騙されてるほうが幸せじゃないかって、思うようになったんだ」

結婚しようと話し合ったはいいが、式場のあまりのぼったくりに目を剥《む》いて「あの値段、信じられる!?　詐欺《さぎ》だよあんなの、詐欺」と吐き捨てた私に、彼は言った。

★

私の唯一の理解者だった幼馴染《おさななじみ》のユカも、ユカが通うエステの値段やネイルサロンの値段を聞きだし、「そんなのやめなよ、ね、ほら、詐欺じゃない？」と証拠《しょうこ》の資料を見せながら繰《く》り返す私に、ある日、「限界がきた。もう、ちょっと無理」と途《と》切《ぎ》れ途切れの小さなうめき声を絞《しぼ》り出した。

「そりゃ、ミキが正しいのかもしれないよ。でも、それがなおさら嫌なの。『現実』って、もっと夢みたいなものも含んでるんじゃないかな。夢とか、幻想《げんそう》とか、そういうものに払うお金がまったくなくなったら、人生の楽しみがまったくなくなっちゃうじゃない？」

「私は、大好きなユカを幸せにしたくて、騙されて欲しくなくて……」

ユカは私をまっすぐに見つめた。

「ありがとう。私の大切な幻想をまったく尊重せず、片っ端《ぱし》からぶち壊《こわ》してくれて本当にありがとう。これから私はエステに行っても、ネイルに行っても、ホテルで食事をしていても、いつもあなたの押《お》し付けてきた『現実』が頭にうかぶ人生を送るわ。それが私の本当に幸せな人生だと思ってくれているなら、本当にありがとう」

★

七歳《さい》歳下の妹は、私とは正反対の夢見がちな性格だった。妹は大学を途中で辞めて、ずっとアルバイトをしながら引きこもっていた。それだけならいいが、ネットで出会った友達とアクセサリーショップを開くと言いだし、起業をするために高額のセミナーに通っていると、困りきった母から電話があったのだ。

　妹をほとんど軟禁《なん》するために、私は意気揚々《ようよう》と家へ帰ってきた。妹を幸福にしようという正義感に満ちた私はとてつもなく生き生きとしていた。

　私は毎朝、セミナーへ行こうとする妹の横で大声でいかに妹が騙されているか騒《さわ》ぎ立て、似たような起業セミナーの詐欺にあった人のブログをプリントアウトしてトイレの壁《かべ》にびっしりと貼《は》り、セミナー詐欺が取り上げられたニュースを録画して夕食から妹が寝る時間まで延々流し続けた。

　最後に妹に会った日のことは、よく覚えている。その日は平日で、私は東京で開かれるセミナーへ出かけようとする妹を止めるため、朝から玄関で待ち構えていた。iPhoneの画面を妹に向けながらYouTubeで見つけた「キラキラ女子がハマる、起業セミナー詐欺の実態！　逮捕《たいほ》の現場に潜入《せんにゅう》！」という動画を大音量で流し、ドアの前で騒ぎ立てる私に、妹が冷たく言い放った。

「お姉ちゃんの『現実』って、ほとんど※カルトだよね」

　私は妹の意味不明な言葉に首をかしげた。

「え、何言ってるの？　カルトの手口に陥《おちい》りかけてるのはあんたじゃない。私はこんなに！　こんなに！　私、あんたのためを思って言ってるのに！」

　妹は私の言葉に返事をせず、私を突《つ》き飛ばし、金切り声をあげる私を置いてセミナーへと走っていった。

　妹が帰らなくなったのはその日からだった。会社のお昼休みに、妹がお金をつぎ込んでいる起業女子向けのセミナーが詐欺として告発されたというニュースがネットで拡散されているのを発見したとき、③私はとてもうれしかった。やっぱり詐欺だった。ほらみなさい。私が正しかったでしょ？　ああ、よかった。私はこれでやっと妹が帰ってくると思った。私の愛する「現実」へ、妹が帰ってくる。

「結局、ああいうのって、痛い目を見て帰ってくるんですよねー。まあ、勉強料だと思えば仕方ないですけどねー。まあ、これで少しは現実を見て、懲《こ》りてくれると思うんですけどねー」

　どこかはしゃいだような口調で、会社の人にうきうきと話したのを覚えている。あのとき、私は、ついに私の「現実」が勝ったと思った。現実こそが真の幸福だと、やっと妹が思い知ったのだと思うと最高に高揚するのだった。

　しかし実際には、その日の夜から妹は家へ帰ってこなくなった。

私の電話番号は着信拒否《きょひ》されていた。両親にだけは翌日の朝に連絡《れんらく》があり、セミナーの料金はしっかり自分で働いてローンで返す、でもアクセサリーショップの起業の夢はあきらめない、と言っていた、と聞かされた。お姉ちゃんのいる家には帰りたくないからしばらく友達の家に厄《やっ》介《かい》になる、とも。

「なんで？　なんで私とは会おうともしないの？」

　母は言いにくそうに、

「あの子ね、『お姉ちゃんといると、人生の喜びの全てを奪《うば》われる』って言ってたのよ。まあ、あの子もほら、夢見がちなところがあって、心配する気持ちもわかるけどねえ、少しは、ほら、あの子の可能性っていうかね、そういうものを、もっと認めてあげてもねえ……」

　私は呆然《ぼうぜん》とした。私は妹が損をしないように、騙されないように、現実を見せてあげようとしただけだ。奪ったのは詐欺師たちのほうじゃないか。しかし、妹はそうは思っていないらしく、私のいる家には決して帰ってこない。

私はいつも、会う人会う人を「現実」へ「勧誘」していた。それが全ての人の幸福だと信じて疑っていなかった。

最後に会った日の、妹の言葉が頭から離《はな》れなかった。私の現実はカルト。そうなのだろうか。言われてみると、私の姿が、※浄水器や天動説セラピーに勧誘する人間の姿とどこが違うのかわからなくなっていた。

（村田沙耶香『信仰』〈文藝春秋〉）

（注）
マツキヨ　……　ドラッグストア「マツモトキヨシ」のこと。
カルト　……　小規模で熱狂的な信者の集まりのこと。
浄水器や天動説セラピー　……　カルト的な活動の事例。

問一　――①「この部屋の中にいつも漂っていた、妹の匂いはもう部屋から消えかけていた」とありますが、この表現からどのようなことが読み取れるか、最も適切なものを次の中から選び、記号で答えなさい。

ア　詐欺騒動により家を出た妹は、ミキともはや縁遠《えんどお》くなってしまい、心の距離感が出来ているということ。
イ　詐欺にだまされ落ち込んだことで、家を去っていった妹に対して、今でも後悔する気持ちを持っていること。
ウ　詐欺まがいのセミナーにうつつを抜かした妹に対して、絶縁を突きつけて匂いすらも感じたくないと思っていること。
エ　ミキは詐欺から妹を守ろうとしたが、不出来な妹を恥《は》じる父母がその存在を記憶《きおく》からも消したいと感じているということ。

問二　――②「けれど、成長するにつれて友達はだんだんと、私のこの言葉を嫌がるようになった」とありますが、なぜか、理由として最も適切なものを次の中から選び、記号で答えなさい。

ア　ミキばかりが町内会の人々にほめられるため、大人にこびを売る姿に嫌気が差してきたから。
イ　頭の良さをひけらかすミキを目の当たりにして、それに対する嫌悪感がつのってきたから。
ウ　金額の大小ばかりを問題にするミキとは違い、必ずしも金額だけに価値を見出しているわけではないから。
エ　お金を無駄に支払ったことに気付かされ、自分が損しているという事実に向き合わされるのが嫌だから。

問三　〈Ｘ〉にあてはまる言葉を、文中から二字で抜き出しなさい。

問四　太線部ａ「サメル」・ｂ「サメテ」とありますが、それぞれにあてはまる漢字と同じ漢字が含まれるものを次の中から選び、それぞれ記号で答えなさい。

ア　受験会場には、行き方を調べてカクジ向かうように。
イ　考えてもわからないときは、カンカクで動こう。
ウ　日直の人は、早くゴウレイをかけましょう。
エ　未経験者が合格するなんて、イレイのことだ。
オ　そんなレイショウ的な態度だと、友達をなくすよ。
カ　カクメイを起こすのは、しいたげられた人々だ。

問五　――③「私はとてもうれしかった」とありますが、この時のミキの心情として最も適切なものを次の中から選び、記号で答えなさい。

ア　妹が救われた喜びと同時に、自分の正しさを妹がようやく感じることになり、気分が盛り上がっている。

イ　小さい頃から詐欺がこの世から無くなることを望んでいたため、静かに深い達成感にひたっている。

ウ　心から大事にしている妹が詐欺から救われることとなり、ようやくほっとして緊張感《きんちょう》から解き放たれている。

エ　自分が発見したYouTubeの動画がもとで詐欺が告発され、自分の見る目が証明されて喜びを感じている。

問六　本文全体を通じて、ミキとそれ以外の人々では、「現実」のとらえ方に違いがあることが読み取れます。ミキ以外の人々は、「現実」において幸せや夢を追い求めることを重視していますが、それに対してミキは「現実」において何を重んじているか、あなたの考えを述べなさい。

問七　本文中の波線部にあるように、ミキの行動は親しい友人や家族を幸せにしようという気持ちから行われたものですが、必ずしもその人のためになっているとは言えない部分があります。本文中の「★」でくくられた範囲でのミキとユカのやり取りを例に取り、ミキはどのように行動するのが最善だったのか、あなたの考えを述べなさい。

問八　以下の記事は、筆者の村田沙耶香《さやか》とミュージシャンの岡村靖幸《やすゆき》の対談の一部を抜き出したものです。彼らは「迷わなくていい」ことには価値があると述べていますが、「迷う」ことに価値があるとしたらどのようなものか、あなたの考えを八十字以上百字以内で述べなさい。

村田　私は、小説の書き方を宮原昭夫先生に学んだんです。宮原先生の教えを本当にそのまま、背《そむ》かずにやった結果、いまの自分があるんです。(中略)

私は、宮原教の信者だとすごく思っているし、弟子だと思ってもらえてないのに盲信《もうしん》している。いまでも本当は先生のおっしゃることを全部録音したいんです。嫌がられるから、しつこくしないように我慢してますが(笑)。

岡村　結局、盲信の快楽って、「迷わなくていい」という快楽なんですよね。人間って根源的な恐怖《きょうふ》や不安を抱《かか》えているじゃないですか。自分は何歳《さい》まで生きるのか、子どもが生まれたら元気に育つのか、お金に不自由したりしないか。未知数なものがあればあるほど不安になるし、何かに頼りたい、信じたいと思ってしまう。だから、パワーストーンみたいなものでも一喜一憂《いっきいちゆう》してしまうし。

(文春オンライン2022年10月7日
「『断食道場でプログラムをこなすうちにハイに…』岡村靖幸が作家・村田沙耶香と話す〝信じる快楽〟」一部改変)

二　次の文章を読んで、後の問いに答えなさい。

【文章Ⅰ】

私が住むニュージーランド南島のダニーデンという街では、近年、毎年のように高校生たちが「気候変動学校ストライキ※」という抗議《こうぎ》デモを行っています。

スウェーデンの環《かん》境運動家グレタ・トゥンベリーがはじめた、地球温暖化に反対する運動の一環《いっかん》です。

環境問題に強い関心を持つ学生たちがリーダーとなり、地元の他校の高校生たちと連携《れんけい》することで行われる学生主導のデモです。

こうして大勢の生徒たちは、教室を出て街の目抜《めぬ》き通りを、プラカードを掲《かか》げて行進しながら、異常気象への対策に大人たちが真剣《しんけん》に取り組んでいない現状に抗議して声を上げるのです。

①このような運動はダニーデンに限った話ではありません。首都ウェリントンでは、リーダーの学生たちが国会議事堂の前で演説し、南島の都市クライストチャーチでは、学生たちが市長と直談判《じかだんぱん》する場面もありました。

「学校の授業を放棄《ほうき》して高校生がデモ行進するなんて、そんなメチャクチャな話があるか」

「学校の教師や生徒の親たちはいったい何をしているのか」

そんな声が聞こえてきそうです。

実は、この抗議デモ活動は、学校の承認を経て行っているもので、また、デモに生徒が参加するにあたって、学校は生徒の親たちから参加の承認を取り付けています。

つまり、学校も生徒の親たちもこうした運動をサポートしているのです。

こう聞くと、②日本の大人たちはたいてい呆《あき》れかえるのではないでしょうか。

日本の常識ではおよそ考えられないことだからです。

ところが、ニュージーランドの教師や親たちは、学校の授業で通常科目を学ぶだけが勉強ではない、と考えています。

高校生たちが大人になるための準備とは、学業を修めることだけではなく、就職して経済的に自立することだけでもありません。

大人になるということは、一人の市民(有権者)として公正な社会を築くことに貢献《こうけん》するために、政治や社会の諸問題に強い関心を持ち、積極的に関わっていくことも意味する、と理解しているのです。

ですから、高校時代から、環境問題だけでなく、女性や性的マイノリティ(LGBT)に対する差別、人種偏見《へんけん》に基《もと》づく差別、あるいはもっと身近ないじめの問題などに関して、現状に対する理解を深め、対策をどう講じるべきか、を授業や課外活動を通じて論じ合い、実際に行動を起こすのが当たり前となっているわけです。

環境問題や差別問題などは、日本でも連日のように新聞などのメディアで論じられている「政治」問題です。

しかし、若い読者のみなさんにとって、「政治」はあまり身近な事柄《ことがら》ではないとお考えではないでしょうか。

国会議事堂や霞《かすみ》が関《せき》で、一部の「偉《えら》い」大人たちが行うことであって、みなさんとはあまり関係のないこととお考えではありませんか。

ところが、実は、「政治」とは私たちの日常生活の中で毎日のように経験することなのです。

いま日本の学校では、問題が続発しています。

運動部員の生徒をコーチの先生が殴《なぐ》って怪我《けが》をさせるといった事件が相次いでいます。女子生徒に対して男性教師が性的な嫌《いや》がらせをするセクハラ事件も後を断《た》ちません。

一般《いっぱん》常識とはかけはなれた③理不尽《りふじん》な校則がまかり通っています。

学校では、先生は生徒に向かってあれこれ命令する存在です。

[A]、生徒は、先生に服従するのが、当たり前だと考えられています。

[B]、こうした問題は、先生が生徒に向かって理不尽な要求や処《しょ》罰《ばつ》をすることから生じているのです。

理不尽な命令や処罰には黙って服従しなければならないのでしょうか。

C、先生がある一人の生徒に対してパワハラやセクハラ行為《こうい》を行っているのを、生徒であるあなたが目撃《もくげき》したとしましょう。それを見て見ぬふりして通り過ぎてしまっても良いのでしょうか。

D、このような状況もすべて「政治」なのです。

「政治」とは、〈Ｘ〉や〈Ｙ〉で行われていることだけではありません。「権威《けんい》」として現れる存在に服従することや従順であることが要求される状況は、すべて「政治」です。

学校の先生は、正当な指示をしたり処罰をしたりする限りでは、生徒にとって「権威」として立ち現れています。

しかし、先生に服従したり従順であることが間違《まちが》いであると考えられる場合には、不服従の意思を表明する必要があるのではないでしょうか。「権威」に対して従順であるかどうか、ということが「政治」であると理解すれば、冒頭《ぼうとう》で紹介した「気候変動学校ストライキ」も全く同様の「政治」行動であることがわかります。

政治や財界のリーダーである大人たちが環境問題に有効な対策を講じていないことに対して、黙《だま》っていないで抗議することは不服従の意思を示すことに他ならないからです。

本書では、「政治」という現象を、「服従」や「従順さ」、そしてそれとは反対の「不服従」や「〈Ｚ〉」というキーワードを中心に考えてみたいと思います。

いまの日本社会には、私たち一人ひとりが、従順であることを要求する心理的圧力が充満《じゅうまん》しています。

ひょっとするとあなたはそんな社会に息苦しさを感じているかもしれません。

「服従」と「不服従」をめぐって思考を整理すれば、その息苦しさから抜《ぬ》け出すための糸口を見出すことができるでしょう。

しかし、もしあなたが、従順であることに何の疑問も抱《いだ》かないでいるとすれば、「服従」について考えを深めることは、これまで見えなかった恐《おそ》るべき落とし穴があることに気づくことになるでしょう。

いずれにしても、従順さや不服従といった問題を解きほぐしてゆくことで、④私たちの日々の生活を生き抜くことが、まさに「政治」そのものであることも見えてくると思います。政治とは避《さ》けようにも避けて通れないものなのです。

（将基面貴巳『従順さのどこがいけないのか』〈ちくまプリマー新書〉）

（注）

ストライキ　……　要求を通すために、申し合わせて授業や勤務を放棄すること。

問一　――①「このような運動」とありますが、その説明として**適切でないもの**を次の中から一つ選び、記号で答えなさい。

ア　スウェーデンの高校生たちによる、地球温暖化に反対する環境運動。

イ　環境問題に強い関心を持つ高校生たちが連携して行う学生主導のデモ。

ウ　大勢の生徒たちが授業ストライキして、街の目抜き通りを行進すること。

エ　大人たちが真剣に取り組んでいない環境問題に、生徒の立場でも抗議すること。

問二　――②「日本の大人たちはたいてい呆れかえるのではないでしょうか」とありますが、日本の大人たちはなぜ呆れかえるのか、四十字以内で説明しなさい。

問三　――③「理不尽な校則」とありますが、その内容の説明として最も適切なものを次の中から選び、記号で答えなさい。

ア　生徒が命の危険にさらされそうな時に、一時的に強い指示を出して服従を強制するもの。

イ　先生が勝手な理想を追求しすぎて厳しくなり、誰も守らなくなってしまった有名無実さ。

ウ　勝たなければならない事情がある時に、生徒に規律を徹底《てってい》させるために使う体罰《たいばつ》のこと。

エ　ルールの内容に意義を見出すことが困難なので、先生の威厳によって守らせているもの。

問四　[A]～[D]に入れる語の組み合わせとして、最も適切なものを次の中から選び、記号で答えなさい。

	A	B	C	D
ア	ですから	しかし	さらに	実は
イ	さらに	実は	しかし	ですから
ウ	実は	しかし	さらに	ですから
エ	ですから	さらに	しかし	実は

問五　〈X〉〈Y〉に入る語として、適切なものを次の中から二つ選び、記号で答えなさい。ただし、順不同です。

ア　学校　　イ　家庭　　ウ　国際機関

エ　日本社会　　オ　国会議事堂　　カ　日本以外の国

問六　〈Z〉に入る語として、最も適切なものを選び、記号で答えなさい。

ア　抵抗《ていこう》　　イ　圧力　　ウ　運動　　エ　未従順

問七　――④「私たちの日々の生活を生き抜くことが、まさに『政治』そのものであること」とありますが、その説明として最も適切なものを次の中から選び、記号で答えなさい。

ア　人に従順さや服従を求める力が、ふだん何気なく送っている日々の中に満ちており、そこで感じる困難さに対して正しい決断をとれるかどうかが、日本人の課題であること。

イ　パワハラやセクハラは許されない行為であり、そのような行為を見て見ぬふりをしない勇気のある者だけが、環境問題の背景に潜《ひそ》んでいる大きな理不尽さに立ち向かえること。

ウ　政界や財界のリーダーに抗議することだけでなく、毎日の中で感じる困難さから抜け出そうとすることも、権威に対して服従するかしないかという問題へつながっていること。

エ　従順であるということは自由を奪われることなので、自分より上の立場からの言葉に可能な限り批判的でいることが、結果的に自分の権利を守り社会を少しずつ良くすること。

問八　次の【文章Ⅱ】は、【文章Ⅰ】を読んだ三田さんと国際さんの会話である。この文章の内容の説明として最も適切なものを、後に続く選択肢《せんたくし》の中から選び、記号で答えなさい。

【文章Ⅱ】

三田さん　ニュージーランドの学生たちのデモについて、私は疑問があるな。

国際さん　どうして？　頑張《がんば》っている学生たちも、それを認めている大人たちも、僕はすごいと思ったけどね。

三田さん　考えてみて。筆者は、学校や親から承認をとって学生たちは活動をしていると書いているけど、もし学校や親が反対したら学生たちはデモをしちゃいけないってことなの？

国際さん　何を言いたいの？

三田さん　つまり、ニュージーランドの大人は子供たちに従順さを求めないから優れていると筆者は暗に言っているみたいだけど、大人の許可をもらってストライキを行うことも、結局は権威に従っていると言えるんじゃないかと私は思う。

国際さん　僕は単純に日本は権威に従順な人が多いのだなと納得したのだけど。でも三田さんの論理だと、法律に従うことさえも権威に従順だとして批判されてしまうんじゃないのかな。

三田さん　もちろん何でもかんでも反抗《はんこう》するのが良いとは思っていない。でも筆者のような大学の教授が、なにかを素晴らしい行動だと称《たた》えることが、また別の権威になってしまうことの危険性は考えるべきだと思う。

国際さん　でもそう考えると、みんなが自分の信じる通りに生きるべきという結論に行き着いて、みんなにとって正しい主張なんてないからと、誰《だれ》も政治的な行動をしなくなってしまうんじゃないかな。

三田さん　そんなふうに考えて政治的な行動をしなくなる人がいたとしたら、疑いを持たない従順な人よね。

ア　三田さんは、ニュージーランドの抗議デモ活動は大人が子どもたちを自分たちの理想に近づけようとコントロールするために仕組まれたものと考えていて、日本の子どもたちは大人にだまされてデモには行かないようにと主張している。

イ　国際さんは三田さんの意見とは異なり、文章Ⅰの筆者が従順であることへ警告することは日本の事情に即《そく》したものだと理解しており、従うべきものと従ってはいけないものを見定めるバランス感覚を養うのが大切だと考え始めている。

ウ　三田さんは学校や親から許可をもらわなくてもやるのが本当の抗議活動だと考えており、市民として社会に関わることよりも、抵抗を続けることでしか、権威主義から抜け出して新しい世界を作ることはできないのだと信じている。

エ　国際さんはニュージーランドの抗議デモ活動に共感しているが、従うことの全てに疑問を持ってしまうと、多くの人が自分の正しさだけを信じるようになり、政治的に主張することを避けるようになるのではないかと心配している。

問九　次の【文章Ⅲ】は竹原ピストルの『よー、そこの若いの』という歌の歌詞の一部である。この中にある——i・——iiは矛盾《むじゅん》のあるメッセージに読めますが、このような矛盾と読めるメッセージを入れることにはどのような効果があるか、【文章Ⅰ】と【文章Ⅱ】の内容を踏まえた上で、あなたの考えを述べなさい。

【文章Ⅲ】

よー、そこの若いの
こんな自分のままじゃいけないって
頭を抱《かか》えてるそんな自分のままで行けよ
よー、そこの若いの
君だけの汗のかき方で
君だけの汗をかいたらいいさ
よー、そこの若いの
i 俺の言うことをきいてくれ
ii 「俺を含め、誰の言うことも聞くなよ。」
よー、そこの若いの
君だけの花の咲《さ》かせ方で
君だけの花を咲かせたらいいさ
君だけの汗をかいたらいいさ

（竹原ピストル「よー、そこの若いの」一部抜粋）
NexTone PB000053785

三　次のことわざについて、後の問いに答えなさい。

(1)　弱い□ほどよく吠《ほ》える
(2)　立つ□後を濁《にご》さず
(3)　転ばぬ先の□
(4)　待てば海路の□あり
(5)　□危うきに近寄らず

問一　□に入る言葉として最も適切なものを次の語群Aから選び、それぞれ記号で答えなさい。

語群A
ア　名人　イ　猫《ねこ》　ウ　鳥　エ　犬　オ　好日《こうじつ》
カ　剣《けん》　キ　日和《ひより》　ク　君子　ケ　鹿《しか》　コ　杖《つえ》

問二　(1)～(5)のことわざと対の意味を持つことわざとして最も適切なものを次の語群Bから選び、それぞれ記号で答えなさい。

語群B
サ　後は野となれ山となれ　シ　覆水盆《ふくすいぼん》に返らず
ス　盗人《ぬすっと》を見て縄をなう　セ　船頭多くして船山にのぼる
ソ　血は水よりも濃し　タ　能ある鷹《たか》は爪隠す
チ　虎穴《こけつ》に入らずんば虎子《こじ》を得ず　ツ　思い立ったが吉日《きちじつ》
テ　腹が減っては戦《いくさ》ができぬ　ト　まかぬ種は生えぬ

茗溪学園中学校（第二回）

―50分―

一　――線部の漢字の読みをひらがなで書きなさい。

1　判断を友達に委ねた。
2　これは天下分け目の合戦だ。
3　国民に賛否を問う。
4　何が正解か見当がつかない。
5　その薬の副作用を調べる。

二　――線部のカタカナを漢字になおしなさい。

1　クラスの目標をトナえる。
2　コウフンが冷めやらない。
3　各国のシュノウが集まる。
4　私がコウアンしました。
5　リンキオウヘンに切りぬけた。

三　次の文章を読んで、あとの問に答えなさい。（□内の数字は段落番号を示します。）

1　日本に冒険《ぼうけん》遊び場（プレーパーク）を紹介《しょうかい》した大村璋子《しょうこ》さんは「遊びは、子どもたちにとって自分が生き、他人を生かし、人として成長し、共に生きていく力の源《みなもと》」と書いています。あそびは子どもが生きることそのものと密接につながっており、(1)子どもの居場所を考える上でも無視《むし》することのできないものです。

2　一般《いっぱん》的に、子どもや若者の居場所といってまず思い浮《う》かぶのは家庭であり（実際、大学の授業で学生に自分の居場所をたずねると大部分の学生が自宅や自分の部屋をあげます）、彼らが物理的に長時間を過ごす居場所は学校と言えます。前者がプライベート（私的）な居場所であるなら、後者は制度的でパブリック（公的）な居場所でもあり、その間をつなぎ、両者の中間領域《りょういき》となっているのが地域です。子ども同士の人間関係は、学校とともに地域で展開《てんかい》されてきましたが、関係を編んでいくときの※媒体《ばいたい》となっているのがあそびです。では、あそびをめぐってどのような(2)環境《かんきょう》の変化が起きているのでしょうか。

3　環境建築家の仙田満《せんだみつる》さんは、子どものあそび空間には、自然スペース、※オープンスペース、道スペース、※アナーキースペース、アジトスペース、遊具スペースという6つの※原空間があると紹介しています。その上で、横浜《よこはま》市の子どもの遊び場の※経年変化を調査して、戦後子どものあそび空間が激減《げきげん》し、現在に至《いた》るまで減少し続けていることをあきらかにしました。

4　子どものあそび場所の減少への対応としてまず考えつくのは、子どもがあそぶことのできる公園（や公園内の遊具スペース）をつくることです。けれども、子どものあそび場は「ここであそんでいいですよ」とおとなから(3)お墨《すみ》つきをもらった場所だけではありません。

5　「ドラえもん」でのび太やジャイアンたちが集まりあそんでいたのは公園ではなく、空き地になっている原っぱ――オープンスペース――です。小川や森や田んぼといった自然スペースは子どもの想像力をかきたてるあそび空間ですし、家の前の道や路地などの道スペースも思い立った時に家を出るとすぐにあそべる空間です。工場跡地《あとち》や廃材《はいざい》置き場のようなアナーキースペースは、入ってはいけない、ちょっと危《あぶ》ない空間だからこそもつドキドキ感が子どもをひきつけていましたし、いつの時代も子どもたちは仲間で秘密基地《ひみつきち》(アジトスペース)をつくり、そこでおとなたちには内緒《ないしょ》のささやかな秘密を共有することに楽しみを見いだすものです。

6　もちろん、これらの空間が失われていることに対して、おとなも X をこまねいてばかりいるわけではありません。自然あそびの機会をつくったり、廃材や火や水を自由につかってあそぶことのできる冒険遊び場(プレーパーク)をつくったり、家の近くの道路であそべる「みちあそび」を企画《きかく》したりと様々な取り組みがおこなわれています。ただ、何もしなくてもそれらが可能だった時代から、おとなが意識してそのような機会をつくらなければならない時代へと変化してしまったのが現代と言えるでしょう。

7　機械が※円滑《えんかつ》に動くためには「あそび」と呼ばれるすき間やゆとりが欠かせませんが、人間の生活にもそれらは必要でしょう。しかし、今日の生活ではゆとりや「あそび」は失われてしまっています。公園の遊具スペースは、子どもがあそぶための空間として、全国至るところにつくられています。おとなも自治体も、子どものあそび空間を確保しようと取り組んではきたのです。ですが、遊具スペースの遊具はあそび方が特定されており、※使途《しと》が限定されてしまうために、先述したような(4)「あそび」のある空間にはなかなかなりません。遊具スペース自体に問題があるということではなく、 A すべり台は、すべるところを下から駆《か》け上がったり、一番高いところから飛び下りたり、ドキドキ・わくわくするあそび方がたくさんあります。しかしながら、他の乳幼児《にゅうようじ》の子がいると、「危ないから」といって本来のあそび方以外のつかい方を禁じられてしまうことが多く、子どもの創意《そうい》工夫が発揮《はっき》されるあそび場所になりづらいのです。

8　第一次産業が中心だった高度経済《けいざい》成長期以前、自然スペースやオープンスペース、道スペースといった地域空間は、子どもにとってのあそび空間である以前に、生産と労働の場と隣接《りんせつ》した空間でした。そのため、これらの空間は、あそび、生産、労働、祭事、休息、交流など生活のあらゆることがおこなわれる多目的で多用途《たようと》な空間でした。そこでは多世代がそれぞれのやり方で自然に空間と時間を共有し、交流できていました。使途が限定されていないからこそ、それらの空間が出会いと交流を生む(5)ハブ(結節点)の機能を果たしていたと言えます。

9　 B 、産業構造が変化し、地域開発が進み、そういった空間がなくなっていく中で、子どもたちのあそび場所が失われていくとともに、おとな同士の交流、子どもとおとなの交流も失われていきました。1960年代以降、子どもが一緒にあそぶ「仲間・時間・空間」の三つの「間」がなくなり(「三間《さんま》の喪失《そうしつ》」)、子ども集団がつくりづらくなったと言われて久しくなりました。この「三間の喪失」は子どもだけでなくおとなにも言えることであり、そのような状況《じょうきょう》のもとで子どもは育ち、おとなは子どもを育てていかなければならなくなったのです。

10　子どものあそぶ環境が乏《とぼ》しくなっているために、子どものあそび環境を整備していくことが必要になっていることは事実です。一方で、わたしには「それって(6)おとなの側のおせっかいなんじゃないの?」と思う気持ちもあります。というのも、大学の授業で学生に子ども時代のあそび空間をたずねると、この10年くらい変わらず「自分が子どもの頃《ころ》は、外で秘密基地を作ってあそんでいた。でも、今近所では外であそぶ子どもの姿《すがた》をあまり見かけない」と書く学生が何人もいて、その後に「[C]外であそぶ機会や場所が必要だ」と文章が続くのです。それを読むたびに、外であそぶ時に、子どもは必ずしもおとなの目につくところであそんでいるとは限らず、おとなの日常生活の動線からは秘密基地が見えづらいだけかもしれないのに、老いも若きも(7)「今の子どもは……」とか「今の若者は……」というものなのだなぁと思わず笑ってしまうのです。

11　わたしが幼稚園《ようちえん》の頃、一番楽しかったあそび場所は(いかにも都会っ子という感じですが)、家から※ワンブロック離《はな》れたところにあった※雑居ビルの階段でした。おとなに見つからないように仲間とそっとビルに忍《しの》び込《こ》み、小さな雑居ビルの急な階段の細い手すりによいしょとよじ登り、バランスを崩《くず》さないようにしながら、自分が怖《こわ》くない最速スピードで滑《すべ》り降《お》りる(それもビルにいるおとなの人に気づかれないようにできるだけ静かに!)。あのドキドキする、秘密の感じは、間違《まちが》いなくわたしにとっては秘密基地だったのです。幼稚園の時の思い出として真っ先に思い出す(8)わたしのあそびの原体験は、きれいに整備された公園でも、「ドラえもん」ののび太たちが集まっていたような空き地でもなく、あの雑居ビルでのすべり台ごっこなのです。

12　その証拠《しょうこ》(?)に、※仙田満さんの子どものあそび空間の変化についての表では、アジトスペースが一時期減ったものの、再び数を増やしています。もともとアジトスペースの数が少なかったということはあるのですが、他のあそび空間がこの50年間で減少する一途《いっと》であるのに対して、アジトスペースはその数を比較《ひかく》的維持《いじ》しています。このことは、子ども(もしかしたらおとなも)は秘密基地を必要とする、ということを示しているのではないでしょうか。

13　教育学や社会教育を研究する者としてわたしは、おとなが子どものあそび環境を豊かにする取り組みに注目し、その活動を紹介したり、意義を論《ろん》じたりもします。でも、同時にそのようなおとなの配《はい》慮《りょ》は子どもにとってはおせっかい(そのおせっかいは必要な時も、いらない時もあるでしょう)であり、子どもには自分であそぶ場所(秘密基地)を見つけ出し、つくり出す底力があると信頼《しんらい》することも忘れないでいたい、と※自戒《じかい》するのです。

(阿比留久美《あびるくみ》『子どものための居場所論　異なることが豊かさになる』〈かもがわ出版〉より)

(作問の都合上、本文を一部改変しました。)

※媒体……間に立って、関係を成り立たせるもの。
※オープンスペース……自由に出入りできる空間。
※アナーキー……順序やきまりなどのない、無秩序な状態。
※原空間……ここでは「心に強く焼きついたあそびの環境」を指す。
※経年変化……年月の経過とともに起こる変化。
※円滑……物事がとどこおりなく、すらすらといく様子。
※使途……使いみち。使い方。
※ワンブロック……ひと区域。
※雑居ビル……さまざまな業種の店などが混在しているビル。

※仙田満さんの子どものあそび空間の変化についての表……「横浜市のあそび空間の変化」を示したものを指す。
※自戒……自分の言動について、自分で注意すること。

問1　――線部(1)「子どもの居場所を考える上でも無視することのできないもの」とありますが、筆者が「あそび」についてこのように考えるのはなぜですか。説明として最も適切なものを、次のア～オの中から一つ選び、記号で答えなさい。

ア　子どもたちの居場所を、公的な居場所と私的な居場所に区別するものだから。
イ　学校や地域で、子ども同士が人間関係を編んでいくときの間をつなぐものだから。
ウ　自宅や自分の部屋で、生き生きとした時間を過ごすために欠かせないものだから。
エ　子どもたちが物理的に長時間を過ごす居場所で、精神的に支えてくれるものだから。
オ　大村璋子さんや仙田満さんなど、多くの専門家が重要視しているものだから。

問2　――線部(2)「環境の変化が起きている」とありますが、あそびをめぐる環境はどのような環境からどのような環境へと変化したのですか。説明しなさい。

問3　――線部(3)「お墨つき」と近い意味の言葉を考えて、漢字二字で答えなさい。

問4　X に入る言葉として最も適切なものを、次のア～オの中から一つ選び、記号で答えなさい。

ア　目　イ　耳　ウ　手　エ　尻　オ　足

問5　――線部(4)「『あそび』のある空間」とはどういうあそび場所だと筆者は考えていますか。文中から十九字でぬき出しなさい。

問6　A ～ C に入る言葉として最も適切なものを、次のア～オの中から一つずつ選び、それぞれ記号で答えなさい。

ア　つまり　イ　たとえば　ウ　なぜなら
エ　だから　オ　しかし

問7　――線部(5)「ハブ（結節点）の機能を果たしていた」とは、どういうことですか。説明として最も適切なものを、次のア～オの中から一つ選び、記号で答えなさい。

ア　人と人とを結びつける役割を担っていたということ。
イ　子どものあそびを特定化する働きをしていたということ。
ウ　生産と労働を一体化させていく必要があったということ。
エ　おとな世代が子ども世代を団結して育てていたということ。
オ　それぞれの地域空間をつなぐ役目を果たしていたということ。

問8　――線部(6)「おとなの側のおせっかい」とありますが、筆者がそのように考える理由を説明しなさい。

問9　――線部(7)『今の子どもは……』とか『今の若者は……』というものなのだなあ」とありますが、これは学生たちのどのようなものの見方に対して述べたものですか。自分で考えて、十字以内で答えなさい。

問10　――線部(8)「わたしのあそびの原体験」について、次の問に答えなさい。

Ⅰ「わたしのあそびの原体験」として、筆者は「雑居ビルでのすべり台ごっこ」を挙げていますが、あなたが体験したあそびを一つ挙げ、どこで・何をしたのかわかるように答えなさい。

Ⅱ　Ⅰで挙げたあそび場所は、[3]段落で紹介されている「6つの原空間」のうち、どのスペースにあたりますか。そう言える理由もあわせて説明しなさい。

問11　本文中に出てくる（　）の用い方の説明として、適切ではないものを次のア～オの中から一つ選び、記号で答えなさい。

ア　[1]段落の（プレーパーク）は、直前の言葉について別の言い方を示している。

イ　[4]段落の（や公園内の遊具スペース）は、直前の言葉を具体的に補っている。

ウ　[9]段落の（「三間の喪失」）は、直前に述べた内容について短くまとめている。

エ　[11]段落の（いかにも都会っ子という感じですが）は、筆者の心情を強く訴《うった》えている。

オ　[12]段落の（?）は、筆者が述べようとする内容に確信が持てない様子を表している。

四　次の文章を読んで、あとの問に答えなさい。

〔主人公の土屋徹生《てつお》は、ビルから転落して一度亡くなったがその後蘇《よみがえ》り、死から復活までの三年間に起こった出来事について確認する第一歩として、自身の死体を検視した医師が働く病院で診察《しんさつ》を受けることになる。〕

平日の午後の待合室は閑散《かんさん》としていたが、一つ前に診察室に入った老《ろう》婆《ば》が、ここ最近の生活を残らずすべて医師に語って聞かせていたので、徹生の名前はなかなか呼ばれなかった。医師は、少し面倒臭《めんどうくさ》そうにその長話につきあっていたが、中断しないのは、自分に会うのを先延ばしにするためではないだろうかと訝《いぶか》られた。

老婆の話から耳を遠ざけると、彼は、向かいのソファに置かれたスポーツ新聞に手を伸《の》ばしかけた。そして、その広告欄《らん》の週刊誌の見出しに、息を呑《の》んだ。

〈奇跡《きせき》!?　死んだ人間が生き返った！　全国各地で続々と！
※驚天動地《きょうてんどうち》の衝撃《しょうげき》レポート　第一弾《だん》!!〉

落ちつきかけていた不安が、また昂《こう》じてきた。耳まで火照《ほて》って、背中の一面から汗《あせ》が吹《ふ》き出した。

今ここで、自分が身を置いているこの平穏《へいおん》。孤独《こどく》な老婆が、かかりつけの医師に、近所の主婦の礼儀《れいぎ》知らずを、憤懣《ふんまん》やる方ない調子で訴《うった》えている、この静かな日常。――やがてここにも、こんな世間の※喧騒《けんそう》が、押《お》し寄せてくるのだろうか？　自分は、好奇心《こうきしん》いっぱいの見知らぬ人間にいきなり腕《うで》を引っ摑《つか》まれて、こんなふうに尋《たず》ねられるのだろうか？

「――ねえ、今どんな気持ちですか？」

徹生は、その顔の見えない相手に対して、反射的に拳《こぶし》を握《にぎ》り締めた。昼休みの教室で、※あの同級生を殴《なぐ》った時と同じように。気分を鎮《しず》めようと深呼吸をして、彼はポケットからｉＰｏｄを取り出した。再生されたのはクイーンの※《Save Me》だった。

フレディ・マーキュリーの歌声。目を閉じると、彼ののうりには、あの日、病室で友人の妻の顔に認《みと》めた、命がチリチリと音を立てて燃えてゆく(1)様が蘇ってきた。

大音量のコーラスで、「Save Me! …… Save Me! ……」と繰《く》り返され、三度目にそれが叫《さけ》ばれた時、彼は腹にグッと固い物を押し込《こ》まれたかのように目頭に涙を溜《た》めた。

自分の中の一切が、崩《くず》れ出しかけていた。その最初の取り返しのつかない振動《しんどう》のように、目頭が痙攣《けいれん》し続けている。肩で必死に堪《こら》えると、彼は、毟《むし》り取るようにイヤフォンを外して、二回激しく咳《せ》き込んだ。そして、目を拭《ぬぐ》って、もう一度、拳《こぶし》を額に強く押し当てた。その一点に意識を繋《つな》ぎ止めようとした。

『……俺《おれ》はこんな人間じゃない。こんなにうろたえて、……何も悪いことなんかしてないだろ？　恥《は》じることなく、ただ、堂々《どうどう》としてればいいんだ。……』

落ちつくまで、しばらく待合室の窓から青空を見ていた。あまりに澄《す》んでいて、むしろ見られているのは、こちらであるかのようだった。そしてまた、気がつけば死んだ父親のことを考えていた。

彼《かれ》の父、土屋保《たもつ》は、病院とはまったく無縁《えん》の、健康を絵に描《か》いたような男だった。

子供の頃から柔道《じゅうどう》をしていたので、がたいが良く、勤め先の町工場では、よく昼休みに工員仲間にせがまれて、ラムネの栓《せん》を指で押し込んで開ける特技を披露《ひろう》したりしていた。

勤労感謝の日の祝日、保は、昼食に妻の作ったうどんを食べて、畳《たたみ》に寝《ね》転がっているうちに、そのまま心臓が止まって死んでいた。

妻の恵子《けいこ》は、台所で皿を洗っていたが、異変に気がついたのは、水を止めた時に、これまで一度も耳にしたことがないような、夫のいびきを聞いたからだった。

（中略）

父の心臓が止まった時、一歳《さい》半だった徹生は、その周りを、よちよち歩き回っていた。彼は母から、何度となく、その時の話を聞かされていたが、どうがんばってみても、頭の中には何一つとして浮《う》かんで来なかった。

徹生の中には、いつも、［ A ］昼下がりの光があった。ほんの※些細《ささい》なことでもいい。何か少しでも父について覚えていることはないかと、彼はよく、その何もない光に目を凝《こ》らした。その空白の奥《おく》には、居間があり、畳があり、ちゃぶ台があって、満腹で昼寝をする三十六歳の男が一人、自分の身に起きたことが、何かさえもわからないまま横たわっている。

徹生はその瞬間《しゅんかん》を、いつも追うように、また待つように求めていたが、得られるものと言えば、どこからともなく染み出してきた、想像された死の光景ばかりだった。

台所で洗い物をする音。窓から差し込む十一月の陽射《ひざ》し。呼吸を止めた肺から抜《ぬ》ける空気の音。不吉《ふきつ》な紫色《むらさき》に染まっていく額。——何もかもが、あまりに母の言葉通りで、決してそれ以上でも、それ以下でもなかった。その紫色が、どんな色だったのか、そのいびきが、どんな響《ひび》きだったのか、幾《いく》ら想像してみても、彼にはわからなかった。

そうして、彼の記憶《きおく》以前のまっさらな場所には、自分で拵《こしら》え上げたニセモノの父の死体が、(2)そこかしこに打ち捨てられて、虚《むな》しく転がっている。

徹生にとって、父とはそんなふうに、ただ、母から聞かされた話だけが頼《たよ》りの存在だった。

生きている人間は、日々活動して新しい。変化し、豊富になる。昨日とは違《ちが》うことを感じて、考え、行動する。それが今日、生きているということである。

　しかし、死んだ人間は、ささやかな幾つかの※逸話《いつわ》の主人公として、何度でも同じ行為を繰り返すしかなかった。

　父の話で一番印象に残っているのは、徹生の産まれた年のことで、筆※無精で、普段《ふだん》は十枚も書かなかった年賀状を、この時ばかりは五十枚も買ってきて、「男児誕生！」と、知っている限りの人に書き送ったのだという。それは結果的に、父がこの世で書いた最後の年賀状となった。

　徹生はそれで、自分の誕生が、父を喜ばせた、ということだけは知っている。父の※質朴《しつぼく》な人柄《ひとがら》を想像している。それが、直接の記憶はない父に対する、彼の愛情の拠《よ》り所《どころ》となっている。

　徹生にとって父とは、そうして、想起される度に、三十六年前の「男児誕生！」を喜んで、今もせっせと年賀状を書き続けている人間だった。たとえ、今の徹生の身に何が起ころうとも、父はそれを知ることも出来ないまま、一人息子の誕生に、ただ頬《ほお》を緩《ゆる》めているだけの存在である。

　そういう父を、徹生は儚《はかな》く感じた。

　父という人間に、何かこれだけは疑う余地のない(3)〝生きた証〟と呼べるものがあるとするならば、それは結局、徹生自身だった。

　子供の頃から、徹生と会う父の昔馴染《なじ》みたちは、皆が口を揃《そろ》えて、似ている、と言った。

　濃《こ》い両眉《まゆ》が、翼《つばさ》を広げてまっすぐ前に飛んでくる、一羽の鷹《たか》のようなかたちをしている。工場の誰《だれ》かが言い出したことらしいが、それが生き写しだと笑った。どんなに※柔和《にゅうわ》な表情を浮かべていても、常に一所を見《み》据《す》えているような強い印象があった、と。そして、保のことは、みんなが「やさしかった」と懐《なつ》かしがった。徹生自身が人からそう言われる時には、その父の評判を思い出した。

　自分のついに知ることのなかった父の存在が、他でもなく、自分自身の中に紛《まぎ》れ込んでいる。徹生は、そのことを、窓にうっすらと映った影《かげ》を見つめながら考えた。

『俺にとっては、(4)息子の璃久《りく》こそが、〝生きた証〟だったんだろうか？
そして、その家族との絆《きずな》さえ、今は断たれようとしている。……』

「――土屋さん、土屋徹生さん。」

　受付の看護師に呼ばれて、徹生は鞄《かばん》とジャケットを手に取り、立ち上がった。

　診察室から出てきた老婆は、思いつめた面持ちの若い彼と擦《す》れ違うと、どこか疚《やま》しそうな素振《そぶ》りで、そそくさと脇を通り抜けていった。

「どうぞ、そちらに。」

　中には院長だけがいて、四角い銀縁《ぎんぶち》眼鏡の奥から、徹生を注視していた。

　一礼して椅子《いす》に腰掛《こしか》けると、院長は、(5)「私が、寺田です。」と、診察らしくなく最初に名乗った。徹生は、仕事のクセで咄嗟《とっさ》に名刺《めいし》を取り出しかけたが、思い直して同じように名前だけを言った。

　色白で、鼻っ柱が磨《みが》いたように光っている寺田の顔は、どことなく、ラベルの貼《は》られた、透明《とうめい》の薬瓶《くすりびん》を思わせた。丸い椅子が軋《きし》む音がした。

「電話でもお話ししましたが、確かに三年前に、私は〝土屋徹生さん〟という方の遺体の検視をしています。ビルからの転落死でした。」

「僕《ぼく》が、その土屋徹生なんです。間違いありません。」

　徹生は、きっぱりと言い切った。寺田は、(6)神経質そうな瞬《まばた》きをした。

「どうしてそう言えるんです？」

「え？」

「証明できますか？」

徹生は、(7)険のあるその尋ね方に、

「証明って、……僕は僕ですよ、そんなの。」と眉を顰《ひそ》めた。

　寺田は、首を傾《かし》げた。そして、初めて徹生から目を逸《そ》らすと、ズボンについた白い糸くずを見つけて手で払《はら》おうとした。それが何度やっても取れないので、最後は指で摘《つま》んで、床《ゆか》ではなく、足許《あしもと》のゴミ箱に捨てた。その一連の動作に、徹生は妙《みょう》な息苦しさを感じた。

「あなたは三年前に死んでる。――で、数日前に生き返ったと言うんですね？」

　寺田は、顔を上げて改めて確認した。

「そう言っていいのか、僕にも正直、わからないんです。混乱してて、……だからここに来たんです。僕はもちろん、生きてます！　この通り、……」

　寺山は徹生を凝視《ぎょうし》していた。そして、小さく※嘆息《たんそく》すると、

「とにかく、もう一度、整理して話してもらえますか？　最初から、つまり、どういうことなのかを。」と言った。

　徹生は、寺田の顔を正面に見据えた。そして、仕切り直すように「ええ。」と言うと、記憶に意識を集中させた。

　あの夜の闇《やみ》と※静寂《せいじゃく》が次第に深まってゆく。一呼吸置いてから、彼はゆっくりと口を開いた。


（平野啓一郎《ひらのけいいちろう》『空白を満たしなさい』〈講談社〉より）

（作問の都合上、本文を一部改変しました。）

※驚天動地……世の中を大いにおどろかすこと・事件。
※喧騒……生活音などがやかましくて、落ち着きのない様子。
※あの同級生を殴った時と同じように……徹生が降霊術《こうれいじゅつ》の一種であるこっくりさんを友人と一緒《いっしょ》に行った際、同級生に「亡くなった徹生の父が徹生や徹生の母のことを何とも思っていないから、呼びかけに対して反応しないんだ」という内容の批判をされた。その発言により、父に対する思いが踏《ふ》みにじられ、怒《いか》りを抱《いだ》いた徹生が同級生を殴った事件を指す。
※《Save Me》……イギリスのロックバンド・クイーンの名曲。直訳は「私を救ってくれ」。一説には離婚《りこん》し、孤独に悩《なや》む友人について書いた曲と言われる。
※些細なこと……小さなこと、大したことではないこと。
※逸話……その人の伝記の本筋に直接は関係しないが、その人間味を物語る材料とするに足る裏話。
※筆無精……手紙など文章を書くのをめんどうくさがる様子。
※質朴……純真で、飾《かざ》りけが無い様子。
※柔和……優しくおだやかな様子。
※嘆息……ためいきをつく。
※静寂……あたりが静かなこと。

問1　――線部(1)「様」と同じ読み・意味で使用されている語を、次のア～オの中から一つ選び、記号で答えなさい。
ア　様式　イ　有様　ウ　様子　エ　文様　オ　仕様

問2　[A]に入る言葉として最も適切なものを、次のア～オの中か

ら一つ選び、記号で答えなさい。

ア　まっさらな　イ　にごった　ウ　せつない
エ　まずしい　オ　なつかしい

問3　――線部(2)「そこかしこに打ち捨てられて」とありますが、なぜ一箇所《かしょ》ではなく「そこかしこ」なのですか。その理由を説明した次の文の［　　］に入れるのに適切な言葉を、文中から十三字でぬき出しなさい。

徹生の想像の中で、父の保が［　　］存在となっているから。

問4　――線部(3)「〝生きた証〟と呼べるものがあるとするならば、それは結局、徹生自身だった」とはどういうことですか。それを説明した次の文の［①］～［③］に入れるのに適切な言葉を、文中からそれぞれ四字でぬき出しなさい。

［①］や優しい性格といった自身と父親との見た目や性格の共通点を通して生前の［②］を知る中で、生前の父親が作り出した周囲の人との関係性を知り、その関係性の中にこの世に生きたという［③］感を見出すことができるということ。

問5　――線部(4)「息子の璃久こそが、〝生きた証〟だったんだろうか」とありますが、なぜ「だった」と過去のことのように述べているのですか。その理由を説明した次の文の［　　］に入る内容を、四十字以内で答えなさい。

父の保の〝生きた証〟が徹生自身であったことから、［　　］と、想像したから。

問6　――線部(5)「私が、寺田です。」とありますが、この「が」の使い方について、次の問に答えなさい。

Ⅰ　次のア～エの中から、（　）を「が」で補うのが最も良い文を一つ選び、記号で答えなさい。

ア　彼が失敗しただけではなく、私（　）失敗してしまった。
イ　会社の成長とは裏腹に、私（　）気持ちは暗かった。
ウ　社長から紹介《しょうかい》がありましたように、私（　）新人研修担当の中原です。
エ　部長は私（　）信用して、プロジェクトのリーダーに推薦《すいせん》した。

Ⅱ　Ⅰを参考にしながら、この部分で「が」が使われている理由を説明した次の文の［a］に入るひらがな一字を答えなさい。
また、［b］に入る内容を、自分で考えて答えなさい。

この部分では「が」ではなく「［a］」を使った方が良いように見える。しかし、「電話でもお話ししましたが」とあることから、徹生と寺田は［b］ので、ここでは「が」を使うべきだと言える。

問7　――線部(6)「神経質そうな瞬き」、(7)「険のあるその尋ね方」など、寺田は徹生に対して不快感を示していますが、それはなぜですか。その理由を四十五字以内で説明しなさい。

問8　＝＝線部「目頭に涙を溜めた」とありますが、なぜ徹生は目頭に涙を溜めたのですか。その説明として最も適切なものを、次のア～オの中から一つ選び、記号で答えなさい。

ア　自身の死と再生により、生や死について孤独に悩むも答えが出せない現在の状況から救済されたいと強く感じたから。
イ　自身の死と再生により、仕事を喪失《そうしつ》し社会的な立場が無くなってしまった状況から救済されたいと強く感じたから。
ウ　自身の死と再生により、妻や息子との失った関係を取り戻《もど》す機会すら得られない状況から救済されたいと強く感じたから。

エ　自身の死と再生により、一般《いっぱん》人としての人生を失い、これからは超人《ちょうじん》として生きなければならないという状況から救済されたいと強く感じたから。

オ　自身の死と再生により、生物の命のはかなさを知り、これから生きていくことに対して絶望しか感じられない現在の状況から救済されたいと強く感じたから。

明治大学付属中野八王子中学校（第一回）

—50分—

〈注意〉　字数には、句読点《くとうてん》も記号も一字として数えます。

一　次の文章を読んで、あとの各問いに答えなさい。なお、文中の言葉のあとの〔　〕の中はその言葉の意味とする。

【幼少の頃《ころ》、母（聖子《せいこ》）に捨てられたわたし（千鶴《ちづる》）は、あることをきっかけに母をママと慕《した》う恵真《えま》からさそわれ、一緒《いっしょ》に暮らすことになったがそのとき母は認知症《にんちしょう》になっていた。】

結城《ゆうき》さんが隣《となり》に座る母を見る。母は黙々《もくもく》と食事をしている。母の食事は、わたしたちと同じものだけれど、食材を刻んだりとろみをつけたりというひと①テマが加えられている。あれから自発的に食事してくれるようにはなったものの、咀嚼《そしゃく》〔食べ物を口の中でかみくだくこと〕や嚥下《えんげ》〔飲みこむこと〕がうまくいかずに噎《む》せるようになった。だから、卵とわかめのスープも、水溶《と》き片栗粉《かたくりこ》を入れてとろとろにしているし、箸《はし》ではなくスプーンにしている。

「あ、ママ。わりと食べてくれてるじゃん。よかったー。美味《おい》しい？」

「スープ、味が足りない」

母がぼそりと呟《つぶや》き、どきりとした。

「そうかな。俺《おれ》は、美味《うま》いと思うけど。あ、聖子さんこっち向いて」

唇《くちびる》の端《はし》にエビチリの赤い餡《あん》がついていたのを、結城さんがティッシュで拭《ぬぐ》った。それに対しての反応はない。されるがままだった母が、ふいに恵真さんに向かって「グループホーム〔認知症高齢者がスタッフと共同で生活する場所〕は空いた？」と言った。

「空いたの？」

恵真さんからわたしに視線を向けてくる。その目には、敵意のようなものがあった。

「まだだよ。ママが希望しているとこは、満床《まんしょう》！」

恵真さんがぴしりと言うと、母は「ほんとうに？」と睨《にら》みつけてくる。恵真さんが頷《うなず》き、わたしも頷いた。嘘《うそ》はついていない。一時的な入所なら受け入れ可能な施設《しせつ》もあるようだけれど、恵真さんから絶対に母に伝えるな、ときつく言われているだけだ。

母は、あれ以来ずっとグループホームに入りたがっている。子どもが我儘《わがまま》を言うように大きな声で「いれて！」と騒《さわ》ぐこともあるし、デイサービスから帰りたがらないこともある。デイサービス先では、ともちんや他のスタッフに「ずっとここにいさせてよ」とせがんでいるのだと聞いた。

母がスプーンを恵真さんに投げつけた。金属のスプーンは恵真さんの額にぶつかり、恵真さんが短く悲鳴を上げた。

「いた！　何するの！」

「あんたたちが私に②いじわるしてるからでしょぉ！」

「してないよ。するわけないじゃない」

「してる。してる！」

母が大きな声を出す。結城さんが、母を落ち着かせようと背中を何度も撫《な》でた。しかしそれも、母を落ち着かせはしない。私はホームに行きたいのに！　行きたいのに！　とひたすら叫《さけ》ぶ。その声に、額を赤くした恵真さんが泣きそうな顔をする。

「どうしてよ。いいじゃん、ここにいてよ。あたしたちの傍《そば》にいてよ」

母はその切実な声に耳を貸さない。天井《てんじょう》に向かって繰《く》り返し叫ぶ。

ホームに行かせて！
③「しんどい」
思わず、といった風に恵真さんが呟いたのは、結城さんが帰り、母が眠《ねむ》った夜のことだった。恵真さんは穏《おだ》やかな寝息《ねいき》を立てている母の寝顔を眺《なが》めていて、わたしは布団《ふとん》を敷《し》いて寝支度《ねじたく》を整えているところだった。

「ああ、彩子《あやこ》さんが抜《ぬ》けたから、寝不足なんでしょ？」

彩子さんの負担を減らすために、夜の当番からも外れてもらったのだった。彩子さんは彩子さんで、電車の音がうるさいとかうまく眠れない、お腹が張るなどと騒ぐ美保《みほ》ちゃんの相手をしているから、睡眠《すいみん》不足かもしれないけれど。

「今日はあれだけ荒《あ》れたあとだから、ゆっくり寝てくれるんじゃないかな。もし起きたとしても、わたしが見るから恵真さんは寝ていいよ。わたしは昼間に仮眠とれるんだし」

「ううん、そうじゃなくて。さっきの、夕飯のときさ、一瞬《いっしゅん》ママのこと叩《たた》こうとしてしまったんだ。スプーンを投げつけられたとき、手を振《ふ》りかざそうとした」

恵真さんの声は、とても冷静だった。

「病気のこと、舐《な》めてた。ママがこんなにもママじゃなくなるなんて、想像してなかったんだ。あたしのことを見る目が、他人を見る目で嫌《いや》だ。あたしの気持ちを全然分かってくれないのが嫌だ。あたしの言葉が通じなくなってるのが嫌だ。何でそんなに分かってくれないの、って、手を振りあげそうになった」

恵真さんはわたしに背中を向けていて、その顔は分からない。

「あの瞬間だけなら、いい。ちゃんと乗り越《こ》えられたから。でも、④怖《こわ》いんだ。これから何度も……きっと何度もそういう衝動《しょうどう》が来る。そのとき、あたしはママに手をあげずにいられるかな。越えちゃわないかな」

「恵真さんなら、大丈夫だよ」

半分は、本心だ。わたしよりもやさしい恵真さんなら、何度衝動に襲《おそ》われても耐《た》えきれるだろう。ただその繰り返しは、恵真さんの心を激しく疲弊《ひへい》させていくに違《ちが》いない。母に暴力衝動を覚えたというこの一度で、すでに彼女の心は傷ついている。

「ママ、こういうことを想定してたんだろうな」

恵真さんが言う。あの手紙、覚えてる？　私を衰退《すいたい》していく者として不平等に扱《あつか》うことも、私の人格を損《そこ》ねるものでしかありません、っていうくだり。あのときは、そんなことするわけないじゃんと思ったけど、きっとこういうことを言ってたんだ。病気に負けて、ママをママとして見られなくなるときが来るってこと、分かってたんだ。

「そう、かもしれないね」

わたしもこれから、母に対してそういう衝動を覚えることもあるだろう。治るならまだしも、悪化の一途《いっと》しかないのだ。病を恨《うら》み、理不尽《りふじん》に向き合い、自分の矮小《わいしょう》さ〔小ささ〕を知ることもあるだろう。そのときっと、わたしも「しんどい」と苦しむはずだ。

自分自身が、⑤離れたがっている母を縛《しば》っているくせに、なんて身勝手なのだろう。

（中　略）

「ママは、たくさんのひとに愛されてる。前、千鶴さんにそう言ったとき、すっごく驚《おどろ》いてたでしょう」

「ああ、うん。それはいまでも。⑥ハンシンハンギ。だって、どこから見てもごく普通《ふつう》のおばさんだもの。服が派手なくらいで」

　言うと、恵真さんがくすりと笑った。

「ママはさ、家政婦やってたって言ったでしょ。相手はひとり暮らしのお年寄りばかりで、病気になるまで何人ものお世話をしてた。千鶴さんは詐欺《さぎ》みたいに思ってたみたいだけど、そんなことなかったんだよ。⑦みんな、ママのことが好きだった。どんなときでもにこにこ笑って明るくて、たくましい。弱気になればめちゃくちゃ励《はげ》ましてくれるし、苛《いら》つけばガチで喧嘩《けんか》する。必要だと思ったら、すごい無茶もする。四年くらい前だったかな。余命宣告されたおばあちゃんが、死ぬ前にかつての恋人《こいびと》に会いたいって言いだしたことがあったんだ。若いころに家の事情でお別れしてしまったんだって。そしたらママ、執念《しゅうねん》でそのひとを捜《さが》し出して、おばあちゃんと再会させたんだ」

「え、探偵《たんてい》じゃあるまいし、そんなの無理でしょう」

「相手がわりと有名な茶道《さどう》の⑧家元だったから、どうにかなったんだよね。でもママは『これは運命ってことよ!』って言い張って、入院中のおばあちゃんを無理やり自分の車に乗っけて、高速道路で五時間かけて連れていってさ。病院抜けだして行ったもんだから、先生たちにはめちゃくちゃ怒《おこ》られてた。下手したら殺人になりますよ!　って」

　しかしそのおばあさんは、恋人だった男性に『一緒に季節を一巡《ひとめぐ》りしたいですね』と言われて、示された余命より一年長く生きたのだという。

「運命、ね。わたしが恵真さんに会ったときも言ってたけど、そういうことだったのね」

　ふっと笑うと、恵真さんが照れたように頬《ほお》を掻《か》く。

「やー、あのときはママみたいになれた!　っていう気持ちもあって……じゃなくて!　でも、そんな風に誰《だれ》かのためにがむしゃらになれるママのことをあたしは好きだし、ママの周りのひともそうだったんじゃないかなって思う」

　恵真さんが缶《かん》を弄《もてあそ》ぶ。

「中には気持ちが伝わらなくて怒鳴《どな》るひともいたし、ママと喧嘩するひともいた。ママが悔《くや》し泣きするところ、何度も見た。でも、最後にはみんなママにありがとうって言うんだ。あんたといられて楽しかったって。ママ、いつだって全力でそのひとのことを受け止めようとしてたから、きっとそういうのが伝わるんだろうね」

　ほろ苦いビールを飲む。喉《のど》の奥《おく》が、しゅわしゅわする。

「ママに、腹が立つことないのって聞いたことがある。⑨無理ナンダイを吹《ふ》っかけてくるひともいたし、認知症を患《わずら》っていろんな制御《せいぎょ》ができなくなっていくひともいたからね。ママは出会えたからには大事にしたいでしょって笑ってた。せっかくなんだから寄り添《そ》いたいんだって。だけど、無理に近づこうとはするな、って」

　誰かを理解できると考えるのは傲慢《ごうまん》〔えらそうな態度〕で、寄り添うことはときに乱暴となる。大事なのは、相手と自分の両方を守ること。相手を傷つける歩み寄りは迷惑《めいわく》でしかないし、自分を傷つけないと近づけない相手からは、離《はな》れること。母は恵真さんに、そう話したのだという。

「棘《とげ》を逆立てたハリネズミを抱《だ》いても傷つくだけだし、ハリネズミも刺《さ》したくないものを刺して苦しむものだからって。だからママは⑩自分がハリネズミになる前に離れようとしてるんだろうな」

分かるんだよ。でも、はいそうですかって言うこときけないよねぇー。恵真さんが冗談《じょうだん》めかして言う。ママがいてよかった、っていうことのほうがたくさんあるもん。ちょっとくらい心が痛む瞬間があっても、一緒にいたいよ。

先日の、母の話を思い出した。ビールを傾《かたむ》けて、ナッツを齧《かじ》る。

「……わたしも、そう思う。もう少し、一緒にいたい」

それは、嘘偽《うそいつわ》りない、素直な気持ちだった。母がいなくなった理由も、あの夏のわたしが単なる道連れだったことも、分かった。愛せぬ子どもであったことも。一緒にいる意味など、もはやないのだろう。それでも、もう少し一緒にいたいと思う自分がいる。どうしてだか、分からないけれど。でも、まだ離れたくない。

「千鶴さんがいて、よかったな」

ふいに恵真さんが言って、驚いた。

「何、急に」

「しみじみ、そう思ったの。千鶴さんがいてよかったって心から思う」

恵真さんがはにかんだ。千鶴さんがいるだけで、すごく心強い。ねえ、あたしさ、千鶴さんのこと、心の中で『お姉ちゃん』って呼んでんの。迷惑だよね。でも心の中だけだから、許してね。

こそばゆい告白にどきりとして、頬が赤らむ。

「酔《よ》ってるんじゃない？　まだ一本目でしょう。恵真さん、お酒弱いのね」

照れを誤魔化《ごまか》すように言うと、恵真さんは「へへ、ばれた」と頭をつるりと撫《な》でる。実はすごく弱いの。だからママに、家族と一緒のときしか飲まないようにしなさいって言われた。その言葉にまた、どきりとした。

この子は家族を知らない。きっと、母が初めての家族だったのだ。そして、わたしもまた、自分の家族なのだと伝えようとしてくれている。

わたしはいつも、この子のうつくしさにはっとしているような気がする。この子は己《おのれ》の受けた痛みを、決して誰かのせいにしない。両親がいたら、叔母《おば》夫婦が守ってくれたら、従姉《いとこ》がやさしかったら。そんな風には決して言わない。自分の心を健《すこ》やかに守りながら、まっすぐに、生きている。

それに比べて、わたしは、何だ。ふっと、心が暗くなる。

『二度も捨てるだなんて、許さない。そんな我儘、絶対許さない』

そう言ったあと、母の瞳《ひとみ》から涙《なみだ》が一粒《ひとつぶ》、ころんと零《こぼ》れた。不意打ちのような涙は、わたしの⑪ザイアクカンを膨《ふく》らますに十分な強さがあった。

あのとき、母はわたしに告白するために自分自身と闘《たたか》っていた。必死に、海に潜《もぐ》ろうとしていた。それが叶《かな》わなくて辛くて情けなくて、自分を見限った。その果てが⑫『ホームに入る』という一言だった。母には、わたしに対する精一杯《せいいっぱい》の誠意があった。なのに、わたしはそれが分かっていたのに、責めた。

なんで、わたしはこうなのだろう。変わりたい、変わらなきゃと思うくせに、口からはいつだって、身勝手でひとを傷つける言葉が出る。

「恵真さんは、いい子だね」

ゆっくり、意識して口にした。

「わたしはそんな子から、お姉ちゃん、って呼ばれたくない。惨《みじ》めな気持ちになる。だから、絶対に呼ばないでほしい」

恵真さんの顔が、僅《わず》かに曇《くも》る。胸が鈍《にぶ》く痛んだ。

「だから……心の中でだけ、呼んでよ。それなら、受け止められるから」

大丈夫、きちんと言えた。そのことにほっとして、でもこの小さな達成感もすぐに、もっと大きな嫌悪感《けんおかん》で塗《ぬ》り潰《つぶ》されてしまうのだろうなと思う。わたしはいつまで経《た》っても成長できない。⑬塞《ふさ》がりかけた瘡蓋《かさぶた》を自ら剥《は》いでは血を流し、痛いと叫ぶような、そんなことしかできない。そんな情けないこと、嫌だけれど。でも。

「嬉《うれ》しい」

恵真さんが、わたしの手にそっと触《ふ》れた。ためらいがちに、握《にぎ》りしめてくる。

⑭「お姉ちゃん、憧《あこが》れてたんだ。だから、すごく嬉しい。ありがとう」

恵真さんの目は赤く、しかしとても綺麗《きれい》だった。その笑顔に応えようとしたわたしの顔は、そのひとかけらほども、うつくしくなかっただろう。

お酒に弱いというのは事実らしく、その後、恵真さんは缶ビールを一本半飲んだところで沈没《ちんぼつ》してしまった。そのまま自室に眠らせ、わたしだけ母の部屋に戻《もど》ったのだが、布団に入って一時間後、母がトイレに起きた。手を引き、トイレまで導く。母が個室から出てくるのを待って、ベッドに戻し、それからトイレ掃除《そうじ》に戻る。寝ぼけているときは、トイレを特に汚《よご》すのだった。

（町田そのこ『星を掬《すく》う』〈中央公論新社〉による。一部表記・体裁《ていさい》を改めた）

問一　――②「いじわるしてる」の「いじわる」の内容として最もふさわしいものを次から選び、記号で答えなさい。

ア　恵真さんがわたしに敵意のような視線を向けてきていること

イ　水溶き片栗粉を入れて味のうすいものを食べさせていること

ウ　結城さんがするようにやさしくしてくれないということ

エ　グループホームに入りたいのに入れないようにしていること

問二　――③「しんどい」とありますが、恵真は何がしんどかったのですか。これを説明した次の文の空欄にあてはまる言葉を文中から八字で抜き出して答えなさい。

ママに［　　］こと。

問三　――④「怖いんだ」とありますが、何が怖いのですか。これを説明した次の文の空欄にあてはまる言葉を文中からアは三字、イは六字で抜き出して答えなさい。

病気による［ア］な現実に直面し、ママの［イ］ようなことをしてしまうときが来るかもしれないこと。

問四　――⑤「離れたがっている母」とありますが、恵真が考える、母が離れたがっている理由を説明した次の文の空欄にあてはまる言葉を文中からアは二字、イは七字で抜き出して答えなさい。

病気のために自分のことが［ア］できなくなり、ハリネズミのように［イ］のが嫌だから。

問五　――⑦「みんな、ママのことが好きだった」とありますが、この理由として**ふさわしくない**ものを次から一つ選び、記号で答えなさい。

ア　たとえどんなときでも冷静な態度で相手の世話をするから

イ　大切な人のためだったらがむしゃらになって行動するから

ウ　相手のために必要だと思ったらとても無茶なこともするから

エ　出会えたからには相手のことを大事にしたいと考えるから

問六　――⑩「自分がハリネズミになる」とありますが、これはどのようなことですか。その説明として最もふさわしいものを次から選び、記号で答えなさい。

ア　千鶴や恵真に子どものようにわがままを言って困らせ、自分の願いを聞き入れてくれないことにがっかりすること

イ　千鶴や恵真がよかれと思ってしたことに反発して嫌な思いをさせ、二人を傷つけた自分を責めること

ウ　千鶴や恵真が自分のことを理解していると思い上がり、実際は自分のことを理解してくれないことに悲しむこと

エ　千鶴や恵真の介護には心から感謝しているが、二人がそのことに気づいてくれないことに悩《なや》み苦しむこと

問七　――⑫「ホームに入る」とありますが、母のこの言葉は千鶴にとってどのような意味をもっていますか。これを説明した次の文の空欄にあてはまる言葉を文中から三字で抜き出して答えなさい。

母が自分を［　　］ということ。

問八　――⑬「塞がりかけた瘡蓋を自ら剝いでは血を流し、痛いと叫ぶような、そんなこと」とありますが、これを説明した次の文の空欄にあてはまる言葉を文中から六字で抜き出して答えなさい。

［　　］があった母に対して傷つける言葉を言ってしまうということ。

問九　――⑭「恵真さんの目は赤く、しかしとても綺麗だった。その笑顔に応えようとしたわたしの顔は、そのひとかけらほども、うつくしくなかっただろう」とありますが、この理由を説明した次の文の空欄にあてはまる言葉を文中からアは五字で、イは十三字で探し、最初の五字を抜き出して答えなさい。

恵真は自分が受けた痛みを［ア］にしないが、わたしは［イ］を言うから。

問十　本文の内容に関する説明として最もふさわしいものを次から選び、記号で答えなさい。

ア　母は家政婦時代に余命宣告をされたおばあちゃんの気持ちを無視したことで、病院の先生に怒られた

イ　恵真は毎日の介護による寝不足で疲れていたため、母を思わずたたこうとしてしまった

ウ　千鶴はグループホームに入りたがる母の願いを聞き入れないことを、自分のわがままだと思った

エ　千鶴は恵真に心の中で「お姉ちゃん」と呼んでいると言われ、自分をみじめに思いどきりとした

問十一　――①「テマ」・⑥「ハンシンハンギ」・⑨「ナンダイ」・⑪「ザイアクカン」のカタカナを漢字に直し、――⑧「家元」の漢字の読みを答えなさい。

［二］　次の文章を読んで、あとの各問いに答えなさい。

教室という閉じた空間で行われる学校教育では、前に黒板があり、教師に対面するように、大勢の生徒(学生)が座ります。教室で行われることは、教師が生徒に知識を伝授することです。「ここは試験にでるぞ」と言われながら、生徒はノートを取ります。

①学校は、第一義的には児童や生徒、学生個人の能力を伸《の》ばす場所です。大人社会に入った時に、個々の人がうまくやっていけるように力を与《あた》えるのが学校の役割でしょう。社会人となった時に個人として最低限身につけておくべき技能を養成するのが学校の主な役割です。

学校では「読み書きそろばん」の習熟度について、児童や生徒の成績《せいせき》を同じ学級や学年のなかで比較《ひかく》した上で評価します。上から何番目という席次で成績評価が作られ、常に生徒を「比べて、評価する」のが学校です。ほとんど同じ年齢《ねんれい》の人が集まる教室では、子どもは絶えず、成績や行動において「競争させられる」「比較される」運命にあります。ところが学校や先生は「競争すれば、勝つ人と負ける人がいる」ことをあまり表明したがりません。

もともと一人ひとりが異なる家庭から来ているのに、学校は「同じ土俵で比較して評価する」②ソウチです。だから、多くのひずみを子どもの側にもたらします。実は子どもの方は、家庭環境《かんきょう》の差がもたらす努力の量や質の差が成績に反映される不公平を見抜《みぬ》いています。子どもが皆《みな》が皆、学校が好きになると限らないのは、何となく、学校にまつわるこの矛盾《むじゅん》に気づいているからでしょう。

先生は普段《ふだん》、席次のことを露骨《ろこつ》に言いませんが、冷静に生徒の成績をみています。通知表や成績簿《せいせきぼ》を作らなければならないからです。学校行事としての一発勝負の入試は最悪です。1点の差で合否が分かれます。入試の日が生徒にとって体調のすぐれない日でも交渉《こうしょう》の余地はありません。

学校と会社は別世界です。③学校では、試験の成績という評価が幅《はば》をきかせますが、会社で用いられる評価は多様です。会社は必ずしも、業務を黙々《もくもく》とこなす「仕事人」だけでできているわけではありません。社交性を発揮しながら職場に④カッキを与える「ムードメーカー」の存在も必要です。たいていの従業員はこの両極のどこかに位置します。組織がうまく回るには双方《そうほう》のタイプの人間が必要です。

会社や役所、店で働く場合、チームを作って同じ目標のもとに仕事をします。仕事上で自分が良い成果を出せば、チーム全体の成果が増します。つまり、自分の仕事が成功すればチームもうまくいくのです。

特定の従業員だけが一人勝ちすることを是《ぜ》とするような仕組みは会社にはありません。⑤「イチガンとなって」という言葉がありますが、会社で働くということは、従業員が全員一緒《いっしょ》になって活動するのです。もちろん、部門や部署ごとに仕事の性質は異なりますが、企業の世界では大きなチームの中に小さなチームがあって、各レベルでうまくいくことが目標になっています。まるで、一つの会社はそれ自体、一つの生命体のようなものです。

もっとも最近では、個人の仕事を数値化してその成果を重視する能力主義が幅をきかせる企業《きぎょう》が増えてきました。行き過ぎた能力主義は心身の病を生みます。また、最近の傾向《けいこう》として、正社員のほかに、非正規、派遣《はけん》、パートなど雇用《こよう》の多様化が進んでいます。このため職場の一体感が弱くなる中で、従業員を使い捨てのように扱《あつか》う、いわゆるブラック企業が社会問題化しています。就職するなら、「従業員を大切にする会社」にこそ注目してほしいです。

学校は集団生活を学ぶところと言われますが、第一義的には子どもに学力をつけさせることでしょう。集団生活や社会性を身に付けさせることは副次的に捉《とら》えられているように感じます。

会社と学校をあえて対比させると、⑥会社とはチームで動く世界であるのに対して、学校は、個人プレーの世界なのです。学校の先生が悩むのは、個人の能力を点数で評価する一方で、点数で評価できない集団生活を子どもに身に付けさせることのバランスについてでしょう。

⑦社会人として働いていると、日々「正解のない問題」「模範《もはん》解答のない問題」に出会います。現実には、問題を解くために、あらゆる知識や知恵《ちえ》が動員されます。通常、どんな問題でも何がしかの解法はあります。会社というところは、いくつもの解の中からどの答えを選ぶのかが重要なのです。

この点について、私が長い会社員の生活をした後に、大学の教員になって発見したことがあります。それは、小学校から高校まで、学校のテストは教員に都合よく作られていることです。採点がしやすいように、答案用紙に記入させます。採点しにくい問題を教師は生徒に問いません。おそらく、⑧要領のよい子どもはこのことを見抜いていて、メリハリのある試験対策をしているはずです。

学校の教師は、生徒や学生に知識や知恵を詰《つ》め込む(伝授する)ことが仕事です。「考えさせることこそ、教師の使命だ」と公言する教師がいたとしても、新しい知識を与えることが教員の重要な使命なのではないでしょうか。かりに「米国のシカゴ市で何人のピアノ調律師が必要か」「日本にマンホールはいくつあるのか」を考えさせる場合でも、ピアノ調律師の仕事内容やマンホールの機能を教えないわけにはいきません。

一方、会社で仕事をしていると問題は毎日のように降って来ます。問題に対して、自分の頭で考え、何を知るべきか、情報はどこにあるか、どうやって解決するかを自分で道を探《さぐ》ります。

実社会では、毎日のように出題範囲《はんい》が示されないまま、テストがあるようなものです。けれど、オフィスに閉じ込められてテストを受けているわけではありません。出入り自由の状態で、最良の答えを探るために、インターネットを使ってもいいし、同僚《どうりょう》に尋《たず》ねてもかまいません。守秘義務さえ守れば、家族や友人に電話をするのもアリです。学校で不正行為《こうい》とみなされるカンニングは、社会人の生活ではタブーではありません。むしろ、上手《じょうず》に他人の頭脳に依存《いぞん》できる人が「できる社会人」だといっても良いぐらいです。

困っている同僚にこっそり答えを教えたり、さりげなく助けたりすることも重要です。

学校と社会で決定的に違《ちが》うのは、失敗についての考え方だと思います。会社員は失敗から学ぶことが前提になっています。日々、小さな問題が発生しますが、間違いや失敗は許されます。失敗は皆で補い合えばよいというのが会社の考え方です。例えば、在庫の品を数え間違えるかもしれない前提で、他の同僚がチェックする仕組みができています。

仮にお客の問い合わせに間違ったことを言っても、すぐに謝罪して訂《てい》正《せい》することもできます。もちろん、同じ間違いを繰《く》り返すと同僚からの信用をなくしますが、実社会では失敗を怖《おそ》れず前に進むことが重要なのです。

ある特定の部署で、お客と取引《とりひき》する場合は、チームとして取り組むので、たった一人の従業員が全部の責任を取ることはありません。つまり、会社での仕事とは、「従業員はミスをする」「失敗する」「責任は皆で」という前提で回っているといっていいでしょう。⑨ミスしてもちゃんと補い合うように会社は作られています。むしろ、優良企業であればあるほど、従業員のミスを幾重《いくえ》にもカバーし、社外への悪影響《あくえいきょう》を極力小さくするものです。

実社会に出ると失敗することは避《さ》けられません。実社会で起きることは、背景《はいけい》や利害が異なる人間を相手にする以上、複雑でベストの解法がよく分からない場面が多いからです。ある解決手段がAという集団に当てはまっても、BやCに当てはまらない場合をどう扱うかということは普通におきます。だから「正解」はあってないようなものなのです。

社会人は「失敗をすることで学ぶ」ことを知っています。いえ、社会は、ありとあらゆるところで、失敗しながら、つまり⑩シコウ錯誤《さくご》を繰り返して出来上がっていると言ってよいぐらいです。

よくよく考えると、学校や家庭では、教師や親は子どもが「あらかじめ失敗を避ける」ことを教えたがります。例えば、歩いていて水たまりに差しかかると、一緒に歩いている大人は、目の前に水たまりがあることを子どもに知らせます。本当は、子どもが水たまりに足を入れることを経験させると、良い教育効果を生むと思いますが、実際、そのようにする大人は少ないものです。同じように、親は子どもに、熱いやかんに近づかないよう厳しくしつけようとします。そうやって、子どもがやけどをしないように教えるのです。

昔は、やけどをする心配がない、ある程度熱いやかんにわざと小さい子どもの手を触《ふ》れさせることで、「そのやかん、熱い」を教えていました。失敗させることで学ばせたのです。

もしかしたら、今の学校では、子どもが⑪失敗から学ぶような仕組みになっていないのかもしれません。

教室の先生は、授業内容について生徒全員が理解するように努力しています。けれど先生は、一割かそれ以上の生徒が授業について来なくても、次に進みますよね。つまり⑫失敗した生徒をていねいに扱うことをしないものです。まるで、一つの教室に30人もいると、全員を理解させるように授業を行うことをあきらめているかのようです。

会社では、一人の従業員の失敗は職場で共有され、次の仕事に活《い》かされます。⑬学校では一人ひとりの子どもが自分で失敗に対処しなければなりませんが、会社では職場全体が生き物のように、一つの失敗を組織の⑭カイゼンのための要素にすると考えられます。

失敗を避けたがる学校、失敗で回る会社――。

学校と会社では、失敗に対する捉え方がかなり違うということがわかります。

（宮武久佳『自分を変えたい　殻を破るためのヒント』〈岩波ジュニア新書〉による。一部表記・体裁《ていさい》を改めた）

問一　――①「学校は、第一義的には児童や生徒、学生個人の能力を伸ばす場所です」とありますが、筆者は第二にはどのような場所だと考えていますか。それを説明した次の文の空欄にあてはまる言葉を文中から四字で抜き出して答えなさい。

学校は［　　］を学ぶ場所である。

問二　――③「学校では、試験の成績という評価が幅をきかせますが、会社で用いられる評価は多様です」とありますが、会社でも成績を重視して評価するという考えにあたる言葉を文中から四字で抜き出して答えなさい。

問三　――⑥「会社とはチームで動く世界である」とありますが、これを説明した次の文の空欄にあてはまる言葉をア・イそれぞれ四字で文中から抜き出して答えなさい。

チームで［ア］に向かって仕事をし、特定の従業員が［イ］することを良しとはしない世界であるということ。

問四　――⑦「社会人として働いていると、日々『正解のない問題』『模範解答のない問題』に出会います」とありますが、実社会に出ると「正解のない問題」「模範解答のない問題」によく出会うのはなぜですか。この理由を説明した次の文の空欄にあてはまる言葉を文中から十七字で探し、最初の五字を抜き出して答えなさい。

実社会に出ると□ことになり、その中で問題が起きるものだから。

問五 ――⑧「要領のよい子ども」とありますが、会社では、要領のよい人とはどのような人のことですか。文中から十五字で探し、最初の五字を抜き出して答えなさい。

問六 ――⑨「ミスしてもちゃんと補い合うように会社は作られています」とありますが、このような会社のことをたとえを用いて表している言葉を文中から十二字で抜き出して答えなさい。

問七 ――⑪「失敗から学ぶような仕組みになっていない」とありますが、この理由を説明した次の文の空欄にあてはまる言葉を文中から十一字で探し、最初の五字を抜き出して答えなさい。

子どもに□ことを教えようとするから。

問八 ――⑫「失敗した生徒をていねいに扱うことをしないものです」とありますが、筆者は失敗した生徒をていねいに扱うとはどのようなことだと考えていますか。この説明として最もふさわしいものを次から選び、記号で答えなさい。

ア　生徒全員が失敗することがないように、あらかじめ注意しなければならないことを教えこむこと

イ　なぜ失敗したのか、次に失敗しないためにはどうすればいいのかを生徒全員に理解させること

ウ　たとえ生徒が失敗したとしても厳しくしかることはせず、生徒全員で一緒に次の内容に進むこと

エ　授業について来られなかった一割かそれ以上の生徒には、自分自身で失敗に対処させること

問九 ――⑬「学校では一人ひとりの子どもが自分で失敗に対処しなければなりません」とありますが、筆者は子どもの「成績」には何が影響すると述べていますか。文中から十九字で探し、最初の五字を抜き出して答えなさい。

問十 本文の内容に関する説明として最もふさわしいものを次から選び、記号で答えなさい。

ア　教室は閉じた空間だが、会社では出入りが自由で最良の答えを導き出そうとしている

イ　学校の先生は、冷静に生徒の成績をみることで子どものひずみに気づこうとしている

ウ　新しい知識を伝授し、その知識をもとに考えさせることが教員の重要な使命である

エ　間違いを繰り返すと同僚からの信用をなくすが、会社自体は信用を失うことはない

問十一 ――②「ソウチ」・④「カッキ」・⑤「イチガン」・⑩「シコウ」・⑭「カイゼン」のカタカナを漢字に直しなさい。

明治大学付属明治中学校（第一回）

—50分—

注意　字数制限のある問題については句読点・記号を字数に含《ふく》めること。

一　次の文章を読んで、あとの問いに答えなさい。文中の〔…〕は中略を表します。また、【　】は語句の意味で、解答の字数に含《ふく》めないものとします。

「自然や環《かん》境は保護すべきか？」と尋《たず》ねたら、ほとんどの人はそくざに、「そんなの決まっているじゃないか！」と答えるでしょう。しかし、「なぜ自然や環境を保護すべきなのか？」と問い直したら、どうでしょうか。もしかしたら、質問の意味が分からず、ちょっと声を荒《あら》立てながら、「いまさら何が言いたいの？」と反問するかもしれません。

「自然破壊《かい》」が進行し、「環境」が危機に瀕《ひん》して【直面して】いるのは、言うまでもなく明らかだと思えます。とりわけ、国連や政府によって、「地球温暖化」の恐怖《きょうふ》が宣伝されているので、世のなか「エコ」の大合唱となっています。「地球にやさしい」生活をすることは、人類の責務だと言わんばかりです。しかし、いったい何のために「自然」や「環境」を「保護」すべきなのでしょうか。

たとえば、マレイ・ブクチンが『エコロジーと社会』のなかで紹介《しょうかい》した、「自称《しょう》エコロジスト」との会話に注目してみましょう。

ブクチン「君は現在のエコロジー的危機の原因が何だと思っているんだね？」

エコロジスト「人間だよ！　人間たちがエコロジー的危機に責任があるんだ！〔…〕あらゆる人間さ！　彼《かれ》らが地球上で増え過ぎているし、彼らが地球を汚《お》染しているし、彼らが資源を貪《むさぼ》って【欲しがって】いるし、彼らが貪《どん》欲なんだ。」

（ブクチン『エコロジーと社会』）

「人間が自然を破壊した」—こうした考えは、「自称エコロジスト」だけでなく、しばしば学校でも表明されています。人間こそが、自然破壊の元凶《きょう》【おおもと】というわけです。学校でディスカッション【議論】をしていると、学生のなかには、この見解を述べたあとで、つぎのような結論を主張することもあります。「したがって、エコロジー的危機をのりこえるためには、人類は（戦争や疫《えき》病などによって）数を減らすべきである。」あるいは、もっと過激に、「自然や環境のためには、人類は滅《めつ》亡した方がいい。」

ここまで単純な議論はしないとしても、これと似かよった主張は、よく目にするのではないでしょうか。環境保護運動が盛り上がりを見せた一九七〇年代の初め、ノルウェーのエコロジスト、アルネ・ネスは「ディープ・エコロジー」を唱えながら、つぎのように語っています。

ディープ・エコロジーには、人口を安定させるばかりではなく、〔…〕人口を持続可能な最低限度にまで減少させるという目標があります。百年前にあった文化の多様性を有するには、せいぜい一〇億ぐらいの人口がいいでしょう。

（ネス「手段は質素に、目標は豊かに」）

現在の世界人口がおよそ七〇億弱ですから、「ディープ・エコロジー」の目標を達成するには、六〇億人ほどを間引かなくては【減らさなくては】なりません。しかし、そんなことが、どうやって可能なのでしょうか。なにか、途《と》方もない大惨《さん》事を期待するしかありません。

①こうした考えの根本にあるのは「人間による自然支配」という構図です。―人間が自然を支配し、欲望のままに自然に対して暴力を加えてきた。そのため、自然は破壊されつくし、いまや再生不可能な状態にまで陥《おちい》っている。―この構図は、環境保護思想の母と呼ばれたレイチェル・カーソンの『沈黙《ちんもく》の春』のなかでも、繰《く》り返し表明されています。

　自然を征《せい》服するのだ、としゃにむに【他のことを考えずに】進んできた私たち人間、進んできたあとをふりかえってみれば、見るも無残な破壊のあとばかり。自分たちが住んでいるこの大地をこわしているだけではない。私たちの仲間―いっしょに暮らしているほかの生命にも、破壊の鉾《ほこ》先【攻撃《こうげき》の方向】を向けてきた。〔…〕そしていままた、新しいやり口を考え出しては、大破壊、大虐《ぎゃく》殺の新しい章を歴史に書き加えていく。

（カーソン『沈黙の春』）

この観点【見方】に立って、レイチェル・カーソンはＤＤＴなどの化学薬品の使用を告発し、人間による自然破壊の残虐さを描《えが》いています。「沈黙の春」というタイトルは、人間による自然破壊によって、自然が死滅し、「春になっても、鳥のさえずりが聞こえない」危機的状況《きょう》を暗示しているのです。

環境保護運動の高まりとともに、②こうした観点は「人間中心主義」と呼ばれるようになりました。これは、自然を人間のために存在するものだと見なし、人間の利益追求のために自然を利用する態度です。しかし、このような「人間中心主義」は、さいきんになってとつぜん出現したわけではありません。

科学史家のリン・ホワイトによれば、人間中心主義はキリスト教とともに始まっています。「キリスト教の、とくにその西方的な形式は、世界がこれまで知っているなかでももっとも人間中心的な宗教である。」『機械と神』のなかで、こう、リン・ホワイトは語っています。あるいは、ホルクハイマーとアドルノが『啓蒙《けいもう》の弁証法』において述べるように、「人間の自然支配」は、人間の文明化の時点で開始されている、とも言えるでしょう。とすれば、環境破壊は、人間の文明化、すなわち歴史とともに始まったのではないでしょうか。そうだとしたら、人間が存在することじたいが、環境破壊になってしまうのではないでしょうか。そう考えると、環境を保護するには、人間が絶滅するほかないように見えます。はたして、そうなのでしょうか。

ここで立ち止まって、そもそも何のために環境保護するのか、考えてみましょう。たとえば、政治やマスメディアで「地球温暖化」が大問題になっています。ですが、いったいこれによって、どんな困ったことが起こるのでしょうか。

温暖化の影響《えいきょう》としては、「海面上昇《しょう》」や「異常気象」、「干ばつ」や「食糧《りょう》不足」などが懸《け》念されて【不安に思われて】います。いまのところ、このどれもハッキリしませんが、いずれにしろ「人間の生存」に対する不安であることは間違《ちが》いないでしょう。

もしかしたら、人間ではなく、南極のペンギンや北極のシロクマのことを心配する人も、いるかもしれません。けれども、ペンギンやシロクマは地球温暖化論の広告のために使われただけで、じっさいにはその根拠《きょ》は怪《あや》しいようです。ですから、地球温暖化を問題視するのは、それが「人間の生存」に危機的状況を引き起こす、と考えられているからにほかなりません。海面が上昇して困るのは、人間の生活環境が失われるからに違いないでしょう。

　また、環境汚染についても同じ事です。水や土壌《じょう》や大気などが汚染すれば、そこで生活する人々の生存を脅《おびや》かし【危《あや》うくし】ます。「水俣《みなまた》病」や「四日市ぜんそく」などの公害をもちださなくても、環境の汚染が人間にどれほど甚《じん》大な【非常に大きい】被《ひ》害をもたらすかは、計り知れません。したがって、環境汚染に対処し、美しい自然を守ろうとするのは、まさに「人間」のためにほかならないのです。

　さらに、この点は、資源の枯渇《こかつ》についても明らかだと思われます。たとえば、石油については、昔から「あと三〇年」と言われ続けてきました。ところが、三〇年たっても、同じように「あと三〇年」とささやかれているのは不思議です。たしかに、石油がやがて枯渇するだろうことは、問題ではありません。しかし、ここで確認したいのは③そのことではありません。

　むしろ、確認しておきたいのは、石油の枯渇が問題となるのは「人間」にとってである、という点です。石油を使うのは人間だけであり、枯渇して困るのも人間だけです。他の動植物にとっては、石油が枯渇したところで、何も影響はないでしょう。

　こう考えると「地球にやさしい」というキャッチフレーズが、④何ともギマンじみた【ごまかした】言葉であることが分かるでしょう。あえていえば、「温暖化」したところで、「地球」は、痛くもかゆくもないのです。また、石油が枯渇しても、「地球」は何も困らないでしょう。「ガイア」はそれほどヤワではないのです。とすれば、どう表現したらいいのでしょうか。

　誤解を恐《おそ》れず言ってしまえば、環境を保護するのは、実際には「人間の生存」を守るためにほかなりません。人間の利益追求のためにこそ、環境は保護されるべきなのです。私たちが現実に配慮《りょ》しているのは、「地球」ではなく「人間」です。そうだとするなら、「人間中心主義」は「環境破壊」の［あ］であるだけでなく、さらには「環境保護」の［い］となるのではないでしょうか。したがって、環境を保護するために、「人間中心主義」を批判するのは、的外れな議論だと言わなくてはなりません。

　「人間中心主義」批判について、もう少し立ち入って考えてみましょう。この手の批判でひんぱんに見受けられるのは、一方に「人間」を置き、他方に「自然」を対置させる、という二元論です。つまり、「人間」と「自然」はそれぞれ独立に存在すると前提され、「自然」から切り離《はな》された「人間」が、「人間」から切り離された「自然」を破壊する、とイメージされています。しかし、こんな二元論は、そもそも正当なのでしょうか。

　まず、「人間」の方に焦《しょう》点を当ててみましょう。「環境保護」のキャンペーンでは、しばしば「人類」や「人間一般《ぱん》」に責任があるかのように語られます。しかし、じっさいに土壌や水質を汚染しているのは、企《き》業や個人といった具体的な人々です。たとえば、「水俣病」で責任をもつべきは特定の企業であって、「人間一般」ではありません。このとき、「水保病」の原因は「人間による自然支配」だといえば、[　う　]でしょう。もともと、個々人はさまざまな社会関係を取り結んでいます。こうした多様な社会関係をもった個々人が、環境にかかわっています。したがって、人間によって環境が破壊されるとしても、それを引き起こしたのは「人間一般」ではありません。むしろ、一定の社会的関係のもとにある特定の個々人が、環境を破壊するわけです。この点を無視して、⑤あたかも「人間」が環境破壊の原因のように考えるとき、解決すべき問題を隠《いん》ぺいする【かくす】ことになるでしょう。たとえば、社会派エコロジーの主導者マレイ・ブクチンは、つぎのように語っています。

　もし生物種としての人間が環境の破綻《たん》【成り立たなくなること】の原因なら、そうした破綻は社会の破綻の結果ではなくなってしまう。〔この考えでは〕、「人類」という神話的なものがつくり出される。このようなやり方では、エコロジー的な諸問題の社会的根源は抜《ぬ》け目なく曖昧《あいまい》化【あやふやに】されてしまう。

(ブクチン『エコロジーと社会』)

ここから分かるのは、「人間」はつねに社会的な相互《ご》関係を取り結んでいるから、この社会性を抜きに「人間」を考えることができないことです。社会関係をまったく捨象した【切りすてた】「生物種としての人間」や「人類」などは、具体的にはどこにも存在しないのです。

それだけではありません。⑥保護すべきだとされた「自然」にかんしても、マヤカシがあります。「人間」が抽《ちゅう》象化されると同時に、「自然」の方も抽象化されてしまうのです。たとえば、保護すべき「自然」として、人間の手がいっさい加えられていない「純粋《すい》無垢《く》の自然」が想定されることが少なくありません。それをあらわすために、「原生自然」という言葉が使われています。アメリカなどの自然保護運動では、こうした「原生自然」を保存しようと強調されることもあります。

しかし、日本の地域を考えても分かりますが、人間による干渉《しょう》【立ち入り】を受けていないような「原生自然」は、地球上にほとんど残されていません。人間は、地球のほとんどの地域に住みつき、人間の活動は地球の全体にまで及《およ》んでいます。自然のままを示しているように見える地域でも、多くの場合、それを保存し管理する人間の活動を無視できません。そんなことは、「自然公園」や「自然動物園」などを考えてみれば、すぐに分かるはずです。マルクスとエンゲルスは、『ドイツ・イデオロギー』のなかで、皮肉まじりに書いています。

　〔人間の手の加わっていない〕自然なるものは、〔…〕さいきん誕生したばかりのオーストラリア珊瑚《さんご》島上といったところを除けば、今日どこにももはや現存しない自然である。

(マルクス、エンゲルス『ドイツ・イデオロギー』)

こうした「原生自然」ではないにしても、「自然」をロマンチックに理想化してイメージすることもあります。それは、「牧歌的【素ぼくな】自然崇《すう》拝」とでも表現できる考えですが、「人間」の活動によって汚《よご》されていない「自然の美しさ、自然の調和」を称賛するのです。環境保護を唱える人々のなかで、この感情は底流に流れています。たとえば、レイチェル・カーソンは『沈黙の春』をつぎのように始めています。

アメリカの奥《おく》深くわけ入ったところに、ある町があった。生命あるものはみな、自然と一つだった。〔…〕春がくると、緑の野原のかなたに、白い花のかすみがたなびき、秋になれば、カシやカエデやカバが燃えるような紅葉のあやを織りなし、松の緑に映えて目に痛い。丘《おか》の森からキツネの吠《ほ》え声がきこえ、シカが野原のもやのなかを見えつかくれつ音もなく駆《か》けぬけた。〔…〕たくさんの鳥が、やってきた。いろんな鳥が、数えきれないほどくるので有名だった。

（カーソン『沈黙の春』）

カーソンは、この「牧歌的自然」を描いた直後に、それが「人間の自然支配」によって破壊されたことを、痛烈《れつ》に批判します。「死の影《かげ》」がしのびより、春が来ても鳥のさえずりが聞こえず、「自然は沈黙」する、というわけです。⑦この対比は、事実としてではなく、「寓《ぐう》話【たとえ話】」として語られていますが、『沈黙の春』のなかでとても効果的です。

ア　こうした「疎《そ》外論」は、歴史的にいえば、青年時代のマルクスの思想として一時期もてはやされました。マルクスは、ヘーゲル学派の影響を受けながら、社会の現状を「疎外された状態」として鋭《するど》く批判しました。若きマルクスの「疎外論」は、社会の現状を批判するために展開されたのですが、ここでも三段階の論理が想定されています。「本来的な調和」―「疎外された分裂《れつ》状態」―「回復された調和」です。

イ　「疎外論」を考えるとき基本的なポイントは、三段階の展開を想定することです。つまり、「疎外されざる原初的状態」―「疎外された分裂状態」―「疎外から回復した状態」という三段階です。自然と人間のかかわりという点から、三段階を見てみましょう。第一に、人間と自然が調和的に生活していた幸福な状態です。「牧歌的自然」に憧《あこが》れるとき、イメージされているのはこの状態でしょう。

ウ　そこで、実践《せん》的な目標となるのは、現在の疎外状態を克服《こく》し【乗りこえ】、本来的な自然との調和を取り戻《もど》すことです。言うまでもなく、ここで使われているのは「回復の論理」です。失われたものを、もう一度回復する、というわけです。自然との調和というのは、一方では過去の状態であるとともに、未来への目標でもあります。

エ　ところが、現在、こうした調和的な状態から疎外されることによって、人間と自然は対立し分裂した状態にあります。人間は自然を自分の支配下におこうとして、自然そのものを破壊し尽《つ》くしてしまうのです。これは、レイチェル・カーソンが「沈黙の春」と呼んだ状況です。「疎外」という言葉には、「疎遠【関係がうすくなる】」になるとか「離《り》反【そむく】」するといった意味がありますが、その前提として「本来的な原初状態」が控《ひか》えています。ですから、「疎外」のイメージは、「本来的な原初状態から疎遠になり、離反していく」ことだと言えます。

オ　しかし、「牧歌的自然」と「人間によって破壊された自然」という対比そのものが、問題ではないでしょうか。この対比が使われるとき、想定されているのは、いわゆる「疎外の論理」です。じっさい、ディープ・エコロジーを唱えるアルネ・ネスも、「われわれの存在が他の生命との間に主従関係を打ち立てようとするなら、われわれを自分自身から疎外することになってしまう」と述べています。ですが、「疎外論」とはどのような論理なのでしょうか。

しかし、マルクスも後に気づいたのですが、この想定には重大な難点が潜《ひそ》んでいます。それは何でしょうか？

人間と自然の失われた調和を取り戻す―この言葉は、［　え　］と同じように、心に響《ひび》く美しい表現かもしれません。けれど、現在の環境問題を考えるとき、はたして適切な言葉と言えるのでしょうか。そもそも、この表現の基礎《そ》にある疎外論的発想は、有効な論理を提供するのでしょうか。

疎外論をとる場合、陥りやすい危険は、歴史のネジを逆に回し、未来ではなく過去へと回帰することです。エコロジーで、「自然との調和を取り戻す」と語られるとき、じっさいには過去の「原初的な調和」へ舞《ま》い戻るにすぎないのです。人間中心主義を批判して、牧歌的な自然が称賛されるとき、目標とされたのは過去にほかなりません。極端《たん》な場合には、近代の科学文明が否定され、原始的な生活を提唱するようにさえ見えます。

しかし、「疎外論」が前提とするような、原初的な「自然との調和」というモデルが、怪しいのではないでしょうか。こうした状態が、はたして存在したことがあるのでしょうか。現在以前の、いつの時代に、そのような「人間と自然の調和」が成立していたのでしょうか。『啓蒙の弁証法』も明らかにしたように、人間による自然支配は、ある意味では文明化とともに始まった、と言えます。人間が知力を使って自然とかかわるかぎり、自然支配の欲望は不可避《ひ》なのです。

とすれば、人間の歴史をどこまでさかのぼっても、原初的な「人間と自然の調和」には達しないのではないでしょうか。むしろ、ハッキリいえば、こうした「原初的な調和」なるものは、後になって理想化された状態にほかなりません。ニーチェだったら、おそらく「捏《ねつ》造された」と表現するでしょう。人間中心主義を批判する人たちは、自分たちのロマンチックな自然への憧れを、あたかも原初的な状態であるかのように空想（捏造）したにすぎないのです。

しかし、こうした自然への憧れが、近代の豊かな社会のもとで発想されることに、注意すべきです。それは、［　1　］、都会で裕《ゆう》福に生活している人が、ときどき田舎の生活に憧れるようなものです。つぎのようなエコロジストの記述を見ると、⑧その感が強くなるのではないでしょうか。

> 自分で井《い》戸から運んだ水や自分で集めた木々と共に、田舎にある自分のコテージ【別荘《そう》】にいる時には、どんな金持ちよりも豊かだと感じます。ヘリコプターに乗って山頂に行ったとします。景色は絵はがきのように見え、頂上にレストランがあれば、食べ物がちゃんとできていないと不満を言うかもしれません。でも、もし苦労してふもとから登ったならば、深い満足感を味わって、スキーのワックスと砂が混ざったサンドイッチでさえ、すばらしく美味《おい》しいと思うはずです。
>
> （ネス「手段は質素に、目標は豊かに」）

[2]、「頂上のレストラン」と「砂混じりのサンドイッチ」を対比するのは、裕福な一部の人々にしか意味をなしません。いつもレストランで美味しいものを食べている人には、「砂混じりのサンドイッチ」もたまには美味しく感じられるでしょう。しかし、自分のコテージももたず、ヘリコプターに乗ることもなく、土ぼこりのする道路脇《わき》で「砂混じりのするサンドイッチ」を食べる人にとって、それは美味しいのでしょうか。

　少し視野を広げて考えてみましょう。疎外論的発想で、「自然」への憧れを語るとき、前提されているのは、「人間」との二元的な対立です。「自然」を、「人間による支配」から解放することが、目標にされています。しかし、この対立そのものが問題なのです。

　[3]、「自然」と「人間」の対立は、古くから常識的になってきました。「自然」と「人工」は、しばしば対義語として使われますし、「自然」と「文化」の対立も、同じように考えられます。人為《い》的ではない「自然」に対して、「文化」が人間的現象であることは、いわば定義に属しています。[4]、エコロジーでも「自然」を考えるとき、人為的ではない「自然」が想定されてきたのです。

　しかし、すでに確認したように、人間抜きの「自然」とは抽象的な虚《きょ》構【作りごと】にすぎません。人間が眼前に見いだす「自然」は、それに先立つ世代によって手の加えられてきた「自然」であって、「社会的形成物」と表現できます。「自然」は、つねにすでに、多くの人々によって手が加えられ、[5]今後も手が加えられていきます。人間の活動を離れて、「自然」が独立にあるわけではありません。その意味では、「自然」は、「文化的形成物」と呼んでも、間違いではないでしょう。

　このように考えると、実践的な方向についても、重大な指針が示されるように思えます。いままで、環境保護のためには、人間が自然にできるだけ介入しないことが、求められてきました。ところが、そんなことは、そもそも不可能ですし、望ましいわけでもありません。むしろ、人間が自然をどう管理していくかが重要なのです。それを理解するために、アルド・レオポルドの『野生のうたが聞こえる』を見ておきましょう。

　⑨レオポルドといえば、自然保護の原理を打ち出した実践家として、きわめて有名です。彼の原理（「土地倫《りん》理【守るべきこと】」）は、多くの場合、人間中心主義を批判するものとして理解されてきました。たとえば、彼はつぎのように語っています。「土地倫理《ランド・エシック》は、ヒトという種の役割を、土地という共同体の征服者から、単なる一構成員、一市民へと変えるのである。」しかし、この立場は、自然にいっさい手を加えないことを主張してはいません。レオポルドは、『野生のうたが聞こえる』の最後を、つぎの言葉で結んでいます。

まとめて言うならば、われわれの現在の問題は、土地に対してどういう姿勢でのぞみ、道具をどう使用するかということである。われわれは蒸気シャベル【パワーショベル】を用いて、かつては人力でつくられたアルハンブラ宮殿《でん》を改修しようとし、その規模の壮《そう》大さを得意に感じている。そのシャベルをとても手離す気になれない。〔…〕われわれに本当に必要なのは、そうした道具を有効に使うための、もっと穏《おだ》やかで客観的な基準を持つことなのだ。

（レオポルド『野生のうたが聞こえる』）

レオポルドの仕事は「森林管理」ですが、彼はその経験を通して「土地倫理」を形成したのです。その点では、人間の介入しない「土地倫理」はあり得ない、と言わなくてはなりません。

では、⑩「自然」にどうかかわればいいのでしょうか。ブライアン・ノートンという環境保護論者は、『持続性』という本のなかで「適応的管理」という概《がい》念を提出しています。彼は、「環境プラグマティズム」の立場から「人間中心主義」を唱え、自然に対する「管理」を力説しています。しかし、「管理」といっても、あくまでも「適応的管理」であって、従来批判されたような「人間中心主義」ではありません。では、どんな「人間中心主義」が擁《よう》護【かばうこと】可能なのでしょうか。

「人間中心主義」とは、「人間の利益実現を中心に置く立場」を意味します。しかし、このとき「人間の利益」をどう考えるかが問題です。たとえば、ある種の生物が食糧として「経済的な利益」になるからといって、乱獲《かく》してしまえば絶滅してしまい、結局は「経済的利益」に反します。そこで、「経済的利益」のためにも、生態学的観点が必要になります。しかも、「人間的利益」を「経済的利益」に限定する必要もないでしょう。「人間」が多面的に理解できるように、「人間の利益」も多様な側面から理解できるからです。人間の生存にとって、きれいな水や土壌や空気などは、人間の利益と言えます。

また、「人間の利益」という場合、しばしば誤解されるように、個人の欲求を短期的な観点から求めるだけではありません。むしろ、地域や社会の利益を考えて、個人の欲求を抑《よく》制する【おさえる】こともあるでしょう。あるいは、将来世代のために、現在の利益が制限されることもあります。その点では、「人間中心主義」だからといって、現在の個々人の欲求をそのまま認めるわけではないのです。ぎゃくに、長期的な視野に立って、広い観点から利益を考慮する必要があるわけです。

さらに、「人間中心主義」は、「精神的価値」についても否定しません。かつては「人間中心主義」といえば、物質的欲求だけをもち、精神的価値を排《はい》除すると、見なされてきました。しかし、ノートンも言うように、「人間中心主義者」たちは、しばしば自然を精神的に評価しています。

いままで、「人間中心主義」を批判するとき、「人間」が「自然」を「搾《さく》取【しぼり取る】」するといったイメージで、考えられてきました。しかし、現在では、このようなイメージで「人間中心主義」を無邪《じゃ》気に主張する人はほとんどいません。人間の利益を実現するには、自然の生態系を無視できませんし、短期的な視野から自然を開発しても、長期的にはかえって不利益になることも多いのです。むしろ、自然に適応する形で、長期的な観点から自然を管理すべきことが、目指されています。

このように考えると、自然を理想化して人間中心主義を反省しても、問題の隠ぺいにしかならないでしょう。むしろ、いま必要なのは具体的な問題のなかで、広い視野に立って長期的な観点から自然を管理することではないでしょうか。

（岡本裕一朗《おかもとゆういちろう》『12歳《さい》からの現代思想』〈ちくま新書〉より・一部改変）

問一　——部①「こうした考え」、②「こうした観点」、③「そのこと」、⑦「この対比」、⑧「その感」の指示内容を、それぞれ答えなさい。

問二　——部④「何ともギマンじみた言葉であることが分かるでしょう」と筆者が述べるのはなぜか、答えなさい。

問三　文中の［あ］・［い］にあてはまる言葉の組み合わせとして

最適なものを、次のア～カから選び、記号で答えなさい。

ア [あ] 目的・[い] 原因　イ [あ] 原因・[い] 結果
ウ [あ] 目的・[い] 手段　エ [あ] 原因・[い] 目的
オ [あ] 結果・[い] 原因　カ [あ] 手段・[い] 目的

問四 文中の[う]にあてはまる言葉を、次のア～エから選び、記号で答えなさい。

ア 一笑に付される　イ 一目をおかれる
ウ 色を失う　エ 言葉を濁《にご》される

問五 ――部⑤「あたかも『人間』が環境破壊の原因のように考えるとき、解決すべき問題を隠ぺいすることになるでしょう」とはどういうことか、答えなさい。

問六 ――部⑥「保護すべきだとされた『自然』にかんしても、マヤカシがあります」とありますが、どのようなことが「マヤカシ」なのか、答えなさい。

問七 文中の[ア]～[オ]の段落を最適な順に並《なら》べ替《か》えなさい。

問八 文中の[え]にあてはまる言葉を、本文から二十字で抜き出し、初めと終わりの三字を答えなさい。

問九 文中の[1]～[5]にあてはまる言葉を、次のア～オからそれぞれ選び、記号で答えなさい。ただし、同じ記号は二度使えません。

ア また　イ しかし　ウ たしかに
エ たとえば　オ そのため

問十 ――部⑨「レオポルドといえば、自然保護の原理を打ち出した実践家として、きわめて有名です」とありますが、レオポルドによる原理は従来の環境保護の考え方とどのような点で異《こと》なるか、答えなさい。

問十一 ――部⑩「『自然』にどうかかわればいいのでしょうか」とありますが、本文で述べられている内容を、七十字以内で書きなさい。

[二] 次のア～カのことわざ・慣用句を（　）に入る数の合計が小さい順に並べ替えなさい。また、ア～カの意味として最適なものを、あとのA～Iから選び、記号で答えなさい。ただし、同じ記号は二度使えません。

ア （　）を聞いて（　）を知る
イ （　）寸《すん》の虫にも（　）分の魂《たましい》
ウ （　）つ子の魂（　）まで
エ （　）里の道も（　）歩から
オ （　）転び（　）起き
カ （　）死に（　）生を得る

A 失敗しないように前もって用心すること。
B 何度失敗してもあきらめず努力すること。
C どんな弱いものにも、それなりの意地があるということ。
D 知識としてわきまえていても、実行のともなわないこと。
E かろうじて生きながらえること。
F 非常に賢《かしこ》くて理解がはやいこと。
G 大きなことも手近なところから始めなければならないということ。
H 性格は年をとっても変わらないということ。
I 辛抱《しんぼう》すれば、必ず成功するということ。

三　次の１～10の文中の（カタカナ）を漢字で書きなさい。

1　海外と（ボウエキ）する。
2　台風の（ヨハ）をうける。
3　列島を（ジュウダン）する。
4　のりで（セッチャク）する。
5　建物の（ジョウソウ）に住む。
6　与党《よとう》の（ソウサイ）を決める。
7　要点を（カンリャク）にまとめる。
8　線状（コウスイタイ）が発生する。
9　（カイコ）がまゆをつくる。
10　彼女《かの》はまだ（オサナ）い。

森村学園中等部(第一回)

—50分—

※　記述で答える問題は、特に指定のない場合、句読点《くとうてん》や符号《ふごう》は一字として数えるものとします。

□ 次の文章を読み、あとの問いに答えなさい。

「今日のテーマは『私たちはオンラインの環境《かんきょう》を制限した方がよいのか』です。グループに分かれて、一〇分くらい議論してください」

教員の掛《か》け声《ごえ》とともに、学生が気だるそうに移動する。

「オンラインの制限だってよ。どうする?」

「どうしよっか」

「強制とか制限っていうより、人それぞれでよくね?」

「そうだよなぁ……」

皆《みな》さんも誰《だれ》かと話しているときに、つい「人それぞれ」と言ってしまうことはありませんか。ここにあげたような会話は、こんにち、いたるところで見られます。この章では、あるていど顔を見知った関係のなかで展開される「人それぞれ」のコミュニケーションに注目していきます。

「一人」になれる条件が整い、人びとの選択《せんたく》や決定が尊重されるようになった社会では、さまざまな物事を「やらない」で済ませられるようになります。ある行為《こうい》を「やらねばならない」と迫《せま》る社会の規範《きはん》は緩《ゆる》くなり、何かを「やる」「やらない」の判断は、個々人にゆだねられます。

この傾向《けいこう》は人間関係にも当てはまります。私たちが生きる時代は、閉《へい》鎖的《さてき》な集団に同化・埋没《まいぼつ》することで生活が維持《いじ》されてきたムラ社会の時代と違《ちが》います。生活の維持は、身近な人間関係のなかにではなく、お金を使って得られる商品やサービスと、行政の社会保障にゆだねられるようになったのです。

このような社会では、誰かと「付き合わなければならない」と強制される機会が、徐々《じょじょ》に減っていきます。会社やクラスの懇親会《こんしんかい》への参加はもはや強制される時代ではありません。地域の自治会への加入も任意性が強くなりました。趣味《しゅみ》のサークルを続けるか続けないかは、まさに「人それぞれ」でしょう。

誰と付き合うか、あるいは、付き合わないかは、個々人の判断にゆだねられています。俗《ぞく》っぽく言えば、私たちは、(嫌《いや》な)人と無理に付き合わなくてもよい気楽さを手に入れたのです。

今や、人と人を結びつける材料を、生活維持の必要性に見出すことは難しくなりました。人と人を結びつける接着剤《せっちゃくざい》は、着実に弱くなっているのです。

(Ａ)、このような社会で、つながりを維持するにはどうすればよいのでしょうか。①生活維持の必要性という、人と人を強固に結びつけてきた接着剤は弱まっています。そうであるならば、私たちは、目の前の関係をつなぎ止める接着剤を新たに用意しなければなりません。そこで私たちは、弱まってきた関係をつなぎ止める新たな補強剤として、つながりに大量の「感情」を注《そそ》ぎ込《こ》むようになりました。

このような傾向は、メディアからも読み取ることができます。日本映画界の巨匠《きょしょう》、小津安二郎《おづやすじろう》監督《かんとく》の作品に、②『長屋紳士録《ながやしんしろく》』という短い映画があります。この映画は、終戦から二年後の一九四七年に公開されました。当時は、東京下町を舞台《ぶたい》にした*人情劇と評価されています。簡単にあらすじを紹介《しょうかい》しましょう。

　おもな登場人物は、長屋の住人と少年です。物語は、長屋に住む女性のところに、実の親とはぐれてしまった子どもが届けられるところから始まります。そのさい、長屋のその他の住人とひと悶着《もんちゃく》あるのですが、結局、女性が少年の面倒《めんどう》を見ることになります。

　最初は子どもの世話を嫌がっていた女性も、だんだんと情が移り、子どもをかわいらしく思ってきます。しかし、その矢先に、子どもを探していた実の親が登場し、女性と子どもの間に別れが訪れます。子どもが去った後、女性はあらためて親子のつながりのよさに気づく、というのが大まかなあらすじです。

　長屋の住人は、鍵《かぎ》もかけず、お互《たが》いの家にしょっちゅう行き来をし、何かにつけ雑談をします。親子のつながりや、長屋の住人どうしの密接な交流。こういった言葉からは、「昔ながらの温かなつながり」を想像することができます。

　（Ｂ）、今の人びとが見ると、この映画に対してかなりの違和感《いわかん》を抱《いだ》くでしょう。その理由は、登場する人びとの感情的な交流の少なさにあります。

　人情劇であるこの映画のなかで、スキンシップと言いうる場面は、少年が女性の肩《かた》をたたくシーン以外、いっさいありません。感情的な交流の少なさは、実の親と子どもの再会のシーンに集約されます。

　物語のクライマックスである親子の再会、および、少年と女性との別れは、現在の感覚からすると、さぞ感動的に演出されるのではないかと思います。しかし、『長屋紳士録』において、そのような表現はまったくありません。

　再会を果たした親子は、互いに駆《か》け寄《よ》ることも、抱《だ》き合《あ》うこともありません。それどころか親は、近寄る子どもを手で押《お》しのけ、女性にお詫《わ》びと御礼《おれい》の挨拶《あいさつ》をすることを優先させます。（Ｃ）、儀礼《ぎれい》を優先しているわけです。

　子どもと女性の別れのシーンでも、涙《なみだ》や抱擁《ほうよう》はいっさい見られません。少年が「オバチャンサヨナラ」とぶっきらぼうに述べ、別れのシーンは終わります。ここから、「人情劇」と言われた映画でさえも、感情表現は非常に乏《とぼ》しいことがわかります。

　この映画を見た学生は、「昔のつながりは濃密《のうみつ》だけど感情や気遣《きづか》いが薄《うす》く、今のつながりは希薄《きはく》だけど、感情や気遣いが濃《こ》い」と述べていました。この言葉は、感情に満たされた今の人間関係をよく表しています。

　しかし、感情に補強されたつながりは、それほど強いものにはなりません。私たちは、相手とのつながりを「よい」と思えば関係を継続《けいぞく》させるし、「悪い」と思えば関係から退くこともできます。③この特性のおかげで、私たちは、無理して人と付き合わなくてもよい気楽さを手にしました。理不尽《りふじん》な要求や差別的な待遇《たいぐう》から逃《のが》れやすくなったのです。しかし、人と無理に付き合わなくてもよい気楽さは、つながりから切《き》り離《はな》される不安も連れてきてしまいました。

　お互いに「よい」と思うことで続いていくつながりは、どちらか、または、両方が「悪い」と思えば解消されるリスクがあります。放っておいても行き来がある長屋の住人とは違うのです。このような状況《じょうきょう》で関係を継続させるには、④お互いに「よい」状況を更新《こうしん》してゆかねばなりません。つまり、つながりのなかに「よい」感情を注ぎ続けねばならないのです。

この特性は、その人にとって大事なつながりであればあるほど強く発揮されます。私たちは、大事なつながりほど「手放したくない」と考えます。しかし、あるつながりを手放さないためには、相手の感情を「よい」ままで維持しなければなりません。大事な相手とつながり続けるためには、関係からマイナスの要素を徹底《てってい》して排除《はいじょ》する必要があるのです。

とはいえ、個々人の心理に規定される「よい」状況は、社会に共有される規範ほどには安定していません。社会のルールはなかなか変わりませんが、個人の感情は日によって変わることもあります。何かの拍子《ひょうし》に、ふと、「悪い」に転じてしまうこともあるのです。つまり、人と無理に付き合わなくても良いつながりは、ふとしたことで解消されてしまう不安定なつながりとも言えるのです。

かといって、目の前のつながりを安定させる最適解＊は、そう簡単に見つかりません。人の心を覗《のぞ》くことはできませんから。

コミュニケーションの＊指南書が書店に並び、「＊コミュ力」や「＊コミュ障」といった俗語が流布する現状は、⑤コミュニケーションにまつわる人びとの不安を物語っています。私たちは、人間関係を円滑《えんかつ》に進めてゆく行動様式がはっきり見えないまま、相手の心理に配慮《はいりょ》しつつ、コミュニケーションを行う厄介《やっかい》な状況にさらされているのです。

⑥この厄介な状況に対処するにあたって重宝されてきたのが、「人それぞれ」を前提としたコミュニケーションです。私たちは、たとえ相手の見解が、自身の見解と異なっていたとしても、「人それぞれ」と解釈《かいしゃく》することで、対立を回避《かいひ》することができます。あるいは、相手の行動が自身にとって理解できないものであっても、「人それぞれ」とすることで、問題化することを避《さ》けられます。

（中略）個の尊重を前提とした「人それぞれの社会」では、相手を否定しないことに加え、自らの考えを押しつけないことも求められます。それぞれの意思を尊重する社会では、意見を押しつけず、それぞれの考え方を緩《ゆる》やかに認めることが肝要《かんよう》なのです。

このような環境では、たとえ、自身はオンラインを制限した方がよいと思っていたとしても、それを表明すると、考えの押しつけになってしまいます。「人それぞれ」のコミュニケーションは、このようなときにも重宝されます。というのも、「人それぞれ」という言葉を使っておけば、自らの立ち位置を守りつつ、相手の意思を尊重することも可能だからです。

不安定なつながりのなかを生きる私たちは、「人それぞれ」という言葉を使って、お互いの意見のぶつかり合いを避けています。このようなかで率直に意見を交わし、議論を深めるのは、そう簡単ではありません。

（石田光規《いしだみつのり》『「人それぞれ」がさみしい　「やさしく・冷たい」人間関係を考える』〈ちくまプリマー新書〉より）

※　問題作成の都合上、文章の一部を省略したところがあります。

（注）＊人情劇……人間の情感を表現している劇。
＊最適解……最もよい答え。
＊指南書……教え導く本。
＊コミュ力……言葉などによって、互《たが》いに考えなどを伝える力。

＊コミュ障……人と話したり人の話を聞いたりするのが苦手なこと。

問一　（Ａ）～（Ｃ）に当てはまる語として適当なものを次から選び、それぞれ記号で答えなさい。

ア　たとえば　　イ　つまり　　ウ　あるいは
エ　では　　オ　しかし

問二　――①「生活維持《いじ》の必要性という、人と人を強固に結びつけてきた接着剤《せっちゃくざい》は弱まっています」とありますが、その原因を筆者はどのように考えていますか。最も適当なものを次から選び、記号で答えなさい。

ア　生活の維持のために必要だった社会の規範《きはん》が緩《ゆる》くなり、「やる」「やらない」の判断が個人にゆだねられるようになったから。
イ　生活の維持のために人々を結び付けていたサービスや社会保障が、今ではお金を払《はら》えば容易に得られるようになってきたから。
ウ　生活の維持はお金を払って得られるサービスや行政の社会保障にゆだねられ、身近な人と助け合う必要性が薄《うす》れてきたから。
エ　生活の維持のために不可欠だった自治会への加入が強制されなくなり、参加は個人の判断に任されるようになってきたから。

問三　――②「『長屋紳士録《ながやしんしろく》』という短い映画があります」についてあとの問いに答えなさい。

(1)　この映画の内容とそこから読み取れることの説明として**明らかに誤っているもの**を次の中から一つ選び、記号で答えなさい。

ア　再会の場面で親が近寄ってくる子どもを手で押《お》しのけて女性に挨拶《あいさつ》をしたことから、当時の人々は儀礼《ぎれい》を大切にしていたことが読み取れる。
イ　再会を果たした親子が互《たが》いに駆《か》け寄《よ》ることも抱《だ》き合《あ》うこともなかったことから、当時の親子の感情表現があまり豊かでなかったことが読み取れる。
ウ　長屋の住人は、鍵《かぎ》もかけずお互いの家にしょっちゅう行き来していたことから、当時は住人どうし密接な関わりがあったことが読み取れる。
エ　少年が「オバチャンサヨナラ」と別《わか》れ際《ぎわ》にぶっきらぼうに述べたことから、当時の少年は大人に対して礼儀《れいぎ》に欠ける態度をとっていたことが読み取れる。

(2)　筆者がここで、この映画を紹介《しょうかい》したのは、どのような意図によりますか。筆者の意図の説明として最も適当なものを次から選び、記号で答えなさい。

ア　昔は人々のつながりが濃密《のうみつ》だったことを例示し、現代人が失った人間関係の濃密さを取り戻《もど》さなければならないという、自分の主張を印象づけるため。
イ　昔は感情表現が希薄《きはく》だったことを例示し、現代の人間関係を結び付けているものが生活の維持の必要性から感情へと変わってきたという自説を裏付けるため。
ウ　昔は地域の結びつきが強かったことを例示し、現代の人間関係が個々人の判断にゆだねられ、地域に縛《しば》られない気楽さを手に入れたことを再確認するため。
エ　昔の人間関係は気遣《きづか》いが乏《とぼ》しかったことを例示し、現代の濃密な気遣いによって結び付けられた人間関係と比較《ひかく》させ、理想的な人間関係のあり方を示すため。

問四　――③「この特性」とありますが、どのようなことを指していますか。その説明として最も適当なものを次から選び、記号で答えなさい。

ア　好きな相手と嫌《きら》いな相手とで、つきあいかたを自在に変えられるということ。

イ　感情によって結びついた人間関係は、言葉で表現しなくても深いということ。

ウ　人と人とがどんな関係を結ぶかは、お互いに相談して決められるということ。

エ　相手との関係を続けるのもやめるのも、本人の意思次第であるということ。

問五　――④「お互いに『よい』状況《じょうきょう》を更新《こうしん》してゆかねばなりません」とありますが、これは、どのようなことを指していますか。その事例として最も適当なものを次から選び、記号で答えなさい。

ア　ある会社では、顧客《こきゃく》へのサービスとして、毎年自社製品の優待セールを実施《じっし》して好評である。

イ　まもなく還暦《かんれき》を迎《むか》える父に贈《おく》るプレゼントを選ぶために、久しぶりに兄弟姉妹が集まって相談する。

ウ　メールでのやりとりが増えている今でも、大切な友人には自筆の年賀状を送るように心がけている。

エ　仲の良いグループ内のメールやLINEには、たとえ勉強中であってもすぐに返信するようにしている。

問六　――⑤「コミュニケーションにまつわる人びとの不安」とありますが、人びとが抱《いだ》く不安とは、どのようなものですか。その内容として最も適当なものを次から選び、記号で答えなさい。

ア　つながっていたい人に自分の言葉がどう伝わっているか簡単にはわからず、自分の本当の気持ちを理解してもらえないのではないかという不安。

イ　つながっていたい相手にどうすれば自分との関係を良いものだと思ってもらえるか簡単にはわからず、いつかそのつながりを解消されてしまうのではないかという不安。

ウ　つながっていたい人が濃密な関係をきらっているのかどうか簡単にはわからず、自分が相手にうっとうしいと思われているのではないかという不安。

エ　つながっていたい人とどうすれば気楽に話せるのか簡単にはわからず、自分の喜怒哀楽《きどあいらく》の表現が不安定になってしまうのではないかという不安。

問七　――⑥「この厄介《やっかい》な状況に対処するにあたって重宝されてきたのが、『人それぞれ』を前提としたコミュニケーションです」とありますが、「『人それぞれ』を前提としたコミュニケーション」はなぜ「重宝」されているのですか。その理由を**二つ**、それぞれ二十字以上二十五字以内で答えなさい。

問八　この文章の構成の特徴《とくちょう》として最も適当なものを次から選び、記号で答えなさい。

ア　最近さまざまな場面で使われる「人それぞれ」という言葉を取り上げ、その言葉の背後に潜《ひそ》む、現代人のコミュニケーションにまつわる不安な心理を科学的に解き明かし、筆者の考える望ましい人間関係のあり方を読者に訴《うった》えている。

イ　最近だれもが口にする「人それぞれ」という言葉に注目し、それを人々が使うようになるまでの歴史的な経緯《けいい》を複数の資料を比較《ひかく》しながら検証し、個人の意思が尊重される現代においてこの言葉が重宝される意義を明らかにしている。

ウ　最近よく耳にする「人それぞれ」という言葉に着目し、なぜ現代の人々がこの言葉を多用するようになったのかを、現代と昔の人間関係を比較する中で明らかにし、不安定なつながりの中で生きる現代人が抱《かか》える問題を提示している。

エ　最近よく耳にする「人それぞれ」という言葉がどのような場面で使われるのかを例を挙げながら検証し、現代人が失った昔の濃密なつながりを取り戻すためにはどうすべきかを、昭和の人情劇を手がかりに読者に考えさせようとしている。

問九　次の会話は、この文章を読んだ先生と生徒が話をしている場面です。これを読んで、あとの(1)・(2)の問いに答えなさい。

Aさん「たしかに最近『人それぞれ』ってよく耳にするわ。」

Bくん「そうだね。きのう友だちに英会話を習おうってさそわれたけど、自分は英語のラジオ講座が気に入っているんだ。勉強法も『人それぞれ』ってことで盛り上がったな。」

Aさん「それはそうかもしれないけど、この間『学芸会のクラスの出し物』を決めるときに、なかなか決まらなくて『もう人それぞれでいいじゃん』って言われたときは困っちゃった……」

Bくん「ああ、『学芸会のクラスの出し物』は『人それぞれ』ってわけにはいかないよね。だって、【　A　】から。」

Cくん「そうか。『人それぞれ』だとよくないこともあるね。そういえば以前、アメリカの銃《じゅう》規制の問題について何かで読んだことがあるけど、武器をもつか、もたないかが『人それぞれ』だと問題があるんじゃないかな。」

先生「お、いいところに気づいたね。実は筆者は同じ本の中で、人びとが自由に行動した結果、社会としての損失が大きくなる現象を『社会的ジレンマ』と述べているんだ。護身用に『人それぞれ』の意志で銃をもつことはできても、全員が武器をもつとかえって社会の治安は悪化してしまう。また、武器の開発も活発になってしまう。こういう事態は、それぞれの人にとってよくない、というわけだね。」

Aさん「そういう『社会的ジレンマ』って、ほかにもありそうだわ。」

(1)　【　A　】にあてはまる理由を自分で考えて書きなさい。

(2)　『社会的ジレンマ』の例として**あてはまらないもの**を次から一つ選び、記号で答えなさい。

ア　人々が混んだ電車を避《さ》け、マイカーで自由に移動すると、渋滞《じゅうたい》したり温室効果ガスが多く発生したりする。

イ　献血《けんけつ》をするかしないかは人それぞれだが、輸血用の血液が集まらないと患者《かんじゃ》が助からないこともある。

ウ　一人一人好きな職業をめざして努力することはできるが、芸人になろうとしても必ずしも売れるわけではない。

エ　ゴミの分別が面倒《めんどう》でまとめて処分してしまうと、リサイクルしにくかったりゴミの量が増えたりする。

二　和泉和恵《いずみかずえ》は児童養護施設《じどうようごしせつ》「あしたの家」の職員です。以下は、和泉が新人だった頃《ころ》、彼女《かのじょ》の指導担当であった猪俣《いのまた》との思い出を振《ふ》り返《かえ》っている場面です。なお、児童養護施設とは、保護者がいない、保護者から虐待《ぎゃくたい》を受けている、などの事情により社会的な養護が必要な子供たちが生活している施設です。これを読んで、あとの問いに答えなさい。

【場面①】

和泉が『あしたの家』に就職したのは、二十五歳《さい》の頃だ。(中略)

指導職員は猪俣だった。痩《や》せぎすで顔の輪郭《りんかく》も尖《とが》っている猪俣は、一見すると陰気《いんき》でとっつきにくそうに見え、最初は苦手意識があった。

(中略)

【場面②】

ある日、中学生の女子が問題行動を起こした。門限後に施設を抜《ぬ》け出《だ》そうとしたのだ。門扉《もんぴ》を乗《の》り越《こ》えようとしているところを近隣《きんりん》の住民に通報され、門扉のてっぺんにまたがった状態で職員に取《と》り押《お》さえられた。

和泉は残業で居残っており、猪俣は宿直だったので聞き取りに立ち会った。副施設長の梨田も近所に住んでいたので駆《か》けつけ、鬼《おに》のような形相《ぎょうそう》で女子をとっちめた。

梨田は近隣からの評判を常日頃《つねひごろ》から気にかけており、子供の素行に厳しい。住民に通報されて夜遊びが発覚したとあってはなおさらだ。

どうしてこんなことをしたんだと薄《うす》い髪《かみ》から透《す》ける地肌《じはだ》が真っ赤になるほど怒《おこ》っている梨田に、女子は膨《ふく》れっ面《つら》のまま何も言わなかった。

「黙《だま》り込《こ》んでやり過ごせると思うな！　どこに行こうとしてたんだ！」

梨田が怒鳴《どな》れば怒鳴るほど、女子は頑《かたく》なに①貝になり、やがて梨田の怒声《どせい》にも疲《つか》れが見えはじめた。

そのときである。

「何しに行きたかったんだ？」

それまで黙《だま》っていた猪俣が、世間話のような口調で尋《たず》ねた。

すると、それまで断固として貝だった女子の唇《くちびる》が、物言いたげにもぐもぐした。

②ここを先途《せんど》とばかりに声を荒《あら》げようとした梨田を、猪俣が手振《てぶ》りで止めた。無言で片手を軽く挙げただけだ。その仕草に一体どんな魔法《まほう》が籠《こ》められていたのか、梨田は不本意そうにではあったが押し黙った。

「……ダイコク」

女子が呟《つぶや》いたのは、歩いてほんの十分ほどのところにあるドラッグストアの店名である。夜は十一時まで開いている。

「何でダイコク行きたかったんだ」

やっぱり世間話のように尋ねた猪俣に、女子はふて腐《くさ》れた様子で答えた。

「ニキビできたから」

言われてみると、小鼻の横にぽつんと赤いニキビがある。

「ニキビの薬、買いに行きたかったのか」

猪俣の問いに、女子はこくんと頷《うなず》いた。

梨田が苦々しそうに吐《は》き捨《す》てる。

「潰《つぶ》しとけ、そんなもん！」

「跡《あと》になっちゃうじゃん！」(中略)

「職員室の救急箱にもお薬あるよ」

和泉としては助け船のつもりで口を出したが、途端《とたん》に女子に睨《にら》まれた。

「あんなの効かないもん！」

苛立《いらだ》ったように梨田が息を吸った。「贅沢《ぜいたく》言うな」「わがまま言うな」辺りが飛び出すはずだったのだろうが、機先を制するようにまた猪俣が口を開いた。

「どれなら効くんだ？」

女子は救いの手が差《さ》し伸《の》べられたような眼差《まなざ》しで猪俣を見上げた。

「緑と青のチューブのやつ」

「名前は？」

「分かんないけど……見たら分かる。学校で友達が貸してくれたとき、すぐ治った」

③そして女子は泣きそうな顔で俯《うつむ》いた。「明後日までに治らないと」と呟いた。

「じゃあ先生と買いに行くか」

「猪俣先生！」

梨田は目を吊《つ》り上《あ》げて咎《とが》めたが、猪俣は「いいじゃないですか」と引かなかった。

「夜遊びが目的じゃなかったんだから、今回は大目に見ましょうよ。思春期の子供がたくさんいるんだから、救急箱にニキビの薬が入っててもいいでしょうし」

その代わり、と女子に向き直る。

「今度からはちゃんと言うんだぞ」

女子は輝《かがや》くような笑顔で頷いた。猪俣に連れていってもらったドラッグストアで緑と青のチューブの薬を買ってもらい、ご機嫌《きげん》で帰ってきた。

「イノっちに連れてってもらってよかった！　自分のお金じゃ足りなかった！」

そして、人生最大の仕事のように、洗面所で小鼻のニキビに薬を塗《ぬ》って、職員室で「ごめんなさい」と頭を下げて居室に戻《もど》った。

梨田が不機嫌に帰宅してから、和泉は猪俣に尋ねた。

「どうしてあの子のわがままを聞いてあげたんですか」

猪俣は陰気な顔で陰気に笑った。――顔の造りでだいぶ損をしている。

「明後日が遠足なんですよ。憧《あこが》れの男の子と同じ班になったそうです」

④もう遠い日になった中学生の時分が巻《ま》き戻《もど》った。ニキビがひとつできたかどうかで人生が憂鬱《ゆううつ》になった。好きな男子が同じクラスにいたらなおさら。――それが特別なイベントに絡《から》むなんて、人生が終わってしまうほどの絶望だった。

「子供が思《おも》い詰《つ》めているときは、子供なりの正当な理由があるものです。ニキビの薬一つで夜の抜け出しをしないと約束してくれるなら安いものでしょう」

その後しばらくして、梨田は救急箱に常備してほしい薬のアンケートを子供たちに取った。

「またあんなくだらない脱走騒《だっそうさわ》ぎが起きたら敵《かな》わん」と苦虫を噛《か》みつぶしながらではあったが。

今年で高校一年になるその女子は、それからは似たような騒ぎを一度も起こしていない。

【場面③】

「和泉先生はどうして児童養護施設で働こうと思ったんですか」

世間話で猪俣に問われたとき、採用面接用のa肩肘張《かたひじは》った志望動機ではなく、⑤心の中にしまっておいた本当の動機を話す気になったのは、ニキビの一件があったからかもしれない。

中学生の女子のニキビの一大事を大真面目に処理した猪俣だったら、笑わず聞いてくれそうな気がした。

「高校生のとき、同じクラスに好きな男の子がいたんです。ちょっと陰《かげ》のある雰囲気《ふんいき》で……」

大人っぽくてかっこいい、と最初はそんな単純な憧れ方だった。クラスのイベントで同じ係になり、よく喋《しゃべ》るようになると話が合った。

思春期の好きが坂道を転がり落ちるきっかけなんて、それで充分《じゅうぶん》だ。

告白したのはそれなりに勝算があるような気がしたからだ。相手にも気持ちがあるんじゃないかと期待するようなことはいくつかあった。手応えが何もないまま気持ちを打ち明けられるほど、あの頃の自分は勇気のある少女ではなかった。

だが、返ってきたのは「ごめん」だった。

「俺《おれ》は和泉とは住む世界が違《ちが》うからって言われたんです。俺、施設で暮らしてるんだって」

施設の説明を聞いたところで、その頃の和泉には本やテレビのフィクションで漠然《ばくぜん》と培《つちか》った孤児院《こじいん》のイメージしか湧《わ》かなかった。

お父さんとお母さん、亡くなってるの？

そういう施設に入っているのなら、当然両親がいないのだろうと思ってそう尋《たず》ねた。

わたしはそんなこと気にしないよ。

むしろ相手に寄《よ》り添《そ》ったつもりで重ねると、相手は傷ついたような怒ったような顔になった。

ほらな。やっぱり世界が違うんだよ。

喋ったのはそれが最後になった。相手が避けるようになり、⑥その理由が分からないまま卒業を迎《むか》えて、そのまま相手の消息は途絶《とだ》えた。

よその県で就職して、社員寮《しゃいんりょう》に入ったらしいということだけ風の便りに聞いた。

何度か同窓会があったが、彼《かれ》が姿を現すことはなかった。

「子供なりに、ちゃんと好きなつもりでいたんです。それなのに、一方的に断ち切られた感じで、ずっと忘れられなくて……」

ほらな。やっぱり世界が違うんだよ。

最後に聞いたその言葉が胸に刺《さ》さって抜けない棘《とげ》になった。いつもは忘れている、しかし季節の変わり目などに時折《ときお》り存在を主張する柔《やわ》らかな棘――

「わたしと彼と、どう世界が違ったのか知りたくて……　分からずじまいで引き下がりたくないっていうか」

もし、自分が彼の世界を分かっていたら、あの恋《こい》が実る可能性はあったのだろうか。――それを確かめたかったのかもしれない。

高校生の頃の失恋話《しつれんばなし》をくどくど語ってしまったことが急に恥《は》ずかしくなり、慌《あわ》てて目を伏《ふ》せた。

すると猪俣が世間話のままの口調で尋ねた。

「彼との世界の違いは分かりましたか」(中略)

――自然に「はい」と答えていた。

「違いはありませんでした。⑦ただ、わたしが知らなかっただけです」

人には人の数だけ事情があって、環境《かんきょう》がある。『あしたの家』だけとってみても、子供たちがここにやってきた理由は様々だ。

世界が違うのではなく、同じ世界に住まう人にもいろんな事情があることを知らなかった。

家に帰れば当たり前のように両親がいて、家族がいて、その家の子供として当たり前のように愛してもらえる。育ててもらえる。

それが世界のあり得べき基準であって、たまにその基準が欠落した不幸な人がいるだけだと、無邪気《むじゃき》に傲慢《ごうまん》にそう思《おも》い込《こ》んでいた。

わたしはそんなこと気にしないよ。――まるで慈悲《じひ》でも与《あた》えるように。

一体何様か。

「ずいぶん無神経なことを言ったんだなぁって……」

わたしはあなたが基準を満たしていなくても気にしないよ。受け入れてあげるよ。彼にはきっとそう聞こえた。

「きっとね」

独り言のように、猪俣は和泉を見ずに呟いた。
⑧「彼は、あなたのことが好きだったんだと思いますよ」
「……そうでしょうか」

和泉も猪俣を見ずに呟いた。

「人の事情に＊貴賤《きせん》をつけるべきではないというのは理想です。しかし、やはりハンデはハンデで、引け目はどうしたって引け目です。彼は、自分の引け目をあなたに晒《さら》したくなかったんだと思います」

傷ついたような怒ったような顔で、やっぱり世界が違うと言った。彼にとって誇《ほこ》れない家族がいたことは確かだろう。

――もし、「気にしない」じゃなくて、

「分かったって言ってたら、わたしを振《ふ》り向《む》いてくれたでしょうか」

優しさをひけらかすように寄り添うのではなく、ただ率直に「分かった」と言っていたら。

分かった。でも好き。

今、巻き戻せるのならそれだけ言う。

「無理でしょう」

猪俣はそう言って、顔の造りでどうしたって陰気に見える笑みを浮《う》かべた。

「私にも覚えがありますがね。あの年頃の男というのは、好きな女の子の前でかっこつけることに命を懸《か》けているんです。自分のせいじゃないのにぶら下がってくる引け目は、あなたがどんなふうに告白していても、やっぱりあなたに晒したくなかったと思いますよ」

「猪俣先生も好きな女の子の前でかっこつけましたか？」

「すごくかっこつけて告白したんですが、顔が好みじゃないと言われました」

猪俣の眉《まゆ》は八の字に下がって、ますます陰気な顔になった。

それがおかしくて吹《ふ》き出《だ》したはずなのに、涙《なみだ》がやけに滲《にじ》んで困った。


【場面④】


センチメンタルな志望動機を受け止めてもらった日から、猪俣が心の師になった。

猪俣の子供たちへの寄り添い方は、常に冷静さを失わないのに優しさが感じられた。

迷ったときは猪俣ならどうするのかを考えた。試し行動と呼ばれる子供たちの駆《か》け引《ひ》きに翻弄《ほんろう》されそうになったときも、持ちこたえられたのは猪俣の指導のおかげだ。

施設は家庭ではない。職員は家族ではない。猪俣は新人に繰《く》り返《かえ》しそう言った。

私たちは子供たちの育ちを支えるプロでなくてはならない。

その割り切った物言いは、ともすれば理想に燃えている新人の反発を買った。

施設の子供たちにも愛情は必要だと思います。――着任初日の三田村のようなことを言う新人は大勢いるのだ。

施設は家であるべきだ。職員は家族として子供たちに愛情を注ぐべきだ。その理想は、一見優しく、正しく聞こえる。

三田村と入れ違いで辞めた同期の岡崎は、正にその理想に燃えているタイプだった。

子供たちとの関係をビジネスライクに割り切れと言うんですか。

「語弊《ごへい》を恐れず言えば、そうです」

猪俣の言葉に揺《ゆ》るぎはなかった。（中略）

九十人の子供たちに家族のような愛情を与えることなど、一人の人間には不可能なことなのだ。求めのままに与え続けたらいつか枯渇《こかつ》する。

＊職能者たれと諭《さと》す猪俣の教えは、和泉の羅針盤《らしんばん》のように刻まれた。⑨児《じ》童福祉《どうふくし》の世界で迷わないための羅針盤だ。

（有川浩《ありかわひろ》『明日の子供たち』〈幻冬舎〉より）

※　問題作成の都合上、文章の一部を省略したところがあります。

（注）　＊貴賤《きせん》……尊いことと卑《いや》しいこと。身分が高い人と低い人。

＊職能者……職務を果たすことを第一に考えるプロフェッショナル。

問一　――①「貝になり」について、あとの問いに答えなさい。

(1)　これは、このときの「女子」のどのような様子を述べたものですか。その説明として最も適当なものを次から選び、記号で答えなさい。

ア　自分の感情を必死に押《お》し殺《ころ》している様子。

イ　心を閉ざして相手に応じない様子。

ウ　無表情で冷ややかに相手に応じる様子。

エ　相手への敵意を内に秘めている様子。

(2)　ここで用いられている表現法を何と呼びますか。最も適当なものを次から選び、記号で答えなさい。

ア　直ゆ（明ゆ）法　　イ　隠《いん》ゆ（暗ゆ）法

ウ　擬人法《ぎじんほう》　　エ　倒置法《とうちほう》

問二　――②「ここを先途《せんど》とばかりに声を荒《あら》げようとした梨田を、猪俣《いのまた》が手振《てぶ》りで止めた」とありますが、このときの「梨田」と「猪俣」の様子の説明として、最も適当なものを次から選び、記号で答えなさい。

ア　女子がようやく自分から謝ろうとしていることに気づいた梨田は、その前に懲《こ》らしめてやろうといきり立ったが、猪俣は、理由も聞かずに叱《しか》りつけるのは理不尽《りふじん》なことだといきどおって、梨田の行動を止めた。

イ　女子がようやく行き先を答えようとしているのに気づいた梨田は、先回りして彼女《かのじょ》を怒鳴《どな》りつけようとしたが、猪俣は、行き先よりもその理由や動機を聞いてやることのほうが大切だと直感して、梨田の行動を止めた。

ウ　女子がようやく口を利きそうになったことに気づいた梨田は、このタイミングを逃《のが》さずに女子を追及《ついきゅう》しようとしたが、猪俣は、梨田がそうすることで彼女が再び口を閉ざしてしまうと判断して、梨田の行動を止めた。

エ　女子がやっと何もかも白状しようとしているのに気づいた梨田は、すかさず叱りつけようと焦《あせ》ったが、猪俣は、せっかくつながり始めた自分と女子との関係を梨田によって壊《こわ》されたくなかったので、梨田の行動を止めた。

問三　――③「女子は泣きそうな顔で俯《うつむ》いた」とありますが、ここから読み取れる「女子」の心情の説明として最も適当なものを次から選び、記号で答えなさい。

ア　ダイコクに行きたかった本当の理由を打ち明けたいのにそれができない、やるせない気持ち。

イ　明後日の遠足までには、どんなことをしてでもニキビを治したいと、思《おも》い詰《つ》めたような気持ち。

ウ　無断外出を一方的に責めるばかりで、その理由をわかろうとしない大人たちに、いらだつ気持ち。

エ　他の大人とは違《ちが》って猪俣なら自分の気持ちをわかってくれるだろうと、甘えかかるような気持ち。

問四　――④「もう遠い日になった中学生の時分が巻《ま》き戻《もど》った」とありますが、この一文の効果や役割の説明として、最も適当なものを次から選び、記号で答えなさい。

ア「明後日が遠足…」という言葉を聞いた和泉が、一瞬《いっしゅん》にして過ぎ去った日々に立ち返り、自分にも遠足を楽しみにしていた無邪気《むじゃき》であどけない日々があったことを思い出していることを読者に伝えている。

イ「明後日が遠足…」という言葉を聞いた和泉が、遠足直前の浮《う》き立《た》つような子供心を今の自分が忘れていたことに気づき、今後は子供心を忘れずに彼《かれ》らに寄《よ》り添《そ》っていこうと決意したことを暗示している。

ウ「憧《あこが》れの男子と同じ班に…」という言葉を聞いた和泉の心に、異性へのあこがれに胸を痛める思春期の複雑な感情が一瞬でよみがえり、彼女がこのときはじめて女子中学生の行動に共感を寄せたことを印象づけている。

エ「憧れの男子と同じ班に…」という言葉を聞いた和泉が、自分にも異性にあこがれた淡《あわ》い初恋《はつこい》があったことを思い出し、自分には女子中学生を責める資格がないと、改めて猪俣の対応に感服したことを印象づけている。

問五　〜〜a「肩肘張《かたひじは》った」、b「風の便り」とありますが、それぞれどういう意味ですか。最も適当なものを次から選び、記号で答えなさい。

a「肩肘張った」

ア　体が固くなり、くつろげない様子で

イ　緊張《きんちょう》して、肩が凝《こ》るような様子で

ウ　普段《ふだん》とはちがう、取り澄《と》《す》ました様子で

エ　意気込《いきご》んで、強がって見せる様子で

b「風の便り」

ア　風のように姿形がなく、どこからともなく伝わってくる知らせ

イ　風のように吹《ふ》きすぎていく、すぐに忘れてしまうようなはかない知らせ

ウ　風が山や川を越《こ》えて吹いてくるように、遠くのほうから届けられる知らせ

エ　風が思い出を運んでくるように、なつかしさを呼び起こすような知らせ

問六　――⑤「心の中にしまっておいた本当の動機を話す気になったのは、ニキビの一件があったからかもしれない」とありますが、和泉が猪俣に「本当の動機を話す気になった」のは、なぜだと考えられますか。その理由に**あてはまらない**ものを次から一つ選び、記号で答えなさい。

ア　大人から見ればたわいのない子供の悩《なや》みを、相手の立場に立って真面目に受け止めた猪俣なら、同じように自分のことも受け止めてくれるのではないかと思ったから。

イ　女子中学生の問題行動を処理した猪俣の対応の中に、子どもの心に寄《よ》り添《そ》う真の優しさを感じ取り、同じ児童養護施設《じどうようごしせつ》で働く職員として親しみや敬意を感じていたから。

ウ　女子中学生の問題行動をめぐって、上司が自分とは異なる対応をしようとしても、自分を譲《ゆず》らずに指導を貫《つらぬ》いた猪俣のゆるぎない姿勢に、信頼《しんらい》を寄せ始めていたから。

エ　ニキビの一件で尊敬するようになった猪俣に対して、過去の苦い体験に基づく「本当の動機」を隠《かく》し続《つづ》けることに、うしろめたさを感じるようになっていたから。

問七　――⑥「その理由が分からないまま」とありますが、当時分からなかった「その理由」を、現在の和泉はどのように考えていますか。その説明となる次の文の空欄《くうらん》には、いずれも本文中の言葉が入ります。（１）～（３）に入る言葉をあとのア～カの中から選び、記号で答えなさい。

> 高校時代、「彼」が自分を避《さ》けるようになったのは、自分の「（１）」という一言が原因で、自分はそれを相手に寄り添うつもりで口にしたのだが、一方の「彼」は（２）という意味でその言葉を受け止めたのだと気づき、当時の自分は（３）寄り添おうとしていただけなのだと、「その理由」を振《ふ》り返《かえ》っている。

ア　お父さんとお母さん、亡くなってるの？

イ　わたしはそんなこと気にしないよ

ウ　やっぱり住む世界が違う

エ　あなたが基準を満たしていなくても気にしないよ

オ　子供なりに、ちゃんと好きなつもりで

カ　優しさをひけらかすように

問八　――⑦『ただ、わたしが知らなかっただけです』とありますが、和泉は、自分がどのようなことを「知らなかった」と述べているのですか。その内容として**適当でないもの**を次から一つ選び、記号で答えなさい。

ア　児童養護施設で暮らしている子供といっても、それぞれに事情があり、その一つ一つは異なるのだということ。

イ　自分の世界を基準にして、それを満たしていない人を不幸だと決めつけるのは思い上がりなのだということ。

ウ　家に帰れば温かく迎《むか》えてくれる両親や家族がいるというのは、決して当たり前のことではないのだということ。

エ　住む世界に違いはあっても、人は互《たが》いに寄り添うことができれば、それを乗《の》り越《こ》えられるのだということ。

問九　——⑧『彼は、あなたのことが好きだったんだと思いますよ』とありますが、猪俣がこのように言ったのは、「彼」の行動をどのように理解したからですか。四十五字以上五十五字以内で説明しなさい。

問十　——⑨「児童福祉《じどうふくし》の世界で迷わないための羅針盤《らしんばん》だ」とありますが、ここでの「羅針盤」とはどういうことですか。和泉にとって猪俣が「羅針盤」であることが簡潔に述べられている二十五字以内の一文を【場面④】に求め、最初の五字をぬき出しなさい。

三　次の①〜⑧の——部のカタカナを漢字になおし、⑨〜⑫の——部の漢字の読み方をひらがなで書きなさい。

①　あの人は将来ユウボウである。
②　病気をコウジツに欠席する。
③　休日をヘンジョウして働く。
④　失敗のヨウインを考える。
⑤　ジュウギョウインをやとう。
⑥　物音で目をサます。
⑦　ゼンは急げ。
⑧　無我ムチュウでさがしまわる。
⑨　プロの選手としての自負がある。
⑩　不作法をあやまる。
⑪　性格は十人十色だ。
⑫　年賀状を刷る。

山手学院中学校（A）

—50分—

※字数制限のあるものは、句読点および記号も一字とする。

□一　次の文章を読んで、あとの問いに答えなさい。

人間の行う知的活動には二つの種類があるといってよいでしょう。ひとつは苦しみを減らす活動で、これを「文明」と呼ぶことにします。もうひとつは喜びをもたらす活動で、これを「文化」と呼びましょう。

医療《いりょう》は、ケガや病気を治療し、予防しようとするのですが、それは苦しみを減らそうとする努力です。水道事業も、渇《かわ》きの苦しみや汚《よご》れた水を飲むことの危険性、遠くまで水を汲《く》みにいかなければならない不便さをなくそうとするものです。交通ルールは、事故を防ぎ、安全でスムーズな道路の運行を作り出そうとしています。これらはなくてはならない必要なものを生み出すという意味で、文明だと言えるでしょう。

他方で、素敵な音楽を演奏する。美味《おい》しい料理を作る。楽しいお祭りやイベントを運営する。脚本《きゃくほん》を書いて、お芝居《しばい》を興行※1する。これらは人々に喜びを与えるものですから、文化と言えるでしょう。文化は、命の維《い》持《じ》を超《こ》えた価値を作り出し、①人間らしい生活を提供してくれます。

もちろん、全てのものが二つにかっちりと分類できるわけではありません。スポーツはやって楽しいものですが、同時に健康づくりや病気の予防にもなるでしょう。家屋は、人が雨露《あめつゆ》をしのいで休息と睡眠《すいみん》をとる場所ですが、外見や調度が美しく、心のゆとりを与えてくれるものにもなります。これらは、②文化と文明の両面を持っていると言えます。

しかし、［③］は不必要な贅沢品《ぜいたくひん》だと言うことはできません。私が、東日本大震災が起こった三カ月後くらいに被災地《ひさいち》にお見舞《みま》いに行ったときのことです。まだ公共施設《しせつ》で寝泊《ねとま》りしている人たちが、お子さんから高齢者《こうれいしゃ》の方まで、小説や勉強になる本が読みたいと訴《うった》えていました。被災した人々は、まだまだ生活が厳しい中でも、必要な情報を知りたいからというだけでなく、［③］としての楽しみを得ようとして書物を探していたのです。小さな仮設図書館が開かれると、ひっきりなしにいろいろな年代の方が本を借りにきました。このときほど、人間は根源的に［③］を必要としているのだと実感したことはありません。［③］を求めるのは人間であることの証《あかし》です。

今、文化と文明という大きな枠組《わくぐ》みを述べましたが、探究型の授業のテーマとなるのは、このどちらか、［ａ］両方に関わっているはずです。つまり、苦しいことを減らそうとするのか、楽しいことを増やそうとするのか、あるいは、その両方を兼《か》ねたものかです。

探究型の授業を行うのに、一番大切なのは、学ぶ側が学ぼうとする意欲を持っているかどうかです。初等中等教育で行うべき最も大切な教育は、生徒に一生学ぼうとする動機づけを与えることです。これが蔑《ないがし》ろにされては学習が成り立たず、学習のないところには教育は存立しえません。

［ｂ］、人はどういうことに学ぼうとする意欲を持つでしょうか。「知りたい」という気持ちには、大きく言って④二種類の動機があると思います。ひとつは、世界がどうなっているかが分かるような、一種の見取り図のようなもの、あるいは地図のようなものがほしいという願望です。これは子どもの頃からの好奇心《こうきしん》に近いものです。

もうひとつは、何かができるようになりたいという気持ちです。これは、「ケーキの作り方が知りたい」「自動車の運転ができるようになりたい」「うまくダンスが踊《おど》れるようになりたい」といったように、「ある行《こう》為《い》ができるようになりたい」という気持ちのことです。

［c］この何かができるようになりたいという気持ちは、「何かを達成して、自分が世界のなかで効力を持てる存在になりたいという気持ち」でもあります。自分を含《ふく》めただれかの苦しみを取り除《のぞ》きたいとか、だれかに楽しさを与えたいといった目的を持ち、そのために何かができるようになりたいというのが人間の学びへの動機になります。ごく単純に言えば、楽しいこと、面白いことをやりたい、そして嫌《いや》なことを避《さ》けたいという気持ちに素直になり、そのために何かがやりたいと思うことが動機づけとなるのです。

何かをうまく達成するためには、先人たちの残してくれた知識が役に立ちます。ひとつ目の「見取り図や地図のようなもの」がそれにあたります。逆に言えば、何かをできるようになりたい。それで苦しみを取り除いたり、楽しみを増やしたりしたい、そういう気持ちがなければ、知識を求める意欲が湧《わ》かないのです。⑤いくら先人の築いた知識があっても、自分の行動の役に立ってくれなければ意味がありません。

では、どうすれば、何かができるようになりたいと思うでしょうか。それは、まさに何かをやってみたり、あるいは、だれかが何かをやっているのを見たりして、それが苦しみを取り除き、楽しみを与えてくれているのを知る経験から生まれます。

たとえば、近所のレストランがとても素敵な料理を出してくれます。家族や友人と楽しく食事をすると、みんな仲がよくなります。そうなれば、こんな店をやってみたいと思うことでしょう。自分なりにやってみたい。ここをこうしたい。もっとうまくやってみたい。こういう気持ちが、私たちの中に生じてくるのは不思議ではありません。

自分の好きな料理を出そうとして、レストランを経営するには、どのような技術と知識が必要でしょうか。調理の技術だけで済むわけがありません。栄養学、※2公衆衛生、関連する※3法規、食品と流通の知識。これだけでもまだ全然足りません。オリジナルな商品がないと他店との競争に負けそうです。店の外見も内装も、清潔で、オシャレにしないといけません。そして、店舗《てんぽ》を経営するには、経営学の知識が必要です。化学から美術、保険から人間関係の心理学まで、何でも関係してきます。一見すると、自分と縁遠《えんどお》いと思った知識も、お店を経営しようとすると全部関係してくることがわかります。⑥とてもよいレストランを作ろうと思ったら、たくさん学ぶべきことがあることに気づくでしょう。

このように具体的に何かができるようになりたいという意欲が、知識とスキルの必要性を理解させ、さらにそれを改良しようとする気持ちにつながります。探究の時間の根底を支えているのは、何かをしようとする意欲であり、動機です。これが、行為に関係する知識を得ようとする探究につながります。

教える側は、学ぶ側が意欲を持てるような経験をさせてあげなければなりません。現代の教育格差とは、子どもが家庭で与えられる経験の格差も大きく反映していると考えられます。学校は⑦それを補う必要があると思います。

さて、今取り上げたレストランの話は職業に直結してきますね。ある職業に関心を持って、それにつこうと努力するのは大切です。でも、学校で学ぶべきは、職業のために必要な技術や知識、その準備となる常識だけではありません。

たとえば、学校のクラスでは、将来につきたい職業は人さまざまでしょう。では、方向性の違う人が集まっても話し合える共通のテーマは何でしょうか。

たとえば、みんなの住んでいる町の人口が減っているとしましょう。人口は、その町でどのような職についたとしても共通の問題です。あるいは、川の周りに堤防《ていぼう》を作ることになったけれど、魚が減ってしまうのではないかなど、自然環境に関する問題もみんなに共通しています。これらは、住んでいる人みんなの利害に関わるので、⑧政治的な問題ということができるでしょう。政治とは、異なった利益を調整して、集団の秩《ちつ》序《じょ》を作り出していく活動のことです。民主主義社会では、政治は言論の活動によって行われます。

先ほど、「苦しみを取り除き、楽しみを増やすことは、探究する動機になる」と書きました。しかし、ある人の苦しみを減らしたり楽しみを増やすことは、ときには、その逆の効果を他の人に与えたりします。川で魚を釣《つ》ることを楽しみにしている人がいる一方で、あまりに多くの釣り人が来て、その地域の魚が減ってしまうと地域住民には不利益です。利害の対立をうまく解消することは政治の役割です。きちんとデータを出して、理由のしっかりした話し合いをして、双方《そうほう》が納得できる結論を導き出すのです。

あるいは、同じ職業を目指すのでも、ただ就職するためのスキルや知識に関心を持つことから、⑨一歩前に進んだ考えに立って、探究してみましょう。

たとえば、レストランについて考えてみましょう。そもそもレストランとは何でしょうか。自宅で食べるのではなく、外食する理由はなんでしょうか。レストランで食べたい料理とは何でしょう。レストランに人は何を求めているでしょうか。そして、美味しい料理とは何でしょうか。もっと根本的に、「食」とは人間にとって何なのでしょうか。こういうテーマなら、料理人になりたい、レストランを経営したいと思っているだけのテーマではありません。これらのテーマは、外食産業全体のテーマであり、だれでもが外食をしますので、だれにとってもテーマになります。

それらは、ただ今ある仕事先で自分が働くというよりは、新しい産業や新しい文化を生み出す大きな発想のもとになるようなテーマだと言えるでしょう。探究の動機とそこから生まれてくるテーマは、日常生活を送るなかでの素朴《そぼく》な疑問から生まれてくるものです。

（河野哲也『問う方法・考える方法
「探究型の学習」のために』〈ちくまプリマー新書〉より・一部改）

※1　興行…料金をとってもよおしものをすること。
※2　公衆衛生…社会の人々の健康。それを守るための活動。
※3　法規…法律上のきまり。

問一　――線部①「人間らしい生活を提供してくれます」とありますが、なぜですか。最もふさわしいものを選び、記号で答えなさい。

ア　人間にとって文化とは人とのつながりを意味しており、それを求めることが人間らしい生活へとつながるから。

イ　人間にとって笑うという文化行為が大切であり、それを求めることが人間らしい生活へとつながるから。
ウ　人間が生きていく中で不便を取り除くことが文化であり、それを求めることが人間らしい生活へとつながるから。
エ　人間は生きる上で根本的に文化を必要としており、それを求めることが人間らしい生活へとつながるから。

問二　――線部②「文化と文明の両面を持っている」とありますが、その例として最もふさわしいものを選び、記号で答えなさい。
ア　電話は、はなれたところへ必要な情報をすぐに届けられるという文明の側面を持つものだが、おしゃべりを楽しむという文化の側面を持つものでもある。
イ　衣服は、着こなしやおしゃれをするという意味では文明と言えるものだが、外気や衝撃《しょうげき》から身を守る価値を作り出すという意味では文化とも言えるものである。
ウ　裁判は、世の中を公平に保ち人々に権利を与える文明に位置づけられる制度であるが、勝つことに喜びをもたらす文化に位置づけられるものである。
エ　映画は、苦しい現実を忘れさせてくれる文明にあたる活動であると同時に、鑑賞《かんしょう》して楽しむことができる文化にあたる活動でもある。

問三　四か所の空らん［③］に共通してあてはまる漢字二字の語を、本文中からぬき出して答えなさい。

問四　空らん［a］～［c］にあてはまる語の組み合わせとして最もふさわしいものを選び、記号で答えなさい。
ア　a　または　b　けれども　c　つまり
イ　a　もしくは　b　さて　c　たとえば
ウ　a　あるいは　b　では　c　そして
エ　a　それとも　b　したがって　c　なぜなら

問五　――線部④「二種類の動機」とありますが、それについて述べたものとして最もふさわしいものを選び、記号で答えなさい。
ア　世界はどうなっているのかという先人たちが残してくれた技術をうまく使おうとする動機がめばえることによって、自分も世界のなかで効力を持ち何かができるようになりたいという動機が生まれる。そして自分で何かをやったり他人の行動から学んだりして文明や文化を生み出す存在になっていく。
イ　自分で何かをやったり他人の行動から学んだりして文明や文化を知る経験によって、自分も何かができるようになりたいという動機が生まれる。そうしてはじめて世界がどうなっているかという知識を持とうとし、その知識を何かができるようにするためにうまく使おうとするようになる。
ウ　先人たちの築いた知識をもとに世界がどうなっているかを分かろうとする動機は、何かができるようになることにつながらなければ意味はない。そして何かができるようになりたいという行動の役に立つものだけが、文明や文化を共有するのに必要になる。
エ　何かができるようになりたいという動機がなければ、子どもの頃からの好奇心に近い知識を求める動機が湧いてくることはなくなってしまう。しかし知識を持つことではじめて、何かをやったりだれかが何かをやっているのを見たりして文化や文明を知るという経験も生まれる。

問六　――線部⑤「いくら～ありません」の一文の中で、「いくら」を受けている部分を選び、記号で答えなさい。

いくら／ア　先人の／イ　築いた／ウ　知識が／エ　あっても、／
オ　自分の／カ　行動の／キ　役に／ク　立って／
ケ　くれなければ／コ　意味が／サ　ありません。

問七　――線部⑥「とてもよいレストランを作ろうと思ったら、たくさん学ぶべきことがある」とありますが、なぜですか。三十五字以上四十五字以内で説明しなさい。

問八　――線部⑦「それ」とありますが、「それ」が指す内容として最もふさわしいものを選び、記号で答えなさい。

ア　子どもがすでに持っている学ぶ意欲を増加させ、同時に経済的事情により生じる教育の質の差をうめるような経験。

イ　具体的に何をすれば将来の仕事に役立つかという見通しを持たせながら、各家庭での体験の差を減らすような経験。

ウ　各家庭の経験に差はあっても学校では平等に体験をさせ、その中で「できた」という成功体験を積めるような経験。

エ　子どもが主体的に取り組むことができて、なおかつそれぞれが育った環境による経験の差を少なくするような経験。

問九　――線部⑧「政治的な」とありますが、それはどういうことですか。最もふさわしいものを選び、記号で答えなさい。

ア　立場の違う人が集まれば一方的に損害が生じることがあるが、ごまかして集団の秩序を保つということ。

イ　方向性の異なる人が集まる場において生じる利害の対立を、双方が受け入れられるよう調整するということ。

ウ　多くの人がいるなかで一部の人だけが利益を得たときに、うまく分配することで集団の利益を守ること。

エ　多種多様の人が集まる集団という場において、個人のためだけに集団を犠牲《ぎせい》にすることはないということ。

問十　――線部⑨「一歩前に進んだ考えに立」つとありますが、それはどういうことですか。その内容として最もふさわしいものを選び、記号で答えなさい。

ア　社会の慣習や法律に違和感《いわかん》を覚えたときなどに、自分よりも後の時代を生きる人のために声を上げ、よりよい社会を築こうとする姿勢。

イ　この世界をより楽しくして、苦しみを取り除くために、一人ひとりが前向きな気持ちで学び続けることが必要であるという共通認識。

ウ　大人になった自分が就職し、働いていくためには、そのために必要な知識やスキルだけを厳選して習い覚えた方がよいという方針。

エ　自分の利益に直接関係する知識やスキルだけにとらわれず、日常の素朴な疑問などから新しい文化や産業が生まれるかもしれないという視点。

二　次の文章を読んで、あとの問いに答えなさい。

わたしがサークルに入ったのを見た犬たちが、トコトコとこっちへ向かって歩いてくる。

〝ぼくとあそぼうよ〟

〝いいえ、わたしと〟

犬たちの声が聞こえてきそうだ。

みんな、それぞれに自分のことをめいっぱい伝えてくるのに、あのマーブルもようの子だけは、まだすみっこにいる。

わたしみたいだ。

そう思った。

あの子だって、ほんとうはなにか伝えたいことがあるのかもしれない。だけど、うまくできなくて、それでも、心のなかはいろんな気持ちでいっぱいなのかもしれない。

わたしみたいに。

足にまとわりついてくる犬たちをなだめながら、わたしは、あの犬へ向かって一歩、一歩、進んでいく。近づくと、オスだとわかった。

もう少しで手が届く。そのくらい近づいたとき、マーブルもようの子がびくっと身を［①］のがわかった。わたしは、とっさに手を引っこめてしまう。

きらわれたのかな。わたし、こわがられている？

そのとき、さっきの村田さんが、また声をかけてきた。

「ここにいる犬たちは、みんな、人間に捨てられたり、虐待《ぎゃくたい》されているのを保護した子たちなんです。だから、なかには、この子のように、どうやって人間に接したらいいかわからない子もいるんですよ。だいじょうぶ。こわがっているんじゃなくて、どうしたらいいかわからないだけ」

さらに、村田さんは「なでるより先に、まずは、だいじょうぶだよっていう気持ちを伝えてあげましょう」と言った。
②そうだったんだ……。
わたしは、目の前にいるマーブルもようの子に、心のなかで話しかけた。

だいじょうぶだよ。

わたしは、あなたをぜったいにいじめたりしない。

だって、人間は犬と話せるんだよ。たとえ言葉が話せなくても。

わたしとレオンは、いつも、こうやって心でおしゃべりしていたのだから。

わたしをみつめるマーブルもようの子の瞳《ひとみ》が、きらっとかがやく。次の瞬間《しゅんかん》、
ばふっ。

えっ？

とつぜん、聞こえてきた音に、わたしの心臓がドキンとはねた。

なんの音だろう。

それは、今まで聞いたことのない音だった。たとえるなら、ゴーゴー音をたててごみをすいこむ掃除機《そうじき》がこわれてしまい、どこからか空気がもれ出しているような音。だけど、わたしは、こわれた掃除機の音を聞いたことがない。とっさに頭にうかんだイメージがそうだっただけだ。

ばふっ、ばふっ。

また聞こえてきた。

音の正体に、わたしはびっくりした。

こわれた掃除機みたいな音は、目の前にいるマーブルもようの犬の鳴き声だった。

これが犬の鳴き声だよ、と言われて信じるひとがいるだろうか。
③とまどいをかくせず、おろおろしているわたしに村田さんが言った。
「実は、この子、せいたいがきずついているんです」

村田さんが自分ののどのあたりをゆびさしながら言ったので、わたしにもわかった。

せいたい、というのは「声帯」だ。声を出すための器官のこと。

「前の飼い主に、山奥《やまおく》に捨てられてね。太い縄で木につながれてたんです。ぼくはここにいるよって、ずっと鳴きつづけて……。そのときに、のどがつぶれて声が思うとおりに出なくなっちゃって……」

村田さんが言った。

声が……。

この子が、ほかの犬とちがって積極的になれないわけが、わたしにはよくわかった。

「でも、健康上はなにも問題ありませんよ。食欲も、体力も、ばっちり」

村田さんは、マーブルもようの子の背中をなでながら話をつづける。

「犬には、たいへんなことがあっても、困難を乗り越《こ》えて、それでも前に進んでいこうとするパワーがそなわっているんです」

④わたしの内側にあるなにかに、ぽっと小さな火がともったような気がした。

また、わたしと同じだと思ったのだ。

わたしだって、そうなんだ。

わたしも、レオンをうしなってから、悲しくてしかたない。

お父さんや、お母さんや、おにいちゃんは、もう次に飼《か》う犬のことを考えているというのに、わたしだけ、レオンが死んでしまってから時間を止められてしまったみたいになっている。

それでも、[　⑤　]

だって、心のどこかでは思うのだ。

もし、レオンが空の上の天国にいて、そこからこっちを見ていたら、こんなわたしにうんざりしているだろうなって。

そのとき、ふわりとお日さまのにおいが鼻をかすめた。

レオンのにおい⁉

はっとして視線をずらすと、マーブルもようの子が、しゃがんでいるわたしに体をよせていたのでびっくりした。

お日さまのにおいは、この子だったんだ。

「あら！」

村田さんがうれしそうな声をあげた。

「この子、美咲ちゃんのことを気に入ったみたい！　この子から近づくなんて、はじめて！」

村田さんは、わたしに向かって、さらにつづけた。

「よかった。人間に心を開こうとしてるんだわ。ここに来たばかりのときは、サークルのすみでうずくまって、さわろうとしただけで威嚇《いかく》していたのに。よかったら、背中をなでてあげてください」

わたしが？

わたしは、マーブルもようの子に向かって、そっと手をのばした。

⑥生まれてはじめて犬にふれるみたいにドキドキしていた。

ゆび先に犬の毛がふれる。

あ、かたいな、と思った。

ふわふわでやわらかかった、たんぽぽの綿毛みたいなレオンの毛とは、まったくちがう。それでも、そのまま、毛に自分の手をしずめていく。

マーブルもようの子が持つあたたかさが、わたしの手のひらにしみわたっていく。

背中にふれた手をそっと前後に動かすと、マーブルもようの子は、気持ちよさそうに目をほそめた。手の動きを止めると、もっとなでてよ、とさいそくするように、わたしに体ごとおしつけてくる。その様子を見ていた村田さんは、「安心してあまえてるみたいですね」と、くすっと笑った。

レオンもこうやって、近よってきたり、ときには、床《ゆか》にゴロンと寝《ね》そべって「もっとなでて！」と言っているみたいにおなかを見せてきた。そんなとき、わたしはレオンに必要とされていることが、とてもうれしかった。ただ、体をなでるだけでも、わたしは、ここにいてよかったな、と思えた。

きみも、わたしを必要としてくれているの？

わたしは、マーブルもようの子に心のなかで話しかけた。

なんにも言わない黒い瞳が、わたしをじっと見返してくる。そのとき、わたしは、この子を、もっと知りたいと思った。

〔中略〕

夕ごはんの時間に、お父さんが言った。

「今日、会った犬たち、みんないい子だったな」

おにいちゃんが「うん」とうなずく。

「おれ、やっぱり、あの白い犬がいいな。かしこそうだし、ちょっとオオカミっぽくてかっこよかった」

「ああ、あの犬ね、目がきれいだった」

お母さんが言う。

「うん、あの犬よかったな」

お父さんも言って、わたしは、持っていたはしを食卓《しょくたく》の上に置いた。

どうしよう。

このままじゃ、今度うちで飼う犬は、おにいちゃんが気に入ったという白い犬に決まってしまいそうだ。

そのとき、

「美咲はどうなんだよ」

おにいちゃんが言って、わたしの心臓がドキンとはねた。

「……………」

わたしは、うつむき、自分の太ももをじっとみつめていた。

今日、会った犬のなかでわたしが選ぶとしたら……。

考えてみる。

それは、一匹《ぴき》しかいない。

わたしの、頭のなかにひろがる芝生《しばふ》。

そこでかけまわっている一匹の犬。

それは……。

「なにも言わないってことは、おれが決めた白い犬でいいってことだよね。美咲、そうなんだろ」

おにいちゃんはそう言って、次にお父さんに話しかけた。

「父さん、美咲もいいって」

つぎの瞬間、わたしはとつぜん立ち上がっていた。

ガタン！

そのひょうしにイスがたおれ、大きな音がする。

「なんだよ、美咲」

おにいちゃんが、じっとこちらを見る。

「……………」

わたしは、だまったまま首を横にふっていた。

言わなくちゃ。

わたしは、マーブルもようの、あの、こわれた掃除機みたいに鳴く犬にもう一度会いたいって。

　飼いたいかと聞かれると、それはまだよくわからない。でも、わたしは、またあの子に会いたいと思っていた。だけど、このままじゃ、おにいちゃんが欲しいという白い犬をうちにむかえることになってしまう。そうなったら、わたしはあの子に二度と会えなくなる。

　自分の口で、自分の言葉で伝えなきゃ、相手にはなにもわかってもらえない。

　それなのに、わたしののどの見えないビー玉がそれをじゃまする。

「もしかして」

　口を開いたのは、お父さんだった。

「美咲は、ほかに気になる犬を見つけたんじゃないかい？　そうなんだろう」

　お父さんの言葉に、わたしは一生懸命《いっしょうけんめい》うなずいていた。

「ああ、そういえば美咲、村田さんといっしょに黒っぽい犬をなでていたでしょう」

　今度はお母さんが言って、わたしはまたうなずいた。

「翔《しょう》、ここは妹の意見を尊重してやったらどうだい？　やさしい兄貴としてさ」

　⑦おにいちゃんはくちびるをとがらせ、ぶすっとした顔をしていたけれど、少し考えて「わかったよ」と言った。

　お父さんが、さっそく保護施設《しせつ》に電話をかけてくれて、あの犬はうちにやってくることになった。

　お風呂《ふろ》からあがり、水を飲みに台所に行こうとしたときだった。

　リビングからおにいちゃんが話す声が聞こえ、わたしはドキンとして身を［　①　］。

「父さんも母さんもだめじゃんか」

　おにいちゃんが言って、お母さんが「なにがだめなの」と笑っている。

「さっきのだよ。わからなかった？　おれ、美咲に自分の口でしゃべってほしくて、わざと言ったんだよ。白い犬が欲しいって」

　おにいちゃんは話をつづける。

「おれだって、美咲があの黒っぽい犬が気になってるってわかってたよ。いつまでもレオン、レオンってレオンにしがみついてた美咲がほかの犬に興味を持つなんてはじめてだろ。だから、これは、美咲が自分の意見を言えるようになるチャンスだって思ったんだよ。おれ、新しい犬が飼えるなら、犬種とか見た目なんてどうだっていいんだから！　だって、犬はみんないい子に決まってる。レオンがいたからわかるよ」

　わたしは息を止めて、なるべく自分の気配を消すようにして、そっとその場からはなれた。

　自分の部屋に行って、ドアを閉めて、わたしは、ふーっと息をはいた。

　そのとたん、なみだがほおを、すーっとつたっていった。

　おにいちゃん、ごめんね。

　おにいちゃんって、いじわる。わたしの気持ちなんか、ぜんぜんわかっていないくせに。今まで、ずっとそう思っていた。だけど、ちがったんだ。

　おにいちゃん、わたしが自分の意見を口にするのを、ずっとまってくれているんだ。

　それに、さっきの言葉。犬はみんないい子。それは、レオンが教えてくれたことって言ってたことも、わたしはとてもうれしかった。

　ありがとう、おにいちゃん。

　でも、心のなかでいくら「ありがとう」と言ったって、それは相手に見える形で表現しないと伝わらない。

　紙に書いて伝えるという方法もあるけれど、わたしは、自分の口で、自分の言葉で伝えたいと、今、強く思っていた。

　おにいちゃんだけじゃなく、お父さんとお母さんにも。

　さっき、おにいちゃんが話したあとで、お父さんとお母さんが話すのも聞こえたのだ。

「翔、おまえ、いろいろ考えてくれてたんだな。おれに言われなくたって、翔はやさしい兄貴だったな。すっかり忘れてたよ」

「美咲はだいじょうぶよ。だって、今までだっていろんなこと乗り越えてきたじゃない。だから、きっといつか、話せる日が来るってお母さんは思ってる」

「そうだな。もしかしたら、今度うちにむかえる犬がいいきっかけをくれるかもしれないぞ」

　お父さんとお母さんがそんなことを考えていることも、わたしはちっとも知らなかった。

　わたしには、レオンのほかにも味方がいてくれたんだ。

（吉田桃子『夜明けをつれてくる犬』〈講談社〉より・一部改）

問一　二か所の空らん［①］に共通してあてはまるものとして、最もふさわしいものを選び、記号で答えなさい。

ア　やつした　イ　ていした　ウ　ちぢめた　エ　こがした

問二　――線部②「そうだったんだ……」とありますが、どのようなことを理解したのですか。最もふさわしいものを選び、記号で答えなさい。

ア　マーブルもようの犬も他の犬も、捨てられたり虐待されたりした過去があるものの、みな心の中ではだいじょうぶだという気持ちを持っていること。

イ　マーブルもようの犬だけが心を開かず自分のことを伝えてこないのは、飼い主に捨てられて声が思うように出なくなってしまったからだということ。

ウ　マーブルもようの犬をはじめ犬たちはみな人間との接し方がわからなくなっているので、なでようとしてもすべての犬がおびえて近づかないこと。

エ　マーブルもようの犬がおく病になっているのは、ひどい目にあわされた人間に対してどうしたらよいかわからず困わくしているからだということ。

問三　――線部③「とまどいをかくせず、おろおろしている」とありますが、その説明として最もふさわしいものを選び、記号で答えなさい。

ア　今まで聞いたことのない音が目の前の犬から発せられていることに恐怖し、何はともあれこの場から早く逃げ出したいと思っている。

イ　今まで聞いたことのない音が目の前の犬から発せられていることに驚《おどろ》き、このような状態の犬は飼えないのではないかと不安を感じている。

ウ　今まで聞いたことのない音が目の前の犬から発せられていることに動揺《どうよう》し、この状況《じょうきょう》をどうとらえれば良いかわからなくなっている。

エ　今まで聞いたことのない音が目の前の犬から発せられていること

に病気をうたがい、何でも知っている村田さんにくわしい説明を求めている。

問四　――線部④「わたしの内側にあるなにかに、ぽっと小さな火がともったような気がした」とありますが、なぜですか。最もふさわしいものを選び、記号で答えなさい。

ア　自分には困難に打ち勝つだけの力があると村田さんが認めてくれて勇気づけられたから。

イ　マーブルもようの犬も自分も困難さからぬけ出そうとしていることに気づかされたから。

ウ　犬も今は悲しみに暮れているが、自分のように今後は幸運に恵《めぐ》まれると信じられたから。

エ　前の飼い主以外の人間に心を開かないマーブルもようの犬に自分のすがたを重ねたから。

問五　空らん［⑤］にあてはまる表現として、最もふさわしいものを選び、記号で答えなさい。

ア　悲しみからぬけ出したいという気持ちを捨てたわけではなかった。

イ　レオンをうしなった悲しみを忘れたことは一日たりともなかった。

ウ　わたしが悲しんでいる姿をレオンもどこかで見ているかもしれない。

エ　わたしの家族はレオンを忘れてはならないとほかの犬を遠ざける。

問六　――線部⑥「生まれてはじめて犬にふれるみたいにドキドキしていた」とありますが、「わたし」は犬にふれるのがはじめてではないのに、なぜ「生まれてはじめて犬にふれるみたい」だと感じたのですか。最もふさわしいものを選び、記号で答えなさい。

ア　生まれてはじめてだれかに必要とされたと思い、その期待に応えようと心が高鳴ったから。

イ　レオン以外の犬に触れたことは全くなく、はじめて他の犬に触ることに心配しているから。

ウ　自分に似ている犬が恐怖のあまり威嚇してくるのではないかと内心不安がっていたから。

エ　目の前にいる犬とレオンのように心を通じ合わせることができるのか緊張《きんちょう》していたから。

問七　――線部⑦「おにいちゃんはくちびるをとがらせ、ぶすっとした顔をしていた」とありますが、結局このような態度をとった兄の本心の説明として、最もふさわしいものを選び、記号で答えなさい。

ア　黙《だま》っている美咲にあてつけるつもりで言ったのに、両親が美咲をかばったので悔《くや》しがっている。

イ　美咲が自分では何も言わないくせに考えを察してほしいという態度を取ることにいらだっている。

ウ　両親が自分ではなく、美咲の味方ばかりしていることに納得がいかず、おこっている。

エ　美咲が自分の思いを言葉にするのを待たず、先回りしてしまう両親に不満を抱《いだ》いている。

問八　次の会話を読み、あとの各問いに答えなさい。

やしお　この物語は「夜明けをつれてくる犬」というタイトルだけれども、主人公の少女・美咲にとっての「夜明け」という意味になるのかな。

ゆきこ　最後から15行目の「わたしは、自分の口で、自分の言葉で伝

やしお　えたいと、今、強く思っていた」というところに、「夜明け」の意味が表れているんじゃないかな。

ゆきこ　だとするとやっぱり、施設で会ったマーブルもようの犬が自分と重なったことが、きっかけになったと言えそうだね。

やしお　そうね。心の中では［(1)］ところや、困難を乗り越えて、それでも前に進んでいこうとしているところに、共通点があったね。

ゆきこ　それとマーブルもようの犬には、死んじゃったレオンにも重なるところがあったような。

やしお　［(2)］がするところが同じだったじゃない。

ゆきこ　そうだった。なにか亡くしたものを思い出させるって泣けてくる。泣けるといえば、おにいちゃんがいいんだよね。

やしお　そうそう、美咲が「強く思っていた」というようになれたのも、おにいちゃんのおかげだね。そして、お父さんとお母さんの言葉にも、二人の子どもを包みこむ温かさを感じたな。私たちの周りにも日頃見えないやさしさがたくさんあるのかもしれない。

ゆきこ　本当だね。「夜明け」はもうすぐだ。

(1)　空らん［(1)］にあてはまる内容を三十五字以内で考えて答えなさい。

(2)　空らん［(2)］にあてはまる表現を本文中から八字でぬき出して答えなさい。

三　次の——線部について、カタカナは漢字になおし、漢字は読みをひらがなで答えなさい。なお、漢字はていねいにはっきりと書くこと。

① 投票日をコクジする。
② ユウセン順位を考えよう。
③ 英語を日本語にツウヤクする。
④ 上下に積み重なったチソウが見られる。
⑤ 有名人のシンペンを守る。
⑥ 感動を胸にキザむ。
⑦ ユウシキシャ会議が開かれる。
⑧ ぼくはクダモノがすきだ。
⑨ 寺院を再興する。
⑩ 有名な投手が登板した。

麗澤中学校(第一回ＡＥコース)

—50分—

一 次の①～⑧の各文について、傍線《ぼうせん》部のカタカナを漢字に直しなさい。また、⑨・⑩については、二字の熟語が四つ完成するように、空欄《くうらん》に当てはまる漢字を書きなさい。

① ケワしい道のりこそ成長のチャンスだ。
② ケイトウ立てて整理して考えることが重要だ。
③ 学校生活の思い出をカシにつづる。
④ 雨天によりジュンエンとなった運動会が開催《かいさい》された。
⑤ 自分の作品がテンラン会場に飾《かざ》られる。
⑥ カンゴ師になって一人でも多くの人を助けたい。
⑦ 早く選挙でトウヒョウしたい。
⑧ 道にサンランしているごみを進んで拾い集める。

⑨ 予 ➡ □ ➡ 白（縦）　広 ➡ □ ➡ 示（横）

⑩ 座 ➡ □ ➡ 級（縦）　円 ➡ □ ➡ 原（横）

二 次の文章を読んで、後の問いに答えなさい。

〈文章1〉

仏教は昔から智慧《ちえ》と慈悲《じひ》の教えである、と言われてきました。智慧というのは四苦八苦と言われる人生でどのように苦を乗り越《こ》え、解決していくかについての智慧のことです。ですから、仏教とは神秘的なものでは全くなくて、むしろ知的な教えと言えます。その智慧が仏教学のなかでさらに①洗練されていくと、仏教哲学《てつがく》になっていきます。

もう一つの慈悲とはどういうものかと言うと、よく「※水戸黄門《みとこうもん》」などテレビ番組の時代劇で、お百姓《ひゃくしょう》が「※お奉行《ぶぎょう》さま、お慈悲でございますだ」などと言って許しを請《こ》う場面を見ますけれども、そうではなくて慈悲とは「慈アンド悲」、つまり慈と悲の二つの意味が合わさった言葉なのです。

慈は※サンスクリット語の※マイトリーの漢訳です。ミトラという言葉が語源ですが、これは※朋友《ほうゆう》という意味で、アメリカの※公民権運動で黒人が※同胞《どうほう》をブラザーと言ったのに近い。ですから、一番近い言葉はフレンドシップだと思います。あるいは※ヒューマニズム(人道主義)と言ってもいい。慈という言葉は明るく近代的だから理解しやすいのです。日本語では、励《はげ》ましと言っておきましょう。

A大昔のインドでも、人間は大人になって一人で暮らすうちに※連れ合いができ、子どももできて家族や親類が増え、集落にまとまって住んでいました。その頃《ころ》に人々の心をつなぐ絆《きずな》は血であり、「あの子は誰《だれ》それの孫の三男坊《ぼう》だ」とかいう血縁《けつえん》で人間関係が営まれていました。

それが農業や商業が発達し、河口の港町に大きな都市ができ、何千何万という単位で人が住みつくようになると、言語だけでなく人種も職業も出自《しゅつじ》も違《ちが》う人々と接触《せっしょく》するようになります。そういった都市で市民をつなぐのは血ではありません。でも、だからといって子どもがケガをして血を流しているのに「あれはどこの子だろう。わからんね」と言って放置していてはダメです。

都市に住む住民はみな家族だというふうに考えて、お互《たが》いに協力し合わなければやっていけない。そこで、血に代わる新たなつながりとして生まれてきたのが慈という感情です。血がつながっていなくても、人間はみな兄弟だという考え方、つまりヒューマニズムが慈なのです。

もう一つの悲は、慈と全く別物です。悲はサンスクリット語のカルナーの漢訳です。中国人は造語の天才で、マイトリーとカルナーという全く違う二つの言葉を合体させて慈悲という非常に巧《たく》みな言葉を作りました。一つの言葉ですが、慈アンド悲です。B悲は慈とは対照的な言葉です。

（中略）悲は慈のように励まさないし、がんばれとも言わない。言葉を発さないのです。自分が辛《つら》くて悲しいということではなくて、痛んだり病《や》んだりしている人のそばに行き、その人の痛みや苦しみの幾分《いくぶん》かでもいいから引き受けて軽くしてあげたいと願うのが悲の心です。

痛みや苦しみというのはその人だけのもので、他人が背負うことはできない。苦しみの半分を引き受けられるというようなものではありません。そのことをわかったうえで、その人の痛みや苦しみに共感共苦して少しでも軽くしてあげたいと願う。だけども、それができないという己《おのれ》の無力さに気がついたときに、人は思わず「ああ」という深い溜息《ためいき》をつく。それが仏の心であり、悲なのです。［Ⅰ］、その溜息は苦しんでいる人にとって「がんばれ」と言われるより、はるかに大きな力になる可能性があります。

世の中には慈、つまり励ましが必要です。力萎《な》えて道端《みちばた》に座《すわ》り込《こ》んでいる人がいたとき、その人のそばに行って「どうしたのだ、大丈夫《だいじょうぶ》か。この手につかまれ。一緒《いっしょ》に歩いて行こう。そこまで行けば船が出ているからがんばれ」と励ませば、「もうダメだ」と座り込んでいた人でも立ち上がることができるかもしれません。［Ⅱ］、慈は大切です。

しかし、人によっては「これでいいと覚悟《かくご》を決めているのに、そんながんばれなんて辛いことを言ってくれるな。がんばれと言われてもどうしようもないではないか」と励ましの言葉が逆に疎《うと》ましく感じられるときもあるのです。

作家の田辺聖子《たなべせいこ》さんが神戸《こうべ》で阪神《はんしん》・淡路大震災《あわじだいしんさい》に遭《あ》ったとき、テレビ中継《ちゅうけい》Cで民放の女性アナウンサーが住民たちが避難《ひなん》している小学校を訪《おとず》れ、家が倒壊《とうかい》して娘《むすめ》二人が犠牲《ぎせい》になり、嘆《なげ》き悲しんでいる母親にインタビューしている姿を目にしたといいます。女性アナウンサーは軽快な口調で「今のお気持ちは」などと無神経な質問を浴びせた挙《あ》げ句《く》に「じゃ、がんばってくださいね」と言って颯爽《さっそう》と立ち去っていったそうで、田辺さんは「ものすごく頭にきた」と言って憤慨《ふんがい》していました。

想像力が足りないのです。そのとき母親がキッとなって「あなたね。がんばってくださいねと言われますけど、ここで私ががんばれば娘二人の命が返ってくるのですか」と言っていたら、どう受け応えしていたのか。

人間にはがんばれという言葉に効果があるときもありますが、同じようにがんばれという言葉を絶対に言ってはいけないときがある。そして、そのときこそ悲の出番です。悲というのは何も言わずに、横に座って溜息をついているだけです。「あなたの力になりたいけれども、人間は他人の痛みを引き受けることはできない」という悲の感覚でそばにいる。そうすることで、お互いの心が通じ合うのです。

それが悲の感情であって、別の言葉で言えば共感共苦、※ドストエフスキーの言う人間愛と言ってもよいでしょう。そういう悲の大切さが近代以後、非常に軽《かろ》んじられてきたように思います。

　慈悲のうち慈は愛であり、友情であり、ヒューマニズムですが、慈だけではどうしようもないときに悲があるわけです。慈が励ましなら、悲は慰《なぐさ》めと言っていいと思います。D人間は励ましだけでなくて、慰めも必要なのです。


（五木寛之《いつきひろゆき》『デラシネの時代』〈角川新書〉による
※設問の都合により、文章ならびに表記は一部変更《へんこう》されています）

※注　「水戸黄門」…江戸《えど》時代に水戸《みと》を治めていた徳川光圀《とくがわみつくに》を主人公にした物語。光圀が身分をかくして日本各地を旅して回り、悪をこらしめていく。
「お奉行さま」…奉行。武家の役職の一つ。ここでは、江戸時代に裁判をつかさどった武士を指す。

「サンスクリット語」…古代インドで用いられた言語。

「漢訳」…中国語の訳。　「朋友」…友人。

「公民権運動」…一九五〇年代から六〇年代にかけてアメリカの黒人が中心となって差別に抗議《こうぎ》し、白人と平等の権利を求めて行った運動。

「同胞」…ここでは、同じ民族に属する人々のこと。

「連れ合い」…夫婦《ふうふ》として連れそう相手。

「ドストエフスキー」…十九世紀のロシアを代表する小説家。


〈文章２〉

　友人や家族が落ち込んでいる時、あるいは自暴自棄《じき》になっているような時、私たちはどうふるまったらいいのでしょう。

「頑張《がんば》れ」という励ましの言葉では、なかなか響《ひび》かないのではないかと思います。何しろもう十分に頑張って、それでもどうにもならなくて落ち込んでいる、あるいは自暴自棄になっているかもしれないのです。これ以上何を頑張れと言うのか。

　そこでふと思い起こすのが、良寛《りょうかん》さんのことです。江戸《えど》時代の禅《ぜん》僧《そう》・良寛は、※融通無碍《ゆうずうむげ》に生きた人として今も慕《した》われる名僧ですが、以前、良寛さんの故郷・新潟《にいがた》で開催《かいさい》された「良寛会」の集まりで聞いた印象的なエピソードがあります。

　良寛さんには弟がいて、その弟から息子《むすこ》の馬之助《うまのすけ》が※放蕩《ほうとう》者で困っていると相談を受けます。弟は困り果てて、馬之助に意見してやってほしいと頼《たの》みに来た。良寛さんは※固辞したのですが、頼みを断りきれず、弟の家へと出向きます。

　馬之助も普段《ふだん》来ない伯父《おじ》がやってきたわけですから、うすうす自分への説教だろうと感づいていたでしょう。しかし結局良寛さんは何も言わないまま席を立ち、帰ろうとする。※上がり框《かまち》でわらじを履《は》こうとすると、②仏頂面《ぶっちょうづら》で座っていた馬之助がパッと良寛さんの足元に跪《ひざまず》いてわらじの紐《ひも》を結ぼうとした。すると土間に跪いている馬之助の手に何かぽたぽたと落ちてくるものがある。馬之助がハッとして顔を上げると、良寛さんが目にいっぱい涙《なみだ》を溜《た》めて、じっと俯《うつむ》いていたというのです。

　良寛さんは、馬之助に何も言えなかった。人間には、つらいことも悲しいこともある。親に逆らってまで放蕩をして、自分を破滅《はめつ》に追い込んでいるような馬之助にも、どうにもならない悲しみがあるのではないか。自分がどれほどの人間か、そんな説教ができるような人間だろうかと考えると、一語も発することができない。わざわざ出向いてきたというのに馬之助を前に戸惑《とまど》うばかりだ——そんな良寛さんの戸惑いを、馬之助はどう感じていたのでしょう。何も言わない伯父を怪訝《けげん》に思っていたのでしょうか。しかし、※悄然《しょうぜん》と立ち上がってわらじを履こうとした良寛さんに、思わず馬之助が駆《か》け寄ってわらじの紐を結ぼうとした、ということに思わずジンとくるものがあります。

私はこの良寛さんの涙こそ、「悲」のこころではないかと思います。人を元気づけようとしても、あるいは改心を迫《せま》っても、頭ごなしに努力しろと言っても始まりません。もちろん状況《じょうきょう》や性格にもよるかもしれませんが、その人のこころを思いやり今そうなっている背景に思いをはせ、共感共苦する。

本当の励ましとは、こうしたものではないかと思います。的確で具体的なアドバイスももちろん励ましになるかもしれませんが、それは、次の段階——少しこころに力が戻《もど》ってからではないでしょうか。究極のところでは、寄《よ》り添い、ともに泣くほかないのではないかと思うのです。

（五木寛之『無意味な人生など、ひとつもない』〈PHP研究所〉による
※設問の都合により、文章ならびに表記は一部変更されています）

※注　「融通無碍」…考えや行動が何かにとらわれることなく、自由に対応できること。
「放蕩者」…思いのままに遊び回って、だらしない生活を送っている者。
「固辞」…他人からの申し出や頼みをきっぱりと断ること。
「上がり框」…玄関《げんかん》で履き物をぬいで上がる段差の部分につけられた横木。
「悄然」…しょんぼりして元気がないさま。

問一　傍線部《ぼうせんぶ》①の「洗練」・②の「仏頂面」の本文中の意味として最も適当なものを次の中からそれぞれ一つずつ選び、記号で答えなさい。

①「洗練」
ア　さまざまな工夫《くふう》をして注目されるものを作り出すこと。
イ　よくみがき上げてより程度の高いものにすること。
ウ　複雑な内容を整理して理解しやすい内容にすること。
エ　常識とされる事柄《ことがら》を別の角度から考察すること。

②「仏頂面」
ア　無愛想で不機嫌《ふきげん》そうな顔。　イ　怒《いか》りに満ちた恐《おそ》ろしい顔。
ウ　疑心暗鬼《ぎしんあんき》で不愉快《ふゆかい》そうな顔。　エ　驚《おどろ》きをかくしている顔。

問二　傍線部Aに「大昔のインド」とありますが、インドで「慈」の考え方が生まれたのはなぜですか。それを説明した次の文の空欄《くうらん》［a］に入る言葉を、十八字で本文中から抜《ぬ》き出して答えなさい。

> 農業や商業の発達によって大都市で大勢の人々がともに暮らすようになり、［a］人同士が協力し合うために血縁以外のつながりを持つ必要が出てきたから。

問三　傍線部Bに「悲は慈とは対照的な言葉です」とありますが、このことについて二人の生徒が話しています。空欄［a］・［b］に入る内容の組み合わせとして最も適当なものを後の中から一つ選び、記号で答えなさい。

> Aさん　「悲」という言葉は、「慈」という言葉とは対照的な意味を持っているんだね。
> Bさん　そうみたいだね。たとえば、［a］と

いうことが、ここでは「慈」にあたるのかなあ。
Aさん　うん、そう思う。「悲」についてはどうだろう。
Bさん　たとえば［　b　］ということが「悲」にあたるんじゃないかな。
Aさん　なるほど。そう考えると、たしかに正反対ではあるけれど、やはりどちらも大切にしたいよね。

ア　a　試合に負けて泣く友人の姿を見て自分も似た経験をしたことを思い出し、他人事《ひとごと》と思えなくなって一緒に泣く
　　b　クラスメートが足を怪我《けが》して歩くのが大変そうなので、荷物を持ってあげたりそうじ当番を代わってあげたりする
イ　a　文化祭前の準備で疲《つか》れている姉に「本番まであと三日、もうひとふんばり」というメッセージカードをわたす
　　b　いやなことが続いてふさぎこんでいる友人にあえて明るく話しかけて、友人の気持ちを奮い起こさせようとする
ウ　a　母が体調をくずして辛そうなときに、治るかどうかはわからないけれども、心を込めて背中をさすってあげる
　　b　弟が宿題に苦労して取り組んでいるときに、助けを求められても、弟が自力で終わらせるべきだと考えてつき放す
エ　a　短距離《きょり》走の記録が伸《の》びず、悩《なや》んでいる陸上部の後輩《こうはい》に、親身に助言をして再挑戦《ちょうせん》するように背中を押《お》す
　　b　大失敗をして落ち込んで弱音を吐《は》いている妹の気持ちが晴れるまで、黙《だま》って話を聞きながら受け止め続ける
オ　a　友人がたくさんの資料を両手でかかえて教室に入ろうとしているので、友人の代わりにドアを開けてあげる
　　b　マラソン大会の途中《とちゅう》、何度も休みたがる友人に、今のペースを保てば上位に入れると伝えてやる気を起こさせる

問四　空欄［Ⅰ］・［Ⅱ］に入る語として最も適当なものを次の中からそれぞれ一つずつ選び、記号で答えなさい。ただし、同じ記号は一度しか選べないものとする。

ア　ところで　　イ　なぜなら　　ウ　しかし
エ　さらに　　オ　だから

問五　傍線部Cに「民放の女性アナウンサーが住民たちが避難している小学校を訪れ、家が倒壊して娘二人が犠牲になり、嘆き悲しんでいる母親にインタビューしている」とありますが、筆者はこの女性アナウンサーのどのような点を批判していますか。説明として最も適当なものを次の中から一つ選び、記号で答えなさい。

ア　女性アナウンサーの不真面目な態度を母親が不快に思っていることを想像できず、軽快な調子で話しかけ続けている点。
イ　娘を亡《な》くした母親の悲しみを想像していたにもかかわらず、表面的ないたわりの言葉をかけただけで終わりにしている点。
ウ　娘の死を思い出すつらさを想像せず、その死について母親に無理に語らせようとして、無神経な質問をくり返している点。
エ　自分の力ではどうしようもない娘の死に対する母親の絶望にまで想像がおよばず、安易に励ましの言葉をかけている点。
オ　自分が娘を失った母親を元気づけられると勝手な想像をして的外れな言葉を言ってしまい、かえってその母親を傷つけている点。

問六　傍線部Dに「人間は励ましだけでなくて、慰めも必要なのです」

とありますが、ここでは人間にとってどのようなことが「慰め」となると言っているのですか。説明として最も適当なものを次の中から一つ選び、記号で答えなさい。

ア　自分に対して具体的な助言をしたり気づかう態度を見せたりしなくても、必ず自力で痛みや苦しみを乗り越えていけると心底信じてくれる人が身近に大勢いること。

イ　有効な解決手段は示されなくとも、自分は一人ぼっちではなく、自分を心から気づかい、自分の痛みや苦しみを軽減させたいと願ってくれる人がそばにいること。

ウ　自分がかかえている痛みや苦しみにどのように対応すべきかをしっかりと指摘《してき》して、厳しくも温かく自分を導いてくれるような人がそばにいること。

エ　自分が苦しみや痛みに耐《た》えているときに、そばに寄り添って心を軽くするような優《やさ》しい言葉をかけたり、さりげなく手助けをしたりしてくれる人がそばにいること。

オ　痛みや苦しみを進んで引き受けてくれるような人が自分の周囲にいなくても、そのようなすばらしい人も世の中には必ずいるはずだと信じられること。

問七　次に示すのは、〈文章1〉・〈文章2〉を読んだ生徒がその内容についてまとめたノートの一部です。読んで後の問いに答えなさい。

〔メモ〕

①　「慈」…全ての人間を家族のようにとらえて助け合おうとする考え方。
「悲」…何も言わずにただ共感共苦するという姿勢。
→筆者は、「悲」が近代以降、軽視されていると感じている。

②　「慈」「悲」…もともとは人生でぶつかる苦しみを解決するための智慧のことを指していた。
→漢訳されて日本に入ってきた後、人間どうしが気持ちを通わせ合うための心構えを指す言葉に変化した。

③　「慈」…ヒューマニズムの精神で相手を励まし支えようとする大切な姿勢。
→頑張っても結果が出ず、自暴自棄になった人に「慈」で接すると、その人を追いつめることもあるから、そういう場合に「悲」が重要になる。

④　「悲」の姿勢…明確な励ましの言葉を口にすることではなく、相手の心の負担をともに背負いたくても、それは不可能であるという自分の無力さを自覚し、深く嘆く思いが根底にある。

⑤　筆者の考え…隠《かく》しているかもしれない悲しみを想像して涙を落とす甥《おい》の姿から「悲」のあり方を見いだした、良寛のとったような姿勢こそが相手の心に響き、本当の意味で相手を励ますと考えている。

〔まとめ〕
「慈悲」（仏教の教えの一つ）＝「慈」と「悲」の二つの意味が合わさった言葉。
◎筆者は、「慈悲」を段階的にとらえていると読み取れる。
（第一段階）「悲」…相手の［ a（二十四字） ］て、相手に寄り添うということ。（〈文章2〉より）
↓
（第二段階）「慈」…［ b（十一字） ］きたときに必要になる姿勢。（〈文章2〉より）

(1)　〔メモ〕①〜⑤の中から〈文章1〉・〈文章2〉に述べられている内容と**合わないもの**を**二つ**選び、それぞれ記号で答えなさい。

(2)　最後にある〔まとめ〕の空欄［ a ］・［ b ］に入る言葉を、指定された字数に従って、それぞれ〈文章2〉の中から抜き出して答えなさい。

三　次の文章を読んで、後の問いに答えなさい。

列車の中は、※国民服や※モンペ姿の人達で混み合っていた。立ったままで座席に倚《よ》りかかっている者がある。通路に荷物を置いてそれに腰《こし》を下ろしている者もいる。

暑い。すでに西陽《にしび》の時刻でもあった。

☆

二人掛《が》けの座席はいたるところで三人掛けになり、窮屈《きゅうくつ》そうに身を寄せ合った乗客が、霽《は》れない顔付きで扇子《せんす》や団扇《うちわ》を使っている。網棚《あみだな》の荷物をしきりに気にしている老婆《ろうば》は耳が遠いらしく、隣《となり》の男に、この次はどこの駅かと大きな声でたずねていた。

窓際《まどぎわ》の席で父親と対《む》かい合っているひさし少年は、頑丈《がんじょう》そうでもないからだを腰板に押《お》しつけられながら、さっきから歯の痛みをじっと怺《こら》えているのだが、こんな時は、遠くの席の赤ん坊《ぼう》の泣き声まで耳に立った。

小学校も最後の夏休みに、父親の出席する葬儀《そうぎ》について行ったのはいいけれど、帰りの列車に乗ると間もなく、思いがけない歯痛になった。いつ父親に言い出したものかと、周囲の乗客にも気兼《きが》ねして、すっかり固くなっている。

父親は、扇子を片手に握《にぎ》りしめたまま、反対の手で、時々、胸のポケットからハンカチーフを取り出して額の汗《あせ》を押《おさ》えていた。家にいる限り、暑さを訴《うった》えることも、寒さを訴えることも滅多《めった》にない父親であるが、その父親がこの車内の暑さを耐え難《がた》く思っているのはほかでもない。※平素着馴《きな》れない国民服というものを着用しているのと、列車の窓に※鎧戸《よろいど》が下ろされているためだった。

列車は、内海に沿って東に走っていた。

しかし、この鉄道の沿線にはずっと※軍需《ぐんじゅ》工場が続いているので、乗客はその地域を通る間中、どんなに暑くても※当局の命令通り窓に鎧戸を下ろさなければならなかった。

見るからに暑苦しいカーキ色の服の襟元《えりもと》を詰《つ》めて、わざと風通しを悪くした部屋でゆるい目隠《かく》しをされているような時間が、さすがの父親にも耐え難く思われた。

戦争をする相手の国が増えて、質素と倹約《けんやく》の生活を政府がすすめるのと見合うように、近郊《きんこう》へ買い出しに出掛ける人の数も次第《しだい》に増えている。現にこの車輌《しゃりょう》の網棚の荷物も半ばは大きなリュックサックで占《し》められていた。通路も塞《ふさ》がっているので、互《たがい》に気軽に洗面所へ立つことも出来ない。

ひさしには、座席にいて見渡《わた》せる乗客のどの顔も、一様に不機嫌《ふきげん》そうに見えた。自分の痛みが嵩《こう》じると、人々の不機嫌も嵩じるように思われた。

父親は、工場を休んでの葬儀への出席だった。離《はな》れた土地にまでわざわざ一人息子《むすこ》を伴《ともな》う気になったのは、長い間、親戚《しんせき》以上の※懇意《こんい》で頼《たよ》り合った同業の故人に、ひさしが格別可愛《かわい》がられていたのも理由の一つだが、この時勢では、息子を連れて旅する機会も、これからはなくなるだろうという見通しもあってのことだった。しかしそれだけは、ひさしにも母親にも言わなかった。

何年か前までは、家族で避暑《ひしょ》地に滞在《たいざい》する生活もあった。けれども父親の見る限り、再びそうした生活に戻《もど》れるあてはなく、工場での働き手も、一人、また一人と兵役《へいえき》に抜《ぬ》き取られて、次々に戦場に送られていた。工場の規模でさえ、①否応《いやおう》なしに縮小を迫《せま》られる日のそう遠くはないことも、この父親にはすでに充分《じゅうぶん》予感されていた。

父親は、ひさしを伴うのに、A葬儀という名目があってむしろよかったと思った。それで、葬儀が終《おわ》ると、予《あらかじ》め頼《たの》んでおいた店に寄って、ひさしに好物の水炊《みずた》きを食べさせた。

（中略）

帰りの列車に乗ると間もなく始まったひさしの歯痛は、時間が経《た》ってもいっこうに楽にはならなかった。少し前に続けていた治療《ちりょう》の際の詰物《つめもの》がとれて、そこに何かの繊維《せんい》がきつくくい込《こ》んだらしい。治療の半ばでほうり出したことも悔《くや》まれる痛み方だった。

対いの席で時々額の汗を押えていた父親は、いつの間にか目を閉じていた。隣の老人に倚りかかられて、心持ちからだを斜《はす》に倒《たお》している。ひさしの周囲で不機嫌そうな顔をしていた大人達も、列車が走り続けるうちに、振動《しんどう》にまかせて一様に首をかしげ、一様に目を閉じていた。

何とか我慢《がまん》しよう、とひさしは思った。父親に訴えたところで、父親も困るだろう。楊枝《ようじ》もなければ痛み止めの薬があるわけでもない。ところが、改めてあたりを見廻《みまわ》してみて、目覚めているのがどうやら自分一人と分《わか》ると、痛みは耐え難くつのってきた。窓の外の景色に気を紛《まぎ》らせるというわけにもいかないし、嗽《うがい》に立つことも出来ない。

ひさしは、眠《ねむ》っているらしい人達に気を遣《つか》って声を立てず、指で父親の膝《ひざ》をつついた。驚《おどろ》いて目を開いた父親に、ひさしは片頬《かたほお》を片手で押えて、②しかめっ面《つら》をしてみせた。

「歯か？」

と即座《そくざ》に父親は反応した。眉《まゆ》の間に皺《しわ》を寄せたままひさしはうなずいた。

父親は、困った、という表情になったが、困った、とは言わなかった。

その表情を見た途端《とたん》、ひさしは、

B「何か挟《はさ》まっているみたいだけど、大丈夫《だいじょうぶ》、取れそうだから。」

と言ってしまった。取れそうな気配もなかった。

今度はひさしのほうが目を閉じた。あと一時間半の辛抱《しんぼう》だ。そう自分に言いきかせて、自分の手をきつく抓《つね》った。

いっときして目を開くと、父親が思案顔で見詰めている。

「まだ痛むか？」

ひさしは、息を詰めたくなるような痛さにいっそう汗ばんでいたが、

「少しだけ。」

と答えた。

すると父親は、手にしていた扇子を開きかけ、いきなり縦に引き裂《さ》いた。そして、その薄《うす》い骨の一本を折り取ると、呆気《あっけ》にとられているひさしの前で、更《さら》に縦に細く裂き、

「少し大きいが、これを楊枝の代《かわ》りにして。」

と言って差し出した。

ひさしは、［　X　］ようだった。その扇子は、亡《な》くなった祖父譲《ゆず》りのもので、父親がいつも持ち歩いているのを知っていたし、扇面には、薄《うす》墨《ずみ》で蘭《らん》が描《えが》かれていた。その蘭を、いいと思わないかと言ってわざわざ父親に見せられたこともある。

ひさしは、

「蘭が……」

と言ったきり、あとが続かなくなった。

父親に促《うなが》されるまま、ひさしは片手で口を蔽《おお》うようにして、細くなった扇子の骨を歯に当てた。

熱が退《ひ》くように、痛みは和《やわ》らいでいった。ひさしから痛みが消えたのを見届けると、父親はハンカチーフでゆっくり顔を一《ひ》と拭《ふ》きした。それからまた、元のように目を閉じた。

ひさしは、自分の意気地《いくじ》なさを後悔《こうかい》した。

父親が惜《お》し気《げ》もなく扇子を裂いてくれただけに、責められ方も強かった。うれしさも、ありがたさも通り越《こ》して、何となく情《なさけ》なくなっていた。

しかし、ひさしはその一方で、ずっと大切にしてきたものを父親に裂かせたのは、自分だけではないかもしれないとも思い出していた。はっきりとは言葉に出来ないのだが、決して望むようにではなく、やむを得ない場所で否応なしの勤めをさせられているように見えるこの頃《ごろ》の父親を、ひさしは気の毒にも健気《けなげ》にも思い始めていた。

【竹西寛子《たけにしひろこ》「蘭」（『蘭　竹西寛子自選短篇集』〈集英社〉所収）による
※設問の都合により、文章ならびに表記は一部変更《へんこう》されています】

※注　「国民服」…太平洋戦争中に使用された、軍服に似た男性の標準服。
「モンペ」…主に女性が用いる、和服の作業着の一種。
「平素」…ふだん。
「鎧戸」…何枚もの横長のうすい板を、傾斜《けいしゃ》をつけて平行にとりつけた戸。シャッターの一種。
「軍需工場」…軍隊や戦争に必要なものを生産するための工場。
「当局」…特定の任務を担当する機関を指す呼び方。
「懇意」…親しいつき合いをしていること。

問一　この物語を読んだ生徒が、本文冒頭《ぼうとう》の☆の部分の場面を絵に表しました。最も適当なものを次の中から一つ選び、記号で答えなさい。

ア

イ

ウ

エ

問二　傍線部《ぼうせん》①の「否応なしに」・②の「しかめっ面」の本文中の意味として最も適当なものを次の中からそれぞれ一つずつ選び、記号で答えなさい。

①「否応なしに」

ア　どのような対策をしようと状況《じょうきょう》は改善されずに。

イ　承知《しょうち》であろうと不承知であろうと無関係に。

ウ　何をされても逆らわず状況に流されるままに。

エ　適切なのか不適切なのか判断できないままに。

②「しかめっ面」

ア　疲《つか》れきって、問題の解決をあきらめた顔。

イ　今にも泣き出しそうな、悲しげな顔。

ウ　唇《くちびる》を固く閉じた、緊張《きんちょう》でいっぱいの顔。

エ　額にしわを寄せた、きげんの悪い顔。

問三　傍線部Aに「葬儀という名目があってむしろよかった」とありますが、父親がこのように考えたのはなぜですか。理由として最も適当なものを次の中から一つ選び、記号で答えなさい。

ア　父親とともに行動するのをはずかしがる年頃のひさしに、父親と出かけようという気持ちを起こさせることができたから。

イ　今後息子と旅に出られないかもしれないという可能性に気づかれずに、自然な形でひさしを連れていくことができたから。

ウ　戦争の影響《えいきょう》で旅を楽しむことも厳しく非難される風潮の中で、だれにも批判されずに堂々と息子と旅することができたから。

エ　父親は、ひさしを旅に伴うことがなかったが、葬儀という理由があったので、急に旅に誘《さそ》っても疑問を持たれずに済んだから。

オ　ぜいたくな食事ができない時勢の中、葬儀を理由にしてひさしを水炊きのおいしい店に密《ひそ》かに連れていくことができたから。

問四　傍線部Bに「何か挟まっているみたいだけど、大丈夫、取れそうだから」とありますが、このときのひさしについて説明した次の文の空欄《くうらん》[a]・[b]に入る言葉を、指定された字数に従って、空欄[a]は自分で考えて、空欄[b]は本文中から抜き出して答えなさい。

> 父親の表情を見て、歯痛を止める手段がないとわかりきっている状況で父親を[a（五字以内）]しまっていることに気づき、やはり駅に到着《とうちゃく》するまで何とか[b（二字）]するしかないと理解して、とっさに大丈夫だとうそをついている。

問五　空欄[X]に入る言葉として最も適当なものを次の中から一つ選び、記号で答えなさい。

ア　奥歯《おくば》にものがはさまった　　イ　煮《に》え湯を飲まされた

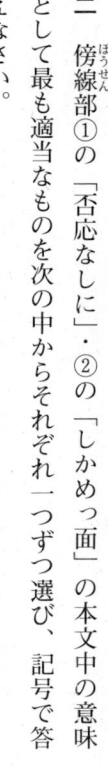

ウ　頭から冷水を浴びせられた　　エ　苦虫をかみつぶした

オ　足もとに火がついた

問六　次に示すのは、二人の生徒が本文の内容をまとめるために話している場面です。読んで、後の問いに答えなさい。

Aさん　まずどんな場面なのかを確かめていこう。

Bさん　そうだね。本文で語られているのは、ひさしと父親が葬儀帰りに列車に乗っている場面だね。途中《とちゅう》で時代背景や息子を伴って葬儀に出た理由が父親の視点から語られているよ。

Aさん　季節は、「［ a （十字） ］」という時期が示されていることや、「暑い」「暑さ」という言葉がくり返されていることから夏だとわかるね。

Bさん　うん。季節のほかに、登場人物の人物像にも注目してみようか。私は父親がとても印象的だったな。「家にいる限り、暑さを訴えることも、寒さを訴えることも滅多にない」とあることから、基本的に弱音をはかない、辛抱強い人だということが読み取れるよね。

Aさん　そうだね。今後の見通しの暗さについて［ b （十五字） ］ことからも、そうした辛抱強さが読み取れるし、また、息子や妻に対する思いやりのある人物であることがわかるよ。

Bさん　なるほど。そのような父親に対するひさしの気持ちもとらえておきたいな。特に注目すべきなのは、父親が扇子を裂いた場面かな。

Aさん　私もそう思う。父親が扇子を裂くのを見たとき、ひさしは［ c ］気持ちになっているね。父親のくれた扇子の骨を使ったおかげで歯痛はおさまったけれど、ひさしは、［ d ］気持ちになっているよ。

Bさん　そうだね。そしてその後で、ひさしは、父親が［ e ］ことに対して思いをはせているね。

① 空欄［ a ］・［ b ］に入る言葉を、指定された字数に従って、それぞれ本文中から抜き出して答えなさい。

② 空欄［ c ］・［ d ］に入る内容の組み合わせとして最も適当なものを次の中から一つ選び、記号で答えなさい。

ア　c　父親のやろうとしていることが全く理解できず、父親にきちんと説明してほしくてもどかしさを感じる
　　d　父親の扇子を台無しにさせてしまったことで、父親が内心で自分を責めているように思えていたたまれない

イ　c　父親がとつぜん非常識な行動を始めたのであわてふためき、すぐにとめられなかったことを悔《く》やむ
　　d　父親の機転の意味がわかって感嘆《かんたん》する一方で、自分で対処できずよけいな手間をかけさせたことを申し訳なく思う

ウ　c　亡き祖父の扇子への愛着を思い起こし、その扇子を父親がためらいなく裂いたことに意外さと反発を感じる
　　d　父親の行動の真意をわかってあげられず、非難がましい思いをいだいてしまったことに対して罪悪感にかられる

エ　c　歯痛をしずめる道具ができて安心しつつも、父親に祖父譲りの扇子を裂かせたことに後ろめたさをぬぐえない
　　d　父親の行動に感謝しつつも、父親に苦労をかけてばかりの自分の無力さを恥《は》じ、父親の支えになることを望む

オ　c　自分のために父親が思いがけない行動に出たことに驚《おどろ》き、強いしょうげきを受けてぼうぜんとする
　　d　父親に対してうれしさやありがたさを感じつつも、父親に扇子を裂かせた自分のふがいなさに自責の念をいだく

③　空欄［e］に入る内容を、五十字以内で説明しなさい（句読点等も字数に含《ふく》む）。

早稲田実業学校中等部

—60分—

一　次の文章を読んで、後の問いに答えなさい（なお問題の都合上、本文の表記を一部改めている）。

旅先のホテル。テレビをつけると、「夏井先生の」なんて声が聞こえてくる。どうやら、コロナ禍《か》で「マスクが冬の季語でなくなるか否か」についての話題らしい。

最後には、こう締《し》めくくられた。「夏井先生もマスクは冬の季語でなくなると仰《おっしゃ》ってます」

うーむ、ＹｏｕＴｕｂｅ「夏井いつき俳句チャンネル」で、コロナ禍によって「冬だけのものじゃなくなってきたね」と語ったかもしれないが、「マスクが冬の季語でなくなった」と断定したつもりはなかったのだが……。

また、今はまだ「花粉症《かふんしょう》」を季語とする歳時記《さいじき》は少ないが、次代の歳時記に採録《さいろく》される可能性は高い。となれば、「花粉症」の＊傍題《ぼうだい》として「春のマスク」も季語となるのではないか、とも。

そもそも、季語を認定する組織や委員会があるわけではない。季語は、次の手順で生まれる。

①［　a　］。②［　b　］。③［　c　］。④［　d　］。

A　万緑《ばんりょく》の中や吾子《あこ》の歯生え初《そ》むる　中村草田男

「万緑」は草田男が昭和初期に用いた造語だが、現在はどの歳時記にも載《の》る主要な季語として定着している。季語が季語として成立するには、長い年月が必要なのだ。

ある時代に起こった禍根《かこん》によって生まれた季語もある。大正３年（１９１４年）７月に作られたこんな句。

B　コレラ船いつまで沖に繋《かか》り居る　高浜虚子《きょし》

「コレラ船」とは「コレラ」の傍題。船内でコレラ患者《かんじゃ》が出たため入港を止められた船のこと。

これって既視感《きしかん》あるよね。コロナ禍の初期、患者が出たため港に留め置かれた豪華客船《ごうかきゃくせん》。まさにあの光景が、大正時代にもあったのだ。

さらにこんな句も。

C　コレラ怖《お》ぢ蚊帳《かや》吊りて喰《く》ふ＊昼餉《ひるげ》かな　杉田久女

猛烈な下痢《げり》と嘔吐《おうと》で脱水症状《だっすいしょうじょう》を起こすコレラ。致死率《ちしりつ》が高く、当時は「ころり」と恐《おそ》れられた。

科学的知識がないと、何をどう恐れたらよいのか分からない。今でこそ、感染症には手洗いとマスク。密にならない。やるべきことが分かっている。が、コレラが怖《こわ》いと皆で蚊帳の中に入りご飯を食べていた時代の人々を、１私たちは笑うことはできない。

今の日本において「コレラ」は絶滅《ぜつめつ》寸前季語として記憶《きおく》されるが、先月こんな記事を目にした。

「英国防省は10日、ロシアの徹底《てってい》攻撃を受けて制圧されたウクライナ南東部マリウポリで感染症コレラが大発生する恐れがあると、懸念《けねん》を示した」。これが世界の現実だと、改めて認識する。

さて、問題の「マスク」に戻《もど》ろう。「マスクは冬の季語でなくなるか」。今、結論を出すのは時期尚早《しょうそう》と答えるしかない。

季語の生き死には、時代の流れの中で、後の人々によって判断されるもの。2今を生きる私たちは、淡々《たんたん》と今を詠《よ》み続けるしかない。例えば、冬でも春でもないマスクの現状を詠んでいくうちに、季語としての「マスク」の行く末が、自《おの》ずと定まってくるのだ。

D　炎天《えんてん》にマスクの上の目が細る　夏井いつき

時代が産み出す季語もあれば、時代と季語が切り結ばれ、季語に新しい意味やイメージが付加されることもある。それを知ったのは、ラジオの俳句番組を通してだった。

ラジオ「夏井いつきの一句一遊」は、7月で22年目に突入《とつにゅう》した。この春、偶々《たまたま》出題した季語が「春灯（しゅんとう・はるともし）」。春夜、朧《おぼろ》にうるんだ灯《あか》りの意だが、歳時記には季語の本意（最もふさわしいと考えられる性質や意味）として、「ときに妖艶《ようえん》な趣《おもむき》を醸《かも》し出す」とも解説されている。

ところが、番組に寄せられた句のほとんどが、「妖艶」どころか、ウクライナの戦況《せんきょう》に心痛め、平和を希求するものばかり。日常の家族の灯りとして表現された句が圧倒《あっとう》的多数を占《し》めていた。

その中でも最も感銘《かんめい》を受けたのが、ラジオ俳号「日土野だんご虫」こと片野瑞木さんの作品。

E　標的にあらず春灯ぞこれは　片野瑞木

標的ではないのだよ、この春の灯りは。家族の集う春の灯りなのだよ。

一読、心が震《ふる》えた。世界中の人々が、この作品を心に灯《とも》してくれる日がくれば、世界は少しだけ［X］に向かって歩き出せるのではないか、と。

俳句というアイテムを手にする私たちは、現状をあるがままに詠み続ける。それら一句一句は［Y］の証。季語とは、［Y］を映す証人なのだ。

【夏井いつき「季語は時代の証人」
（『日本経済新聞』２０２２年7月31日の文章による）】

＊傍題…題として主に詠むべきものからはずれて、他のものを詠むこと。
＊昼餉…ひるめし、昼食のこと。

問1　［a］、［b］、［c］、［d］に入る文を次の中からそれぞれ選び、記号で答えなさい。

ア　それを季語とした句が次々に詠まれる
イ　次代の編者が自分の歳時記に採録する
ウ　それが秀《しゅう》句である
エ　誰《だれ》かが、ある言葉を季語として俳句を作る

問2　Aの句について、次の問いに答えなさい。

Ⅰ　季語「万緑」が表す季節を漢字一字で答えなさい。
Ⅱ　この句について説明した次の文章の空らんを埋《う》めなさい。なお、①は十字以内で、③は漢字一字の言葉をそれぞれ自分で考えて答え、②は本文中の言葉を抜《ぬ》き出すこと。句読点等の記号も一字として数える。

「万緑」という季語は（①）様子を浮《う》かび上がらせ、「（②）」の（③）色と対比になっている。

問3　Bの句の作者「高浜虚子」の作品を次の中から一つ選び、記号で答えなさい。

ア　古池や蛙《かわず》飛びこむ水の音

イ　春風や闘志《とうし》抱《いだ》きて丘に立つ
ウ　柿《かき》食えば鐘《かね》が鳴るなり法隆寺
エ　閑《しず》かさや岩にしみ入る蝉《せみ》の声
オ　雀《すずめ》の子そこのけそこのけお馬が通る

問4　――線1「私たちは笑うことはできない」とあるが、それはなぜか。次の中から最もふさわしいものを選び、記号で答えなさい。

ア　大正時代に限らず現代の我々も致死率の高い病気に対しては神経質になり、感染を恐《おそ》れて他者との関わりを避《さ》けているから。
イ　未知の感染症に対する情報不足から見当外れな対策をとってしまうのは、医学が進歩した現代の我々にも当てはまるから。
ウ　科学的には根拠《こんきょ》のない情報だとわかっていながらも、危機的状況《じょうきょう》にあっては何かにすがりたくなるのが人間の性質だから。
エ　医学が発達した現代人から見ると当時の感染症対策は的外れなものだが、それを馬鹿《ばか》にすることは人として許されないから。
オ　現代においては未知の感染症に対しても対処法を見いだせるが、いつの時代にも新しい方針に従わない人々が必ず存在するから。

問5　――線2「今を生きる私たちは、淡々と今を詠み続けるしかない」から読み取れることはどのようなことか。次の中から最もふさわしいものを選び、記号で答えなさい。

ア　他の人からの評価を気にせず現在を描《えが》き出していくことが、俳人としての役目であるということ。
イ　現代の不安定な世情を詠んで世界の人々に訴《うった》えていくことが、俳人としての役割であるということ。
ウ　自然が失われた現代において、花鳥風月を詠み続けるということが、俳人としての務めであるということ。
エ　新しい季語を作り出すことによって現在の世相を後世に伝えていくことが、俳人としての使命であるということ。
オ　平凡《へいぼん》な生活の中にも俳句の種はあり、それを見つけて作品にしていくことが、俳人としての誇りであるということ。

問6　D、Eの句について次のように説明した。空らんを埋めて文章を完成させなさい。ただし、②、③、④は本文中から言葉を抜き出し、①はふさわしい言葉を自分で考えて答えなさい。なお解答方法については、それぞれ（　）内の指示に従うこと。句読点等の記号も一字として数える。

Dの句では本来冬の季語である「マスク」が夏の句の中で使われている。これはマスクが（①　十字以上十五字以内）ようになったためである。

Eの句では「春灯」という季語が、従来とは異なり（②　二字）を連想させるものとなっている。これは多くの人が（③　十二字・はじめとおわりの三字を答える）ているという、現在の世相を反映したものである。このように、季語には世の中の変化に応じて、（④　十六字・はじめとおわりの三字を答える）のだ。

問7　［X］、［Y］に入る言葉を本文中からそれぞれ二字で抜き出しなさい。ただし二カ所ある［Y］には同じ言葉が入る。

問8　本文の内容の説明として最もふさわしいものを次の中から選び、記号で答えなさい。

ア　社会情勢が厳しくなっている現在、伝えたい思いを季語に乗せて俳句を作り、多くの人々がよりよい社会を生み出そうと苦労していることがわかる。

イ　筆者は現状をあるがままに詠み続けることしかできないと言いつつも、俳句を通して作品の受け手の現実に一定の効果をおよぼすことを期待している。

ウ　「俳句というアイテム」という言い方には、俳句が現実を映す鏡にしか過ぎず言葉を使って変えていくことは難しいという、筆者のあきらめが表れている。

エ　俳句は「季語の生き死に」を通して移りゆく社会状況を詠むことによって、受け手に辛《つら》い現実を認識させ、かつなぐさめる役割を果たしてくれるものである。

オ　筆者の言葉がメディアで引用され俳句の影響《えいきょう》力が大きくなるにつれて、多くの人が俳句を作るようになったため、一つ一つの作品を評価する意義が薄《うす》れつつある。

[二]　次の文章を読んで、後の問いに答えなさい。ただし解答の字数については、句読点等の記号も一字として数える（なお問題の都合上、本文の表記を一部改めている）。

人間と動物の大きな違《ちが》いのひとつに、「概念《がいねん》」をもっているか否かということがある。我々がよく口にする「正義」とか「平和」とか「国家」、そして「日本人」ということまで、すべては「概念」なのだが、動物にはこのような発想自体がない。動物にとっては目の前にある「現象」がすべてだ。

犬を例に説明しよう。私が昔飼っていた犬がいて、名前は「コロ」といった。だから、私が「コロ」と呼ぶと、しっぽを振《ふ》って走ってくるんだけど、友人が「コロ」と声を掛《か》けても近寄らないで吠《ほ》える。呼び方が悪いのかと、「コーロ」「コロー」などと変えてみたが、まったく寄ってこない。友人は「なんで？」と首をひねっていたが、これは当たり前である。

犬には「自分の名前」などという「概念」はそもそも存在しないからだ。飼い主である私の口からいつもと同じ発音、いつもと同じイントネーションで「音」が発せられたという「サイン」を認識して、しっぽを振って私にかけ寄ってきていただけの話である。だから、赤の他人である友人の口から「聞いたことがない音」が発せられても、いつものサインではないと認識して、しっぽは振らないし寄ってもこない。

このように、犬は音や匂《にお》いという、人間にはわからないような微細《びさい》なサインを認識する能力に長《た》けている。そして、そのサインに基づいて行動をする。そのような意味では、きわめて合理的で賢《かしこ》い生き物なのだ。

しかし我々人間には、犬のこのような合理的行動が理解できない。私が「コロ」と呼ぶと反応するので、ほかの誰《だれ》が「コロ」と呼んでも同じように反応するものと勝手に思い込《こ》んでいる。「コロ、コロ」としつこく呼んで寄ってこないと、「バカな犬だなあ」なんて苦笑したりする。犬の賢い行動を理解できないという点では、[1]人間のほうが「バカ」だって言えるかもしれないよね。

人間には「名前」という「概念」があって、その同一性は絶対的なものだと信じている。そして、犬も当然、同じように自分の名前を認識しているはずだと一方的に思い込んでいる。この状態こそが、本書で言うところの「バカ」である。つまり、すごく単純な言い方をすると、「バカ」というのは、「異なる現象を同じだと思い込めるのは人間だけ」ということがわからない人のことである。

実はこの「違うものを同じだと見なす」というのは、地球上の生物を見渡《みわた》しても、人間だけがもっているきわめて特殊《とくしゅ》な能力なのだ。繰《く》り返しになるが、動物には「概念」なんてものはなく、音や*フェロモンといったサインで世界を認識しているので、違うものは「違う」というようにシンプルに判断をする。

しかし、人間は「概念」をもつ唯一《ゆいいつ》の生物ということで、このあたりの判断がきわめてアバウトというか、いい加減である。つまり、その判断は実際にはいい加減であやふやなものなのに、それが正しくて確かなことだと錯覚《さっかく》してしまう。実はこれが「バカの*災厄《さいやく》」、ひいては人間の世界に悲劇をもたらす原因になっている。

実際に、人間同士の対立の多くは、「概念」というものの「いい加減さ」が引き起こしている側面もある。

たとえば、ロシアのプーチン大統領と*EUの首脳たち、我々日本人のトップとの間で「国家とは何か」というテーマで話し合う場が設けられたと仮定しよう。果たしてこの議論に答えは出るかというと、どれだけ時間をかけても難しいだろう。

プーチン大統領には自分の考えている「国家」という同一性があり、一方、EUにはEUの「国家」があり、日本には日本の「国家」がある。そんな状況《じょうきょう》でいくら国家論を戦わせても*不毛なだけである。そんなことができていたら、ウクライナ侵攻《しんこう》も起きていないはずだ。

なぜ議論が平行線になってしまうのか。「国家」という概念が「これが国家です」というふうに、単純に指でさし示すことができないからである。「犬」や「猫《ねこ》」のように指でさし示すことができるものは、どれが「犬」でどれが「猫」かというのは単純明快な話だ。犬を指さして「猫だ」と言い張っている人がいれば、「あなたの捉《とら》え方は間違っている、あれを世間では犬と呼んでいるんだよ」と訂正《ていせい》してやればいいだけの話だ。

しかし、「国家」や「平和」という概念ではそれができない。十人十色ではないが、個人が考える「国家」や「平和」のあり方というものはそれぞれ異なる。非常にあやふやで、それぞれが「いい加減」に決めて認識している部分があるので、「どちらが正しい、どちらが間違っている」という言い争いをしたところで、いつまで経《た》っても答えなど出ないのである。

（中略）

ただ、このように「違うものを同じだと見なす」という性質は人間にとって必ずしも悪いことではない。この、生物としては非常に特殊な能力があったおかげで、人は進化して文明社会を築くことができたという側面もあるからだ。

たとえば、人は「神」という存在や現象をその目で見たことがないのに、「神」を信じる。これは、教義や礼拝を通じ「神」という概念を*捏《ねつ》造《ぞう》して、それが絶対的なものだと思い込むことができる能力が、人間に備わっているためだ。仮に、一人ひとりが自分の頭のなかで勝手に「神」を思い描《えが》いて、それぞれが「俺《おれ》にとっての神はこうだ」「私の信じる神様はこんな感じだ」と言い出したとしたらやがて収拾がつかなくなり、宗教としては成立しなくなる。キリスト教やイスラム教などが世界的に広まったのは、それぞれの個人の脳のなかの「神」がみな同一なのだとみなが信じるという、人間の不思議な能力がもたらした結果だろう。

しかし、物事にはなんでも良い面と悪い面がある。「違うものを同じだと見なす」という特殊能力は、人類に進化をもたらす一方で、先ほど紹介《しょうかい》したような不毛な対立まで生むこととなる。対立どころか、時に社会に大きな混乱を招いて、罪のない人々を迫害《はくがい》し命を奪《うば》うような戦争に発展することさえある。

それこそが、本書の主題である「バカの災厄」[2]だ。

「概念が＊孕《はら》む同一性はひとつ」と思い込む「バカ」というのは、自分の同一性から少しでも＊逸脱《いつだつ》した同一性は認めることができないので、「お前たちは間違っている」と敵と認識した相手を厳しく批判する。その攻撃《こうげき》性がさらに強くなり抑《おさ》えが効かなくなると、異なる同一性をもつ人間が存在している事実にさえ我慢《がまん》できなくなって、その存在を否定する。つまり、＊排斥《はいせき》や＊虐殺《ぎゃくさつ》といった狂気《きょうき》の行動へと走ってしまうのである。

（池田清彦『バカの災厄　頭が悪いとはどういうことか』〈宝島社新書〉による）

＊フェロモン…動物の体内から放出され、他の個体に影響《えいきょう》を与《あた》える物質の呼び名。
＊災厄…わざわい。災難。
＊ＥＵ…一九九三年に成立した欧州《おうしゅう》連合。
＊不毛…成果の実らないこと。無駄《むだ》なこと。
＊捏造…事実でないことを事実のようにこしらえること。
＊孕む…中に含んで持つこと。
＊逸脱…本筋からそれること。決められた枠《わく》からずれること。
＊排斥…おしのけしりぞけること。
＊虐殺…むごたらしい手段で殺すこと。

問１　――線１「人間のほうが『バカ』だって言えるかもしれない」とあるが、「人間」の方が「バカ」であるのはなぜか。指定された字数で言葉を入れて、理由を二つ答えなさい。なお、［Ａ］には「**違い**」という言葉、［Ｂ］には「**同様に**」という言葉を必ず用いること。

［Ａ］三十字以内
「コロ」は［　　　　］が、そのことを人間が理解できていないから。

［Ｂ］三十字以内
人間は［　　　　］と思い込んでいるから。

問２　――線２「バカの災厄」はなぜ引き起こされるのか。指定された字数で言葉を入れて、説明文を完成させなさい。なお、［Ａ］は本文中から抜き出し、［Ｂ］には「**それぞれ**」という言葉、［Ｃ］には「**絶対的**」「**ずれ**」という二つの言葉を必ず用いること。

［Ａ］十字以上十五字以内
「概念」とは［　　　　］能力によって生み出され、

［Ｂ］二十字以内
［　　　　］ものである。それにも関わらず、

［Ｃ］四十五字以内
［　　　　］から「災厄」が引き起こされる。

三　次の問いに答えなさい。

問1　①・②の文中にある□にそれぞれ適切な漢字一字を入れなさい。なお（　）内は慣用句の意味である。

①　昔はにぎわっていたあの店も、町から若者がいなくなったことで□前の灯火《ともしび》（いまにも滅《ほろ》びてしまいそう）だ。

②　手□にかけた（自ら世話して大切に育てた）庭の植物が、次の住人にも大切にあつかわれているのを見て安心した。

問2　①～⑧の文中にある――線のカタカナを漢字に、漢字をひらがなに直しなさい。ただし、送りがなが含《ふく》まれるものは送りがなをひらがなで答えること。

①　有名な政治家がうかつな発言で熱心なシジ者を失った。

②　夕方にはいつも川にソッテつくられた歩道を歩くことにしている。

③　島の観光地化はコユウの生態系を破壊《はかい》する可能性がある。

④　どれだけショメイを集めても結局事態を動かすことはできなかった。

⑤　将来は故郷の海をノゾム家で暮らすのが夢だ。

⑥　旅好きの祖父はシャソウからの眺《なが》めを何よりも楽しみにしている。

⑦　委員会のメンバーを刷新したら面白い意見が出るようになった。

⑧　定石どおりに進めておけばいいというのはあまりに安易な考えだ。

跡見学園中学校(第一回)

—50分—

一　次の文章を読んで、後の問いに答えなさい。

夕すずみ会の翌日から、川村は、［A］、うちへくるようになった。

かあさんは電話をかけて、野菜を取りにくるようにいう。

きたついでに、調理のしかたを教えたり、反対に、川村から沖縄料理を教えてもらったりもした。

台所に立った川村は、昼食に、ゴーヤーソーメンをつくってくれた。

ゴーヤーと、千切りにしたシイタケ、ニンジン、ニラなどを、ツナ缶《かん》といっしょに中華《ちゅうか》なべでいためる。そのなべに、ゆでておいたソーメンを加え、塩味をつけてさっといため、お皿に盛りつければできあがり。

「ソーメンは、かためにゆでるのがコツなんだよ。うちのおかあさんは、海ブドウなんかも入れたけど、このへんじゃ売ってないから」

「海ブドウって、なんだよ。そんなのきいたことないぞ」

「海藻《かいそう》の一種だよ。沖縄でしかとれないんだって」

「おいしそうだねえ。そのうち、わたしもやってみるよ」

できた料理は、とうさんや明穂《あきほ》もいっしょに食べた。ぼくの家族に囲まれて、テーブルについた川村は、aはにかみながらもうれしそうだった。

明穂のソフトボール部は、準決勝まで進んで負けたため、三年生は引退した。

時間のよゆうができた明穂は、受験勉強に取り組み、ぼくと川村の勉強もみてくれた。

電話して、宿題のドリルを持ってくるようにいうと、川村は、最初のうちはいやがった。きても、［B］勉強しようとしなかったが、明穂とは気があうのか、やさしく教えられているうちに、［C］やる気になってきた。

「勉強は積み重ねがだいじだからね。わからなかったら、はずかしがらないで、三、四年の教科書からやり直すしかないよ」

そんなふうに、きびしいことをいわれても、すなおにうなずいている。

うちにあった中学年の教科書を借りていき、アパートへ帰っても、自分で勉強していた。

八月の半ばには、地元の神社の祭りがある。

川村は、明穂といっしょに祭りへいく約束をして、夕方近くにうちへきた。

かあさんと明穂は、川村を二階へ連れていき、しばらくおりてこなかった。

そのあと、下へきたときは、三人ともゆかたに着がえている。

「あれ。どうしたんだよ、それ。前に見たことあるな」

ぼくはいい、白地にアジサイのがらがついた、川村のゆかたをながめた。

「よく似あってるだろ。ちとせちゃんが、着物を着たことないっていうからさ。おととしまで、明穂が着てたのを、だしてみたんだよ」

「へえーっ。なんか、川村じゃないみたい」

「こうして見ると、おねえちゃんと妹だね。ふたりとも、きれいでさ」

「わたしも、こんな妹がほしかったよ。弟なんか、うるさいだけだもの」

「妹がいたら、きっと、ゴリラみたいなねえちゃんはいやだっていって、泣くよ」

「そんなことないって。ソフトボールで、バッテリーも組めるしさ」

ぼくたちが、そばでさわいでいるあいだ、川村は、はずかしそうにだまっていた。

それから、いっしょに庭へ出ると、かあさんが明穂と川村の写真をとった。

川村は、自分で自分を見まわしながら、うっとりしているようだった。明穂とならんで、いろいろポーズをとっていたが、そのうちに、突然《とつぜん》、うしろをむいてしまい、①両方のてのひらで、顔をおおって泣きだした。

おどろいたかあさんは、そばへいき、肩《かた》をだいてなぐさめた。

「どうしたの。また、おかあさんのことでも、思いだしちゃった?」

川村は首を横にふり、すぐには返事をしなかった。

心配した明穂も寄りそって、背中をさすりながら、のぞきこむ。

「だったら、なによ。うちのみんなは、ちとせちゃんの味方だよ。いやなことがあったら、なんでもいいからいってごらん」

「あたしもね……あたしも、できれば、こんな家に生まれたかった」

川村は、ひとこと、しぼりだすようにいうと、つかえていたものが取れたように、大つぶのなみだを流して泣いた。だきしめた明穂もなみだぐみ、そのまま、じっと立ちつくしている。

ぼくも、しんとしてしまい、なにをいっていいかわからなかった。

家の事情はよく知らないが、川村が、ずっとがまんしてきたのはわかる。おなじ小学生の女の子を、こんなふうに泣かせるものが憎《にく》く、形があるなら、めちゃくちゃにやっつけてしまいたかった。

盆《ぼん》おどりや町内会が用意した夜店は、八時すぎに終わった。

D、ぼくの家にもどってから、川村はワンピースに着がえた。

かあさんは、ぬいだゆかたをたたむと、帯もいっしょに紙ぶくろへ入れて、川村にさしだした。

「これ。うちじゃ、もう着る人がいないからさ。ちとせちゃん、もらってくれる?」

「え、いいんですか⁉」

川村は、よほどうれしかったのか、遠慮《えんりょ》もわすれて、Iをかがやかせた。

「いいんだよ。もらってくれたら、わたしもうれしいし」

明穂もいいそえ、夜店でもらった水ヨーヨーを手わたす。

かあさんにいわれ、ぼくと明穂は、アパートまで送っていこうとしたが、川村は、だいじょうぶだといってことわった。

表の道からは話し声がきこえ、神社から帰ってきた人たちが歩いている。紙ぶくろを、だいじそうにかかえた川村は、げんかんで見送るぼくたちに手をふり、ひとりで帰っていった。

祭りのあとは、町会役員の慰労会《いろうかい》があるので、とうさんはもどってこなかった。

あせをかいたぼくたちは、順番に風呂《ふろ》へ入り、縁側《えんがわ》にすわってすずんだ。

「やれやれ、祭りも終わったねえ。今年は稲《いね》もよく育ってるし、田の神さまも、無事に送りだせそうだよ」

かあさんはいい、b遠くの田んぼに思いをはせるように、夜空をながめた。

田の神さまは、稲の取りいれがすむまで村里にいて、冬のあいだは、山へ帰っていくのだという。山には川の源があり、田んぼへ水を送りだしてくれる。だれも神さまを見た者はいないが、無数の星がまたたく夜空をふりあおぐと、ぼくも、どこかで見まもっていてくれるような気がした。

冷蔵庫からアイスクリームを取りだし、三人で食べていると、門柱代わりのケヤキの木をまわり、庭に男が入ってきた。

酔《よ》っているのか、足もとをふらつかせ、縁側へ近寄ってくる。

おどろいて、ぼくたちが見まもっていると、それは川村のおとうさんだった。うしろから、ついてくるのは川村で、さっきと同じ服装をしていた。

「おや。どうしたの、ちとせちゃん。なにかわすれ物？」

声をかけたかあさんに、川村は、返事もしないでうつむいた。

おじさんは、ついさっき、川村にわたしたばかりの紙ぶくろを手に持ち、かあさんの前へつきだした。

「②これは、なんだ。ええっ⁉　どういうつもりか知らねえが、うちの子には、ちゃんと、おれという親がついてるんだ。こんなものを、めぐんでもらういわれはねえ」

「ああ、そんなつもりはなかったんだけど……いけなかったですか」

「あたりめえだ！　ここんとこ、下手に出てりゃいい気になりやがって。地元じゃ何様か知らねえが、見くだして、ひとをバカにするのもほどほどにしろっ」

「気にさわったらすみません。そうですよね。もらってもらう前に、ちゃんと、親ごさんにおことわりすればよかったですね」

③かあさんはあやまり、逆らわないで、ふくろを受け取った。

酒を飲むと、ぼくのとうさんは顔が赤くなるが、おじさんの場合は青白かった。

前に、うちへきたときとはちがい、目がつりあがっている。言葉づかいも乱暴なわりには、相変わらず、どこか気弱な感じがつきまとい、まっすぐにかあさんを見ようとはしない。

かあさんもそれを見て取り、おそれるようすはなかった。うしろに立っている川村に目をむけ、気づかうよゆうがある。

おじさんは、ズボンのポケットから、一万円札をわしづかみにして取りだした。

それを受け取れというように、ユラユラと、かあさんの前へさしだしていう。

「ゆかたのクリーニング代だ……これだけありゃ、文句はねえだろう。親切ごかしに連れだして、うちの子に、二度とよけいなことはしねえでくれ」

「わかりました。考えたらずなことをしてしまい、申しわけありません。きょうはもう、時間もおそいし、ちとせちゃんもこまってるみたいだしね。あした、あらためておわびにうかがいますから、どうぞ、このままお引き取りください」

「それは、どういうあいさつだ。おれの金は受け取れねえってか」

おじさんはしつこくせまり、持っていたお札を投げつけた。いきおいあまって足をもつれさせ、その場にくずれ落ちる。

「いいかげんにしてよ、おとうさん！　酔ってなきゃ、なんにもいえないくせに、これ以上、はずかしいことをしないでよっ」

うしろから、大声でさけんだ川村は、おじさんの腕《うで》をつかんで立たせた。

よろけたところをおすようにして、表の道へ連れだそうとする。

ぼくは、ハラハラするだけで、こんなときでもなにもいえなかった。

川村のおこった顔は見なれているが、学校にいるときとはちがい、とても悲しそうだった。

「すみません……ほんとに、すみません」

縁側をふりむき、頭をさげた川村は、④なにかいいたそうにかあさんを見た。

それもまたたくあいだのことで、もういちど、ペコッとおじぎをすると、かあさんが口を開く前に、おじさんをおして道へ出ていく。いき場をなくした一万円札が、夜風にふかれて、ひらひらと庭でまいあがった。


（浅野竜『シャンシャン、夏だより』〈講談社〉より）

問一　［A］～［D］に適する語を次の中からそれぞれ選び、記号で答えなさい。

ア　なかなか　　イ　いったん　　ウ　ちょくちょく
エ　だんだん　　オ　あたかも

問二　～～部a「はにかみ」・b「思いをはせる」の意味として最も適するものを次の中からそれぞれ選び、記号で答えなさい。

a「はにかみ」
ア　はずかしがって
イ　くやしがって
ウ　がまんして
エ　びくびくして

b「思いをはせる」
ア　思いをはらす
イ　思いをぶつける
ウ　思いをめぐらす
エ　思いをつづる

問三　――部①「両方のてのひらで、顔をおおって泣きだした」とありますが、それはなぜだと考えられますか。答えなさい。

問四　［I］に適する言葉を、漢字一字で答えなさい。

問五　――部②「これは、なんだ」とありますが、ちとせちゃん(川村)の父親は何をおこっているのですか。最も適するものを次の中から選び、記号で答えなさい。

ア　ちとせちゃん(川村)を神社の祭りに連れていったこと。
イ　ちとせちゃん(川村)にゴーヤーソーメンを作らせたこと。
ウ　ちとせちゃん(川村)にゆかたを持たせたこと。
エ　ちとせちゃん(川村)に母親のことを思い出させたこと。

問六　――部③「かあさんはあやまり、逆らわないで、ふくろを受け取った」とありますが、それはなぜだと考えられますか。最も適するものを次の中から選び、記号で答えなさい。

ア　ちとせちゃん(川村)のお父さんに、乱暴されるのではとおそれているから。
イ　ちとせちゃん(川村)のお父さんの態度にとても腹をたてているから。
ウ　ゆかたをちとせちゃん(川村)にあげたことをこうかいしているから。
エ　とても悲しそうなちとせちゃん(川村)を、これ以上悲しませたくないから。

問七　――部④「なにかいいたそうにかあさんを見た」とありますが、ちとせちゃんはどのようなことを言いたかったと考えられますか。答えなさい。

□二　次の文章を読んで、後の問いに答えなさい。

日本中で愛されている和牛のお肉も、日本人の品種改良の①たまものです。

「和牛」と「国産牛」のちがい、みなさんは知っていますか？　じつは和牛を名乗るためには厳しい決まりごとがいくつもあるんです。②和牛の定義は法律でしっかりと決められています。

「和牛」とは日本固有の牛の品種です。具体的には、日本で長い年月をかけて品種改良されてきた黒毛和種、褐毛《あかげ》和種、無角和種、日本短角種の4品種と、それらの交雑種を指します。日本で販売《はんばい》されている和牛の約98パーセントは黒毛和種です。但馬《たじま》牛、神戸ビーフ、特選松阪《まつざか》牛、米沢《よねざわ》牛などの有名ブランド牛も、黒毛和種になります。

和牛と名乗るためには品種のほか、生育環境の決まりもあります。日本国内で生まれ、日本国内で育てられた牛であること、さらにそのことを※牛トレーサビリティ制度で確認できなくてはなりません。

逆に言えばそれ以外の牛は「和牛」ではありません。日本で育てている牛だからといって、和牛を名乗れるわけではないのです。

ちなみに「国産牛」は、品種や生まれた土地は関係ありません。生まれてから出荷までのあいだ、日本で飼育された期間がもっとも長い牛を指します。

牛は繁殖《はんしょく》と※肥育《ひいく》を分けておこなわれるのが一般的《いっぱんてき》です。そのため、ニュージーランドで生まれて現地で8カ月育てた子牛を日本に輸入し、20カ月日本で育てれば国産牛を名乗ることができます。

［Ａ］、牛肉には日本独自の格付けシステムがあります。「A5ランクの肉」という言い方を聞いたことがある人もいるでしょう。テレビで、「A5ランクの黒毛和牛だから、おいしいんです！」なんてレポートされていることもありますよね。この「A5」が格付けです。アルファベットと数字にはそれぞれ意味があります。

アルファベットは「肉の歩留《ぶど》まり等級」を意味します。歩留まりとは、牛1頭からどれだけの肉がとれるかを表しています。牛肉の格付けでは肉の割合が多い順に「A・B・C」の3段階で表示します。

数字は「肉質」と言われるもので「1、2、3、4、5」の5段階で表します。この数字は次の4項目《こうもく》から決まります。

①脂肪《しぼう》交雑
「霜降《しもふ》り」や「サシ」とも呼ばれる脂肪の度合い。数字が大きいほど脂肪が多いことを表す。

②肉の色沢《しきたく》
肉の色と光沢《こうたく》。鮮《あざ》やかな赤色で、かつ光沢のいいものほど数字が大きくなる。

③肉の締《し》まりおよびきめ
きめが細かく、肉が締《し》まっているものほど等級が高く、数字が大きくなる。

④脂肪の色沢と質

脂肪は白ければ白いほど数値が高くなる。脂肪が白く、光沢と質もかなり良いものが最高級の５と判定される。

この４項目をひとつずつ５段階で評価して、いちばん低い数字がその肉の格付けとなります。［ B ］、歩留まり等級がAで、肉質等級の４項目が「５、３、５、４」だったとしたら、その肉の格付けは「A３」になります。

どうでしょう？　これで格付けの意味がなんとなくわかったと思います。みなさんは、格付けの意味を知ってどう思いましたか？

僕がこれの意味を理解したときに最初に思ったのは、「格付け＝おいしさじゃないんだな」ということでした。特に肉の歩留まりを表すA・B・Cがそのいい例だと思います。

A・B・Cは、肉の卸売《おろしうり》業者さんが市場で肉を買うときの判断材料としては必要な表記ですが、肉を食べる消費者にとってはほとんど関係のないものです。にもかかわらず、「A５」の言葉だけが世間で③ひとり歩きしているような気がします。みなさんのなかにも、A・B・Cを「おいしさの順番」だと思い込《こ》んでいる人はいませんか？

格付けだけを基準に牛肉を選んでいる人は、本当にもったいないです！

［ C ］、自分好みの食材を味わって選ぶ楽しさを捨てているようなものだから。

味の好みは［ I ］です。甘みのあってやわらかい霜降り肉が好きな人もいれば、赤身の味としっかりとした歯応えが好きな人もいます。

牛肉のおいしさに正解はありません。また、どの格付けの牛肉も畜産《ちくさん》農家さんが手間暇《てまひま》をかけて一生懸命《けんめい》作っていることには変わりはありません。いろいろな格付けの牛肉を自分で食べ比べてみて、自分好みの味を見つけてほしいなと思います。

（中略）

「和牛」の素晴らしさについて見てきました。日本には、ほかにも品種改良によって誕生した優《すぐ》れた農畜産物がたくさんあります。④日本ではなぜ、これほど品種改良がさかんにおこなわれてきたのでしょうか。

理由はいくつか考えられますが、最大の理由は日本の地理的条件にあります。

日本は国土がせまいために広い農地を作ることができず、大量生産ができません。そこで、せまい土地でも毎年安定した量を収穫《しゅうかく》できるよう、品種改良に力を注いできました。雨に強い品種、暑さや寒さに強い品種、病気に負けない品種、害虫に強い品種などを作り出し、小さな農地でしか農業ができない弱点を克服《こくふく》してきたのです。

たとえば、日本の小麦の作付面積はアメリカのそれに遠くおよびませんが、１平方メートルあたりの収量は日本のほうがずっと多いのです。すごいですよね。これはまさに、品種改良の成せるわざです。

せまい土地でも効率よく、質の高い作物を安定した収量で確保する。そうした努力を続けながら、日本の品種改良は、味の良さを追求することにも力を注いできました。その結果、国内外から高い評価を受けるたくさんの品種が誕生したのです。海外と比べて農地に使える土地が少ないという弱点があったからこそ、日本の品種改良がこれだけ発展していったのです。

（白石優生『タガヤセ！日本
「農水省の白石さん」が農業の魅力教えます』〈河出書房新社〉より）

＊牛トレーサビリティ制度……牛が生まれてから牛肉として消費者に届けられるまでの情報を追跡《ついせき》確認するためのシステム。ＢＳＥ（牛海綿状脳症）のまん延防止措置《そち》を目的として作られた。

＊肥育……牛や豚などの家畜を食用とするために大きく育てること。

問一　――部①「たまもの」・③「ひとり歩き」の意味として最も適するものを次の中からそれぞれ選び、記号で答えなさい。

①「たまもの」
ア　相手に与えるもの
イ　欠点のない完ぺきなもの
ウ　結果として表れたよいもの
エ　ぐうぜんうまれたもの

③「ひとり歩き」
ア　当初の意図と関係なく勝手に動いていくこと
イ　意味がわからないままただよっていること
ウ　自分の力だけで生活していること
エ　他と関係ないものとして受け入れられていること

問二　――部②「和牛の定義」を三点あげなさい。

問三　[A]～[C]に適する語を次の中からそれぞれ選び、記号で答えなさい。

ア　なぜなら　イ　しかし　ウ　つまり
エ　たとえば　オ　また

問四　[I]に適する四字熟語を次の中から選び、漢字に直して答えなさい。

いちごいちえ	じゅうにんといろ
せんきゃくばんらい	いちじつせんしゅう

問五　――部④「日本ではなぜ、これほど品種改良がさかんにおこなわれてきたのでしょうか」について、日本で品種改良がさかんにおこなわれてきたのはなぜですか。説明しなさい。

問六　本文で述べられている内容として、**適当でないもの**を次の中から一つ選び、記号で答えなさい。

ア　どこで生まれた牛であっても、日本での生育期間が最も長ければ「国産牛」と呼ぶことができる。
イ　牛肉の格付けのアルファベットは、消費者にとってあまり関係ないものである。
ウ　牛肉の格付けはおいしさを示すものではないので、無視するべきである。
エ　品種改良により、日本は1平方メートルあたりの小麦の収量をアメリカより多くすることができた。

三　矢印の方向に読んで、二字の熟語を作るとき、次の［1］～［5］に当てはまる漢字一字をそれぞれ答えなさい。

日↓［1］↓栄　発→［1］→景

自↓［2］↓号　通→［2］→用

小↓［3］↓教　解→［3］→明

命↓［4］↓止　道→［4］→立

証↓［5］↓白　判→［5］→暗

四　次の――部のカタカナを漢字に直しなさい。

1　テンケイ的な例をあげる。
2　思いをカンケツに述べる。
3　活動のキョカをとる。
4　リンジ列車を運行する。
5　ソセン伝来の地を守る。

浦和明の星女子中学校（第一回）

―50分―

注意　字数制限のある場合は、句読点も一字と数えて答えること。

一　次の文章を読み、後の問いに答えなさい。〔　〕内の表現は、直前の語の意味です。なお、設問の都合上、本文を変更している部分があります。

これは、とある農村での話である。この村の住民はそれぞれ、自宅でウシを飼っていた。ウシたちは、村共有の牧草地で放牧され、草を食《は》んで暮らしていた。村人は、ウシの乳をしぼったり、ときにウシを市場に売ったりしてくらしの足しにしていたのである。こういう状況がながく続き、村人たちの生活は安定していたのだが、ある日、知恵のはたらく村人が、自分の飼うウシの数を増やすことにしたのである。子ウシを何頭も買ってきて共有地で放牧し、大きくなったら売りさばく。こうしてこの村人は成功し、財をなしたのである。

　これを見ていたほかの村人たちも「よし、おれもウシの数を増やそう」と思い立ち、その結果村の共有地で放牧されるウシの数が激増するに至った。しかし、共有地の面積にはかぎりがあり、そこで育つ牧草の量にもかぎりがある。やがて牧草は食べつくされ、ウシたちはみんな飢え死にしてしまった。結局村人たちはみなお金を損して、不幸になってしまった。これが①共有地の悲劇という寓《ぐう》話〔教訓的な話〕である（ギャレット・ハーディンという有名な環境科学者の著作に登場するお話だ）。

共有地の悲劇の寓話が興味深いのは、②人間が環境問題を引き起こすメカニズムの核心をついているからだ。この物語の登場人物は、けっしてバカではない。それどころか、みんな毎日を精いっぱいに生き、なんとかして自分や家族のくらしをゆたかにしようと知恵をしぼり工夫をこらしているのだ。彼らはバカじゃないから、ウシの数が増えすぎたらやがて牧草が食べつくされて悲劇が起こることも予期している。しかしそれでも、彼らはウシの数を減らさない。どうせ自分が減らしたって、ほかの村人がどんどんウシの数を増やすのが目に見えているからだ。将来はこのゲームの参加者全員が敗者になることが分かっていても、いまこの瞬間、お金を稼《かせ》ぐのをやめられないのである。こういう現象は、寓話の世界だけじゃなく、現実に起こっている。たとえば現代の日本でも。

　最近、ニホンウナギが絶滅危惧《ぐ》種に指定された。日本人がaドヨウの丑《うし》の日などに好んで食べるウナギだけど、近年では数が極端に減って、絶滅危惧種になってしまったのである。その原因はいろいろあるんだけど、最大の原因は「獲《と》りすぎ」である。食用のウナギといえば養殖モノが主流だけど、ウナギの完全養殖はまだまだ実験段階だ。飼育下のウナギにタマゴを産ませてふ化させて、稚《ち》魚を成魚になるまで育てるのを完全養殖というが、それはとてもむずかしいことなのだ。じゃあどうやってウナギの養殖をしているかというと、海で自然にふ化してあるていどのサイズまで成長したウナギの稚魚（シラスウナギ）が海から川にもどってくるところをつかまえて、養殖池に投入して大きくなるまで飼育するのだ。これがウナギの養殖の実態である。

　このシラスウナギ漁は、たいへん儲《もう》かる仕事である。まっくらな夜中、集魚灯のあかりにおびき寄せられるウナギの稚魚を網ですくう。これだけで一晩に数十万円もの儲けになることもあるらしい。なんせ、シラスウナギは俗に「白いダイヤ」と呼ばれるくらいで、この漁はお金の儲かる仕事。そして③□に乗じてやる仕事だけに、正式の許可を得ていない密漁者が後を絶たない。こうして日本じゅうでシラスウナギの乱獲が行われ、ウナギが激減するに至ったのである。

〈　中略　〉

このように、公共の場所である河川で、誰の所有物でもないウナギの稚魚を獲るという行為には、人間がエゴをむき出しにして、たとえ将来絶滅しようが後先考えず今だけの利益のために行動するよう仕向けるメカニズムが存在している。密漁者たちも当然、シラスウナギが年々減少していることを自分の身をもって痛感しているだろう。それでも、自然環境保全のために密漁をやめるかといえば、そうではない。自分ひとりがやめても、ほかの誰かが採ってしまい、結局は破滅に向かうからだ。どうせウナギ産業が破滅するのなら、いまのうちに少しでもお金を稼いでおこう。こういう考え方こそが、共有地の悲劇を生んでいる。

読者のみなさんは気づいたことだろう。共有地の悲劇が生じるのは、収奪《だつ》される対象物が［　X　］場合である。公共物と私有物の違いはたいへん重要で、この違いが共有地の悲劇の発生を決定づけている。ひとつ例を考えてみよう。現代の日本において、肉牛は私有物である。野良犬みたいな野良牛がそのへんを歩いてて、誰の持ち物でもない、なんてことはあり得ない。そして、ウナギと異なり肉牛の繁殖法は確立されている(飼育下で子ウシを産ませて成長させることが可能だ)。つまり肉牛は、完全に私有物として管理されているのである。

ここで、もし松阪牛のステーキを食べることが空前絶後の大ブームになって、肉が高く売れるようになったらどうなるか考えてみよう。松阪牛の生産者組合は「いまだけ儲かればいい」と考えてすべての牛を出荷してしまうだろうか。そうなると、松阪牛は絶滅し、血統が途絶えてしまう。もう松阪牛でお金を儲けることはできない。だからそんなバカなことは絶対にしないのである。

そう、いくら松阪牛がブームになって高く売れるからといって、親となる牛たちまでみんな出荷して食べちゃう、なんてことはない。牧畜業者のみなさんは後先考えて、種ウシと母ウシに繁殖させて子ウシを産ませるから、松阪牛ブームがどんなに盛り上がっても松阪牛が絶滅することはない。むしろ、お金を儲けようと松阪牛の飼育をはじめる牧場が増加することで、ウシの個体数は増えることだろう。④シラスウナギに起こっている悲劇との決定的な違いをわかってもらえただろうか。

僕ら人間は、私有物の場合は後先考えながら大事にあつかうが、共有物は粗末にあつかう。こういう人間の性《さが》が出るのが共有地の悲劇なのである。「いやいや、僕ら日本人の大半には良心というものがあって、共有物だからといって無茶はしない。むしろ共有物こそ大切にするように教わっている」なんて反論もあるかもしれない。それはそのとおりである。良識ある人びとは、共有地の悲劇を避けるために自制心をはたらかせることが可能なのだ。しかし、ほんのひと握《にぎ》りの人たちが、密漁などの無茶をすることによって、社会や自然環境に深刻な被害がおよんでしまう。これが共有地の「悲劇」と呼ばれるゆえんだ。一部の欲望に忠実な人たちの行動が環境問題を生み出してしまうのである。

さらに言おう。僕ら日本人の大半はシラスウナギの密漁をしない。ならばウナギの激減問題に潔白かというと、そうでもないのである。

［Y］のは僕ら多くの日本人。僕ら日本人がお金を払って［Y］から密漁が存在するのである。僕らが［Y］ことが問題の原因であり、僕らは間接的にウナギの激減に手を貸していると言えてしまうのだ。

　共有地の悲劇を避けるにはどうすればよいか。ひとつの方法は、すべてを私有物にすることだ。しかしこれ、現実には不可能なことも多々ある。完全養殖が実用化できていないウナギもそう。日本列島から遠く離れたフィリピン近海の深い海で産卵するウナギを完全に私有物にすることは不可能だ。後述するが、世界人類の共有物である大気で発生している地球温暖化も共有地の悲劇の典型例だ。

　共有地の悲劇を避けるもうひとつの方法は、ルールづくりである。ひと握りの無法者が無茶をしないように、社会でルールをつくって、それをみんなが守るように監視し、違反者にはしかるべき措置《そち》をbコウじる。これによって共有地の悲劇を避けることは、理論上は可能である。現に、環境を破壊する行為はこれまで、国内の法律や国際的な条約によって規制されてきて、一定の成果をあげている。ただしこのような規制は万能とは程遠く、多くの問題やほころびが露呈《ろてい》〔あらわれ出ること〕している。早いもん勝ち、獲ったもん勝ちという考え方は世界に蔓延《まんえん》していて、アマゾンの熱帯雨林の違法伐採《ばっさい》とか、貴重な野生動物の密猟《りょう》とか、世界中で⑤枚挙のいとまがないほど共有地の悲劇の実例が存在している。

　よく、人間も生物の一種であるから、人間が起こす環境問題も自然現象である。だから止める必要はないし、止められない。人間は本能という名の欲望に沿《そ》ってあるがままに振舞えばよいし、いつか人間が絶滅するならそれも自然現象だから仕方ない、なんていう人がいる。この考え方を受け入れてしまうと、環境保全などを考えるのは無意味になってしまう。なのでこの本の最初の章で、この話を扱うことにした。

　人間はもともと利己的に振舞うものだ。これは否定のしようがない。人類の祖先は数百万年前に生まれて、それからずっと、つい一万年前くらいまでは、狩猟採集で食べものを得る原始時代(旧石器時代)のくらしを送っていた。農耕や牧畜がはじまる前の原始時代のくらしはたいへんきびしく、人類の人口はとても少なかった。彼らは小さなグループをつくり広大な土地で食べものを探していたから、人口密度はとても低かったのである。

　太古のむかしに思いを馳《は》せてみよう。人口密度が極端に低い時代の彼らにとって、地球のサイズは無限と考えても問題がなかった。どんなにがんばっても地球の資源を使いつくすことはできなかったのである。だから、ひたすらできる限りの資源の収奪を行うことが、彼らにとってベストな戦略だったのだ。原始時代のこのような環境では、現代のような環境問題は生じない。原始人がごみを捨てたところで、それは広大な土地や水や大気ですぐに薄められてしまう。だから現代のような公害は発生しなかったのだ。だから原始人には、環境意識はなかなか生まれなかったことだろう。

　やがて農耕や牧畜が始まった。すると食料が安定して供給されるようになり、人口密度が増加する。それと同時に人びとは定住生活をするようになる。人間のライフスタイルがこのように変わっていくと、原始時代のように後先考えずに資源を使い切ってしまうと困《こま》ることが増えてきた。人口が増えてテクノロジーが進歩するにしたがって、資源を使いつくすというのが現実問題になってきたのである。こうして人びとは次第に、持続可能な利用というコンセプト〔考え方〕を身に着け、社会のルールや道徳に組み込んで、現代にいたる。人口が増えてテクノロジーが進歩するにしたがって、資源を使いつくすというのが現実問題になってきたのである。しかし、人間はつい一万年くらい前までは旧石器時代を生きていた。人間はそんなに急に変わることはできないので、現代人の遺伝子も⑥原始時代の記憶を引きずっている。だから容易に共有地の悲劇を引き起こす。これは人がもって生まれた性なのである。人間がみんな利他的になったらいいよね、みたいなのは夢物語である。人間の善意や自己犠牲《ぎせい》に頼りきりの環境保全は成立しない。

生物学者である僕は、生物としての人間が持つ性をいやというほどわかっている。人間も動物も等しく、生存と繁殖のためのきびしいたたかいを今日まで続けている。そのために、冷徹《てつ》で合理的な行動を取ることが求められているのだ。それでもなお、⑦人間は環境問題を解決できると信じている。考えてみれば、人間は後先を考えて、未来の幸せのためにいまがまんすることができる生物である。これが、人間とその他の生物の大きなちがいだ。人類が農耕や牧畜を「発明」したのはこのような性質を持っていたから。ひと握りの小麦や一匹の子ヒツジを手に入れたとき、それらを食べてしまえばすぐに満腹になるし、手間もかからない。しかし人類は、がまんしてそれらを食べずに育てることの意味を知った。苦労して世話をして育てることで、将来、より多くの食べものが得られるのである。これは、未来の幸福のためにいまがまんできる理性という人間の特徴が生み出したものである。

だから、僕ら人類は環境問題を解決できる可能性を持っていると思う。いま、ある程度がまんすることで将来僕らや僕らの子孫たちが幸せになれるのなら、そういう選択ができる動物なのだ。環境問題はたいへん深刻だし、共有地の悲劇を生み出す人間の性から逃れることもできない。それでもなお、希望を捨てずに解決を目指すべきだ。これが⑧楽観的悲観主義者のマインドである。

（伊勢武史 著『2050年の地球を予測する
——科学でわかる環境の未来』〈ちくまプリマー新書〉より）

問1 太線部a「ドヨウ」・b「コウ(じる)」を漢字で答えなさい。

問2 傍線部①「共有地の悲劇」について、次の各問いに答えなさい。

Ⅰ 次は、「共有地の悲劇」と、この後に説明されるシラスウナギの例との関係を説明した文章です。空欄に入る最も適切な語をそれぞれ後のA～Dから選び、記号で答えなさい。

「シラスウナギ」は寓話における【１】にあたり、「密漁者」は寓話における【２】にあたる。シラスウナギは【１】と同様に段々と減少し、現在ウナギは絶滅危惧種になっている。

A　牧草　B　ウシ　C　村人　D　お金

Ⅱ 「共有地の悲劇」と同様の仕組みで発生する事例として**当てはまらない**ものを次から一つ選び、記号で答えなさい。

ア　健康食志向によって魚を食べることが世界的に流行し、マグロやサンマなどの値段が高くなってしまった。

イ　節電の呼びかけを行ったものの電力の消費量が増え続け、供給量を上回って地域全体が停電してしまった。

ウ　町内会の地域清掃は面倒だからと皆が参加しなくなった結果、害獣や害虫が増え、住みにくい街になってしまった。

エ　伐採した樹木の代わりに植林を進めて環境保全に努めた結果、多くの人が花粉症に悩まされるようになってしまった。

問3　次は、傍線部②中の「人間が環境問題を引き起こすメカニズム」について説明した文です。空欄に入る適切な表現を「　」**内**の本文中から二十字以内で抜き出し、答えなさい。

「人間が環境問題を引き起こすメカニズム」とは、人間が共有地においては【　　】ことを促《うなが》す仕組みのことを指している。

問4　傍線部③「□に乗じて」の空欄に入る最も適切な語を次から選び、記号で答えなさい。

ア　危険　　イ　秘密　　ウ　夜陰《やいん》　　エ　誘惑《ゆうわく》

問5　空欄Xに入る最も適切な表現を次から選び、記号で答えなさい。

ア　公共の場所にあり、誰かの所有物である

イ　公共の場所にあり、誰かの所有物ではない

ウ　私的な場所にあり、誰かの所有物である

エ　私的な場所にあり、誰かの所有物ではない

問6　傍線部④「シラスウナギに起こっている悲劇との決定的な違い」は、どのような点にありますか。次の空欄A・Bに入る適切な表現を**傍線部④以前**の本文中から指定の字数で抜き出し、説明を完成させなさい。

シラスウナギとは異なり、松阪牛は【A　三字】が定まっており、【B　八字】することができる点。

問7　三つの空欄Yに共通して入る適切な表現を考え、七字で答えなさい。

問8　傍線部⑤「枚挙のいとまがない」の意味として最も適切なものを次から選び、記号で答えなさい。

ア　多くて数えられない　　イ　被害が悪質化する

ウ　考えると気が滅入《めい》る　　エ　絶え間なくつづく

問9　傍線部⑥「原始時代の記憶」の内容として**当てはまらない**ものを次から一つ選び、記号で答えなさい。

ア　地球の資源を使いつくすことは不可能である。

イ　狩猟こそが生存に必要な食料確保の手段である。

ウ　ごみを捨てたところで環境への影響は生じない。

エ　できる限り天然の資源を収奪することが望ましい。

問10　次は、傍線部⑦「人間は環境問題を解決できる」と筆者が考えている理由について述べた文です。空欄に入る適切な語を『　』**内**の本文中から漢字三字で抜き出し、答えなさい。

「人間には【　　】があるから環境問題を解決できる」と筆者は考えている。

問11　傍線部⑧「楽観的悲観主義者のマインド」の説明として最も適切なものを次から選び、記号で答えなさい。

ア　人間は社会全体の繁栄を考えた選択ができる理性的存在であるため、たとえ環境問題が深刻さを増したとしても、新しい技術によって解決する道はあると信じつづける精神。

イ　損害を受けても自己回復力をもって再生してきた自然は偉《い》大な存在であり、人間が利己的だったとしても、環境問題はさほど深刻にならないだろうと前向きにとらえる精神。

ウ　人間はもともと利己的なものであることを受け止めた上で、理性によって未来の繁栄にも目を向けた行動を選択し、環境問題解決に向けて努力しつづけていこうとする精神。

エ　農耕や牧畜など集団で繁栄を目指してきた人類であるので、自然の資源が底をついてしまう前に、みんなで未来の人たちのためにがまんを伴《ともな》う行動も受け入れようとする精神。

二　次の文章を読み、後の問いに答えなさい。なお、設問の都合上、本文を変更している部分があります。

小学六年生の宮本草児《そうじ》は、両親の離婚によって三ヶ月前、母と一緒に祖母の家に引っ越してきた。転校初日に話し方を笑われてしまい、クラスメイトとなじめなかった草児は、祖母ともなじめず、毎日のように放課後は一人で、博物館で過ごしていた。ある日、博物館で三十歳代と見られるスーツを着た「男」に声をかけられたが、警《けい》戒《かい》して反応せずに立ち去った。次は、それからしばらく経った頃の場面である。

「シフトの都合」で予定外の休みをもらった母は、同じ理由で休みがなくなった。十連勤だなんて冗談《じょうだん》じゃないよとぼやいていたのは最初の数日だけで、半ば頃になると家にいる時は無言でテーブルにつっぷしているだけの、物言わぬ生物になった。祖母はなんだか近頃調子が悪いといって、日中も寝てばかりいた。

古生代の生物たちも、こんなふうに干渉《かんしょう》し合うことなく、暮らしていたのかもしれない。同じ家の中にいても、ほとんど言葉を交わさない。母や祖母の気配だけを感じつつ、ひとりで食卓に置かれたパンや釜《かま》めしを食べた。

味がぜんぜんわからなかった。給食もそうだ。甘いとも辛《から》いとも感じない。誰かと同じ空間にいても、人間は簡単に「ひとり」になるものだと、こんなふうになるずっと前から知っていた。

博物館の前に立ち、「本日休館日」の立て札を目にするなり、動けなくなってしまった。今日は木曜日だということをすっかり忘れていた。

A一色の絵の具で塗りつぶしたような毎日の中で、曜日の感覚が鈍っていたのかもしれない。

ワチャーというような声が頭上から降ってきて、振り返った。このあいだムササビの骨格標本を見上げていた男が草児のすぐ後ろに立っていた。今日は灰色のスーツを着ている。男の指がすっと持ち上がって、立て札を指す。ちょっと異様なぐらいに長く見える指だった。

「きみ知ってた？　今日休みって」

「うん」

男があまりに情けない様子だったので、つい警戒心がゆるみ「知ってたけど忘れてた」と反応してしまう。

「そうかあ」

中に入れないのならば、帰るしかない。背を向けて歩き出すと、男も後ろからついてくる。公園から出るには同じ方向に向かうしかないからあたりまえのことなのだが、気になって何度も振り返ってしまう。

「どうしたの？」

草児の視線を受けとめた男が、ゆったりと口を開く。なにを勘《かん》違いしたものか「なに？　腹減ってんの？」と質問を重ねる。違う。とっさに答えたが、嘘《うそ》だった。腹は常に減っている。

男のアクセントはすこしへんだった。このあたりの人とも、草児とも違う。そのくせ、すこしも恥じてはいないようだ。

「あ、これ食う？」

書類やノートパソコンが入っていそうな鞄《かばん》から、蒲《かば》焼きさん太郎が出てきた。差し出されたそれを草児が黙って見ていると、男はきまりわるそうに下を向き、包装を破いて、自分の口に入れた。

「そうだよな、あやしいよな。知らないおじさんが手渡してくる蒲焼きさん太郎なんか食べちゃだめだ」

しっかりしてるんだな、えらいな、うん、と勝手に納得し、男はベンチに座った。鞄から、つぎつぎとお菓子が取り出される。いくつかのお菓子には見覚えがあり、そのほかははじめて目にする。うまい棒とポテトスナックは知っているが、なんとかボールと書いてあるお菓子は知らない。

「あの、なんで、そんなにいっぱいお菓子持ってるの」

おそるおそる問う。この男は草児が知っているどの大人とも違う。男はすこし考えてから「さあ?」と首を傾《かし》げた。自分自身のことなのに。

「安心するから、かな」

うまい棒を齧《かじ》りながら、男は「何年か前に出張した時に」と喋《しゃべ》り出した。帰りの新幹線が事故で何時間もとまったまま、という体験をしたのだという。いつ動き出すのかすらまったくわからなくて、不安だった。でも、新幹線に乗る前に売店で買ったチップスターの筒を握りしめていると、なぜか安心した。その時、思いもよらないものが気持ちを支えてくれることもあるんだな、と知った。あれは単純に「食料がある」という安心感ではなかった、たとえば持っていたのが乾パンなどの非常食然としたものだったらもっと違った気がする、だからお菓子というものは自分の精神的な命綱のようなものだと思ったのだ、というようなことをのんびりと語る男に手招きされて、草児もベンチに座った。いつでも逃げられるように、すこし距離をとりつつ。

草児が背負っていたリュックからオレンジマーブルガムのボトルを出すと、男は「なんだよ、持ってるじゃないか」とうれしそうな顔をする。自分のガムはただのおやつであって、命綱なんかではない。

やっぱへんなやつだ、と身を引いた拍子《ひょうし》に、手元が狂った。①容器の蓋《ふた》が開いてガムがばらばらと地面にこぼれ落ちる。草児は声を上げなかった。男もまた。映画館で映画を観るように、校長先生の話を聞くように、唇《くちびる》を結んだまま、丸いガムが土の上を転がっていくのを見守った。

気づいた時にはもう、涙があふれ出てしまっていた。頬を伝っていく滴《しずく》は熱くて、でも顎《あご》からしたたり落ちる頃には冷たくなっていた。

どうして泣いているのか自分でもよくわからなかった。ガムの容器の蓋をちゃんとしめていなかったこと。博物館の休みを忘れていたこと。男が蒲焼きさん太郎を差し出した時に蘇《よみがえ》った、文《ぶん》ちゃん〔出題者注:保育園からの付き合いがある、前の学校の同級生。頼りがいはあるが、草児は彼との力関係に悩んでいた。〕と過ごした日々のこと。

楽しかった時もいっぱいあった。

それなのに、どうしても文ちゃんに嫌だと言えなかったこと。嫌だと言えない自分が恥ずかしかったこと。別れを告げずに引っ越ししてしまったこと。

父が手紙をくれないこと。自分もなにを書いていいのかよくわからないこと。

②今日も学校で、誰とも口をきかなかったこと。算数でわからないところがあったこと。でも先生に訊《き》けなかったこと。

母がいつも家にいないこと。疲れた顔をしていること。祖母から好かれているのか嫌われているのかよくわからないこと。

いつも自分はここにいていいんだろうかと感じること。

男は泣いている草児を見てもおどろいた様子はなく、困惑するでもなく、かといって慰《なぐさ》めようとするでもなかった。③ただ「いろいろ、あるよね」とだけ、言った。「え」と訊きかえした時には、涙はとまっていた。

いろいろ、と言った男は、けれども、草児の「いろいろ」をくわしく聞きだそうとはしなかった。

「いろいろある」

草児が繰り返すと、男は食べ終えたうまい棒の袋を細長く折って畳《たた》みはじめる。

「ところできみは、なんでいつも博物館にいるの？」

「だよね、いつもいるよね？」と質問を重ねる男は、草児がいつもいるとわかるほど頻繁《ひんぱん》に博物館を訪れているのだ。

「恐竜とかが、好きだから」

大人に好きなものについて訊かれたら、かならずそう答えることにしている。嘘ではないが、太古の生物の中でもとりわけ恐竜を好むわけではない。にもかかわらずそう言うのは「そのほうがわかりやすいだろう」と感じるからだ。そう答えると、大人は「ああ、男の子だもんね」と勝手に納得してくれる。

「あと、もっと前の時代のいろんな生きものにも、いっぱい、いっぱい興味がある」

他の大人の前では言わない続きが、するりと口から出た。

④エディアカラ紀、海の中で、とつぜんさまざまなかたちの生物が出現しました。

体はやわらかく、目やあし、背骨はなく、獲物をおそうこともありませんでした。

エディアカラ紀の生物には、食べたり食べられたりする関係はありませんでした。

図鑑を暗誦《しょう》した。

草児は、そういう時代のそういうものとして生まれたかった。同級生に百円をたかられたり、喋っただけで奇異な目で見られたり、こっちはこっちでどう見られているか気にしたり、そんなんじゃなく、静かな海の底の砂の上で静かに生きているだけの生物として生まれたかった。

「行ってみたい？　エディアカラ紀」

唐突な質問に、うまく答えられない。この男は「エディアカラ紀」を観光地の名かなにかだと思っているのではないか。

「タイムマシンがあればなー」

でも操縦できるかな。ハンドルを左右に切るような動作をしてみせる。

「バスなら運転できるんだけどね。おれむかし、バスの運転手だったから」

男の言う「むかし」がどれぐらい前の話なのか、草児にはわからない。わからないので、黙って頷《うなず》いた。むかしというからには今は運転手ではなく、なぜ運転手ではないのかという理由を、草児は訊《たず》ねない。男が「いろいろ」の詳細を訊かなかったように。

男がまた、見えないハンドルをあやつる。

一瞬ほんとうにバスに乗っているような気がした。Bバスが、長い長い時空のトンネルをぬけて、しぶきを上げながら海に潜《もぐ》っていく。いくつもの水泡が、窓ガラスに不規則な丸い模様を走らせる。

視界が濃く、青く、染まっていく。

海の底から生えた巨大な葉っぱのようなカルニオディスクス。楕《だ》円形にひろがるディッキンソニア。ゆったりとうごめく生きものたち。自分はそれらをいちいち指さし、男は薄く笑って応じるだろう。バスは音も立てずに進んでいく。砂についたタイヤの跡はやわらかいカーブを描き、その上を、図鑑には載《の》っていない小さな生きものが横断する。

そこまで想像して、でも、と呟《つぶや》いた。

「もし行けたとしても、戻ってこられるのかな？」

タイムマシンで白亜紀に行ってしまうアニメ映画を、母と一緒に観たことがある。その映画では、途中でタイムマシンが恐竜に踏み壊されていた。その場面は強烈に覚えているのに、主人公が現代に戻ってきたのかどうかは覚えていない。

男が「さあ」と首を傾げる。さっきと同じ、他人事のような態度で。

「戻ってきたいの？」

そりゃあ、と言いかけて、自分でもよくわからなくなる。

「だって、えっと……戻ってこなかったら、心配するだろうから」

草ちゃんがどこにでも行けるように、と母は言ってくれるが、タイムマシンで原生代に行って二度と帰ってこなかったら、きっと泣くだろう。

「そうか。だいじな人がいるんだね」

おれもだよ、と言いながら、男はゆっくりと、草児から視線を外した。

「タイムマシンには乗れないんだ。仕事をさぼって博物館で現実逃避するぐらいが⑤セキノヤマなんだ、おれには」

「さぼってるの？」

男は答えなかった。意図的に無視しているとわかった。そのかわりのように「ねえ、だいじな人って、たまにやっかいだよね」と息を吐いた。

「なんで？」

「やっかいで、だいじだ」

空は藍《あい》色の絵の具を足したように暗く、公園の木々は、ただの影になっている。きみもう帰りな、とやっぱりへんな、すくなくとも草児にはへんだと感じられるアクセントで言い、男が立ち上がる。うまい棒のかけらのようなものが空中にふわりと舞い散った。

⑥いつもと同じ朝が、今日もまた来る。

トースターに入れたパンをａ焦がしてしまって、家を出るのがすこし遅れた。教室に入って宿題を出し、椅子《いす》に腰を下ろすと同時に担任が教室に入ってきた。あー！　誰かが甲《かん》高い叫び声を上げる。担任はいつものジャージを穿《は》いていたが、上は黒いTシャツだった。恐竜の絵が描かれている。

「ティラノサウルス！」

誰かが指さす。せんせーなんで今日そんなかっこうしてんのー、と別の誰かが笑う。彼らは先生たちの変化にやたら敏感で、髪を切ったとか手をケガしたとか、そういったことにいちいち気づいて指摘せずにはいられないのだ。

「ちがう」

声を発したのが自分だと気づくのに、数秒を要した。みんながこちらを見ている。心の中で思ったことを、いつのまにか口に出していた。

担任から促《うなが》されて立ち上がる。Ｃ椅子が動く音が、やけに大きく聞こえる。

「ちがう、というのはどういう意味かな？　宮本さん」

「……それはアロサウルスの絵だと思います」

「なるほど。どう違うか説明できる？」

「時代が違います。ティラノサウルスは白亜紀末に現れた恐竜で、アロサウルスは、ジュラ紀です」

すべて図鑑の受け売りだった。

「続けて」

「えっと、どちらも肉食ですが、ティラノサウルスよりアロサウルスのほうが頭が小さい、という特徴があります」

ずっと喋らないようにしていた。笑われるのは無視されるよりずっとずっと嫌なことだった。おそるおそる目線だけ動かして教室を見まわしたが、笑っている者はひとりもいなかった。何人かは驚いたような顔で、何人かは注意深く様子をうかがうように、草児を見ている。

「ありがとう。座っていいよ。宮本さん、くわしいんだな。説明もわかりやすかったよ」

感心したような声を上げた担任につられたように、誰かが「へー」と声を漏らすのが聞こえた。

「じゃあ、国語の教科書三十五ページ、みんな開いて」

なにごともなかったように、授業がはじまる。

国語の次は、体育の授業だった。体操服に着替えて体育館に向かう。体育館はいつも薄暗く、壁《かべ》はひび割れ、床は傷だらけで冷たい。草児はここに来るたび、うっすらと暗い気持ちになる。

体育館シューズに履《は》き替えていると、誰かが横に立った。草児より小柄な「誰か」はメガネを押し上げる。

「恐竜、好きなの？」

「うん」

草児が頷くと、Dメガネも頷いた。

「ぼくも」

そこで交わした言葉は、それだけだった。でも誰かと並んで立つ体育館の床は、ほんのすこしだけ、冷たさがましに感じられる。

⑦すこしずつ、すこしずつ、画用紙に色鉛筆で色を重ねるように季節が変わっていって、草児が博物館に行く回数は減っていった。

体育館の靴《くつ》箱の前で声をかけてきた男子の名は、杉田《すぎた》くんという。杉田くんは塾とピアノ教室とスイミングに通っているから一緒に遊べるのは火曜日だけだ。そして、教室で話す相手は彼だけだ。それでももう、以前のように透明の板に隔《へだ》てられているという感じはしなくなった。完全に取っ払われたわけではない。でも、透明のビニールぐらいになった気がしている。その気になればいつだって自力でぶち破れそうな厚さに。

「外でごはん食べよう」

帰宅した母が、そんなことを言い出す。突然なのと戸惑《とまど》う祖母の背中を押すようにして向かった先はファミリーレストランだった。草児がそこに行きたいとせがんだからだ。

もっとぜいたくできるのに、と母は不満そうだったが、草児はぜいたくでなくてもよかった。ぜいたくとうれしいは、イコールではない。

体調不良が続いていた祖母も、今日はめずらしく調子が良いようで、うすく化粧をして、明るいオレンジ色のカーディガンをb羽織っている。

四人がけの席につき、メニューを広げた。

「急に外食なんて、どうしたの」

草児が気になっていたことを、祖母が訊ねてくれる。頬杖《ほおづえ》をついていた母が「パートのわたしにも賞与《しょうよ》が出たのよ」と言うなり、唇の両端をにいっと持ち上げた。

「それはよかった」

「それはよかった」

祖母の真似《まね》をしてみた草児に向かって、母がやさしく目を細める。

賞与の金額の話から、Eコテイシサンゼイが、ガクシホケンがどうのこうのというつまらない話がはじまったので、草児はひとりドリンクバーにむかう。

グラスにコーラを注いで席に戻る途中で、あの男がいるのに気づいた。男は窓際の席にいた。ひとりではなかった。四人がけのテーブルに、誰かと横並びに座っている。

男の連れが男なのか女なのか、草児には判断できなかった。髪は背中に垂れるほど長く、着ている服は女もののようであるのに、顔や身体つきは男のようだ。

ふたりはただ隣に座っているだけで、触れあっているわけではない。にもかかわらず、近かった。身体はたしかに離れているのに、ぴったりとくっついているように見える。

男の前には湯気の立つ鉄板がある。男は鉄板上のハンバーグをナイフですいと切って、口に運ぶなり「フーファ」というような声を上げた。ムササビの骨格を見上げておどろいていた時とまったく同じ、間の抜けた声だった。

「あっつい」

「うん」

「でもうまい」

「ね」

男とその連れは視線を合わすことなく、短い言葉を交わす。声をかけようとした時、ふいに男が顔を上げた。挨拶《あいさつ》しようと上げた草児の手が、宙で止まる。男の首がゆっくりと左右に動くのに気づいたから。

男の視線が鉄板にかがみこんでいる隣の人間に注がれたのち、草児の母と祖母がいる席に向いた。迷いなくそちらを向いたことで草児は、男がとっくに自分に気づいていたと知る。
⑧もう一度男が首を横に振った。口もとだけが微笑《ほほえ》んでいた。だから草児も片手をゆっくりとおろして、自分の席に戻る。
男の隣にいる人間が男であるか女であるかは判断できないままだったが、そんなことは草児にとっては、どうでもいいことだった。あの人はきっと、⑨男が鞄にしのばせているお菓子のような存在なんだろうなと勝手に思った。というよりも、そうでありますように、と。

「いろいろある」世界から逃げ出したくなった時の命綱みたいな、「やっかいだけどだいじな人」とあの男が、ずっとずっと元気でありますようにと、名前も知らない彼らが幸せでありますようにと、神さまにお願いするように思った。

「なにかいいことがあった」

コーラにストローをさす草児に、祖母が問う。はてなマークがついていなくても、ちゃんとわかる。いつのまにかわかるようになった。祖母は今、たしかに自分に問いかけている。

「なんにも」と答えた自分の声がごまかしようがないほど弾《はず》んでいて、草児は笑い出してしまう。ひとくち飲んでみたコーラはしっかりと甘かった。そのことが草児をさらに笑わせ、泣きたいような気分にもさせる。


(寺地はるなの文章による)

問1　太線部ａ「焦(がし)」・ｂ「羽織(って)」の読みをひらがなで答えなさい。

問2　傍線部①「容器の蓋が開いて〜しまっていた」から読み取れる内容として**適切でない**ものを次から一つ選び、記号で答えなさい。

ア　こぼれ落ちる丸いガムの一つひとつに、草児は今まで胸の奥にしまっていた出来事や心情を重ね合わせている。

イ　家族やクラスメイトに対して草児が常々感じていた疎外感《そ》を、こぼれ落ちる丸いガムが呼び起こしてしまった。

ウ　丸いガムがこぼれ落ちるのをただ黙ってみている草児の様子は、人間関係を何も変えられないでいる草児を映し出している。

エ　こぼれ落ちる丸いガムがもったいなくて思わず泣いてしまったことで、草児は今までにあったつらい出来事を思い出してしまった。

問3　傍線部②「今日も～なかった」とありますが、草児が誰とも口をきかなかった理由にあたる**一文**を「　」内の本文中から抜き出し、始めの四字を答えなさい。

問4　傍線部③「ただ～とまっていた」について、次の各問いに答えなさい。

Ⅰ　草児は「『え』と訊《き》きかえした」とありますが、その理由として最も適切なものを次から選び、記号で答えなさい。

ア　草児が泣き出したことに対し、「男」があせったり慌《あわ》てたりする様子もないのが意外だったから。

イ　草児の涙の理由が家庭や学校での出来事にもあるということを、「男」に気づかれたと思ったから。

ウ　草児が泣き出すことになったいろいろな理由を、「男」がこのあと聞き出すのだろうと警戒したから。

エ　草児自身でも涙の理由が分からない中で、「男」が自分に寄り添おうとしていることに戸惑ったから。

Ⅱ　傍線部③以降、「男」に対する草児の態度には変化が見られます。その変化の始まりを示す表現として最も適切な**一文**を本文中から三十字以内で抜き出し、始めの五字を答えなさい。

問5　次は、傍線部④「エディアカラ紀」に対する草児の気持ちについて述べた文です。空欄に入る最も適切な表現を後のア～エから選び、記号で答えなさい。

様々な種類の生き物が存在しながらも生存競争がなかったとされる「エディアカラ紀」は、そこに生きる者たちが【　　】世界の象徴であるため、草児はあこがれを抱いているのである。

ア　多様性を尊重し合い、和やかに生きることができる

イ　互いに干渉することなく、心静かに生きることができる

ウ　命の尊さを理解し、争うことがなく平和に生きようとする

エ　ありのままの個性を認め合い、協力して共に繁栄しようとする

問6　傍線部⑤「セキノヤマ」の意味を漢字二字で答えなさい。

問7　傍線部⑥中の「今日」の出来事の説明として**適切でない**ものを次から一つ選び、記号で答えなさい。

ア　担任の先生の服装を見た瞬間に盛り上がっているクラスの人たちの様子を、一歩引いたところから草児は見ていた。

イ　喋《しゃべ》らないように心掛けていた草児だったが、Tシャツの恐竜がティラノサウルスではないことを思わず発言してしまった。

ウ　恐竜の話をきっかけに杉田くんが話しかけてくれたが、草児にとっては関わりが薄かったので彼の名前が分からなかった。

エ　恐竜の違いを分かりやすく説明したのに、先生だけが反応してくれてクラスの人たちは何事もなかったかのように無反応だった。

問8　傍線部⑦「すこしずつ、～減っていった」から読み取れることとして最も適切なものを次から選び、記号で答えなさい。

ア　草児が周囲の人と新しい関係を築いていき、それまで大切にしていたものを軽んじるようになったということ。
イ　草児が自分をとりまく世界との心理的距離を次第に縮めていき、周囲の人たちとのつながりを深めつつあるということ。
ウ　草児は同じ毎日の繰り返しで変化がないと思っているが、草児の気づかないところで確実に変化が起こっているということ。
エ　草児をとりまく世界が本人とは関係のないところで次々と変化し、その対応に追われるようになった草児は忙しくなったということ。

問9　傍線部⑧「もう一度男が首を横に振った。口もとだけが微笑んでいた」とありますが、次はそのような行動をとった理由を説明した文章です。空欄に入る適切な表現を、Aについては本文中から四字で抜き出して答え、Bについては後のア～エから選んで記号で答えなさい。

男と草児が出会った博物館は、二人にとって【Ａ】の場所だった。しかし、結局二人はそれぞれの日常へと戻っていった。男が「微笑んで」「首を横に振った」のは、【　Ｂ　】から、ここでの交流はやめようと草児に伝えようとしたのである。

ア　母親と祖母に見つかると不審がられてしまい今後自分たちは会いにくくなる
イ　博物館での非日常的な会話を自分の連れに知られてしまうのは恥ずかしい
ウ　一人で来ていた博物館とは違って今は連れがいるので邪魔してほしくない
エ　博物館で出会った自分たちは互いに連れがいる日常で交わるべきではない

問10　傍線部⑨中の「お菓子」とはどのような存在であるといえますか。次の空欄に入る適切な語を自分で考え、それぞれ指定の字数で答えなさい。ただし、アには食べ物の名前が入ります。

「人は【ア　二字】のみにて生くる者にあらず」という聖書の言葉にもあるように、男にとっての「あの人」は非常食のように【イ　一字】をつなぐためだけのものではなく、「お菓子」のように【ウ　一字】も安定させる存在である。

問11　次は、本文中の波線部Ａ～Ｅの表現についての説明です。**適切でないもの**を一つ選び、記号で答えなさい。

Ａ　「一色の絵の具で塗りつぶしたような毎日」とは、草児の生活が単調であることを表す比喩《ゆ》表現である。
Ｂ　「バスが、～潜っていく」は、運転の真似をする男の動作を見て、草児が空想の世界に入りこんでいく様子を表している。
Ｃ　「椅子が動く音が、やけに大きく聞こえる」は、草児が勢いよく椅子から立ち上がった様子を間接的に伝えている。
Ｄ　「メガネも頷《うなず》いた」の「メガネ」は、声を掛けてきてくれた杉田くんのことを比喩を用いて表している。
Ｅ　「コテイシサンゼイが、ガクシホケンが」におけるカタカナ表記は、これらを草児が理解していないことを示している。

問12　次は、本文を読んだ生徒の会話です。これを読み、後の問いに答えなさい。

明子　この小説の題名「タイムマシンに【１】ぼくたち」の「ぼくたち」っていうのは、草児と「男」のことよね。
星子　博物館で出会ったときの草児と「男」が、自分たちをどうとらえているかをうまく表した題名になっていると思うわ。

明子　そうだね。私は最後から二文目の「ひとくち飲んでみたコーラはしっかりと甘かった」というところに共感できたわ。草児が自分の存在意義を確かめられたことが伝わってきたわ。

星子　私もその表現は印象に残った。本文前半の「【２】」という一文は、この表現を導く伏《ふく》線になっているのよね。ところで、最後の一文の意味は分かった？

明子　まず本文中の「【３】」というたとえは、草児と周囲との心理的な隔《へだ》たりのことだと読み取ったわ。その隔たりが「男」との交流をきっかけとして段々なくなっていくことへの喜びや安堵《ど》感が、最後の一文に表れていると感じたわ。

Ⅰ　空欄１に入る適切な表現を自分で考え、四字で答えなさい。

Ⅱ　空欄２に入る最も適切な**一文**を本文中から十四字で抜き出し、答えなさい。

Ⅲ　空欄３に入る最も適切な表現を本文中から四字で抜き出し、答えなさい。

江戸川女子中学校（第一回）

—50分—

（注意）　字数指定のある設問はすべて、句読点等を字数に含む。

一　次の——線部のカタカナを漢字に直しなさい。

① 楽器をカナでる。
② パーティーに友人をショウタイする。
③ お金を銀行にヨキンする。
④ ヒタイに汗《あせ》を浮《う》かべる。
⑤ 敵にイッシをむくいる。

二　次の□に漢字を入れ、四字熟語を完成させなさい。

① □田□水な行いは周りの人からきらわれるよ。
② 初心にかえって、□骨砕《さい》□の気持ちでがんばろう。
③ □目□目というように、周りの意見も大切だよ。
④ 彼は□□雷《らい》同な性格ですぐに多数派につこうとする。
⑤ まわりくどい言い方でなく、単□直□に言ってくれよ。

三　次の文章を読み、後の問いに答えなさい。

卓球《たっきゅう》部に所属する中学三年生の「亜樹《あき》」は、叔母《おば》である「千秋ちゃん」に手伝いを頼《たの》まれ、「千秋ちゃん」の住むマンションをたずねた。

ようやく①千秋ちゃんのマンションに到着《とうちゃく》してチャイムを鳴らす。

「待ってたわよぉ」

千秋ちゃんはにやにやして亜樹《あき》の肩《かた》をつかむと、部屋の中にまねきいれた。

イラストレーターをやっている千秋ちゃんのリビング兼《けん》アトリエには、大きな机に、パソコンと絵の具とインクが並んでいる。

「はい、お願いね」

部屋にはいると、千秋ちゃんは早速亜樹に二千円と説明書をわたした。

亜樹は本棚《ほんだな》のくみ立てを千秋ちゃんにたのまれるのは、これで三度目だ。バラバラな部品や板を見ると一瞬《いっしゅん》②途方《とほう》にくれるけど、丁寧《ていねい》に説明書を読んで、そのとおりにネジをしめたり、板をはめこんだりすれば、本棚は③案外かんたんにできあがる。

「あんた、勉強してるの？　いつみ※1よりかなり成績悪いらしいじゃん？」

説明書にしたがって、部品を確認していると、そばで見ているだけの千秋ちゃんがきいてきた。亜樹はムッとしてその質問にはこたえずに、説明書を読み始めた。

「まあ、べつにいい高校にはいっても、いつみみたいに学校に興味なくなっちゃしょうがないけどね」

千秋ちゃんはたいくつそうに、床《ゆか》にすわってストレッチを始める。いつものように、まったくてつだう気がないようだ。

「なによ。元気ないじゃない」

千秋ちゃんはストレッチをやめて、床をはいつくばって亜樹に近づくと、顔をのぞきこんできた。

「なんかなやみごとでもあるの？　千秋ちゃんが相談にのってあげてもいいわよぉん」

そういって、今度は背中から亜樹の首に手をまわして、だきついてくる。

「もう、じゃま。やめてよ」

亜樹は不機嫌《ふきげん》な声でいった。

「おっと、④機嫌がわるいねぇ。まあ、受験生だし、しかたないか」

千秋ちゃんはそれでもしつこく、亜樹にだきついたままはなれない。

「もう、あっち、いって！　べつになやんでなんかないから！」

亜樹はイライラする気持ちをおさえられなくて、思わず大声をだしてしまった。すると、千秋ちゃんはそっと亜樹からはなれると床をはいつくばって、ずりずりと部屋のすみのほうまでひきさがった。

さすがに亜樹も気まずくなって、作業する手をとめた。

「ふうん。めずらしいじゃない。いつも、いい子ちゃんなのに」

千秋ちゃんは亜樹のことを、赤《あか》ん坊《ぼう》の頃《ころ》から見てきているせいか、亜樹の性格をするどく見ぬいていた。だけどただ見ぬいているだけで、手をさしのべてくれるわけじゃないので、まったくたよりにならない。⑤おこづかいだって、こんなときにしかくれないし、しかもタダじゃないところが、いかにも「千秋ちゃん」だ。

「ほら、なにがあったかいってみな」

ふいに、千秋ちゃんにならいってもいいかな、という気持ちがめばえる。どうせ親身になってくれるわけじゃないとわかっているから、かえって気楽かもしれない。

「お母さんには内緒《ないしょ》にしてあげるからさ」

それは、本当はずっとだれかに吐《は》きだしたかったことだった。

「※2ダブルスを解消された」

だから亜樹はなんの説明もなしに、いきなり不満を短くぶちまけた。

「ダブルス？」

もちろん千秋ちゃんには、なんの話だかわからないにきまっていた。

「卓球《たっきゅう》のこと」

「卓球？」

それでも千秋ちゃんは、亜樹の言葉をくり返すばかりだ。

「卓球でずっと、ダブルスくんできた美佳《みか》に、ペアを解消されちゃったの！」

亜樹は泣いてしまったりしないように、怒《おこ》った口調のままつづけた。

「あんた、卓球、そんな真剣《しんけん》にやってたっけ？」

※3卓球部女子の伝統を知っている千秋ちゃんの疑問は、とうぜんだった。

「やってたの！　ずっと卓球が好きでつづけてきたの！　県大会でれるくらいに強くなりたかったの！」

ずっと心に秘めてきた本音を、こんなふうにはっきりと口にするのは初めてだった。

（中略）

「へぇ～初耳。びっくりぃ」

千秋ちゃんのおどろき方に、亜樹はバカにされてる気分になった。だけど、もう吐《は》きださずにはいられなかった。そうじゃないと、怒《いか》りで自分が爆発《ばくはつ》してしまいそうだったから。

「でも、ダブルス解消されちゃうとどうなるわけ？　試合にでれないの？」

千秋ちゃんを相手にしゃべるのは屈辱《くつじょく》だったけれど、亜樹は話をつづけた。

「でれるけど、※4シングルスでやるしかない」

「じゃあ、シングルスでやればいいじゃん」

その千秋ちゃんのあっさりした回答が亜樹をさらにムカつかせた。

「今さら無理なの！」

「なんで？」

千秋ちゃんのとぼけた感じの口調が、ますます亜樹をイラつかせた。

「ずっと、一年のときからダブルス専門で練習してきたんだもん。今さらシングルスなんかじゃ、勝てない！」

でも、本当はシングルスで試合にでることより、美佳にうらぎられたショックのほうがずっと大きかった。
⑥亜樹が、美佳とクリちゃんに呼ばれたのは、つい一週間前のことだった。
「じつはわたし、つぎの大会はクリちゃんとくむことにしたよ。先生の許可ももらったし、わたしたち、絶対に県大会に出場してみせるから」

美佳のその言葉があまりにとつぜんのことで、亜樹は最初、なにをいわれているのかよくわからなかった。

「わたしと美佳なら、地区大会で入賞できる自信あるし……そしたら、県大会にいけるでしょ？」

クリちゃんはそこまでいうと、うれしそうにグフフフと笑った。

「じつはね、県大会まで進んだら、※5金田先輩《かねだせんぱい》が彼氏《かれし》の友だちつれて応援《おうえん》にいくっていってくれてるんだ。それって、新しい出会いのチャンスじゃん？　だから、わたしたちで県大会に進んで……そのときは亜樹も応援にきて、いっしょに男の子を紹介《しょうかい》してもらおうよ」

美佳はそういうと、亜樹の顔色をうかがうようににっこり笑ってみせた。と同時に、クリちゃんが「キャー！　どうしよう！　高校生の彼氏ができちゃうかもぉ！」とぴょんぴょんはねてはしゃいだ。

「だから今度の大会、亜樹はシングルスでよろしくね」

クリちゃんはそういうと、亜樹の肩《かた》に手を置いて返事を待っている。

亜樹は［⑦］まま、でも気づくとこう返事をしていた。

「うん、わかった」

そうして亜樹は、シングルスに転向することになったのだ。

「ふうん。でも、まあ、シングルスでもいいじゃん」

千秋ちゃんは、亜樹の話をきくと軽い調子でいった。

「がんばってみればいいじゃん」

「そういう問題じゃない……」

千秋ちゃんの軽々しいいい方に、亜樹はムッとした。

「美佳とは、ずっといっしょにがんばってきたんだよ。それなのに、最後の最後でうらぎるなんて、私は美佳をゆるせないよ」

亜樹はいらだつ気持ちをおさえられなかった。

美佳は「彼氏持ち」になりたくて入部したタイプでも、練習や試合には本気でとりくんでいた。ちゃらちゃらしているようで、そこのところはきっちりけじめをつけていた。そんな⑧美佳とペアだったから、亜樹はタイプはちがっても卓球部にのこったのだ。実際、ふたりはいつも真剣《しんけん》勝負だった。試合に負けたときは、本気でくやしがったし、そんな試合の帰りには必ずマクドナルドで、ビッグマックをやけ食いして、つぎは絶対に勝つんだと約束しあってきた。それなのに、今さらダブルスを解消するなんて、しかも理由が、［⑨］からなんて、亜樹が納得できるわけがなかった。

「だったら、なんでちゃんとヤダっていわないのよ」

千秋ちゃんの言葉に、亜樹は顔をあげた。

「どうせあんたのことだから、いい顔したくて、素直にパートナーをゆずったんでしょ」

「そんなんじゃないよ！」

「じゃあ、なんなのよ。素直にパートナーをゆずったってことは、あんたも自分の実力が足りないってわかってたってこと？」

ドキッとした。今度は、ちがうよ！　とはいい返せなかった。亜樹がだまってると、千秋ちゃんが最後にいった。

「実力が足りないのを人のせいにしてると、自分がみじめになるわよぉ」

亜樹はそのきびしい言葉に目をふせた。はげましてもらえるなんて期待していなかったけれど、崖《がけ》っぷちにいた亜樹にしてみれば、千秋ちゃんの言葉はまさにうしろから⑩奈落の底へとつき落《お》とされた気分だった。

「ほらぁ、手がとまってるじゃなぁい。早く本棚作ってよぉ」

だけど千秋ちゃんは、自分の言葉が亜樹をそんなふうに傷つけたことにまったく気づかない。亜樹は心の中で「そんなんだから、結婚《けっこん》できないんだよ」と毒づきながら、作業を再開した。

本棚は、亜樹の手によって順調に完成した。

「また、てつだいにきてねぇ」

完成するとすぐ、千秋ちゃんは仕事があるからと、お茶ひとつださずに亜樹のことを追いだした。亜樹の告白のことなどすっかりわすれて、満足そうに手をふっている。

マンションをでてから、ポケットにいれてあった二千円をとりだして亜樹は「もう二度とてつだってやんない」と心に決めた。だけど、ひとりになったとたん、千秋ちゃんの言葉が胸によみがえる。

「いい顔したくて、素直にパートナーをゆずったんでしょ」

亜樹はマンションの千秋ちゃんの部屋を見あげた。くやしいことに、その言葉はなかなか⑪的を［　］ていた。

だけど亜樹は今回、いい顔がしたくてパートナーをゆずったわけじゃなかった。それだけだったら、こんなにくやしくない。あのとき亜樹は、確かに美佳とクリちゃんなら勝てるよなぁ、と納得してしまったのだ。どんどん上達していく美佳にくらべて、亜樹はのびなやんでいたから。

本当は、いつかそういわれるんじゃないかって、びくびくしていたから。

くやしいのは、ダブルスを解消されたことじゃなくて、［　⑫　］ことなのだ。

そこまで考えて、ようやく亜樹はそのことを素直に認められた。


（草野たき『リボン』〈ポプラ社〉による）

※1　いつみ……「亜樹」の姉。高校生。
※2　ダブルス……試合の形式。二人一組となり、二人対二人で試合を行う。
※3　卓球部女子の伝統……「亜樹」の所属する卓球部は、野球部やサッカー部の男子と仲良くすることで彼氏を作る部員が多く、そのために入部をする女子がほとんどであった。
※4　シングルス……試合の形式。一人対一人で試合を行う。
※5　金田先輩……卓球部の先輩。亜樹や美佳たちより学年が一つ上で、現在は高校生。

問1　——線部②「途方《とほう》にくれる」、③「案外」の意味として最適なものを次の中からそれぞれ一つずつ選び、記号で答えなさい。
②「途方にくれる」

ア　夢中になって、時間を忘れてしまう
イ　どうしたらよいかわからず、ぼんやりする
ウ　あきれはてて、何もいえなくなる
エ　思い通りにいかず、いらいらする

③「案外」
ア　味気ない　　イ　さりげない
ウ　せわしない　エ　思いがけない

問2　――線部⑤「おこづかいだって、こんなときにしかくれないし、しかもタダじゃない」とあるが、「おこづかい」をもらうために「亜樹」はこの日、何をしなければならないのか。本文中から七字でぬきだしなさい。

問3　［⑨］には次の表現が当てはまる。次の空欄《くうらん》A～Cに当てはまる言葉を本文中からそれぞれ指定の字数で探し、ぬきだしなさい。

【［A（四字）］が［B（六字）］を［C（二字）］してくれる】

問4　――線部⑩「奈落の底へとつき落とされた気分」とあるが、この気分を表した言葉として、最適なものを次の中から一つ選び、記号で答えなさい。

ア　絶望　イ　立腹　ウ　油断　エ　後悔《こうかい》

問5　――線部⑪「的を［　］ていた」とあるが、［　］に漢字一字を入れて、慣用句を完成させなさい。

問6　――線部①「千秋ちゃん」とあるが、「千秋ちゃん」はどのような人物としてえがかれているか。その説明として最適なものを次の中から一つ選び、記号で答えなさい。

ア　亜樹の気分が悪くならないように、茶化しつつも真剣に亜樹の話を聞き、問題の原因を他人のせいにしている亜樹の考えを改めさせようとして、亜樹にとっては耳の痛い指摘《してき》をする人物。
イ　亜樹の機嫌《きげん》が悪いことを察知し、相談に乗って助けようとして亜樹の不満を聞こうとするが、無意識にしゃくにさわるような発言を繰《く》り返すことで、亜樹を怒《おこ》らせてしまう無神経な人物。
ウ　亜樹の性格を理解しており、亜樹が不機嫌であることに気づいて話を聞くが、亜樹の肩を持つことはなく、無意識に亜樹自身が認めたくない亜樹の本心を指摘するような発言をする人物。
エ　めずらしく機嫌の悪い亜樹をおもしろがり、興味本位で話を聞くが、亜樹のかかえている問題が思ったよりも深刻であることを知り、親身になってアドバイスをしてくれる心優しい人物。

問7　――線部⑥「亜樹が、美佳とクリちゃんに呼ばれたのは、つい一週間前のことだった」とあるが、この「一週間前のこと」の話が終わり、現在の場面にもどるのはどこからか。その箇所《かしょ》の最初の五字をぬきだしなさい。

問8　［⑦］に当てはまる言葉として最適なものを次の中から一つ選び、記号で答えなさい。

ア　いらいらした　イ　苦笑した
ウ　ぼうぜんとした　エ　赤面した

問9　――線部⑧「美佳とペアだったから、亜樹はタイプはちがっても卓球部にのこったのだ」とあるが、「美佳」と「亜樹」は卓球部のなかではどのようにタイプがちがうのか。その説明をした次の文章の空欄《くうらん》に当てはまる言葉を本文中からそれぞれ十五字前後で探し、ぬきだしなさい。

【亜樹ははじめから［　A　］タイプだが、
　　美佳は最初は［　B　］タイプだったという違い。】

問10　［　⑫　］に当てはまる表現を本文中から十字で探してぬきだしなさい。

問11　――線部④「機嫌がわるい」とあるが、「亜樹」が「機嫌がわるい」状態になっている原因とはどのような出来事か。三十五字以内で具体的に説明しなさい。

四　次の文章は、「定番を生み出すためにまずは過去を知り、現在を考えることが必要だ」という説明の後に続くものである。これを読み、後の問いに答えなさい。

「現在を考える」際には、その前提として必要となることがあります。一つは、①できるだけ多くの媒《ばい》体※1から情報を得ること。そしてもう一つは、「ソーシャルコンセンサス」（ぼくの造語です）を探ることです。

前者の「多くの媒体から情報を得ること」から説明してみたいと思います。

現在のことは、誰《だれ》もが分かっていると思いがちです。しかし、これだけ情報に溢《あふ》れた時代でも、自分が得ている情報には、無意識に「自分のバイアス」がかかっていることが多いものです。

自分が好きなもの、得意なものとは別の考え方があるといった多様性をいかにきちんと感じることができるか、調査することができるかというのは、現在を考えるうえでとても大切なことです。

ＩＴ革命以降、ぼくたちは世界が広くなったように感じていますが、実は、②個人の壁《かべ》は厚くなっています。好きなことだけ知っておけばいいという趣味《しゅみ》※2嗜好《しこう》の壁ができあがってしまったのです。その壁をいかに乗り越《こ》えるかは、ものづくりをする人間にとって重要課題です。

自分の情報のバイアスを正すには、やはりネットやＳＮＳに頼《たよ》るだけでなく、出版社や新聞社、テレビやラジオなど、情報に責任を持っている人たちが発信した情報も得ることが大事です。

もちろん、メディアが真実を伝えていないこともたくさんありますし、逆にネットに本当のことがのっている場合もあるでしょう。要は、さまざまな情報を見比べたうえで、どれが正しい情報なのかを判断することが大切だということです。

（中略）

「現在を考える」作業の前提として必要なこと。二つめは、「ソーシャルコンセンサス」を探ることだと書きました。

この「ソーシャルコンセンサス」という言葉は、ぼくの造語です。③「潜《せん》在的共通認識」とでも言い換《か》えればいいでしょうか。

たとえば、空という言葉を聞くと、大抵《たいてい》の人は青のイメージ、あるいは青い空に白い雲を思い浮《う》かべます。口に出して確認し合うわけでなくとも、同じようなものを連想する。でも、もしも夜しかない国があったとすると、空といえば黒色と星を思い浮かべるはずです。こういった共通認識は、国や地域、時代によって当然異なります。しかし、潜在的な共通認識自体は世の中に非常にたくさん溢《あふ》れています。【イ】

そうしたソーシャルコンセンサスを導き出す方法として、④シズルを見つけ出すという作業があります。

シズルとは、英語で「（肉を焼くときの）ジュージューいう様子」という意味です。広告業界などでは食品を美味しそうに見せる演出のことを「シズル」と呼びます。ぼくはこの言葉をもう少し広く捉《とら》え、思わず手に取りたくなるような「そのものらしさ」と定義しています。

　モノにとって「らしさ」というのは重要な要素です。「味噌汁《みそしる》」が「※3バカラ」のグラスに入っていたら、いくら高級な器でも、あまり美味しそうには思えないでしょう。やはり、味噌汁はお椀《わん》などに入っていてほしい。

　三ツ星レストランの料理でも、紙皿にのっていたら美味しさは半減するはずです。逆にコンビニの惣菜《そうざい》でも、立派な皿に美しく盛りつければ美味しく感じられるかもしれません。【ロ】

　そのもののシズルを見つけ出すために、ぼくがよくやる方法が、「～っぽい分類」と呼んでいるものです。

　たとえば、チョコレートのパッケージをデザインしようとしたら、まず、どこの国っぽいかを考えます。「チョコレートっぽい国」のイメージを人に尋《たず》ねると、だいたい「ベルギー」とか、「フランス」など、ヨーロッパの名前が挙がります。いきなりロシアとか中国と言う人はいません。ごくまれにガーナと言う人もいますが、それは原料となるカカオのイメージなのでちょっと特殊《しゅ》です。

　そこで、ベルギーやチョコレートのイメージを色にたとえてもらいます。多く出るのは、「金色」や「茶色」、「赤色っぽい」など。ただし、これは日本の場合。たとえばスイスでは、チョコレートは紫《むらさき》色のパッケージを多く見かけます。ということは、スイス人にとってチョコレートのイメージカラーは紫色かもしれません。このように、地域に対する適応性は必要です。

　そして、パッケージをつくるとなったら、⑤こうした「～っぽい」から導き出した「チョコレートらしい色」を念頭に置いたうえで、デザインをしていけばいいのです。その色のままデザインするのか、あえて外すのか。【ハ】

　ただし、チョコレートの「定番商品」をつくりたいのであれば、多くの人が「チョコレートっぽい」と感じる色とあまりにかけ離《はな》れた色を選ぶのは危険です。チョコレート「らしさ」のないパッケージは、ちょっと変わったキワモノのチョコレートのように見えてしまう可能性があるからです。【ニ】

「シズル」「らしさ」は、そのものの本質につながります。

　モノの本質をつかんで、みんながいいと思うものをつくるのは、とりもなおさず定番商品をつくるための条件です。現在売れているもの、求められていることから「ソーシャルコンセンサス」を導き出すことが、未来の定番商品のアイデアを見つけることにつながります。

　こうした「らしさ」と「定番」の関係は、ちょうど［　X　］の関係に似ているといえるかもしれません。

　スポーツカーの車体のイメージを尋ねられたら、「赤」と答える人が多いのではないでしょうか。これは⑥フェラーリが強く影響《えいきょう》しているはずです。スポーツカーの定番といえば、その筆頭はフェラーリ。

　つまり、あるジャンルの「らしさ」は、実はその時代の定番から生まれている場合も多いのです。この「定番→らしさ」という図式を※4踏襲《とうしゅう》することで、新しい定番をつくることができると考えています。「らしさ→新定番」という図式です。もしかしたらこの新定番がさらに次の時代の「らしさ」を生むことになるかもしれません。

【水野学「定番の条件」(『デザインの誤解　いま求められている「定番」をつくる仕組み』〈祥伝社新書〉所収)より】

※1　媒体……一方から他方へ伝えるための仲立ちとなるもの。
※2　嗜好……好み。
※3　バカラ……フランスの、クリスタルガラスの高級メーカー。
※4　踏襲……ふまえる。

問1　次の一文は、本文中の【イ】～【ニ】のいずれかから抜き出されたものである。元の位置に戻した場合、どこに戻すのが最適か。記号で答えなさい。

そういうふうに、何の気なしにぼくたちは感覚を総動員して、ものに接しています。

問2　[X]に当てはまる言葉として最適なものを次の中からそれぞれ選び、記号で答えなさい。

ア　月とすっぽん　　イ　水と油　　ウ　うさぎと亀《かめ》
エ　盆と正月　　オ　鶏《にわとり》と卵

問3　――線部②「個人の壁は厚くなっています」について、以下の問いに答えなさい。

a　「個人の壁」と同じ内容を指している十字以内の言葉をここより前から探し、抜き出しなさい。

b　「個人の壁は厚くなっています」とあるが、このような状態を正すためには具体的にどうすることが必要か。次の中から最適なものを選び、記号で答えなさい。

ア　時代背景や生活様式が変化していることを常に意識して情報を得ること。

イ　出版社や新聞社などの責任のある人が発した、正しい情報だけを得ること。

ウ　どこが発信源なのかに関わらず、さまざまな情報を見比べること。

エ　ネットにこそ本当の情報がのっていると考え、正しい判断をすること。

問4　――線部⑥「フェラーリ」とあるが、これはどのようなことを説明するための例か。次の文中の[a]～[d]に当てはまる言葉をそれぞれ指定の字数で本文中から抜き出しなさい。

[a(十字以内)]であったフェラーリの車体が赤だったので、[b(十五字以内)]を「赤」と答える人が多いように、[c(十五字以内)]は、[d(十字以内)]によって作り出されることが多いということ。

問5　――線部①「できるだけ多くの媒体から情報を得ること」とあるが、なぜそうすることが必要なのか。次の中から最適なものを一つ選び、記号で答えなさい。

ア　時代背景が同じであっても生活様式は変化していて、現在を考える前提が変わっているため。

イ　IT革命以降、ネットやSNSから発信された正しくない情報が世の中にあふれているため。

ウ　さまざまな趣味嗜好《しこう》を持った人たちの好みに応える、多様な商品を作るため。

エ　自分とは異なる考え方を知って、できるだけ正しく現在を見つめられるようにするため。

問6　――線部③「潜《せん》在的共通認識」の説明として最適なものを次の中

から一つ選び、記号で答えなさい。

ア　同じ地域や時代で行われている教育によって与えられた、人々が同じようにもっている知識。

イ　同じ地域や時代に生きている人々が無意識に身につけている、似たようなもののとらえ方。

ウ　同じ地域や時代であっても世の中にたくさん溢《あふ》れている、個々の人々の多様な感じ方。

エ　同じ地域や時代の人々が共同生活を送るために作り上げた、共通のものの見方。

問7　——線部④「シズル」とあるが、筆者は「シズル」をどのようなものだと考えているか。次の文中の［　a　］、［　b　］に当てはまる言葉を指定の字数で探し、初めの五字をそれぞれ抜き出しなさい。

もともとは肉を焼くときの様子や［a（十五字以内）］を表す言葉だが、筆者は［b（二十五字以内）］という意味も含《ふく》めて考えている。

問8　——線部⑤「こうした『〜っぽい』から導き出した〜デザインをしていけばいいのです」とあるが、このようなことをするのは何のためか。「チョコレート」という言葉を使って三十字以内で書きなさい。

桜蔭中学校

—50分—

一　次の文章を読んで、後の問いに答えなさい。

野菜には栄養がある。食べることは栄養とエネルギーの摂取《せっしゅ》である。だが、本当にそうなのだろうか。

周防大島《すおうおおしま》から届いたとれたてのスナップえんどうに食らいつくとき、僕たちの頭には栄養やエネルギーのことなど少しもない。ただどうしようもなくそそられてかぶりつく。そして「うまーい！」と叫ぶ。

食べるという行為を緻密《ちみつ》に捉《とら》えようとすると、どんな風景が浮かび上がるのだろうか。これに関して、生物学者の福岡伸一《ふくおかしんいち》が面白い研究を紹介している。それは、ドイツに生まれ、アメリカに亡命したユダヤ人科学者ルドルフ・シェーンハイマーによる実験である。

シェーンハイマーが立てた問いはシンプルだった。それは、動物が何かを食べるとき、食べものはどこに行くのだろうかという問いだ。これを確かめるために彼は、同位体標識法《どういたいひょうしきほう》という手法を用い、注1元素《げんそ》に目印を付け、その元素を含むアミノ酸を作って、ネズミに三日間食べさせてみた。

シェーンハイマー自身は、食べものはネズミの体内で燃やされ、しかるべき時間が経過したあと、燃えかすが呼吸や糞尿《ふんにょう》となって排泄《はいせつ》されるだろうと予想していた。だが実験の結果は予測を裏切るものであった。目印を付けたアミノ酸は、ネズミの全身に飛び移り、その半分以上が、脳や筋肉、消化器官や骨、血管、血液など、あらゆるa［ソシキ］や臓器を構成するタンパク質の一部となっていたのだ。

食べることは単にカロリーをとることでも、栄養を摂取することでもなかった。緻密に調べてみると、食べることは、文字通り自分の体の一部が、食べられたものに置き換わっていく過程であることがわかったのだ。

動物が何かを食べることと、車にガソリンを入れることの違いがここにある。車にどれほどガソリンを入れても、車を構成する部品が、ガソリンの成分に置き換わっていくことはない。ところが僕たちがえんどう豆を食べ、魚を食べ、リンゴを食べるときには、えんどう豆や魚やリンゴを構成していた注2分子が、それまで自分の体を構成していた分子と置き換わっていく。さっきまでえんどう豆だったものが僕になり、さっきまで魚の一部だったものが自分の一部になる。まるでカメレオンのように、僕はキャベツになり魚になりトマトになりスナップえんどうになる。①緻密に調べてみると、想像以上に注3シュールなことが、食べるときにはくり広げられている。

少なくともただカロリーや栄養を摂取しているだけというのは、食の理解としてあまりにも注4解像度《かいぞうど》が低い。②僕たちは食べるとき、もっと愉快《ゆかい》で、壮大《そうだい》なことをしているのかもしれない。

僕は自宅で食事をするとき、食卓に並ぶ食材を生み出してきたあらゆるものの注5生態学的《せいたいがくてき》な連関を、なるべく詳細《しょうさい》に想像してみようとする。鯛《たい》が泳いでいた瀬戸内海の海。その海の流れを生み出してきた大気。スナップえんどうを育てた土の微生物《びせいぶつ》。土をはぐくみ続けた宮田さん。あそこの土には周防大島の海から打ち上げられた海藻《かいそう》や竹チップも投入されているのだった。種子から見事にこんなに丸々と育った豆たち。一億五〇〇〇万キロ離れた太陽の光をb［アビ］て、こんなにも豊かに育ってきた。大豆を煮込《にこ》み、潰《つぶ》し、発酵《はっこう》させて、じっくりとc［スガタ］を変えてきた味《み》噌《そ》。そういえば僕が作った味噌はどうなっているだろうか。天草《あまくさ》の塩もある。富山の米もある。それぞれが別の進化の来歴をたどってきた動物や植物や鉱物たちが、いまこの食卓の上で共演をしている。そのすべては、少なくとも三五億年前から一度も滅びたことがない「生命」の異なる表現である。同じ地球環境を、鯛は鯛として、キャベツはキャベツとして、イチゴはイチゴとして、イモはイモとして受け止め、解釈《かいしゃく》し、この地上で生きるとはどういうことかを、それぞれのやり方で表現してきた。僕たちは何億年も前に別の進化の道を歩みはじめ、ここで、この食卓で、久しぶりに再会をした。

「これはお母さんによる宇宙と生命の歴史の表現なんだよ」と僕が子どもたちに語る。息子たちは目を丸くして笑いながら「うまーい！」と叫ぶ。何気ない食事の場面から、あらゆるスケールに認識がはみ出し、この世の生態学的な豊かさに、感動としみじみとした喜びを覚える。この感動はしかし、彼らが大人になる頃には、いまと同じように魚を食べることなどできなくなっているかもしれないという悲しみと［　A　］合わせなのである。

春になり、法然院《ほうねんいん》の土地にうずたかく積もった腐葉土《ふようど》を、近隣《きんりん》で畑をしている人たちがときどきもらいに来てくれるようになった。小倉ヒラクさんを招いたワークショップで作った落ち葉堆肥《たいひ》とは別に、すでにここには長年にわたって、庭掃除《にわそうじ》で出た落ち葉を重ね続けてきた結果、大量の腐葉土が蓄積《ちくせき》されている。これをみんなでふるいにかけ、小石や枝を取り除き、真っ黒でふかふかの腐葉土を、好きなだけ持ち帰ってもらうのだ。

親と一緒にやってくる子どもたちも、僕たちと一緒に土をふるいにかける。飽《あ》きたら石や枝を探して遊ぶ。育てたり、作ったりする経験もいいが、③子どもたちにはまず、「もらう」こと、「拾う」ことを、たくさん経験してほしいと思う。

自然の圧倒的に潤沢《じゅんたく》な富を、僕たちの社会はお金を払わなければ買えない商品に変えてしまう。「あのみかん採ってもいい？」と散歩中に息子に聞かれて僕は、「ダメだよ、あれは他の誰かのものだから」と答えなければいけない。自然からの純粋《じゅんすい》な贈《おく》り物《もの》を、僕たちはお金を払わなければ買えないことにしてしまった。散歩道に美味しそうなビワがなっているのに、僕は子どもたちに「採ってもいいよ」と言えない。それは誰か別の人の土地に植わったビワの木だからだ。

かつて人間は、自然からもらい、拾いながら生きていた。育てたり、作ったりする以前に、自然から圧倒的《あっとうてき》な富を与えられていた。自然から与えられるというこの経験が、人間の生活の前提にあった。物を贈り合う連鎖《れんさ》は、「こんなにもらってしまった」という、驚《おどろ》きと感謝の経験からこそ動き出すのではないだろうか。

腐葉土をもらいにきた家族の子どもたちは、石や枝を拾って、それをもらっていく。「どんどんもらってね！」と僕が言うと、子どもたちも真剣《しんけん》になって探し始める。思う存分拾ったりもらったりできる場所を、僕たちはもっと作っていかないといけない。

知識や学問だって本当は、圧倒的に潤沢な富として、もっと自由に拾ったりもらったりできるものであってもいいはずである。［　B　］が集い、思わぬ来客が行き交う未来の学《まな》び舎《や》は、拾うこととももらうことの自由に溢《あふ》れた場所にしたいと思う。

〈森田真生『僕たちはどう生きるか　言葉と思考のエコロジカルな転回』〈集英社文芸単行本〉〉

注1　化学的にそれ以上は分解することができない物質
注2　物質の化学的性質を失わない最小単位
注3　表現や発想が非日常的であるさま
注4　デジタル画像の細かさを表す度合い
注5　生物と環境のつながりを研究する学問

問一　[　]a〜cのカタカナを漢字に直しなさい。なお、送り仮名が必要な場合は送り仮名も含めて書きなさい。

問二　[A]にあてはまる、身体の一部を表す言葉を考えて漢字で答えなさい。

問三　[B]にあてはまる、「あらゆる人々」という意味を表す四字熟語を考えて答えなさい。

問四　――線部①からは、何についてのどのような(筆者の)気持ちが読み取れますか。説明しなさい。

問五　――線部②とありますが、筆者は「食べる」ことをなぜ「愉快で、壮大」だと述べているのですか。説明しなさい。

問六　――線部③の経験をすることで、筆者は子どもたちがどのように成長していくと考えていますか。現在の社会のあり方をふまえて説明しなさい。

□二　次の文章を読んで、後の問いに答えなさい。

◇中学生のソラは、同級生の臣野《おみの》たちのいじめの対象になったことをきっかけに教室に行けなくなり、保健室に登校しています。ある日、保健室でハセオという生徒に出会います。ハセオはいつも俳句をつくっていて、保健の北村先生に俳句を教えています。

「じゃあ、今日のお題は、ヒマワリで決まりね」

窓辺まで、いそいそと歩いて行った北村先生は、さーっとカーテンを開けた。

保健室の前に、北村先生が作っている花壇《だん》。その花を、切り取ってきて、窓辺の花瓶《びん》にさすのが習慣だった。でも、いまは、その必要はない。背の高いヒマワリが、窓の向こうに[リン立]aして、大きな金色の花を、ソラたちに誇《ほこ》っていたからだ。

「すげっ！」と、椅子《いす》の上にあぐらをかいていたハセオは、そのまま立ち上がる。

「北村センセ、ナイス！　じゃあ、お題はヒマワリで、制限時間はいまから二十分。一句。はじめー」

「まるでスポーツみたいだね」とソラが笑うと、ハセオものってくる。

「いいこと言うな、ソラ！　そうそう、俳句は、言葉のスポーツ。句会は、試合なんだよ」

「がんばるわよお」

などと、いまにも腕《うで》まくりしそうな北村先生の張り切りに影響《えいきょう》されたのだろうか。

「おれ、ちょっと観察してくる」

と、ハセオは窓をがらがらと開けると、上履《うわば》きのまま、外の花壇へ飛び出してしまった。

　とはいえ、張り切ればよいというものではないことが、作り始めて、ソラにはわかってきた。言いたいことを言おうとすると、あまりに十七音は少なすぎた。ほとんど、作文の一行と見分けのつかない言葉になってしまう。言葉を削《けず》る必要があるのだろうが、言いたいことが伝わらなくなってしまいそうで、どこをどう削ればよいのか、見当がつかない。

「あのさ」とソラは、窓に近づく。花壇では、ハセオが、ヒマワリの花とにらめっこしていた。長身のハセオが、ヒマワリには見下ろされているかっこうになるので、なんだかおかしかった。

「なんか、コツみたいのないかな」

「ないよ。自由に詠《よ》めばいいんだ」

「そうは言ってもさ」

「うーん」ハセオは、コツなどいままで考えたこともない、というふうだった。

「おれはね、まずは当たり前のことはいわないようにしてる。ヒマワリだったら、【ア】とか、【イ】とかは、当たり前だろ。それいっても、つまんないじゃん」

「たしかに」ソラは、手許《もと》のノートに、さっそくメモをする。

〈当たり前のことはいわない〉

「それから？」

「うーん、あとは、挨拶《あいさつ》するように詠むといいって、いわれるな」

「挨拶？」

「そう。俳句はさ、ひとりでつぶやくようなもんじゃないってこと。誰《だれ》かに向けて書くっていうのかな。その相手は、人だったり、ヒマワリだったり、場所だったり、いろいろなんだろうけど」

「挨拶ねえ」

わかったようでわからない。それでも、一応、〈挨拶の心を持つ〉と書いておく。

ハセオのほうでは、ソラの顔をじっと見て、

「おっ、いいな、いま、一句できたわ」

「はー！？」

　自分だけわかっているかのようにからから笑うハセオが急に憎《にく》らしくなり、ソラは自分の席に戻った。北村先生は、いつもの笑《え》みが消え、真剣な[b]表ジョウで、ノートに向き合っている。書いては消し、消しては書き、を繰《く》り返しているようだ。

　結構本気だな……ソラは、北村先生の、知らない一面をかいま見た気がした。

　そうこうしているうちに、二十分は、あっという間に経過した。

「はいはい、ゴ——ル——試合終了《りょう》——」（中略）

「じゃあ、作った中から一句、これぞというのを短冊《たんざく》に書いて」

　ハセオがまた、ポケットから短冊を出してきて、北村先生と、ソラに渡《わた》す。ハセオがどこからともなく短冊を出してくるマジック（？）にも、だんだん慣れてしまった。

「書いた？　じゃあ、それを、読みあげてみよう。はいソラくん」

「えっ、これ口に出すの？　自分で？」

　短冊を持ったまま、ソラはかたまってしまった。

「そそそ」

「それはちょっと……」

自分の句を――しかも、ほとんどはじめて作って、おそらく出来もいまいちのはずの句を、自分の口で読み上げるのは、抵抗感があった。

「経験者のハセオくんからがいいんじゃない？　いきなりソラくんじゃ、緊張《きん》するわよ」

北村先生が、Ａ（　　）を出してくれる。

「そっかー。ソラのが、早く見たかったんだけどな。じゃあ、まずはおれから――」

そう言って、ハセオが朗々と読み上げる。あの日、「白雨」の句を読み上げたのと同じ、澄《す》んだ声で。

向日葵《ひまわり》の種みたいだなそのホクロ

――しかし、その朗読は、あのときとは、まったく正反対の効果をもたらしてしまった。

その句が声となって宙空に放たれたとたん、保健室の空気が、さっと変わった。明るかった日ざしまでもが、一瞬《いっしゅん》で翳《かげ》ったように錯覚《さっかく》した。

ハセオの句は、あきらかに、ソラの顔のホクロを詠んだものだった。

「……どうかな？　感想は？　んん？」

ハセオは、二人の顔を見比べる。はじめて学校で句会ができたうれしさ、会心の句ができたうれしさが、その顔にはあふれていた。だが、対照的に、ソラの顔は、ひきしまり、かたくなっていた。

北村先生は、あわてていた。何か言わなくては、という焦《あせ》りが、顔に出ていた。

ソラはそのまま立ち上がって、保健室を出ていこうとした。うっかり、入り口わきのラックに入れておいた鞄《かばん》を、取り忘れるところだった。ドアの前でキュッとするどく上履きを鳴らして方向転換《かん》し、鞄のほうに手を伸《の》ばす。

「どうした？」と、駆け寄ってきたハセオが、その腕をつかんだが、ソラはそれをふりきり、ドアを開けて、廊下《ろう》へ踏《ふ》み出した。

◇　◇　◇

三日前の句会でハセオが作った句が、ソラには、どうしても許せないでいた。

ヒマワリの花壇で、ソラの顔をじっと見ていたハセオ。

気にしないようなそぶりはしていたけれど、やはり、このホクロのことを、おもしろおかしく俳句にするほどには、関心を持っていたのだ。

ほかの花よりも、ずっと大ぶりで、存在感のあるヒマワリ――種も、りっぱだ。その種にたとえられた、この、大きなホクロ。

ベッドの上で寝返《ね》りを打つ。（中略）体重でベッドがきしむ音が、いやに大きく聞こえる。昼ごはんの時間が近づいていたけれど、動いていないせいか、ちっともおなかがすかない。

そのまま眠った夢の中に、さまざまな記憶《おく》の断片《ぺん》が、ただよっていた。椅子に縛《しば》りつけられ、まぶたを金具で固定されて、むりやりいくつもの映画を見せられているようだった。短く断ち切られた記憶が、何度も目の前を過《よ》ぎっては、消えていく。

目覚める直前に見ていたのは、臣野シゲルたちが、ソラが買ってきたパンを、パスし合っている記憶だった。（中略）

「あの、お友だち、来てるわよ」

母が言い終わらないうちに、

「ソラ、おれ、おれ」

と、聞きなれた声がした。

ハセオだ。驚《おどろ》きよりも、奇妙《きみょう》な感覚が、先におそってきた。自分の家の中で、ハセオの声を聞くなんて。

少しだけ開いたドアの向こうには、困惑《わく》ぎみの、母の顔があった。

その顔の上に、長身のハセオの顔が、のぞいている。

ソラは、反射的に、マスクをしていない口元を手で隠《かく》そうとしたが、やめた。いまさら、と思ったのだ。

「ごめん、ストーカーみたいなことして……北村センセにたのみこんで、住所、教えてもらったんだ」

ストーカーみたい、じゃない。

家にまで来るなんて、完全にストーカーだよ、と思いつつ、ここまで入ってきてしまった以上、無視することもできない。ハセオのことだ。玄関《げん》で迎《むか》えた母に、いつもの調子で、相手が吹《ふ》き飛んでしまいそうな風速で言葉を送り続けて、強引《ごう》に家の奥《おく》まで入り込んできたのだろう。

「待って待って」

こんなにちらかっている部屋の中を、見せるわけにはいかない。着ているものも、パジャマのままだ。

「ちょっと、外行こ」

ソラは、ハセオをうながして、階段を下りていった。（中略）

すでに日が暮《く》れかけていた。（中略）おのずから足が向いたのは、いつもふらっと行く陸橋の方角。後ろをついてくるハセオは、いつになく物静かで、おなかをすかした犬のように素直《すなお》だった。（中略）

道が急に盛り上がったところに、陸橋がかかっている。ほとんど人の通らないこの橋で、通り過ぎる電車を眺《なが》めていると、心がおちつくのだ。

学校で臣野シゲルたちのいじめの対象になっていたときも、放課後ここへ来て、欄干《らん》にもたれて、時間を過ごしたものだった。（中略）

ソラが、いつものとおりに欄干にもたれると、ハセオも、となりで同じポーズをとる。

しばらく、しんみりとした沈黙《ちんもく》が流れるのかなと思っていたが、

「ソラ、あのな、悪かったよ」

ためらいもなく、頭を下げてくるあたりが、ハセオらしいと思いつつ、ソラは反応を示さなかった。

「あのな、あの句なんだけどな……いや、まず、これ見て」

ハセオは、さっと手を出す。どこからか取り出した様子はなかったから、ずっと手に握《にぎ》っていたようだ。

てのひらを、ひらく。薄暗《うす》がりの中でも、あきらかなそれは、ヒマワリの種だった。

ソラの顔がくもったのを察したのか、ハセオは早口になって、

「これ、北村センセの花壇のやつを、一個もらってきたんだけど……おれにとってはな、ヒマワリって、こう、噴《ふん》水みたいというか、花火みたいというか……」

ハセオは、両手をけんめいに上下させた。たぶん、噴水のかたちを示したかったのだろう。でも、だれかを応援《えん》しているような、場違《ちが》いなジエスチャーになってしまっていた。

「……こんな感じでな、地面の中のパワーが、あの茎《くき》を通って、噴《ふ》き出しているように見えんの。それで、ヒマワリの種は、そのおおもとっていうか」

指先に挟《はさ》んだ種を、じっと眺《なが》めつつ、

「それで、あのときな、ソラの顔にホクロあるなー、ヒマワリの種みたいだなー、ソラの顔からヒマワリ、ぶわーっと生えたらおもしろいなーとか…ぜんぜん、そんな、バカにするつもりは、なかったんだよ。あのあとも、どうしてソラが怒《おこ》ってんのかわからなくて、北村センセに言われて、ようやく気づいたんだ。でも、どうしたらいいのかわからなくて」

こぶしを握《にぎ》りしめて、種を再びてのひらにおさめてから、ハセオは、さっきと同じ、欄干でソラと並ぶポーズに戻《もど》る。

ぽつぽつと話すハセオの声は、ときどきやってくる電車の轟《ごう》音にかき消されながら、続いていく。

「でもな、おれ、下手くそなんだよな。まだまだ、俳句、下手くそでさ。あの句もさ、挨拶のつもりだったんだ。あのとき言っただろ？　挨拶だって……そんで、おれも、ソラに何か挨拶の俳句が作れんかなと思って、それで出てきたのが、あの句でさ……でも、下手くそだよな、ぜんぜん伝わってないんだもんな、まだまだだよな……」

ハセオは、話しているうちに、ソラに謝っているというよりも、自分の俳句の下手さにしょげているようになった。

「挨拶句ってさ、うまくいくと、すげー句になるんだよな、たとえばさ、昔の人の句で、

①**たとふれば独楽《こま》のはじける如《ごと》くなり**

っていうのがあって、これ、死んじゃった友だちっていうか、ライバルに贈《おく》った、まあ、一種の挨拶句なんだけどさ、コマがばちばちーって戦うような二人だって言っててさ、こういうたとえができるのって、カッコいいと思うんだよな。②おれの句、ぜんぜんだめだよな」

聞いているうちに、ソラは、怒《いか》りや不快感よりも、呆《あき》れる気持ちが強くなってきた。

コイツ、どれだけ、俳句好きなんだよ。

ソラに謝っているのか、自分のc力リョウ不足を嘆《なげ》いているのか。

だいたい、友だちが死んだときに詠まれた句《く》を例にあげるなんて、不《ふ》吉《きつ》じゃないか。友だちの前で――

そこまで思って、ソラははっとした。

そうか、僕《ぼく》にとっては、ハセオはもう友だちなんだ。

「もう、いいよ」

その言葉が、素《す》直に出てきた。③いま浮《う》かんだというよりも、すでにソラの中にあって、出るのを待っていた、という感じの言葉だった。

ハセオが、悪意で、ああいう句を作るやつじゃないことは、わかっていた。こんなに俳句が好きなハセオが、俳句を、揶揄《からか》うためや、馬鹿にするために使うはずはない、ということ。

「そっか、ありがとう！」

その言葉が聞きたかった！　とばかりにハセオの顔が輝《かがや》いたのは、夕闇《やみ》の中でも、はっきりわかった。

ソラの手を、ぐっとつかんで、あらあらしく上下に振《ふ》る。

「おれ、ずっと俳句をやってきたけど、ソラだけなんだ、『俳句なんて』って言わなかったやつ。オヤジもさ、友だちもさ、みんな、『俳句なんて、古臭《くさ》い』とか『将来のために何の役にも立たない』とかって……」

ソラははっとして、ハセオの顔を、正面から見た。

こういうふうに見えて、ハセオも、いろいろな言葉に傷ついてきたのかもしれない。（中略）

ぶんぶんぶん。

激しく手を振られて、ようやく解放されたソラの手には、何か違《い》和感があった。

手を開くと、そこにはヒマワリの種がひとつ。

「なに、これ」

「いや、やるよ」

「こんなんもらっても…さっき、うち見たでしょ？　植える庭、ないよ」

「じゃあ、こっから投げるか？」

ちょうど、鎖《くさり》をひきずるような音を立てて、陸橋の下を、電車が通過したところだった。

「線路のわきに、いつかヒマワリが咲くかもな。それはそれで、俳句に詠んでみたい」

ソラは、その言葉にうなずくと、ぱっと欄干の向こうへ、こぶしを振った。

ハセオは、フェンスに阻《はば》まれる恰好《かっこう》になりながらも、投げられたもののゆくさきを追おうと、身を乗り出した。

しかし――線路へまっさかさまに落ちていくヒマワリの種は、いくら目を凝《こ》らしても、見えなかった。

ハセオはすぐさま、ソラのほうに視線を移した。待ちかまえていたように、ソラはてのひらをさしだしてみせる。そこにはさっきと変わらず、大地のパワーのおおもとが、ひとつ。

「捨ててもいいって！」と、ちょっと照れくさそうなハセオ。

「いいや」ソラはかぶりをふって、ぐっと手の内の種を握りしめた。

④「取っておく」

（髙柳克弘『そらのことばが降ってくる　保健室の俳句会』〈ポプラ社〉）

問一　□　a～cのカタカナ部分の漢字を使った二字熟語を自分で考えて答えなさい。上下どちらに使ってもよい。

問二　【ア】【イ】にあてはまる言葉を考えて答えなさい。

問三　――線部Ⓐは慣用句です。（　）に当てはまる言葉を考えて答えなさい。

問四　(1)　――線部①の句はどのようなことをいっていますか。説明しなさい。

(2)　――線部①の句と比べて、ハセオが――線部②のようにいうのはなぜですか。ハセオの気持ちをくわしく説明しなさい。

問五　――線部③とありますが、「出るのを待っていた」という表現をふまえて、ここでのソラの気持ちを説明しなさい。

問六　――線部④とありますが、この時のソラはどのような気持ちだったでしょうか。説明しなさい。

鷗友学園女子中学校（第一回）

—45分—

【注意】　問いに字数指定がある場合には、最初のマス目から書き始めてください。なお、句読点なども一字分に数えます。

一　次の文章を読んで、後の問いに答えなさい。

小学校三年生のぼく（瑛介《えいすけ》）は一ヶ月《かげつ》あまり入院している。今までに入院してきたのは四～五歳《さい》の子どもたちだけだったので、同い年の壮太《そうた》が入院してくると聞いて心待ちにしていた。二人はすぐに打ち解け、楽しく遊んで過ごし、壮太が三日間の検査入院を終える日を迎《むか》えた。

八月六日金曜日。プレイルームに行くとすでに壮太がいたけど、心なしかぐったりしていた。

「寝不足《ねぶそく》？」

「それもあるけど、今日検査で飲んだ薬、血糖値下げるらしくて、頭がぼんやりしてるんだ」

「ああ、そっか」

それで今日は壮太の母親もそばにいるのか。

検査入院している子たちは、薬を飲んだ後に採血する。薬の種類や体質によっては副作用があるようで、気分が悪くなって吐《は》いてしまう子も見たことがある。それに、検査中は寝てはいけないのに眠気《ねむけ》の襲《おそ》う薬が多いようで、母親たちが必死で子どもを起こしている姿には何度も出くわした。

「俺《おれ》、ほかの薬は平気なのに。この薬、一番副作用が強いやつなんだよな」

「じゃあ、ゆっくりできる遊びしよう」

「おう。でも、寝ちゃだめだから、いっぱい楽しもう」

壮太は眠そうな顔で笑った。

「OK！」

だるいけどじっとしていると寝てしまいそうだという壮太と廊下《ろうか》に出て、じゃんけんに勝てば、グリコ・パイナップル・チョコレートと文字の数だけ進めるゲームをした。ゆっくりでも歩けば、眠るのは避《さ》けられるだろう。

「俺の足短いから、なかなか進まないな」

壮太は三歩進んでから言った。

「でも壮太のほうがじゃんけん勝ってるよ」

「そうだ！　グー、チョキ、パー、その文字から始まる言葉なら何でもいいことにしよう」

「いいね。そのほうがおもしろそう！」

「グー！　やったね。じゃあ、えっと、ぐつぐつよく煮《に》たスープ」

じゃんけんで勝った壮太は、少し調子が出てきたのか大股《おおまた》で進んだ。

「なんだよそれ。よし勝った。じゃあ、ぼくは、パンダを見に動物園に行くのは日曜日」

ぼくも負けじと長い文を考えて歩く。

「えー、そうなんだ。動物園は土曜日じゃダメなんだ。お、俺もパーか。えっと、パリパリのポテトチップスを買うのは水曜日」

「なんで、曜日しばり？」

ぼくらはグー、チョキ、パーで始まる言葉を言い合っては笑った。

ナースステーション前を通り過ぎようとすると、「ちょうどよかった。時間だよ」と、看護師さんにソファに座《すわ》らされ、壮太は採血を受けた。

「ああ。血抜《ぬ》いたら、喉《のど》かわいたな」

壮太がナースステーション横の自販機《じはんき》を見てつぶやいた。

「水飲めないって、ちょっとつらいよな」

低身長の検査中は絶飲絶食だ。おなかがすくのは我慢《がまん》できるけど、水が飲めないのはしんどいらしく、子どもたちもよく「お茶ー！」「喉かわいたー」と叫《さけ》んでいる。ぼくもなんとなく気が引けて、壮太といる時やプレイルームに検査の子がいる時は水分を摂《と》らないようにしている。

「じゃあ、じゃんけんは休憩《きゅうけい》してゆっくり歩こう」

眠気に負けそうな壮太にぼくは言った。

「ああ、ごめんな。今日の俺あんまり楽しくないよな」

壮太はいつもよりおっとりした口調で言う。検査のための薬でこんなにしんどくなるんだ。

いつも元気な壮太なだけに、つらさがよくわかる。

「眠くてぼんやりしてても、壮太は楽しいよ」

「そう？」

「もちろん」

「だといいけど。おもしろくないチビなんて終わってるもんな」

壮太はそう言って、とろんとした目で笑った。

「壮太はおもしろいけど、でも、おもしろくなくたって全然いいと思うよ」

「瑛ちゃんは、優《やさ》しいよな」

「まさか」

「瑛ちゃんといると、気持ちがのんびりする」

①壮太が見当違《けんとうちが》いに褒《ほ》めてくれるから、何だか居心地《いごこち》が悪くなって、ぼくは入院したてのころはわがままだったこと、最初は低身長の検査入院の子どもたちに冷たくしてたこと、今はなんとなくそのほうがここから早く出られるような気もして、みんなに優しくしてるだけだということを、正直に話した。

「そうか。じゃあ、俺はチビだからおもしろくなって、瑛ちゃんは入院が長いから優しくなったってことか。瑛ちゃんが病気で、俺が小さくてよかったー」

壮太の言うとおりかもしれない。だけど、やっぱり違う。ぼくは入院する前のほうが性格はよかった。「みんなはいいよな」って人をうらやむことはなかったし、「どうしてぼくばっかりなんだよ」といらつくこともなかった。それに、壮太が楽しいことに、身長は関係ない。背が高くて陽気じゃない壮太でも、ぼくは一緒《いっしょ》にいて楽しいって思うはずだ。そんなことを言おうと思ったけど、うまく伝えられる自信がなくてやめにした。

そんなことより、うっかり寝そうになる壮太を起こすことで精いっぱいだった。何度も廊下を往復したり、プレイルームに戻ってゲームをしてみたり、次から次へといろんなことをして壮太の眠気を覚ました。

「はーこれで、解放だ！」

十二時前、最後の採血が終わって、管を抜いてもらうと、壮太はプレイルームの床《ゆか》にごろんと寝転がった。

「おつかれ、壮太」

「サンキュー、瑛ちゃん」

「ぼくは何もしてないけどさ」

「なんか最終日に全然遊べなくてもったいなかったな」

「そんなことない。一緒に話してただけで楽しかったよ」

ぼくが言うと、

「うん。俺も半分頭は寝てたけど、楽しかった」

と壮太も言った。

そのあと、昼食ができたと放送が流れ、ぼくたちはそれぞれ部屋に戻《もど》った。

「またな」とは言えず、「じゃあ」とあいまいに微笑《ほほえ》みながら。


昼ごはんを食べ終えて歯を磨《みが》いた後、壮太が母親と一緒にぼくの病室にやってきた。壮太の母親は大きなバッグを持ち、壮太もリュックを背負っている。

「いろいろお世話になりました」

壮太の母親は、ぼくとぼくのお母さんに頭を下げた。

「ああ、退院ですね。お疲《つか》れさまでした」

ぼくのお母さんが言った。

「瑛介君に仲良く遊んでもらって、入院中、本当に楽しかったみたいで」

「うちもです。壮太君が来てくれてよかったです」

お母さんたちがそんな話をしている横で、ぼくたちはお互い顔を見合わせて、かといって今この短い時間で話す言葉も見当たらず、ただなんとなく笑った。

「行こうか。壮太」

母親に肩《かた》に手を置かれ、

「瑛ちゃん、じゃあな」

と壮太は言った。

「ああ、元気でな」

ぼくは手を振《ふ》った。

壮太は、

「瑛ちゃんこそ元気で」

そう言ってくるりと背を向けると、そのまま部屋から出て行った。

壮太たちがいなくなると、

「フロアの入り口まで見送ればよかったのに。案外二人ともお別れはあっさりしているんだね。ま、男の子ってそんなもんか」

とお母さんは言った。

お母さんは何もわかっていない。あれ以上言葉を発したら、泣きそうだったからだ。きっと壮太も同じなのだと思う。もう一言、言葉を口にしたら、あと少しでも一緒にいたら、さよならができなくなりそうだった。口や目や鼻。②いろんなところがじんと熱くなるのをこらえながら、ぼくは「まあね」と答えた。

壮太がいなくなったプレイルームには行く気がせずに、午後は部屋で漫画《まんが》を読んだ。時々、壮太は本当に帰ったんだな、もう遊ぶことはないんだなと気づいて、ぽっかり心に穴が空いていくようだった。これ以上穴が広がったらやばい。そう思って、必死で漫画に入り込もうとした。

二時過ぎからは診察《しんさつ》があった。この前の採血の結果が知らされる。

「だいぶ血小板が増えてきたね」

先生は優しい笑顔《えがお》をぼくに向けると、さもビッグニュースのように、

「あと一週間か二週間で退院できそうかな」

と言った。

「よかったです。ありがとうございます」

お母さんは頭を下げた。声が震《ふる》えているのは本当に喜んでいるからだろう。

やっとゴールが見えてきた。ようやく外に出られる。それはうれしくてたまらない。だけど、どうしても確認したくて、

「一週間ですか？　二週間ですか？」

とぼくは聞いた。

「そこは次回の検査結果を見てからかな」

先生はそう答えた。

「はあ」

「どっちにしても一、二週間で帰れると思うよ」

先生は、「よくがんばったからね」と褒めてくれた。
一、二週間。ひとくくりにしてもらっては困る。一週間と二週間では、七日間も違うのだ。七日後にここを出られるのか、十四日間ここで過ごすのかは、まるで違う。ここでの一日がどれほど長いのかを、壮太のいない時間の退屈《たいくつ》さを、先生は知っているのだろうか。ぼくら子どもにとっての一日を、大人の感覚で計算するのはやめてほしい。
お母さんは診察室を出た後も、何度も「よかったね」と言った。ぼくは間近に退院が迫《せま》っているのに、時期があやふやなせいか、気分は晴れなかった。明日退院できる。それなら手放しで喜べる。だけど、一週間か二週間、まだここでの日々は続くのだ。

がっかりしながらも、病室に戻る途中《とちゅう》に西棟《とう》の入り口が見えて、ぼくは自分が嫌《いや》になった。何をぜいたく言っているのだ。遅《おそ》くとも二週間後にはここから出られるし、ここでだって苦しい治療を受けているわけじゃない。西棟には、何ヶ月も入院している子だっているのだ。それを思うと、胸がめちゃくちゃになる。病院の中では、自分の気持ちをどう動かすのが正解なのか、どんな感情を持つことが正しいのか、よくわからなくなってしまう。


就寝《しゅうしん》時間が近づいてくると、やっぱり気持ちが抑《おさ》えきれなくなってプレイルームに向かった。真っ暗な中、音が出ないようマットに向かっておもちゃ箱をひっくり返す。三つの大きな箱の中身をぶちまけるのだ。ただそれだけの行為《こうい》が、ぼくの気持ちを保ってくれた。悪いことだとはわかっている。でも、こうでもしないと、ぼくの中身が崩《くず》れてしまいそうだった。いつも、翌朝にはおもちゃは片付けられ、きれいにプレイルームは整えられている。きっと、お母さんか三園《みその》さんが直してくれているのだろう。それを思うと、ひどいことをしてるよなと申し訳ない。だけど、何かしないと、おかしくなりそうで止められなかった。

三つ目のおもちゃ箱をひっくり返し、あれ、と思った。布の箱から、がさっと何かが落ちた。硬《かた》いプラスチックのおもちゃの音とはちがう。暗い中、目を凝《こ》らしてみると、紙飛行機だ。

ぼくは慌《あわ》てて電気をつけた。
③壮太だ……。赤青黄緑銀金、いろんな色の折り紙で作った紙飛行機は、三十個以上はある。片手に管を刺《さ》して固定していたから、使いにくい手で折ったんだろう。形は不格好だ。それでも、紙飛行機には顔まで描《か》か

れていて、「おみそれ号」「チビチビ号」「瑛ちゃん号」「またね号」と名前まで付いている。

壮太は、知っていたんだ。ぼくが夜にプレイルームでおもちゃ箱をひっくり返していたことを。そして、壮太がいなくなった後、ぼくがどう過ごせばいいかわからなくなることも。

明日から、一つ一つ飛ばそう。三十個の紙飛行機。これを飛ばしている間、少しは時間を忘れることができそうだ。

土日の病院はしんとしていた。週末は低身長の検査の子もいないし、三園さんも休みだし、看護師さんの数も少ない。

静まり返るってこういうことだよな。ぼくは誰《だれ》もいないプレイルームで紙飛行機を飛ばしたり、漫画を読んだりして過ごした。紙飛行機は似顔絵が書かれた「三園さん号」が一番よく飛んだ。

「なんだよ、壮太。瑛ちゃん号がよく飛ぶように作ってくれたらいいのにさ」

ぼくは一人でそう笑った。

月曜日の朝には、四歳くらいの男の子が低身長の検査入院でやってきた。母親の手を握《にぎ》って、不安そうにプレイルームに入ってくる。

「いろいろおもちゃあるよ」

ぼくが話しかけると、ほんの少しだけ解《ほど》けた顔をしてくれたけど、まだ母親の手を離《はな》さないままだ。

「そうだ、紙飛行機する？」

ぼくは箱いっぱいに詰《つ》め込んだ壮太作の紙飛行機を見せた。

「すごいね」

「だろう？　全部、顔も名前もあるんだよ」

「これ、変な顔」

男の子はおみそれ号をつかんで、少し笑った。

「こっちは『ずっこけ号』。もっと変な顔してるだろう？」

「うん」

男の子は「飛ばしていい？」と母親に聞く。母親がお兄ちゃんに聞いてごらんと言う前に、

「一緒にやろうよ」

とぼくは男の子に言った。

「じゃあ、ここからね。せーので飛ばそう」

「うん」

男の子が飛ばしたおみそれ号もぼくのずっこけ号も、ひょろひょろと少し飛んだだけでそのまま床《ゆか》に落ちた。

「だめだねー」

「本当だな。よし、じゃあ次、もっと飛びそうなの探そう」

ぼくが男の子と話していると、

「瑛介君、手紙来てるよ」

とプレイルームに入ってきた看護師さんに封筒《ふうとう》を渡《わた》された。

「手紙？」

なんだろうと封筒を見てみると、田波壮太と書かれている。ああ、壮太だ。名前を見ただけで壮太の顔と声が一気に頭の中によみがえった。

ぼくは男の子に「好きなだけ遊んでいいよ」と紙飛行機の箱を渡すと、大急ぎで部屋に戻った。いったい壮太は何を書いてきたのだろうか。早く読みたい、早く壮太の文字を見たいと封筒の中身を取り出して、ぼく

は「うえ」と悲鳴を上げた。中からは、干からびた虫の死骸《しがい》が出てきた。茶色くなってパリパリになった死骸は、不気味でしかたない。おいおい、どんないやがらせだよと、手紙を読んでみる。

えいちゃんへ

2日間だったけど、超《ちょう》楽しかったよな。ありがとう。また遊べたらなーってそればっかり考えてる。チビは最悪だけど、えいちゃんと会えたし、チビでもいいことあるなって思ったよ。

えいちゃん、「外はどれくらい暑いんだろうな」って言ってたけど、マジでやばいぜ。毎日たおれそう。昨日おれの家の前でバッタがひからびてたから送る。な。本当に丸こげになるだろう。

壮太

ああ、壮太。ぼくもだ。もう一度遊べたらなってそればっかり考えてる。病気になってよかったことなど何もないけど、壮太と出会えたこと、それだけはラッキーだった。

それにしても、外は本当にすごい暑さなんだ。干しエビみたいに干からびたバッタの死骸はかわいそうだけど、暑さはよくわかる。いくらテレビで映像を見ても、気温を知らされてもわからなかったのに、このバッタを見ているだけで、頭の上が熱くなって喉がカラカラになりそうだ。

④ぼくはお母さんが帰ってくるのを待てず、看護師さんに言って封筒と便箋《びんせん》をもらった。壮太にすぐに伝えたいことがあった。

壮太といる間、何度か「小さくたっていいじゃん」そう口にしようとした。遊びを考える天才で、みんなを笑わせることができる。壮太のその力は、背の低さなんて余裕《よゆう》で補えてるって思ってた。でも、壮太を傷つけたらと不安で、言えなかった。

だけど、壮太は病院にいるぼくに、この夏の暑さを伝えることができる。いなくなった後も、プレイルームのぼくたちを楽しませることができる。壮太はとにかく最高なんだ。壮太が壮太なら、小さくたっていい。そう。小さくたって全然いいのだ。

干からびたバッタを横に置いて、ぼくはベッドの上の小さな机の上で手紙を書いた。

これ以上ない暑い夏が、今、始まろうとしている。

(瀬尾まいこ『夏の体温』〈双葉社〉)

問一 ――線部①「壮太が見当違いに褒めてくれるから」とありますが、ぼくはなぜ「見当違い」だと思ったのですか、説明しなさい。

問二 ――線部②「いろんなところがじんと熱くなるのをこらえながら、ぼくは『まあね』と答えた」とありますが、このときのぼくの心情を説明しなさい。

問三 ――線部③「壮太だ……」にこめられたぼくの心情を説明しなさい。

問四 ――線部④「ぼくはお母さんが帰ってくるのを待てず、看護師さんに言って封筒と便箋をもらった。壮太にすぐに伝えたいことがあった」とありますが、壮太の手紙とその後の内容から、ぼくは壮太にどのような返事を書いたと考えられますか。ぼく(瑛介)になったつもりで「壮太へ～瑛介より」の形に合うように書きなさい。

二　次の文章を読んで、後の問いに答えなさい。

①住宅で働く場所を確保することが意外と大変であることが、２０２０年春の緊急《きんきゅう》事態宣言下でわかってきました。テレワークの会議で聞くときはイヤフォンで対応できても、話すときに家庭の生活音が入ることなど、音の問題が一番大きいように思います。カメラで映る背景に、家庭の様子や、家族の様子が入ってしまう課題も見られました。何よりも子育て中の家庭では、子供たちの存在が仕事に集中しにくい環境《かんきょう》であったでしょう。外に仕事で出ていた人が、家で仕事をするのも不自由で、家にいた家族も、これまで仕事で出ていた家族が家にいることで、様々な不自由さを感じました。そう考えると、家庭に「仕事」という新たな機能が求められているのですが、すぐに対応できない日本の狭《せま》い住宅事情があります。そのため、ちょっと出かけると仕事のできる、自宅に近いサテライトオフィスのニーズが生まれ、次々と誕生しつつあるところです。これまでも、シェアオフィスとして、始まっていた事業もありましたが、これまでの利用者の多くは、フリーで事業をしている方や、出張先での仕事場として利用することが中心だったと思います。

しかし、都市部のサテライトオフィスはむしろ苦戦しているように思います。筆者も大阪《おおさか》駅前のコワーキングオフィスの会員ですが、これまでここでは遠方の方とのリアルな打ち合わせや、仲間との会合の場に会議室を借りていました。外出時にできた仕事の空き時間に、この場所で一人仕事をすることもありました。また、ふらっと顔を出すことで、知人や仲間にばったり会い、情報交換《こうかん》を行ったり、新たな出会いを紹介《しょうかい》いただいたりという場になっていたのです。コロナ禍《か》では外出の機会が減り、会議もオンラインになり、利用ニーズが激減しました。出張先で活用していた方も、出張がオンラインでの打ち合わせに変わり、自宅での仕事がしにくい会員も、より自宅に近い身近なところでその場を求め始めたのではないかと思います。こうしたリアルな場でのコミュニティが、オンラインのコミュニティに置《お》き換《か》わっていっている感覚があります。これまで、都心部のコワーキングオフィスの会員であった、少し先進的な活動をする人たちこそ、その動きに敏感《びんかん》なのではないでしょうか。

こうした場所が、住宅地の中心部や、暮らす場所の近くの駅前に今後も増加していくことで地域のあり方も、そして、コミュニティのあり方も少しずつ変化していくことでしょう。

【中略】

これからどのような「まちづくり」が求められるのでしょうか。これまで住宅のあるまちでは、住宅での役割として、睡眠《すいみん》をとる場、子供を育てる場、高齢者《こうれいしゃ》を介護《かいご》する場、など家庭生活をおくる場としてのものでよかったわけですが、通勤せずにテレワークとなると、そこに仕事をするという役割が生まれます。遠くや人ごみへの外出を控《ひか》えるようになると、住宅のある近くでの買い物や運動の場が求められるようになるでしょう。これは、それぞれのまちの機能として多くのことが求められるようになるということです。

住宅でのテレワークが難しければ、近くの地域でテレワークができる場所が求められ、身近な運動のために散策路の気持ち良さが求められ、コンビニのようなちょっとものが買えるお店が、重宝されるようになるでしょう。これは地域まちづくりに大きな変革をもたらします。極端《きょくたん》に言えば、これまで「寝《ね》られたらよかったまち」が、「働いて、遊べるまち」になることが求められているのです。

この変化は、人々のコミュニティの変化にもつながっていると思います。これまで仕事を中心として広がっていた人間関係も、テレワークが進むことで変化していくでしょう。これまで住宅のある地域に目を向けなかった人々が、地域での生活時間が長くなると、自然と地域での人間関係の繋《つな》がりにも、目を向けるに違《ちが》いありません。もちろん家族との関係性もそうでしょうし、これまで住宅中心の活動範囲《はんい》で動いていた家族がいれば、その家族とともに、地域のコミュニティにより深く関わることになるでしょう。

仕事場に左右されずに住宅を選ぶようになれば、本当に自分が生活したい地域を探すことになります。本当に生活したい場所は、きっと暮らして気持ちの良いまちに違いありません。求めて選んだまちには、積極的に関わることになるでしょう。そしてその思いを同じくする人々のコミュニティが生まれ、本気で皆《みな》が関わるコミュニティになっていくでしょう。住まいを固定する「住まい手」、そして二拠点《きょてん》や多拠点生活をおくる「来訪者」、お互《たが》いが気持ちよく地域で暮らすためには、地域での支え合いや、感謝しあえるコミュニティが求められます。

これまでよく、「まちづくり」は不幸な出来事から始まります、と言ってきました。それはマンション建設反対や、伝統的建築の消失がきっかけの場合が多かったからでした。今回はコロナという、いわば世界中の不幸が始まりで、日本中でも起こっている不幸な出来事ですから、この機会を活《い》かさない手はありません。②この、社会的、世界的な不幸をきっかけに、地域まちづくりが発展し、魅力《みりょく》あるコミュニティがますます日本中に増加していくことを願っています。

（藤本英子『公共空間の景観力　人を呼び込む街、人が住みたくなる街のデザイン』〈同友館〉）

問一　――線部①「住宅で働く場所を確保することが意外と大変である」とありますが、それはなぜですか。【中略】までの文章をふまえて説明しなさい。

問二　――線部②「この、社会的、世界的な不幸をきっかけに、地域まちづくりが発展し、魅力あるコミュニティがますます日本中に増加していく」とはどのようなことですか。【中略】以降の文章をふまえて説明しなさい。

三　各文の――線部のカタカナを漢字に直しなさい。

(1)　オペラ座でカゲキをみる。
(2)　ジュクレンを要する仕事。
(3)　ノウリに浮かぶ。
(4)　提案に異議をトナえる。
(5)　このうわさはジジツムコンだ。

大妻中学校(第一回)

—50分—

※　解答に字数の指定がある場合は、句読点やかっこなどの記号も字数として数えます。

一　次の文章を読んで、後の1～14の問いに答えなさい(問題の都合上、本文を変えているところがあります)。

高校一年の、夏休みに入る少し前の放課後のことだった。

①その日も雨谷《あまや》は部室にいたが、絵も描《えが》かずに机に突《つ》っ伏《ぶ》して寝《ね》ていた。沢井《さわい》くんは私用で学校に来ていなかったので、部活に出てくることもないのに、雨谷は帰宅せずに部室にいた。先輩《せんぱい》たちは帰ってしまい、私と雨谷だけが残っていた。私もキリのいいところで絵筆を置いてキャンバスを片付け、戸締《とじま》りを頼《たの》もうと雨谷を起こした。

「最後に戸締りして。鍵《かぎ》は職員室のボックスやから」

声をかけると、雨谷はすんなりと上体を起こした。

「あたしも帰る」

だから、［　A　］、ということなのだろう。雨谷は②おもむろに帰り支《じ》度《たく》をはじめた。気怠《けだる》そうなその顔は、悔《くや》しいくらい同性から見ても美しい。彼女《かのじょ》の取り巻きが多いのもよくわかる。女子というのは、本能的にきれいな容姿の女子に気に入られたいものだから。

肩《かた》につくほどの髪《かみ》を後ろに一つに結《ゆ》い、耳の横から垂れ下がっている後《おく》れ毛《げ》が、雨谷の動きとともに揺《ゆ》れて光る。尖《とが》った顎《あご》と少し高い頬骨《ほおぼね》の輪郭《りんかく》。彼女を形作る凛《りん》としたフォルムと相まった、倦怠感《けんたいかん》が漂《ただよ》う表情。

もしも彼女が私の親友ならば、私は彼女の肖像画《しょうぞうが》を描きたい。ひそやかな欲望とは裏腹に、雨谷がこちらの視線に気づいて振《ふ》り向《む》くと、③私はビビってしまい、慌《あわ》てて目を逸《そ》らした。

準備室の電気を消しに行って、ふと沢井くんのキャンバスが視界に入った。

ほとんど完成しているようだった。木のトンネルから見た景色。不思議な獣《けもの》に降り注ぐ眩《まぶ》しい陽光、その白の絵具に指先をかざした。

――日差し、白が強すぎるかな？

沢井くんの声が蘇《よみがえ》った。今日は会えなかった。明日は会えるかな。

人の気配がして振《ふ》り返《かえ》ると、雨谷が立っていた。私はキャンバスに触《ふ》れかけていた手を引いた。それが沢井くんの絵であることは、雨谷も知っているが、彼女は何も言わなかった。

私は窓とドアを閉めて、鍵を職員室の入り口に設置されている鍵用のボックスに返した。こちらのことなど気にせずに先に帰っていると思った雨谷が、下駄箱《げたばこ》のところで待っていた。

「大丈夫《だいじょうぶ》やった？」

素っ気ない口調で、雨谷は訊《き》いた。セーラー服のリボンをわざとゆるく結びながら。

「何が？」

「鍵、返せた？」

④そんなことを言うので、私は小さく吹《ふ》き出《だ》した。

「返せたけど、なんで？」

素朴《そぼく》に聞き返すと、雨谷はどこか⑤決まりが悪そうに口を尖らせる。

「あたしやったことないから……」

私がやってくれて助かったと言いたいのだろうか。最後まで部室にいることはよくあったので、戸締りには慣れている。部室の管理にはどちらかというと不慣れな彼女に心配されているとは思っておらず、おかしかった。それに、ありがたいと思われているなら悪い気もしなかった。

「眠《ねむ》たいなら、家に帰ったらいいのに」

二人並ぶようにして、昇降口《しょうこうぐち》から外に出た。裏山から吹《ふ》いてくる風に煽《あお》られると、湿《しめ》り気《け》の多い瑞々《みずみず》しい草の匂《にお》いが鼻孔《びこう》をくすぐった。

　B　。

雨谷は言った。

「帰りたくないから、あそこで寝てんの」

それは私も同じだった。毎日部室に通っているのは、沢井くんに会いたいがためでもあったが、できるだけ帰宅を遅《おく》らせたかったからでもあった。

でもそれ以上、⑥そのことについて掘《ほ》り下《さ》げようとは思わなかった。向こうも話したい様子ではなく、しばらく私たちはグラウンドに沿う道を無言のまま歩いた。

「えっと……はい、これ」

突然《とつぜん》、少し先を歩いていた雨谷が振り返ると、何か小さなものを差し出した。

「何？」

よくないものを押《お》し付《つ》けられるのかと予想しながら、おそるおそる受け取ってみると、絆創膏《ばんそうこう》だった。しかも、大きいサイズ。少し前に、私が雨谷にあげた、まったく同じ絆創膏。

「なんで？」

「借りたから、返す」

「いらんよ」

「借り作るの嫌《いや》やし。それに、この絆創膏、布タイプで高そうやったし」

「家にあったやつで、私が買ったわけじゃない」

絆創膏を返そうとしたら、いいんやって、と押しのけられる。

「⑦ありがと」

雨谷はそう言って、前にどんどん進んでいった。

わざわざ同じものを探して買ってきたんだ。些細《ささい》なことだったが、同級生の初めて見る一面に、私は小さな感動を覚える。それに、雨谷にお礼を言われるのも初めてだった。

「ささくれ治った？」

私はその背中に声をかける。

「とっくに」

こちらを振り返らず、あっさりとした答えが返ってくる。

さっきまで、雨谷と話したいことなんてなかったし、話したいとも思っていなかったのに、なぜか沈黙《ちんもく》に陥《おちい》りたくないという思いが湧《わ》き上《あ》がる。でも話したいことが思いつかなくて、こういう時は天気の話をすればいいんだろうかと思い巡《めぐ》らせていると、雨谷が立ち止まって振り返った。

「こいつ、なんで美術部員なんや、って思ってる？」

「はい？」

「だから、なんであたしみたいなのが美術部に入ってるんやってむかついてる？」

「別に……むかついてないけど」

「たいして美術が好きでもないくせに、くらいは思ってるやんな」

言い当てられて、どう答えていいかわからず黙《だま》っていると、雨谷はふいにしゃがんで、転がっていた小石を拾った。雨谷のセーラー服の背中がめくれて、裾《すそ》を短くするのに折ったスカートの腰《こし》と、小豆《あずき》ほどの黒子《ほくろ》が見えた。露《あら》わになった背中は、自分と同じ隙《すき》だらけの十六歳《さい》のそれだった。

「絵を描くのが好きなわけじゃない。でも、絵を描く人を見るのは好きでさ」

「絵を描く人を見る？」

「あたしって絵心なくて、平面的な絵しか描けんのよ。うまい人って奥《おく》行《ゆ》きを摑《つか》んで、立体的に描けるやろ。立体的なだけやなくて、そこに時間までもが流れているような絵を描く人っているやん。すごいなって思う」

きっと、沢井くんのことだ。

私はそれまで、雨谷は沢井くん目当てで美術部にいるのだと思っていた。それに違《ちが》いなかったが、彼女の彼《かれ》にたいする思いにも、私には見えていない［C］があるようだった。

「ウタから見たら、あたしって漫画《まんが》読んで寝てるだけの、不真面目《ふまじめ》な部員にしか見えんやろうけど」

「そんなことないけど」

一応否定してみたが、その嘘《うそ》を見透《みす》かすように雨谷はこっちを向いて⑧□で笑った。

「岩石って、基本的に二種類あるって習ったやろ。覚えてる？」

いきなり話が飛んだ。雨谷は拾ったばかりの小石を軽く宙に投げては受けとめ、というのを繰《く》り返《かえ》しながら言った。

突然出された問題を解くために、私はすっかり忘れかけていた高校受験のために頭に詰《つ》め込《こ》んだ理科の知識を急いで引っ張り出した。

「火成岩、それと……堆積岩《たいせきがん》？」

「はい、よくできました。その岩石も、水みたいに循環《じゅんかん》してるんやって」

「循環？」

「水の循環であれば、水から氷、水蒸気と状態を変えて地球上をぐるぐると回るやろ。

イ　つまり、この小石も、もともとはマグマやったんよ。
ロ　つまり地下のマグマが地上に出て冷え固まってできたのが火成岩。
ハ　岩石も同じで、水よりもずっとずっと長い時間をかけて、地球上をぐるぐると回ってるんやって。
ニ　そして大陸のプレートの移動により、火成岩も堆積岩もまた地下深くまで押しやられてマグマになる。
ホ　その火成岩が風化したり侵食《しんしょく》作用によって土や砂になり、川や雨で運搬《うんぱん》されて積もり、押し固められたのが堆積岩。

途方《とほう》もなく長い時間をかけて、この小石は旅をして、今私の手の中にある」

まるで理科の授業のように、雨谷は話した。

興味深いので聞いていたが、話の先が見えなかった。

「ものすごーく奥行きがある話やろ。立体的な時間が流れて、多少のことでは動じない。そういう話を聞くのが好き。動じないように見えて、だけど刻々とあるべきほうに向かって動いていく。誰《だれ》かや何かに振り回されることがなく、だけど淀《よど》むこともなく。そういうものに、あたしは憧《あこが》れる。たぶん、あたし自身が⑨薄《うす》っぺらな人間やから」

まるで詩を朗読しているようだった。いつもと違う顔をした雨谷だった。どことなく淋《さび》しげに見えた。どうしてそんな話を、私にするのだろう。たいして仲良くもない私に、どうして。彼女の真意を測りかねて戸《と》惑《まど》っていると、

「はい、これ」

地面からもう一つ小石を拾って、雨谷はこちらに放《ほう》り投《な》げた。反射的に動いて、私はそれをキャッチする。灰色の少し尖った歪《いびつ》な小石だった。私が手の中のものの感触《かんしょく》を確かめているうちに、雨谷は片足を大きく上げ、持っていた小石を裏山のほうへ投げた。

小石は、きれいな弧《こ》を描いて飛んでいった。

「けっこう遠くまで行ったな」

そう言って、雨谷はこちらを見た。⑩あんたの番だとその目が言っていた。目で問い返してから、私は小石を握《にぎ》り直した。石投げなんて、ずいぶんとしていないものだから緊張《きんちょう》しつつも、私は思いきり右腕《みぎうで》を振りかざした。

意気込《いきご》んで全力を出そうとしたら、うまくコントロールできずに上のほうへと投げてしまい、さほど遠くまで行かずに落ちた。

「どこに投げてんのー」

制服のスカートの裾を両手で押さえるようにして、雨谷は笑った。

真夏の木漏《こも》れ日《び》みたいに繊細《せんさい》で、きらきらと揺れるような声だった。前屈《まえかが》みになって笑う雨谷の顔の前で、セーラー服の臙脂色《えんじいろ》のリボンがはためいた。

失敗したのに、私は雨谷が笑ってくれるのが嬉《うれ》しかった。

（尾崎英子《おざきえいこ》『たこせんと蜻蛉玉《とんぼだま》』〈光文社〉による）

問1　――線①「その日も雨谷は部室にいた」とあるが、「雨谷」が美術部に所属している理由を「私」はこの時点でどう思っていたか。それを説明した次の文の【　】に当てはまる十四字の表現を、文章中から探し、最初と最後の三字をぬき出しなさい。

・それほど美術を好きなわけではなく、【　　　　　　】と思っていた。

問2　［A］に当てはまる表現として最も適当なものを、次の中から一つ選んで記号で答えなさい。

イ　あたしが帰るまで待ってて
ロ　あたしが最後に戸締りをする
ハ　あんたが最後の戸締りをして
ニ　あんたは先に帰っていいよ

問3　――線②「おもむろに」の意味として最も適当なものを、次の中から一つ選んで記号で答えなさい。

イ　あっという間に　　ロ　出しぬけに
ハ　いそいそと　　ニ　ゆっくりと

問4　――線③「私はビビってしまい、慌てて目を逸らした」とあるが、この時の「私」の気持ちとして最も適当なものを、次の中から一つ選んで記号で答えなさい。

イ　「雨谷」の一番の友になりたいと思っているが、それを彼女に知られたくない気持ち。
ロ　「雨谷」の美しさは分かっているが、それを彼女に伝えるのは恐《おそ》れ多《おお》いと思う気持ち。
ハ　「雨谷」の肖像画を描いてみたいが、それを彼女にどう伝えればいいのか悩《なや》む気持ち。

ニ 「雨谷」の容姿にひきつけられているが、それを彼女に知られることを恐れる気持ち。

問5 ――線④「そんなことを言うので、私は小さく吹き出した」とあるが、それはなぜか。その理由として最も適当なものを、次の中から一つ選んで記号で答えなさい。

イ 「私」にとってはなんともないことを心配する「雨谷」がおかしかったから。

ロ 「私」を心配する必要はないのに神経質になる「雨谷」がおかしかったから。

ハ 職員室に立ち入ることをおそれている小心者の「雨谷」がおかしかったから。

ニ 何でもない話題を持ち出して平気なふりをする「雨谷」がおかしかったから。

問6 ――線⑤「決まりが悪そうに口を尖らせる」とあるが、それはなぜか。その理由として最も適当なものを、次の中から一つ選んで記号で答えなさい。

イ 自分が部室の管理には不慣れなことを、全然親しくもない「私」にあやまることが不満だったから。

ロ 自分は部室の戸締りに慣れておらず、すべて「私」に任せたことを気はずかしいと思っているから。

ハ 無事に戸締りができるか見守ってあげていたのに、「私」に苦笑《くしょう》されてしまい面白《おもしろ》くなかったから。

ニ 「沢井くん」の絵に触れようとする「私」を見てしまい、顔を合わせて話すのが気まずかったから。

問7 　B　に当てはまる表現として最も適当なものを、次の中から一つ選んで記号で答えなさい。

イ 雪が溶《と》けて、春の気配がした

ロ 梅雨《つゆ》が明けて、夏の気配がした

ハ 鈴虫《すずむし》が鳴いて、秋の気配がした

ニ 木枯《こが》らしが吹いて、冬の気配がした

問8 ――線⑥「そのこと」の指している内容として最も適当なものを、次の中から一つ選んで記号で答えなさい。

イ 「雨谷」は「私」と同様に、帰りたくない時は部室で寝るということ。

ロ 「雨谷」は帰りたくないだけで、部で絵を描く意欲はあるということ。

ハ 「雨谷」は自宅に帰りたくないがために、部室に来ているということ。

ニ 「雨谷」は「私」のことを心配して、美術室に残っていたということ。

問9 ――線⑦「ありがと」とあるが、どのようなことに対する感謝の言葉か。最も適当なものを、次の中から一つ選んで記号で答えなさい。

イ 「私」がささくれのできている「雨谷」に、絆創膏をあげたこと。

ロ 「私」が返した絆創膏を「雨谷」が素直《すなお》に受け取ってくれたこと。

ハ 「私」が「雨谷」に布タイプの高価な絆創膏を特別に貸してあげたこと。

ニ 「私」が「雨谷」のことを気に掛《か》けて、絆創膏を受け取らなかったこと。

問10　[C]に当てはまる三字の言葉を、文章中からぬき出しなさい。

問11　――線⑧「□で笑った」の「□」に当てはまる体の一部を表す言葉を、漢字一字で答えなさい。

問12　[　]で囲まれたイ～ホの文を、正しい順序に並べかえて記号で答えなさい(ただし、ニが四番目です)。

問13　――線⑨「薄っぺらな人間」とあるが、これはどのような「人間」だと考えられるか。文章中の「雨谷」の言葉を使って、二十五字以上三十五字以内で説明しなさい。

問14　――線⑩「あんたの番だ」とは具体的にどういうことか。文章中の言葉を使って、二十字以内で説明しなさい。

二　次の文章を読んで、後の1～14の問いに答えなさい(問題の都合上、本文を変えているところがあります。※のついた説明は出題者が加えたものです)。

環境《かんきょう》科学を学ぶうえで、生物について考えることは欠かせない。環境問題は、その場所に生きている生物に大きな影響《えいきょう》を与《あた》えるわけで、僕《ぼく》らは生物がそもそもどのように生きているかを理解することで、適切な対応が可能になるのである。

そもそも生物とはなんだろうか？　生物はなんのために存在しているんだろうか？　きわめて根源的な問いである。もしも宗教に基《もと》づいて答えることが許されるなら、神さまが目的をもって生物を①創造した、なんて解答が可能なんだろう。「環境を破壊《はかい》してはいけないのは、神さまが悲しむから」という理由をつけるのも可能かもしれない。しかし、これで世の中を動かせるかというと、大きな疑問が残る。世界じゅうのすべての人が神さまを信じているとはかぎらない。そして、世界にはいろんな宗教があるので、信じている神さまとその教えは異なるのである。

世界じゅうの人が納得《なっとく》して環境を守るためには、やはり科学サイドからの説明が②不可□だろう。生物とはなにか、なんのために存在しているのか。生物学は、宗教とはまったく違《ちが》う③ドライな解答をする。端的《たんてき》にいって、生物は生存と繁殖《はんしょく》のための装置であり、生物が保有している遺伝子を絶やさずに受《う》け継《つ》ぎ、そのコピーを増やすために存在しているのである。遺伝子とは、コンピュータプログラムのようなもの。僕ら人間を含《ふく》めた生物がどのような形に成長して、どのように行動するかが書かれた設計図だ。僕らは、自分が運んでいる遺伝子が存続し、そのコピーを増やすために生きている。そんなことを日常生活で考えることなんてないかもしれないが、これが厳然たる事実なのだ。ＳＦのストーリーで、近未来の世界はロボットや人工知能に支配されていて人間が迫害《はくがい》を受けるというのはよくあるが、実は僕らはすでに、遺伝子というプログラムに支配されているのだ。

人間にも生物にも本能があって、できるだけ自分が多くの資源を得ようとする。それは生存と繁殖を有利に進めるための本能だ。これは生物を動かしている遺伝子に仕込《しこ》まれている方向性であり、有名な生物学者であるドーキンスはそれを「利己的な遺伝子」と呼んだ。遺伝子が利己的ならば、人間が利己的に振舞《ふるま》うのは止めようがないんだろうか？　となると人間は共有地の悲劇(※多くの利己的な人々の行動によって、みんなの資源が失われてしまうこと)から逃《のが》れることはできないということで、環境問題は止められない……。

利己的な遺伝子に支配された生物は、利己的に振舞うしかないのだろうか。他人を圧倒《あっとう》し出し抜《ぬ》いて自分だけが生き残って繁栄する。これだけが生物や人間を支配する法則なのだろうか。実は、そうとは限らない。ほんとうの意味での自己犠牲《ぎせい》という意味の利他的な行動は成り立たなくても、④戦略的互恵《ごけい》関係というのは成り立つからだ。人のためになることをすれば、やがてそれは自分の利益になる。そうならば、利他的な行動が戦略的な意味を持つ。自然界に目を向けてみよう。自然界に、自己犠牲の愛や⑤無私の愛の存在を見つけるのはむずかしいが、戦略的互恵関係ならわりとよくあるのだ。

たとえば、チスイコウモリは利他的な行動をとることがある。洞窟《どうくつ》などでコロニーを作って生活しているチスイコウモリは、夕方になると飛び立って、獲物《えもの》を探す。明け方、良い獲物を見つけられた個体は満腹でコロニーに帰ってくるが、運悪く獲物に出会えなかったコウモリは空腹のままだ。そんなとき、満腹の個体は、空腹の個体に、口移しで食物（獲物から吸った血液）を分けてあげることがあるらしい。しかし、いつでもおなじ個体ばかりが獲物にありつくわけではない。ときには、昨夜は満腹だった個体が空腹で、昨夜はエサを分けてもらったほうが満腹になったりする。このようにラッキーとアンラッキーが逆になったとき、この前の「お返し」として、逆方向に食物を分けてあげることがある。⑥そのとき、以前やさしくされた個体にはちゃんと恩を返し、冷たくされた個体には出し渋《しぶ》るということがあるとのことだ。このように、信頼《しんらい》できる仲間と相互に助け合う関係を築くこと。これはまさに戦略的互恵関係である。

このような利他的な行動は、オウムのなかまのヨウム、チンパンジー、ネズミやクジラなど、複数の動物でも観察されている。生物の系統的に遠く離《はな》れた種で戦略的互恵関係が生まれているということは、⑦戦略的互恵関係をはぐくむことが生物にとってプラスになるシチュエーションがわりと普遍的《ふへんてき》に存在していることを示している。（リンク先ＵＲＬ略）

利他的な行動は、めぐりめぐって自分のプラスになるから、進化の過程で獲得《かくとく》され、残ってきた特徴《とくちょう》である。その瞬間《しゅんかん》では自己犠牲、つまり相手の適応度（この本では、生存と繁殖の可能性を表す指標と考えよう）を上げる代償《だいしょう》として自分の適応度を下げる行動である。しかし動物には脳があり、ものごとを記憶《きおく》する力が備わっている。だから、「相手を助けたことを覚えてもらい、自分が困ったときにお返しをしてほしい」という⑧打算がはたらいた結果、利他的な行動をとるのだ。これは結局のところその遺伝子の適応度を上げることに貢献《こうけん》してきたから、そういう特徴は⑨自然淘汰《とうた》に耐えて残ってきたのであろう。

［Ａ］とはよくいったもので、結局は自分に返ってくる。ただし、相手から助けてもらうけど自分からは助けないという利己的なタイプの個体は、仲間はずれにされて適応度を下げることになる。結局は自分の利益になるから、戦略的に利他的な行動を取る価値がある。これが戦略的互恵関係だ。もしも、ほんとうの意味で利他的な、見返りを求めない愛を示す生物がいたらどうなるだろう。その愛を受ける生物が［Ｂ］する一方で、愛を与える側の生物はやがて［Ｃ］するだろう。これは、冷徹《れいてつ》だがまぎれもない真実である。

ちなみに、血縁《けつえん》関係がかかわる場合は、生物は自己犠牲的な行動を行うことがある。たとえば親が子を養うのは、子どもからの見返りを求めているわけではない。それは「自分の遺伝子を引《ひ》き継《つ》いだ子どもたちが生きのびて、繁栄するため」と考えると、自分（正確には自分が持っている遺伝子）にとっての⑩合理的な理由があるのだ。一方、血のつながりがない生物のために自己犠牲することは、その生物にマイナスをもたらしてしまう。テレビを見ているとたまに、「イヌのおかあさんが子ネコを養っている」みたいなニュースが流れたりする。とてもこころ温まる話なのだが、それは食べものと環境が整った飼育下だからであって、もし野生生物が、他の種類の子どもを養うなんてことが頻繁《ひんぱん》に生じれば、その種は絶滅《ぜつめつ》の危機に瀕《ひん》することだろう。たとえばカッコウは托卵《たくらん》という行動を取る。別の種の鳥の巣に卵を産み落とすという行動だ。これをやられた鳥が、自分の卵とカッコウの卵の違いを見破れなければ、適応度は大きく低下してしまう。無私の愛で他人の子どもを育てるなんて余《よ》裕《ゆう》は、自然界では永続できないのだ。

生物は基本的に利己的だということは、残念ながら真実である。それが分かったうえで僕らは、環境問題を解決し、生態系を保全しなければならない。自己犠牲・善意・良心だけに頼《たよ》った環境保全は成り立たないことを、僕らは理解しなければならない。生物の世界で戦略的互恵関係が成り立つように、人間も合理的な理由があれば利他的に、他人のために行動することが可能だ。このような性《さが》を活《い》かすことが、⑪環境問題の解決に求められていると思う。

（伊勢武史《いせたけし》『２０５０年の地球を予測する——科学でわかる環境の未来』〈ちくまプリマー新書〉による）

問1　——線①「創造」と熟語の成り立ちが同じものを、次の中から一つ選んで記号で答えなさい。

イ　国立　ロ　善悪　ハ　注意　ニ　読書　ホ　豊富

問2　——線②「不可□」の「□」に当てはまる言葉を、次の□の中から一つ選んで漢字に直して答えなさい。

カイ　ギャク　ケツ　ノウ　ブン

問3　——線③「ドライな」のここでの意味として最も適当なものを、次の中から一つ選んで記号で答えなさい。

イ　感情的な　ロ　現実的な　ハ　断定的な　ニ　悲観的な

問4　——線④「戦略的互恵関係」とはどのような「関係」のことか。直後の形式段落の中から二十字以内の表現をぬき出しなさい。

問5　——線⑤「無私の愛」の説明として最も適当なものを、次の中から一つ選んで記号で答えなさい。

イ　自分の利益を考えないで、相手のために何かをすること。
ロ　自分を大切にしたうえで、相手のために何かをすること。
ハ　周りからの意見をよく考えたうえで、相手のために何かをすること。
ニ　周りからの情報に流されることなく、相手のために何かをすること。

問6　——線⑥「そのとき、以前やさしくされた個体にはちゃんと恩を返し」とあるが、それはなぜか。その理由として最も適当なものを、次の中から一つ選んで記号で答えなさい。

イ　「やさしくされた個体」に食物を分けてもらったままではいたくないから。
ロ　「やさしくされた個体」に次もまた食物を分けてもらえるかもしれないから。

ハ　「やさしくされた個体」に次は食物を奪《うば》われてしまう危険性を回《かい》避《ひ》したいから。

ニ　「やさしくされた個体」に食物を分《わ》け与《あた》えることで自分の方が優位に立てるから。

問7　――線⑦「戦略的互恵関係をはぐくむことが生物にとってプラスになるシチュエーションがわりと普遍的に存在している」について、次の⑴、⑵の問いに答えなさい。

⑴　「戦略的互恵関係をはぐくむことが生物にとってプラスになる」とあるが、それはなぜか。その理由を説明した次の文の【　】に当てはまる五字の表現を、文章中からぬき出しなさい。

・生物にとって遺伝子の適応度が上がり、【　】を有利に進めることができるから。

⑵　「普遍的に存在している」とはどういうことか。最も適当なものを、次の中から一つ選んで記号で答えなさい。

イ　あまり多くはないということ。

ロ　ときどき出会えるということ。

ハ　昔から続いているということ。

ニ　よく見かけられるということ。

問8　――線⑧「打算」の意味として最も適当なものを、次の中から一つ選んで記号で答えなさい。

イ　相手をだますこと　　　ロ　損得を考えること

ハ　利益を独占《どくせん》すること　　ニ　悪知恵《わるぢえ》を巡《めぐ》らすこと

問9　――線⑨「自然淘汰に耐えて残ってきた」とはどういうことか。最も適当なものを、次の中から一つ選んで記号で答えなさい。

イ　厳しい自然界において選《えら》び抜《ぬ》かれたということ。

ロ　激しい自然界に合わせて自ら変化したということ。

ハ　冷徹な自然界から追い出されずに済んだということ。

ニ　過酷《かこく》な自然界において奇跡的《きせきてき》に難を逃れたということ。

問10　[A]に当てはまることわざとして最も適当なものを、次の中から一つ選んで記号で答えなさい。

イ　果報は寝《ね》て待て　　　ロ　渡《わた》る世間に鬼《おに》はなし

ハ　情けは人のためならず　　ニ　案ずるより産むがやすし

ホ　人の振《ふ》り見て我《わ》が振り直せ

問11　[B]・[C]に当てはまる言葉として最も適当なものを、次の中から一つずつ選んで記号で答えなさい。

イ　苦戦　　ロ　後退　　ハ　進化　　ニ　成長

ホ　絶滅　　ヘ　善戦　　ト　退化　　チ　繁栄

問12　――線⑩「合理的な理由がある」とはどういうことか。その説明として最も適当なものを、次の中から一つ選んで記号で答えなさい。

イ　血縁関係が関わる場合に自己を犠牲にするのは、結果として自分の遺伝子の適応度を上げることができるからであり、利己的な遺伝子の理にかなっているということ。

ロ　血縁関係が関わる場合に自己を犠牲にするのは、個人の主張や心情などの主観的なものを省き、遺伝子の保存という客観的な目的を最優先に考えた行動だということ。

ハ　血縁関係が関わる場合に自己を犠牲にするのは、食べものと環境が整っている自然界にはない飼育下だからこそできることだという、まぎれもない事実があるということ。

ニ　血縁関係が関わる場合に自己を犠牲にするのは、ほんとうの意味で利他的な、見返りを求めない愛のあらわれであり、それが生物としての本能に沿った行動だということ。

問13　――線⑪「環境問題の解決に求められていると思う」とあるが、この文章から読み取れる筆者の環境問題に対する考え方として最も適当なものを、次の中から一つ選んで記号で答えなさい。

イ　人間もほかの生物と同じく、戦略的互恵関係を築くことができるので、人間の良心や自己犠牲の精神にだけ頼るのではなく、生物同士が助け合って環境問題を解決していくように進めていくべきである。

ロ　人間もほかの生物と同じく、基本的には利己的であるが、戦略的互恵関係を築くこともできるので、結果的に自分にとってプラスになるという視点で、環境問題解決のために行動することは可能である。

ハ　人間はほかの生物とは違って、血のつながりがなくても自己犠牲的にふるまい、無私の愛で他人のために行動することができる生き物なので、人間同士の善意によって環境問題は解決できるはずである。

ニ　人間はほかの生物とは違って、戦略的互恵関係を築けるような相手がいないので、遺伝子に従い利己的に振舞うことは止めようがなく、環境問題の解決に向けて行動するのには相当の努力が必要である。

問14　文章中の動物の例について生徒たちが話し合っている。内容を正しく理解していると思われる生徒の発言を、次のイ～ホの中から二つ選んで記号で答えなさい。

イ　Aさん－チスイコウモリが獲物を見つけられなかった仲間に食物を分けてあげるのは、戦略的互恵関係の一つの例だね。

ロ　Bさん－そうだね。利他的な行動の例は、ほ乳類だけに見られるけど、仲間と助け合う動物は意外とたくさんいるんだね。

ハ　Cさん－イヌのおかあさんが子ネコを育てるというような映像は私も見たことがあるけど、あれも戦略的互恵関係だったんだ。

ニ　Dさん－そうか。別の鳥の巣に卵を産み落として育てさせようとするカッコウの托卵は、利己的な行動の典型的な例だね。

ホ　Eさん－でも、人間だけは他の動物と違って、戦略的互恵関係ではなく、自己犠牲的な行動によって繁栄してきたんだよね。

三　次の文章は長谷川《はせがわ》かな女《じょ》の俳句《はいく》と、その鑑賞文《かんしょうぶん》である。これを読んで、後の1～6の問いに答えなさい（問題の都合上、本文を変えているところがあります）。

羽子板《はごいた》の重きが嬉《うれ》し①突《つ》かで立つ

この句《く》についてかな女自身、「少女の時の思い出をそのまま詠《よ》んだものだつ《(っ)》た。年の暮《くれ》になると或《あ》る家から毎年羽子板を贈《おく》つ《(っ)》て下さることになつ《(っ)》てゐ《(い)》た。人形町の勝文とか十軒店《じっけんだな》の永徳斎製《えいとくさいせい》の上等の羽子板だつ《(っ)》たので、似顔《にがお》の押絵《おしえ》がそれはよく出来てゐ《(い)》た。其《そ》の中の一つを抱《だ》いてそつ《(っ)》と門の前に立つ《(っ)》て人が羽子《はね》を突《つ》くのを眺《なが》めてゐ《(い)》る。それだけでよかつ《(っ)》た。」と書いています。正月の晴れ着を着て、持ち重《おも》りのする豪華《ごうか》な役者の似顔の押《お》し絵《え》のついた大きな羽子板をかかえて門口に立ち、ほかの少女たちが羽子をつくのを自分はつかないでながめているのです。重い豪華な羽子板がうれしく、多少ほこらしげな気分もあって、それだけで十分に満足《まんぞく》しているのです。「重きが嬉し」が、そんな微妙《びみょう》な女の子の心の動きをえがいて、じつにたくみな表現《ひょうげん》です。大正七(一九一八)年作のかな女の代表作。季語は[A](新年)。

明治までの俳壇《はいだん》は、女流の俳人は数えるほどしかいず、ほとんどが男の作家にしめられていました。かな女は明治四二(一九〇九)年から、夫の長谷川零余子《はせがわれいよし》の影響《えいきょう》で俳句を始め、大正二年「②ホトトギス」に婦人《ふじん》十句集という欄《らん》が設《もう》けられると、これに参加《さんか》し、阿部《あべ》みどり女《じょ》、高橋淡路女《たかはしあわじじょ》、杉田久女《すぎたひさじょ》らとともに活躍《かつやく》し、現代《げんだい》の女流全盛《ぜんせい》の時代の基礎《きそ》を築《きず》きました。

③払《はら》ひ《(い)》切れぬ草の実つけて歩きけり

かな女の句はやさしく平明な点に特徴《とくちょう》があります。この句もじつに簡単《かんたん》なそのままの表現をしています。「草の実」はえのころ草ややぶじらみなどのような雑草《ざっそう》の実で、[B]の季語です。払《はら》っても払っても払い切れない草の実をつけて歩いた――というだけのごく簡単な表現ですが、よく見つめてみますと「払ひ《(い)》切れぬ」に草の実のつくことを気にしている女性《じょせい》の心とともに、それよりも、[B]晴れの一日、家庭の主婦業《しゅふぎょう》から解放《かいほう》されて、晴ればれとした心で野山を歩いている喜びが出ています。かえって、草の実をつけて歩いていることが[C]くらいなのです。

(森澄雄《もりすみお》『ジュニア版 目でみる日本の詩歌《しいか》⑨ 近代の俳句』による)

問1 ――線①「突かで」を言いかえている五字の表現を、文章中からぬき出しなさい。

問2 [A]に当てはまる、この俳句の季語を答えなさい。

問3 ――線②「ホトトギス」は俳句雑誌であるが、この雑誌の中心人物であった正岡子規《まさおかしき》の俳句を、次の中から一つ選んで記号で答えなさい(引用の俳句は、すべて浜島《はまじま》書店『国語便覧』による)。

イ 荒海《あらうみ》や佐渡《さど》に横たふ《(う)》天の河
ロ 柿《かき》くへ《(え)》ば鐘《かね》が鳴るなり法隆寺《ほうりゅうじ》
ハ 谺《こだま》して山時鳥《やまほととぎす》ほしいまま
ニ 菜の花や月は東に日は西に

問4 ――線③「払ひ切れぬ草の実つけて歩きけり」の中から『切れ字』をぬき出しなさい。

問5 二か所ある[B]に共通して当てはまる季節を、漢字一字で答えなさい。

問6 [C]に当てはまる言葉として最も適当なものを、次の中から一つ選んで記号で答えなさい。

イ 美しい　ロ 楽しい　ハ たのもしい　ニ ふさわしい

四 次の文の――線のひかれたカタカナは漢字に直し、漢字はその読みをひらがなで答えなさい。

① ひどく手にオえない人だ。
② レンタイ責任を感じる。
③ ここでシンキ一転する。
④ 眼前の光景。

大妻多摩中学校（総合進学第一回）

—50分—

一　次の文章を読んで、あとの問いに答えなさい。字数制限のある問題は、句読点やカギカッコも一字と数えること。

［　①　］

私は、いまの日本の状況においては、「基礎科学は役に立つんですよ」と主張するような立場には身を置かないようにしたいと思っています。というのは、②日本の一つの大きな問題として、「科学（サイエンス）」と「技術（テクノロジー）」が区別されず、「科学技術」という言葉で括《くく》られてしまっていることがあるからです。

多くの人は、それが行政の人間であったとしても、「科学」は「技術」の基礎なんだ、という理解をしてしまっています。つまり、基礎科学は技術のためにあるのだという考えを持っている。これは非常に大きな問題だと思います。

（注1）初田《はつだ》さんが言われたように、「科学」というものは、原理や（注2）普遍性や法則性を「発見」する過程です。一方の「技術」とは、「発明」という言葉に代表されるものです。この二つには、じつは大変大きな違いがあるんだということを、もう少しわかっていただく必要がある。そういうことを、私はありとあらゆるところで申し上げてきたつもりです。ただ、もちろん、科学の進歩は技術に支えられていますし、技術の進歩も科学に支えられているということはありますから、二つの関係が密接であるということも、一つの事実ではあります。

こういった背景があるために、日本においては「役に立つ」ということが、そのまま「産業の役に立つこと」や「［　③　］が便利になること」というように、非常に狭い範囲で理解されてしまっているのです。だからこそ、いまの日本では「役に立つ」という言葉がものすごく（注3）氾濫《はんらん》しているし、私はそのことが、あらゆる意味で社会を窮屈《きゅうくつ》にしてしまっているのだと思っています。具体的な議論はのちほどしたいので、ここではいくつかの例を言わせていただきましょう。

［　④　］

ある学生が、自分の研究を始めるとします。卒業研究でもいいし、（注4）修《しゅう》士《し》の研究でもいいです。すると、親に「あんた、何やってるの？」と言われます。たいていの学生は、必ず言われます。「［　⑤　］」って。それで、なかなか答えられないということがあるのです。その一方で、この社会には、就職活動をする学生の多くが「［　⑥　］」というようなことを口にする。そんな現状もあります。

だけど、「［　⑦　］」というと、ほとんどの人が、じつはよくわかっていません。よく考えないままに、この言葉を使っているのですね。

別の例をあげましょう。いま、研究者が研究費を獲得《かくとく》するために、申請書《しんせいしょ》に「この研究は役に立ちます」ということを⑧安易に書かないといけないという事態が横行《おうこう》しています。たとえば、ある生化学者がある種のタンパク質を研究しているとして、自分が研究しているその素材を使ったらがんを治せるかもしれません、というような作文——ほとんどなんの意味もないような作文——を延々《えんえん》、何年も書きつづけることを強《し》いられているのです。

こうした現状は、研究者にとても悪い影響を与えていますし、若い人たちにも悪い影響を与えています。みんな、それが当たり前なんだというふうに、だんだん思うようになってしまうからです。

私は二〇一七年に財団を設立しました。この財団は、基礎科学の発展、そして基礎研究に打ち込む研究者たちの支援を目的としたものです。助成金《じょせいきん》を出す際には必ず申請書を出してもらうのですが、「基礎研究」に絞《しぼ》って書いてください、という旨《むね》の募集をかけています。するとみなさん、若者ほどそうなのですが、出口が明確でない研究課題を提案することがとっても苦手なんですね。なので、申請書も貧弱《ひんじゃく》なものが多く、あまりおもしろくありません。そのくらい、なんとなく［⑨］、という空気が蔓延《まんえん》しているのだと思います。

地方大学を見ても、最近では研究費が本当にないので、⑩地元の産業に結びついた研究をしなさい、という大号令が出ています。地方大学の研究者が基礎研究をしようとすると、非常に肩身《かたみ》が狭い思いをする。そんな状況もあるわけです。

だからこそ私は、科学、つまり人間の［⑪］を拡《ひろ》げる活動というのは、「文化」として捉《とら》えたほうがいいんだ、ということをいろいろな場で発言することにしています。

たとえば、［⑫］とかスポーツですばらしいパフォーマンスを目にしたとき、われわれは感動しますよね。その感動というのは、決して「役に立った」という言葉で測られるものではないはずです。科学の達成というのも、そういう意味で測られていく側面が必要なのだと思っています。

【大隅良典《おおすみよしのり》「すべては好奇心から始まる——
〝ごみ溜め〟から生まれたノーベル賞」
（『「役に立たない」研究の未来』〈柏書房〉所収）より】

（注1）初田さん——初田哲男。日本の物理学者。
（注2）普遍性——すべての物事に通じる性質。
（注3）氾濫——事物があたりいっぱいに出回ること。あまり好ましくない状況にいう。
（注4）修士——学位の一つ。大学院に二年以上在学して、論文の審査に合格した人が受ける。

問1　［①］・［④］にはそれぞれの内容の見出しが入ります。その見出しとして適切なものを、次のア～エの中からそれぞれ一つずつ選び、記号で答えなさい。ただし、同じ記号を二度以上使用しないこと。

ア　日本人は「科学」と「技術」とを区別して理解できている
イ　日本人は「科学技術」という言葉を誤解《ごかい》している
ウ　「役に立つ」が目的の研究は、つまらない
エ　「基礎科学」の研究は「役に立つ」

問2　——線部②「日本の一つの大きな問題として、『科学（サイエンス）』と『技術（テクノロジー）』が区別されず、『科学技術』という言葉で

括られてしまっていることがある」とありますが、どういうことですか。これについて説明した次の文章の［X］・［Y］・［Z］に入る内容を、本文からそれぞれ漢字二字で抜き出して答えなさい。

「科学」というものは、原理や普遍性や法則性を「［X］」する過程であり、一方で「技術」とは、それまでになかった機械や装置などを新たに考え出すことによって「［Y］」するものであり、この二つには大きな違いがある。しかしこの二つの関係が密接であることも事実であるため、「科学は技術のためにある」「科学は技術の［Z］なのである」という理解をし、この異なる二つを「科学技術」という言葉で一括りにしてしまっている。

問3　［③］・［⑪］・［⑫］に入る言葉として最も適切なものを、次のア～エの中からそれぞれ一つずつ選び、記号で答えなさい。ただし、同じ記号を二度以上使用しないこと。

ア　芸術　　イ　科学　　ウ　知　　エ　生活

問4　［⑤］・［⑥］・［⑦］・［⑨］に入る文章として最も適切なものを、次のア～エの中からそれぞれ一つずつ選び、記号で答えなさい。ただし、同じ記号を二度以上使用しないこと。

ア　役に立ちたいです

イ　それって何かの役に立つの？

ウ　「役に立つ」ことをしないといけない

エ　そもそも『役に立つ』っていったいなんだろう？

問5　――線部⑧「安易に」の言い換えとして最も適切なものを、次のア～エの中から一つ選び、記号で答えなさい。

ア　強制的に　　イ　楽観的に

ウ　ずうずうしく　　エ　軽々しく

問6　――線部⑩「地元の産業に結びついた研究をしなさい」とありますが、――線部の言い換えとしても最も適切なものを、次のア～エの中から一つ選び、記号で答えなさい。

ア　地元の産業が感動する研究を行いなさい。

イ　地元の産業に基礎研究の価値を広めなさい。

ウ　地元の産業と協力して基礎研究を行いなさい。

エ　地元の産業の役に立つ研究をしなさい。

問7　最近、「実学志向《じつがくしこう》」という言葉をよく耳にするようになりました。実学とは「習得した知識や技術がそのまま社会生活に役立つような学問」のことであり、例えば商学・工学・医学などが挙げられます。その基準で言うと、文学は「実学ではないから役に立たない」と捉えられる場合があり、その考えに押し流されるかのように、大学の純粋な「文学部」は減少傾向にあります。しかし文学を代表する物語作品は、今や小説だけでなく、映画やドラマやマンガやアニメなど様々な形で社会に広がっています。以上を踏まえ、もしあなたの周囲に「小説や物語などの文学は実学ではないから役に立たない」と判断する人がいたとしたら、あなたはどのように反論しますか。**本文の最後の二段落における筆者の考えに沿って**、百字以内で記述しなさい。

［二］　次の文章を読んで、あとの問いに答えなさい。なお、設問の都合上、本文の一部に省略した箇所がある。字数制限のある問題は、句読点やカギカッコも一字と数えること。

四時間目の社会の時間になった。①みんなはそれぞれ家から昔のものを持ってきていた。

わたしたちは班ごとに机をむかい合わせにしてすわり、合わせた机のまんなかに、それぞれが持ってきた昔のものを置いた。

「きせる」という、昔の人がそれでたばこを吸っていたという長い管《くだ》のようなものを持ってきた人。昔、どこの家にもあった火鉢《ひばち》という炭を入れる暖房《だんぼう》器具の、火のついた炭をつかむのに使っていた「火箸《ひばし》」という長い金属製のはしを持ってきた人。おじいさんが遊んでいたという木製の「独楽《こま》」を持ってきた人もいる。大工道具で木をけずるのに使う「かんな」を持ってきたのは玉田《たまだ》くんだった。木の部分はつやつやしていて、歯は光っていた。②そんなに古そうな道具には見えなかった。

「おじいちゃんは病気になる前は大工だったから。うちにはほかにも昔の大工道具がいろいろあるんだ。木の箱に入れてしまってある」

玉田くんはほかにかんなを持ってきている人がいなかったので喜んでいた。

ほかの班の机を見ると、古い雑誌や、古そうなガラスの小瓶《こびん》や、絵が描《か》かれているお皿や、枯《か》れた木の葉のように見えるうちわなどがあった。

③先生は、ひとりずつ立たせると、持ってきたものをみんなに見えるように上にあげさせ、それが、家族のうちのだれがいつの時代に使っていたものかを話させた。

着物を着るときに使う珊瑚《さんご》の「帯《おび》どめ」や、お茶の道具だという長い柄《え》のスプーンのような「茶杓《ちゃしゃく》」や、髪飾《かみかざ》りの「かんざし」を持ってきた人もいた。そういうのはぜんぶ女の子が持ってきていた。

「道具は時代によってちがってきているけれど、一つひとつの道具にはその時代の暮らしぶりがあらわれていますね。装飾品《そうしょく》や遊び道具にしてもそうですね。木村《きむら》さんが持ってきた古い香水瓶《こうすいびん》や、平《ひら》岡《おか》さんのかんざしなんかには思い出もつまっていそうですね」

と先生は話した。

そして、「班ごとにおたがいが持ってきたものを見せあって、それがどんなふうに使われていたか、知っていることを話してください」といった。

「大切なものですからね、傷つけたりしないように注意して見てください」

そういうと、先生は一つひとつの班をめぐりはじめた。

わたしの持ってきた竹のかごを玉田くんは気に入ったみたいだった。「かんなより、ずっと役立ちそうじゃん。ぼく、ほしいなあ。特別な箱って感じだよ」

玉田くんは蓋《ふた》をあけ、また閉じて、感心したように見ていた。

わたしは坂上《さかがみ》さんの持ってきたきせるを手にとって見た。きせるは筒《つつ》に入れられていた。筒はなにかの植物で細かく固く編《あ》まれていて、そこに槍《やり》のような柄《がら》がはりつけられていた。裏側にはだれかの名前が金色の字ではりつけてある。きせるは吸うところと、たばこを詰《つ》めるところが金色だった。かすかにたばこのにおいがした。

「あーっ」

前のほうの席で女の子の声がした。

そっちを見ると、④平岡さんが立ちあがっていた。それからすぐに机の下にしゃがみ込んだ。

先生がすぐにそっちにむかった。

「玉が一個落ちちゃったんです」と大沢《おおさわ》さんがいっている。

平岡さんが持ってきていたのは小さい白い玉がいくつもついたかんざしだった。

「真珠《しんじゅ》が落ちたの？」とだれかがいった。

「先生がさがしますからね、みんなは席についてて。動かないで。きっと近くに落ちているはずだから。みんなは自分の持ってきたものについて知っていることを班の人に話してあげてください」

先生は床《ゆか》によつん這《ば》いになると、あたりをさがしはじめた。

先生は社会の時間が終わるまでに白い玉を見つけることはできなかった。

給食の時間になっても、先生は配膳《はいぜん》をする人たちをよけながら、床を見て歩いていた。

⑤「給食を食べ終えた人はできるだけ校庭にでて、校庭で昼休みをすごしてください。図書室でもいいです。わたしは教室じゅうの床をよく見て歩きたいので、協力してくださいね」と先生はいった。「きっとどこかにあるはずですからね」と、それは平岡さんにいった。

そして給食を食べながら、先生は「もしも昼休みに白い玉を見つけられなかったら、きょうは教室の掃除《そうじ》はなしにしましょう。わたしが放課後掃除をしておきますから」といった。

「真珠だったら、なくしたらお母さんにしかられちゃうだろ」とだれかがいった。

「真珠じゃなくても、かんざしがだめになっちゃうじゃない」とべつのだれかがいった。

「きっとどこかにあるわ」と、先生は平岡さんにいった。

平岡さんは⑥困りはてた顔でうなずいた。きっとお母さんの大切なものだったのだろう。

昼休みになると、わたしは図書室に行った。この前、図工の時間にフェルトペンで写生した植物の絵を持っていった。

わたしが愛読している『植物の図鑑《ずかん》』はわたしがこの前もどした場所にあった。わたしのほかに、この図鑑を見ている人はいないのかもしれなかった。

（中略）

図書室から教室に帰ると、何人かの人はもう教室にもどっていた。前のほうの席に女子が何人か集まっている。平岡さんもいる。平岡さんが笑っている。

わたしはその子たちのところへ行ってみた。⑦もしかすると、と思ったのだ。白い玉が見つかったんだろうか。

そうだった。平岡さんの手のひらに白い玉が一個のっていた。

「あ、見つかったんだ」と、わたしはのぞき込んでいった。「どこにあったの？」

「先生の机の脚《あし》の陰《かげ》にあったんだって」と大沢さんがいった。

「よかったね。それ、お母さんの宝物？」と、わたしは平岡さんにきいた。

「お母さんはね、くしを持っていきなさいっていったのに、わたしがこっちがいいっていって持ってきたの。だから、失くしたらしかられるところだった」

　平岡さんはうれしそうにいった。

「接着剤《せっちゃくざい》かなにかで簡単にくっつけることはできるんじゃないの」と木村さんはいった。

「しっぽが昼休みのあいだじゅう、先生と平岡さんといっしょにさがして、それで、しっぽが見つけたんだって」と大沢さんがいった。

「あのね、どうしてやめないの。モッチのことをしっぽって呼ぶのを」とわたしはいった。

「あれ？　ちょっと待って。曽良《そら》さんも佐伯《さえき》くんと同じことをいうんだ」

　大沢さんはわたしをぐっと見た。⑧むらむらと腹がたってきた。

「モッチはあんたたちのしっぽじゃないよ。モッチってニックネームが一つあればじゅうぶんじゃん。モッチがしっぽなら、大沢さんはなに？　ヘッド？　ハット？」

　そばでモッチは下をむいていた。

「自分が正しいことをいってるって思いたいんでしょ。だれかの言葉じりをつかまえてはすぐに『いじめだ』っていいだしたりするんだよね、曽良さんも、佐伯くんにしても。そういうのをいい子ぶってるっていうの。いいかっこしないでよ」

　大沢さんはぐっと胸をそらした。
　⑨モッチがわたしのシャツのすそを引っぱった。
「よくないよ、モッチ。こんどしっぽって呼ばれたら、ぜったい返事なんかしちゃだめ。それか、しっぽって呼ばれたら、『なあに、帽子《ぼうし》』っていい返せばいいよ。そういうのをがまんしてちゃだめ」

「わたしたち、モッチのことをいじめてなんかいないよ」と竹下さんがいった。

「人が嫌《いや》がってることもわかんないなんて、鈍感《どんかん》なだけでしょ。モッチのことをしっぽって呼んでるのはあんたたちだけじゃん」

「仲間だからよ」と平岡さんがいった。

「自分たちに都合のいい言い訳をしているだけでしょ。そんなの仲間じゃない」

　モッチが手で涙《なみだ》をぬぐった。モッチはしずかに涙を流していた。

「モッチにあやまりなさいよ」と、わたしは大沢さんにいった。

　大沢さんは顔をそむけて、「いいよ、もうモッチのことは呼ばないから」というと、自分の席にもどっていった。

　ほかの子も平岡さんの机から離《はな》れていった。

「平岡さん、モッチにちゃんとお礼をいったの？」とわたしはいった。

「いったよね、ありがとうって」

　平岡さんがいうと、モッチはうなずいた。

　わたしは自分の席にもどった。昼休みが終わるチャイムが鳴りはじめた。

　校庭の掃除当番になっていたわたしは席をたって、教室をでた。

　教室をでる前に、ちらっとモッチを見た。

　モッチは一列置いて同じ前から二番目の席の平岡さんにほほえみかけていた。モッチは今週、平岡さんといっしょに教室の掃除当番になっていたはずだった。

⑩モッチって、もしかしたらわたしが思っていたような人じゃなかったのかもしれない、と階段をおりながら思った。人のいいなりになっている弱虫のモッチって思っていたけれど、モッチはほんとはそんな人じゃないのかもしれない。わたしが図書室で図鑑を調べているあいだ、モッチはずっと先生と平岡さんといっしょに白い玉をさがしつづけていたのだ。そんなことをする人はほかにだれもいなかったのに。そしてさっき涙を流したあとで、モッチは平岡さんにほほえむことができるのだ。モッチのことなんて、とわたしは思った。ほんとうはなにもわかっていなかったのかもしれない。

わたしはなんだかとてもはずかしい気もちになった。

（岩瀬成子《いわせじょうこ》『わたしのあのこ　あのこのわたし』〈PHP研究所〉より）

問１　――線部①「みんなはそれぞれ家から昔のものを持ってきていた」について、以下の問いに答えなさい。

(1)　「わたし」が持ってきたものは具体的には何ですか、本文中から抜き出して答えなさい。

(2)　「わたし」の班のみんなが**持ってきていないもの**を、次のア～エの中から一つ選び、記号で答えなさい。

ア　昔の人がたばこを吸っていた長い管

イ　昔はどこの家にもあった火鉢

ウ　昔の暖房器具に火のついた炭を入れる金属製の箸《はし》

エ　昔おじいさんが遊んでいたという木製の遊び道具

問２　――線部②「そんなに古そうな道具には見えなかった」について、以下の問いに答えなさい。

(1)　この「道具」の使い方が説明されている部分を五字で抜き出して答えなさい。

(2)　昔のものなのに、「そんなに古そうな道具には見えなかった」のはどうしてだと考えられますか。その理由として最も適切なものを、次のア～エの中から一つ選び、記号で答えなさい。

ア　手入れをして大切に使ってきたから。

イ　高価な装飾品だから。

ウ　実は新品で買ったばかりだから。

エ　もっと便利な道具が登場したため、一度も使われないまま放置されていたから。

問３　――線部③「先生は、ひとりずつ立たせると、持ってきたものをみんなに見えるように上にあげさせ、それが、家族のうちのだれがいつの時代に使っていたものかを話させた」とありますが、先生がこのような授業を通して気づかせたかったことはどんなことですか。次のア～エの中から**適切でないもの**を一つ選び、記号で答えなさい。

ア　道具には、その時代の暮らしぶりがよくあらわれているということ。

イ　同じ道具が、時代によってまったく違う使われ方をしているということ。

ウ　道具には、持ち主の思い出もつまっているということ。

エ　道具は、時代によってさまざまに違ってきているということ。

問４　――線部④「平岡さんが立ちあがっていた。それからすぐに机の下にしゃがみ込んだ」とありますが、平岡さんがこのような行動をとったのはなぜですか。その理由として最も適切なものを、次のア～エの中から一つ選び、記号で答えなさい。

ア　真珠が落ちてしまい、すぐに探そうとしてあわててしまったから。
イ　お母さんにしかられると思って悲しい気分になり、泣き出してしまったから。
ウ　「あーっ」という女子の声で騒ぎが大きくなったことに、怒りがわいてきたから。
エ　「傷つけたりしないように」という先生の言うことを破ってしまったことに、いたたまれなくなってきたから。

問5　――線部⑤「給食を食べ終えた人はできるだけ校庭にでて、校庭で昼休みをすごしてください」とありますが、先生がこのように言ったのはどうしてですか。その理由を、「床」「真珠」の二語を必ず用いて四十五字以内で説明しなさい。

問6　――線部⑥「困りはてた」の意味として最も適切なものを、次のア～エの中から一つ選び、記号で答えなさい。
ア　どうしてよいか分からなくなった
イ　あきらめの色を浮かべた
ウ　緊張がほぐれ自然体になった
エ　すっかり頼りきった

問7　――線部⑦「もしかすると」のあとには、どのような言葉を補うことができますか。そこに補うのにふさわしい言葉を、本文中から抜き出して答えなさい。

問8　――線部⑧「むらむらと腹がたってきた」とありますが、「わたし」がそのように感じたのはなぜですか。その理由として最も適切なものを、次のア～エの中から一つ選び、記号で答えなさい。
ア　大沢さんが、「わたし」の忠告を聞き入れないどころか、挑発するように見てきたから。
イ　「わたし」の忠告が、佐伯くんの言ったこととかぶってしまったから。
ウ　みんなにモッチというニックネームを広めたいのに、「わたし」しか使わないから。
エ　モッチは「わたし」の仲間なのに、大沢さんにとられてしまったから。

問9　――線部⑨「モッチがわたしのシャツのすそを引っぱった」とありますが、なぜだと考えられますか。その理由を三十五字以内で答えなさい。

問10　――線部⑩「モッチって、もしかしたらわたしが思っていたような人じゃなかったのかもしれない」から始まる段落では、「わたし」から見た「モッチ」の人物像の変化が描かれています。その人物像の変化を、変化したきっかけを含め、百字以内で書きなさい。

問11　この小説の特色を述べたものとして、最も適切なものを次のア～エの中から一つ選び、記号で答えなさい。
ア　語り手である「わたし」の目を通し、クラスメイトの様子や起こった事件が、生き生きと描かれている。
イ　会話文を多く使い、クラスメイトの人柄やその人の生い立ちが、たくみに描き出されている。
ウ　比喩を多く用い、大人と子どもとの対立や男子と女子との対立が、あざやかに描きわけられている。
エ　回想場面を入れ、昔の道具がどのように使われていたのか、わかりやすく説明されている。

三　次の各問いに答えなさい。

問1　次の各文の――線部①～⑤のカタカナを適切な漢字に改めなさい。

(1)　二〇二二年は、沖縄県が本土に①フッキしてから五〇年の②フシメにあたる。

(2)　円が③キュウラクし、およそ二〇年ぶりの円安水準を④コウシンした。

(3)　第26回参議院議員選挙が⑤コウジされた。

問2　次の①～⑤の□にあてはまる擬音語《ぎおんご》や擬態語《ぎたいご》を、あとのア～オの中からそれぞれ一つずつ選び、記号で答えなさい。ただし、同じ記号を二度以上使用しないこと。

①　ひまわりが□大きくなる。

②　のらねこが□眠っている。

③　目的地まで□進んでいく。

④　大きな猿《さる》が□と木に登る。

⑤　暑さで喉《のど》が□になりそう。

ア　すいすい　　イ　ぐんぐん　　ウ　すやすや
エ　するする　　オ　からから

大妻中野中学校(第一回)

—50分—

一　次の文章を読んで、あとの問いに答えなさい。(ただし、句読点や記号も一字に数えます。)

(1)戦争を［ A ］

ふつう私たちが「戦争」という言葉で思い浮かべるのは、基本的には国家間の戦争です。お国のために戦争に行く、とか、国の政策に反対して平和を訴えるとか、いろいろありますが、戦争にははっきりした「敵国」があって、その「敵」に対して自分の国が軍事行動をとる、ということです。そしてそこで「国のために戦う」とか「武勇を示す」とか「人殺しは嫌《いや》だ(だから戦争はしたくない)」とかいろいろな考え方がでてきます。日本の過去の戦争の話で、爆弾三勇士だとか、真珠湾《しんじゅわん》攻撃だとか、特攻隊《とっこうたい》だとか、戦艦大和《せんかんやまと》が沈んだとかいうのも、すべて国家間戦争が枠《わく》組《ぐ》みになっています。

しかし、考えてみると①戦争が今のような国家間戦争になったのは、そんなに昔のことではありません。村とか国というのはあったけれども、今のように世界が国家に区分されるという状態が原理的に成立したのは十七世紀半ばのヨーロッパでのことです。その頃《ころ》西洋で近代国家の形ができたのですが、その近代国家というものには要件があって、簡単に言うと第一に、明確な領土があること、第二に、人びとがそこに恒常的*1に属していること、つまり国民がいること、そして第三に、中心権力つまり主権があって一元的に統治されていることです。それを主権国家と言いますが、世界が——当時はヨーロッパが、ということですが、——そういう国家の集まりとして考えられるようになってからの話です。

ここで少しだけ用語について補足しておけば、「ヨーロッパ」というのは、基本的には地名です。それに対して「西洋」というのは「オクシデント」というラテン語の訳で、これはローマ帝国を東西に分けたときの「西洋・西側」にあたり、歴史的には単に地名というより文明的意味合いのこもった使い方をします。詳しくはわたしの『世界史の臨界』(岩波書店、二〇〇〇年刊)を参照していただければよいのですが、とりあえずこの違いを念頭においておいてください。

話を戻せば、ふつう、われわれが想定*2するのは、そういう主権国家同士の戦争です。ただ、戦争という言葉をもっと広げて考えていくと、昔の部族間の争いとか、さまざまな集団間の武力抗争《こうそう》とか、そういったものも一般的には戦争と言えるでしょう。

ところで、犬の群れ同士は戦争をするのか?「一〇一匹わんちゃん」のように擬人化された犬は戦争するかもしれない。けれども、②ふつうは犬が戦争するとは言わないでしょう。猿の群れが戦争しているとも言わない。それはなぜでしょう?

「戦争」という言葉にはもうひとつ欠かせない要件があります。それは武器を使って組織的に戦うということです。武器は文明の一部だから、人間の集団がやるのが戦争なのです。

では、なぜ集団間の抗争は起こるのか。人間が狩猟《しゅりょう》採集生活をしていた頃は、あの辺りに木の実がたくさんありそうだとそこへ行ってみたら、もうすでに他の集団がいた。俺たちは何十キロも歩いてきたのにあいつらが先に！ということで争いになったとしても、それは単なる奪い合いであって、まだ戦争という言葉には馴染《なじ》まないでしょう。餌場《えさば》の取り合いというのは喧嘩《けんか》とは言うかもしれないけれども、戦争ではない。

それが、狩猟採集生活の段階を抜けて、農耕するようになるとどうでしょう。この場合は野菜ではなく、穀物栽培《こくもつさいばい》です。基本的には保存できる食糧ですね。農耕のためには集団が定住しなければなりません。定住して、穀物を栽培して収穫する。それは保存食糧になります。するとこれが人間にとっての最初の富となり蓄積《ちくせき》財産となるでしょう。集団が富を持つようになる。この富は、お金ではなくて、命をつなぐことができる決定的な財産です。そうするとその財産の管理とか富の分配をめぐって、定住する集団内部で力関係や秩序《ちつじょ》ができる。そうやってその集団には定着した組織ができてきます。そこに、外敵が富を奪いにやってくる。もちろん集団で武装して。すると互《たが》いに皆が武器をとって戦い合うようになります。それがたぶん戦争の祖型*3だと言ってよいでしょう。③そういう争いは残念ながら避けがたい。

そして武器が発達していって、集落の守り方も戦い方もそれに従って進歩してゆきます。戦車とか飛び道具ができたりします。そうすると、しだいに戦いに優れた大きな勢力が生まれ、そういう勢力が周りを平定*4していきます。例えばアッシリアとかエジプトとか。もちろん中国でもそうでした。戦争というのはそういうふうにして大きくなってゆきました。

(2)集団が［　B　］にまさる時

ところで、原理的に言って、単独の人間というのは存在しません。人間は集団生活をしています。どういうことかと言うと、人間は言葉を使うでしょう？　言葉というのは、周りにそれを使っている人間が大勢《おおぜい》いなかったら身につきません。言葉はつねに一人ひとりの人間より先にあったわけです。その言葉と共同性というのは切っても切れない関係があって、その関係の中でわれわれは一人ひとり人間になってゆく。だから人間というのは基本的に集合的存在であって、単独の人間というのは想定できません。

だから必ず集団があるわけですが、昔の集団の場合は、洋の東西を問わず、個人の独立といった意識は今ほど重要ではなかったでしょう。とはいってももちろん、体や心は別々で、生きているのは一人ひとりであって、顔も違えば名前も違う。それぞれ考えることも違う、区別された個人です。そんなふうに個であるけれども、一人ひとりが当たり前に個でありうるのは平時、普通の、平穏《へいおん》な時です。

けれども、ひとたび他の部族と戦《いくさ》だとなると、④個は集団の要素になる。何のために戦うかというと、自分の属する集団を守るためだからです。その時には、あらゆる個の行動は集団のためのものとして統合される。そうでなければ戦いになりません。平穏な時は一人ひとりの個であるけれども、そうでない時、つまりそれを「非常時」というわけですが、その時には磁力がかかったように人びとは一斉に集団に統合されます。

皆が集団として戦います。けれども、その中で人並み外れて優れた働きをすると、そういう者が英雄になる。功労者になる。その英雄が倒れると、集団のために身を犠牲《ぎせい》にした、そして自分たちを救ってくれたというので祀《まつ》られる。それが神と崇《あが》められたり、その子が権力者になったりする。そんなふうにして、非常時である戦の時の功績というのは、共同体の中でたいへん重要な意義を与えられます。

　それがときに部族の創設神話の主人公にもなる。われわれの三代前に河向《かわむこ》うの大きな部族との戦があって、その時われわれの部族はまだ小さかったけれども、あの英雄のお蔭《かげ》で勝ち、大きく発展して今の繁栄がある、とか。英雄がこの国の基礎を造ったといった、集団ごとの物語があります。そうしてその物語をみんなで共有する。それが仲間意識や部族の誇りを作り、その英雄に続けと言って、次の戦の時にはそれを模範にみんなが戦うことになる。そして、一人ひとりの死は集団の存続のための「犠牲」だとして意味づけられ、そういうかたちで集団が固められてゆきます。

　そこで、まずひとつ言えるのは、平時があって非常時がある。その「非常時」の特徴は何かというと、個に対して集団が圧倒的に優位に立つということです。いわば集団が個に勝利するというのが非常時です。一人ひとりの生には意味はない。一人ひとりは死んでも、集団が生き延《の》びればよい、ということです。⑤そういう関係は平時には潜在化《せんざいか》しますが、平時にも集団を組織する仕組みとして浸透《しんとう》してはいるでしょう。

　非常時には、個を呑《の》み込んで集団全体がいわば*5励起《れいき》されるわけです。それが個にも個を超えた力を発揮させる。一人が倒れると、よし、お前の分までと、普段は頼りなくても、このときばかりは奮起《ふんき》して敵を何人も倒したりと、異様な力を発揮する人がいる。それをあれは人間ではない、人を超えた鬼神だ、血まみれになって怖《こわ》い、というので畏《おそ》れられながらも讃嘆《さんたん》される。怖いものを崇《あが》める、その御利益《ごりやく》にあやかるとか、そういう関係もありますね。それは崇拝《すうはい》というもののひとつの起源でしょう。

　勝った方はそうとして、では敗れた方はどうなるか。場所や状況にもよるでしょうが、敗れると、男は奴隷《どれい》となり、女は戦利品となって、その分、勝った共同体が豊かになる。そうして勝った側だけの物語が残ることになります。

　ただ、もう一つ生まれるものがある。それがエレジー（哀歌）ですね。こんなふうに国の人びとは雄々《おお》しく戦ったけれども、その甲斐《かい》もなく、故郷は敵に蹂躙《じゅうりん》され、父兄弟はみな倒れ、あるいは捕囚《ほしゅう》となり、喪失《そうしつ》や滅亡を嘆き悲しむ女たちの哀歌というのも残ります。また、そんな哀歌を作ることで生き延びることができます。悲しみが内に籠《こも》ってしまうと気が狂《くる》ったり、水に飛び込んだりしてしまうけれども、こういう極限状況では、哀歌を歌うことで人は悲しみに表現を与え、死者たちを記憶し、表現することで生き延びてもゆくのです。悲しみの感情さえ生きる糧《かて》になる。

　また、戦を見聞きした人が出来事を叙事詩《じょじし》に替えたりする。そういうところに文学の起源があります。そう考えるとまさに昔の人（たとえばギリシアのヘラクレイトス）が言ったように、戦いは万物の生みの［ X ］だったのかもしれません。技術は進歩するし、芸術まで生まれる。そして、それから信仰の形も生まれるのですから。

(3)戦争はリセットと［ C ］の元となってきた

　もうひとつ、「非常時」の特徴は、殺人が解禁されるということです。前章で少しふれたように、人間はお互い基本的に殺さないということがないと成立しません。だから殺さない。それでも殺人を犯す者がいると共同体がそれを罰《ばっ》します。けれども、戦の時には、人間社会を成り立たせているこの「禁止」というものが、「敵」に向かっては解除される。むしろ、殺せ、と推奨《すいしょう》されさえします。そしてめざましく敵を倒した者が顕彰《けんしょう》される。⑥そういう意味では、戦争では、人は半ば人間ではなくなるわけです。それが「非常時」です。要するに、戦争のもうひとつの性格というのは、「殺人の禁止」が「敵」に向けて解除されるということです。戦争では基本的に何をやるかというと、破壊と人殺しです。それが戦争の原型になっていて、文明の発達に従っていろいろと様相を変えてゆくわけです。

争いというのはたぶん人間社会では避けられないことなのだろうと思います。皆がお互い仲良くしようと思っても、それぞれの共同体の都合とか内部事情とかで、内でも外でも衝突《しょうとつ》が起こってしまうかもしれない。その結果、現実として戦争は途絶《とだ》えたことがなかった。そして力の強いところが出てくると、それが広域を支配して帝国と呼ばれるものを作ってゆく。その帝国秩序内では平和ということもあります。一面ではそれは抑圧の全面化だともいえますが。そういうことが世界の各地域で起こってきました。

もしも、圧倒的な権威《けんい》がどこかにあり、戦や争いをしてはいけないと強力な力でもって人びとを抑え込めば、戦争は起こらないかもしれない。そういうことを理想として掲《かか》げたのは例えばキリスト教でした。世界には創造主がおり、その創造主に万人がひれ伏せばそこは神の国になると。けれども、キリスト教もそれは理想であるということを隠していません。それは「天の国」だからこそ実現出来ることで、「地上の国」は欲望と憎悪《ぞうお》が渦巻《うずま》く争いに満ち、地上には平安はないというのです。（事実、キリスト教はそれ自体が最も激しい戦争の原因にもなってきました）。それでもそこに神の一条の光がさすというのは、平和を求める気持ちが皆にあるということでしょう。とはいえ基本的に人間の綾《あや》なす集団的な暴力をどうすることもできません。もしかするとその暴力の本質的な部分は、人間のようなものが生きてゆくということと不可分の力なのかもしれません。

［　Y　］

本当にキリスト教が全世界に広まって、みんながキリスト教徒になって、*6敬虔《けいけん》で理想的なキリスト教徒になるとしたら、そこに天国は実現されるかもしれません。けれども、その世界はひょっとすると死の国と同じかもしれない。みんなが死んでいるのと同じような状態……。「天国」というのは死後にしか訪れないものだから、キリスト教の理想とはそういう*7パラドクスめいたものなのかもしれません。「全世界が平和になった」ということは、皆死んでしまったということかもしれない。それは仏教の理想とも似ています。悟りを開くということは人間が*8煩悩《ぼんのう》から解放されてニルヴァーナ（涅槃《ねはん》）に入ること、釈迦《しゃか》の入滅《にゅうめつ》というのは死ぬことでしょう。死んだらもうどんな欲望も災いもないからニルヴァーナです。だとしたら、人間の生きる理想の境地というのは「死」なのかもしれないということになってしまう。けれども、死なない限りで、つまりは安らぎから隔たっている限りで、人間は生きているのです。

生きるというのはそういうふうに複雑なことのようです。一人ひとり違って、それが大勢集まっているのが人間世界です。それが全部協和するとは限らない。協和するというのは強制か無力化によってしかできなくて、そうなっていくと皆生きていないのと同じことになってしまう。人びとが生きている時の多様性というのは、いろいろな軋轢《あつれき》を生みだしたりもする。それをどうやって避け緩和《かんわ》するかということは人間が常々考えてきていることです。

社会の組織化というのもそのことと深く結びついているように思えます。どうやって⑦争いや惨劇《さんげき》、あるいは暴力の爆発を防ぐか、抑制するかということと結びついていると思います。けれども、素朴に考えれば、戦争は避けられないし、集団間の争いは避けられない。それは暴力の方向づけられた解放として出てくるし、その時に個は意味を持たないし、その混乱はまた結果的にさまざまなものを生み出す坩堝《るつぼ》にもなります。

戦争はそのように、人間社会のリセットと展開の元になってきました。それによって作られる平和な秩序があったことも確かです。初めは両者はそのまま地続きだったことでしょう。それがどう分節化されてゆくかというのが、いわゆる文明の発展を刻んできたのだと考えられます。そんなことをまず念頭において考えてゆこうと思います。

（西谷修『戦争とは何だろうか』〈ちくまプリマー新書〉より）

〔注〕
＊1　恒常《こうじょう》的…常に変わらず、変化がない様子。
＊2　想定…ある状況や条件を仮に決めること。その決めた考え。
＊3　祖型…原型のこと。
＊4　平定…乱を鎮めて、世を安定させること。
＊5　励起…外からの力が加わることで、元の状態からエネルギーの高い状態になること。
＊6　敬虔…神を敬《うやま》い、慎《つつし》み深いこと。
＊7　パラドクス…矛盾
＊8　煩悩…人間の心身を悩ませ苦しませる、あらゆる分別のない思い。

問一　次のア～エは、小見出し(1)「戦争を［A］」(2)「集団が［B］にまさる時」(3)「戦争はリセットと［C］の元となってきた」の各空欄に対応する語です。組み合わせとして最も適当なものをア～エの中から一つ選び、記号で答えなさい。

ア　A―さかのぼる　B―個　C―展開
イ　A―なつかしむ　B―国　C―展開
ウ　A―おもいだす　B―国　C―悲劇
エ　A―ふりかえる　B―個　C―悲劇

問二　――部①「戦争が今のような国家間戦争になった」とありますが、このようになったのはいつからですか。本文中の語句を使って四十字以内で答えなさい。

問三　――部②「ふつうは犬が戦争するとは言わないでしょう。猿の群れが戦争しているとも言わない。」とありますが、なぜですか。この理由を説明した次の一文の空欄にふさわしい語句を本文中から探してそのまま抜き出しなさい。

戦争は、人間の【　】が【　】を使ってやるものだから。

問四　――部③「そういう争い」とはどのような争いですか。次のア～エの中から最も適当なものを一つ選び、記号で答えなさい。

ア　定住した人間を守るための争い。
イ　力関係や秩序を作るための争い。
ウ　餌場の優先権をめぐる争い。

エ　保存できる食糧をめぐる争い。

問五　――部④「個は集団の要素になる。」とありますが、どのようなことですか。次のア～エの中からその説明として最も適当なものを一つ選び、記号で答えなさい。

ア　個人が、非常時には平時以上に一人ひとり区別されずに扱われるようになること。

イ　個人が、非常時には自分の所属する集団を守るためのものとして統合されること。

ウ　個人が、非常時には自分の所属する集団のために人並外れた力を出せるようになること。

エ　個人が、非常時には言葉を共同して使っている大勢とともに集団生活をいとなむこと。

問六　――部⑤「そういう関係は平時には潜在化します」とありますが、どのようなことですか。次のア～エの中からその説明として最も適当なものを一つ選び、記号で答えなさい。

ア　個に対して集団が圧倒的に優位に立つ関係が、普段は表にはっきりと出ずに、裏に隠れていること。

イ　集団に対して個が圧倒的に優位に立つ関係が、普段は表にはっきりと出ずに、見落としがちなこと。

ウ　集団に対して個が圧倒的に優位に立つ関係が、普段は裏に隠れているのに、見つかってしまうこと。

エ　個に対して集団が圧倒的に優位に立つ関係が、普段は裏に隠れているのに、急に表に出てしまうこと。

問七　[X]にふさわしい漢字一字を答えなさい。

問八　――部⑥「そういう意味では、戦争では、人は半ば人間ではなくなる」とありますがなぜですか。その理由として最も適当なものを次のア～エから一つ選び、記号で答えなさい。

ア　戦争では、お互いを殺さないという人間社会を成り立たせている禁止事項が解除されることで、人間が人間である前提が崩れてしまうから。

イ　戦争では、共同体による罰という人間社会を成り立たせている禁止事項が無視されることで、人間が人間である前提が崩れてしまうから。

ウ　戦争では、共同体がお互い何とか仲良くしようと努力することを放棄してしまうことで、人間が人間である前提が崩れてしまうから。

エ　戦争では、強い共同体が弱い共同体を支配して帝国と呼ばれるものを作ろうとすることで、人間が人間である前提が崩れてしまうから。

問九　[Y]には、次のa～dの文が入ります。a～dを文意が通るように並べ替えた時の順番として最も適当なものを次のア～エの中から一つ選び、記号で答えなさい。

> a　そして集団として動く場合には、今度は集団の力として統合されて同じ方向に向かう。
> b　だからその一人ひとりの力というのは集団全体を高めるためにも働くし、集団が争いを起こすためにも働く。
> c　要するに一人ひとりが生きる力はそれぞれ働くけれども、一人ひとりは集団をなして集団の中で生きている。
> d　だからそれが抑えられることはない。

ア　a—d—c—b　　イ　a—b—c—d
ウ　c—b—a—d　　エ　c—d—a—b

問十　——部⑦「争いや惨劇、あるいは暴力の爆発」とありますが、これを防ぐ方法について述べている部分を——部⑦よりも前から探して、「〜こと」に続くように二十字以内にまとめて答えなさい。

二　次の各問いに答えなさい。

A　漢字に関する問題

問一　次の——部の漢字の読み方をひらがなで答えなさい。

① 大雨による土砂崩れで道路が寸断された。
② 隣の猫が和室の障子紙を破いてしまった。
③ 彼はいくつもの言語を操ることができる。
④ 父は地元の銀行に会社の資金を預けている。
⑤ 国交を樹立した国に初めて使節団を派遣する。

問二　次の①〜⑤の語について、類義語(＝)や対義語(⇕)になるように、適する漢字のよみを語群から一つずつ選び、漢字に直して答えなさい。

① 過失　＝　□□
② 方法　＝　□□
③ 独立　＝　□□
④ 安全　⇕　□□
⑤ 単純　⇕　□□

【語群】　ふくざつ　しっぱい　じりつ　きけん　しゅだん

B　ことわざ・慣用句に関する問題

問三　次の四字熟語の□に当てはまる漢数字一字を答えなさい。

① □目瞭《りょう》然
② 岡目□目
③ □里霧中
④ 二束□文
⑤ 千変□化

C　文法・言葉づかいに関する問題

問四　次の各文の□に当てはまる最も適当なものをア〜エより一つずつ選び、記号で答えなさい。

① この会議には□君にも参加してほしい。
ア　さて　　イ　ずっと　　ウ　ぜひ　　エ　たぶん

② これは□嵐の晩のできごとだった。
ア　どの　　イ　ある　　ウ　あらゆる　　エ　どんな

③ 海外の空港で懐かしい友人と□出会った。
ア　ばったり　　イ　うっかり　　ウ　あっさり　　エ　ずっと

④ 君にこの映画を見ることをすすめよう。□、原作の本を読んだかね。
ア　あるいは　　イ　ところで　　ウ　それゆえ　　エ　つまり

⑤ お飲み物はコーヒーにしますか。□お茶にしますか。
ア　そして　　イ　では　　ウ　ところで　　エ　それとも

学習院女子中等科（A）

—50分—

二　次の文章を読んで、問いに答えなさい。

「コーポむらい」の二階のつきあたりの３ＬＤＫ《エルディーケー》に、ミリとミリの両親はもう十四年近く住んでいる。ミリが生まれた年に引《ひ》っ越《こ》してきたというから、そういう計算になる。妹のサラは四歳《さい》だから、ここに住んで四年だ。コラルド・フェルナンデスの居住歴が何年であるかは、よく覚えていない。

「悪いけど、お願いね。」

玄関《げんかん》の鏡に向かってあわただしく髪《かみ》を整えながら言う母に、ミリは返事をしなかった。返事をしないことで、注1遺憾《いかん》の意を表明したつもりだった。日曜日の朝から留守番を頼《たの》まれた。友達との約束があったにもかかわらずだ。今日はミリの誕生日で、サラは熱を出してねこんでいる。遺憾でないほうがどうかしている。

友達三人が誕生日を祝ってくれるはずだった。みんながお金を出し合って買ってくれたケーキを食べ、プレゼントをもらう予定だった。ミリが彼女《かのじょ》たちの誕生日にそうしてきたように。行けなくなったと連絡《れんらく》したとき、みんなはなぐさめてくれた。①しかたないよ。大丈夫《だいじょうぶ》、来週の日曜日に延期しようよ。そう言ってくれはしたが、来週の日曜日はミリの誕生日ではない。

父は病院に勤めていて、日曜日に休めることはめったにない。母は働いている会社は基本的に土日休みであるのだが、しょっちゅう「急な仕事」というものが発生し、呼び出されて出かけていく。

「ねえ、お母さんのイヤリング見なかった？　片方ないの。」

母は玄関で靴《くつ》をはいている。ミリはキッチンに移動しながら「知らない。」と声を張り上げた。

「オパールの、楕円形《だえんけい》のやつなんだけど。」

「知らないってば。」

うんざりしながら、朝食のシリアルを皿にぶちまける。②「いってきます。」に続いた「ごめんね。」は、聞こえなかったふりをした。皿を持って居間に移動すると、ソファーに放り出されたコラルド・フェルナンデスが丸い目でミリを見上げていた。

コラルド・フェルナンデスはパペットだ。手を入れて、口をぱくぱくと開閉させられるようになっている。スナップボタンで取り外しできる黒い帽子《ぼうし》に丈《たけ》の短いはでなジャケットという、闘牛士《とうぎゅうし》風の衣装《いしょう》を身に着けている。ジャケットにはビーズやスパンコールや鏡を丸く小さく切りぬいたものがみっちり縫《ぬ》いこんである。口ひげをたくわえているので、コラルド・フェルナンデスはおじさん人形と呼ばれるときもある。③買ったものなのか、もらったものなのか、なぜコラルド・フェルナンデスという名なのか、それが元から付いていた名なのか、はたまた両親のどちらかが付けた名なのか、ミリは知らない。ミリが知らないのだから、サラも知らないだろう。

幼児であることを差し引いても、ミリの目には、サラがあまりものを知らない、かしこくない子に見える。サラはテレビの中の人にもこちらの声が聞こえると思いこんでおり、熱心に話しかける。そうかと思えば突然《とつぜん》「お姉ちゃん、ジュースにお水を入れたら、いっぱい飲めるんじゃない？」と言いだしたりもする。味がうすくなるだけだからやめときなよというミリの制止をよそにサラはりんごジュースのコップを片手にキッチンに突進し、何をどうしたものかそこら一帯を水浸《みずびた》しにして、なぜかミリが母にしかられた。

サラには自己主張が強すぎる一面もある。ミリが父や母と話しているとき、必ずと言っていいほど割りこんでくる。サラが生まれる前の話でもおかまいなしに「知ってる、それはね。」などと言いだすのだ。

この家では「痛いの痛いの飛んでいけ。」というおまじないが使われない。誰《だれ》かがけがをしたときや腹痛を起こしたときは、父も母も「痛いの痛いの、ぱくぱくぱく。」と言いながら、コラルド・フェルナンデスの口を動かす。誰かが失敗して落ちこんでいるときや苛立《いらだ》っているときなどもそうだ。悪いものは全部、コラルド・フェルナンデスが食べてくれる。

ミリは、サラに会話に割りこまれるたびに苛立つ。でもその気持ちはうまくかくしているつもりだ。④いちおう姉ですので、という思いがミリにはある。でも両親は気づいているらしい。ミリの苛立ちを察知するたびにパペットを持ち出す彼《かれ》らは、でも、⑤そんな茶番がもうとっくにミリに通じなくなっていることにはいまだに気づいていない。

朝食をものの五分で食べ終え、ミリはサラの部屋に向かう。水色のカーテンが数センチ開いていて、そこから差しこむ日光が床《ゆか》に散乱するぬいぐるみやクレヨンをくっきりと照らし出していた。踏《ふ》まないようにつま先立ちでベッドに近づき、のぞきこむ。サラは枕《まくら》を片頬《かたほお》に押《お》し付《つ》けるようにして眠《ねむ》っていた。いちばん熱が高かったときには赤い顔をしながらも元気に遊んでいたのに、少し熱が下がった昨晩からはずっと眠り続けている。じっと見ていたら、ぱっちりと目を開けた。「ご飯食べてお薬飲もうか。」と声をかけると、首を横にふる。

「おかゆ、いや。」

そこから、怒涛《どとう》の「いや」が始まった。パンもいや、スープもいや、ミリちゃんいや、ママがいい。

「そんなこと言わないの。」

きつい口調で言ったつもりはなかったのに、サラはびくっと体を震《ふる》わせ、それから声を上げて泣きだした。ミリはその様子をながめながら、途方《とほう》に暮れる。

サラはずるい。

部屋を散らかしても、台所を水浸しにしても、いやいや言っても、全然おこられない。

ミリは再びつま先立ちで居間に取って返し、ソファーに転がっていたコラルド・フェルナンデスを連れてきて、サラのいやいやを食べつくした。茶番だと知りながらも、ミリはほかに妹を落ち着かせる方法を知らない。

「ほうら、サラちゃんの悲しい気持ちを、全部食べちゃうぞ。ぱくぱく。」

言いながら、ばかみたいだと思った。こんな芝居《しばい》がかった作り声を出したりして。もし誰かに聞かれたらはずかしくて三日は部屋から出られない。

それから何とかサラにりんごジュースを飲ませ、ミルクプリンにしのばせた薬を服用させた。歯みがきをさせてベッドに連《つ》れ戻《もど》すころにはミリはもう注2疲労困憊《ひろうこんぱい》の状態で、サラの隣《となり》にごろりと横になる。

ああ、いやだ。「姉」なんて何にもいいことがない。コラルド・フェルナンデスは腹が立たないのだろうか。他人の肉体的な痛みやネガティブな感情ばかり食べさせられて、いいかげんうんざりしているのではないだろうか。ミリならとっくに逃《に》げ出《だ》しているところだ。

でも、コラルド・フェルナンデスは逃げられない。だって人形は自力で動けないから。ミリがこの家の長女という立場から降りられないように、コラルド・フェルナンデスは人形であることから降りられない。

⑥「サラはずるいよ。」

言葉が勝手にこぼれ出た。ぱちぱちとまばたきをしたサラは「ミリちゃんのほうがずるい。」とつぶやく。変なことを言う子だ。そんなわけがあるか。

「なんで。」

サラは答えない。なんで、なんで、ねえなんでなんで、としつこく質問を重ねて、ようやく「だって」という言葉を引き出した。

「だって、パパとママとミリちゃんはサラの知らない話ばっかりして、ずるい。」

⑦どうしてもすぐに返事をすることができずに、しばらく黙《だま》っていた。

ミリには両親との三人きりの時間が、十年分ある。先に生まれた。ただそれだけのことが、もしかしたら妹の目にはとてつもなく良いものに見えるのかもしれない。

⑧サラはやっぱりあんまりかしこくないんだな、と思った。サラだけじゃなくてたぶん私も、とも。かけぶとんの上に転がっていたコラルド・フェルナンデスを持ち上げると、いつのまにかスナップボタンが外れた帽子から、何かが転げ落ちた。

母が探していた、オパールのイヤリングだった。

「サラ、ここにかくしたの？」

「サラ、知らないもん。」

とぼける妹の頬をつんと突《つ》く。やわらかくて、少し冷たかった。もう熱はすっかり下がったようだ。

出産のため入院していた母が無事退院し、サラを連れて帰ってきた日のことを、ミリはよく覚えている。頭も手も何もかも全部小さくて、でも何もかもが、完璧《かんぺき》にそろっていた。かわいいサラ。私の妹。サラが生まれた日のことを、ミリは覚えている。でもサラはミリが生まれた日のことを知り得ない。

⑨オパールは不思議な色の石だ。乳白色のもやに包まれたその奥《おく》に、さまざまな色をかくし持つ。ミリが手をかたむけると、オレンジ色がかっていた部分が黄から緑に変化し、カーテンのすき間からもれる光に当てると、青みがかって見えた。早朝や真昼や夕暮れや、そんないくつもの空を少しずつ切り取って、雲でくるんで結晶《けっしょう》にしたみたいだ。

「ねえ、見て。」

サラが天井《てんじょう》を指差す。丸い光が、右から左にちらちらと動く。コラルド・フェルナンデスのジャケットに縫い付けられたかざりが、日光を反射している。サラはオパールではなく、そちらに夢中になっていたらしい。

「きれい。」

サラは手をのばして、光をつかまえようとしている。⑩小さいな、すごく小さい手だなと、毎日見ているのに、今初めて見たようにミリはおどろいた。

「つかまえた？」

「つかまえた！」

サラがぐっとにぎりこんだ手をコラルド・フェルナンデスの前でぱっと開いたから、ミリは急いで、彼の口を動かした。「わぁ、うれしいな。」と言ってみる。芝居がかった作り声ではない、本物の自分自身の声が出た。

そのうちにサラはまた眠ってしまったけれども、ミリは居間にも自分の部屋にも戻らなかった。⑪あおむけになったまま、サラのやわらかい髪に自分の頬をくっつけて、天井の小さな光をいつまでも見つめていた。

【寺地《てらち》はるな「コラルド・フェルナンデスと二人の娘《むすめ》」（『青いスピン　創刊号２０２２秋』〈東京書籍〉所収）】

注1　遺憾の意…残念に思う気持ち

注2　疲労困憊…くたくたに疲《つか》れること

問1　傍線《ぼうせん》①「しかたないよ。大丈夫、来週の日曜日に延期しようよ。そう言ってくれはしたが、来週の日曜日はミリの誕生日ではない」とあるが、この部分からミリのどのような気持ちがわかるか、説明しなさい。

問2　傍線②「『いってきます。』に続いた『ごめんね。』は、聞こえなかったふりをした」とあるが、それはなぜか、説明しなさい。

問3　傍線③「買ったものなのか、もらったものなのか、なぜコラルド・フェルナンデスという名なのか、それが元から付いていた名なのか、はたまた両親のどちらかが付けた名なのか、ミリは知らない」とあるが、この部分から、作者はどのようなことを表現しようとしているのか、説明しなさい。

問4　傍線④「いちおう姉ですので、という思い」とはどのような思いか、「いちおう姉ですので」という表現に注意して説明しなさい。

問5　傍線⑤「そんな茶番がもうとっくにミリに通じなくなっている」とあるが、どういうことか、説明しなさい。

問6　傍線⑥「サラはずるいよ」とあるが、ミリは、サラのどのようなところを「ずるい」と思っているのか、説明しなさい。

問7　傍線⑦「どうしてもすぐに返事をすることができずに、しばらく黙っていた」とあるが、それはなぜか、説明しなさい。

問8　傍線⑧「サラはやっぱりあんまりかしこくないんだな、と思った。サラだけじゃなくてたぶん私も、とも」とあるが、ミリが「サラだけじゃなくてたぶん私も」と思ったのはなぜか、説明しなさい。

問9　［⑨］の部分から、作者はどのようなことを表現しようとしていると考えられるか、説明しなさい。

問10　傍線⑩「小さいな、すごく小さい手だなと、毎日見ているのに、今初めて見たようにミリはおどろいた」とあるが、それはなぜか、説明しなさい。

問11　傍線⑪「あおむけになったまま、サラのやわらかい髪に自分の頬をくっつけて、天井の小さな光をいつまでも見つめていた」とあるが、このときのミリの気持ちを、作品全体から考えて説明しなさい。説明するときには、「天井の小さな光」にも注目すること。

二　次の傍線のカタカナは漢字に、漢字はひらがなに直しなさい。

① ギゲイにすぐれた人。
② オクマン長者になる。
③ 別の問題がハセイする。
④ 暴風雨がショウコウ状態になる。
⑤ メイロウ快活な性格。
⑥ 学校のソウリツ記念日。
⑦ ドウゾウを建てる。
⑧ 建築シザイの置き場。
⑨ パスポートがシッコウする。
⑩ 人口カタな都市。
⑪ テッコウセキを輸入する。
⑫ 好きな曲のカシ。
⑬ ジョウケンを満たす。
⑭ よくニた兄弟。
⑮ パソコンのコウシュウ会。
⑯ 白羽の矢が立つ。
⑰ 家路につく。
⑱ 窓辺に立つ。
⑲ 酒屋で買い物をする。
⑳ 考えを練る。

神奈川学園中学校（Ａ午前）

—50分—

○文中からのぬき出しや答えに求められている字数は、各問いの指示に従いなさい。特に指定がない場合は、句読点などの符号《ふごう》を入れても入れなくてもよい。

一　次の(1)～(10)の――線部の漢字にはその読みをひらがなで書き、カタカナは漢字に直して答えなさい。

(1)　機械のコウゾウを調べる。
(2)　シンピ的な光景を目にする。
(3)　ジュウライのやり方をふまえる。
(4)　その容器ジタイが重たい。
(5)　彼を委員長にオす。
(6)　危ないのを承知している。
(7)　再来年に帰国する。
(8)　支出金額を合算する。
(9)　敵の作戦を逆手にとる。
(10)　山からの眺めがよい。

二　次の文について、後の問いに答えなさい。

ア昼下がりの　①穏やかな　②日の　③光が、④小さな　⑤赤ちゃんの　⑥ほおを　イやさしく　⑦にじいろに　てらす。

問一　═線部「てらす」の主語は、――線部①～⑦のどれですか。その記号で答えなさい。

問二　～～線部ア「昼下がりの」、イ「やさしく」がくわしく説明している語と、同じ語を説明しているものを、――線部①～⑦の中からそれぞれすべて選び、その記号で答えなさい。

三　次の(1)～(5)のことわざで表すことのできるものを□の例文①～⑤から選び、それぞれその記号で答えなさい。また、(1)～(5)のことわざと、ほぼ同じ意味のことわざを［　］のア～キから選び、それぞれその記号で答えなさい。

(1)　弘法《こうぼう》にも筆の誤り
(2)　弱り目に祟《たた》り目
(3)　雀《すずめ》百まで踊《おど》り忘れず
(4)　転ばぬ先の杖《つえ》
(5)　のれんに腕押《うでお》し

【例文】

①　これまで弟には、「見ないときはテレビを消して」ともう五回も注意している。しかし弟は、今日もまたテレビをつけっぱなしにして遊びに行ってしまった。弟には何を言ってもききめがない。

②　わたしは小さいころから夜おそくまで起きていて、ねぼうをすることが多かった。中学校に行くようになって早起きをするようになったが、やはり夜おそくまで起きているのは変わらなかった。そして大事な修学旅行の日にねぼうをして遅刻《ちこく》をしてしまった。

③　今日は入学試験だ。時間におくれないように早く家を出よう。

出かける前に、持ち物を確認しよう。お金やお腹が痛くなった時のための薬や水もきちんとカバンに入れた。さらに連絡《れんらく》用のスマホも持った。これで安心だ。

④　きのうは、学校に行くとちゅうで、急に雨が降ってきた。足元がぬかるんでいて、くつがぬげて転んでしまった。全身ぐっしょりぬれて、くつはどろだらけになり、けがもしてしまった。ひどい一日だった。

⑤　母はおかし作りが得意だ。いつもおいしいおやつを作ってくれる。今日はあんこから作ったおしるこだ。さっそく食べたら塩からい。どうやら砂糖と塩をまちがえたようだ。

【ことわざ】
ア　石橋をたたいて渡《わた》る
イ　ぬかに釘《くぎ》
ウ　七転び八起き
エ　泣きっ面《つら》にはち
オ　猿《さる》も木から落ちる
カ　雨後のたけのこ
キ　三つ子の魂《たましい》百まで

四　次の文章を読み、後の問いに答えなさい。

朝ごはんのとき、ぼくのウチでは時計代わりにテレビでＮＨＫのニュースを流している。

その日の朝の特集は、オレオレ詐欺《さぎ》について。息子になりすました犯人にお金をだまし取られてしまった被害者《ひがいしゃ》のお年寄りは、別の詐欺にもひっかかってしまうことが多いのだという。詐欺グループは、被害者の住所や名前を別のグループと交換して、その人をまただましてやろうと狙《ねら》うらしい。

「悪いヤツらにだまされる人は、みんなお人好《ひとよ》しなんだよなあ。だから、嘘《うそ》が見抜《ぬ》けないんだ」

お父さんは被害者に同情しながらも、「気の毒だけど、自分で自分を守るしかないんだよな」と言った。

①お母さんは「あなただって同じじゃない」とお父さんを軽くにらむ。

「なんだかんだ言って、お人好しすぎるから、すぐにいろんな仕事を押しつけられちゃって。体をこわしても知らないわよ」――ここのところ残業続きで帰りが遅《おそ》いのを心配しているのだ。

「ねえ、お父さん」

ぼくはトーストをかじりながら言った。

「お人好しって、どんな人のこと？」

お父さんは「うーん、そうだなあ」と少し考えてから答えてくれた。

「優しくて、親切なんだけど、なんて言えばいいかなあ……オレオレ詐欺みたいに悪いヤツにだまされたり、ずうずうしいヤツに利用されちゃったりするんだよ」

「じゃあ、ダメな人ってこと？」

優しいのも親切なのも、その人の長所になるはずなのに。

「いや、まあ、ダメっていうわけでもないんだけど……損しちゃうことはあるかなあ」

「どんな損をするの？」

「だから、相手が困ってるから助けてあげようと思ってがんばるんだけど、ほんとうは相手は困ってなくて、面倒《めんどう》くさいから助けてほしいだけだったりすると、結局苦労して助けてあげても、向こうは全然感謝しなくて、むしろ、うまく使ってやった、なんて思うだけだったりして……」

②どきん、とした。

席替《せきが》えして二週間がたった。ちょうど折り返し点だ。いまの席ですごすのも、あと半月ということになる。

竹内くんの日直の仕事を引き受けた頃《ころ》から、友だちにしょっちゅう頼《たの》みごとをされるようになった。

一つひとつはたいしたことじゃない。順番待ちをしていたトイレで「おしっこ漏《も》れそうだから、先に行かせて」と言われたり、ゴミを捨てに行こうとしたら「ついでにこれもいい？」と自分のゴミを渡《わた》されたり、理科の授業で班に分かれて実験をするとき、マッチが怖《こわ》いという橋本くんの代わりにアルコールランプに火を点けてあげたり……その程度の頼みごとだ。すぐに引き受けられるし、べつに苦労するわけでもないし、あとでみんなに「さすがイトちん」「おまえ、ほんとにいいヤツだよな」「サイコー」とほめられると、もちろん、悪い気はしない。

でも、そういうのが毎日、しかも一日に何度も続くと、さすがに「ちょっとなあ」「なんだかなあ」と言いたくもなってしまう。

「利用されちゃうんだ、お人好しは」

お父さんの言葉に、今度は胸が【Ⅰ】すぼまった。

「ダメだとかイヤだとか、はっきり言えばいいんだけど、それができないんだよ」

「……なんで？」

「優しいし、親切なんだけど、ちょっと意志が弱いのかもなあ」

「はい、そこまで」――㋐お母さんが苦笑交じりに話を止めた。「朝から、そんな話をしなくていいんじゃない？　もう七時半を回ってるわよ」

いけない。ニュースも、もう特集が終わってお天気コーナーに切り替わっていた。

「ユウちゃんも急がなきゃ。四十五分に出るんでしょ」

③「うん……」

「なんだ、今朝は早いんだな」とお父さんが言うと、ぼくの代わりにお母さんが「ウサギのエサやり」と答えた。「ピンチヒッターなんだって」

中村くんに頼まれたのだ。ほんとうは今朝の当番は中村くんだったけど、サッカーのジュニアチームで朝練があって、登校が遅刻すれすれになるというので、昨日の帰りぎわに「悪い、順番代わって！」と両手で拝まれた。

えーっ、めんどくさいなあ、と最初は思った。いろんな学校から選手が集まるジュニアチームが、ほんとうに平日の朝に練習をするんだろうか、というのも気になった。

でも、中村くんは「代わってくれるだろ、イトちんっていいヤツだもん、見捨てたりしないだろ？　な？」と決めてかかっていた。

「じゃあ、オレのときにはナカちゃんが代わってくれる？」

「代わる代わる、死んでも代わる、地球が滅亡《めつぼう》しても代わるから」

㋑中村くんは笑って言って、ぼくがきちんと返事をする前に「じゃあ明日、頼んだからなー！」とダッシュして教室を出てしまった。

しかたない。やるしかない。ふだんより十五分ほど早く出るだけだし、どうせ来週にはぼくの当番が回ってくるから、そこで中村くんに代わってもらえばいいんだし。

お父さんは、ピンチヒッターの話をくわしくは尋《たず》ねずに、「友だちに頼られるっていうのは、いいことだよ」と言った。

「頼られる」と「頼まれる」って、どう違《ちが》うんだろう。ふと思った。

でも、お母さんは「あなたとユウちゃん、親子で似てるところがあるから心配よ」と笑って言って、「頼りにされるんだったらいいんだけど」と続けた。

「頼られる」と「頼まれる」と「頼りにされる」も、どう違うんだろう。信頼の「頼」だから、ぜんぶ、いい意味だと思うんだけど。

残りのトーストを頬張《ほおば》ったぼくに、お父さんは言った。

「でも、イヤなときはイヤって言わなきゃだめだぞ」

ちょっとだけ、［④］顔をしていた。

ウサギのエサやりを終えて教室に入ると、遅刻ぎりぎりになるはずの中村くんは自分の席にいて、いつものように友だちとおしゃべりしていた。

ぼくに気づくと、「おーっす」とふだんどおりに挨拶《あいさつ》をして、「ウサギ当番、サンキュー」と言った。

「……ナカちゃん、朝練は?」

「うん?」

「サッカーの朝練、なかったの?」

「ああ、あれな、そうなんだよ、ゆうべ中止が決まって、なくなっちゃったんだ」

⑤唖然《あぜん》とするぼくに、中村くんは「悪い悪い、電話しようと思ったんだけど、もう遅かったから」と両手を合わせて謝った。

それだけだった。中村くんはすぐに友だちとのおしゃべりに戻《もど》って、もうぼくのほうを振《ふ》り向きもしなかった。

翌週のウサギ当番の前日に、中村くんに念のためにひと声かけた。

「ナカちゃん、明日だからね」

「え?」

【Ⅱ】した顔になった。「なにかあったっけ?」

「⑥……ウサギ当番」

「って、なに?」

「⑦だから……このまえナカちゃんの代わりにやったから、オレのときにはナカちゃんがやる、って……おぼえてない?」

中村くんは「そんなこと言ったっけ、オレ」と［A］をかしげて、続けた。「どっちにしても、明日はオレ、朝練があるから無理」

ちょっと待ってよ、約束守ってよ、と言いたかった。でも、言えない。代わりに［B］にしたのは、(う)笑いながらの「えーっ、マジ?」という一言——これでも必死にがんばったつもりなんだけど。

六月の下旬《げじゅん》、お父さんが入院をした。

風邪《かぜ》気味だったのに会社を休めず、無理を続けていたら、微熱《びねつ》と睡眠《すいみん》不足のせいで階段の一番上の段から足を踏《ふ》みはずした。ゴロゴロゴロッと踊《おど》り場まで転げ落ちて、右脚《みぎあし》のスネを骨折してしまったのだ。

病院に駆《か》けつけたお母さんは、泣きながら怒《おこ》っていた。お父さんにたくさん仕事をやらせていた会社にも、それに文句を言わなかったお父さんにも。

　お父さんは[⑧]だから、イヤだと言えずに、仕事をたくさん背負ってしまった。

　みんなに頼まれて――？

　みんなに頼られて――？

　みんなに頼りにされて――？

　三つとも同じなのか、全然違うのか、ぼくにはやっぱり、まだよくわからない。

　でも、三日間の入院中、お父さんの病室には会社の人がたくさんお見舞《みま》いに来てくれた。偉《えら》い人よりも、一緒《いっしょ》に仕事をしている若手の社員のほうが多かった。

　お母さんはそのことを、当のお父さんがびっくりするぐらい喜んでいた。

　お父さんが退院した翌日、竹内くんがぼくの席に来て「イトちんにちょっとお願いがあるんだけど」と言った。

　明日のウサギ当番を代わってほしい――。

「オレ、いままで言わなかったんだけど、アレルギーがあるんだよ。ウサギの毛にさわるとポツポツが出ちゃうの。いつも困ってたんだけど、ナカちゃんが、イトちんってウサギが好きみたいって教えてくれたから」

　ねっナカちゃん、と竹内くんに声をかけられた中村くんは、自分には関係ない、という顔で遠くを見ていた。

「イトちん、いい？　いいよな？」

　ウサギのアレルギーがあるなんて、聞いたことがない。もしほんとうだとしても、それを相談するのはぼくじゃなくて――。

「先生に訊《き》いてみる」とぼくは言った。

「え？」

「当番を代わっていいかどうか、先生に訊いてからにする」

　クラス担任の白石先生に話して、先生が「いいわよ」と言ってくれたら、交代する。

「えーっ、なんでだよ、先生なんて関係ない関係ない関係ないって……」

　竹内くんは早口に言った。⑨そのあわて方で、ほんとうのことがわかった。

「関係あるよ、クラスの当番なんだから」

　椅子《いす》を引いて立ち上ろうとしたら、竹内くんは「やめろよ」と通せんぼした。

「先生に言いつけるとか、ひきょうだろ」

「……じゃあ、先生には訊かないけど、当番は代わらないから」

　声が震《ふる》えた。目もそらした。でも、【 Ⅲ 】言った、つもりだ。

「頼むって、⑩イトちん、お願いっ」

「イヤだ」

「なんでだよ」

「代わりたくないから」

「こんなに頼んでるのに？」

「やらない」

だんだん落ち着いてきた。最後は「ぜーったいに、イヤ」と念も押《お》した。

竹内くんは「マジかよ……」と、中村くんに助けを求めた。

「ナカちゃん、なんとかしてくれよ」

⑪中村くんはそっぽを向いたまま、「やだよ」と言った。「おまえの負け、決定」

竹内くんは中村くんには逆らえない。代わりにぼくをにらんで「もういいよ」と憎々《にくにく》しげに言った。「ほんとは全然いいヤツじゃなかったんだな、⑫伊藤《いとう》って」

自分の席にダッシュで戻《もど》っていく竹内くんを追いかける気にはならなかった。でも、あとで仕返しされるかもしれない。

「気にするなよ」

中村くんが、まるでぼくの心を見抜《みぬ》いたように言った。「だいじょうぶだよ、あいつが嘘ついたのが悪いんだから」

竹内くんではなく、ぼくの味方になってくれた。でも、あまりうれしい気持ちにはなれなかった。心の中で、ぼくは言った。じゃあ訊くけど、このまえのナカちゃんは、ほんとうに嘘をついてないんだよね？　信じていいよね？　心の中だけで訊いた質問に、答えなんて返ってくるはずがなかった。

中村くんの言っていたとおり、その後も竹内くんはべつに仕返しをしてくるようなことはなかった。中村くんとぼくが隣《となり》同士というのも大きいのかもしれない。

竹内くんから、なにかを頼まれることはなくなった。⑬竹内くんにとって、ぼくはもう「いいヤツ」ではなくなったのだろう。

【Ⅳ】した。

でも、なんとなくさびしい気持ちも、ないわけではなかった。

【重松清「いいヤツ」（『答えは風のなか』〈朝日出版社〉所収）】

問一　――線部①「お母さんは『あなただって同じじゃない』とお父さんを軽くにらむ」とありますが、

(1)「お父さんを軽くにらむ」ときのお母さんの心情の説明としてもっともふさわしいものを次のア～エから選び、その記号で答えなさい。

ア　オレオレ詐欺にだまされてしまうお年寄りのことを悪く言うお父さんに対して、不愉快《ふゆかい》に思っている。

イ　いつか体調をくずしてしまうとわかっていながら、どのような仕事も受け入れるお父さんを心配している。

ウ　仕事で良いように利用されているお父さんも「被害者」と同じだと思うのに、それに気づかないお父さんにあきれている。

エ　オレオレ詐欺についてよく理解していないまま、「被害者」に文句をつけるお父さんにうんざりしている。

(2)「あなただって同じじゃない」について、**「同じ」ではなかったことがわかる具体的なエピソードは何ですか。**本文中の［　　］の中から二文続きの箇所《かしょ》をさがし、最初の四字で答えなさい。

問二　――線部②「どきん、とした」とありますが、その理由の説明としてもっともふさわしいものを次のア～エから選び、その記号で答えなさい。

ア　お父さんの話から、クラスで頼みごとを引き受ける自分の姿が連想され、まるで自分のことのように感じたから。

イ　お父さんの話によって、いつもクラスで頼りにされていた自分が実は感謝されていなかったことがわかったから。

ウ　お父さんの話を聞いて、明日もクラスの友だちに頼みごとをされるのではないかと不安になったから。

エ　お父さんの話をふり返ってみると、実は自分のことを注意してくれていたということに気が付いたから。

問三　【Ⅰ】～【Ⅳ】に入るもっともふさわしい語を次のア～エから選び、それぞれその記号で答えなさい。

ア　きっぱりと　　イ　ほっと　　ウ　きょとんと　　エ　きゅっと

問四　――線部③「うん……」とありますが、ここでの「ぼく」の心情の説明として**ふさわしくないもの**を次のア～エから一つ選び、その記号で答えなさい。

ア　お父さんの言う言葉の意味をすぐには理解できなかったため、理解を深めたい。

イ　もう少しニュースを見ていたかったのに急《せ》かされてしまい、不愉快だ。

ウ　いつもより早く出なければならないことが自分の意志ではなく、気が進まない。

エ　もう少し話していたかったのに話を止められてしまい、満足できない。

問五　[④]に入るもっともふさわしい語を次のア～エから選び、その記号で答えなさい。

ア　真剣《しんけん》な　　イ　不思議そうな　　ウ　穏《おだ》やかな　　エ　得意げな

問六　――線部⑤「唖然とする」とは「思いがけないことにあきれて、ものも言えないさま」という意味です。「思いがけないこと」とは、ここではどのようなことですか。その内容として**ふさわしくないもの**を次のア～エから一つ選び、その記号で答えなさい。

ア　サッカーの朝練が、実はなくなっていたという事実を知ったこと。

イ　朝練があるというのは、ウサギ当番からのがれるための嘘であったこと。

ウ　中村くんが、いつもと同じように友だちとおしゃべりをしていたこと。

エ　朝練が中止になったという連絡を、昨日のうちにしてもらえなかったこと。

問七　――線部⑥「……ウサギ当番」、――線部⑦「だから……おぼえてない？」の「ぼく」の言葉には、「……」が多く用いられています。その表現の説明としてもっともふさわしいものを次のア～エから選び、その記号で答えなさい。

ア　確かに約束したはずなのに、約束を覚えていない様子のナカちゃんに対する「ぼく」の戸惑いを表している。

イ　サッカーの練習で忙《いそが》しいことを口実にウサギ当番をしないナカちゃんに対し、怒《いか》りのあまり言葉が出てこない様子を表している。

ウ　約束を覚えていない様子のナカちゃんに対し、本当に約束をしたか自信を失った「ぼく」の様子を表している。

エ　サッカーの練習で忙しいナカちゃんに対し、練習時間を保障しようとする「ぼく」の配慮《はいりょ》を表している。

問八　[Ａ]・[Ｂ]には、体の一部を表す語が入ります。その語をそれぞれ漢字一字で答えなさい。

問九　⑧に入るもっともふさわしい語を、⑧より前の本文中から四字でぬき出して答えなさい。

問十　――線部⑨「そのあわて方で、ほんとうのことがわかった」とありますが、「ほんとうのこと」とはどのようなことですか。その説明をした次の文の（　）に本文中の言葉を使って十字以内で答えなさい。

＊　竹内くんには、（十字以内）ということ。

問十一　――線部⑩「イトちゃん」とありますが、――線部⑫では「伊藤」に呼び方が変わっています。その説明としてもっともふさわしいものを次のア～エから選び、その記号で答えなさい。

ア　何事もすぐに先生に頼ろうとする「イトちゃん」にうんざりし、「伊藤」という呼び方に変えた。

イ　「イトちゃん」にお願いを断られたことで、親しみが持てなくなり「伊藤」という呼び方に変えた。

ウ　「イトちゃん」に嘘を見破られたが、開き直って自分の優位さを示すため「伊藤」という呼び方に変えた。

エ　強気な「イトちゃん」の様子を見て、いつもとは違うように感じたため「伊藤」という呼び方に変えた。

問十二　――線部⑪「中村くんはそっぽを向いたまま、『やだよ』と言った」とありますが、中村くんがこのような言動をとったのはなぜだと考えられますか。その理由の説明として**ふさわしくないもの**を次のア～エから一つ選び、その記号で答えなさい。

ア　「ぼく」がめずらしく抵抗《ていこう》してきたので、竹内くんが助けを求めてきたことを面倒に思ったから。

イ　「ぼく」がウサギが好きらしいという根拠《こんきょ》のない情報を伝えたのは自分だから。

ウ　自分も適当な理由をつけて「ぼく」に仕事をおしつけたことがあるから。

エ　いつもとちがう様子の「ぼく」に、先日の仕返しをされることを心配したから。

問十三　――線部⑬「竹内くんにとって、ぼくはもう『いいヤツ』ではなくなったのだろう」とありますが、竹内くんにとっての「いいヤツ」とは、どのような人のことですか。その説明としてもっともふさわしいものを次のア～エから選び、その記号で答えなさい。

ア　困ったことがあると、進んで力を貸してくれる人。

イ　忙しく手が回らないことに気づき、助けてくれる人。

ウ　面倒なことがあるときに、都合よく利用できる人。

エ　嘘とわかっても気にせず、人の言いなりになる人。

問十四　……線部(あ)「お母さんが苦笑交じりに話を止めた」、(い)「中村くんは笑って言って」、(う)「笑いながらの『えーっ、マジ？』という一言」とありますが、これらの笑いはそれぞれどのような気持ちが表れた笑いですか。その説明としてもっともふさわしいものを次のア～オから選び、それぞれその記号で答えなさい。

ア　状況《じょうきょう》を気にしていない様子に、困りながら笑う。

イ　楽しそうな状況につられて思わず笑う。

ウ　相手の反応を気にせずに、ごまかすように笑う。

エ　自分の望み通りに事が進み、得意そうに笑う。

オ　自分の気持ちを隠《かく》し、その場を取り繕《つくろ》うように笑う。

問十五　＝＝線部「みんなに頼まれて…まだよくわからない」について、

クラスで話し合いの場をもちました。本文の内容を**誤って読み取っている人**を一人選び、A～Dの記号で答えなさい。

Aさん　「ぼく」は周りの友だちから頼みごとをされることが多かったみたいだね。お父さんは、それを聞いて、「ぼく」が友だちから「頼られている」と思っているよ。

Bさん　そうだね。でも、お母さんは「頼りにされるんだったらいいんだけど」と言っているね。「頼まれる」と「頼りにされる」を区別して使っているようだね。

Cさん　「ぼく」は二つのちがいを「まだよくわからない」と言っているけれど、竹内くんの頼みごとを断っているね。「頼まれる」は少し一方的なことに気が付いたということかな。

Dさん　みんなから「頼りにされて」いたのではなく、「頼まれて」いたことに気が付いた。だから、最後には「さびしい気持ち」になっているということだね。

五　次の文章を読み、後の問いに答えなさい。（問題の都合で本文の一部を変えています。）

日本の農業が抱《かか》える大きな課題のひとつめは、「食料自給率」です。「食料自給率」とは言葉のとおり、僕《ぼく》たちが食べる「食料」を「自給」している率（割合）のことです。日本の食料自給率は、日本の国民が口にするすべての食べ物のうち、どれくらい日本で作ることができているのかを表しています。数字が大きければ大きいほど日本で作ることができている、小さければ小さいほど食料生産を他国に頼っていることになります。

食料自給率には「カロリーベース」と「生産額ベース」の２種類があり、よく使われるのが「カロリーベース」の自給率です。

人間が生きていくためには命や健康を維持《いじ》するためのエネルギーが必要です。そのエネルギーのうち、どれくらいを自分の国でまかなえているかを示したのが、カロリーベースの食料自給率になります。本書ではこれ以降、特に記載《きさい》のない食料自給率についてはカロリーベースで示していきます。

主な国の総合食料自給率

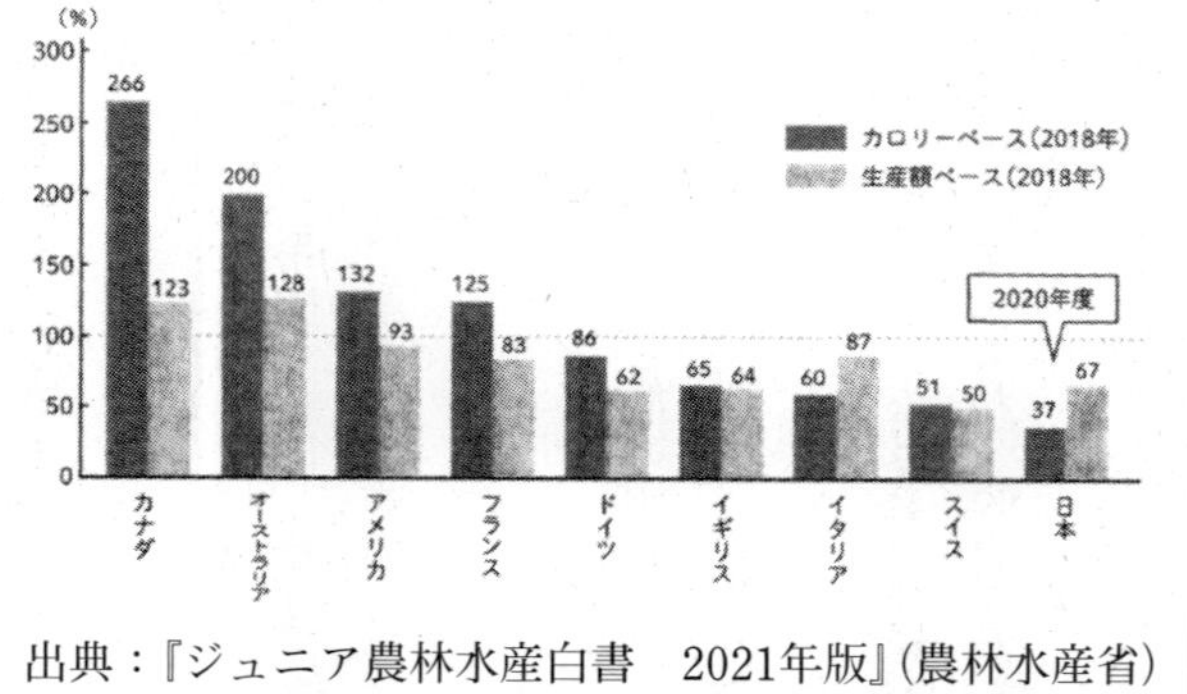

出典：『ジュニア農林水産白書　2021年版』（農林水産省）

グラフ１

日本の食料自給率は37パーセント（２０２０年度）です。つまり、日本の国民は、［①］、ということです。食べるものの半分も自分たちでまかなえていない。これは少ないですよね。実際、諸外国と比べても、この数字はかなり低いと言えます。

［Ⅰ］品目別に見ると、自給率が高いものもあれば、低いものもあることがわかります。日本人が昔から食べてきた米や野菜、肉魚の自給率はほかの食品と比較《ひかく》すると高めです。昔から食べてきたために生産基《き》盤《ばん》や生産技術が受け継《つ》がれていること、野菜は長期保存ができないため輸入が難しいこと、国内で新鮮《しんせん》なまま流通できることなどが理由として考えられます。

［Ⅱ］、家畜《かちく》はエサとなる飼料の多くを外国から輸入しているため、その点を考慮すると肉や卵、牛乳、乳製品の自給率は、実際はもっと低くなります。それが図1中の（　）内の数字です。

品目別の自給率（2020年度）

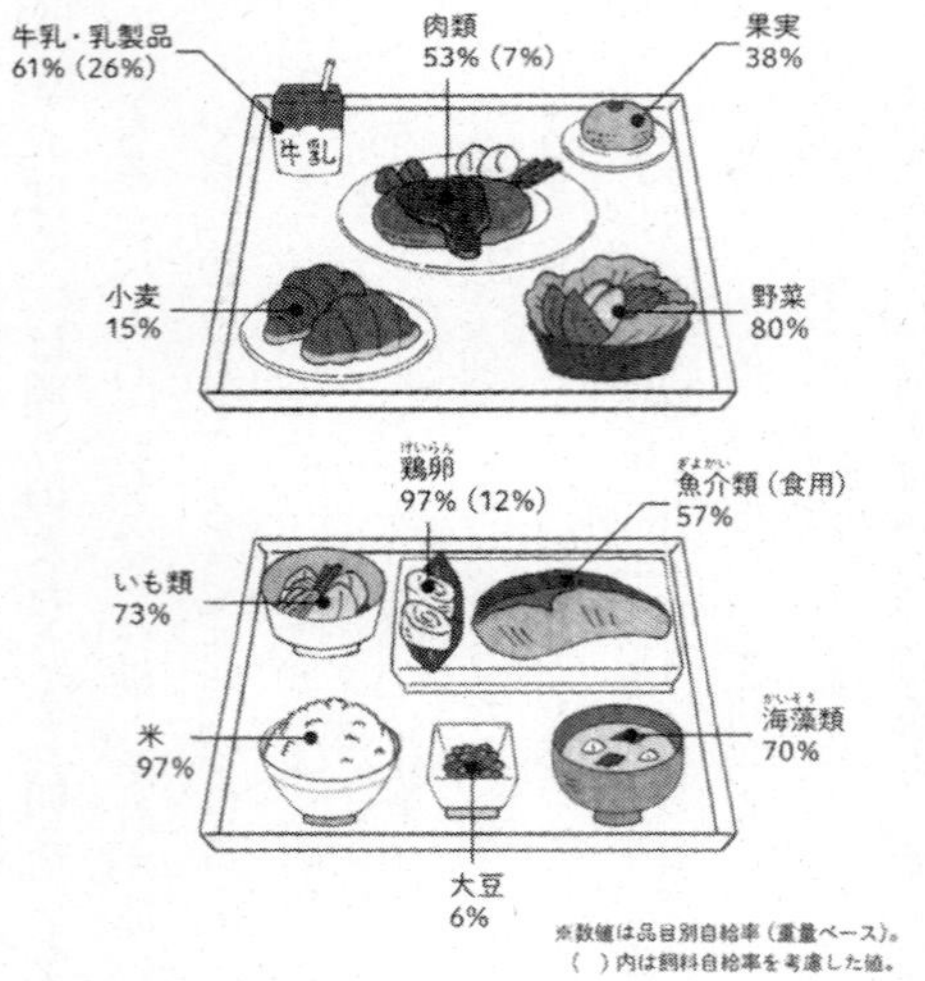

※数値は品目別自給率（重量ベース）。
（　）内は飼料自給率を考慮した値。

みなさんにとってもおなじみのメニューで食料自給率を見てみましょう。米の自給率は非常に高い一方，大豆にいたってはたったの6％！　肉類や鶏卵も，飼料を考慮すると非常に低い数字になっています。
出典：「知ってる？　日本の食料事情　2022」（農林水産省）

図1

②なぜ、日本の食料自給率は他国と比べてこんなに低いのでしょうか？

いちばん大きな要因としては、第二次世界大戦後、日本人の食生活が大きく変わったことが挙げられます。

昭和40年（1965年）度と令和2年（2020年）度で比較したグラフを見てみましょう。日本人の主食である米の消費量は昭和40年度の半分以下に減っています。米は現状、ほぼ国内で自給できているため、米の消費量が減ることは自給率全体の低下に直結します。

その一方で、牛肉や豚肉《ぶたにく》、鶏肉《とりにく》、牛乳・乳製品などの畜産物、油脂類《ゆしるい》の消費量は大幅に増えています。

③昔の人が食べていた「日の丸弁当」を知っていますか？　お弁当箱いっぱいに詰《つ》められたご飯の中心に、おかずとして梅干しがひとつだけ入っているというお弁当です。日本が貧しかった時代には、お弁当のおかずは少なく、みんな、ご飯をたくさん食べていました。でも、いまみなさんが食べているお弁当はどうですか？　ご飯だけでなく、おかずがいっぱい入っていますよね。栄養面から見ればお弁当の中身がバラエティに富むのはいいことですが、ご飯の消費量は減ってしまったのです。

米，畜産物，油脂類の１人・１年当たり消費量の変化

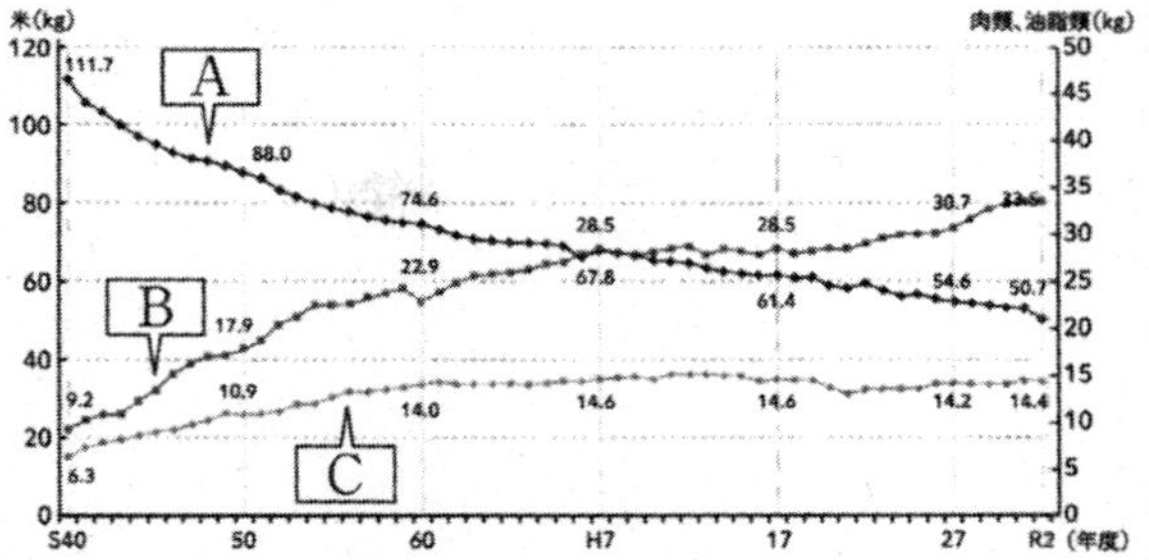

お米の消費量が右肩下がりで減る一方，肉類の消費量は上がっています。油脂類の消費量は近年横ばいですが，昭和40年と比べると２倍以上に増えています。
出典：「知ってる？　日本の食料事情　2022」（農林水産省）

グラフ２

油脂類も、原料の大豆や菜種などの多くを輸入していることを考えると、実際の自給率はもっと低くなります。畜産物や油脂類の消費が増えれば、やはり日本の食料自給率全体が低下してしまうんです……！

こういう話を聞くと、「国内でエサや油脂類の原料になる作物を生産すればいいんじゃない？」と思う人もいるかもしれませんね。しかし、日本は国土がせまく、山が多いため、農地にできる土地がそもそも限られています。見渡すほど広い農地で作物を生産している諸外国のように大規模生産ができません。その上、日本のように雨が多い気候では、品質や生産量が安定せず、諸外国と同じ価格水準で大量生産するのは難しいんです。

しかもいまは、食生活が多様化し、お米がつきものの和食以外にも、いろいろな料理が僕たちの身の回りにあふれています。パンや麺《めん》を食べる機会も増えていますよね。そうなるとお米の消費量が減り、食料自給率はますます下がってしまいます。パンや麺の材料となる小麦粉は外国からの輸入が多いからです。

日本の食料自給率が低いのは、食生活の変化だけではありません。戦後、急激な経済成長とともに生活様式が変化し、「食べ方」が変わったことも要因のひとつです。ファミリーレストランやファストフードをはじめとするさまざまな外食形態の増加、スーパーやコンビニでのお弁当やお惣菜《そうざい》などの普及《ふきゅう》、冷凍《れいとう》技術の進歩による加工食品の多様化などが日本人の食べ方を大きく変えました。時間をかけてご飯を炊《た》く手間をかけるよりも、より便利な外食を利用したり、お惣菜を買ってきたりすることが増えています。

こうした変化により、僕たちはいま「昔よりも［④］に食の選択肢《せんたくし》が広がった」世界で食生活を営んでいます。しかし、この豊かな食生活は国内で作られた食料だけでなく、輸入された食料や飼料によって支えられている部分がかなり大きいのです。

国は今後、２０３０年度までに食料自給率を２０１８年度の37パーセントから45パーセントにまで引き上げることを目標にしています。

「自給率が低くても好きなものを好きなときに食べられているのに、どうして自給率を上げないといけないの？」

そう不思議に思う人もいるかもしれません。⑤食料自給率が低いと、僕

たちにとってどんな不都合が起こるのでしょうか？

[Ⅲ]、日本が食料をたくさん輸入している国で大規模な自然災害が起こったと想定してみてください。その国ではおそらく食料生産をいままでのように続けるのが難しくなり、しばらくは自国民の食生活をまかなうのも厳しくなるでしょう。そうなれば国は輸出制限をかけ、自国民のための食料を優先します。日本に入ってくる食料はおのずと少なくなり、僕たちの食生活もいままでのように好きなときに好きなものを食べるというわけにはいかなくなるかもしれません。

　これまで輸入できていた食料が輸入できなくなる――。こうした事態は自然災害だけでなく、戦争や外交的な理由でも起こる可能性があります。やはり、ふだんの食料自給率をできるだけ上げておくことが必要です。自分たちで食べるものは自分たちで作ること、少なくとも作れる状態を整えておくことが大事なんです。

　災害や戦争、外交的な理由以外にも、食料を輸入しづらくなる要因があります。それは世界の人口増加による食料需要《じゅよう》の増加です。

　日本の人口は少子高齢化によって減少傾向《けいこう》にありますが、世界では今後も人口が増え続ける見込《みこ》みです。２０２０年に78億人だった人口が、２０５０年には97億人になると予想されているのです。

　人口が増えれば、そのぶん食料を増産しなければなりません。しかし、地球温暖化による異常気象が頻繁《ひんぱん》に起こっていること、砂漠化《さばくか》の進行や水不足、鳥インフルエンザなどの家畜伝染病の流行などを考えれば、食料増産もかんたんなことではありません。

　さらに、経済発展した中国などの国で肉類や油脂類の消費が増加しています。他国の[⑥]の変化も、世界の食料需要の増加の要因のひとつになります。

　これらを考え合わせると、いますぐではなくても将来、需要と供給のバランスが大きく崩《くず》れて食料が手に入りにくくなる事態も予想されます。[Ⅳ]、いまのうちに食料自給率をできるだけ引き上げておく必要があるのです。

　では、食料自給率を上げるために僕たちはどうすればいいと思いますか？　もう正解はわかりますよね。そう、なるべく日本国内で作られたもの、「国産食材」を選んで食べることです！

　まず、なるべく国産のお米を食べることを心がけてみてください。日本の米の自給率は高いため、みんながいまよりご飯を食べると、それだけで日本全体の食料自給率を上げることができます。

　僕は海外に行くと、必ず現地のお米を食べてみるようにしています。すると、やっぱり日本のお米はおいしいなあとしみじみ思います。日本のお米はどれも味が良く、種類はバラエティに富んでいるからです。いまも日本では全国各地で個性豊かな米の新品種が次々と作られ、「ご当地米」として人気を集めている品種もあるんですよ。いろいろな種類を食べ比べて、毎日の食事を楽しんでほしいと思います。

　お米以外も、なるべく「国産食材」を選んでみてほしいです。お米と同じく、日本の野菜や果物、肉は総じて味が良く、品質も優れています。買い物に行くことがあったら産地表示を見て、意識して国産のものを選んでみてください。

　国産食材が売れると、農家さんたちが作付けを増やしたり、生産基盤をより強くしたりできます。その結果、日本の農業そのものに活気が出てきます。

より良い食材が作られると、ますます消費者が喜んで買って食べるようになります。⑦こうした好循環《こうじゅんかん》が生まれることによって、食料自給率は上がっていくのです。

⑧じつは国産食材を食べることは「環境保護」にもつながります。

みなさんは「フードマイレージ」という言葉を聞いたことはありますか？　これはその食材をどれくらい遠くから運んできたかを示す数値です。フードマイレージが［㋐］食材ほど遠くから運んできているため、輸送のための燃料をたくさん使って、多くの二酸化炭素を排出《はいしゅつ》していることになります。食料自給率が［㋑］日本は、多くの食料を外国から輸入しているため、フードマイレージが特に［㋒］国です。

自分が住んでいる地域のもの、国産のものを食べればフードマイレージを減らすことにもつながります。「フードマイレージ」。知っているとちょっとかっこいい言葉ですね。この機会に覚えて、なるべく地産地消を心がけたり、国産食材を選んだりしていきましょう！

（白石優生『タガヤセ！日本　「農水省の白石さん」が農業の魅力教えます』〈河出書房新社〉）

問一　［①］に入るもっともふさわしい文を次のア～エから選び、その記号で答えなさい。

ア　健康を維持するのに必要なエネルギーのたった37パーセントしか他国に頼っていない

イ　自分たちが食べているもののたった37パーセントしか自分たちで作っていない

ウ　国内で作ってきた作物のたった37パーセントしか日本人自身で作っていない

エ　自分たちで生産している総量のたった37パーセントしか消費していない

問二　［Ⅰ］～［Ⅳ］に入るもっともふさわしい語を次のア～エから選び、それぞれその記号で答えなさい。

ア　やはり　　イ　さらに　　ウ　たとえば　　エ　ただし

問三　グラフ１で筆者が示したいこととして、もっともふさわしいものを次のア～エから選び、その記号で答えなさい。

ア　欧米《おうべい》に比べ、日本の食料自給率が低いということ。

イ　食料自給率の高い国は世界的に見ても少ないということ。

ウ　生産額ベースで比べると、他国とあまり差がないということ。

エ　日本は食料生産をしているが、消費は少ないということ。

問四　――線部②「なぜ、日本の食料自給率は他国と比べてこんなに低いのでしょうか？」とありますが、その要因として**ふさわしくないもの**を次のア～エから一つ選び、その記号で答えなさい。

ア　和食以外にも選択肢が広がり、食生活が多様化したため。

イ　農地にできる土地の面積が、他国に比べて少ないため。

ウ　戦後の急激な経済成長によって、生活様式が変化したため。

エ　諸外国に比べ雨が多くて、食物の長期保存が難しいため。

問五　グラフ２中の［A］～［C］に入る語の組み合わせとして、もっともふさわしいものを次のア～オから選び、その記号で答えなさい。

ア　A：肉類　　B：米　　C：油脂類

イ　A：米　　B：油脂類　　C：肉類
ウ　A：油脂類　B：肉類　　C：米
エ　A：米　　B：肉類　　C：油脂類
オ　A：肉類　B：油脂類　C：米

問六　——線部③「昔の人が食べていた『日の丸弁当』を知っていますか？」とありますが、「日の丸弁当」の話題で筆者が示したいことはどのようなことですか。その説明をした次の文の（　）に入るもっともふさわしい部分を、本文中から十五字以内でぬき出して答えなさい。

＊　今は昔に比べると、（十五字以内）ということ。

問七　[④] に入るもっともふさわしい語を次のア～エから選び、その記号で答えなさい。

ア　画期的　　イ　圧倒的　　ウ　実質的　　エ　計画的

問八　——線部⑤「食料自給率が低いと、僕たちにとってどんな不都合が起こるのでしょうか？」とありますが、その答えを筆者はどのように考えていますか。その説明をした次の文の（　）に入るもっともふさわしい部分を、本文中から十五字以内でぬき出して答えなさい。

＊　（十五字以内）になると考えている。

問九　[⑥] に入るもっともふさわしい語を、本文中から五字以内でぬき出して答えなさい。

問十　——線部⑦「こうした好循環が生まれることによって、食料自給率は上がっていくのです」とありますが、「こうした好循環」について次のようにまとめました。（❶）には十五字以内、（❷）には五字程度の語句を、本文中からぬき出して答えなさい。

消費者が意識して（❶　十五字以内）
↓
国産食材が売れる
↓
生産者が（❷　五字程度）を作ろうとする
↓
消費者が国産食材をすすんで買うようになる
（→ 最初にもどる）

問十一　——線部⑧「じつは国産食材を食べることは『環境保護』にもつながります」とありますが、それはなぜですか。それを説明した次の文の（❶）、（❷）に入るもっともふさわしい語句を、（❶）は本文中から十字以内でぬき出し、（❷）は本文中の言葉を使って十字程度で、それぞれ答えなさい。

＊　国産食材で自分たちの食材をまかなうことができれば、（❶　十字以内）を大量に使わなくて済み、その結果（❷　十字程度）ことになり、フードマイレージも減らせるから。

問十二　[ア]～[ウ] には、A「高い」、B「低い」のどちらが入りますか。それぞれAかBの記号で答えなさい。

問十三　次のア～エについて、本文の内容にあっているものには○、あっていないものには×の記号でそれぞれ答えなさい。

ア　「カロリーベース」で見ると、日本の食料自給率はそれほど他国を下回っているわけではない。

イ　外国に行ったとき、日本の食材を選んで食べることも、日本の食料自給率を上げることにつながる。

ウ　日本の食料自給率は低いが、昔から生産技術を受け継いできた食材の中には自給率が高いものもある。

エ　今後、日本の人口は減ることが予想されているため、今の食料自給率を維持していくことが大切だ。

鎌倉女学院中学校（第一回）

—45分—

●句読点、記号は一字と数えること。

一　①～⑩の――のカタカナは漢字に、漢字はひらがなに直しなさい。（送りがなのある場合はそれも書くこと）

① 帰りに本屋にヨル。
② 強いジリョクを帯びる。
③ 国連にカメイする。
④ 神にチュウセイを誓《ちか》う。
⑤ 飼い犬がまるまるとコエル。
⑥ 計画が成功したとカテイする。
⑦ キョジュウ地を探す。
⑧ 弟子に教えを説く。
⑨ この類いの本を集める。
⑩ 悪天候で出発が延びる。

二　次のそれぞれの問いに答えなさい。

問一　次の①～⑤のそれぞれの言葉の□に共通して入る漢字一字を答えなさい。

① 変な□をみた／弁護士になるのが□だ／□見心地になる
② 鼻の□を見る／□を使う問題だ／□数をそろえる
③ 敵に□を送る／□気が多すぎた／手□にかけて育てる
④ その□の達人／□なき□を行く／□をあやまる
⑤ □の他人／下書きに□を入れる／今月は□字だ

問二　干支《えと》について次の問いに答えなさい。

(一) 次の①～④に当てはまることわざを後よりそれぞれ選び、記号で答えなさい。

① 二〇二三年の干支が含《ふく》まれることわざ。
② 干支にいない動物が入ったことわざ。
③ 干支において「巳《み》」と表される動物が含まれることわざ。
④ 干支は方位を表す際にも使われてきました。酉《とり》は西を表します。北を表す動物が入ったことわざ。

ア 蛇《じゃ》の道は蛇《へび》
イ 虎穴《こけつ》に入らずんば虎子を得ず
ウ 二兎《と》を追う者は一兎をも得ず
エ 犬も歩けば棒に当たる
オ 猫《ねこ》に小判
カ 猿《さる》も木から落ちる
キ 馬の耳に念仏
ク 袋《ふくろ》の鼠《ねずみ》

(二) 干支は時間を表す際にも使われてきました。馬は干支では「午」と書きますが、そのことから何時前後を表すと考えられますか。次より一つ選び、記号で答えなさい。

ア 三時前後　イ 六時前後　ウ 九時前後
エ 十二時前後　オ 十五時前後

三　次の文章を読んで、後の問いに答えなさい。

「できるだけ楽な部活をしたい」という希望で集まった科学部の部員達だが、虫好きの転校生山口葉奈《はな》が入部したことにより、ぎくしゃくしながらも気持ちが大きく変化してきた。今は、校長先生との約束を果たして部活を存続させるために、みんなでミジンコの研究に取り組んでいる。

スマホでミジンコを動画撮影《さつえい》し、スローで再生して心拍《ぱく》数を数えるというアイデア。

そしてそのアイデアを山口葉奈が受け入れてくれ、「生物班&電脳班※の共同研究」ぽくなってきたことに、俺たちは意味不明に張りきった。

ずっとだらだらパソコンで遊んでただけの電脳班が、どうしてこうまじめな研究にワクワクし始めたのかよくわからない。人間、だらだらし続けると、逆にだらだらがつまらなくなるようにできているのだろうか。

「それじゃ始めるよ」

仁《じん》が顕微《けんび》鏡の前に座り、自分のスマホをカメラモードにしてスタンバイしている。

電脳班六名と山口さんで、合計七名。

その人数が狭《せま》い理科準備室に集まり、さらに顕微鏡の周りにひしめきあって今か今かと待ち受けている。風通しの悪いムッとした部屋で、みな顔をテラテラさせている。

「あー、こんなに密集したら暑苦しーい！　それに空気がくさーい。もうっ、みんな息止めなさいよ！」

「むちゃくちゃ言うなよ、梨々花《りりか》。けどまあ、とっとと始めたほうがいいな」

俺《おれ》は、顕微鏡をのぞきこんでいる仁に声をかけた。

「どう？　ミジンコを顕微鏡を通して、動画に撮《と》れそう？」

「ちょっと待って」

手で俺を制して、仁は慎《しん》重に、顕微鏡の接眼レンズにスマホのカメラレンズを近づけたり離《はな》したりしている。首を［①］スマホを机に置くと、また顕微鏡のピントを合わせ直したりしている。

「ねえ、どうなの？」

待ちきれないように、平尾《ひらお》先輩《ぱい》も後ろから首を突《つ》き出した。

「ミジンコ、ちゃんと動画に撮れそう？」

「だから待ってください！」

仁がまたスマホを慎重に接眼レンズに近づけ、「あー、みんなそんなに首伸《の》ばして、のぞきこまないで。陰《かげ》になるから！」

ちょっとイラついたような声を出したから、全員あわてて身を［②］た。

「とりあえず、動画じゃなくて、普通の写真を撮ってみる」

「おう、がんばれ」

「なーんか、ぼやけてるんだよね。こいつ動き回るしさ」

天井《じょう》の蛍《けい》光灯を見上げ、顕微鏡の反射鏡を調整すると、息を止めるようにしてまたスマホのカメラを近づけていく。

「あ、見えた！　顕微鏡通してスマホに映ってますよ！」

画面を指さして笹本《ささもと》さんがそう叫《さけ》んだ瞬《しゅん》間、仁がシャッターを切り、パシャッ、という音が鳴りひびいた。

「どう？」

「どうなの？」

「わたしにも見せてください！」

「ちょっとぉ、押《お》さないでよ！」

みなが前のめりに顔を近づける中、仁が撮った写真を確認し始めた。

白い丸の中に、黒い影のようなミジンコが写っている。けれど輪郭《かく》がにじんだようにぼやけている。目と触《しょっ》角はなんとかわかるが、肝《かん》心の ③ はどこにあるやらまったく見えない。

「どうしても手が動いちゃうんだ」

仁が悔《くや》しそうに眉《まゆ》を ④ た。

「顕微鏡のレンズの中の世界って、すごく小さい世界じゃん。ちょっと手が震《ふる》えるだけで、像がブレるんだ。こんな、手なんかで持ってたってダメだよ。スマホと顕微鏡が一体化するくらいに固定しなきゃ」

「一体化？」

「そう。この接眼レンズと、スマホのレンズがピッタリ動かないように固定するんだ。けど、この学校の顕微鏡が致《ち》命的にダメなのは、のぞく筒《つつ》の部分が細くて、しかも斜《なな》めになってることだね。これじゃスマホを固定しづらい。静止画でこれだから、動画を撮るなんてもっと難しい」

「じゃ、どうすりゃいいんだよ」

「……買おう！」

いきなり仁が、ちょっと投げやりな感じで言い出した。

「顕微鏡とカメラが一体になったやつ。USBカメラ付きの高性能デジタル顕微鏡を買えばいいんじゃない？　きっと、LEDライトもついてるから明かりの調整も簡単だし。パソコンとの接続だって一発だし」

「それって、いくらくらいするんだよ」

「そんな高くないと思うけど？　五万円くらいあったら楽勝じゃないの」

「十分たけーよぉ！」

大橋先輩が、情けない声を出した。

「誰が出すのー？　その五万円」

そのときガラッと扉《とびら》が開いたので、みんな入り口の方をふりむいた。

※メグちゃんが、心配そうな顔をして立っている。

「みんな、ここに集まってたんだ。どう？　山口さんの取り組み、順調に進みそう？　なにかわたしも手伝えることあったらと思って……」

⑤ギョッとしたような顔になって、一歩後ずさる。

「な、なに？　どうしたの、みんな。そんな、もの欲しそうな顔をして」

「五万円は……、ごめん、ちょっと無理だと思う」

メグちゃんに言われて、仁はちょっと意気消沈《ちん》していたけれど、「もうちょっと安いやつでもいいですよ」と値段交渉《しょう》し始めた。

「今思い出したんだけど、夏休みの自由研究で、塩やら砂糖やらの粒《つぶ》を写真に撮ってたやついたんですよね。顕微鏡じゃなくて、スマホにマクロレンズつけて。あ、マクロレンズってのは被《ひ》写体を拡大して撮影できるグッズで、それつけたらスマホ自体が顕微鏡になるから、きっとミジンコもうまく撮れるんじゃないかな。マクロレンズなら、ちょっといいやつでも、何千円か出したらあると思うし」

「うーん。額の問題でもないと思うのね」

困った顔で、メグちゃんがうつむいた。

「部活には基本、学校からの補助金とかは出ないから。必要なお金は、みなが出した部費から出していくことになります。みな、っていっても部員は子どもだから、保護者さんから集めるってことになるのね。保護者さんにご連絡《らく》して、今までは部費を集めてこなかったけど、これこれこういう目的で使うので部費を徴《ちょう》収してもよろしいですかってお願いして、みなさんから賛成してもらって……」

「親にお金を出してもらいたくないです」

山口葉奈がハスキーボイスでつぶやいた。

「うちは、そんなにお金があるほうじゃないので」

「うちも、嫌がりそうです」

笹本さんも暗い表情になる。

あー、だよなあ。親や金がからむと、たいていろくなことが起こらない。

そんなことは、今までの十数年の人生でわかってたはずなのに。

（中　略）

月曜日。

俺は⑥そのびんと、通学路でむしってきたイチョウの葉を持って登校し、科学部メンバーのいる教室を訪ね歩いて頼《たの》みこんだ。

「今日部活の日じゃないけど、ちょっとの時間でいいんだ。放課後パソコンルームに来てくれない？」

「え？　なに、なに？」

突然の依頼《いらい》にとまどっていたメンバーたちだが、放課後そろって集まってきてくれた。

みなの前でちょっと緊張しながら、もらったグリセリンで仁のスマホレンズに水滴《てき》を落とす。理科準備室にあったスポイトを使うと、レンズの真上に美しく、半球状のしずくを作れた。

持ってきたイチョウの葉を両手でピンとはって、その上にかざす。

「……うわぁ」

全員が、その画像に魅了《みりょう》された。

「えっ。こ、これ……、もしかしてこの水滴がマクロレンズに？」

仁が口を開けたまま、自分のスマホを指さしている。

「すげー、タダだよね！　これ、タダだよね！」

大橋先輩は興奮して拍《はく》手をしている。

「イチョウの葉って、こんなふうだったんですか」

笹本さんが目を見開き、

「どこかにタネがあるんじゃないの？」

平尾先輩は手品かなんかと混同している。ジロジロといつまでも疑い深そうに見ているものだから、「頭がじゃまでよく見えないんですよ！場所、替《か》わってください」

梨々花が後ろから平尾先輩の肩をつかんで、じれったそうに揺さぶった。

土曜に兄貴のスマホで見た以上の、安定した拡大効果だ。みな、スマホに映し出されたその画像に心を奪《うば》われている。

画面いっぱいに広がる、黄緑色の世界。

そこに道のように、何本も何本も葉脈が走っている。その一本一本が、途中で二本に枝分かれしてさらに伸びていっている。末広がりに広がっていく、イチョウの葉脈の道だ。口もきかず、鳴きもしない植物の、静かな生命力――。

　中でもいちばん感動していたのは山口葉奈だった。

「……スマホが一滴の水滴で、こんな世界を見せてくれるだなんて」

　そう言ったきり、おとといと同じようにため息をつき画面に見入っている。

「イメージだけでこういう機械を否定してしまってました……。本質を見失っていたのは、このわたしです」

「いいってことよ。けど、問題はこれからだぜ。これでミジンコ動画をどうやって撮る？　あいつら、葉っぱと違って動くぞ」

「⑦考えます！」

　全身から炎《ほのお》でも吹《ふ》き上がりそうな勢いで、山口さんは叫《さけ》んだ。少し伸びてさらにモコモコふくらんだカーリーヘアの頭を、両手ではさむようにたたく。

「なんとしても、よい方法を考えます！」

「おう、考えろ。電脳班も考える」

　費用問題でいったん盛り下がったぶん、やる気はポーンとリバウンドした。

　今日も俺たちは研究のために集まっている。

　本来の活動日は火曜と金曜だが、もう曜日もへったくれもない。のんびりしてたら間に合わない。

　大橋先輩はギターのレッスンを休み、仁は個別指導塾《じゅく》の時間を遅《おそ》くにずらした。梨々花も平尾先輩も毎日やってくるし、笹本さんは飼育生物の世話でサポートしてくれている。

　そうして試行錯誤《さく》のすえ、山口葉奈を先頭に、俺たちは⑧ひとつの方法にたどりついたのだった。

　ミジンコを一匹、スポイトで吸いとり、水とともにスライドグラスにのせる。カバーグラスはかぶせない。そしてそれを机に置いたスマホの上に持ってきて、下からスマホのインカメラ※で撮る。もちろんインカメラのレンズには、※グリセリン水滴をのせている。

　スライドグラスとレンズを適切な距離《きょり》で固定するため、十円玉をグリセリン水滴の両側に積み、その上にスライドグラスを置く。

　ピント合わせは十円玉の数で調整し、微妙《みょう》な距離は紙を何枚かはさむことで、さらに細かく調整した。

「わお。ミジンコちゃん、スマホの画面にちゃんと映ってるよぉ！」

「あ、この背中側でブルブルしてるの、心臓だよね」

「ぼやけてるけど、なんとか見えるわね。けど、やっぱスローにしないと数えにくい」

「こらっ、ミジンコ！　動くんじゃないわよ！　じっとしてないと見えにくいでしょ！」

「あーあ、視野から出ちゃいましたよ」

「これじゃ、ダメだな。やっぱミジンコが動けなくなるくらい、水を減らそう」

　俺は山口さんに提案をした。

「うーん、学校の顕微鏡で見てたときには、そうやると見えにくくなったんだけど」

「でも、見る環境が変わったし、もっかい試してみたら？」

「ですね。了解です」

　山口さんが、ティッシュを器用にコヨリにした。背中を丸めて顔を近づけ、慎重に水を吸いとっていく。

ミジンコは触《しょっ》角を動かしてはいるが、泳げるほど水がないため、レンズの視野の中から出られなくなった。

「あれ？　水をこんなに減らしても画像が乱れないです！」

「……顕微鏡の場合は下から光をあてて上から見てるけど、今は上から光が入って下から見ているって違いがあるせいじゃないかな」

腕《うで》組みをして、仁が考えを述べる。

「難しいことはわかんないけど、とにかく映ればいいのよ、映れば！もう動画、行っちゃえ！」

梨々花が叫び、いきなり指を伸ばすとスマホの撮影ボタンをポチッとした。

「お、おい、まだ心の準備が」

「しっ！　もうスタートしてるから」

一秒、二秒、三秒、四秒、五秒、六秒……。

「ストーップ」

「おい、再生しろ、再生！」

——おおっ——

みな声もなく、再生されたスマホの画面を見つめていた。

ひよこのような形のミジンコの体が、動画でとらえられている。

黒い歯車のような目。

時折バタフライのように、手のような第二触角が水をかく。

透《す》き通った体内で、何本もの脚《あし》がさかんに動いている。

そして——。

背中側で拍《はく》動する心臓。

トクトクトクトク　トクトクトクトク

苦労して拡大しないと見えない小さな体の中で、さらに小さな心臓がめまぐるしく動いている。時折映像がぼやけるが、なんとか見てとれる。

「撮れましたね、ミジンコ動画」

山口さんがつぶやいた。

「おう」

⑨なんだか胸がいっぱいで、ぶっきらぼうな返事になってしまった。

「次はこれをスローに編集だね。動画編集アプリをダウンロードすればできると思う」

仁が頼《たの》もしく言い、

「オレも手伝うよ。スマホとパソコンつなぐＵＳＢケーブルならうちにあるし」

大橋先輩が右手でこぶしをグッと握《にぎ》り、ガッツポーズをとった。

（安田夏菜《かな》『セカイを科学せよ！』〈講談社〉）

※電脳…コンピューターのこと。
※メグちゃん…新米の国語教師で科学部の顧《こ》問。
※インカメラ…スマホの画面側にあるカメラ。
※グリセリン…アルコールの一種である液体。

問一　[①]、[②]、[④]に当てはまる言葉を次より選び、前後の文に合わせて形を変えて答えなさい。他の言葉を足してはいけません。

止める　ひねる　ひそめる　つまむ　おす　引く

問二　[③]に当てはまる一語を本文中よりぬき出して答えなさい。

問三　——⑤について、次の問いに答えなさい。

㈠　誰《だれ》がしたことですか。本文中の言葉で答えなさい。

㈡　この時の㈠の人物の気持ちを本文中の言葉を使って二十五字以内で答えなさい。

問四　――⑥について、次の問いに答えなさい。

㈠　びんには何が入っていますか。本文中の言葉で答えなさい。

㈡　次の文は㈠で答えたもののすぐれている点を説明しています。［　］に入る言葉をそれぞれ字数にしたがって本文中からぬき出しなさい。

［Ⅰ（二字）］を使わず［Ⅱ（六字）］の役割を果たせる点。

問五　（中略）より後の内容を二つに分けるとどこでわかれますか。後半のはじめの三字を答えなさい。

問六　――⑦と言ったときの山口さんの気持ちとして最もよいものを次より選び、記号で答えなさい。

ア　自分の知らないところで研究が進んでいきそうなので、あせって成果を出そうとしている。

イ　本質を見失っていた今までの自分を反省し、みんなと仲良くなろうとしている。

ウ　問題が解決しこれからミジンコの研究が進んでいきそうなので、とても張り切っている。

エ　スマホで見た美しいイチョウの葉脈に感動し、うれしくて有頂天になっている。

オ　なかなか問題が解決せず研究が遅れたのは、みんなが協力してくれなかったからだと怒っている。

問七　――⑧を図に書きました。a～cは何ですか。次より選び、それぞれ記号で答えなさい。

ア　スポイト　　イ　十円玉　　ウ　スライドグラス

エ　カバーグラス　　オ　スマホ

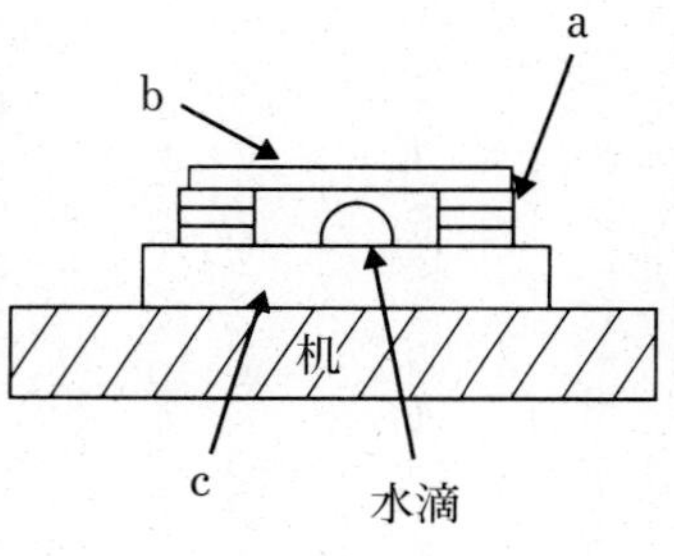

問八　――⑨の時のオレの気持ちを説明した次の文の［Ⅰ］、［Ⅱ］に入る熟語をそれぞれ字数にしたがって本文中よりぬき出しなさい。

みんなで協力して［Ⅰ（四字）］した結果、ついにミジンコの動画撮影に成功して照れながらも［Ⅱ（二字）］している。

問九　この小説の表現の特徴を説明したものとして適当でないものを次より二つ選び記号で答えなさい。

ア　登場人物が心の中で思っていることも、会話文と同じように「　」でくくって表現されている。

イ　会話文が多く使われ、部活動での登場人物たちの様子がいきいきと描かれている。

ウ　たくさんの道具や機材を登場させ、動画撮影の成功までの様子が具体的に描かれている。

エ　ミジンコの研究が成功するまでの過程が、中心人物の山口葉奈の視点で描かれている。

オ　イチョウの葉脈やミジンコの様子が、色やたとえによって目に浮かぶように表現されている。

四　次の文章を読んで、後の問いに答えなさい。

植林は人気だ。何か環《かん》境によいことをしたいと考える人や組織が、まず思いつくのは緑を増やすこと。そこで木を植えようと考える。地球環境を好転させようという発想の中で、①木を植える、森をつくるというのは絶対的正義なのだ。

企《き》業のCSR（社会貢献《こうけん》事業）などでも②〝やりたがる〟のは植林である。担当社員は、社員が参加できるCSRはないかと頭を絞《しぼ》って植林を思いつく。社員が山で汗かいて木を植えたら社会に貢献した気になる、というわけだ。※間伐《ばつ》なども森を育てる作業ですよ、と逆提案しても好まれない。木を伐《き》るより、植えたいのだ。

伐《ばっ》採跡《あと》地に植林を。森林火災から回復させるために植林を。砂漠を緑の大地に変えるため植林を。わざわざ金を払《はら》って参加する植林ツアーもある。

たしかに木の生えていない荒涼《こうりょう》とした景色を目にすると、そこに木を植えたくなる。自然に生えるのを待つより、人が苗《なえ》を植えたらより早く森になるだろう。緑が増えたら地球温暖化を防ぐ。「緑のダム」となって防災にもなる。さらに都会の緑化ならヒートアイランド現象を抑《おさ》えられる。なにより人の目に優しい。満足感も高い……。

まさに植林は、自然回復の※シンボリックな行為なのだ。

だが、この植林という行為。［③］気をつけるべきだ。人為的に木を植えることは、自然界の営みとは違《ちが》う。苗の樹種は、苗の調達方法は、そして植え方や植えてからの世話は、どうしているのか。

この問題のわかりやすい例として、砂漠《ばく》への植林を取り上げよう。

木が一本も生えていない砂漠に植林して、緑の大地に変えるというのは［④］的な行為だ。「砂漠を緑に」のキャッチフレーズも広まっている。木が育てば厳しい日射を遮《さえぎ》る木陰《かげ》もできるだろうし、砂塵《じん》が舞《ま》うのも抑えることができる。その木が果樹なら農業になるし、大きく育てば木材として使える。燃料にもなる。

だが、その前に少し考えてほしい。なぜ砂漠には木が生えないのか。⑤それは植物の生育に欠かせない水が足りないからだ。乾燥《かんそう》しているから草木は育たず、裸《ら》地となり、砂が舞うようになった、はずだ。そこに植林しても木は育つだろうか。

苗を育てるために水を撒《ま》くとして、その水はどこから持ってくるのか。たいてい⑥地下水を汲《く》み上げる。砂漠と言っても、その地下には水が眠《ねむ》っていることが多い。井戸を数百メートル、いや数千メートルも掘《ほ》る場合があるが、地下には何千年何万年も前に降った雨水が溜《た》まっているのだ。だから化石水という。補給はほぼないから、汲み上げ続けると※枯渇《こかつ》する。

木が生長すると、より多くの水が必要となる。緑を保てるのは、水をやり続ける間だけである。木が生長したら根を深くまで伸《の》ばして自分で水を吸い上げるだろうか。しかし、地下何百メートルも根を伸ばせない。伸ばした先に水があるかもわからない。

問題は、水の※多寡《か》だけではない。地下水には塩化ナトリウムのほか硫《りゅう》酸ナトリウム、硫酸カルシウム、硫酸マグネシウムなどが含《ふく》まれていることが多い。岩盤《ばん》から溶《と》け出した塩《えん》類だ。それを地表まで汲み上げて散水したら、水の蒸発後に塩類は地表に溜《た》まる。すると植物の生長が鈍《どん》化、もしくは枯《か》れる。深刻化した場合、地表面を白い塩類の結晶《しょう》が覆《おお》う。そうなると、まず植物は育たない。砂漠はより不毛の大地になってしまう。

現在、世界の乾燥・半乾燥地の※灌漑《かんがい》農地では、約四分の一で塩類が地表に集積して作物の生長を抑《よく》制し収量低下が起きている。降雨量が多ければ塩類を洗い流せるのだが、乾燥した地域では不可能だ。また平坦《たん》で水が流れない問題もある。一度、表土に塩類が集積すると、その土地を回復させるのは非常に難しい。

なお「砂漠に植林」と言いつつも、実は砂漠ではない地域もある。一見砂漠のように一草も生えていない環境だったとしても、以前は草や中低木が生えていた半乾燥地だった場合だ。家畜を過放牧することによって緑が失われてしまったケースや、無理に草原を農地に変えようと開墾《こん》して、何も生えなくなったケースもある。

そんな土地では、今も多少の降水はある。だから⑦半乾燥地の環境に適した草木を植えるのなら生育できるだろう。しかし植林ツアーの中には、そうした在来種ではなく、外来種を植えるケースが多い。もし多くの水を必要とする樹木を植えたら、半砂漠が本物の砂漠になりかねない。

現在、砂漠で行われる植林では、ポプラなどの樹種が選ばれることが多い。生長が早いから森も早くできるというが、早く生長する木はより多くの水を必要とする。しかも植樹時には雑草を除去する。これは乾燥地に適した在来の植生を破壊《かい》していることになる。

［⑧］果樹や農作物を栽培《さいばい》する場合もある。どうせ植えるなら人に有益な、収入を得られる種にしようというわけだ。こうした植物は手入れが欠かせず、定期的に収穫《かく》を得ることで土地の栄養と水分を持ち出すことになる。

砂漠など乾燥地の植林だけではない。たとえば熱帯雨林の伐採跡地では、アカシアやユーカリなど早生樹種がよく植えられる。［⑨］、それらの木々は本来その土地に生えていた樹種ではないだろう。しかも一種類を整然と一斉《せい》に植えるのだから、元の熱帯雨林とはまったく違う森になる。アカシアやユーカリは、後々製紙用のチップとして収穫するか、木材としても利用することが前提の植林だ。［⑩］産業植林であり、伐採した元の森を復元するわけではない。以前のような多様な木々や草が育ち、昆《こん》虫や野生動物が生息する森と同じようにはならない。それどころか南アフリカでは、植えたアカシアが大繁殖《はん》して在来の森林まで浸《しん》食してアカシア一色になってしまった例もある。

イギリスのカンブリア州では、山火事の跡地に単一樹種の植林を大規模に行ったため、猛烈《もうれつ》な批判にさらされて計画がストップした。また外来樹種ばかりを植えたため、それまで生息していたアカショウビンなどの稀《き》少な鳥類が姿を消したケースもある。

スリランカでは、マングローブ(海辺際の汽水域に育つ木々)の復活を意図して行われたプロジェクトで、事業対象の約四割で植えた樹木が全滅《めつ》していた。全体では約一〇〇〇ヘクタールのうち健全なマングローブが復活したのは、二割に過ぎなかったという。

ただし、人工林を否定するわけではない。人工林は、人が制御《ぎょ》して作り上げる森だ。つまり管理者の考え方次第で姿は決まる。先に紹介《しょうかい》したように、一種類か、せいぜい二、三種類の樹木の苗を植えるとしても、その後の扱《あつか》い方で森の姿は大きく変わる。

もし周辺に天然林が残されていたら、そこから種子が風で飛んできたり、鳥やネズミなどの小動物によって運ばれたりする可能性がある。それらの〝雑草〟〝雑木〟を刈《か》り取ってしまうのか、残して多様な木々が育つ森に仕立てるのか。後者なら、天然林とは同じではないが、似た生態構造を持たせることができるだろう。最近は、そうした生態系を重視して天然林によく似た森をつくる動きが進んでいる。

三重県の速水林業で人工林(植えたのはヒノキ)と隣《りん》接した天然林に生える植物の数を調査したところ、人工林は二四三種、天然林は一八五種だった。人工林の方が生物多様性が高かったのだ。人工林には、十分な間伐を施《ほどこ》してあった。すると光が地表まで差し込み、多くの広葉樹や草などが育ったのである。逆に天然林は広葉樹の大木が枝葉を広げたため、林内が暗くて樹下に草木が育たない状況《きょう》だった。

植える樹種と、その後の育林方針によって森の姿は変わる。その姿によっては、元の植生を破壊してしまう場合もあるだろう。環境をよくする、気候変動を抑える……そういう目的のために植林を推進するのなら、改めてその ⑪ と、めざすべき方向性や目的を考えて慎《しん》重に決めるべきなのだ。

(田中淳《あつ》夫『虚《きょ》構の森』〈新泉社〉)

※間伐…森の木の一部を切り倒《たお》し、間かくをあける作業。

※シンボリック…象徴《ちょう》的であるさま。

※枯渇…尽《つ》きてなくなること。

※多寡…多いか少ないかということ。

※灌漑…農地に人工的に水を注ぐこと。

問一 ――①の理由を「だから」に続くようにして本文中より十八字でぬき出しなさい。

問二 ――②という表現になっている理由として最もよいものを次より選び、記号で答えなさい。

ア　環境をよくするという目的のためというより、達成感を求めて活動に取り組もうとしているから。

イ　ＣＳＲとして、植林は世間の人々から認められた社会に貢献する唯一の方法だから。

ウ　社会に貢献するのは社員の意思ではなく、企業が義務として社員に課していることだから。

エ　地球環境を悪化させている企業が、罪悪感を消し去るために意欲を見せているから。

オ　木を伐るより植える方が費用がかからず、消費者に好感を抱かれると企業は考えるから。

問三 ③ に当てはまる言葉を次より一つ選び、記号で答えなさい。

ア　またまた　　イ　ぜんぜん　　ウ　ますます

エ　よくよく　　オ　ゆくゆく

問四 ④ に当てはまる言葉を次より一つ選び、記号で答えなさい。

ア　偽《ぎ》善　　イ　現実　　ウ　間接　　エ　神秘　　オ　魅《み》力

問五 ――⑤の指す内容を本文中の言葉を使って十字程度で答えなさい。

問六 ――⑥の問題点を二つ、それぞれ十五字以内で答えなさい。

問七 ――⑦とはどのような草木ですか。最もよいものを次より選び、記号で答えなさい。

ア　短期間で成長することのできる草木
イ　水が少なくても生育することのできる草木
ウ　他の樹木のために木陰を作る草木
エ　家畜にとってえさとなる草木
オ　定期的に収穫のできる農作物をつける草木

問八　⑧～⑩に当てはまる言葉をそれぞれ次より選び、記号で答えなさい。

ア　そして　イ　つまり　ウ　あるいは
エ　しかし　オ　たとえば

問九　筆者が挙げている現在の植林の問題点として、適当でないものを次より一つ選び、記号で答えなさい。

ア　植林をする環境を整えるために、その土地に生えていた在来種を除去してしまう点。
イ　植林を行った結果、在来の森林にまで浸食をして大繁殖をしてしまう点。
ウ　木々の構成が元の森と変わることで、元々そこに生息していた生き物がいなくなる点。
エ　育林方針によらず、人工林に生える植物の数は天然林と比べて圧倒的に少なくなる点。
オ　人間にとって利益となる農作物などを植えると、その土地の養分が減っていく点。

問十　人工林はどうあるべきだと筆者は考えていますか。次の文のⅠ、Ⅱに入る言葉を本文中よりぬき出しなさい。

植林だけでなく、Ⅰ（二字）も行うことでⅡ（五字）が育つ森にするべきだ。

問十一　⑪に入る言葉を本文全体の内容をふまえて、次より一つ選び、記号で答えなさい。

ア　産業の特性　イ　都会の特性　ウ　社会の特性
エ　生物の特性　オ　土地の特性

問十二　次は、この文章を読んだ後に文章の構成・展開について生徒五人が話し合いをしている場面です。適当でない発言をしている生徒を一人選び、アルファベットで答えなさい。

生徒A　筆者は、はじめに植林への問題意識を挙げた上で、その説明として砂漠への植林を例として出しています。
生徒B　そこで出した砂漠の具体例を通して、その土地について考えずに行う植林の危険性を示しています。
生徒C　砂漠だけではなくて、熱帯雨林での植林の例も出すことによって植林の問題の広さを示しています。
生徒D　具体例の話だと、筆者とは正反対の意見として、天然林より生物多様性が高い人工林の成功例も挙げています。
生徒E　筆者は色々な具体例を踏まえながら、植林をする上で気を付けるべきことを具体的に示しています。

カリタス女子中学校（第一回）

—50分—

＊字数の指定がある場合は、句読点や記号もふくむこととします。

一　次の①～③の――部の漢字をひらがなに改め、④～⑦の――部のひらがなを漢字に改めなさい。ただし、④～⑦で送りがなを必要とするものについては、送りがなも書くこと。

①　パーティーでの余興。　②　仁愛の心を持つ。
③　城を築く。　④　国際連合にかめいする。
⑤　大統領をごえいする。　⑥　げきやくを使った実験。
⑦　政治家をこころざす。

二　次の【Ⅰ】の文章を読み、後の問一から問五に答えなさい。【Ⅱ】の文章は問六に関するものです。問六を解く際に読み、解答しなさい。
※のついている語は、文章のあとに語注があります。

【Ⅰ】

私が子どもだった時代、竹や木で細工した※玩具《がんぐ》を作るため、ナイフは必需品《ひつじゅひん》でした。ほとんどの子どもたちが、ナイフを上手に使っていました。ところが、いつの間にか「ナイフを使って、指など切って怪我《けが》したらたいへんだから」と、だんだんナイフを使った授業は減っていき、現在は家でも学校でも、子どもたちがナイフを使う機会がほとんどなくなってしまいました。

結果、子どもたちがナイフで手を切る事故もなくなり、一見、安全な生活が保証されたようにみえます。

しかし、裏を返せば、今の子どもたちには「ナイフで手を切るという小さな失敗を経験する機会」がなくなってしまったのです。そして、ナイフで手を切ったことのない子どもは、その痛みも、傷が後からどうなるかも知らないので、実際にナイフがどれほど危険なものなのか、知らないまま成長してしまいます。すると、［ 1 ］ナイフを使わなければならなくなったとき、ちゃんと使いこなせないばかりか、失敗して大きな怪我を負うことになるかもしれません。ナイフで切った痛みを知らないことで、他人をナイフで切ったり刺《さ》したりしたときの痛みも想像できなければ、痛みを知っている人よりは、安易にナイフを他人に向けることにもつながりかねません。

つまり、子どもの頃《ころ》にナイフに触《ふ》れる機会を失ったことで、後に大きな失敗を起こす可能性が高まるのです。

A小さな失敗が起こるリスクを徹底的《てっていてき》に排除《はいじょ》し続けることは、将来に起こりうる大きな失敗の可能性を高めてしまうことになるのです。

B現在主流となっている「これは成功、それは失敗」「こっちはオーケー、あっちはダメ」という○×式の教育方法では、表面的な知識しか学べません。そこに欠落している「真の理解」がないままだと、決して応用力を身につけることはできません。〃ムダ〃を省いた合理的な教育や勉強法は、効率的な学習を実現しやすいですが、それは［ 2 ］暗記を中心とした表面的知識の蓄積《ちくせき》であって、体験的知識に基づいた「自分で考える力」の養成には役立たないのです。そのような現代の教育方法の弱点についても、きちんと考えなければなりません。

あえて必要と思われる失敗を体験させることで、子どもたちは自分自身でその失敗から体験的知識を学び、判断力や応用力を獲得《かくとく》するのです。

そう考えると、やはり実感を伴《ともな》った体験学習が重要になります。失敗を恐《おそ》れない気持ちを育《はぐく》み、失敗体験を積極的に活用する教育が今こそ必要なのです。［3］他人の失敗経験を伝えるだけでも意義があります。

しかし、現実は逆でした。

失敗には「回り道」「不必要」「できれば避《さ》けたいもの」「隠《かく》すべきもの」「忌《い》み嫌《きら》うべきもの」「他人には何としても知られなくないもの」などというマイナスのイメージしかありません。たった一度、ついやらかしてしまっただけで、その失敗の記録はいつまでもインターネット上に残ってしまう。大きな失敗でもしたものなら、あっという間に拡散して、匿《とく》名《めい》の見知らぬひとたちから誹謗《ひぼう》中傷され、C袋叩《ふくろだた》きにされかねない現代においては、なおさら、失敗は敬遠すべき存在となっています。

実は、かつて私も「ある問題に対して決まった解答を最短で導き出すための正しいやり方」だけで、大学の授業で学生たちに指導していました。当時は「できるだけ早く正解に到達《とうたつ》できる効率的な方法を教えることが大切だ」と考えていました。

しかし、そのやり方で教えられた学生たちが得たものは、表面的な知識に過ぎませんでした。彼らはパターン化された※既存《きそん》の問題や課題に対してはきちんと対応できました。しかし、見本や手本のない新しいものを自分たちで考えて作るようにと指導すると、表面的知識は全く役に立たず、誰《だれ》も対応することができませんでした。

それどころか、「自分たちはどんな新しいものを作り出せばいいのか」という第一歩目の課題設定ですら、自分の頭では考えられない学生が少なくなかったのです。

この深刻な状況《じょうきょう》に気づいた私は、何とかこの問題を解消しようと、いろいろな指導方法を試しながら、最も効果的な教え方を※模索《もさく》しました。その※プロセスの中で、私は「予期しないことが起きて、思い通りにならないことを体験すると、誰もが真の理解の大切さを痛感する」ということに思い至りました。

それ以降、私は授業であえて学生たちに失敗体験させるように心がけたのです。

失敗を経験し、体験的知識を学ぶことは、学生が大きく成功する貴重な機会です。そこで、私が※教鞭《きょうべん》をとっていた東京大学工学部機械科の授業では、できるだけ学生たちが失敗できる授業内容を組んでいました。その一つが、学生を四人一組のグループに分けて、決められた予算内で、自由にシステムを設計・製作させる体験学習でした。

この授業を有意義な体験学習にするためのコツは、あえて細かい課題設定を行わないようにすることです。

例えば「コンピューターでコントロールして、何かの動作をさせるシステム」という課題を与《あた》えたとしましょう。その時、どんな動作をさせるのか、部品には何を使うのかなどについて、教官からは何も指示しないのです。そうなると、それぞれのグループが自分たちで決めなければならないので、学生たちは自分の頭で必死に考えながら、自分たちはどんな課題でシステムを設計するのか、そこから考え始めなければならないのです。

システムの課題が決まり、どんな動きをさせるか、※具対的なアイデアが浮《う》かぶと、学生たちは予算の三〇〇〇円を持って、当時日本一の電気街だった秋葉原を歩き回って、自分たちが作る機械に必要な部品を探して、購入《こうにゅう》していきます。

テーマが決まり、部品が揃《そろ》うと、 4 設計と製作の作業をスタートさせ、決められた期限までに「設定した課題に沿ってシステムを動かす」というゴールを目指して、ひたすら努力を続けます。ここまでの過程においても、「一度決めた課題の欠点に気づいて設定し直す」「部品が見つからない」「買ってきた部品が間違《まちが》っていた」など、いくつもの失敗が起こります。その失敗をリカバー※するたび、学生たちには体験的な知識が蓄積されるのです。

このグループ学習では、アルコールランプから出る熱を利用して動く「スターリングエンジン」というハードウエアを作らせたこともありました。熱機関によって何をどういうふうに動かすかは、学生たちの自由な発想に任せました。この授業でも、学生たちはまず自分たちで課題の設定と設計を行ってから、与えられた予算を持って、今度は東急ハンズ※あたりを探索して回りました。それぞれが自分たちでグループごとに決めた課題を解決するべく、お互《たが》いに知恵《ちえ》を出し合って、スターリングエンジンを動力とするハードウエアを作り上げていきました。

こうして体験学習の授業で作ったものは、演習の授業のとき、グループごとに作り上げた成果物の発表会を行います。

発表会とは言っても、自分たちがもともと設定していた通りにシステムは動かず、当初の設定通りにスターリングエンジンで動くハードウエアを完成していないケースが大半でした。何とか動く程度の成果を上げるグループがあればいい方で、ほとんどのグループは、どんなに頑張《がんば》っても全く動かないという状態でした。

つまり、プロセスだけでなく、結果においても、失敗したものばかりだったのです。

その結果こそ、こちらの狙《ねら》い通りでもありました。

もし、授業の最初に課題の設定の手本や完成品の見本となるサンプルを提示して真似《まね》してもいいとなれば、学生たちのレベルを考えると、とても簡単に課題をクリアしてしまったと思います。現在、多くの教育現場で実践《じっせん》されている「成功まで最短かつ効率よく到達する方法の指導」という従来型の学習方法は、この「最初に手本や見本を提示する」というスタイルと同じです。

しかし、この合理的な指導方法で暗記した表面的な知識は、いざ真似できる手本や見本のサンプルがない場面に来て、それでも何とか状況を打開しなければならないときは、全く役に立ちません。

ゼロから何かを作り出すということは、表面的知識が通用するほど簡単なことではありません。だからこそ、体験的学習で得たいくつもの失敗は、学生たちにとって、とても貴重で有意義な体験になります。自分でちゃんと考えて、危機的状況を回避《かいひ》したり、大きな失敗の起こる可能性を下げたりするときに必要な体験的知識は、自分自身で体感しなければ学習できないのです。

〔語注〕
※玩具《がんぐ》……おもちゃ。
※既存《きそん》……すでに存在していること。
※模索《もさく》……手さぐりで探し求めること。

※プロセス……過程。
※教鞭《きょうべん》をとっていた……先生として教えていた。
※具対的……具体的。
※リカバー……挽回《ばんかい》すること。
※東急ハンズ……素材や雑貨をあつかうお店の名前。

【Ⅱ】

二〇一一年三月一一日に発生した東日本大震災で、福島第一原子力発電所が事故を起こしました。その結果、一〇年以上経《た》ったいまもなお、福島県の一部の放射能汚染《おせん》地域ではひとびとが暮らせない状況となっています。

この福島第一原子力発電所の事故が深刻な事態となった原因の一つは、非常用ディーゼル発電機が発電所の地下一階にあったため、津波による浸水《しんすい》で動かなくなったからです。

では、なぜ、非常用発電機は地下一階にあったのでしょうか？

〈中　略〉

いろいろと調べた結果、私は、驚《おどろ》くべき事実を推認※するに至りました。

実は、東京電力福島第一原子力発電所で非常用ディーゼル発電機やバッテリー（直流電源）、電源盤《でんげんばん》を地下一階に設置したことには、科学的な根拠《こんきょ》がなかったのです。

ただ、「見本にしたアメリカの原子力発電所の設計がそうだったから」というのが主な理由だったらしいのです。

ならば、福島第一原子力発電所の設計の見本となったアメリカの原子力発電所では、なぜ、地下に設置しなければならなかったのでしょうか。

その理由がわかったとき、私は愕然《がくぜん》としました。

見本にしたアメリカの原子力発電所の非常用ディーゼル発電機やバッテリー（直流電源）などが地下一階に設置されたのは、「地上に設置したら、巨大なトルネード※（竜巻《たつまき》）の襲来《しゅうらい》を受けたとき、破壊されてしまうから」でした。

（畑村洋太郎『やらかした時にどうするか』〈ちくまプリマー新書〉より）

〔語注〕
※推認……わかっていることをもとに推測し、事実であると認めること。
※トルネード……北米大陸の中南部地方に多く起こる気象現象。日本の竜巻に比べ、規模や被害《ひがい》がきわめて大きく、アメリカの原子力発電所の多くが、トルネードがたびたび発生する地域に位置している。

問一　[1]～[4]に入る言葉としてもっともふさわしいものを、次のア～オの中からそれぞれ一つずつ選び、記号で答えなさい。ただし、同じ記号は一度ずつしか用いないこととします。

ア　せめて　　イ　いざ　　ウ　いよいよ
エ　あくまでも　　オ　なおさら

問二　A小さな失敗が起こるリスクを徹底的《てっていてき》に排除《はいじょ》し続けることは、将来に起こりうる大きな失敗の可能性を高めてしまうことになる　とありますが、前に出ているナイフの例に当てはめると、「小さな失敗が起こるリスク」、「将来に起こりうる大きな失敗の可能性」とはそれぞれどのようなことですか。答えなさい。

問三　次の文章は、B現在主流となっている「これは成功、それは失敗」「こっちはオーケー、あっちはダメ」という〇×式の教育方法　についての筆者の考えをまとめたものです。【１】～【３】に入る言葉としてもっともふさわしいものを、次のア～キの中からそれぞれ一つずつ選び、記号で答えなさい。ただし、同じ記号は一度ずつしか用いないこととします。

この教育方法の特徴は、暗記などを用いて短い時間で知識を習得させること、つまり【１】を重視する点である。学習の過程で「ムダ」＝《イコール》【２】を可能な限り減らすことは合理的とも言える一方、知識が【３】的なものにとどまることによるマイナス面があると筆者は考えている。

ア　表面　イ　体験　ウ　失敗　エ　成功
オ　効率　カ　効果　キ　正解

問四　C袋叩《ふくろだた》きにされかねないを言いかえたものとして、もっともふさわしいものを、次のア～オの中から一つ選び、記号で答えなさい。

ア　袋叩《ふくろだた》きにされるに決まっている
イ　袋叩《ふくろだた》きにされてはいけない
ウ　袋叩《ふくろだた》きになるべきである
エ　袋叩《ふくろだた》きにされるかもしれない
オ　袋叩《ふくろだた》きになることは決してない

問五　【Ⅰ】の文章には、二カ所に真の理解という言葉が出てきます。これについて次の(1)(2)に答えなさい。

(1)　真の理解のためにはどのようなことが必要であると筆者は述べていますか。三十字程度で答えなさい。

(2)　真の理解をすることでどのような能力が備わると筆者は述べていますか。四十字程度で答えなさい。

問六　【Ⅱ】の文章は、東日本大震災の際に起きた「東電福島原発事故」の調査・検証委員会の委員長を務めた筆者が、事故原因の一つについて述べたものです。筆者は、この事故には【Ⅰ】の文章にある現代の教育方法の弱点が表れていると考えています。どのようなところに現代の教育方法の弱点が見てとれますか。【Ⅱ】の文章から読みとって具体的に答えなさい。

三　次の文章を読み、後の問いに答えなさい。※のついている語は、文章のあとに語注があります。

一九四四年秋。東京では空襲《くうしゅう》が増えてきたため、子どもたちを東京からはなれた土地に疎開《そかい》させていた。東京の保育所の保母（保育士）である「光枝《みつえ》」たちも、約五十名の園児たちと共に埼玉《さいたま》県北部に疎開し、「疎開保育園」を運営していた。「光枝」は仕事がうまくできず、保母のリーダーの「楓《かえで》」から叱《しか》られてばかりだったが、先輩《せんぱい》の「静子《しずこ》」、「正子《まさこ》」、「咲子《さきこ》」や同い年の「好子《よしこ》」に支えられてがんばっていた。以下の場面は、「疎開保育園」を始めてから二か月が経《た》った、年末の出来事である。園児の親たちが疎開先を訪ねて再び東京へ帰って行った後、子どもたちはおねしょをすることが多くなっていた。

おねしょ騒《さわ》ぎが始まって十日が経った。
子どもたちのおねしょは続いている。
「今日はおしっこをしませんように」と小さな手を合わせて願い、就寝《しゅうしん》しても、朝、自らの失敗に気づき、子どもたちは肩《かた》を落とす。

子どもたちだっておねしょなんてしたくない。

おねしょは恥《は》ずかしいことだとわかっている。

布団《ふとん》干しが大変なのも、洗濯《せんたく》が重労働なのも知っている。

何より、大好きな先生たちが辛《つら》い顔をするのが、子どもたちだって辛い。

だから、おねしょをしないと固く決心しているのに、Aそうは問屋がおろさないのである。

そのうえ、おねしょ騒ぎが始まって以来、冷たい雨が降る日が続いていた。

※本堂の中に縄《なわ》を張って、たくさんの布団を所狭《せま》しと干している。おしっこの臭《にお》いがあたりに充満《じゅうまん》していた。

ようやく、今日になって雨脚《あまあし》が弱くなった。ときおり、雨がやみ、雲の間から薄《うす》明かりがもれたりもする。

光枝は早く晴れますようにと、空に祈《いの》らずにはいられない。

外に出られない子どもたちは、布団の合間で思い思いに遊んでいる。

男の子たちは正子と相撲《すもう》をとっていた。力自慢《じまん》の正子は相撲も強い。

静子は、女の子たちと折り紙やお絵かきをしていた。

好子と光枝は縁側《えんがわ》で繕《つくろ》い物をしていた。

「よし、出来た」

好子は顔をあげ、微笑《ほほえ》んだ。辰雄《たつお》のセーターのほころびのところに、好子は汽車の刺繍《ししゅう》をさしていた。その※精緻《せいち》な刺繍をのぞきこみ、光枝の目が輝《かがや》いた。

「わあ。素敵な刺繍」

好子は嬉《うれ》しそうに［ 1 ］微笑むと、繕い物の山にまた手を伸《の》ばす。

B光枝は自分が手にしているものを見て、ため息をもらした。辰雄のズボンのかぎ裂《さ》きを縫《ぬ》い合わせているのに、きれいに合わさらない。

好子がせっせと仕上げていくのに、光枝がし終えたものはその半分にも満たない。

そのうえ、出来上がりがまるで違《ちが》う。光枝の縫い目はばらばらで、子どもたちからはこのごろ「みっちゃん先生じゃなく、よっちゃん先生に縫ってほしい」と言われる始末だ。

子どもたちが疎開保育園に持参してきた衣類は少なく、同じものを繰《く》り返し着るため、Cいきおい、繕い物も多い。それもまた、保母の役割だった。

「あっ」

また光枝の口からため息がもれた。うまくいったと思ったのもつかのま、針から糸が抜《ぬ》けてしまった。

「もう、それ、貸して」

たまりかねたように、好子が光技の手から辰雄のズボンをとりあげた。

「いいの？」

好子が苦笑しながらうなずく。

「私はこういうの得意だもん」

「よっちゃんありがとう」

子どものように、光枝は好子に手を合わせた。好子は［ 2 ］口を前につきだす。

「でもみっちゃんは下手すぎ。反省しなさい」

「反省してるから」

光枝は正座をして軽く頭を下げる。しょうがないなぁという顔で好子は「うん」とうなずいた。

〈中略〉


「ええと、当面の問題は――」

「子どもたちのおねしょ、ですね」

すかさず、楓がいった。※脇本《わきもと》はあごに手をやった。

「おねしょか。何かいい意見はないか？　おねしょを治す方法について」

正子が手をあげる。

「いや、まあ、体が冷えるからじゃないかな。お風呂には滅多《めった》に入れないし。寝《ね》る前に足をお湯で温めたらどうだろう」

「うん」

脇本がうなずく。

「そっか」

光枝も正子に向かって首をふった。

「他には何かない？」

「寝る前に塩をなめさせるといいって聞いたことがあります」

「なるほど」

意見をいった静子に、楓が同調した。

「あ！」

光枝が手をあげた。楓が期待薄という表情で、X発言を促《うなが》す。

「何とかって神様を拝む呪文《じゅもん》があるとかって――」

楓の眉《まゆ》が吊《つ》り上がる。

「くだらない。迷信。非科学的。現実的に考えて」

「じゃああの、おねしょ癖《ぐせ》のついた子を、三時間ごとじゃなくて二時間ごとに、夜起こしてお便所に連れて行くっていうのはどう？」

そういった正子を、光枝は驚《おどろ》いた顔で見上げた。

「ええ！　私たち、いつ寝るんですか？」

三時間ごとだって大変なのに、二時間ごとなんて光枝には考えられない。それまで書記としてノートをとっていた好子も鉛筆《えんぴつ》をおいて手をあげる。

「私、絶対無理です」

「私も」

「そりゃそうだ。私も無理だ」

光枝に、言いだしっぺ当人の正子が続いた。

脇本はテーブルに肘《ひじ》をつき、身を乗り出した。

「※対症療法《たいしょうりょうほう》じゃなくって、根本的な原因について考えてみないか」

「そんなのわかりきってます」

気が付くと、光枝は叫《さけ》んでいた。一気に続ける。

「ご両親と離《はな》れて寂《さび》しいからです。だって、お母さんたちが来た夜からだもの、おねしょ増えたの。ねえ」

だが、楓があきれたとでもいうような顔で、首を横に振《ふ》る。

「その問題、どうやって解決するの？　そんなことはみんなわかってるの。それでも何とかする。それが私たちの務めでしょ」

強い調子で楓は光枝を一刀両断に切り捨てた。

その瞬間《しゅんかん》に、光枝の何かがはじけ飛んだ。

「何よ、私ばっかり叱って。楓さんはどうせ、※咲ちゃんより私が、私がいなくなればよかったと思ってるんでしょ」

乱暴に光枝は立ち上がり、楓をにらみつけた。

「話し合いなんて大っ嫌《きら》い！」

それっきり光枝は※庫裏《くり》を飛び出した。

「みっちゃん！」

光枝を追いかけようとする好子を静子が押《お》しとどめた。


自分なりに一生懸命《けんめい》やっているのに、楓は何も認めてくれない。

下手な縫物《ぬいもの》だってやっている。布団干しだってがんばっている。

あかぎれだらけになった手で洗濯もしている。

子どもたちとも遊んでいる。子どもたちと遊んでいる時間は、ほかの保母よりも、光枝がいちばん長いかもしれない。

当番の日は、光枝も夜中三時間ごとに起きて、子どもたちをお便所に連れて行っているなんて、友だちや家族が聞いたら、驚くに違いない。

そんなことができるなんて、みんな、絶対に思っていないから。

子どもたちのために、眠《ねむ》くてもがんばって起きている。

よい保母になろうと努力もしているつもりだ。

それなのに、楓にはいつだって劣等生《れっとうせい》のように扱《あつか》われる。

光枝の胸に悲しみが広がった。

本を読むことが何より好きなのに、ここでは一人の時間も持てない。

それが光枝は一番つらかった。

いや、疎開保育園に来て以来、やらなくてはならないことに追われるだけで、本来、どんな自分だったのか、もはや思い出せないほどだ。

一人になれるのは布団の中だけ。

大好きな物語を思い出したりしたい。ぼんやりして、頭に浮《う》かぶことをゆっくりと味わったりもしたい。そしたらどんなに楽しいだろう。

でも考えごとなど、ここではできない。

布団に入るなり、泥《どろ》のように眠ってしまうから。

体も心もすり切れるほど、疲《つか》れ果てている。

もういやだ。

こんなところにいたくない。

咲子より先に逃《に》げ出せばよかった。

逃げ出すのは咲子ではなく、自分のほうがよかったのだ。

そのほうがよかったと、楓やほかの保母たちはきっと思っている。

光枝の涙《なみだ》が止まらない。


鳥の声が遠くに聞こえて、光枝ははっと目をあけた。

雨音が消えていた。

「――え？　まこちゃん？　――まさか！」

まことが隣《となり》で寝息をたてている。昨晩、光枝はまことの布団に着の身着のままでもぐりこみ、泣きながら眠ってしまったらしい。

そこで光枝は［ 3 ］なった。まことはおねしょの常習犯だ。

あわてて布団をめくり、鼻を動かした。

あれっと首をかしげた。臭いがしない。

おそるおそる手を伸ばす。

濡《ぬ》れていない。布団は乾《かわ》いたままだ。

光枝はまことを揺《ゆ》さぶった。

「まこちゃん、やったやった！　おねしょしてないね。えらいね、えらいね！　えらい、えらい」

まことが目をこすり、ゆっくりと目を開ける。それから起き上がった。

「どうした、どうした？」

「※おしっと(こ)ー」

光技はまことを抱《だ》き上げた。

「あ、行こうか。よし、じゃあ立って、よいしょっと」

抱っこしたまま、お便所へ向かう。もぞもぞとまことが動いた。

「ちょっと待ってね。まだよ。がんばれ、がんばれ」

「おしっと(こ)ー」

その日一日、まことはご機嫌《きげん》だった。おねしょをしなかったことが、大きな自信になったのだろう。よく笑って、走り回った。

光枝が、添《そ》い寝をしたらまことのおねしょが止まったことを打ち明けると、好子はしぶる光枝をすぐさま楓のところに連れていった。

好子はまことのおねしょが止まった経緯《けいい》を手際《てぎわ》よく説明する。

まことの布団で偶然《ぐうぜん》寝てしまったというところで、光枝は楓に［4］にらまれたような気がして、思わず首をすくめた。

やっぱり、楓に提案するなんてやめておけばよかったと、光枝は唇《くちびる》をかんだ。

だが、お小言《こごと》はなかった。

「子どもたちと一緒に寝ることは、子どもたちに自立を促し、自主性を育てるという私たちの教育方針に反することなんだけど」

楓は腕を組み、考え込んでいる。好子は重ねて訴《うった》える。

「でも、あのまこちゃんが、みっちゃんと一晩一緒に寝ただけでおねしょしなかったんですよ」

楓が光枝を見た。

「――みっちゃんはどう思うの？　Y自分の意見言ってごらん」

また怒《おこ》られるかもしれないと思うと怖《こわ》かった。

だが、好子が頑張《がんば》れという目で光枝を見つめている。D光枝は、顔をあげた。

「まことくん、すごく嬉しそうでした。目が覚めた時、私が隣にいたからか、おねしょしなかったからかはわからないですけど。だから、その――」

楓がうんとうなずいた。

「そうね。それでおねしょが減るなら、やってみる価値はあるわね」

好子と光枝は顔を見合わせた。

はじめて光枝の意見が通ったのだ。光枝は肩をすくめて、照れたように笑った。

（五十嵐佳子『小説　あの日のオルガン』〈朝日新聞出版〉より）

〔語注〕

※本堂……疎開保育園はお寺を借りている。

※精緻《せいち》……とても細かく、綿密なこと。

※脇本《わきもと》……「光枝」たちが働く保育所の所長の男性。保育所が疎開した後も、東京に残っていたが、ここでは話し合いのために疎開先に来ている。

※対症療法《たいしょうりょうほう》……問題を根本的に解決するのではなく、目の前に生じている状態に対しての処理を行うこと。

※咲ちゃん……「咲子」のこと。「咲子」が手紙を置いて疎開保育園から逃げてしまう事件がこの直前で起きている。

※庫裏《くり》……寺院についている、住職やその家族が住む場所。「楓」たち保母はここを話し合いの場所としていつも使っている。

※おしっと(こ)ー……「おしっこ」と言おうとしているが、「こ」を「と」と発音してしまっている。

問一　[1]〜[4]に入る言葉としてもっともふさわしいものを、次のア〜オの中からそれぞれ一つずつ選び、記号で答えなさい。ただし、同じ記号は一度ずつしか用いないこととします。

ア　きっと　イ　ぷっと　ウ　ごそっと
エ　ぎょっと　オ　ふわっと

問二　Aそうは問屋がおろさない　とありますが、ここでの「そうは問屋がおろさない」とはどのようなことを指すか書きなさい。

問三　B光枝は自分が手にしているものを見て、ため息をもらした。とありますが、ここに表れている「光枝」の気持ちを四十字以内で書きなさい。

問四　Cいきおい　を言いかえた表現として正しいものを、次のア〜オの中から一つ選び、記号で答えなさい。

ア　積極的に　イ　革新的に　ウ　日常的に
エ　具体的に　オ　必然的に

問五　D光枝は、顔をあげた。とありますが、ここでの「光枝」の気持ちを六十字以内で説明しなさい。

問六　X発言を促《うなが》す。と、Y自分の意見言ってごらん　はどちらも「楓」が「光枝」に発言を求めるところですが、X　の部分とY　の部分とでは、「光枝」に対する「楓」の気持ちが変化していると考えられます。どのように変化しましたか。X　の部分とY　の部分とのちがいがわかるように、自分の言葉で説明しなさい。

問七　「好子」はどのような人物であり、「光枝」にとってどのような存在だと言えますか。その説明としてもっともふさわしいものを、次のア〜オの中から一つ選び、記号で答えなさい。

ア　子どもたちからも繕《つくろ》い物の上手さを認められており、「光枝」にとっては、優しく面倒《めんどう》を見てくれて話しやすい、安心して甘《あま》えられる存在である。

イ　繕い物が上手なだけではなく男の子と相撲《すもう》をとるなど活発で、「光枝」にとっては、疎開《そかい》保育園の仕事の喜びも悲しみも分かち合うことができる存在である。

ウ　保育園の仕事におけるミスを防ぐために保母たちに常に厳しく接しており、「光枝」にとっては、尊敬する上司であるとともに、何でも相談できる存在である。

エ　繕い物よりも折り紙やお絵かきが得意なので、繕い物が苦手な「光枝」にとっては、他の保母から怒《おこ》られるつらさを共有できる存在である。

オ　話し合いの場で皆の意見を引き出せるリーダーで、上手に自分の意見をまとめられない「光枝」にとっては、自分の本当の思いを皆《みな》の前で代弁してくれる存在である。

吉祥女子中学校(第一回)

—50分—

一　次の文章を読んで、後の問いに答えなさい。字数指定のあるものは、句読点やかっこなどもすべて一字に数えます。なお、問題の都合上、もとの文章から一部省略した部分があります。

「いったい、どうしたんだい」打点王氏は一人だった。球団関係者なのか、もしくは絵本の出版社の人なのか、学校で同行していた男性がいたはずだが、タクシーには乗らなかったらしい。僕《ぼく》たちは、選手の横から後部座席にぐいぐいと中に入った。閉めるよ、とタクシー運転手の無愛想な声がすると同時に、車が発進した。

「こんな風にやってこなくても、君たちの学校には、明日また行くよ。晴れたら、野球教室を」

テレビでしか観《み》たことがないプロ野球選手は、目の前にすると体が大きく、僕たちは圧倒《あっとう》された。プロのスポーツ選手とはこれほどの貫禄《かんろく》に満ちているのか、と眩《まぶ》しさを覚えた。

「それなんです」安斎は強い声で訴《うった》えた。「その野球教室でお願いがあって」

安斎が考え出したのは、*失敗した絵画作戦よりもさらに大それた計画だった。プロ野球選手を巻き込《こ》もうというのだ。

「同級生のことを褒《ほ》めてもらいたいんです」安斎は単刀直入に言い、そこに至り僕も、彼《かれ》の閃《ひらめ》いた計画について想像することができた。

「褒める？」

「明日、野球教室をやる時、うちのクラスに草壁って男子がいるんだけど、彼の*スウィングを見たら、『素質がある』って褒めてあげてほしいんです」

「それは」選手は言いながら、頭を整理している様子だった。「その草壁君のために？」

「そう思ってもらって、構いません」安斎は曖昧《あいまい》に答えた。①厳密に言えば、草壁のためではないからだろう。

翌日の野球教室のことを思い浮《う》かべる。草壁がバットを振り、久留米が、「上手ではないな」と感じる。「やはり、草壁は何をやっても駄目《だめ》だな」と再確認《さいかくにん》する。もしかすると実際に口に出し、「草壁のフォームは駄目だ」と言う可能性もある。そこで選手がやってきて、コメントをする。「君はなかなか素質があるよ」と。

すると、どうなるか。先入観がひっくり返る。

安斎の目論《もくろ》みはそれだろう。

「その、誰《だれ》君だっけ」

「草壁です」

「草壁君は、野球をやっているの？」

僕と安斎は顔を見合わせた。「野球は好きみたいだけど」一緒《いっしょ》に野球をしたこともなかった。

「どうなんだろう」

「草壁を今、連れてくれば良かったな」

「でも、とにかく、草壁を褒めてあげてほしいんです」安斎は言った。雨で濡《ぬ》れたランドセルを背負ったままの僕たちは、車内をずいぶん狭《せま》くしていたが、選手は嫌《いや》な顔もせず、②ただ、少し苦笑《くしょう》した。「もちろん、褒めてあげることはできるけど」

「できるけど？」

「嘘《うそ》はつけないから。素質があるとかそんなに大きいことは言えないよ」

「素質があるかなんて、誰にも分からないと思いませんか」安斎は粘《ねば》り強かった。「だったら、嘘とは限らないですよ」

選手は困惑《こんわく》を浮かべた。それは、小学生相手に③厳しい現実を教えることをためらっていたのだろう。「俺《おれ》もプロだから、少しは分かるつもりだよ。素質や才能は一目瞭然《いちもくりょうぜん》だ」

「じゃあ、少し褒めるだけでも」安斎はさらに食い下がり、そうだね④それはもちろん吝《やぶさ》かではないよ、という＊言質《げんち》を取り、ようやく少し安堵《あんど》した。

それから僕たちは、安斎の家の近くでタクシーから降りた。選手は、「じゃあ、また明日」と優《やさ》しい声をかけてくれた。

（中略）

野球教室の日は晴れた。「日ごろの行いが良かったから」と校長先生は典型的な言い回しを口にし、「どうして大人はよくそう言いたがるのかな」と疑問に感じたが、とにかく前日とは打って変わり、快晴だった。

午前中の二時間、希望する子供はバットを持ち、校庭に出て、選手の指示通りに素振《すぶ》りの練習をした。

担任教師たちのいく人かは⑤腕《うで》に覚えがあるのか、子供たちにまじりバットを振った。久留米もその一人で、いつも真面目《まじめ》な顔でチョークを使っているだけであるし、体育の授業でも笛《ふ》を吹く程度であったから、運動が得意な印象はなかったのだが、学生時代は野球部で鳴らしていたというのも嘘ではなかったらしく、美しい姿勢で素振りを披露《ひろう》した。

「久留米先生、恰好《かっこう》いい」と女子から声が上がり、僕と安斎は顔を見合わせ、なぜか⑥面白《おもしろ》くない気持ちになった。

安斎も、僕と似たり寄ったりの、情けないスウィングをしていたが、途中《とちゅう》で、「加賀、校庭でみんなでバットを振っているのは何だか変だよな」と言った。

「新しい体操みたいだ」

「みんなで振り回して、電気でも起こしている感じにも見える」

打点王氏は真面目な人だったのだろう、形式的にふらふらと歩き回り指導のふりをするのではなく、一人一人のフォームを見ては、肘《ひじ》や膝《ひざ》を触《さわ》り、丁寧《ていねい》にアドバイスをした。

僕たちのいるあたりには、一時間もしてからやっと来た。

⑦打点王氏は、僕と安斎に気づくと顔を少しひくつかせた。前日、タクシーに乗り込んできた二人だと分かったのだ。「昨日はどうも」と挨拶《あいさつ》する様子で、笑《え》みも浮かべた。「どれ、振ってごらん」と声をかけてくる。

僕は、うん、とうなずき、バットを構えたが、「うん、じゃなくて、はい、だろ」と横から指摘《してき》された。見れば久留米が立っていた。スポーツウェア姿も㋐様になり、打点王氏の隣《となり》に立つと、コーチのように見える。

「はい」僕は慌《あわ》てて、言い直す。ろくな素振りはできなかったが、打点王氏は笑うこともなく、「もう少し、顎《あご》を引いてごらん」とアドバイスをしてくれた。「体の真ん中に芯《しん》があるのを意識して」

はい、と答えてバットを振ると、僕自身は変化が分からぬものの、「うん、そうそう」と褒められる。安斎も、僕と似たような扱《あつか》いを受けた。

そして、だ。安斎がいよいよ本来の目的に向かい、一歩踏《ふ》み出す。「久留米先生、草壁のフォーム、どうですか」と投げかけたのだ。

久留米は不意に言われたため、小さく驚《おどろ》き、同時に、草壁がどうかしたのか、と醒《さ》めた表情も浮かべた。草壁がいること自体、忘れている気配すらあった。

草壁は、僕たちのいる場所から少し離《はな》れたところにいたが、打点王氏が近づいていくと緊張《きんちょう》のせいなのか、顔を真っ赤にした。

「やってごらん」打点王氏が声をかける。

草壁はうなずいた。

「うなずくだけじゃなくて、返事をきちんとしなさい」久留米がすかさず注意をした。

草壁はびくっと背筋をのばし、「はい」と声を震《ふる》わせた。

あたふたしながら、バットを一振りする。僕から見ても不恰好で、バランスが悪かった。腕だけで振っているため、どこか弱々しかった。

「草壁、女子じゃないんだから。何だそのフォームは」久留米の声は大きくはないのだが、低く、あたりによく聞こえる。近くにいた子供たちが、「草壁、女子みたいだって」と言い、土田か誰かが、「クサ子」と囃《はや》した。安斎が舌打ちをするのが聞こえた。久留米が意図的に言ったとは思わぬが、確かに、そういった発言により、他の子供たちが、「草壁のことを下位に扱っても良し」と決めている節はある。

安斎は縋《すが》るような目で、打点王氏を見上げた。「草壁はどうですか?」と、草壁の名前をはっきりと発音し、昨日の依頼《いらい》を想起させるように言った。

打点王氏は眉《まゆ》を少し下げ、口元を歪《ゆが》めた。このスウィングを褒めるのは至難のわざ、と思ったのかもしれない。

「よし、じゃあ草壁、もう一回、やってみなさい」久留米が言ったが、そこで安斎が、「先生、黙《だま》ってて」と言い放った。

久留米は、自分に反発するような声を投げかけた安斎に、目をやった。⑧自分に向けられた槍《やり》の切っ先の形を、じっと確認するかのようではあった。むっとしているかどうかも分からない。

「先生がそういうことを言うと、草壁は緊張しちゃうから」安斎の目には力がこもり、声も裏返っていた。

「こんなことで緊張して、どうするんだ。緊張も何も」

「先生」あの時の安斎はよくも臆《おく》せず、喋《しゃべ》り続けられたものだ。つくづく感心する。「草壁が何をやっても駄目みたいな言い方はやめてください」

「安斎、何を言ってるんだ」

「子供たち全員に期待してください、とは思わないですけど、駄目だと決めつけられるのはきついです」

安斎は、ここが勝負の場だと覚悟《かくご》を決めていたのかもしれない。立ち向かうと肚《はら》を決めたのが分かり、僕は気が気ではなかった。

打点王氏のほうはといえば、大らかなのか鈍感《どんかん》なのか、安斎と久留米との間で起きる火花を気に掛《か》けることもなく、草壁のそばに歩み寄ると、「もう一回振ってみようか」と言った。

はい、と草壁は顎を引くと、すっと構えた。先ほどよりは強張《こわば》りがなく、脚《あし》の開き方も良かった。

先入観を、と僕は念じていた。そのバットで吹《ふ》き飛ばしてほしい、と。

もちろん草壁が、プロ顔負けの美しいスウィングを披露し、その場にいる誰もが呆気《あっけ》に取られ、いちやく学校の人気者になる、といった劇的な出来事が起こると期待していたわけではなかった。むろん、そのようなことは起きなかった。草壁の一振りは、先ほどの腰砕《こしくだ》けのものに比べればはるかに良くなっていたが、目を瞠《みは》るほどではなかった。

安斎を見ると、彼はまた、打点王氏を見上げていた。

腕を組んでいた打点王氏は、草壁を見つめ、「もう一回やってみよう」と言う。

こくりとうなずいた草壁がまた、バットを回転させる。弱いながらに、風の音がした。

「君は、野球が好きなの？」打点王氏が訊《たず》ねると、草壁はまた首だけで答えかけたが、すぐに、「はい」と言葉を足した。

「よく練習するのかな」

「テレビの試合を観て、部屋の中だけど、時々」とぼそぼそと言った。「ちゃんとは、やったことありません」

「そうか」打点王氏はそこで、少し考える間を空けた。体を捻《ひね》り、安斎と僕に㋑一瞥《いちべつ》をくれ、久留米とも視線を合わせた。その後で、草壁の肘や肩《かた》の位置を修正した。

草壁が素振りをする。

ずいぶん良くなったのは、僕にも分かる。同時に、打点王氏が、「いいぞ！」と大きな、透明《とうめい》の風船でも破裂《はれつ》させるような、威勢《いせい》の良い声を出した。まわりの子供たちからの注目が集まる。

「中学に行ったら、野球部に入ったらいいよ」打点王氏は言い、そして、僕たちが望んでいたあの言葉を口にした。「君には素質があるよ」と。

自分の周囲の景色が急に明るくなった。安斎もそうだったに違《ちが》いない。⑨白く輝《かがや》き、肚の中から光が放射される。報《むく》われた、という思いだったのか、達成した、という思いだったのか、血液が指の先にまで辿《たど》り着く、充足《じゅうそく》感があった。

草壁は目を丸くし、まばたきを何度もやった。「本当ですか」

久留米がどういう顔をしていたのか、僕は見逃《みのが》していた。もしかすると、見てはいたのかもしれないが、今となっては覚えていない。

「プロの選手になれますか」草壁の顔面は朱《しゅ》に染まっていたが、それは恥《は》ずかしさよりも、気持ちの高まりのためだったはずだ。久留米の立つ方向から、鼻で笑う声が聞こえたのもその時だ。何か、草壁をたしなめる台詞《せりふ》を発したかもしれない。

「先生、草壁には野球の素質があるかもしれないよ。もちろん、ないかもしれないし。ただ、決めつけるのはやめてください」

「安斎はどうして、そんなにムキになっているんだ」久留米が冷静に、淡々《たんたん》といなす。

「でも、草壁君、野球ちゃんとやってみたらいいかもよ」佐久間がいつの間にか、僕たちの背後に立っていた。「ほら、プロに㋒太鼓判《たいこばん》押《お》されたんだから」

草壁は首を力強く縦に振った。

恐《おそ》る恐《おそ》る目を向けると、打点王氏は僕の予想に反して、明るい顔をしていた。あれは、⑩乗りかかった船、の気持ちだったのだろうか。それとも、先生と安斎とのやり取りから、嘘をつき通すべきだと判断したのか、そうでなければ、草壁の隠《かく》れた能力を実際に見抜《みぬ》いたのか、いやもしかすると、豪放磊落《ごうほうらいらく》の大打者はあまり深いことは考えていなかったのかもしれない。彼は、草壁に向かい、「そうだね。努力すれば、きっといい選手になる」と付け足した。

久留米はそこでも落ち着き払《はら》っていた。「何だかそんな風に、持ち上げてもらってありがたいです」と打点王氏に頭を下げた。「草壁、おまえ、本気にするんじゃないぞ」とも言った。「あくまでもお世辞だからな」

念押《ねんお》しする口調が可笑《おか》しかったからか、数人が笑った。場が和《なご》んだといえば、和んだが、わざわざそんなことを言わなくとも、と僕は承服できぬ思いを抱《いだ》いた。

「先生、でも」草壁が言ったのはそこで、だ。「僕は」

「何だ、草壁」

「先生、僕は」草壁はゆっくりと、⑪「僕は、そうは、思いません」と言い切った。

⑫安斎の表情がくしゃっと歪《ゆが》み、笑顔《えがお》となるのが目に入るが、すぐに見えなくなった。なぜなら、僕も目を閉じるほど顔を歪め、笑っていたからだ。

（伊坂幸太郎『逆ソクラテス』〈集英社〉）

注　＊失敗した絵画作戦……安斎は、美術館にある画家の絵を草壁の作品として学校に提出しようとしたことがあった。
　＊スウィング……バットを振《ふ》る動作。
　＊言質……後の証拠《しょうこ》となるような言葉。

問一　〰〰線㋐「様になり」・〰〰線㋑「一瞥《いちべつ》をくれ」・〰〰線㋒「太鼓《たいこ》判押《ばんお》された」とはどのような意味ですか。もっとも適当なものを次の1〜4からそれぞれ一つ選び、番号で答えなさい。

㋐「様になり」
1　清潔感があって　　2　洗練されて
3　堂々として　　4　かっこうがついて

㋑「一瞥をくれ」
1　じっと見つめて　　2　ちらっと見て
3　目配せをして　　4　合図を送って

㋒「太鼓判押された」
1　力があることを保証された　　2　大げさにほめてもらえた
3　直接の指導を受けられた　　4　特に問題はないと言われた

問二　——線①「厳密に言えば、草壁のためではない」とありますが、安斎の本当の目的は何ですか。「…ため。」に続くように三十字以上三十五字以内で説明しなさい。

問三　——線②「ただ、少し苦笑《くしょう》した」とありますが、この時の打点王氏の気持ちとしてもっとも適当なものを次の1〜4から一つ選び、番号で答えなさい。

1　プロの自分に対してしろうとである子供たちが意見するので不快に感じている。
2　嘘をついてまで褒めることはしたくないと思い、安斎のお願いにとまどっている。
3　プロとして無責任なことは言えないので、安斎のお願いをどう断るか考えている。
4　嘘をついてまで褒めることが本当に草壁のためになるのかどうかためらっている。

問四　——線③「厳しい現実」とは具体的にどのようなことを指していますか。次の□にあてはまるように文中から十字以上十五字以内でぬき出し、初めの五字を書きなさい。

□ということ。

問五　——線④「それはもちろん吝《やぶさ》かではないよ」というのはどういうことですか。もっとも適当なものを次の1〜4から一つ選び、番号で答えなさい。

答えなさい。「吝かではない」とは「～をする努力を惜《お》しまない」という意味です。

1　自分でその草壁という少年を、プロ選手の名にかけてしっかり見《み》極《きわ》めようということ。

2　草壁のスウィングが少しくらい下手でも、素質があると伝えるよう努めるということ。

3　自分から見て草壁の才能がないと思ったら、草壁が傷つかないよう伝えるということ。

4　草壁がバットを振るのを見て少し褒めるだけのことなら、快く引き受けるということ。

問六　――線⑤「腕《うで》に覚えがある」とは、ここではどういうことを言うのですか。十字以上十五字以内で答えなさい。

問七　――線⑥「面白《おもしろ》くない気持ちになった」のはなぜですか。二十字以上三十字以内で説明しなさい。

問八　――線⑦「打点王氏は、僕と安斎に気づくと顔を少しひくつかせた」とありますが、この時の打点王氏の様子の説明としてもっとも適当なものを次の1～4から一つ選び、番号で答えなさい。

1　二人が昨日の強引《ごういん》な態度と同じように、今日もしつこく話しかけてくるのではないかと警戒《けいかい》している。

2　プロである自分に対して指図するかのような二人の態度を思い出して、自尊心が傷ついている。

3　二人によってなかば強引にお願いを引き受けさせられたことを思い出して、緊張《きんちょう》を感じている。

4　二人の頼みごとを引き受けた結果、この後嘘をつかなければならないことに気づいて困っている。

問九　――線⑧「自分に向けられた槍《やり》の切っ先の形を、じっと確認するかのようではあった」とは久留米先生のどのような様子を述べているのですか。もっとも適当なものを次の1～4から一つ選び、番号で答えなさい。

1　自分に反抗《はんこう》するような安斎の言葉の意味をはかりかねて、その意図をさぐろうとしている。

2　自分に反抗するような言葉を投げかけた安斎に怒《いか》りを覚えたが、それをぐっと抑《おさ》えている。

3　安斎の反抗的な言葉に自分がどのような対応をすべきか見当もつかず、途方《とほう》に暮れている。

4　ふだんは素直《すなお》な安斎が反抗的な言葉を投げかけてきたことが信じられず、うろたえている。

問十　――線⑨「白く輝《かがや》き、肚の中から光が放射される」における「僕」の心情としてもっとも適当なものを次の1～4から一つ選び、番号で答えなさい。

1　打点王氏が草壁を褒める威勢の良い声を聞いたことで、自分たちの計画が間違いなく成功すると確信し、期待に胸をおどらせている。

2　打点王氏の発言によってまわりの生徒からの注目が草壁に集まったことで、久留米に対する怒りがおさまり、穏《おだ》やかな気持ちに包まれている。

3　打点王氏が草壁に対して中学進学後のアドバイスもしてくれたことで、うまくいかない焦《あせ》りやいら立ちが消え、心からの安らぎを感じている。

4 打点王氏が草壁に対して望み通りの発言をしてくれたことで、それまでの心配や不安が解消し、心の底から満たされたと感じている。

問十一 ――線⑩「乗りかかった船、の気持ち」の説明としてもっとも適当なものを次の1～4から一つ選び、番号で答えなさい。

1 子どもたちの願いを引き受けた結果、思いがけず素質ある子どもに出会えたと高ぶる気持ち。

2 軽い気持ちで引き受けたが、今は本気になって子どもたちに力を貸そうと意気込む気持ち。

3 いったん子どもたちのお願いを引き受けた以上、途中でやめるわけにはいかないという気持ち。

4 子どもたちに頼まれたときは不安だったが、やってみると案外うまくいったと安心する気持ち。

問十二 ――線⑪「僕は、そうは、思いません」とありますが、この言葉がわざわざ区切られ、ゆっくりと話されていることで、どのような効果がもたらされていますか。もっとも適当なものを次の1～4から一つ選び、番号で答えなさい。

1 相手に比べると自分は弱くて小さな存在で、迷ったり考えたりしながら自分の言葉をやっと口にしているということを、無意識に相手にさらけ出す効果。

2 相手が自分より力のある存在だとは分かっているが、それでも自分が相手とは違《ちが》う意見を持っているということを、強い意志を持って明確に示す効果。

3 自分はすでに相手をはるかにしのぐ存在であり、相手のことなどもはや気にかけてもいないのだということを、相手に見せつけて思い知らせる効果。

4 相手にも意見があるのは承知しているが、自分にも考えがあるのをわかってほしいということを、おとなしそうな態度で示し相手の感情をゆさぶる効果。

問十三 ――線⑫「安斎の表情がくしゃっと歪《ゆが》み、笑顔《えがお》となるのが目に入るが、すぐに見えなくなった。なぜなら、僕も目を閉じるほど顔を歪め、笑っていたからだ」とありますが、二人が笑っていたのはなぜですか。四十字以上五十字以内で説明しなさい。

二 次の文章を読んで、後の問いに答えなさい。字数指定のあるものは、句読点やかっこなどもすべて一字に数えます。なお、問題の都合上、もとの文章から一部省略した部分があります。

砂は、変化自在で魅力的《みりょくてき》だった。表面付近は白くてさらさら。すくうと水のように流れ落ち、受け止める手に砂粒《すなつぶ》の振動《しんどう》がくすぐったい。少し掘《ほ》ると、白い砂の下からひんやりしめった灰茶色の砂が出てくる。色が濃《こ》いほどまとまりやすいので、プリンやおだんごをつくるときは、なるべく深く掘って濃い色の砂をにぎった。

子どものころに遊んだ公園は、敷地《しきち》全体に砂がしきつめられていた。みんなが力を入れていたのは落とし穴。穴を掘って、段ボールをかぶせ、白い砂をまんべんなくかけて隠《かく》す。まわりに掘りだした灰茶色の砂があると怪《あや》しまれるので、念入りになじませれば完成だ。

[A]、その穴にだれかが落ちることはめったになかった。獲物《えもの》を待ちきれず、はまるのは、たいてい自分。①穴の存在を知らない体《てい》で歩いて、うっかり落ちる。手で掘るのでたかが知れていて、片足が少しはま

る程度なのだが、深く掘れば掘るほど、ずぼっと砂に埋《う》もれて、ひんやりした感覚が心地よかった。当然のことながら、家に帰ると、靴《くつ》や服のあちこちから、ぱらぱら、ぱらぱらと際限なく砂が出てきた。

　砂の上では、高いところから飛び降りても、全力で走って、全力で転んでも痛くなかった。五感をフルにつかって全身で世界と関わりあうような日々。いま思うと、②生きていることのリアリティに満ちていた。

　公園で遊んでいると、ときどき小さな子が口のまわりを砂だらけにして号泣《ごうきゅう》しているのを見かけた。そのたびに、③そわそわした気持ちになった。

　わたしも砂を食べた経験があったからだ。

　砂は食べられないし、食べてはいけないものだとわかっていた。でもあのとき、砂がどんな味なのか、どうしても確かめずにはいられなかった。

　味見のつもりで控《ひか》えめに口に入れた。とたんに衝撃《しょうげき》がはしる。歯にじゃりっとあたる嫌《いや》な感覚。埃《ほこり》っぽくて苦みもある。あわてて吐《は》きだそうにも、口のなかにまとわりつくばかり。その不快感と、食べてはいけないものを食べてしまったという恥《は》ずかしさで、嗚咽《おえつ》するうちに、じゃりじゃりに塩味もくわわった。

　幼い子どもは、手当たり次第《しだい》に手をのばし、なんでも口に入れてしまう。それは、食べられるか食べられないかの分別がつかないからではない。触覚《しょっかく》が最初に発達するのが口のまわりだからだ。幼い子どもにとって身のまわりのものは、まだ見知らぬ、なんだかわからない物だらけ。一つひとつ、手や口で触《ふ》れるという感覚をとおして、世界を知ろうとしているのだ。

　④成長するにつれて、なんでも口に入れて確かめることはなくなる。直接触《さわ》らなくても、見ただけで「なにか」がわかるし、見ただけで、すべすべ、ざらざら、ごつごつ、ふわふわなどの質感も認識《にんしき》できるようになるからだ。

　もっとも、見たことのないような質感のものがあると、おとなでもつい触りたくなる。

　学生のころ、友人が新しい軟膏《なんこう》の容器を開けるのをぼんやり見ていた。半透明《はんとうめい》のつやつや光るクリームが容器にぴたっと詰《つ》まっている。次の瞬《しゅん》間《かん》、なぜかわたしの指はその白い柔《やわ》らかな物体のなかに飛び込《こ》んでいた。とっさのことに友人はぽかんとしていたが、自分でも「思わず」だったので驚《おどろ》いた。案外、砂を食べた幼いころと変わっていなかった。

　質感の認知に関する最近の研究によると、物を見るときに感じる質感は「見て触れる」という経験によってつくられるという。生理学研究所の郷田直一さんらは、質感の異なる素材の写真をサルに見せたときの脳活動を調べた。このとき実際に素材を「見て触れる」経験をすると、肌《はだ》触《ざわ》りが似た質感の素材を見たときの脳の反応が似てくる。つまり質感を見分けられるようになるそうだ。

　わたしたちが物を見て感じる質感は、過去に似たような見ための物を触った記憶《きおく》によってつくられる。だから子どものころに砂を食べた経験の有無《うむ》で、砂の見え方もきっと違《ちが》うのだろう。そもそも、人それぞれ積み重ねてきた経験が違うのだから、物の見え方も同じではないということだ。

　⑤砂を深く掘ると出てくる石ころのように、原稿《げんこう》を書くうちに、子どものころの記憶が次々と掘りおこされた。とくにリアルに思い出されたの

は、触覚や嗅覚《きゅうかく》などの感覚の記憶だ。砂だけでなく、木のぼりをしたネムノキの肌触り、鉄棒の冷たさや握《にぎ》った手の鉄の匂《にお》い、手の甲《こう》を這《は》うアリの細かい脚《あし》の動き。いまの自分の「見る」は、こういうたくさんの感覚経験が支えているのだなと思った。

見て触れる。見て嗅《か》ぐ、見て味わう、見て聞く。触覚だけにとどまらず、複合的な感覚経験を積み重ねることが「見る」という視覚体験を豊かにするのだろう。

それは作品を観るときにも影響《えいきょう》しているはずだ。

[B]油絵は、色や質感の表現に長《た》けていて、透明なガラスに鈍《にぶ》く光る真鍮《しんちゅう》、上等なシルクにざっくりした木綿《もめん》など、さまざまな質感の違《ちが》いを写実的に表現できる。ちょっとぐらいプロポーションがくるっていても案外気づかなかったりするので、形よりも質感の方がリアルさに影響しそうだ。質感に触覚経験が含《ふく》まれるので、より直接的に感じるからだろう。無機物に比べて人の肌や目の描写《びょうしゃ》がむずかしいのは、それが温度やゆらぎのある繊細《せんさい》な質感だからかもしれない。

ただ、どんなに緻密《ちみつ》に描《か》きこまれた写実表現でも、なんとなくつくりものっぽいこともあるし、大胆《だいたん》な表現なのにリアルさを感じることもある。

⑥*モネの睡蓮《すいれん》もその一つだ。少しピントをずらして見ることで、リアルな空間がたちあがって、日差しや風や湿度《しつど》さえも感じられる気がしてくる。

*円山応挙の作品でも、細かく緻密に描きこまれた絵よりも、大胆な筆《ひっ》致《ち》で描かれた絵に、よりリアルさを感じる。たとえば⑦「雪松図」。一見すると、金屏風《きんびょうぶ》に墨《すみ》で松を描き、積もった雪を胡粉《ごふん》の白で描いているように見える。でも実際には、白い紙に金泥《きんでい》と墨で描いてあり、ふんわり積もった雪の白は、描かずに見せている紙の地色だ。老いた松の鱗《うろこ》のようなリアルな木肌も、近寄るとその筆の大胆さに驚く。

じっと見ていると、しんとした空間から冷たい空気が流れ込んでくるような気がした。

モネの絵と共通するリアリティ。それは自分のからだが絵と同じ空間に入り込んだような身体感覚だった。

二年ほど前に見た、メディア・アートの藤幡正樹さんの作品「Portray the Silhouette」でも、からだが作品に入り込む感覚を味わった。

部屋のなかにテーブルと椅子《いす》があり、その影《かげ》が横の壁《かべ》に映しだされている。そこに、プロジェクタで投影《とうえい》された藤幡さんの影があらわれ、コーヒーをいれたり、椅子に座《すわ》って本を読んだりする。鑑賞《かんしょう》している自分の影も投影されるので、椅子に座ると、影同士が同じテーブルを囲んだりできる。

とてもリアルだった。*ポスドクのときに藤幡さんの研究室でお世話になっていたので「おひさしぶりです」と影にお辞儀《じぎ》したくなるような変な気持ちになった。

影にはもともと質感がない。影として、ただ光を遮《さえぎ》るものとして存在するとき、⑧いまここにいる自分と、いまここにはいない藤幡さんに区別がなかった。

考えてみれば、この作品も「不在」のアートの一つだ。ここで不在なのは、藤幡さんという実体。でも、影が同じ平面にあることで、実体も同じ空間にいるような気がしてくる。不在を補って想像される実体は、映像やホログラムなどの実体の虚像《きょぞう》よりも、ずっとリアルな存在感があった。

[C]アニメーションでは、絵を重ねることで動きのリアルさを生み出す。アニメーション作家の山村浩二さんは、意外にもその本質が不連続性にあるとおっしゃっていた。絵の静止や断絶がアニメーションの新しい動きを生み出し、ぎこちなさが想像力の補完をうながすのだという。

不在や不連続性があると、わたしたちは、それを補うために想像力をはたらかせる。想像するための素材は自分の知識や記憶だから、実体験や感覚の記憶がひきだされるほど、よりリアルな鑑賞体験になるのだろう。とくに、忘れていた深い記憶や情動がともなう記憶は、強いリアリティに関わりそうだ。

⑨中学生のころ、理科の教科書をぱらぱらめくっていて、急に鳥肌《とりはだ》が立ったことがあった。そのページには、金属中を流れる電気の模式図が描かれていた。陽イオンの「＋」マークが並んでいる周りを自由電子の「－」マークが飛び回っているだけの無機質なものだ。不思議に思い、怖《こわ》いもの見たさでときどきそのページを開いた。そのたびに鳥肌が立つが理由はわからない。その後すっかり忘れていたが、高校生になったある日、電車のなかでふいにその謎《なぞ》が解けた。ああ、あれは病院の赤十字マークだったのだ、と唐突《とうとつ》に腑《ふ》に落ちたのだ。

右目の疾患《しっかん》のために、生後二ヵ月のころから病院通いをしていた。もちろんそのころの記憶はまったくない。母によると、赤ん坊《ぼう》のわたしは、眼科の暗室のなかで機器に固定されて検査を受け、泣き叫《さけ》ぶ声が廊下《ろうか》まで響《ひび》き渡《わた》っていたそうだ。教科書の陽イオンの＋マークは、乳児のころの言語化される以前の思い出せない記憶に結びついていたのではないか。そう思えたとき、極度の病院嫌《ぎら》いも少しだけ軽くなった。

「怖い」などの情動は、心拍数《しんぱくすう》の増加や発汗《はっかん》など、自律神経系の作用をおこす。それが「からだで感じる」という強いリアリティを生み出すのだろう。それは「美しい」にも関わる重要な作用だ。

触覚にむすびついた質感、作品に入り込んだような身体感覚、呼びおこされる感覚の記憶、情動による身体の作用。作品に感じるリアリティは、「からだで感じる」という実感に深く関わっていそうだ。⑩鑑賞体験を豊かにするには、やはり現実に「からだで感じる」体験を充実《じゅうじつ》させることなのだと思う。

【齋藤亜矢「仮想と現実」(『ルビンのツボ　芸術する体と心』〈岩波書店〉所収)より】

注　＊モネ……フランスの画家。「睡蓮」はその代表作。
＊円山応挙……江戸時代の日本の画家。
＊ポスドク……大学院博士後期課程を修了した後に就《つ》く研究職。

問一　[A]～[C]にあてはまる言葉の組み合わせとしてもっとも適当なものを次の1～4から一つ選び、番号で答えなさい。

1　A　しかし　B　それとも　C　たとえば
2　A　なぜなら　B　そして　C　あるいは
3　A　じつは　B　さらに　C　そもそも
4　A　でも　B　たとえば　C　いっぽう

問二　――線①「穴の存在を知らない体《てい》で歩いて、うっかり落ちる」とはどういうことですか。もっとも適当なものを次の1～4から一つ選び、番号で答えなさい。

1　自分で作った落とし穴に誰《だれ》かがはまるのがあまりにも楽しみで、その誰かが来る前に穴に気づかないふりをしてわざと穴の近くまで行き、自分が穴にはまるということ。

2　せっかく誰かを落とそうとたくらんで落とし穴を掘ったのに、穴を確認するために近づいた際に、不注意にも自分自身が穴にはまるという失敗をしてしまうということ。

3　落とし穴に誰かがはまるのを待っているうちに、実際に自分で穴に落ちる感覚を確かめてみたくなって、まっしぐらに穴まで近づいて行き、はまってみるということ。

4　わざわざ落とし穴を作ったのに誰も穴に落ちないので、獲物を穴に誘い込むおとりとして自分が穴に落ちるふりをしようとして、思わず自分が穴に落ちてしまうということ。

問三　――線②「生きていることのリアリティ」を感じられる体験の例に**あてはまらないもの**を次の1～4から一つ選び、番号で答えなさい。

1　主人公が冒険《ぼうけん》をくり広げる物語を読んで、胸をおどらせた。

2　きれいにたたまれた新聞紙を破いて、びりびりにさける手ごたえを感じた。

3　暑い夏の日に橋の上から川に飛び込んで、水の冷たさにおどろいた。

4　大好きなシチューをほおばって、口いっぱいにあたたかさとおいしさが広がった。

問四　――線③「そわそわした気持ちになった」理由としてもっとも適当なものを次の1～4から一つ選び、番号で答えなさい。

1　すくうと水のように流れ落ちる変化自在な砂で遊んだことを思い出し、さらさらとした様子や手にかかるときのくすぐったさを思い出したから。

2　食べられない上に食べてはいけないものだとわかっていた砂を食べたことを思い出し、そのときの不快感や恥ずかしさがよみがえってきたから。

3　砂で遊んでから家に帰ると身体のあちこちからぱらぱらと砂が落ちてきたことを思い出し、全身で砂とたわむれていた後の疲労感《ひろうかん》を思い出したから。

4　砂の上では高いところから飛び降りても全力で走ったり転んだりしても痛くなかったことを思い出し、なつかしさで胸がいっぱいになったから。

問五　――線④「成長するにつれて、なんでも口に入れて確かめることはなくなる」とありますが、子どもの行動がこのように変化するのはなぜですか。その理由を説明した次の文の［Ⅰ］・［Ⅱ］にあてはまるように、文中から［Ⅰ］は五字以上十字以内で、［Ⅱ］は十字以上十五字以内でそれぞれぬき出しなさい。

幼い子どもにとって身のまわりにあるのは未知のものばかりなので、［Ⅰ］する口のまわりで触れることで世界を知ろうとするが、成長すると［Ⅱ］、それがなにかということやその質感が認識できるようになるから。

問六　――線⑤「砂を深く掘ると出てくる石ころのように」とありますが、「石ころ」がたとえているものを本文中から五字以上十字以内でぬき出しなさい。

問七　——線⑥「モネの睡蓮《すいれん》」と——線⑦「雪松図」は、ともにどのような作品の例として挙げられていますか。もっとも適当なものを次の1～4から一つ選び、番号で答えなさい。

1　緻密に描きこまれたわけではないのに、写実的な表現によって見る者に質感のリアルさを感じさせる作品。

2　色や質感の表現に長《た》けており、緻密な表現によって描かれた繊細な質感が見る者にリアルさを感じさせる作品。

3　思いきった表現なのに、あたかも自分が作品の中にいるかのようなリアルな身体感覚を見る者にもたらす作品。

4　一見すると緻密に描きこまれたリアルな表現だが、よく見ると実に大胆な筆致で描かれたことが分かる作品。

問八　——線⑧「いまここにいる自分と、いまここにはいない藤幡さんに区別がなかった」のは、何が行われているからですか。——線⑧より後の文中から六字でぬき出しなさい。

問九　——線⑨「中学生のころ、理科の教科書をぱらぱらめくっていて、急に鳥肌《とりはだ》が立ったことがあった」とありますが、その原因はどのようなことだと考えられますか。もっとも適当なものを次の1～4から一つ選び、番号で答えなさい。

1　陽イオンのマークが乳児のころに通った病院の赤十字マークと似ていたために、自分では思い出せないが、機器に固定されて検査を受けるのがいやで泣き叫んだときの感覚が呼び起こされたこと。

2　陽イオンのマークが、言葉で表現できるようになった最初の記憶として意識の底に入りこんでいた病院の赤十字マークを連想させ、検査を受けるときの暗くおそろしい感覚がよみがえってしまうこと。

3　中学生になってから陽イオンと自由電子のマークを見たことで、十年以上も思い出さないようにしていた病院の暗室で機器に固定され検査を受けたいやな記憶がしばしばよみがえるようになったこと。

4　陽イオンのマークが、乳児のころ通っていた病院の赤十字のマークと似ているように思え、機器に固定されて検査を受けた十数年前の乳児のころの記憶がよみがえってきて病院が嫌いになったこと。

問十　——線⑩「鑑賞体験を豊かにするには、やはり現実に『からだで感じる』体験を充実《じゅうじつ》させることなのだと思う」とありますが、「からだで感じる」体験によって作品を観るという体験が豊かになった身近な例を自分で探して、九十字以上百字以内で説明しなさい。なお、どのように豊かになったのかにも触れること。

三　次の1～6の——線のカタカナを漢字で書きなさい。

1　先生に自分の作品をコウヒョウしていただく。
2　ウチュウには無数の星がきらめいている。
3　話し合いを三日後にノばす。
4　病院でイチョウの検査を受ける。
5　日光をアびてその建物はかがやいて見えた。
6　新入部員を試合のメンバーとしてトウロクする。

共立女子中学校（2/1入試）

―45分―

注意　記述問題では、指定された字数の8割以上は書いてください。ぬき出し問題では、指定された字数で答えてください。どちらの場合も、句読点やかぎかっこなどの記号も字数にふくまれます。

一　次の1～8の――線をつけたカタカナを漢字で、漢字の読みをひらがなで書きなさい。

1　ジュンシンな気持ちで創作にうちこむ。
2　交通事故をコンゼツするために、安全講習を行う。
3　犯人のショウタイは、本の最後にわかる。
4　かり取ったイネタバを、しばらく日に干す。
5　家にキュウキュウ箱を常備している。
6　高飛車な態度をとって、人にきらわれる。
7　適度な温度で、発芽すると考えられる。
8　動物の生命を尊ぶ考え方に賛同する。

二　次の1～5のことわざと似た意味のものを、後のア～カの中から一つずつ選び、答えなさい。ただし、記号はそれぞれ一度しか選べません。

1　浅い川も深く渡《わた》れ
2　郷《ごう》に入っては郷に従え
3　棚《たな》からぼた餅《もち》
4　花より団子
5　井《い》の中の蛙《かわず》大海を知らず

ア　名を捨てて実を取る　　イ　念には念を入れよ
ウ　葦《よし》の髄《ずい》から天井《てんじょう》をのぞく　　エ　門に入らば笠《かさ》を脱《ぬ》げ
オ　鴨《かも》が葱《ねぎ》を背負《しょ》ってくる　　カ　河童《かっぱ》の川流れ

三　次の詩を読み、後の問いに答えなさい。

落ち葉の道

さわだ　さちこ

落ち葉のつもった　道をあるいている
落ち葉の　一枚一枚は
しかられて　ないたこと　だったり
とおくへいった　だれかのこと　だったり

ときどき　たちどまって
①落ち葉を一枚　ひろいあげてみる
うれしかったことも
さみしかったことも
みんな今は　［②］の色をしている

③落ち葉がふえていくのは　いい
土がゆたかになるから　いい

だれもしらない
わたしのなかの　落ち葉の道
（『ねこたちの夜』〈河出書房新社《かわでしょぼうしんしゃ》〉所収による）

1　——線①「落ち葉を一枚　ひろいあげてみる」とありますが、どういうことですか。その説明としてふさわしいものを次の中から一つ選び、記号で書きなさい。

ア　葉一枚一枚の美しさを味わうということ
イ　秋の深まっていく様子を楽しむということ
ウ　自分自身の今を見つめ直してみるということ
エ　時の流れのはやさをかみしめるということ
オ　過去をなつかしく振《ふ》り返《かえ》るということ

2　[②]に入ることばとしてふさわしいものを次の中から一つ選び、記号で書きなさい。

ア　雨　　イ　朝日　　ウ　雲　　エ　夕焼け　　オ　影《かげ》

3　——線③「落ち葉がふえていくのは　いい」とありますが、なぜですか。その理由を説明したものとしてふさわしいものを次の中から一つ選び、記号で書きなさい。

ア　経験や感情が積み重ねられていき、人生が味わい深くなるから
イ　美しい思い出が多く積もることで、自分の成長を感じるから
ウ　大切な時を重ねていけば、世界がより美しくなるから
エ　葉がくさり、土の栄養となることが、木々には必要なことだから
オ　落ち葉の一枚一枚は、木々が懸命《けんめい》に生きた印であるから

4　最後の連についての説明としてふさわしいものを次の中から一つ選び、記号で書きなさい。

ア　ひらがなを多く使うことで、「道」を歩む作者の幼さを強調している。
イ　韻《いん》を踏《ふ》むことで、「道」がだんだんとできあがる過程の楽しさを表現している。
ウ　体言止めを用いて、読み手それぞれの「落ち葉の道」を想像できる余白を残している。
エ　倒置法《とうちほう》により、「落ち葉の道」という言葉のひびきの美しさを目立たせている。
オ　反復法を最後だけ使わないことで、詩の終わりだけではなく、「道」の終わりをも連想させている。

5　この詩における「落ち葉」の例として**ふさわしくないもの**を次の中から一つ選び、記号で書きなさい。

ア　試合に負けて涙《なみだ》を流したこと
イ　どんな困難の中でも希望を忘れないこと
ウ　勉強せずに後悔《こうかい》したこと
エ　雨を見て、言いようのない悲しさを覚えたこと
オ　友だちとくだらない話で盛り上がったこと

四　次の文章を読み、後の問いに答えなさい。

自宅の最寄《もよ》り駅から地下鉄に乗《の》り込《こ》むと、電車の座席は微妙《びみょう》な空き具合であった。

寒い時期ということもあり、着膨《きぶく》れた乗客がみんな左右に余裕を取って座《すわ》っている。結果、混んではいないが、①座るには勇気のいる車両にな

っていた。

やむを得ず、ドアの脇《わき》で立《た》ちん坊《ぼう》を決《き》め込《こ》んだ。帰宅で混み合う時間帯には、まだまだ早い午後2時頃(注1)の有楽町線《ゆうらくちょうせん》のことである。

ふと目の先に、ランドセルを背負ったまま本に夢中になって座っている小さな小学生がいるのに気が付いた。背格好からして、まだまだ低学年だということが分かった。絵本ではなく、字のやや多い本を読んでいるように見えたので、小学校の二年生くらいであろうか。半ズボン姿のその小さな男の子は、自分が座っている席の左側に、紺色《こんいろ》の上履《うわば》き袋《ぶくろ》や工作で作ったような紙の箱を投げ出している。本に熱中するあまり、［②］ことも忘れているのである。

③私は、その子の前に立った。すると目の前に立たれたことに気が付いたその子は、私の方をじっと見上げた。そしてめんどくさそうに荷物を自分の膝《ひざ》の上におもむろに置いた。

『電車の中で、他のお客さんの迷惑《めいわく》になるようなことは駄目《だめ》だよ』

そんな目だけの会話が、どうやら通じたようだった。

私が腰掛《こしか》けると、その小学生は、もうすでに本に戻《もど》っていた。一心不乱に図書館のシールが貼《は》ってあるハードカバー(注2)に顔を埋《うず》めていた。他の乗客のほとんどがスマートフォンに指を置き、小刻みに滑《すべ》らせているのに対して、なぜか、その姿は好感が持てた。荷物を投げ出すような公共マナーに反した行為《こうい》を差し引いても、④おつりが来るほどだったのである。

何を読んでいるだろうと好奇心《こうきしん》がむくむくと湧《わ》いたが、残念ながら角度的に表紙のタイトルを読むのは無理であった。その熱中度から、探偵《たんてい》ものとかではないかと推測した。

私はタイトルの探索《たんさく》は諦《あきら》め、自分の手帳を鞄《かばん》から取りだし、その日のそれからの予定を確認《かくにん》することにした。

2、3駅が過ぎ、手帳をしまって隣《となり》を見ると、⑤相変わらずその半ズボンは本をにらめつけるように読んでいる。そして時折、ページをめくり、しばらくすると、また次のページをめくっていた。その様子を見るともなくぼんやり見ていると、ある瞬間《しゅんかん》、あるページのある行で目が止まったように思えた。

それまでゆっくりと顔を回転させ行を追っていたのが、ぴたりと動かなくなったのである。当然ページめくりの手も動かない。じっと同じ行を読み返しているように思えた。

すると突然《とつぜん》、今度は、ページを今まで読んできた方に向かって、勢いよく逆にめくりだしたのである。一体何が起こったのだ。逆に戻りながら、時々、手を止め拾い読みしたかと思うと、また勢いよくめくりだす。何かを探している、何かを探しているのだ、私にはそう思えた。

そして遂《つい》に、ある箇所《かしょ》を探《さぐ》り当《あ》てると、じいっと読み出した。緊迫《きんぱく》が隣の私にも伝わってきた。そして、それまで何も発していなかったその小学生が一言つぶやいた。

「たしかに……」

⑥私は、吹《ふ》き出《だ》しそうになった。

何が「たしかに」なんだよ!? 何を納得《なっとく》したんだよ、君は!? そこまで入《はい》り込《こ》んでるわけ!?

想像するに、最初にぴたっと止まったページには、彼《かれ》が驚《おどろ》くような出来事が書いてあったのであろう。例えば、物語の主人公が、見事な推理をしてある問題を解決した、とか。そして、その小学生は、その推理の元となった(注3)叙述《じょじゅつ》を再確認するために、数十ページ前まで慌《あわ》てて遡《さかのぼ》ったのである。そして、あらためて読み直すと、そこにはある事実が隠れていたのを発見したのだった。そこで思わず、彼の口から、「たしかに……」。

そして私は、この小さな小学生に、およそ似つかわしくない「たしかに」という言葉遣《ことばづか》いに思わず吹き出しそうになった……。

私は、ますます、その本のタイトルを知りたくなった。大人気ないが、私もその本を読んで、その箇所で「たしかに……」ってなりたくなったのである。

急に、その子が立ち上がった。降りる駅が来たのである。私の目は必死に、閉じつつあるその本を追い続けた。ここで逃《のが》すとそのチャンスは永遠にない。一瞬《いっしゅん》、タイトルの一部が見えた。かろうじて一部が見えたのである。そこには『ドリトル先生なんとかかんとか』と書かれていたのだった。

数日後、私は事務所の近くの図書館の児童文学の棚《たな》の前にいた。もちろん、あの小学生の持っていた本を見つけに来たのである。あの小学生のように「たしかに……」ってなりたくて来たのである。でも、困ってしまった。『ドリトル先生なんとかかんとか』は、数えてみたら12冊もあったのである。

試しにその中から『ドリトル先生月から帰る』というタイトルを手にした。しかし、目次を見ただけでは、この本のどこで手がぴたっと止まり、どこであの「たしかに……」が生まれるのか、皆目《かいもく》見当がつかない。『ドリトル先生と秘密の湖』という「たしかに……」が生まれそうなタイトルも開けてみた。しかし、拾い読みでは分かりようがなかった。

私は12冊を前に途方《とほう》に暮れた。

「たしかに……」は(注4)一朝一夕《いっちょういっせき》では手に入りそうもないのである。

やはり、最初の1行から紐解《ひもと》かないと無理なのであろうか。紐《ひも》を必死で手繰《たぐ》るように読み進んだあかつきの、あの『たしかに……』なのであろう。

そして、その「たしかに……」という境地が安直に得られないということが分かった私は、同時に、⑦自分の中に、ある感情が横たわっていたことに気付いてしまった。

いや、薄々《うすうす》感じてはいたのだが、正直言うと、気付きたくはなかったのかもしれない。そして、この「たしかに……」さえ手に入れれば、それは知らなかったものとして済ませられるのではないかという妙《みょう》な期待もあった。

では、その知りたくなかったという感情とはどういうものであろうか。

私は、ドリトル先生の本が特定できなかった時、まず、自分の態度に「たしかに……」を(注5)享受《きょうじゅ》する資格がないことを思い知らされた。

それは熱中の賜《たまもの》であったのである。

それだけを見つけて楽しもうなんて虫のいい話である。そしてその時、私は、あの小学生に軽い嫉妬《しっと》のようなものを覚えていたのにも気付いたのであった。嫉妬と言う言葉が激しすぎるとしたら、羨《うらや》ましい気持ちと言ってもいいかもしれない。

では、その羨ましさとは何か。そして、それはどこから来ているのか。

私は、あの日、地下鉄に乗った時、いつものように移動時間を有効に使おうと、座るやいなや手帳を開いて今日の予定を確認した。そこには、いつものように出席すべき会議が列挙されていた。その確認作業が終われば、コンピュータを開いて、来ているメールを確かめるつもりであった。返事を求めるメールがたくさん来ているはずだ。そして、一本でも出せば、義務は減る。私は忙《いそが》しい、私の時間は埋《う》め尽《つ》くされている。そんな時、聞こえてきたのだった、あの言葉が――。

「たしかに……」

人間にとって、時間は自由にならない。時間は誰《だれ》に対しても平等に過ぎていく。

だからこそ、時間を無駄《むだ》にせず、有効に使わなくてはならない。私が電車での移動時間に手帳を開いたのも、コンピュータを開こうとしていたのも、そのためである。しかし、その時、隣に熱中がいたのである。その小さな熱中は流れゆく時間も存在している空間もなく、ただただ熱中していた。時間は誰に対しても平等に過ぎてはいなかったのである。

私は、その小学生に羨ましさを感じてしまった。その羨ましさとはどこに向かったものだったのか。小学生がふんだんに持っている時間に対してか、それとも、あの熱中の仕方にか。

答えは分かっている。しかも、その気持ちが、あの電車で半ズボン姿の小学生の隣に座った時から始まっていたことも分かっているのである。

【佐藤雅彦《さとうまさひこ》「たしかに……」（『考えの整頓　ベンチの足』〈暮《くら》しの手帖社《てちょうしゃ》〉所収）による】

注1　有楽町線＝埼玉県和光市《わこうし》から東京都江東区《こうとうく》までを結ぶ地下鉄の路線

注2　ハードカバー＝表紙のかたい、重くて厚い本のこと

注3　叙述＝順をおって書き記されたものごと

注4　紐解かない＝本を開いて読んだり調べたりしない

注5　享受＝味わい楽しむこと、受け入れて自分のものとすること

1　――線①「座るには勇気のいる車両になっていた」とありますが、これはなぜですか。その説明としてふさわしいものを次の中から一つ選び、記号で書きなさい。

ア　混み合う時間帯の車内で、無理やり座るような行為はつつしむべきと考えたから

イ　寒い時期でもあり、立っていた方が体を温めることができると考えたから

ウ　立っていた方が、目の先の小学生を観察するのに都合がよかったから

エ　両隣《りょうどなり》に座る乗客の間に図太く体を割りこませねばならなかったから

オ　健康な自分が座るよりも、他の人に席をゆずった方がいいと思ったから

2　[②] にあてはまる言葉としてふさわしいものを次の中から一つ選び、記号で書きなさい。

ア　お店を広げている　　イ　大やけどをしている

ウ　おざなりにしている　　エ　おしつおされつである

オ　大きな顔をしている

3　――線③「私は、その子の前に立った。」とありますが、筆者は何をするために、「その子の前に立った」のですか。その理由を次の（　）

にあてはまるかたちにして、四十字以内で書きなさい。

荷物を隣の席に投げ出すような、（　　　　　　　　　　）ため

4　――線④「おつりが来るほどだったのである」とありますが、筆者がそう感じているのはなぜですか、その理由としてふさわしいものを次の中から一つ選び、記号で書きなさい。

ア　スマートフォンに夢中になる人ばかりの昨今、本の世界に没頭《ぼっとう》できるような子どもだったから

イ　周りのことに気をしっかりと配り、その場にふさわしい態度をとることができるような子どもだったから

ウ　探偵もののような娯楽作品《ごらくさくひん》を読むのではなく、児童文学の名作を読破しようとするような子どもだったから

エ　何か邪魔《じゃま》が入っても気持ちが途切れることなく、すぐに集中力を取《と》り戻《もど》せるような子どもだったから

オ　自分のしてしまった失敗の分をしっかり取り返そうと、真面目に行動するような子どもだったから

5　――線⑤「相変わらずその半ズボンは本をにらめつけるように読んでいる」とありますが、ここでの「半ズボン」と同じような使い方をしている言葉が文章中に見られます。その言葉を次の中から一つ選び、記号で書きなさい。

ア　緊迫　　　イ　拾い読み　　　ウ　安直

エ　ドリトル先生　　　オ　熱中

6　――線⑥「私は、吹き出しそうになった。」とありますが、それはなぜですか。その理由としてふさわしいものを次の中から一つ選び、記号で書きなさい。

ア　突然ページを逆に戻りながらめくる様子がおもしろかったから

イ　こんな小さな子にわかることとなんてたいしたことであるわけがないと思ったから

ウ　小さな小学生が使いこなしそうもない言葉を発したから

エ　子どもが何に驚いているのかは想像することしかできなかったから

オ　最近の子にしては珍《めずら》しく、通学中真剣《しんけん》に本を読む姿に感心してしまったから

7　――線⑦「自分の中に、ある感情が横たわっていたことに気付いてしまった」とありますが、それはどのような感情ですか。その説明としてふさわしいものを次の中から一つ選び、記号で書きなさい。

ア　本を一から読んでいるわけではないのに、答えだけを求めようとする大人のずるさが染み込んでしまっていることへのうしろめたさ

イ　時間も周りのことも気にせず、本の世界に夢中になれるような感覚を自分は取り戻すことができないかもしれないというさびしさ

ウ　義務を減らすことに追われ、一日のほとんどを忙しく過ごして、何かをすることばかり考えてしまっている自分へのむなしさ

エ　知りたいことを最後まで探求することができず、早々にあきらめてしまいがちになっている自分へのいらだち

オ　知りたくてもなかなか真相にたどり着くことのできないもどかしさと、答えが見つかりそうもないことへのあきらめ

五　次の文章を読み、後の問いに答えなさい。

1　僕《ぼく》らはときに、「思ってたんと違《ちが》う」と感じる現象に出くわすことがある。脳みそのいたずらというやつだ。(注1)錯視《さくし》はそのひとつ。目に映ったものを脳が処理する際に、現実をゆがめて理解してしまう。これは、生物としてはそれなりに意味があるもの。たとえば下の図。同じ図を上下反転して貼《は》り付《つ》けただけなんだけど、①左側は出っ張っているように、右側はくぼんでいるように見えるだろう。

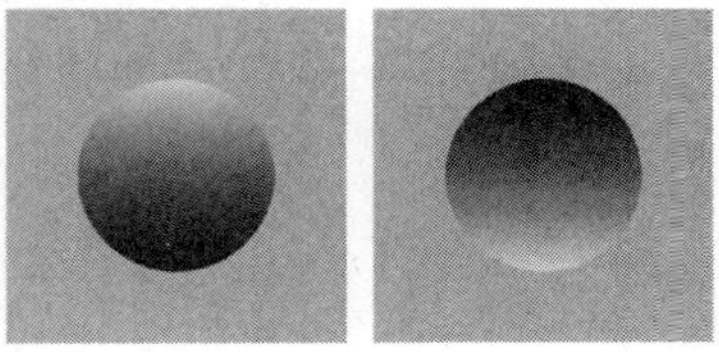

2　人間の脳がこう解釈《かいしゃく》するのには理由があって、自然環境《しぜんかんきょう》ではふつう、光は上から差してくる。すると、光のあたり方と影《かげ》のでき方を脳で処理することで、その物体が出っ張っているのか、くぼんでいるのかを推定することが可能になる。そのような三次元構造を推定できれば、物体までの距離《きょり》の把握《はあく》なども可能になり、なにかと人間の役に立つ。これが、脳がこのようなおせっかいな解釈をする理由である。

3　脳みそのおせっかいな解釈は、たいていの場合、僕ら人間の役に立つようにできている。もし人間にとって(注2)デメリットの多い解釈ならば、それは進化の過程で(注3)淘汰《とうた》されて消えているはずだから。しかし脳のはたらきはいつでも万能《ばんのう》というわけではない。メリットとデメリットの両方があり、前者が後者を上回っているというだけのこと。デメリットが存在することもまた事実なのだ。

4　たとえば僕ら人間は、②なんでも擬人化《ぎじんか》してしまう傾向《けいこう》を持っている。たとえば自動車。街を走っているすべての車に、何らかの顔があるように思えてしまう。単に顔があるというだけではない。かっこいい・いかつい・かわいい・おもしろいみたいに、その車を擬人化して、人間が持つ属性を付与《ふよ》してしまうのである。そして車のデザイナーも、人間が車を「顔」と見なすことを理解したうえで、与《あた》えてやりたいキャラクターを設定しているのである。

5　ちなみに、自動車は「二つ目」なので擬人化がたやすいが、バイクは「一つ目」のことが多いので、顔を感じてしまうことは少ないように思われる。なぜ人間は、［　③　］。原始時代、相手が獲物《えもの》であるシカだとしたら、草むらのなかでシカの顔を認識《にんしき》することは、原始人にとってメリットがあるはずだ。逆に、相手が僕らを捕食《ほしょく》しようとしているトラだったら、密林のなかで相手に気づくことで命が助かることもあっただろう。野生動物だけじゃなく、抗争《こうそう》している隣《となり》の部族の戦士だったら？　やはり相手の顔を認識することは重要だ。さらには、相手の表情を読み取ることも大事になる。こちらを威嚇《いかく》しているのか、それとも好意を示しているのか。それを的確に推定できるのは、人間にとってプラスになる。

6　そんなわけで、人間は顔にすごく敏感《びんかん》だ。顔を敏感に意識するという人間の性質にはメリットが多いが、その副作用として、顔じゃないものを顔と思ってしまう。これを疑陽性という。目で見たものに脳みそがだまされているというわけだ。

7　自然物が人間的な人格を持つように感じてしまうのも疑陽性の一種といえるだろう。たとえば、動物の擬人化は、古くは(注4)鳥獣戯画《ちょうじゅうぎが》の時代から存在する。さらには、特に日本人は、自然物である岩とか樹木とか、山とか川とかを人格があるものと見なし、彼《かれ》らのご機嫌《きげん》を取るための儀式《ぎしき》を行なってきた。

8 これこそが宗教の原形であるアニミズム(注5)だ。災害が発生すると神さまが怒《おこ》ったのではないかと考え、なだめるために儀式を執《と》り行《おこな》ったりする。このように、④超自然《ちょうしぜん》の存在を介《かい》した因果関係を想像してしまうのも人間の特徴《とくちょう》である。

9 本来、自然災害の発生に対して人間は無力なのだが、なんらかのはたらきかけでそれを回避《かいひ》できると思ってしまうのだ。それには、人間とコミュニケーション可能な人格的存在が自然災害をもたらしているという前提が必要になる。これもやはり自然の擬人化という疑陽性の一例だと思う。

10 ちなみに、現象になんらかの因果性を求めてしまうのは、別に人間だけにかぎらない。たとえばハトも、宗教っぽいものをかたちづくってしまったという研究例があるそうだ。

11 ハトが入った鳥カゴにボタンを設置し、電子回路を接続する。ボタンが押《お》されたとき、(注6)ランダムに一定の確率でエサが出てくるように設定する。ハトがボタンを押したとき、あるときはエサが出てきて、あるときは出てこない。実際のところエサが出てくる確率は完全ランダムであり、ハトが操作できるものではないのだが、ハトは自分の行動と何らかの因果を持っていると思うらしい。ボタンを押す際に、羽をバタバタさせるなどの「儀式」を執り行うようになったとのことだ。

12 たまたま羽をバタバタさせたときにエサが出てきたことがあった。その後試《ため》しにやってみたら、偶然《ぐうぜん》またエサが出てきた。そんなことが2～3回続くだけで、ハトは何らかの法則性を見いだしてしまうらしい。でも実際は、ハトの羽ばたきには何の意味もない。しかし哀《あわ》れなハトは、何度か羽ばたきながら押してもエサが出てこないときは、羽ばたきが足りないとばかりに、いっそう強く羽ばたいてみせるらしいのである。

13 これは笑い話ではない。実際には存在しない因果(注7)に翻弄《ほんろう》される人間が多いのも事実である。「神さまにお願いしたら願いがかなう」という因果関係を信じて、神社に参拝する人は多い。しかし当然、願いがかなわないこともある。そんなとき、自分の信仰《しんこう》が足りなかったのではないかとばかりに、なお一層熱烈《ねつれつ》に祈《いの》り、またお布施《ふせ》を増額したりする。それはもしかしたら、ハトと同じ行動をとっているのかもしれない。日本各地に残るお百度参り(注8)などの風習は、それを如実《にょじつ》(注9)に表しているように思えてしまう。

14 僕は宗教を批判しているわけでなく、宗教心を否定しているわけでもない。ただ、おせっかいな脳みそは宗教を生んでしまうということを伝えたいだけである。ちなみに高名な生物学者のドーキンス(注10)は「宗教は間違《まちが》いであり、有害である」と宣言してはばからないが、⑤僕のスタンスはちょっと違う。たとえ神さまがいないとしても、人間は神さま的な何かを信じるようにできちゃっているので、宗教にはそれなりに価値があると思っている。だから僕は京都じゅうの仏像拝観にせっせと出かけている、ちょっと風がわりな科学者なのである。

15 人間の脳がもたらす疑陽性。ときには人間を助け、ときにはその副作用が人間を翻弄する。これもまた生命現象なのだ。

（伊勢武史《いせたけし》『生態学者の目のツケドコロ』〈ベレ出版〉による）

注1　錯視＝見まちがい、実際とは異なったように見えること
注2　デメリット＝損失になる点、これに対してメリットはデメリットの

対義語で得になる点

注3　淘汰＝不必要なものや勢力の弱いものがなくなること

注4　鳥獣戯画＝ウサギやカエルやサルを人に見立ててかかれた平安時代から鎌倉《かまくら》時代《じだい》の初めのころの絵巻物

注5　アニミズム＝人間以外のものにも魂《たましい》が宿ると考える信仰

注6　ランダム＝不規則、でたらめなこと

注7　翻弄＝思いのままに相手をふりまわすこと

注8　お百度参り＝神仏に願い事をかなえてもらうために、百回お参りをして祈ること

注9　如実に＝実際のそのもののように

注10　スタンス＝立場

1　――線①「左側は出っ張っているように、右側はくぼんでいるように見える」とありますが、これはなぜだと説明されていますか。ふさわしいものを次の中から一つ選び、記号で書きなさい。

ア　人間は三次元の世界で生きているので、円をすべて球として認識するように脳みそがいたずらをするから

イ　人間の脳は、白くなっている部分にふくらみを感じ、黒っぽい部分にくぼみを感じるようにできているから

ウ　光が当たっている部分は白く表現されるので、右側の図は球体に下から光が当たっているように見えるから

エ　左側の図は出っ張っていて、右側の図はくぼんでいると正しく解釈することが人間の役に立つはずだから

オ　光が上から差すという前提で、色の明暗から凹凸《おうとつ》を推定して、脳が図を立体として読み取ろうとするから

2　――線②「なんでも擬人化してしまう傾向」とありますが、この傾向はどのような脳のはたらきによるものですか。1～10段落の中から十二字で探し、初めの五字を書きぬきなさい。

3　［③］に入る文としてふさわしいものを次の中から一つ選び、記号で書きなさい。

ア　「一つ目」のバイクに顔を感じることが少ないんだろうか

イ　「二つ目」の存在を顔と見なしてしまうんだろうか

ウ　「二つ目」の車と「一つ目」のバイクでは、擬人化に差があるんだろうか

エ　「二つ目」の車を擬人化するメリットはどこにあるんだろうか

オ　「二つ目」の顔のものに人格を持たせて、擬人化したんだろうか

4　――線④「超自然の存在を介した因果関係」とは、どのようなことを指していますか。ふさわしいものを次の中から一つ選び、記号で書きなさい。

ア　神さまによって、自然が破壊《はかい》され、そのことによって人間が被害《ひがい》を受けること

イ　疑陽性によって人格を与えられた自然の起こす災害が、神さまによってしずめられること

ウ　人格を見いだされた何かの力によって、災害が引き起こされたりしずめられたりすること

エ　山や川が神さまによって、人間的な性格を与えられて、怒ったり、なだめられたりすること

オ　自然を超えた人間が、神さまに祈ることによって災害をコントロールしようとすること

5　[11]段落のハトの話は、どのような意味を持っていますか。ふさわしいものを次の中から一つ選び、記号で書きなさい。

ア　ハトが身の回りの自然に対して、人格化した神を想定しているということを示す意味

イ　ハトも偶然に起こる二つのことに関係性を見いだし、実際には意味のない行為《こうい》をすることを示す意味

ウ　ハトはエサを食べたい一心で、羽を大きくはばたかせる生態を偶然持つことがあるということを示す意味

エ　ハトも人間と同じく、神さまの存在を信じて儀式を行うことで、エサをもらえると思っていることを示す意味

オ　ハトは他の生物とは違い、人と同じように偶然起こることに関係性を見いだせる生物だということを示す意味

6　――線⑤「僕のスタンスはちょっと違う」とありますが、「僕のスタンス」はどのようなものですか。次の（　　）にあてはまるかたちにして、四十字以内で書きなさい。その際、**「脳」「役に立つ」ということばを必ず用いること。**

（　　　　　　）というスタンス

7　この文章全体に題名をつけるとすると、どのようなものがふさわしいといえますか。次の中から一つ選び、記号で書きなさい。

ア　人間は顔をどうやって認識するのか

イ　ハトはなぜ大きくはばたくのか

ウ　人間はなぜ神さまを信じるのか

エ　脳のゆがんだ解釈はなぜ起こるのか

オ　人間にとっていかに宗教は害悪か

恵泉女学園中学校（第二回）

—45分—

注意　字数制限のある場合は、句読点や記号も字数に数えます。

一　虹色《にいろ》はネイルが好きな小学六年生の男の子です。家でネイルをしていたら、近所に住む幼なじみの咲姫《さき》が突然《とつぜん》やって来ました。

次の文章を読んで、後の問いに答えなさい。（本文には、一部改めたところがあります。）

咲姫はおれの指をじっと見つめて言った。

「ねえ……わたしのつめにも塗《ぬ》ってくれないかな？」

「えっ、咲姫のつめに？　な、なんで？」

「わたし、ネイル塗ったことないから。虹色の、ネイルの練習台になってあげるよ」

うそだろ？　どうして急に？

(1)よりによってネイルなんて……いいのかよ。

思わず咲姫の右手に視線が向いてしまう。

とまどったのは、咲姫にネイルを塗るのが恥《は》ずかしいからとか、おれがまだヘタだからとか、それだけが理由じゃない。

咲姫は、右手の中指と薬指だけがすごく短くて、人差し指の半分くらいしかない。その二本はつめもなくて、先が細く丸まっている。

ネイルなんて、わざわざ指が目立つようなことしなくてもいいんじゃないかな？

いっしゅん、そんなことを考えてしまった自分にモヤモヤする。

咲姫はそんなことを気にするようなヤツじゃないって、知っていたはずなのに……。

初めて咲姫の指を見たときのことを、おれはほとんど覚えていない。

咲姫の指が短いのは、生まれつき手や足の形が多くの人とはちがう「先天性四肢《しし》障がい」の症状《しょうじょう》の一つだということ。

そして、咲姫のように手の指が短い人もいれば、指の数が多かったり、足に症状がある人もいたり、様々なのだと母さんが教えてくれたことがある。でも、それもいつ教えてもらったのか、記憶《きおく》があいまいだ。それくらい、咲姫とは小さいころからいっしょだったんだ。

覚えているのは、小学校に入学して咲姫と同じクラスになったときのこと。

別の幼稚園《ようちえん》から来た男子たちが、「あの子、指がないよ」と咲姫をじろじろ見ていた。おれはビシッと文句を言ってやろうと思って立ちあがった。

だけど「うるさいよ……」って小さい声でつぶやくのが精いっぱいだった。そんなダメダメなおれとは対照的に、咲姫はその男子たちの前に(2)仁王立《におうだ》ちになり、きっぱりと言った。

「この指、生まれつきなの」

それ以来、そいつらもクラスのだれも、咲姫の指のことに触《ふ》れなくなった。

おれはそのあと、三年生と五、六年生で咲姫と同じクラスになったけど、それは変わらなかった。

そしていつの間にか咲姫は、みんなに「姫《ひめ》」って呼ばれるようになっていた。毛先がくるっとしている茶色い髪《かみ》や、まつ毛の長い大きな目のせいもあると思うけど、きっと強気で、堂々としているからだ。

それに咲姫はなんでもできる。鉄棒も、二重跳《と》びも、習字も、調理実習で包丁を使うときも、みんなより上手にできた。二本の指が短いことなんてみんなが忘れてしまうくらいに。リコーダーだけは、穴の位置を変えられるように改造されたものを使っているけど、すごくうまい。勉強だって、学年で一番頭がいいってうわさだ。

「咲姫、受験勉強で忙《いそが》しいんじゃないの？」

おれは地元の公立中学に進む。でも咲姫は私立の中学校を受験するらしく、四年生から塾《じゅく》に通っていて時間がないはずだ。

「うん、今日はいいの」

咲姫はあっさり言うと、「あがっていい？」と聞いてきて、おれが返事もしないうちにさっさと靴《くつ》を脱《ぬ》いだ。

やっぱり今日の咲姫は、なんだかヘンだ。

「ちょ、ちょっと待ってよ」

今、部屋に入られたら、おれのネイル瓶《びん》や、さっき作った雪だるまのネイルチップを見られてしまう。

でも咲姫はすばやく階段をあがり、おれの部屋に入ってしまった。

ああ、もう隠《かく》せない。

あわてているおれにはおかまいなしに、咲姫は雪だるまのネイルチップを指さした。

「わあ、これもしかして虹色が作ったの？」

「うん……」

「すごーい！　こんな小さいところに雪だるまを描《か》けるなんて」

咲姫は大きな目をさらに丸くしている。


「わたしのつめにも描ける？」

「うーん、それは大人用のジェルネイルを使わないとダメなんだ。咲姫に塗るのは、つめに優《やさ》しい子ども向けのネイルにしておくよ。すぐ乾《かわ》くし、石けんで落とせるし」

咲姫はうなずくと、おれをのぞきこむように見つめた。

「虹色がネイルが好きなんて、全然知らなかった」

「……だれにも言わないでよ」
(3)おれはため息をつくと、ネイルの瓶を机の上に八つ並べた。
「どの色にする？」

「えー、かわいい色ばっかりで、選ぶの難しいなあ」

(あんまり派手な色じゃない方がいいのかも)

なんてまた余計なことを考えていると、咲姫がパチンと手をたたいた。

「よし、決めた！　全色塗る！」

「えっ、全部？　派手になるよ」

「これ、石けんですぐ落とせるんでしょ？　せっかく虹色に塗ってもらうんだから、今日くらい派手にしたっていいじゃん」

咲姫は目を輝《かがや》かせる。

「わ、わかったよ」


(中略)


そのあと、パステルピンク、フレッシュグリーン、うすい紫色《むらさきいろ》を塗ると、左手の指のネイルが完成した。

咲姫は指を広げると、目を近づけてじっと見つめた。

「きれいだね……。虹色、ありがとう！」

咲姫に素直《すなお》に言われると、なんだかおしりがもぞもぞする。

「もう、つかれたよ」

「はい、右手もがんばって塗ってね」

くたくたになっているおれにはおかまいなしに、咲姫は右手をタオルの上に置いた。

今までじっくりと見ることなんてなかった咲姫の右手の指。

たしかに中指と薬指は短いし、つめもないけど、だからなんなんだという気分になってくる。

これが、咲姫の指だ。

会話が途切《とぎ》れて、咲姫はしばらく窓の外をながめていた。

そして、急にぼそっとつぶやいた。

「ほんとは今日……塾の模試の日だったんだ」

とつぜんの告白に、おれの方がビビった。

「えっ、ヤバイじゃん」

「いいの。サボるって決めたから」

「ど、どうしたんだよ。やっぱり受験やめるわけ？」

「なんだか、自信がなくなっちゃって……」

おれはそれ以上のことを聞いていいのかわからず、ひたすらネイルの筆を動かした。

右手の人差し指のつめがオレンジ色にそまると、咲姫が口を開いた。

「大丈夫《だいじょうぶ》かな……わたし」

思わず手が止まる。

「今まで、幼稚園からずっといっしょの友だちが多かったから、指のことを聞かれることはほとんどなくなったけど、でかけたときにじろじろ
X
見られたりするんだよね。あからさまに『あの人、指がへん』って言われることもあるし」

おれはうなずくことしかできないまま、また筆を動かし始めた。

「中学校に受かったら、初めて会う子ばかりになるんだって思ったら、なんだか気が重くなってさ……。わたし、ちゃんとやっていけんのかなって」

いつも強気な咲姫が、こんなことを言いだすなんて……。

そういえば、いつか、母さんが言ってたことがある。

「ネイルをしていると、お客さんがふだんは言えないようなことを話してくれることがあるんだよね」って。

そういえば、最近、咲姫と二人だけでこんなにゆっくり話す時間なんてなかったもんな。でも、まさか咲姫が不安になっているなんて想像もしてなかった。

なんだかいつもと様子が違《ちが》うと思っていたけど、もしかしたらこのことを言いたかったのかもしれない。

けっきょくなにも声をかけることができないまま、(4)金色のグリッターが入ったネイル……そう、おれの指に塗ったのと同じネイルを、咲姫の右手の親指のつめに塗り始めた。

そして、なぐさめの言葉を全力で考える。

えーっと「咲姫らしくないじゃん」「咲姫なら大丈夫だよ」とか？

うっ……おれが咲姫にそんなこと言う？　それこそおれたちらしくなくて気もちわるい。

そもそも、咲姫ならちゃんとやっていけるに決まってる。

それに……。

「もしなにかできないことがあっても別にいいんだって、それを教えて

くれたのは咲姫だろ」

「えっ」

おれの言葉に、うつむいていた咲姫が顔をあげた。

「咲姫、運動会のときのこと覚えてる？」

運動会では、六年生はクラス対抗《たいこう》全員リレーをするのが恒例《こうれい》になっていた。

体育の時間に何度か練習をしたけど、三クラス中、うちのクラスはいつもビリだった。

足が遅《おそ》い米谷くんと、咲姫と仲がよくてぽっちゃりしている岡本さんにバトンが回ると、それまで勝っていても、いつも大きく引きはなされてしまう。順番を変えてもうまくいかなかった。

ある日の練習のあと、足の速い男子たちに「岡本、米谷、もっと本気で走れよ。勝てねーだろっ！」って言われて、岡本さんが泣いた。米谷くんもうつむいていた。

かばいたくても、おれも足が遅いからなにも言えないのが情けなかった。でも咲姫は岡本さんといっしょに帰り、翌朝、担任の先生に提案した。

「各クラスで何人か、長い距離《きょり》を走る子と短い距離で走る子を決めて、他のみんなは今までと同じ距離で走るのはどうでしょうか。タイムで決めるんじゃなくて、みんなで作戦会議をするんです。作戦次第《しだい》で、結果が変わってくるのがおもしろいと思います」

てっきり岡本さんをなぐさめて、少しでも速く走れるように励《はげ》ましたのかと思っていたから、［A］。

たとえ足が遅くても、みんなと同じ距離を走らなきゃいけない、迷惑《めいわく》をかけちゃいけない……おれはずっとそう思いこんでいたから。

きっとみんなは反対するんだろうなって思っていたら、岡本さんをせめていた男子たちが「それいいじゃん！」と言って、岡本さんや米谷くんや、足の遅い子たちもうなずきだした。

あれ？　これってアリ……なんだ。

休み時間になると、岡本さんが笑顔《えがお》で「姫、ありがとう」って咲姫に言っているのが見えた。

あっという間に咲姫のアイデアは学年全体で採用され、クラスの練習は前より盛りあがった。

ある日の下校中、咲姫に言った。

「よくあんなこと思いついたね」

「勉強だったら、親が見ている前でいっせいにテストを解いたり、点数を発表されたりしないし、クラスで対抗して競《きそ》ったりしないよね。なんでかけっこやリレーだけ全員がそんなことしなきゃいけないんだろって疑問に思っただけ」

「岡本さんも米谷くんも、テストの点ならいつもぶっちぎりだもんな」

おれが言うと、咲姫は強くうなずいた。

「みんな同じことができなくたっていいよね。できないんじゃなくて、得意なこととか好きなことが違うだけなのに……」

咲姫のその言葉を聞いて、おれは勉強や運動が苦手でも、ネイルが趣《しゅ》味《み》でも、みんなと違っていても、別にいいのかもしれない……って少しだけ自信がわいてきた。そして、ますますネイルが好きになったんだ。

おれの話を聞いて、「そうだったの？」って咲姫が目を丸くした。

「そうだよ。だから……咲姫は今までどおりで大丈夫ってこと」

おれにしてはめずらしく、強く言いきった。

まあ、咲姫じゃなくて、咲姫のつめを見ているから言えたんだけど。

「よし、できたよ」

おれが親指のつめを塗り終わると、咲姫はパッと両手の指を広げた。

「わあ……」

レモンイエロー、空色、パステルピンク、フレッシュグリーン、うすい紫、トマトレッド、オレンジ、そして金色。あざやかな八つの色が、咲姫の指先でぴかぴかに光る。

「なんだか、いろんな花が咲《さ》いたみたい」

「おれにはチョコにしか見えないけど」

「え？　チョコ？」

咲姫はくすっと笑うと、「すご～い」と言いながら、指を右からながめたり、左からながめたり、窓から入る光にかざしたりした。

「わたしの指、こんなにきれいだったんだね」

恥ずかしくて、うなずくかわりに軽くあごをひいた。

「ほんとはずっとネイルをやってみたかったんだ。でも勇気がでなくてさ」

咲姫はじっと指を見つめながら、声をしぼりだすように言った。

「今まで、『指がない』って言われると、違うのになっていつも思ってた。わたしには、親指も、人差し指も、小指も、短いけど中指も薬指もあるのに、なんでみんな『ない方』にばかり目を向けるんだろうって。なのに、いつの間にか自分が気にしちゃってたんだね」

今度はしっかりとうなずく。

「虹色にネイル塗ってもらって、話をしていたら……そのこと思いだしたよ」

咲姫は、さっぱりした顔でおれを見た。

「あのさ、別の中学に行っても、ネイルしたくなったら……またうちに来ればいいじゃん」

こう言うのが精いっぱいだった。それでも咲姫は目をキラッと輝かせた。

「いいの？　じゃあ、楽しみにしてる」

そんな咲姫を見ていると、ネイルチップが完成したときとは違う感情がわきあがってきた。

咲姫とは、小さいころからいつもいっしょだったけど、こんなに喜ばれることをしたのって、きっと初めてだ。

だれにも知られちゃいけない趣味だと思っていた。

ネイルチップができればそれで満足、って言い聞かせていた。

でも、ネイルを塗ってあげた人が少しでも元気になってくれるのって、うれしいことかもしれない。

それを男子がやったって……いいのかもしれない。

咲姫は中学に行ったら、もうおれんちなんて来ないかもしれないけど、それでもいい。

もし、落ちこむようなことがこれからあったとしても。

次は指先にどんな色を塗ろう？

それを想像するだけでも、きっと少しは明るい気もちになれるはずだ。
(5)咲姫も……そしておれも。

【高田由紀子「姫のゆびさき」
（『君色パレット　多様性をみつめるショートストーリー　いつも側にいるあの人』〈岩崎書店〉所収）】

問一 (1)よりによってネイルなんて……いいのかよ　とありますが、このように思ったのはなぜですか。三〇字以内で説明しなさい。

問二 (2)仁王立ちになり　とありますが、ここには咲姫のどのような性格が表れていますか。「～性格」の形に合うように本文中から一〇字程度で抜《ぬ》き出しなさい。

問三 (3)おれはため息をつくと　とありますが、ここから読み取れる虹色の気持ちとしてふさわしいものを次のア～オの中から二つ選び、記号で答えなさい。

ア　自分はネイルに興味があることを、せめて咲姫には言っておけばよかったという後悔《こうかい》。

イ　急に咲姫のつめにネイルを塗ることになり、貴重な時間が取られることへの不満。

ウ　ネイルが好きなことを幼なじみに知られ、他の人にも広まってしまうことへの不安。

エ　ネイルを自分だけの趣味として独り占《じ》めできなくなってしまったことへの落胆《らくたん》。

オ　咲姫のペースに巻き込《こ》まれて困りつつも、ネイルを塗るより仕方ないというあきらめ。

問四 X［　］における「おれ」の心情の変化の説明として最もふさわしいものを次のア～エの中から選び、記号で答えなさい。

ア　模試をサボったという咲姫の言葉に、はじめは動揺《どうよう》し、ふだんとは違う自信のない咲姫の内面を知ることに遠慮《えんりょ》する気持ちもあった。だが、指のことで悩《なや》んでいるのだとわかり、意外に感じながらも受け止めようとしている。

イ　咲姫が模試をサボったと聞いて、自分が共犯者になった気がして少しこわくなってしまった。しかし、咲姫が受験をためらっていると知り、受験についてよく知らない自分がこれ以上相談にのるのは無理なので、ただただ深く同情した。

ウ　咲姫が模試をサボるなんて意外だったので、うろたえてしまった。だが、咲姫の悩みは受験そのものよりも新しい環境《かんきょう》での周囲からの視線についてだったので安心し、咲姫を励《はげ》ましながら、一緒《いっしょ》に乗り越《こ》えようと思った。

エ　模試をサボったという咲姫の言葉も意外だった。しかし、指のことで傷ついたり、知らない人たちの中に入っていくことを不安がったりする咲姫の姿は、さらに想像の域を超《こ》えた驚《おどろ》きであり、その驚きは次第に悲しみに変わっていった。

問五 (4)金色のグリッターが入ったネイル……そう、おれの指に塗ったのと同じネイルを、咲姫の右手の親指のつめに塗り始めた　とありますが、このときの虹色の気持ちを説明しなさい。

問六 ［A］にあてはまる言葉として最もふさわしいものを次のア～エの中から選び、記号で答えなさい。

ア　むっとした　　イ　びっくりした
ウ　ほっとした　　エ　がっくりした

問七 (5)咲姫も……そしておれも　とありますが、ここから読み取れる虹色の思いを説明しなさい。

二　次の文章を読んで、後の問いに答えなさい。(本文には、一部改めたところがあります。)

死なせるとか、ころすとか、まことに穏《おだ》やかならぬことを、これはまた至極《しごく》おだやかな調子でいっているので、なんのことなのかときき耳を［Ⅰ］たら、壁土《かべつち》づくりの話をしているのだった。死なすの殺すのとは、腐《くさ》らせることなのである。念入りな建物には、壁もまた念入りになるが、そういう時、壁の材料である土は、二年も三年もかけて、いちど十分に腐らせてから使う。その腐らせることを、話していたのである。

職人さんたちは、よく、たいへん的確なもののいいかたをする。［Ａ］その職らしい、たくみな言葉をつかう。死なす、ころす、はどの職の人もよく使う言葉だが、この激しい言葉がいわれるときには、その状況《じょうきょう》や感情が、実に目に見るようにわかることが多い。しかし［Ｂ］、土をころすとは、どういうことなのかとおもった。ものを腐《ふ》熟《じゅく》させることは、寝《ね》かす、寝かせるなどという、やさしい言葉も使うのだから、それを殺すと荒々《あらあら》しくいうのには、それ相当のなにかがあるのだろうと察した。するとその私の気持を見抜《ぬ》いたように、なにしろ土は生きているのだから、殺さなければ思うようには使えない。それに土は性根《しょうね》の強いものだから、死なすには相当ほねを折らなければならないのだ、という。［Ｃ］、ただ使っている言葉ではなくて、激しいいいかたに釣合《つりあ》うだけのものが、あるらしく察しられた。

土を死なすには、用量の土に、適当な水を加えて、捏《こ》ねる。土はやわらかくなる。それを縁高《ふちだか》、中くぼみに形づける。窪《くぼ》みの中に水をたたえる、縁高だから、水が外へ流れだしてしまうことはない。そのまま放置しておく。四季がめぐる。春の蒸《む》すような暖気、つゆの長雨、夏のひでり、秋の冷え、厳冬の凍上《とうじょう》と、土はいためつけられて、だんだんと腐っていく。しかも、より万遍《まんべん》なく腐らせるために、この間に何度も捏ねなおされる。人の足で、踏《ふ》みこねるのだという。つい思わず、その作業を想像しておかしくなった。子供のどろんこ遊びとおなじで、なんと汚《きた》ならしく、そして滑稽《こっけい》である。

(中略)

そういう作業をくり返すのが、つまり、生きている土をころす、ことなのである。では、土が生きている、とはどういうことなのか。土が、本来持っている自分の性質を持ち続けているかぎりは、生きている土なのだという。それなら、土本来の性質とはなにか、といえばそれは、固まる、ということなのだ。時や場合によっては、固まるというその本来の性質が、本来のままで非常に役にたつ。しかし、念入りな壁をつくろうとする際の壁土としては、土本来の性質のままに固まられたのでは、いい壁にはならない。勝手に固まるから、壁にぬり上げたあと、干《ひ》割れ、ひびわれが入ってしまうからである。だからどうしても、性来の固まる性質を一度くさらせ、殺して、いわば癖《くせ》抜きをするのである。癖をぬかれて、仕上がった土は、さらさらしているし、色も曝《さら》されて淡《あわ》くなっている、という。そうなってはじめて、壁土として役にたつのだが、実際に壁に塗《ぬ》る段になれば、そこで苆《すさ》と呼ばれるつなぎを入れることになる。固まる癖をぬかれた土なのだから、つなぎをまぜるのである。

こうきいてくると、(1)死なす殺すという激しい言葉が、無理ないものだということがよくわかる。本来の性質をもった土を、生きている土と考える考え方もおもしろいし、本来の性質を抜いてしまう操作を、ころす死なす、という言葉で表現するのもおもしろい。そのものの形態も、そのもの本来の性質も、ともに消し去ってしまうのが死というものだが、この場合は、本来の固まるという性質だけを消して、土そのものの形は残る。しかし、本来の性質をもっている土を、生きている土と考えるのだから、その性質を消そうとする時、それはまさに、死なす、というほかないのである。こちらの意志や力を敢《あ》えて加えて、死なせるのである。その死なす、殺すという言葉は、みごとにぴたりと、事柄《ことがら》にあてはまっているのだった。

　生きている土という考え方、そしてそれを死なすといういいかた――職の人が、その職のことを話すとき、言葉と事柄にズレがないのが心にしみた。そしてもう一つ、心にしみたのは、鼻ももげそうだという悪臭《あくしゅう》のことである。その話のときつい、くさいものを捏ねる人の姿を想像して、子供の遊びのような、と私は口をすべらせたのだが「とんでもない、けぶりにもおかしいなんてものじゃない」と真顔ではねかえしてきた、それほどのその悪臭のことである。ものがいのちをおえれば、たいがいは臭気をはなつ。それが自然の仕組、筋道である。土といえども、その筋道はおなじといえる。死なされて、悪臭を放つのは当りまえだ。だが、思えば死なされたのは、土のからだ――からだといえるかどうか心許《こころもと》ないが、とにかく土の形そのもの――ではなくて、持っている性質なのである。生れつきの性質というか、自我《じが》の強いままにある性質というか、それが殺されたのである。死なされたのは、気ままに固まりたがる、本来の性質だった。だから、鼻のもげそうな悪臭は、あるがままの、勝手気ままなその性質がころされようとする時、抵抗《ていこう》し、抵抗し続けて、うめいて、身をしぼって放った臭気だ、とそんなふうに私はおもう。

　そう思ったとき、なにかしきりに感情を去来するものがあった。そんな悪臭をあげなければ、死ぬにも死なれない持って生れた性質というもの。自分自身も踠《もが》いて苦しまなければ捨てられないもの、そしてそれは周囲の人をも(2)辟易《へきえき》させるものなのである。持って生れたのがいい性質ばかりなら、いうことはない。だが、自他をともにいためる嫌《いや》な性質を、誰《だれ》でも、多少はいわず、かならず持って生れているのである。その性質を捨てなければ、という忠告は誰でもが身におぼえがあろう。親から師から友人から、多かれ少なかれ、注意された筈《はず》である。持って生れた性質――それを思いあわせれば、ひどい悪臭を放って、最後まで人を困らせながら、ついにその性質を抜き去っていく土は、(3)私にはひとごとの話ではなく身にしみた。最初にきいたときは笑った悪臭だが、いまは心惹《ひ》かれる悪臭である。我《わ》が身にも内蔵していることがたしかな、哀《かな》しい悪臭といえるのだった。

（幸田文『季節のかたみ』〈講談社〉）

問一　[I] にあてはまる最も適切な語を次のア～エの中から選び、記号で答えなさい。

ア　よせ　　イ　かくし　　ウ　すませ　　エ　たて

問二　[A]～[C] にあてはまる語として最も適切なものをそれぞれ次のア～ウの中から選び、記号で答えなさい。ただし、同じ記号を二度使ってはいけません。

ア　それにしても　　イ　やはり　　ウ　いかにも

問三　(1)死なす殺すという激しい言葉が、無理ないものだ　とありますが、なぜそのように言えるのですか。その理由として適切なものには「A」を、そうでないものには「B」を書きなさい。

ア　職人のすべての作業が、土が固まらないようにする残酷《ざんこく》な行為《こうい》だから。

イ　土の性質を徹底的《てっていてき》に消すために、職人が何度も力を加えるから。

ウ　職人は、本来の性質を保ち続ける土を生きているものと捉《とら》えるから。

エ　土をいためつけ腐らせる作業には、職人の悪意がこもっているから。

問四　(2)辟易させる　とありますが、その意味として最も適切なものを次のア～エの中から選び、記号で答えなさい。

ア　うんざりさせる　　イ　がっかりさせる

ウ　やきもきさせる　　エ　おろおろさせる

問五　(3)私にはひとごとの話ではなく身にしみた　とありますが、ここでの筆者の気持ちを説明しなさい。

三　次の①～⑤の文のカタカナを漢字に改めなさい。

①　事実から行動をスイソクする。

②　ケットウ書付きの犬を飼う。

③　世の中のフウチョウに逆らう。

④　みすみすカンカできない事態だ。

⑤　彼《かれ》はキテンの利《き》く人だ。

光塩女子学院中等科（第二回）

—50分—

《注意事項》　記述問題の字数については、すべて句読点をふくみます。

一　次の文章を読んで、後の問いに答えなさい。

> 矢島大穴《やじまだいあな》（ダイアナ）は自分の名前が嫌《いや》で仕方がない。小学三年生になり、クラスの自己紹介《しょうかい》の時間を暗い気持ちで迎《むか》えていた。

とうとう、自己紹介《しょうかい》の順番が来た。ダイアナは［A］立ち上がった。教室中の視線がこちらに集まるのがわかる。根元が黒くなり始めてパサパサした金髪《きんぱつ》頭、くだらないアニメのTシャツ、とがった顎《あご》、やせっぽちの薄《うす》い体。自分でも嫌《いや》になるくらい鋭《するど》く大きな目に、皆《みな》が好奇《こうき》のまなざしを向けている。

「矢島ダイアナです。本を読むのが好きです」

出来るだけ小さな声で言い、すぐさま椅子《いす》に腰《こし》を下ろす。周囲と目を合わさないように膝小僧《ひざこぞう》を見つめた。皆《みな》がひそひそ話しているのがわかる。

「ダイアナだって！　あの子、外国の子？」

「違《ちが》うよ。私、二年の時一緒《いっしょ》だったけど、日本人だよ。確か、公園の近くのアパートにお母さんと二人で住んでるの」

「へえ、でも、髪《かみ》が金色だよ」

「あれ、根っこは黒いじゃん。へんなの」

「染めたのかな？　子供がそういうことしていいの？」

お調子者らしい男子が右手を耳につけてぴんと伸《の》ばした。

「ねー、ダイアナってどういう字書くの？　カタカナ？」

「……大きい穴」

①消え入るような声でつぶやくと、どっと笑いが起きた。

「はい、皆《みな》さん、静かになさい」

新しい担任の岩田敦子《いわたあつこ》先生がきっぱりとした口調でそう言うと、教室は一瞬《いっしゅん》で静まった。色白ででっぷりした四十代くらいの女の先生で、②縁《ふち》なしの眼鏡の奥《おく》に鋭《するど》い目が光る。とても怖《こわ》いけれど、一人ひとりと熱心に接してくれるから生徒に人気がある。

「質問は今じゃなくて、休み時間にしましょう。新しいお友達と仲良くなるチャンスですよ。…矢島さんは本がとっても好きなのよね」

突然《とつぜん》話しかけられ、ダイアナはおそるおそる顔を上げた。

「一年生の時も二年生の時も、図書室をたくさん利用した人に贈《おく》られる『たくさん借りましたで賞』を受賞してますね。たくさん本を読むのはとてもいいことです。みんな、矢島さんを見習って図書室をどんどん利用しましょう」

はーい、と元気のよい声が響《ひび》く。ダイアナの名前のことは忘れてしまったようで、ほっと［1］を撫《な》で下ろす。岩田先生が自分のことを知っているなんて考えてもみなかった。ダイアナは先生のことがもうすっかり好きになっていた。先生なら二年生の時の担任みたいに頭ごなしに叱《しか》りつけたり、「乱暴で育ちの悪い子」と決めつけたり、※ティアラを悪く言ったりもしないだろう。ほうれん草や魚など、給食で出る普段《ふだん》食べ慣れないものを残したって、怒《おこ》らないかもしれない。もっともっと本を借りて、先生に褒《ほ》められたい。

休み時間になっても③胸のどきどきを抑《おさ》えられずにいると、ピンク色のカーディガンを羽織り、髪《かみ》を(あ)アみ込《こ》みにした女の子が、ダイアナのところに[B]やってきた。

「ねえ、その髪《かみ》の毛、どうしたの？　自分で染めたの？」

気の強そうな※味噌《みそ》っ歯《ぱ》が唇《くちびる》から覗《のぞ》き、探るような目で尋《たず》ねられた。

「ううん……。ティ……、ええと、お母さんが」

「へえ～、うちのママが言ってた。子供のうちに髪《かみ》を染めたり、脱色《だっしょく》すると、健康によくないんだって。大きくなれないらしいよ？　矢島さんのお母さんって変わってるんだね」

　訳知り顔で、周囲に聞かせるように声を張り上げる。何人かの女の子が振《ふ》り返って[C]とこちらを見ている。出会って間もないのにどうしてこちらを攻撃《こうげき》するような真似《まね》をするのだろう。恐《おそ》れる気持ちを堪《こら》え、上目遣《うわめづか》いで観察していると、味噌《みそ》っ歯《ぱ》はおびえたような色を浮《う》かべた。みんなそうだ。話しかけてきたのはそっちのくせに、ダイアナが見つめ返すと、大抵《たいてい》の子供は怖《こわ》がって先に目を逸《そ》らす。

「なに、その目。にらむことないじゃない！」

　にらんだつもりなんてない。びっくりして何か言い返そうとしても言葉が出て来ない。

「私、なんにも悪いことなんて言ってないじゃない。なによ、ダイアナなんて変な名前のくせに。あんたのママ、おかしいよ！」

　味噌《みそ》っ歯《ぱ》の[X]。ティアラは確かにおかしい。どうして普通《ふつう》のお母さんのようになれないのか。わざわざ指摘《してき》されなくても、ダイアナはいつもため息をつきたいような思いで生きている。どうしてみんなはダイアナを放っておいてくれないのだろう。自分が人を不快にする存在だということくらい、よくわかっている。好かれようなんて思ってない。ただ、静かに過ごせればそれでいいのに。

「ダイアナは変な名前じゃないわよ。みかげちゃん」

　すっと胸がさわやかになるような、よく通る声がした。振《ふ》り向くと、真っ黒なおかっぱ頭の女の子がにこにこしていた。真っ先に、綺麗《きれい》な子だ、と思った。華《はな》やかな顔立ちではないが、目鼻だちが(い)トトノっている。陶器《とうき》人形のようになめらかな肌《はだ》、形のよい広い額はいかにも頭が良さそうで、髪《かみ》はお習字の墨《すみ》のように黒々とつやがある。着ているものは地味なブラウスと紺《こん》色のスカートだけど、パリッとしていて(う)セイケツな印象だ。明らかに、他の子とは何かが違《ちが》う。

「『赤毛のアン』って知ってる？　アンの親友はダイアナって言うんだよ」

④わあ――。ダイアナは目を丸くする。『赤毛のアン』はほとんどベストワンと言ってもいいくらい、大好きな一冊だ。暗記するくらい何度も読み返している。アンというおしゃべりで(え)クウソウ好きな女の子が好きでたまらなかったし、いちご水やパフスリーブ、ハートのキャンディなど可愛《かわい》いものや美味《おい》しそうなものに満ちている。ダイアナはアンの自慢《じまん》の美しい親友で、どんな時でも心が通じ合っている二人の関係がうらやましかった。こんな風に本の話を誰《だれ》かと出来るなんて――。みかげちゃん、と呼ばれた味噌《みそ》っ歯《ぱ》はなんだかつまらなそうに[2]をすくめた。

「知らない。私、本なんて読まないもーん。彩子《あやこ》ちゃんと違《ちが》ってね。ママは読め読めうるさいけど」

　みかげちゃん、とやらはどうやら彩子《あやこ》ちゃんに一目置いているらしい。たしなめられた時に、ひどく傷付いた顔をした。彩子《あやこ》ちゃんという女の子にはおしとやかに見えて、周りの人をぐっと納得《なっとく》させてしまうような芯《しん》の強さが感じられた。

「もったいない。とっても面白《おもしろ》いんだよ。ああ、ダイアナなんて名前で羨《うらや》ましいなあ」

女の子はこちらをまっすぐに見つめると、にっこり微笑《ほほえ》んだ。素直でまっすぐでぴかぴかで、友達になりたいとどんな子でも思うようなそんな笑顔だった。育ちがいい、とはこういうことを言うのかもしれない。

——あなたは育ちが良くないから……。

二年生の担任に投げつけられた暴言がよみがえった。

「私は神崎彩子《かんざきあやこ》っていうの。子がつく名前なんてめずらしいでしょ。おばあさんみたい」

味噌《みそ》っ歯《ば》が行ってしまうと、彼女《かのじょ》ははにかみながらそう名乗った。ダイアナはやっとのことで[3]を横に振《ふ》る。おばあさんだなんてとんでもない。神崎彩子《かんざきあやこ》——うっとりするくらい素敵《すてき》な名前だ。きっとお父さんとお母さんが心を込《こ》めて名付けたのだろう。

「私、一年生の時からあなたのこと知ってるの。中央図書館を使ってるでしょ」

「う、うん」

「私、何度もあなたのこと見てるよ。中央図書館でも貸し出しの数が多くて、ロビーのところに表彰状《ひょうしょうじょう》が飾《かざ》ってあったでしょ。パパがね、すっごく褒《ほ》めてた。いっつも鞄《かばん》にたくさん本を詰《つ》めて、あなたが一人で借りたり返したりしているところを私達、何度か見たのよ。あんなにたくさん本を読むなんて偉《えら》いねえって。岩田先生も言ってたけど、ダイアナちゃん、すごいね。私、同じクラスになれて、とっても嬉《うれ》しい」

まさか、自分の姿が誰《だれ》かの目に留まっているなんて考えたこともなかった。この子と仲良くなりたい。心の中で何かが静かに震《ふる》え出す。彩子《あやこ》ちゃんと仲良くなったら、途方《とほう》もなく楽しい毎日が始まる気がした。彼女《かのじょ》を取り巻く穏《おだ》やかで澄《す》んだ空気にどうしようもなく惹《ひ》かれる。このチャンスを逃《のが》したくない。彼女《かのじょ》ならきっと自分を分かってくれる。腹の底に力を込《こ》めた。アンにジョー、パッティにロッテにエリザベス。物語のヒロインはいつだって勇敢《ゆうかん》で、自分から人と繋《つな》がることを恐《おそ》れない。⑤ああ、みんな、私に力をちょうだい。

「ねえ、あのよければ……。学校が終わったら、中央図書館に行くの。返却《へんきゃく》が今日までなんだ。一緒《いっしょ》に……行かない？」

彩子《あやこ》は大きく目を見開いた。綺麗《きれい》な顔にやさしい微笑《びしょう》が広がっていくのを、ダイアナは息を詰《つ》めて見つめた。カーテンが風にふくらみ、ふんわりと二人を包み込《こ》む。教室の※喧騒《けんそう》が一瞬《いっしゅん》遠のき、世界はダイアナと彩子《あやこ》だけのものになった。春が始まったばかりの、しんと冷たくて、それなのに日向《ひなた》くさい風が頬《ほお》をなでた。

（柚木麻子《ゆずきあさこ》『本屋さんのダイアナ』〈新潮文庫〉による）

※注　ティアラ…ダイアナの母。ティアラという名前が気に入っており、ダイアナにもそう呼ばせている。

味噌《みそ》っ歯《ば》…子どもなどの欠けて黒くなった歯。

喧騒《けんそう》…人の声や物音で騒《さわ》がしいこと。

問一　次の各設問に答えなさい。

(1)　〜〜(あ)〜(え)のカタカナを漢字に直しなさい。

(あ)　アみ　(い)　トトノって

(う)　セイケツ　(え)　クウソウ

(2)　本文中の[1]〜[3]にあてはまる、体の一部をあらわす語を次のア

〜カからそれぞれ選び、記号で答えなさい。
(同じものを二度使うことはできません)
ア　肩《かた》　イ　首　ウ　腕《うで》　エ　口　オ　胸　カ　耳

(3)　本文中の A 〜 C に最もよくあてはまる言葉を次のア〜オからそれぞれ選び、記号で答えなさい。
(同じものを二度使うことはできません)
ア　ゆらゆら　イ　しぶしぶ　ウ　つかつか
エ　じろじろ　オ　のこのこ

問二　――①「消え入るような声でつぶやく」のは、ダイアナのどのような気持ちの表れですか。説明した次の文章の空欄《くうらん》に入る一語を自分で考えてうめなさい。
・自分が嫌《いや》だと思っている名前を言わなければいけないことに対する（　）。

問三　――②「縁《ふち》なしの眼鏡の奥《おく》に鋭《するど》い目が光る」とありますが、この時の岩田先生の様子として最もふさわしいものを次のア〜エから選び、記号で答えなさい。
ア　面白がる生徒たちに目を配りながら、場をなんとか収めようと焦《あせ》っている。
イ　面白がる生徒たちをにらみつけて、ダイアナをかばおうと必死になっている。
ウ　面白がる生徒たちを厳しい視線で制し、興味本位の質問が出ないようにしている。
エ　面白がる生徒たちを見渡《みわた》しながら生徒の様子を確認し、次に言うことを考えている。

問四　――③「胸のどきどき」とありますが、ダイアナはなぜ胸のどきどきを感じたのですか。一行以内で説明しなさい。

問五　本文中の X にあてはまる言葉を次のア〜エから選び、記号で答えなさい。
ア　言う通りだった　イ　言うのはおかしい
ウ　言うのは不思議だ　エ　言うことがわからない

問六　――④「わあ――。ダイアナは目を丸くする」とありますが、このときのダイアナの気持ちはどのようなものですか。説明しなさい。

問七　ダイアナから見た彩子《あやこ》の持つ性格を端的《たんてき》に表した部分を含《ふく》む一文を――④より後から抜《ぬ》き出し、最初の八字を書きなさい。

問八　――⑤「ああ、みんな、私に力をちょうだい」とダイアナが物語のヒロインに願うのはなぜですか。説明しなさい。

問九　本文の内容について述べたものとしてふさわしくないものを次のア〜オから一つ選び、記号で答えなさい。
ア　岩田先生も彩子《あやこ》も読書家のダイアナに注目していたことに、ダイアナは驚《おどろ》きを感じている。
イ　彩子《あやこ》は『赤毛のアン』の登場人物と同じ名を持つダイアナと知り合えたことをうれしく思っている。
ウ　みかげはダイアナのおかしさを強調することでダイアナと彩子《あやこ》の仲に割って入ろうとしている。
エ　彩子《あやこ》とダイアナは相手の名前を自分の名前と比べて素敵《すてき》だとお互《たが》いにうらやましく思っている。
オ　ダイアナは自分を認め、かばってくれる彩子《あやこ》や岩田先生と出会い、徐々《じょじょ》に気持ちが明るくなっている。

問十 ――「彩子《あやこ》は大きく目を見開いた。～それなのに日向《ひなた》くさい風が頬《ほお》をなでた」の表現について述べた、次の文章の空欄《くうらん》をうめなさい。なお、（1）は選択肢《せんたくし》から選んで記号で答え、（2）は二字の熟語を考えて書くこと。

・ダイアナは（1　ア　安心　イ　用心　ウ　緊張《きんちょう》　エ　興奮）しながら、自分の誘《さそ》いの答えを待った。驚《おどろ》きながらもみるみる微笑《びしょう》が広がっていく彩子《あやこ》の様子に、彩子《あやこ》がダイアナの誘《さそ》いを受け入れたことがうかがえる。騒《さわ》がしいはずの教室に二人だけの世界が作られ、新しい友達との友情が深まっていくことへの（２）を春の訪れのなかで感じている。

二　次の文章を読んで、後の問いに答えなさい。

日本ではよく、「若者はもっと個性を(あ)ハッキすべきだ」とか、「個性を磨《みが》くべきだ」などと言われます。けれど私は、そういう言葉にはあまり意味がないと思っています。

また、日本では「個性」という言葉が主に人の(い)ガイカンに関して使われることにも、私は違和感《いわかん》を持っています。たとえば、「個性的なファッション、個性的なヘアスタイル」は、「人がアッと驚《おどろ》くような※奇抜《きばつ》なスタイル」であることが多いでしょう。

あるいは、他の誰《だれ》も持っていないような特殊《とくしゅ》なスキルを持つことが個性的であることの条件のように受け取られていますね。

このように考えると、①「個性＝人より目立つこと」と、多くの人が錯《さっ》覚《かく》しているのではないかと思います。

でも、根本的なことを言ってしまえば、この世に生まれた人間は一人残らず全員、それぞれの個性を持っています。だから、誰《だれ》かに「磨《みが》きなさい」と命令されて、義務のように磨《みが》く必要などないのです。

あなたが生まれ持った個性は、明らかにあなただけのものです。世界中に、あなたと同じ個性を持つ人など誰《だれ》一人としていないのですから、「他の人はどうかな？」とキョロキョロすることは不必要だし、他人の真似《まね》をする必要もありません。真似《まね》しようとしても真似《まね》できないのが、個性というものなのです。

あなた自身が「楽しい、面白《おもしろ》い、不思議だ、ワクワクする、ドキドキする」と感じ、心から求めているものを優先すれば、それでいいのです。「磨《みが》く」とか「ハッキする」などと意識しなくても、自分が本当に好きなもの、興味があることに気持ちが向かっていけば、自分の世界がどんどん広がっていく。それが本当の意味で「個性を磨《みが》く」ということです。

いちばん良くないのは、親や先生の顔色をうかがったり、友達の反応を気にしたり、世間の※思惑《おもわく》に振《ふ》り回されたりしながら、「個性を磨《みが》かなきゃいけない」と無理をすることです。

そのうちに自分の※軸足《じくあし》をどこに置いていいかわからなくなり、②自分力が失われ、結局は自分で自分の個性をつぶしてしまうことになりかねません。そういう※ネガティブな※サイクルに入らないよう、気をつけてください。

みなさんは、「アイデンティティ（identity）」という言葉をご存知《ぞんじ》ですね？　英和辞典には、「同一性、身元、正体」などと出ていると思います。

この言葉は、心理学では「※自我《じが》同一性」と訳されています。一般的《いっぱん》な言い方をすれば、「自分のことを、他の誰《だれ》でもない自分だと※認識《にんしき》すること」という意味で、「自己認識《にんしき》」とか「独自性」などと言われることもあります。

たとえば、クラスの中にあなたと※同姓《どうせい》同名の人がいるとします。当然のことですが、その人とあなたとは別々の人格を持つ別々の人間です。同姓《どうせい》同名の人が何人いようとも、③あなたという「個」は一人しかいません。

このように、「自分と完全に同じ人間はいない。自分は、この世にたった一人の存在だ」と認識《にんしき》する時の基礎《きそ》になるのが、アイデンティティという※概念《がいねん》です。

（中略）

アイデンティティの確立というと、すごくハードルが高いことのように思うかもしれませんが、決して難しいことではありません。それは、「自分の頭でものを考えることが、いつでも、どこでもできる」ということなのです。

たとえば、今日あなたが学校帰りに飲んだドリンクも、図書館で借りてきた小説も、④自分で決断して選んだのだから、あなたのアイデンティティの一部です。

休日の過ごし方、家族との関わり合い方、友人との付き合い方なども、すべて自分のアイデンティティを形成する要素です。

そう考えれば、アイデンティティの見極《みきわ》めや確立が特別に難しいことではないとわかるでしょう。

（中略）

私が小学生の頃《ころ》の同級生に、足の速いY君という子がいました。

Y君は毎年、運動会の一〇〇メートル競走で一等になり、賞品のノートや鉛筆《えんぴつ》を山ほどもらっていました。私も足は速い方でしたが、このY君にはかなわなくて、運動会のたびに、「いいなあ、すごいなあ」と思っていました。

賞品のノートや鉛筆《えんぴつ》がほしかったわけでも、自分より足の速いY君に※ジェラシーを感じていたわけでもありません。※俊足《しゅんそく》のY君のことを心から尊敬していたのです。

このように競争をとおして相手に対する尊敬の念をはぐくむことは、とても大事なことだと思うのですが、最近の日本では、「子供達に競争させるのはかわいそう」「勝ち負けにこだわるのは良くない」「順位によって差をつけるのは平等主義に反する」といった理由から、運動会で一位、二位、三位の表彰《ひょうしょう》をやらなくなった学校もあるようです。

［A］、競争は本当にいけないことでしょうか。

日本人なら誰《だれ》でも、オリンピックで日本の選手が優勝すれば大喜びし、サッカーのワールドカップで日本チームが敗退すれば悔《くや》しがるでしょう。そうやって競争を楽しんでいるわけです。それなのに、学校の運動会に関しては「平等主義に反する」という理由で競争をさせないというのは、どこかおかしいと思いませんか？

私は、「競争のないところに進歩はない」と考えています。私の言う競争とは、足の引っ張り合いやルール違反《いはん》のない、※フェアな競争のことです。

「切磋琢磨《せっさたくま》（仲間同士が互《たが》いに励《はげ》まし合い、競《きそ》い合って向上をはかること）」という言葉があるとおり、⑤フェアな競争は進歩の原動力です。このことは勉強やスポーツだけでなく、芸術、科学技術、ビジネス、産業、経済についても同じようにあてはまります。

［B］、平等主義がそんなに素晴らしいのなら、何よりも先に※偏差《へんさ》値《ち》重視の受験戦争をなくすべきでしょう。仮に「勉強以外の競争は悪」

なのだとしたら、スポーツの試合も、音楽や書道や絵のコンクールも、弁論大会も、すべてその存在意義すらなくなってしまいます。

それに、学校生活から勉強以外の競争がなくなれば、ほとんどの生徒は自分に自信を持つきっかけを失ってしまうでしょう。

[C]、あなたのまわりには、絵がクロウト※はだしの子、音感が抜《ばつ》群《ぐん》な子、スポーツ万能《ばんのう》な子、大人もかなわないほど字が上手《じょうず》な子など、何かに秀《ひい》でた友達がいると思います。あなた自身がそうかもしれません。

そういう人達は、たとえ勉強ができなくても、体育祭で英雄《えいゆう》に変身したり、美術の授業でスターになったりすることで、「自分には才能が(う)ソナわっている」という実感を持つことができます。そして、そういった評価を受けることによって自信をつけるのです。

こうして、努力して人から認められる喜びを味わえるだけでなく、「もうちょっと勉強も頑張《がんば》ってみようかな」と、苦手分野を克服《こくふく》※しようとする意欲を高めていくこともできるのです。

他の人と比べて、絵がうまい、音感がいい、スポーツ万能《ばんのう》、字が上手《じょうず》……といったことは、どれも一つの才能であり、その人の個性です。個性に優劣《ゆうれつ》はありませんが、一〇人の人にかけっこをさせれば、必ず一位から一〇位までの順位はつきますし、一〇人の人に絵を描《か》かせれば、それぞれの作品にはおのずと違《ちが》いが出てきます。その違《ちが》いが個性というものです。

(今北純一《いまきたじゅんいち》『自分力を高める』〈岩波ジュニア新書〉による)

※注
奇抜《きばつ》…思いもよらないほど変わっていること。

思惑《おもわく》…思うところ。期待。

軸足《じくあし》…物事を行う際のよりどころ。

ネガティブ…否定的・消極的であるさま。

サイクル…ある変化の後、再びもとと同じ状態に戻《もど》ること。

自我《じが》…自分。自己。

認識《にんしき》…物事を見分け判断すること。

同姓《どうせい》…同じ苗字《みょうじ》。

概念《がいねん》…考え方。イメージ。

ジェラシー…やきもち。

俊足《しゅんそく》…足が速いこと。

フェア…公平なさま。

偏差値《へんさち》…学力などの検査結果が、集団の平均値とどの程度差があるか数値で示したもの。

クロウトはだし…そのことを専門としていないのに、専門家が驚《おどろ》くほど技芸や学問が優《すぐ》れていること。

克服《こくふく》…努力して困難に打ち勝つこと。

問一 次の各設問に答えなさい。

(1) 〰〰(あ)〜(う)のカタカナを漢字に直しなさい。

(あ) ハッキ　(い) ガイカン　(う) ソナわって

(2) ═══「一〇人の人に絵を描《か》かせれば、それぞれの作品にはおのずと違《ちが》いが出てきます」とありますが、これを具体例とするにふさわしい四字熟語を何というか、答えなさい。

問二 本文中の[A]〜[C]に最もよくあてはまる言葉を次のア〜オからそれぞれ選び、記号で答えなさい。

(同じものを二度使うことはできません)

ア たとえば　イ だから　ウ そもそも

エ　でも　　オ　あるいは

問三　――①「『個性＝人より目立つこと』と、多くの人が錯覚《さっかく》しているのではないかと思います」とありますが、筆者は、個性とは本来どのようなものであると考えていますか。「個性とは本来、～と考えている。」に合う形で、三十字以内で答えなさい。

問四　――②「自分力」とは、どのようなことに心が向かう中で得られる力のことですか。本文中から二十字以内で抜《ぬ》き出し、初めと終わりの五字を書きなさい。

問五　――③「あなたという『個』は一人しかいません」とありますが、これと同じ内容の部分を――③よりも前の本文中から二十五字以内で抜《ぬ》き出し、初めと終わりの五字を書きなさい。

問六　――④「自分で決断して選んだのだから、あなたのアイデンティティの一部です」とありますが、次の1～5について、この例としてあてはまる場合はア、あてはまらない場合はイとして、記号で答えなさい。

1　先生から出された夏休みの宿題
2　日課にしている散歩のコース
3　町中でばったり出会った有名人
4　よく着るお気に入りのシャツ
5　川原で見つけて拾ったきれいな石

問七　――⑤「フェアな競争は進歩の原動力です」について、次の各設問に答えなさい。

(1)　筆者がこのように考える理由を説明した次の文の［1］・［2］にあてはまる二字の熟語をそれぞれ本文中から抜《ぬ》き出して答えなさい。

・競争をすれば、負けても相手に対する［1］の思いをはぐくむことができ、勝てば良い評価を受けて［2］をつけ、苦手な分野を克服《こくふく》しようという意欲を高めることもできるから。

(2)　「競争」と「個性」との関係を説明した、次の文の【　】に入れるのにふさわしい語句を、五字以上十字以内で考えて答えなさい。

・競争によって明らかになる【　】が個性にむすびつく。

問八　筆者はこの後に続く文章で、「自分の才能の一〇分の一も知らずに死んでしまうのが人間だとしたら、『自分にはなんの才能もない』と投げやりになる前に、どんな才能があるか探すチャレンジをはじめてもいいのではないでしょうか。そうやって自分が勝負できるものを増やし、さまざまな方向に伸《の》ばしていくことが、個性を育てることにつながっていくのです。」と述べています。本文で述べられた「個性」の性質と、引用文の主張をふまえて、今すでにあなたが持っている個性はどのようなもので、それをどのように育てていきたいと考えるか、百字以内で具体的に書きなさい。

晃華学園中学校(第一回)

—50分—

一 「ぼく」(大崎海渡《おおさきかいと》)は日本で生まれ、養父母と共にアメリカで暮らす十六歳《さい》の少年です。ピアノを演奏し、作曲やバンド活動を行っています。次の文章を読んで、後の問いに答えなさい。

ぼくが音楽をつくっているのではなくて、音楽がぼくをつくっている。

こうして、ピアノにむかって作曲をしているとき、ふいに、そんなふうに思える瞬間《しゅんかん》がやってくる。

どこかで——たぶん、銀河系のかなたで——生まれた新しい星のようなメロディが、まるで流星の光みたいにぼくのからだのなかに流れこんできて、ぼくを占領《せんりょう》してしまい、発熱し、からだからあふれそうになったその音楽が、指先から鍵盤《けんばん》の上にこぼれ落ちて、しずくがつながって、新しい曲ができあがる。

ぼくの心は、喜びでいっぱいになる。

その喜びがまた、新しいメロディを、リズムを連れてくる。

①作曲というのは、感動的かつ創造的な、喜びの光の連鎖《れんさ》だ。

ぼくのバンド仲間で、チェロ奏者のリンのことばを借りれば、雨つぶの連鎖か。いつだったか、リンはこう言っていた。

「私の音楽は、空から降ってくるの。雨つぶみたいにね。私はそれらをひとつぶ、ひとつぶ、拾いあつめて、川の流れになるようにして、演奏するの」

ぼくの場合には、空から降ってくるのは、木の葉かもしれない。

何か大きなものにみちびかれるようにして、ピアノを弾《ひ》きながら、ぼくは思い出している。あの日、降ってきた小さなものを。

たしかにあの日、あの春の日、②ぼくの手のひらのなかに一枚、木の葉がはらりと舞《ま》いおりてきた。

言の葉　落ち葉

いそがしく過ぎていく
一日と一日の
わずかなすきまに
満員バスのいちばんうしろの
ポツンと空いた
ひとつの座席に

立ち止まって見つめる
風のふきだまりに
落ちていることばがあります
忘れられて
行くところのないことば

ことばは落ち葉のように
大地に
舞いおりていきたいのです

けれどもさびしさのためか
みずからの重さのためか
③ことばは
うずくまったままです

好きな曲を紹介《しょうかい》したり、発表したり、送りあったりできる「ベストフレンド」というネットサイト。そこに、※注新美南吉《にいみなんきち》の童話「小さい太郎の悲しみ」の一節をそえて投稿《とうこう》しておいた、ぼくのオリジナル曲に対する感想として、その人は、自分の書いた詩を送ってきてくれた。

④メッセージは、何もそえられていなかった。

ただ、この詩だけが書かれていた。

もしかしたら、ぼくの曲に、詩をつけてくれたのだろうか。

「すばらしい」とか「大好き」とか「感動した」とか「うっとり」とか、一語か二語のコメントなら、今までに何度かもらったことがあるけれど、こんなふうに一編の詩を送ってもらったのは、はじめてのことだった。

ぼくのパソコンには、和訳・英訳機能と音声機能の両方がついているので、この詩を「音」におきかえて、日本語と英語の両方で、くりかえし、聴いてみた。

なんだかさびしそうな詩だ。

それが第一印象だった。

しずまりかえっている森が見えた。

あたりには、音もなく、落ち葉の雨が降っている。

やがて落ち葉は小雪に変わる。

森の奥《おく》で、うずくまったままふるえている、小さな女の子のすがたが見えた。

この子の胸のなかにも、小さい太郎の感じていた「悲しみ」が広がっているのだろうか。ぼくがいつも、朝から晩まで、笑っているときでさえ感じているあの「かなしみ」が。

いったい、どんな人がこの詩を書いて、送ってきてくれたのだろう。

名前の欄《らん》をクリックすると、「いちまいのこのは」という音が聞こえてきた。

美しい名前だと思った。

まるで美しい物語のタイトルみたいだ。

自己紹介は「京都で生まれて、東京の郊外《こうがい》で育ちました。本を読むのが好きです。女子中学生です。ひとりで過ごすのが好きです。友だちは、動物と植物と小鳥と音楽。人間はきらいです――」

「にんげんはきらいです」

そのことばが心臓に突《つ》きささって、ぬけなくなった。

新美南吉の童話「手袋《てぶくろ》を買いに」に出てくる、⑤母さんぎつねのことばが浮《う》かんできた。

――人間はね、相手が狐《きつね》だとわかると、手袋を売ってくれないんだよ、それどころか、つかまえて檻《おり》の中へ入れちゃうんだよ、人間ってほんとにこわいものなんだよ。

ぼくはその日、日本に住んでいる中学生の女の子に、新しい音楽を送った。

彼女《かのじょ》を元気づけたかった。はげましたかった。なぐさめたかった。

きみはひとりで過ごすのが好きかもしれないけれど、きみはひとりぼっちじゃないよ。きみは人間がきらいかもしれないけれど、ぼくはきみのことが好きだよ。

そんな思いをこめて、曲をつくった。

いや、そうじゃない。⑥曲がやってきたんだ。この詩が、日本語のことばたちが、音楽を連れてきてくれたんだ。

たったひとりの人にむかって、一枚の木の葉さんのために、ぼくはピアノを弾いた。そして、送った。特定の人だけに送ることのできる「パーソナルメッセージ」の機能を使って。ことばのメッセージは、つけなかった。ただ、音楽だけを送った。

返事はすぐには来なかった。

一週間が過ぎて、十日が過ぎて、めいわくだったかな、と、反省しはじめたころ、［1］返事が届いた。

そこにはやっぱり、詩だけが書かれていた。

一作目よりも、ずいぶん明るくなっていた。

それがぼくから送った音楽のせいだったのだとしたら、ぼくはとても幸せだし、光栄だと思った。

　　花をあげたい

路地を走って
角のお菓子屋《かしや》さんで
花屋さんの場所をたずねて
ばらの花束はたしかにすてきだし
スイートピーもかわいい
かすみ草が大好きだけど
涙《なみだ》の結晶《けっしょう》みたいに見えるから
きょうは
赤いカーネーションで
大きな花束をつくります
リボンは明るい黄色をむすんで

⑦花をあげたい
あなたに
心をつたえたい
走っていって

「［2］をありがとう」の気持ちをこめて、またピアノを弾いて、彼女に音楽を送った。

文章のメッセージは、ちょっと迷ったけれど、やっぱりなしにした。音楽が、ぼくのメッセージだからだ。

ぼくのことばは、ピアノが語ってくれる。

二日後、彼女からの返事が届いた。短い詩が一編。短いけれど、軽快なリズム。受けとるとすぐに、ぼくからも短い音楽を送った。すぐに返事が届いた。俳句みたいな短い詩。

それから、ぼくらの「文通」が始まった。

ぼくはアメリカから、彼女は日本から「手紙」を送りあう。音楽と詩。それがぼくらの手紙だ。

日本とアメリカは地球の反対側にあるから、「パーソナルメッセージ」の欄に「地球通信」と、ぼくは名前をつけた。ふたりだけのメール通信だ。

木の葉と風の通信だ。

木の葉は風に詩を、風は木の葉に音楽を送る。メールというつばさに乗せて。

地球のこっち側から音楽を送ると、反対側から詩が返ってくる。

その詩を読んで、新しい音楽を送ると、また新しい詩が返ってくる。

ことばが音楽に変換《へんかん》され、音楽がことばに変換される。毎回、驚《おどろ》きと喜びに満ちている。それが⑧「地球通信」だ。

（小手鞠《こでまり》るい『きみの声を聞かせて』〈偕成社〉）

※注　新美南吉の童話「小さい太郎の悲しみ」の一節

「しかし或《あ》る悲しみは泣くことができません。泣いたって、どうしたって消すことはできないのです。いま、小さい太郎の胸にひろがった悲しみは泣くことのできない悲しみでした。」という文章が添《そ》えられている。

問一　――線部①「作曲というのは、～連鎖だ」とありますが、これはどのようなことを表していますか。次のア～エの中から最も適当なものを選び、記号で答えなさい。

ア　メロディとリズムが「ぼく」の中で自然と調和して、生命力にあふれた曲が次々にできあがるということ

イ　メロディやリズムが勢いよく「ぼく」の体中をかけめぐり、音の洪水《こうずい》に圧倒《あっとう》されそうになるということ

ウ　絶え間なくわき起こるメロディとリズムを利用して、「ぼく」が新しい曲を作り上げるということ

エ　メロディやリズムが「ぼく」の中に流れこんでつながり、新しい曲が生まれて幸福感で満たされるということ

問二　――線部②「ぼくの～舞いおりてきた」とありますが、これは具体的にどのようなことを表していますか。次のア～エの中から最も適当なものを選び、記号で答えなさい。

ア　「ぼく」がネットサイトに投稿した曲に対して、「いちまいのこのは」と名乗る「女の子」がさり気なく感想を寄せたこと

イ　ネットサイトで「ぼく」の曲を聴いた「女の子」から返信が届き、音楽について語り合える相手に出会えたこと

ウ　ネットサイトに投稿した「ぼく」の曲は、舞い落ちる木の葉のような、はかない印象を「女の子」に与《あた》えたこと

エ　ネットサイトに投稿した「ぼく」の曲へ、「女の子」から一編の詩が送られてきて、「文通」が始まるきっかけになったこと

問三　――線部③「ことばは～ままです」とありますが、これはどのような様子を表していますか。次のア～エの中から最も適当なものを選び、記号で答えなさい。

ア　「落ち葉」にたとえられた「ことば」が、行き場を失い、誰《だれ》にもかえりみられない様子

イ　「ことば」が「落ち葉」のように力を失ってしまい、他の人に伝わらない様子

ウ　「ことば」が「落ち葉」と重ね合わされて、たくさんの言葉の中に埋《う》もれている様子

エ　「落ち葉」と重ねられた「ことば」が、他の言葉と切り離《はな》されて、意味を持たない様子

問四　――線部④「メッセージは、～書かれていた」とありますが、「女の子」がこのようにしたのはなぜだと考えられますか。次のア～エの中から最も適当なものを選び、記号で答えなさい。

ア　「ぼく」の曲を聴いた感想を、知らない相手に、直接言葉で伝えるのはためらわれたから

イ　「ぼく」の曲を聴いて、自分も詩を発信すれば他の誰かとつながれると思ったから

ウ　「ぼく」の曲を聴いてわき上がってきた思いを、詩という形式で伝えたかったから

エ　「ぼく」の曲のイメージに合わせて自分も詩を作り、共同で発表したいと思ったから

問五　――線部⑤「母さんぎつねの～浮かんできた」とありますが、「ぼく」が新美南吉の童話の一節を思い浮かべたのはなぜだと考えられますか。次のア～エの中から最も適当なものを選び、記号で答えなさい。

ア　人間はきらいだという「女の子」の言葉には、動物に危害を加える人間への嫌悪《けんお》感が込《こ》められていたから

イ　人間はきらいだという「女の子」の言葉から、自分をおびやかす相手への警戒《けいかい》心が伝わってきたから

ウ　人間はきらいだという「女の子」の言葉から、辛《つら》くても一人で生きていこうとする強い意志が感じられたから

エ　人間はきらいだという「女の子」の言葉には、どうあがいても助からないというあきらめがにじみ出ていたから

問六　――線部⑥「曲がやってきたんだ」とありますが、これはどのようなことを表していますか。四十字以内でわかりやすく説明しなさい。

問七　[1] にあてはまる言葉は何ですか。次のア～エの中から最も適当なものを選び、記号で答えなさい。

ア　ほんのりと　　イ　はらりと

ウ　さらさらと　　エ　ふらりと

問八　――線部⑦「花を～あなたに」とありますが、これと同じ表現技法が用いられているものはどれですか。次のア～エの中から最も適当なものを選び、記号で答えなさい。

ア　刃物《はもの》のような冬が来た

イ　かもめかもめ　去りゆくかもめ

ウ　とんでいこう　どこまでも

エ　あなたの手のぬくみ

問九　[2] にあてはまる言葉を、「花をあげたい」の詩の中から五字でそのままぬき出しなさい。なお、句読点や記号なども一字に数えます。

問十　――線部⑧「地球通信」とありますが、これはどのようなものですか。文中の言葉を使って四十字以内でわかりやすく説明しなさい。

[二]　次の文章を読んで、後の問いに答えなさい。

biodiversity《バイオダイバーシティ》と「生物多様性」の違い

海外の研究ではbiodiversityという言葉が普通《ふつう》に使われています。この言葉は英語として定着したと言ってよいでしょう。生物学者の岸由《ゆう》二《じ》によれば、英語圏《けん》の人々はbとvとdの入った言葉が大好きで、それもあってbiodiversityという言葉は普及《ふきゅう》したのだ、といいます。これは面

白い見解だと思います。

それに対して、日本語の「生物多様性」はいかにも学術用語ふうで堅《かた》苦《くる》しく、このままではこの言葉は普及しないとして、岸は(1)「生きものの賑《にぎ》わい」という言葉を用いることを提案しています。

確かに「生きものの賑わい」のほうが、イメージがつかめそうです。周りに多種多様な生きものがたくさんいることが「生きものの賑わい」の姿といえるでしょう。岸はまた、生きものの種類が多様なだけでなく、生きもののすみかが多様であることを重視します。種の多様性だけでなく、「すみ場所」の多様性が大切で、いろいろな場所に、いろいろな生きものが住んでいることが「生きものの賑わい」のポイントなのです。岸は、「流域」に焦点《しょうてん》を合わせて、大地の凸凹《でこぼこ》にあわせて多種多様な生きものとともに暮らしていく、というビジョンを発信し続けています。

diversity《ダイバーシティ》はなぜ大事なのか

ところで、ここまでの話では、diversityがあったほうがよい、賑わいがあったほうがよい、ということが前提とされてきました。そのため、多様性や賑わいはなぜ必要なのか、という疑問をもった人もいるかもしれません。この点については環境倫理学《かんきょうりんりがく》や生態学のなかからいくつかの説明がなされています。

そのうちの有名なものは、それぞれの種を飛行機のリベット(留め金具)になぞらえる説明です。生態系を飛行機に見立てれば、それぞれの種は全体を支える留め金具なのであり、種が絶滅《ぜつめつ》することは一つの留め金具が外れることで、全体の健全性を損なう(下手をすれば(2)飛行機がバラバラになる)というものです。また、何らかの病気が蔓延《まんえん》したときに、いろいろな遺伝子をもった生きものがいれば、全部が病気にかからなくて済《す》む可能性が高まる、という説明があります。これも生態系全体の健全さに価値を置いた説明です。

このように、個体、種、遺伝子のすべてのレベルで多様性が確保されているほうが、全体の生態系システムが維持《いじ》される、というのが、生物多様性を重視する人たちの標準的な説明となっています(「賑わい」という言葉には、それに加えて地域社会の豊かさの要素が含《ふく》まれているといえます)。

六回目の大量絶滅

以上から、種の絶滅を防ぐべきだという主張の最終的な根拠《こんきょ》は、全体としての生態系の健全さを維持するため、ということになるかと思います。

しかし、どのような生態系が健全なのかに関しては意見が分かれています。どういう状態が健全なのか、あるいはどの時代の生態系が理想形なのか、に関しては明確な答えは出ないと思われます。というのも近年の生態学の研究から、生態系はダイナミックに変化するものだということが分かってきているからです。

そのことに関連して、最初にふれたような疑問が発せられることになります。(3)長い期間をとれば種の絶滅は自然にたくさん起こっていることであり、それをあえて止めなければならないのはなぜなのか、という疑問です。

種の絶滅は、自然にたくさん起こっている。このことは生物多様性の保全に関わっている人たちも承知しています。問題は、①これまでにないスピードで大量の種が絶滅していること、そして、②それが人間活動のせいだということ、この二点にあります。

一つ目の、絶滅のスピードが速いという点について見ていきましょう。過去を振《ふ》り返《かえ》れば、恐竜《きょうりゅう》の絶滅期のように、種が大量に絶滅した時期が五回ありました。現在はそれらに匹敵《ひってき》する六回目の大量絶滅が起こっていると言われています。つまり今問題となっている絶滅は、長い目で見て自然に生じている絶滅ではなく、急速に大量に起こっている絶滅なのです。

そして二つ目ですが、現在の大量絶滅と過去の五回の大量絶滅には違《ちが》いがあり、現在の大量絶滅は人間の経済活動（森林伐採《ばっさい》など）によって引き起こされたものです。

一般に、自然界で起こることには人間の責任はないと考えられています。責任というのは、自由な選択《せんたく》ができる主体に属するものです。［Ｉ］この本の内容については、私に責任が生じています。私は自分の判断で過去の学説を引用し、自由に意見を書いているからです。間違ったことや人を傷つけることを書いたら、非難の対象になります。

［II］、台風が直撃《ちょくげき》して家が壊《こわ》れた場合には、台風に責任を問うことはできません。台風は自然現象であって、台風が家を壊すか壊さないかについての自由な選択の結果、家を壊したわけではないからです。

［III］、自然に起こった過去の大量絶滅については、人間に責任はないけれども、今回の大量絶滅は人間活動が原因であるため、人間に責任が生じているのです。

同じことは地球温暖化問題にも言えます。地球の気候が変化したことは過去にいくらでもあります。それらに対して人間に責任はありません。この場合も、ポイントは気候が変化していることにあるのではなく、①［　i　］、②［　ii　］、③［　iii　］、という三つの点がそろって初めて、人間の責任が問われてくるのです。

［　Ａ　］

以上の話から、生物種の絶滅を防ぐべき理由は生態系の健全さを維持すべきだからであり、しかも現在の生物種の絶滅はスピードが速く人間活動が原因となっているので、生物種の絶滅を防ぐ責任が人間にある、ということが理解されたかと思います。

これらの説明は、第1章でふれた「人間非中心主義」のなかの「生態系中心主義」という立場に立ったものです。つまり、人間のためというよりは、生態系のために生態系を守ろう、そのために種の絶滅を防ごう、という主張です。

それとは別に、生物種の絶滅は人間にとっても残念なことだろう、という考え方もあります。これを「人間中心主義」（自然ではなく人間本位にものを考える立場）として嫌《きら》う人もいますが、(4)私は重要な論点だと思っています。

二〇一四年にＩＵＣＮ（国際自然保護連合）はウナギを絶滅危惧種《きぐしゅ》に指定しました。ウナギは今も普通に売られているので意外だと感じる人も多いでしょう。しかしこのままの状態で生産と消費が続けば、近い将来、食卓《しょくたく》にウナギがのぼらなくなる恐《おそ》れがあります。

これは第2章で取り上げた世代間倫理の話に関わってきます。このままウナギが絶滅したならば、世代間に大きな不公平が生じることになります。つまり、現在の我々は「ウナギって美味《おい》しいね」と言ってたくさん食べることができていますが、将来の世代はその楽しみを享受《きょうじゅ》することができないことになります。そして将来の世代は、時間をさかのぼって過去の世代(つまり私たち)に文句を言うことができないのです。

さらに二〇二〇年にはマツタケが絶滅危惧種に指定されました。ウナギやマツタケのように食文化に関わるものについては、次のような論点もあります。商店街を調べていて、「江戸時代にはここにはウナギ屋があった」ということを知ったとき、私たちは過去とのつながりを感じることができます。ウナギ屋がどういうものかを私たちは知っていますし、ウナギ屋が江戸時代から存在することも知っているからです。マツタケを食べたことがある人はもちろん、仮にマツタケを食べたことがなくても、マツタケが何かはご存じでしょう。ドラマやマンガなどで「高級食材の代名詞」として使われるからです。しかし将来の人々はウナギもウナギ屋の風景も、マツタケが喚起《かんき》する高級なイメージも、実感できなくなっているかもしれません。種の絶滅は文化や歴史の断絶にもつながるのです。

動物倫理との対立

ここまで、生物種の絶滅を防がなければならない理由として、人間非中心主義のなかの「生態系中心主義」による理由と、「人間中心主義」的な理由を挙げてきました。これらの立場から、生物の「種」を守る責任が人間(現在世代)にある、ということが議論されてきました。

それに対して、人間非中心主義にはもう一つ、「生命中心主義」という立場があります。この立場の人々は生物の「種」ではなく「個々の命」を守ることを主張します。「生きとし生けるものすべての命を尊重する」という立場から、「感覚を有する動物の福祉《ふくし》や権利を尊重する」という立場までありますが、特に後者は、近年「動物倫理」として関心を集めています。

動物倫理の立場から先のウナギの例を見るならば、生物種の絶滅を防ぐ以前に、ウナギを「食べる」行為《こうい》自体がウナギへの加害行為だとして批判されることでしょう。この例では、理由や程度は違えど、解決へ向けての方向性は同じもの(ウナギの販売《はんばい》を抑制《よくせい》する/禁止する)になります。他方で、動物倫理は環境倫理と対立することも多いのです。ここでは(5)動物倫理が「生物種の絶滅を防ぐ」運動や政策と対立するという点にしぼって見ていきます。

二〇二一年七月に、「奄美大島《あまみおおしま》、徳之島《とくのしま》、沖縄島北部及び西表島《いりおもてじま》」が世界自然遺産に登録されました。奄美大島には、アマミノクロウサギという絶滅危惧種がいます。アマミノクロウサギという種と、それが住む生態系を守ることは、世界遺産登録により必須《ひっす》の義務となりました。

過去をさかのぼると、アマミノクロウサギは何度も絶滅の危機にさらされてきたことが分かります。一九九五年、奄美大島にゴルフ場開発の計画が持ちあがったときには、アマミノクロウサギやたくさんの野生生物の生息地が失われることが懸念《けねん》されました。そこで地元の人たちが、アマミノクロウサギ他四種を共同原告にして裁判を起こしました。これを「自然の権利訴訟《そしょう》」といいます。裁判は敗訴しましたが、裁判の途中《とちゅう》で開発計画がなくなり、アマミノクロウサギは救われました。

次の脅威《きょうい》となったのが、マングースでした。ハブを駆除《くじょ》するために一九七九年に放たれた三〇匹のマングースが大繁殖《だいはんしょく》し、二〇〇〇年には一万匹にまで増えたと言われています。そのマングースがアマミノクロウサギを捕食《ほしょく》するとともに、農作物にも被害《ひがい》を与《あた》えることを理由に、防除事業が進み、現在は五〇匹以下にまで減ったとされています。

そして現在の一番の脅威とされているのが、ノネコ（飼い猫《ねこ》でも野良《のら》猫《ねこ》でもない、野生化した猫）による捕食です。あまり知られていませんが、ノネコとノイヌは何でも食べてしまうため、それまでいなかった地域に持ち込《こ》まれると最悪の外来種になってしまいます。そのノネコが奄美大島で繁殖してしまったのです。

世界遺産登録を目指して、生態系と生物多様性の保全を目指す人たちは、アマミノクロウサギの絶滅を食い止めるべく、ノネコの大量捕獲《ほかく》に乗り出しました。それに対して、動物愛護団体から捕獲に反対する運動が起こり、二〇一八年には反対署名が五万筆に達しました。

近年、飼い猫や飼い犬を殺処分することは、非難の対象になっています。ドキュメンタリー映画『犬と猫と人間と』を見ると、殺処分の現状にやりきれない思いがします。同じイヌとネコなのに、飼い犬・飼い猫の場合は殺処分が非難され、ノイヌとノネコの場合は殺処分が是認《ぜにん》されるのは、おかしな気もします。「外来種」になったとたんに殺処分が認められてしまうことに対しては、違和感《いわかん》を覚える人も多いでしょう。

（吉永明弘『はじめて学ぶ環境倫理　未来のために「しくみ」を問う』〈ちくまプリマー新書〉）

問一　――線部(1)「生きものの賑わい」とありますが、これはどのような状態ですか。次のア～エの中から最も適当なものを選び、記号で答えなさい。

ア　生きものの種類が多様であり、鳴き声や羽音などで活気づいている状態
イ　生きものにとって暮らしやすいすみかに、生きものが密集する状態
ウ　いろいろな場所に様々な生きものが豊かに暮らしている状態
エ　より住みやすい所を求めて、生きものが常に移動する状態

問二　――線部(2)「飛行機がバラバラになる」とありますが、これはどのようなことをたとえていますか。次のア～エの中から最も適当なものを選び、記号で答えなさい。

ア　生きものの間で遺伝子の病気が流行して、生きもの全体の数が少なくなること
イ　生きもののすみかがあちこちに散らばり、それぞれの群れの規模が小さくなること
ウ　生きもの全体の秩序が失われ、生きもの同士の争いが絶えないようになること
エ　生きもの全体に悪影響《えいきょう》が及《およ》び、生きもの同士のつながりが失われるようになること

問三　――線部(3)「長い期間を～止めなければならない」とありますが、このように考えられるのはなぜですか。その理由を五十字以内でわかりやすく説明しなさい。

問四　［Ⅰ］～［Ⅲ］にあてはまる言葉は何ですか。次のア～オの中から最も適当なものをそれぞれ一つ選び、記号で答えなさい。

ア　なぜなら　　イ　つまり　　ウ　さて

エ　しかし　オ　たとえば

問五　[i]～[iii]にあてはまるものを次のア～エの中からそれぞれ一つ選び、記号で答えなさい。

ア　過去に例がないほどのCO_2が蓄積《ちくせき》していて、それが原因だと思われ

イ　けれどもそのCO_2の増加を防ぐことは非常に困難だと思われ

ウ　しかもそのCO_2の増加は人間活動のせいだ

エ　過去に例がないほどの極端《きょくたん》な気候の変化が見られ

問六　[A]にあてはまる見出しは何ですか。次のア～エの中から最も適当なものを選び、記号で答えなさい。

ア　**日本の絶滅危惧種**

イ　**大量絶滅の歴史**

ウ　**生物種の絶滅を防ぐのは将来世代のためでもある**

エ　**大量絶滅は人間が防がなければならない**

問七　――線部(4)「私は～思っています」とありますが、それはなぜですか。その理由にあたる部分を、「～から。」につながる形でぬき出しなさい。ただし、「～」の部分は二十字以内とします。また、句読点や記号なども一字に数えます。

問八　――線部(5)「動物倫理が～対立する」とありますが、これはどのようなことですか。次のア～エの中から最も適当なものを選び、記号で答えなさい。

ア　絶滅危惧種に害を与える生きものを殺処分することは、その害を与える生きものの命を尊重しないことになるということ

イ　ゴルフ場開発などは、人間活動が原因となる自然破壊《はかい》となり、生きものの生息地を奪《うば》うことにつながるということ

ウ　絶滅危惧種にとって暮らしやすい環境と、人間にとって便利な生活を維持できる環境は異なるということ

エ　もともとはペットであった生きものが、人間の都合で害を与える生きものに変わっていったということ

三　次の①～⑧の――線部のカタカナを漢字に直しなさい。

① 活気をオびた街

② ヒカク製品を手入れする

③ エンドウから選手を応援《おうえん》する

④ タンサン入りの飲料

⑤ ザッカをあつかう店

⑥ 月のタンサ機が打ち上げられる

⑦ キンセイのとれた体型

⑧ 注文された商品をノウヒンする

国府台女子学院中学部（第一回）

—50分—

注意＝句読点や記号もそれぞれ一字と数えます。

一　次の各問題に答えなさい。

問一　次の①～⑤の――線部のカタカナは漢字に直し、漢字は読みをひらがなで答えなさい。

①　混乱を広げないよう可能な限りのシュウソクをはかる。

②　物語の結末をアンにほのめかす。

③　ヨウシュンの候。

④　主役に選ばれ、ボウガイの喜びだ。

⑤　今度の試合もきっと何の造作もなく勝つだろう。

問二　次の（　）に当てはまる最も適切な語を、あとのア～エから一つ選び、記号で答えなさい。

まるで腫《は》れ物にさわるような（　）だ。

ア　扱《あつか》い　　イ　動き　　ウ　触《ふ》れあい　　エ　関わり

問三　次の文で説明された「野菜」の名前をひらがなで答えなさい。

ウリ科の植物の一種。夏野菜だが、秋から冬にかけて旬《しゅん》をむかえ、冬《とう》至《じ》には欠かせない食べものである。諸《しょ》説あるが、名はカンボジアに由来しており、日本へは南蛮《なんばん》（特にポルトガル）から渡来《とらい》したといわれている。

問四　「さける」と「よける」は同じような意味で使われているように思われますが、厳密には違いがあります。次の①～③の例文は「さける」を使うほうが自然である文、④～⑥の例文は「よける」を使うほうが自然である文です。これらの文の違《ちが》いを考えた場合、◎の文の（　）にはどちらの語を使うのが自然ですか。あとの記号で答えなさい。

①　リスクをさけて行動できることが成功への第一歩だ。

②　彼は山奥《おく》にこもり、人目をさけて生活している。

③　はじめは苦手な問題はさけて、易《やさ》しい問題から解こう。

④　目の前に転がってきたボールをよけて歩き続けた。

⑤　あなたの嫌《きら》いなにんじんはよけてあるから、残さず食べなさい。

⑥　あの落下物をよけていなければ、今ごろ負傷していただろう。

◎出荷の前に、不良品は（　）おく。

ア　「さけて」を用いるほうが自然である。

イ　「よけて」を用いるほうが自然である。

問五　「英」という漢字が持つ意味としてあてはまらないものをあとのア～エより一つ選び、記号で答えなさい。

ア　イギリス　　イ　花　　ウ　絵画　　エ　名誉《めいよ》

問六　次の――線部のうち、どちらの使い方が正しいか。正しい方の記号を答えなさい。

ア　目の前に広がるダイナミックな山々の景色に感動した。

イ　ダンスの大会でダイナミックな演技を披露《ひろう》する。

問七　矢印の向きに従って読むと二字熟語ができるように、□に当てはまる漢字を答えなさい。

　　　神
　　　↓
快→□→観
　　　↓
　　　屋

問八　□にひらがなを当てはめ、次の意味に対応する言葉を答えなさい。
非常に数が多い。　……　お□□□□い

問九　次の文の［　　］に入る語として最も適当なものをあとのア〜オの中から一つ選び、記号で答えなさい。
病気の母を心配して［　　］看病する娘。
ア　うやうやしく　　イ　つつましく　　ウ　かいがいしく
エ　やるせなく　　オ　こころもとなく

問十　次の――線部の表現が正しければ○、間違っていれば正しい表現を答えなさい。
女手一人で私を育ててくれた母。

問十一　「なけなし」という言葉を使って二十字以上三十字以内で短文を作りなさい。話が通じれば主語がなくてもかまいません。

［二］　次の文章を読み、あとの問いに答えなさい。

センサーに人さし指を当ててから、カード型のキーをスライドさせた。カチッと開錠《じょう》の音がする。扉《とびら》を開けて、安田澪《やすだみお》は自宅に帰る。

家には誰もいない。澪は銀色のラメの入った「瞬《しゅん》足」スニーカーを玄《げん》関《かん》でaランザツに脱《ぬ》ぎ捨てると、ランドセルを廊下《ろうか》に放った。両親は仕事だ。学童《がくどう》保育に行っている妹の聖《ひじり》の迎《むか》えには、近所に住む祖母が行くことになっている。

澪はまっすぐ冷蔵庫に向かい、母が用意しておいてくれたおにぎりと鶏《とり》のつくねをレンジであたためた。手を洗《あら》わず、髪《かみ》を梳《と》かさず、靴下《くつした》をかえず、つまりは母に言われていたことを一つも実行せずに澪はおにぎりをほおばった。

家を出る前にスマホを確認すると、母からメッセージが届いていた。

――お弁当、リュックの中に入れてあります。飲み物はペットボトルを買ってね。

「了解です」と返事をした。

今日は、学校を出る時間が二十分も遅《おそ》かった。いつもの電車にはもう乗れない。どうせ塾には遅刻《ちこく》だ。そう思うと、いっそすがすがしいくらいの気分になって、駅までゆっくり歩いた。

ロータリーの横断歩道を渡っていると、同じ塾に通っている青木栄太郎《あおきえいたろう》が改札《かいさつ》へ向かって必死に駆《か》けていくのが見えた。

小学校で同じクラスの青木は、ひょろりとしていて背が高いから、遠目でもすぐ分かる。彼が背負っている青いリュックのサイドポケットにはいつも、緑色というにはテカり過ぎる、亜《あ》熱帯の昆《こん》虫の羽みたいな変な色の細長い水筒《すいとう》が突《つ》き刺《さ》さっていて、落ちそうだなと思うけど、落ちたことはないのだろう。だから今日も突《つ》き刺《さ》さっている。

――塾についた？

母からメッセージが来た。授業開始五分前だ。澪は少し迷《まよ》ってから、「ついた」と送った。すかさず母からまたメッセージが届く。

――お手紙、学校の先生に出してくれたよね。

どきんとして、澪の指先が固くなる。ランドセルに入れっぱなしの手紙を思い出した。

「出したよ」

澪は嘘《うそ》を書いた。すぐに母から返事が来た。

――了解《りょうかい》です。授業、しっかり集中して、がんばってね。

澪はスマホをリュックにしまった。

今日の三、四時間目、運動会の組体操について話し合いがあった。桜丘タワーをやるのか、やらないのか。意見はまとまらず、そのせいで帰りの会が長引いた。青木もわたしも、それから同じ塾に通っている佐藤《さとう》杏子《きょうこ》も、今日の授業はそろって遅刻だろう。いや、佐藤は母親が車で送ることも多いから、もしかしたらもう到《とう》着しているかもしれない。

全力疾走《しっそう》の青木の姿は、すでに視界《しかい》から消えてしまった。青木が急いでいるのは、授業の最初のテストが受けられないとシールをもらえないからだろう。背が高くて眼鏡《めがね》の顔が思慮《しりょ》深そうにも見える青木だが、しょせんはお子ちゃまだ。澪は速度を変えずに改札を通過し、エスカレーターでゆるゆるとホームまであがった。

ホームに佇《たたず》む青木の姿があった。すんでのところで前の電車に行かれてしまったようだ。青木は、「あ」という顔をして澪を見た。澪はちいさく会釈《えしゃく》し、ちょうどホームに入ってきた電車に、青木とは別のドアから乗った。

扉《とびら》の横に立ち、リュックから漢字テスト用の練習プリントをとりだした。今日のテストに向けて最終確認をしておこう。構想、容易、準備、肥満、再起。一度間違えた漢字にだけチェックがついている。そこだけ確認しておけばよい。構想、容易、準備、肥満、再起……。間違えたところにはしっかりシルシをしなさい。①母に何度も言われたことだ。

ふと顔を上げると、民家が中心の平べったい街並《まちな》みが振動《しんどう》とともに後ろへ後ろへ流されて、その向こうに薄《うす》くのばしたようなグレーの雲があった。

雲は町全体を覆《おお》っていて、太陽光をゆるやかに遮《さえぎ》っていた。

澪は漢字のプリントを手にしたまま、ぼんやりと外を眺《なが》めていた。

この景色を見ると、澪はいつも不思議な気分になった。どの家にも窓がある。窓の中には人がいる。わたしが一生会うことのない人々。その全員がそれぞれ違う小学校や中学校や高校や大学に通っている。お父さんもいるだろうし、お母さんもいるだろう。皆、別々の会社に勤めていて、別々の生活がある。いりくんだ世界のあちこちに、無数の人生があるのだと思うと、澪は奇妙《きみょう》な安堵《あんど》をおぼえた。自分はその無数の人生の中のひとつなのだ。だったら、②特別なものでなくてもいいはずだ。そんなふうに思うことで、澪の気持ちはいつも少しだけ軽くなる。

「安田さん」

ふいに肩の後ろから声をかけられた。青木だった。

澪はびっくりしたが、顔に出さず、「何」と静かに訊《き》いた。

「　A　」

青木が言った。

挨拶《あいさつ》もなく、ぶしつけに本題に入る青木のこどもっぽさに、澪は内心でいらだった。無表情のまま見返すと、

「　B　」

と青木は言った。

「知ってる」

桜丘タワー、みんなが「人間タワー」と呼んでいる、組体操の演目の

ことだ。

澪は人間タワーを見たことがない。この春、都心のタワーマンションからこの町に引っ越してきたばかりなので、去年の運動会に参加していないからだ。桜丘小の伝統だとか、一度見たら忘れられないとか、皆が異様にほめたたえるけれど、どんなものなのかイメージがわかないし、内心で、特別な訓練を受けているわけでもない小学生たちが作るものなどタカが知れてると思っているから、さほど興味も湧《わ》かない。

「　C　」

澪が言うと、青木の目に共感を迫《せま》るような色が浮《う》かんだ。

「うん。そうなんだよ。なのに、デベソたちがうるさくて、発言できなかった」

「でべそ？」

「出畑《でばた》のことだよ」

「あだ名、だめなんでしょ」

「みんな言ってるよ。幼稚園の時から。あいつ実際デベソだし」

「　D　」

「言っても無駄《むだ》だよ。あいつら、聞く耳持たないじゃん。近藤とかさ」

「ふうん」

「でも俺、今日のアンケートに意見書いたから」

得意げに、青木は　3　。

「どんな意見？」

「どんなっていうか、反対意見だよ、もちろん。今、テレビでも組体操の事故のニュースとかやってるじゃん。知らない？　自治体の中では組体操禁止にしようってところもあるし、二百キロのb負荷がかかるっていう話もあるし。それなのにあんなでかいタワーを作るっていうのが、時代に逆行しているっていうこと。危ないだろ。何かあったら、誰が責任とるの。俺たち受験するのにさ、もし右手を怪我《けが》したら、責任とれるの。もちろんそんなこと、そのまま書かないけどね。もっとマイルドに書いた。受験の内申《ないしん》書に差しcサワらない程度に、うまくさ」

「ふうん」

「でも、どうせ俺の意見なんか無視されて、やることになるんだろうな、タワー。沖田《おきた》はやる気マックスだし、あとのふたりは沖田の部下だし、デベソとか近藤《こんどう》とか、あいつら死ぬほどばかだし」

「ばかは④『悪い言葉』だよ」

「学校の外でなら言ってもいいんだよ」

「ふうん」

電車が塾の最寄り駅に到着した。青木と澪は一緒におりて、ホームを歩いた。

「安田さんさー、引っ越してきて、桜丘小ってレベル低いと思わなかった？」

青木が訊《き》いてきた。

「レベル？」

「今日の話し合い、すげーレベル低かったな。俺が応援団長だから何？　応援団長は絶対に人間タワーに賛成しなきゃいけないのかよ。言論d統制かよ。そんな決まりあるのかよ」

澪の肩《かた》のあたりを眺《なが》めながらひとりでぶつぶつ不満を言っている青木に、澪は、

「青木くんは桜丘小以外の学校を知ってるの」

と訊いてみた。

「どういう意味」

「転校とか、したことあるの」

「ない」

「そう」

澪は、青木を⑤ほほえましく感じた。おそらくは親の受け売りだろう内容をとくとくと喋《しゃべ》って満足しているが、いきがったところで世間を知らないのだ。自分の学校がどれだけましか、分かっていない。

澪は桜丘小が好きだ。秩序《ちつじょ》があり、統制が取れている。みんなが先生の言うことに従う。どの小学校もそうだと思ったら大間違いだ。

澪は転校してきた当初、用心しながらあたりを見まわして過ごしていた。だから、六年一組の人間関係については誰より詳《くわ》しいかもしれない。男子は権力が分散していてあくどい子はいないし、女子も見た目が華《はな》やかな近藤蝶《あげは》をトップに緩《ゆる》やかなカーストがあるといえばあるけれど、その近藤自体がさしで話してみたら、少しばかり自己顕示欲《けんじよく》が強いだけの、まじめな子だったから、いじめとか、変な方向にはいかなそうだ。暴力沙汰《ざた》は起こらないし、先生に暴言を吐《は》く子もいない。

前の学校には怖《こわ》い子がいた。常に獲物《えもの》を探していて、誰かを傷つけることをよろこぶような子。澪はそういう子を見抜《ぬ》くのが昔から早かったし、そういう子の目から隠《かく》れて生きるのが得意だったから、あまりひどい目に遭《あ》うことはなかった。だけど、クラスのいじめを見て見ぬふりをすることに、心はすっかり疲れていた。

怖い子がいないだけではない。桜丘小は授業中に歩き回るような子がいない。テスト用紙をまるめて投げる子がいない。授業の始まりのチャイムが鳴ると、皆ちゃんと席につく。掃除《そうじ》の時間だって、たまにふざける男子はいるが、おおむねみんなきちんとやっている。誰かに押《お》しつけてサボる子がいない。前の学校では、考えられないことだった。

「桜丘小はすごくいい学校だと思うよ。話し合いになっても、憲法があるから悪い言葉を言う子がいないよね。それだけでもすごいことだと思う」

「そうかなあ」

あんなに貶《けな》していたのに、自分の学校を褒《ほ》められると青木はくすぐったそうな顔をする。

「桜丘憲法ってさ、塾のやつらに日本国憲法の真似《まね》じゃんて、ばかにされたけどな」

「いい憲法だと思うよ」

本心だった。前の学校の先生に、こういうやり方があるんだよ、と教えてあげたかった。学校で憲法を作って、一年生の時からきちんと守らせれば、学級崩壊《ほうかい》になんてならなかったかもしれない。

桜丘憲法の中では、児童が決して使ってはいけない「悪い言葉」が毎年、五つ決まっている。今年は、きもい、うざい、ぶす、しね、ばか。こどもたちにアンケートを取って毎年選び直している。その言葉を使った瞬間《しゅんかん》、どんな状況であったとしても、校長室に呼ばれて、親にも報告がいくことになっているので、皆、言わないように気をつけている。うっかり言ってしまったら、すぐに謝《あやま》る。先生によっては居残りになることもある。他にも、あだ名をつけることや呼び捨てにすることを禁止しているし、健康な時に友達に自分の持ち物を持たせることも禁止。友達の教科書やノートに書き込みをするのも禁止。見方を変えれば規則でがんじがらめなのだけれど、むしろ小学生はがんじがらめにされるべきだと澪は思う。⑥解き放たれた獣《けもの》みたいなこどもたちがどんなに残酷《ざんこく》か、前の学校でさんざん見てきた。

だけども、今日の話し合いで、澪は落胆《らくたん》した。

沖田先生が、⑦熱しやすく単純な男子をうまく利用して、やりたくない派の子たちを吊《つる》し上げたのだ。

澪は、規律をしっかり守らせる沖田先生の統率力を気に入っていたから、その沖田先生の汚《きたな》いところを見てしまったように感じて、暗澹《あんたん》とした気持ちになった。と同時に、沖田先生がこれほどタワーを作りたがっているのに、うかうかと「反対」に手を挙《あ》げてしまったことを悔《く》やんだ。今日、母親からの手紙を沖田先生に渡さなくて良かったと、心から思った。

「国貞《くにさだ》がばかなことを言ったせいで、賛成派を勢いづかせたと思わない？」

青木は顔をしかめて言った。

「おまけに泣き出すしさ。あいつ、ディベートのやり方、分かってないな。痛いとか重いとか、［Ⅰ］的なことばっかり言うんじゃなくて、組体操の事故が何件起きているとか、ある自治体は組体操を禁止したとか、［Ⅱ］的な事実を言えば良かったんだよ」

「そうかな。わたしは、どんな客観的な事実より、国貞さんの言ったことが、人間タワーの本質をついていたと思うけど」

「あれが、本質？」

青木が薄《うす》ら笑いを浮かべた。

「うん。そう思う。国貞さんが『下は重くて痛い』って言ったら、『上にのるのだって怖《こわ》いんだよ』って言い返した子たちがいたけれど、『痛い』と『怖い』は別物だもの。『痛い』は［Ⅲ］的なもので、『怖い』は［Ⅳ］的なものでしょ」

「だから？」

「その二つは比べられないっていうこと」

「そうかなあ」

「あとね、国貞さんが言っていたとおり、土台になる下の人は、上の人に、やられっぱなしだよ。何もできない。背中をぐらぐら揺《ゆ》するとかできるけど、それで万が一潰《つぶ》れちゃったら、自分の方が怪我《けが》するでしょ。だから、下の人は平たくて丈夫《じょうぶ》な背中をただ上の人のために差し出さなきゃならない。重くて、痛いのに。でも、上の人は、自分の気持ちひとつで、どんなふうにものれるでしょ。思いやりをもってそっとのることもできるし、わざと踏《ふ》みつけることもできる。上の人には選択肢《し》がある。下の人にはそれがない。圧倒《あっとう》的に、上にのる人が有利だよ。そういう仕組みになってるんだよ、人間がつくるピラミッドって」

青木が急に立ち止まった。青木はまっすぐ澪を見ていた。薄《うす》ら笑いが消えていた。

「すげえ。安田さん、それ、みんなの前で言えばよかったのに」

青木は真顔でそう言った。

青木の意外な素直さに動揺《どうよう》して、「言わないよ。わたしは上にのる側だから」つっけんどんに澪は言った。

とたん、大きな声で、

「ひどいな、おまえ！」

青木は言った。

澪は慌《あわ》てたが、青木は笑っていた。その笑顔は、さっぱりしていて、

裏がなかった。だから澪は安心して、

「わたしは人間タワーには反対だけど、人間タワーをやらないことにも反対」

と言った。

「は？　どういうこと？」

「今日の話し合いで、出畑くんや近藤さんの発言を聞いてたら……」

「デベソは単細胞《さいぼう》なんだよ。近藤はうるさいだけで頭悪いし。去年、骨折した子がいるから今年はやらないだろうって、うちのお母さん言ってた。国貞の親も反対してるらしいし」

「だけどさ、青木くんは応援《えん》団長でしょ。国貞さんも選抜《せんばつ》リレーの選手。運動会って、だいたい体が大きい子の方が、活躍《やく》の場があるじゃない。わたしとか出畑くんみたいな小さい子のほうが目立てる種目がちょっとはあってもいいんじゃないかって気もしない？」

そう言うと、青木はまた、黒目をふちどる白い部分が丸く見開かれるような、漫画みたいな顔をして、

「安田さんて、志望校どこなの」

と訊いてきた。

「え？」

脈絡《みゃくらく》のない質問に、澪の顔はひきつった。青木の目に邪気《じゃき》はない。澪はこわばった口角をなんとか持ち上げ、苦笑いに変えて、

「何、急に。そんなのまだ決まってないよ」

と言った。

「安田さん、言うことが天才的だから、すごいところ受かりそうだな」

青木は言った。

澪は、思ったことをすぐ口にする青木のこどもっぽさに呆《あき》れた。

「じゃあ青木くんはどこなの」

そう訊くと、青木はするりと難関校を挙げた。

「ふうん」

としか、澪は言えなかった。

通りを曲がると塾の看板が見えた。青木ははっとした顔になった。

「やべえ、もう始まってるじゃん。走ろうぜ」

澪が首をふると、青木は「じゃ、俺行くから」と短く言って、躊躇《ちゅうちょ》なく澪をおいて駆《か》けて行った。

残された澪はなぜだかそのまま歩き出せず、みるみる塾のビルへ吸い込まれていく青木を見送った。相変わらず、南国の虫みたいなてかてかした緑色の水筒がリュックサックに突き刺さっている。青木が激しく走ってどれだけぐらぐら揺らしても、決して落ちることのないけなげな水筒を、澪はぼんやり見つめている。

志望校どこなの。

さっき、不意打ちみたいに訊かれた。青木の無邪気なまなざし。その程度の気持ちで受験できるんだな、と、澪は思った。その程度の……ゲームみたいな感覚で。

塾に行きたくない。でも、他に行くあてはないし、家に帰ることも考えられない。

さっきまで人間タワーの話で盛り上がっていたのに、澪は自分のなかみがすっかり萎《しぼ》んでしまった気がした。でも、どうせわたしは今日もあのビルに入って、階段をのぼって、受付で塾証を提出して、それから教室に入って少し遅刻で授業を受けるのだ。逃げ出せないことも、逃げ出

したくないことも、自分がいちばんよく分かっている。

どうして聖とわたしは、パパやママの遺伝子を継《つ》がなかったのだろうと思う。聖もだめだったし、わたしも同じだ。きっと中学受験でも失敗する。そうしてまたママを悲しませることになる……。

二月の受験のことを思うと、澪は体がすくみそうになる。

澪は、今回の引っ越しの理由は、妹の聖が小学校受験に失敗したからだと知っている。表向きは、学童保育のお迎《むか》えを祖母に頼《たの》むために、実家のある町に引っ越してきたことになっているけど、お迎えくらいシッターさんに頼めばいいだけのことだった。それをわざわざ引っ越したのは、同じタワーマンションに住んでいた子たちの中に、聖が不合格だった小学校に受かった子が何人かいたから。

――もう、無理。耐《た》えられない。あの制服を見ないですむ町に住みたい。

そう言って夜中、母が父に向かって泣いているのを、澪はこっそり聞いてしまった。

聖だって、かわいそうだった。

早生まれで、小柄《こがら》な聖。しゃべりだすのが遅《おそ》かった聖。なんだかよくわからないまま母に連れまわされて幼児教室に通わされ、いつの間にか受験をさせられていたのだが、不合格になってしまった時は、ちいさな目玉からぼろぼろ涙を落として「ママ、ごめんなさい」と謝った。こどもに謝らせるなんて、と父は母を責《せ》めた。母も「謝らないで」と何度も聖に言っていたけれど、時おり漏《も》れてしまう暗い溜息《ためいき》を、聖に何度も聞かせた。

引っ越してきてからも、家にいる土日も、母の笑顔にはりがないし、ときどき虚《うつ》ろな目で空《くう》を見るのは変わらない。

澪は母のぼんやりした顔を見るたび胸がきりきりと痛《いた》む。

小学校受験は、低体重児で生まれた聖には不利な戦いだった。

でも、自分なら、できたはずだ。それなのに……。

もう忘れたことにしているけれど、実をいえば澪もかつて聖と同じ学校を受験して、不合格だった。澪と聖が入れてもらえなかったのは、母の母校だった。母の気持ちを思うと、澪は心が締《し》めつけられる。娘をふたり産んで、そのふたりとも、母校を不合格になってしまったのだから。

でも、胸の中にちりちりと反発の気持ちも芽生《めば》えてしまうのだ。受験、させられたんだもの。したいなんて、本当は、思ってなかったんだもの。ママと同じ学校に行きたいなんて、思ったこともない。校庭が狭《せま》いし、男子がいないし、電車で通うのも怖いし。

でも、それが本心なのかどうかも澪には分からない。やっぱり、母と祖母が口々にほめそやすあの学校に入りたかった気もする。白いセーラー服。水色のリボン。紺《こん》に金色の線が入った上品なベレー帽《ぼう》。何度も何度も見せられた、物語の中の女の子みたいな制服を、着たかったような気もしている。

母の母校は中学からも生徒を募集《ぼしゅう》している。中学は偏《へん》差値も低いから入りやすいのよ、と元気づけるように母は言った。入りやすいと言うわりに、母は、澪を小学校入学と同時に進学塾に入れた。

低学年のうちは、小学校受験の貯金もあって、常にトップクラスの成績だった。そうなると母は、自分の母校よりも偏差値の高い学校を受けて「リベンジしよう」と言った。だけど、澪は四年生のおわりくらいから、周りにじりじりと抜《ぬ》かれて行った。まず算数が分からなくなった。

それから理科の計算問題が解けなくなった。月の動きが、イメージできない。浮力《ふりょく》の計算が分からない。得意の国語だけではカバーしきれないくらい、理系科目の成績が下がった。

六年生から通い始めたこの街《まち》の塾は、成績順に三つのクラスに分かれていて、澪は現在、真ん中のクラスにいる。青木は上のクラス、佐藤杏子は下のクラス。

青木は、言動はこどもっぽいのに、ものすごく算数ができる。毎週の算数テストで、青木の名前は上位十人に入っている。だから、あんなふうに屈託《くったく》なく人に志望校を訊いたり、自分の行きたい学校名を口に出せるのだと澪は思う。

上に行けば行くほど、選べる学校が増えるんだ。自分の偏差値に見合った学校を志望してもいいし、校風が合うからと楽に入学できて自分がよい成績を取れる学校を選ぶこともできる。それは、さっき自分が何の気なしにしゃべった［8］に似ているんじゃないか。そう思ったら、ぞっとした。上の人には選択肢がある。下の人にはそれがない。圧倒的に、上にのる人が有利。そういう仕組みになっている。だから上に行ける人は土台の数よりずっと少なくしなくてはならない。

でも、不思議だ。たぶんタワーの頂上を目指して努力してきて、今そこにいるはずの母は、全然幸せそうじゃない。娘の受験の失敗だけで、あんな虚《うつ》ろな目になってしまうくらい、母の立つその場所は脆《もろ》いのか。

今日、母から預かった手紙の文面を、澪はぼんやりと思い返す。

学校についてから、糊付《のりづ》けされているのをそうっと剥《は》がして、中身を読んだ。それからもう一度封《ふう》をした。沖田先生に提出しなかった。

桜丘タワーを中止してほしいと書いてあった。内容は、青木がさっき喋《しゃべ》っていたこととほとんど同じだ。全国で起こっている事故、その[e]後遺症《しょう》、各自治体の反応、そうしたことをこまごまと例示してあった。組体操に批判的な新聞記事の抜粋《ばっすい》もつけられていた。そういえば青木のさっきの言葉、二百キロの負荷だとか、時代に逆行だとか、母が選んだ新聞記事の中にそのまま同じ文言があった。

『……また、私事ではありますが、娘は中学受験の準備をしており、万が一組体操による怪我等で勉強に差し支《つか》えることになりましたら取り返しがつかないことになるのではないかと危惧《きぐ》しております。どうか学校長、ＰＴＡ、教育委員会、さらには自治体の教育課等広くご相談いただき、運動会から負傷する可能性の高い演目を外していただくべくご検討《けんとう》の程、よろしくお願いいたします。

安田茉優《まゆ》』

読みながら、澪は次第に青ざめていった。この手紙を渡したら大変なことになると思った。

母は手紙の文面の序盤《じょばん》で自分の身分や職業を明記しているし、この手紙のコピーをとってあることまで書いてある。完全に戦闘《とう》態勢に入っている。

やめてほしい。転入したばかりの学校で、こういうの、ぜったいにやめてほしい。だいたい母はどこから人間タワーのことを聞いたのだろう。最初の保護者会を仕事で欠席しているから、まだママ友ができていないはずだ。ママ友がいたら、その中には近藤蝶の母親のようにタワーを作ってほしいという人もいるだろうから、母もこんなスタンドプレイはしなかったはずだ。

澪は頭を掻《か》きむしりたくなった。保護者会で皆の前で意見をするわけでもなく、誰か他に同じ意見の母親と相談してから共同で行動を起こすのでもなく、ただ、ひとりで思い立ち、その気分のまま自分の要求を通そうとしている母の文章は、整然としているのに、どこか滑稽《こっけい》で痛々《いたいた》しい。滑稽で痛々しいのに、この手紙には威力《いりょく》がある。ここまで書かれたら、さすがの沖田先生も無視はできないだろう。ＰＴＡとか教育委員会とか、自治体の教育課とか。母がそういう言葉ひとつひとつを研《と》いだ剣《つるぎ》を見せびらかすような感覚で書き記していることが、澪には分かる。学校は澪の母のことを、「責任をとらせる保護者」だと見る。「要注意人物」と同義だ。

いやだ。いやだ。澪は泣きたくなる。

祖母はいつも、「あなたのお母さんは昔から本当に優秀だった」「あなたのお母さんは、すばらしい仕事にｆツいている」と母を褒《ほ》める。母は大学の教員をしていて、難しそうな分厚《ぶあつ》い本を数冊《さつ》出している。前の学校でも、そのことはかなり有名で、学校の先生や、よそのお母さんからも、「すごいね」とよく言われた。

昔はそれがうれしかった。大学の先生って、小学校より、中学校より、高校より、ぜんぶの先生の中でいちばん「上」なんだよ。あまりに恥ずかしいことだが、そんなふうに周りの友達に自慢《じまん》をしたこともある。小学校の先生よりすごいの？　友達に訊かれて屈託《くったく》なく頷《うなず》いていた幼稚《ようち》な少女。

⑨今はただ、母のすごさに気圧《けお》されている。

母が、母単独ですごいのならそれでいいのだけど、母のすごさはいつも大きな波のように澪をのみこんでくる。

澪のことになると、母はすぐ頭に血がのぼる。学校や塾の先生、時には他の母親に対しても、攻撃《こうげき》的な絡《から》み方をし、彼らを自分の思い通りに動かそうとする。そうすることで、母は澪をまるごと手に入れる。いつもそうだった。

低学年のころから、母はしょっちゅう学校の教員たちと揉《も》めていた。指導の仕方、女子の人間関係の捌《さば》き方、度が過ぎるほど騒《さわ》ぐ男子の取り扱い方。澪の成績が悪くなると、塾とも揉《も》めた。指導法やカリキュラムに文句をつけて、澪の成績低下を指導者の責任にした。

母は馬鹿《ばか》にされるのが厭《いや》なのだ。馬鹿を見るのが厭なのだ。馬鹿にされないように、馬鹿を見ないで済《す》むように、一生懸命努力してってっぺんを目指してきた人だから。辿《たど》り着いたその場所で、怒ったはりねずみのように常に体中の針《はり》を立てて周りを牽制《けんせい》し続ける。

そのうち澪は母に騒《さわ》がれるのが嫌になり、学校で起こっていることを、母に報告しなくなった。

（朝比奈あすか『人間タワー』〈文藝春秋〉）

問一　波線ａ～ｆのカタカナは漢字に直し、漢字は読みをひらがなで答えなさい。

問二　――線部①「母に何度も言われたことだ」とありますが、この母に対する澪の想いが想像できる行動を具体的に表した五十字以上六十字以内の一文をこれより前の部分から探し、初めの五字を書き抜きなさい。

問三　――線部②「特別なもの」とあるが、澪の考える「特別」とはどういうことか。それを説明した次の文の□に、本文中より書き抜《ぬ》いた漢字三字の適語を入れなさい。

偏《へん》差値の高い学校に合格し、多くの□を持つ人になること。

問四　[A]～[D]に入る会話文としてもっとも適当なものを次から選び、それぞれ記号で答えなさい。

ア　青木くん、なんで反対意見を帰りの会で言わなかったの

イ　青木くん、タワー練習の最後に手を挙げてたよね。反対意見言おうとしてたんでしょ

ウ　青木くん、タワー練習の最後に手を挙げてたよね。賛成意見言おうとしてたんでしょ

エ　反対に手を挙げてたよね

オ　賛成に手を挙げてたよね

カ　俺も反対した

キ　俺も賛成した

ク　青木くんはなんで賛成意見なの

ケ　青木くんはなんで反対意見なの

コ　安田さんはなんで賛成意見なの

問五　[3]に入る慣用句としてもっとも適当なものを次のア～エから一つ選び、記号で答えなさい。

ア　目を見張る　　イ　胸を張る

ウ　腕を磨《みが》く　　エ　肩を怒《いか》らせる

問六　――線部④「『悪い言葉』」にはなぜ「かぎかっこ」がついているのか。それを説明した次の文の空欄《らん》の指示に合った適語を書いて答えなさい。

ここでは、ただの悪い言葉というよりも、特に（五字以内の書き抜《ぬ》き）に則《のっと》った規則で決められている悪い言葉を指すため。

問七　――線部⑤「ほほえましく感じた」とありますが、澪は青木のことをどのような人物と感じているでしょうか。もっとも適当なものを次のア～エから一つ選び、記号で答えなさい。

ア　見かけは大人びていて何でも分かったような口をきくが、多くの経験を積んでいるわけではなく、親の言うことに従順《じゅうじゅん》な人物。

イ　自分の意見を持っているように見えても、実は母親の意見に支配されていることに気づかないおっとりした人物。

ウ　勉強ができて心に余裕《よゆう》があるため、物事にこだわりがなく誰に対しても屈託《くったく》なく接することができる人物。

エ　自分で多くの経験を積んでいない事実から目を背け、知った風な口をきいて実力以上に自分を大きく見せようとする人物。

問八　――線部⑥「解き放たれた獣《けもの》みたいなこどもたち」の残酷《ざんこく》な行動として澪が思い浮かべていることに当てはまらないものを、次のア～エより一つ選び、記号で答えなさい。

ア　カースト制がはっきりしていて、誰かを傷つけることを喜ぶような子がそのトップに立つこと。

イ　先生の言うことを聞かず、授業中に歩き回ったりテスト用紙をまるめて投げたりすること。

ウ　常にいじめる対象を探している子の目から隠《かく》れ続け、クラスのいじめを見て見ぬふりをすること。

エ　掃除の時間に、自分が与えられている仕事をせず、それを誰かに押しつけて平気でサボること。

問九　――線部⑦「熱しやすく単純な男子」に当てはまる人物は次のうちだれか。当てはまる人物をすべて記号で答えなさい。

ア　出畑　　イ　国貞　　ウ　近藤　　エ　青木

問十　[Ⅰ]～[Ⅳ]に当てはまる語の組み合わせとしてもっとも適当なものを次から一つ選び、ア～エの記号で答えなさい。

ア　Ⅰ　主観　Ⅱ　客観　Ⅲ　状況　Ⅳ　具体
イ　Ⅰ　主観　Ⅱ　客観　Ⅲ　肉体　Ⅳ　精神
ウ　Ⅰ　現象　Ⅱ　主観　Ⅲ　根源　Ⅳ　精神
エ　Ⅰ　肉体　Ⅱ　精神　Ⅲ　主観　Ⅳ　客観

問十一　[8]に入る内容としてもっとも適切な箇所《かしょ》を本文中より探し、八字で抜《ぬ》き出して答えなさい。

問十二　――線部⑨「今はただ、母のすごさに気圧《けお》されている」とありますが、「澪の母」は本文の中でどんな人物として描《えが》かれていますか。次から適切ではないものを二つ選び、記号で答えなさい。

ア　自分とその家族が周囲から馬鹿《ばか》にされるような状況に陥《おちい》ると気持ちが不安定になってしまうほど視野が狭《せま》く、実は心に余裕《よゆう》がないが、そのことに自身が気づいていない。
イ　自分の正当性を信じ、それにそぐわないものを柔軟《じゅうなん》に受け容れることができないために、結局、思うようにならない対象を攻撃《こうげき》し、周囲からは面倒《めんどう》な人と見られがちだ。
ウ　学歴や職業などの自身の肩書《かたが》きが社会的な意味を持つと信じ、その外面的な肩書きに頼《たよ》らざるをえない自分を自覚しているために、それをひけらかすことに余念《よねん》がない。
エ　教育熱心で、娘に惜《お》しみない愛情を注いでおり、自分なりに娘を支えるため、場合によっては学校や塾ともひるむことなく戦う姿勢がある。
オ　手作りの食事を用意したり、学校帰りの娘を心配してメッセージを送ったりと、自分がどんなに忙しくても手を抜《ぬ》かず、仕事も子育ても完璧《ぺき》であり続けようとする。
カ　母（澪の祖母）が自分にしてきたことをそのまま受け継《つ》いで子どもに向き合っており、今のように子どもを守り支配することが悪いとは思っていない。

問十三　この文章の主人公「澪」について、A～Eの五人の生徒が話し合っています。本文から読みとれる内容として、適切ではないものを一つ選び、A～Eの記号で答えなさい。

A　私は澪がかわいそうだと思ったわ。子供を通して自分の願望を実現させようとしている母親と毎日向き合わなければならないなんてね。しかも母親は澪の気持ちを理解しようともせずに自分の価値観で突《つ》っ走る。こういうのを毒親っていうのかもしれないわ。
B　確かに。でも澪はそんな母親を客観視《し》できているところがすごいよね。そんな母に完全に毒されてエネルギーを奪《うば》われてしまう子も多いだろうに、冷めた目で、どこか母を憐《あわ》れんで見ているところもあるみたい。「母の立つその場所は脆《もろ》い」とか、母の書いた手紙を「滑稽《こっけい》で痛々《いたいた》しい」とか。
C　そうかな。私は澪もまあまあ母に毒されているような気がする。澪は人の立場を上とか下とかで意識する感覚が強そうだし、自分が下で支える人間の側になってもいいとは思っていない。学校や同級生のことも何気なく上からの視点で冷静に分析《せき》しているところとかね。
D　そうよね、塾でも真ん中のクラスなのに、上位にいる青木のことを上から見ているところがあるよね。母をとても憎《にく》んでいるのに、母の期待に応えようとしているし、澪は本当の自分自身の気持ちや実力に気がつかず、現実がわかっていないよね。それにとてもプライドが高い。

E　なるほど。人間タワーについての学級での話し合いでもみんなの前で反対意見を言わないし、先生にも嫌われたくないと考えているよね。自分の立場を守ろうとしていたり、なかなか難しい子かも。でも幼少期には絶対的な存在だった母親を様々な視点から疑いだしたところに、澪の心の成長があるんじゃないかな。

香蘭女学校中等科(第一回)

—50分—

注意　字数の指定がある場合は、句読点や記号なども一字に数えなさい。

一　次の文章は、戸森《ともり》しるこ『ココロノナカノノ』の一節です。これを読んで、後の問いに答えなさい。

> 寧音《ねね》(わたし)は中学一年生の女子で同じクラスの女子の活発で誰《だれ》からも好かれる籾山《もみやま》、それぞれ癖《くせ》のあるまりもやヒッキー(比企《ひき》さん)と仲良くしている。わたしには生まれる前に亡くなった双子《ふたご》の妹(野乃《のの》)がいたが、まりもにはこのことを話せていない。また母(奈《な》菜《な》ちゃん)には近々赤ちゃん(わたしの妹)が生まれる予定である。

水族館に行きたいといいだしたのは、まりもだった。

「イソギンチャクが見たいの」

たしかそういっていた。

イソギンチャク?

わたしも籾山も、ピンとこなかった。イソギンチャク? イルカとかペンギンとかではなくて? なんだかまりもらしくなくない? たとえばヒッキーがイソギンチャクを見たいというなら、なんとなくわかる気がするけれども。……なんてことをいうのは、なんだかヒッキーに失礼かもしれないし、イソギンチャクにも失礼かもしれない。

「いいけど」

戸惑《とまど》いながらも、籾山はそう答えた。

わたしはといえば、まりもが水族館に誘《さそ》っているのは、きっと籾山だけなんだろうと①サッして、うんざりしていた。夏ぐらいから、まりもはたまに(1)そういう接し方をしてくるから。

「それってわたしも行っていいの?」

わたしが❶投げやりに確認すると、当然わたしも含《ふく》まれていると思っていたらしい籾山は、驚《おどろ》いた顔をして、

「もちろん」

と答え、まりもは微妙《びみょう》な顔で、

「いいけど」

って。

けど、なによ?

わたしは聞き返さず、そのかわりにちょっと笑った。

どれだけまりもがわたしにそっけなくても、わたしは教室でまりもと籾山といることを選んでいる。なぜだろう。本当に、なぜ?

籾山やヒッキーといると、わたしはうれしかったり、心があたたかくなったりするけれど、まりもといるときは、もっと気持ちが複雑になる。それが、なんていうか、とても気持ちいい。癖になるっていうか。まりもに冷たくされると、まりものことがかわいいような気がしてきて、まりものことをもっと甘《あま》やかしてみたくなる。

これってちょっと危険な感じ。間違《まちが》っているのはわかるのに、やめられない。

籾山もわたしと似ていて、まりもに対して、そういう複雑な感情を持っているような気がする。❷持て余しているっていうか……。

とても興味深い、わたしたちの、森《もり》まりも。

(2)もうすぐ妹ができることを、わたしはまだまりもには話していない。

(中略)

日曜日。

事前学習によると、イソギンチャクは英語でシーアネモネ、海のアネモネだ。ちなみにドイツ語だと、海のバラ。日本語だと、磯《いそ》の巾着《きんちゃく》か。それはそれで悪くないと思うけど、花の名前にした方がきれいだった気がする。ちなみに「磯巾着」って春の季語らしい。すごい季節外れ。もう十一月だし。でもどうして春の季語なんだろう。

「えっ」

調べようとしてスマホを見たわたしは、②ゼックした。

いや、べつにイソギンチャクの季語の由来が衝撃《しょうげき》的だったわけではなくて、衝撃的なメッセージが届いていたからだ。

なんと、体調を崩《くず》した籾山は、本日のイソギンチャクツアーに不参加となく。出発してからいわれても。

「寧音ちゃん、まりもとふたりで兵器?」

今度はふたり宛《あて》ではなく、わたしだけ宛にこっそりメッセージが届いた。それにしても、兵器って。「平気」だよね。

籾山がこんなまぬけな変換《へんかん》ミスをするということは、③シンコクな体調不良かもしれない。

「へーき!」

わたしは元気よく返信した。

まりもは、オレンジ色のワンピースコートを着て、待ち合わせ場所に不機嫌《ふきげん》な顔で立っていた。

「おそいよ」

「ごめん」

反射的に謝ってしまってから、念のため時計を確認したら、まだ待ち合わせ時間前だった。

「十一時っていってたよね? まだ十時五十八分だよ」

まりもは【Ⅰ】斜《なな》め上を見て、聞かなかったふりをしている。

「今日、本当に行く?」

乗り気じゃなさそうにまりもがいうから、さすがのわたしも【Ⅱ】した。

「まりもがイソギンチャクが見たいっていったから……」

「そうだけど」

いいたいことはわかる。籾山ぬきで、まりもとわたしとふたりきりで、本当に行くのか? っていうことをいいたいんでしょ。だってわたしは籾山のおまけなのだから。わたしは急にばかばかしくなってきた。

「じゃあ、いい。帰る。ひとりで行けば?」

わたしが怒《おこ》ったのを見て、まりもはちょっと焦《あせ》ったみたいだった。普段《ふだん》、わたしはまりもに怒ったりしないから。

「ひとりで行くわけないでしょ」

わたしを帰らせるわけにはいかないみたいで、まりもはわたしの腕《うで》をぐいぐいひっぱってくる。なんなんだ、一体。

「前から疑問だったんだけど、まりもはどうしてそんなに自己中なの?」

わたしの声に、まりもは【Ⅲ】した顔で立ち止まる。かわいい顔が傷ついたように歪《ゆが》んだのを見て、わたしは残酷《ざんこく》な気持ちになる。まりもにわたしから手を放して、この手で自分の髪《かみ》の毛を触《さわ》った。まりもの動《どう》揺《よう》したときの癖だ。

「寧音ちゃん、そんなふうに思ってたの？」

まりもがわたしの名前を呼ぶのは、とてもめずらしい。普段は全然呼んでくれない。

「みんなそう思ってるよ」

わたしは笑顔で答える。性格が悪いのは、まりもではなくて、わたしの方なのかもしれない。

「でも、それでもわたしや籾山は、まりもと一緒《いっしょ》にいるのが好きなんだから、冷たいことといわないでほしい」

「冷たいことって……？」

本気でわからないという顔でまりもがいう。うそでしょ、とわたしは思う。

仕方ない。

「あのね、来た瞬間《しゅんかん》に『今日、本当に行く？』なんて不満そうにいわれたら、わたしとふたりきりでは行きたくないのかなって、思っちゃうでしょう？」

わたしがいいきかせるように伝えると、まりもは大きい目をさらに大きく見開いて、「ごめん」と謝った。

「あと、籾山とわたしと三人でいるときに、籾山とふたりきりの約束をするのもやめてほしい。不愉快《ふゆかい》。無神経だよ」

まりもは泣いてしまった。

まりもを❸なだめすかしながら、わたしたちは電車に乗って最寄りの水族館までやってきた。このまま解散したら、籾山が責任を感じるかもと思ったので、水族館行きを中止するという選択肢《せんたくし》は消すことにした。

ふてくされて口をきいてくれなくなったまりもは、入口付近で展示されていたペンギンを見て、ようやく機嫌を直したようだった。ペンギン様ありがとうと、わたしは心の中で手を合わせる。

目当てのイソギンチャクは、次の水槽《すいそう》で見つかった。

「触手《しょくしゅ》って、なんだかセクシーじゃない？」

ガラスの向こうのイソギンチャクを見ながら、なぜか小声で、まりもがいった。まりものその声の方がセクシーではないかしらと思いつつ、わたしは小声で返答する。

「そう？　どのへんが？」

「自分で考えてよ」

「ふーむ。でも、意外と人気あるんだね、イソギンチャクって」

イソギンチャクのいる水槽のまわりには、思いのほか人が集まっていた。

生き物にスマホをかざすと名前を教えてくれるという便利なアプリがあって、館内で無料体験中だったので試してみたところ、そのイソギンチャクは「アジサイイソギンチャク」という名前だった。磯の巾着にも、さりげなく花の名前がついていたのだ。事前にネットの画像で見た印象より、かなり華《はな》やかだった。

わたしがイソギンチャクを見直していると、横でまりもが「イソギンチャクが人気なわけじゃないと思う」と首を振《ふ》った。

「みんなクマノミを見に来ているんだよ。イソギンチャクといえば、クマノミでしょ」

それは知っている。クマノミのディズニーアニメも見たことあるし。

「共生関係っていうんだっけ。クマノミにはイソギンチャクの毒がきかないんだよね」

「どうしてきかないか、知ってる?」

わたしが知らないと答えると、まりもも先生は得意げに教えてくれた。

「クマノミが体表から出す粘液《ねんえき》の化学組成が、イソギンチャクの粘液の化学組成に似ているんだって。それで、イソギンチャクはクマノミをエサと④ニンシキできないの。つまりイソギンチャクはクマノミに騙《だま》されているってわけ」

「へぇ。クマノミってかしこいんだね」

「違うでしょ。粘液の化学組成が似ていたのは、たまたま運がよかっただけじゃない」

「でも、クマノミはそれを利用したんでしょ?」

わたしが指摘《してき》すると、まりもは黙《だま》った。

まりもはしばらく静かに水槽を見ていたけれど、やがて小さな声でこういった。

「イソギンチャクは、クマノミなしでも、べつに生きていけるんだって」

「ふーん……」

その水槽の前からわたしたちがなかなか動かないものだから、後ろから来た大学生くらいのグループと、小さい子を連れた親子と思われる三人組が、わたしたちを避《さ》けて先に進んでいった。まりもは水槽にそっと顔を近付けて、なにを考えているかわからない顔をしている。

「でもクマノミはさ、イソギンチャクがいないと、すぐに天敵から見つかって、食べられちゃうかもだよね」

まりもはかなり高い声をしている。かわいい声だけど、陰《かげ》でぶりっこなんていわれてしまうのは、その声や、ねっとりとしたしゃべり方のせいもあるのかもしれない。さっきから「粘液の化学組成」という言葉が、わたしの頭の中にべったりとはりついている感じがする。

そんなことを考えて黙っているわたしの横で、まりもは「イソギンチャク論」を展開している。

「クマノミはイソギンチャクのおかげで安全だけど、水族館には天敵がいないんだから、ちょっと事情が違うと思うんだよね。クマノミのおかげで、イソギンチャクは人から注目されているでしょ? だからここではイソギンチャクの方が得をしているわけ」

「だけど、イソギンチャクは人間から注目されたいなんて、考えていないんじゃないかな」

「わたしね、籾山のことが好きなんだと思う」

えっ。わたしはちょっとびっくりして、まりもの横顔をまじまじと見た。

「え? ……え?」

「だから、籾山のことが好きなんだってば」

「……わたしも籾山のことは好きだよ」

「そういうんじゃなくて」

しばらく無言で順路を進んだあと、巨大《きょだい》な水槽の中でふよふよとただよう、たくさんの白いくらげを見ながら、わたしたちは籾山について話を続けた。

「籾山はやさしいから、寧音ちゃんに声をかけたんだと思う。わたしの気持ちに気がついて、わたしとふたりきりでいたくなくなったから」

　それって、やさしい……？

　わたしこそ、利用された気がしてしまう。

　ああ、あのとき、あの夏の日、籾山はそのことをわたしにいおうとしていたのかもしれないな。あのときのゼリーは、そういうゼリーだったんだ。あのゼリー、くらげにちょっと質感が似ていたな、なんて、くらげを見ながらわたしはぼんやり考える。

　この半年とちょっとの間、わたしたち三人はいつもなんとなく「奇《き》妙《みょう》」で「不自然」だった。その原因をつかんだような気がした。

　わたしはゆっくり息を吸って吐《は》いてから、まりもにいった。

「わたし、グループぬけようかと思うんだけど」

　グループっていう単語はなんかちょっと違う気がしたけど、他に表現しようもないので、とりあえず使ってみたら、やっぱりすごく違和感があった。

　わたしの提案に、まりもが横で固まった気配を感じたけれど、まりもの顔は見なかった。返事はなかった。

「まりもは籾山とふたりでいたらいいんじゃないかな。わたしは比企さんとふたり組になるよ」

「……なんでそんな意地悪いうの？」

　また泣かれると困るので、わたしは慎重《しんちょう》に取引を開始する。

「じゃあさ、比企さんがひとりで寂《さび》しそうなときは、入れてあげてもいい？　いつもじゃなくていいの。比企さんはひとりでいるのも好きみたいだから」

　まりもは少し嫌《いや》そうな顔をした。でも一瞬のうちに、嫌な顔をしてしまったことに自分で気がついて、さりげなく反省したみたいだったから、わたしは気づかなかったことにする。

　まりもはわたしの足もとを見つめながら答えた。

「いいよ」

「それなら、三人でいる。これからも」

　取引成立だ。

　わたしたちは握手《あくしゅ》をした。まりもの手は、なんだかひどく湿《しめ》っていた。

　水族館の売店で、籾山へのおみやげのイソギンチャクグッズを選びながら、わたしはまりもに伝えた。
(3)「わたしねー、もうすぐ妹ができるんだ」
　そうしたらまりもが、「うん、籾山に聞いた」っていったから、わたしはちょっとショックだった。

「うそ。野乃のことも聞いた？」

「え？　ノノ？」

　まりもはきょとんとしてから、イソギンチャクの小さなぬいぐるみをわたしに見せた。

「これ、よくない？」

「いいんじゃない？」

「で、ノノってなに？」

「なんでもない」

「なによう」

　まりもはほっぺをふくらませて、いじけている。わたしはヒッキーにも、同じぬいぐるみを買うことにした。

籾山め。なんだかんだいって結局のところ籾山は、まりものことが大事なんだと思う。

新しいきょうだいができるなんてことは、きっとそういうことなんだろう。つまり、特に隠《かく》すようなことじゃないってこと。

奈菜ちゃんの出産予定日までは、あと三か月ちょっとだ。ふと思いついて、わたしはミニイソギンチャクをもうひとつ追加した。

まりもに野乃のことは話さなかった。それでいいような気がした。

【戸森しるこ「ココロノナカノノノ」（『飛ぶ教室』〈光村図書出版〉掲載）】

問一　══線①～④のかたかなをそれぞれ漢字に直しなさい。

問二　〜〜線❶～❸の文中でのことばの意味として最も適切なものを選び、それぞれ記号で答えなさい。

❶　投げやり

ア　不安になること　　イ　急にいらだつこと

ウ　相手に気を配ること　　エ　いい加減に行うこと

❷　持て余す

ア　思うままに扱《あつか》う　　イ　扱いに困る

ウ　気持ちに余裕《よゆう》がある　　エ　嫌気がさす

❸　なだめすかす

ア　相手の機嫌を損ねたことを許してもらうこと

イ　気分を害した相手がずっとすねていること

ウ　機嫌をとって相手の気持ちを和らげること

エ　相手をおだててこちらの思い通りにさせること

問三　——線(1)「そういう接し方」とありますが、まりもがわたしにどのような接し方をしているとわたしは感じているのですか。二十字以内で考えて答えなさい。

問四　【Ⅰ】～【Ⅲ】にあてはまることばを次の中から選び、それぞれ記号で答えなさい。

ア　ハッと　　イ　ボーッと　　ウ　ツンと　　エ　イラッと

問五　次は本文についての生徒A・B・Cたちの話し合いです。文中の（１）～（５）に入る人物名を後のア～エの記号でそれぞれ答えなさい。また【あ】・【い】に入る適切なことばを指定の字数で考えてそれぞれ答えなさい。

ア　寧音　　イ　籾山　　ウ　まりも　　エ　比企さん

A　女子三人組ではよくある関係ですね。

B　四人組なんじゃないの？

C　（１）はいつも一緒ではないみたいです。寧音はまりもに対する感情が複雑です。

B　普通ならまりもを嫌ってもいいのに、1ページ目下段「冷たくされると、まりものことがかわいいような気がして……甘やかしてみたくなる」のはどういう気持ちのあらわれなの？

A　クラスの他の子からは好かれていない感じですが、寧音や籾山はまりもに対して【あ(二字)】があることがわかります。それはこの二人にはまりもと仲良くしたいという気持ちがあるのだと考えます。

B　でも「イソギンチャクツアー」の時は、寧音は【い(十字以内)】様子だね。

C　その後の水族館でのイソギンチャクとクマノミの共生関係は彼女たちの関係をも表しているように読み取れるんですよね。

B　でも「共生」ってお互《たが》いに利益を得てる関係のことじゃないの？

A　「共生」の意味を調べていたら、興味深い文章に出会いました。深津《ふかつ》武馬《たけま》著「共に生きるということの本質」によればクマノミとイソギンチャクの関係は、実はイソギンチャクが損をしていて、クマノミはイソギンチャクの触手を食いちぎったりもするようです。

　こういう話をすると、必ず「その関係は〝共生〟というよりは、むしろ〝寄生〟ではないのですか？」という質問が飛んでくる。両方とも得をしているならともかく、片方が搾取《さくしゅ》されているようなら寄生と呼ぶべきではないかというわけである。このような問いに対して私は「共生関係というのは状況《じょうきょう》によって〝相利〟的になったり〝寄生〟的になったりすることがあるのです」「〝共生〟と〝寄生〟は決して対立概念《がいねん》ではなくて、前者が後者を含むものなのです」と答えることにしている。

　一般《いっぱん》社会ではふつう、お互《たが》いが利益を得ているような関係をイメージして「共生」という言葉を使っている。しかし正しい生物学の用語では、そのような関係はより厳密に「相利」と表現する。生物学における「共生」とはもっと広く、文字通り「共に生きている」関係をあらわす言葉なのである。

（深津武馬「共に生きるということの本質」より）

B　わたしたちが使ってる「共生」と生物学的な「共生関係」は違うってことね。

A　生物学的共生関係が寧音たちの関係にも見られないでしょうか。

B　じゃあ、イソギンチャクは誰をさしてるの？

C　まりものセリフだけで考えてみると4ページ目上段「イソギンチャクは、クマノミなしでも、べつに生きていけるんだって」「でもクマノミはさ、イソギンチャクがいないと、すぐに天敵から見つかって、食べられちゃうかもだよね」とあります。

A　もともとまりもは籾山と一緒に水族館に行きたかったんですよね。

B　そこでイソギンチャクを一緒に見たかったのかな。

C　そうしてみると、まりもの中ではイソギンチャクは（２）、クマノミは（３）を表しているのではないでしょうか。

A　また寧音の中では、イソギンチャクの特徴《とくちょう》と声のイメージを重ね合わせているから、イソギンチャクはまりもをイメージしているのが読み取れます。

C　5ページ目上段「わたしたち三人はいつもなんとなく『奇妙』で『不自然』だ」ともあるように、寧音とまりもの関係は、かみ合っていない様子がわかります。

A　寧音は（４）に利用されたり、（５）に変な態度をとられても、この関係から離《はな》れないでいますしね。こうしてみると「共生関係」は実に複雑でまさに「共に生きている」関係を表していますね。

問六　――線(3)「わたしねー、もうすぐ妹ができるんだ」とありますが、――線(2)では「わたし」は妹ができることをまりもに話していません。「わたし」が妹のことを直接まりもに話すことができたのは、「わたし」のまりもに対する気持ちがどのように変化したからですか。答えなさい。

二　次の文章は、古田徹也《てつや》『いつもの言葉を哲学《てつがく》する』の一節です。これを読んで、後の問いに答えなさい。

設問の都合により本文には一部省略や改変があります。また、文中の難しいことばには（※　）の形で注を付けてあります。

十九世紀末から二〇世紀前半にかけてオーストリアなどで活躍《かつやく》した作家カール・クラウスは、その生涯《しょうがい》を通じて「言葉の実習」と題したエッセイを発表し続け、(1)母語の言葉にあらためて注意を傾《かたむ》けることの重要性を説き続けた。(2)個々の言葉の微妙《びみょう》なニュアンスを、比較《ひかく》や例示などを通して具体的に浮《う》き彫《ぼ》りにしていく作業を続けたのである。

クラウスが取り組んだ類いの実習を日本語に関して行うことも、もちろん可能だ。たとえば、三浦《みうら》しをん著『広辞苑《こうじえん》をつくるひと』の第1章には、その種の「言葉の実習」に該当《がいとう》する恰好《かっこう》の（※ちょうどあてはまる）事例を見出すことができる。

同章には、『広辞苑』第七版の編纂《へんさん》（※編集）にかかわる改訂《かいてい》作業、とりわけ、語釈《ごしゃく》（※語句の意味の解釈《かいしゃく》・説明）の再検討に携《たずさ》わった人々に取材した内容が収められている。取材対象は、動詞の語釈を担当した、日本語学が専門の柏野和佳子《かしのわかこ》さんと田嶋明日香《たじまあすか》さん、英語学が専門の平本《ひらもと》智弥《ちや》さんの三人のチームだ。

このチームによる再検討の俎上《そじょう》に載《の》った（※取り上げられた）問題のひとつが、「見極める」と「見定める」の違《ちが》いだ。

（中略）

ほかに、(3)「こする」「する」「さする」「なでる」などの語釈を再検討するのも、このチームの役割だった。

（中略）

私が特に面白く感じたのは、「炒《いた》める」の語釈の再検討だ。改訂前の第六版では、この言葉はこう説明されている。

「炒める」：
食品を少量の油を使って加熱・調理する。「ほうれん草を炒める」

この語釈は明らかに不十分なものだ。これでは「(4)　」との違いが全く見えない。「炒める」とは何かをめぐる田嶋さんの探究の過程を描《えが》く、三浦しをんさんの筆致《ひっち》（※どのような書き方をしたか）を追ってみよう。

田嶋さんは、「炒める」の真髄《しんずい》（※本質、核心《かくしん》）を見極めるべく、メモ帳を携《たずさ》えて日々炒め物を作りまくった。……料理をしていないときも、エアフライパン片手に、「炒める」動作をしまくった！
田嶋「そうするうちに、『炒める場合、ひとかたまりの食材ではなく、細かく切ってあることが多いな』とか、『焼く場合よりも、食材を動かすよね』といったことがわかってきました。……ただ、『炒める』際の動作を、短い文章でどう表現したらいいのかが、また難問でして。……『かき混ぜる』という言葉を使うと、どうしてもスクランブルエッグとかのイメージになっちゃうかなと。」
悩《なや》みに悩んだすえ、ついに田嶋さんに天啓《てんけい》が降ってきた（※ひらめきが訪れた）。

どのような天啓が降ってきたのか、それは、第七版に採用された以下の「炒める」の新語釈を確認すれば一目瞭然《いちもくりょうぜん》だ。

「炒める」：

熱した調理器具の上に少量の油をひいて、食材同士をぶつけるように動かしながら加熱・調理する。「ほうれん草を炒める」

つまり、「食材同士をぶつけるように動かす」という、［（5）］ことによって、語釈が以前よりも遥《はる》かにアップグレード（※改良）されたわけだ。

以上の語釈再検討の実践《じっせん》には、(6)重要なポイントがさまざまに含《ふく》まれている。

まずもって、「炒める」や「なでる」といった言葉は、私たちの生活に相当深く根を張っている言葉だ。つまり、私たちは日々の生活で、これらの言葉を使いこなし、これらの行為《こうい》を繰《く》り返しているはずだ。ただ、それでも、ここまで見てきた語釈によってはじめて気づくことがある。「炒める」や「なでる」ですら――いや、むしろ、そうした言葉こそ――私たちは目をとめていないのだ。知っているはずの言葉に注意を傾け、言葉を言葉で表現することは、私たちの生活について、私たちが普段《ふだん》していることについて、私たち自身の理解を広げ、その奥《おく》深さや面白さを再発見させてくれるのである。

それから、十全な（※完全な）語釈を探究することは、再発見だけではなく、新発見をもたらす可能性もある。従来の「炒める」の語釈が①ヒンジャクなものだったことは先に確認したが、『広辞苑』に限らず他の辞書でも、②カジ用語には不十分さや抜《ぬ》けが散見される（※目につく）という。これはおそらく、カジをあまり担当しない男性が辞書の語釈を担当するケースがこれまで多かったからだと想像できる。この点でいえば、今回の『広辞苑』第七版の動詞の語釈を女性三人のチームが担当したことには大きな意味があったと思われる。今後も、多様な属性や背景をもつ人々が語釈の再検討に加わることによって、従来は看過《かんか》され（※見過ごされ）がちだった側面に光が当てられ、私たちの生活のかたちがより豊かに照らし出されていくだろう。

（中略）

ところで、先述のカール・クラウスは、言葉に目を凝《こ》らし、耳を澄《す》ませ、用いるべき言葉を思慮《しりょ》深く選び取ることは、私たちが果たすべき真に重要な責任であるものの、あまりに軽視されてしまっていると指摘《してき》している。そして、言葉に注意を傾け、しっくりくる言葉を選び取ろうとする際に生まれる〈これではまだしっくりこない〉、〈これでは……過ぎる〉といった迷い・疑いを、(7)「道徳的な贈《おく》り物」と呼んでいる。これにはいくつかの意味合いが含まれているだろう。

ひとつは、私たちが受け継《つ》いでいる文化遺産としての言語には、「駆《か》ける」と「走る」など、無数の類似した言葉が含まれ、互《たが》いに複雑に連関（※関連）し合っているということである。〈しっくりこない〉〈どうも違う〉といった迷いは、類似した言葉の間でしか生まれない。私たちは、迷い、ためらうことを可能にする言語を贈られているのである。

それから、この迷いの感覚がとりわけ道徳的な贈り物であるのは、私たちがⓐ紋切《もんき》り型《がた》の言葉の使用に安易に流れることに対して、この感覚が抵抗《ていこう》を示してくれるからだ。日々のコミュニケーションにおいて、ⓑありがちな言葉をテンポよく繰《く》り出しているとき、私たちはしばしば思考停止している。逆に、迷いを常套句《じょうとうく》でやり過ごさず、言葉同士の繊細《せんさい》なニュアンスの違いを感じ取り、意識的にぴったりの言葉を探すことは、自分自身の思考を開くことにつながりうる。

しっくりくる言葉を選び取ろうとしているとき、私たちは基本的に、自分にとって既知《きち》の言葉の間でしか迷えない。つまり、しっくりくる言葉の③コウホは、自分がこれまでの生活のなかで出会い、馴染《なじ》み、使用してきたものたちなのである。それゆえ、そうした言葉の探索《たんさく》は自ずと、これまでの自分自身の来歴と、自分が営んできた生活のかたちを、部分的にでも振《ふ》り返る実践を含んでいる。

よく、「自分の言葉で話しなさい」ということが言われ、ⓒ創意のある言葉やユニークな言葉を繰り出すことが無闇《むやみ》に推奨《すいしょう》されることもあるが、「自分の言葉で話す」というのは必ずしもそういうことではない。むしろ、ⓓありがちな言葉であっても、数ある馴染みの言葉の中から自分がそれを〈しっくりくる言葉〉として選び出すのであれば、そのことのうちに、これまでの来歴に基づく自分自身の固有なありようや、自分独自の思考というものが映し出される。逆に、ⓔ「お約束」に満ちた流暢《りゅうちょう》な話しぶりや滑《なめ》らかな会話は、〈こういう場合は人はこう言うものだ〉、〈こう言うのが世間では正解だ》という暗黙《あんもく》の基準にしばしば支配されている。それが常に悪いわけではないが、しかしそのときには、言葉に責任をもつべき自分がそこに存在しないことも確かなのである。

私たちの生活は言葉とともにあり、そのつどの表現と対話の場としてある。言葉を雑に扱《あつか》わず、自分の言葉に責任をもつこと。ⓕ言葉の使用を規格化やお約束、常套句などに完全に委ねてはならないこと。これらのことが重要なのは、言葉が平板化し、表現と対話の場が形骸化《けいがいか》し、私たちの生活が空虚《くうきょ》なものになること——ひいては、私たちが自分自身を見失うこと——を防ぐためだ。

(古田徹也『いつもの言葉を哲学する』〈朝日新書〉)

問一　═線①～③のかたかなをそれぞれ漢字に直しなさい。

問二　——線⑴「母語の言葉」とありますが、「母語」のここでの意味を文中から読み取り、二十字以内で説明しなさい。

問三　——線⑵「個々の言葉の微妙なニュアンスを、比較や例示などを通して具体的に浮き彫りにしていく作業」として——線⑶「『こする』『さする』『なでる』などの語釈を再検討する」ために次のような表を作りました。

言葉	どのように使われるか	比較・例示
「こする」	・繰り返しふれあわせる場合がある。 ・押し当てたまま動かす場合がある。	【比較】 【例示】 →背中をごしごし—
「A」	・痛みや寒さをやわらげるために行う。 ・手のひらを使う。 ・必ずしも軽いわけではなく、力をこめて行う場合もある。 ・いたわる気持ちがある。	【比較】 「こする」よりも「C」に近い。 【例示】→ D
「B」	・強い力で一度ふれあわせる場合がある。 ・何度もふれあわせる場合がある。 ・固いものに押《お》しつけて傷を負う場合がある。	【比較】 「こする」よりも、ふれあわせた物の一方が損傷・減少している。 【例示】→ E
「C」	・指先や毛を使用した道具などを使うこともあるが、主に手のひらを使う。 ・ふれる対象の形をなぞるように行う。	【比較】 一度あるいは数度動かす程度で、「A」「こする」ほどの反復感はない。 【例示】→ F

前の表の中の「Ａ」〜「Ｃ」、［Ｄ］〜［Ｆ］に入ることばとして最も適切なものを次の中から選び、それぞれ記号で答えなさい。

ア　する　イ　さする　ウ　なでる　エ　風が頬《ほお》を――

オ　転んで膝《ひざ》を地面に――　カ　体調の悪い人の背中を――

問四　［(4)］に入ることばとして最も適切なものを次の中から選び、記号で答えなさい。

ア　蒸す　イ　炊《た》く　ウ　焼く　エ　揚《あ》げる　オ　あぶる

問五　［(5)］に入ることばとして最も適切なものを次の中から選び、記号で答えなさい。

ア　炒める行為《こうい》ならではの重要な側面が見出され、表現を得た

イ　「炒める」の真髄を見極める努力がすべて水の泡《あわ》となった

ウ　「炒める」の語釈に用いられている動作を自分のものにした

エ　すべての料理にあてはまる調理の本質をつかんだ

問六　――線(6)「重要なポイントがさまざまに含まれている」とありますが、本文中には重要なポイントが二つ記されています。それらをそれぞれ五十字以内でまとめなさい。

問七　――線(7)「道徳的な贈り物」とありますが、「道徳的」とはここではどのような意味ですか。次の［　］にあてはまることばを答えなさい。

しっくりくる言葉を選び取ろうとする際に生まれる迷い・疑いが［　］につながるということ。

問八　〰線ⓐ〜ⓕについて、その文中での意味内容から分類したものとして最も適切なものを次の中から選び、記号で答えなさい。（〰＝〰は同内容であることを表す。）

ア　ⓓ以外は全て同内容である。

イ　ⓐ＝ⓑ＝ⓔ＝ⓕとⓒ＝ⓓとで内容が異なる。

ウ　ⓐ＝ⓑ＝ⓔ＝ⓕとⓒとⓓとで内容が異なる。

エ　ⓐ＝ⓕとⓑ＝ⓔとⓒ＝ⓓとで内容が異なる。

オ　ⓐ＝ⓕとⓑ＝ⓔとⓒとⓓとで内容が異なる。

問九　次の短歌は小林理央《りお》という歌人が十三歳の時に詠《よ》んだものです。この作者の思いと本文の筆者の言いたいことには共通点があります。共通しているのはどのような内容で、短歌のどの部分がそれにあたりますか。答えなさい。

雪の色何色かって聞かれたら白と答えない人になりたい

（小林理央『歌集　２０÷３』〈ＫＡＤＯＫＡＷＡ〉より）

実践女子学園中学校（第一回）

―45分―

一　次の文章を読んで、後の問いに答えなさい。（字数制限のある場合は、句読点や記号も字数に数えます。）

田所健人《たどころけんと》は科学にのめりこんでいる少年である。田所家は代々、東京タワーの上に虹《にじ》をかけるという研究を続けてきたが、いまだ果たせずにいた。ある日、健人は東京タワーで警備員に怪《あや》しまれ、思わず逃《に》げ出すが、その時に研究内容を記録した大事なノートを落とし、拾われてしまう。

「『ひいおじいちゃんの時代から、田所家にずっと受け継《つ》がれてきた秘密の研究』か。そうなるはずだったんだよな。なのに、どうして父さんは、この研究を引き継がないばかりか、反対までするんだ！」

①東京タワーは、スイッチひとつでタワーの上に巨大《きょだい》な虹が架《か》かって完成のはずなのだ。戦後の復興期、曾祖父《そうそふ》の正太郎《しょうたろう》は、「がんばれ、日本！新しい日本をつくろう！」の思いで、タワーに虹を架けたかった。しかし、それを果たせぬまま、正太郎はこの世を去り、健人の祖父である信二《しんじ》が、その意思を引き継いだ。

阪神《はんしん》・淡路《あわじ》大震災《しんさい》のとき、そして東日本大震災のとき、そして新型コロナウイルスによるパンデミックのときにも、信二は「みんなが応援《おうえん》しているぞ。」「みんなでがんばろう！」と、虹を架けたかった。

けれど、それらはいずれも果たすことができなかった。

「東京タワーは、日本人の心の応援歌なんだ。」という信念のもと、信二は研究を続ける。しかし、②健人の父である弘樹《ひろき》は、この研究にまったく興味がない。そればかりか、うさんくささすら感じているのだ。

「こんな、子どもじみたバカバカしい研究に、自分は巻《ま》きこまれたくない。」と。信二がいくら説得してもムダだった。

「息子《むすこ》の弘樹は、まるであてにならん。だから、わしのあとは健人に託《たく》したいと思っとる。そのために自分の命が尽《つ》きる前までに、できるだけ完成に近づけておかなくてはならん。」

そう何度も口にしていたのだ。そのことは健人も半分は、わかっている。〝半分〟というのは、「研究の中身は引き継ぎたいが、自分ひとりの発想、研究方法で進めたい。だれかの力を借りたり、共同で研究を進めるようなことはしたくない。」という意味なのだ。

つまり、「東京タワーの上に虹を架ける研究には賛成するが、ひいじいちゃんや、じいやんの研究の続きをそのまま引き継ぐ」のは、いやなのだと。

「そのためにも必要なのは、やっぱり大学ノートだ。」

その思いを日増しに強くする健人は、いよいよ行動に出ることにした。

「大事なノートを落とした。」とは、だれにも言いたくなかった。それを口にすれば、だれかが救いの手をさしのべようとするかもしれない。自分自身も、だれかの力を借りたくなってしまうかもしれない。それだけは避《さ》けたかった。

意地なのか、信条なのか、それともプライドか。

それは、健人自身にもわからない。ただ、「ひとりでやらなくちゃだめなんだ。」という、正体不明の呪縛《じゅばく》だけが、健人の体をギリギリとしばりあげていた。

　ある日健人は、大人たちには知られないように、こっそりじっくり練《ね》りあげた計画に沿って、警備員室にしのびこむことにした。目的はもちろん、ノートを取りもどすことだ。

　実行するのは早朝の5時。タワーの営業時間は、10時～21時半だ。夜に実行するのは親の目を盗《ぬす》むのが難しい。それならば早朝しかない。※絵里子《えりこ》が健人《けんと》を起こしに来るのは朝の6時半。それまでに計画を実行してもどってくれば問題ない。それに、警備員が営業前の見まわりをするのは8時と決まっている。③自分がまいた種は自分で刈《か》り取る。これも健人ならではの、こだわりなのだ。

　計画実行前夜、健人はなかなか寝《ね》つけずにいた。

「もしだれかに見つかったら、どうしよう。いやいや、時間内に完了《かんりょう》すれば、だれにも見つかるはずはない。それより、もしも警備員室にノートがなかったら……。」

　いくら心配してもしかたないのはわかっているのに、それでも「もし」が頭の隅《すみ》から離《はな》れない。

「ええい、もう、なるようになれ！」

　そう。人生はどうあがいても、なるようにしかならないのだ。それでも眠《ねむ》りは訪《おとず》れる。あとは寝過ごさないようにするだけだ。

　枕《まくら》の下で、かすかに目覚まし時計のベルの音がした。いつもなら、頭の上で爆竹《ばくちく》が鳴っても起きそうにない健人なのだが、この日はパッと目が覚めた。どれほど朝が弱い子どもでも、遠足の朝には自分で目を覚ますものだが、④それと同じである。

　物音を立てないようにして、そっと身じたくを整える。さらに小さなリュックを背負って窓から屋根を伝って外に出た。

「やった！　うまく脱出《だっしゅつ》したぞ。」

　なんだかもう、半分くらいは成功したような気になった。ここで外靴《そとぐつ》をはき、まだ薄暗《うすぐら》い町へと飛び出す。視線をあげると、東京タワーの最上部は朝霧《あさぎり》のベールをまとっていた。手にしたいくつかのカギを鳴らさないように気をつけ、細い路地に入る。と、そのときだ。

「ヤッホー、健人。おはよう！」

　なんと、心咲《みさき》が2階の窓から手をふっている。健人が自宅からタワーへ行くには、心咲の家の横を通るのが近道なのだ。

「なんだよ、心咲。何やってんだ。」

「シーッ、大きな声を出すと、うちの親が起きてきちゃうよ。それより健人。やっと、その気になったみたいだね。⑤あたし、わかってたの。きっと近いうちに健人がここを通る。それも朝早くにね。」

「予言者か、心咲は。」

「何、非科学的なこと言ってんの。下に行くから、ちょっと待ってて。」

　と言うが早いか、窓から長いロープを投げおろし、それにしがみついて心咲が降りてきた。吐《は》く息が、もう白く見える季節になっていた。

「だ、だいじょうぶなのか、こんなことして。」

　心咲がぶら下がっていたのはロープではなく、柔道《じゅうどう》の帯を2本つなげたものだった。

「だいじょうぶ。柔道の帯って、すごくじょうぶなんだよ。あたしのお兄ちゃんが、高校の柔道部だっていうのは教えたでしょ？」

「いやいや、⑥そういうことじゃなくて、うちの人が心配するだろう。早くもどれよ。」
⑦健人はだんだんイライラしてきた。くるっと向きを変え、先を急ごうとする。その健人の手首を心咲がぎゅっとつかんだ。
「なんだよ、時間がないんだよ。」

「あら、あたしがどうして健人《けんと》が今日の朝早く、ここを通ることを知ってるのか、聞かなくていいの？」

そうだった。それはたしかに不思議だが、今の健人には先を急ぐ方が大事だった。

「あとで、な？　あとで聞くから、今はその手を離《はな》せ。」

「いや、離さないよ。ねえ、健人。あんた、こんなことが本当にできると思ってるの？」

「やってみなきゃわかんないよ。それにこれは、どうしてもやらなきゃならないことなんだ。」

そう言い切った健人の顔をじっと見つめると、⑧心咲《みさき》は握《にぎ》った手にもう一度力をこめた。

「わかった。どうしても行くなら、あたしもいっしょに行く。」

「なんで、心咲が行く必要があるんだよ。」

「前にも言ったでしょ？　健人がどこまで暴走しちゃうか心配なんだって。もし、その暴走のとばっちりが、あたしの方にまで降りかかってきたらいやだから、ひとりじゃ行かせられないの！」
⑨意味不明な理由だとは思ったけれど、ここで言い合いをしている時間はない。
「もう、勝手にしろ。どうなったって、知らないからな。」

根負けだ。

「じゃあ、急ごう。うーん、なんか、『おてんばエリザベス』になったみたいな気分。健人、知ってる？　『おてんばエリザベス』っていうのは、イギリスの女流作家、イーニッド・ブライトンが書いた小説なんだよ。そのエリザベスがさあ……。」

「おまえ、さっき『心配だからついて行く』って言ったよな。楽しんでるじゃんか。いいから走れ！」

どうやら健人は、心咲を説得することをあきらめたらしい。

こんなに朝早くに、もうジョギングをしている人が何人かいる。その人たちの視線を避《さ》けながら、ふたりはカギを使って※スターライズタワーの中にしのびこんだ。

「よしっ、ここまではオッケー。急げ、エレベーターに乗るぞ。」

健人はエレベーターの電源をオンにすると、心咲を無視して中に飛び乗った。本来ならトップデッキまでノンストップのエレベーターだが、この日はメインデッキに臨時停車だ。

「こらっ、あたしを置いてくな。手伝ってやらないぞ。」

「だれが手伝ってくれなんて言った。ぼくは、だれにも手伝ってなんか欲《ほ》しくないんだ。ひとりでやるんだから、じゃまするなよ。」

などと、あまり建設的とは言えない言い合いをしているうちに、エレベーターはメインデッキに到着《とうちゃく》した。腕時計《うでどけい》を見る。5時43分。時間はまだ十分にある。

「次は警備員室に行くんでしょ。あたし、ようすを見てくる……。」

「待て！」

今度は健人が心咲の手首を強くつかんだ。

「なんだ、あの人たち。何をやってるんだ？」

⑩作業服を着た数人の男たちが、脚立《きゃたつ》を使って、メインデッキの天井《てんじょう》に長いポールのようなものをあてている。今出て行けば、その男たちに見つかってしまうことは明らかだ。

「あれ、教室に時々来る人たちと同じことをやってない？　たしか、火事の予防のなんとかって。」

「スプリンクラーだ！　スプリンクラーの点検をやってるんだ。おいおい、聞いてないぞ、今日のそれもこんな朝早くに作業をするなんて。」

　スプリンクラーの点検は、定期的におこなっているが、それはたいてい営業時間のあと、深夜におこなわれると聞いていた。なんの都合か知らないが、たしかにその作業は早朝の今、目の前でおこなわれている。

「あっ、警備員さんもいるよ。立ち会っているのかなぁ。」

「なんてこった。よりによって、こんなときに……。まあいい、さいわい時間はまだある。あの連中が裏にまわってから行動しよう。」

　それまでは、ここで待つしかない。〝ここ〟というのは、エレベーターのとびらのすぐ近くにある売店裏のことだ。ふたりは、ふうっと深呼吸をして、床《ゆか》にペタッと座《すわ》った。その冷たさが、冬が近いことを感じさせる。

「※このずっと上に、おじいちゃんが住んでいるんでしょ？　そこで休ませてもらえないの？」

「バカ言うな。これはぼくひとりの問題なんだ。じいやんの手は借りたくないよ。」

「またそんなこと言って。だれかに手伝ってもらうのって、そんなにだめなことなの？　おかしいよ、健人《けんと》の考え方って。」

心咲《みさき》の言葉に、健人は「うるさいな。」と露骨《ろこつ》にいやな顔をした。

「それより、ぼくが今日の朝、心咲の家の前を通ることをどうして知っていたのか、説明してみろよ。」

「してみろ？　してください、でしょ？　あのね、健人って、大事なことはなんでもメモする習慣があるでしょ？　それがはさまってたの。あたしが借りた〝星新一〟の本に。『ノート奪還《だっかん》計画』っていうメモがね。」

　そういうことかと、うなだれる健人。そのメモには、この日の計画がこまかく記されていた。健人は科学オタクではあるが、小説も読む。ただし、それはSFに限られている。中でも「ショートショートの神様」と呼ばれる星新一の作品は、何度でもくり返し読むほどの大ファンなのだ。

「それにしてもついてないよね。こんな日にスプリンクラーの点検だなんて。」

「もっとついてないのは、心咲がここにいることだ。」

　何よそれ、と心咲が健人にひじ鉄を食らわせたそのときだ。作業員たちの姿が、柱の向こうに消えていった。

「よしっ、見えなくなったぞ。今だ！」

　健人が動き出し、そのあとに心咲がつく。警備員室までは１５メートルといったところか。ここで要した時間は１７分。このロスタイムなら想定内だ。体を低くかがめて、警備員室のドアに迫《せま》る。ここで健人が背中のリュックから、ポケットハンマーを取り出した。

「何するの？」

「カギをこじ開けて、中に入るんだよ。」

「だめだよ。それじゃ、まるでどろぼうじゃない。あんたはルパンじゃないんだから。ルパンは『ピッキング』っていうおしゃれなやり方でカギを開けるんだよ。」

「ピッキングは上級テクニック。今からやるのは、もっとかんたんな『バンピング』っていうやり方だ。それより、ちょっとだまっててくれない？」

少しいらついている健人だ。やがてふたりは警備員室のドアの前に来た。

「さあ、開けるぞ。……あれっ？」

健人が⑪すっとんきょうな声をあげる。

「ドアが開いてる……。」

いつもならきっちりと閉まっているはずのドアが、半開きになっている。

「まだ営業時間前だから、開けっ放しにしてあるんだね。今度はラッキーじゃん。」

警備員は全員、スプリンクラーの点検につきそっている。⑫たしかにラッキーだ。そして、そのラッキーはそれだけで終わらなかった。

「あっ、あった！　ぼくの大学ノートだ！」

こんなにあっさり見つかるとは、思ってもみなかった。目の前のテーブルにポンと投げ出すように置いてあるのだ。

「なんだかラッキー過ぎて、気持ち悪いな。」

そうは思ったが、早く家にもどれることにホッとしたのはまちがいない。そのとき、心咲《みさき》が健人《けんと》の肩《かた》のあたりをツンツンとつついて、こう言った。

「ねえ、そのノートの裏に、メモみたいなものがくっついてるけど。」

健人がノートを裏返すと、そこにはたしかに、茶色に変色した古いメモがはりつけられていた。そしてそこには、赤ペンで走り書きがあった。

「ええと、ヘリオン……、なんだこりゃ。」

と、そのときだ。ひとりの警備員が、ふたりに向かって歩いてきた。確実にふたりをロックオンしている感じだ。

「おっちゃんじゃない。」

いつもの老警備員ではなく、見たことのない若い長身の警備員だった。

「君たち、ちょっと待ちなさい。」

警備員が足を速めた。

「いけね、見つかった。逃げるぞ！」

今度は健人が心咲の腕《うで》をつかんで走り出す。⑬エレベーターは目と鼻の先だ。

「早く来い、エレベーター！」

下向きの三角マークを連打する。警備員との距離《きょり》は、およそ２０メートル。

「やばっ、つかまる！」

そのとき、エレベーターのとびらが開いた。

「飛びこめ！」

ふたりは、ラグビーのトライを決めるときのように、中へと飛びこむ。

警備員の姿がみるみる大きくなってきた。

「閉まれ～！」

警備員の顔が、ソフトボールほどの大きさに見えたその瞬間《しゅんかん》、とびらは音もなく閉まった。と同時に、下へと向かって降りていく。

「ふうっ、［ I ］だったな。……心咲？　だいじょうぶか？」

健人が見ると、心咲の目が空中を泳いでいる。

「ううーん、あたしたち、今度はインディ・ジョーンズになったんだね。インディ・ジョーンズっていうのは、ジョージ・ルーカスが制作した映画なんだ。インディは考古学者でかっこよくて……。」

やっぱり心咲は、このサスペンス映画のような状《じょう》況《きょう》を楽しんでいるようだ。

エレベーターはいつの間にか、1階に到《とう》着《ちゃく》していた。すぐさま、コンテナの中に飛びこむ。これは※心咲が潜《せん》入《にゅう》したときに入った、あのコンテナだ。

「ここまで来れば、もうだいじょうぶだ。あぶなかったぁ。」

健人《けんと》が⑭ホッと[Ⅱ]をなでおろした。そして改めて、取りもどしたノートに目をやる。

やはり気になるのは、自分では貼《は》りつけた憶《おぼ》えのないメモのことだ。

「なんだろうな、この『ヘリオンネウム—1』って。」

どれどれと、心咲《みさき》がのぞきこむ。

「ほんと、何だろう。……あれっ、裏にも何か書いてあるよ。」

と、健人の顔を見る。だれかのサインのようだ。

「田所《たどころ》 正太郎《しょうたろう》? これって、ひいじいちゃんのサインじゃないか。どうして警備員室にこんなものがあるんだ。」

考えてみてもわからない。それよりも健人には、「ヘリオンネウム—1」の意味の方がもっと気になる。

(じいやんに相談してみようか。いやいや、だめだ。)

⑮泡《あわ》のように浮《う》かんできそうになった気持ちを、強く打ち消す。これが、健人の健人らしいところでもあった。健人は、自分の力で研究を前に進めたいのだ。だれの手も借りたくない。自分ひとりで成しとげることにこそ、意味があるのだと。

さらに健人は、東京タワーに虹《にじ》を架《か》けるという壮《そう》大《だい》なアイデアを生み出した正太郎のことを、心の底からリスペクトしている。その正太郎のサインがあるということは、研究に関係したメモにまちがいないと、健人は確信した。それだから、「このメモは自分が解読して、完成につなげたい。」と思ったのだ。

(山口理《やまぐちさとし》『東京タワーに住む少年』〈国土社〉より)

※(注)　絵理子《えりこ》——健人の母親。
スターライズタワー——東京タワーの敷《しき》地《ち》内にある施《し》設《せつ》。
このずっと上に、おじいちゃんが——祖父の信《しん》二《じ》は東京タワーの上部にある架《か》空《くう》の秘密部屋で研究しているという設定になっている。
心咲が潜《せん》入《にゅう》したとき——心咲は以前、ふとした拍《ひょう》子《し》に秘密部屋に立ち入ってしまった。

問一　——線①「東京タワーは、スイッチひとつでタワーの上に巨《きょ》大《だい》な虹《にじ》が架《か》かって完成のはずなのだ。」とありますが、田所家《たどころけ》の人々は、「東京タワー」に「虹」をかけることにどのような思いをこめていたのですか。「思い。」につながるように、簡潔に答えなさい。

問二　——線②「健人《けんと》の父である弘樹《ひろき》は、この研究にまったく興味がない。」とありますが、弘樹は「この研究」に対してどのように考えているのですか。「と考えている。」につながるように、二十字以上三十字以内にまとめて答えなさい。

問三　――線③「自分がまいた種は自分で刈《か》り取る。」とありますが、この場面ではどういうことを指していますか。二十字前後で具体的に答えなさい。

問四　――線④「それと同じである。」とありますが、「それ」とはどのようなことを指しているのですか。簡潔に答えなさい。

問五　――線⑤「あたし、わかってたの。」とありますが、なぜ心咲《みさき》は「わかって」いたのですか。その理由をここより後の心咲の言葉を参考にして具体的に答えなさい。

問六　――線⑥「そういうことじゃなくて」とありますが、健人が言いたいのはどういうことですか。次のア～エの中から最も適当なものを一つ選び、その記号を答えなさい。

ア　二階の窓から外に下りる行為《こうい》は危険だということ。

イ　ロープよりも柔道《じゅうどう》着の帯の方が丈夫《じょうぶ》で安全だということ。

ウ　朝早くに勝手に家を出たことがわかったら大変だということ。

エ　心咲の兄が柔道部かどうかはどうでもいい話だということ。

問七　――線⑦「健人はだんだんイライラしてきた。」とありますが、なぜ「イライラしてきた」のですか。その理由をわかりやすく説明しなさい。

問八　――線⑧「心咲は握《にぎ》った手にもう一度力をこめた。」とありますが、なぜだと考えられますか。簡潔に答えなさい。

問九　――線⑨「意味不明な理由」とありますが、なぜそのように思ったのですか。次のア～エの中から最も適当なものを一つ選び、その記号を答えなさい。

ア　自分の行動によって心咲《みさき》に迷惑《めいわく》がかかることなどあるはずがないから。

イ　いつも言い争ってばかりいるのに、自分の心配などするはずがないから。

ウ　ふだんの行動から、心咲の本心は好奇心《こうきしん》と野次馬根性《こんじょう》だけであると見抜《ぬ》いているから。

エ　自分の行動を危険だと考え、止めようとしているだけだとわかっているから。

問十　――線⑩「作業服を着た数人の男たちが、脚立《きゃたつ》を使って、メインデッキの天井《てんじょう》に長いポールのようなものをあてている。」とありますが、「作業服を着た数人の男たち」は何をしていたのですか。簡潔に答えなさい。

問十一　――線⑪「すっとんきょうな声」とありますが、ここではどのような感情がこもった「声」ですか。次のア～エの中から最も適当なものを一つ選び、その記号を答えなさい。

ア　怒《いか》り　イ　不審《ふしん》　ウ　驚《おどろ》き　エ　喜び

問十二　――線⑫「たしかにラッキーだ。そして、そのラッキーはそれだけで終わらなかった。」について、次の1・2の問いに答えなさい。

1　どのようなことが「ラッキー」なのですか。「こと。」につながるように二十五字以内で答えなさい。

2　「それだけで終わらなかった。」とありますが、どういうことですか。「ということ。」につながるように答えなさい。

問十三　――線⑬「エレベーターは目と鼻の先だ。」とありますが、「目と鼻の先」とはどのような意味ですか。簡潔に答えなさい。

問十四　[Ⅰ]にあてはまる四字熟語として最も適当なものを次のア～エの中から一つ選び、その記号を答えなさい。

ア　危機一髪《いっぱつ》　イ　以心伝心　ウ　右往左往　エ　先手必勝

問十五　――線⑭「ホッと[Ⅱ]をなでおろした。」とありますが、[Ⅱ]にあてはまる体の部位を表す漢字を答えなさい。

問十六　――線⑮「泡《あわ》のように浮《う》かんできそうになった気持ちを、強く打ち消す。」について、次の1・2の問いに答えなさい。

1　「泡のように浮かんできそうになった気持ち」とありますが、どのような「気持ち」ですか。「という気持ち。」につながるように、文中から十二字でぬき出して答えなさい。

2　健人《けんと》はなぜその気持ちを「強く打ち消す」のですか。文中の言葉を用いて、四十字前後で答えなさい。

[二]　次の漢字と言葉に関する問いに答えなさい。

問一　次の①～⑤の――線部のカタカナを、それぞれ漢字に直しなさい。

①　首位の選手が独走タイセイに入った。

②　冬から春への季節のウツりかわり。

③　友達へのプレゼントをホウソウしてもらう。

④　トラブルをエンマンに解決する。

⑤　友達の作文をヒヒョウする。

問二　次の①～④の――線部の漢字の読みを、それぞれひらがなで答えなさい。

①　険しい山道を登る。

②　やせた土地を肥やす。

③　村の古い社。

④　組織的な活動に参加する。

問三　次の①～③の熟語の前に打ち消しの意味を表す漢字一字を付けて、反対の意味を表すようにしなさい。

①　完成

②　常識

③　理解

問四　次の①～③のものの数え方を表す漢字一字を答えなさい。ただし、「個」は使えません。

①　皿

②　乗用車

③　くつ下

問五　次の①・②の熟語と読み方のルールが同じものを後のア～カの中からそれぞれ一つずつ選び、その記号を答えなさい。

①　団子

②　雨具

ア　交通　イ　見学　ウ　台所

エ　特別　オ　一発　カ　見本

品川女子学院中等部(第一回)

—50分—

一　次の(1)～(5)の――線部を漢字に直しなさい。

(1)　手をセイケツにする。

(2)　水槽《すいそう》で熱帯魚をカう。

(3)　今日発売するシュウカン誌。

(4)　その作家は賞をジタイした。

(5)　選手のフンキを促《うなが》す。

二　次の(1)～(5)の問いに答えなさい。ただし(1)(2)はひらがなでもよいが、(3)～(5)は漢字で答えること。

(1)　下の意味となるように、空欄《くうらん》に生物の名前を入れてことわざを完成させなさい。

「□で鯛《たい》を釣《つ》る」…少しのものによって、多くの得をすること。

(2)　～～線部が下の意味となるように、空欄に体の部位を入れて慣用句を完成させなさい。

結果にこだわらず全力でやると□をくくった。…決心した。覚悟《かくご》をした。

(3)　下の意味となるように、空欄に漢字を入れてことわざを完成させなさい。

「□羽の矢が立つ」…多くの中から特に選び出されること。

(4)　～～線部の語の対義語を漢字２字で答えなさい。

消費者の声を聞く。

(5)　次の文の空欄に漢字を入れて四字熟語を完成させなさい。

友だちは勉強も運動もできて性格がよく、完全□□な人間に見える。

三　次の文章を読み、あとの問いに答えなさい。（ぬき出しと字数が決められている問題は、すべて「、」「。」記号などを字数にふくみます。）

環境《かんきょう》問題を解決しようと思って、僕《ぼく》らは　①　を生んでしまうこともある。たとえば、車に乗って行う自然保護活動は、二酸化炭素を排出《はいしゅつ》するがゆえにトータルで考えると環境に悪影響《えいきょう》を与《あた》えている可能性があるのだ。そんな活動をするくらいなら、家で寝《ね》てたほうがましなのかもしれない。単なる自己満足ではダメで、僕らは行動のプラスとマイナスを総合して、総合的にプラスになるように動かなければならない。なので、②動く前にじっくり考えなければならない。若いみなさん、あせって自然保護活動に参加するよりも、まずはじっくり腰《こし》を据《す》えて勉強してから、自分のすべき活動を考えても遅《おそ》くはない。僕自身、大学に行く前に考えてたこと、やってたことは、たいてい間違《まちが》いだったと後になって気づいた。環境問題に関しては、「行動するな、その前に学んで考えろ」というアドバイスをおくりたい。自分一人の人生なら、「あれこれ悩《なや》む前に行動しろ」というポリシー注1でやってきて、自分はそれを気に入っているけど、環境保全はあなたひとりの自己満足のためにやるもんじゃない。だから、行動の前に考えることが重要なんだ。だから、しっかりと基礎《きそ》知識を身に着け、批判的思考ができるようになってから環境保全活動に取り組むことをお勧《すす》めしたい。

手続的正義と実体的正義

　タイムマシンを持たない人間が、重大な判断を迫《せま》られることがある。未来を予測する環境問題でもそうだし、事件の犯人を認定《にんてい》して罰《ばつ》を与えることもそうだ。タイムマシンは存在しないので、③警察官や裁判官にとって、誰《だれ》が事件の真犯人かを完璧《かんぺき》に解明することは不可能だ。それでも刑事《けいじ》事件の裁判で、可能性の高い者を認定し罰しなければ、社会の秩序《ちつじょ》は守れない。そこで、裁判の正当な手続きを決め、その過程を経ていればその処罰は正当なものとみなすという社会の合意(法律)ができた。これを**手続的正義**という。実際に誰が犯人かという真実が**実体的正義**だが、それは神のみぞ知るもの、あるいはタイムマシンが開発されたら分かるものである。神のお告げやタイムマシンの開発を待っていられない僕らが、社会秩序の維持《いじ》のために使うのが手続的正義である。

　科学の世界も同じ。タイムマシンを持たない人間は、温暖化がどのようになるか、未来を完璧に予測することは不可能だ。それでもいま、何か対策しなければ未来は確実にわるくなる。完璧な予測ができない以上、完璧な対策は不可能。それでも、やらないよりはましなのだ。見切り発車的な気持ちわるさは否《いな》めないけれど……。

　④刑事事件の裁判とはちがって、温暖化予測の手続きは、まだ定まっていない。⑤科学者たちは試行錯誤《しこうさくご》注2の途中《とちゅう》だ。一例として、intercomparison(相互比較《そうごひかく》)というやり方が普及《ふきゅう》してきた。これは、独立した複数の研究グループがあるお題に沿って未来予測を行い、その結果を比較するというもの。多くのグループが似たような結果を出すならば、その予測は比較的信頼《しんらい》できるとみなす。当然ながらこれは、完璧な手段ではない。きっと間違っていることも多いだろう。温暖化の議論が始まって数十年、むかし言ってたことは、合ってたことも間違ってたこともある。間違いを直して、より良いやり方にしていかなければならない。これからもそうだろう。二〇五〇年には、いまよりましなコンセンサス注3の取り方が採用されてることを望む。

　⑥完璧じゃなくても、なんかしなくちゃならない。これを忘れてはならない。二〇五〇年の人にどう評価されるか、二〇二一年の僕はよく考える。僕が発想して、研究して、立証できたかに思えた理論、実は間違いだった、なんてことは二〇五〇年にはいろいろ判明しているだろう。僕は、それ自体を恥《は》ずかしいとは思わない。科学とは試行錯誤の繰《く》り返《かえ》し。砂でできた巨人《きょじん》の肩《かた》のうえに立つ。科学者は集団としていろいろ試行錯誤する。僕もその、砂粒《すなつぶ》のひとつだ。

　二〇五〇年、僕が恥じるとしたら、科学の正当な手続きを踏《ふ》んでないと指摘《してき》されること。逆に、科学の正当な手続きを踏んでいたら、科学者は悩むことも心配することもなく、自分の研究を堂々と発表すればよい。ちなみに科学の正当な手続きを踏んでいることは、現代では査読(peer review)というプロセスで確認されている。ちゃんとした査読が行われているなら手続的正義が得られる。その論文が実体的正義を持っているかどうかは、後世にならないとわからない。

　科学者は、しばしば対立する仮説をめぐって熱い議論を行う。ある科学者は地球で最初の生命は「三九億年前」と言い、別の人は「三七億年前」と言う。このふたつの説は両立しえないので、どちらかは間違いだ。科学者は自説を確立するためにいろいろな証拠《しょうこ》を調べていき、やがてどちらかが正しいという結論に至る。そんなとき、間違ったほうの説からは、実体的正義が失われる。しかしそれでも、その説を唱えていた科学者が個人攻撃《こうげき》を受けることはない。手続的正義を保っていたからだ。手続的正義を持った複数の学説が議論を重ね、実体的正義に近づいていく。科学とはそうやって発展していくものだ。しかし、自説を補強しようと研究結果を捏造《ねつぞう》[注4]したら、それは手続的正義の喪失《そうしつ》である。それをやってしまった科学者は、その世界から大きなペナルティを受けるだろう。⑦オリンピックで、フェアプレーの末残念ながら敗れてしまった選手は、ねぎらいの拍手《はくしゅ》を受けるだろう。ところが、勝利してもドーピング[注5]をした選手は大きな非難を受けるだろう。科学者の仕事も似たようなものであり、「勝つために手段を選ばない」というのは間違いで、「正しい手続きで研究する」のが大事なのである。結果はあとからついてくる。

タイムラグ[注6]

⑧僕らの甘《あま》えが、結果的に⑨取り返しのつかない結果をもたらす。その原因はタイムラグかもしれない。あの人はいつもニコニコしていて何を言っても怒《おこ》らないね、なんて思うことがある。しかしそれに甘えすぎて、わがままを言いすぎて、結果的にその人の限界を超《こ》えるようなストレスを与えてしまっていた。その結果ブチ切れられてしまい、もう関係性はもとに戻《もど》らない。人間関係ではよくある話だ。後悔《こうかい》してももう戻らない。僕らは犠牲《ぎせい》を払《はら》うことで学んでいくのだろう。

　同じようなことは、人間と自然の関係性でもよく生じる。自然は大きくて、そこに生息する生物もまたスケールが大きい。大木は個体が大きいし、小さな生物たちも、数が多いのでスケールが大きい。そんな自然を相手にするとき僕らは、少々相手のことを雑に扱《あつか》っても大丈夫だろう、なんて考えがちである。ところがある日、取り返しのつかないことが分かってから、僕らはことの重大さに気づくのである。むかし、北米大陸に大量に生息していたリョコウバト。大群で飛び回るその姿を見て、彼《かれ》らが将来絶滅《ぜつめつ》する恐《おそ》れを感じていた人なんていなかったかもしれない。しかし、過剰《かじょう》なハンティングと生息地の減少によって、彼らはいとも簡単に絶滅してしまった。大丈夫だろうと思って気を抜《ぬ》いていたら、気づいたときには取り返しがつかなくなっている。これがタイムラグの恐ろしさだ。

　このような問題を回避《かいひ》するために、僕らは感覚を研《と》ぎ澄《す》ませておきたい。環境問題が大問題になる前にほんのわずかな兆候に気づき、対策すること。環境問題は、誰でもわかるくらいに問題が顕著《けんちょ》になったときは、もう止めるのが難しかったりする。これは覚えておきたいことだ。

(伊勢武史『2050年の地球を予測する――科学でわかる環境の未来』〈ちくまプリマー新書〉より)

注1　「ポリシー」………行動するときの原則。方針、方策。
注2　「試行錯誤《しこうさくご》」………さまざまな試みをくり返し、失敗を重ねながら目的に近づいていくこと。
注3　「コンセンサス」……意見の一致《いっち》。合意。
注4　「捏造《ねつぞう》」………事実でないことを事実のようにこしらえること。
注5　「ドーピング」………スポーツ選手が運動能力を高めるために禁止薬物を使用すること。
注6　「タイムラグ」……関連し合う二つの現象の間に生ずる時間のずれ。

問1 ［　①　］に入る言葉として最も適切と思われるものを次の中より一つ選び、記号で答えなさい。

ア　不思議な効果　　イ　劇的な効果

ウ　逆の効果　　エ　相乗効果

問2 ――線②「動く前にじっくり考えなければならない」とありますが、筆者は「じっくり考え」るためにどのような準備が必要だと述べていますか。「こと。」に続くように本文中より20字以内でぬき出し、最初と最後の4字を答えなさい。

問3 ――線③「警察官や裁判官にとって、誰《だれ》が事件の真犯人かを完璧《かんぺき》に解明することは不可能」であるにも関わらず、犯人を認定《にんてい》して罰《ばつ》を与《あた》えようとするのはなぜですか。本文中より10字以内でぬき出して答えなさい。

問4 ――線④「刑事《けいじ》事件の裁判」において、タイムマシンを持たない人間は、どのようなことをよりどころとして判断を下していますか。具体的に説明しなさい。

問5 ――線⑤「科学者たちは試行錯誤《しこうさくご》の途中《とちゅう》だ」とありますが、このような科学者たちの過去の努力の集積を、筆者はどのようなことばで表現していますか。本文中より8字以内でぬき出して答えなさい。

問6 ――線⑥「完璧じゃなくても、なんかしなくちゃならない」のはなぜですか。最も適切と思われるものを次の中より一つ選び、記号で答えなさい。

ア　完璧な対策でなくても、現在の研究成果を実際に試《ため》してみない限り、その効果について検証することはできないから。

イ　完璧な対策でなくても、新たな研究成果が活用される機会はあるということが示されれば、研究意欲向上につながるから。

ウ　完璧な対策でなくても、未来にならないとわからない結果を恐《おそ》れるよりは、最初の一歩を踏《ふ》み出《だ》すことに意義があるから。

エ　完璧な対策でなくても、今、何か対策しなければ未来は確実にわるくなるのであり、全く何もやらないよりはましだから。

問7 ――線⑦「オリンピックで、フェアプレーの末残念ながら敗れてしまった選手」を、科学者の場合にあてはめると、どのような科学者に相当すると筆者は述べていますか。説明しなさい。

問8 ――線⑧「僕《ぼく》らの甘《あま》え」とありますが、人間と自然の関係における「甘え」とはどのようなことを指していますか。「甘え」が生じる原因もふまえて説明しなさい。

問9 ――線⑨「取り返しのつかない結果」を避《さ》けるためには、どのようなことをすべきだと筆者は考えていますか。適切と思われるものを次の中よりすべて選び、記号で答えなさい。

ア　迷ったあげく何もしないよりは、まずは自分ができる環境《かんきょう》保護活動を実行してみること。

イ　日頃《ひごろ》から自然をよく観察し、その変化を察知するための感覚を研《と》ぎ澄《す》ませておくこと。

ウ　環境問題が大問題になってしまう前に兆候に気づいて速《すみ》やかに適切な対策を講じること。

エ　環境問題には、気づいた時にはもう手《て》遅《おく》れだったという事例が多いことを認識しておくこと。

オ　自然保護を最優先にする信念を持ち、政治家や大企業《きぎょう》などに対してもひるまず対抗《たいこう》すること。

四　奈良県の山奥《やまおく》にある村・十津川村《とつかわむら》に住む「ぼく」（原大樹《はらひろき》）はマジシャンを目指している。マジシャンを目指すきっかけとなったのは、幼いころに東京の井《い》の頭公園《かしらこうえん》でピエロがシャボン玉を宝石に変えるマジックをするのを目の前で見たことだった。「ぼく」のマジックは地元では評判となり、やがて中学三年生になった「ぼく」は都会で行われるマジック大会に出場することになる。次の文章を読み、あとの問いに答えなさい。（ぬき出しと字数が決められている問題は、すべて「。」「、」記号などを字数にふくみます。）

何か大きなイベントを前にしたときや、決めなきゃならないことがあるとき、ぼくは近所の温泉に行くことにしている。温泉っていっても源泉があるっていうだけで、周辺住民（おもにじいちゃんとばあちゃん）が銭湯代わりにやってくるようなとても小さな公衆浴場だ。

百円でお湯につかれるこの温泉はぼくにとっての書斎《しょさい》だ。本は読まないけどいろいろ考える。お湯につかって考えるとなぜか頭が整理されるからだ。たぶんぼくにとって、この温泉通いはちょっとした儀式《ぎしき》なんだと思う。

明日に迫《せま》ったマジック大会のステージの様子をイメージした。会場で必要以上に緊張《きんちょう》しないためだ。日本中からマジック愛好家がやってくる。演技の内容は出場者に任されているから自由だけど、自由だからこそ大いに悩《なや》ましかった。ぼくが得意なのはトランプのカードを使ったカードマジックだ。おそらくカードマジックの技術ならだれにも引けを取らないと思っている。だけどカードマジックにはステージの上での派手さがない。じゃあどうするか。ステージで見ばえするマジックが必要だ。それにカードマジックを組みこむんだ。

想像していたら、しだいに緊張がお湯に溶《と》けていって、なんだかだんだん楽しくなってきた。注1咲《さき》ちゃんの言葉を思い出していた。

「大樹のマジックかなりすごいよ。自信持っていいと思う」

ちょっとにやけてしまう。もしかしたら優勝とかしてしまうかもしれない。そしたらもしかして、女の子にもモテたりするかも。

「うっし」

①手にすくったお湯でほっぺたをパシパシ叩《たた》いていたら、湯気の向こうで知らないじいちゃんが「ううー」と注2浪曲《ろうきょく》みたいなうなり声を上げた。うなり声の続きみたいにぼくに言う。

「あかんよう。そんなに気合い入れちゃあ」

「え……？」

「あんたがこれから何をするのかおっちゃんは知らんけど、人間、持ってるもん以上のものは出せへんのやし、気合いなんぞ入れんでよろしい。自然に、自然に」

「……はあ」

「気負いこむとなんもできんようになる。おっちゃんはそれで何度も失敗した。はは」

なんとも適当な感じにそんなことを言うんだ。

温泉に来ると、なぜかいつもこの人がいる。

いったいだれなんだろう、この人。

夜行バスに揺《ゆ》られ朝になると、そこはビルの建ち並ぶ街だった。でっかいビルを見上げ、フロアの案内板に自分の出場する大会名を見つけたとたんに緊張した。千人は入る巨大《きょだい》な会場だ。ここでぼくは、はじめてマジックの腕《うで》を審査《しんさ》されるんだ。プロの目で、いまのぼくの力を評価されるのだ。

　自信がないわけじゃなかった。だけど、楽屋に入って大勢の出場者を目にしたらなぜか②体が震《ふる》えてきた。

　次々と出場者が呼び出されて、審査員の待つ会場に向かっていく。完全に夢だったはずのものが、具体的な目標に変わりつつあるのをぼくは感じていた。この大会で優勝すれば名が売れる。名が売れれば仕事が来る。仕事が来るようになればプロを名乗れる。もう、「趣味《しゅみ》だから」とか、「しろうとなんで」とか言えなくなる。むき出しの実力主義の世界に、これからぼくは放り出されるんだ。

　それが怖《こわ》いのかもしれなかった。

　アナウンスで呼び出された。

〈十津川村、原大樹さん。会場へどうぞ〉

〈次は、奈良県十津川村より、原大樹さんです〉

　会場がざわつくのがわかった。みんなとちがってぼくには所属しているマジッククラブや師匠《ししょう》であるマジシャンの名前がない。何の肩書《かたが》きもなく、出身地だけを告げられた出場者なんてぼくだけだった。要するにみんなから、「だれだこいつ」と思われたのだ。

　でも、そんなこと気にしていられない。[注3]BGMが鳴り出した。ぼくはステージの中央に向かって歩き出す。

　観客席に母の姿が見えた。気丈《きじょう》な母が手を組んで祈《いの》るようにしてぼくを見ていた。

　口の中で母に告げた。

　大丈夫《だいじょうぶ》。落ち着いてるよ。いまのぼくの全力を、完全に出し切ってみせるから。

〈持ち時間は九分間です。では、原大樹さん、はじめてください〉

　九分後。観客は沸《わ》き返《かえ》っていた。拍手《はくしゅ》はやまなかった。審査員の何人かが、③あごに手をふれてうなっているのが見えた。舞台袖《ぶたいそで》に立つ次の出場予定者が顔を真っ白にしていた。

　やりとげた。いまできることを、ちゃんとやり切ることができた。

　観客に頭を下げて舞台袖に引く。母が顔を真っ赤にして拍手していた。

　ぼくは胸を高鳴らせていた。かなり手ごたえがあった。練習してきたことの八割近くが出せたんじゃないかと思う。実力の八割が出せれば上出来だ。他の出場者の舞台を見ても、自分のステージが劣《おと》っているとはとても思えなかった。観客や審査員の受けだって上々だ。

　だけど、翌日の表彰式《ひょうしょうしき》で、ぼくは絶望していた。

　優勝できなかったからじゃない。

　いないことにされていたからだ。

　表彰式をふくめて、大会の間に、原大樹という名前は一度も呼ばれなかった。

　昨日、ステージを終えた後、ひかえ室で出場者のひとりにこう言われた。

「君は入賞できないよ」

　ぼくのステージは成功だった。お客さんは大いに沸いていつまでも拍手が鳴りやまなかったし、ぼく自身も大きな手ごたえを感じていた。だからこそ、この人は［　④　］そんなことを言うんだとそのときは考えた。

だけど、有名マジッククラブに所属しているその出場者は続けてこう言った。

「はじめから決まってる。この大会じゃ、無所属の人は優勝も入賞もできないんだ」

注4ファンファーレが鳴り響《ひび》き紙吹雪《かみふぶき》が舞《ま》っていた。ステージの上で入賞者が金色の楯《たて》を受け取っている。みんな笑顔《えがお》だ。キラキラ顔が輝《かがや》いている。

⑤華々《はなばな》しい世界の中で、ぼくはひとりだった。

はじめての大会だった。希望に胸をふくらませて挑《いど》んだ初の公式大会で、ぼくは知りたくないことを知ってしまった。

マジックの腕があればマジシャンになれるわけではないのだ。

師匠のいない、ひとりきりのぼくに道は与《あた》えられていない。

ぼくのあこがれた世界は、はっきりとぼくに、「来るな」と言った。

吐《は》くかと思った。

大好きだったマジックの世界にも、闇《やみ》はあったのだ。

十津川村に帰るバスの中で、母とぼくはずっと無言だった。母を傷つけたくなくて詳《くわ》しくは話さなかったけど、ぼくの態度と運営委員の冷たい視線から察したのかもしれなかった。

二時間も無言の時間がすぎた後、窓に映る母の口がゆっくりと開いた。

そして母は、ぼくにこう言ったんだ。

「大樹が目指すのはここじゃあない。世界だよ」

七里御浜《しちりみはま》海岸の砂を波が洗っている。

「だめだった」

そう伝えたら、砂浜に座《すわ》ったまま咲ちゃんは無言で泣き出して、注5リー坊《ぼう》は怒《いか》りくるった。立ち上がって地団駄《じだんだ》ふんで、海に向かって「あー！」と何度もさけんでいた。

リー坊の足が丸い小石を踏《ふ》んでいる。ザクッザクッと踏みつけている。

「納得《なっとく》いかねえー！　みんな、『まっとうに生きろ』とか『道徳性を持て』とか言うくせに、いざ外に出てみたらこういう闇が待ち構えてるのおかしくねえ!?　何それ！　⑥学校って何のためにあんの？　社会に出たときに困らないようにするためじゃねえの？」

リー坊の肩の向こうに獅子岩《ししいわ》が見えている。ほえる獅子のような形をした、天然記念物にもなっている巨大な岩だ。その獅子と同じように口を開いて、リー坊が海に向かってほえている。

「あーもう！　こんなん引きこもりたくなるわ！　納得いかねえー！」

ハアハア肩で息をしてからぼくらのところにもどってきた。ぼくのとなりにストンと腰《こし》を下ろす。

鼻をぐしぐしいわせていた。

「くやしいなあ……。おれがもっと頭とかよくて権力も持ってたら、そいつらコテンパンにしてやれたのかなぁ」

ありがとう。怒《おこ》ってくれて。

これから自分が進む道を見極《みきわ》めたくて大会に出場し、ぼくは道を見失って帰ってきた。

一気に何も見えなくなってしまった。完全に迷子だ。どこへ向かえばいいのか、何をすればいいのかまったくわからなくなった。

　リー坊にたずねてみた。

「あのさ……、リー坊はどうするつもりなの？　中学卒業したら」

　まだ鼻をずるずるいわせている。

「……たぶん、高校に行く」

「なんで？」

「答えが出ないんだよ。考えてると『わー』ってなるの！　ていうか大樹こそどうすんだよ！　マジシャンの道がそんなドロドロだって知って、それでもマジシャンなんかになりたいのか？　お前それでいいのか？」

　迷いがないと言ったらうそになる。大会でのできごとはそれくらいにショックだった。いままでキラキラ輝いて見えていたものが一気にぜんぶくすんでしまった。魔法《まほう》のような虹色《にじいろ》の世界がヘドロの底に沈《しず》んでいるみたいで何もかもが嫌《いや》になった。

　だけど、ぼくにはマジックしかないのだ。勉強も運動もかなぐり捨てて、これまでずっとマジックだけをしてきた。いまさら止《や》めることなんてできない。マジックがだめならぼくは終わるのだ。マジックを続けるためなら、たとえどんなに汚《きたな》い世界にだって飛びこまなきゃならない。これが現実なんだ。これがきっと、大人になるってことなんだ。

　吐き出そうとする言葉に心がピリピリした。口がうまく回らない。

「……それでもおれは、プロにならなきゃいけないんだ。いままでおれを支えてくれた、家族やみんなに恩返ししなきゃいけないから……」

　咲ちゃんにあっさり言われた。

「なんで？」

　口が開いたまま固まった。そんなふうに問い返されると思っていなかったから。

「なんで『プロにならなきゃいけない』の？　大樹って、だれかと約束したからマジックのプロになるわけ？」

　ちがう。そうじゃない。そうじゃなかったはずだ。

「大樹さ、前に言ってたよね。『プロのマジシャンを名乗りたいんじゃない。プロになればもっと大きなマジックができるからプロになりたいんだ』って。あのとき、わたしは大樹をすごいなって思った。あのときの大樹はすごく格好よかった」

　顔をそらされた。

「けどいまの大樹は嫌だ。見たくない」

　⑦咲ちゃんが海を見ている。いや、海に顔を向けている。目尻《めじり》が光っていた。ぬぐおうとしない。

　思い出した。そうだ。ぼくはプロになりたいわけじゃないんだ。井の頭公園のピエロが見せてくれた虹色の世界を、ぼくの手で創り出してみたいだけなんだ。ぼくが「マジックしかない」と思うのは、マジックが好きだからだ。心の底から大好きで、それが絶対に揺らがないと、それだけは信じられるからだ。

　現実に打ちのめされて、本当の願いを見えなくしていたのはぼくじゃないか。

「大樹がしたいことはなんなの？　わたしはそれが聞きたい」

　ぼくがぼくの目を、にごらせていたんだ。

　⑧気づかされた。

　いたくない場所にいる必要なんてないのだ。

　⑨幻滅《げんめつ》した世界にすがりついて、自分の心まで汚《よご》す必要なんてどこにも

ない。

母は言っていた。「世界を目指せ」って。

だから決めた。

口に出して言える。

「おれ、アメリカに行く」

（涌井学『マジックに出会って　ぼくは生まれた　野生のマジシャンＨＡＲＡ物語』〈小学館〉より）

注１　「咲《さき》ちゃん」……………「ぼく」の中学校の同級生。

注２　「浪曲《ろうきょく》」……………浪花節《なにわぶし》のこと。日本の伝統的な語り芸。

注３　「ＢＧＭ」……………バックグラウンドミュージック。舞台《ぶたい》などの背景に流す音楽のこと。

注４　「ファンファーレ」……祝典や儀礼《ぎれい》で用いられるはなやかな曲。

注５　「リー坊《ぼう》」……………「ぼく」の中学校の同級生。

問１　――線①「手にすくったお湯でほっぺたをパシパシ叩《たた》いていた」とありますが、この時の「ぼく」の様子を説明したものとして最も適切と思われるものを次の中より一つ選び、記号で答えなさい。

ア　お湯につかっているうちに緊張《きんちょう》がとけ、大会で自分が優勝する姿を想像できるようになってきたので本番に向けて気合いを入れている。

イ　本番について考えているうちに楽しくなり、大会に優勝したら女の子にモテるかもしれないという不純な想像をしている自分をしかっている。

ウ　大会で優勝する自分をイメージして気合いが入ってきたが、あまり気負ってはいけないと思い直し自分を落ち着かせている。

エ　咲《さき》ちゃんの言葉のおかげで失っていた自信を取《と》り戻《もど》すことができ、大会で絶対に優勝しなくてはいけないと決意している。

問２　――線②「体が震《ふる》えてきた」のはなぜですか。考えられる理由を答えなさい。

問３　――線③「あごに手をふれてうなっている」とありますが、この時の審査員《しんさいん》の様子を「ぼく」はどのように感じていますか。最も適切と思われるものを次の中より一つ選び、記号で答えなさい。

ア　無所属の「ぼく」のマジックの未熟さをせせら笑っている。

イ　無所属の「ぼく」が大会に参加したことに怒《おこ》っている。

ウ　無所属の「ぼく」を受け入れる観客にあきれている。

エ　無所属の「ぼく」のマジックの腕《うで》に感心している。

問４　本文中の［④］にあてはまる語句としてふさわしいのはどれですか。最も適切と思われるものを次の中より一つ選び、記号で答えなさい。

ア　あわれんで　　イ　へつらって

ウ　強がって　　　エ　見下して

問５　――線⑤「華々《はなばな》しい世界の中で、ぼくはひとりだった」とありますが、この時の「ぼく」の気持ちを説明しなさい。

問６　――線⑥「学校って何のためにあんの？」とリー坊《ぼう》が言ったのはなぜですか。最も適切と思われるものを次の中より一つ選び、記号で答えなさい。

ア　学校ではまじめに正しく生きるように教えられるにも関わらず、

いざ社会に出ると正しいことが必ず通じるわけでないから。

イ　学校では社会は正しいものだと教えられるにも関わらず、いざ社会に出るとさまざまな悪事がはびこっているから。

ウ　学校は社会に出たら困らないようにするところであるのに、いざ社会に出ると学校で学んだことはひとつも役に立たないから。

エ　学校は社会をよりよくするための勉強をするところであるのに、いざ社会に出ると学校で学んだことをみんな忘れてしまうから。

問7　――線⑦「咲ちゃんが海を見ている」とありますが、この時の咲ちゃんの様子として最も適切と思われるものを次の中より一つ選び、記号で答えなさい。

ア　たった一度の失敗でプロの道をあきらめかけている「ぼく」が情けないので、見ないふりをしている。

イ　自分の本当の目標を失っている「ぼく」を見ているとつらくなり、直視できないでいる。

ウ　初心を忘れてマジシャンとしての名声ばかりを追い求めている「ぼく」を嫌悪《けんお》し、顔も見たくないと思っている。

エ「ぼく」の腕前を認めようとしないマジックの世界に腹が立つので、海を眺《なが》めて冷静になろうとしている。

問8　――線⑧「気づかされた」とありますが、どんなことに気づいたのですか。具体的に説明しなさい。

問9　――線⑨「幻滅《げんめつ》した世界」とありますが、「ぼく」が幻滅した様子がわかる続きの2文を本文中よりぬき出し、最初の5字を答えなさい。

十文字中学校（第一回）

—50分—

◎文中からそのまま抜《ぬ》き出して答える場合、句読点や記号は一字とすること。また、ふりがなのある漢字は、ふりがなをつけなくてもかまいません。

一　次の文章を読み、後の問いに答えなさい。

> 高校生の小野《おの》ひなたは、九把原恵美《くわばらえみ》たちとのカラオケの約束をキャンセルしてしまったために、恵美たちのグループとしっくりいかなくなっていた。ある日、ひなたは同級生の結城《ゆうき》さんにさそわれてショッピングモールのカフェに行った。

すぐとなりのテーブルに、恵美がいた。

恵美だけじゃない、グループのメンバー全員、勢揃《ぞろ》いだ。

「うそ、ひなた？」

先に声をあげたのは、恵美のほうだった。驚《おどろ》きが半分、後の半分は——。

考えたくなくて、わたしは目の前の現実から顔を背《そむ》けた。

——逃《に》げろ。

わたしの本能がわたしに命令した。大至急、退避《ひ》。㋐マったなしの号令が発せられた。

——でも、そうしたら結城さんが置き去りになってしまう。それはまずい。どうしよう。逃げるか、留《とど》まるか。

真逆の要求が、さらにわたしを凍《こお》りつかせた。でもそれは、ほんのつかの間の(注1)葛藤《かっとう》だった。息のできなくなるような緊《きん》張状態に、わたしはすぐに耐《た》えられなくなった。

——①ごめん、結城さん！

一歩、後ろに退いた。続いて、出口に向かって思いきりよく向きを変えようとしたところで、だしぬけに(注2)二の腕《うで》をつかまれた。

いつの間にか、結城さんがすぐとなりに立っていた。わたしの腕をつかんだ手に、力がこめられた。結城さんの白い指が、［A］、痛いくらいにわたしの腕をしめつけた。

——内に秘めた【　】！

そんなフレーズが、わたしの㋑脳裏をさっとかすめていった。

しかし、傍目《はため》で見る限り、結城さんの表情はどこまでもれいせいだった。

熱っぽいそぶりなんて、露《つゆ》ほども感じられなかった。

結城さんは打ち水の香る座敷《しき》に供された葛《くず》切りのように、涼《すず》やかに微《ほほ》笑《え》んだ。それから、鈴《すず》を振《ふ》るような声で言った。

「さあ来て、コーヒーが㋒サめちゃう」

しばらく、誰《だれ》も口をきかなかった。

このままグループ㋓サイバンがはじまっても、何の不思議もない状況《きょう》だったけれど、いつもの顔ぶれに結城さんが加わることで、場の空気を支配する力に、微妙《びみょう》なひずみが生じていた。

無限に感じられるその沈黙《ちんもく》を、最初に㋔破ったのは、やっぱり恵美だった。

「……②そういうこと、よくできるよね」

わたしは終始うつむけていた顔を上げた。でも、恵美のほうを見ることはできなかった。

「何なの、それ。もうあたしたちに用はないって、わざわざ見せつけに来たの？」

とげとげしい声に身が［ａ］思いがした。

――そう、見えるよね。っていうか、そうとしか見えないと思う。もし、逆の立場だったら。

それにしても、こんなにⓐ間の悪い偶《ぐう》然って、あるものだろうか。

わたしは③すがりつくような気持ちで、向かい側で黙々とコーヒーに砂糖を投入している結城さんを見た。

結城さんはやっぱり平気そうな顔つきをしていた。その、動きのない表情の下で、何を考えているのか――少しも読みとれなかった。

だけど、いくらなんでも、この場の険悪な空気には気づいていないはずはない。何で席を立ってくれないんだろう。店を出るのが無理なら、せめて、ここから遠く離《はな》れた席に移動してくれたっていいのに。

だけど、彼《かの》女はそうしない。

まるでそこが自分の玉座(注3)であるかのように落ちつきはらって、女王はコーヒーに口をつけた。

「ねえ、何とか言いなさいよ。この間のカラオケの約束、すっぽかしたのだって。こんなふうに結城さんと遊んでいたからなんでしょ。ちゃんと知ってるんだから。あの日、ひなたと結城さんが一緒《しょ》だったって、塾《じゅく》帰りに見かけたって子がいて、教えてくれた。ばれないと思ってたの？　ほんと、最悪なんだけど」

ほんとうに……④最悪だった。

恵美の非難の言葉が、心に［Ｂ］突《つ》き刺《さ》さった。

――そう、あのときはわたしが悪かった。まったくそのとおり。言い訳のしようもない。

それは認めているのに、声が出なかった。ごめんって言葉が、なぜか出てこなかった。

かわりに、心の奥《おく》から、押《お》し込《こ》めておいたはずの気持ちが、どろどろと流れだしてきた。⑤まるで、刺《さ》し傷からあふれだした、どす黒い血液みたいに。

――好き勝手、言わないでよ。

わたしはスカートの膝《ひざ》においた両手を握《にぎ》り締《し》めた。

ぎりぎりになって約束を反故《ほご》(注4)にしたこと、恵美だって何回もあるじゃない。そのときはわたし、文句も言わないで流したよ。

恵美とは中学入学以来のつきあいだった。当然、いろんなことがあった。いいことも、悪いことも。はっきり言ってしまうと、悪いことのほうが圧倒《とう》的に多かった。

体調が悪いっていうから、いろんな当番を代わってあげたことも、数えきれないくらいあった。

だけど、一回だけ、わたしが恵美に頼《たの》んだときは、あっさり断られた。そのくらい我慢《がまん》しなよって。甘えるのもたいがいにしなよって。

恵美はいつもそんなふうだった。自分の㋕都合だけを押しつけてくる。わたしの都合なんか、気にしてくれたこともないくせに。

それでいて、誰よりもみんなのためにがんばっているなんて口にする。

たぶん、本人だけは、ほんとうにそう思っているんだろう。

あのときの、すごく(き)ニガい気持ちが、胸の中によみがえってきた。自分の正しさばかりを主張する恵美の言い分に、何だかすっかり気が抜けて、なにもかも面倒《どう》くさくなってしまったのを覚えている。

だからそれからは、なるべく恵美の気分を害さないようにした。何でも黙《だま》ってのみこんできた。がんばって恵美のわがままに調子を合わせてきた。

波風を立てたくなかったから。

わたしの目的はただひとつ、平和な日常生活を送ることだけだったから。

「なに、黙ってんの？」

わたしを責める恵美の声が、急に大きくなった。

「そうやって、どうせまたわたしのこと、馬鹿にしてるんでしょ！」

わけのわからない論法だ。だけど、わたしはときどきこんなふうに恵美にからまれる。お高くとまって、人を見下してるなんて言われる。こんなにがんばってまわりに合わせようとしているのに、どうしてなんだろう。

「もういい、行こ！」

恵美のひと声でみんなが立ち上がった。手にトレイを持って、出口に向かう。その様子を、振り向いて見ることもできずにいるわたしの背中に、少し遅《おく》れて、つぶてのように尖《とが》った言葉が飛んできた。

「裏切り者！」

恥《は》ずかしくて、悔《くや》しくて、泣きそうになった。一刻も早く、ここから立ち去りたかった。なのに、できなかった。膝《ひざ》から力が抜けて、いま立ち上がったら、転んでしまいそうだったから。

結城さんはあいかわらず落ち着いて、コーヒーを飲んでいる。わたしのぶんのコーヒーはトレイの上で、いつの間にかすっかり湯気を消していた。

たぶん、こんな状況にわたしを追い込んだ結城さんを責めてもよかったと思う。

だけど、そんなことも思いもつかないほどに、わたしは動揺《よう》していた。わたしは⑥わたし自身を責めるのに忙《いそが》しかったのだ。

「どうして何も言わなかったの？」

ふいに問われて、わたしはテーブルの上に落としていた視線をのろのろと持ち上げた。それを結城さんの顔の上でくしんして固定した。

「どうして何も言わなかったの？」

形のいい唇《くちびる》が、同じ質問を繰り返した。結城さんの(く)クチョウはあいかわらず、(け)気味が悪くなるほど平板だった。

「……結城さんには関係ない」

小声で言った。

「そうね」

つかの間の沈黙のあと、あっさりとわたしの言い分を認めた。そして――遠慮《りょ》もなしに踏《ふ》み込んできた。

「関係なくても、見ていられなかったから」

結城さんの言葉は、どうにかこうにか抑《おさ》えつけてあったわたしの嫌《いや》な感情を刺激《し》した。まるで薄《うす》紙に火がついたみたいだった。ぱっと怒《いか》りが燃え上がった。

「じゃあ、これ、わざとなの？」

わたしはかみつくように訊《き》いた。そのとたん、たったいま自分に起きていることをはっきりと理解した。

――結城さんは、ここに恵美たちがいるのを知っていて、わたしを連れてきたんだ。わざわざ近くのテーブルに座ったんだ。たぶん、わたしを恵美と話し合わせるために。

これは結城さんがわたしに投げてよこした、仲直りの機会だったんだ。

まんまと結城さんの計略にひっかかった自分のおめでたさに、こんなふうにひどいやり方をした結城さんの傲《ごう》慢さに、ひととき息が詰《つ》まりそうになった。しばらく声を出すこともできなかった。

きっと親切でしてくれたことなんだろうな、と、心のどこかで考えていた。だけど、恥ずかしいっていう気持ちが、たまらない惨《みじ》めさが、弱気も、とまどいも、遠慮も、まるごと真っ黒に塗《ぬ》りつぶした。

このあいだは――初めて一緒にお茶を飲んだ。

彼女と話すのは、とても楽しかった。わたしと結城さんのあいだには、遠すぎも近すぎもしない、居心地のいい距離《きょり》があった。だけど結城さんは、いきなりのその距離を壊《こわ》した。

一方的に、無遠慮に。

闇夜《やみよ》で後ろから、不意打ちされたみたいだった。

「わたしは今日、あの子たちと話をさせるために小野さんをここに連れてきた。

といっても、べつにあなたのためってわけじゃないけど」

わたしは結城さんの言っていることがわからなくて、だけど他にやりようがなくて、結城さんをにらみつけた。

結城さんは、白薔薇《ばら》のように微笑《ほほえ》んだ。

「知りたかったの。⑦どうして、あなたがそんなふうなのか。不思議だった。言ったでしょ。探しものをしに来たって……わたしは、あなたが隠《かく》しているものを見たかったの」

何と答えていいのか、わからなかった。

結城さんがすっと笑《え》みを消した。

「あなたを見ていると苛々《いらいら》する。

そうよ。これは偶然なんかじゃない。わざとやったの。秋津《あきつ》君に九把原さんたちの予定を聞きだしてもらって。彼《かれ》、相手が女子なら、誰にでも親切だもんね。

せっかく⑧お膳《ぜん》立てしてあげたのに、なんで言わなかったの。思ってること。いろいろあるんでしょ？　だって、あなたが九把原さんに口答えしているところ、わたし、見たことがないもの。

やさしい小野さん。あなたが譲《ゆず》りすぎるから、強《ごう》引な子ばかりと縁《えん》ができるんだよ。べつに、弱みを握られているわけでもないんでしょうに、腹が立たないの？　あなたはあの子の侍《じ》女(注5)じゃないんだよ」

結城さんは、はっきりと言った。少しも容赦《しゃ》(注6)がなかった。

話が合って、楽しくて、ちょっと姉に似ていると思っていた。だけど、結城さんは姉とはぜんぜん違《ちが》っていた。

――お姉ちゃんみたいに、わかってくれない。

何にも知らないくせに、ずけずけ踏み込んできてわたしを傷つける。『女王』みたいに生きられるあなたに『侍女』の気持ちがわかるわけない。

むかっ腹が立った。

「なんで結城さんにそこまで言われなくちゃなんないの。いったい、何様のつもり？　こんなことして、わたしが感謝するとでも思った？　っていうか、こんなやり方で仲直りなんてできるわけないじゃない」

結城さんがかすかに首を傾《かたむ》けた。つぶやくように言った。

「ああ、やっと怒《おこ》ってくれた」

その言い方が(注7)癇《かん》に障《さわ》った。

「おせっかい。余計こじれただけじゃない。結城さんのせいだよ」

わたしはこんどこそ勢いにまかせて、⑨遠慮なく結城さんを責めた。

そう、勢いのせい。だけどほんとうは、それだけじゃなかった。感情をぶつけることができた理由――それは、結城さんが『外側』の人だったからだ。わたしの日常の、圏《けん》外にいる人。明日の関係を心配しなくていい相手。

わたしはずるい。こんなときにまで、計算をしている。

やさしい小野さん。よく、そんなふうに言われる。でも、わたしはちっともやさしくなんかない。

言いたいことをのみこむのは、自分の安全を確保しておくため。人に親切にするのは、波風を立てて場を混乱させて、自分の場所の居心地を悪くしないため。人の悪口を言わないのは、わたしができた人間だからじゃなくて、相手にそこまでの興味を持っていないから。

計算高くて、臆《おく》病で、怠《なま》け者。わたしはそういう人間だ。

と、結城さんが、わたしたちを隔《へだ》てているテーブルの上に身を乗りだしてきた。じっとわたしを見た。

「ねえ、どうしてあなたはそんなふうに我慢できるの？　自分の気持ちをどんなふうに納《なっ》得させているの？

誰かの都合を優先させて生きるのはつらくない？　だってほら、いまもわたしの誘《さそ》いを断れなかったから、こんな目にあっているんじゃない」

瞳《ひとみ》のなかに宿った、切実な問いかけ。まるでからかっているみたいな言葉面《づら》にはまるでⓑそぐわない結城さんの真剣《けん》なまなざしに相対しているうちに、わたしはふと思った。

こんなふうに問いかける目を、わたしはよく知っていた。

――知っている？

つかの間、不思議な感覚にとらわれていたわたしはやがて、首を振った。そんなこと、どうでもいい。

わたしはとなりの椅子《いす》に置いた鞄《かばん》を探《さぐ》って、財《さい》布を取りだした。テーブルの上に、ひとりぶんのコーヒー代を置いて立ち上がった。

「おせっかいはもうたくさん。これ以上、わたしにかかわらないで」

後ろも見ずに店を出た。

脇《わき》目も［ b ］ずに駅のほうに歩を進めながら、わたしは爪《つま》先から頭の先まで、体中をカッカさせていた。モールの暖房がⓒ効きすぎていたからじゃない。身体《からだ》の奥にわきあがってきたどろどろの感情が、熱を持って、煮《に》えたぎって、いまにも破裂《れつ》しそうだった。

（紙上《かみうえ》ユキ『少女手帖』〈集英社オレンジ文庫〉）

(注1)葛藤《かっとう》…どちらかを選ばなくてはならないと心の中でまよいくるしむこと。
(注2)二の腕《うで》…肩《かた》からひじまでの部分。
(注3)玉座…王など身分の高い人がすわるところ。
(注4)反故《ほご》にした…無かったことにした。
(注5)侍《じ》女…高貴な人の身のまわりの世話をする女性。
(注6)容赦《しゃ》がなかった…遠慮《りょ》や手かげんがなかった。
(注7)癇《かん》に障《さわ》った…ふゆかいで、腹が立った。

問一　══線ⓐ〜ⓒのカタカナは漢字に直し、漢字は読みをひらがなで答えなさい。

問二　〜〜線ⓐ「間の悪い」・ⓑ「そぐわない」の意味として最も適当なものをそれぞれ次の中から選び、記号で答えなさい。

ⓐ　間の悪い
ア　気まずい
イ　時間のない
ウ　場所が良くない
エ　気持ちがすぐれない

ⓑ　そぐわない
ア　正確ではない
イ　見たこともない
ウ　ふさわしくない
エ　おもしろくない

問三　——線①「ごめん、結城さん」とありますが、この後にどのようなことばが続くと考えられますか。最も適当なものを次の中から選び、記号で答えなさい。

ア　あなたを親友として紹介《しょうかい》できない。
イ　あなたをここに置いてわたしは逃《に》げる。
ウ　あなたとの楽しい時間を台無しにして。
エ　あなたを置きざりにする決心がつかなくて。

問四　［A］・［B］に入ることばとして最も適当なものをそれぞれ次の中から選び、記号で答えなさい。同じ記号を使ってはいけません。

ア　ぶるぶると　イ　だらだらと　ウ　ぐさぐさと
エ　ざくざくと　オ　ぎりぎりと

問五　【　】に入ることばとして最も適当なものを次の中から選び、記号で答えなさい。

ア　暴力　イ　情熱　ウ　不思議　エ　落ちつき

問六　——線②「そういうこと」とありますが、具体的にはどのようなことを恵美は指しているのですか。最も適当なものを次の中から選び、記号で答えなさい。

ア　恵美たちの前からすぐにも逃《に》げだそうとすること。
イ　返事もしないでずっと静かにだまったままでいること。
ウ　それほど好きでもないコーヒーを飲もうとしていること。
エ　結城さんと仲良くしているところをあえて見せにくること。

問七　［a］・［b］にはどのことばを入れたら意味がよくわかるようになりますか。次の［　］の中からあてはまることばを選び、必要な場合は正しい形に直して答えなさい。

［ふる　縮む　見る　欠ける　感じる］

問八　——線③「すがりつくような気持ち」とありますが、どのような気持ちですか。最も適当なものを次の中から選び、記号で答えなさい。

ア　結城さんに助けを求めたい気持ち。
イ　恵美ともう一度仲良くなりたい気持ち。
ウ　恵美にこれ以上責められたくない気持ち。
エ　結城さんを仲間として認めたくない気持ち。

問九　——線④「最悪だった」とありますが、ひなたはどのようなことを「最悪」と感じているのですか。最も適当なものを次の中から選び、記号で答えなさい。
ア　自分が悪いと認めざるをえないこと。
イ　塾《じゅく》帰りの子から話が伝わっていたこと。
ウ　結城さんが落ちつきはらっていること。
エ　カラオケに行く約束をすっぽかされたこと。

問十　――線⑤「まるで、刺し傷からあふれだした、どす黒い血液みたいに」とありますが、どのようなことを表していますか。最も適当なものを次の中から選び、記号で答えなさい。
ア　無関心でなげやりに見える結城さんの態度を許せないと思う気持ちが、あふれてきたということ。
イ　グループのメンバーたちが、ひとりもわたしの味方になってくれないことに気づいたということ。
ウ　恵美がわたしに対していだいているいじわるな思いを、今になってはっきりと意識したということ。
エ　恵美の非難のことばを受けて、今までおさえてきた恵美への不満や反抗心が一気にこみあげたということ。

問十一　――線⑥「わたし自身を責める」とありますが、ひなたはどんな「わたし」を責めたのですか。最も適当なものを次の中から選び、記号で答えなさい。
ア　足の力がなくなってしまい、バランスをくずして転んでしまいそうな「わたし」。
イ　いつも感情的に行動し、何かあるとすぐに人のせいにして動揺《よう》してしまう「わたし」。
ウ　親しくしていた恵美に自分の方から別れると言ったのに、今になって後悔《かい》している「わたし」。
エ　このような場面になっても自分自身の思いが言えず、恵美から一方的に言われている「わたし」。

問十二　――線⑦「どうして、あなたがそんなふうなのか」とありますが、「ひなた」が「そんなふうな」態度をとる理由をこの後の部分で三つ述べています。本文中からひと続きの三つの文を探し、その最初の六字を抜き出して答えなさい。（句読点や記号は一字とします）

問十三　――線⑧「お膳《ぜん》立てしてあげた」とありますが、具体的に何をしたのですか。本文中のことばを利用して三十字～四十字で書きなさい。

問十四　――線⑨「遠慮なく結城さんを責めた」とありますが、結城さんを「遠慮なく」責めることができたのはなぜですか。本文中から二十字以内で抜き出して答えなさい。（句読点や記号は一字とします）

二　次の文章を読み、後の問いに答えなさい。

現在、①環境《かん》問題がさまざまに議論されています。一口に環境問題といっても、地球温暖化・オゾン層の破壊《かい》・熱帯林の減少・酸性雨・有機化合物や有毒金属による地球汚《お》染など、多くの問題にわたっており、対策も個々の問題に応じて異なっています。逆に、原因はただ一つです。人間の諸活動が、環境問題を引き起こしているからです。地上に人類が現れて以来、地球環境は汚染され続けてきたと（注1）極論を言う人もいます。実際、人類の手で多くの種が絶滅《めつ》させられました。しかし、人類も自然に生まれてきた生物の一つですから、その活動が環境に影響《えいきょう》を与《あた》えるのは（注2）必然なのかもしれません。

ただ、人類は［　　］活動を行うという点で他の生物とは異なった存在であり、自然では作り得ない物質を生産し、その大量消費を行うようになったのも事実です。その結果、人類の活動が地球の環境が許容できる能力と匹《ひっ》敵するほどのレベルに達しており、自然では浄《じょう》化しきれない人工化合物があふれ、新しい生命体を作る試みすらし始めています。人類は、意識しているかどうかは別として、環境を根本的に変えかねない事態を招いているのです。

かつては、「環境は無限」と考えられていました。［Ⅰ］、環境の容量は人類の活動に比べて圧倒《とう》的に大きく、すべてを吸収処理してくれると思ってきたのです。だから、廃棄《はいき》物を平気で海や空に捨て、森林を切り、海や湖を埋《う》め立て、ダムを造ってきました。［Ⅱ］、環境が無限でないことを、②さまざまな公害によって学んできました。また、陸にも海にも砂漠《ばく》化が進み（海にも砂漠化が進み、海藻《そう》が枯《か》れています）、自然の生産力が落ち始めています。確かに、このままの消費生活を続けると、地球の許容能力を越《こ》え、（注3）カタストロフィーが起こるかもしれません。人類の未来は、環境問題の危機をいかに乗り切るかにかかっていると言っても ⓐ過言ではないでしょう。二一世紀は、まさにこの課題に直面する時代となるに違《ちが》いありません。

この環境問題の原因は、無責任に大量生産・大量消費の社会構造にしてしまった私たちの世代の責任であると考えています。自分たちは優雅《が》で便利な生活を送りながら、その③「借金」を子孫に押《お》しつけているのですから。借金の最大の象徴《ちょう》は、原子力発電所から出る大量の放射性廃棄物でしょう。電気を使って生活を楽しんでいるのは私たちですが、害にしかならない放射性廃棄物を一万年にわたって管理し続けねばならないのは、私たちの子孫なのです。あるいは、熱帯林を切って大量の安い紙を使っているのは私たちであり、表土が流されて ⓑ不毛の地となってしまった大陸や島に生きねばならないのは子孫たちなのです。環境問題は、すべてこのような構造を持っています。この点を考えれば、せめて子孫たちの負担を少しでも軽くするような手立てを打っていかねばなりません。

この地球環境の危機に対し、「原始時代のような生活に戻れ」という主張をする人がいます。大量消費が原因なのですから、それをやめればいいという単純な発想です。しかし、それは正しいのでしょうか。いったん獲《かく》得した知識や能力を捨てて、原始時代の不安な生活に戻《もど》れるものなのでしょうか。生産力の低い生活に戻れば、どれほど多くの餓《が》死者が出ることでしょう。はたして誰《だれ》が、それを命じることができるのでしょうか。たぶん、答えは、そんな知恵のない単純なものではないと思います。なすべきことは、現在の私たちの生き方を振《ふ》り返り、いかなる価値観の変更《こう》が必要で、そのためには、④科学がいかなる役目を果たすべきかを考えることではないでしょうか。

環境問題を引き起こした原因の一つは、現在の生産様式が自然の論理に合っていないことにあります。ある意味で、かんたんで楽なやり方しか採用してこなかったのです。

例えば、現在の生産方式の多くは、工場（プラント）を集中化し、巨《きょ》大化した設備で大量生産を続けるという方法がとられています。その方が、生産効率が高く、［1］化できる、つまり安上がりで大量に生産ができるという経済論理が優先されているのです。そのために、政府が基盤《ばん》整備に投資を行い、それに合わせて輸送手段を集中し、都市へ人を集めるというふうに、社会構造まで含《ふく》めて巨大化・集中化に（注4）邁進《まい》しています。

その結果、少量ならば自然の力で浄化できるのに、大量に工業排《はい》出物を放出するため、海や空気の汚染を［ 2 ］化させたのです。

工場を分散させ、小規模施《し》設とすることが、まず⑤第一歩です。それでは生産力が落ちると反論されそうですが、小規模でも同じ生産力を保つ研究が必要なのです。そのヒントは、科学の技術化は、一通りだけではないという点にあります。むしろ、今までは大規模生産しか考えず、それに適した技術しか開発してこなかったといえるかもしれません。もうけるという経済論理が、科学技術の中身を決めてきた可能性があります。「自然にやさしい科学」とは、⑥従来とは異なった、小規模でも高い生産性をもつ原理や技術の発見という意味を込《こ》めています。

また、巨大化・集中化は「画一化」につながっています。全国いたるところで、同じ物が売られ、同じテレビ番組が流れ、同じビルが建ち並んでいます。画一化された文化の中で、画一化された生活を送り、画一化された製品に囲まれている結果が、大量消費構造を支えているのです。それぞれが、独自な生活スタイルをとり、固有な文化を生き、独特の生産様式をつくり出す、という⑦価値観の転換《かん》が必要だと思います。そのような「多様性」の中で生きるためには、どのようにして太陽や風や海流や地熱など自然のエネルギー利用を行うか、人工化合物でなく自然物を利用するかなど、やはり「環境にやさしい科学」が望まれることになるのです。

（池内了《いけうちさとる》『科学の考え方・学び方』〈岩波ジュニア新書〉）

（注1）極論…はげしくかたよっている意見。
（注2）必然…必ずそうなること。
（注3）カタストロフィー…破滅《めつ》が決定的になること。
（注4）邁進《まい》…ひたすら目的に向かって進むこと。

問一　〜〜線ⓐ「過言ではない」・ⓑ「不毛の地」の意味として最も適当なものをそれぞれ次の中から選び、記号で答えなさい。

ⓐ　過言ではない
- ア　すでに過ぎ去ったことではない
- イ　けっして言い過ぎてはいけない
- ウ　昔の考えとは言うことはできない
- エ　大げさではなくてほんとうである

ⓑ　不毛の地
- ア　作物などが育たない土地
- イ　ゴミにあふれている土地
- ウ　美しさがそこなわれた土地
- エ　水びたしになってしまう土地

問二　——線①「環境問題」とありますが、原因は何ですか。本文中から六字で探し、抜き出して答えなさい。

問三　［　　］に入るのは「消費」の対義語です。本文中から探し、漢字二字で抜き出して答えなさい。

問四　［ Ⅰ ］・［ Ⅱ ］に入ることばとして最も適当なものをそれぞれ次の中から選び、記号で答えなさい。同じ記号を使ってはいけません。

ア　また　　イ　さて　　ウ　しかし　　エ　例えば　　オ　つまり

問五　——線②「さまざまな公害」とありますが、「公害」は人間のどのような考え方によって生まれたと筆者は考えていますか。「という考え方。」に続く形で本文中から三十五字前後で探し、その最初と最後の五字を答えなさい。

問六　——線③「借金」とありますが、ここではどのような意味で用いられていますか。最も適当なものを次の中から選び、記号で答えなさい。

ア　優雅な生活をするために、知人や銀行から借りた資金。
イ　今の便利な生活が、未来の人たちへ残してしまう負担。
ウ　大量消費という社会構造によって気づかされた国の弱点。
エ　現代人の能力ではどうしても処理することができない社会問題。

問七　――線④「科学がいかなる役目を果たすべきか」とありますが、筆者は「科学が果たすべき」役目を何だと考えていますか。「をすること。」に続く形で本文中から二十一字で探し、その最初と最後の五字を答えなさい。

問八　［1］・［2］に入ることばとして最も適当なものをそれぞれ次の中から選び、記号で答えなさい。

ア　一般　　イ　温暖　　ウ　商品　　エ　深刻　　オ　省力

問九　――線⑤「第一歩」とありますが、何をすることの「第一歩」ですか。最も適当なものを次の中から選び、記号で答えなさい。

ア　環境問題の危機を乗り切っていくことの第一歩。
イ　今まで以上に生産量を増やしていくことの第一歩。
ウ　経済理論が科学技術の中身を決めていくことの第一歩。
エ　一つの都市に人口が集中するのをふせぐことの第一歩。

問十　――線⑥「従来」とありますが、これまで私たちはどんなことをしてきたと筆者は考えていますか。「開発してきたこと。」に続くように、本文中のことばを利用して十五字以内で書きなさい。

問十一　――線⑦「価値観の転換」とありますが、筆者はどのように価値観を変えていくべきだと考えていますか。最も適当なものを次の中から選び、記号で答えなさい。

ア　科学技術の中身を決めるときに環境問題に目を向けるだけでなく、さらに経済論理も加えていくような考え方に変えること。
イ　何もかも同じようにそろえようとする考え方から、各自が自分の生活をして個々の文化を持とうという考え方に変えること。
ウ　現在のように人工化合物を利用することに加えて、将来は自然のエネルギーや自然物も利用しようという考え方に変えること。
エ　安くてそまつな物を使うことから、値段が高くても品質がよくて高級で長持ちするような商品を買おうという考え方に変えること。

問十二　〰〰線「安上がりで」は直接どのことばにかかりますか。最も適当なものを次の中から選び、記号で答えなさい。

安上がりで　ア大量に　イ生産が　ウできるという　エ経済論理が　オ優先されているのです。

問十三　┈┈線「でも」と同じ働きをしているものとして、最も適当なものを次の中から選び、記号で答えなさい。

ア　大きな声で呼んでも返事がない。
イ　努力した。でもうまくできなかった。
ウ　今からでもおそくはないから行こう。
エ　とんでもないことが起こってしまった。

淑徳与野中学校（第一回）

—60分—

一　高校生の新《あき》は自分のわがままから予定を変更《へんこう》して乗ったバスで事故にあい、同乗していた兄の朔《さく》が失明した。その責任を感じて新は打ち込《こ》んでいた陸上部をやめ、投げやりな生活を送っていた。そんなとき、一年半の盲《もう》学校の寮《りょう》生活から戻《もど》った朔からブラインドマラソン（視覚障がい者のための長距離《きょり》走）の伴走《ばんそう》を頼《たの》まれる。今朝の練習で朔を転ばせてしまった新は、朔に黙《だま》って先輩《せんぱい》の境野《さかの》に自分の代役を探してほしいと頼む。するとその日のうちに境野から二人宛《あ》てにメールが来た。これに続く次の文章を読んで、後の問いに答えなさい。

「まあいいや、で、メールどう思った？」

新は唇《くちびる》を噛《か》んだ。
①まだ見ていなかった。というより見られなかった。
数時間前、境野に代わりの伴走者を見つけてほしいと頼んだときは本気だった。それはうそではない。自分は伴走者に向いていないし、これから続ける自信もなかった。代わりを探してくれと頼んだのも、それを望んだのも新自身だ。なのに、いざとなると胸がざわついた。

新はベッドの上に腰《こし》かけて、静かに息をついた。

「朔のしたいようにするのがいいと思う」

「マジで？」

新は頷《うなず》いた。

「境野さんもいいと思ったから朔に勧《すす》めてくれたんだろうし」

「そりゃそうだろ。オレにちょうどいいって思ったんじゃないかな」

ちょうどいいって、なにがだよ——。

じりっと首元から流れた汗《あせ》を、新は手の甲《こう》で拭《ぬぐ》った。

「だったら、オレに相談する必要とかないと思うけど」

「なんで？」

「決めるのは朔だろ！　オレには関係ないし」

思わず新が声を荒《あら》らげると、朔は顔をしかめた。

「関係ないってことは」

「……ないよ」

朔はため息をついた。

「新がそんなんじゃ、大会なんて出らんないだろ」

「そんなことオレには……大会？」

「十二月の。おまえ、なんの話だと思ってたの？　つーかメール読んだんだよな」

「…………」

「読んでないのかよ！」

朔はちっと舌打ちして、早く読めとばかりにあごをあげた。

〈境野です。十二月に神宮外苑《じんぐうがいえん》チャレンジフェスティバルという大会があります。この大会は障がいがあるランナーも一般《いっぱん》ランナーも一緒《いっしょ》に参加できます。距離は十キロと五キロ。十キロの制限時間は八十分。君たちなら問題なく十キロで参加できるはずです。神宮球場からスタートして神宮外苑を周回するコースです。出てみませんか？〉

大会の概要《がいよう》と参加を誘《さそ》うひと言が書いてあるだけのあっさりとした内容だった。

「どう思う？」

　読み終わったタイミングで朔に問われて、新はどきりとした。

「どうって、十キロならもう余裕《よゆう》だよ」

「うん。そこはオレも心配してない。完走はできる。でもどうせやるなら入賞を目指したい」

　真っすぐに言い切る朔を見つめて、新はふっと笑った。おかしいとか嬉《うれ》しいというのではない。もちろんバカにしているわけでも呆《あき》れているわけでもない。②ただ笑ってしまった。

　やっぱり朔は朔だ。

「いいんじゃないの。③可能性はあるよ」

　新が言うと、朔は安堵《あんど》したように表情を緩《ゆる》めた。

「でも、それならやっぱり伴走者は代えたほうがいい」

　朔がぴくりと動き、それから頭をかいた。

「なんか、うーん、そんなこと言い出すような気がしてた」

　驚《おどろ》いて新が視線をあげると、朔は唇をこすった。

「今日転んだこと、気にしてるんだろ」

　新はすっと視線を床《ゆか》に落とした。

「おまえってわかりやすいっていうか、マジで単純だよな」

「人をバカみたいに言うなよ」

　ぼそりと新がつぶやくと、朔は目元にかかった髪《かみ》に息を吹《ふ》きかけた。

「オレさ、ブラインドマラソンを始めたとき、オレと新はチームなんだって思った。ほら、伴走者ってガイドともいうけど、パートナーともいうだろ、そっちの感覚。でも実際走ってると、やっぱり④オレは新に支えられているだけで、⑤パートナーっていう関係にはなれていないんだってずっと思ってた」

「ダメなの？」

「ダメじゃない。ガイドっていう考えかたが間違《まちが》ってるとも思ってない。ただ、オレはそれじゃあおもしろくないなって」

「………」

「今日さ、転ぶ直前、あれってあきらかにオレのペースじゃなかっただろ。焦《あせ》ったし、無理だって思ったし、まあ実際ついていけなくて転んだんだけど。でも、怖《こわ》いとかそういうんじゃなかった。なんていうか、高《こう》揚《よう》したっていうか。一瞬《いっしゅん》だけど、知らない世界に足突《つ》っ込《こ》んだっていうか」

　新はかぶりを振《ふ》った。

「ランナーのペースに合わせるのが伴走者の仕事で、その逆はない」

「それはわかってる。新の言ってることは正しいよ。伴走者はランナーを導いていくガイドだ」

　そう、伴走者はガイドだ――。

　新は膝《ひざ》の上でぎゅっとこぶしを握《にぎ》った。ランナーの目になり、的確な指示を出して安全に確実にゴールまで導いていく。伴走者が走るのはランナーのためだ。自分のためじゃない。

　オレには、伴走者として朔の隣《となり》で走る覚悟《かくご》も自信も、資格もない――。

「あのさ、転んだの今日が初めてだからな。毎日走っているのに、一度もなかったんだぞ。新がいつも神経張って伴走してくれてることは、オレが一番わかってるつもりだけど」

「でもケガさせた」

朔は大きく息をつくと、「ちょっと待ってろ」と部屋を出ていき、筒状《つつじょう》になっている画用紙を持って戻ってきた。

「見てみな」

戸惑《とまど》いながら新はそれを受け取ると、ゴムを外して画用紙を開いた。

画面に大きく、笑顔の男の子の顔が描《か》いてある。世辞《せじ》にもうまいとはいえない。けれどよく見ると、絵に沿って小さな盛り上がった点がついていることに気がついた。

「その絵、点を指でなぞるとオレにもちゃんと見える」

「これって」

「あのバスに乗ってた女の子がくれた」

「…………」

朔と事故のことについて話すのは初めてだった。

「その女の子、バスの中でも絵を描いていたんだろうな。で、クレヨンを落としちゃったんだ。水色のクレヨン。それがオレの席のそばに転がってきて、手を伸《の》ばしたんだけど拾えなくて。で、シートベルトを外して通路に出たとき、事故が起きた。あとのことは覚えてないけど、たぶん吹っ飛んで、頭を打ったんだと思う」

あの事故で大きなケガや亡くなった人は、シートベルトをしていなかったと聞いた覚えがある。けれど朔はシートベルトをしていなかった理由を言わなかったし、両親も朔を問うようなことはしなかった。

「タイミングが悪かったんだよ」

机のイスを引いて、朔は腰かけた。

「もちろんオレがこうなったのは、その子のせいなんかじゃない。オレが勝手に拾おうとしただけで、頼まれたわけでもない。でも、めぐちゃん、あ、その女の子の名前だけど。めぐちゃんは事故のショックでしゃべれなくなっちゃって。四ヵ月たって声が出るようになって。それでお母さんにオレのことを話したんだって」

朔はA淡々《たんたん》と話を続けた。

「めぐちゃんのお母さんたち、いろいろ調べたんだろうな。オレのこと知って、去年の夏頃《ごろ》かな、うちに手紙くれたらしくて。要は、オレに会いたいってことだったんだけどさ。母さんは反対したらしいけど、父さんがオレのいるとこを教えたんだって。で、そのときオレがB厄介《やっかい》になってた寺に来てくれて、めぐちゃんから、それもらった。めぐちゃん、お母さんと一緒に点字で書いてくれたんだよ。でもオレさ、そのとき点字なんてまったくわからなくて」

そう言ってふっと笑った。

⑥「すげー恥《は》ずかしかったよ。めぐちゃんは一年生になったばっかりでさ。そんな小さい子が一生懸命《いっしょうけんめい》書いてオレんとこ来てくれたのに、オレはなにやってんだろうなって。きっと、来るまで怖かったと思うんだ。お母さんにしてもめぐちゃんをオレに会わせること、悩《なや》んだと思う。うん、絶対悩んで、迷ったと思う。でも来てくれて」

朔は膝に肘《ひじ》を当て、手のひらを組んだ。

「あの頃、オレぜんぜんダメで、盲学校に行ったのだって、ただ逃《に》げただけだと思う。みっともないだろ」

ううん、と新は唇を噛んでかぶりを振った。

「めぐちゃんからもらった画用紙にも、なにが書いてあるのかわからなくて。でもそれをめぐちゃんに聞くこともできなくて。そりゃそうだろ、めぐちゃんはお母さんと勉強して、点字打ってくれたんだよ。それをオレが読めないって。で、自分で読めるようになろうと思って勉強始めたんだ。事故にあってから初めてオレ、自分でなにかしようって思った」

新はじっと画用紙を見た。

朔らしき男の子の顔の上に、横書きでたどたどしいひらがなが書いてある。

　　―おにいちゃんえ
　　もういたくないですか
　　おにいちゃんがいっぱい
　　みえるようになりますように

その文字の上にも、盛り上がった小さな点、点字記号が並んでいる。

「この先、もしもどこかでめぐちゃんに会ったら、ちゃんと笑っていたい。笑って、顔をあげて、たくさん見えるものがあるよって、言えるようになっていたい」

「……それと走ることと、どう関係あるの」

朔はふっと息をついた。

「見たいんだよ、オレは。世の中にあるもの、なんだって見たい」

「…………」

「できなかったことができるようになることも、わからないことがわかるようになることも、知らない世界を知ることも、全部、オレにとっては見ることなんだ」

ゔぅぅぅぅと、扇風機《せんぷうき》の微《かす》かな風音が朔の声に混じる。

「見るって、目に映るものだけじゃないんだよ」

朔は柔《やわ》らかく目を細めた。

「オレにとって、走るってそういうこと。新はオレにいろんなものを見せてくれる」

（いとうみく『朔と新』〈講談社〉より）

問一　═══A・Bの本文中の意味としてふさわしいものを、それぞれ後のア～エから一つ選び、記号で答えなさい。

A　「淡々と」

ア　あっさりと　　イ　何気なく

ウ　率直に　　エ　冷ややかに

B　「厄介になってた」

ア　迷惑をかけていた　　イ　世話になっていた

ウ　修行をしていた　　エ　手伝いをしていた

問二　――①について、メールを「見られなかった」のはなぜですか。その理由の説明としてふさわしいものを、次のア～エから一つ選び、記号で答えなさい。

ア　自分に自信が持てず朔の伴走を投げ出そうとしていたが、本当は続けたかったので、境野への依頼《いらい》は本心ではなかったから。

イ　朔のガイド役を代わってもらうことを提案したものの、自分以外の人間が兄の伴走者を務めると思うとすこし心残りも感じたから。

ウ　朔と走ることに嫌気《いやけ》がさしており、ブラインドマラソンに関する境野の意見などもう聞きたくないと思っていたから。

エ　朔自身も伴走者を代えたほうがいいと思っているのだと思い、これまで頑張《がんば》ってきたかいがなかったとむなしくなったから。

問三　――②について、このときの新の説明としてふさわしいものを、次のア～エから一つ選び、記号で答えなさい。

ア　新が今朝の練習で転ばせてしまったことを、朔が気にしているわけではないとわかりほっとした。

イ　何でもすぐ投げ出す自分とは違って、朔はどんな困難にも挑《いど》んでいく性格だったと思い出した。

ウ　大会に出るならなおさらガイド役を交代したほうがいいと思い、肩の荷が下ろせるような気がした。

エ　朔の性格を考えれば、朔がガイド役の交代を境野に相談するはずなどなかったのだと思い直した。

問四　――③について、「可能性」とは何の可能性ですか。次のア～エから一つ選び、記号で答えなさい。

ア　大会に出られる可能性　　イ　十キロを完走する可能性

ウ　大会で入賞する可能性　　エ　別の伴走者が見つかる可能性

問五　――④について、朔が「新に支えられている」状況《じょうきょう》とは具体的にどういうことを言っているのですか。次の文の空欄X、Yを補って説明文を完成させなさい。

【ふだんの練習で新が［X］からこそ、自分は［Y］ということ。】

問六　――⑤について、朔の考えるパートナーとはどのような存在と考えられますか。ふさわしいものを、次のア～エから一つ選び、記号で答えなさい。

ア　自分の走りを追求しながら、ランナーを引っ張っていく存在。

イ　ランナーを導きながらも、走る高揚感をともにあじわっていく存在。

ウ　ランナーと一緒に走ることで、自分も競技者の一員となっている存在。

エ　ランナーが一人で走っていると感じられるように気配を消している存在。

問七　――⑥について、朔が恥ずかしいと思った理由を説明しなさい。

問八　～～部「筒状になっている画用紙を持って戻ってきた」とありますが、その画用紙を新に見せたのは朔がどのようなことを伝えたかったからですか。文章全体を踏《ふ》まえてもっともふさわしいものを、次のア～エから一つ選び、記号で答えなさい。

ア　他人である幼い女の子さえ自分のことを勇気づけてくれたのに、弟の新が自分の夢を応援《おうえん》してくれないのは残念だということ。

イ　自分がバスの事故で失明してしまったのはただ単にタイミングが悪かっただけであり、誰の責任だとも思っていないということ。

ウ　伴走者の新が走ることそのものを楽しめるようになることは、自分にとっても新しい世界が見えることにつながるということ。

エ　自分もめぐちゃんに励《はげ》まされて新しいことに挑戦するようになったのだから、新も伴走以外に何か新しいことを始めたほうがいいということ。

□二　次の文章を読んで、後の問いに答えなさい。

いかなる物事にもプラスとマイナスの側面があります。光があれば必ず影《かげ》が生じるように、長所と短所、正と負、善と悪は裏腹の関係で、この二面性は切り離《はな》せません。本章では、科学・技術の成果や使い方についての二面性を考えてみたいと思います。

その二面性の第一は、科学・技術の直接的な効能(利得)と弊害《へいがい》(損失)です。科学・技術は、私たちの生活を便利で効率的で健康なものにしてくれましたが、福島原発においては現代の技術の不十分さに起因した大事故が引き起こされました。あるいは農薬や薬の毒性や過剰《かじょう》な使い方による中毒・薬害事件といった弊害も多くあります。今後、AI(人工知能)技術や生物の遺伝子操作技術が拡大していくと、人間の生活環境《かんきょう》や遺伝的資質に対して、どのような効能と弊害が生じるか予想がつかず、簡単に答えが出せないことも心配です。先行きの見通しが立たないのが実情ですから。

二つ目は、科学・技術の使用形態で、私たちの生活など社会一般《いっぱん》に広く使われる民生利用と、戦争に勝利するために使われる軍事利用があります。ナイフがリンゴの皮を剥《む》く便利な民生の道具であるとともに、人を刺《さ》し殺すための恐《おそ》ろしい武器にもなるのと同様、一つの技術が人を活かす民生のためにも、人を殺す軍事のためにも使われるのです。現在、このことは「デュアルユース(軍民両用の二面的使用)」と言われているのですが、技術の民生と軍事の両面に使われることについての考察が必要です。

さらに三つ目として、科学・技術の目的として、経済に役に立つ科学と①経済に役に立たない科学という二面性もあります。経済論理(注1)に追随《ついずい》した科学の展開か、経済論理とは無関係な文化のための科学か、という二面性です。ピカソの絵やモーツァルトなどの芸術作品は私たちの精神的楽しみとして役に立ちますが、それが無くても実生活を送ることができます。まさに文化とはこういうものですね。それと同様、宇宙や素粒子《そりゅうし》(注2)の研究のように直接生産や商売の役に立たない文化としての科学があります。他方では、AI(人工知能)やロボットや遺伝子操作のような産業と結びついて経済に役に立つ科学は大いに歓迎《かんげい》されています。②そのいずれを選択《せんたく》するかは、私たちがどんな世界を望んでいるかにかかっていると言えそうです。

以上のように、科学・技術にはさまざまな側面があり、評価の視点によってはまったく反対の判断になってしまうことになります。ここで科学・技術の二面性を論じるのは、一つの指標・視点だけで科学・技術の価値を決めてしまってはならない、ということを強調するためです。科学・技術が持つ多様な側面を幅《はば》広い観点から見ることの大事さを強調したいのです。

科学で見出された原理や法則を、実際の物質に適用して人間にとって役に立つ人工物を創造するのが技術です。人間にとって役に立つということは、人々の生活を向上させて健康で文化的な生活を送れること、さまざまな道具や機械を作って人々が便利で効率的な暮らしができること、エネルギーや資源を有効に利用して生産力を上げ、豊かな消費生活が実現できること、というような点が挙げられるでしょうか。しかし、それがマイナスに作用して健康被害《ひがい》や大事故が引き起こされ、人々を苦しめ死を招くことすらあります。役に立たないどころか、害悪になる可能性もあるのです。

歴史を振《ふ》り返って見れば、科学と技術が緊密《きんみつ》に結び合った結果、人々の生活環境が上昇《じょうしょう》してきたことは明らかです。エアコンが完備した住環境となり、栄養不足が克服《こくふく》されて寿命《じゅみょう》が延び、病気になると治療《ちりょう》が受けられて健康が回復でき、食糧《しょくりょう》増産が可能になって地球上に75億人もの人間が養え、飛行機や電車の発明で人間や物資を遠くへ速く輸送することができ、大量生産で衣料や生活必需品《ひつじゅひん》が安く手に入れられ、コンピューターによって効率的に機械を動かし、というふうに科学・技術がもたらしてくれた効能は数多くあります。１０００年前、５００年前、１００年前、50年前と比べれば、技術が加速度的に(時間が経つほどより大きく急速に)進歩してきたことがわかるでしょう。

　私たちの身近な道具でも、眼鏡は眼の能力(視力)の不足を補って字や景色がよく見えるようになり、自転車・車・電車・飛行機は足の能力を拡大して私たちの行動半径を大きく広げ、鉛筆《えんぴつ》や万年筆やボールペンは字を書く手段を豊かにして手の能力を格段に上昇させ、電話はケータイになりスマホになって音声だけでなく大量のデータを送受信でき、計算機やコンピューターは複雑な計算や多量のデータの処理を高速でこなすようになって脳の能力を広げています。このように、道具や機械を使うことによって人間が持つさまざまな能力を何千倍にも拡大するとともに、私たちの生活領域のみならず知覚領域も大きく広げ、多くの人々と結びつき交流する機会が増え、世界の見方も狭《せま》い地域に閉じられた目から地球大へと開かれるようになりました。

　このように科学・技術の成果は、人々のこれまでの狭い社会観や人間観を大きく広げて新しい可能性を拓《ひら》き、限られた個人の経験のみに止《とど》まっていた歴史観や文明観を根底から広げさせ、多様に展開する世界を見て自然観や宇宙観を新たに構築し直す、というふうに人類の生き方についての根本的に重要な思想や哲学《てつがく》の変革の契機《けいき》を与えてきたのです。科学・技術が単に道具や機械や(注3)インフラなどの人工物を通じて便利で機能的な社会をもたらしたことだけでなく、それによって人類の思考様式や文明の形態にまで革命を促《うなが》すことになったと言えるでしょう。つまり、科学・技術が人間を取り巻く物質世界の変革を導いたとともに、③それによって人間の精神世界を豊かにし、かつ知的領域を広大なものに拡大してきたというわけです。

　このように科学・技術の効能は文明史にまで及《およ》ぶほど大きいのですが、他方ではその弊害も劣《おと》らず大きく、人類の存続を脅《おびや》かすほどになっていることは否定できません。

　世の中が便利になり効率化したことから、どんどん時間が加速され、私たちは忙しい生活を送るようになってしまいました。便利にするということは、それによって雑用に取られる時間が節約でき、私たちの自由時間が増えて、芸術や学問や趣味《しゅみ》など自分の好きなことに(注4)余暇《よか》が使えるようになるはずでした。しかし、現実には次々しなければならないことが待っていて、好きなことに使える自由時間はかえって減る一方だし、「早くしなさい」と急《せ》かされるばかりです。④「便利になればなるほど自由時間がなくなっている」のです。

　それは人間が欲張りのため、あれもこれもとすべきことを詰《つ》め込《こ》むようになったためかもしれません。さらには、コンピューターでネットサーフィンし、スマホのいろんなアプリで遊ぶようになったように、科学・技術の成果を追いかけるのに時間が潰《つぶ》されていることもあるでしょう。便利さに付け込んでお金と時間を使わせるよう人を誘惑《ゆうわく》する技術も開発されているのです。事実、私たちは、⑤技術を追いかけることに必死になり、その結果、技術にコントロールされる(操られる)存在になりかかっていると言えるでしょう。科学・技術の持つ魔《ま》の力を認識する必要がありそうですね。

そのことは、身近にあって日常的に使っている道具や機械が、私たち人間が持つ能力を拡大したという先に述べた効能とは裏腹の、人間が持つ固有の能力を奪《うば》っているという弊害があることを考えれば納得できるかもしれません。眼鏡は視力の弱い人間への(注5)福音《ふくいん》ですが、眼鏡をかけるとどんどん度が進み、ますます視力が衰《おとろ》えるようになります。胃を手術して点滴《てんてき》で栄養を摂《と》るようになると胃が食べ物を消化する能力が衰え、しばらくは薬の助けを得なければ栄養が摂れません。エアコンのおかげで猛暑《もうしょ》を凌《しの》ぐことができるようになりましたが、体の汗《あせ》をかく能力が衰えたため、温度が高い所に行っても汗をかかなくなり、そのため熱が体内に籠《こも》って熱中症《ねっちゅうしょう》になってしまう患者《かんじゃ》が増えました。

これらは、いずれも人間の肉体は怠《なま》け者にできていて、その部分を使わないと衰えて能力が低下してしまうことを物語っています。つまり、道具や機械が私たちの持つ能力を肩代《かたが》わりするようになると、人間が本来的に持つ固有の能力を失っていくということを意味しているのです。実際、計算機を使うようになって暗算や筆算ができなくなったとか、コンピューターでワープロ機能を使うようになって漢字が思い出せなくなった、ということを多くの人が言っています。ある地域で、バスが廃止《はいし》になって自家用車ばかりに乗るようになった結果、糖尿病《とうにょうびょう》患者が増えたというデータもあります。便利さばかりを追求していると、私たちは無能力人間になりかねないという警告です。

（池内　了『なぜ科学を学ぶのか』〈ちくまプリマー新書〉より）

(注1)追随……後から追い従うこと。

(注2)素粒子……物質を構成する最小単位とみられる粒子。

(注3)インフラ……水道・電気・道路のような、産業や生活を支える施設《しせつ》やサービスの総称《そうしょう》。

(注4)余暇……仕事を離れて自由に使える時間。

(注5)福音……良い知らせ。

問一　═部「凌《しの》ぐ」の本文中での意味としてふさわしいものを、次のア～エから一つ選び、記号で答えなさい。

ア　逃《のが》れる　　イ　打ち勝つ　　ウ　和らげる　　エ　乗り切る

問二　――①「経済に役に立たない科学」の具体的な例を、本文中から抜《ぬ》き出しなさい。

問三　――②とあるが、筆者が言おうとしたのはどのようなことですか。ふさわしいものを、次のア～エから一つ選び、記号で答えなさい。

ア　経済に役に立つか立たないかということだけで科学の価値を決めると、世界のあり方を狭める可能性がある。

イ　人々の暮らしに役に立つ科学か、精神を豊かにする文化か、どちらかを選択していかなければならない。

ウ　これからは、どの科学が経済の役に立ち、どの科学が役に立たないのかを注意深く見極めていく必要がある。

エ　世界の国々の発展を望むのならば、今後は経済に役に立つ科学の方を重要視していかなければならない。

問四　――③とはどういうことですか。それを説明したものとしてふさわしいものを、次のア～エから一つ選び、記号で答えなさい。

ア　科学・技術がさまざまな人工物を作り出し、生活が変わって人間の能力が大幅に広がったことで、新しいものの考え方が生まれたということ。

イ　科学・技術がさまざまな原理や法則を発見したことで、一部の学者のみが携《たずさ》わっていた科学が一般人にも開放され、学問が大きく発展したということ。

ウ　科学・技術が生み出した道具や機械を人々が使いこなすことで、目や手足などの能力が向上し、知覚できる領域が広がったということ。

エ　科学・技術によって生活環境が大きく改善され、人々に時間的・精神的な余裕《よゆう》が生まれたことで、思想や哲学などがいっそう発展したということ。

問五　――④とはどういうことですか。それを説明したものとしてふさわしいものを、次のア～エから一つ選び、記号で答えなさい。

ア　暇な時間が増えたにも関わらず、時間の感覚が変わって常にせかされているように感じ、ゆっくり過ごせなくなったということ。

イ　技術の進歩によって自由な時間が生み出されたのに、その時間を芸術や学問などに使うよう強制されるようになったということ。

ウ　効率化によって時間が空いたのに、それを次々に別のことに使い、結局また余分な時間がなくなってしまっているということ。

エ　自由にやりたいことができるようになったのに、やるべきことに時間を使うほうがよいと人々の意識が変わってきたということ。

問六　――⑤とはどういうことですか。それを説明したものとしてふさわしいものを、次のア～エから一つ選び、記号で答えなさい。

ア　人間が目的を考えずに技術を次々と開発したことによって、人工知能などに生活を支配される世界が近づいているということ。

イ　新しい技術を生み出そうとすることに集中するあまり、それがどのような結果をもたらすか考えられなくなっているということ。

ウ　加速度的な技術の進歩になかなか追いつけず、完全に内容を理解しないまま技術を使用せざるをえないということ。

エ　必ずしも必要とはいえない新しい技術に振り回され、その技術を使わずにはいられなくなっているということ。

問七　～～部「科学・技術の成果や使い方についての二面性」について、本文のコンピューターの例を用いながら説明しなさい。

三　次の――部のカタカナを漢字に直しなさい。

①　カンショウ的になる。

②　市長のセキムを果たす。

③　時代のフウチョウに合わせる。

④　勇気をフルう。

⑤　ウれた桃《もも》を収穫《しゅうかく》する。

四　次の問題に答えなさい。

この春、コロナ感染拡大を防ぐための休校期間中に行われた「映像配信授業」(あらかじめ録画された授業の映像を各家庭に直接配信し、生徒は自宅などでそれを視聴《しちょう》する形式)の良い点・悪い点について高校生がグループで話し合いました。

①　まず良い点としては、朝の満員電車に乗らなくても授業が受けられることがあげられるかな。

②　でも、休校期間がひと月以上続いたから、映像を見る授業に飽《あ》きてしまったよね。

③　そうね。家でずっとパソコンの画面ばかり見るので、すごく目が

疲《つか》れるしね。

④　あと、分からない時すぐに質問できないのも困る。授業が分からないと眠《ねむ》くなってしまう。

⑤　そうそう。特にお昼過ぎはね。起こしてくれる人がいないから授業を見ながらいつの間にか眠ってしまったよ。

⑥　眠くなったら冷たいコーヒーを飲むのがおすすめだよ。

⑦　そうなんだ。でも私はコーヒーを飲むと胃が痛くなるから、できれば温かいミルクがいいな。

⑧　牛乳は体にいいらしいからね。映像授業で胃を痛めるなんて、やっぱり映像配信授業は良くないよね。

問一　右の話し合いの中で、論点をずらしてしまった発言があります。その番号を答えなさい。

問二　この話し合いでは「映像配信授業」の悪い点が複数あげられています。その発言の番号を一つ選び、それに対してどのようにすれば改善できると考えるか、自分の考えを述べなさい。（改善の方法は授業を受ける側・配信する側のどちらの立場に立ってもかまいません。）

問三　この話し合いでは指摘《してき》されていない「映像配信授業」の良い点を一つ考え、説明しなさい。

頌栄女子学院中学校（第一回）

—40分—

※字数指定のある問いでは、特にことわりのない限り、句読点等の符《ふ》号《ごう》も一字分と数えます。

一　次のA～Eの各文中のカタカナを、漢字に直してていねいに書きなさい。

A　オンシに感謝の手紙を送る。
B　世界イサンに登録された湖。
C　安全ソウチの点検を行った。
D　大いにフンキして勉強する。
E　血液中のサンソ濃度を測る。

二　次の文章は、『三省堂国語辞典《さんせいどうこくごじてん》』（略して『三国《さんこく》』）を作ったメンバーの一人である飯間浩明《いいまひろあき》氏が著《あらわ》したものです。彼はこの文章の中で、「国語辞典の中には、昔のことばを多くのせるものもありますが、この『三国』は、現代日本語を第一に考える辞書です。」と『三国』の特徴《とくちょう》を紹介《しょうかい》しています。これを読んで、後の問いに答えなさい。（問題文中の※は、終わりに注があります。問題文の表記を一部書き改めてあります。）

「まちがい」とは決めつけない

国語辞典を作るために、ぼくが①ワードハンティングをする様子も、テレビ番組などで取り上げられるようになりました。新聞や本、インターネットからじっくりことばを拾う作業を取材してくれるのかと思ったら、

「そんなのは、カメラで撮《と》ってもおもしろくありません」

とのこと。それよりも、ぼくが街に出て、看板やポスターなどを観察しているところを撮影《さつえい》したい、と言われました。それで、ぼくはテレビの撮影隊を引き連れて、東京のいろいろな街を訪ねることになりました。

ワードハンティングでは、「まちがいではないか」「辞書にのせる価値がないのでは」と思われそうなことばも、たくさん見つかります。でも、ぼくは、ことばを「まちがい」「価値がない」とは決めつけません。どのことばも、理由があって生まれてくるからです。

あるニュース番組の取材では、撮影隊といっしょに、世田谷区《せたがやく》の下北沢《しもきたざわ》を訪ねました。下北沢には商店街がありますが、取材スタッフの喜びそうな、めずらしいことばは、ほとんど見つかりませんでした。ただ、②じみだけど、ぼくにとっておもしろいことばは、いろいろありました。

たとえば、だんご屋さんのお品書きに、こう書いてあります。

〈みたらし　1本　¥80　／　正油　1本　¥80〉

ここに出てくる「正油」は「しょうゆ」と読みます。「しょうゆ」はふつう「醤油《しょうゆ》」と書きますが、むずかしすぎるので、昔から「正油」と書くことがあります。あちこちで目にする字ですが、国語辞典にはのっていませんでした。

「『三国』には、ぜひ、俗《ぞく》に『正油』とも書く、という説明を入れていです」

ぼくは、歩きながら、取材スタッフにそんな話をしました。

③疑問に思う人がいるかもしれません。「『正油』はまちがいじゃないん

ですか。辞書にのせてもいいんですか」と。

まちがいかどうかは、ひとびとが決めます。たくさんの人が使っていることばは、もはや「まちがい」とは言えなくなるのです。

「正油」は、多くの人が使っている「当て字」です。正式ではないけれど、まちがいとも言えないのです。お店の品書きに使ったり、メモとして書いたりするのはかまいません。

ひとびとは、ことばを、日常生活で使いやすいように、少しずつ変えていきます。多くの人が、せっかく便利に使っていることばを、「まちがいだ」と簡単に決めつけてはいけないのです。


（中　略）

「ことばデータ」は正確に

小説※1「舟《ふね》を編む」は、映画版もヒットし、辞書に対する関心がいっそう高まりました。そして、こんどはアニメ化されることになりました。

（中　略）


アニメの監修《かんしゅう》※2をしてわかったのは、専門家でない人には、ワードハンティングを実際にどうやるかが想像しにくいんだなあ、ということでした。

あるスタッフが、アニメの会議で発言しました。

「ハンティングして見つけたことばは、どうやって記録するんですか。新しいことばをメモして、そこに意味を書きそえておくんですか」

「そうじゃないんです」ぼくは説明しました。「ワードハンティングをするときは、意味は書かなくていいんですよ」

「えもの」となることばを見つけたとき、そのことば自体を記録するのはもちろんです。それ以外に大事なのは、前後の部分を記録することです。そのことばがどんな文脈で使われているか、なるべく長く引用しておきます。

見つけたえものを記録した「ことばデータ」の例を紹介しましょう。「ふつう」ということばのめずらしい使い方を書きとめたデータです。

> ●ふつう［普通］
> サーッと武文《たけふみ》の言葉を頭上で流しながら、僕《ぼく》はじっくりと脚本《きゃくほん》を読んだ。［略］「……◆普通にいいと思う」
> （朝井《あさい》リョウ『桐島《きりしま》、部活やめるってよ』集英社《しゅうえいしゃ》文庫
> ２０１２・12・04　ｐ１２０）

これは高校生たちをえがいた小説です。登場人物の書いた映画の脚本を見て、「普通にいい」と言った部分を記録しました。

最初に「ふつう［普通］」という見出しを書き、次に、「普通」ということばがどんな状況《じょうきょう》で使われたかわかるように、原文を長く書きぬきます。
④ぼくにとって、「ふつうにいい」はめずらしい表現です。「ふつう」なのに「いい」とはどういうこと？
それはともかく、注目した「普通」の部分に◆の目印をつけます。あとは、自分が見た作品名、日付を書きそえておきます。

「これが、ぼくの作っている『ことばデータ』です。意味の説明は書か

なくていいんです。その代わり、正確な原文と日付が必要です」

――こうして、ぼくは、アニメで使うための「ことばデータ」を数十個も作ることになりました。

こんなふうに慣れない仕事が増えて大変でしたが、アニメ版「舟を編む」の制作に協力したことは、とても［ 1 ］経験でした。

（中　略）

どのことばも、理由があって生まれてくる

ところで、今のアニメの監修の話で出てきた「ふつうにいい」という表現、どう思いますか。ぼくはさっき、「『ふつう』なのに『いい』とはどういうこと？」と言いました。「いい」はほめることばですが、「ふつう」はべつにほめていません。どっちなんだろうと、少し混乱します。

ぼくのように思った大人が多かったせいか、「ふつうにいい」「ふつうにおもしろい」「ふつうにおいしい」という表現は、一時期、話題になりました。

「こんなことばは、まちがいだ」

そう言う人も、少なくありませんでした。

でも、ぼくは、ワードハンティングをするなかで、だんだんわかってきたことがあります。それは、テレビの取材の話のところでも言ったことですが、「どのことばも、理由があって生まれてくる」ということです。

このことを、もう少し考えてみましょう。

「ふつうにいい」は、ちょっと聞くと［ 2 ］ことばかもしれません。でも、いろんな例を観察すると、この言い方にも理由があることがわかります。

ぼくたちは、何かをほめるとき、条件をつけることがあります。「欠点もあるけど、いい人だ」「一般人はともかく、マニアにとってはおもしろい映画」「変わった味だけど、好きな人にとっては、おいしいかもしれないアイス」……。条件をつけられると、ほめられても、うれしさは弱まりますね。

でも、何も条件をつけずに、ふつうにほめることができる場合もあります。それが、「ふつうにいい」「ふつうにおもしろい」「ふつうにおいしい」です。

赤や黄色の、どぎつい色をしたゼリーを食べた女の子が、「ふつうにおいしかった」と言いました。これは、「色から考えて、あまりおいしくないと思っていたのに、条件をつける必要がなくおいしかった」という意味です。

つまり、「ふつうに〇〇」という言い方は、意味の通らない言い方ではなくて、使われる理由がちゃんとあったんですね。

ワードハンティングを通じて、「ふつうに〇〇」という言い方は、若い人だけでなく、中年以上の大人もよく使っていることがわかりました。広く使われている以上、国語辞典にものせる必要があります。「ふつう」のこの用法は『三国』※3の第7版にのりました。

〈ふつう［略］べつに変なところがなく。とても。「あの人、ふつうに歌うまいよね・このアイス、わたし的にはふつうにおいしい」〉

この言い方は、⑤改まった場では使わないほうがいい俗語です。でも、日常会話ではよく使われているし、使ってもまちがいとは言えないのです。

ことばをやりとりする手助けを

「国語辞典というものは、正しい日本語を決めてくれるものだ」と考える人は多くいます。「そうでなくては、辞書の意味がないでしょう」と。

でも、はたして、国語辞典は「正しい日本語を決めるもの」でしょうか。

いろいろな国語辞典を比べてみると、けっしてそうではないことがわかります。「凡人《ぼんじん》」について、「影響力《えいきょうりょく》が皆無《かいむ》のまま一生を終える人」と、[3]ことを書く辞書もありました。一方、単に「ふつうの人」と書く辞書もありました。辞書によって、ものの見方、説明のしかたはいろいろです。とても「ひとつの正しい説明」を決めることはできません。

もし、辞書には正しいことばや意味がのっていて、「そこにないことばや意味は、まちがいだ」となったら、だれもが型にはまったことしか言えなくなります。新しい考えを発表したり、今までにない表現をしたりすることはできません。何しろ、今までにない表現は、辞書に書いてありませんからね。

国語辞典の役割は、正しい日本語を決めることではありません。では、本当の役割は、いったいどんなことでしょうか。それは――⑥人と人とがことばをやりとりするための、手助けをすることです。

（飯間《いいま》　浩明《ひろあき》　著『ことばハンター　国語辞典はこうつくる』〈ポプラ社〉より）

※1　『舟《ふね》を編む』……三浦《みうら》しをんの小説。辞書作りに没頭《ぼっとう》する者たちの物語。本屋大賞受賞作品。

※2　監修《かんしゅう》……ここではアニメの編集を監督《かんとく》する責任者。

※3　第7版……七回目の訂正《ていせい》・追加などを経て出版された本。

問一　[1]～[3]に入れるのに最も適当な語を、それぞれ次のア～カの中から一つずつ選び、記号で答えなさい。

ア　あきれた　　イ　きびしい　　ウ　混乱する

エ　ためになった　　オ　たよりない　　カ　夢見る

問二　――①「ワードハンティング」とは「単語狩《が》り」の意味ですが、本文中ではどのようなことを指していますか。その説明として最も適当なものを、次のア～エの中から一つ選び、記号で答えなさい。

ア　辞書にのせるために、使っている人があまりいないめずらしいことばを探し、その意味を記録すること。

イ　辞書にのっていることばで、多くの人々が間違《まちが》って使っているものを探し、その使い方を記録すること。

ウ　辞書にのっていないことばや、本来の意味や使われ方ではないことばを探し、その用例を記録すること。

エ　辞書にのっているかいないかに関わらず、若者特有のことばや使い方を探し、その表現を記録すること。

問三　――②「じみだけど、ぼくにとっておもしろいことば」とありますが、どのようなことばを指していますか。その説明として最も適当なものを、次のア～エの中から一つ選び、記号で答えなさい。

ア　人々に広く使われてはいるが辞書にのせる価値がないと誰《だれ》もが思うことば

イ　まだ辞書にのっていないが人々に多く使われている間違《まちが》っている

ことば

ウ　人々がまだ使い始めたばかりで辞書にのっていないめずらしいことば

エ　辞書にのっていないけれど人々が多く使っているありふれたことば

問四　——③「疑問に思う人がいるかもしれません」とありますが、「疑問に思う人」は、なぜこのように思うのでしょうか。文中の言葉を用いて六十字以内で答えなさい。

問五　——④「ぼくにとって、『ふつうにいい』はめずらしい表現です」について後の問いに答えなさい。

(1) それはなぜですか。その説明として最も適当なものを、次のア～エの中から一つ選び、記号で答えなさい。

ア　登場人物の年齢《ねんれい》にあわせて作者が作った新しい表現だから。

イ　ほめているのかいないのか意味のわかりにくい表現だから。

ウ　中年の人たちにはあまり使われない若者特有の表現だから。

エ　間違《まちが》っているのか正しいのかあいまいで難しい表現だから。

(2) なぜ「ふつうにいい」という表現が使われていると筆者は考えるのですか。その説明として最も適当なものを、次のア～エの中から一つ選び、記号で答えなさい。

ア　条件をつけてほめても相手はうれしくないので、「ふつうに」をつけることで相手をよろこばせようとしているから。

イ　その評価が特別な条件をそなえた人によるものではないことが、「ふつうに」をつけることでわかりやすくなるから。

ウ　他の人とは違《ちが》い自分だけは何の条件もつけずにほめているのだと表すために、「ふつうに」が一役買っているから。

エ　期待できないと思っていた物事でも何の条件もつけずにほめたいのだということを、「ふつうに」で表しているから。

問六　——⑤「改まった場では使わないほうがいい俗語《ぞくご》」とありますが、筆者はこのような語はどのようなことばだといっていますか。それを説明した次の文の［　］に入れるのに適当なことばを、問題文中から二十字ちょうどで抜き出して答えなさい。

［　　　　　］ことば。

問七　——⑥「人と人とがことばをやりとりするための、手助けをすること」とありますが、そのために筆者は、ことばの意味がいくつもあるために生じる誤解を解決できるような辞書を作りたいと考えています。その《誤解をうみやすいことば》として筆者は「ちょっと」をあげ、次にまとめたような誤解や行《い》き違《ちが》いを例としてあげています。

あなたにとって大切なペットが死んだことを友だちに告げた。友だちは、あなたのことをなぐさめたいけれど、どう言っていいかわからず、でも、残念な気持ちを伝えようとしたために「ちょっと残念だね」という言い方になった。しかし、あなたにとってはとても残念なことを「ちょっと残念だね」と返されてしまったため、あなたはとても傷付いた。

この原因として考えられる「ちょっと」の二つの意味について、筆者の意見をまとめると次のようになります。

「ちょっと」ということばは、「少し」という意味だけでなく、「どう表現したらいいかわからないのですが」という意味も持つために生じた誤解である。

この例や本文を参考に、次にあげる《誤解をうみやすいことば》の中から一つことばを選んで示した上で、どのような誤解がうまれるのか、また、なぜそのような誤解がおこるのかを説明しなさい。

《誤解をうみやすいことば》

適当　・　結構です　・　鳥肌《とりはだ》が立つ

三　次の文章を読んで、後の問いに答えなさい。(問題文中の※は、終わりに注があります。問題文の表記を一部書き改めてあります。)

ゲンが、おれたちの学校にやってきたのは、冬休みあけの、Ｉめっぽう風の強い日だった。

おれたち六年一組の男子は、放課後運動場に残って、サッカーをして遊んでいた。

おれは、ゴールキーパーをやっていた。

ほんとは、ハジメがキーパーをする番だったけれど、やつが、

「サブ、いいじゃねえか、なあ」

とかなんとか、いつもの調子でいうし、おれも相手がハジメだから、①つい、しかたなくかわってしまった。

こんな寒い日のゴールキーパーなんて、やるもんじゃない。おまけに試合は、まるっきりおれたちが優勢ときている。

吹《ふ》きっさらしのゴールの前に立って、おれは、はるか運動場のかなたを走りまわるハジメたちを、足ぶみしながらながめていた。

ゲンが運動場にはいってきたのは、そのときだった。いや、おれが気がついたときには、やつは、もうおれのすぐそばに立っていた。

「サブ……」

やつが低い声で、おれをよんだ。おれはびっくりしてふりかえった。

学生服の前をあけっぴろげて、下に着こんだまっ赤なセーターを見せびらかすようにしながら、ゲンはゆっくりとおれのそばによってきた。

「やっぱりサブじゃないか。なんだ、※1しけたつらしてるなあ」

ゲンが、わりとやさしい声で話しかけてきた。

「おまえが、キーパーか?」

おれは、こっくりうなずく。

そのとき、相手側のキーパーがけったボールが、ハジメたちの壁《かべ》を破った。ボールはセンターラインのあたりで、大きくバウンドしたあと、まっすぐこっちにむけてころがってくる。

「サブ――、ぼやぼやするなよ――」

ボールのうしろから走ってくる一団から声がかかった。ハジメだった。

おれは、ボールにむかって突進《とっしん》しかけた。と、それよりさきに、ゲンがころがってくるボールを、ひょいとかかえこんだ。そのまま、走ってくる連中の前に立ちはだかったのだ。

クラスのみなは、ゲンの前、五メートルくらいのところで走るのをやめた。ゲンが、ボールをかた手でつきながらたずねる。

「サブよ、あのでかいつらしてるのは、なんていうやつだったっけな」

おれはだまっていた。ゲンはだまっているおれの顔を【1】見ると、あらためてみんなのほう、なかのハジメひとりに視線をあてた。

「ああ、そう、そう、思いだしたぜ。高岡《たかおか》ハジメ、そうだったよな。おまえ、おれのこと、おぼえてるな」

「ボール、ボール返してください」

ハジメが、［　2　］いった。

「ああ、いいとも。返してやらあ」

ゲンは、ボールを地面において、ふたたびおれをふりかえった。

「サブ、キックしてやれよ。おっと、そっちじゃなくて、あっちだ」

ゲンの指が、まうしろの校舎のほうをさしている。おれは困って、ハジメやクラスの連中を見まわしていた。

「けとばせっていうのが、わかんねえのか！」

ゲンの声に、おれは思わずボールにかけよった。ボールは、灰色の空を引きさいて、校舎の横手のツツジの植込《うえこ》みに消えた。

「ほら、高岡、［　3　］してないで、ボール取ってこいよ」

ゲンがハジメの肩《かた》をおす。ハジメが校舎のほうに走りだすのを、おれも、ほかの連中も、ただだまってながめていた。

ゲンはやってきたときとおなじように、ふらりと校庭から去っていった。やつのうしろすがたが、学校のへいを乗りこえて消えていくのを、②おれは、ほっとしながら見ていた。

「おれ、帰るぜ」

ハジメが拾ってきたボールを、腕《うで》のなかにだいたまま、ぼそっといった。おれは、なんとなくハジメにあやまっといたほうがいいような気がした。

「ハジメちゃん、ごめんな」

ハジメは、おれの顔を、ちょっとふりかえっただけで、そのまま歩きだした。

「ごめんよ」

かさねていうと、

「うるさいなあ。おめえの知ったこっちゃないだろ」

ハジメは、もうおれのほうをふりかえりもしなかった。

「いやだなあ。ゲンは、またくるかもしれないねえ」

うしろでシンイチと柳田《やなぎだ》が話しているのがきこえた。

「ゲンて、中一なんだろ。どうしてみんなだまってるんだい。中一なんて、たいしたことないじゃないか」

柳田は、六年生になって転校してきたから、ゲンのことは、まるで知らないのだ。③でも、柳田の言葉は、おれの気持ちをすこしらくにしてくれた。

それにしても、一年前までのおれたちにとって、ゲンは、まさに※2厄《やく》病神《びょうがみ》みたいなやつだった。おれたちは、小学校に入学して以来、ずっと、一年上級のゲンに、いじめられどおしだった。ゲンのすがたを見ただけで、気の弱い連中は逃《に》げだしたし、逃げだしたくないやつは、ゲンの子分にしてもらおうとした。おれやハジメは逃げだしたくないほうだった。

（中　略）

よく朝、学校へいくとシンイチがそばによってきた。

「サブちゃん、ぼくら、ゲンをやっつける計画たててるんだけど、きみも仲間にならない？」

「ゲンを？」

「そう、ゲンから学校を守るんだ。きみだって、あんなやつに、運動場を荒《あ》らされるの、いやだろ」

おれは、シンイチがおかしくなったのではないかと思った。ハジメだって手も足も出ないゲンを、おれたちでどうやってやっつけられようか。

「シンちゃん、おまえだってゲンのこと知ってるだろ。あいつ、なにするかわかんないぜ。※3チェーンとか、ナイフ持ってるし、それに、不良の仲間がいっぱいいるんだ」

シンイチが、Ⅱうさんくさそうにおれを見た。

「ハジメくんも賛成したんだけどな。こっちは二十人だよ。ゲンがいくら強くたって、かないっこないさ。それとも、サブちゃんは、都合の悪いことでもあるの。たとえば、今でも、あいつとつき合ってるとか……?」

「つき合ってるもんか。ただ、五年のころ、いっしょに遊んでたんだ。ハジメだって、そうだぜ」

「今は、無関係なんだろ」

「あたりまえさ。あいつは中学、おれは小学校……」

「そうだよね、サブちゃんは、今はハジメくんの子分だもんな」

シンイチが、いやな笑いかたをした。おれは一瞬《いっしゅん》、このクラスでいちばん人気ある男の子をなぐりつけたくなった。

だが、考えてみたら、シンイチのいうとおりだ。おれは、ハジメの子分みたいな感じになっていた。

おれは、今までいちどもハジメにやられたことはなかった。だいいち、六年になって、他人となぐり合いのけんかなんて、やったこともない。それなのに、おれは、いつのまにかハジメのごきげんをとるようになり、やつのまわりで子犬みたいにしっぽをふっていた。

シンイチみたいに、勉強もできるし、みんなの前でうまく発言できるやつは幸福だ。もしかしたら、ゲンみたいな男の子も、それほどこわくないのかもしれない。

だけど、おれみたいに、勉強もできないし、Ⅲさりとてけんかも強くない男は、いつもだれかのそばにくっついて、ごきげんをとっていないと、気分がおちつかないのだ。

「じゃあね、いいかい、今度ゲンが学校にきたときは……」

シンイチが、かた目をつぶってみせた。

(中略。後日、「おれ」はゲンに町中で声をかけられ、一緒に喫茶《きっさ》店《てん》へ行った。二ヶ月後に小学校を卒業する「おれ」は、中学の話を聞いて、子分にしてほしいとゲンにお願いする。そして、「おれ」のクラスの子たちがゲンをやっつける相談をしていた話を聞かせた。)

「こいつはおもしれえや。いったい、だれがいいだしたんだ。高岡か?」

「ううん、だれっていうことなしに決まったらしいよ」

「そうかい、そうかい。せっかく、おれの出た学校から、二、三人元気のいいやつを※4番長に紹介《しょうかい》してやろうと思ったのによ。やっぱり小学生は、考えることがかわいいや。④めだかの学校だな」

しばらくして、おれたちは喫茶店を出た。ゲンにくっついて、ぶらぶら歩いていると、児童公園のそばに出た。女の子の一団が、ボールで遊んでいた。なかに、おれのクラスの水原良子《みずはらりょうこ》がまじっていた。

良子は、おれたちに気づいたらしくて、立ちどまって、[4]こっちを見ている。

まずいな。おれは思った。ゲンといっしょにいるところをクラスの連中に見られたくなかった。

そのとき、ボールが、おれたちのほうにころがってきた。三年生くらいのちびたちが、こっちにむかってくる。でも、良子だけは、おれのほうを見つめたまま、動こうとしない。

おれは、とっさにボールにかけよると、思いきりけっ飛ばした。ボールはちびっ子の頭上を越《こ》えて、公園の外に飛びだしていった。

「いやあねえ。あした先生にいいつけるからね」

ちびたちが、かん高い声をあげる。

「うるせえ。がたがたさわぐな」

⑤おれは、良子とゲンにきこえるようにどなってやった。

【那須《なす》　正幹《まさもと》　作「めだかはめだからしく」(『六年目のクラス会――那須正幹作品集(創作こども文学⑴)』〈ポプラ社〉所収)より】

※1　しけたつら……ぱっとしない表情。自分にとってよくは見えない顔つき。
※2　厄病神《やくびょうがみ》……人に災難をもたらすとされる神。
※3　チェーン……不良がけんかに使う道具。後のナイフも同じ。
※4　番長……不良たちのリーダー。親分。

問一　〜〜〜Ⅰ〜Ⅲの意味として最も適当なものを、それぞれ後のア〜エの中から一つずつ選び、記号で答えなさい。

Ⅰ　めっぽう
ア　そこそこ　イ　それなりに　ウ　比較的《ひかくてき》　エ　非常に

Ⅱ　うさんくさそうに
ア　疑わしげに　イ　気にかけずに
ウ　残念そうに　エ　面倒《めんどう》くさそうに

Ⅲ　さりとて
ア　そうかといって　イ　そうでなくても
ウ　それだけでなく　エ　それはそれとして

問二　[1]〜[4]に入れるのに最も適当な語を、それぞれ次のア〜クの中から一つずつ選び、記号で答えなさい。

ア　たっぷりと　イ　しっかりと　ウ　ちらりと　エ　じっと
オ　はきはきと　カ　もぞもぞと　キ　ぼけっと　ク　そっと

問三　――①「つい、しかたなくかわってしまった」とありますが、なぜですか。その理由の説明として最も適当なものを、次のア〜エの中から一つ選び、記号で答えなさい。

ア　急なお願いだとは思ったが、「おれ」はリーダーであるハジメと仲良くしたいので望み通りに代わったほうが良いと思ったから。
イ　クラスのみんなと少しぎくしゃくしている「おれ」は、ハジメのいいなりになることで周りとうまくやっていけると思ったから。
ウ　「おれ」はハジメのいうことを聞くような立場にあったので、この時もハジメのいうことに逆らわないほうが良いと思ったから。
エ　クラスのみんなはハジメのいうことにいつもしたがっているので、「おれ」も周りと違《ちが》うことをしないほうが良いと思ったから。

問四　――②「おれは、ほっとしながら見ていた」とありますが、なぜ「おれ」は「ほっとし」たのですか。「おれ」の気持ちにふれながら、その理由を説明しなさい。

問五　――③「でも、柳田《やなぎだ》の言葉は、おれの気持ちをすこしらくにしてくれた」とありますが、この時「おれの気持ち」はどのように変化したのでしょうか。わかりやすく説明しなさい。

問六　――④「めだかの学校だな」とありますが、「めだかの学校」とは小学生たちのどのような様子を表していますか。十五字以上二十字以内で説明しなさい。

問七　――⑤「おれは、良子《りょうこ》とゲンにきこえるようにどなってやった」とありますが、なぜ「おれ」はこのようにしたのでしょうか。「おれ」の気持ちにふれながら、その理由を説明しなさい。

問八　【作文問題】

問題文中の「おれ」は「ゲン」とクラスの人たちに対してそれぞれ異なる「顔」を持っています。人は誰《だれ》しも相手にあわせた「顔」を持っているといえるでしょう。あなたが使い分けている「顔」はどのようなものか、また、そのような自分についてあなた自身どう考えるか、実際の経験や具体例をあげ、作文して答えて下さい。解答は大きく濃《こ》くていねいな文字で、必ず解答欄《かいとうらん》内に収まるように書いて下さい。評価は、表記もふくめた言葉としての正しさ、また、巧《たく》みさにも着目しながら、文章として完結しているもののみ、内容を中心に行います。

湘南白百合学園中学校（四教科）

―45分―

一　次の――線部のカタカナは漢字に、漢字はひらがなに直しなさい。

① 長いコウカイから無事に帰る。
② 念願がかなって犬をカい始めた。
③ 庭にはオモに百合を植えている。
④ 飛行機のジョウム員になる。
⑤ サトウの原料はサトウキビである。
⑥ 周囲からの愛情により大切に育まれた。
⑦ 治安の良い国なので安心して旅行に行く。
⑧ 猫《ねこ》の額ほどの土地に家を建てる。
⑨ 薬が効いてだんだん熱が下がってきた。
⑩ 留守にするので戸じまりを確認する。

二　次の――線部には複数の訓読みがあります。例を参考にして、送りがなをそれぞれ答えなさい（送りがなは空らんの数に合わせること）。

例　その人と彼は全□関係がない。　答（く）
全□の責任を負うつもりだ。　答（て）

(1) ① 編み目が細□□ので気を付けて編み進める。
② 細□道路を通りぬけると海が広がっていた。

(2) ① 毎日を大切に生□ていくことを心にとめる。
② 生後六か月くらいに乳歯が生□はじめる。

三　次の文章は小学校六年生の会話です。みなみの発言の空らん①～④に合うものを後の選択肢《せんたくし》から選び、それぞれ記号で答えなさい（記号の使用は一回のみ）。

しょうこ「中学生になったら、小学校の時よりも高度な学習をするらしいね」
ゆりこ「そうなの？　例えば国語ではどんなことを学ぶのかしら」
しょうこ「私の姉は今度中学三年生だけど、一年生の時の教科書をこの前見せてもらったの。そうしたら、現代の物語文や説明文に交じって『竹取物語』があって…」
みなみ「　①　」
ゆりこ「そうよね、もっと難しい文章を読むのかと思っていたのに」
しょうこ「私もそう思ったの。それで姉に同じ質問をしてみたの。そうしたら、姉もそう思っていたって」
ゆりこ「そうよね」
みなみ「　②　」
しょうこ「でもね、姉は続けてこう言ったの。『自分が知っていたお話と同じだけど、知らないことばかりだった』」
ゆりこ「えっ、同じでしょう？　かぐや姫《ひめ》は竹の中から発見されて、月の世界に帰っていくのでしょう？」
しょうこ「姉がね、『話の筋はもちろん同じ。だけど、求婚者《きゅうこんしゃ》たちのことを比べたり、かぐや姫が月から来た理由を考えたりしたことはなかった。それに昔の文章は知っていた内容より情報量が多くて複雑だったから、本当にびっくりした』って話していたわ」
みなみ「　②　」

みなみ「　③　」
しょうこ「そういうこと。他にも色んな発見があるらしいよ」
ゆりこ「昔の文章ってただ教えてもらうだけかと思っていたから、びっくり」
みなみ「　④　」

【選択肢】
ア　やっぱり
イ　私は国語は苦手だけど、ちょっと楽しみになってきた気がする
ウ　ということは、私たちが知っていることはまだほんの一部ということなの？
エ　知ってる！　かぐや姫のお話でしょう？　それなら小学校の低学年の子でも知っているお話よね。わざわざ中学校の授業で習うなんて意味があるのかな

四　友人がわたしの家に初めて遊びに来ることになり、駅からの道順を教えてほしいと言われました。図を参考にして各文を適切な順に直し、順番を記号で答えなさい。
ア　大きな木が三本並んでいるところを曲がります。
イ　橋を渡《わた》り、最初の交差点を左に曲がります。
ウ　海とは反対側の駅の改札から出ます。
エ　右手に見える公園を通り過ぎて五番目が私の家です。
オ　川ぞいに山の方に向かってしばらく進みます。

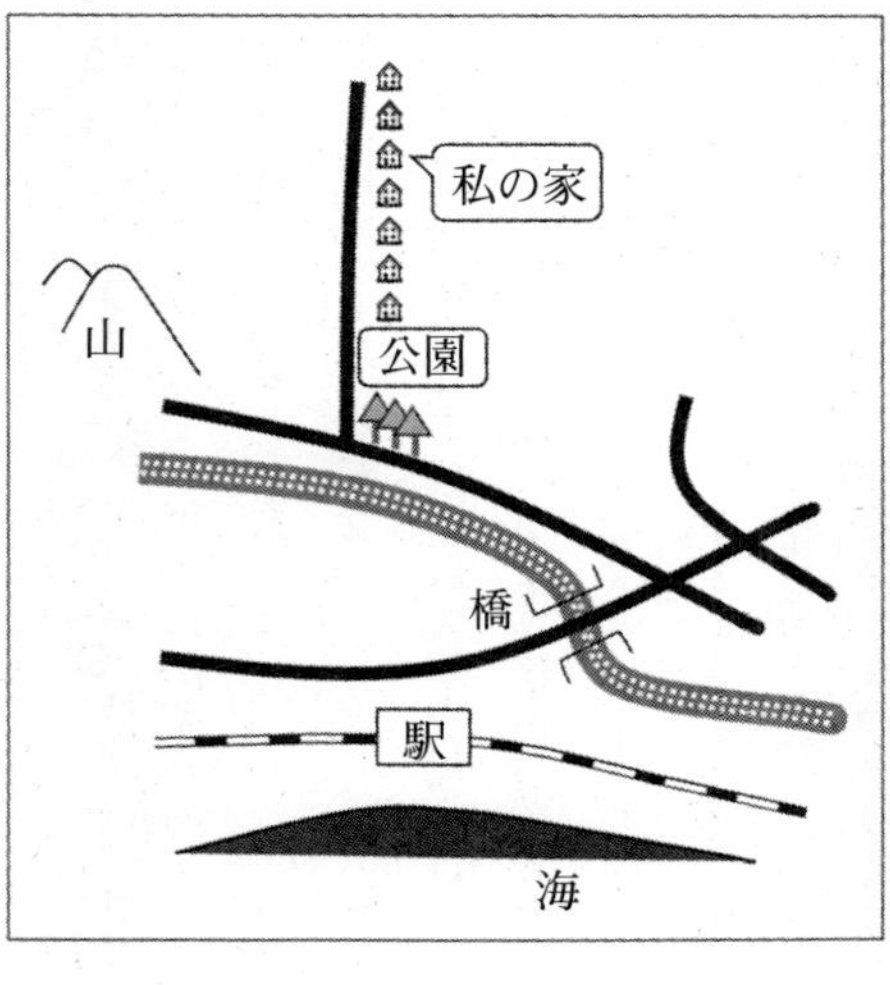

五　次の文章を読んで、後の問いに答えなさい。なお、問いに字数指定がある場合には、句読点なども一字分に数えます。（設問の都合上、本文を一部省略しています。）

《小学六年生の染岡朱理《そめおかあかり》は、幼い容姿から「あかちゃん」とあだ名をつけられ、周囲の友人や大人から子ども扱《あつか》いされることに悩《なや》んでいた。そんな中、クラスに転入してきた理緒《りお》が真剣《しんけん》に話を聞いてくれるので、もっと仲良くなりたいと感じていた。しかしある時、理緒の苦手な話題をふってしまったことで、二人は気まずい雰囲気《ふんいき》になってしまう。朱理は日々の出来事やお気に入りの小説をもとに自分なりの「あかずきんちゃんのおはなし」を考えるのが好きで、次の文章は朱理が考えた「おはなし」の途中《とちゅう》から始まっている。》

この世界は魔法《まほう》にあふれている――それは、この世に存在するあらゆることは、つきつめてしまえばすべてが魔法であるということ。

毎朝、お日さまがのぼること、それは魔法です。

ニワトリが卵をうむこと、それは魔法です。

人と人が出会うこと、それは魔法です。

だれかを好きになること、それは魔法です。

テレビは、遠くの景色を映す魔法の道具です。

はさみは、ひとつのものをふたつに切り分ける魔法の道具です。

電話は、離《はな》れたところにいる人と心を通わせる、魔法の道具です。

時計は、見えないはずの〈時間〉を、目に見える形に変える、魔法の道具です。

絵をかくことは、世界をキャンバスの上に絵の具で閉じこめる魔法です。

料理を作ることは、食べものをおいしく変身させて、だれかを元気にする魔法です。

音楽をかなでることは、楽器をあやつり、すてきな音色で、聴《き》く人の魂《たましい》をゆさぶる魔法です。

勉強することは、〈未知〉という暗闇《くらやみ》を照らし、世界を知識の光で満たす魔法です。

そう、①この世のすべては、魔法にほかならない。

それに気づくことこそが、魔法使いとしての第一歩。

だけど――。

「でも、わたし、だからってなにかができるわけじゃないよ。得意なことも、とくになにもないし。魔法があることを知っていても、使えなかったら意味ないじゃない」

あかずきんちゃんの言葉に、魔女はあきれたように眉《まゆ》を上げました。

「なーにを言っているんだい。なにかができるわけじゃない？　そんなはずないだろう。今、きみはその力を使っているよ。だれもが使える、それゆえにだれも魔法だと思わない、だけど、なによりも強い力を持つ偉大《いだい》な魔法だ」

だれもが使える、だけどなによりも強い力を持つ偉大な魔法。

そう言われても、あかずきんちゃんにはさっぱり思い当たりません。

「わたし、そんなの使えないよ」

「ほら、また使った」

楽しそうに、魔女がそう言います。

あかずきんちゃんはすこしばかり考えて、たずねました。

「言葉？」

魔女は笑いました。

「そう。自分にしかとらえられない心を、目に見える〈文字〉や、耳に聞こえる〈声〉にして、相手に伝える力。そうやって、相手の心をふるわせ、ゆさぶり、動かす力」

ふっと視線を上げる魔女。

あかずきんちゃんもつられて空を見あげます。

風がふき、空からおどるように落ちてきた一枚の木の葉を、魔女の右手がとらえました。

あかずきんちゃんにそれを差しだして、魔女はしずかに言いました。

「言の葉の力だ」

魔女の手のひらにのった、一枚の木の葉。

それをじっと見て、あかずきんちゃんは言いました。

「なんて言ったら、いいんだろう」

「きみが思っていることを、そのまま言えばいいんだよ。上手に言おうとしなくていい。聞こえがいいようにかざる必要もない。心配しないで。ちゃんと伝わるよ」

魔女の言葉に、あかずきんちゃんは［A］と手を伸《の》ばします。指先でふれた木の葉はやわらかく、軽く、だけどしっかりとそこにありました。


チャイムの音。わたしは心の森の中から、図書室にもどってくる。

ページに目をもどすと、こんなセリフが目に入った。

「あとは、きみが一歩踏《ふ》みだすだけだよ。だいじょうぶ。きっとうまくいく」

それは、物語の中で、*1ノゾミがリカに向けて言った言葉だけれど、わたしはそれを魔女からのはげましのように感じた。


放課後、わたしは理緒といっしょに帰りながら、考えていた。

言わなきゃいけないことはわかっている。だけど、それでわたしの気持ちがすべて伝わるのかどうかは、やっぱり自信がなかった。

そのまま言えばいい。かざる必要もない。魔女さんはそう言ったけれど。

しばらく、わたしたちは無言だった。さっきまでぽつぽつ話していたことのなかみも、よく覚えていない。右から左へどんどん流されて、どこかに消えてしまったようだ。なにも心に残らないような、うわべだけのやりとり。

ごめんね――それだけの言葉が、どうしても出ない。

なんだろう、こわい。

理緒がゆるしてくれない、とは思わない。

きっと理緒は、「いいよ。気にしないで」って言うだろう。

でも、それじゃだめなんだ。それじゃいやなんだ。むりして笑ってほしくないんだ。わたしがなにかいやな気持ちにさせちゃったなら、そう言ってほしい。

そうじゃなきゃ、ほんとうの友だちだなんて、言えない。

「ごめんね」
②わたしは顔を上げた。
理緒の言葉に、かすれた声に、顔を上げた。

「え……？」

理緒は気まずそうな顔をしていた。

「今朝からなんか、へんな空気にしちゃって、ほんとごめん」

「なに言ってるの。ごめんはわたしのほうだよ」

わたしは泣きそうになりながら言った。

「わたしがへんなこと聞いたから。わたしこそごめん。なんだろ、わたし、理緒ちゃんのこと、こまらせちゃったんだよね。こうなるなんて、ぜんぜん思ってなかった。ごめん」

理緒は首を横にふった。

「ううん、気にしないで。こんなことで、ごめんなんて言わせて、逆にごめんだよ」

笑ってそんなふうに言う。

だけど、やっぱりその笑いかたは、ほんとじゃない。

こまったような。むりしているような。かなしそうな。

苦しんでいるような。

そんな表情を見て、わたしはようやく気づく。

きっとわたし、理緒のこと、傷つけちゃったんだ。

「あのね、理緒ちゃん」

わたしは言った。祈《いの》るような気持ちで。

「わたしさ、いつも理緒ちゃんが話を聞いてくれるの、すごくうれしかったの」

不思議そうな顔をする理緒。わたしは続ける。

「ほら、わたし、みんなに子どもあつかいされてるっていうか、まぁ子どもなんだけど、なんだか、みんなわたしの話なんて、真剣に聞いてくれなかったから。だから、理緒ちゃんがこの学校に来て、わたしといっしょにいてくれて、いっつもにこにこしながら、話聞いてくれるの、すごくうれしかったんだ」

理緒はだまっていた。じっとわたしの目を見て、なかなかうまくまとまらない言葉を、それでも待っていてくれた。

「だけど、気づいちゃったんだよね。わたし、自分の話ばっかりしてて、理緒ちゃんのこと、よく知らないって。わたしばっかりしゃべっちゃって、理緒ちゃんの気持ち、考えてなかったって。それ、よくないなって思ったの」

「そんなこと……」

理緒はつぶやくように言った。わたしは首をふる。

「そんなことじゃないの。大事なことなの」


わたしは［B］とこぶしをにぎった。つめが手のひらに食いこむ感触《かんしょく》。③小さな痛み。

「わたし、理緒ちゃんとほんとの友だちになりたい。だから、理緒ちゃんのこと、もっと知りたい」

想いをのせて、わたしは言の葉を放った。

そうすることしかできなかった――ううん、ちがう。

そうすることができたって、思うべきなのかも。

ギター弾《ひ》きの魔女に教わった偉大な魔法。

言の葉の力に、わたしは自分の想いをたくしたんだ。

理緒はだまりこんだ。なにかを考えているようだった。

わたしは待った。

いつまでも待つつもりだった。

理緒の言の葉を。そこにたくされた、理緒自身の気持ちを。

しばらくして、理緒は［C］と、こんなことを言った。

「うちは、染岡さんがおしゃべりしているの、聞くのが好き。染岡さんがさ、楽しそうにしているの見ると、なんていうか、うちまで幸せな気持ちになるっていうか……」

アスファルトの地面に視線をさまよわせながら、理緒は言葉を探す。

「なんか、世の中ってたいへんなこと、いっぱいあるけど、染岡さんと話していると、なんだか、この世界もまだまだ捨てたもんじゃないって、そんなふうに思える」

そして、照れくさそうに理緒は言った。

「染岡さん、お日さまみたいだって思う。染岡さんがとなりにいてくれて、楽しそうに話しているだけで、うちにそうやって話しかけてくれるだけで、超《ちょう》ハッピーっていうか」

わたしは、胸のおくが「きゅうっ」てなるのを感じた。

こう、「きゅうっ」って。しめつけられるような。でも、それがうれしいような。

愛おしいような。

「ありがとう」

わたしが言うと、理緒はうなずいた。

「ううん、でも、そうだね。うちもたまには、自分のこと話すことにする。おもしろくないかもだけど、染岡さんが聞いてくれるなら」

「うん。いっぱい、おしゃべりしようね」

くすぐったそうに笑って、理緒はわたしに手のひらを見せた。

「ね、手」

わたしはその手に、そっと自分の手のひらを重ねる。

ふれあった理緒の手は冷たくて、指が長くて、表面がさらさらしていた。

そうやって手を合わせたまま、理緒はつぶやくように言った。

「あのね、染岡さんにだから言うけれど、うち、バドミントン、きらい。だから、染岡さんといるときは、その話、したくない」

その声には、ちょっぴり影《かげ》が差していた。

だけど、その影を見せてくれたことが、今はうれしかった。

わたしはうなずいた。「わかった。じゃ、楽しい話をしようね」

（村上雅郁『りぼんちゃん』〈フレーベル館〉）

（注）＊1　ノゾミがリカに……朱理が図書館で読んでいた本の登場人物。

問一　[A]〜[C]にあてはまる語句として最もふさわしいものを次から選び、それぞれ記号で答えなさい。

A　ア　おずおず　イ　ぐいっ　ウ　ぽーん　エ　のろのろ

B　ア　さらり　イ　めきめき　ウ　ぎゅっ　エ　がつん

C　ア　ぺらぺら　イ　ぽつぽつ　ウ　ぐだぐだ　エ　ねちねち

問二　朱理が想像している話の世界から現実世界へと切り替《か》わっている部分を探し、現実世界について書かれている部分のはじめの五字を書きぬきなさい。

問三　——線部①「この世のすべては、魔法にほかならない」とありますが、魔女が朱理に教えようとした魔法とは何ですか。文章中より三字で書きぬきなさい。

問四　——線部②「わたしは顔を上げた」とありますが、このときの朱理の気持ちとして最もふさわしいものを次から選び、記号で答えなさい。

ア　やっと自分から理緒に謝ることができ、気分が晴れてまっすぐ向き合うことができている。

イ　自分は謝ることが苦手だが、そのまま理緒に対して謝罪のことばを続ける覚悟《かくご》を決めている。

ウ　自分が話し出す前に理緒が謝罪のことばを口にしたことが意外で驚《おどろ》いている。

エ　理緒がやっと謝ってくれたので、自分も理緒を許そうという気持ちになっている。

問五　次の文は、——線部③「小さな痛み」を感じたときの朱理の気持ちを説明したものです。空らんに入る言葉を、文章中の言葉を用いて答えなさい。

今まで〈　　　　十五字程度　　　　〉ことを後悔《こうかい》する気持ち。

問六　朱理が〜〜線部「偉大な魔法」を使ったことで、理緒はどのように変わりましたか。魔法が指す内容を明らかにしつつ、六十字以内で述べなさい。

六　次の文章は、ノンフィクション作家の筆者が、脳科学者である東京大学大学院総合文化研究科准教授《じゅんきょうじゅ》の四本裕子さんにインタビューしたものである。よく読んで、後の問いに答えなさい。なお、問いに字数指定がある場合には、句読点なども一字分に数えます。（設問の都合上、本文は一部省略があり、「図1」「図2」の語の追加と配置を変えています。）

脳科学はとても人気がある領域で、その分、多くの俗説《ぞくせつ》が充分な検証もないまま、世に流布している。〈中略〉科学的であろうとすると、導き出せる結論も地味なことになりがちで、声も通りにくい。東京大学大学院総合文化研究科の四本裕子さんはそんなジレンマ*1の中、あくまで科学の側に立つ。小さなステップを踏《ふ》みながら、我々が脳内でどんなふうに情報を処理し、統合していくのか、それらがどうやって知覚となり、意識となっていくのか、慎重《しんちょう》かつ綿密に追い求めていく。実を言うと、四本さんの研究の「入口」は、日常生活の中にヒントがある場合が多く、たとえば「錯視《さくし》」は格好の入門編だ。そして、研究の成果としても、将来、世界中の人たちに感謝される一大発明につながる（かもしれない）ものもある。決して、本人が言うような「地味」な話ばかりではないし、なによりも、日常への眼差《まなざ》しが科学の入口になるという部分には、興奮させられる。

〈中略〉

さて、脳にかかわる世間の関心は強く、さまざまなことが語られる。科学的な根拠《こんきょ》がなかったり、あったとしても曲解、拡大解釈《かいしゃく》して、結果、誤った理解を広めてしまうことが絶えない。たとえば、二〇〇九年、OECD（経済協力開発機構）が公表して、有名になった「神経神話」〝Neuromyths〟には、「人間の脳は全体の一〇%しか使っていない」「右脳人間・左脳人間が存在する」「脳に重要なすべては三歳《さい》までに決定される」「男性の脳と女性の脳は違《ちが》う」などが挙げられている。

脳の性差は、まさにこの①神経神話の代表的なもののようだ。四本さんは、そこにどう切り込《こ》むのか。

「間違った心理学で、男性がこう、女性がこうとか、世の中ではよく言われていますね。例えば、男女の脳の違いとして、男性の方が左右の脳の連携《れんけい》がよくないとか。これには、元になった論文がありまして、一九八二年に『サイエンス』誌で発表されています。男女それぞれ、脳梁《のうりょう》*2の太さを測ったら、女性のほうが太かったと。でも、この論文のデータは男性九人、女性五人からしかとってないんです。それだけで、女性のほうが左右の脳の連絡《れんらく》がよくできているっていう結果にしている。そもそも信頼性《しんらいせい》がないし、その後、いろいろな研究者が再現しようとしたものの、結局できていません。今さすがにこれを信じている脳科学者はあんまりいないんですよ」

　現在の知見では、少なくとも形態上、男女の脳に違いはない、ということになっているそうだ。しかし、「男女の脳」「脳梁」といったキーワードで検索《けんさく》すると、驚くほどたくさんの結果がヒットして、「脳梁が太いから女性はおしゃべりで、感情的」みたいなことが平気で書いてある。

〈　小見出し省略　〉

　では、「脳の性差」を研究する四本さんは、「性差がない」と見越《こ》した上で研究を進めているのだろうか。

　もちろん、「ない」ことを証明するのは難しいし、科学的な議論としては、検出できる違いがあるか、あるならどの程度か、ということになるのだろうが、それでも、見通しがどの方向なのかというのは知りたい。

「私、別に男女の脳に差がないとは全然思ってなくて、絶対あると思っているんです。でも、じゃあ、それがどんな差なんだろうっていうときに、気をつけてもらいたいことがあります。たとえば、これを見てください(図1)。メンタルローテーション課題というんですけど、立体図形を頭の中でクリクリッと回して、一致《いっち》するものを探す課題ですね。これって、世の中にある諸々の課題の中で一番、男女差が出やすいっていわれてます」

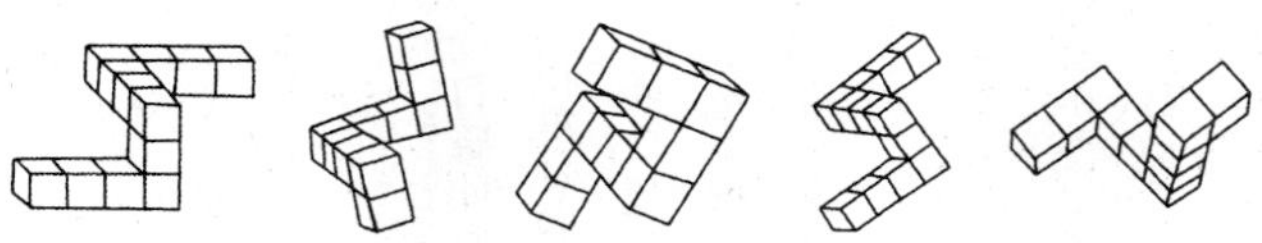

メンタルローテーション課題の例。画像提供：四本裕子　図1

　これはぼくも聞いたことがある。②「女性は地図が読めない」という理由付けに使われていた。それ自体、神話の香《かお》りがする説だが、そこはスルーして、四本さんの説明をさらに聞く。

「じゃあ、この課題での男女差ってどのくらいだろうっていうときに、横軸《よこじく》に点数をとって、縦軸にその点数をとった人の人数をプロットしたヒストグラム*3を作ります(図2)。右にいくほど成績がいい人で、左にいくほど成績が悪い人で、平均あたりに一番人数が多いという形になった時、男性と女性のプロットを比べると、女性はちょっとだけ全体的に左にずれている。これは統計的にはめちゃめちゃ有意なんです。確実に男女差がある。でも、有意だというのと、大きな差があるかというのは別で、男女のヒストグラムがこれだけ重なって、男女の平均の差よりも、個人差の方が大きいよねってくらいのものですよね。一番、はっきり差がでるものでもこれくらいですから」

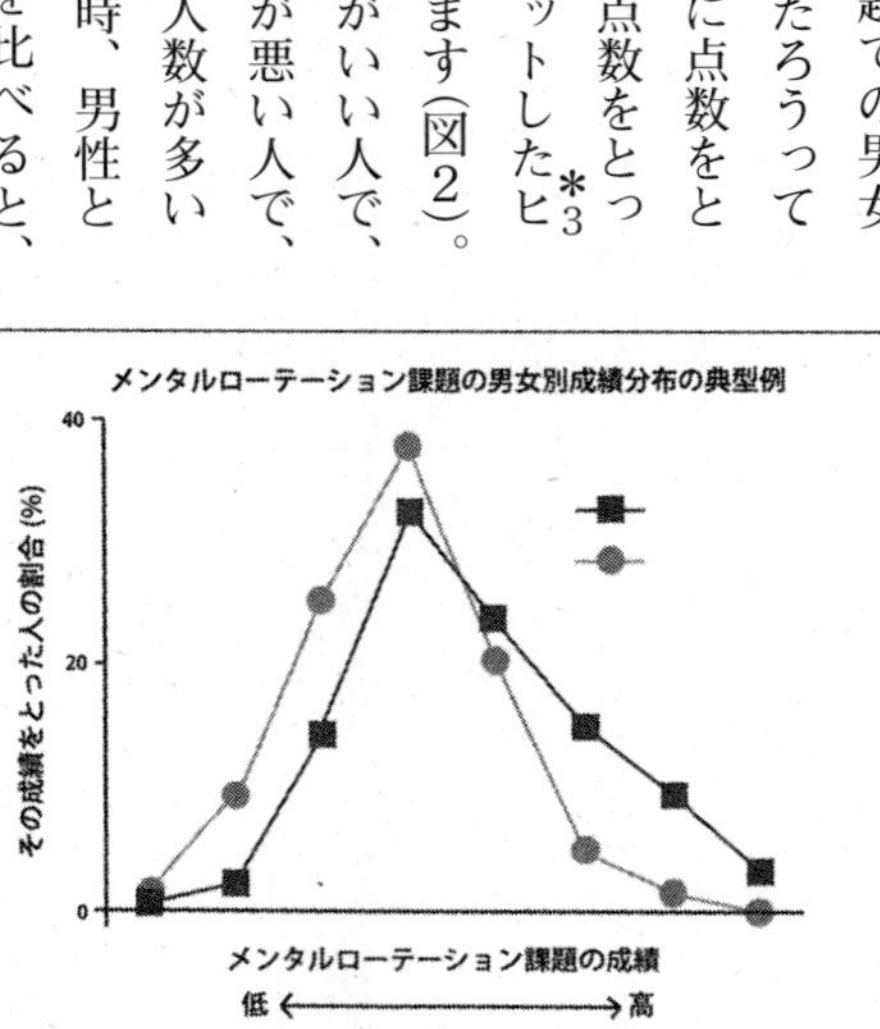

最も差が出るテストでも、男女の平均の差よりも個人差のほうが明らかに大きい。画像提供：四本裕子

図2

　すごく大事なのは、集団Aと集団Bの間に差があると分かった時、それが統計的に「有意」であったとしても、それだけで、集団Aの構成員はこうで、集団Bの構成員はこうだ、とは決めつけられないということだ。集団間にある分布の違いを明らかにすることと、構成員の個々の特性を明らかにすることは全く違うことなのに、しばしば混同される。

さて、それでは、四本さんが、以上のような前提に立って、また、③手持ちの武器である高性能なfMRI*4装置を使って分かってきたことは？

「先にも言いましたが、最近の男女差研究って、スキャンして見たら、この部分が男女で形態的に違うみたいなことはもうないんです。では、何が違うのかというと、脳内部でのつながりの強さなんです。私たちの研究では、脳の中の場所を八四カ所に取り分けて、そのつながりの強さの違いを、八四×八四の組み合わせで考えてます」

これは四本さんが*5自家薬籠中《じかやくろうちゅう》の物とするfMRIの*6面目躍如《めんもくやくじょ》たる研究だ。脳の形態も血流もすべて考慮《こうりょ》して、八四×八四の組み合わせ（正確には二で割って三五〇〇くらいの組み合わせ）を総当り的に見ている。様々な部位が、別の部位とどれくらい強くつながっているかを丹念に確かめ、その結合の強さで色分けすると、ちょっと訳のわからない模様が浮《う》き上がってくる。

「八四×八四の組み合わせの表を男女別に作って、女性と男性の差を計算してあるんです。八四カ所、それぞれ脳の場所の名前がついています。それで、皆《みな》さん、関心があるのは、こういった組み合わせで何が言えるだろうってことだと思うんですけど、それはわからないです。ただ、こういったもののパターン認識は、最近の機械学習が得意なので、パターンの違いを学習したAIに分類させると、まあまあの精度で男女を見分けることができる、くらいのことは言えるんです。でも、これって、たぶん男女じゃなくても、これくらいの差は出るんですよね。例えば、二〇代の人と三〇代の人、というふうに比べてもやっぱり差はでると思います」

違いはある。パターンの違いで見分けることもできる。

男女という分け方だけでなく、年齢差《ねんれいさ》やほかの分け方でも、ネットワークの結合パターンの違いは見えてくる。

今わかっているのは、それくらいだ。

ここから新たな神話を引き出すというような話ではないらしい。

やがて、こういったネットワークの結合パターンが男女の認知や行動などの違いとどう関係しているのか分かる日が来るかもしれないが、それも、おそらくは「メンタルローテーション課題」の場合と同じで、［A］としての分布の違いは言えても、［B］の差をはっきりと語るものにはならないだろう。

それでも！　相変わらず、神経神話は量産され続けている。四本さんは、同じくfMRIを使って、男女の脳のネットワークに統計的な差を見つけたとする論文が、その後、どのように伝わっていったか追跡《ついせき》した論文（ややこしい！）を見せてくれた。

「これ、二〇一四年の『プロスワン』誌に科学コミュニケーションの研究者たちが書いたものです。まず、注目した論文というのが『PNAS（米国科学アカデミー紀要）』に出たfMRIを使った脳研究で、脳の中のネットワークが、女性は半球〝間〟のつながりがやや強くて、男性は半球〝内〟のつながりが強い傾向《けいこう》があるというものでした。その後、論文から*7プレスリリースになり、ニュースにとりあげられてブログの記事になり、ニュースのコメント欄《らん》、*8ヤフコメみたいなところにいくにつれて、本来は「結合パターンに統計的な差が見つかった」って話なのに、「女性はマルチタスクにすぐれていて、男性は難しい課題に集中することができる。だから女性は家にいて家事をやるのが得意で、男性は外で仕事をするのがいいということがわかったと報告された」になってしまうと。

いかに細心の技術と知識を使って、二群の差をあらわそうとして、単純化できないような差を見つけたとしても、そんなものは社会に必要とされていないんだなあと思い知らされます」

科学的であろうとすると、（④）のを自制して、地味になる。にもかかわらず、こと脳神経については、自分の研究がすぐに「神話」に組み込まれてしまう可能性と常に隣《とな》り合わせだ。では、どう伝えればいい？

四本さん自身もジレンマを抱《かか》えているわけだが、何時間もお話をうかがって、今、この原稿《げんこう》を書いているぼくにしてみても、やはり大いなるプレッシャーを感じざるを得ない。

さて、ここまで読んでくださったみなさん。

ぼくが描《か》いた四本さんの研究は、地味だけど充分に知的好奇心《こうきしん》を刺激しましたか？　それとも、「はっきりした結論を出さない」がゆえに、もどかしく不親切なものだったでしょうか。

前者なら、いいなあと、心から願う。

（川端裕人『科学の最前線を切りひらく！』〈ちくまプリマー新書〉）

（注）＊1　ジレンマ……二つの対立する事柄《ことがら》の板ばさみになること。
＊2　脳梁……左右の大脳半球をつなぐ、せんいの太い束。
＊3　ヒストグラム……縦軸《たてじく》に度数、横軸に階級をとった統計グラフの一種。
＊4　ｆＭＲＩ……磁気を利用して画像を映し、無害に脳活動を調べる方法。
＊5　自家薬籠……自分の使いたいときに自由に使える物や技術。
＊6　面目躍如……得意な分野で実力が十分発揮されて、目をひくさま。
＊7　プレスリリース…報道機関に向けた、情報の提供・告知・発表のこと。
＊8　ヤフコメ……「Ｙａｈｏｏ！ニュース」におけるコメント投稿サービスの略称《りゃくしょう》。

問一　——線部①「神経神話」について、筆者はどのようなものとして説明していますか。最もふさわしいものを次から選び、記号で答えなさい。

ア　男性の脳と女性の脳のしくみがちがうことは、昔から言い伝えられている真実であるということ。
イ　ＯＥＣＤが公表して、有名になったもので、科学的な根拠に基づく、神がかった真実であるということ。
ウ　脳の性差は間違いだが、男女それぞれ、脳梁の太さを測ったら、女性のほうが太かったということが正しいことである。
エ　脳のしくみについて、科学的な根拠がなく拡大解釈しているのに、世間での関心が高いため、真実だと受け取ること。

問二　——線部②「『女性は地図が読めない』」という理由付けに使われていた」とありますが、どういうことですか。最もふさわしいものを次から選び、記号で答えなさい。

ア　立体図形が見える角度によって形が変わることで、別の形を想像してしまう発想の豊かさが女性にはあるということ。
イ　立体図形の読み取りが女性は男性より劣《おと》るという結果を、女性は平面図形である地図の読み取り能力が低いということにこじつけているということ。
ウ　立体図形を別の角度から見る力は地図を読む力と関係がないのに、

女性には立体図形を頭の中で展開できないと決めつけているということ。

エ　立体図形の読み取りと平面図形の読み取りは密接な関係があり、メンタルローテーションの結果はすぐに男女の差へとつながるということ。

問三　図2のメンタルローテーション課題の男女別成績分布の典型例のグラフで用いられている■と●はどちらが男性でどちらが女性ですか。正しい組み合わせを次から選び、記号で答えなさい。

ア　■　男性　●　女性　　イ　■　女性　●　男性

問四　――線部③「手持ちの武器である高性能なfMRI装置を使って分かってきたこと」とありますが、実験について説明した次の文の（①）・（②）に入る言葉を、文章中よりそれぞれ五字～十字で探し、書きぬきなさい。

脳の形態や血流を考慮し、（①）の組み合わせの中で様々な部位が別の部位とどれくらい強くつながっているかを色分けし、AIに認識させると、（②）の違いぐらいしか分からないということ。

問五　[A]・[B]に入る組み合わせとして最もふさわしいものを次から選び、記号で答えなさい。

ア　A　集団　B　個人　　イ　A　個人　B　集団

ウ　A　男女　B　年齢　　エ　A　年齢　B　男女

問六　（④）に入る慣用句を次から選び、記号で答えなさい。

ア　脛《すね》をかじる　　イ　鵜《う》呑みにする

ウ　大風呂敷《おおぶろしき》を広げる　　エ　肩で風を切る

問七　～～線部「科学的であろうとすると、導き出せる結論も地味なことになりがちで」あるとはどういうことですか。文章中の四本さんの研究の例を使って、一〇〇字程度で説明しなさい。

昭和女子大学附属昭和中学校（A）

―50分―

一　次の文章を読んで、あとの問いに答えなさい。（字数に制限のある問いは句読点や記号なども一字に数えます）

人間は言葉を話す。

話すだけではなくて、読んだり書いたりもする。このことは、よく考えると、本当に不思議なことだ。

これは本当に不思議なことだ。多くの人は、これを当たり前のことと思って、それについて考えるということをほとんどしていないけれども、当たり前のことより不思議なことは、この世の中には存在しない。①当たり前の不思議に気がついて、それを考えながら生きる人生と、当たり前を当たり前と思って、それを考えることをせずに生きる人生とでは、人の人生はまったく違《ちが》ったものになる。言葉の不思議というのは、そういう当たり前の不思議のうちでも、最も不思議なものなのだ。

たとえば、人間は、いつ、どこで言葉を覚えたのかを考えてみよう。

人間一般《ぱん》について考える前に、まず自分のこととして思い出してみるといい。わたしたちは、まだ言葉を話す前の子供のとき、言葉を話すことを、両親やまわりの大人たちから教わった。しかし、彼《かれ》らは自分で言葉を作って、それをわたしたちに教えているわけではない。彼らもまた、彼らの親たちから教わったのだ。そして、その親たちもまた、その親たちから教わったのだ。

そうすると、言葉は、いつ、どこで、誰《だれ》によって作られたのだろうか。

言葉は、わたしたちの祖先が作ったものなのだろうか。何かの物を見て、叫《さけ》び声をあげ、その叫びがひとつの音になり、その物の名になったのだろうか。しかし、もしそうだとすると、そのひとりの人が、その物はこの名だと決めているだけで、他の人間には通じない。言葉というのは、自分以外の人にも通じることで言葉なのだから、②この想像は成り立たない。

だとすると、祖先たちが大勢で集まって、この物はこの名で呼ぼうと決めたのだろうか。

この想像は、一見もっともなようであるが、少し考えるとおかしいとわかる。この物をこの名で呼ぼうと皆《みな》で決めるためには、この物とこの名とは同じことを意味すると、皆に先にわかっていなければならないはずだからだ。そうでなければ、同じということを決めることはできないからだ。

では、同じと皆に先にわかっているその意味は、いつ、どこで、誰が決めたのだろうか。

③言葉の不思議とは、意味の不思議だ。言葉の意味は、いつ、どこで、誰が決めたのでもない。

「初めに言葉があった。言葉は神とともにあった。言葉は神であった」

「すべてのものは、これによってできた」

これらは、聖書の言葉だ。言葉の不思議に気がついた昔の人は、こう言った。言葉の意味は、わたしたちが生まれるよりも前から、人間が生まれるよりも前から、そして、じつは、地球や宇宙が生まれるよりも前から、どういうわけだか存在していることを言ったものだ。

「神」だなんて、現代のわたしたちには、どうもうまく考えられない。地球や宇宙は、ビッグバンによってできた物理的な存在だし、人間は、その知能をもってすれば、やがてはなんでもわかることができるところの生物だ。④現代の科学は、そんなふうにいうことが多い。しかし、違う。なんでもわかるはずの人間にも、わからないことがある。それが、言葉だ。言葉はどのようにしてできたのか、言葉なんてものがどうしてあるのか、そのことは、日々こうして言葉を使って生きているにもかかわらず、人間には絶対にわからない謎《なぞ》なのだ。

絶対にわからないもののことを、「神」という名で呼ぶのは、その意味では間違っていない。事実、その言葉の意味が存在するからこそ、その物やその事が存在するのだから、言葉とは万《ばん》物を創造する神様に似たものと言っていい。言葉の力とは、まさしく、創造する力なのだ。

昔の人は、このことを、事実としてよく認《にん》識していた。だからこそ、⑤言葉を敬い、言葉を畏《おそ》れた。「言霊《だま》」という表現に、それは端《たん》的に表われている。言葉で言うとそれは存在する、と彼らは考えたのだ。言葉には、ものごとを創造する力があるからだ。小さいころ、母親のひざの上で絵本を読んでもらったとき、実際にはいないはずの人物や動物が、語られる言葉の中に、まるで目に見えるかのようにありありと出現したのと同じだ。言葉の力というのは、魔《ま》法のようなものなのだ。

ところが、現代人は、この畏るべき言葉の魔法を、ほとんど忘れてしまっている。忘れて、逆に、言葉は人間が自ら作り出し、勝手に使える道具なのだ、と思うようになっている。自分の思いや考えを他人に伝えるための道具、言葉はコミュニケーションの道具のひとつというわけだ。

あるレベルでは、それは間違ってはいない。「水をください」と言えば、そこに水がなくても、その意図を伝えることはできるのだから、言葉は確かに便利な道具だ。

けれども、ここで先の聖書の言葉も思い出して、もう一度考えてほしい。そもそも、ある物をある名で言うと決めたのは、誰だったろうか。それは決して人間ではなかったのだった。ましてや、今回こっきり生まれてきただけのこの自分であるわけがない。水を「水」と言うことに決めたのは、水を「水」と言うことで在らしめた「神様」だ。言葉としての神様だ。それなら、神様であるところのその言葉を、それによって創られたところの人間が、どうして道具として使うなんてことができるだろうか。

人間が言葉を話しているのではない。⑥言葉が人間によって話しているのだ。生涯《がい》に一度でも、この逆転した視点から、自分と宇宙を眺《なが》めてみるといい。⑦人生とは言葉そのものなのだと、人は必ず気がつくはずなのだ。

ところが、言葉をたんなる道具と思って、大事に扱《あつか》うことをしない現代人は、当然のこと、言葉からのしっぺ返しをくうことになっている。それがまさしく、現代社会の光景だ。「人生なんてつまらない」と、いつも口にしている人が、自分の人生をつまらないものにしているのは、言葉も自分も大事にしていないからだ。

「しょせんは言葉だ。現実は厳しい」と言う人は、言葉が現実を創っていることを知らない。現実的に生きることができないのだから、現実が厳しいのは当然だ。

「言葉は言葉、本心は別」という言い方をする人もいる。言葉はうそをつくための道具というわけだが、うそをつくことによってだまされているのは、じつは他人ではない。他人は、その人の行ないを見て、うそをついているとわかるからだ。だまされていると気づかないのは、うそをついている本人だ。うそをついている本人は、うそをつくことが自分にとってよいことだと思うから、うそをつく。しかし、自分で自分にうそをつき、自分のことをだますことが、自分にとってよいことであるわけがないではないか。

言葉を信じていない人は、自分のことをも信じていない。しかし、自分を信じていない人生を生きるのは、とても苦しくて大変だ。言葉ではああ言ったけれども、本当はそうは思っていない。そんなふうにしか生きられない人生は不幸だ。言葉と自分が一致《ち》していない人生は不幸だ。だから、⑧本当の自分はどこにいるのかを、人はあちこちに探し求めることになる。しかし、本当の自分とは、本当の言葉を語る自分でしかない。本当の言葉においてこそ、人は自分と一致する。言葉は道具なんかではない。言葉は、自分そのものなのだ。

だからこそ、言葉は大事にしなければならないのだ。言葉を大事にするということが、自分を大事にするということなのだ。自分の語る一言一句が、自分の人格を、自分の人生を、確実に創っているのだと、自覚しながら語ることだ。そのようにして、生きることだ。

言葉には、万物を創造する力がある。言葉は魔法の杖《つえ》なのだ。人は、魔法の杖を使って、どんな人生を創ることもできる。それは、その杖を持つ人の、この自分自身の、心の構えひとつなのだ。

（池田晶子《あきこ》著『言葉を生きる　考えるってどういうこと？』所収「言葉の力」）

問一　――線部①「当たり前の不思議に気がついて、それを考えながら生きる」とありますが、その例としてふさわしいものを次のア～エの中から一つ選び、記号で答えなさい。

ア　自分が見ている色や形が、他の人にもまったく同じように見えているのかどうかを考える。

イ　今いる部屋の室温が自分には寒いと思うが、他の人はどのように思っているのかを考える。

ウ　となりから聞こえるギターの音がうるさいと感じる人と、感じない人がいるのはなぜかを考える。

エ　A食堂の料理の味が濃《こ》すぎると多くの人は言うが、自分はそう感じないのはなぜか考える。

問二　――線部②「この想像は成り立たない」とありますが、なぜですか。五十字以内で説明しなさい。

問三　――線部③「言葉の不思議とは、意味の不思議だ」とありますが、どういうことですか。最もくわしく説明した一文を本文中から探し、最初と最後の五字をぬき出しなさい。

問四　――線部④「現代の科学は、そんなふうにいうことが多い」とありますが、筆者は現代の科学に対して、どのような問題があると述べていますか。次の説明文の空欄《らん》にあてはまる言葉を本文中からぬき出しなさい。

現代の科学は、人間は「　Ⅰ（十七字）　」ものと考えているが、筆者は、言葉は「　Ⅱ（十三字）　」だと問題を提示している。

問五　――線部⑤「言葉を敬い、言葉を畏れた」とありますが、筆者は、現代ではこの認識がどのように変化していると述べていますか。その説明としてふさわしいものを次のア～エの中から一つ選び、記号で答えなさい。

ア　最新の研究では、人間以外の生物にも言語があることが発見され、特別扱いをする必要がないものと認識している。

イ　昔は言葉には霊力《れい》があり、重い存在だったが、現代では新しい言葉が次々に生まれるので、軽い存在になったと認識している。

ウ　言葉には魔力があり、話したことはすべて現実になってしまうので、大事にすべきものと認識している。

エ　神様であるところの畏るべき言葉の魔法を忘れ、言葉はコミュニケーションの道具のひとつと認識している。

問六　――線部⑥「言葉が人間によって話している」とありますが、このように言える理由としてふさわしいものを次のア～エの中から一つ選び、記号で答えなさい。

ア　言葉には「言霊」という霊力があり、動物と違って霊力がある人間はその霊の力によって話しているから。

イ　言葉がすべてのはじまりであり、その言葉を作った言葉としての神様に私たち人間も創られた存在であるから。

ウ　言葉がすべてのはじまりであり、人間以外の生物にも言葉は存在し、言葉によって生物が生み出されたから。

エ　言葉は宇宙のはじまりであるビッグバンと同時に生まれた偉大な存在であり、人間しかそれを理解できないから。

問七　――線部⑦「人生とは言葉そのものなのだ」とありますが、どういうことか五十字以内で説明しなさい。

問八　――線部⑧「本当の自分はどこにいるのかを、人はあちこちに探し求めることになる」とありますが、なぜそのようなことをするのか、筆者の考えを四十字以内で説明しなさい。

□二　次の文章を読んで、あとの問いに答えなさい。（字数に制限のある問いは句読点や記号なども一字に数えます）

「何かやれないのかな」

言ってしまったあとで、輝《てる》はうろたえた。――おれ、何言ってんだろ……。

「立花さん、それって呪《のろ》いの言葉ですよ、きっと」

「呪い？」

「不吉《きっ》ですねえ」

たぶん、貴理は笑っている。

輝が、貴理に言われた言葉をなるほどと理解したのは、その日の夜だった。

たしかに一人言だ。ずっととらわれている。そんなの自分のキャラじゃない。絶対に違う。らしくない。だが、さんざん迷って、輝は麗華《れいか》のＬＩＮＥにメッセージを送った。

《黒板アートのコンクールとか、やれないかな。生徒会主催《さい》で》

麗華からは、すぐにＬＩＮＥのビデオ通話がかかってきた。小さなスマホに、麗華の顔が映っている。

「輝、どうしたの？　らしくないこと言って。雪降るよ」

「それはねえだろ。まだ九月だし。っていうか、麗華は、あの昇降《しょう》口の絵、どう思って見てた？」

「あたしは絵のことはわかんないよ。たしかなのは、あたしには描《か》けない」

「おれにも描けない」

「そうなの？」

「なんというか、センスってのがあるんだよな。校舎とか富士山とか笑顔《え》とか、めっちゃ月並みだろ、題材としては。たぶん、おれでもそこそこ描けるだろうけど、どっか陳腐《ちんぷ》になるっていうか、そんな気がする」

「そんなもんかねえ。で？　コンクールって？」

「一年が、けっこう励《はげ》まされたってしゃべってんの聞いたし。運動会もなかったし文化祭もないから、その代わり。でも、休校も長かったし、授業もたぶん遅《おく》れてるから、先生たちは行事とかやってらんねえかなって。黒板アートなら、それほど準備もかからないし、後片付けも要《い》らない。消しちまえばあとくされもない」

「なるほどね。けど、だれが参加するの？　何人で描くの？　クラス全員で？　絵なんて描きたくないって子だっているよ」

①指弾《だん》するような口調。スマホ画面の麗華は、キャラそのままに、上からな感じをくずさない。

「それは……」

「ちゃんとした企画書《き》出してくれたら、議題に上げてあげてもいいよ。輝にやれるならね」

それだけ言うと、麗華は一方的に電話を切った。二つ映っていた顔がふっと消える。②余韻《いん》ってものがないんだな、オンラインは、と思った。

企画書なんて、自分には作れない。そんな輝が相談する相手は貴理しかいなかった。

翌朝、貴理に相談したいことがあると告げると、一時間目のあとにメモを渡《わた》された。そこには、貴理の携《けい》帯電話の番号が書いてあった。そして「午後八時以降可」という文字。

午後八時五分を回ったところで電話すると、

「ｚｏｏｍ《ズーム》にしましょう。わたしはパソコンのほうがいいんで。ＵＲＬ送ります」

と言われた。

「やったことねえ」

「大丈夫《じょう》ですよ。アプリをダウンロードしておいてくれれば、ＵＲＬをクリックするだけでＯＫです」

アプリのダウンロードが終わったタイミングで、ショートメールでURLが届いた。クリックすると、ほどなく画面に貴理が現れた。そして自分の顔も。

　マスクをしていない貴理の顔をじっくり見たのは、初めてのような気がした。相手も同じようなことを思ったのか、笑いながら言った。

「立花さんも、さすがに家ではマスクしないんですね。マスクなしの顔、初めてちゃんと見た気がします」

　③麗華とLINEのビデオ通話をしたときは何も感じなかったが、あまりなじみのなかった貴理のパソコン画面に、自分の顔が大きく映っているのかと思うと、なんだか妙《みょう》な気もする。

「あのさ、呪いの言葉の件だけど」

「呪いの？　なんの話ですか？」

「藤《ふじ》枝さんが言ったんだよ。不吉だって」

　貴理は、ああ、というふうにうなずいてからまた笑顔になる。考えてみれば、こんなふうに自然に笑う笑顔も、学校では見たことがなかった。

「④呪われちゃいました？」

「まあ、そうかな。おれ、生徒会やってる葉麗華と、幼馴染《なじ》みっていうか、保育園が一緒《しょ》だったんだけど、昨日、ちょっとあいつに話した」

「話したって？」

「黒板アートのコンクールとか、できないかなって。生徒会提案で」

「それで？」

「企画書出せって」

「なるほど。でも、それをどうしてわたしに？」

「藤枝さんなら、そういうの、うまく書けるかなって。つまり、他力本願で」

「でも、なんで黒板アートなんですか？」

「準備にあんまり時間をかけずに、手軽にできる。後片付けも簡単だし」

「絵はだれが描くんですか？　一人でもいいんですか？」

「それだと、クラス参加、って感じにならないし。クラス代表って感じにするには、最低でも五人ぐらいは、いたほうがいいんじゃないかな」

　そう言いながらも、たとえばうちのクラスに持ちかけて、五人集まるだろうか、と首をひねる。絵実は、貴理を通じて頼《たの》めるような気がする。でも絵実と輝では二人。貴理は、絵は描かない。いや、字を書いてもらえばいいか、などとぼんやり考えていると、また貴理が聞いた。

「上限は？」

「……全員ってのも、ありかな。無理だろうけど」

「全員参加も可能、ってことですね。たしかに、現実にはむずかしいでしょうけど。時間は？」

「どう思う？」

「教室の黒板はけっこう大きいので、二時間ぐらいはほしいかもしれませんね」

　なんで貴理にわかるんだ、とは聞かなかった。

「放課後からだと、きついかな」

「昼休みから始めてＨ　Ｒ《ホームルーム》の時間を二回分当てることにするとかすれば、午後をまるまる使えるんじゃないでしょうか。そこは生徒会の交渉《しょう》力に期待ですね」

「なるほど」

「じゃあ、少し考えておきます。では、また明日」

そう言うと、貴理は輝の応答も待たずにｚｏｏｍを終わらせた。ＬＩＮＥでの麗華とのビデオ通話といい、どうやら一方的に切られる宿命にあるようだ。ｚｏｏｍもやっぱり余韻がなかった。

⑤<u>秋のイベントについての提案</u>

　コロナ禍《か》以降、さまざまな行事が中止になっています。四月、五月と休校で授業ができなかった影響《えいきょう》もあり、日程的に厳しい状況《きょう》とはいえ、イベントが中止になっているのは限られた中学生活にとっては残念なことです。三年生は、修学旅行も中止になりました。文化祭も中止が決まっており、合唱コンクールもできません。そこで、少しでも中学生活のよき思い出を作るために、「黒板アートコンクール」の開催を提案します。

提案理由：大がかりな準備が不要で費用もあまりかからず、片付けも簡単であること。

方法：クラス対抗《こう》とし、一クラス五人以上でチームを作る（全員参加も可）。

日程：九月最終週の平日。時間割りを変更《こう》し、平日の午後を当てる。

制限時間は二時間。

その様子をｚｏｏｍで公開する。

↓保護者も自宅などで視聴《ちょう》可。期間限定で後日配信あり。
※検討《こう》事項：授業時間を使うことになるので、参加しない生徒をどうするか。

机の中に、クリアファイルが入っていた。取り出すと、中に一枚のＡ４の紙。すっきりとしたレイアウトで印字された「秋のイベントについての提案」。すなわち、企画書だった。

輝は、ちらっと横に座《すわ》る貴理を見る。何も言わない。だから輝も何も言わなかった。簡潔な説明だが、輝にはこんなふうにまとめることはできそうもない。だがしかしそれにしても、なんというか渋《しぶ》すぎる。中学生女子が、仏像のクリアファイルとは。どういう趣《しゅ》味なんだろう。

輝は、昼休みにそれをそのまま麗華に渡した。

「何このクリアファイル。渋すぎ」

麗華は、紙だけ引き抜《ぬ》いてクリアファイルを輝にもどした。それから、さっと眺めて、

「これ、輝が作ったの？」

「いや。陰《かげ》の協力者がいる」

「だろうね。わかった。生徒会で検討する」

麗華はあっさり言った。⑥<u>それ以上追及《きゅう》されなかったことにほっとした輝だった。</u>

クリアファイルを貴理に返すと、

「よいお顔でしょう？　この仏さま」

と、どことなく対象への愛をにじませて言った。

「どこで買ったの？　そんな渋いの」

「トウハクです」

「トウハクって……上野の博物館？」

「そうです。長谷《はせ》川等伯《はく》とか、連想しました？」

貴理は、さらりと何百年も前の絵師の名を口にした。まがりなりにも美術部の輝は知っていたが、その名を聞いたこともない生徒もいるはずだ。おとなしい優等生？　いやいや、そうとう変わったヤツ、かもしれない。

もしも、麗華から協力者がだれかと聞かれたら、輝はどう答えただろうか。貴理の名前を口にしたら、どう思われただろう。仮定の問いに意味はないが、そのとき、輝は気がついた。そうとう変わったヤツらしいと思いながらも、案外自分は、⑦貴理に親しみを感じているようだ。


（濱《はま》野京子著『マスクと黒板』〈講談社〉）

問一　――線部①「指弾するような口調」とありますが、どのような口調ですか。ふさわしいものを次のア～エの中から一つ選び、記号で答えなさい。
ア　絵のことはわからないので、黒板アートに参加したくない生徒の代表として文句を言っているような口調。
イ　生徒会主催でやるということは、麗華自身が実行していくことになるため、企画に不備がないか確かめるような厳しい口調。
ウ　黒板アート企画を提案しそうもないキャラクターの輝に自分でも思いつかない提案をされ、先を越《こ》されたことを悔《く》いるような口調。
エ　普《ふ》段は誰かのために企画の提案などしない輝が、思いつきで提案してきた企画をこばむような口調。

問二　――線部②「余韻ってものがないんだな、オンラインは」とありますが、輝はオンラインをどのように感じていますか。ふさわしいものを次のア～エの中から一つ選び、記号で答えなさい。
ア　相手に一方的に通信を切られ、突《とつ》然コミュニケーションが途《と》絶えてしまう、味気ない通信手段だと感じている。
イ　コロナ禍で行事がなくなるなかで、せっかくいい案を提示したのに、お互いの感動が共有できないものだと感じている。
ウ　対面して会っていれば、麗華の上からな感じに対する不満をぶつけることができたのにと残念に感じている。
エ　企画の内容について一緒に考えたかったが、うまく内容を説明できない通信手段で苛《いら》立ちを感じている。

問三　――線部③「麗華とＬＩＮＥのビデオ通話をしたときは何も感じなかった」とありますが、その理由を説明しなさい。

問四　――線部④「呪われちゃいました？」とありますが、どのようなことですか。ふさわしいものを次のア～エの中から一つ選び、記号で答えなさい。
ア　一年生のために何かしたいと黒板アートのコンクールを提案した輝が、麗華に無理難題を突《つ》きつけられ、解決に向けて四苦八苦すること。
イ　貴理の思い描《えが》いていた校内企画について、望んだとおりに輝が実現に向けて動き出し、生徒会の麗華へ提案を始めること。

ウ　誰かのために働きかける性格ではない輝が、上手くいくかどうかもわからない黒板アートのコンクールを思いつき、実現に向けて動き出すこと。

エ　誰にも描けないようなセンスを秘《ひ》めた、作者不明の昇降口の絵に輝が引きつけられ、その正体をつきとめることへのめり込《こ》んでいくこと。

問五　――線部⑤「秋のイベントについての提案」とありますが、実施にあたり、輝は先生たちがどのような点を指摘《てき》すると考え、それについてどのように対応しようとしていますか。本文中の語句を用いて五十字以内で説明しなさい。

問六　――線部⑥「それ以上追及されなかったことにほっとした」とありますが、その理由としてふさわしいものを次のア～エの中から一つ選び、記号で答えなさい。

ア　いつも輝のことを見下したような態度で扱う麗華に、自分が全校生徒を思って、はじめから熱心に考えて計画した黒板アートのコンクールについて、細かいことを言われたくなかったから。

イ　陰の協力者について追及され、変わり者の貴理の助言を得ながら企画書を作成したことが知れると、輝と一番親しいのは自分だと思っている麗華の好意が消えてしまうと危《あや》ぶんだから。

ウ　黒板アートのコンクールを提案しておきながら、企画書は輝一人で作成したものではなく、貴理に手伝ってもらったことに後ろめたさがあり、麗華を前に格好がつかないと思ったから。

エ　輝がめずらしく自分から生徒たちのために考えた企画に、変わり者の貴理が陰の協力者として関わっていると知れば麗華がどのように思うか不安があったから。

問七　――線部⑦「貴理に親しみを感じている」とありますが、輝がこのように思うきっかけとしてふさわしくないものを次のア～エの中から一つ選び、記号で答えなさい。

ア　輝に否定的な幼馴染みの麗華と対照的で、輝を全面的に受け入れ、常に優しく接してくれること。

イ　ｚｏｏｍをとおして、学校では見ることのなかったマスクのない貴理の笑顔を見たこと。

ウ　輝一人では到《とう》底完成させられないと思っていた企画書作成の依頼《いらい》を引き受けてくれたこと。

エ　同年代が知らない絵師の名でさらりとシャレを言うようなユーモアのある一面を知ったこと。

問八　あなたは自分の性格をどのようなものだと考えていますか。これまでの体験をもとに答えなさい。また、中学生になって新しい自分になるために、どのようなことをしようと考えていますか。百字以内で答えなさい。

三　次の問いに答えなさい。

問一　次の①～⑧の――線部のカタカナを漢字で書きなさい。（送りがなが必要なものはひらがなで書くこと）

① 雑音がマジル。

② キカイ式時計を買ってもらう。

③ 戦いにヤブレル。

④ お茶がサメル。
⑤ 例をアゲル。
⑥ 太陽の光がサス。
⑦ 外国の船が横浜にキコウする。
⑧ マンションがタツ。

問二　次の①～⑧の——線部の漢字について、読み方が異なるものを一つ選び、その熟語の読みをひらがなで答えなさい。

① 野火　視野　野営　在野　　② 上告　海上　北上　上座
③ 無事　無害　無用　無茶　　④ 悪人　善悪　悪者　悪行
⑤ 行動　行政　運行　続行　　⑥ 名声　美声　鼻声　音声
⑦ 光明　明白　英明　文明　　⑧ 頭領　頭角　街頭　頭脳

問三　次の①～⑤の四字熟語と同じ意味になるように、□の中の熟語を組み合わせて四字熟語を作りなさい。

① 一長一短
② 無我夢中
③ 三者三様
④ 独立独歩
⑤ 四方八方

一利	一心	東西	十色	一国
南北	一城	十人	不乱	一害

問四　次の①～⑤の意味に合う慣用句をア～クの中から選び、それぞれ記号で答えなさい。

① あることをしたいという気持ちをこらえることができないさま。
② たとえ貧しくても弱音をはかないこと。
③ いいわけやいいがかり。
④ どんな困難があってもやりとげるという強い決意のたとえ。
⑤ さからう。手向かう。

ア 矢の催促《そく》
イ 雨が降ろうが、やりが降ろうが
ウ 弓を引く
エ やりだまにあげる
オ 武士は食わねど高楊枝《ようじ》
カ 矢も盾《たて》もたまらない
キ 矛を向ける
ク 盾に取る

女子学院中学校

―40分―

※　句読点は字数に入れること。

一　次の文章を読んで後の問いに答えなさい。

　１９９９年夏、私はハンガリーの草原に座っていました。皆既日食《かいきにっしょく》に合わせて開催《かいさい》された、若手研究会に参加させてもらったのです。

「日食」は、太陽の手前を月が横切って日光をさえぎる天体現象です。中でもすっぽりと太陽をかくしてしまう皆既日食は、昼の明るい空が完全な闇夜《やみよ》に変わる、珍《めずら》しいイベントです。

　私も知識はありましたが、わかった気になっていたのかもしれません。それは初めて体験する、幻想《げんそう》的で、日常とは異質の風景でした。

　まず、太陽に変化を感じない頃から肌寒《はださむ》くなります。じっとしていても汗《あせ》ばむほどの真夏だったのに、いつの間にか冷たい風が吹き始めて少し薄暗《うすぐら》くなってきました。

　異変を感じたのか、馬が何頭もヒヒーンといななき、鳥や蝶《ちょう》が忙《いそが》しそうに低空飛行していきます。

　そして、さらにあたりが暗くなって、ついに太陽の光が消えた瞬間《しゅんかん》――。

　夏の昼は闇になり、３６０度の地平線は朝焼け色に染まって、空には星がいくつもキラキラ輝《かがや》き始めました。

　馬はもう声も出さずに、じっとしています。

　暗くて鳥や蝶の姿は見えませんが、気配が消えています。

①いっぽう、人間は大さわぎです。

　各国から集まった人たちからは歓声《かんせい》が上がり、ある人は口笛を吹き、ある人はカメラのシャッターを切り、カップルは抱《だ》き合っていました。

　でも人間も、もし数分後には月が通り過ぎて再び太陽が顔を出すことを知らなければ、本当にびっくりするだろうし、世にも恐《おそ》ろしいことが起きたと感じることでしょう。

　淡々《たんたん》と進む宇宙のできごとを前に、その時の私の感情が喜怒哀楽《きどあいらく》のどれだったかは、実はうまく表現ができません。

　ただ、ひとすじの光が月の裏側からこぼれ出た瞬間に、夜は昼になり、夏が戻《もど》り、馬が声を上げ、蝶が舞《ま》い、鳥の姿が見えて、私はとっさに「生かされている」と感じたのです。近くにいたご婦人が私を見て、

「あら、あなた泣いているの」

と②私の背中に手を置いてくれたのを覚えています。

　古代の人たちは、天を注意深く観察して③生活の役に立てていました。もちろん、時計もＧＰＳもない時代です。日の出入りや月の満ち欠けは、時間が流れていることを教えてくれました。いつも同じ方角にある星は、旅をする人に進む道はどっちかを教えました。

　古代エジプトの人たちは、おおいぬ座の「シリウス」という星が日の出直前に見えると、もうすぐナイル川が氾濫《はんらん》する季節だ、というのを知りました。彼らは自然災害から身を守って、種まきのための栄養たっぷ

りの土がやってくるタイミングを星に教えてもらったのです。

星座の星たちとは天でのふるまいが違《ちが》う惑星《わくせい》は、うつろいやすい人間社会の運勢と結びつけられることもありました(現代の星占いは、このあたりから生まれたようです)。

空に尾を引く彗星《すいせい》(ほうき星)や日食など、突然《とつぜん》起こる空のできごとは、不吉の前触《まえぶ》れとも考えられました。

今ほど、迷信と科学がはっきり分かれていなかった時代です。

古代の人たちにとって、空のできごとは今と比べものにならないほど神秘的でおごそかな現象として見えていたことでしょう。

ひるがえって現代の私たちは、日食がどうして起こるのかを科学的に知るようになりました。

太陽の位置を知らなくても時刻がわかるし、カーナビを使えば旅先で困ることも減ったし、わからないことはスマホやパソコンで検索《けんさく》すればあっという間にいろんな知識を教えてくれます。

考えたらすごいことです。

人に与えられた命の時間はせいぜい100年足らず。あなたひとりや、私ひとりの力では④絶対にこうはなっていないのです。

人間がスペシャルなのは、ひとつには自分たちの⑤すごい知恵《ちえ》(英知《えいち》)を世代を超《こ》えてリレーしているところです。

知恵のリレーの横には、必ず「記録(データ)」があります。

たとえば新しいスマホやテレビドラマ、コンビニのお弁当メニューでも、何でもいきなり完成品はできませんよね。

たくさんのテストを重ねて、失敗するたびに工夫し、その経験や記録をもとにして、人は少しずつ前へと進んできたのです。

その結果として、この日常があって、ここが岩の惑星の上だということを知り、⑥人は恐竜と違って「知らぬが仏」ではなくなってきているのです。

ふだんの生活ではあまり気にしないものですが、経験や記録というのは、⑦明日の自分のために極《きわ》めて大切だ、と知っておいたほうがよいものです。というのも、この世界では人類の英知を無視したり排除《はいじょ》したりということが、いとも簡単に起きてしまうからです。

たとえば、5世紀のアレクサンドリアにヒュパティアという学者がいました。とても聡明《そうめい》な人で、数学者、天文学者、教師として多くの人たちから尊敬を集めました。

でも同時に、彼女の科学的で学術的な考え方や態度は、妬《ねた》みも生んでしまったようです。やがて信仰や思想がはずれていると追いつめられ、ついには暴徒におそわれてしまいました。とても残虐《ざんぎゃく》でむごい最期《さいご》だったと伝えられます。

近世のイタリアでは、地球や太陽が宇宙の中心ではない、と言ったブルーノという修道士が、教会の教えに背《そむ》いたという理由で火あぶりの刑《けい》になりました。

こうしたすぐれた知恵のもち主が、大勢の人の考えに合わないとか、権力をもった人の気に食わないという理由で消されてしまい、彼らがつなぐはずだった知恵のリレーは、その価値を理解できない人たちによって断ち切られてしまったのです。

英知そのものでもある書物を次の世代にリレーできない、ということもよく起きました。秦《しん》の始皇帝《しこうてい》が行った焚書《ふんしょ》(書物を焼いてしまうこと)もそのひとつです。

同じ時代の古代アレクサンドリアでは、図書館にせっせと書物を集めていました。でもその図書館も数百年後には壊《こわ》されてしまいました。ようやく手にした英知を、私たちは時代の流れの中に何度も落としたりなくしたりしてきたのです。

知恵をリレーするためには、あなたや私を含むたくさんの人がその価値を知って、意識的に管理したり保管したりする「空気」が必要なのです。もちろんこれは天文学にかぎった話ではありません。

天文の世界ではこんな知恵のリレーがありました。

高さ600㎞の宇宙空間に浮かぶハッブル宇宙望遠鏡の名前になった、エドウィン・ハッブルといえば、銀河系の外にも宇宙が広がっていること、ほかの銀河が私たちからどんどん遠ざかっていることを見つけた天文学者です。

彼の発見は20世紀の大発見でした。

というのも、この発見より前は、私たちのいるこの銀河系こそが宇宙のすべてで、宇宙は動かず、始まりも終わりもない、と考える人が多かったからです。

それが「宇宙は広大で無常である」と知ってびっくり仰天《ぎょうてん》、人間の宇宙観はこの発見をきっかけにガラッと変わり始めました。

でも、世の中のあらゆる成果と同様、この大発見もハッブル一人のがんばりだけで実現したものではありませんでした。

何年も前の観測データ(記録)を貴重品として保管していた人や、自分のデータを惜《お》しまず公開したスライファーという研究者の存在があり、発見には「過去のデータ」が重要な役目を果たしたのです。

ハッブルが使った「天体の距離《きょり》を測る方法」も、先にリービットというものすごく根気強い研究者がいて、彼女が発見していたものでした。

加えて、「大きくて性能の良い望遠鏡」は、ハッブルが自由に使うことができる状態になっていました。

ハッブルの大発見は、みんなが少しずつリレーした知恵や工夫が、満《まん》を持《じ》して花開いたものだったのです。

天文学には「データベース天文学」という研究方法があります。

これは、過去のデータをきちんと管理して誰《だれ》でも使える状態にしておくことで、別のデータと組み合わせたり、誰かの発見を確認(検証)したりする研究方法のことです。

たとえば、宇宙に向けてパシャリと撮影《さつえい》した写真(データ)には、無数の星や銀河が写っています。それは宇宙のある瞬間、ある場所を写した唯一《ゆいいつ》無《む》二《に》の記録です。そこには最初の研究目的とは違う、大発見につながる思いがけない現象や、地球の危機を救う〝何か〟が写っているかもしれません。

でも、ただ放っておくと、貴重で膨大《ぼうだい》なデータは使い捨てになってしまいます。そうならないためにも、「データベース天文学」は華々《はなばな》しくこそありませんが、とても重要な研究方法なのです。

最近では、研究成果やデータを人類のために公開する「オープンサイエンス」という世界的な動きもあります。これはいわば、世界中で知識や情報や成果を共有して⑧一緒に前に進みましょう、という流れです。

その流れは、2020年、世界が新型コロナウイルス感染症(COVID−19)で右往左往し始めたときにも見られました。

ウイルスの脅威《きょうい》によって、私たちは日々の何気ない暮らしだけでなく生命の危機にも直面してゴールの見えない状況に置かれました。そんな中、いち早く感染症に関係する研究データを国際的に共有しよう、という動きがあったのです。

　研究者というものは、ふだんはじっくりと慎重《しんちょう》に時間をかけて結果を磨《みが》き上げていくものです。信頼できるデータかということも厳しく調べて、論文などで成果を世に出すまでは研究データを公開しないことが多いのです。

　でも、人間のピンチを前にして、もたもたしているうちに消える命をなんとしても救うのだと、彼らは所属機関や国境や民族を超え、情報を共有して疫病《えきびょう》と戦い、⑨共に前に進もうとしました。

　私たち人間は迷信の時代を抜《ぬ》け出そうと、たった今も模索《もさく》とチャレンジを続けているところなのです。

　ふだん座っているその椅子《いす》も、灯《あか》りも、部屋も、この本も、平和な朝がやってくることも、たくさんの知恵のリレーに支えられているといえます。

　そういう目で、もう一度まわりを一つひとつ見渡《わた》してみてほしいのです。

　360度どこを見ても、あなたの暮らしの中にあたりまえは何ひとつないはずです。

（野田祥代『夜、寝る前に読みたい宇宙の話』〈草思社〉）

問一　――①「いっぽう、人間は大さわぎです」とありますが、皆既《かいき》日食に対して、人間の反応が他の生き物たちと違《ちが》うのはなぜですか、理由を説明しなさい。

問二　――②「私の背中に手を置いてくれたのを覚えています」とありますが、それはなぜだと考えられますか、最も適切なものを次から選びなさい。

ア　人々がみな大さわぎしている中、一人涙《なみだ》を流していることを見知らぬ人に気付かれてしまったのがはずかしかったから。

イ　「生かされている」という感覚を理解してくれる人がいるということが、涙が出るほどうれしかったから。

ウ　同じ場所に身を置いて神秘的な体験を共有したことで、婦人との間に強い仲間意識が生まれていたから。

エ　強く心を動かされて涙を流している自分を、優しく気づかってくれる人がいたということに心が温かくなったから。

問三　――③「生活の役に立てていました」とありますが、「役に立つ」とはここでは具体的にどういうことですか。次の三つについて、空欄《くうらん》にあてはまる語句を、解答欄の字数以内で書きなさい。Ｂ、Ｃについては本文中の語を用いること。

・毎日の日の出入りや月の満ち欠けは、時計や（Ａ）のような役割があった。

・いつも同じ方角にある星から、（Ｂ）がわかった。

・日の出直前に見えるおおいぬ座の「シリウス」から、ナイル川の氾濫《はんらん》に注意すべき時期と（Ｃ）時期がわかった。

A	B	C
5	12	10

問四 ――④「絶対にこうはなっていない」の「こう」とはどのようなことですか、次の空欄にあてはまる語を答えなさい。

日常的に（　　）を用いて（　　）な暮らしを送っていること。

問五 ――⑤「すごい」の意味としてあてはまらないものを次から一つ選びなさい。

ア　すばらしい　　イ　恐《おそ》ろしい

ウ　かなり多くの　　エ　偉大《いだい》な

問六 ――⑥「人は恐竜と違って「知らぬが仏」ではなくなってきている」とはどういうことですか、最も適切なものを次から選びなさい。

ア　人間は、先人たちが積み重ねてきた経験や記録にもとづいて物事の理解を深めてきたのであり、科学的な知識を持たないまま生きていた恐竜とは異なり、予測される危機に対して何もしないではいられなくなったということ。

イ　人間は、自分たちの生きている世界の仕組みを知ってしまった唯《ゆい》一《いつ》の生き物であり、知ってしまった以上は、そのすべてを明らかにするために、過去から続いてきた知恵のリレーを途絶《とだ》えさせることはできなくなってしまったということ。

ウ　人間は、ふだんの生活の中で知恵を活用することによって生き延びてきたのであり、それは高度な知能が発達していくために必要なことであったが、本能のままに生きる動物と異なり、心の平穏《へいおん》がもたらされなくなってしまったということ。

エ　人間は、あっけなく滅《ほろ》んでしまった恐竜と違って、何代にも渡って知恵を継承《けいしょう》することで、失敗と成功をくり返し、工夫するたびに進歩してきた生き物なのであり、もはや誰《だれ》も人間の進歩を止めることはできなくなったということ。

問七 ――⑦「明日の自分のために極《きわ》めて大切だ、と知っておいたほうがよいものです」とありますが、なぜそう言えるのですか、最も適切なものを次から選びなさい。

ア　経験や記録というものは、自分が無視されたり、排除《はいじょ》されそうになったりしたときに我が身を守るのに役立つから。

イ　たくさんの経験をし、その記録を積み上げることのくり返しによって、明日の自分がより良いものになるから。

ウ　経験や記録を重んじ、これを守り伝える意識が共有されていかないと、人は手にした英知をすぐ失ってしまうから。

エ　現代の私たちが手にしている科学の発展は、過去の人々の経験や記録なしでは到達《とうたつ》することができないものだから。

問八 ――⑧「一緒に前に進みましょう」、⑨「共に前に進もうとしました」とありますが、「一緒に／共に前に進む」とはどういうことですか、説明しなさい。

□二　次の文章を読んで後の問いに答えなさい。※本文中の〈　〉内の注は出題者による。

実は、わたしは英国で最も早い時期に新型コロナのＰＣＲ検査を受けた住民の一人だった。

２０２０年２月初頭に日本へ行き、１週間ほど東京で仕事をして英国に戻ったら、数日後に発熱と咳《せき》の症《しょう》状《じょう》が出た。「以下の国々からの便で英国に入国する方で、到着《とうちゃく》後14日以内に発熱や咳などの症状が出た人は、ＮＨＳ（国民保健サービス）に電話をしてください」という貼《は》り紙が空港のあちこちにあったのを覚えていた。そこに記された国のリストにはしっかりJAPANが入っていた。だから指示に従い、わたしはNHSに電話した。

　その頃、まだ英国でのコロナ感染者の数は一桁《けた》だった。が、わがブライトン〈英国の都市〉には不気味な予兆があった。アジアに旅をして帰国した男性が英国人で最初の感染者となり、市内で感染が広がっていたからだ。しかも、その感染者の一人の職場をわたしは日本に行く前週に訪れていた。（中略）

　検査の結果が出るまで、いろいろなことを考えた。自分がコロナに感染していたとしても、14日間家で寝ていればいいというだけで、特に恐《きょう》怖《ふ》感はない。

　それより、①とても面倒《めんどう》くさいことになったと思った。

　その面倒くささこそが感染よりも不運なことに思えた。まだ学校が休校になる前だったので、息子の中学の教員に事情を説明して、検査結果が出るまで彼を休ませねばならない。日本に行っていた間に息子の世話をするため仕事を休んでもらった配偶者《はいぐうしゃ》にも、また2週間も自主隔離《かくり》してもらわねばならず、さすがにこれには彼も憤《いきどお》るだろう。

　けれども何より気になったのは、日本に行く前、感染者の職場に行ったときに、帰りにジャガイモや牛乳を買って届けた近所のおばあちゃんのことだった。それでなくとも体が弱い彼女に感染させた可能性があるからだ。水道工事のために家に出入りしていた業者のことも思い出した。確か、以前、彼の妻には喘息《ぜんそく》の持病があると言っていたような気がする。そういえば、ブライトンからヒースロー空港までのシャトルバスで隣《となり》に座っていたアイルランド人の気さくな女性は妊娠《にんしん》中だった。英国と日本を往復した間に会った人々やすれ違《ちが》った人々が次々と思い出された。そして彼らの一人一人に家族があって、同僚《どうりょう》がいて、電車で隣に乗り合わせる人がいて、ショップのレジで前に並んでいる人がいると思うと、その人数はどこまでも増えていく。

　②わたしを起点として、目に見えない③巨大な蜘蛛《くも》の巣が背後に広がったような感覚をおぼえた。

　なぜか思い出したのは、吉野源三郎〈一八九九～一九八一〉の『君たちはどう生きるか』（岩波文庫）で主人公コペル君が唱えた「人間分子の関係、網目《あみめ》の法則」だった。コペル君は粉ミルクを一つの例として、オーストラリアの牛から搾乳《さくにゅう》されたミルクが、遠い日本に住む自分の口に入るまでのプロセスを想像し、牛と自分の間には「牛の世話をする人」や「汽船から荷をおろす人」など、きりがないほど大勢の人間が存在していて、粉ミルクの生産と流通、消費を通して繋《つな》がっているのだと気づく。そして「人間分子は、みんな、見たことも会ったこともない大勢の人と、知らないうちに、網のようにつながっている」と考える。

　この「網目の法則」は、マルクス〈一八一八～一八八三〉が『資本論』の「第一章　商品」で書いた資本主義社会の商品論のサマリー〈要約したもの〉のようなものとして知られているが、この法則と似たようなことがウィルス感染についても言えるなあ、と考えていたところで検査の結果が出た。わりと早かった。あの頃は、検査を受ける人はレア〈めずらしいこと〉だったのである。

　結果は陰性《いんせい》だったが、わたしのような健康きわまりない人間の場合にはふつうの風邪《かぜ》のほうがコロナよりもよっぽどきついのか、熱が下がらずしばらくは大変な目にあった。しかし、④とりあえず、新型コロナ感染版の「人間分子の関係、網目の法則」は途切《とぎ》れた。病気になることより、網目がどんどん拡大《かくだい》していくことのほうが面倒くさいと思っていたので、イモと牛乳を届けたおばあちゃんや水道業者や東京で会った人々みんなに感染させたかもと心配する必要がなくなったことが何よりもわたしを安堵《あんど》させた。

ちなみに、金子文子〈一九〇三～一九二六〉もコペル君のマルクス的気づきと同じようなことを『何が私をこうさせたか』（岩波文庫）に書いている。彼女は、その「ぞろぞろとつながっている」チェーンの中で搾《さく》取《しゅ》〈利益を不当に取り上げること〉されている人間がいることを考察していた。子どもの頃に暮らした山梨の山間の小さな村の様子を観察し、彼女はこう書いた。「私の考えでは、村で養蚕ができるなら、百姓はその糸を紡《つむ》いで仕事着にも絹物の着物を着て行けばいい。何も町の商人から木綿《もめん》の田舎縞《じま》や帯を買う必要がない。繭《まゆ》や炭を都会に売るからこそそれよりも遥《はる》かにわるい木綿やカンザシを買わされて、その交換《こうかん》上のアヤで田舎の金を都会にとられて行くのだ」。

コペル君は粉ミルクという商品から、金子文子は繭という原料から、逆の方向からそれぞれ資本主義社会における経済活動のチェーンを想像したわけだが、この「ぞろぞろと続く目に見えない大勢の人々とのつながり」は、ふだんの生活ではあまり想起することはない。自分自身や自分の生活は他者のそれとは切り離《はな》されたものであり、消費や生産も単独の行為《こうい》として考えがちだ。

１９３７年に出版された『君たちはどう生きるか』のコペル君や、１９２６年に獄中死《ごくちゅう》した金子文子がマルクス的に経済を通して不可視〈目に見えないこと〉の人々との繋がりを理解したとすれば、２０２０年のわたしたちは新型コロナウィルスを通してそのことを実感として捉《とら》えるようになったのではないだろうか。

わたしたちは孤立《こりつ》しているように見えて、⑤実は全然そうではなかったのである。

（略）

新型コロナウィルスによって立ち現れている人道主義とは、相手が誰《だれ》かで「区別はしない」。なぜなら、感染症は人種の違い、貧富の差、思想の違いとは関係なく、誰でもかかるものだからだ。災害時の助け合いは、敵だから見捨てるとか、味方だから援助《えんじょ》するとかいう性質のものではない。⑥これはシンパシーではなく、エンパシーである。実際、今回の新型コロナウィルス感染で他者に対する感覚が鋭《するど》くなったと思っている人は多いはずだ。

例えば、わたしは現在、自宅が改修工事中につき、仮住まいの身なのだが、毎週木曜日の夜に家の前に出て「※キー・ワーカーへの感謝の拍《はく》手《しゅ》」をするうちに、だんだん近所の人々と顔見知りになってきた。近所の高齢者《こうれい》や基礎疾患《きそしっかん》のある人々の家に食材を届けるボランティア・グループも結成され、一人暮らしや夫婦だけで生活している高齢者、障害者のいる家庭などに定期的に電話を入れ、何か切れている生活必需品《ひつじゅ》がないか聞いたり、雑談したりするサービスも行っている。車を運転しないわたしは、食品の調達や配達では役に立たないので、後者のほうに参加している。担当する家庭に電話して定期的に高齢者と話をしていると、これまで知らなかった人たちの知らなかった生活事情が見えてくる。戦前や戦中に生まれた世代に愛されている紅茶のティーバッグのブランドとかビスケットの種類とかがわかるようになった。そうなってくると、携帯《けいたい》電話の向こうにいる高齢者の背後に、無数の似たような状況にある高齢者たちの姿が見えてくる。いま、カスタードクリーム・ビスケットを食べたいのにスーパーに買いに行けないお年寄りが英国に何人ぐらいいるのだろうと思いを巡《めぐ》らすようになるのだ。

そんなある日、深夜に近所で大きな叫《さけ》び声がした。ガラスの割れる音がそれに続いた。わたしと配偶者は思わず外に出た。わが家が仮住まいしているエリアはミドルクラス〈中流階級〉の新興住宅地で、半世紀も前から同じ家族が住んでいてみんな互《たが》いをよく知っている公営住宅地とはわけが違う。だが、それでも、わたしたちが外に出ると、向かいの家も、隣の家も、住人たちが前庭に出て来ていた。とりあえず、配偶者と隣家の若い父親、向かいの家の中年男性が3人で叫び声がした家の様子を見に行くことになった。結局、外に出られなくてストレスを溜《た》めたティーン〈十代の若者〉の兄弟喧嘩《げんか》だったことがわかり、怪我《けが》をした息子を母親が緊急《きんきゅう》外来に連れて行くことになったが、彼らには病院に着けて行くマスクがなかったので、配偶者が家に戻ってきてマスクを数枚、持って行った。

なんとなくよそよそしく気取っていたストリートが、非日常な状況の中で⑦いつもと違う貌《かお》を見せ始めていた。

人々は、コロナ禍《か》をともに経験することで、「聞いたことを聞かなかったことにはできない」気分になっている。

（ブレイディみかこ『他者の靴を履く　アナーキック・エンパシーのすすめ』〈文藝春秋〉）

※出題者注　キー・ワーカー…人々の生活に不可欠な仕事をする人。エッセンシャルワーカー。

問一　――①「とても面倒くさいことになったと思った」とありますが、どのようなことを感じたのですか、最も適切なものを次から選びなさい。

ア　まだコロナ感染者が少なかった時期なので、コロナ感染よりも、だれにも相談できないまま、親しい人や弱い立場にいる人の安全を守らなければならないことをたいへんだと感じた。

イ　まだコロナ感染者が少なかった時期なので、コロナ感染よりも、そのことが人に知られてしまい、地域の人々から仲間外れにされてしまうだろうことをおそろしく感じた。

ウ　まだコロナ感染者が少なかった時期なので、コロナ感染よりも、自分と関わる人にどのような影響《えいきょう》があるか一つ一つ考えなければならなくなったことを負担に感じた。

エ　まだコロナ感染者が少なかった時期なので、コロナ感染よりも、知らずに出歩いたことで自分が街で感染を広めてしまったかもしれないことに責任の重さを感じた。

問二　――②「わたしを起点として」とありますが、ウィルス感染をめぐって「わたし」が思い浮かべた人々を次の図のように表しました。A～Cにあてはまる人物を、文中の語を用いて書きなさい。（――▶で示したのは、そこから関わる人のことである。）

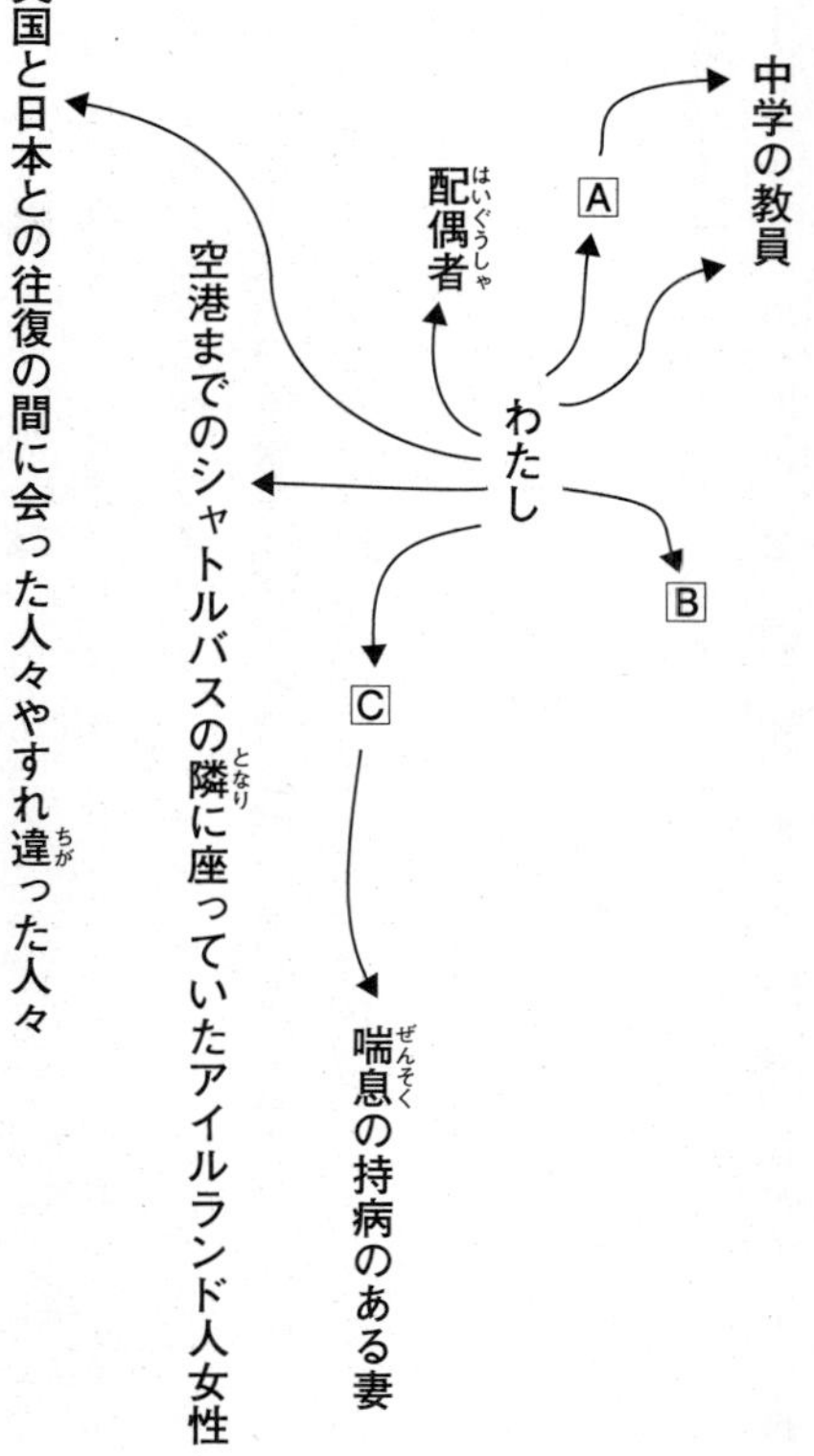

問三　――③「巨大な蜘蛛《くも》の巣」とはどのようなものの比喩《ひゆ》ですか、説明しなさい。

問四　――④「とりあえず、新型コロナ感染版の「人間分子の関係、網《あみ》目《め》の法則」は途切《とぎ》れた」とはどういうことですか、説明しなさい。

問五　――⑤「実は全然そうではなかった」とありますが、どのようなことに気づいたのですか、簡潔《かんけつ》に答えなさい。

問六　――⑥「これはシンパシーではなく、エンパシーである」とあるが、ここでいう「エンパシー」とはどのような心のはたらきであると考えられますか、最も適切なものを次から選びなさい。

ア　弱い立場の人に寄りそい、同情の気持ちで手を差しのべようとする心のはたらき

イ　自分とは違う存在に対して思いを巡《めぐ》らして、ともに生きようとする心のはたらき

ウ　生まれや育ちに関係なく、誰《だれ》に対しても平等で公平に接しようとする心のはたらき

エ　同じ体験をした人だけが共有できる仲間意識を大事にしようとする心のはたらき

問七　――⑦「いつもと違う貌《かお》を見せ始めていた」とありますが、街の人々はどのように変化しましたか、説明しなさい。

三　次のカタカナを漢字に直しなさい。

1　ヨウショウのころの夢。
2　鳥の世話を妹にユダねる。
3　とうもろこしをユニュウする。
4　ドウソウ会に呼ばれる。
5　カクシン的な発明。
6　痛みがオサまる。

女子聖学院中学校（第一回）

—50分—

一　つぎのそれぞれの問題に答えなさい。

問一　つぎの――部のカタカナは漢字に直し、漢字は読みをひらがなで答えなさい。

1　あの歌手は今人気のゼッチョウにいる。
2　デビュー曲は若者に大リュウコウした。
3　近年はハイユウとしても有名だ。
4　彼《かれ》の仕事はジュンチョウである。
5　次のしばいの主題は人間の尊厳だ。
6　駅前にプロモーション用の大きな看板が立った。
7　共演はすばらしい人ばかりだ。
8　多くの観衆がそのしばいを見に来るだろう。

問二　つぎの文には一字ずつまちがった字が使われています。それぞれ正しく直した字を書きなさい。

1　現在は戦争の体験を伝商することが大層困難である。
2　青少年の自発的な活動の推新が教育者の責務だ。
3　『平家物語』などの軍記にふれることも適切な機回となる。
4　平和な社会を創像するため国民が全員で努力しよう。

問三　つぎの――線部のカタカナにふさわしい漢字の組み合わせをあとから選び、それぞれ記号で答えなさい。

1　セイ作―セイ府　　2　改セイ―セイ算　　3　情セイ―セイ理
4　セイ潔―セイ書　　5　セイ年―セイ座　　6　セイ楽―セイ実
7　セイ長―セイ天　　8　帰セイ―安セイ

ア　省―静	イ　制―政	ウ　声―誠	エ　勢―整
オ　成―晴	カ　青―星	キ　正―清	ク　清―聖

問四　つぎの四字熟語の意味を下から選び、それぞれ記号で答えなさい。

1　鶏口牛後
2　本末転倒
3　有象無象

ア　物事の根元とそうでないことを取りちがえる
イ　数は多いが種々雑多なろくでもない人やもの
ウ　物事をなしとげるための最後の大切な仕上げ
エ　大きな集団の末にいるより小さな集団の長になる方が良い

問五　つぎの慣用句の（　）に共通して当てはまる言葉を答えなさい。

（　）に小判
借りてきた（　）
（　）の子一匹いない
（　）の手も借りたい

問六　つぎの語の組み合わせはどちらも対義語になります。（　）に入る漢字一字をそれぞれ答えなさい。

1　収入―（　）出
2　受動―（　）動

問七　つぎの1～4の――部分のうち、はたらきのちがうものが一つあります。それはどれですか。番号で答えなさい。

1　白いぼうしはぼくのだ。
2　私の作ったプリンはおいしい。

3　あれは祖母の住んでいる家だ。
4　父は桜のさくころに帰ってくる。

問八　つぎの（　）に入れるのにふさわしいひらがな三字の言葉を考えてそれぞれ答えなさい。なお、同じ言葉を二回用いることはできません。

1　（　）君が気に入ったのなら、それをあげよう。
2　（　）赤ちゃんのように小さな手だね。
3　（　）こんなことになるとは思わなかった。

三　つぎの文章を読んで、あとの問いに答えなさい。

「本当にすみません。ご迷惑《めいわく》おかけしますが、どうぞよろしくお願いします」

「いえいえ、迷惑なんて。十日くらいすぐですよ。こちらの皆《みな》さんも大変でしょう。お母さんもご心配ですよね。①良則《よしのり》は私どもでしっかり預かりますから、ご心配なく」

玄関《げんかん》先で、大沢《おおさわ》のおじいちゃんと西谷のおばあちゃんがお互《たが》い《１》頭を下げあっている。勉強道具や大事なゲームなんかを入れた自分のバッグを持って、良則はその様子をぼんやり見ていた。『めいわく』。お父さんもお母さんもこの間から何度も電話とかでそう言っていたな。この言葉に思わずびくっとしてしまうのはなぜだろう。おじいちゃんの車が動き出す。振《ふ》り返《かえ》ると、おばあちゃんが大きく手を振っているのが見えた。

「よっちゃん、一度くらいお正月を大沢の家で迎《むか》えるのもいいだろう。おばあちゃんも有香子《ゆかこ》おばちゃんもよっちゃんが来るの、楽しみにしてるんだよ」

運転しながらおじいちゃんが言う。

「うん……ねえ、おじいちゃん、諭《さとし》ちゃん、そんなに大変な病気なのかなあ？　生まれたばっかりなのに手術するなんて、大丈夫《だいじょうぶ》なのかな」

「病気自体は、赤ちゃんにはよくあるものらしいし、手術もそんなにむずかしいものじゃないんだそうだよ。ただ、入院はしなくちゃいけないし、唯《ゆい》ちゃんも目が離《はな》せないだろ。お母さんお父さんはもちろん、西谷のおじいちゃんおばあちゃんも疲《つか》れているからね。よっちゃんが大沢の家で楽しくお正月を過ごしてるってだけでも、みんな気が楽になるんだよ。だから、辛抱《しんぼう》してくれな。お兄ちゃんだからな、できるよな」
②『お兄ちゃんだから』。これもこの一、二年、何度言われてきただろう。去年、唯が生まれた。春先からお母さんの具合が良くなくて、生まれるまで家中大騒《おおさわ》ぎだった。今年の十月に、今度は諭が生まれた。家中てんてこ舞《ま》いだった。そして諭は生まれて二ヶ月しか経《た》っていないのに、ヘルニアとかいう病気で、新年早々に手術をするんだそうだ。妹や弟が生まれることは、嬉《うれ》しくなくはない。だけどそのたびに『お兄ちゃんだから』と言われて色々なことを我慢《がまん》させられてきたのだ。大沢の家に遊びに行くのはいつだって楽しい。おじいちゃんおばあちゃんはやさしいし、お母さんの下の妹の有香ちゃんは大好きなおばちゃんだ。けれど、自分だけ家を離れて一人ぼっちで十日もお泊《と》まりさせられるのは③話が別だ、と良則はこっそり思った。
「（　Ⅰ　）」

家に着くと、飛び出すようにおばあちゃんと有香ちゃんが迎えてくれる。

「すぐお正月でしょう？　お掃除《そうじ》とか、おせち料理作りとかで忙《いそが》しいから、よっちゃんが来てくれて助かるわー。色々お仕事させちゃうけど、頑張《がんば》ってくれるわね？」

「うん、お母さんからも、おばあちゃんと有香ちゃんのお手伝いするようにって言われてきたから。エプロンも持ってきた。有香ちゃんあのさあ、僕、冬休みの宿題の作文、書かなくちゃいけないんだよ。それ、手伝ってくれる？」

「（　Ⅱ　）」

それは、子ども用の包丁だった。柄《え》の所に良則の好きなキャラクターが付いている。

「よっちゃん、おうちでもお台所手伝ったりしてるんでしょ？　これ使って、おせち作ろうよ」

「うん。僕《ぼく》、人参《にんじん》とか大根、上手に切れるようになったんだよ」

お昼を食べてから、良則はまたおじいちゃんの車に乗って有香ちゃんとおせちの材料の買い出しに行った。野菜や大きな肉のかたまりや、かずのこなんかを買いこんだ。帰ってきてからジュースを一杯《いっぱい》飲むなり、今度はおじいちゃんとガラス磨《みが》き。おじいちゃんが面白《おもしろ》いことばっかり言うから、けらけら笑いながら楽しくできた。様子を見に来たおばあちゃんがおじいちゃんに「④忙しくさせとけば、ね」とささやいたのは何でだか分からなかったけど。

「さてよっちゃん、今度はお煮染《にし》めを作ろう。よっちゃんには、たづなこんにゃくを作ってもらうね」

「はーい、有香ちゃん。たづなこんにゃくって何？」

「いーい、見ててね。まずこんにゃくをこのくらいの大きさに切りまーす。そしたら、真ん中に包丁で切れ目を入れるでしょ、そしてくるっとくぐらせて、ほらね。これがたづなこんにゃく」

「（　Ⅲ　）」

「だから頼《たの》むわ。あんまり切れ目を大きく入れすぎないようにね」

「わかった」

良則が作ったこんにゃくをゆがいて、野菜やシイタケや鶏肉《とりにく》と、有香ちゃんが《３》煮込《にこ》む。二人で大騒ぎをしてお砂糖やみりんを足して何度も味見をする。最後におばあちゃんが「うん、上出来よ」と（Ａ）を押《お》してくれた。

「よっちゃん、本当にお料理好きなのねえ。まだ小学校一年生だなんて思えない手つきだわ。おばあちゃん、感心しちゃった」

「家でも、よくお味噌汁《みそしる》作ってあげてるんだ。唯ちゃん用には、ちょっと味を薄《うす》くしたやつ。唯ちゃん、僕のお味噌汁好きなんだよ。おばあちゃん、今晩のお味噌汁、僕が作りたい。わかめとネギある？」

「あるわよ。是非《ぜひ》お願い。ホント、さすが（Ｂ）ねえ」

（Ｂ）は別に関係ないんだけどな。

夕飯に、良則は自慢《じまん》のお味噌汁を作って、おばあちゃんたちを大いに喜ばせた。お料理は楽しい。みんなに「おいしい」って言ってもらえるのは嬉しい。家では今日は誰《だれ》がお味噌汁を作っただろう。僕がいなくて唯ちゃんが寂《さび》しがってるんじゃないかな。手術前、なるべく泣かせないようにってお医者さんに言われている諭ちゃん、泣いていないかな。おかあさん、疲れちゃった、って言ってないかな。

「（　Ⅳ　）」

良則が有香ちゃんと夕飯のお皿を拭《ふ》きながらついぼんやり考えていると、おじいちゃんが声を掛《か》けてきた。二人でお風呂《ふろ》に入って、それからやっとリビングのソファでゆっくりゲームができた。おじいちゃんは新聞、おばあちゃんは編み物、有香ちゃんはパソコンに向かっている。ずっと欲《ほ》しくてクリスマスにやっと買ってもらえたゲームだったから、つい熱中していたら、もう九時。そろそろ寝《ね》る時間だ。

「よっちゃん、宿題やる暇《ひま》なかったね。明日必ずやろうね。作文って、何を書くの？」

パソコン越《ご》しに有香ちゃんが聞いてくる。

「『おとなになったら』って題。大人になったら何がしたいかを書けばいいみたい」

「あらあ、それじゃあ、よっちゃんはもう決まってるんでしょ。大きなトラックの運転手さんになりたいんでしょ？」

おばあちゃんが眼鏡《めがね》の奥《おく》でにこにこして言う。

「それは、幼稚園《ようちえん》の頃《ころ》だよ。今は……。ちょっと考え中」

「そうなの？　じゃあよっちゃん、いっそお料理のプロになったら？特技を生かしてさ」

「コックさん、ってこと？」

「うーん、もっとかっこよく、フランス料理のシェフ、っていうのはどう？」

「（　　Ｖ　　）」

「そうだよな。おじいちゃんだってまともなフランス料理、もう何十年も食べてないぞ。マナーとか、めんどくさいからなあ」

「えー、でもあたし、たまにはレストランで素敵《すてき》なフランス料理食べたいなあ。お父さん、連れてってよ。そうだ、よっちゃんがいる間にさ。お正月明けに四人で行かない？」

「フランス料理のお店だと、子どもには敷居《しきい》が高いんじゃないの？　よっちゃんがもう少し大きくなってからじゃないと無理かもしれないわねえ」

「だいじょぶよお。よっちゃんはそこらの一年生よりか、よっぽどしっかりしてるもん。色々お手伝いもできて、赤ちゃんたちのお世話もできる、立派なお兄ちゃんなんだから」

「うん、それはそのとおりだ。そうだな、行ってみようか」

「……僕ね」

盛《も》り上《あ》がっている三人からすっと顔を背《そむ》けて、良則が言った。

「僕、なりたくないものだったら、あるんだ」

「……何に、なりたくないの？」有香ちゃんが心配そうに尋《たず》ねる。

「（Ｃ）」

えっ、と、大人三人が息を呑《の》む。

「しっかりしてて立派なお兄ちゃんは、（Ｄ）なんだ。お母さんもお父さんも、おじいちゃんもおばあちゃんも、唯ちゃんや論ちゃんのことが心配で、だから、僕は（Ｄ）だからお家にいちゃいけないんだ。僕だって、赤ちゃんだったら良かった。そしたら、お家にいても（Ｄ）じゃない。唯ちゃんは赤ちゃんだからお家にいられるんだもん。お兄ちゃんになんて、なりたくなんかなかった！」

《４》、心の奥の方に閉じこめておいた言葉が一気に吹《ふ》き出《だ》してしまった。うつむいた良則のひざの上にぽた、ぽた、しずくが落ちる。

有香ちゃんが、がたんと立ち上がって、急ぎ足で良則のそばに寄って来た。

（本校国語科による）

問一 ――線①「良則」とありますが、「良則」について説明したつぎの文から、正しくないものを一つ選び、記号で答えなさい。

ア　三人きょうだいの一番年上である。
イ　料理をすることに興味がある。
ウ　小学校二年生でゲームが好きである。
エ　ふだんは家族七人で暮らしている。

問二 《１》～《４》に入れるのにふさわしい言葉をつぎから選び、それぞれ記号で答えなさい。同じ言葉を二度用いることはできません。

ア　ずっとずっと　　イ　くつくつ
ウ　ぺこぺこ　　エ　またまた

問三 ――線②「『お兄ちゃんだから』」とありますが、今回良則は「お兄ちゃんだから」どこで何をしなければならないのですか。十五字以上二十字以内で、考えて答えなさい。

問四 ――線③「話が別だ」とありますが、このときの良則の気持ちの言いかえとしてもっともふさわしいものを選び、記号で答えなさい。

ア　満足だ　　イ　不満だ　　ウ　意外だ　　エ　当然だ

問五 （Ⅰ）～（Ⅴ）に入れるのにふさわしいセリフをつぎから選び、それぞれ記号で答えなさい。ただし、どこにもあてはまらないものがあります。

ア　おもしろーい。僕がやりたい
イ　フランス料理なんて、僕食べたことないよ
ウ　よっちゃん、よく来たわねえ。さあ、入って入って
エ　よっちゃん、それは無理よ、どう考えても無理だわ
オ　よっちゃん、おじいちゃんとお風呂に入ろう
カ　まっかしといて。そうそう、いい物買っておいたんだ。じゃーん、見て？

問六 ――線④「『忙しくさせとけば、ね』とささやいた」とありますが、おばあちゃんが「ね」のあとに続けたかった内容としてふさわしくないものを一つ選び、記号で答えなさい。

ア　弟について心配して、ゆううつにならずにすむわ。
イ　家族がどうしているか気にして、落ちこまなくていいわ。
ウ　自分が長男だという自覚が出て、自信が持てるわ。
エ　自宅を離れてさびしいことを、忘れていられるわ。

問七 （Ａ）に入れるのにもっともふさわしいものをつぎから選び、記号で答えなさい。

ア　三文判《さんもんばん》　　イ　押切判《おしきりばん》　　ウ　不評判《ふひょうばん》　　エ　太鼓判《たいこばん》

問八 （Ｂ）に入れるのにふさわしい五字の言葉を文中からぬき出しなさい。

問九 （Ｃ）に入れるのにふさわしい十五字の言葉を文中からぬき出しなさい。

問十 （Ｄ）に入れるのにふさわしい四字の言葉を文中からぬき出しなさい。

三　つぎの文章を読んで、あとの問いに答えなさい。

スタジオジブリが作った『もののけ姫《ひめ》』という映画は、自然と人間との深い関係を描《えが》いたと言われるアニメ作品です。主人公のアシタカは、

お城のような頑丈《がんじょう》な建物から成る村に行きます。その村では、何人もの女性たちが輪になって、それぞれが①大きな板を何度も踏《ふ》み続《つづ》けるという特殊《とくしゅ》な作業をしていました。舞台《ぶたい》となったのは室町《むろまち》時代ごろの鉄を作る村です。その作業場は作品の中では「たたら場」と呼ばれ、古き時代の日本でどのようにして鉄を作っていたのかをかなりリアルに想像することができます。

　鉄は金属の一つです。熱して溶《と》かせばどろどろの状態になり、それを成形して冷やせば硬《かた》くて丈夫《じょうぶ》な道具になり、研《と》いだり磨《みが》いたりすれば石器などとは比べものにならない鋭《するど》い刃物《はもの》にもなります。山や地下などに埋《う》まっていてそこから掘《ほ》り出《だ》されるようにも思えますが、実はそうではありません。掘り出されるのは鉄鉱石と呼ばれる鉄の成分を含《ふく》んだ岩のようなものに過ぎず、そのままでは鉄として使うことはできません。鉄鉱石から鉄だけを取り出すという技術を初めて開発したのは、古代西アジアのヒッタイトという民族でした。それがインド、中国、朝鮮《ちょうせん》へと伝わり、日本にも届けられました。日本では鉄鉱石があまりとれませんでした。《１》、その代わりに砂鉄を原料にして製鉄をするようになりました。

　製鉄をするためには、まず砂鉄を入れる炉《ろ》が必要です。古代日本では、上から見ると正方形もしくは長方形に見える大型の土製の容《い》れ物《もの》を作りました。これが「たたら炉」です。下の部分には②「湯池穴」という穴が空けられています。この「たたら炉」の中に大量の木炭を入れて火をつけ、炉の中の温度を少しずつ上げつつ砂鉄を加えます。一定の高温になった後は、温度が下がらないよう空気を送《おく》り込《こ》み続けることが欠かせません。『もののけ姫』で女性たちがしていた作業はこれにあたります。この空気を送り込む装置の名前が「たたら」でした。この装置の名前から、日本ならではの製鉄法のことを「たたら製鉄」と呼ぶようになったそうです。一つの「たたら炉」を使って一回製鉄をするには、十二トン近くもの大量の木炭が必要とされました。《２》、三十分ごとに木炭と砂鉄を足すというていねいな作業を繰《く》り返《かえ》すことが求められたと言われています。

　火をつけてから約六時間が経過すると、どろどろのものが湯池穴から流れ出し始めます。鉄という物質は約一五〇〇度で溶《と》け出《だ》すとされます。しかし、炉の中がそれよりも低い温度の時にその変化は始まります。つまり、穴から流れ出すものは鉄とは異なる温度で溶ける性質を持った別の物質だということになります。原料となる砂鉄に含まれているいろいろな物質のうち、鉄以外のものが外に出ていくことで、炉の中には鉄だけが残ります。このとき湯池穴から流れ出たものを「のろ」と言います。

　この「のろ」と呼ばれるものがすべて流れ出てしまった後、さらに炉の温度を上げ続けると、いよいよ鉄が溶け出す一五〇〇度になります。溶け出した鉄は湯池穴から流れ出ずに、炉の下に向かい炉の底にたまります。ここで熱するのをやめ温度が下がるのを待つと、「けら」と呼ばれる黒いかたまりになります。不純物を取りのぞいた鉄にあたるのがこれです。《３》、このかたまりは場所によってそれぞれ性質が異なります。

　《４》、同じ炉の中で熱せられたものではあっても、どの位置にあったか、どんな条件下だったかなどによって、含まれる炭素量が微妙《びみょう》に変わってくるからです。炭素量が多い部分は加熱しようが他の何かをしようが伸《の》ばすことができない鉄になり、逆に炭素量が少ない部分は加熱してたたけば伸びる鉄になります。前者を「ずく」、後者を「はがね」と呼びます。「ずく」は何の役にも立たないとされますが、成形が可能な「はがね」を材料に、色々な役に立つ道具が生み出されました。硬《かた》さと丈夫さを生かした刃物がその代表です。

日本人は、「はがね」から刃物を作るにあたって、もう一つ踏み込んだ作業をしました。炉の底にできたかたまりを割り、材料となる「はがね」を集める際、その破片《はへん》の一つ一つを丁寧《ていねい》に確認《かくにん》し、割れた面が均一で、かつとてもなめらかに見える破片を選び出そうとしたのです。そうした特徴《とくちょう》が面に表れている破片があれば、その破片は構成する成分にばらつきが少なく、③特にバランスがよい構造になっている貴重な部位になることを知っていたからです。どの部分も同一の構造だということは、どんな形に成形したとしても、場所による強弱の差が生まれないということです。従って、力を加えた時に特定の場所にだけ力が集中せず、全体が力を分散して受け止めることにより相当の力にも耐《た》えられるということを意味します。「鉄」の中でもずば抜《ぬ》けた頑丈さを持っている限られた部分。これが「たまはがね」です。

この「たまはがね」を集めて熱し、かたまりにします。そのかたまりを台に乗せ、加熱してハンマーでたたき、水に入れて急速に冷却《れいきゃく》し、またすぐに熱してたたきます。この「鍛《きた》える」という作業を何度も繰り返すことで不純物を取りのぞきます。こうして、成分の均一さに支えられた「たまはがね」ならではの丈夫さを引き出すのです。できあがった細長い刃物。これがみなさんご存じの④日本刀です。

日本ならではの「たたら製鉄」は、⑤西洋の製鉄技術に比べて大量生産には向かないという欠点を持っています。小型の炉ですから、一度の製鉄で作り出せる量が限られます。しかも、つきっきりで木炭をくべたり、砂鉄を入れたり、微妙な温度調整をしたりという繊細《せんさい》で丁寧な作業が欠かせません。実際に、現代の製鉄工場が古代日本の「たたら炉」と同じ機能をもった大きなサイズの炉を作って製鉄を行い、「はがね」を取り出す試みをしたことがあります。その時、取り出した「はがね」は人件費も含めると一トンあたり約一千万円になったといいます。西洋の製鉄技術をもととする現代の製鉄技術で作った「鉄鋼」が一トンあたり約五万円であることと比べれば、古代のたたら製鉄の生産コストがべらぼうに高いことがわかります。

江戸《えど》時代末期に外国船が来航し、西洋式の大型炉を使った製鉄法が日本にも伝えられました。作り出せる鉄の品質は「はがね」に比べると格段に落ちます。しかし「たたら製鉄」とは違《ちが》い、めんどうな手間をかけることなく、安い費用で、大量の鉄を手にすることができます。明治時代となり、西洋に並ぶ近代国家を目指そうとした日本は、大量の鉄を必要としていました。日本刀になる良質の「たまはがね」を含んだ「はがね」よりも、たやすく大量に取り出せる鉄の方が重要だったのです。そして、西洋の製鉄技術への移行がどんどん加速していったのでした。武士がいなくなり、日本刀の所持が禁止されるようになった時期でもあるため、日本刀が不要となり、「たまはがね」の需要《じゅよう》自体がなくなったことも関係があるかもしれません。こうして、⑥日本古来の「たたら」を使った製鉄技術は、廃《すた》れることとなったのでした。

（本校国語科による）

問一　――線①「大きな板を何度も踏み続けるという特殊な作業」とありますが、この作業の目的を、「～という目的。」につながるように、文中から二十字でぬき出しなさい。

問二　《１》～《４》に入れるのにふさわしい言葉をつぎから選び、それぞれ記号で答えなさい。

ア　そこで　　イ　なぜなら　　ウ　しかし　　エ　また

問三　――線②「『湯池穴』という穴」とありますが、この穴について説明したつぎの文の（１）～（４）に入れるのにふさわしい言葉を文中から三字以内でそれぞれぬき出しなさい。

「湯池穴」とは、たたら炉に空けられた、一五〇〇度よりも（１）温度で溶け出す物質が流れ出す穴を指す。これを利用して原料となる（２）から「のろ」と呼ばれる（３）にあたる物質を取りのぞく。そして炉の中に（４）と呼ばれるかたまりだけが残るようにする。

問四　――線③「特にバランスがよい構造になっている貴重な部位」とありますが、この構造になっていない部位を材料にして日本刀を作ったとしたらどうなりますか。つぎからもっともふさわしいものを選び、記号で答えなさい。

ア　加えられた力を分散して受け止めることにより、どれほどの力を加えたとしても決して折れない。

イ　加熱しようがどうしようが成形できない性質をもつことにより、相当の力を加えたとしても曲がらない。

ウ　炭素量が少ないために全体的に丈夫さにおいておとるものとなることにより、切れ味が悪くなる。

エ　力が加えられた時に特定の場所にだけ力が集中することにより、その場所から折れたり曲がったりする。

問五　――線④「日本刀」とありますが、「たたら製鉄」にて「日本刀」ができあがるまでの具体的な作業はつぎのようになります。それぞれの作業を正しい順番に並べ直しなさい。

ア　台に乗せたかたまりを熱したり冷やしたりしながら「鍛える」。

イ　鉄以外の物質を取りのぞいた後、炉の温度を下げる。

ウ　「たまはがね」だけを選び出し、熱してかたまりにする。

エ　炉の底に残ったかたまりの中から「はがね」を選び出す。

オ　砂鉄と木炭を炉の中に入れて熱し、温度を上げる。

問六　――線⑤「西洋の製鉄技術」について、つぎのⅠ・Ⅱの問いに答えなさい。

Ⅰ　「たたら製鉄」におとる部分を十五字以内で「～こと。」につながるように考えて答えなさい。

Ⅱ　「たたら製鉄」よりもすぐれている部分をまとめたつぎの文の（１）～（４）に入れるのにふさわしい漢字二字の言葉を文中からぬき出しなさい。

つきっきりで砂鉄や木炭を入れたり、（１）調整をしたりといっためんどうな（２）をかけることなく、安い（３）で、（４）の鉄を生産することができる。

問七　――線⑥「日本古来の『たたら』を使った製鉄技術は、廃れることとなった」とありますが、このことの理由としてもっともふさわしいものをつぎから選び、記号で答えなさい。

ア　江戸時代末期に来航した外国人たちが、西洋式の大型炉を使ったすぐれた鉄を作る製鉄法を日本中に広めたから。

イ　日本は西洋に並ぶ近代国家を目指しており、そのためにさまざまな分野でたくさんの鉄を必要としていたから。

ウ　近代化が進み、軍事用の日本刀を作るにあたっても西洋式の大型炉が使われるようになったから。

エ　武士の世の中が終わり、日本刀自体がまったく不要なものとして捨てられるようになっていったから。

問八　本文の内容に合っているものをつぎから一つ選び、記号で答えなさい。

ア　「けら」の破片を集めてたたら炉に入れて熱し、そこから取り出したかたまりのことを「たまはがね」と呼ぶ。

イ　「けら」から「のろ」を取りのぞいたかたまりのうち、炭素量が少ない部分を「ずく」、多い部分を「はがね」と呼ぶ。

ウ　「のろ」を取りのぞいた後に、「けら」から「はがね」を、「はがね」から「たまはがね」を取り出すことができる。

エ　地中に埋まっている「鉄」から「はがね」だけを取り出す技術を初めて開発したのは、ヒッタイトという民族である。

女子美術大学付属中学校（第一回）

—50分—

一　次の文章を読んで、後の問いに答えなさい。

「ちょっと、まねしないでよね！」

とつぜん大声がした。

給食をたっぷりおかわりし、昼休みにうとうとしていた竜司《りゅうじ》は、びっくりして椅子《いす》からころげ落ちそうになった。見ると、すぐ横で矢田《やだ》と美《み》紀《き》がにらみあっている。眠気《ねむけ》がいっぺんに吹《ふ》きとんだ。

「まねとか言わないでほしいな。きちんと話しあいで決めたんだから」

「なんで変えるのよ！」

「①べつに変えたっていいじゃないか。そんなの勝手だろ。同じものじゃダメだなんて決まりはないはずだよ」

②矢田の言葉に、美紀は言いかえすことができずに、ただにらみつけている。その視線にたえられなくなったのか、矢田はくるりと背をむけて行ってしまった。

美紀はすぐに、はなれた席にいた悠人《ゆうと》を呼んだ。

「なあに？」

悠人はのんびりやってきた。

「ちょっと聞いてよ。矢田の班、あたしたちとおんなじテーマで自由研究やるんだって」

美紀は、押《お》し殺した声で説明する。

「こうなったら内容で勝負だわ。いいわね。あいつらにはぜったいに負けないから」

美紀は、矢田の方をキッとにらんだ。

横で話を聞いていた竜司も、腹が立っていた。ところが悠人は、ただ「へえ」と言っただけだった。

「へえ、じゃないわよ。真下《ました》、あんたはのん気ね」

「自由研究は競争じゃないと思うけど」

「そうだけど、まねされるのって、なんかくやしいじゃない」

矢田の班はたしか、この地域の特産品を調べることにしていたはずだ。市の北部は畑が多く、トマトやほうれん草を栽培《さいばい》している。果樹園もあって、梨《なし》やぶどうの栽培もさかんだ。海ではシラスがとれるし、ワカメの養殖《ようしょく》も行われている。それがいつの間にか、子森遺跡《こもりいせき》に変更《へんこう》になった。

どうやら矢田が言いだしたらしい。

「あいつ、ぜったいにあたしらと勝負したいのよ！」

「山梨《やまなし》さん、考えすぎだよ」

放っておくと、矢田をけとばしにでも行きそうな美紀を、悠人はなんとかして落ちつかせようとした。

翌日は天気がよかった。風もなく外遊びにはうってつけの日で、昼休みの教室には竜司しかいなかった。

いつものように窓のところに行って、葉がまばらになったふるさと公園のケヤキの木を、ぼんやりながめていた。

そのとき、ふと図書館の本が気になった。もう一度、ざっと読んでおきたくなった。竜司は自分の席に行き、机の中から『大地に刻まれた歴史』の二巻を取りだした。

借りた三冊《さつ》の本は、二週間の期限が来たのでいったん返却《へんきゃく》し、ふたたび竜司の貸出カードで借りてきた。それをまた三人でまわし読みしていた。

足音が聞こえて、だれかが教室に入ってきた。でも竜司は顔を上げなかった。目のはしで、ちらりとだれかをとらえた。そいつがだんだん近づいてくる。竜司はゆっくり呼吸をした。やがてそいつが、ぴたりととまった。つま先が青いゴムの室内履《しつないば》きに、〝矢田〟とマジックで書かれている。

「それちょっと見せて」

竜司は聞こえないふりをした。

「ねえ、聞いてる?」とふきげんな声がした。

竜司は返事をしなかった。すると矢田がむきになった。

「見せてくれって言ってるだろう」
③竜司はだまって背をむけた。
「おい、貸せよ!」

とうとう頭にきたらしく、矢田は大声を出しながら本に手をかけた。

竜司はとっさに二巻をかかえこんだ。

「貸せって言ってるだろ!」

矢田はあきらめず、力まかせに引っぱる。

「やめろよ!」

竜司も立ちあがって、引きもどそうとする。

「よこせよ!」

矢田も手をはなさない。竜司は取られまいと必死になる。とうとうもみ合いになった。

「はなせってば!」

「いいから貸せよ!」

そのときビリッといやな音がした。表紙がやぶれ、ページも何枚かちぎれた。遺跡を掘《ほ》る写真の人物が、まっぷたつになっている。

「なにするんだよ!」

竜司はさけび声をあげた。矢田の顔が青くなった。

「素直にわたさないからだろ……」

そうつぶやいた矢田は、④決まり悪そうにちぎれた部分を差しだした。

竜司はそれを、引ったくった。一発なぐってやろうとかまえたとたん、矢田はあわてて逃《に》げだした。

竜司は［あ］と椅子にすわりこみ、やぶれた表紙とページを見つめた。頭の中はまっ白になり、心臓はバクバク音をたてている。

しばらくしてわれに返った竜司は、ちぎれた部分をページのあいだにはさんで、急いで机の中につっこんだ。あらい呼吸がおさまらず、指先は冷たいのに、顔はカッカとしている。

休み時間が終わるころ、なにも知らない悠人がやってきて、本を交換《こうかん》しようと言った。

「ごめん。もうちょっと読みたいんだ」

竜司は、目を合わさずにことわった。

「ずいぶん、熱心だね」

「そ、そういうわけじゃないけど」

竜司は顔をしかめた。

悠人はいやみで言ったわけではない。そんなやつではないことはよくわかっている。でもこのときばかりは、たのむから一刻も早く消えてくれと竜司は思った。

　それよりもめんどうなのは美紀だ。このことを知られたら、なにを言われるか、なにをされるかわかったものでない。それに、図書館へはどうあやまったらいいのだろう。これって、あやまってすむことなのだろうか。

　悠人は自分の席にもどっていった。竜司は頭の中が混乱して、どうしたらいいのかわからなかった。

　放課後、これからどんなふうに自由研究を進めていくか、残って相談しようと美紀が言いだした。帰りのしたくをしていた竜司は青ざめた。

⑤「おれ、ちょっと用がある」

　そう言いながら、教科書や筆箱をランドセルに押しこんだ。

「ふーん、山本にも用なんかあるんだ」

　美紀がいやみな言い方をする。

　さすがに竜司もむっとした。

「勝手に決めていいよ。どうせ、いつだってそうしているじゃないか」

「なによ、その言い方！　いつ、あたしが勝手に決めたのよ」

　美紀の目が三角になる。悠人はだまってまばたきをくりかえしている。

「だってそうじゃないか」

　そうでないときもたしかにあった。でも竜司には、今はあれこれ考える余裕《よゆう》がなかった。

　やぶれた本を持ちだせないまま、竜司はランドセルをつかんで、逃げるように教室から出た。美紀に腹が立ったのか、自分に腹を立てているのかわからなかった。

　このままではいけないと、竜司はあせっていた。やぶれてしまった本を、なんとかしなくてはいけない。でも、いったいどうすればいいのだろう。

　竜司は頭をかかえていた。

「もうすぐ冬休みになるから、今日こそ集まってよね！」

　授業が終わると、美紀がまた竜司と悠人に自由研究の相談をもちかけてきた。

「いいよ。やろう」

　悠人はすぐに賛成した。

　なんとかしてこの場から逃げだしたい竜司は、必死にいいわけを考えた。それを見すかすように美紀が言った。

「どういうふうにまとめるか、そろそろ決めていかないとまずいのよ！」

　みんなが次々と教室をあとにする。そのざわめきの中で、美紀はいちだんと声を張りあげる。

「おれ、ちょっと……」

　竜司が言いかけると、とたんに⑥美紀の目がつりあがった。

「いいかげんにしなさいよ！」

　金縛《かなしば》りにでもあったように、竜司は動けなくなった。悠人もつられて、背すじをぴんとのばした。

　美紀は竜司から目をはなさずに、自分の机の中から図書館から借りている本とメモ帳を引っぱりだした。

「それぞれが持っている本を、今すぐ持ってくるの！」

「はい！」と言って、あわてて悠人がかけだす。

教室には三人のほかには、もうだれも残っていない。空気が［い］、夕暮れの気配がする。

ついに竜司はあきらめた。机の中からやぶれた本を取りだすと、美紀の目の前に置いた。

ふたりが、同時に［う］をのんだ。

「どーしたの、それ？」

美紀が本をじっと見つめている。

「またハデにやっちゃったね」

悠人は小声で言った。

「貸してくれって言われてさ。無視していたら、無理やり取ろうとしたんだ」

「だれが？」と美紀が聞く。

だまっていると、「矢田でしょ」と言った。

竜司は小さくうなずく。

「あいつ！」

美紀がこぶしをにぎる。その手がわなわなとふるえる。

竜司はあわてて言った。

「すぐにわたせば、こんなことにならなかったんだ。悪いのは、たぶん、おれだ」

声がだんだん小さくなる。

「きっと山本は悪くないよ。矢田って、いつだって強引《ごういん》なんだから」

⑦竜司は体の力がぬけていくような気がした。てっきり美紀には、頭ごなしにどなられると覚悟《かくご》していたからだ。

「でも、こまったわね」

「うん」竜司はしゅんとして、うつむいた。

すると悠人が、落ちつきはらって言った。

「あのさ、たぶん同じ本を買って弁償《べんしょう》すればいいんだと思うよ」

「え、そうなの？」

竜司はおどろいて悠人を見た。

「ぼくね、小さいころに、借りた絵本なくしちゃったことがあるんだ。そのとき、親が同じ絵本を買って図書館に持っていったんだよ。ずいぶんあとになって、その本は出てきたけどね」

「それ、ほんとうか？」

「うん。だから、この本と同じものを買えばいいんだ」

「そうか！」

「でも、どこで売っているのかなあ。とりあえずネットで調べてみるよ」

「いいよ。自分でやる」

思わず言ってしまって、竜司は少し後悔《こうかい》した。売っているところを、うまく見つけることができるだろうか。そして無事に買うことができるのだろうか。

でも、これは自分の責任でなんとかしたかった。そうしなくちゃいけないと、竜司は思った。悠人にネットで調べてもらえば、すむのかもしれない。だけど、それではいけない気がした。

悠人のおかげで、買って返すという方法があることがわかった。

〔この後、竜司は本を買った。そして、図書館の郷土資料室に行った。〕

カウンターには、いつものメガネの女の人がいた。竜司はゆっくりと近づいて行った。

　カウンターの前に立つと、トートバッグから本を出した。心臓がばくばく音をたてている。⑧口の中がかわいて、のどがはりついたようになっている。

　一番上に置いた本を見て、女の人の目がメガネの奥《おく》で大きくなった。

「あの……、ごめんなさい。あ、でも弁償します。新しいのを持ってきました」

　あせって声がかすれた。

　文書館《もんじょかん》で買った二巻を、下から引っぱりだして、一番上に置きなおした。すると、女の人の頰《ほお》がふわっとゆるんだ。

「わざわざ買ってきてくれたのね。ありがとう」

　ありがとうだって？　竜司は拍子《ひょうし》ぬけしてしまった。

　大人にはいつもしかられてばかりだ。悪くないのに怒《おこ》られたこともある。たいていは竜司に原因がある。まして今回はそうとうな覚悟をしていた。それなのに、女の人はありがとうと言ったのだ。おまけに本をやぶいてしまったわけも聞かないでいてくれた。

「新しいのをいただくわね。こっちのは除籍《じょせき》して、あなたにあげましょう」

　じょせき？　なんのことだろう。

「手続きをして、図書館の本ではないようにするの。それからやぶれた方は修理するから、ちょっと待っててね」

　ぽかんとしている竜司に、女の人がゆっくりと説明してくれた。

　竜司はうなずいた。

　そういうことか。

　待っているあいだ、竜司は館内をぶらつくことにした。気がつくと、心が軽くなっていた。するとふしぎなことに、この図書館ががぜん楽しいところに思えてきた。

　竜司は、あらためて館内を見わたした。ほんとうにあきれるほど、たくさんの本がある。そのほとんどが、自由に、しかも無料で借りることができるのだ。これはすごいことだ。

　本棚《ほんだな》の横に、一脚《いっきゃく》ずつ椅子が置かれている。竜司は、あいている椅子にすわってあたりを見まわした。

　ゆっくり本を選ぶ人、お目あての棚にまっしぐらにむかう人、返された本をワゴンに乗せ、次々と棚にもどしていく職員。いろいろな人が行きかう。館内はあたたかく、静かでここちよい。

「はい、お待たせ」

　さっきの女の人が、修理した本を持ってきてくれた。透明《とうめい》なシートでぴっちりとおおわれて、ページもきれいになっていた。

「今度は気をつけてね」

　最後にそう言われたので、竜司はかえってほっとした。そのくらい言われて当然だ。

「はい、気をつけます」

　竜司は素直に返事をした。

「調べ学習をしているのよね。知りたいことがあればいつでも相談してね。いい資料を見つけるお手伝いをさせてちょうだいね」

　そう言って女の人は、にっこりほほえんだ。

　竜司はうなずくことはできたが、言葉を返すことはできなかった。

　本をしまい、竜司は郷土資料室をあとにした。⑨体が軽くなった気がした。自然と笑みがこぼれる。うっかりすると、スキップなんかしてしまいそうだ。

ゲートを通りぬけ、出入り口にさしかかったとき、自動ドアが開いて美紀と悠人がころがるように飛びこんできた。

「どう、怒られた？」

そう言う美紀は、いきがあらい。悠人も走ってきたらしく、肩《かた》で大きくいきをしている。

「だいじょうぶだったよ」

⑩竜司はにっこり笑ってみせた。

（池田　ゆみる『川のむこうの図書館』〈さ・え・ら書房〉刊）

問一　――線①「べつに変えたっていいじゃないか」とありますが、何を「変えたっていいじゃないか」といっているのですか。八字以内で答えなさい。

問二　――線②「矢田の言葉に、美紀は言いかえすことができずに、ただにらみつけている」とありますが、美紀はなぜ「ただにらみつけている」のですか。説明しなさい。

問三　――線③「竜司はだまって背をむけた」とありますが、なぜ「だまって背をむけた」のですか。説明しなさい。

問四　――線④「決まり悪そうにちぎれた部分を差しだした」とありますが、このときの矢田の気持ちとして、最も適切なものを次から選び、記号で答えなさい。

ア　竜司の本を無理やりとろうとしたのは自分なので、自分も悪いと思っている。

イ　やぶれた本を自分では元通りにすることができないので、申し訳ないと思っている。

ウ　竜司が手をはなさなかったせいで本がやぶれたので、自分は悪くないと思っている。

エ　本を図書館から借りたのは竜司なので、本がやぶれたことを気の毒に思っている。

問五　文中の［あ］に入る言葉として最も適切なものを次から選び、記号で答えなさい。

ア　いそいそ　　イ　へなへな　　ウ　のそのそ　　エ　おろおろ

問六　――線⑤「おれ、ちょっと用がある」とありますが、竜司はなぜ「ちょっと用がある」と言ったのですか。説明しなさい。

問七　――線⑥「美紀の目がつりあがった」とありますが、このときの美紀の気持ちを答えなさい。

問八　文中の［い］に入る言葉として、この場面に最もふさわしいものを次から選び、記号で答えなさい。

ア　急に冷え込んで　　イ　ふっとゆるんで

ウ　ほんのり温かく　　エ　ふいに流れ込んで

問九　文中の［う］に入る、適切な漢字一字を答えなさい。

問十　――線⑦「竜司は体の力がぬけていくような気がした」とありますが、どのような言葉に対して「体の力がぬけていくような気がした」のですか。答えなさい。

問十一　――線⑧「口の中がかわいて、のどがはりついたようになっている」とありますが、このときの竜司の気持ちとして、最も適切なものを次から選び、記号で答えなさい。

ア　絶望　　イ　悲しさ　　ウ　恥《は》ずかしさ　　エ　緊張《きんちょう》

問十二 ——線⑨「体が軽くなった気がした」とありますが、竜司はなぜこのように思ったのですか。説明しなさい。

問十三 ——線⑩「竜司はにっこり笑ってみせた」とありますが、美紀と悠人に「にっこり笑ってみせた」ときの竜司の気持ちを説明しなさい。

二 次の問いに答えなさい。

問一 次の①、②、③の——線部のカタカナを漢字に直し、④の——線部の漢字の読みをひらがなで答えなさい。

① お年玉を銀行にアズけた。

② 鏡には見事なサイクがほどこされている。

③ 「親コウコウな娘をもって幸せだ」と父が言った。

④ 問題の因果関係を調べることになった。

問二 次の①、②の四字熟語の意味として適切なものを、後からそれぞれ選び、記号で答えなさい。

① 無我夢中　② 流言飛語

ア 物事に心をうばわれ、ただひたすら行動するさま。

イ 迷って方針や見込みなどの立たないさま。

ウ 根拠がない情報や、無責任なうわさ。

エ 方針などが絶えず変わって定まらないこと。

オ なやんだすえにたどり着いた結論。

問三 後の□の中のひらがなを漢字一字に直して、①、②は対義語を、③、④は類義語をそれぞれ完成させなさい。

① 流動 ⇔ 固□　② 温暖 ⇔ □冷

③ 有名 ＝ □名　④ 便利 ＝ 重□

かん　ちょ　ほう　てい

白百合学園中学校

—40分—

※ 字数制限がある問題は、「、」や「。」、カギカッコもすべて一字と数えます。

一　次の文章を読んで、後の問いに答えなさい。

彼《かれ》はネズミ色の服を着ていた。

こう書くと、誰《だれ》もが同じような色を想像する。実際には白いネズミや黒いネズミもいるのだが、色としてはグレーを考えるのがふつうだ。ネコ色という言葉がもしあったとしても、ひとつの色がみんなの頭に浮《う》かぶとは思えない。明るい色、暗い色、いろいろな茶色も含《ふく》まれるだろう。ネズミ色のほうは、ほとんど無彩《さい》色である。明度の違《ちが》いだけで彩《いろど》りのない色、灰色の世界である。

色の好みは人それぞれだが、色の感じ方には共通するものがある。暖色や寒色という言葉があるように、色に温度を結びつけたり、①ある感情を与《あた》える作用を認めたりする。どの文化でもたいがい赤は注意や警戒《かい》感を与えるし、青はその反対に沈《ちん》静をもたらす。ふたつの色をコン合して得られる紫《むらさき》は、日本でもヨーロッパでも昔はaコウキな色として、特別な階級の人々の服装に使われた。『源氏物語』が別名「紫の物語」と呼ばれたように、色が物語を象徴《ちょう》することさえある。

その点、ネズミ色はあまりいい意味をもたされていない。なにしろ世界中どこでも害獣《じゅう》と見なされているネズミの色なのだし、これを灰色[注1]と言い換《か》えても、否定的な意味に結びつく。②ネズミ色の服を着た人が、煤《すす》けたような壁《かべ》に囲まれて、灰色の茶碗《わん》を手にしているとしたら、ずいぶん地味で面白《おも》みのない世界を想像するのがふつうだろう。「灰色の世界」と聞けば、明るく楽しい世界の反対がイメージされるし、「グレーゾーン」と言えば、曖昧《あいまい》でどっちつかずと怪《あや》しまれる。

［Ⅰ］身のまわりに目を向けると、③わたしたちが生きる世界には意外に灰色が多い。舗《ほ》装された道路、コンクリートの建物、さまざまな配管、電柱に電線……都市生活をとりまく環《かん》境の大部分はこの色で占《し》められている。A公共空間だけでなく、オフィスや自宅でも多くの製品にグレーが使われる。特別な意味をもたず、特別な感情にも結びつく必要がない場所では、グレーのほうがよい。

もし都市環境のあらゆる場所に鮮《あざ》やかな色がつけられていたら、わたしたちの感覚はマヒしてしまうだろう。［Ⅱ］室内の灰色の部分を、すべて違う色に塗《ぬ》り替《か》えたら、bコンランと疲《ひ》労で仕事も勉強も手がつかなくなってしまうのではないだろうか。感覚と感情の安定を支えているのは、実は目立たない灰色のほうなのだ。

つまり灰色は【　】的だから役立っているわけだが、④人間は灰色をさらに評価することもできる。そのひとつが白黒写真である。白黒写真は言うまでもなく、世界から彩度を差し引いて、明度だけで表現する。さまざまなグレーの段階だけで表現するのだから、正確に言えば、白黒ではなく、灰色写真である。だからモノクロームつまり「単色写真」とも呼ばれる。面白いことに人間は、彩りのないさまざまな明るさの灰色だけで表現された風景を見て、それを美しいと感じることができる。それにはいろいろな理由が考えられる。

そのひとつは色を差し引くせいで、わたしたちが光と影《かげ》に敏《びん》感になることだろう。[Ⅲ] シンリョクの木々から色を差し引いたとたんに、木の葉の重なりの微妙《びみょう》な影に気がつく。初夏の海をモノクロームにすると、砂と波が織りなすパターンが見えてくる。

人間の顔もそうである。モノクロームで表現された人間の顔には、肌《はだ》色とはまた違った趣《おもむき》がある。引き締《し》まった画面の陰影《いんえい》が、人柄《がら》の深さを表すこともあるし、人生の時間を感じさせることもある。このように、わたしたちは灰色の無限の段階のなかに、光と影の戯《たわむ》れを見て楽しむことができる。

こうした感覚は実は昔から存在していたものだろう。都市のなかでいえば、日本や韓《かん》国の屋根瓦《やねがわら》がそうだ。グレー一色の世界に見えるが、実はそうではない。同じグレーでも濃淡《のうたん》があるし、また天気によっても色が違って見える。山村の瓦《かわら》と、漁村の瓦が違って見えるのは、環境だけでなく生活のせいもあるだろう。雲の色をハンエイして、夏の盛《さか》りには強く照り、雨が降ればしっとりと落ち着く。世界の建築のなかでも、これほど豊かな灰色をもった屋根はあまり見当たらない。

おそらく日本は灰色の美しさに目覚め、それを大切に育ててきた文化をもっている。伝統色と呼ばれる色名の体系を調べてみると、近代以前の日本には、特に灰色系に驚《おどろ》くほど多くの色名があったことがわかる。灰色も灰だけではないのだ。煤にも種類があるし、墨《すみ》にもいろんな墨がある。派手な色彩を控《ひか》え、微妙な明暗の変化を愛《め》でる。そのもっともセンレンされた芸術のひとつが、茶の湯にちがいない。

わたしが好きな色のひとつに、その名が残されている。それは茶の芸術が完成された時代の名残《なご》りとも、また灰色の美学を表しているとも思える。利休鼠《りきゅうねずみ》というネズミ色である。【注2】千利休《せんのりきゅう》の名と鼠の組み合わせがいい。ネズミ色の服を着た人が、竹煤色《たけすすいろ》の小さな部屋で、灰色の茶碗を見つめている。日本の文化はそんな世界に、どんなカラフルな色にもまさる、最高の美を認めることもできるのである。

（港千尋《ちひろ》『芸術回帰論　イメージは世界をつなぐ』〈平凡社新書〉一部改）

【注】1　煤けた……煤の色をした。「煤」とは煙《けむり》の中に含まれている黒い粉《こな》。

2　千利休……安土桃山時代に、日本の茶道を完成した人。

問一　‖線a～eのカタカナを漢字に直しなさい。

問二　本文中の[Ⅰ]～[Ⅲ]にあてはまる言葉を、次のア～オの中からそれぞれ一つずつ選び、記号で答えなさい。

ア　また　　イ　たとえば　　ウ　だから　　エ　だが
オ　それとも

問三　〰線A・Bの意味として最も適切なものをそれぞれア～オの中から選び、記号で答えなさい。

A　「公共」
ア　バリアフリーであること
イ　表立って目立っていること
ウ　大勢が使えるように広いこと
エ　各自が好きなように使えること
オ　社会の人々皆《みな》のものであること

B　「名残り」
ア　名誉《よ》が伝わるもの　　イ　名前が記された資料
ウ　昔をなつかしむ気持ち　　エ　あるものが存在した跡《あと》
オ　代表的な文化

問四　――線①「ある感情」の「ある」と同じ意味のものを次のア～オの中から選び、記号で答えなさい。

ア　勇気ある決断を下した。
イ　事あるごとに冗《じょう》談を言う。
ウ　校庭にある花壇《だん》を手入れした。
エ　だれにでも欠点はあるものだ。
オ　その男はある村にかくれていた。

問五　――線②「ネズミ色の服を着た人が、煤けたような壁に囲まれて、灰色の茶碗を手にしている」ような世界を、日本文化ではどのようにとらえていますか。それがわかる表現を本文中から二十字以内で探し、抜《ぬ》き出して答えなさい。

問六　――線③「わたしたちが生きる世界には意外に灰色が多い」のはなぜですか。本文中の言葉を使って三十字以内で答えなさい。

問七　本文中の【　】にあてはまる最も適切な言葉を次のア～オの中から選び、記号で答えなさい。

ア　基本　　イ　根本　　ウ　消極　　エ　客観　　オ　対照

問八　――線④「人間は灰色をさらに評価することもできる」とありますが、それはなぜですか。本文中の言葉を使って四十字以内で答えなさい。

［二］　次の文章を読んで、後の問いに答えなさい。

誠二《せいじ》は快活に「案外弱いナア」と言った。もちろんそれは角力《すもう》で見事《みごと》兄を負かした自分の強さを表現する一つの手段に過ぎなかった。

誠二は兄に勝ったという喜びよりも、今の勝負を見ている自分の友達の中で自分を常々そんなに強くない――むしろ弱い――と思っている友達がどんなにか「誠二は此頃《このごろ》メッキリ強くなった」ということに驚《おどろ》いているだろう、と思ってさえもA微笑《びしょう》を禁ずることができなかった。

誠二は何気なくホントに何気なく、自分に負けた兄の方を見た。おひとよしの兄は誠二を見てニヤニヤ笑いながら「負けたナア、ウム見《み》ん事《ごと》負けた、サアこんどからは誠ちゃんがえばる【注1】によいナ、羨《うらや》ましいナア」と高くしゃべってカラカラ笑った。誠二はニッコリともしなかった。誠二は淋《さび》しくなったからだ。誠二は兄のさっきの言葉を聞いているうちに、その兄の言葉のどこかに淋しさのあるのを知った。またその笑い声もあきらかにウソの笑い声であることも知った。それらを知った時に誠二は急に淋しくなったのだ。そしてそれは兄に対して済まない心からの淋しさではなかった。それと全然反対の［　　　］という淋しさなのだ。

兄が自分より弱い、そして自分に負けてベソをかいているよ。誠二にはヤケに似た【注2】嘲罵《ちょうば》の心も起きてきた。しかし彼《かれ》の淋しさはだんだん深くなるばかりだ。頼みがいのない兄、たった一人でもいい自分をつまみ出せるような強い兄を持ちたい。彼はこんなことまで真面目《まじめ》に考えてみるようになった。

誠二はこの間兄が村はずれの源太《げんた》に手ひどくたたかれて泣きはらしたような眼《め》をして紫《むらさき》にはれ上がった頬《ほお》を押《お》さえて父母に見つからぬように家の裏口からコッソリ入ってきたイヤな光景を思い浮《う》かべずにはいられなかった。兄がこんなだから僕《ぼく》まで友達に馬鹿《ばか》にされるのだ。自分より弱い兄を持っていることは誠二の①自尊心を傷つけるものだと考えたりした。

アア僕の兄が自分に勝ってくれたら。

アア僕の兄に自分が負けたら………誠二は自分より強い兄を要求する心から兄より弱い自分を要求する心に変わっていったのは無理もないことである。

誠二はこの弱い兄を自分より強くするのは到《とう》底不可能だと思った。しかしB自分は兄より弱くなるのはあながち不可能なことではないと思われた。

「もう一回兄と角力をとろう、そして自分は立派に兄に勝ちをゆずろう」誠二は②そう決心したのはそれからホンの少したってからのことであった。

誠二のその決心は頼みがいのない兄を持った自分の淋しさを癒《いや》そうとの考えからで決して兄が負けたから、こんどは自分が負けて兄の気持ちを悪くしたくないからでもまた兄に勝って失礼したのをおわびしたいからでもなかった。「兄さんもう一回やってみましょう」と何気なく誠二は言ったつもりであったろうが、その声にはなんとも言えぬ鋭《するど》さがあったのはC争われぬことだ。

兄は「もうごめんだよ、若いものは勝ちに乗じて何回もやりたがるものだナア」とおかしみたっぷりに言った。誠二にはその言葉がまたこの上なく皮肉に聞こえたのであった。ムッとして「何でもいいからやりましょう」と鋭く言った。兄もさすがに真顔になって「それじゃあ！　やろう」と言って立ち上がった。あたりで見ていた誠二の友達はどっちが勝ってもいいような様子をして【注3】戯謔《ぎぎゃく》を言い言い、二人に声援《えん》をしていた。誠二が兄と取り組んでからはほとんど夢中と言ってよいくらいであった。ただ膝頭《ひざがしら》がガクガク震《ふる》えているのばかりが彼にはハッキリわかっていた。それでも「もういいだろう」ということが夢中になっている誠二の頭に浮かんできた。誠二はワザとゴロリと横になった。それは自分ながら驚くほど自然にころんだのだ。友達はこの意外な勝負を見てワッとばかり叫《さけ》んだ。それは兄をほめる歓《かん》声でなかった。

誠二を罵《ののし》る叫びだった。兄は得意そうに微笑《ほほえ》んでいた。そうしてたおれている誠二の脚《あし》を彼の足先でちょっとつついた。

誠二はだまって立ち上がった。彼の友達はがやがや騒《さわ》ぎだした。中にはこんな声もまじってあった。「そら見ろい、あのとおり誠ちゃんが負けるんだよ、誠ちゃんの兄さんがわざとさっきは負けてやったんだよ、誠ちゃんが泣くといけないからナ」「そうだとも一回で止《や》めとけばよかったのに、勝ったもんだから癖《くせ》にしてまたやったらこの始末さアハハハハハハハハハハ」誠二はだまってこの話し声を聞いていた。誠二の心はこんどは淋しさを通りこして、取り返しのつかない侮辱《ぶじょく》を受けて無念でたまらないような気がしてならなかった。兄の方を見た。兄はまだ喜んでいるようだ。誠二は兄のその喜んでいる様子を見てもチッとも嬉《うれ》しくはならなかった。自分にだまされて勝って喜んでいる兄を見てますます頼みがいのない兄だという情けない思いがしてきた。

アア負けねばよかった。また勝ってやればよかった。誠二には深い後悔《かい》の念が堪《た》えられないほどわき出たのであった。

もう友達はだいぶ彼の家から帰っていった。兄も誠二の部屋から去った。誠二は後悔の念に満ちた心を持って部屋の窓から空を見上げた。どんより曇《くも》った灰色の空は低く大地を包んでいた。風もなかった。誠二には③太陽の光もないように思われた。

誠二の肩《かた》をたたくものがある。信ちゃんであった。誠二のたった一人のホントの友達の信ちゃんであった。信ちゃんは快活に「今の勝負。ありゃあ君がわざと負けたのじゃないか」と言った。誠二はこれを聞いて嬉しくって嬉しくってたまらなかった。そして自分をホントに知っててくれる人は信ちゃんであると思った。誠二は急に顔に微笑を浮かべて信ちゃんの手を固くにぎりだまって頭を縦に振《ふ》ってみせた。信ちゃんは大得意になって「そうだろう、なんだかおかしいと思った。あんなにたやすく兄さんに負けはしまいと僕は思っていたんだ。だがなぜ兄さんに勝たせたんだい」と聞いた。それを聞いて誠二はハッとしたようにしてだんだん暗い顔色になってきた。

やや沈黙《ちんもく》が続いた後信ちゃんは【注4】トンキョウな声を上げて「ハハアわかった、誠ちゃん君えらいネ、兄さんに赤恥《はじ》をかかせまいと思って負けたんだネ、そうだろう」と叫ぶように言った。誠二はそれに対して「ソウダ」と言うことがどうしてもできなかったのは無論である。

（太宰《だざい》治「角力」一部改）

【注】1　えばる……いばる。
2　嘲罵……あざけりののしること。
3　戯謔……たわむれおどけること。
4　トンキョウ……調子はずれなさま。

問一　〜〜線A「微笑を禁ずることができなかった」、B「あながち不可能なことではない」、C「争われぬ」の意味として最も適切なものを、それぞれア〜オの中から選び、記号で答えなさい。

A「微笑を禁ずることができなかった」
ア　誠二は、無理にでも笑顔を作らなければならなかった
イ　誠二は、友達の笑顔を見て、つい笑顔になってしまった
ウ　誠二は、つい笑顔になるのを抑《おさ》えることができなかった
エ　誠二は、友達が自分のことを笑うのを止めることができなかった
オ　誠二は、友達に笑われるのをがまんすることができなかった

B「あながち不可能なことではない」
ア　もしかしたら不可能かもしれない
イ　決して不可能なことではない
ウ　そんなことはできるはずがない
エ　決して可能なことではない
オ　必ずしも不可能なことではない

C「争われぬ」
ア　否定することができない
イ　有無《う》を言わせない
ウ　これ以上争うことはできない
エ　争いをやめることはできない
オ　聞き捨てならない

問二　本文中の□にあてはまる語句を次のア〜オの中から一つ選び、記号で答えなさい。
ア　自分よりも強い兄を持った
イ　自分のせいで兄が辛《つら》い思いをした
ウ　自分が本当は強い兄を持っているのだ
エ　自分が頼みがいのない兄を持った
オ　自分が兄にうそをつかせてしまった

問三　——線①「自尊心を傷つける」とありますが、誠二がこのように考えるのはなぜですか。三十字以内で答えなさい。

問四　——線②「そう決心した」のはなぜですか。「そう」の指し示す

内容を明らかにしながら、六十字以内で答えなさい。

問五　――線③「太陽の光もないように思われた」とありますが、この表現から読みとれる誠二の気持ちを四十字以内で答えなさい。

問六　次のア～キの中で、本文の内容と合っているものを二つ選び、記号で答えなさい。

ア　誠二は、本当は兄の方が自分よりも角力が強いと思っている。

イ　誠二の友達は、誠二は角力が弱く、負けたら泣くにちがいないと馬鹿にしている。

ウ　誠二は、信ちゃんこそが自分のことを理解してくれていると思っている。

エ　誠二が兄に二度目の勝負を持ちかけたのは、兄の汚《お》名をそそぐためである。

オ　誠二は、最初の勝負後に兄が笑っているのを見て、腹立たしく思った。

カ　誠二の兄は、二度目の勝負で誠二がわざと負けたことには気がついていなかった。

キ　誠二は、調子に乗っている兄を負かしてやろうとして二度目の角力を取った。

清泉女学院中学校(第一期)

—50分—

一　次の文章を読んで、後の問いに答えなさい。(字数制限のあるものについては、すべて句読点や記号もふくみます。)

十九世紀、ドイツの経済学者・思想家のカール・マルクスは、生産手段(土地や工場、資金など)を持つ資本家が、労働者を低賃金で働かせ、利益を追求する資本主義社会の問題点を分析《ぶんせき》しました。その代表的な著作である『資本論』の中で、マルクスは資本主義社会では、社会の「富」が「商品」として現れることを問題にしています。以下はマルクスの『資本論』のうち、社会の「富」が「商品」となることについて説明した斎藤《さいとう》幸平さんの文章です。

①そもそも「富」とは何でしょうか。「富」を表す一般《いっぱん》的な英語はwealthです。これは金銭や有価証券[※1]、不動産など、貨幣《かへい》で計れる財、金額として表せる財がイメージされる言葉ですよね。ただ、それでは、富と商品の区別がつかなくなってしまいます。

なので、別のアプローチをしてみましょう。ドイツ語の原語で「富」は「ライヒトゥーム(Reichtum)」といいます。reichは英語のrich、日本でもカタカナ語として「リッチな」などと使いますね。これも狭義《きょうぎ》には「リッチな人」などお金持ちのイメージになりますが、味わいや香《かお》りが「リッチ」ともいうように、何かが[※2]「豊潤《ほうじゅん》、潤沢《じゅんたく》である」(アバンダント、abundant)ことも意味します。

例えば、ア きれいな空気や水が潤沢にあること。これも社会の「富」です。緑豊かな森、誰《だれ》もが思い思いに憩《いこ》える公園、地域の図書館や公民館などがたくさんあることも、社会にとって大事な「富」でしょう。知識や文化・芸術も、コミュニケーション能力や職人技もそうです。貨幣では必ずしも計測できないけれども、一人ひとりが豊かに生きるために必要なものがリッチな状態。それが社会の「富」なのです。

そして、この「富」を維持《いじ》、発展させるのが労働です。ほかの人たちと協力し、自然に働きかけることで、人間は自分たちの能力を発展させ、また自然を自らの欲求に合わせて変容させ、富をさらに豊かなものにしてきました。ところが、こうした社会の「富」が、資本主義社会では次々と「商品」に姿を変えていく、とマルクスはいいます。

これは今も私たちの身近で起こっていることです。[A]、都市部の公園を更地《さらち》にして、そこに高層マンションやショッピングモールを建てたり、森を切り拓《ひら》いてゴルフ場を造ったり。一番わかりやすいのは「水」でしょう。私が子どもの頃《ころ》、飲料水は「商品」ではなく、水道からタダで飲める物でした。イ ペットボトルに入った水が「商品」として定着したのは、ここ二〇年くらいのことです。

このように、ありとあらゆる物を「商品」にしようとするのが、資本主義の大きな特徴《とくちょう》の一つです。[B]、資本主義以前の社会にも商品はありました。しかし、その多くは交易品や贅沢《ぜいたく》品で、日常の生活に必要な物は基本的に自分たちで作ったり、みんなで集めてきたり、分け合いながら暮らしていました。お金を出して買う「商品」の領域は限られていたので、社会の富が「商品の巨大《きょだい》な集まり」として現れることはけっしてなかったのです。

今はどうでしょう。生活に必要な物のほぼすべてが「商品」として売られ、私たちはそれを買って日常を営んでいます。「商品」に頼《たよ》らず生きることは、もはや不可能といっても過言ではありません。

ウ巷《ちまた》には、魅力《みりょく》的な「商品」があふれています。お金を出せば何でも手に入るようになったことで、私たちの暮らしは「豊かになった」かのようにも見えます。[C]、まさに商品化によって社会の富が「貧しくなっている」ことを、マルクスは一貫《いっかん》して問題視したのです。

マルクスは、イェーナ大学で博士号を取得後、地元の「ライン新聞」で社会問題に取り組みます。一八四二年に同紙の編集長に就任し、②木材盗伐《とうばつ》についての記事を何度も書きました。

当時、エドイツの貧しい人々は、煮炊《にた》きをしたり、冬に暖をとったりするための枯《か》れ枝を近くの森で拾い集めていました。枝は生活に不可欠の「富」だったのです。ところが、こうした行為《こうい》を「窃盗《せっとう》」と断じる法律ができ、枝拾いをしていた人々が騎馬《きば》警官に襲《おそ》われるという事件が起きたのです。

映画『マルクス・エンゲルス』の冒頭《ぼうとう》シーンにも印象的に描《えが》かれていますが、地面に落ちた枝さえも地主が私有財産として囲い込《こ》み※3、「薪木《まきぎ》が欲しかったら金を出して買え」と迫《せま》る。そんな「商品」の論理に支配された社会を痛烈《つうれつ》に批判したマルクスは、当局に目をつけられ、やがてパリに亡命することになりました。

この一件からもわかる通り、[X]は、簡単にいうと、値段がついて〝売り物〟になるということです。

かつては誰もがアクセスできるコモン（みんなの共有財産）だった「富」が、資本によって独占《どくせん》され、貨幣を介《かい》した交換《こうかん》の対象、「商品」になる。例えば飲料メーカーが、ミネラル豊富な水が湧《わ》く一帯の土地を買い占め、汲《く》み上げた水をペットボトルに詰《つ》めて、「商品」として売ってしまう。それまで地域の人々が共同利用していた水汲み場は立ち入り禁止となり、水を飲みたければ、スーパーやコンビニで買うほかない。これが商品化です。

もちろん、お金があれば買えますが、ない人はそれが生活にどれだけ必要であっても、もはや手に入れることができません。水は以前と変わらずこんこんと湧いているのに、お金のない人には「希少」なモノになる。資本主義は、人工的に希少性を生み出すシステムといってもいいでしょう。

一体なぜ、そんなことをするのでしょうか。

かつてコモンだった森や水は、誰もがアクセスできるという意味で「潤沢」な「富」でした。しかし、これは資本主義にとって非常に[1]。お金を出して買わなくても、生活に必要な物が手に入るなら、商品を作っても売れないからです。だから、コモンを解体して独占し、あるいは破壊《はかい》までして、買わなければいけないモノ、つまり「商品」にしようとするのです。

とはいえ、人々を閉め出して森を独占したとしても、そこに生えている木を伐採し、製材しなければ「商品」になりません。「商品」にするためには「労働」が必要です。この労働を担ってくれるのが、森から締《し》め出され、薪《たきぎ》を買うためにお金を必要としている人々。資本による囲い込みは、資本にとって③二重の意味で好都合でした。

かつてイギリスでは、地主や領主が非合法に農地を囲い込み、小作人を追い出して、農産物より儲《もう》かる羊の放牧地に転化するということが盛んに行われました。マルクスの時代には、穀物増産を目的として政府が囲い込みを主導。農地を追われ、住む場所も※4糊口《ここう》をしのぐ手立ても失った人々は、仕事を求めて都市になだれ込み、工場労働の担い手となっていきました。

地元に残った人々も、農作物を「商品」として生産する大規模農業経営のもとで、農業に従事する「賃労働者」に転じていきます。

農村民の一部の収奪《しゅうだつ》および追放は、労働者とともに、彼《かれ》らの生活手段と労働材料を産業資本のために遊離《ゆうり》させるのみならず、国内市場も作り出す。

（『資本論』より）

「商品」生産の担い手は、自らの労働力を提供するだけでなく、「商品」の買い手となって、資本家に市場を提供したのです。こうして、賃労働をしなければ生きていけない人が増える一方で、市場経済が回り始めると資本家や地主はどんどん潤《うるお》い、資本主義は発展していきました。

（中略）

④資本主義社会と、資本主義以外の社会の違《ちが》いは何か。ここまで、その一つとして、資本主義のもとでは、ありとあらゆる物が商品化され、社会の「富」が「商品」に姿を変えていくということを見てきました。

さらにマルクスは、「商品生産が全面化された社会」―つまり、ありとあらゆる物が商品化されていく資本主義社会では、物を作る目的、すなわち労働の目的が他の社会とは大きく異なると説いています。ア

古来、人間は労働によって様々な物を作ってきました。イ

例えば、食欲を満たすために大地を耕して、穀物や野菜を作る。あるいは、風雨や寒さから身を守るために、丈夫《じょうぶ》で暖かい衣服をこしらえる。自分を美しく見せたいという欲求を満たすための装飾品《そうしょくひん》、権力を誇示《こじ》するための神殿《しんでん》、領土をもっと広げたいという王の強欲を満たす戦争も、規模は違えど、基本的な目的は同じです。いずれも「食べ物」「衣服」「広大な土地」など、特定の物と結びついた欲求です。

こうした具体的欲求を満たすために、人間は労働したり、他の人を労働させたりしてきたわけですが、そうした生産活動には、一定の限界があるものです。たくさん食べたい、もっと食べたいといっても、食べられる量には［2］。いかに強欲な王も、巨大な宮殿を百も二百も欲しがったりはしない。これこそが、資本主義社会とは決定的に異なるところなのです。

アマゾンのCEOジェフ・ベゾスは、世界一の大富豪《ふごう》ですが、資産が二〇〇〇億ドルを超《こ》えても引退する気は全然なさそうですし、かといってピラミッドを建造したいというような明確なゴールがあるわけでもなさそうです。書籍販売《しょせきはんばい》で成功したら次はパソコン、食品、日用品と、ただひたすら際限なく手を広げていく。ウ

なぜかというと、資本主義社会では「資本を増やす」こと自体が目的になっているからです。そのメカニズムについては第2回で詳《くわ》しくみていきますが、資本主義は利潤追求を止められない。会社の規模や個人資産がいかに膨張《ぼうちょう》しようとも、たとえそれが巷から書店を一掃《いっそう》するとい

う破壊的な帰結を社会の「富」にもたらすとしても、目先の金儲けを止められないのが資本主義なのです。［エ］

（斎藤幸平『カール・マルクス資本論　甦る、実践の書』〈NHK出版〉より一部改変）

※1　有価証券…小切手や株券など。
※2　豊潤《ほうじゅん》・潤沢《じゅんたく》…豊かでうるおいがあること。
※3　囲い込《こ》み…他人が使えないようにすること。
※4　糊口《ここう》をしのぐ…貧しいながらも暮らしていくこと。

問一　――線①「そもそも『富』とは何でしょうか」とありますが、マルクスはどのようなものが豊かにあることが、社会の「富」であると言っていますか。その答えとしてふさわしくないものを次の中から一つ選び、記号で答えなさい。

ア　金銭や不動産など金額で表せるもの
イ　一人ひとりが豊かに生きるために必要なもの
ウ　人々が労働によって、維持、発展させてきたもの
エ　誰もがアクセスできるコモン
オ　地域の人々が無料で共同利用しているもの

問二　〰〰線ア～エの中でマルクスの考える「資本主義社会」の状態としてふさわしいものを二つ選び、記号で答えなさい。

問三　［A］～［C］に入る語句をそれぞれ次の中から選び、記号で答えなさい（ただし、それぞれの記号は一度しか使えません）。

ア　もし　　イ　しかし　　ウ　だから
エ　もちろん　　オ　例えば　　カ　なぜなら

問四　――線②「木材盗伐《とうばつ》についての記事」とありますが、この記事でマルクスはどのような状況《じょうきょう》を問題としていますか。それを説明した次の文の空らんに、本文から指定された文字数の語句を抜《ぬ》き出して完成させなさい。

人々の暮らしに不可欠な森の枯れ枝が、［ア　八文字］から資本家の［イ　四文字］になり、「商品」となる状況。

問五　［X］に入る文としてふさわしいものを次の中から選び、記号で答えなさい。

ア　国家が社会の「富」を囲い込み、独占するということ
イ　「商品」が社会の「富」として維持されるということ
ウ　マルクスの発言を国家が許さないということ
エ　社会の「富」が「商品」に姿を変えるということ
オ　資本家の「富」が社会の「コモン」になるということ

問六　［1］・［2］にふさわしい文を、それぞれ次の中から選び、記号で答えなさい。

［1］…ア　都合が悪い　　イ　条件が良い
　　　ウ　気分が良い　　エ　相手が悪い

［2］…ア　ひとそれぞれ違いがあります
　　　イ　ひとそれぞれ違いはありません
　　　ウ　どこまでも限界がありません
　　　エ　自《おの》ずと限りがあります

問七　――線③「二重の意味で好都合でした」とありますが、ここで筆者が言いたいのはどのようなことですか。次の中からもっともふさわしいものを一つ選び、記号で答えなさい。

ア　資本家が資本を増やし、資本主義が発展したのは、資本家が社会

の「富」である森などの土地を自らの私有財産にするだけではなく、その土地を利用していた人々を、そこから追い出すことができたからだということ。

イ　資本家が資本を増やし、資本主義が発展したのは、資本家が社会の「富」を自由に使えることが出来なくなった人々を「商品」の作り手だけではなく、その商品を買い支える人々にすることができたからだということ。

ウ　資本家が資本を増やし、資本主義が発展したのは、資本家が私有財産とした土地を儲けるために利用するだけでなく、その土地において穀物などを増産することができたからだということ。

エ　資本家が社会の「富」を独占し、資本主義が発展できたのは、資本家が人々から森や農地での仕事を奪《うば》っただけではなく、都市での工場労働の担い手にできたからだということ。

オ　資本家が社会の「富」を独占し、資本主義が発展できたのは、資本家が人々を「商品」の買い手とすることができただけではなく、市場経済を回すこともできたからだということ。

問八　――線④「資本主義社会と、資本主義以外の社会の違《ちが》いは何か」とありますが、本文における資本主義社会とそれ以外の社会の違いとはどのようなものですか。本文を参考にして八〇字以上一二〇字以内で答えなさい。

問九　本文には次の一文が抜けています。どこに入れればよいですか。本文のア～エの中から選び、記号で答えなさい。

しかし、資本主義以前の労働は、基本的に「人間の欲求を満たす」ための労働だったとマルクスはいいます。

問十　次の記号のうち、本文の内容にふさわしいものには「○」、ふさわしくないものには「×」と答えなさい。

ア　資本主義社会においては、利益の追求を第一に考えた労働者が、より高い賃金を求め都市になだれ込《こ》んだため、資本家が工場の働き手を確保するのが容易になった。

イ　資本主義社会においては、そこに住む人々にしか利用できなかった社会の「富」を、お金を出せば誰でも買える「商品」とすることで、多くの人々が利用することができるようになった。

ウ　資本主義社会においては、誰でもアクセスできた社会の「富」を資本家が独占したことによって、次第に資本家による森や農地の囲い込むことにつながっていった。

エ　資本主義社会においては、たとえ資本家が十分な資本の増加に成功したとしても、それで満足せずに、さらに資本を増やそうと社会の「富」を奪いつくしていった。

二　次の文章を読んで、後の問いに答えなさい。（字数制限のあるものについては、すべて句読点や記号をふくみます。）

> 行列のできる近所のたいやき屋『ひらかわ』のたいやきを小学生の私（美樹）は食べたいと思っていたが、行列やおこづかいの都合でなかなか食べられずにいた。ある日店の前をうろうろしていると、「ひらかわ」のお兄さんがたいやきをただでくれた。そのことが私はとても嬉《うれ》しく、お兄さんに憧《あこが》れを抱《いだ》くようになった。

昨日《きのう》と同じように、一つを歩きながら商店街で、もう一つを公園で食べた。

公園には、昨日と同じお姉さんがいた。またベンチに座ってスケッチブックを開き、絵を描《か》いてる。三月はあったかい日と寒い日の差が激しい。今日は風が少し冷たいせいか、口と鼻を覆《おお》うようにマフラーを巻いてる。あんまり見ていたら目が合いそうになったので、あわてて目を伏《ふ》せた。

たいやきを食べる途中《とちゅう》で、あんこが指についた。もらったおてふきを出そうとしたけど、何だかもったいない気がして、封《ふう》を開けるのをやめた。公園のトイレに入り、冷たい水で手を洗う。指がじんじんした。

顔を上げると、正面の汚《よご》れた鏡の中に、頰《ほお》を赤くした私が映っていた。寒さのせいで、冬によくそうなる。「いなかの子どもみたい」って、よくクラスの友達からはからかわれるけど、うちのお母さんは「だからかわいいんじゃない」と言ってる。

鏡に向け、目を大きく開いてみる。私の顔、あのお兄さんの目に、どう見えてるだろう。

――私にだけ、くれるたいやき。

スキップしながらトイレを出て、わざと『ひらかわ』の前を一往復して帰る。さっきまで誰《だれ》も並んでいなかった店の前は、いつの間にやらまた人垣《ひとがき》ができている。なんだ、お兄さんは夕方しか行列しないって言ったけど、けっこう人気だ。私だけの秘密の楽しみが他の人にも知られてしまったようで、ちょっとだけ残念に思う。

背伸《せの》びをすると、お兄さんが忙《いそが》しそうに作業場とレジを行き来してるのが、顔半分と頭だけ見えた。

「お母さん、美樹に聞きたいことがあるんだけど」

夕ご飯の後、お母さんが部屋に来た。

廊下《ろうか》から、お父さんがテレビの野球中継《ちゅうけい》を見てる音がした。何だか嫌《いや》な予感がして、私は黙《だま》ったままでいた。お母さんが後ろを向いて襖《ふすま》を閉める。私の目をじっと見ながら、「お母さんに隠《かく》してることない？」と聞いた。

「隠してること？」

「今日、お掃除《そうじ》で美樹の部屋に入ったら、これを見つけたの」

お母さんが手にしてるものを見て「あっ」と思う。『ひらかわ』のおてふきとナプキン。お母さんは困った顔をしていた。

うっかりしていた。『ひらかわ』に通って今日で三日目。お兄さんからもらったナプキンとおてふき。机の隅《すみ》に［A］飾《かざ》ってた。

「これ、どうしたの」

「もらったの」

答えるとき、声がぶれた。

「嘘《うそ》じゃないよ。本当にもらったの」

信じてもらえるだろうか、こんな都合のいい話。だけど、必死に言う。何か誤解されてるんじゃないかと、気持ちがどんどん焦《あせ》っていく。やましいことなんか何もないはずなのに、①汗《あせ》がふき出た。

三日前、急に『ひらかわ』のお兄さんから話しかけられたこと。気前よく、それから毎日たいやきをもらってること。商店街から公園まで行って、食べてること。全部本当のことだから、『ひらかわ』に聞きに行って確かめてもらってもいいってことも伝えた。お兄さんとの二人だけの約束を破ってしまうようで、何より、楽しかったこれまでのことを自分の手でおしまいにしてしまうようで、話しながら、何度も胸が苦しくなった。

お母さんは驚《おどろ》いていた。でも、「まぁ」と話の途中で何回か呟《つぶや》くだけで、黙って私の話を最後まで聞いてくれた。

「お父さんに言う？」

たまらなくなって聞く。テレビの向こうでバットがボールをかっ飛ばすカーンという音と、歓声《かんせい》が聞こえた。誰にも迷惑《めいわく》をかけていないけど、親に隠れておやつを食べていたことは、それだけで叱《しか》られる原因になりそうな気がした。お母さんならまだいいけど、お父さんが出てくるのは本格的に怒《おこ》られるときだ。そうなったら、私はもう言い訳する言葉も失って、［　B　］泣いてしまうだろう。

「言わないけど、お父さんも心配すると思うな」と、お母さんが言った。

「本当に『ひらかわ』さんからタダでもらってたの？」

「お兄さん、本当に優しい人なんだよ。あそこの子どももなんだって」

お母さんは手の中のナプキンとおてふきを見て、しばらく考えこんでいた。やがて顔を上げ、「美樹は〝サクラ〟なのかもしれないわね」と言った。

急に変なことを言われて②びっくりしてしまう。満開の東公園のさくらの木を想像する。

「サクラ？　花？」

「ううん。違《ちが》う、違う。他のお客さんをつれてくるために、わざとお店が用意する仕込みのお客さんのこと。嘘のお客さんって言えばいいかな。そういう人のことをね、サクラって言うの」

お母さんは言葉を考え考えしながら、「わかるかな」ってふうに私を見て続ける。

「わざとおいしそうに食べて、商店街や公園にいる人たちにアピールするの。いいでしょ、ほら、あなたも食べませんか？　そこで売ってますよって。美樹だって、目の前で誰かが何か食べてたら気になるでしょ？」

「わざとおいしそうに食べたわけじゃないよ。本当においしいもん」

「わかってるよ。お母さんもあそこのたいやきは好き。でもね」

お母さんの口元が緩《ゆる》んだ。

「美樹がおいしそうに食べてくれることで、お店も助かるってこと。それにあそこのたいやきが焼けるのは三十分に一回で、それがいつのタイミングかわからないでしょう？　美樹が焼きたてを食べてれば、事情を知ってる人たちはもう焼けてるんだなってわかるでしょ」

そういえば、と思い当たる。私がたいやきを食べながら商店街を通るとき、みんなが私を見てたこと。公園から帰るとき、再びお店の前が行列になってたこと。

だけど、うまく言えないけど、そんなの嫌だった。③「タダより高いものはない」ってことわざがあることは知ってる。うまい話には裏がある。世の中はそんなにうまいことできてないって言葉だって。わかってるけど、そんなふうに考えるのは、お兄さんを裏切るみたいで嫌だった。

「明日も、『ひらかわ』に行く約束したの」

私は泣き出しそうになっていた。

「行っていいでしょ？」

お母さんが私を見つめる。間を置かずに「ダメよ」と答えた。

「今度、お母さんと一緒《いっしょ》のときに行きましょう。タダでお店のものを何回ももらうのは、やっぱり［　C　］よくないわ」

黙ってしまう。これ以上つっぱねて、お父さんに言われたら困る。

「美樹、返事は？」

唇《くちびる》を結んだまま、顎《あご》を動かし、こくんと頷《うなず》く。お兄さんの顔がチカチカ浮《う》かんで、涙《なみだ》を呑《の》む思いがした。

キミコちゃんの家に遊びに行ってくる、と嘘をついて家を出た。

私が〝サクラ〟だなんて、④きっとお母さんの間違いだ。お金を払わない嘘のお客。お兄さん、お兄さん、お兄さん。

『ひらかわ』の前に行くと、明るく、楽しそうな笑い声が聞こえた。昨日までとは全然空気が違って見えた。店の前に、行列はない。私がたいやきをもらいに行くはずなのに、店の前に立ってたのは、公園で毎日見かけていたあのお姉さんだった。今日はマフラーを結ばずに、ただ両肩《りょうかた》からだらりと掛《か》けてる。顔を隠《かく》さず、すらりと立ってる姿はやっぱりきれいだった。

「ヒラカワくんが、はっぴ着てるなんてびっくり」と、お姉さんが言った。

「おうちのお手伝いなの？　ここのお店、おいしくて人気なんでしょう？　公園に来る人、みんな食べてるもん。すごいね、偉《えら》いね。ヒラカワくん、学校の制服と違って、そうしてると本物のたいやき屋さんみたい」

「ひっでぇな。本物って何だよ」

お兄さんが身を乗り出して答える。とても、とても嬉しそうに明るく。

背筋をひやっと冷たいものが流れる。お兄さんの顔が、赤くなっていた。

聞いたことのない言葉遣《ことばづか》いと声の出し方をするお兄さんは、今初めて見る別人のように見えた。⑤いつもみたいじゃない。もっとずっと子どもみたいで、大人っぽくない。私の足はすくんだように動かなかった。だけどすぐ、金縛《かなしば》りが解けるような一瞬《いっしゅん》がやってきた。『ひらかわ』に背を向けて、公園の方に引き返す。聞きたいけど、聞きたくない。⑥二人の声が追いかけてくる。耳に入ってしまう。

「だけど、本当に偶然《ぐうぜん》だな。こんなとこ見られて恥《は》ずかしい」

「美術部の課題なの。最近は毎日、あそこの公園に通ってて。でも、こんな近くでも、ヒラカワくんが働いてるなんて、全然気づかなかった」

「ほんと？　――だけど、ああ、そういえば、俺《おれ》、公園でオガワさんに似た人、見たような気がしてたんだよな。まさか、本人だとは思わなかったけど」

嘘だ！

私の心が叫び声を上げる。

お兄さんが言っていることは嘘だ。ほとんど直感のようにわかってしまう。お兄さんは［D］知ってた。お姉さんがあそこにいること。⑦私を公園に行かせた。たいやきを持たせて。おいしそうに食べさせて。

お兄さんが言う。明日も来てよ、オガワさん。軽い声を出すお兄さんは、もう全然かっこよくない。あの人のせいで、だいなしだ。

足がただ、前に前に、ぐんぐん出た。前につんのめるようになりながら、私はどんどん早足になる。俯《うつむ》いて、自分のつま先だけ見つめて、先を急ぐ。

嘘だ！

もう一度叫んで顔を上げると、東公園のさくら並木が、目の前に、まるで壁《かべ》のように一面広がっていた。サクラ。お母さんから聞いた言葉。花じゃなくて、お客さんを連れてくる、嘘のお客。

お兄さんが連れてきて欲しかったお客さん。かっこよく働いてる、偉い自分を見せたかったお客さん。

私はもう、今日からはあそこに行く必要がなくなったこと。確かめなくても、ちゃんとわかった。⑧私は本物じゃなくて、〝嘘〟だから。足が地面を踏《ふ》んでる感触《かんしょく》が［E］ない。どこも痛くないのに、体の中がワンワン鳴ってる。

（辻村深月『ネオカル日和』〈講談社〉より一部改変）

問一　［A］～［E］に入る語句をそれぞれ次の中から選び、記号で答えなさい（ただし、それぞれの記号は一度しか使えません）。

ア　ようやく　　イ　きっと　　ウ　だんだん　　エ　ずっと
オ　あんまり　　カ　ただ　　キ　ほとんど

問二　――線①「汗《あせ》がふき出た」とありますが、これは美樹のどのような気持ちを表していますか。次の中からもっともふさわしいものを一つ選び、記号で答えなさい。

ア　『ひらかわ』に通っていることを母に怒られることで、憧れのお兄さんからもらった大事なものを捨てられてしまうかもしれないと焦《あせ》る気持ち。

イ　問い詰《つ》める母に事情を説明することによって、お兄さんの自分にしてくれた優しい行動を思い出して気分が高揚《こうよう》し、嬉しく感じる気持ち。

ウ　『ひらかわ』に通っていることを母に知られてしまい、悪いことをしたらすぐに母に報告し、相談するべきであったと後悔している気持ち。

エ　自分は悪いことをしていないと思っているが、あまりに出来過ぎな話であるため、事情を説明しても母に信用してもらえるか不安な気持ち。

オ　母が自分のこれまでの行動を信用せずに、父の考えを聞くために父に報告したら本格的に怒られてしまうのではないかと心配する気持ち。

問三　――線②「びっくりしてしまう」とありますが、美樹がびっくりしたのはなぜですか。次の中からもっともふさわしいものを一つ選び、記号で答えなさい。

ア　今まで黙《だま》って私の話を聞いてくれていた母が、知らない言葉を使ったから。

イ　今まで私から事情を聞いていた母が、突然《とつぜん》関係のないことを言い出したから。

ウ　しばらく私の言った内容を考えていた母が、その末に間違ったことを言ったから。

エ　黙っていた母が、急に顔を上げて公園の桜の開花状況について話し出したから。

オ　私の話したことから連想した母が、信じられないようなことを話したから。

問四　――線③「タダより高いものはない」とは「高」という言葉を使った表現です。次の(1)～(5)の「高」という言葉を使った表現の意味としてふさわしいものはどれですか。次の中からそれぞれ一つずつ選び、記号で答えなさい。

(1)　高嶺《たかね》の花

ア　他のなによりも大事にする必要がある大切なもの。

イ　ただ見ているばかりで手に取ることのできないもの。
ウ　自分ひとりでは達成することのできない困難なもの。
エ　苦労した結果手に入れられる美しく立派なもの。
オ　厳しい自然を生き抜《ぬ》くことができるたくましいもの。

(2)　高みの見物
ア　安全な立場から物事の成り行きをながめること。
イ　上の立場の者が下の者にするような言動をとること。
ウ　仏教的な考え方にしたがって物事を判断すること。
エ　身分の低い者を争わせてそれを観察すること。
オ　物事の全体について細かく見て決断をすること。

(3)　鼻が高い
ア　出し抜いてあっと言わせること。
イ　顔立ちなどの見た目がよいこと。
ウ　誇《ほこ》らしい気持ちであること。
エ　よくうそをついてしまうこと。
オ　相手を冷たくあしらうこと。

(4)　枕《まくら》を高くして寝《ね》る
ア　気にかかることがまったくなく、安心なこと。
イ　問題を先送りにして、今はなにもしないこと。
ウ　相手を軽く見て、ばかにした言動をとること。
エ　物事を甘く見て、その結果失敗してしまうこと。
オ　細かいところにもお金をかけるほど裕福《ゆうふく》なこと。

(5)　敷居《しきい》が高い
ア　高級過ぎるなどの理由で気軽には行きにくいこと。
イ　久しく会っていないことでその相手に会いにくいこと。
ウ　人間関係がこじれるなどして孤独《こどく》な状態になること。
エ　道が険しいなどの事情でその場所に行きづらいこと。
オ　失礼をするなどしてその場所に行きにくくなること。

問五　――線④「きっとお母さんの間違いだ」とありますが、美樹がこのように思ったのはなぜですか。次の中からもっともふさわしいものを一つ選び、記号で答えなさい。
ア　母が自分のことを気遣って注意してくれているのは理解できるが、お兄さんの優しさを疑いたくなかったから。
イ　母の発言内容は正しそうに感じられるが、よく考えると論理に矛《む》盾《じゅん》があるため、間違いだと断定できるから。
ウ　母の言っていることはたしかにあり得そうであるが、お兄さんの行動は優しさからのものだと確信しているから。
エ　母が言っていることの理屈は通っているが、お兄さんの私への優しさが打算からのものだと考えたくなかったから。
オ　母は正しいことを言っているようであるが、実際のお兄さんのことを知らず、すべて想像に過ぎないから。

問六　――線⑤「いつもみたいじゃない」について次の問いに答えなさい。
(1)　「いつも」のお兄さんは美樹にとってどのような人物ですか。次の中からもっともふさわしいものを一つ選び、記号で答えなさい。
ア　年齢《ねんれい》のわりに子どものようなところがある、茶目っ気のある人物。
イ　気になる人が目の前にいると緊張《きんちょう》する、落ち着きのない人物。

ウ　丁寧《ていねい》な印象があり落ち着いた声で話す、大人びてかっこいい人物。

エ　『ひらかわ』に客を呼ぶために大きな声を出す、にぎやかな人物。

オ　自分よりもずっと幼い美樹を子ども扱《あつか》いしない、礼儀《れいぎ》正しい人物。

(2)　お兄さんが「いつも」のようではなくなってしまったのはなぜですか。次の中からもっともふさわしいものを一つ選び、記号で答えなさい。

ア　美樹と話す際は特になにも意識することなく話すことができたが、同級生に働いている姿を見られたことで緊張してしまったから。

イ　美樹と話しているときはオガワさんが公園にいるのではないかと落ち着かなかったが、実際に公園にいることが分かり冷静になったから。

ウ　美樹と話すときはなにも気にすることなく落ち着いていたが、気になる存在であるオガワさんと話すことができて気分が高揚《こうよう》しているから。

エ　小学生である美樹と話すときと違い、同級生であるオガワさんと話すときは気を遣う必要がなく、ありのままの自分で話してよいから。

オ　美樹と会話するときは幼い子どもを利用している心苦しさから暗い声になっていたが、オガワさんと話すときは気にすることがないから。

問七　――線⑥「二人の声が追いかけてくる」とありますが、これは美樹のどのような心情を表していますか。説明しなさい。

問八　――線⑦「私を公園に行かせた」とありますが、お兄さんが美樹を公園に行かせたのはなぜですか。次の中からもっともふさわしいものを一つ選び、記号で答えなさい。

ア　美樹に公園でたいやきを食べさせることでオガワさんを『ひらかわ』に呼び寄せ、年下の美樹に優しくしている自分を見せてかっこいいと思わせるため。

イ　美樹においしそうにたいやきを食べさせ『ひらかわ』に来る客を増やすことで、たいやきの売り上げを伸ばしてさらに『ひらかわ』を発展させるため。

ウ　美樹にたいやきを無料で渡すことで公園に来ている人の注目を集め、オガワさんにも自分は気前のよい人間だというよいイメージを与えるため。

エ　美樹にたいやきを持たせることで、オガワさんに『ひらかわ』の存在を知らせて店に来てもらい、本当にオガワさんが公園にいるかを確認しようとしたため。

オ　美樹にたいやきを持たせて公園に行かせ、オガワさんを『ひらかわ』に来させることで、働いている自分の姿を見せてよい印象をオガワさんに持たせるため。

問九　――線⑧「私は本物じゃなくて、〝嘘〟」とありますが、これは美樹がお兄さんにとってどのような存在であることを表していますか。七〇字以内で説明しなさい。

三　次の――線部について、カタカナは漢字に、漢字はひらがなに直しなさい。

①　ビルのカンリ会社に電話をする。
②　選手の今後のキョシュウが気になる。
③　日本コユウの動植物を保護する。
④　この土地に新しく高層ビルをキズく。
⑤　彼の行いは言語道断だ。
⑥　この件については決定を社長に委ねる。

洗足学園中学校（第一回）

—50分—

【注意】・字数制限のない問題について、一行分の解答らんに二行以上解答してはいけません。
・記号・句読点がある場合は字数に含《ふく》みます。

一　次の【文章Ⅰ】【文章Ⅱ】は、どちらも重田園江『ホモ・エコノミクス――「利己的人間」の思想史』の一節です。これらを読んで後の問いに答えなさい。

【文章Ⅰ】

ホモ・エコノミクスは「合理的経済人」とも呼ばれ、広い意味では「自分の経済的・金銭的な利益や利得を第一に考えて行動する人」を意味している。もっと厳密な意味で使われる場合には、ここに完全に合理的で計算を間違《ちが》えないとか、自分の好みを熟知していて周囲に流されないとか、そういった条件がつけ加わる。

自分の利益を第一に考えて行動することは、現在ではごく普通《ふつう》だ。(1)スーパーで買い物するときを思い浮《う》かべよう。値段が高めのものと安めのものの間でどちらを買うか判断するとき、私たちは品質や美《お》味《い》しさ、新鮮《しんせん》さ、量など、いくつかの(ア)シヒョウをもとに決定を下す。「はじめてのおつかい」の場合を除いて、買いに行く品物は一つではない。予算はだいたい決まっていて、私たちはそのなかで一番いい配分でいろいろなものを適量ずつお得に買おうとする。このとき人は、概《おおむ》ねホモ・エコノミクスとして行動している。

お得を目指すこうした行動様式は、経済行動としてはごく一般《いっぱん》的なものだ。だがそれは、近代以前にはそれほど目立った人間像ではなかった。そもそも市場に依存《いぞん》した生活様式をとっていない場所では、取引における最適行動が日常的に必要になることはない。いつもお得を考えて計算している人は、必ずしもありふれてはいないのだ。

今度は少し別の観点から、(2)ホモ・エコノミクスの「近代性」について見てみよう。いまの社会では、金持ちはなぜだか一段高いところに位置している。金持ちは尊敬されたり、そうなりたいと思われたりする。ところがこれもまた、近代以前には一般的な価値観ではなかった。現代でも、金持ちであることは★両義的な感情を呼び起こす。庶民《しょみん》から金を巻き上げてうまい商売をやっているんだろうとか、投資で儲《もう》けるなんてただの運じゃないかとか、金持ちは嫉妬《しっと》とやっかみの対象になりうる。[A]、社会道徳として金持ちであることが(イ)ヒナンされたり、金儲けそのものが悪い行いであるとして★貶《おとし》められたり禁止されているわけではない。

ホモ・エコノミクスとは、言い方を変えると、行動のいちいちに経済的な無駄《むだ》を省き、できるだけ儲かるように合理的計算に基づいて意思決定する主体である。これは自己利益の主体とも呼ばれるが、ここで金儲けは肯定《こうてい》的に捉《とら》えられている。肯定的というか、人間が生きていく上で当然の行為《こうい》様式とされているということだ。そしてそれに成功した人は尊敬に値する。ホモ・エコノミクスの社会では皆《みな》が金持ちを目指し、その企《くわだ》てが成功すると多くの人に評価され羨《うらや》ましがられるのだ。

いまでは当たり前に思われるこの価値観は、実はそれほど古いものではない。[B]それはかなりの抵抗《ていこう》に遭《あ》い、すんなりとは受け入れられなかった。ヨーロッパにおける一七―一八世紀というのは、商業の拡大による新大陸をはじめとする世界各地の珍《めずら》しい外国製品の登場、また生活必需《ひつじゅ》品の商取引による市場化（主に穀物の(ウ)コウイキ市場化）が起こりはじめた時代であった。

他方でこの時代に至るまで、ヨーロッパのモラルはキリスト教道徳に従ってきた。そしてこの道徳は、金儲け、とりわけ利子を取ることによって金銭を蓄積《ちくせき》し、それを再投資して資本を殖《ふ》やしていくような生の様式を非常に嫌《きら》っていた。ここでは、自己利益を目指して行為するのは、人としてよくない生き方、貪欲《どんよく》に(エ)ジュウゾクする生ということになる。逆に言うと、厳然たる支配を保っていたキリスト教的価値観の中で、金儲けへの道徳的な抵抗感がなくならなければ、資本主義の利潤獲得《りじゅんかくとく》が世界を★席巻《せっけん》する現代に至る道は開けなかったのだ。

注目すべきことに、ホモ・エコノミクスが受け入れられていく(オ)カテイは、単なる「金儲けの勝利」ではなかった。[C]そこには積極的な新しい道徳があると主張されたのである。金儲けが道徳というのは変な感じがするが、そこに商業に携《たずさ》わる人たちの新しい生活様式、そして新しい文化が見出された。では、(3)いまでは忘れ去られたこうした歴史をたどることで、何が見えてくるだろうか。

二〇世紀は、もはや金儲けと道徳の関係を真剣《しんけん》に問うことがなくなった時代だった。科学技術やイノベーションと結びついた経済成長は生活の豊かさをもたらし、豊かさは平等と自由を生む。これは戦後の日本ではわりと真面目《まじめ》に信じられていた価値観だろう。悪いのは戦争やそれを生んだ国家の競争的野心であって、平和な経済成長はすべての人を満足させるはずだ。経済的豊かさがあらゆる問題を解決するという考えは、社会主義国を含《ふく》む多くの国々で第二次大戦後には共有されていた。

だがそこで先送りにされていた問題が一気に噴出《ふんしゅつ》する。それが二一世紀だ。成長は資源の食いつぶしであり、世界は増えすぎた人口を止めることができないでいる。ところがその人たちを養うに十分な食料を生産する土地や資源は、世界に残されていない。自然との共存どころか、人間以外の生物や環境《かんきょう》は、多くなりすぎた人間たちの生存様式のせいで悲惨《ひさん》な目に遭っている。

富を得ることは人間の生き方、価値観、そして生活スタイルにどのような影響《えいきょう》を与《あた》えるのか。それは何を掘《ほ》り崩《くず》し、見失わせるのか。それははたして道徳的に許される生き方なのか。資本主義★黎明《れいめい》期にあたる一六―一八世紀にこうした問題をめぐって交わされた論争は、いまの時代に再発見されるべき問いかけを含んでいる。[D]二〇世紀が置き去りにし、無視してきたものはなんだったのかを、それ以前の時代に人々が何に躊躇《ちゅうちょ》したのかを明らかにすることで、示してくれる。

私たちはいま、人間が追い求めてきた富と豊かさ、そしてそれを追求する自己利益の主体＝ホモ・エコノミクスが、(4)根本的に誤った価値観と結びついているのではないかと問いかけねばならないほど追いつめられている。二一世紀に人はホモ・エコノミクスであってはならないのではないか。この意味で⑸一八世紀の富と徳の問いは、二一世紀に再来していると言える。

★両義的……一つの言葉に二つの意味合いがあるさま。
★貶《おとし》められ……人から見下される、という意味。
★席巻《せっけん》……ものすごい勢いで勢力範囲《はんい》を広げること。
★黎明期《れいめいき》……新しい時代が始まろうとする時期。

【文章Ⅱ】

★スミスは★『道徳感情論』（初版一七五九年）第1部第3篇《へん》第2章と、第六版（一七九〇年）で追加された第3章で、世間一般に富と権力を崇《あが》める強い★趨勢《すうせい》があることについて、道徳的観点から検討している。スミスの観察によるなら、どんなに貧しい労働者であっても、虚栄《きょえい》や贅沢《ぜいたく》のために賃金の大半を使おうとする。富と権力を得るために人はあくなき競争の中に身を投じるし、社会的地位向上のために必死になる。スミスはなぜ人がこんなにも真剣に、財産や栄華《えいが》を求めて我を忘れるのかと問う。

スミスは、人は貧乏《びんぼう》人より金持ち、苦しんでいる人より幸福な人が好きだという。金持ちや権力者は見ているだけで快をもたらしてくれる存在だからだ。巨万《きょまん》の富を持つ人は自然に注目を集め、好意をもって扱《あつか》われ、ちやほやされる。他方で貧乏人は人から同情も共感もされないため、自らの状態を恥《は》じる。こうして貧乏な人の存在は世の中から無視され、置き去りにされる。これは現代にも大いに当てはまることだ。コロナ★禍《か》で女性と若者の自殺が増えているといわれても、その人たちにスポットライトが当たることはない。貧困者は自らを恥じて隠《かく》れており、不幸が嫌いで関わりたくない人たちは知らず知らず目を背《そむ》ける。スミスはこうした人間の冷酷《れいこく》さを仔細《しさい》に描写《びょうしゃ》している。

金持ちの方が貧乏人よりいい感じがするからみんなが寄り集まってくるというごくありふれた現象は、しかしスミスから見ると深刻な道徳的影響を与える。そのことによって人々は、金持ちや権力者におべっかを使い、彼《かれ》らの言いなりになって褒《ほ》めそやす。スミスは★ルイ一六世を例に挙げ、この国王が見た目の荘厳《そうごん》さで人を惹《ひ》きつけるものの、そこには大した内実は伴《ともな》っていないと辛辣《しんらつ》な指摘《してき》をしている。才能や徳の面ではとりたてて見る所のないこの王がこんなにも尊敬されたのは、その容貌《ようぼう》の優雅《ゆうが》さと美しさのためであった。

ここには、もっぱら外面を重視して人に対する態度を決める、当時の価値観が反映している。スミスはそれに疑念を抱《いだ》き、このような★空疎《くうそ》な人物評価が広まると、道徳が★頽廃《たいはい》すると警告している。一方で富者と権力者を崇めたてまつり、他方で貧者を無視し★蔑視《べっし》するこの傾向《けいこう》は、道徳的価値の重要度を取り違えていることからくる。スミスにとっては、真に敬意を受けるべきは知識と徳を持つ者である。しかしこうした人々はなんとも地味で、派手派手しく着飾《きかざ》り自己宣伝がうまい富者や権力者のようには目立たない。多くの人は見かけにだまされ、富者の権勢を真の徳と勘《かん》違いする。そのためこうした見かけ倒《だお》しの人物の不道徳は、寛容《かんよう》にも見逃《のが》される。

身なりのいい人の★放蕩《ほうとう》は、みすぼらしい人の場合に比べて軽蔑や嫌悪《けんお》にさらされる度合いがはるかに少ない。貧者の場合、節制や礼儀《れいぎ》の法にちょっと違反《いはん》するだけで激しい憤《いきどお》りを生む。だが身なりのいい人の場合は、つねにしかも公然とこうした法を蔑視していても、一般的に言ってはるかに怒りの対象になりにくい。(*The Theory of Moral Sentiments*,p.63,『道徳感情論』124ページ)

人々は金持ちや権力者の不道徳をヒナンするどころか、彼らを賛美し、その服装やしぐさをまね、自らもその地位に少しでも近づこうとあくせく競い合う。そして醜《みにく》い手段を使って一旦《いったん》地位を手に入れたら、そのカテイで犯された不品行は忘れ去られ、人に羨まれる存在となって、いばり散らせるというわけだ。

スミスは、財産の追求と徳の追求とは両立し難いと考えていたというより、本来両者は別のものなのだ。物質的な富と立派な人間性とを併《あわ》せ持つことは、財産が社会的な誘惑《ゆうわく》や自惚《うぬぼ》れと無縁《むえん》でありえないために困難なのである。スミスはこうした認識に立って、少数のまともな人間として徳の道を選ぶことを読者に呼びかけている。★『国富論』で自由貿易と産業による豊かさを奨励《しょうれい》したスミスは、道徳論としては富の支配に不信感を抱いていたことになる。

(重田園江『ホモ・エコノミクス―「利己的人間」の思想史』〈ちくま新書〉)

★スミス……………アダム・スミス(一七二三〜一七九〇)。イギリスの哲学《てつがく》者・経済学者。

★『道徳感情論』………一七五九年に出版されたアダム・スミス著作の書物。後に出版する『国富論』と内容的に関連している。

★趨勢《すうせい》……………ある方向へと変化してゆく勢い。

★禍《か》……………災《わざわ》い。

★ルイ一六世…………当時のフランス王(一七五四〜一七九三)。

★空疎《くうそ》……………外形だけで内容のない様子。

★頽廃《たいはい》……………荒廃《こうはい》し、乱れて不健全になること。

★蔑視《べっし》……………さげすんだものの見方をすること。

★放蕩《ほうとう》……………遊びに耽《ふけ》って身を持ち崩《くず》すこと。

★『国富論』…………一七七六年に出版されたアダム・スミス著作の書物。近代から現代に至る経済学の出発点と位置づけられる社会思想史上の古典。

問一 ――(1)「スーパーで買い物するとき」とありますが、このとき人が一般的《いっぱん》にしていることは何ですか。最も簡潔に述べた十字以内の表現を本文から抜《ぬ》き出しなさい。

問二 ――(2)「ホモ・エコノミクスの『近代性』」とありますが、筆者はなぜ「近代性」と強調しているのですか。二行以内で説明しなさい。

問三 ――(3)「いまでは忘れ去られたこうした歴史をたどる」とありますが、これはどういうことですか。次のア〜エの中から一つ選び、記号で答えなさい。

ア　商業の拡大によって発見された外国製品や商取引による市場化がいかにしてなくなったのかを歴史的にたどること。

イ　利子により金銭を蓄積《ちくせき》し、資本を殖《ふ》やしていくような生の様式がいかにしてなくなったのかを歴史的にたどること。

ウ　自己利益を目指して金儲《もう》けをすることが道徳であるという考えが

いかにしてなくなったのかを歴史的にたどること。

エ　金儲けは人としてよくない生き方であるという道徳的な抵抗《ていこう》感がいかにしてなくなったのかを歴史的にたどること。

問四　――(4)「根本的に誤った価値観と結びついているのではないか」とありますが、そのように言えるのはなぜですか。三行以内で説明しなさい。

問五　――(5)「一八世紀の富と徳の問い」とありますが、これについては【文章Ⅱ】で詳《くわ》しく述べられています。【文章Ⅱ】では、筆者はアダム・スミスの考えを紹介《しょうかい》していますが、それによれば、アダム・スミスはどういうことを考えていますか。【文章Ⅱ】の内容に即《そく》して、三行以内で説明しなさい。

問六　［Ａ］～［Ｄ］に入れる語としてふさわしいものを、次のア～エの中からそれぞれ一つ選びなさい。（ただし記号はそれぞれ一回ずつ使用します。）

ア　むしろ　イ　しかし　ウ　そして　エ　しかも

問七　――(ア)～(オ)のカタカナを漢字に直しなさい。

問八　【文章Ⅰ】【文章Ⅱ】の全体を通じて、その内容に合うものを次のア～エの中から一つ選び、記号で答えなさい。

ア　「合理的経済人」という意味のホモ・エコノミクスは、古くはヨーロッパのキリスト教道徳に基づく考え方から生まれたものであり、一八世紀に盛んに議論されていた。

イ　金持ちが尊敬され、貧乏《びんぼう》人は嫌《きら》われるという、一八世紀のヨーロッパでは一般的だった考えは、アダム・スミスの業績により、二○世紀には真剣《しんけん》に問われることはなくなった。

ウ　現代の深刻化する環境《かんきょう》問題の解決にあたっては、もはや富と徳のあり方を根本から見直すことが不可欠であるが、その際にアダム・スミスの著作からヒントを得ることができる。

エ　富や権力のある人間と、知識や徳を持つ人間とは、道徳的な価値観から見ると同じ性格のものであるので、私たちは今、まさに両者を併《あわ》せ持つことが求められている。

二　次の文章を読んで後の問いに答えなさい。

野乃がいたら、どんなわたしだっただろう。

わたしはよく考える。想像をする。「野乃という双子《ふたご》の妹と一緒《いっしょ》に暮らしている」、そんなわたしのことを。

実際、野乃はいるのだ。

見えないけれど、わたしたちの心の中にちゃんと。

★奈菜ちゃんは食卓《しょくたく》にきちんと野乃の席を作る。わたしたちと同じようにお茶碗《ちゃわん》も並べる。クリスマスとか、わたしたちの誕生日とか、お祝い事の日には、ケーキやごちそうを野乃の席にもちょっとだけ。

ときどき、野乃の声が聞こえるような気がすることがある。

おねえちゃん、おやつ食べようよ。

おねえちゃん、もう宿題やった？

おねえちゃん、漫画《まんが》貸して。

おねえちゃん、お風呂《ふろ》入ろ。

それに、不思議なんだけど、野乃のにおいがすることがある。

家の中で、学校の廊下《ろうか》で、駅前通りで、ショッピングセンターで、プールサイドで。ふわって、なんだかちょっと泣きたくなるような、なつかしいみたいなにおい。なんのにおいか、はっきりとはわからないのに、いつかどこかで感じたことのあるにおいだって、わかる。それはきっと、わたしが奈菜ちゃんのおなかの中で感じていた、野乃のにおいなんじゃない……？

そういうとき、わたしは小さな声で呼びかけてみる。

野乃なの？

返事はないけど、わたしにはわかるの。

空気の中に野乃がいるって。

六年生のとき、クラスの女の子たちにこの話をしたら、こういわれた。

「かわいそう」

かわいそうって？　野乃が？　それともわたしが？　誰《だれ》のどこがかわいそうなの？

知りたくてしつこく聞き返したら、どうしてかその子は、泣いてしまったのである。そのときの教室の雰囲気《ふんいき》は、言葉ではいい表せない。

わたし「かわいそうがられる」のってあんまり好きじゃない。その話を奈菜ちゃんと★正夫くんにしたら、奈菜ちゃんはちょっと微妙《びみょう》な顔をしたけど、正夫くんはうれしそうにした。そういうのを(1)「プライドが傷つく」っていうんだぞって、教えてくれた。寧音は「誇《ほこ》り高い」んだなって。

だけどともかく、それからというもの、わたしは(2)この話を誰にもしなくなった。この話っていうのは、いろいろな場所で野乃のにおいがするっていう話ね。だってわかってもらえないんだもの。

でもしかたない。双子の片割れと、おかあさんのおなかの中でさよならしたことのある子なんて、そんなにたくさんはいないのだから。経験しなくちゃわからない気持ちってたくさんあるでしょ？　だから、経験した人は、経験していない人に、やさしくしてあげなくてはならない。どうしてわかってくれないの？　じゃなく、わからないならしょうがないよねって、ちょっとだけあきらめればいい。それがわたしが身につけた方法だ。

わかってもらえなくても、野乃のにおいを感じることは、わたしにとって大切なこと。

それでいいのだ。

だけど本当は、それってどういうことなの？　って、あきらめずにわたしに聞いてくれる子がいたらいいなって、そう思う。

その日、学校に行くと、同じクラスの比企《ひき》さんが、教室で泣いていた。

比企さんは、(3)声がものすごくちっちゃくて、授業中に先生に指されて発言しても、口は動いているのにさっぱりなにも聞こえてこない。井上《いのうえ》くんが「聞こえませーん」とからかって、それでみんながちょっと笑って、そしたら先生がそれを注意して、「もう少し大きな声でね」と励《はげ》ます。これ、いつものパターン。

そんな比企さんが、自分の席で［A］泣いていた。比企さんの席は教室の真ん中にある。その席のまわりにだけ、誰も人がいない。教室の雰囲気は、梅雨《つゆ》時にふさわしく［B］している。

「どうして泣いてるの？」

わたしが近寄っていって聞いても、比企さんは顔を上げずに泣き続けている。

「寧音ちゃん、こっちこっち」

「おはよー」

教室のすみっこにいる、まりもと籾山《もみやま》に呼ばれた。わたしはすぐにふたりのところに行った。

「寧音ちゃん、見て。まりもの新しいノート、かわいくない？」

「今度ふたりも買おうよ。おそろいにしよ」

まりものショッキングピンクのノートはたしかにかわいかった。でも、これはピンクの似合うまりもが持っているからかわいいんであって、わたしにも、たぶん籾山にも似合わないと思う。森《もり》まりも、上から読んでも下から読んでも、もりまりもはもりまりもだ。

「ねぇ、比企さんってどうしたの？　なんで泣いてるの？」

わたしが聞くと、まりもは「シーッ」と口に人差し指を当てた。「あとで教えてあげるから」

「今じゃだめなの？」

「だからだめだって」

「なんで？」

「ちょちょちょ、寧音ちゃん空気よもうぜ」

籾山があわててそんなことをいったけど、それは、これ以上まりもの機嫌《きげん》が悪くならないように気をつけてくれ、という忠告にも聞こえた。だからわたしは黙《だま》った。

しかしわたしは混乱する。泣いている子を放っておくのは、空気をよむことだったっけ。放っておいてほしかったら、教室で泣いたりしないと思うけどね。

一時間目の理科の授業中、ふたつ後ろの席のまりもから手紙がまわってきた。

『スゥ病が出た』

なるほど、と思った。

『今日の放課後、六班で校外学習の自由行動の計画たてようって、籾山があいつにいったら、スゥと約束してるからだめだって。籾山がせっかくさそってやったのに。バカみたい』

こうしてまりもは、よく比企さんをいじめている。

たしかに比企さんはね、少し変わっている子である。

比企さんには、スゥという名前の空想の友だちがいる。本当にその子がリアルにいるみたいにふるまうことがある。「スゥと一緒に遊んでいた」とか、「巨大《きょだい》パフェをスゥと半分こした」とか、「スゥの前髪《まえがみ》が伸《の》びてきた」とか、そういうことを平気でいったりする。

「そんな子、いないし！」

「うそつき！」

「きも！」

「やば！」

みんながわざわざそんなふうにいうのは、どうしてだろう。そう思うなら、比企さんを放っとけばいいのに。

(4)わたしはときどき考える。比企さんにとってのスゥは、わたしにとっての野乃みたいなものなのかもしれないって。

決定的に違《ちが》うのは、その子が現実にいたことがあるかどうか、かな。おそらくスゥは一度も存在していなかったけど、野乃は奈菜ちゃんのおなかの中でたしかに存在していた。わたしが「かわいそう」で、比企さんが「きも！」になるのは、そういう違いがあるからかもしれない。

だけど、おなかの中って「現実」なんだろうか。わたしにとっては「現実」だけど、そうは思わない人もいるかもしれない。だって実際には見えないもんね。

同じように、比企さんの「現実」は、わたしたちと少し違うというだけなんじゃないかな。

比企さんを見ていると、わたしはちょっとだけさみしくなる。わたしには見えないものを、あの子がとても大切にしているから。

家に帰ると、奈菜ちゃんと正夫くんが真剣《しんけん》な顔をして、食卓のいすに座っていた。こんな時間に、なぜ正夫くんが家に？　仕事はどうしたんだろう。正夫くんは★整体の仕事をしている。今日は休みの日じゃなかった気がするけど。

それに、(5)<u>テーブルにはなぜかおそばが。</u>

奈菜ちゃんが食べていたところみたい。でも変だ。奈菜ちゃんは、おそばではなく、おうどん派のはずだから。奈菜ちゃんがおそばを食べているところを、これまでに一度も見たことがない。わたしと正夫くんがおそばを食べるとき、奈菜ちゃんは必ず別のものを食べている。つまりおそばが嫌《きら》いなのだ。

「おかえり、寧音」

と正夫くんはいった。

「大事なお話があります」

と奈菜ちゃんもいった。

なんだろう。とにかく、おそばが不気味だった。いつもはそこにないはずのもの。「おそば」という名前までもが、不気味に思えてくる。おそばなんていわずに、遠くにいてくれって感じ。

奈菜ちゃんは、そんなわたしのおそばへの気持ちを見抜《ぬ》いたみたいで、

「ああ、これ？　なんだか急に食べたくなっちゃって！　びっくりよね」

なんて、のんきにいっている。

テーブルの席は、わたしと奈菜ちゃんがとなり同士で、正夫くんは奈菜ちゃんの向かい側だ。正夫くんのとなりが、野乃の席。

それなのに、その日、野乃の席には奈菜ちゃんが座っていた。

奈菜ちゃんはいった。

「実はね、寧音はおねえちゃんになるの」

「えっ」

「びっくりした？」

「……びっくりした」

びっくりはしたけど、ああでも、そういうことかぁと思った。奈菜ちゃんにあかちゃんができたのだ。

「でも、今までだって、ずっとおねえちゃんだったよ。野乃の」

わたしがそういうと、奈菜ちゃんと正夫くんは、わたしのことを見てほほ笑んだ。

「そうね、そうだね。じゃあこれからは、ふたりのおねえちゃんに

なるの」

「いつ、生まれるの？」

「来年の三月ごろかな」

「まだまだ先なんだね」

そうか、それでおそばが？

妊娠《にんしん》すると食事の好みが変わるって、誰かがいっていた気がする。

「今、奈菜ちゃんのおなかを触《さわ》ったら、あかちゃんがいるって、もうわかる？」

奈菜ちゃんと正夫くんは、声をあげて笑った。

「まだまだ」

「おなかもぺったんこ」

わたしはだんだん［　C　］してきた。新しい家族ができる！　新しい家族！

奈菜ちゃんと正夫くんも、今までに見たことがないくらい、とっても幸せそうな顔をしている。

今度は本当に、「おねえちゃん」って呼ばれるんだね。

今度は本当に。

今度は本当に？

(6)そう思った瞬間《しゅんかん》、胸の中がチクリとした気がした。

【戸森しるこ「ココロノナカノノノ」（『飛ぶ教室』〈光村図書出版〉掲載）】

★奈菜ちゃん……寧音の母。
★正夫くん……寧音の父。
★整体……骨格のゆがみを整える民間療法《りょうほう》。

問一　――(1)「『プライドが傷つく』っていうんだぞって、教えてくれた。寧音は『誇《ほこ》り高い』んだなって。」とありますが、「プライド」や「誇り」などに関する慣用句について、それぞれ（　）の意味に合わせた次の空らんに入る語を、1は漢字一字で、2、3は漢字一字またはひらがな二字で、4は漢字二字で、5はひらがな二字で書き、慣用句を完成させなさい。

1　［　］で風を切る（得意そうにふるまう）
2　［　］を張る（誇りに思う）
3　［　］高高（たいそう得意げな様子）
4　得意［　　］（誇らしそうな様子）
5　［　　］で使う（いばった態度で人に仕事をさせる）

問二　――(2)「この話を誰《だれ》にもしなくなった。」とありますが、

(一)「この話」とはどんな話ですか。四十字以内で説明しなさい。
(二)「誰にもしなくなった」のはなぜですか。四十字以内で説明しなさい。

問三　――(3)「声がものすごくちっちゃくて」とありますが、「かすかで弱々しい声」のことを意味する慣用句を書きなさい。

問四　――(4)「わたしはときどき考える。比企さんにとってのスゥは、わたしにとっての野乃みたいなものなのかもしれないって。」とありますが、「わたし」はどういうことを考えているのですか。三行以内で説明しなさい。

問五　――(5)「テーブルにはなぜかおそばが。」とありますが、このときの「寧音」の「おそば」に対する感じ方はどう変わったか。最もふさわしいものを次のア～エの中から一つ選び、記号で答えなさい。

ア　母がいつもは嫌《きら》いなおそばを食べていたので不気味に思ったが、妊娠《にんしん》して食事の好みが変わったのだろうと推測した。

イ　母はいつもおうどんを食べるので不気味に思ったが、テーブルの配置も含《ふく》めて急に気が変わったのだろうと推測した。

ウ　母は父と一緒《いっしょ》の時にはおそばを食べないので不気味に思ったが、寧音の気持ちを確かめているのだろうと推測した。

エ　母がおそばを食べる姿は不気味に思ったが、それは「おねえちゃん」になる寧音を配慮《はいりょ》してのことだろうと推測した。

問六　――(6)「そう思った瞬間《しゅんかん》、胸の中がチクリとした気がした。」とありますが、このときの「寧音」の心情を二行以内で説明しなさい。文末は「…心情。」としなくてよい。

問七　［Ａ］～［Ｃ］に入れる語としてふさわしいものを次の中からそれぞれ一つずつ選び、記号で答えなさい。（ただし記号はそれぞれ一回ずつ使用します。）

ア　ざらざら　　イ　ねばねば　　ウ　しくしく　　エ　いらいら
オ　ぞろぞろ　　カ　じめじめ　　キ　ばらばら　　ク　うきうき

問八　本文の内容に合うものを次のア～エの中から一つ選び、記号で答えなさい。

ア　母と父は、出産時に亡くした野乃に対する追悼《ついとう》の思いから、いつまでもテーブルの席に野乃の場所を作って寧音の悲しい気持ちを慰《なぐさ》めてくれている。

イ　寧音は、自分の経験をクラスの女の子たちに話したとき、「かわいそう」と言われて落胆《らくたん》し、それ以後、自分の経験を話すのはやめようと決めている。

ウ　母の妊娠を知った時、寧音は大変驚《おどろ》き、喜んだが、一方で今も大切に思っている野乃の存在を母はすっかり忘れてしまったのかと寂《さび》しく思っている。

エ　寧音は、空想の友だちがいるという比企さんがいじめられるのは理不尽《りふじん》であると思っており、まりもや籾山の比企さんへの態度に不満を抱《いだ》いている。

捜真女学校中学部（A）

—50分—

〔注意事項〕　一　特に指定のない限り、句読点・記号は一字と数えます。
　　　　　　二　注は出題者によるものです。

□一　次の文章を読んで、後の問いに答えなさい。

どこにわなを仕掛《しか》けるか

わなを仕掛けるのは、けもの道の中でも幅《はば》が狭《せま》くなっていて、動物が絶対にそのあたりを踏《ふ》むという場所だ。横に木が生えていたり、倒木があったりして動物たちがちょっと苦労をして通ってそうなあたりが、わなを仕掛けるのにいいポイントだ。

獲物《えもの》のこん跡がたくさんあっても、けもの道が広すぎては、うまくわなを踏んでくれないし、わなを蹴飛《けと》ばされてしまうこともある。また、(1)エサになるドングリがたくさん落ちているような場所では、イノシシはうろちょろするので、けもの道もたくさん枝分かれしていて、(2)ねらいをしぼりづらい。

そういったエサ場と寝屋《ねや》をつなぐ通路のようなけもの道が見つかれば(3)ベストだ。

あとは、わなを仕掛けるためには、わなの仕組みのところで説明したようにワイヤーの反対側をしばりつけておく木が生えているところじゃないといけない。わなに掛かった動物たちの暴れる力はすごいので、必ずじょうぶな木にしばりつけること。間違《まちが》って枯れ木なんかにしばりつけたら、動物がその枯れ木を根っこごと引っこ抜《ぬ》いて突進《とっしん》してきて、(4)大ケガするような事故が起きてしまうかもしれない。

もうひとつ、わなを仕掛ける場所選びで重要なことは、実際に獲物が獲《と》れたときにそこから［A］かどうかだ。

あんまり山奥《やまおく》だったり、きつい谷や大きな川の反対側だったりすると、何十キロもある動物をひとりで運び出すのは大変だ。(5)毎日の見回りだって一苦労だ。

［B］、逆にあんまり人里近くでもいけない。犬の散歩や山仕事、①サンサイ採りなどで山に入る人はけっこういる。そんな人たちが間違ってわなを踏んだらびっくりするし、わなにイノシシが掛かっているところに近づくのも危険だ。

わなを仕掛ける場所を選ぶだけでも考えないといけないことはたくさんある。

上手なわなの仕掛け方

わなを仕掛ける場所が決まったら、いよいよ、わなの設置だ。

ポイントは「いかに動物たちにバレないようにするか」だ。

［C］みんなの通学路で道路工事をしていて、地面を掘《ほ》り返しているのを想像してみて欲しい。工事が終わって埋《う》め戻《もど》したばっかりのアスファルトは、そこだけほかと違う濃い黒色で、工事の直後なんてまだ②湯気が上がっていることもあるだろう。

［D］、変なにおいもするし、横断歩道の白線もそこだけピカピカで、誰が見ても工事したということがわかる。

「踏んだら靴《くつ》にひっつくんじゃないか？」

「まだやわらかくて、上を歩いたらへこんじゃうかも……」

最初にそこを歩くときは、みんなもきっとちょっとドキドキするだろう。

　これと同じで、動物たちも毎日通っている道が突然掘り返されて、土の中にわなが埋め込まれていたら、

「［　E　］！」と警戒《けいかい》するのがふつうだ。

　とくにイノシシは嗅覚《きゅうかく》が鋭いので、わなのにおいやその場にいた人間のにおい、穴を掘ったときに切れた木の根っこのにおいの変化なんかも敏感《びんかん》に感じとる。これをなるべく自然な感じに見せかけることができるかどうかが勝負の分かれ目だ。

　まずは、わなを仕掛ける場所のまわりはあまり荒《あ》らしてはいけない。

　穴を掘ったときに出てくる土は、そのままにしておくんじゃなくて、袋《ふくろ》に入れて離《はな》れた場所に③スてるほうがいい。

　わなを隠《かく》すための落ち葉も、すぐ近くのものを持ってくると、その場の雰囲気《ふんいき》がかわってしまうので、ちょっと離れたところから持ってくるほうがいい。

［　F　］

なので、猟師《りょうし》の間でも「本格的に獲物が獲れはじめるのは、ひと雨降ってにおいが流れてからだ」などと言われることも多い。中にはペットボトルに沢の水をくんでおいて、最後にそれを流していくという人もいる。

　わなを上手に仕掛けることができたら、次はねらった動物がうまくそのわなを踏むように工夫をしよう。

　そのままにしておいたら、動物たちは④テキトウに歩くので、なかなかわなの輪っかの真ん中を踏んではくれない。

　そこで、ちょっとした「障害物」を置いてやるのがいい。

　テキトウな長さの倒木や木の枝なんかをそっと手前に倒しておく。不自然じゃない感じなら両側に置いてもいい。

　野生動物はふだんから枝などはなるべく踏まないように歩いている。枝を踏むとパキッという音がして、［　G　］危険性があるからだ。また、シカやイノシシなどのヒヅメのある動物は、すべりやすいので石も踏みたがらない。

　わなの横に枝や石を置いておくと、動物たちはそれをまたぐ。そうやって獲物の足の着く位置をコントロールすることで、わなを踏ませるという作戦だ。

　ただし、獲物がシカかイノシシかで足の長さが違うし、同じイノシシでも、30キロの個体と100キロの個体では歩幅も違うので、ねらう獲物に合わせて障害物の場所は微妙《びみょう》に⑤チョウセイする必要がある。

　さあ、これでわなは仕掛け終わりだ。（中略）

　ぼくはひとつの山で獲物をねらうときは、だいたい(6)5～6丁（わなの数え方）くらいのわなを仕掛けることが多い。

　けもの道は枝分かれしているので、どこを通っても必ず1カ所はわなのところを通るようにする。

　もっとわなをたくさん仕掛けたほうがいいと思うかもしれないが、あまり狭い範囲《はんい》にわながいくつもあると、その分、現場も荒れがちになるし、においも残りやすく、逆に獲物に警戒されてしまうこともある。

(7)「下手な鉄砲《てっぽう》も数うちゃ当たる」という言い回しがあるが、実際の狩猟ではそんなことではいけない。「ここだ！」というポイントをしっかりと見極めて［H］のわな数で獲物を捕獲《ほかく》することを目指そう。（中略）

おわりに　狩猟のある暮らし

（中略）

狩猟をはじめて5年くらい経つと、ある程度の数の獲物はねらって獲れるようになってきた。

自分の技術が少しずつ上達しているのが実感できるのもうれしかった。警戒心の強いイノシシをたくさん獲るのは難しいけど、シカならしっかりねらえば1カ月で10頭以上は獲れる自信もついた。

ぼくが狩猟をはじめたころは、ちょうど全国的に(8)シカの数がどんどん増えはじめていた時期だ。江戸から明治のころの乱獲や森林伐採《ばっさい》などによる生息環境の悪化で、日本のシカは一時期かなり数を減らしていた。それが、国の保護政策や森林の状況の変化でなんとか生息数を回復させることができた。しかし、最近では増えすぎて山の中の山野草を食べ尽くしたり、農業や林業へ被害《ひがい》を与《あた》えることが大問題になっている。田舎のほうに行くと、農家の人はホントに困っていて、シカは「迷惑《めいわく》な動物」として扱《あつか》われている。

ぼくは考えた。

「それだったら、どんどんシカを獲って、いろんな人に食べてもらえばいいんじゃないか？」

獲ったシカ肉を友人たちに食べてもらうと、みんな口をそろえて「うまい、うまい！」と言ってくれる。それなのに、⑥世間一般ではシカ肉を食べる人はほとんどおらず、スーパーでも売られていない。

シカも別に悪意があって農作物を食べているわけじゃない。山からちょっと出てきてみたらおいしそうな食べ物があったから、うれしくなってそれを食べているだけだ。それを一方的に悪者扱いするのもかわいそうだ。「シカ肉が実はこんなにおいしい」ということを多くの人が知れば、シカに対するイメージもただの「害獣《がいじゅう》」から「山のめぐみ」にかわるんじゃないだろうか。ぼくひとりでやれる範囲は限られているけど、それでも増えすぎたシカを山から減らすことで森林生態系のバランスを回復させることにもつながるなら、一石二鳥じゃないか。いや、さらにシカ肉を販売してお金をもらえれば、わなの材料代などの狩猟にかかる経費に使うこともできて、(9)一石三鳥だ！（中略）

ひたすらシカをねらいながら何度かの猟期をすごした。

「あー、週末までにあとモモ肉10キロ欲しいって言われてたし、追加でわなを仕掛けるか……」

「あの山のイノシシねらいたいけど、シカ優先でいかないと、注文に間に合わへんやろなあ」

こんなことを考えながら毎日山に入っていた。

いつのころからだろうか。そんなぼくの中に、ある違和感が生まれていた。好きではじめた狩猟のはずなのに、いつのまにかシカを獲るのが義務や仕事のように思える。なんだか狩猟していても楽しくない……。（中略）

ある日の早朝。まだ薄暗い中、見回りに出かけた。ライトを手に山を歩いていると、一番奥のわなのほうでガサガサという物音が聞こえる。もう少し近づくと、シカが掛かっているのが見えた。メスジカだ。どうやら後ろ足にわなが掛かっているようだ。

「あらー、後ろ足か……。モモ肉が血肉になっちゃってるかなぁ」

ぼくが近づくと、暴れ出し、まわりの木に何度も体を打ちつけた。

「おいおい、ロースが痛むからやめろ」

ぼくは急いでトドメ刺《さ》しに取り掛かった。ただ、肉の状態に気を取られていたからか、スムーズに失神させることができず、むだに怖がらせてしまった。

「ああ、悪いことしたなぁ……」

倒れたシカを押さえ込みながら、頸動脈《けいどうみゃく》を切る。真っ赤な血がドクドクと流れ出す。

「さて、何キロの肉が取れるか……」

頭の中にはすぐに(10)こんなことばかり浮《う》かんでくる。

流れ出る赤い血。静まり返った真冬の早朝、シカとぼくの吐《は》く白い息が重なる。徐々《じょじょ》に光を失っていくシカの瞳孔《どうこう》を見つめながら、その呼吸が止まるのを待つ。

山の中に朝の光が差し込み、小鳥たちもさえずりはじめた。そんな山の中でなんだかぼくは疎外感《そがいかん》(注 仲間はずれになっているような気持ち)を感じていた。自分だけが自然の中に侵入《しんにゅう》した異物のように思えた。

「ああ、こんなことやってちゃダメなんかもな……」

ぼくは子どものころから動物が好きだった。動物の仲間になりたかった。山の中に分け入って、自分が食うための獲物を狩ることに憧《あこが》れたのも、それが理由だった。はじめて獲ったシカの肉を友人たちと分け合って食べたとき、彼らが「うまいうまい」と言って喜んでくれたことがなによりうれしかった。自分や仲間たちの血肉となってくれる獲物を、知恵を絞《しぼ》り自分の力で獲ってこれたことは、自分も動物であることを実感できた瞬間《しゅんかん》だった。

それがいまは、誰《だれ》だか知らない他人が食べるためのシカ肉を得るためにたくさんのシカを獲っている。そして、その肉が売り物になるかどうかばかりを気にしている。自然界の肉食動物だって家族や仲間が食べる分以上の獲物を獲ることはない。ぼくは知らないうちに、山の動物ではなくなってしまっていたようだ。

「もうやめよう。これは自分がやりたかった猟じゃない」

この年の猟期でシカの肉を売ることはやめた。お世話になった飲食店には事情を話して了解してもらった。

ただ、誤解しないでもらいたいのは、販売するために獲物を獲ることが悪いことなのではない。ぼくもノルマ(獲らなければならない数)に追われながらのシカ猟を続けた数年間で、シカを獲る技術は確かに向上した。そこにはねらった獲物をしっかりと獲れるようになっていく喜びもあった。また、ぼくが獲ったシカ肉をおいしく料理してくれていたお店の人にもすごく感謝しているし、「ここのシカ肉はおいしい」ってお客さんによく言われるという話を聞くとうれしかった。

でも、ぼくにはその暮らしは向いてなかったというだけのことだ。

狩猟をする人の中でもさまざまな考えがあるのは当然で、いろいろなスタイルがある。年間何百頭も捕獲し、プロの猟師として高みを目指す人もいる。獣害に苦しむ農家のために、真夏の暑い山の中を必死で走り回って有害駆除《くじょ》に取り組む人もいる。冬の猟期に10頭程度の獲物を獲ってヒイヒイ言ってるぼくなんかからしたらホントにすごいことだと思う。

（千松信也『自分の力で肉を獲る　10歳から学ぶ狩猟の世界』〈旬報社〉より）

問一　――線(1)「エサになるドングリがたくさん落ちているような場所」とありますが、同じ場所を指す別の表現を本文から三字でぬき出しなさい。

問二　――線(2)「ねらい」の内容として、ふさわしいものを次のア～エの中から一つ選び、記号で答えなさい。

ア　イノシシが食べるドングリが落ちている場所
イ　猟師《りょうし》がわなを仕掛けやすい道
ウ　イノシシがうまくわなを踏んでくれる場所
エ　猟師が苦労して通るような道

問三　――線(3)「ベスト」を漢字二字で言いかえなさい。

問四　――線(4)「大ケガする」の主語を答えなさい。

問五　[A]にあてはまる語句を考えて十字以内で答えなさい。

問六　――線(5)「毎日の見回り」をする理由としてふさわしいものを次のア～オの中から二つ選び、記号で答えなさい。

ア　自分の山に他の人が入り込んでいないかどうかを見張る必要があるから。
イ　動物の足が傷つき肉質が悪くならないように、わなを早くはずす必要があるから。
ウ　わなに獲物が掛かっているかどうかを確認する必要があるから。
エ　けもの道を探し、イノシシのこん跡を見つける必要があるから。
オ　獲物が掛かっていたら、毎日切り取って少しずつ運び出す必要があるから。

問七　[B]～[D]にあてはまる言葉としてふさわしいものを次のア～オの中からそれぞれ選び、記号で答えなさい。ただし、同じ記号は二度使えません。

ア　ただ　イ　しかも　ウ　次に　エ　もし　オ　例えば

問八　[E]にあてはまる文を考えて答えなさい。

問九　[F]にあてはまるように、次のア～オの文を並べかえ、記号で答えなさい。

ア　これは手袋をしたり、なるべく時間をかけずにわなを仕掛けることで少しはましになる。
イ　あとは、におい対策。
ウ　また、猟期中はにおいのあるシャンプーや石鹸《せっけん》を使わないとか、山に入る前に必ず山用の服に着替えるとかいろいろな工夫があるけど、完璧《かんぺき》にするのはなかなか難しい。
エ　ただ、そのあたりに生えてない木の落ち葉を持ってくるのは逆に不自然なのでやめておこう。
オ　わな自体の対策は前に書いたが、設置するときにどうしてもそこににおいが残りがちになる。

問十　[G]にあてはまる語句を考えて答えなさい。

問十一　――線(6)「5～6丁（わなの数え方）」とありますが、同じように「丁」と数えるものを次のア～オの中から二つ選び、記号で答えなさい。

ア　パソコン　イ　タンス　ウ　とうふ　エ　銃　オ　電車

問十二　――線(7)「下手な鉄砲も数うちゃ当たる」とありますが、それに対して「発射した弾丸《だんがん》などがすべて的に当たる」という意味を持つ次の四字熟語の□にあてはまる漢字一字をそれぞれ答えなさい。

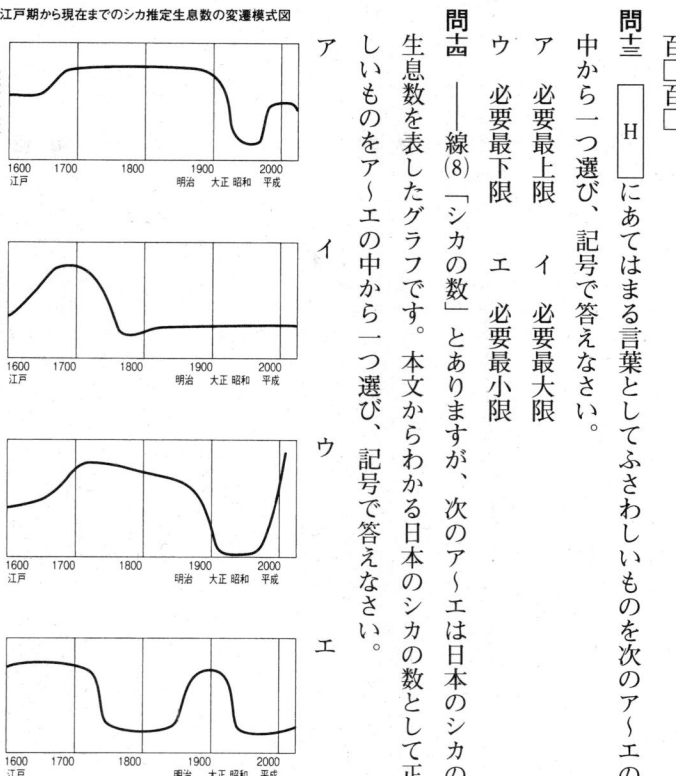

百□百□

問十三　H　にあてはまる言葉としてふさわしいものを次のア〜エの中から一つ選び、記号で答えなさい。

ア　必要最上限　　イ　必要最大限
ウ　必要最下限　　エ　必要最小限

問十四　――線⑻「シカの数」とありますが、次のア〜エは日本のシカの生息数を表したグラフです。本文からわかる日本のシカの数として正しいものをア〜エの中から一つ選び、記号で答えなさい。

江戸期から現在までのシカ推定生息数の変遷模式図

ア

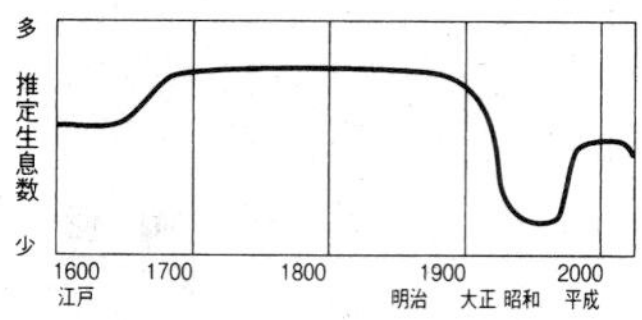

イ

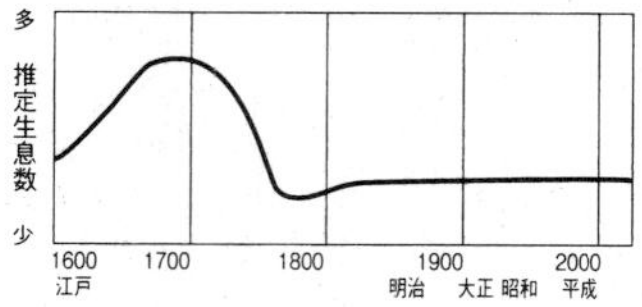

ウ

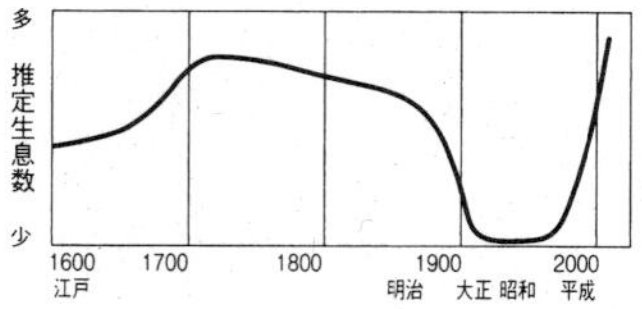

エ

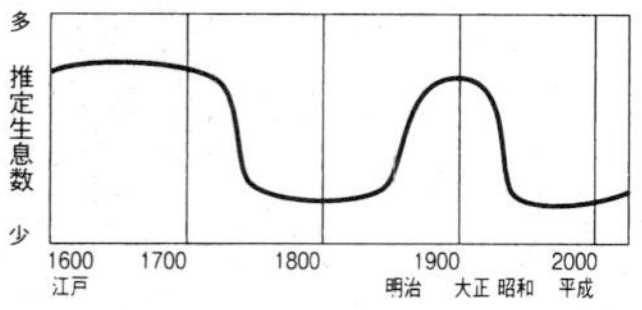

「ニホンジカの食害による森林被害の実態と防除技術の開発」長野県林業総合センター研究報告24号より

問十五　――線⑼「一石三鳥」とありますが、「三鳥」が指す内容をそれぞれ文中の言葉を使って答えなさい。

問十六　――線⑽「こんなことばかり浮かんでくる」について、

1　「こんなことばかり浮かんでくる」とありますが、どのようなことを考えているのですか。本文の――線⑽より後の文中から、「〜ということ。」の形に合うように十二字でぬき出しなさい。

2　筆者の考える理想の猟や暮らし方とはどのようなものだと考えられますか。――線⑽より後の文章を読んで答えなさい。

問十七　＝＝線①〜⑥のカタカナを漢字に、漢字をひらがなに直しなさい。

二　後の問いに答えなさい。

問一　次の①〜⑤の――線を正しい表現に直しなさい。

【例】　いまさらそんなことを言ってもしかたがない。後悔《こうかい》後に立たずだよ。
→(解答)後悔先に立たず

①　困っているお年寄りに手を貸さずに通り過ぎるなんて、捜真生の風下にもおけない。
②　のどが痛いので、薬を服薬した。
③　二重とびをさせたら彼女の左に出る者はいない。
④　彼女はゲーム熱にうなされて、勉強もせずゲームばかりしている。
⑤　「先生、紹介《しょうかい》します。うちのお父さんです。」

問二　次の――線A〜Eの名詞の種類としてふさわしいものを後のア〜オの中からそれぞれ選び、記号で答えなさい。

私(A)の父、京助(B)は東北の岩手県出身、母は生粋《きっすい》の江戸っ子だった。この二人(C)はしょっ中意見が衝突《しょうとつ》していたが、それは正月の雑煮《ぞうに》(D)は何を入れるか、といった大変ささいなこと(E)から始まっていた。

（金田一春彦『日本語を反省してみませんか』〈角川oneテーマ21〉より）

ア　普通名詞　　イ　固有名詞　　ウ　数詞

エ　形式名詞　　オ　代名詞

問三

1　次の①～⑤のことわざの□にあてはまる動物を後の**語群**からそれぞれ選びなさい。

①　□の耳に念仏

②　飼い□に手をかまれる

③　能ある□は爪《つめ》を隠す

④　□も木から落ちる

⑤　□も鳴かずば撃《う》たれまい

語群	猫	きつね	牛	さる	馬	犬
	きじ	からす	たか	おおかみ		

2　1の②・④・⑤の動物が主人公を助ける昔話の題名を答えなさい。

3　「河童《かっぱ》の川流れ」と同じ意味のことわざを1の①～⑤の中から一つ選び、記号で答えなさい。

田園調布学園中等部(第一回)

—50分—

(注意　字数に制限があるときは「、」や「。」も一字とします。)

□一　次の文章を読んで、後の問いに答えなさい。なお、設問の都合上、本文には表記を変えたり省略したりした部分があります。

二十四歳の紀久子《きくこ》は、勤めていた会社を先月退職し、駅前の「川原崎《かわらざき》花店」でアルバイトをしている。ここ三日間、中学生らしき少年が毎日店に現れ、熱心に花を見ては帰っていく。話を聞くと、引《ひ》っ越《こ》してしまう幼なじみに贈《おく》るための花を探している、と言った。その後、電気三輪自動車(ラヴィアンローズ号)で花の配達中、背後から紀久子を呼ぶ声が聞こえた。

「紀久子さぁん、待ってくださぁい」

ドアがないから当然ドアミラーもなく、うしろを確認する術《すべ》がない。紀久子は車を路肩《ろかた》に停《と》めて振《ふ》りむくと、野球のユニフォームを身にまとった子が、猛《もう》ダッシュで走ってくるのが見えた。

「す、すみません」

追いついてから野球帽《やきゅうぼう》をとったその顔は、あきらかに女の子だった。しかも紀久子は彼女に見覚えがあった。

「あなた、※馬淵《まぶち》先生のお孫さんじゃない?」

「はい、鯨沼《くじらぬま》中学二年三組で、キラキラヶ丘《おか》サンシャインズの四番キャッチャー、馬淵千尋《ちひろ》です」

えらく［X］自己紹介《じこしょうかい》だ。

馬淵先生の自宅へ花材を配達にいった際、紀久子は千尋と何度か会っていた。馬淵先生に生け花を習い、教室の手伝いをしているのだが、細身で小柄《こがら》な祖母とちがい、大柄で肩幅《かたはば》が広く、がっちりした体格だった。はじめて見たときはジャージ姿だったので、高校生くらいの男子だと思ったほどである。

馬淵先生の母親の名前が平仮名でいち、先生が十に重ねるで十重《とえ》、ひとり娘《むすめ》は百の花で百花《ももか》、孫娘が千尋だと、先生本人から聞いている。ひとり娘の百花が十年ほど前に離婚《りこん》し、子どもを連れて出戻《でもど》ってきたことも。孫の千尋が、地元の少女野球チームに(a)ショゾクしている話も聞いた覚えがあった。それだけ［Y］というか、自分の話をするのが好きなのだ。

「じつはお訊《き》きしたいことがあって」

「なにかしら」

「ウチのクラスに宇田川《うだがわ》という男子がいまして、坊主頭《ぼうずあたま》というくらいしか特徴《とくちょう》がないのですが」

「戸部《とべ》ボクシングジムに通っている?」

「そうです。でもどうしてそれを?」

「宇田川くんかどうかはわからないけど、ウチの店にきた坊主頭の男の子が、戸部ボクシングジムのTシャツを着ていたわ」

「間違《まちが》いなく宇田川です。ジムでも学校でも坊主頭は俺《おれ》だけだって言ってましたんで。アイツ、いや、彼《かれ》はあなたの店でなんの花を買おうとしていましたか」

「なんでそれを知りたいの?」

「な、なんでって言われましても」

聞き返されるのが［ Z ］だったらしい。戸惑《とまど》いと焦《あせ》りが入り混じった彼女の表情を見て、紀久子の心が動く。坊主頭の彼に抱《いだ》いたのとおなじく、少しでも力になってあげたいと思った。

「よかったら詳《くわ》しく話を聞かせてちょうだい」配達はすでにおえており、あとは店へ帰るだけだったのだ。「事と次第《しだい》では協力してあげる。花屋としてできる範囲《はんい》でよければだけどね」

紀久子の申し出は、さらに意外だったようだ。千尋は①少しためらいながら、「お願いします」と言った。

「この先にある細道を左に入って少しいくと、小さいけど、雰囲気《ふんいき》のいい公園があります。そこで話を聞いてください」

「一年のときからバッテリーを組んでいたピッチャーの西《にし》って子が、今度の土曜に引っ越しちゃうんです」公園に着いて、木陰《こかげ》のベンチに横並びに腰《こし》かけるや否《いな》や、千尋は話しはじめた。西はおなじ中学で同学年だが、クラスはべつだという。「西と宇田川は道を挟《はさ》んだむかい同士の家で、保育園の頃《ころ》からずっといっしょの幼なじみでして」

「西さんって、野球以外にもピアノをやってる？」

「やってます」千尋がハッとした表情になる。「宇田川は西についてあなたに話したんですか」

「幼なじみが引っ越しをするから、花をあげなくちゃいけないって。でも名前はださなかったよ。どんな花がいいか訊《たず》ねたら、幼なじみなのにわからないのかって言われたんでしょ」さらに紀久子は宇田川が三日連続で川原崎花店を訪《おとず》れ、今朝は自分が応対したことと、そのときの会話の内容も手短かに話した。「彼がウチの店で花を買おうとしていたのを、どうしてあなたは知っているの？」

「クラスで仲いい友達《ともだち》数人とのグループＬＩＮＥに一昨日《おととい》、〈宇田川見っけ〉ってアイツが花屋の前にいる写真が送られてきたんです」千尋はスマホをだして写真を見せてくれたうえに、「宇田川は女子にけっこう人気なんですよ」と付け足すように言った。それが不満であるかのような口ぶりだった。

「西の話では、お別れに欲《ほ》しいものはないかって宇田川に言われて、それぐらい自分で決めろよとカチンときて、黙《だま》ったままでいたらしいんです。宇田川は莫迦《ばか》で空気が読めないんで、しつこく訊ねてきた。だから適当に花と答えると、どんな花がいいのだとさらに訊いてくるものだから、幼なじみなのにわからないのかと言い返してしまったとかで」

「なにそれ？」

「私も西から話を聞いたとき、そう言いました。いつもそうなんです、あのふたり。西ったらめちゃくちゃ成績がいいクセして、そういうところは宇田川とおなじくらい莫迦なんです。莫迦同士お似合いなんだから、最後くらいは素直《すなお》になればいいのに」

恋愛《れんあい》と呼ぶにはあまりに拙《つたな》い話に、紀久子は自分の頬《ほお》が緩《ゆる》んでいくのに気づいた。でも千尋は真剣《しんけん》だ。宇田川も西も、彼女とおなじくらい真剣にちがいない。そう考えると笑うのは失礼だと、紀久子は表情を引《ひ》き締《し》めた。

「でも莫迦で素直じゃないけど(b)タンジュンなんで、宇田川からどんな花をもらっても、西はよろこぶはずなんです。そこがまた問題で」

「どうして？」

「宇田川はいっぺん悩《なや》みだすと、なかなか結論がだせずにヘマをしでかすんですよ。切羽《せっぱ》詰まると尚更《なおさら》です。ボクシングの試合でも、ここぞというときに大振りのパンチをだして、相手のパンチをまともに食らって負けちゃうヤツなんです。それが本人にすれば(c)カイシンの一撃《いちげき》のつもりってとこが、じつに間抜《まぬ》けで。今回もやりかねません。たとえばお店でいちばん高い花はなんですか」

「胡蝶蘭《こちょうらん》かな」

「西が好きな花が思いだせず、そもそもないのだから思いだしようがないんですが、だったら花屋でいちばん高い花を渡《わた》せば文句あるまいと胡蝶蘭を買いかねません」

「そんな莫迦な」

「莫迦だからするんです。どんな花でもいいからって、別《わか》れ際《ぎわ》に胡蝶蘭を手渡されたら引きますよね」

それはそうだ。

「ですからお願いです。②そんな真似だけはさせないで、ごくふつうであたりまえの花を売ってもらえませんか」

「わかった」

花屋としてできる範囲ではある。千尋を安心させるために、紀久子はにっこり微笑《ほほえ》んだ。

「この店にある花をぜんぶ一本ずつください」

三日後の土曜、西が引っ越しをするはずの日の午後一時過ぎ、③勢《いきお》い込《こ》んで川原崎花店に入ってくるなり、宇田川はそう言った。

「どういうこと?」

床《ゆか》に落ちた花びらや葉を箒《ほうき》で集めていた紀久子は、その手を止めた。※光代《みつよ》さんは休みで、※芳賀《はが》は三階でランチを食べている。売場にはあと※李《り》多《た》しかおらず、彼女は作業台で〈花天使〉経由で注文のブーケをつくっている最中だった。

「親に頼《たの》んで、昔の写真や動画を見て確認したんですけど、幼なじみに花を渡しているところなんかどこにもなくて、それであの、いろんな花を買えば、そのうちのどれかは当たっているかもしれないと思って」

胡蝶蘭ではなかったにせよ、千尋の心配は的中したわけだ。

「ぜんぶ一本ずつにしたって、けっこうな値段になるわよ。それでもいいの?」

「かまいません。自分の全財産持ってきました」

「いくら?」

「四万七千六百円です」

あの子に花を売ったら、その同額の特別手当をだしてあげてもいいわ。

三日前、李多にそう言われたのを紀久子は思いだす。いや、駄目《だめ》だ。ここは千尋との約束どおり、なんとかして、ごくふつうであたりまえの花を売るべきだろう。

でもどうやって?

④「そんな花束《はなたば》をもらっても、相手はよろこぶとは思えないけどな。花もかわいそうよ」

ブーケをつくりながら李多が言った。注意はしているものの、その口《く》調《ちょう》はのどかで優しくもあった。自分がいないときに、宇田川がきたらと思い、スタッフ三人には、千尋から聞いた話は伝えてあった。

「な、なんでですか」

聞き返す宇田川は、動揺《どうよう》を隠《かく》し切《き》れずにいる。

「きみ、戸部ボクシングジムの練習生よね」

「そ、そうですが」

「ボクシングだって、どれだけ乱打しても相手に効かなくちゃ意味がないでしょ。それよりも自分がこれだと決めた一撃を打つべきよね。つまりどの花がいいか、きみ自身が決めるべきじゃない？」

「だけどその花が西の欲しい花じゃなかったらどうするんです？」

幼なじみではなく西とはっきり名前を言った。だが宇田川本人は気づいてないらしい。

「相手が欲しいという気持ちよりも、きみがあげたいという気持ちのほうが勝《まさ》ればいいの。そうすればもらう相手もよろこばすことができるわ」

宇田川は※虚《きょ》を衝《つ》かれた顔つきになる。そして店内を見回してから表にでて、店頭に並ぶ花の前に立つ。売行きが好調で、今日もヒマワリだらけだ。紀久子は彼のあとを追う。

「これをください」宇田川が指差したのは〈マティスのひまわり〉だった。「はじめて見たときから、彼女にぴったりな花だと思っていたんです」

「私もこのひまわり、好きです」紀久子はすぐさま同意した。「いいと思います」

八重咲きのヒマワリでたくさんの花弁が重なり、たてがみに見える。他のと比べると色が濃《こ》いうえに大輪で、荒々《あらあら》しくも逞《たくま》しい、それでいて美しくて眩《まぶ》しいヒマワリだった。

「ありがとうございます」

「何本にします？」
⑤「三本っ」作業台のむこうから李多が言った。「ヒマワリだったら三本がちょうどいいわ。三本になさいな」
はたして〈マティスのひまわり〉を西がよろこんでくれたのか、そもそも宇田川はきちんと渡すことができたのか、花屋としては知る由《よし》もない。

だが数日後、花の配達でラヴィアンローズを走らせていたときだ。

「紀久子さぁぁん」

交差点で信号待ちをしていると、千尋の呼ぶ声が聞こえてきた。斜向《はすむ》かいの歩道で、おなじユニフォームを着た子達十人ほどといっしょに信号待ちをしていた。

「先日はありがとうございましたぁぁ」

脱《ぬ》いだ帽子を振る千尋を見て、紀久子は※寺山修司《てらやましゅうじ》の短歌を思いだした。

〈列車にて遠く見ている向日葵《ひまわり》は少年のふる帽子のごとし〉

列車ではなく電気三輪自動車だし、少年ではなく少女だ。短歌の帽子は麦わら帽子で、野球帽ではあるまい。それにヒマワリが帽子を振る少年みたいに見えたというのと、まるで逆だった。

千尋が〈向日葵〉に見えた。

トルコギキョウやグラジオラスなどは、花の色で花言葉がちがうが、ヒマワリは本数でちがった。九百九十九本は何度生まれ変わってもきみを愛する、百八本は結婚《けっこん》しよう、九十九本は永遠の愛、十一本は最愛、七本はひそかな愛、一本だけだと一目惚《ひとめぼ》れという具合にである。

そして三本は。

愛の言当だった。

（山本幸久『花屋さんが言うことには』〈ポプラ社〉）

※馬淵先生……華道《かどう》の先生で、川原崎花店の四十年来のお得意様。

※光代さん・芳賀……それぞれ、川原崎花店のベテラン職員と、アルバイトの男性。

※李多……「川原崎花店」を祖父母から引き継いで営んでいるオーナー。紀久子を、川原崎花店に誘《さそ》ってくれた。

※虚を衝かれた……不意をつかれた。

※寺山修司の短歌……先日光代さんが教えてくれた、寺山修司(歌人、詩人、演出家。一九三五〜一九八三)の短歌。

問一　═══線部(a)〜(c)のカタカナを漢字に直しなさい。

問二　［　　］X・Yに入れるのに適切な語を次の中からそれぞれ選び、記号で答えなさい。

X　ア　まじめな　　イ　元気な　　ウ　丁寧《ていねい》な
　　エ　正直な　　オ　ぶっきらぼうな

Y　ア　おしゃべり　　イ　複雑　　ウ　開放的
　　エ　うわさ好き　　オ　正直

問三　［Z］に入れるのに適切な漢字二字の熟語を、本文中から探して答えなさい。

問四　――線部①「少しためらいながら」とありますが、このときの千《ち》尋《ひろ》の様子や心情の説明としてもっとも適切なものを次の中から選び、記号で答えなさい。

ア　突然具体的な状況《じょうきょう》を説明することになったので、気持ちを落ち着かせて話そうとしている。

イ　紀久子《きくこ》に今の状況をどのように説明したらよいか、あれこれと思いをめぐらせている。

ウ　紀久子からの突然の協力の申し入れに、事情を話そうかどうか迷って決心がつきかねている。

エ　紀久子に突然自分たちの状況を説明しても理解してもらえるかどうか、不安を感じている。

オ　西《にし》や宇田川《うだがわ》に何も知らせず他人にこの話をしてもよいものかどうか、迷いを感じている。

問五　――線部②「そんな真似」とありますが、どのようなことですか。説明しなさい。

問六　――線部③「勢《いきお》い込《こ》んで」とありますが、このときの宇田川の様子や心情の説明としてもっとも適切なものを次の中から選び、記号で答えなさい。

ア　今から自分が買うたくさんの花がきっと西を喜ばせてくれると確信し、自信に満ちあふれている。

イ　今日引っ越してしまう西のことを考えて、さびしさと戸惑《とまど》いが入り混じった気持ちになっている。

ウ　全財産をもって誰《だれ》かのために花を買うという初めての行為《こうい》に、喜びとともに緊張感《きんちょうかん》をいだいている。

エ　店にあるすべての花を一本ずつ買うという決心を実行に移すため、気持ちを奮《ふる》い立《た》たせている。

オ　女の子のために花を買うという行為に照れくささを感じ、それを隠《かく》すために意気込んでみせている。

問七　――線部④「そんな花束《はなたば》をもらっても、相手はよろこぶとは思えないけどな。」とありますが、それではどのようにすればよいと李多《りた》は考えていますか。理由とともに説明しなさい。

問八　――線部⑤「『三本っ』作業台のむこうから李多が言った。」とありますが、このときの李多の心情を説明したものとしてもっとも適切なものを次の中から選び、記号で答えなさい。

ア　不器用な宇田川のために、西への思いを告げる場を設けてあげたいという思いを込めている。

イ　その本数が持つ意味を宇田川と西は知らないだろうが、二人の恋を応援《おうえん》する気持ちを込めている。

ウ　すぐに決断できない宇田川に代わって、自分がてきぱきと物事を進めようという思いを込めている。

エ　後日、その意味を二人が知り、お互《たが》いの気持ちを確かめあってほしいという願いを込めている。

オ　本数が持つ意味もあるが、三本がバランスとして美しいと思う花屋としての気持ちを込めている。

問九　この文章の内容や表現についての説明として適切なものを次の中から二つ選び、記号で答えなさい。

ア　中学生の恋《こい》や友情など、青春の象徴《しょうちょう》ともいえる出来事を、ヒマワリの花や花言葉・ヒマワリを詠《よ》んだ短歌などを効果的に用いて描《えが》き、さわやかな読後感を与《あた》えている。

イ　千尋・西・宇田川の、三人それぞれの状況《じょうきょう》が、一週間という短い期間でめまぐるしく変化していく様子が、過去の思い出を交えながら丁寧に描かれている。

ウ　宇田川と千尋の話をそれぞれ聞いて心動かされた紀久子は三人のために奮闘《ふんとう》するが、最終的に良いアドバイスができず残念に思っている。

エ　互いに思いを寄せているであろう西と宇田川のことを、あれこれ心配し世話を焼く千尋の様子が、紀久子の視点から描き出されている。

オ　中学生三人が、今の自分と向き合いながら成長していく姿が、会話文を用いた臨場感あふれる描写《びょうしゃ》によっていきいきと表現されている。

二　次の文章を読んで、後の問いに答えなさい。なお、設問の都合上、本文には表記を変えたり省略したりした部分があります。

前世紀の終わりから今世紀の初めにかけて、ボクはニューヨークで暮らしました。知人一人いない街に飛びこんだのですから、当初は崩《くず》れ落《お》ちそうになるほどの孤独《こどく》に※さいなまれました。それでも三年近くもの間、あの街でやってこられたのは、数人の友人ができたお陰《かげ》だったと思います。結果的には日米混成のバンドを組め、ニューヨークのいくつかのライブハウスで歌えたことは良い思い出になっています。ただ、人は調子に乗るもので、やっているうちに欲が出てきて、ニューヨークで結成したこのバンドを日本でデビューさせようという話になりました。

問題は※ベーシストでした。彼《かれ》はアメリカ人だったので、日本での彼の(a)キョジュウや※査証をめぐってさまざまな問題が起きました。それだけに、日本で暮らす覚悟《かくご》を決めてくれたベーシストに対し、ボクらは深く感謝をしました。彼が来日してすぐ、知っている寿司店《すしてん》に連れていったのも、歓迎《かんげい》の気持ちからです。

そこで言葉に関し、とても印象的なことが起きました。

ベーシストにとって、日本の本格的な寿司店に入るのは初めてのこと。カウンター席に座った彼はなにを注文していいかわからず、ガラスの保冷ケースに入った寿司ネタをおずおずと指さします。ボクはいちいち、それはカンパチというんだよ、それはハマチ、それはサバ、それはアジ、といった具合に魚の名前を言っていきました。

彼はずいぶんと食べました。回転寿司ではないので大奮発です。でも、「おいしい」と日本語で連発してくれたので、こちらの気分も盛り上がりました。［X］、寿司店を出てしばらく歩いてから、ベーシストはいきなりこう言ったのです。

「なんで日本人は、魚にいちいち名前をつけるんだよ?」

ボクは「え?」と聞き返しました。その時の彼の反応がこうです。

「フィッシュ・イズ・フィッシュ(魚は魚だろ)」

次回からは回転寿司でいいやと思いました。つまり彼は、寿司ダネの区別がついていなかったのです。魚は魚でしかなかったのです。

たしかに、アメリカ人は日本人ほど魚の種類を知りません。ニューヨークの寿司レストランでも、経営者が日本人ではない場合は、カンパチやハマチやツムブリを一緒《いっしょ》くたにイエローテール、マグロもカツオもまとめてツナと言っている店がほとんどです。多くのアメリカ人にとっては、イエローテールという魚は存在しても、カンパチやハマチは存在しないのです。①ましてやそのハマチが成長具合によってワラサやブリと名が変わる出世魚だなんて、説明したところで「?」という表情になるだけです。

日本人は、生き物の名前を細かく知っているという点で、おそらく世界一の民族ではないでしょうか。魚の名前もそうですし、虫の名前や花の名前もそうです。②ちなみにこのベーシストは東部の名門大学の生物学科を卒業していますが、カブトムシもクワガタムシもカミキリムシも全部まとめてビートルと言います。区別をつけないのです。

日本人の男性なら、クワガタの国産種のすべて、カミキリムシも五つ六つは名前を知っていることだと思います。最低でも、シロスジカミキリとゴマダラカミキリの区別くらいはつくはずです。でも、日本のように虫や魚を愛する伝統がない欧米《おうべい》では、虫に対して二、三の言葉しか浮かばない人が一般的です。『昆虫記《こんちゅうき》』のジャン・アンリ・ファーブルがフランス本国では必ずしも有名人ではないように、虫に対する情熱を他国で探すのはなかなか(b)ムズカしいことなのです。

このベーシストの一件は、③言葉とはなにか?という問いかけに対して、ほとんど答えにも近いようなヒントを与《あた》えてくれているように思います。

人間は区別がつかないものに対しては、呼び名を持ち得ません。区別がついている事象に対してのみ、呼び名を持つのです。

その考えをあてはめると、感情に対して三つの言葉しか持てない人は、三つの感情しか区別がついていないと言えます。嫌悪《けんお》の感情が全部「むかつく」になってしまうのであれば、その人にとっては［A］ことになります。逆に、揺《ゆ》れ動《うご》く心に対して百の描写《びょうしゃ》ができるなら、その人はそれだけの心の姿の区別がつくのです。

言語とはすなわち、区別がつくかどうか。差異に根ざした表現なのです。

言葉とは差異に根ざした表現である。

これは言語学の父と呼ばれるフェルディナン・ド・ソシュール(一八

五七―一九一三)が、言葉が存在することの根本理由を明かしていくなかでたどりついた答えです。

ソシュールは、二十一歳《にじゅういっさい》という年齢《ねんれい》で「※インド=ヨーロッパ語」という壮大《そうだい》な体系があることを各国語の母音の分析《ぶんせき》によって解き明かした天才です。どの言語がどの時代にどう影響《えいきょう》し合っていたかという※樹形図を明らかにしていく比較言語学《ひかくげんごがく》に於《お》いて、ヨーロッパ言語の(c)ミキまでをも見出した人です。

言語学の分野に彗星《すいせい》のように現われ、なおかつ言語学そのものを世界的レベルで打ち立てたこのスイス人は、続いて一般言語学《いっぱんげんごがく》にターゲットを定めました。各国の言葉の成り立ちではなく、言語そのものに対する探究を始めたのです。[Y]ボクら日本人は、だれかが「すずめ」と発声すればみな一応にそれぞれの頭のなかで「すずめ」を思《おも》い浮《う》かべることができます。それぞれの「すずめ」の動的イメージは違《ちが》うでしょうが、まず間違いなくそれは「すずめ」であって、「めじろ」や「うぐいす」ではないはずです。

このシンプルな共有認識はいったいどういう理屈《りくつ》から成り立つのか？一言語からなる民族はなぜ言葉とイメージを共通に持てるのか？というのが一般言語学の解き明かそうとする方向性です。その結果、ソシュールが突《つ》き止めた言葉の正体。

それはベーシストの寿司の一件でも明らかになった、認識上の差異というものでした。

わかりやすい例をあげましょう。たとえばあなたが雪の積もった原野を旅していて、その雪面に対してなんらかの表現をこころみようとした時、どんな言葉が出てくるでしょうか。思いつくところで、「白い」「冷たそう」「かたそう」「まぶしい」といったところではないでしょうか。しかし、雪とともに暮らすイヌイットには、その表層の呼び方だけで幾十《いくじゅう》もの言葉があると言われています。[Z]彼らは、雪質や気温や風によって微妙《びみょう》に変わる雪原の見え方、その区別がつくからです。

区別がつく。そこに差異がある。だから言葉が生まれるのです。

日本には、雨に対する呼び名がたくさんありますね。[B]といったふうです。雨が多く、四季に恵《めぐ》まれた国土だけに、ボクらはその区別がつくのです。だからこれだけの呼び名が生まれました。では、欧米《おうべい》ではどうでしょう。たとえばカリフォルニアやニューメキシコで「雨の表現はいくつありますか？」と訊《き》いても、④それはあまり意味をなさない問いになるはずです。まったくもって、あちらでは雨は雨でしかありません。せいぜいが「ヘヴィー・レイン(激しい雨)」や「シャワー(にわか雨)」といった程度。言い方はありますが、雨に対する細分化がない土地では、その言葉数もぐっと減るのです。

宮沢賢治《みやざわけんじ》が雲をどう表現しているか。かつて※草野心平《くさののしんぺい》がそれをまとめたことがありました。ここですこし引用しますと、「氷河が海にはいるように白い雲のたくさんの流れは枯《か》れた野原に注いでいる」「向うの縮《ちぢ》れた亜鉛《あえん》の雲へ」「雲はたよりないカルボン酸」「雲には白いとこも黒いとこもあってみんなぎらぎら湧《わ》いている」「白い輝雲《きうん》のあちこちがきれて、あの永久の海蒼《かいそう》がのぞいている」「雲はみんなリチウムの赤い焔《ほのお》をあげる」「雲の累帯構造《るいたいこうぞう》の継《つ》ぎ目《め》から一切れのぞく天の青」「燃え上がる雲の銅粉」「日はいま羊毛の雲に入ろうとして」「やまなしの匂《にお》いの雲」「蛋白質《たんぱくしつ》の雲は遥《はる》かにたたえ」「蒼鉛色《そうえんいろ》の暗い雲からみぞれはびちょびちょ沈《しず》んでくる」……ああ、もう、詩人の目にはどれだけの種類の雲が現われたのでしょう。おそらく宮沢賢治にとっては、目にする雲はすべて違う雲であって、それは一回性の命との出会いでもありました。すべてに差異があり、だからこそそれぞれの形容になったのです。一般の人はしかし、いわし雲と入道雲程度の区別はついたとしても、ここまではいかないでしょう。まさに、差異がわかることが言葉を生むみなもとであるわけです。

【ドリアン助川「フィッシュ・イズ・フィッシュ」
（『プチ革命　言葉の森を育てよう』〈岩波ジュニア新書〉所収）】

※さいなまれました……苦しめられました。
※ベーシスト……ベースという楽器を演奏するミュージシャン。
※査証……ここでは、外国に滞在《たいざい》するために必要となる証明のこと。ビザ。
※インド＝ヨーロッパ語……英語やフランス語、ヒンディー語やペルシア語など、インドからヨーロッパにかけての地域で話される言語の多くが属する言語グループ。
※樹形図……樹木のように枝分かれした形の図。
※草野心平……福島県出身の詩人。

問一　══線部(a)～(c)のカタカナを、それぞれ漢字に直しなさい。

問二　[　]X～Zに入れるのに適切な語を次の中からそれぞれ選び、記号で答えなさい。

ア　なぜなら　　イ　たとえば　　ウ　あるいは
エ　または　　オ　ところが

問三　――線部①「ましてやそのハマチが成長具合によってワラサやブリと名が変わる出世魚だなんて、説明したところで『?』という表情になるだけです。」とありますが、それはなぜですか。説明としてもっとも適切なものを次の中から選び、記号で答えなさい。

ア　多くのアメリカ人と同様に、彼もまたハマチやカンパチなどの魚をまとめてイエローテールという呼び名で認識しており、その分類以外で理解しようとすることを拒絶《きょぜつ》するから。
イ　魚の種類を細かく分けないアメリカ人の彼にとって、そもそもハマチという魚は存在しないのと同じで、その呼び名がさらに細かく分かれることを説明しても理解できないから。
ウ　アメリカ人の彼にとって、日本における魚の名前の分類を頭に入れるだけで精一杯《せいいっぱい》であり、さらにハマチの呼び名が細かく分類されることを教えたとしても、覚えきれないから。
エ　魚の名前の細かな分類を知らない彼には、どの魚の寿司《すし》も同じ味に感じられてしまうため、さらにハマチの呼び名が成長により変わることなどを教えられても混乱するから。
オ　イエローテールなど魚を大きな分類で呼ぶアメリカ人の彼には、日本人が魚を細かく分類して呼ぶことはめんどうに感じられ、その意味がよくわからないから。

問四　――線部②「ちなみにこのベーシストは東部の名門大学の生物学科を卒業しています」とありますが、この部分はどのような意図で書かれていると考えられますか。その理由としてもっとも適切なものを次の中から選び、記号で答えなさい。

ア　寿司屋では魚の種類の区別がつかなかったが、アメリカの名門大学を卒業しているのだということを提示して、彼の名誉《めいよ》を守るため。
イ　ベーシストのいたアメリカ東部では生物の区別を細かくしないが、西部では事情が異なる可能性がある、ということを提示するため。

ウ　アメリカの名門大学を卒業したベーシストが生物を細かく区別しないということは、間違《まちが》っているのは我々である、と強調するため。

エ　大学の生物学科を卒業した人は、生物を細かく見るのではなく、より大きなくくりで見ることができるようになることを伝えるため。

オ　このベーシストが無知なのではなく、日本と違って、アメリカでは生物を細かく区別しないのが一般的《いっぱんてき》であることを強調するため。

問五　――線部③「言葉とはなにか？」とありますが、その問いに対する答えがもっとも簡潔《かんけつ》にまとまっている一文を本文中より二十字以内で抜《ぬ》き出《だ》し、初めと終わりの三字で答えなさい。

問六　［A］に入る語としてもっとも適切なものを次の中から選び、記号で答えなさい。

ア　怒りの言葉は存在しない

イ　「むかつく」という感情を理解できない

ウ　怒りの感情を表現する方法がない

エ　たった一種類の怒りしか存在しない

オ　何種類もの「むかつく」が存在する

問七　［B］には、雨の様子を表す言葉が入ります。あなたが知っている日本語の雨の呼び名を二つ書きなさい。ただし、本文中にある「にわか雨」は使用できません。

問八　――線部④「それはあまり意味をなさない問いになる」とありますが、それはなぜですか。「区別」「差異」の二語を必ず用いて、五十字以内で説明しなさい。

問九　次に示すのは、本文を読んだ後に、五人の生徒がそれぞれの意見を述べ合っている場面です。本文を読んだ後に、本文の内容に即《そく》していないものを二つ選び、記号で答えなさい。

ア　(生徒A)：言語学って堅苦《かたくる》しいイメージがあるけれど、本文では具体的な例が多く書かれているから、筆者の主張を理解するヒントになったよ。普段《ふだん》使っている言葉を改めて意識しなおしてみるきっかけになった。

イ　(生徒B)：最初はお寿司の話で、何についての文章だろうと思ったよ。寿司ネタの区別の話題を通して「人間は区別がついていることに対してのみ呼び名を持つのだ」ということを説明しようとしているんだね。

ウ　(生徒C)：筆者の言うように、確かにカブトムシやクワガタムシなどは、日本ではとても親しまれているという印象がある。生き物の名前を細かく分類できる日本人は、物事を観察し、分析《ぶんせき》する能力に長《た》けていると言えるよ。

エ　(生徒D)：イヌイットが雪に対して呼び方をいくつも持っているというのは、驚《おどろ》きだなあ。筆者の主張によると、雪が身近な存在だとその様子の区別もつくから、自然と呼び名も多く生まれる、ということになるね。

オ　(生徒E)：こうやって見てみると、宮沢賢治《みやざわけんじ》は雲に対してとても多様な表現をしていることがわかるね。きっと雲の種類が多い土地で暮らす人は皆、賢治のように豊かな表現ができるようになるんだと思う。

問十　本文には、宮沢賢治の表現に関する記述があります。このように多彩な表現で書かれた文章を読むことには、どのような意味がありますか。本文の内容をふまえて答えなさい。

東京女学館中学校（第一回）

―50分―

〔注意〕　字数制限のある場合、句読点・カッコなどはすべて字数に数えます。

一　次の文章を読んで、後の問いに答えなさい。

　中学二年生の羊子の祖母は、数週間前から入院していました。祖母の長女である母は、祖母の容態を知り家で泣いており、そんな母を見て以来、羊子はしばしば病院に見舞《みま》いに行きます。そんな羊子に、祖母はいつもと変わらぬそっけない様子で、時々用事を言いつけたりしました。


「ねえ、羊子、本をさがしてほしいんだけど」

あるときおばあちゃんはそう言った。

「いいよ、何。買ってくる」

「下の売店にはないよ。大きな本屋さんにいかなくちゃないと思うよ」

「わかった。明日放課後いってみる。なんて本？」

おばあちゃんはじっと私を見ていたが、ベッドのわきに置かれた机の引き出しから紙とペンを出し、眼鏡《めがね》を掛《か》け、なにやら文字を書きつけた。渡《わた》されたメモを見ると、私の知らない名前に、私の知らないタイトルが、殴《なぐ》り書きされていた。

「えー、聞いたことないよ、こんな本」私は言った。

「あんたなんかなんにも知らないんだから、聞いたことのある本のほうが少ないだろうよ」

おばあちゃんは言った。①こういうもの言いをする人なのだ。

「出版社はどこなの」

「さあ。お店の人に言えばわかるよ」

「わかった。さがしてみるけど」

メモをスカートのポケットに入れると、おばあちゃんは私を手招きした。ベッドに身を乗り出して耳を近づける。

「そのこと、だれにも言うんじゃないよ。あんたのおかあさんにも、おばさんたちにも。あんたがひとりでさがしておくれ」

おばあちゃんの息は不思議なにおいがした。いいにおいかくさいにおいかと言われれば後者なんだけれど、嗅《か》いだことのない種類のものだった。そのにおいを嗅ぐと、なぜか、泣いている母を思い出すのだった。

おばあちゃんの言葉通り、次の日、私はメモを持って大型書店にいった。そのころはコンピュータなんてしろものはなくて、店員は、分厚い本をぱらぱらめくって調べてくれた。

「これ、書名正しいですか？」店員は困ったように私に訊《き》いた。

「と、思いますけど」

「著者名も？　該当《がいとう》する作品が、見あたらないんですよね」

「はあ」

私と店員はしばらくのあいだ見つめ合った。見つめ合っていてもしかたない、ひとつお辞儀《じぎ》をして私は大型書店を去った。

「おばあちゃん、なかったよ」

そのまま病院に直行して言うと、おばあちゃんはあからさまに落胆《らくたん》した顔をした。こちらが落ちこんでしまうくらいの落胆ぶりだった。

「本のタイトルとか、書いた人の名前が、違《ちが》ってるんじゃないかって」

「違わないよ」［A］おばあちゃんは言った。「あたしが間違えるはずがないだろ」

「だったら、ないよ」

おばあちゃんは私の胸のあたりを見つめていたが、

「さがしかたが、甘《あま》いんだよ」すねたように言った。「どうせ、一軒《いっけん》いってないって言われてすごすご帰ってきたんだろ。店員も、あんたとおんなじような若い娘《むすめ》なんだろ。もっと知恵《ちえ》のある店員だったらね、あちこち問い合わせて、根気よく調べてくれるはずなんだ」

そうして［B］横を向き、そのままいびきをかいて眠《ねむ》ってしまった。

私はメモ書きを手にしたまま、パイプ椅子《いす》に座って空を見た。季節は冬になろうとしていた。空から目線を引き下げると、バス通りと、バス通りを縁取《ふちど》る街路樹が見えた。木々の葉はみな落ちて、寒々しい枝が四方に広がっている。

すねて眠るおばあちゃんに視線を移す。私の知っているおばあちゃんより、ずいぶんちいさくなってしまった。それでも、もうすぐ死んでしまう人のようにはどうしても見えない。また、もうすぐ死んでしまうのだと思っても、不思議と私はこわくなかった。きっと、それがどんなことなのか、まだ知らなかったからだろう。今そこにいるだれかが、永遠にいなくなってしまうということが、いったいどんなことなのか。

その日から私は病院にいく前に、書店めぐりをして歩いた。繁華街《はんかがい》や、隣町《となりまち》や、電車を乗り継《つ》いで都心にまで出向いた。いろんな本屋があった。雑然とした本屋、歴史小説の多い本屋、店員の親切な本屋、人のまったく入っていない本屋。しかしそのどこにも、おばあちゃんのさがす本はなかった。

手ぶらで病院にいくと、おばあちゃんはきまって落胆した顔をする。②何か意地悪をしているような気持ちになってくる。

「あんたがその本を見つけてくれなけりゃ、死ぬに死ねないよ」

あるときおばあちゃんはそんなことを言った。

「死ぬなんて、そんなこと言わないでよ、縁起《えんぎ》でもない」

言いながら、はっとした。私がもしこの本を見つけださなければ、おばあちゃんは本当にもう少し生きるのではないか。ということは、見つからないほうがいいのではないか。

「もしあんたが見つけだすより先にあたしが死んだら、化けて出てやるからね」

③私の考えを読んだように、おばあちゃんは真顔で言った。

「だって本当にないんだよ。新宿にまでいったんだよ。いったいいつの本なのよ」

本が見つかることと、このまま見つけられないことと、どっちがいいんだろう。そう思いながら私は④口を尖《とが》らせた。

「最近の本屋ってのは本当に困ったもんだよね。少し古くなるといい本だろうがなんだろうがすぐひっこめちまうんだから」おばあちゃんがそこまで言いかけたとき、母親が病室に入ってきた。おばあちゃんは口をつぐむ。母はポインセチアの鉢《はち》を抱《かか》えていた。手にしていたそれを、テレビの上に飾《かざ》り、おばあちゃんに笑いかける。母はあの日から泣いていない。

「もうすぐクリスマスだから、気分だけでもと思って」母はおばあちゃんをのぞきこんで言う。

「あんた、知らないのかい、病人に鉢なんか持ってくるもんじゃないんだよ。鉢に根付くように、病人がベッドに寝付《ねつ》いちまう、だから【Ｘ】が悪いんだ。まったく、いい年してなんにも知らないんだから」

母はうつむいて、［C］私を見た。

「クリスマスっぽくていいじゃん。クリスマスが終わったら私が持って帰るよ」

母をかばうように私は言った。おばあちゃんの乱暴なもの言いに私は慣れているのに、もっと長く娘をやっている母はなぜか慣れていないのだ。

案の定、その日の帰り、タクシーのなかで母は泣いた。またもや私は、ひ、と思う。

「あの人は昔からそうなのよ。私のやることなすことすべてにけちをつける。よかれと思ってやってやっていることがいつも気にくわないの。私、何をしたってあの人にお礼を言われたことなんかないの」

タクシーのなかで泣く母は、クラスメイトの女の子みたいだった。⑤母の泣き声を聞いていると、心がスポンジ状になって濁《にご》った水を吸い上げていくような気分になる。

あああ、と私は思った。これからどうなるんだろう？　本は見つかるのか？　おばあちゃんは死んじゃうのか？　おかあさんとおばあちゃんは仲良くなるのか？　なんにもわからなかった。だって私は十四歳《さい》だったのだ。

クリスマスを待たずして、おばあちゃんは個室に移された。点滴《てんてき》の数が増え、酸素マスクをはめられた。⑥それでも私はまだ、おばあちゃんが死んでしまうなんて信じられないでいた。病室では笑っている母は、家に帰ると毎日のように泣いた。おばあちゃんが個室に移されたのは、私が鉢植えを持っていったからだと言って泣いた。

その年のクリスマスは冷え冷えとしていた。私が夏から楽しみにしていた母のローストチキンは黒こげで食べられたものではなかったし、ケーキに至っては砂糖の量を間違えたのかまったく甘くなかった。クリスマスプレゼントのことはみんな忘れているようで、私は何ももらえなかった。

そうして例の本も、私は見つけられずにいた。

クリスマスプレゼントにできたらいいと思って、私はさらに遠出をして本屋めぐりをしていたのだが、そのなかの一軒で、年老いた店主が、たぶん絶版になっていると教えてくれた。昭和のはじめに活躍《かつやく》した画家の書いた、エッセイだということも教えてくれた。⑦それで、それまで入ったこともなかった古本屋にも、足を踏《ふ》み入れていたというのに。

黒こげチキンの次の日、冬休みに入っていた私は朝早くから病院にいった。見つけられなかった本のかわりに、黒いくまのぬいぐるみを持っていった。

「おばあちゃん、ごめん、今古本屋さがしてる。かわりに、これ」

おばあちゃんはずいぶん痩《や》せてしまった腕《うで》でプレゼントの包装をとき、酸素マスクを片手で外して［D］言う。

「まったくあんたは子どもだね。ぬいぐるみなんかもらったってしょうがないよ」

これにはさすがにかちんときて、個室なのをいいことに、私は怒鳴《どな》り散らした。

「おばあちゃん、わがまますぎるっ。ありがとうくらい言えないのっ。私だって毎日毎日本屋歩いてるんだから。古本屋だって、入りづらいのにがんばって入ってるんだから。古本屋に私みたいな若い子なんかいないのに、それでも入ってって、愛想の悪いおやじにメモ見せて、がんばってさがしてるんだからっ。それにっ、おかあさんにポインセチアのお礼だって言いなよっ」

⑧おばあちゃんは目玉をぱちくりさせて私を見ていたが、突然《とつぜん》笑い出した。私の覚えているよりは数倍弱々しい笑いではあったけれど、それでもすごくおかしそうに笑った。

「あんたも言うときは言うんだねえ。なんだかみんな、やけにやさしいんだもん、調子くるってたの。美穂子《みほこ》なんかあたしが何か言うと目くじらたてて言い返してきたくせに、やけに素直になっちゃって」

美穂子というのは私の母である。外した酸素マスクをあごにあてて、おばあちゃんは窓の外を見て、ちいさな声で言った。

「あたし、もうそろそろいくんだよ。それはそれでいいんだ。これだけ生きられればもう充分。けど⑨気にくわないのは、みんな、美穂子も菜穂子も沙知穂《さちほ》も、人がかわったようにあたしにやさしくするってこと。ねえ、いがみあってたら最後の日まで人はいがみあってたほうがいいんだ。許せないところがあったら最後まで許すべきじゃないんだ、だってそれがその人とその人の関係だろう。相手が死のうが何しようが、むかつくことはむかつくって言ったほうがいいんだ」

おばあちゃんはそう言って、酸素マスクを口にあてた。くまのぬいぐるみを、自分の隣に寝かせて、目を閉じた。くまと並んで眠るおばあちゃんは、おさない子どもみたいに見えた。

【角田光代「さがしもの」（『さがしもの』〈新潮文庫〉所収）より】

※出題の都合上、一部表現のしかたを変えたり、省略したりしたところがあります。

問一　本文中の A ～ D の中に入る語として適当なものを次の中からそれぞれ選び、記号で答えなさい。

ア　ずけずけと　イ　ぴしゃりと　ウ　ちらりと
エ　ふいと　オ　さっぱりと

問二　――線部①「こういうもの言い」とありますが、どのような「もの言い」なのですか。それを言い換《か》えた部分を、本文中から七字でそのまま抜《ぬ》き出して答えなさい。

問三　――線部②「何か意地悪をしているような気持ちになってくる」とありますが、その説明としてもっとも適当なものを次の中からひとつ選び、記号で答えなさい。

ア　おばあちゃんに毎回おおげさに落胆《らくたん》されるので、だんだん自分もいやになって投げやりな気持ちになってくるということ。

イ　おばあちゃんが毎回落胆するのを見ると、自分がわざと見つけないでいるような申し訳ない気持ちになってくるということ。

ウ　おばあちゃんが落胆してどんどん落ちこんでいくにつれて、自分がだんだん強い立場になっているのを感じるということ。

エ　おばあちゃんが毎回きまって落胆するので、おばあちゃんがわざと意地悪をしているのではないかと思えてきたということ。

問四　――線部③「私の考え」とありますが、どのような考えですか。「～という考え」に続くように五十字以内にまとめて答えなさい。

問五　――線部④「口を尖《とが》らせた」とありますが、ここでのこの語句の意味としてもっとも適当なものを次の中からひとつ選び、記号で答えなさい。

ア　申し訳なさそうにすること　　イ　心配そうにすること

ウ　不満そうにすること　　　　　エ　強い口調になること

問六　【Ｘ】に入る熟語を、本文中からそのまま抜き出して答えなさい。

問七　――線部⑤「母の泣き声を聞いていると、心がスポンジ状になって濁《にご》った水を吸い上げていくような気分になる」とありますが、このときの私の気持ちの説明としてもっとも適当なものを次の中からひとつ選び、記号で答えなさい。

ア　まるで中学生のような頼《たよ》りない母の姿を見て、母への同情がこみあげるような気持ち。

イ　めったに泣かない母が泣くことで、自分のなかにも悲しみがあふれるような気持ち。

ウ　自分がしっかりしなくてはという責任感のために、押しつぶされるような気持ち。

エ　周りに対するいらだちやこの先に対する不安が、次々とわいてくるような気持ち。

問八　――線部⑥「それでも私はまだ、おばあちゃんが死んでしまうなんて信じられないでいた」とありますが、「私」にとって「死」とはどのようなものでしたか。二十字以内で答えなさい。

問九　――線部⑦「それで、それまで入ったこともなかった古本屋にも、足を踏《ふ》み入れていたというのに」とありますが、この一文の続きを書くとしたら次のどの文があてはまるか、もっとも適当なものを次の中からひとつ選び、記号で答えなさい。

ア　やはり、例の本を見つけることはできず、私はおばあちゃんの言葉を疑い始めていた。

イ　どこのお店にも置いていなかったので、例の本がなかったのは、そういうことかとわかった。

ウ　本を見つけられなかった私に対するおばあちゃんの態度は、許せないものだった。

エ　私が何度理由を説明しても、おばあちゃんは、例の本をあきらめてくれなかった。

問十　――線部⑧「おばあちゃんは目玉をぱちくりさせて私を見ていたが、突然《とつぜん》笑い出した」とありますが、おばあちゃんが「突然笑い出した」のはなぜですか。その説明としてもっとも適当なものを次の中からひとつ選び、記号で答えなさい。

ア　「私」が怒鳴《どな》ったのに驚いたが、私が怒《いか》りをそのままぶつけてきたことに痛快さと嬉《うれ》しさを感じたから。

イ　「私」がいきなり怒鳴ってきたことに戸惑《とまど》いを感じ、どうしていいかわからなくなってしまったから。

ウ　「私」に怒鳴られたことで、驚《おどろ》きとともに私の成長を喜び、孫をかわいらしく思ったから。

エ　孫の「私」がまるで自分と同じように怒鳴ったことで、似たものどうしのようでおかしかったから。

問十一　――線部⑨「気にくわないのは、みんな、美穂子《みほこ》も菜穂子も沙知《さち》穂《ほ》も、人がかわったようにあたしにやさしくするってこと」とありますが、おばあちゃんはみんなにどのように接してほしいと思っていたのですか。「～と思っていた。」に続くように二十字以内で考えて答えなさい。

問十三　本文中で描《えが》かれた内容から、私の母が、おばあちゃんに対して、どのような気持ちを持っていたことがわかりますか。もっとも適当なものを次の中からひとつ選び、記号で答えなさい。

ア　おばあちゃんの娘としての責任を最後まで果たそうとしつつも、わがままなおばあちゃんに対する怒りをおさえきれないでいる。

イ　おばあちゃんのことを心から心配してなるべくやさしく接しているものの、気持ちのすれ違いを感じてしまい苦しんでいる。

ウ　おばあちゃんの具合が悪くなって初めておばあちゃんの本心を知り、これまでの娘としての自分のふるまいを心から悔《くや》んでいる。

エ　おばあちゃんへの長年の怒りをおさえて仲の良い親子になろうと努力してみたが、やはり無理なことだったとあきらめている。

二

次の文章を読んで、後の問いに答えなさい。

国語という教科で、なぜ、何を学ぶか。そのことを考えるために、最初に糸口にしたいのが、次の言葉です。

［理想と現実］

言うまでもなく、意味の反対の言葉です。①対義語などといいます。「国語って何を勉強するのか」の「何」に当たる事柄《ことがら》はたくさんあって、とても一口には言えないのですが、［ I ］この二つの言葉がどう関係するかを考えるだけで、国語で学ぶことの大事なことの一つがわかると思うのです。そして、なぜ国語を勉強するのかを考えるヒントにもなるでしょう。

では、早速《さっそく》ここで問題。「理想」という熟語を定義してみてください。

「［ X ］」。だいたいそういう感じですね。［ II ］難しくはないでしょう。

じゃあ「現実」を定義したら、どうなるでしょう。

「実際にあるこの世のこと」、「事実」。そう、間違《まちが》っていない。だけどぴったり合うかというと、ちょっと物足りなくないですか。「もっと現実を見つめなさい」などという言い方を思い出してください。私たちが「現実」という言葉を使う時には、「自分だけで思い込《こ》んでいないで」とか、「『理想』ばかり追いかけてはだめだ」というような気持ちが込められている場合があります。「［ A ］」というのは、私たちを取り巻《ま》く実際の事柄すべてに当てはまりますが、「［ B ］」の方は、もう少し意味が狭《せま》くて、しかも「思い込み」と食い違うもの、「［ C ］」の実現を邪魔《じゃま》するもの、という意味合いがある。「［ D ］」の前提に「想念」や「理想」があります。「想念」や「理想」があるから「現実」があるわけです。

逆のこともまたいえるでしょう。②「想念」「理想」が「現実」になったら、それこそ理想的だし、私たちはそのために生きているといってもよいかもしれません。だけど想念も理想も、簡単に実現しはしないのだと、教えられたりしたことがありませんでしたか。私はずいぶん言い聞かせられてきました。言われ続けたあげくに、思ったこと、願ったことはまずかなわないんだ、と決め込むようになった気さえします。

それは少し行き過ぎにしても、理想は、すぐに現実になったりしてはいけないもののような雰囲気《ふんいき》があります。理想は実際にはかなえられないもの、目指されるもの、つまり現実には存在しないもの、というニュアンスがあるといってよいのでしょう。このように③理想と現実の関係は、相対的で、微妙《びみょう》です。でも私たち人間はこの世に生きていて、［Ⅲ］現実を理想化したいと願っています。ですから、人間をめぐって書かれた文章――つまりあらゆる文章――だって、基本的に理想と、それに相対する現実という枠組《わくぐ》みをいつも抱え込んでいる、といっていいでしょう。

文章は全部理想と現実という枠組みを持っているだなんて、少し言い過ぎのような気もします。えっ、と思った人もいるかもしれません。

［Ⅳ］「理想」だけだと足りないですね。先ほどから「理想」と組み合わせて用いていた「想念」とか、あるいは「概念《がいねん》」とか「心」とかを合わせて考えてみてください。そうすれば、文章のほとんどは、「理想」（想念・抽象《ちゅうしょう》）と「現実」（事実・具体）の関係から成り立っている、ということに気づくでしょう。事実というものは、素粒子《そりゅうし》のような微小《びしょう》なものから、世界や宇宙といった広がりを持つものまで、無数にあります。一つ一つを知ろう、捉《とら》えようとしたら、訳がわからなくなってしまう。放っておいたら④事実の洪水《こうずい》に、私たちは押し流されてしまうのです。それを整理したり、体系化《たいけいか》したりして、事実を事実としてしっかり受け止めるよう導いてくれるのが、理想や想念や抽象概念です。大事なのは、理想（想念・抽象）と現実（事実・具体）の関係なのです。

では、その理想と現実の関係について、具体的に考えてみましょう。次の文章がヒントになると思います。

どうすれば虹《にじ》の根もとに行けるか　黒井千次

子供の時に虹を見たことのある人ならば、誰《だれ》でも一度はあの巨大な半円形の橋の根もとまで行ってみたい、と思った覚えがあるに違いない。初めて虹に出会ったのがいつであったかは忘れてしまったが、その根もとがどんなふうになっているのだろう、と夢《ゆめ》みるように考えた記憶《きおく》だけはぼくの中にもはっきり残っている。

筆者は子供の頃《ころ》から「虹の根もと」が見たかった、と言っています。そして「誰でも一度は」その根もとに行ってみたいと思ったはずだ、というのです。もしかしたら、ちょっと待ってくれと、違和感《いわかん》を持った人もいるかもしれませんね。そんなこと考えたこともない、勝手に決めつけないでくれ、と。ただそういう人でも、何かに一心に憧《あこが》れて、それに近づいてみたいと思ったことはあるはずです。そういう体験を思い出し、⑤それが虹の根もとだと仮定してみて、その時の自分を振《ふ》り返ってみることを求めている、と考えてみればよいでしょう。⑥具体的なことは、そのイメージを生かして味わうとともに、それをいったん抽象《ちゅうしょう》化して、一《いっ》般《ぱん》化してみることが大切です。

【渡部泰明「国語は冒険の旅だ」（『国語をめぐる冒険』〈岩波ジュニア新書〉所収）より】

※出題の都合上、一部表現のしかたを変えたり、省略したりしたところがあります。

問一　本文中の［Ⅰ］～［Ⅳ］に入る語として、もっとも適当なものを次の中からそれぞれ選び、記号で答えなさい。

ア　たしかに　イ　それほど　ウ　少なくとも
エ　かならず　オ　たいてい

問二　――線部①「対義語」について、次の熟語の対義語を漢字で答えなさい。

偶然 ⟺ [1]　結果 ⟺ [2]
部分 ⟺ [3]

問三 本文中の[X]には、「理想」を定義した語句が入ります。あなたは、「理想」という言葉をどのように定義しますか。あなたの考える「理想」の定義を十五字以内で答えなさい。

問四 本文中の[A]~[D]にあてはまる語の組み合わせとしてもっとも適当なものを次の中からひとつ選び、記号で答えなさい。

ア A=現実　B=事実　C=現実　D=理想
イ A=現実　B=事実　C=理想　D=現実
ウ A=事実　B=現実　C=現実　D=理想
エ A=事実　B=現実　C=理想　D=現実

問五 ――線部②「そのため」とありますが、「その」が指し示す内容を「~ため」に続くように、文中のことばを用いて十五字以内で答えなさい。

問六 ――線部③「理想と現実の関係は、相対的で、微妙《びみょう》です」とありますが、このことの説明としてもっとも適当なものを次の中からひとつ選び、記号で答えなさい。

ア 理想があるからそれに対する現実が存在するのであって、どちらか片方だけでは存在しないものであるということ。
イ 理想は現実と比較《ひかく》することでその価値がはっきりするのであって、現実とまったく異なることに価値があるということ。
ウ 理想は決して現実にならないからこそ、理想と言われているのであって、それが現実になってしまっては意味がないということ。
エ 理想は理想、現実は現実として、はっきり分けて考えるべきであり、両者を比べて考えることはできないということ。

問七 ――線部④「事実の洪水《こうずい》に、私たちは押し流されてしまう」とありますが、これは、どのようなことをたとえた表現ですか。二十五字以内でわかりやすい表現に言いかえなさい。

問八 ――線部⑤「それ」が指し示す内容を、文中のことばを用いて十字以内で答えなさい。

問九 ――線部⑥「具体的なことは、そのイメージを生かして味わうとともに、それをいったん抽象《ちゅうしょう》化して、一般《いっぱん》化してみることが大切です」とありますが、

(1) この文章の中で、筆者は、黒井千次の「どうすれば虹の根もとに行けるか」という文章を題材として、このことを説明しています。黒井千次の文章の中で「具体的なこと」にあたるものを、十二字でそのまま抜《ぬ》き出して答えなさい。

(2) このような筆者の考え方にならって、次の具体的なイメージで表現された内容を、抽象化した一般的な表現に直すとしたら、たとえば、どのようになると考えられますか。それぞれ十五字以内で答えなさい。

1 大きな岩に胸が押しつぶされそうだ。
2 大空高く飛びまわる鳥になりたい。

問十 本文で述べられている筆者の考えと合っているものを、次の中からひとつ選び、記号で答えなさい。

ア 国語を学ぶ上で大切なことの一つは、文章で述べられている理想の現実化を目指すことで、事実をよりよいものにすることである。
イ 国語を学ぶ上で大切なことの一つは、文章で述べられている事実

をあるべき現実として理解し、抽象的な事柄《ことがら》にまで広げて考えることである。

ウ　国語を学ぶ上で大切なことの一つは、文章で述べられている現実を理想にするために、いったん抽象化して理解することである。

エ　国語を学ぶ上で大切なことの一つは、文章で述べられている具体的なイメージを抽象的な事柄に置きかえて理解することである。

三　次の短文中の――線部のカタカナを、漢字に直しなさい。

1　ユダンして試合に負けてしまった。
2　短歌とハイクを学習する。
3　テンケイ的な例をあげる。
4　シンキイッテン、新しいことに挑《いど》む。
5　リレーの選手のホケツに選ばれた。
6　それぞれのリョウイキを守る。
7　カテイ科の時間に卵焼きを作る。
8　時計のビョウシンを合わせる。
9　女王ヘイカの死を心からいたむ。
10　特急列車がツウカする。

東洋英和女学院中学部(A)

—45分—

◆　次の《文章Ⅰ》《文章Ⅱ》は、上橋菜穂子《うえはしなほこ》著(構成・文　瀧晴巳《たきはるみ》)『物語ること、生きること』の一部です。これを読んで後の問いに答えなさい。字数の指定がある問題は、句読点も一字と数えます。

《文章Ⅰ》

私の最も古い記憶《きおく》のひとつは、一匹《ぴき》の大きなガマガエルです。

幼い私が、父方の祖母と、庭にいるその巨大《きょだい》なカエルをじっと見ているのです。

お風呂《ふろ》場をつくるために庭をつぶしたのは、私が二歳《さい》のときでした。とすると、これは私が二歳になるかならないかの記憶ということになります。

親は「そんなにちっちゃかったころのことを、そこまで覚えているはずがない」と言うけれど、ガマガエルのひらべったい背中の感じや、そのときの日差しの1加減、木戸についていた鈴《すず》が鳴る音まで、〈　〉思い浮《う》かべることができます。「緑青《ろくしょう》」という言葉はまだ知らなかったけれど、その鈴が緑色に錆《さ》びているのも、まるで一枚の絵のように鮮明《せんめい》に覚えているのです。

記憶というのは不思議なものです。

あとになって家族から聞いた話をもとに再構成したのだと言われれば、そうかもしれません。でも「何かある」一シーンだからこそ記憶に焼きついているのではないでしょうか。

作家になったいまでも、物語がひらめくときは、必ずひとつの光景が浮かびます。

それは繭玉《まゆだま》を一個与《あた》えられたようなもので、私は、それを解きほぐすようにして物語を書いてきたのです。

生まれたとき、心臓に**ザツオン**があった私は、体が弱く病気がちで、両親はお医者様から「この子はそう長くは生きられないかもしれない」と言われたそうです。

風邪《かぜ》をひくとすぐに肺炎《はいえん》になってしまうような、病院通いの多い子どもで、本当は男の子みたいに思いっきり駆《か》けまわりたいのに、それが許されないことは悔《くや》しくて、悲しくて、でも自分ではどうすることもできません。

そんな私の支えになってくれたのが、父方の祖母でした。2おばあちゃんはものすごく話のうまい人で、私は、おばあちゃんの膝《ひざ》に頭をくっつけて甘《あま》えながら、たくさんの昔話を聞いて育ったのです。

おばあちゃんがしてくれる昔話は、絵本で読むようなお話とはまた違《ちが》っていました。

いわゆる「**口頭伝承**」といって、人が口から口へ伝えてきたお話で、山口県で生まれ、福岡に嫁《とつ》いだおばあちゃんは、自分も耳で聞き覚えたであろう、その土地その土地で語り伝えられてきたお話をいくつも聞かせてくれました。

物語には、目より先に、耳から入ったというわけです。

しかもおばあちゃんは、私の反応を見ながら、先の展開をどんどん変えてしまいます。おかげで、私は、自分で本を読めるようになるまえに

「次はどうなるんだろう」「次はどうなるんだろう」とワクワクしながら、物語を想像する楽しさを知ってしまったのだと思います。

「むかしな、あるところにじいさんばあさんがおってな。じいさんばあさんの住んでいる家の**ウラテ**には土《ど》まんじゅうがあってな。土まんじゅうって、わかるか?」

「わかんない」

「人が亡《な》くなったけれど、誰《だれ》もお墓を建ててくれない。そういう無《む》縁仏《えんぼとけ》さんが入ったお墓のことをいうんだよ」

おばあちゃんは、私の顔をじっと見ながら語りはじめます。

こわい話は、3おばあちゃんの十八番《おはこ》。

「ああ、かわいそうにこんなところで亡くなられて、どなただろうと思いながら、じいさんばあさん、人がいいから毎日毎日草取りをして、お花をあげたりしていた。そうしたらある夜、眠《ねむ》っていると、家の外から、鎧金具《よろいかなぐ》がちゃりちゃり、ちゃりちゃり鳴る音がして、4たくさんの（　　）がいなないている。いったい、何が起きたんだろうと、じいさんばあさん、こわくて寝床《ねどこ》で震《ふる》えていたら、ほとほと、ほとほと、戸を叩《たた》く音がした。『夢ではないぞ、夢ではないぞ。われは平家の落人《おちうど》【注1】である。ゆえあってここで亡くなったけれど、おまえたちが毎日毎日供養《くよう》してくれたおかげでようやく成仏《じょうぶつ》できる。ありがとう。夢ではないぞ、夢ではないぞ』、そう言って去っていったそうな」

それはまるで本当に起こった出来事のような感じがしました。

夢ではないぞ、夢ではないぞ。

いまでも、おばあちゃんがそう言ったときの**声色**や口調が耳の底に残っています。

湿《しめ》った闇《やみ》の中にたくさんの馬がざわざわといる気配や、何者かが戸を「ほとほと、ほとほと」と叩く音を、私も、確かに聴《き》いたような気がするのです。

「鎧金具」という言葉を知らなくても、子どもは「鎧金具がちゃりちゃり、ちゃりちゃり鳴る音がして」と聞くと、「鎧金具」の印象を「ちゃりちゃり、ちゃりちゃり」鳴る音として耳に留めるのでしょう。時代もののドラマを見たりして「平家の落人」というのが何者で「鎧金具」というのが何かを知ったのはずっとあとのことです。

5言葉の意味がわからなくても、ちっとも気になりませんでした。

おばあちゃんが、「ちょうちんぶらぶら、お先に帰りましょ」などと、調子のよい歌を歌いながら、「ほい」「ほい」と手を叩くのに合わせて、私が嬉々《きき》【注2】として踊《おど》っているのを、父と母は「しょうがないなあ」と笑いながら見ていたそうです。子どもって、言葉の響《ひび》きだけで、身体《からだ》が反応してしまうものですよね。

「ちちんぷいぷい」じゃないけれど、おばあちゃんは、そういう6おまじないみたいな、（　　）言葉を、いくつも知っていました。

のどに魚の小骨がつかえたとき、食べかけの魚を頭の上に乗せられたことがありました。おばあちゃんが、その魚の上に手を置いて、「うむっ」と気合をいれたら、ふっと小骨が抜《ぬ》けて、びっくりしたことがあります。おばあちゃんいわく、「魚が自分の小骨を引っ張るんだよ」って。不思議ですよね。

私は、そんなおばあちゃんのことが大好きでした。

《文章Ⅱ》

はじめてオーストラリアに行ってから二十年あまり、作家になってからも、私は、毎年【注3】フィールドワークのためにオーストラリアに通いつづけてきました。

念願の作家になることができたときに、たとえ食べられなくても（デビューしてすぐ食べられるなんて、そんなすごい作家ではありませんでしたから）、アルバイトをしながら作家に**センネン**するという選択肢《せんたくし》がなかったわけではありません。それでも文化人類学者と7二足のわらじを履《は》きつづけてきたのは【注4】靴《くつ》ふきマットの上から飛びだした遠いあの日から、**生身**の人間と出会い、異文化の中でもまれるフィールドワークの奥《おく》深い魅力《みりょく》に、魅《み》せられてしまったからだと思います。

痛い思いをするのは本当に嫌《いや》です。でも、そうして自分の足で歩いているなかで、肌《はだ》感覚で実感できたことがたくさんあって、私の書く物語のあちらこちらに、それは確かに息づいているような気がするのです。

頭でわかったつもりになっていることと実際の経験のあいだには、大きな開きがあるもので、中学生のころ、漫画《まんが》では斧《おの》を振《ふ》りまわす男を描《か》いたりしていたのに、実際にオーストラリアで【注5】アボリジニに本物の斧を渡《わた》されたら、どうしていいのか、わかりませんでした。

力まかせに振り下ろしたら、木の根にガイーンとはじかれて、手がびりびり。

たき火用に木の根っこを採ってこないといけないのに、そんなこともできなくて「なにやってんだ、ナホコ、おまえ、斧の使いかたが間違っているよ」と笑われました。

木を伐《き》るわけじゃないんだから、斧をさかさまにして柄《え》のほうで、根っこを叩いて掘《ほ》り起こせよ、と言われて、そんな使いかたもあるのだとはじめて知ったのでした。そういうことも、実際に教わらないとわからないものですよね。

長いキャンプ生活の中で、たき火をおこすと、どんなふうに燃えるのかを知ることもできました。

たき火の火は、日の光がまだあるうちには見えないこと、たき火の火が見えはじめることによって、いつの間にか、辺りが暗くなってきている、と、気づく。たき火の匂《にお》いは、服にしみついたら、洗ったくらいじゃ落ちないこと。

8身をもって知ったそういうひとつひとつの体験が、全部、あとになって物語の中で、息を吹《ふ》き返し、かたちになっていきました。

馬が好きで、大学生のときには、短いあいだですが、乗馬同好会に入っていたこともあります。

オーストラリアで【注6】ブッシュハイクをしたときは、さすがにへろへろになりましたが、実際に乗ったことがなければ、長いあいだ乗っているとどこがこすれるのか、降りたときに、どこが痛くなるのかもわからないでしょう。

けっこうイジワルな馬もいて、落馬したら、おまえ、なに落ちてんだよ、とあざわらうように、ポロシャツの襟《えり》のあたりをかまれて持ちあげられたこともあります。白いポロシャツだったので、見事に草色の歯形がついていて、びっくりしました。

そうした体験が、【注7】バルサとチャグムが馬で山道を登っていくシーンを描こうとしたときに、ひょいと出てきたりするのです。

馬の脇腹《わきばら》をそっと踵《きびす》で押《お》して歩かせはじめたバルサは、背後にいるチャグムが、なんともいえぬ顔で自分を見ているのに、気づかなかった。〈タンダ〉も、〈名無し〉もおとなしい馬で、険しい山道も、白く息を吐《は》きながら、どんどんのぼった。斜面《しゃめん》をのぼっていく馬に乗っていると、足だけでなく、腰《こし》や背にも負担がかかる。日が暮れて馬をおりるころには、いつも、チャグムはくたくたになっていた。地面におりても、膝がわらってしまって、まともに立てないほどだった。

――『天と地の守り人《もりびと》　第二部』(偕成社)

つらいことに出会ったときは「いずれ作家としてこの経験が役に立つ」――いつも、そう思っていました。

9作家の性《さが》というのは、妙《みょう》にしたたかなもので、愛犬が死んだときも、悲しくて悲しくて涙《なみだ》がとまらないのに、その悲しみを後ろから傍観者《ぼうかんしゃ》のように見ている自分がいたりするのです。

この悲しみは、いったい、どういう悲しみだろう。

愛犬は、いま、どんな匂いがしている？　周りの人はどうしてる？　とてもとてもデッサンをするように記憶に留《とど》めておこうとしている、冷静な傍観者の自分がいるのです。自分がどうにかなってしまったんじゃないかと思うような、身も心も吹っ飛ぶような恋《こい》をしているときも、その自分を外側から見ている自分がいるのです。

しんどいことがあったとき、この感覚が、意外に役に立ったこともありました。

アボリジニとの人間関係【注8】に翻弄《ほんろう》されて、ああ、疲《つか》れたな、と思っても、子どものころ、洞窟《どうくつ》で考古学者になりきっていたみたいに「おいおい、アボリジニとの人間関係で悩《なや》んでいるなんて、おまえ、いっぱしの文化人類学者みたいじゃんよ」と自分を笑えば、なんとか乗りきることができました。

もう逃《に》げたいな、と思うたびに、「なりたい自分」の姿を思ってみることで、なんとかやってきたような気がします。

つらいとき、自分の外側に出て、「人生という物語」の中を、いま生きている自分を見る。そうしていると、10つらい、悲しいことだけじゃないな、〔　　〕もあるよな、と気づいたりする。

小さくとも喜びがなかったら、苦しみや悲しみを越《こ》えていくことは、なかなかできないでしょう。たぶん、私は、そうやって、なんとか、やりはじめたことをあきらめずに歩いてきたのです。

子どものころ、時を忘れて物語にのめりこんだように、私はいまも、物語を生きるように、自分の人生を生きているような気がします。

まず夢を見る。それを頭の中で描いてみる。でも現実が「違うよ」と教えてくれる、その瞬間《しゅんかん》、パッと何かをつかまえる。

ほかの誰でもない、私だけの真実を。

そうやって自分が【注9】享受《きょうじゅ》した体験を、特別なものとして刈《か》りとっては、物語に生かしてきたのだと思います。

パン生地も焼くまえに、よく発酵《はっこう》させるとふくらむものですが、私も、すでにエピソードになっているような思い出をよく人に話します。繰《く》り返し話すうちに、相手の反応を見ながら、ちょっとずつ足したり、ひいたりして修正するので、だんだんエピソードが**センレン**されて、その話のおもしろさの勘《かん》どころがわかってきます。これはまるで……そう、11私のおばあちゃんみたいです。

おばあちゃんも、私にたくさんの昔話をしながら、似たようなことをやっていたのに違いありません。

経験は大切です。でも、べつに、人と違うことをたくさんしなければいけないということではなくて、むしろ、人と同じことをしていながら、そこに人とは違うものを感じ取ることのほうが大切だと思います。

優《すぐ》れた描写力《びょうしゃりょく》で、読む者を、遠い時代のその場所へと連れていってくれるサトクリフ【注10】にしても、行きたい場所に行きたいように行けたわけではありませんでした。

子どものころの病気が原因で、彼女が身体が不自由だったと知ったとき、どんなに驚き、また励《はげ》まされたことでしょう。

サトクリフは、限られた環境《かんきょう》のなかで、自分の目でしかと見たものを土台にして、そこから想像力をふくらませていたのです。12足りないものが反転して、その人の力になる。なるほど、幼いころ、偉人《いじん》伝で学んだ13極意《ごくい》は、まったくそのとおりでした。

物語を書きたいなら、まず、どんなことでもいいから、興味があるものを、どれだけ広げられるか(あるいは掘りさげられるか)を考えてみてください。

そして、そのことについて(まずはどんなに長くなってもいいから)、最初から最後まで書きおえてみてください。

最初は14□承■結を見つけることさえ大変だと思います。でもプロの作家は、そこにありきたりじゃない、自分だけの道筋を必ず見つけだすものです。

15それがあるかどうかは、自分で自分が書いた物語を直してみれば、わかります。

私は、まえの晩に書いたものを、毎朝、直しています。

一日の作業としては、朝書いて、夜に書きはじめるとき、また読み直して、直す。

【注11】のりしろじゃないけど、そうやって書いたところを繰り返し直していると、そこからまた新しい芽が出てきます。そして翌日になると、その新しいところをまた直すと、そこから新しい芽がまた出てくるので、それをまた直す……というのを繰り返しているのです。

そうすると、あるとき、登場人物が何かを言ったのがきっかけで、次の展開が開けたりする。その物語を生きている人間たちが、その物語のあるべき姿を生みだしていって、頭の中で最初に想定していたかたちじゃないところに、連れていってくれるのです。

16だから私は、直すことが嫌《きら》いではありません。

毎朝、毎晩、何度も、何度も、繰り返し直しています。

その作業は、考古学者が埋《う》もれていた化石を見つけだすことに似ているかもしれません。

たったひとつのシーンに、じつは多くのものが眠っているからです。そこにいる女の子の表情、着ているもの、窓から差しこんでくる光……生まれ落ちようとする世界がそこにすでにあるのです。それが見えるかどうかに、物語が書けるかどうかが、かかっているのだと思います。

近ごろ、学生さんと話していて、17「一言主《ひとことぬし》」が増えたなあと思うことがあります。

何か問いかけても、返ってくる言葉が、すごく短いんです。「おもしろかった」「フツー」「ヤバくない？」

そういう、ひと言で片づけてしまう。

そのひと言じゃ伝わらないたくさんのものを、本当は後ろにいっぱい抱《かか》えているだろうに、なぜ、ひと言なんだろう？　面倒《めんどう》なのかな、それとも、ひと言だけ発して、反応を見ているのかな、などと、考えてしまう。

「どんな気持ちがしますか」と聞かれて「悲しい」と答えたときに、たぶん誰もが「でも、そのひと言ではやっぱり伝えられないな」と思うはずです。

「悲しい」のひと言ですませたけれど、その後ろに、うまく言えなかったもやもやしたものが本当はいっぱいあって、その捨てちゃったものが全部集まらないと、本当は、自分が言った「悲しい」という意味にはならないんだけどな……そう思っている気がするのです。

物語を書くことは、そのひと言では言えなかったこと、うまく言葉にできなくて、捨ててしまったことを、全部、ひとつひとつ拾い集めて、本当に伝えたかったのはこういうことなのだと、伝えることなのだと思います。

物語にしないと、とても伝えきれないものを、人は、それぞれに抱えている。

だからこそ、神話のむかしからたくさんの物語が語られてきたのだと思うのです。

（上橋菜穂子著（構成・文　瀧晴巳）『物語ること、生きること』〈講談社〉）

【注】

1　落人　＝　戦いに負けて、追ってくる敵から逃《に》げる人。
2　嬉々として　＝　とてもうれしそうに
3　フィールドワーク　＝　文化人類学者が実際にその場所に行って、調査や研究・採集などをすること。
4　靴ふきマットの上から飛びだした　＝　イギリスの作家トールキン『ホビットの冒険《ぼうけん》』の登場人物ビルボにちなむ。ビルボは面倒くさがりで新しいこと、こわいこともできることならしたくないのに「靴ふきマットの上で、もそもそしているヤツと思われたくない！」と思い、長い冒険の旅にでた。それに影響《えいきょう》を受けて、筆者の上橋菜穂子が思い切って行動したことを指す。
5　アボリジニ　＝　オーストラリア大陸に昔から住んでいる民族。
6　ブッシュハイク　＝　ハイキングのこと。
7　バルサとチャグム　＝　上橋菜穂子『天と地の守り人』の登場人物。
8　翻弄されて　＝　振り回されて
9　享受した　＝　味わった
10　サトクリフ　＝　イギリスの小説家。
11　のりしろ　＝　余裕《よゆう》や遊びの部分。

問一　本文中の太字の**カタカナ**は漢字に直し、**漢字**は読みをひらがなで答えなさい。

問二　[1]加減　と同じ成り立ちの熟語を次のア～エの中から一つ選び、記号で答えなさい。

ア　国立　　イ　価値　　ウ　利害　　エ　作文

問三　〈　〉にもっともよくあてはまる言葉を次のア～エの中から一つ選び、記号で答えなさい。

ア　じりじりと　　イ　まじまじと

ウ　たんたんと　　エ　まざまざと

問四　[2]おばあちゃんはものすごく話のうまい人で　とありますが、おばあちゃんの話のうまさに**あてはまらないもの**を次のア～エの中から一つ選び、記号で答えなさい。

ア　擬音《ぎおん》語をうまく使って聞き手をひきつけるところ。

イ　聞き手の反応を見ながらどんどん内容を変えるところ。

ウ　どんな話でも聞き手をわくわくさせる結末になるところ。

エ　実際に起こった出来事のように聞き手に感じさせるところ。

問五　[3]おばあちゃんの十八番　とはここではどういう意味ですか。もっともふさわしいものを次のア～エの中から一つ選び、記号で答えなさい。

ア　自慢《じまん》話　　イ　お気に入り　　ウ　宝物　　エ　得意芸

問六　[4]たくさんの〔　〕がいないている　の〔　〕にあてはまる言葉を漢字一字で答えなさい。

問七　[5]言葉の意味がわからなくても、ちっとも気になりませんでした　とありますが、気にならなかったのはなぜですか。もっともふさわしいものを次のア～エの中から一つ選び、記号で答えなさい。

ア　「ほとほと、ほとほと」という言葉の響きはいつも聞きなれている音だから。

イ　「ちゃりちゃり」という表現で「鎧金具」を想像することができたから。

ウ　「落人」は家族でよく見ていた時代物のドラマで登場する存在だったから。

エ　「うむっ」と気合を入れるおばあちゃんの言葉には不思議な力があるから。

問八　[6]おまじないみたいな、〔　〕言葉を、いくつも知っていました　の〔　〕にあてはまる言葉としてもっともふさわしいものを次のア～エの中から一つ選び、記号で答えなさい。

ア　調子がよくておもしろい　　イ　願いごとをかなえてくれる

ウ　落語に出てくる長い　　エ　子どもには覚えられない

問九　[7]二足のわらじを履きつづけてきた　とありますが、「二足のわらじを履く」とはここではどういうことですか。説明しなさい。

問十　[8]身をもって知ったそういうひとつひとつの体験が、全部、あとになって物語の中で、息を吹き返し、かたちになっていきました　とありますが、「ひとつひとつの体験が」「かたちに」なるとはどういうことですか。もっともふさわしいものを次のア～エの中から一つ選び、記号で答えなさい。

ア　子どものころ病院通いをしたつらい経験が、大人になって「人生という物語」を生きる強さにつながった。

イ　中学生のころ漫画で斧を振り回す男を描いた経験が、斧のさまざまな使い方を身につけることにつながった。

ウ　実際にオーストラリアで馬に乗った経験が、チャグムが馬に乗ってへとへとになった様子につながった。

エ　愛犬が死んだときの悲しくて悲しくて涙が止まらない経験が、デッサンのように正確な記憶につながった。

問十一　[9]作家の性というのは、妙にしたたかなもので　とありますが、

(1)「したたかな」のここでの意味にもっともよくあてはまることわざを次のア～エの中から一つ選び、記号で答えなさい。

ア　かわいい子には旅をさせよ

イ　転んでもただでは起きぬ

ウ　情けは人のためならず

エ　のど元過ぎれば熱さを忘れる

(2)「作家の性」が「妙にしたたかなもの」だというのはなぜですか。もっともふさわしいものを次のア～エの中から一つ選び、記号で答えなさい。

ア　どんな体験も作品に生かそうとしてしまうから。

イ　簡単なこともあえて難しく表現してしまうから。

ウ　悲しい時も心が動かず平気な顔をしてしまうから。

エ　いつでも他人の本心を深く考え疑ってしまうから。

問十二　[10]つらい、悲しいことだけじゃないな、〔　　〕もあるよな、と気づいたりする　の〔　　〕にあてはまる言葉を本文中から**二字**でぬき出して答えなさい。

問十三　[11]私のおばあちゃんみたいです　とありますが、私の話し方のどのようなところが「おばあちゃんみたい」なのですか。《文章Ⅰ》からおばあちゃんの話し方について書いてある**一文**をさがし、はじめの五字を答えなさい。

問十四　[12]足りないものが反転して、その人の力になる　とありますが、サトクリフの場合はどうだったのですか。説明しなさい。

問十五　[13]極意　の意味としてもっともよくあてはまるものを次のア～エの中から一つ選び、記号で答えなさい。

ア　特に秘密にすること　　イ　もっとも気を付けること

ウ　いちばん大切なこと　　エ　とても役に立つこと

問十六　[14]□承■結　の□と■にあてはまる漢字一字をそれぞれ答えなさい。

問十七　[15]それ　とは何ですか。本文中から十五字程度でぬき出しなさい。

問十八　[16]だから私は、直すことが嫌いではありません　とありますが、なぜですか。もっともふさわしいものを次のア～エの中から一つ選び、記号で答えなさい。

ア　くりかえし直すことで物語の次の展開が広がっていくから。

イ　くりかえし直すことで自分の体験を人に伝えやすくなるから。

ウ　くりかえし直すことで苦しみをやわらげることができるから。

エ　くりかえし直すことでみんなに受け入れられる物語になるから。

問十九　[17]「一言主」とありますが、

(1) 筆者はどういう人のことだと考えていますか。本文中の言葉を使って説明しなさい。

(2)「一言主」のことを筆者はどのように考えていますか。もっともふさわしいものを次のア～エの中から一つ選び、記号で答えなさい。

ア　矛盾《むじゅん》を感じている。　　イ　疑問に思っている。

ウ　仕方ないとあきらめている。　　エ　嫌悪《けんお》感を抱《いだ》いている。

(3)「一言主」になってしまった場合の具体例を、本文の内容をふまえて自分で考えて書きなさい。自分の体験したことでなくても構いません。このとき「おもしろい」「フツー」「ヤバい」「悲しい」以外で書きなさい。

問十 次のア〜キのうち、《文章Ⅱ》の内容と合っているものを**二つ**選び、記号で答えなさい。

ア　筆者は肌感覚で実感したことを書くのでなければ、すぐれた物語はできないと考えている。

イ　筆者はつらい時にはその経験を十分に味わうことで、よりよい人生になると考えている。

ウ　筆者は夢の中から得た真実を自分の人生の物語に生かすことができると言っている。

エ　筆者はおもしろい物語を作るためには、人とは違う経験をすることが必要だと考えている。

オ　筆者は物語を考える時は見たものを土台として広く深く考えることが大切だと言っている。

カ　筆者は学生の表現力が乏《とぼ》しいので、物語を通して表現力を豊かにすべきだと言っている。

キ　筆者は誰もが抱えるうまく表現できないことを人に伝えたくて物語るのだと考えている。

豊島岡女子学園中学校（第一回）

—50分—

一　次の文章を読んで、後の一から九までの各問いに答えなさい。
（ただし、字数指定のある問いはすべて句読点・記号も一字とする。）

一心不乱に勉強している人を見ると、「あの人はやる気のある人だなぁ」と思うことはありますが、ブウンブウンと音を立てて一心不乱に掃除《そうじ》しているルンバ*を見ても、①「あのルンバはやる気があるなぁ」とは感じないでしょう。

不思議な気がしますが、なぜこのように人とルンバに対して異なった感情が芽生えるのでしょうか。

それは動くための力のありかが違《ちが》うことを知っているからです。

ルンバが動くことができるのは、ルンバの内部からの力ではなく、外部からの力、すなわち、電力によって動力を得ているからです。

ルンバに限らず機械が動くためには、外部から電力やガソリンなどの物理的な力が供給される必要があります。その力を得た後に、スイッチをいれると動き出します。それに比べて、人間は外部による力で動くことはあまりありません。むしろ、人間（やある種の動物）は、内部からのやる気によって自ら行動を起こします。

そのように考えると、「やる気」とは、人間の内部に存在している力のことだということがわかります。もう少し説明を加えると、「やる気」とは、ある行動を引き起こし、その行動を持続させ、結果として一定の方向に導く心理的過程のことだといえるでしょう。

ちょっと難しく感じたかもしれませんね。それではみなさんに身近な勉強を例にやる気を説明してみましょう。「やる気」とは、「勉強する」という行動を引き起こして、「勉強する」という行動を持続させ、結果として、成績が向上するような過程であると考えられます。少しはわかりやすくなったのではないでしょうか。

つまり、ある行動を引き起こして、それを持続させる源（力）が「やる気」なのです。一般的《いっぱんてき》には②「やる気スイッチ」などというように、行動を引き起こすことに重点がおかれがちですが、持続させる力という点もあることに注意しましょう。

ただし、「やる気」は、勉強や運動に対してだけ使うものではありません。お母さんの手伝いをすることだったり、部屋を整理整頓《せいとん》することだったり、ゲームをすることだったりと、すべての行動を引き起こす源のことをいいます。

（中略）

冒頭《ぼうとう》のルンバの説明では、外からの力で動くものには「やる気」を感じないと単純化して話しましたが、実は、やる気には、「外から与《あた》えられるやる気」もあります。そのため、「内からわき出るやる気」と「外から与《あた》えられるやる気」の二つに大きく分けられます。心理学の学術用語では、それぞれ「内発的動機づけ」と「外発的動機づけ」といいます。

「内からわき出るやる気」（以後、「内からのやる気」ということにします）とは、③行動自体が目的となっているやる気、つまり、自分の行動の理由が好奇心《こうきしん》や興味・関心から生じている状態のことをいいます。

ゲームに夢中になっている子どもたちの多くは、ゲームが楽しくてゲームをしている（一般化《いっぱんか》するとその行動にAジュウジしている）のであって、何も、将来、ゲームに関わる職業にBツキたいからでも、誰《だれ》かに褒《ほ》められたいからでもありません。

　このように、内からのやる気に基づいた行動は、行動そのものが目的となっており、他に何か目的があって行動しているわけではありません。まさに「やりたいからやる」というもの。そのCコンテイには、面白いから、楽しいからやるといった、その活動に対する興味・関心があります。

　新しいことを知りたいから勉強をしている、あるいは、楽しいから、好きだから勉強をしているみなさんは、内からのやる気に基づいて勉強している（行動している）ことになります。

　一方、「外から与《あた》えられるやる気」（以後、「外からのやる気」ということにします）は、自分の行動が外部（他人や環境《かんきょう》）からの報酬《ほうしゅう》や罰《ばつ》、命令、義務によって生じている状態です。

　たとえば、良い成績をとって親に褒《ほ》められたいから勉強をしたり、親に叱《しか》られるのが嫌《いや》だからしぶしぶお手伝いをするといった、[X]と[Y]に基づく行動がこれにあたります。④義務と命令による「やる気」というと違和感《いわかん》があるかもしれませんが、心理学ではこれらも動機づけという文脈では「やる気」と捉《とら》えます。

　外からのやる気に基づいた行動は、何らかの目的を達成するための手段であるといえます。「〇〇をしたいから△△する」、あるいは「〇〇をしたくないから△△する」というもので、ここでは〇〇をする（しない）が目的、△△するが手段となります。

　では、内からのやる気と外からのやる気の違《ちが》いはどこにあるのでしょうか？

　それは、内からのやる気では、行動することが目的であり（簡単にいうと、「やりたいからやる！」）、外からのやる気では、行動をすることが手段である点です（「〇〇したいからやる」、「〇〇したくないからやる」）。⑤言い換《か》えれば、「目的—手段」の観点から、やる気を分類しているのです。

（中略）

　それでは、内からのやる気と外からのやる気、どちらが心理学のなかで先に見いだされたのでしょうか。

　答えは外からのやる気です。やる気といえば内からというイメージがある読者のみなさんには、意外な感じがするかもしれませんね。

　実は、人間（やある種の動物）に内からのやる気が存在することが広く認められたのは、一九七〇年代に入ってからになります。中高生の読者のみなさんにとっては昔のことと感じるかもしれませんが、心理学の歴史からいえば割と最近のことといえるでしょう。それまでは、人間が行動を起こすのは、すべて、外からの働きかけによると考えられていたのです。

　一九五〇年代まで、心理学の世界は、行動主義心理学と呼ばれる心理学が主流で、動物を対象にした実験によって行動について研究していました。行動主義心理学というのは、人間や動物の意識や動機、感情を考《こう》慮《りょ》せずに、目に見える行動だけに着目した心理学のことをいいます。

　行動主義心理学の基本的な理論に、オペラント条件づけというものがあります。これは、動物（人間）がたまたま何か行動した直後に、報酬《ほうしゅう》（多くはエサ）を与《あた》えることで、その行動を学習させる手続きを意味します。

　たとえば、ねずみにレバーを押《お》すという行動を学習させたいときに、ねずみがさまざまな行動をとる中で、たまたまレバーを押《お》すという行動を自発した直後に、エサを与《あた》えます。それを何度もくり返すことによって、ねずみは意図的にレバーを押《お》すという行動を学習します。

また、ある行動を減少、あるいは消失させたいときには、罰《ばつ》(多くは電気ショック)を使います。たとえば、報酬《ほうしゅう》によってレバーを押《お》すという行動を学習させたねずみに、今度は、レバーを押《お》させないようにするとき、レバーを押《お》すと電気ショックが流れるというような罰《ばつ》を与《あた》えることで、ねずみはレバーを押《お》さなくなります。

こうしたオペラント条件づけは、動物にさまざまな行動を学習させる(訓練する)ための方法として広く活用されています。犬にお座りをさせることだったり、水族館のショーで見られるイルカの大きなジャンプだったり、サーカスで見られるゾウの玉乗りだったり。

行動主義心理学が主流であった一九五〇年代まで、人間の行動も動物と同じく、学習は適切に報酬《ほうしゅう》や罰《ばつ》を与《あた》えることによって、成立すると考えられていました。つまり、人間が行動を起こすためには、先に説明したオペラント条件づけのねずみのように、[X]と[Y]の力が必要であり、外からの働きかけがないと、われわれは行動を起こさないと考えられていたのです。

(外山《とやま》　美樹《みき》『勉強する気はなぜ起こらないのか』〈ちくまプリマー新書〉)

〔注〕　*ルンバ＝ロボット掃除機《そうじき》の商品名。

問一　——線A「ジュウジ」・B「ツキ」・C「コンテイ」のカタカナを正しい漢字に直しなさい。
(一画一画ていねいにはっきりと書くこと。送り仮名《がな》が必要な場合、それも書きなさい。)

問二　——線①「『あのルンバはやる気があるなぁ』とは感じないでしょう」とありますが、なぜですか。その理由として最も適当なものを次のア～オの中から一つ選び、記号で答えなさい。

ア　人間は外部による力で動くことはあまりないことだと感じているから。

イ　動くための力のありかの違《ちが》いによってどれくらいの「やる気」があるかを見極められるから。

ウ　ルンバが動くのは、外部から「やる気」を得ているためだと理解しているから。

エ　人とルンバに対して異なった感情が芽生えるのが人として普通《ふつう》のことだと思っているから。

オ　「やる気」とは、人間の内部に存在している力のことだと考えているから。

問三　——線②「『やる気スイッチ』」とありますが、ここではどういうものだと考えられますか。その説明として最も適当なものを次のア～オの中から一つ選び、記号で答えなさい。

ア　外部からそのスイッチを他人が押《お》すことで、やる気を起こさせることができるもの。

イ　内部にあるやる気を起こさせるスイッチで、他人が押《お》すことのできないもの。

ウ　そのスイッチを押《お》すことで、押《お》された人にある行動を起こさせるもの。

エ　そのスイッチを押《お》すことで、押《お》された人に行動を起こさせ、その行動を持続させるもの。

オ　外部からスイッチを押《お》すことで、押《お》された人をやる気にさせ、その結果成功に導くもの。

問四　――線③「行動自体が目的となっているやる気」とありますが、これを「勉強」で考えた場合、どのような気持ちだと考えられますか。その説明として最も適当なものを次のア～オの中から一つ選び、記号で答えなさい。

ア　勉強すること自体に喜びや意味を見出《みいだ》し、勉強することに積極的になっている気持ち。

イ　自分の興味や関心のあるものを探し求め、結果として勉強することを惜《お》しまない気持ち。

ウ　自分の好きだという気持ちを大切にして、自分のやりたいときにだけ勉強をするという気持ち。

エ　将来の夢や目標とするものをかなえるために、今は大変でも勉強をしておこうという気持ち。

オ　勉強をする中できちんと自分なりの目的をもって、それに見合う勉強をするという気持ち。

問五　空らん［X］・［Y］に入る語を考え、慣用表現を完成させなさい。ただし、それぞれカタカナ二字で答えること。

問六　――線④「義務と命令に～捉《とら》えます」とありますが、どういうことですか。その説明として最も適当なものを次のア～オの中から一つ選び、記号で答えなさい。

ア　義務と命令は親などの第三者によって生じるものだと一般的《いっぱんてき》には考えられているが、心理学上は第三者の働きかけをもとに自発的な「やる気」が生じていると考えられているということ。

イ　義務と命令は「やる気」をなくさせるものであり「やる気」とは反するものと一般的《いっぱんてき》には考えられているが、心理学上では積極的に「やる気」を起こさせるものとして考えられているということ。

ウ　義務と命令は「外からのやる気」であって「内からのやる気」とは区別されると一般的《いっぱんてき》には考えられているが、心理学上ではどちらも同じものとして区別せずに考えられているということ。

エ　義務と命令は外部から強制されるものなので「やる気」とは関係ないと一般的《いっぱんてき》には考えられているが、心理学上では行動を引き起こすためにそれらから生じるものも「やる気」と考えられているということ。

オ　義務と命令は当人が仕方なしに行動するため「やる気」が感じられないと一般的《いっぱんてき》には考えられているが、心理学上は「やる気」が感じられるかどうかよりも行動しているかどうかが重要だと考えられているということ。

問七　――線⑤「言い換《か》えれば、～いるのです」とありますが、どういうことですか。その説明として最も適当なものを次のア～オの中から一つ選び、記号で答えなさい。

ア　行動することが目的と関連しているのか、それとも関連していないのかで、やる気を区別できるということ。

イ　目的として行動そのものを行っているか、目的のために行動を行っているかで、やる気を区別できるということ。

ウ　行動することを通じて目的を達成しようとするか、行動を単なる手段とするかで、やる気を区別できるということ。

エ　目的を先に設定して行動をしていくか、行動した先に目的が生じるものとするかで、やる気を区別できるということ。

オ　目的として行動自体に意味を見出《みいだ》すか、手段でしかないので意味は見出《みいだ》さないかで、やる気を区別できるということ。

問八　本文の後、筆者は、「やる気」に関しての一般的《いっぱんてき》な考え方の転換《てんかん》点《てん》となった「アカゲザル（サルの一種）」による実験を紹介《しょうかい》しています。それはどのような実験だったと考えられますか。その説明として最も適当なものを次のア～オの中から一つ選び、記号で答えなさい。

ア　オペラント条件づけによりアカゲザルにパズルを解かせようとしたところ、報酬《ほうしゅう》も罰《ばつ》も与《あた》えない内に熱心にパズルを解き始め、その方法を理解するようになったという実験。

イ　最初は報酬《ほうしゅう》と罰《ばつ》によってアカゲザルにパズルを解かせていたが、そのうちにパズルを与《あた》えただけで何も報酬《ほうしゅう》や罰《ばつ》を与《あた》えなくとも解けるようになるまで学習したという実験。

ウ　他の動物にパズルを解かせようとしても一切興味・関心を持たなかったのに対し、アカゲザルだけがパズルに興味を持ち、自力で解けるようになるまでに成長したという実験。

エ　ねずみなどの動物にはいくら報酬《ほうしゅう》や罰《ばつ》を与《あた》えても解くことのできなかったパズルを、アカゲザルは報酬《ほうしゅう》や罰《ばつ》を与《あた》えられることなく容易に解けてしまったという実験。

オ　他の動物はオペラント条件づけによりパズルを解けるようになったが、アカゲザルはオペラント条件づけをしても解けるサルと解けないサルとに分かれてしまったという実験。

問九　本文中で筆者は「やる気」というものをどのようなものとしてとらえていますか。七十字以上九十字以内で答えなさい。

二　次の文章を読んで、後の一から九までの各問いに答えなさい。
（ただし、字数指定のある問いはすべて句読点・記号も一字とする。）

八月二十四日の夕方、僕《ぼく》は藤巻邸《ふじまきてい》を訪ねた。

辞書で「①処暑」をひいてみたところ、やはり暑さがやむ時期という意味らしい。この日は毎年、庭で花火をするのだと和也《かずや》が教えてくれた。夏らしいことをして、夏の終わりをしめくくろうという趣向《しゅこう》だろうか。てっきり東京のならわしなのかと思ったら、藤巻《ふじまき》家独自の恒例《こうれい》行事だという。

まずはいつものように和也《かずや》の勉強を見てやった後、ふたりで部屋を出た。磨《みが》き抜《ぬ》かれた廊下《ろうか》を玄関《げんかん》とは逆の方向に進み、左手の襖《ふすま》を開けると、中は十畳《じゅうじょう》ほどの和室だった。床《とこ》の間に掛《か》け軸《じく》が飾《かざ》られ、黄色い花が生けてある。中央の細長い座卓《ざたく》に、奥《おく》さんが箸《はし》や食器を並べていた。

藤巻《ふじまき》先生もいた。奥《おく》の縁側《えんがわ》に、こちらには背を向けて座っている。「お父さん」と和也《かずや》が呼んでも応えない。庭を眺《なが》めているふうにも見えるけれど、視線の先にあるのはおそらく植木や花壇《かだん》ではなく、その上に広がる空だろう。研究熱心なのは自宅でも変わらないようだ。

「いつもこうなんだ」

②和也《かずや》は僕《ぼく》に向かって眉《まゆ》を上げてみせ、母親とも目を見かわした。それは僕《ぼく》も知っている。

床《とこ》の間を背にして、腰《こし》を下ろした。正面に先生、その横が奥《おく》さん、和《かず》也《や》は僕《ぼく》の隣《となり》という席順である。考えてみれば、藤巻《ふじまき》先生と食事をともにする機会はこれまで一度もなかった。うれしい反面、なんだか緊張《きんちょう》してくる。

主菜は鰻《うなぎ》だった。ひとり分ずつ立派な黒塗《くろぬ》りの器に入った鰻重《うなじゅう》は、昔からひいきにしている近所の店に届けてもらったという。これで一人前かとびっくりするほど大きい。たれのたっぷりからんだ身はふっくらと厚く、とろけるようにやわらかい。

「おいしいです、とても」

僕《ぼく》がうっとりしていると、奥《おく》さんも目もとをほころばせた。

「お口に合ってよかったです」

父子も一心に箸《はし》を動かしている。ただ父親のほうは、旨《うま》そうに鰻《うなぎ》をほおばりながらも、ちらりちらりと外へ目をやっていた。厚ぼったい層積雲が茜色《あかねいろ》に染まっている。

「雨がやんでよかったわね」

奥《おく》さんも夕焼け空を見上げた。台風の影響《えいきょう》で、ここ二日ほどぐずついた天気が続いていたのだ。

「温帯低気圧に変わったから、もう大丈夫《だいじょうぶ》だろう。どうも今年は台風が少ないみたいだね」

先生が言う。

「でも、これからの季節が本番でしょう。去年みたいなことにならないといいけれど」

昨年は台風の被害《ひがい》が相次いだ。夏の台風八号は、梅雨前線を刺激《しげき》して大雨を降らせ、各地で洪水《こうずい》や地すべりを引き起こした。秋の台風十六号もまた強力で、都内でも、多摩川《たまがわ》が氾濫《はんらん》して住宅が流されるという惨事《さんじ》が起きた。一軒家《いっけんや》がなすすべもなく濁流《だくりゅう》にのみこまれていく衝撃的《しょうげきてき》な映像が、連日テレビで報道されていた。

当時、僕《ぼく》はすでに藤巻《ふじまき》研究室に顔を出すようになっていた。なんでこんなことになっちゃったのかね、と院生*のひとりが新聞を読んで首をひねっていたので、ニュースで得た知識を披露《ひろう》した。上流のダムを放水したため川の流量が一気に増え、その勢いに耐《た》えきれなくなった堤防《ていぼう》がふたつとも決壊《けっかい》したようだ、と。

ああうん、それは知ってる、と彼《かれ》は気のない調子で答えた。おれが考えてたのは、この台風の構造と、あとは進路のこと。

③僕《ぼく》は赤面した。（中略）

「ねえ、お父さんたちは天気の研究をしてるんでしょ」

和也《かずや》が箸《はし》を置き、父親と僕《ぼく》を見比べた。

「被害《ひがい》が出ないように防げないわけ？」

「それは難しい」

藤巻《ふじまき》先生は即座《そくざ》に答えた。

「気象は人間の力ではコントロールできない。雨や風を弱めることはできないし、雷《かみなり》も竜巻《たつまき》もとめられない」

「じゃあ、なんのために研究してるの？」

〈Ⅰ〉和也《かずや》がいぶかしげに眉根《まゆね》を寄せた。

A「知りたいからだよ。気象のしくみを」

B「知っても、どうにもできないのに？」

C「どうにもできなくても、知りたい」

D「もちろん、まったく役に立たないわけじゃないですしね」

僕《ぼく》は見かねて口を挟《はさ》んだ。

E「天気を正確に予測できれば、前もって手を打てるから。家の窓や屋根を補強するように呼びかけたり、住民を避難《ひなん》させたり」

F「だけど、家は流されちゃうんだよね？」

G「まあでも、命が助かるのが一番じゃないの」

奥《おく》さんもとりなしてくれたが、〈Ⅱ〉和也《かずや》はまだ釈然《しゃくぜん》としない様子で首をすくめている。

「やっぱり、おれにはよくわかんないや」

「わからないことだらけだよ、この世界は」

先生がひとりごとのように言った。

「〈Ⅲ〉だからこそ、おもしろい」

一時はどうなることかとはらはらしたけれど、それ以降は和也《かずや》が父親につっかかることもなく、食事は和やかに進んだ。鰻《うなぎ》をたいらげた後、デザートには西瓜《すいか》が出た。

話していたのは主に、奥《おく》さんと和也《かずや》だった。僕《ぼく》の学生生活についていくつか質問を受け、和也《かずや》が幼かった時分の思い出話も聞いた。

中でも印象的だったのは、絵の話である。

朝起きたらまず空を観察するというのが、藤巻《ふじまき》先生の長年の日課だという。晴れていれば庭に出て、雨の日には窓越《まどご》しに、とっくりと眺《なが》める。そんな父親の姿に、幼い和也《かずや》はおおいに好奇心《こうきしん》をくすぐられたらしい。よちよち歩きで追いかけていっては、並んで空を見上げていたそうだ。熱視線の先に、なにかとてつもなくおもしろいものが浮《う》かんでいるはずだと思ったのだろう。

「お父さんのまねをして、こう腰《こし》に手をあてて、あごをそらしてね。今にも後ろにひっくり返りそうで、見ているわたしはひやひやしちゃって」

奥《おく》さんは身ぶりをまじえて説明した。本人は覚えていないようで、首をかしげている。

「それで、後で空の絵を描《か》くんですよ。お父さんに見せるんだ、って言って。親ばかかもしれないですけど、けっこうな力作で……そうだ、先生にも見ていただいたら？」

「親ばかだって。子どもの落書きだもん」

照れくさげに首を振《ふ》った和也《かずや》の横から、藤巻《ふじまき》先生も口添《くちぞ》えした。

「いや、わたしもひさしぶりに見たいね。あれはなかなかたいしたものだよ」

「へえ、お父さんがほめてくれるなんて、珍《めずら》しいこともあるもんだね」

④冗談《じょうだん》めかしてまぜ返しつつ、和也《かずや》はまんざらでもなさそうに立ちあがった。

「あれ、どこにしまったっけ？」

「あなたの部屋じゃない？　納戸《なんど》か、書斎《しょさい》の押《お》し入れかもね」

奥《おく》さんも後ろからついていき、僕《ぼく》は先生とふたりで和室に残された。

「先週貸していただいた本、もうじき読み終わりそうです。週明けにでもお返しします」

なにげなく切り出したところ、先生は目を輝《かがや》かせた。

「あの超音波《ちょうおんぱ》風速温度計は、実に画期的な発明だね」

超音波《ちょうおんぱ》風速温度計のもたらした貢献《こうけん》について、活用事例について、今後検討すべき改良点について、堰《せき》を切ったように語り出す。

お絵描《えか》き帳が見あたらなかったのか、和也《かずや》たちはなかなか帰ってこなかった。その間に、先生の話は加速度をつけて盛りあがった。ようやく戻《もど》ってきたふたりが和室の入口で顔を見あわせているのを、僕《ぼく》は視界の端《はし》にとらえた。自分から水を向けた手前、話の腰《こし》を折るのもためらわれ、どうしたものかと弱っていると、スケッチブックを小脇《こわき》に抱《かか》えた和也《かずや》がこちらへずんずん近づいてきた。

「お父さん」

うん、と先生はおざなりな生返事をしたきり、見向きもしない。

「例の、南西諸島の海上観測でも役に立ったらしい。船体の揺《ゆ》れによる影響《えいきょう》をどこまで補正できるかが課題だな」

「ねえ、あなた」

奥《おく》さんも困惑顔《こんわくがお》で呼びかけた。

と、先生がはっとしたように口をつぐんだ。僕《ぼく》は胸をなでおろした。たぶん奥《おく》さんも、それに和也《かずや》も。

「ああ、スミ。悪いが、紙と鉛筆《えんぴつ》を持ってきてくれるかい」

先生は言った。和也《かずや》が踵《きびす》を返し、無言で部屋を出ていった。

おろおろしている奥《おく》さんにかわって、自室にひっこんでしまった和也《かずや》を呼びにいく役目を僕《ぼく》が引き受けたのは、⑤少なからず責任を感じたからだ。父親に絵をほめられたときに和也《かずや》が浮《う》かべた表情を、僕《ぼく》は見逃《みのが》していなかった。雲間から一条《いちじょう》の光が差すような、笑顔だった。いつだって陽気で快活で、いっそ軽薄《けいはく》な感じさえする子だけれど、あんな笑みははじめて見た。

「花火をしよう」

ドアを開けた和也《かずや》に、僕《ぼく》は言った。

「おれはいい。先生がつきあってあげれば？　そのほうが親父《おやじ》も喜ぶんじゃない？」

和也《かずや》はけだるげに首を振《ふ》った。険しい目つきも、ふてくされたような皮肉っぽい口ぶりも、ふだんの和也《かずや》らしくない。僕《ぼく》は部屋に入り、後ろ手にドアを閉めた。

「まあ、そうかっかするなよ」

藤巻《ふじまき》先生に悪気はない。話に夢中になって、他のことをつかのま忘れてしまっていただけで、息子《むすこ》を傷つけるつもりはさらさらなかったに違《ちが》いない。「様子を見てきます」と僕《ぼく》が席を立ったときも、なにが起きたのか腑《ふ》に落ちない様子できょとんとしていた。

「別にしてない」

和也《かずや》は投げやりに言い捨てる。

「昔から知ってるもの。あのひとは、おれのことなんか興味がない」

腕組《うでぐ》みして壁《かべ》にもたれ、暗い目つきで僕《ぼく》を見据《みす》えた。

「でも、おれも先生みたいに頭がよかったら、違《ちが》ったのかな」

「え？」

「親父《おやじ》があんなに楽しそうにしてるの、はじめて見たよ。いつも家ではたいくつなんだろうね。おれたちじゃ話し相手になれないもんね」

うつむいた和也《かずや》を、僕《ぼく》はまじまじと見た。妙《みょう》に落ち着かない気分になっていた。胸の内側をひっかかれたような。むずがゆいような、ちりちりと痛むような。

唐突《とうとつ》に、思い出す。

状況《じょうきょう》はまったく違《ちが》うが、僕《ぼく》もかつて打ちのめされたのだった。自分の親が、これまで見せたこともない顔をしているのを目《ま》のあたりにして。母に恋人《こいびと》を紹介《しょうかい》されたとき、僕《ぼく》は和也《かずや》と同じ十五歳《じゅうごさい》だった。こんなに幸せそうな母をはじめて見た、と思った。

「どうせ、おれはばかだから。親父《おやじ》にはついていけないよ。さっきの話じゃないけど、なにを考えてるんだか、おれにはちっともわかんない」

僕《ぼく》は小さく息を吸って、口を開いた。

「僕《ぼく》にもわからないよ。きみのお父さんが、なにを考えているのか」

和也《かずや》が探るように目をすがめた。僕《ぼく》は机に放り出されたスケッチブックを手にとった。

「僕《ぼく》が家庭教師を頼《たの》まれたとき、なんて言われたと思う？」

和也《かずや》は答えない。身じろぎもしない。

「学校の成績をそう気にすることもないんじゃないか、ってお父さんはおっしゃった。得意なことを好きにやらせるほうが、本人のためになるだろうってね」

色あせた表紙をめくってみる。ページ全体が青いクレヨンで丹念《たんねん》に塗《ぬ》りつぶされている。白いさざ波のような模様は、巻積雲《けんせきうん》だろう。

「よく覚えてるよ。意外だったから」

次のページも、そのまた次も、空の絵だった。一枚ごとに、空の色も雲のかたちも違《ちが》う。確かに力作ぞろいだ。

「藤巻《ふじまき》先生はとても熱心な研究者だ。もしも僕《ぼく》だったら、息子《むすこ》も自分と同じように、学問の道に進ませようとするだろうね。本人が望もうが、望むまいが」

僕《ぼく》は手をとめた。開いたページには、今の季節におなじみのもくもくと不穏《ふおん》にふくらんだ積雲が、繊細《せんさい》な陰翳《いんえい》までつけて描《か》かれている。

「わからないひとだよ、きみのお父さんは」

わからないことだらけだよ、この世界は――まさに先生自身が口にした言葉を、僕《ぼく》は思い返していた。

〈Ⅳ〉だからこそ、おもしろい。

（瀧羽《たきわ》麻子《あさこ》『博士《はかせ》の長靴《ながぐつ》』〈ポプラ社〉）

〔注〕　＊院生＝大学院に在籍《ざいせき》する学生。

問一　次の文は本文中の登場人物について整理したものです。〔　a　〕・〔　b　〕に入る最もふさわしい言葉をそれぞれ本文中から探し、指定された字数で抜《ぬ》き出しなさい。

藤巻《ふじまき》先生の教え子である僕《ぼく》は、先生の〔　a　二字　〕である和也《かずや》の〔　b　四字　〕をしている。

問二　――線①「処暑」とは、暦《こよみ》による季節区分を示す二十四節気の一つです。次に記した二十四節気の表の中で、「処暑」の時期として適当なものを表のア～オの中から一つ選び、記号で答えなさい。

ア	雨水《うすい》
	啓蟄《けいちつ》
	春分《しゅんぶん》
	清明《せいめい》
	穀雨《こくう》
	立夏《りっか》
	小満《しょうまん》
	芒種《ぼうしゅ》
	夏至《げし》
	小暑《しょうしょ》
イ	立秋《りっしゅう》
ウ	白露《はくろ》
	秋分《しゅうぶん》
	寒露《かんろ》
	霜降《そうこう》
エ	小雪《しょうせつ》
	大雪《たいせつ》
オ	小寒《しょうかん》
	大寒《だいかん》

問三　――線②「和也《かずや》は僕《ぼく》に向かって眉《まゆ》を上げてみせ、母親とも目を見かわした」とありますが、ここでの和也《かずや》の様子として最も適当なものを次のア～オの中から一つ選び、記号で答えなさい。

ア　何かに没頭《ぼっとう》している父親の姿がほほえましく、母親と一緒《いっしょ》にそっと見守っている様子。

イ　父親の反応に困《こま》るものの、研究熱心な姿に尊敬の念を抱《いだ》かざるを得ないでいる様子。

ウ　繰《く》り返される無反応な父親の姿に半ば呆《あき》れぎみになりながら、同意を求めている様子。

エ　呼んでも無視する父親の姿に戸惑《とまど》い、何も言わない母親にも不信感を抱《いだ》いている様子。

オ　研究に夢中になっている父親の姿を理解できず、怒《いか》りを隠《かく》しきれないでいる様子。

問四　――線③「僕《ぼく》は赤面した」とありますが、その理由として最も適当なものを次のア～オの中から一つ選び、記号で答えなさい。

ア　台風の構造と進路に関することが興味深い内容であるところ、新聞では洪水《こうずい》など台風がもたらした大きな被害《ひがい》ばかりが取り上げられていることに、気象を研究している者として不満を抱《いだ》いたから。

イ　台風の被害《ひがい》が相次いだことは気象を研究している者にとって大きな関心事であり、さりげなさを装っているようでも、熱い議論が交わされる気配に興奮してしまったから。

ウ　気象を研究している者にとって、台風の被害《ひがい》が生じた原因を把握《はあく》しようとするのが当たり前とも思えるのに、やる気のない調子で応答し関心を示さない院生に怒《いか》りを覚えたから。

エ　世間で取りざたされる悲惨《ひさん》な被害《ひがい》のほうに気をとられてしまっていたが、気象を研究している者であれば、豪雨《ごうう》をもたらした気象そのものに関心が向いて当然であったと、自分自身を恥《は》ずかしく思ったから。

オ　気象を研究している者であれば、自然による災害が生じる仕組みは周知のことにもかかわらず、知ったかぶりして先輩《せんぱい》に教えるという出過ぎた行為《こうい》をしてしまったことを反省したから。

問五　二重線〈Ⅰ〉「和也《かずや》がいぶかしげに眉根《まゆね》を寄せた」・〈Ⅱ〉「和也《かずや》はまだ釈然《しゃくぜん》としない様子で首をすくめている」の間に交わされた会話A～Gの中で、藤巻《ふじまき》先生の発言をすべて選び、**アルファベットを順番通りに**答えなさい。

問六　――線④「冗談《じょうだん》めかしてまぜ返しつつ、和也《かずや》はまんざらでもなさそうに立ちあがった」とありますが、この行動から和也《かずや》のどのような様子が読み取れますか。その説明として最も適当なものを次のア～オの中から一つ選び、記号で答えなさい。

ア　思いがけず父親に自分の絵をほめられ、照れくささを取りつくろいながら、うれしさを隠《かく》しきれないでいる様子。

イ　楽しいこともなくたいくつな日常の中、父親が自分の絵を見たいと言い出したことが意外で、興奮している様子。

ウ　今まで父親にほめられたことがないのに、母親と一緒《いっしょ》になって自分の絵をほめてくれたことに、喜んでいる様子。

エ　ふだんはめったに人をほめない父親が自分をほめたことに驚《おどろ》き、うれしい反面不安もあり、浮足立《うきあしだ》っている様子。

オ　父親が自分に関心を示してくれたことがうれしく、今すぐに父親に自分の絵を見せたいと、気が急《せ》いている様子。

問七　――線⑤「少なからず責任を感じたからだ」とありますが、なぜ「僕《ぼく》」は「少なからず責任を感じた」のですか。その理由を六十字以内で答えなさい。

問八　二重線〈Ⅲ〉「だからこそ、おもしろい」・〈Ⅳ〉「だからこそ、おもしろい」の説明として最も適当なものを次のア～オの中からそれぞれ一つずつ選び、記号で答えなさい。

ア　科学者であるにもかかわらず、子どもの才能に期待する父親らしさをも兼《か》ね備えていることに違和感《いわかん》を覚えている。

イ　この世界の現象はわからないことがあるからこそ、知りたいという衝動《しょうどう》にかられるものだと感じている。

ウ　優秀《ゆうしゅう》な科学者の子どもが空の現象を客観的に写し取っていることに、血筋《ちすじ》は争えないと興味深く思っている。

エ　世の中は、考えれば考えるほどわからないことばかりが生じるので、研究をし続ける社会的価値があると考えている。

オ　科学者然としていた先生の意外な一面に触《ふ》れた出来事が思い起こされ、あらためて先生の人間性に好感を抱《いだ》いている。

問九　本文の内容と表現の特徴《とくちょう》についての説明として最も適当なものを次のア～カの中から**二つ選び**、記号で答えなさい。

ア　藤巻《ふじまき》先生は、興味のあることには周囲のことが何も見えなくなるほどの集中力が働くが、他人の気持ちを汲《く》み取ったり相手に寄り添《そ》ったりするなどの細かい気配りが苦手な人物として描《えが》かれている。

イ　「険しい目つき」「ふてくされたような口ぶり」「投げやりに言い捨てる」「腕《うで》組みして壁《かべ》にもたれ」などには、和也《かずや》の父親に対する反発が垣間《かいま》見《み》られ、反抗期《はんこうき》の少年の荒々《あらあら》しく粗雑《そざつ》な性格が鮮《あざ》やかに印象づけられている。

ウ　藤巻《ふじまき》先生の描写《びょうしゃ》には、「和也《かずや》が呼んでも応えない」「うん、と先生はおざなりな生返事をしたきり、見向きもしない」など、家族よりも研究を優先しなければならない、科学者としての姿勢が貫《つらぬ》かれている。

エ　立派な科学者を父親に持つ和也《かずや》は、頭がよくない自分を卑屈《ひくつ》に感じていて、研究の内容を理解できる「僕《ぼく》」とだけ楽しそうに話す自分の父親を「あのひと」と呼ばわりすることで、「僕《ぼく》」にも嫉妬《しっと》の感情をぶつけている。

オ　「母に恋人《こいびと》を紹介《しょうかい》されたとき、僕《ぼく》は和也《かずや》と同じ十五歳《じゅうごさい》だった」と、唐突《とうとつ》に「僕《ぼく》」の回想シーンが挿入《そうにゅう》されるが、それによって当時の「僕《ぼく》」の苦しみと今の和也《かずや》の苦しみが重層的に表現されている。

カ　最後に「僕《ぼく》」の問いかけに返答もせず身じろぎもしない和也《かずや》の姿を描写《びょうしゃ》することで、藤巻《ふじまき》家独自の恒例《こうれい》行事は中止となり、この後の親子の確執《かくしつ》についても解決する見通しがほとんどなくなることが暗示されている。

日本女子大学附属中学校（第一回）

—50分—

一　つぎの文章を読んで、後の問題に答えなさい。文中の「Q」はアンケートの質問、「A」はその答えです。

大丈《じょう》夫。

波多野由里《はたのゆり》は、祈《いの》るようにそう思いながら、新しいその塾《じゅく》のドアを開けた。塾長のおばさん先生は、教室に由里を案内すると言った。

「始まるまで時間あるし、あなたのこと知りたいから、このアンケートに答えてくれる？」

由里は渡《わた》されたアンケート用紙を受けとると、指定されたその席に座《すわ》った。

大丈夫。

中学入学以来、由里にとって、これが三つ目の塾になる。今までの塾の授業内容や先生に不満があったわけじゃない。それでも、やめることにしたその理由は……。

Q１　たくさんある塾から、この塾を選んだ理由を教えてください。

それはずばり、同じ中学の子がいないからだ。中学入学と同時に入った最初の塾には、小学校の時クラスメイトだった新山聡美《にいやまさとみ》といっしょに入った。

「いっしょにがんばろうね」それはうきうきするような、楽しい塾生活の始まりだった。目標のためにいっしょにがんばれる仲間がいるっていうのはいいなあと、由里の心は希望に満ちあふれていた。だけど中学に入学すると、聡美と由里は学校では別々のクラスになってしまった。

夏休みが始まるころだった。聡美はそのころ、学校では、同じクラスの真野静香《まのしずか》と仲良くなっていた。そして聡美が誘《さそ》って真野静香もまた同じ塾に通いだすと、塾での休み時間もふたりきりで仲良くするようになっていた。由里が話しかければ、挨拶《あいさつ》はしてくれる。だけどそのあとふたりだけにしかわからない話で盛りあがっていて、由里なんていないみたいに振《ふ》るまうのだ。由里はとたんに、塾に行くのがゆううつになってしまった。塾にいるあいだずっと居心地が悪くて、授業にも集中できない。やがて由里は、（ a ）とその塾をやめた。いっしょにがんばろうというあの約束はいったいなんだったのだろう、と由里は今でも悔《くや》しく思いだす。あれじゃあ受験のためというより、放課後も友達といっしょに過ごすための塾通いでしかないじゃないか。目的が違《ちが》うじゃないか。由里はすぐにほかの塾を探して、そこでがんばることにした。次に入った塾は、人数の多い大規模な塾だった。入ったクラスには、同じ中学の子が五人もいて、すぐに仲間に入れてもらえた。だけど、その子たちは塾の帰りにコンビニで買い食いしたり、ゲームセンターに行こうと誘ってくるような、まじめに勉強する気など（ b ）ない子たちの集まりだった。席が決まってないから座る席もいっしょで、授業中にこそこそおしゃべりしたり、休み時間のたびにお菓《か》子を食べながらふざけたり……。もうイヤだと思っていたころ、ひとりが言いだした。「ねえねえ、今度、塾サボって、みんなでどっか行かない？」

塾をサボる？　由里はさすがにこれはもうつきあえないと思った。そして彼《かの》女たちから円満に離《はな》れるため、塾をやめた。特に責められることもなかった。きっと、メンバーなんて、誰《だれ》でもいいのだろう。そうして由里は、もう塾に行くのはあきらめようと、思った。離れていく友達を目《ま》の当たりにしてかなしい気持ちになったり、同じ塾に通っているというだけで夜遊びにつきあわされるなんて、もううんざり。

由里は、塾では勉強だけに集中したかった。それ以外の我慢《まん》はしたくなかった。もちろん、学校は別だ。学校は勉強するためだけの場所じゃないというのはわかっているので、クラスメイトや部活仲間とうまくやるよう努力している。だけど、それを塾でやるのはイヤなのだ。このふたつの塾に通って、由里は（ c ）とそう思った。だったらあとはもうひとりでやるしかないと、由里はその後、新しく通信教育に入会して、その教材にまじめに取りくむことにした。通信教育は、ひとりで教材に取りくむだけなので、誰にもじゃまされない。そしてそれをコツコツとまじめに続けてきたおかげで、三年生になってすぐに受けた模擬《ぎ》試験で、松葉《まつば》高校は合格圏《けん》内に入っていた。だけど、そのあと何度か受けた模擬試験の成績が、由里を不安にさせた。本番まで、あと四か月。やっぱり誰かに直接指導してほしいと思った。どこがわかっていないのか、きっちりとサポートしてもらいたい。だけど、塾に行けば、また人間関係で気をもまなければならない。

そこで考えたのが、同じ中学の子がいない塾だった。同じ中学の子がいなければ、へんに人間関係に気をつかう必要はない。もし誰かと仲良くなっても、今度は、イヤなことは「イヤ」と言う。それで、嫌《きら》われたところで、中学が違えば学校生活には影響《えいきょう》はない。由里は、今度こそ、我慢をしなくてもいい生活がここにあるはずと信じている。アンケート用紙を前に、由里はそんな決意でこの塾に通うことにした自分の気持ちを、再確認した。今度こそ、今度こそ、勉強だけに集中する。ここでは、絶対に誰かに合わせたりしない。絶対に。だけど、そんな理由でこの塾を選んだとは書きたくなくて、由里は回答欄《らん》にはこう記入した。

Ａ１　小規模で丁寧《ねい》に見てもらえそうだから。

ア大丈夫。きっとここは、私に合っている。由里は次の質問に進んだ。

Ｑ２　この塾で、特に力を入れて勉強したい教科を教えてください。

イそれは……やっぱり、英語だ。由里は、将来、英語が話せるようになりたいと考えていた。だからこそ、中二から始まった二週間に一度のアメリカ人講師、ナンシーの英会話の授業はがんばりたかった。だけど、授業中にナンシーに話しかけられると、由里は緊《きん》張で、それがどんなに簡単な質問でも、声すら出ないことが多かった。一度、黙《だま》りこむ由里を見て、ナンシーは前の席にいる浅川麻衣子《あさかわまいこ》に英語できいた。「Maiko, what kind of person is she?（麻衣子、彼女はどんな子なの？）」すると、麻衣子は言った。「うーん、シーイズ……カインド（彼女は……優《やさ》しい）」ナンシーはにっこり笑って「Great（すばらしい）」と言うと、由里にもう座っていいわよと言ってくれた。

「彼女は優しい」由里はこのとき、私ってそう見られてるんだとホッとする気持ちとともに、大きな違和《い》感を覚えた。そして、麻衣子のその答えに、本当は大声でこう言いたい衝《しょう》動に①□□た。私は優しくなんかない！と…。だけど実際、由里は誰にでも優しく接するようにしていた。でもそれは、うっかり相手の機嫌《げん》を②□□て、いじめや仲間外れにつながらないようにしているだけで、本当の優しさではない。その証拠《こ》に、由里が実際優しくしているのは、女子のみだ。女子とさえうまくやれば、学校生活に支障はない。それで由里は、女子にだけ優しくするようにしているのだ。だけどそれが、由里にとってはストレスだった。たまに無性《しょう》にずばりと本音を言いたくなるときがあるのだ。そして、英語でなら、それが言えるんじゃないかとも考えていた。だって、由里の好きな外国の映画では、女のひとはたいていはっきりと自分の気持ちを口にしている。それでケンカになっても、きちんと謝罪して仲直りしたり、相手のそういう性格を受けいれたりするひとたちばかりだ。実際はどうなのかナンシーにきいてみたいけど、それだって、英語が話せなきゃきくこともできない。英語でなら、外国でなら、こんなふうに本音を言っても許される世界があるんじゃないかと思うのだ。そのために英語がしゃべれるようになりたいのだ。だけど……。

　休み時間、ナンシーに近づいて、いろいろ質問攻《ぜ》めにしている子たちは、けして英語がしゃべれる子たちではない。特に、浅川麻衣子はすごい。自分の英語が正しいかどうかがなんて、おかまいなしだ。彼女は商店街にある青果店の娘《むすめ》で、小さいころから店を手伝っているせいか、ひとに対して壁《かべ》がない。ふだんから男女問わず、誰とでも仲良くできて、ナンシーにもその調子で話しかけている。そんな麻衣子を見ていると由里は、自分に足りないのは、英語力というより、度胸かもしれないと思うのだ。そもそも度胸があれば、偽物《にせ》の優しさで、いじめ対策なんてしなくてすむのだ。でも度胸ってどうしたら身につくんだろう……。教えてほしいことって本当はこういうことなんだけどな……。まあ、でもここは学習塾だし、ウそんなこと求められないか、と思いながら、由里はシンプルにこう回答した。

A2　英語です。

　三年生のこの時期に、塾に新しい子が入ってくるって、どう思うだろう。あいまいな返事で、笑ってごまかしたりするんじゃなくて、ここでは本音を言う。相手にどう思われてもいい。どんなささいなことも、ごまかさない。全部、自分の心のままに、言葉にしたい。嫌われても大丈夫。同じ中学の子がいないここなら、大丈夫なんだから……。由里はおまじないのように、大丈夫を心の中で繰《く》り返しながら、次の質問に進んだ。

Q3　志望校が決まっていれば教えてください。

　それはずばり、松葉高校だ。だからこそ中学入学以来、なにがあっても勉強だけはしっかり続けてきたし、確実に試験に合格できるよう、この塾に入ることにしたのだ。さらに今年の春、由里の憧《あこが》れの存在である白石《しらいし》佳代子《かよこ》先輩《ぱい》もその松葉高校に進学した。美人でスタイルも良く、髪《かみ》は短くてボーイッシュ。それなのにすごく女らしくて、チャーミング。いつでも自然体で、男女問わずたくさんの友達がいる人気者。由里にとって、白石先輩はスターだった。松葉高校に行けば、そんな先輩を、また間近で見られるのだ。中学に入学して、すぐに陸上部に入ったのも、白石先輩がいたからだ。本当なら由里は、走るのは得意じゃない。そして実際、引退までの二年半、走り続けてきたけれど、たいして速くならなかった。だけど由里にとって、速くならないことなんてどうでも良かった。白石先輩に指導してもらえるだけで嬉《うれ》しかった。由里の部活生活は幸せだった。

　しかし、先月のことだった。白石先輩が学校帰りに陸上部に遊びにくると聞いて、由里も久しぶりに会いに行くことにした。久しぶりに会った先輩は、相変わらずステキで、しかもなんと、彼氏《かれ》を連れてきた。だけどその彼氏は由里が期待していたそれとは、大きく違っていた。髪はぼさぼさだし、無精《しょう》ひげをはやしているし、ジーンズを腰《こし》ばきしているし、これが白石先輩の彼氏？　由里だけでなく、部員一同、ショックを隠《かく》せなかった。正直、こんなひとが先輩の彼氏だなんてイヤだったのだ。松葉高校に行って、先輩がおかしな方向に変わってしまったなんて、憧れが台無しになってしまう。先輩が笑って言った。

「みんなには、似合わないとか、がっかりなんて言われるんだけどね」

由里も、そっちの意見に賛成だった。

「でも私、ひとにどう見られるかなんて、どうでもいいの。だって、私には、彼が世界でいちばん格好良く見えるんだもん」

　由里はその言葉を聞いて、ハッとした。そして、さすが先輩だと思った。あんな見た目だけど、優しいとか、頭がいいという理由ではなく、あのひとのことを、心底、格好いいと思っているのだ。先輩は［ⓐ］したのだ。だって中学のとき、先輩はここまできっぱりと本音を言うひとじゃなかった。いつも颯爽《さっそう》としていて、人当たりも良くて、男女問わずたくさんの友達がいて、そのすべてが、さわやかだった。ひとを憎《にく》んだり、さげすんだり、嫉妬《しっと》したりすることもない代わりに、熱くなることもなかった。だけど、今日の先輩は熱かった。

「私、ひとにどう見られるかなんて、どうでもいいの」

　由里は、先輩のその言葉にしびれた。《ひとにどう見られるかなんてどうでもいい》ということは、それだけ自分を［ⓑ］ということだ。だから、今まで築いてきた自分のイメージを簡単に捨てて、自分の気持ちだけで恋《こい》人を選べるのだ。さすが、私のスターだ。想像をはるかに超《こ》えた鮮《あざ》やかな［ⓐ］をとげた先輩を目の当たりにして、由里はますます自分も絶対松葉高校に行くのだと決意を新たにした。

　私も松葉高校に行って［ⓐ］したい。周囲の評価など気にせず、自分の本音をスパッと言えるようなひと。たとえ周囲に「変わっちゃったね」とがっかりされても、自分だけは、自分の変化に満足していたい。そんなふうに、自分を［ⓑ］ひとになりたい。行きたい高校はただひとつ。由里は回答欄に、迷わずその高校の名前を書いた。

A3　第一志望は、松葉高校です。

　回答欄にそう書いたとたん由里は、はたと気づいた。この塾に、同じ中学の子はいない。だけど、来年、同じ松葉高校に進む子は、いるかもしれない……。ここでは、本音を言う。嫌われたって、かまわない。そう心に誓《ちか》ってきたけど、もし、誰かに嫌われて、その子が来年、同じ松葉高校に入学を決めたらどうしよう……。あの子、ズバズバ本音を言うし、空気読めないんだよねー。高校でさっそくそんなふうに言いふらされたら……。

「違う、大丈夫」由里はさっきから何度も繰り返してきたその言葉を口に出してつぶやいた。松葉高校に入るような子に、そんな子はいない！　そんなの……。わかんないか……。由里はあまりの衝撃《げき》に、体をそらして天井《じょう》を見上げた。ああ、なんで気づかなかったのだろう。同じ中学の子はいなくても、来年、同じ学校になる子はいるかもしれないのだ。由里はこうこうと白く光るライトを見つめて、しばし呆然《ぼう》とした。でも……。それでも、いいのか……。だって、来年の私は［ⓐ］するんだから……。

　由里は大きく息を吸って、姿勢を正した。そう、私は変わるのだ。エここにいるのは、未来の私。よし！　由里は大きく息を吐《は》くと、最後の質問に進んだ。

Q4　あなたにとって、勉強とはなんのためにするものですか？

なんのためって、受験のためじゃないの？　なんで、こんな質問するんだろう……。春にクラス替《が》えをしたばかりのときも、アンケートで似たようなことをきかれて、同じように思ったっけ……。

《中学生活最後の学年です。これからどんな一年にしたいですか？》

どんな一年？　……って、受験しかないじゃんって。とりあえず回答欄にはこう記入した。

①**A4**　受験を乗り越《こ》えるため。

　すべての回答を終えて、由里はシャーペンを置いた。背後にある教室のドアが開く音がした。誰かが来たようだ。新しい塾の新しいクラスメイト。どんな子だろう……。どうかここが、自分らしくいられる場所に、なりますように。本当の私を知っても、嫌いにならずに、つきあってくれる誰かがいますように。そんな関係を誰かと築けますように。由里は心の中で祈るようにそうつぶやいた。

「おっ、やってるねぇ」由里が塾に早めに来て勉強をしていると、若《わか》林《ばやし》武《たけし》が参考書をのぞきこんで言った。

「ちょっと、勝手に見ないでよ」由里はその顔を手で払《はら》いのけると、そのまま勉強を続けた。事前に同じ中学の子がいないかどうか問い合わせて入った塾なのに、入ってみたらなんと同じ陸上部の若林がいた。まあでも若林は男子だし、べつにうまくやる必要はないと判断して、由里はこの塾に通い続けることにした。しかし元来お調子者の若林は、気軽に話しかけてくるうえに冷たい態度を取ったところでひるまない。

「若林くん。飴《あめ》、食べる？」由里の隣《となり》で同じように予習をしていた佐《さ》竹《たけ》空《そら》美《み》が、若林に飴をさしだす。

「うん、食べる」若林が嬉しそうにそれを受けとって、口に放りこんでいる。

　佐竹空美。中学が違う彼女とは、この塾で初めて出会った。

「由里も食べる？」「味は？」「ゆず」「じゃあ、いいや」

　これが学校の友達なら、どんな味だろうと「ありがとう」と飴をもらうのが由里のやりかただ。相手の親切を断って、嫌われたら困るから。だけど、ここではそういう気遣《づか》いはしないことにしていた。この塾に入るときに、そう決めたからだ。ここではウソはつかない。どんなときでも、素《す》の自分でいる。たかが、飴玉ひとつのことでも、ウソはイヤ。それで嫌われるなら、それでかまわない。だけど、佐竹空美は、そんな由里に興味を持ってくれた。しかもそのきっかけが、若林の存在だった。

「波多野さんって、学校でもこうなの？」あるとき、由里が若林を冷たくあしらっているところに、彼女が話しかけてきたのだ。

「うーん。オレ以外には、優しいと思う。特に女子には優しいよな」若林がそう答えるのを見て、由里はきっぱりと言った。

「そう。特に女子にはね。うまくやるために、優しくするようにしてるの」すると空美が、パッと顔を明るくして言った。

「わかるー。学校の友達とはうまくやんないといけないもんね。特に女子とはね」そんな反応が返ってくるとは予想してなくて、由里は呆然と彼女を見つめた。

「私も話合わせるために、その俳優私も好きとか、けっこうウソ言っちゃうんだよね」由里は驚《おどろ》きで声にならず、うなずくのが精いっぱいだった。そう、なにもいつもいつも本音じゃなくていいのだ。うまくやるために必要なウソもある。使い分けていいのだ。由里はそんな彼女の言葉に救われた気持ちだった。その日から、由里にとって空美は大事な友達になった。志望校も偶《ぐう》然いっしょで、高校でもこんな調子で過ごせたら と、[ⓒ]に胸を膨《ふく》らませている。

そうして、松葉高校の入試本番を数日後に迎《むか》えようとしている今、由里はあらためて思うのだ。もし学校でも、素の自分でいたらどうだっただろう、と。案外、それでもうまくやれたんじゃないかな、と。誰かとぶつかって、学校に行きたくないと思うこともあったかもしれない。イヤな思いもたくさんしたかもしれない。だけど、佐竹空美みたいに、本音を言える友達が、ひとりくらいは作れたかもしれないと思うのだ。誰にも嫌われないってことは、誰にも好かれないってことだ。この三年間、由里は誰かにうんと嫌われることがなかったけれど、うんと好かれることもなかった。うんとかなしいことも、うんとつらいこともなかったけれど、うんと楽しいことも、うんと嬉しいこともなかった。もし、やってみたかったバスケットボール部に入っていたら、きびしいコーチや先輩にしごかれて、レギュラー争いでイヤな思いをしたり、苦しい練習にもうバスケなんて嫌いと思うこともあったかもしれない。だけど、試合に勝つ喜びを味わえたかもしれない。楽しい！私、今、生きてる！っていう充《じゅう》実感を味わえたかもしれない。そんな青春を送れたかもしれない、と思うのだ。

だから今度の三年間は……と今、思うのだ。もう受験を乗り越えるためだけの勉強はやめよう、と。憧れの松葉高校に入学したところで、本当に[ⓒ]どおりの生活が待っているかはわからない。それだけは、入ってみなければわからない。だけどもし失望するようなことがあっても、今度は「次の大学生活に[ⓒ]して勉強に打ちこむ」なんてことだけはしないようにしたいと思うのだ。

もう、未来に逃《に》げない。なにかに本気で取りくんだり、誰かと本音でつきあって、泣いたり、笑ったり、怒《おこ》ったり、喜んだりしながら、自分の進むべき道を見つける。そんな三年間にしたいと思うのだ。だから今度、なんのために勉強するのかときかれたら、由里はこう答えたいと思っている。

A4　②どこにも逃げない強い自分を作るため。

たとえば試合に勝つための部活に入ってみるとか、夏休みに短期留学してみるとか、自分には向いてなさそうなアルバイトをあえてしてみるとか……。いろんな経験を重ねて、自分を強くしたい。どこにも逃げない自分を作りたい。自分を前に進めるために、いろんなことを学びたい。それがきっと、これからの人生で戦うための武器になると思うから。

素直な気持ちをちゃんとぶつける。もう、怖《こわ》がらない。これからはちゃんと、逃げずに向きあいたい。由里は、心の中でこっそりつぶやくと、すがすがしい気持ちで、次の問題に取りくみはじめた。

（草野たき『Q→A』〈講談社〉より）

㈠　（　）a～cに入る最もふさわしいことばをつぎの中からそれぞれ選び、番号で書きなさい。

1　おそるおそる　　2　さらさら　　3　しみじみ
4　しめしめ　　5　まったり　　6　ひっそり

㈡　——線アとありますが、由里《ゆり》がこう思っているのはなぜですか。自・分・の・こ・と・ば・で書きなさい。

㈢　～～線イとありますが、由里がこう考えているのはなぜですか。文中から最もふさわしい一文を探して、はじめの五字を書きなさい。

(四) [　]①、②に入ることばを、それぞれ三字のひらがなで考えて書きなさい。

(五) ═線ウとありますが、それはどのようなことですか。文中から「[　](2字)など[　](7字)ことを学べること。」の文字数で探して書きなさい。

(六) [　]ⓐ〜ⓒにふさわしいことばをそれぞれ考えて書きなさい。ⓐとⓒは二字の熟語です。同じ記号には同じことばが入ります。

(七) ——線エとありますが、今の由里が「未来の私」として考えたのは、どんな「私」ですか。

文中から最もふさわしい一文を探して、はじめの五字を書きなさい。

(八) ……線Q4の質問に対して、由里の答えは……線A4①からA4②に変化しました。

由里はどのように成長したのか、文章全体から考えて自分のことばで書きなさい。

二　つぎの文章は、二〇一一年三月十一日東日本大震《しん》災で町に津《つ》波がおしよせた岩手県でのお話です。後の問題に答えなさい。

日本ユニセフ協会が主催《さい》する「未来の教室を考えよう」のワークショップは、三回にわたって行われることになった。

一回目の授業は、二〇一二年十月二十四日。

「〝大槌《つち》小学校の教室〟未来の教室プロジェクト。五年生が思いえがく未来」芦澤《あしざわ》先生はこう黒板に書いて、説明をした。

「君たちが考えたデザインやアイデアが、未来の教室をかたちづくっていくことになります」

竹中工務店の岡《おか》田慎《だまこと》さんは、はじめに言った。

「この授業は、算数や国語とちがって、決まった答えはありません。だから、おもしろいし、むずかしいんだね。一生懸《けん》命に考えてください。それが、みんなの答えになります」

学校には、みんなが勉強したり、給食を食べたり、遊んだりするための役割と、災害時にはみんなの命を守り、町の人たちの避《ひ》難生活を支えるという二つの役割があって、どちらも大事だと、岡田さんは話した。

「ふだん楽しくても、災害時に危険ではだめ。いくら安全でも、ふだんつまらない学校では、やっぱりだめなんだと思います」

そして、ユニークな教室のデザイン例や、燃えにくくて強い木材の建材や、太陽光発電と蓄《ちく》電池の設置例、地震のときに建物のゆれをゆっくり、小さくできる「免《めん》震建築」などをしょうかいした。陽音《はると》は、燃えにくくて強い木材に、興味を持った。

(木をたくさん使った学校だったら、リラックスできそうだな。燃えにくい木だったら、もっといいな)

陽音のグループは、女子ふたり、男子三人の五人チーム。陽音と夏海《なつみ》さんは、ミニバスケットボールチームに入っていたことから、「体育館を作りたい」と言い、ほかのメンバーも賛成した。

十八のグループがデザインしたい教室を決めると、山形大学の佐藤《さとう》教授から、「教室づくりの基準として必要なこと」がしめされた。デザインするうえでとり入れてほしいことは、「安心・安全を考えた教室であること」「ワークショップでつちかったスケール感覚を大切にすること」「見たこともないアイデアがふくまれるなど、①そうぞうせいを発揮すること」など。

陽音と夏海さんは、

「体育館のなかにほしいのは、水飲み場」

「オレンジジュースとか、いろいろな飲み物が出てくる蛇《じゃ》口があったらいいなあ」

と積極的に意見を出したが、Aほかのメンバーはあまり発言しなかった。

陽音は少し、むっとした。

　二回目の授業は、一週間後の十月三十一日。グループごとに教室のアイデアを話し合い、教室のレイアウト図を作製した。陽音のグループのテーマは、体育館だ。

「寝袋《ねぶくろ》などの寝《しん》具を入れておくところがほしいな。寒い夜でも、あたたかくねむれるように……」

　陽音が城山《しろやま》公園体育館に避難した夜を思い返して言うと、夏海さんも避難生活を思った。夏海さんは津波で家を流され、震災後数日は、お父さんの車のなかですごした。友だちの家にうつってからは、水が出ている近所の水場まで、毎日、水をくみにいった。

「避難生活中も、水が使えるようにしたいな。トイレも流せるようにしたい」陽音やほかのメンバーも、うなずいた。

「じゃあ、手あらい場のそばにトイレも置く?」「避難生活で料理ができるように、炊《すい》事場もつくろうよ」

　ほかのグループも、棚《たな》はたおれてこないように、壁《かべ》につくりつけにしたほうがいい、避難生活で夜暗くなってからトイレに行くのが大変だったから、教室のなかにトイレがあったほうがいいなど、防災と避難面に対する意見が多く出ていた。

（すごいな。みんな、[ア]したことを思い返して、必要なものをしっかり考えている）

　芦澤先生は、子どもたちの②こうさつりょくにおどろいた。

（安心できる教室がほしいんだろうな。それだけ、避難したときの記憶《おく》が強いんだろう。でも、防災だけにしばられないで、もっと[イ]に発想を楽しんでもらいたいな）

　震災後、被《ひ》災地には全国から物資がとどいたり、スポーツ選手ら有名人が来訪したりするなど、さまざまな支援《えん》があった。

（支援は、とてもありがたいことだった。けれども、ぼくは教師として子どもたちに、われわれは支援を受ける側なんだから、つねに[ウ]をわすれないようにと、強調して言いすぎたかもしれない。子どもたちは遠慮《りょ》気味になってしまい、自分たちの[エ]を言ったり、好きなように行動するのは、いけないことだと思っている感じがする。教室を想像するときも、自分の[エ]を入れてはいけないと、どこかブレーキがかかっているんじゃないか）

　芦澤先生は、子どもたちがきびしい[オ]に向き合っているからこそ、もっと[イ]にのびのびと、想像してもらいたかった。意見が対立しているグループもあったが、芦澤先生も講師の先生たちも見守るだけにして、子どもたちにまかせた。

　教室の空気が一変したのは、模型の材料が配られて作製に入ってからだ。

　シートからパーツを切り出して壁を立て、平面で考えていた教室が立体になった瞬《しゅん》間、だれもが「おっ、なにかおもしろくなってきたぞ」という表情を見せた。陽音たちのグループでも、積極的でなかったメンバーがのってきた。

（やる気がなさそうに見えたのは、立体になったときのイメージがわかなくて、おもしろく思えなかっただけだったのかな？）

陽音はメンバーに、材料を切り出す係と、組み立てる係に分かれて進める提案をした。みんなで分担したら、作業がスムーズに進み出した。

（やっぱり、協力してやったほうが、うまくいくな）

山形大学の学生たちが、組み立てると家具になるシートをつくってくれていたが、ちがう家具もほしいと、リクエストする子が出てきた。

「もっと長いイスがほしい」と言う子に、芦澤先生が理由をたずねると、はっきり答えた。

「もっとたくさんの人がすわれるようにしたいし、夜はベッドとして使えるようにしたいんです」

避難生活のなかで、足腰《こし》の弱い高齢《れい》者が床《ゆか》で寝たり、起きあがったりするのを見て、大変そうだと思ったのだろう。子どもたちのアイデアには、避難生活でも、ひたすらがまんするのではなく、少しでも快適な生活にしたいという思いにあふれていた。

二回目の授業が終わったあと、芦澤先生はインターネットで、ふだん目にしないような教室の画像をさがした。もっと発想を広げられるよう、音楽大学の音楽室、アメリカのフリーな空間の教室など、めずらしいデザインの教室を子どもたちに見せた。

「うわあ、すごい」「こんな教室だったら、いいなあ」子どもたちは、わくわくした顔で画像を見つめた。

（そうそう、もっと夢を見ていいんだよ。こんなの無理だって、やる前からあきらめないでいいんだ）

芦澤先生は心のなかで、子どもたちに語りかけていた。

最後となる三回目の授業が、二週間後の十一月十四日に行われた。模型を完成させなければならないなか、子どもたちは、前回よりユニークなアイデアをつぎつぎに出してきた。

「体育館の屋根が、開くようにしたい」「教室のなかにも緑がほしいから、木が生えているようにしない？」「寝ころがって、本を読める図書室にしたいな」「タブレットやタッチパネルがあったら授業が進むかな」

楽しいアイデアにグループのメンバーが盛りあがり、どんどん作業が進んでいく。体育館をつくる陽音たちのグループは、スポーツや町のイベントなど、いろいろな催《もよお》しに利用できるよう、折りたたんで収納できる観客席をつけた。災害時用に、寝具が入れられる倉庫や、手あらいだけでなく炊事もできる水まわり、ドリンクサービス所、トイレを設置。また、通常は授業に利用し、災害時は町民の安否情報が流せるようにと、ステージのおくに大きなスクリーンを設置した。

B どの模型にも、（　　B　　）学校になってほしい、という願いがつまっていた。

陽音は、三回の授業を終えて、すっきりした気分だった。

（自分で考えたことを、かたちにするって、おもしろい。これからも、なにかつくるときは、ぼくなりに工夫していきたいな）

夏海さんは、自分の想像に近いものを、みんなで協力してつくれた、という手ごたえを感じていた。

後日、グループごとに自分たちの模型を見せて、アイデアを発表した。子どもたちは、ほかのグループの工夫におどろいたり、感心したりしつつも、自分たちのつくった模型にほこりを感じていた。

「むずかしかったけど、楽しかったです」「自分たちで考えた教室をつくれて、すごくうれしかった」「大変だったけど、みんなで協力すれば、なんでもできると感じた。これからも、こうした協力は、だれとでもできるようにしていきます！」「大槌の学校を、住民と交流できる場所にしたいです」「つくった模型が本物になって、みんなが楽しく安全にすごせる校舎になったら、うれしいと思います」

　達成感にあふれた感想を聞いて、芦澤先生は胸がいっぱいになった。（やってよかった……）

　震災以降、子どもたちは物資やボランティアの協力など、たくさんの支援を受けてきたが、つねに受け身で、自分たちでゼロからものをつくるという機会はほとんどなかった。

（今回の授業で、震災でこわれたり、燃えてしまった学校のこわいイメージや、不安なイメージを、安心なものに変えられた子もいるはずだ）

（新しい学校では、建物が安心なものになるだけでなく、子どもたちの状況《きょう》を見て、細やかなケアができるようなしくみをつくりたい）

　芦澤先生は、ひとりひとりの子に、思いをめぐらせた。

　震災から二年、三月十一日がすぎて少し落ち着いたころ、竹中工務店の岡田慎さんと、山形大学の佐藤教授、日本ユニセフ協会のスタッフは、大槌町教育委員会をたずねて、特別授業「未来の教室を考えよう」の報告をした。

「授業では、子どもたちから生まれた思いが、アイデアとして出てきました。わたしたちが想像していた以上の内容です。そのままかたちにするのはむずかしいものもありますが、そのアイデアが出てきた背景や思いをすくいあげ、新しく建てる小中一貫《かん》教育校の計画に反映させていただきたいのです」

　大槌町教育委員会は、教育行政の基本理念をはっきりと打ち出した。「町づくりは人づくりにあり　人づくりは教育にあり」

　そして、小中一貫教育校の設計者を選ぶとき「未来の教室を考えよう」の記録とデザイン指針例を提示し、設計には五年生の思いをとり入れること、という条件をつけた。C「子どもたちの意思をかたちにしたい」という大人たちの思いは、つぎつぎにつながっていき、やがて設計士のもとにとどいた。

　公募《ぼ》に応募した設計士の佐々《ささ》木栄《きさかえ》さんは、「学校は、子どもたちが生きていく力をつちかっていく場所だ」と、つねづね考えてきた。

（学校は、先生から知識を得るだけでなく、児童生徒同士はもちろん、地域の人たちと会話したり、なにかをいっしょに行ったりすることで、さまざまなことに自ら気づき自ら学んでいく場所だろう）

（この子たちはすでに、人との関わりのなかで、自ら学ぶことを知っているのかもしれない）

（町の未来は、子どもたちそのものだ。町の活動の中心となり、子どもたちの地元愛を表す学校にしなければ……）

　佐々木さんたちは③しめいかんを持って、子どもたちの思いやアイデアを実現可能な技術提案としてまとめていった。

　震災から三年をへた二〇一四年三月十九日、陽音は小学校を卒業した。そして、卒業式から八日後の三月二十七日、陽音は東京にいた。日本ユニセフ協会が支援してきた事業をしょうかいするシンポジウムで、陽音は、夏海さんとともに、大槌小学校の代表として「未来の教室を考えよう」の特別授業について発表することになったのだ。陽音はシンポジウムの前にはじめて、自分たちのアイデアが正式に、新校舎の設計にとり入れられたと知った。

(ぼくらのアイデアが、かたちになるんだ。ぼくら子どもも、いいアイデアを持っているって、大人にみとめてもらえたんだ!)

陽音は、自分たちをほこらしく思った。

シンポジウムの後半、パネルディスカッションが行われた。進行役の佐藤教授は、子どもたちに聞いた。

「震災のあと、どういうことが力になりましたか?」

夏海さんは、避難生活でした水くみを思い出した。

「震災のあと、お父さんとお母さんはいそがしくて、いっしょにいられないこともあったので、そのときは小さいことでもいいので、いま自分ができることや、少しでも役に立てることを考えて、行動しました」

陽音は、少し考えて答えた。

「ぼくは津波でお父さんと、おじいちゃんとおばあちゃんを亡《な》くして、いろいろなやみがありました。そのときは、いつもお母さんに相談していました。いまふたりでくらしていて、やっぱり、お母さんに相談すると気持ちがすっきりするので、家族とか友だちとか、身近な人でいいので、相談してみることが大切だと思います」

「子どもとして、大人たちに言いたいことは?」と問いかけられると、陽音ははっきり答えた。

「子どもは、未来も夢も持っているので、もっと子どもを活用してほしいです。大人がいま、がんばるというのもあるんですけれども、子どもも未来のために、もっとがんばれるし、がんばったほうがいいんじゃないかと思います」

D会場に、この日一番の大きな拍《はく》手がわいた。陽音の力強い言葉が、会場にいた大人の心をふるわせた瞬間だった。

(ささきあり『ぼくらがつくった学校　大槌の子どもたちが夢見た復興のシンボル』〈佼成出版社〉より)

(一)　═線①~③を漢字に直しなさい。

(二)　──線Aとありますが、発言しなかった理由を、陽音《はると》は後にどう考えましたか。文中から最もふさわしい一文をみつけて、はじめの四字を書きなさい。

(三)　□㋐~㋔にふさわしい二字の熟語を考えて書きなさい。同じ記号には同じ熟語が入ります。

(四)　〰線Bとありますが、陽音たちの模型には、どのような学校になってほしいという願いがつまっていましたか。(B)に入る内容を三つ考えて書きなさい。

(五)　═線Cとありますが、これは大人たちが学校をどういうところだと考えているからですか。文中から最もふさわしい部分を二十字で二つ探して、それぞれ「~ところ」の形に合うようにはじめと終わりの五字を書きなさい。

(六)　〰線Dとありますが、なぜ陽音の言葉は力強く、大人の心をふるわせたのですか。自分のことばで書きなさい。

日本大学豊山女子中学校(四科・二科)

—50分—

〔注意〕字数が指定されている場合、句読点や符号《ふごう》も一字と数えます。

一 次の各問いに答えなさい。

問一 次の――線のカタカナを漢字に直しなさい。ただし、送りがなはひらがなで書きなさい。

アブナイ場所には行かない

問二 次の熟語の読みの組み合わせとして適切なものを一つ選びなさい。

「仲間」

ア 音読み＋音読み　イ 音読み＋訓読み
ウ 訓読み＋音読み　エ 訓読み＋訓読み

問三 次の熟語で他と構成の異なるものを一つ選びなさい。

ア 補欠　イ 調整　ウ 創造　エ 測量

問四 次の意味を持つ四字熟語を一つ選びなさい。

こじれた物事を見事に解決すること

ア 新進気鋭《しんしんきえい》　イ 栄枯盛衰《えいこせいすい》　ウ 快刀乱麻《かいとうらんま》　エ 一攫千金《いっかくせんきん》

問五 次のことわざの意味として最も適切なものを選びなさい。

対岸の火事

ア 他人にとっての重大事を自分に置き換《か》えて深く考えること
イ 他人には重大事でも自分には関係がなくなんの苦痛もないこと
ウ 他人にとっての重大事は自分にはどうすることもできないこと
エ 他人には重大事でも自分のためにあえて手をかさないこと

問六 次の文で――線の言葉の使い方として、適切でないものを一つ選びなさい。

ア 生徒たちが、担任の先生の言い間違《まちが》いに思わず失笑する。
イ 志望校の先輩《せんぱい》から学校の話を聞いて、がぜん学習意欲が高まる。
ウ 私は演劇の経験が少ないので、主人公を演じるには役不足です。
エ 勝利をかみしめるように、おもむろにトロフィーを掲《かか》げる。

問七 次の慣用句の意味として最も適切なものを選びなさい。

舌を巻く

ア 驚《おどろ》きや感心のあまり言葉が出ないこと
イ 次から次へと言葉が出てくること
ウ 言いたいことがあっても我慢《がまん》すること
エ 適切な言葉づかいができないこと

問八 次の――線と同じ用法のものを一つ選びなさい。

ニュースによると明日の天気は雨らしい。

ア 愛らしい熊のぬいぐるみがイスに置かれる。
イ 幼いながらに懸命《けんめい》に取り組む姿はいじらしい。
ウ 最高学年らしい言動をとるよう心がける。
エ 電車の遅延《ちえん》により彼は遅《おく》れてくるらしい。

問九 次の□に入るカタカナ語として、適切なものを一つ選びなさい。

近年、多くの企業《きぎょう》は環境問題を意識した□な製品開発を行っている。

ア エモーショナル　イ サスティナブル
ウ コンパクト　エ ニュートラル

問十　次の季語の中で季節が異なるものを一つ選びなさい。

ア　風薫《かお》る（涼《すず》しい風がゆるやかに吹《ふ》く様子）
イ　おぼろ月（ほのかにかすんだ月）
ウ　花いかだ（水面に散った花びらが連なり流れていく様子）
エ　陽炎《かげろう》（熱せられた空気が炎《ほのお》のように揺《ゆ》らいで見える現象）

□二　次の文章を読んで、後の問いに答えなさい。

二一世紀に入ってから、①コウリツ一本槍《やり》の新自由主義的な方向への変化を加速させてきた日本では、「無駄《むだ》の削減《さくげん》」などの掛《か》け声のもと、医《い》療《りょう》や福祉《ふくし》、物流、小売り、公共交通機関など社会の基盤《きばん》をなす仕事や、その仕事に就《つ》いている「エッセンシャルワーカー」たちを顧《かえり》みてきませんでした。しかしコロナ禍《か》で、私たちは改めてエッセンシャルワーカーのありがたみを痛感しました。

この②エッセンシャルワーカーの重要性を、一九七〇年代から提唱していた経済学者がいます。宇沢弘文《うざわひろふみ》さん（一九二八～二〇一四年）です。

コロナ禍で特に問題となったのは、保健所の不足でした。日本の保健所はすごい勢いで削減され、三〇年前に約八五〇ヵ所あったのが、二〇二〇年には四六九ヵ所と、その数は六割以下となっています。結果的に、コロナ禍で保健所の業務がパンクしてしまいました。

新型コロナに感染《かんせん》したら、必ず保健所に報告がいきます。だから本来は保健所が入院先を決めるのですが、患者《かんじゃ》が急増した地域ではとてもそこまで手が回らないため、救急車の救急隊員が「どこか空いている病床《びょうしょう》はないですか」と探し回らなければいけなくなりました。

病院に入れないとなると自宅療養となるわけで、そうなると改めて保健所の管轄《かんかつ》になり、自宅療養の人たちに毎日電話をかけて、具合はいかがですかと確認をします。あるいは、陽性者は外に買い物にも行けないから、インスタント食品やティッシュペーパーなどを届けないといけません。その手配などを全部保健所が担《にな》うことになり、パンクしてしまっているわけです。

三〇年前の保健所の数が現在もあれば、③こんなことにはならなかったのではないか。しかし衛生環境《かんきょう》が改善してきた日本で、コロナ禍以前は保健所が外部からは「暇《ひま》」のように見えていて、その数が削減されてしまったのです。

私が幼稚園児《ようちえんじ》の頃《ころ》などは、感染症が全国でひっきりなしに起きていました。当時住んでいた東京の吉祥寺《きちじょうじ》では、赤痢《せきり》が発生するたびに保健所の人が防護服を着てやってきて、街中に白い消毒液を撒《ま》いているのを見かけたものです。六四年の東京オリンピック直前には、千葉県や静岡県などでコレラの感染者が見つかり、大問題になったこともありました。七〇年代後半にも、和歌山県有田市での集団感染をはじめ、日本国内でたびたびコレラ感染者が発生していました。

しかしその後、国内での感染症の発生は激減していましたから、保健所は飲食店の衛生検査を踏《ふ》まえた営業許可、乳幼児の健診《けんしん》など、通常業務をするのに必要な数だけが配置され、④シュクショウされていったのです。

やはり社会には「バッファー（余裕《よゆう》）」の部分が、どこにでも必要なんだなと改めて思います。

新自由主義は政府などによる規制の最小化と、市場での自由競争を重んじる考え方です。「こんなものはいらないだろう」といろいろなものが切り捨てられていますが、でもそれが実は大事なもので、社会的な「共通資本」だったということもあるのだと、改めていま、実感しています。

この「社会的共通資本」という概念《がいねん》を、一九七〇年代から提唱していたのが宇沢弘文さんなのです。社会的共通資本とは、「一つの国ないし特定の地域に住むすべての人々が、ゆたかな経済生活を営み、すぐれた文化を展開し、人間的に魅力《みりょく》ある社会を持続的、安定的に維持《いじ》することを可能にするような社会的装置」を意味しています。

社会的共通資本は、大気や森林、河川《かせん》、土壌《どじょう》などの「自然環境」と、道路や交通機関、上下水道、電力・ガスなどの「社会資本」と、教育や医療、司法、金融《きんゆう》などの「制度資本」の三つから成り立つとしています。

宇沢さんは学生の頃、当時日本で大きな影響《えいきょう》力のあった書籍《しょせき》『貧乏《びんぼう》物語』（河上肇《かわかみはじめ》、岩波文庫）を読んで、どうしてこの世の中にはこれほど貧乏な人がいるんだろうか、どうしてこんなに格差があるんだろうかと考え、これを勉強しようとして経済学を学び始めました。

それまでの宇沢さんは、純粋《じゅんすい》に数学が好きで数理学を研究していました。河上肇に触発《しょくはつ》されて経済学に方向転換《てんかん》した後、経済学のさまざまな理論を数学的に処理する数理経済学の分野で一躍《いちやく》有名になり、世界のトップレベルの研究者として、アメリカで活躍していました。

しかし大国アメリカが介入《かいにゅう》した悲惨《ひさん》なベトナム戦争をきっかけに、いまいる世界へ大いなる疑問を持ち、⑤経済学を始めた当初の目的、原点に返るのです。自分は何のために研究をしているのか、と自分で自分に問い続けたのでしょう。

そこで、戦争や格差があるこの世界を改めて研究しなければと考え、宇沢さんはシカゴ大学の教授という職を辞して、東京大学の助教授という格下のポジションで日本に戻《もど》ってきました。当時、「ノーベル経済学賞にいちばん近い日本人」と言われていた研究者でしたから、経済学界の界隈《かいわい》では相当な話題に上りました。

そうして帰国後に出した著書が『自動車の社会的費用』（岩波新書）です。これを読んだときには「こういう考え方があるのか」と衝撃《しょうげき》を受けました。

高度経済成長真《ま》っ只中《ただなか》で、自動車がどんどん増え、みんながマイカーを持てるようになる。「これこそ豊かさのシンボルだ、いずれ自分も車を持ちたいな」と私も含《ふく》めて多くがそう思っていた時代に、自動車は購《こう》入《にゅう》代金とガソリンなどの維持費だけではなく、道路維持費、排気《はいき》ガス問題、交通事故など、社会に大きな負の影響を与えている。本来、自動車を持っている個人が負担《ふたん》すべき費用を社会が全部負担しているのだ、ということを考えさせる本でした。「経済学はこういうことにも役に立つのか」と、［　Ａ　］から鱗《うろこ》が落ちる思いでした。

広大なアメリカから日本に帰ってきたとき、宇沢さんは大気汚染《おせん》や排気ガスのひどさにびっくりしたのだと思います。川は汚《よご》れて悪臭《あくしゅう》が立ちのぼり、大気汚染でぜんそく患者が続出するという、それはひどい状態の日本を見て、⑥人間が人間らしく生きるために、経済学を役立たせなければいけないと考えたのでしょう。

こうした研究の到達《とうたつ》点が、「社会的共通資本」という概念です。

当時の私をはじめとした多くの人たちは、大気汚染や水質汚染について、「経済が発展すりゃ、そういうもんだろう」と思っていました。一九六〇年代の北九州市や四日市市など、「四大公害病」が発生していた地域の小学校や中学校の校歌などでも、「煙突《えんとつ》から出る煙《けむり》がわが町の誇《ほこ》り」

などといった、いまから思えばびっくりするような歌詞がたくさんあったのです。公害が大きな社会問題となってからは、その部分の歌詞だけが環境に配慮《はいりょ》した文言に差し替《か》えられています。

　自分の生き方、暮らしている地域や国、自分が長年培《つちか》ってきた常識などに対して、改めて疑問を持ち、問いを立てるというのは非常に難しいことです。だからこそ意識して冷静で客観的な視点を持ち、本来的に何が問題なのか、常に問い続けなければ、⑦現実の問題点というのはなかなか見えてきません。宇沢さんが「先見の明」を持てたことの根底には、当時の常識や「ステレオタイプ」を疑って、常に問いを立て続けた宇沢さんの姿勢があったのだと思います。

　一度これまでとは違《ちが》う環境に身を置いてみるということは、こういう意味でも有意義です。育ってきた場所から、大学進学を機に別の地方で暮らしてみる、一度海外で暮らしてみるなどすることによって、ふるさとを客観的に見ることができるようになるでしょう。⑧「外」を見ることで視野が広がるのです。

　宇沢さんの学問探究の根底には、「苦しい人を助けるため」といった目的意識がありました。そうして、社会的共通資本などの研究結果が生まれたのです。⑨「何のため」という目的意識は、思考力に大きな力を与えてくれるのだと思います。

　縁《えん》あって宇沢さんの著書『経済学は人びとを幸福にできるか　新装版』（東洋経済新報社）に寄《よ》せた序文の冒頭《ぼうとう》に、私はこう書きました。

「経済学は、何のための学問か。人を幸せにするための学問ではないか。（中略）人々を幸福に少しでも近づけるために、経済学の理論は、どう構築されるべきなのか。これを生涯《しょうがい》にわたって追究してきたのが、宇沢弘文氏です」

　ちなみに宇沢さんの家はお医者さんの一家で、代々医師を輩出《はいしゅつ》していました。宇沢さん本人だけが経済学の道に行き、娘《むすめ》の占部《うらべ》まりさんも医師になり、孫娘の方も医学部に通って医師を目指しています。お医者さん一家で育ったことも、宇沢さんが世の中の問題点を「治療する」役割を担うという自覚を持った一因かもしれません。

　私はよく、さまざまな問題に直面するにつけ、⑩「宇沢さんだったらどう考えるのだろうか」と考えます。宇沢さんが私のメンター的存在となっているのです。

　生き方でも仕事でも、遊び方だって、「素敵《すてき》な人だな」「この人に憧《あこが》れるな」と思ったら、自分で勝手に「この人はメンターだ」と思ってみましょう。メンターには自然と出会う場合もあるし、なかなか出会わない場合もあるでしょうが、実社会の中で周りの人のいいところをよく観察していれば、いずれ出会えるものです。

　メンターには、自分から積極的にアドバイスを求めてもいいでしょう。好意的な気持ちというのは相手にも伝わりますから、親身になって答えてくれる場合が多いはずです。ただし一方的な思いをしつこくぶつけるとストーカーもどきになるので、要注意ですが。

　あるいは、宇沢さんのように故人であれば、その人の生き方や残したものを知ることによって、「こういうときにはこの人はどう考えるだろうか、どう行動するだろうか」と想像してみるのです。メンターと仰《あお》ぐ人の考え方を、基礎《きそ》的な知識、基盤としてよく知っていなければ想像はできませんから、結果的に、その人の考え方を学ぶことにつながります。また「この人ならどうするか？」とは、つまり応用力でもあります。

自分が抱《かか》えている問題について、メンターは何も語っていなかったということは、往々にしてあり得ます。そのときに、「メンターのこれまでの主張や意見を踏まえれば、この問題にはどのように答えるだろうか」と考えるのは、まさに思考の応用力です。

（池上《いけがみ》　彰《あきら》『社会に出るあなたに伝えたい　なぜ、いま思考力が必要なのか？』〈講談社＋α新書〉）

問一　――線①「コウリツ」・④「シュクショウ」を漢字に直しなさい。

問二　――線②「エッセンシャルワーカーの重要性」とあるが、「エッセンシャルワーカー」が「重要」な理由として最も適切なものを選びなさい。

ア　コロナ禍でも休むことなく仕事をしている人たちだから。
イ　感染症にかかった患者を医療機関につなぐ人たちだから。
ウ　社会の基盤となる仕事に就いている人たちだから。
エ　コロナ感染者に生活必需品《ひつじゅ》を届ける人たちだから。

問三　――線③「こんなこと」の説明として最も適切なものを選びなさい。

ア　日本の衛生環境が改善した結果、保健所の数を削減したために、現在コロナ感染者の急増で仕事が回らなくなってしまった状態。
イ　三〇年前から比べると、保健所で取り行う業務の内容は大幅《おおはば》に減ったために、外部からは暇に見え、保健所の数が削減された状態。
ウ　新型コロナの感染が拡大したことで、保健所が感染症に関する業務を全て担うことになった結果、救急隊員の仕事が減った状態。
エ　コロナ感染者で自宅療養が必要となった際、感染者に日用品を届ける業務を、保健所で全て担わなければならなくなった状態。

問四　――線⑤「経済学を始めた当初の目的、原点に返るのです。」の説明として最も適切なものを選びなさい。

ア　自分は何のために研究をしているのかという出発点に対して改めて疑問を持ったということ。
イ　アメリカで経済の研究をしていても日本を豊かにすることはできないと改めて気づいたということ。
ウ　悲惨な戦争はなぜ世界中で起こるのかという疑問を必ず解決したいと改めて感じたということ。
エ　日本の人びとの間で広がる経済的格差の原因を研究したいという思いを改めて持ったということ。

問五　［A］に漢字を一字入れ、慣用句を完成させなさい。

問六　――線⑥「人間が人間らしく生きるために、経済学を役立たせなければいけない」の理由として最も適切なものを選びなさい。

ア　本来は自動車の保有者が個人で負担すべき公害問題を、社会全体が負担するのは間違っているため、日本人全員が反対運動する必要があることを経済学のデータで示すべきだから。
イ　経済が発展すればするほど、社会には大きな負の影響も与えられるのだということを日本人に理解してもらわなければ、このままでは日本で安心して生きていくことができなくなるから。
ウ　アメリカで大気汚染問題を解決するために必要だった知識を、日本でも活用することができなければ、日本の公害問題は社会に負の影響を与え続けることになってしまうから。
エ　経済が発展すれば必ず大気汚染や水質汚染が広がるというのは間違いであり、公害問題の解決に資金を投じれば、環境は回復するということを日本人に理解させなければならないから。

問七　——線⑦「現実の問題点というのはなかなか見えてきません。」の理由として最も適切なものを選びなさい。

ア　常識や環境に疑問を持つためには、冷静で客観的な視点がなければならないから。
イ　「先見の明」を持つためには、本来的に何が問題なのか気づく力が必要だから。
ウ　自分が長年培ってきた常識を疑うことは、常に問い続ける以上に困難だから。
エ　常識や思い込みを疑って、常に問題を考え続けることは非常に難しいから。

問八　——線⑧「「外」を見ること」と同じ意味の文を、「こと」が続くよう文中から二十字で抜《ぬ》き出しなさい。

問九　——線⑨「「何のため」という目的意識は、思考力に大きな力を与えてくれる」の説明として最も適切なものを選びなさい。

ア　苦しい人びとを助けたいという強い意志を持つことで、社会的共通資本を多く生み出せること。
イ　苦しむ人びとを幸せにしたいという使命感を持つことで、学問探究に原動力が生まれること。
ウ　海外の研究を日本でも生かしたいと決心することで、個人の幸福度を上げることができること。
エ　世の中の問題を解決したいという願望を持つことで、生涯の研究テーマに巡《めぐ》り合えること。

問十　——線⑩「私のメンター的存在」の説明として最も適切なものを選びなさい。

ア　問題に直面した時に、自分の思考の支えになってくれる存在。
イ　仕事で困難を抱えた時に、直接一緒に問題を考えてくれる存在。
ウ　生き方に悩《なや》んだ時に、心を癒《いや》す言葉をかけてくれる存在。
エ　人生で迷った時に、自分の代わりに困難を解決してくれる存在。

問十一　次に示すのは、池上さんの文章を読んだ後の、花子さんとある友だちとのやりとりです。会話文中の［B］に入る文章として最も適切なものを選びなさい。

花　子—何か困ったことが起きた時に頼《たよ》ることのできるメンターが、私にも見つかるといいなと思いました。
友だち—そうですね。私も早く、出会いたいです。
花　子—もし今後、メンターに出会えたら、積極的にアドバイスを求めたり、質問したりしたいです。
友だち—池上さんのように、メンターが故人の場合もありますね。メンターに直接質問ができない時は、どうしますか。花子さんの考えを教えてください。
花　子—［B］
友だち—そのように行動することが大切ですね。これから迎《むか》える中学校生活の中で、一生尊敬できるメンターと出会えることを期待したいです。

ア　メンターの考え方を直接知るために、メンターの弟子《でし》を訪ねます。そして、「メンターならどう考えると思うか？」と聞いて、メンターの考えに近いアドバイスをもらうことで、自分の人生に役立てていきたいと考えます。

イ　メンターの考えに近づくために、メンターが歩んだ人生を真似《まね》します。そうすれば、「メンターならどうするか？」と考えなくても自然と良い行いができるようになるので、私もメンターのように苦しむ人を助けたいと考えます。

ウ　メンターが残した知識が書かれている本をよく読み、理解を深めます。そのうえで、「メンターならどう答えるだろうか？」と考え、心の中で想像したメンターと対話をし、最終的には自分で決断していきたいと考えます。

エ　メンターの生き方が書かれているものやメンターが残したものを集めて自分なりにまとめます。そうすると、「メンターはどう考えたか？」という想像力をつけることができるので、他者を理解するために生かしたいと考えます。

三　次の文章を読んで、後の問いに答えなさい。

「ちょっと寄《よ》り道して、動物園に行ってみるか」

車を運転しながらパパが言った。

少しだけ遠回りをすれば、小さな動物園がある。パンダやコアラのような人気者の動物はいないから、ぼくはどっちでもよかった。でも、パパは、ぼくが返事をしないうちに「よーし、じゃあ、行こう」と張り切った声で言って、直進するはずだった交差点で左折のウインカーを出した。

ぼくに気をつかって、元気づけたいんだ。わかる。ぼくはさっきからずーっと黙《だま》り込《こ》んでいた。パパに話しかけられても「うん」か「ううん」しか答えなかった。怒《おこ》っていたし、落ち込んでもいた。おばあちゃんに会いに行った帰り道は、①いつも、こうなってしまう。

おばあちゃんは今日も、ぼくとパパをまちがえた。ぼくの名前は「翔《しょう》太《た》」なのに、何度も「ケイちゃん」と呼んだ——パパの名前が「圭一《けいいち》」だから。

今日は小学校の修学旅行のおみやげを渡《わた》しに、パパと二人で、おばあちゃんが暮らしているグループホームに出かけた。おみやげのキーホルダーを、おばあちゃんはとても喜んでくれた。ぼくもうれしかった。売店でさんざん迷ったすえに選んだんだから。

でも、おばあちゃんは「ありがとうね、ありがとうね」と何度も言ったあと、ぼくの頭をなでながら、続けた。

「ケイちゃんのおみやげ、おかあさん、ずーっと大切にするからね」

おばあちゃんは何年も前から認知症《にんちしょう》をわずらっている。いまがいつなのか、ここがどこなのか、目の前にいるひとがだれなのか、そして自分がだれなのか……わからなくなってしまった。

そんなおばあちゃんと年に何度か会うたびに、パパやママに聞きたくなることがある。いままではグッとこらえて黙っていたけど、②今日は言っちゃおう。口に出せるタイミングがあったら、もう、がまんせずに言おう。それを逃《のが》してしまうと、またずっと言えないままになりそうだし。

だからぼくは、動物園の駐車場《ちゅうしゃじょう》にとめた車から降りて、パパと二人でチケット売り場まで歩いているときに、よし、いまだ——と、言った。

「ねえ、パパ。おばあちゃんって、いま、しあわせなのかなあ。みんなのことをどんどん忘れちゃって、長生きしても全然しあわせじゃないような気がしない？」

怒られるかも。覚悟《かくご》はしていた。でも、パパは「んー?」と寝言《ねごと》のような声を出したきり、なにも答えなかった。券売機でチケットを買っている間も、そう。園内に入ってからも、ぼくの質問なんて忘れてしまったみたいに、Jリーグやバトルゲームやスーパー戦隊のことしか話さない。

どうしたんだろう。歩き方もヘンだ。③動物を見に来たはずなのに、園舎には目もくれずに通路をずんずん進む。

奥《おく》まったところにある園舎で、パパはやっと足を止めた。『サバンナ園』と案内板が出ている。キリンやシマウマやダチョウが広場を散歩して、池にはペリカンもいて、いま、シマウマの一頭がぼくたちのすぐ目の前に歩いてきた。

「しあわせって、なんなんだろうなあ」

パパはのんびりした声で言った。「え?」と聞き返すぼくにニッと笑ってから、その笑顔をシマウマに向けた。

「なぁ、翔太。シマウマって、もともと、どこにすんでるんだっけ」

「アフリカでしょ?」

「だよな。広ーいサバンナだ。で、ここはどこだ?」

「……ニッポン」

「そう、遠いニッポンに連れて来られて、狭《せま》ーい動物園の柵《さく》の中に閉じ込められてるわけだよな」

言われてみると確かにそのとおりだ。④水飲み場で水を飲む姿も、しょんぼりとうつむいているように見えてきた。

「でも、ここにいれば、ライオンに襲《おそ》われる心配はないし、食べるものがなくて飢《う》え死にすることもないよな。病気になったら獣医《じゅうい》さんだっている。シマウマみたいに弱い動物も安心して生きていけるよ」

いまの話も、確かにそのとおりだ。大きなシマウマと小さなシマウマが並んで立っている。お母さんと子どもなのかな。もしも子どもシマウマがライオンに襲われたら、お母さんシマウマはどれほど悲しむのか……想像すると、ぼくまで泣きそうになってしまった。

「翔太は、動物園のシマウマってしあわせだと思う? 思わない? どっちだ?」

不意に聞かれて、「えーっ」と声をあげた。どうなんだろう、どうなんだろう、と考えてみたけど、⑤そんなの急に言われても、すぐには答えられない。

「パパは?」

聞き返すと、パパはシマウマを見つめたまま「どっちなんだろうなあ、パパにもよくわかんないな」と言った。

ぼくはまた「えーっ」と声をあげる。今度はブーイングっぽく。自分でも答えがわからないのに聞いてくるなんて、ずるい。でも、パパが「アフリカにいたほうがしあわせだ」と言っても、逆に「動物園のほうがしあわせだ」と言っても、ぼくは心の半分で「だよね」と納得《なっとく》しながら、残り半分では「そうかなあ?」と首をひねっていただろう。

飼育員のお兄さんとお姉さんが干し草を一輪車にのせて運んできた。ごはんの時間だ。やっぱり、なにもしなくてもごはんが出てくるのって、しあわせかも。あ、でも、生きるたくましさを奪《うば》われて、かえってふしあわせなのかも。どっちなんだろう。ほんとうに、どっちなんだろう……。

二人の飼育員さんは干し草を置いたあとも広場に残って、ごはんを食べるシマウマや散歩中のキリンの一頭ずつに近寄って、声をかけたり体をなでたりしていた。

「具合が悪くないか、ああやって確かめてるんだよ」

パパが教えてくれた。「あと、遊び相手にもなってるのかもな」――ほんとだ、ダチョウがお兄さんの背中をくちばしでツンツン突《つ》っついているのは、遊んでよ、遊んでよ、とせがんでいるみたいに見える。

「飼育員さんはみんな、病気になったら徹夜《てつや》で看病して、赤ちゃんが生まれたら涙《なみだ》を流して喜んで……動物のために一所懸命《いっしょけんめい》がんばってくれてるんだよな」

「うん……」

「アフリカにいるのと動物園にいるのと、どっちがしあわせかなんて、わからない。たぶんシマウマ本人にもわからないんじゃないかな」

でも、とパパは続けた。

「ここには、自分のことを大切に思ってくれる飼育員さんたちがいる。それは、ぜーったいに、しあわせだ」

まるでいまの言葉に返事をするみたいに、柵の近くにいたシマウマがしっぽをブルッと振《ふ》った。

「おばあちゃんもそうだよ」

急に話が変わった。きょとんとするぼくに、パパは、子どもの頃にインフルエンザで寝込んだときのことを教えてくれた。おばあちゃんは高熱にうなされるパパの手を夜通し握《にぎ》って、看病してくれたのだという。そのときのおばあちゃんの手の感触《かんしょく》を、パパはいまでもおぼえているらしい。

「でも、⑥いまは、おばあちゃんが手を握ってもらう番だ。翔太も今日、見ただろう?」

グループホームの介護士《かいごし》さんは、みんな優《やさ》しい。車椅子《くるまいす》に座《すわ》るおばあちゃんと話すときには、いつもしゃがんで目の高さを合わせる。おばあちゃんの昔ばなしを聞くときも、背中をさすったり手を握ったりしながら、どんなに繰《く》り返しばかりになっても、笑顔であいづちを打ってくれる。

「認知症になって、いろんなことを忘れてしまうのは、ふしあわせだよ。でも、おばあちゃんのカサカサの手を握ってくれるひとがいるのは、しあわせだ」

あ、そっか、と思った。⑦しあわせとふしあわせは、どっちかに決めてしまえるものじゃないのかもしれない。

「おばあちゃんは翔太にキーホルダーをもらって、大喜びしてただろう? それは翔太が、なにがいいか考えて、迷って、選んでくれたからなんだ。自分のために一所懸命になってくれるひとがいるって、しあわせだよ、ほんとに」

サンキュー、とお礼を言われると、むしょうに照れくさくなった。思わず「パパと間違《まちが》えられちゃったけどね」と言ってしまった。ひねくれてる。意地悪でもある。自分でもすぐに後悔《こうかい》した。

⑧でも、パパは怒らなかった。「がっかりだったよな」と苦笑して、「でも、おばあちゃんの顔、しわくちゃの、いい笑顔だったと思わないか?」と言った。思う。ぼくはうなずいて、小さな声で「……ごめんなさい」と言った。

「謝《あやま》ることないさ」

「でも……」

それより、とパパは広場を見回しながら「なつかしいなあ」と言った。

「この動物園、昔、来たことがあるんだ」

「そうなの？」

「いまの翔太より、もうちょっと小さな頃かな。おばあちゃんに連れて来てもらったんだ。おばあちゃんも若くて、ママみたいに美人だったんだぞ」

いたずらっぽく言って、「ずーっと、ずーっと昔の話だけどな」と笑った。声は明るかったのに、目が合うと、⑨パパの笑顔はどこか寂《さび》しそうにも見えた。

「お、キリンがこっちに来たぞ」

パパはぼくに背中を向けて、近づいてきたキリンの顔を見上げ、「背が高いよなあ……」とつぶやいた。

そのまま、パパはしばらく動かなかった。背中に声をかけると、返事の代わりに、なにか聞こえた。

ハナをすする音だった。肩《かた》も小刻みにふるえていた。

きっと、気のせいだと思うけど。

【重松《しげまつ》　清《きよし》「しあわせ」（『答えは風のなか』〈朝日出版社〉所収）】

問一　――線①「いつも、こうなってしまう。」の理由として最も適切なものを選びなさい。
ア　おばあちゃんに会いにいっても「ぼく」のパパにしか話しかけないから。
イ　パパが「ぼく」の機嫌《きげん》を取ろうとしていることに激しい怒《いか》りを覚えているから。
ウ　おばあちゃんに「ぼく」のパパと名前を間違えられて傷ついているから。
エ　おばあちゃんに名前を呼んでもらえるパパに「ぼく」は嫉妬《しっと》しているから。

問二　――線②「今日は言っちゃおう。」の理由として最も適切なものを選びなさい。
ア　パパに怒られたくないのでおばあちゃんの認知症について聞けないでいたが、今日なら聞いても大丈夫だと考えたから。
イ　いまを逃すと、おばあちゃんの認知症についてパパはどう思っているのか聞けなくなってしまうと感じていたから。
ウ　認知症のおばあちゃんに怒っても仕方ないと諦《あきら》めていたが、パパにはつらい心情を理解してもらいたいと思ったから。
エ　おばあちゃんの認知症について尋《たず》ねるタイミングを逃せば、パパにはぐらかされるだろうと分かっていたから。

問三　――線③「動物を見に来たはずなのに、園舎には目もくれずに通路をずんずん進む。」の心情として最も適切なものを選びなさい。
ア　「ぼく」の問いかけに答えるのにふさわしい場所で、「ぼく」と大切な話をしたい。
イ　動物を見る余裕《よゆう》もないほど、「ぼく」の問いかけに動揺《どうよう》していることをごまかしたい。
ウ　「ぼく」の問いかけに何と答えるべきか考えあぐねて、少しでも時間を稼《かせ》ぎたい。
エ　「ぼく」の問いかけに答えるために、人目にふれない場所に早く連れていきたい。

問四　――線④「水飲み場で水を飲む姿も、しょんぼりとうつむいているように見えてきた。」の理由を説明した文の［A］～［C］に当てはまる言葉を考え、答えなさい。

本来［A］で暮らしているはずのシマウマが、［B］の中に閉じ込められている姿を改めてみると、［C］に思えてきたから。

問五　――線⑤「そんなの急に言われても、すぐには答えられない。」の理由として最も適切なものを選びなさい。

ア　動物にとってのしあわせが何なのか、人間には分からないから。
イ　しあわせについて意見するには、人生経験が少なすぎるから。
ウ　何をしあわせとするかは、他人が決めてよいものではないから。
エ　どこに基準を合わせるかで、しあわせの見え方が異なるから。

問六　――線⑥「いまは、おばあちゃんが手を握ってもらう番だ。」と「パパ」が言った理由として最も適切なものを選びなさい。

ア　人はいつまでも元気でいられるわけではなく、誰《だれ》かの手助けが必要になる時がくることを、「ぼく」に理解してほしかったから。
イ　体調を崩《くず》して不安になったときは、大人でも手を握ってほしくなる時があるのだということを、「ぼく」に納得してほしかったから。
ウ　親切にしてきた人は、いざ自分が困った時に誰かに手を差し伸《の》べてもらえるのだということを、「ぼく」に実感してほしかったから。
エ　本人が理解できなかったとしても、好意を持って手助けしてくれる存在がいるしあわせを、「ぼく」にも共感してほしかったから。

問七　――線⑦「しあわせとふしあわせは、どっちかに決めてしまえるものじゃないのかもしれない。」の説明として最も適切なものを選びなさい。

ア　その人が置かれている状況《じょうきょう》に基《もと》づいて考えなければ、大切な本質を見逃してしまうのだということに気づいた。
イ　きちんと線引きして考えることも大切だが、あいまいにしておいた方が良いこともあるのだということに気づいた。
ウ　一つの側面だけで判断できるものではなく、簡単に線引きして決めるものではないということに気づいた。
エ　目に見える事実だけが大切なのではなく、心で感じたことを信じることも大事なのだということに気づいた。

問八　――線⑧「でも、パパは怒らなかった。」の理由として最も適切なものを選びなさい。

ア　いま怒ったとしても「ぼく」の機嫌を直すことは難しいと判断し、別の言い方で諭《さと》そうとしたから。
イ　照れかくしでつい言ってしまっただけで、「ぼく」が本気で言ったわけではないと分かっているから。
ウ　「ぼく」が皮肉を言いたくなるくらい、パパと間違われたことを気にしているのが可哀想《かわいそう》だったから。
エ　「ぼく」にはまだ言いたいことが伝わりきっていないと感じ、この場で怒っても仕方がないと諦めたから。

問九　――線⑨「パパの笑顔はどこか寂しそうにも見えた。」とあるが、パパの心情の説明として最も適切なものを選びなさい。

ア　自分にも「ぼく」のように小さい頃があったことを思い出しながら、年を取って大人になってしまったことを切なく思っている。
イ　おばあちゃんが認知症になってしまったことを気にしないようにしていたのに、「ぼく」に指摘《してき》されたことで気が重くなっている。
ウ　おばあちゃんが元気だった頃の思い出になつかしさを覚えると同時に、もう昔のようには戻《もど》れないのだと悲しくなっている。

エ　自分の幼い頃とは何もかも状況が変わってしまったことに絶望しながらも、おばあちゃんが元に戻る可能性を捨てきれずにいる。

問十　本文の内容として最も適切なものを選びなさい。

ア　「ぼく」は、パパから説明されることで、おばあちゃんもシマウマのようにしあわせな人生を送っているのだと確信を持った。
イ　「ぼく」は、子どもの頃のパパの姿を想像することで、パパもつらい立場にいるのだということに気づくことができた。
ウ　パパは、「ぼく」の前であえて泣く姿を見せることで、しあわせな時はいつか終わりがくるのだということを教えようとした。
エ　パパは、おばあちゃんの認知症についてつらい気持ちを持っていることを、「ぼく」には感じさせないようにふるまおうとした。

フェリス女学院中学校

—50分—

《注意》 一　句読点や記号などは字数にふくめます。
二　解答用の一行のわく内には二行以上書かないようにしてください。

□一　次の文章を読んで後の問に答えなさい。

こんな事は毎日だった。砧《きぬた》きぬ子が朝と晩の散歩の他に、昼間三時から四時ごろの間、海岸を散歩するのを日課としていることを知っていたので、私は学童たちを集めて海水浴場の外れの方でいつも彼女《かの》を待っていた。

砧きぬ子はたいていの場合一人で散歩したが、ごくたまに母らしい人に連れられて姿を現した。そんな時は、私たちは何もしなかった。彼女がこちらに近づいて来ると、私たちは海の中へ避《ひ》難した。そして板子〈注1〉につかまって、波にゆられながら、遠くの方から彼女をうかがった。

「あいつ、今日はやっつけられないでしゃくだな！」

私はそんな風に言った。他の四、五年生もみな、みょうにぎらぎらした目を彼女の方へ向け、

「大人《おとな》といっしょに来ていやがる！　よおし、明日覚えてろ！」

そんな事を言った。私たちはまるで彼女にうらみを持っているかのようであった。いかなる種類の仇敵《きゅうてき》か知らなかった。しかし、〈注2〉不倶戴天《ふぐたいてん》という言葉の意味に近いものを、彼女が持っていることは明らかだった。そのままにはして置けないような美しいものを、その都会の少女は持っていたのである。砧きぬ子は色が白く、目が大きく、かみはおかっぱにして、いつも着物を着ていた。私たちの目には彼女はひどく大人びて見えた。

「〈注3〉角屋の離《はな》れに、この魚をとどけて来い！」

私は父から命じられた。

「取り立ての、とれとれですって言ってな。そして五十銭〈注4〉もらって来い」

そんな風に父は言った。

夕方だった。私はしりごみした。その魚は、砧家から今朝父が依頼《いらい》されて釣《つ》って来たものであることは、私も知っていた。しかし、毎日のように彼女をやっつけている手前、私には彼女の家に行くことは有り難い役目ではなかった。

私は何とか理由をつけて、この役目から放免《めん》されようと思った。しかし、

「行って来いと言ったら、行って来い」

と、父から頭を一つこづかれると、その命令に従う以外仕方がなかった。

私は二、三匹《ひき》の魚を入れたザルを持って、砧家へ出かけて行った。角屋の表門から入り、勝手口の横を通って、離れの縁《えん》側の方へまわって行った。

問二「魚を持って来ました」

私は縁先の物干しの棒のところに立ち止まって、よそ行きの言葉で言った。そこからは内部がのぞかれなかったので、家の中に、だれが居るか全然わからなかった。私はただ家の内部へ向かって、声をかけたので

あった。

　何の返事もしなかった。

「魚を持って来た！」

　こんどは、私は大きい声でさけんだ。

と、砧きぬ子の顔が縁側からのぞいた。

「あら、お魚？」

　彼女は言うと庭へ降りて来て、ザルの中をのぞきこみ、

「まだ生きているわ」

　そう言ってから、

「母さん、お魚ですって！」

と奥《おく》にさけんだ。

「何て言うお魚」

　彼女は言った。

問三　私は口がきけなかった。彼女は私より少し背が高かったが、近くでみると、いつも私が思っていたよりずっと子供っぽかった。

　私がザルを地面の上に置くと、彼女はそこにしゃがみこみ、小さい棒切れを拾って、それで魚のはだをつついた。そんなことをしている彼女を、私は上から見降ろしていた。私はそれまでに、そんなきゃしゃな白い手首を見たことはなかった。首も細く、その細い首の上にオカッパのかみがきちんとそろえて切られてあった。

　間もなく、彼女の母が、これも縁側から降りて来ると、

「ごくろうさんね。おいくら」

と言った。

　私はこの魚の代金を受け取るのが、何かはずかしかった。ひどく卑賤〈注5〉《ひせん》な行為《い》のような気がした。

「いいです」

と私は言った。

「よくはないわ。おいくらですって」

　私はいきどおったように言った。すると、
問四「父ちゃんが上げておいでって――」

「まあ、それは、お気の毒ね。よくお礼を言ってちょうだいね」

　彼女の母は言った。

　私が彼女の母と話をしている間に、きぬ子は私のところから離れ、縁側から部屋の中に上がって行った。

　私はそこを立ち去る時、初めて離れの家の中をのぞいた。きぬ子が南向きの縁側に面した部屋のすみで、小さい机に向かっていた。そのうしろ姿だけが、私の目に入った。何か雑誌でも読んでいる様子だった。

　私は夕食の時、父からひどくしかられた。私は代金の五十銭を、途中《と》でどこかへ落としてしまったことにしていた。

「使い一つできないでは困るじゃあないか」

　父は、いつまでも同じことを、がみがみ言った。

　私が父からしかられている最中、角屋の女中〈注6〉が、砧家からたのまれたと言って、パインナップルのかんづめを一個持って来た。

「代金を取っていただけないので、これがお礼ですって」

と女中は言った。女中が帰ると、私はまた新しく父からどなられた。

「どう言う了見《りょう》で、うそなどつきやがるんだ」

　父は私をにらみつけたが、しかし、父はこんどは長くはおこっていなかった。魚二、三匹と、めったにお目にかかれぬ果物《くだ》のかんづめとでは、

決して損な取り引きではなかったからである。

　私は、夕食の膳《ぜん》を離れると、すぐ家を出た。

　足は海岸に向いた。問五 もう浜《はま》はとっぷりと暮れて、海面にはいくつかの〈注7〉漁火《いさりび》がまたたき始めていた。

　私は、半時間ほど砂の上にこしを降ろしていたが、そのうちに、ふいに、砧きぬ子の姿が目にうかんで来た。いまも彼女が昼間見かけた南側の部屋のすみで机に向かっていそうな気がすると、私は立ち上がって浜を角屋の裏手の方に向けてつっ切って行った。

　角屋の離れの横手は石塀《べい》になっていて、一方が海に面し、一方が浜に面していた。私はその石塀のそばへ行くと、そこにあった松の木のあらいはだに手をかけた。幹の中ほどのところまでよじ登るとそこから砧一家の住んでいる離れの内部はまる見えのはずであった。

　私は〈注8〉一間《けん》半ほど松の木をよじ登ったが、しかし何も見えなかった。家人は全部外出していると見えて、家の中の電とうは消えてまっ暗だった。

　私が再び松の木を降りようとした時、下の方で人の話し声がした。私は思わず身を固くした。五、六間離れた松林の中のはだか電とうの光がそこら辺りまでのびていて、そのうす明かりの中に二、三人の人かげが見えた。

　私はしばらく、問一A 目をこらしていたが、その三人が、砧きぬ子と彼女の母と、もう一人見知らぬ若い男の人であることを知ると、私は身動きができなくなった。

「兄さん、だいてよ」

　明らかに砧きぬ子の声であった。問六ア その声は磯《いそ》くさい夜風といっしょにみょうになまめかしく私の耳に聞こえた。

「もう、およしなさいよ、ばかね！」

　こんどは彼女の母の声だった。

「いやよ、だいてよ、もう一度だけ」

　きぬ子が言うと、

「うるさいな」

　そんな太い男の声がした。と、やがてどっこいしょと言うかけ声といっしょに問六イ きゃあ、きゃあ〈注9〉嬌声《きょうせい》を上げているきぬ子の声が、静かな夜の海辺にひびいた。きぬ子は若い男の手によって高くだき上げられている風であった。

「ああ、らく、らくだわ。おうちまでこうして歩いて行って！」

「じょう談言ってはいけない、降ろすぞ！」

「いや、もっと」

　と、やがて、

「ひどいわ、いきなり降ろすんだもの。下駄《た》がどこかに飛んじゃったじゃないの」

　砧きぬ子の明らかにとがめる口調だった。

「探してよ」

「そこらにあるだろう」

「いや、探して！」

　問六ウ 少女とは思われぬヒステリックな声のひびきだった。

「帰りましょう」

　そんなことに取り合わない風で、きぬ子の母の声が一、二間離れたところで聞こえた。

　問七 私は、なぜか、その時、たまらなく、きぬ子をだき上げたその男がにくかった。兄さんときぬ子が呼んでいたから、彼女の兄さんかも知れなかったが、私は松の木の上で、何となく二人は兄妹《きょうだい》でないような気がした。

三人の話し声が遠くなってから、私は松の木から砂浜の上に飛び降りた。

家へ帰ると、父はまだ酒を飲んでいた。父はもう、私をしからなかった。その時、そばにいる母の言葉で、私は、砧家へ親せきの大学生が二、三日前から来ていることを知った。

問八 やはり兄妹ではなかったなと思った。私はその夜、生まれて初めて、パインナップルというものを食べた。その甘美《かん》な味はいつまでも口中に消えないで残った。

その翌日の夕方、私は、きぬ子と彼女の母といっしょに海岸を散歩している青年の姿を見かけた。ゆかたのうでをまくって歩いている青年の姿は、きぬ子の兄どころか、父とでも言いたいほどの、年れいの開きを持っている人物のように思われた。私が、昨夜、想像していたような若い男とはちがっていた。

私はなぜか、ひどく当てが外れたような気がした。問一B しかし、きぬ子が、その青年のうでにぶら下がっては歩いているのを見ていると、私の心にはやはりしっとに似た感情がわいた。

二人は何か話しているらしかったが、遠くからでは何も聞こえなかった。が、やはり、昨夜のように、きぬ子は、あの聞いていて心をとろかすような嬌声を上げて、きゃあきゃあ言っているのではないかと思った。

そう思った時、やはり、私はその青年がこの海岸に現れたことを快しと思わなかった。

長い海岸線の途中で、きぬ子と母の二人は青年と別れて家の方へ引返して行った。青年一人だけがなおも、波打ちぎわを歩いて行くのを見ると、私は、そこからかけ出して、遊び仲間の料理屋の輝夫《てるお》を呼び出した。

「きぬ子をいじめる東京のやつがいる。いけないやつだ。やっつけよう」と私は言った。

問九「そうか、よし！」

輝夫も、きぬ子と聞くと、舌でくちびるの周囲をやたらになめまわし、興奮した目の色をした。

輝夫はほら貝を吹いて往来を歩いた。二人はそろって青年集会所の火の見やぐらの前に行った。五分すると、部落の子供たちが集まって来た。十五、六人そろうと、舟《ふな》大工の仕事場の裏手の切岸《きりぎし》の上に移動した。

「いけないやつが浜を歩いているので、これから行ってやっつけるんだ」

私はみんなに命令した。

夕ご飯を食べていないという子が三人あった。その三人に、早く食べて再びここに集まるように言った。

それから十五分ほどして、私たちは松林の一隅《ぐう》に勢ぞろいした。

夕暮れの浜には、風がふいて、散歩している人の姿も見えなかった。〈注10〉せっこうに出した雑貨屋の三津平《みつへい》が、馬にでも乗っているような調子を取ったかけ方で、波打ちぎわを遠くからこちらにかけて来るのが見えた。

「みさきの突端《とったん》で歌をうたっていた！」

彼《かれ》は、私に報告した。

やがて、二番のせっこうが帰って来た。彼は負傷していた。どこかで転んだと見えて、ひざこぞうをすりむいていたが、彼もまた興奮していると見えて泣きはしなかった。

「歌をうたっている！」

彼もまた言った。

私たちは、それから二丁〈注11〉ほど、みさきに近い方へ位置を移動し、新しく三人のてい察を出した。

二人のてい察が帰って来ての報告によると、彼は砂浜にこしを降ろし、夕暮れの海をあかずながめており、時々立ち上がると何か歌をどなり、またこしを降ろして、海面に見入っていると言うことであった。

最後のてい察が、

「来るぞ、どろ棒がこっちにやって来るぞ！」

と言いながらかけこんで来た時は、暮れなずんだ海が、一枚のうすずみ色の板に見えるほど、辺りに夕やみが立ちこめていた。

「どろ棒じゃあない、お化けだろう」

と、一人がてい正した。

私と輝夫の二人は、彼らに、これからしゅうげきする人物が何者であるかは説明していなかった。

子供たちは、それぞれ、自分たちで勝手な解しゃくを下して、それに対してめいめいそれぞれの敵意を燃え上がらせていた。

みんな小石を拾って、ポケットやふところにねじこんだ。盾《たて》のつもりか、板子などをだいている子もあった。

大学生は波打ちぎわを歩いて来た。その姿が小さく見えると、私たちはいっせいにかん声を上げて、その方へかけ出し、彼とのきょりが半丁ほどのところで散開すると、いっせいに石を彼に向かって投げ出した。彼の立っている地点に届かない石もあれば、彼をこえて海へ落ちる石もあった。

とつ然のしゅうげきにおどろいた大学生は、何かさけびながら地面にふした。そしてやがて立ち上がると見るとこちらにかけ出して来た。ひどく勇敢《かん》だった。

ばらばらと、私たちはにげ出した。

途中で、私たちは立ち止まり、二回目のしゅうげきを開始した。見ると私の周囲には五、六人しかいず、他の連中は、こわくなったのか、松林の方へにげ続けていた。いくら私たちが石を投げても、大学生はかけて来た。私たちは再び、またにげ出した。松林の入口で、私たちは三度目にふみとどまった。その時は、私と輝夫の二人きりだった。

「つかまるぞ、にげよう」

輝夫は言った。

「よし、にげよう」

私はあいづちを打って、松林の中へかけこんだが、私は立木の一つに身をかくすと、にげるのをやめた。にげてなるものかと思った。そして、松林の入口で立ち止まっている彼の方へ石を投げた。

大学生は、あたりをきょろきょろ見まわしていたが、二番目の石が彼の立っている近くの松の幹にぶつかると、いきなり見当をつけて私の方へかけて来た。

私は松林の中をくるくるまわり、時々、立ち止まっては松の幹の間から姿を現して石を投げた。私一人が最後まで敢闘《とう》した。石はほとんど大学生にはぶつからなかった。それが、私には、いまいましかった。

そのうちに、夜のやみが全く、松の木も大学生の姿ものんでしまった。私は息をはずませながら一本の立木にもたれていた。手や足の方々が痛かった。至るところ負傷しているらしかった。

私は浜の方へ出て、草むらから雑草の葉をむしり取ると、それをひざ頭や手首の負傷かしょへなすりつけた。

問十 私は、戦い終わったものの感傷で、暗い海をながめた。くもっているせいか、海には一点の漁火も見えず、船体の見えない漁船が、エンジンの音を海面の遠くにひびかせていた。

それから三日目に、この夏の最後に引き上げて行く避暑客として、砧一家はバスでこの村を離れた。ちょうど登校時の、二番バスだった。大学生はいつか帰ったものと見えて、砧家の一行の中には姿を見せなかった。きぬ子と彼女の両親と女中の四人だった。砧家の人々がバスに乗りこむのを私たちは今日はおとなしく遠くからながめていた。

バスの中に一行が収まってしまうと、じょじょに私たちはバスに近寄って行った。私たちがバスの一、二間近くまで行った時、バスは動き出した。問十一 私はとつ然、自分でも理解できぬ衝《しょう》動を感じて、バスを追いかけて走り出した。私にまねて、子供たちはみんな走り出した。一丁ほどかけてとまったが他の連中はとまらず、どこまでもバスといっしょに走って行った。間もなく、一人ずつバスから落伍《ご》した。問十二 最後に一人だけバスの横手を必死になってかけている少年の姿が見えた。輝夫だった。学校かばんがじゃまになると見えて、彼は途中でそれを路ぼうにすてると、もうこうなってはどこまでも追いかけて行くぞといったかっ好で、海沿いの道を走っていた。彼はバスといっしょに村外れの小さいトンネルに入ったが、バスがぬけ出た時は、そこに輝夫の姿はなかった。彼はトンネルの中で落伍したものらしかった。

問十三 その日は、完全に夏が終わって、村へ秋がやって来た日であった。夏が完全ににげ去ってしまう合図に、夕方から夜にかけてひどい雷《らい》雨が海浜《ひん》一帯の村をおそった。

【井上靖《やすし》「晩夏」（『晩夏　少年短篇集』〈中央公論新社〉所収）】

〈注1〉船の底にしく板
〈注2〉相手を生かしてはおけないと思うくらい強いうらみやにくしみがあること
〈注3〉砧家が宿泊《はく》している宿
〈注4〉お金の単位
〈注5〉地位や身分が低くいやしいこと
〈注6〉お手伝いさん
〈注7〉夜、海などで魚をさそい集めるために船でたく火
〈注8〉長さの単位。一間は約一・八メートル
〈注9〉なまめかしい声
〈注10〉敵軍の動きや敵地の地形などをさぐりに行くための兵士
〈注11〉長さの単位。一丁は約百九メートル

問一 ═══部A・Bと同じ意味で用いられているものをそれぞれ選びなさい。

A 目をこらす

1 久しぶりに映画を見に出かけたAさんは、最新の映画館の設備のすばらしさに目をこらした

2 人気歌手の目をこらすほどのりりしさに夢中になったBさんは、さっそくポスターを買い求めた

3　古美術品のコレクターであるCさんは、めったに市場に出回らない目をこらした一品を入手した
4　バレエの審査会に出場したDさんは、ライバルの一挙手一投足を見のがすまいと目をこらした

B　当てが外れる

1　四国に来れば本場の讃岐《さぬき》うどんの店がたくさんあると思ったのに、近くに一軒《けん》もなくて当てが外れた
2　天気予報では荒《こう》天とあったが、山の天気は必ず当てが外れるものだから登山を決行しても良いだろう
3　私たち野球部の実力では全国大会出場など考えられなかったが、思いがけず当てが外れて喜んだ
4　たとえ固く約束しても彼が時間通りに来たためしはないから、やはり今日も当てが外れるだろう

問二　――部「『魚を持って来ました』私は縁先の物干しの棒のところに立ち止まって、よそ行きの言葉で言った」とありますが、このときの「私」の説明としてふさわしいものを選びなさい。

1　お得意様への大切な仕事を任されてほこらしい気分でいる
2　ふだんいやがらせをしているきぬ子の家なので、気まずくなっている
3　きぬ子が出て来ることを期待して良いところを見せようとしている
4　子供が配達に来たからと見下されないように大人っぽくふるまっている

問三　――部「私は口がきけなかった」とありますが、このときの「私」の説明としてふさわしいものを選びなさい。

1　思いがけずきぬ子本人が応対に出て来たうえに、何のこだわりもなく親しげに言葉をかけてきたので当わくしている
2　大人っぽいと思っていたきぬ子を間近で見ると、想像とは裏腹にあまりにも幼い様子だったので落たんしている
3　気位が高くとりすましているきぬ子に頭を下げて魚を買ってもらわねばならないことがくやしくて、ふてくされている
4　ふつうの人ならだれでも知っているような魚をものめずらしそうにのぞきこむ世間知らずなきぬ子に、あきれはてている

問四　――部「『父ちゃんが上げておいでって――』私はいきどおったように言った」とありますが、このときの「私」の説明としてふさわしいものを選びなさい。

1　ちっぽけな魚の代金をもらうのはなんとなく気が引けていっそあげてしまおうと思いついたのに、自分の親切心があっけなく否定されてしまい、しゃくにさわっている
2　魚の代金をもらうことへのみじめさからうそをついて見えをはったのに、そのうそを再び言わないといけない状きょうになり、早くやり取りを終わらせようと意地になっている
3　魚の代金を受け取ろうとしないことで気前の良さを見せたつもりだったのに、本当は余ゆうのない生活をしていることを見すかされ、はじをかかされたように感じている
4　せっかくめずらしい魚をプレゼントして喜んでもらおうと思ったのに、意外にも代金のことにこだわってなかなか魚を受け取ってくれないので、いや気がさしている

問五　――部「もう浜はとっぷりと暮れて、海面にはいくつかの漁火がまたたき始めていた」とありますが、「漁火」はどのようなことを象ちょうしていますか。

1　代金を受け取らなかった後かい
2　きぬ子へのあわい恋心《こい》
3　砧家の生活へのあこがれ
4　父への消えない反こう心

問六　「その声は磯くさい夜風といっしょにみょうになまめかしく私の耳に聞こえた」（――部ア）、「きゃあ、きゃあ嬌声を上げているきぬ子の声が、静かな夜の海辺にひびいた」（――部イ）、「少女とは思われぬヒステリックな声のひびきだった」（――部ウ）とありますが、「私」はきぬ子の声からどのようなことを感じ取っていると考えられますか。ア・イ・ウそれぞれにふさわしいものを選びなさい。

1　若い男にかまってもらえる喜びで異常なくらい興奮していること
2　日ごろからちやほやされて育ったせいでわがままな性質であること
3　若い男に愛情を示してもらうことで安心したいという願望があること
4　子どもらしい無じゃ気さと大人の落ち着きが同居していること
5　若い男をなんとしても自分の思い通りにしたいという欲望があること
6　美しくきゃしゃな少女には似合わない粗野《そや》な一面を持っていること
7　若い男がうっとうしがっていることにも気づかずどん感であること
8　若い男に対してただのあまえだけではない特別な感情があること
9　自分をないがしろにする若い男を見返そうとやっきになっていること

問七　――部「私は、なぜか、その時、たまらなく、きぬ子をだき上げたその男がにくかった」とありますが、このときの「私」の気持は、別の表現で言うとどのようなものですか。本文中から十字以内でぬき出しなさい。

問八　――部「やはり兄妹ではなかったなと思った。私はその夜、生まれて初めて、パインナップルというものを食べた。その甘美な味はいつまでも口中に消えないで残った」とありますが、このときの「私」の説明としてふさわしいものを選びなさい。

1　生まれて初めて食べたあまいパインナップルの味で、貧しい自分の生活とゆう福なきぬ子の生活との差を思い知らされてみじめになっている
2　海辺の村ではふだん食べることのないパインナップルの味に、きぬ子の洗練された美しさが思い起こされ、きぬ子に会いたい気持をつのらせている
3　あまくておいしいパインナップルの味がきぬ子と若い男との仲むつまじさを思い出させ、二人の間に入りこむ余地はないと苦い敗北感にさいなまれている
4　初めて食べたパインナップルのあまい味とこれまで聞いたこともなかったきぬ子のとろけるようなあまえた声とが重なり、頭から離れなくなっている

問九　――部「『そうか、よし！』輝夫も、きぬ子と聞くと、舌でくちびるの周囲をやたらになめまわし、興奮した目の色をした」とありますが、この部分からどのようなことがわかりますか。
1　輝夫がきぬ子に反発する気持を持っていること
2　輝夫が私にライバル意識を持っていること
3　輝夫がきぬ子に関心を持っていること
4　輝夫がいじめを許さない性質を持っていること

問十　――部「私は、戦い終わったものの感傷で、暗い海をながめた。くもっているせいか、海には一点の漁火も見えず、船体の見えない漁船が、エンジンの音を海面の遠くにひびかせていた」とありますが、このときの「私」の説明としてふさわしいものを選びなさい。
1　大学生を相手にやるだけのことはやりきったものの、勝敗もつかずきぬ子への恋もかなわなかったことを感じ、むなしくなっている
2　大学生を相手に必死で歯向かっても子供の力ではとうていかなうはずもなく、むぼうな戦いをいどんだ自分の浅はかさを後かいしている
3　最後まであきらめずに大学生と戦ったことにほこりを感じる一方、自分だけを残して仲間たちがみなにげ出したことにさみしさを覚えている
4　きぬ子をたぶらかしている大学生を追いはらおうとしたが失敗に終わり、きぬ子を助けられなかったという無力感にうちのめされている

問十一　――部「私はとつ然、自分でも理解できぬ衝動を感じて、バスを追いかけて走り出した」とありますが、このときの「私」の説明としてふさわしいものを選びなさい。
1　バスが動き出したことでもう来年の夏まできぬ子に会えないことに気づき、あいさつ一つできなかった後かいで胸がいっぱいになっている
2　バスが動き出したとたん、このままでは自分の存在がきぬ子に忘れ去られてしまうのではないかとあせり、自分をおさえられなくなっている
3　バスが動き出したことで本当にきぬ子がここからいなくなってしまうという事実をつきつけられて、いてもたってもいられなくなっている
4　バスが動き出したとたん、これまで何度もきぬ子をからかってきたことが次々と思い出され、申し訳なさでいたたまれなくなっている

問十二　［　］部の場面はどのようなことを表していますか。
1　情熱を最後までつらぬき通して走り続けた結果、少年が大人へと成長したということ
2　どれだけ思いを寄せても、別世界へと帰っていくきぬ子には手が届かないということ
3　激しい闘争心も、ライバルたちのだつ落によっていとも簡単に失われていくということ
4　海辺の村の子供たちに向けていたきぬ子の思いが、だんだんと消えていくということ

問十三　次の問に答えなさい。
①　――部「その日」は、「私」が砧家が宿泊している角屋に魚を届

けてから何日目ですか。角屋に魚を届けた日は数えずに答えなさい。

② 「私」は村の学童たちのなかでどのような存在ですか。

③ 砧家はどこから来ましたか。本文中から漢字二字でぬき出しなさい。

④ 砧家は何人で来ましたか。

二　次の文章を読んで後の問に答えなさい。

問一 図書館には、相談係とか参考係というデスクに司書を置いています。蔵書の利用だけでなく、図書館で働く人の知識や経験を利用できるのです。この人は、本の世界の道案内人ですから、読者が目的の本を見つけるまでは、本だなのあいだを歩いていっしょに探してくれます。

でも読者に代わって本を読み、問題を解決することはしません。わからないことを自分で解決できた喜びは、その読者のものです。それがその人の次の問題解決に役立ちます。この質問は、その人のプライバシーの一つですから、図書館で働く人はその秘密を守ります。

そして、この本を読みなさい、とおしつけるのではなく、いくつかの本を見せて「この中であなたのお役に立つものがありましたら」というのが本来の方法です。それには図書館員の経験と知識のちく積が必要です。さらに、図書館には選書から始まって「本」の整理や保管、貸し出しに至るまでさまざまな仕事がありますが、その全部がじゅう実し、組織化されて、やっと「本と人とをつなぐ仕事」ができます。その一館で解決できない質問に対しては、図書館という組織全体がそれを支えます。

こうした案内を受けるうちに、読者は、自分に必要なものを探す方法を自然に理解するでしょう。司書が本を見せながら具体的に説明することで、それがわかってくるのです。だから図書館は「教えこまれるところ」ではなく、「自分の感覚を働かせて学び取るところ」です。

昔から「読み、書き、計算する能力」を人間の知的能力としてきましたが、今は図書館で「必要なものを探す能力」を身につけるようになったのです。これは、一生使える能力です。こうした学び方にまだ慣れていない人には、必要な手ほどきをします。それが、その人と「本」とをつなぐ入り口になることでしょう。

二一世紀に入って、大きな災害が続きますし、また来るといわれている大震《しん》災への備えも強調されています。そんな中でとつ然の被《ひ》害からやっと自分を取りもどした人が、避難生活の中で一人になれる場所を図書館に求め、持ち帰って読む本を探し、次いで被災の処理や連らくのために図書館を使う、という生活のパターンが各地から報告されています。

図書館とは本好きの人たちが行く特別なところ、という長い間のイメージが、問三 災害から立ち上がるための一つのよりどころにまで変わってきたのです。それには、災害発生以前の図書館サービスがあってこそ、です。

もう一つ大事なことは、子どもたちのことです。大人は図書館の復興を待ってくれますが、子どもたちの心の痛手に対しては、最初の一週間が大事だ、といわれています。読み聞かせにもお話にも、絵本の提供にも、大きな恐《おそ》れに直面した子どもたちの心をいやすこまやかな配りょが必要です。これもまたふだんからの準備と、災害後すぐに動きだせる態勢、行政の理解と施《し》策が必要ですし、子どもの成熟と成長にかかわる人たちみんなで考え、準備を重ねるべきことの一つでしょう。図書館はそのための本の供給源であり、混乱の中にあっても、実施の場として働くのだと思います。

（竹内悊《さとる》『生きるための図書館——一人ひとりのために』〈岩波新書〉）

問一　——部「図書館には、相談係とか参考係というデスクに司書を置いています」とありますが、「相談係とか参考係」の司書の仕事について答えなさい。

①「すること」は何ですか。一つ書きなさい。

②「しないこと」は何ですか。一つ書きなさい。

③「必要なこと」は何ですか。一つ書きなさい。

問二　二一世紀に入って災害が発生する以前、図書館はどのようなイメージでしたか。本文中から二十字以内でぬき出しなさい。

問三　——部「災害から立ち上がるための一つのよりどころにまで変わってきたのです」とありますが、災害以後人々は図書館をどのように使うようになったのですか。本文中の言葉を用いて四十字以内で具体的に書きなさい。

問四　自然災害の直後、被災した子どもたちは被災地のためにどのようなことができますか。図書館以外の例を挙げ、あなたの考えを二百字以内で書きなさい。

三　次のA・Bの文の——部と言葉の働きが同じであるものを選びなさい。

A　姉はおおらかな心の持ち主である

1　積極的な姿勢で行動することが大切だ

2　まだ二月なのに今日は春のように暖かい

3　引っこしの際に大きな家具を運び出した

4　宝石を散りばめたような星空をながめた

B　博士の考え出した理論は正しかった

1　父の古いうで時計をゆずり受けた

2　そこにかかっている黒いぼうしは兄のだ

3　妹はもうこの本を読まないのだろうか

4　母の作った手料理でおもてなしをした

四　次の——部1〜5のカタカナの部分を漢字で書きなさい。また——部6〜8の漢字の読み方をひらがなで書きなさい。

1 お湯をサます　　2 事態をラッカンする　　3 カクシキを重んじる

4 変化にトむ　　5 キントウに分ける　　6 本末転倒《とう》

7 豊満な花の香り　　8 チラシを刷る

＊問題文に使用した作品における難しい漢字表記は、現在一ぱん的に使われている漢字またはひらがなに改めるか読みがなをほどこすかしてあります。また、送りがなを加えたりけずったりしたものもあります。

富士見中学校（第一回）

—45分—

注意事項　句読点等は字数に数えて解答してください。

一　次の傍線《ぼうせん》部のカタカナを漢字に直しなさい。

① 祭りのジュンビをする。
② 西郷さんのドウゾウを見に行く。
③ フンマツのジュースを水に溶《と》かす。
④ ヨネンがなく遊ぶ。
⑤ ネンショウする様子を観察する。
⑥ キフジンの描《えが》かれた絵画を見る。
⑦ コートのウラジに名前が縫《ぬ》い付《つ》けてある。
⑧ キショウ予報のニュースを見る。
⑨ 幼いころは出来がよく、シンドウとほめそやされた。
⑩ 成長につれて自我《じが》がメバえる。

二　現代の日本社会は、物質的な豊かさの達成や機械技術の進歩などによって、一人で生きやすくなる条件が整いました。次の文章は、その説明に続く部分です。これを読み、あとの問いに答えなさい。なお、設問の都合上、本文の小見出しは省略してあります。

「一人」になれる条件が整い、人びとの選択《せんたく》や決定が尊重されるようになった社会では、さまざまな物事を「やらない」で済ませられるようになります。①ある行為を「やらねばならない」と迫《せま》る社会の規範《きはん》は緩《ゆる》くなり、何かを「やる」「やらない」の判断は、個々人にゆだねられます。

この傾向《けいこう》は人間関係にも当てはまります。私たちが生きる時代は、閉《へい》鎖的《さてき》な集団に同化・埋没《まいぼつ》することで生活が維持されてきたムラ社会の時代と違《ちが》います。生活の維持は、身近な人間関係のなかにではなく、お金を使って得られる商品やサービスと、行政の社会保障にゆだねられるようになったのです。

このような社会では、誰《だれ》かと「付き合わなければならない」と強制される機会が、徐々《じょじょ》に減っていきます。会社やクラスの懇親会《こんしんかい》への参加はもはや強制される時代ではありません。地域の自治会への加入も任意性が強くなりました。趣味《しゅみ》の※サークルを続けるか続けないかは、まさに「人それぞれ」でしょう。

誰と付き合うか、あるいは、付き合わないかは、個々人の判断にゆだねられています。俗《ぞく》っぽく言えば、私たちは、（嫌《いや》な）人と無理に付き合わなくてもよい気楽さを手に入れたのです。

今や、人と人を結びつける材料を、生活維持の必要性に見出《みいだ》すことは難しくなりました。②人と人を結びつける接着剤《せっちゃくざい》は、着実に弱くなっているのです。

では、③このような社会で、つながりを維持するにはどうすればよいのでしょうか。生活維持の必要性という、人と人を強固に結びつけてきた接着剤は弱まっています。そうであるならば、私たちは、目の前の関係をつなぎ止める接着剤を新たに用意しなければなりません。そこで私たちは、弱まってきた関係をつなぎ止める新たな補強剤《ほきょうざい》として、つながりに大量の「X」を注《そそ》ぎ込《こ》むようになりました。

このような傾向は、メディアからも読み取ることができます。日本映画界の巨匠《きょしょう》、小津安二郎監督《おづやすじろうかんとく》の作品に、『長屋紳士録《しんしろく》』という短い映画があります。この映画は、終戦から二年後の一九四七年に公開されました。当時は、東京下町を舞台《ぶたい》にした人情劇と評価されています。簡単にあらすじを紹介《しょうかい》しましょう。

おもな登場人物は、※長屋の住人と少年です。物語は、長屋に住む女性のところに、実の親とはぐれてしまった子どもが届けられるところから始まります。そのさい、長屋のその他の住人とひと悶着《もんちゃく》あるのですが、結局、女性が少年の面倒《めんどう》を見ることになります。

最初は子どもの世話を嫌がっていた女性も、だんだんと情が移り、子どもをかわいらしく思ってきます。しかし、その矢先に、子どもを探していた実の親が登場し、女性と子どもの間に別れが訪《おとず》れます。子どもが去った後、女性はあらためて親子のつながりのよさに気づく、というのが大まかなあらすじです。

長屋の住人は、鍵《かぎ》もかけず、お互いの家にしょっちゅう行き来をし、何かにつけ雑談をします。親子のつながりや、長屋の住人どうしの密接な交流。こういった言葉からは、「昔ながらの温かなつながり」を想像することができます。

[I]、今の人びとが見ると、この映画に対してかなりの違和感《いわかん》を抱《いだ》くでしょう。その理由は、登場する人びとの感情的な交流の少なさにあります。

人情劇であるこの映画のなかで、※スキンシップと言いうる場面は、少年が女性の肩《かた》をたたくシーン以外、いっさいありません。感情的な交流の少なさは、実の親と子どもの再会のシーンに集約されます。

物語のクライマックスである親子の再会、および、少年と女性との別れは、現在の感覚からすると、さぞ感動的に演出されるのではないかと思います。しかし、『長屋紳士録』において、そのような表現はまったくありません。

再会を果たした親子は、互いに駆《か》け寄ることも、抱《だ》き合《あ》うこともありません。それどころか親は、近寄る子どもを手で押《お》しのけ、女性にお詫《わ》びと御礼《おれい》の挨拶《あいさつ》をすることを優先させます。[II]、儀礼《ぎれい》を優先しているわけです。

子どもと女性の別れのシーンでも、涙《なみだ》や抱擁《ほうよう》はいっさい見られません。少年が「オバチャンサヨナラ」と④ぶっきらぼうに述べ、別れのシーンは終わります。ここから、「人情劇」と言われた映画でさえも、感情表現は非常に乏《とぼ》しいことがわかります。

この映画を見た学生は、「[Y]」と述べていました。この言葉は、感情に満たされた今の人間関係をよく表しています。

しかし、感情に補強されたつながりは、それほど強いものにはなりません。私たちは、相手とのつながりを「よい」と思えば関係を継続《けいぞく》させるし、「悪い」と思えば関係から退くこともできます。この特性のおかげで、私たちは、無理して人と付き合わなくてもよい気楽さを手にしました。理不尽《りふじん》な要求や差別的な待遇《たいぐう》から逃《のが》れやすくなったのです。しかし、人と無理に付き合わなくてもよい気楽さは、⑤つながりから切《き》り離《はな》される不安も連れてきてしまいました。

お互いに「よい」と思うことで続いていくつながりは、どちらか、または、両方が「悪い」と思えば解消されるリスクがあります。放っておいても行き来がある長屋の住人とは違うのです。このような状況《じょうきょう》で関係を継続させるには、お互いに「よい」状況を更新《こうしん》してゆかねばなりません。つまり、つながりのなかに「よい」感情を注ぎ続けねばならないのです。

この特性は、その人にとって大事なつながりであればあるほど強く発揮されます。私たちは、大事なつながりほど「手放したくない」と考えます。しかし、あるつながりを手放さないためには、相手の感情を「よい」ままで維持しなければなりません。大事な相手とつながり続けるためには、関係からマイナスの要素を徹底《てってい》して排除《はいじょ》する必要があるのです。

とはいえ、個々人の心理に規定される「よい」状況は、社会に共有される規範ほどには安定していません。社会のルールはなかなか変わりませんが、個人の感情は日によって変わることもあります。何かの拍子《ひょうし》に、ふと、「悪い」に転じてしまうこともあるのです。つまり、人と無理に付き合わなくても良いつながりは、ふとしたことで解消されてしまう不安定なつながりとも言えるのです。

かといって、目の前のつながりを安定させる最適解※は、そう簡単に見つかりません。人の心を覗《のぞ》くことはできませんから。

コミュニケーションの指南書が書店に並び、「コミュ力」や「コミュ障」といった俗語《ぞくご》が流布《るふ》する現状は、コミュニケーションにまつわる人びとの不安を物語っています。私たちは、人間関係を円滑《えんかつ》に進めてゆく行動様式がはっきり見えないまま、相手の心理に配慮《はいりょ》しつつ、コミュニケーションを行う厄介《やっかい》な状況にさらされているのです。

(石田光規《みつのり》『「人それぞれ」がさみしい――「やさしく・冷たい」人間関係を考える』〈ちくまプリマー新書〉より)

※サークル……同じ興味や趣味を持つ人々の集まり。
※長屋……一棟《とう》を仕切って、数戸が住めるようにつくった細長い形の家。
※スキンシップ……肌《はだ》と肌との触《ふ》れあい。また、それによる心の交流。
※最適解……ここでは、最も適した答えのこと。

問1 ――①「ある行為を『やらねばならない』と迫る社会」とは、どのような社会ですか。本文中から三十字以上三十五字以内で探し、最初と最後の五字をぬき出して答えなさい。

問2 ――②「人と人を結びつける接着剤」とありますが、それは社会に合わせてどのように変化しましたか。それについて説明した次の文の空欄《くうらん》をそれぞれ指定された字数で答えなさい。ただし、Aは本文中からぬき出し、Bは本文中の言葉を用いること。

> かつては［A（六字以上十字以内）］のために人と人とが結びついたが、
> 今は［B（二十字以内）］によって結びついている。

問3 ――③「このような社会」とは、どのような社会を指していますか。その説明として最も適当なものを次の中から選び、記号で答えなさい。

ア　生きるためには最低限の人とのつながりが必要だが、日々の楽しみや余暇《よか》は一人でも十分満足できる、気楽な社会。
イ　生活のために、同じ集団に属する他者と協力して、ものを共有しながら生きていかなければならない、窮屈《きゅうくつ》な社会。
ウ　人とのつながりや集団の拘束力《こうそく》が弱いため、生きていくために人を害してもその罪から逃れることができる、無責任な社会。
エ　生活を安定させるために集団に拘束されることもなく、不愉快《ふゆかい》だと思えばいつでもその集団を抜け出せる、快適な社会。

オ　さまざまな人付き合いの機会が消えてしまったので、馬の合うような友人を簡単には見つけられなくなった、不安な社会。

問4　空欄［X］に入る適当な語を本文中から二字でぬき出して答えなさい。

問5　空欄［Ⅰ］・［Ⅱ］に入る適当な語をそれぞれ次の中から一つずつ選び、記号で答えなさい。

ア　ところで　イ　しかし　ウ　つまり

エ　なぜなら　オ　また　カ　例えば

問6　――④「ぶっきらぼうに」の意味を次の中から選び、記号で答えなさい。

ア　冷ややかな様子で　イ　怒《おこ》りっぽい様子で

ウ　意地悪な様子で　エ　ぞんざいな様子で

オ　口下手な様子で

問7　空欄［Y］に入る文として最も適当なものを次の中から選び、記号で答えなさい。

ア　昔のつながりは濃密《のうみつ》だけど感情や気遣《きづか》いが薄《うす》く、今のつながりは希薄《きはく》だけど、感情や気遣いが濃《こ》い

イ　昔のつながりは温かいけれども感情表現が薄く、今のつながりは濃密だけど、感情や気遣いが薄い

ウ　昔は人と人との関係や感情表現も濃密だが気遣いに欠け、今の人間関係は冷たく、感情や気遣いも薄い

エ　昔はつながりが強いけれども感情表現に乏しく、今のつながりは温かいから、感情や儀礼も濃密だ

オ　昔はつながりが温かいから感情表現や儀礼も濃く、今のつながりは冷たいけれど、感情や儀礼が濃密だ

問8　――⑤「つながりから切り離される不安」とありますが、なぜ不安になるのですか。四十字以内で答えなさい。

問9　次は、この文章を読んだあとの生徒の感想です。本文を正しく理解しているものを**二つ**選び、記号で答えなさい。

ア　気の合わない人や、苦手な相手との付き合いもうわべだけで済むから、昔の社会と比べたら今はずっと生きやすい世の中になったと思います。

イ　今は、相手に嫌なことをされたり、考えが合わないことに気づいたりしても、すぐに関係を断《た》ち切《き》れるので、生きていく上で何の不安もストレスも感じません。

ウ　お互いに相手のことを好きだと思っていても、くだらないケンカやささいなすれちがいがきっかけで、簡単に友達ではなくなってしまうのだと不安に思いました。

エ　私と友だちは、いつも楽しく遊んでいるし、話が盛り上がらないことなんてありません。だから、私たちの友情は強い絆《きずな》で結ばれていると思います。

オ　昔よりも人と人とのつながりが弱くなったから、理不尽《りふじん》な先輩《せんぱい》の言うことを我慢《がまん》して聞き続けたり、無理に友だちに合わせたりする必要が昔よりなくなったと思います。

三　次の文章を読み、あとの問いに答えなさい。

中学三年生の時、いやいやながら参加した駅伝で、何かを真剣《しんけん》にやる楽しさを知った「俺《おれ》」だったが、高校生になり、夢中になれるものもなく、日々をやり過《す》ごしていた。二年生の夏、先輩《せんぱい》に頼《たの》み込《こ》まれ、朝から夕方まで一歳《さい》十ヶ月《かげつ》の子ども、鈴香《すずか》の面倒《めんどう》をみることになった。次の場面は、いつも遊びに来る公園で、鈴香が他の子どもたちと一緒《いっしょ》に遊んでいる姿を「俺」が写真に撮《と》っているところである。

「うわ、大田君じゃない」

夢中で写真を撮っていて気づかなかったのだろう。突然《とつぜん》聞こえた、高くてふんわりした聞き覚えのある声に顔を上げると、①上原が後ろに立っていた。まさかと目をやると、グラウンドのほうでは中学生八人ほどが軽く走っている。この間たまたまいただけかと思ったら、またこの公園に駅伝練習にやって来たようだ。

「卒業以来じゃない？　こんなとこで会うなんてね。あ、どうも、こんにちはー」

上原はお母さんたちにも軽く会釈《えしゃく》をした。

俺は喉《のど》が一気にからからになった。上原は駅伝を担当していたから、あのころの必死で走っていた俺を知っている。②今の俺の姿をどう思うだろうか。いや、そんなことより子どもを連れて公園にいることに驚《おどろ》くはずだ。上原にあれこれ聞かれるのは困る。今更《いまさら》、みんなに鈴香の身内ではないと知られるのは気まずい。俺は落ち着かない中で、「あ、ああ。駅伝練習かよ」と何とか口にした。

「そう駅伝。木曜日はこの公園を走ることが多いんだ。学校から坂を下って、緩《ゆる》い坂を上ってここへ出てくるでしょう？　ちょうどいい位置にあるし、ここのグラウンドも走りやすいし」

「へえ……。メンバー集まってんの？」

「③なんとか。八名だけどね」

上原が目をやるのに合わせて俺もグラウンドのほうを見てみる。体形も走り方もバラバラな生徒がもくもくと流※しをしている。

「今年はまじめそうなやつばっかだな」

「今は学校自体落ち着いてるしね。ヤンキーは足が速い子が多いから駅伝のときはいてもいいんだけど」

上原はそう笑った。

「ぶんぶー」

鈴香が、俺が話しているのに気づいて、何事かと近寄ってきた。俺のハーフパンツの裾《すそ》を引っ張りながら、仲間に入れろと主張している。

「うわあ。かわいいね。こんにちはー」

上原がそんな鈴香のほうに視線を落として微笑《ほほえ》むのに、かわいいと言われてご機嫌《きげん》になったのか鈴香は泥団子《どろだんご》を差し出した。

「あれ、くれるの？」

「どーじょ」

「うれしい。ありがと」

上原は鈴香の前にしゃがみ込《こ》んで、「おいしいね」と泥団子を食べるふりをした。

「いしー、ね」

鈴香がうれしそうに答えていると、

「お姉さん、おじさんの友達?」

と、愛ちゃんがやってきて、同じように泥団子を上原に渡《わた》した。

「ありがとう。みんな、和菓子屋《わがしや》さんみたいだね。って、大田君はおじさんなのに、私はお姉さんに見えるんだ。へへへ、やったね。でも、私は友達じゃなくて、このおじさんが中学校のときの部活の担当だったの。ほら、あっちで走ってるでしょう? あんなふうにこのおじさんも走ってたんだよ」

上原はそう説明した。

上原は頼《たよ》りなくてどうしようもない教師だった。不良の俺が学校でガムを噛《か》んでいただけでやいやい言っていたかと思うと、授業を抜《ぬ》け出《だ》そうとするのを「追いかける体力ないから、自分で戻《もど》ってきてね」と平気で見送ったりするまぬけなやつだ。だけど、よけいなことにいちいち立ち入ってくるやつではなかった。俺が鈴香とどういう関係かということも、子どもたちと場違《ばちが》いな公園にいることも、なんとも思っていないようで、にこにこと泥団子をほおばるふりをしている。

「そんなの知ってるよねー」

「そう。おじさんすごく足速いんだよ。公園の中、ビューンって走るの」

愛ちゃんと由奈ちゃんが自慢《じまん》げに言うのに、「やっぱりまだ走ってたんだね」と上原が言った。

「いや、別に走ってねえけど」

「あれ? 陸上部入ったって聞いたよ」

「もうやめたよ。つうか、高校生活なんてまともに送ってねえし」

「そうなの?」

上原は俺の顔を見て、目を丸くした。

「いやいやいや。俺見てみろよ。耳に穴開いてっし、髪《かみ》も金色だろう?」

「それって、TPOに合わせてるだけでしょう」

「なんだよTPOって」

「時と場所に合わせてるってこと。あんなヤンキーの吹《ふ》き溜《だ》まりみたいな高校に行って、黒髪《くろかみ》で制服着てたら逆に浮《う》くもんね。二年生になったら後輩《こうはい》になめられるわけにもいかないだろうし。大田君、案外空気読むから」

相変わらずだな。さらりと失礼なことを言ってのけるこの無神経さ。

「まともなやつもいっぱいいる」

俺は和音※のことを思い出して、一応反論しておいた。

「そりゃそうだろうけど。だけど、大田君、タバコもやめたままみたいだし、体も顔も健《すこ》やかそのものじゃない」

「それはそうだけど」

匂《にお》いや顔色でわかるのだろうか。確かにタバコも不健康なこともやってはいない。

「先生ー」

生徒たちが呼ぶ声が聞こえ、上原は軽く手を上げてグラウンドのほうに応えると、

「そうだ。ね、走らない?」

と俺に向かって言った。

「は?」

「久々に走ろうよ。ね」

「わー! おじさんまた走るの?」

「すごい！　また乗っけてくれんの？」

俺が答える前に、由奈ちゃんと愛ちゃんが歓声《かんせい》を上げた。

「いや、走んねえし。ってか、肩車《かたぐるま》しねえから」

「えー。つまんない」

二人が口をとがらせるのに、鈴香も真似《まね》して横で「あーあー」と④ため息をついて見せる。

「そう、つまんないよね。このおじさんとあの中学生たちで競走しようと思うんだけど、楽しそうでしょう？」

「うん見たい！」

由奈ちゃんと愛ちゃんが「見たい！　見たい！」と手を叩《たた》き、鈴香も横で「たい！　たい！」と叫《さけ》びはじめた。まったくガキはなんでもすぐに盛り上がるから困る。

「なんか知らないけど、おもしろそうじゃない。走っておいでよ。鈴香ちゃん見とくからさ」

「そうだよ。みんなで応援《おうえん》するしね」

由奈ちゃんと愛ちゃんのお母さんも、ベンチから言った。

「本当ですか？　すみません、助かります。じゃあ、メニューは」

「いやいやいや、勝手に進めんなって」

俺が突《つ》っ込《こ》むのなんて気にもせず、上原は、

「タイムトライアル3000、いや突然3キロはきついか。大田君、走ってるって言っても、3キロはないよね。1キロのタイムトライアル。それでいいよね？」

と勝手に提案した。

「いや、だからさ」

「あれ？　無理だった？　1キロくらいならなんとか走れると思ったんだけど」

「あんだよ。3キロ普通《ふつう》に走れっから」

そう言ってから、まんまと上原の口車に乗せられている自分に気づいた。

中学三年生のときも同じだった。駅伝練習に参加した初日、「最初からついていけないだろうから、大田君だけ別メニューね」と言った上原に反発して、俺はふらふらになりながら陸上部のやつらと同じメニューをこなしたんだった。

「じゃあ、3キロで。⑤二十分くらいで終わりますけど、いいですか？」

上原が聞くと、お母さんたちは「任せて」とうなずいた。

いつのまにか自分のペースに巻《ま》き込《こ》みやがって。突然中学生たちと3キロ走るって何なんだよ。かろうじてスニーカーは履《は》いてるけど、ランニング用でもねえし、⑥ただ公園に遊びに来ただけなのに、どうしてこうなるんだ。俺は大きなため息をついた。

でも、やってみたかった。ちゃんと走ることに向き合ってるやつらに、まっとうな毎日を送ってるやつらに、どれくらい並べるのか。試《ため》してみたかった。

「決まりってことで。さ、大田君、行こう」

「あ、ああ」

無理やり参加させられた中学生の駅伝練習のときのように、俺は渋《しぶ》い顔を作ろうとしたけれど、お母さんや由奈ちゃんたちに「がんばってね」「鈴香ちゃんと応援してるよ」と言われて、素直《すなお》に「はい」と答えるしかなかった。

「集まってー」

上原が声をかけると、生徒たちがバラバラと寄ってきた。

「今からタイムトライアルするんだけど、大田君にも参加してもらおうと思って」

上原が横にいる俺を手で示した。

⑦八人の生徒は、俺を一瞥《いちべつ》しただけで、誰《だれ》もうれしそうな顔はしなかった。そりゃそうだ。こいつらが一年生のときに俺は三年生だ。直接知らなくても、俺の悪い評判は聞いてるだろうし、こんなふざけた格好のやつと走りたいわけがない。

「大田君だよ。知らないの？　部長は知ってるでしょう」

無反応のみんなを見渡《みわた》して上原が言った。

「知ってますけど。僕《ぼく》が一年のときに駅伝に来ていたから」

崎山だ。俺が駅伝練習に参加してたときは、まだ一年生で補欠だった。こいつが部長になったのか。あのときは小さかったのに、今は俺より背が高く、すらりとした足にきれいな筋肉がついている。

「あ、なんか聞いたことがある。坊主《ぼうず》にして走った人ですよね」

崎山の横で、落ち着きなくきょろきょろしていたやつが言った。こいつはまだ二年生だろう。ほんのわずかだけど、みんなより顔つきが幼い。

「そういえば本番は坊主だったかな。こないだみんなで試走に行ったでしょう？　あの上りの多い2区のコースを、大田君は最初の試走、10分ジャストで走ったんだよ。しかも、まだあんまり体動かしてなかったときに」

上原が言うのに、「うわ、すげえ」という声が漏《も》れた。

「そう。すごいの。で、ブロック大会では9分48秒で区間二位。県大会では※篠山《ささやま》のコースを9分46秒で走ったんだ」

上原が掲《かか》げるタイムに、みんなの目の色が変わった。数字って説得力があるんだな。さっきまで軽く見られていたのに、一目置かれている。昔残した記録が、俺を救ってくれてるようだった。

「そんな人と走れるなんて光栄でしょう。めったにない機会だよ。十分後スタートするから、それぞれアップしてね」

上原がそう告げると、みんなは俺に負けられないとでも思ったのか、すぐさま体を動かしにかかった。

「おい。お前、どうして、記録覚えてんだ？」

「記録？」

みんなが散らばった後、声をかけると、上原が首をかしげた。

「試走とかの俺のタイムだよ」

「覚えてるって、最初の試走と本番だけだよ」

上原はあたりまえだという顔をした。

「へえ……」

こいつにもすごいとこがあるんだな。俺みたいなやつの記録まで覚えてるなんて。

「大田君もアップしとかないと、あとで体に来るよ」

上原はそう言うと、トラックの中の小石をのけ始めた。

「ああ、わかってる」

グラウンドの隅《すみ》のほうに目をやると、砂場から移動してきた鈴香たちが陰《かげ》に置かれたベンチに座《すわ》ってこっちに手を振《ふ》っている。母校の練習に参加するだけなのに、何かの大会のようだ。俺は手を上げて応えると、屈伸《くっしん》をして、軽いジョグを始めた。

今日走るのも駅伝と同じ距離《きょり》の3キロ。昔の記録とあまりにもかけ離《はな》れた走りはしたくない。

「久しぶりだからだ」なんて言い訳をしないといけないような結果は残したくない。400メートルトラックを確かめるようにジョグをしている間に、体が目覚めてきた。最後に流しを入れると、手足の先までが高揚《こうよう》しているのがわかる。誰かとグラウンドを走る。俺の体はそのことにすっかり興奮していた。

「一分前だよー」

上原の声に、スタート地点にみんなが集まってきた。中学生たちはいつもの練習の一環《いっかん》だから平然としているけど、⑧俺の心臓は高鳴っていた。3000のタイムトライアル。こいつらとのレースが始まるのだ。

(瀬尾《せお》まいこ『君が夏を走らせる』〈新潮文庫〉より)

※流し……リラックスして気持ちよいスピードで走るトレーニング。
※和音……「俺」のクラスメイト。
※篠山……兵庫県東部にある地名。

問1 ——①「上原」とありますが、「上原」に対する「俺」の評価を説明した次の文の空欄《くうらん》を補うのに適当な語句を、本文中から指定された字数でぬき出して答えなさい。

> 中学生だった頃《ころ》は[A(十五字)]だと思っていたが、久しぶりに話してみて、[B(八字)]と感じた。

問2 ——②「今の俺の姿をどう思うだろうか」について、次の問いに答えなさい。

(1) 「今の俺の姿」とありますが、「俺」は具体的にはどのような姿をしているのか、二十字以内で答えなさい。

(2) 「今の俺の姿」を上原はどう思っていますか。それについて説明した次の文の空欄を補うのに適当な語句を十字以内で本文中からぬき出して答えなさい。

> 俺がそのような姿をしているのは、[　　]だけだと思っている。

(3) 上原が「今の俺の姿」をどう思っているかを知り、「俺」はどのように感じましたか。漢字二字で本文中からぬき出して答えなさい。

問3 ——③「なんとか。八名だけどね」とありますが、「俺」は、この「八名」から見ると、どのような関係になりますか。わかりやすく十字以内で答えなさい。

問4 ——④「ため息をついて見せる」とありますが、鈴香は何をしてもらうことを期待していたのですか。本文中よりぬき出して答えなさい。

問5 ——⑤「二十分くらいで終わりますけど、いいですか?」とありますが、何について「いいですか?」と聞いているのですか。十五字程度で答えなさい。

問6 ——⑥「ただ公園に遊びに来ただけなのに、どうしてこうなるんだ」とありますが、なぜそのように思っているのですか。四十字以上六十字以内で答えなさい。

問7 ——⑦「八人の生徒は、俺を一瞥しただけで、誰もうれしそうな顔はしなかった」とありますが、「八人の生徒」が「俺」のことを見直したことがわかる部分を会話文以外のところから十二字でぬき出して答えなさい。

問8　——⑧「俺の心臓は高鳴っていた」とありますが、それはなぜですか。理由として最も適当なものを次の中から選び、記号で答えなさい。

ア　中学生とのレースの応援に来てくれている鈴香たちに、恥《は》ずかしい姿を見られてしまうのではないかという不安のため。

イ　ライバル心をむき出しにしてくる中学生と走り、昔の記録と同じくらいの結果を出さなくてはならないという緊張《きんちょう》感のため。

ウ　中学生とレースをすることで、俺の昔の格好良かった頃の姿を、鈴香たちに見せられるのではないかという期待のため。

エ　走ることをやめてしまった俺が、日々鍛《きた》えている中学生たちと、どこまで肩を並べて走れるのか試すことができる喜びのため。

雙葉中学校

―50分―

一　次の文章を読み、問いに答えなさい。

ラフレシアの花は、巨大《きょだい》で鮮《あざ》やかな赤い色をしている。実際に、薄暗《うすぐら》い熱帯雨林の中でその花が咲《さ》いていると、そこだけぼうっと明るいような気がして遠くからでもわかるのである。その大きさ、色合い、質感といい、とても植物とは思えず、さらにはにおいというおまけまでついて存在感にあふれている。私ははじめてラフレシアの花を見たとき、その存在感に圧倒され、①しばし立ちすくんでしまったのを覚えている。

ラフレシアの花の形はかなり特殊《とくしゅ》なもので、やって来たハエは花の中で変わった行動をすることになる。ラフレシアは雌雄異株《しゆういしゅ》、つまり、②雄《お》しべを持つ雄花《おばな》と雌《め》しべをもつ雌花《めばな》とに分かれている。しかし、花の外観は雄花も雌花も区別がなく、花の中央部はドーム状の部屋になっていて、中心に円盤《えんばん》状の構造がある。円盤の表面には多数の突起《とっき》があり、外から花を眺《なが》めたとき、それらがまるで雌しべのように見えるが、雌しべでなくただの突起である。そして雄しべや雌しべは、円盤の下面がえぐれ込《こ》んだ奥《おく》にある。そっと指先を入れて円盤の下面を触《さわ》ると、堅《かた》い毛が生えているのが雄花、つるっとしているのが雌花である。

ハエはにおいにひかれて雄花の円盤の下に入り込み、狭《せま》い通路を歩いて雄しべのところまでたどり着くと、粘着《ねんちゃく》性の花粉が自然とハエの背中に付着するようになっている。ハエは餌《えさ》を探すがどこにもない。しかたなくあきらめて飛び去り、次に別のところで咲いている雌花まで飛んでいって、[A]同じように円盤の下へもぐり込んでいく。[B]背中についた花粉が今度は自動的に雌しべに付着するようになっている。つまりハエは、自らの体に花粉をつけて、雄花から雌花へと花粉を運ぶ運搬屋《うんぱんや》として働くわけである。

植物と昆虫《こんちゅう》の関係には、ミツバチなどが花粉を食べ物として利用する代わりに、花から花へ花粉を運び植物の受粉に役立つ、[C]、植物と昆虫のお互《たが》いが利益を得るという関係があるわけだが、ラフレシアとハエの場合はどうなのか。ハエにはとくに得るものはないように見える。ラフレシアが一方的に得をしているのだ。このような関係がほかにあるだろうか。[D]サトイモやカンアオイの仲間には、ラフレシアと同様ににおいを出してハエなどを引き寄せ受粉してもらうが、ハエには特別の報酬《ほうしゅう》を与《あた》えないという、いわば騙《だま》しの関係のあることがわかっている。③植物もなかなかやるものだ。

④騙されたハエによって受粉が終わると、やがて雌花では果実が実り、微小《びしょう》な種子が無数にできる。ラフレシアは、ブドウ科ミツバカズラ属のつる植物を宿主とする寄生植物なので、新しい花が咲くためには、種子がミツバカズラのつるに入り込まなければならない。つるの中でやがて種子が発芽すると、成長してつるの樹皮をこぶのように盛り上がらせる。さらに成長すると、樹皮のこぶが破れてラフレシアのつぼみが出現する。

つぼみは最初、黒い苞《ほう》で覆《おお》われたままだが、やがて大きく成長すると苞の間からオレンジがかったピンク色の花びらが見えてくる。このころのつぼみは直径二〇センチメートル以上あり、まさにピンクのキャベツである。ここまで来れば、あと一週間ほどで開花する。種子がつるにもたらされてから開花するまで、一年半あるいはもっと時間がかかるとされているが、開花するとたった三日で黒く変色し、やがてどろどろに溶《と》けてしまう。

こうしてみると、ラフレシアの生態はよくわかっているように思われるかもしれないが、まだまだ謎《なぞ》が多い。たとえば、ハエによる受粉のからくりはわかったが、ひじょうに少ない開花個体をハエがうまく見つけて、受粉を成功させる機会は稀《まれ》だと思われる。にもかかわらず、なぜ絶《ぜつ》滅《めつ》しないのだろうか。また、種子がミツバカズラのつるにまでどのように運ばれ、さらにつるの組織の中にどのように入り込むのか。つまり⑤何者かが関わっているはずだが、わかっていない。

⑥ラフレシアのもう一つ不思議なことは、花の大きさである。世界一大きな花を咲かせるとされ、最も大きなものでは直径一メートルを超《こ》える。この巨大な花が、ミツバカズラのつるの上に⑦いきなり咲く。寄生植物であるラフレシアには葉がないのである。

植物はふつう自らの葉で光合成によって栄養をつくり出すのだが、葉のないラフレシアは、宿主であるミツバカズラのつるから、すべての栄養と水を得ている。普通《ふつう》に考えれば、寄生植物が生きるためには、自身の体を小さくして維持《いじ》にかかるコストをできる限り小さくするほうが効率がよい。にもかかわらず、ラフレシアは巨大な花を咲かせる。なぜこのような効率の悪い生き方をしているのか。普通であれば生き残ることさえ難しいと思うのだが、絶滅しないでちゃんと生きている。しかもただの一種だけが細々と生きているのでなく、ボルネオ島やスマトラ島を中心に一四種ほどが知られている。どのようにして多くの種が分化してきたのか、これも謎である。

熱帯雨林の中でラフレシアの花を眺めていると、寄生植物だとか、効率の悪い生き方だとか、種分化や繁殖《はんしょく》生態の謎だとか⑧そんなことはどうでもいい、おれは大きな花を咲かせたいんだと主張しているようにさえ感じる。これがラフレシアの大きな魅力《みりょく》でもある。最近、子ども向けアニメの人気キャラクターのなかにラフレシアが登場している。そこではラフレシアは妖怪《ようかい》である。人を魅了《みりょう》してやまない妖怪ラフレシア。誰《だれ》が考えたのか、いかにもふさわしい設定だと思う。

【高橋晃《たかはしあきら》「熱帯雨林の妖怪ラフレシア」（『ふしぎの博物誌』〈中公新書〉所収）】

問一　——線部①「しばし立ちすくんでしまった」のはなぜか、答えなさい。

問二　——線部②「雄しべを持つ雄花と雌しべを持つ雌花」とありますが、ラフレシアの花の雄しべと雌しべはどこにありますか。次の図の中のア～エから選び、記号で答えなさい。

ラフレシアの断面図

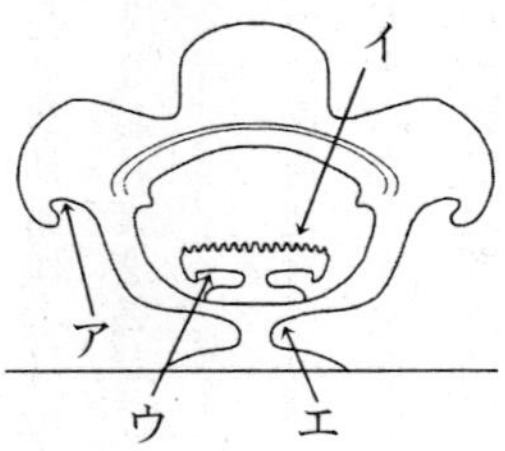

問三　[A]～[D]に入れるのに最もふさわしい言葉を次のア～オから一つずつ選び、それぞれ記号で答えなさい。

ア　じつは　　イ　やはり　　ウ　むしろ
エ　すなわち　　オ　すると

問四　――線部③「植物もなかなかやるものだ」とありますが、ここにこめられた筆者の気持ちとして最もふさわしいものを次のア～エから一つ選び、記号で答えなさい。
ア　植物がしたたかな戦略を持っていることに感心する気持ち。
イ　植物が自分の利益しか考えていないことを不快に思う気持ち。
ウ　植物が害虫を退治してくれたことを小気味よく思う気持ち。
エ　植物がけなげに生き延びようとする姿に心を打たれる気持ち。

問五　――線部④「騙されたハエ」とありますが、ハエが「騙された」とはどういうことか、具体的に説明しなさい。

問六　――線部⑤「何者かが関わっているはずだ」とありますが、筆者は「何者か」が何をしているはずだと考えているのか、「何者かが［　　］はずだ」に当てはまるように答えなさい。

問七　――線部⑥「ラフレシアのもう一つ不思議なことは、花の大きさである」とありますが、なぜラフレシアの花が大きいと「不思議」なのか、その理由がわかる一文をぬき出し、はじめの五字を答えなさい。

問八　――線部⑦「いきなり咲く」とありますが、ここでの「いきなり」とはどういうことを表しているのか、最もふさわしいものを次のア～エから一つ選び、記号で答えなさい。
ア　受粉してから短期間で花が咲くということ。
イ　他の植物のつるからじかに花が咲くということ。
ウ　予想もしない時期に花が咲くということ。
エ　周りに花がない中で一つだけ花が咲くということ。

問九　――線部⑧「そんなことはどうでもいい、おれは大きな花を咲かせたいんだと主張しているようにさえ感じる」とありますが、筆者はラフレシアをどのような植物だと思っているのか、説明しなさい。

二　次の文章を読み、問いに答えなさい。

恥《は》ずかしながら、私は小学三年生になるまで、本当の樅《もみ》の木でできた大きなクリスマスツリーというものを見たことがなかった。普通《ふつう》その季節になれば、テレビで映し出される外国の素敵《すてき》な樅の木を見たり、町で美しい飾《かざ》りを［　a　］ツリーを目にできる。

でも私は〝sceneless〟(全盲《ぜんもう》)なので、両手で触《さわ》らなければ、ツリーに限らずどんなものも「見た」と言えない。特に大きなクリスマスツリーとか山の景色など両手に収まらない大きなものは、なかなか自分の感覚として味わえない。唯一《ゆいいつ》触ったことのある幼稚園《ようちえん》や学校の小さなクリスマスツリーは、痛いだけでちっとも素敵に思えなかった。

キリスト教の信仰《しんこう》をもたない家に生まれた私にとって、子供のころのクリスマスは、なんだかわからないけどお目出《めで》たいらしいのでケーキを食べましょう、といった程度のものだった。

ところが小学三年のとき、近所に引っ越《こ》してきた外国人の先生が、私に本当のクリスマスを教えてくださったのだ。体格のよいドイツ人のおじさん先生だった。この年から、私は先生に英語を習いはじめた。だが先生は、英語よりもずっと大切なことを私にわからせようと、ずいぶん知恵《ちえ》をしぼってくださっていたと思う。

その一つが、クリスマスツリーだった。先生は、広い庭に［　b　］樅の木や、壁《かべ》いっぱいに張りめぐらしたバラの蔓《つる》に一つ一つ豆電球を結びつけ、そこにサンタさんやらケーキの形の発泡《はっぽう》スチロールやらを毎日少しずつとりつけていった。高い建物がなかった当時、①樅の木が夜ごとに明るさを増していくようすが、我《わ》が家からも見えたそうだ。

ある日の授業のあと、先生は、私と、迎《むか》えにきた母を庭に引きとめた。

「麻由子《まゆこ》さん、もうすぐクリスマスですよ。先生の庭に何があるか知っていますか？　②いま見せてあげます」

[1]言うなり私をそっと抱《だ》き上げ、大きな木の枝の中に座《すわ》らせた。＊サワラの垣根《かきね》に似た青い匂《にお》いがして、涼《すず》やかな空気がフワリと体を包んだ。薪《まき》ストーブの燃える部屋で授業に集中して火照《ほて》った顔が、涼気《りょうき》の中で少しずつほぐれていく。

"Reach out with your right hand."（右手を伸《の》ばしてごらん）

③腰《こし》を押《お》さえている先生の手に力が入る。私は恐《おそ》る恐る枝につかまっていた右手を放し、頭の上の方に伸ばしてみた。するとはうようにめぐらした細い電気コードの随所《ずいしょ》に豆電球が下《さ》がっていた。小さな球は、まるで燃えているかのように熱い。見たことはないが、蛍《ほたる》の光はこんな熱さをもった色なのだろうか。どの電球も、まるでツルウメモドキに[2]鈴《すず》なりになった赤い実みたいに、豊かに輝《かがや》いている。光は見えないが、その明るさが、涼気の中に熱を発する球から手に伝わってくるのだった。

そんなふうに準備を重ねて迎えたクリスマスイブ、私は先生の家で開かれたパーティーに参加した。

"Would you like some more pie?"（もう少しパイを召し上がる[A]？）

先生は、どの子にもこうして丁寧《ていねい》な言葉遣《づか》いで話した。普段《ふだん》は信心の話などしない先生が、パチパチと［ c ］暖炉《だんろ》の火のそばで、クリスマスの由来を子供たちに語って聞かせる。

「クリスマスは、イエス・キリストの誕生日です。この方は、命をかけて人々を救おうとしました。この日のケーキや贈《おく》り物は、私たちがいただく[B]ものではなく、キリストに捧《ささ》げて感謝するものなんですよ」

クリスマスといえばプレゼントをもらうものと決め込《こ》んでいた私は、ちょっぴり反省した。誰《だれ》かにプレゼントを[X]あげると、たいていおかえしがくる。でもキリストという人は、おかえしを期待せずに私たちを救おうとしたらしい。何をどうしてくれたかはわからないが、そうだとしたらすごい。私など、おかえしなしのプレゼントを誰かにあげたことがあっただろうか。

しばらくして、先生は私の隣《となり》に腰を下ろし、静かに話し始めた。

「麻由子さん。あなたがこのクラスにいらっしゃった[C]とき、私は言いましたね。見えないことは音だけで言葉を学べる才能です、と。マイナスをプラスに変えられるのはあなたです、"You can change" と。そのこと、わかってもらえましたか？」

それは、この先生に最初にお会いしたときに言われた言葉だった。近所の小学校からも私立の学校からも入学を拒《こば》まれ、習い事教室では「こういうお子さんはあずかれません」と拒絶《きょぜつ》される。目が見えないだけで、私はほかの子とちがい社会から疎《うと》まれる存在なんだ、とずっと思っていた。

④先生はそんな私に、「見えないことは、あなた次第《しだい》で才能に変えられる」とおっしゃったのだ。生まれて初めての言葉だった。そして先生はお言葉の通り、授業の中で私の「才能(?)」を開花させようと、ほかの生徒さんの前でどうどうと私への配慮《はいりょ》を実行された。

「○○さん、麻由子さんをしっかりつれていってください。○○君、麻由子さんにもちゃんと触らせて[Y]あげてください」

でも、けっして甘《あま》やかすことはない。

「麻由子さん、それはちがいます。もう一度よく聞きましょう」
間違《まちが》えればきびしく注意され、ごまかしたりすると何度でも答え直させる。その姿勢は、⑤むしろほかの生徒さんに対してよりも徹底《てってい》していた。クリスマスの夜、先生は私に、その最初の言葉を思い出させたのだった。
「あなたには、もっとたくさんのことをする力があります。努力すれば必ず道が開けます。英語はその入り口ですよ」
先生が繰《く》り返した〝You can change〟の言葉は、熱い豆電球に触れたときの感動とともに、⑥改めて私に衝撃《しょうげき》を与《あた》えた。このときから、私は本気で英語を勉強することになる。この先生からは発音と会話だけを教わったために、中学に入っても文法や綴《つづ》りが3さっぱりだったので、辞典をバラバラにして持ち歩いてAから順に単語をおぼえたり、原書やレコードの歌詞カードを翻訳《ほんやく》して少しずつ遅《おく》れを取りもどした。そして高校一年のときアメリカ留学をどうにか4はたしたのだが、フランス文学に出会い、結局予想とはまったくちがった道に進んだのだった。

【三宮麻由子《さんのみやまゆこ》「世界への扉《とびら》――語学と仲良くなりたい人へ」（『わたしの先生』〈岩波ジュニア新書〉所収）】

＊サワラ――木の名前。ヒノキ科の針葉樹。

問一　[a]～[c]に入れるのに最もふさわしいことばを次のア～エから一つずつ選び、それぞれ答えなさい。

a　ア　からんだ　　イ　はいた
　　ウ　はめこんだ　エ　まとった

b　ア　きりたつ　　イ　そびえる
　　ウ　はびこる　　エ　はりだす

c　ア　はぜる　　　イ　はりさける
　　ウ　ひかる　　　エ　ほとばしる

問二　――線部①「樅の木が夜ごとに明るさを増していく」のはどうしてなのか、説明しなさい。

問三　――線部②「いま見せてあげます」とありますが、この後で麻由子さんが「見せて」もらったものを次のア～オから二つ選び、記号で答えなさい。

ア　針葉樹のちくちくした葉。　イ　薪ストーブの燃える暖かさ。
ウ　青い匂いのする大きな樅の木。　エ　ツルウメモドキの赤い実。
オ　豊かに輝く豆電球の明るさ。

問四　――線部1「言うなり」・2「鈴なりに」・3「さっぱりだった」・4「はたした」を、わかりやすく言いかえて答えなさい。

問五　――線部③「腰を押さえている先生の手に力が入る」のは何のためなのか、答えなさい。

問六　＝線部A「召し上がる」・B「いただく」・C「いらっしゃった」を、敬語でない形に直して答えなさい。

問七　[　]X「あげる」・Y「あげ」の使い方は異なります。それぞれの「あげる」と同じ使い方の「みる」を次のア～オから一つずつ選び、記号で答えなさい。

ア　かえりみると長い人生だった。
イ　遠くの美しい富士山をみる。
ウ　苦手なことでもやってみる。
エ　豆の木がみるみる成長する。
オ　新しい方法をこころみる。

問八　――線部④「先生はそんな私に、「見えないことは、あなた次第

で才能に変えられる」とおっしゃったのだ」について、

(1)「見えないことは、あなた次第で才能に変えられる」を、「見えないことは、あなた次第で□□□に変えられる」に言いかえたとき、□□□に最もふさわしい言葉を本文中から探し、三字で答えなさい。

(2) この言葉を聞いたときの麻由子さんの気持ちを説明しなさい。

問九　――線部⑤「むしろほかの生徒さんに対してよりも徹底していた」のはなぜだと考えられるか、説明しなさい。

問十　――線部⑥「改めて私に衝撃を与えた」とありますが、あなたがだれかの言葉によって今まで知らなかったことに気づき、自分の考えや行動を変えたような経験を一つ挙げ、それについて書きなさい。

三　次の問いに答えなさい。

問一　次の文中のカタカナを漢字に直して書きなさい。

(1) 先見のメイがある。

(2) たいこバンをおす。

(3) ノウある鷹《たか》はつめをかくす。

(4) トウカクをあらわす。

(5) ウゴのたけのこ。

問二　（　）内に示された意味になるように、□に漢字一字を書き入れて、熟語を完成させなさい。

【例】□際（つきあい）　（答え：交際）

(1) □界（さかいめ）

(2) □解（仲直り）

(3) 消□（使って、なくすこと）

(4) □意（わざと何かをすること）

(5) □三（たびたび）

普連土学園中学校（第一回）

―60分―

一　次の文章を読み、後の問に答えなさい。

街を歩いていて、びっくり、いやな気がすることがある。①すぐ前をすれすれに横切っていく人があるのである。混雑しているところならしかたがないが、広々としたところで、目の前を知らん顔して横切る。

あぶないじゃないか、失礼じゃないか、なんて乱暴な、などという怒《いか》りにも似た気持ちになる。

……　中略　……

人の行く手をぶつかるように横切るというのは、戦後の悪習で、相手のことを考えない自分勝手のあらわれだと考えていい。その身勝手は、こどものときのしつけの足りなさによると思われる。［ a ］、敬語をしつけていれば、まちがっても、こんなことはしなくなるはずである。相手のことをすこしでも考えたら、その行く手を、すれすれに通ることなどあり得ないだろう。

戦後の家庭は、核《かく》家族をよしとした。家族はみんな友だちのようであるのが新しいと錯《さっ》覚した。三世代同居であれば、親は老親に敬語を使う。ご用聞きがやってくる。商人はていねいなことばを使うから、それに対してやはり、一種の敬語をつかう。②両者のていねいさに差のあることを、こどもは覚えるともなく覚えた。

核家族は友だち夫婦《ふう》と友だちこどもだけだから、ていねいなことばを使う場面がすくない。もちろん、敬語などというものは知るべくもない。学校も、デモクラシーをはき違《ちが》えた教育をする。教師と生徒は友だちのようであるのが望ましいとする進歩的？　空気に支配される。敬語などの出る幕はない。

あるとき、昔の学生に、本をやった。礼状が来たのはいいが、はがき、である。

③「本受けとりました…」とあるからおもしろくない。こんな人間を教えたのかと情なくなって、*叱《しっ》責のはがきを書いた。

「本を受けとる」というのは、自分が人に貸した本が戻《もど》ってきたときのことばである。受け取るのは、当然くるものが来たときのことば、人から送られたものは〝いただく〟〝頂戴《だい》する〟でなくてはいけない。それに、人からもらった本を、ただ〝本〟と呼びすてにするのは、こどもでなければ恥《は》ずかしい無知である。〝ご本〟などとしなくてはいけない。

礼状ははがきなどにすべきではない。封《ふう》書が常識だ、というようなことは言ってもしかたがないと思って書かなかった。

相手は、どう思ったのか、何とも言ってこなくて、④はなはだ、後味の悪い思いをした。

編集者はことばのエリートであるから、一般《ぱん》の人間よりことばの感覚がすぐれているだろうと思うが、そうでないこともある。

「原稿《こう》できましたら、とりに行きます」

と言ってくる。「原稿できましたら」というのは、自分の原稿のことになる。ひとの原稿なら、お原稿くらいにしたい。昔は〝玉稿〟だったが、いまどきそんな大げさなことばを使う人はいない。

「とりに行きます」はもっといただけない。〝ます〟とあるから、ていねいなつもりなのかもしれないが、これでは、昔流に言えば、借金とりが貸した金をとり立てるときくらいにしか使うことができないのである。

それを知らなくても*エディターでございます、と言っていられるのだから、⑤ありがたい世の中である。

…… 中略 ……

「私、尊敬できない人に敬語を使うことがいやなのです」

ある女子大学生が書いた文章に出会っておどろいたことがある。敬語は尊敬しているから用いるものだと考えているらしいのがおかしかった。敬語を文字通りに受け取ればそうなるのかもしれない。敬語を知らない、つかわないのはしかたがないが、それを得意になって言いふらすのは低級である。⑥無知の思い上がりである。この学生は、［ b ］、

「先生も、外国語には、敬語などない、と言っています」

といって、先生にも恥《はじ》をかかせた。いずれ国文科の教師であろうが、外国語など不案内にきまっている。ききかじりで、外国語には敬語がない、をふりまわしているのだろう。

文法は各国語においてそれぞれ個性的に違っている。万国共通文法(ユニバーサル・グラマー)の思想はあっても、具体的に万国文法は存在しない。できないのである。

敬語は日本語文法では重要なカテゴリであるが、英語などでは、待遇《ぐう》表現として同じような語法を認めているが、明らかな違いがある。⑦敬語そのものはないが、ていねい語法がないわけではない。

外国語に敬語がない、というのは、敬語をきらっている人の考えることである。日本の文物で外国と異なるところは、すべて日本に非があるように考えるのは、明治以降の拝外思想のとばっちりで、後進国の悲哀《あい》であると言ってよい。それを誇《ほこ》るのは恥ずべきことであるという反省はない。

外国語にあろうとなかろうと、日本語における敬語は日本文化の伝統に根ざしている。それによって、「*ことだまのさきはふ国」と誇ることができたのである。

敬語は日本の*ナショナリズムを代表するもので、和をとうとび、相手を尊敬、自我を抑《よく》制、闘《とう》争を回避《ひ》する点において、世界に誇ってしかるべきものである。

外国人で誤解するものがあれば、その*蒙《もう》をひらかなくてはならない。それを勘《かん》違いして恐縮《きょう》するのは非愛国であると言ってよい。

大戦に破れて日本人はすこしどころでなくおかしくなっていたのであろう。

戦争に負けたのは、日本語のせいである、ということを本気で考える人があらわれた。

小説の神様、と戦前、あがめられた大作家が、戦争に負けたのは、日本語を使っていたからである。フランス語を国語にしていれば戦争なんかにならずにすんだだろう。そんなことを大真面目にのべた。さすが、冷《しょう》笑する向きもあったが、えらい文学者の言うことだから、そうかもしれないと受け取った人もすくなくなかったようである。

日本語がいけなかったのだと考える人はそれほど多くなかったかもし

れないが、敬語は封《ほう》建的でよろしくない、と考える人は、知識人中心に多かった。戦争に負けたのは敬語のせいだとまでは考えないが、敬語などない方が進んだことばであるように思ったのであろう。敬語を目のかたきにした。

すでに国民の多くが敬語の正しい使い方がわからなくなっていたから、敬語廃《はい》止は歓迎《かんげい》された。ことばを人為《い》的に消滅《めつ》させることができるものか、そんなことを考えるゆとりはなかった。

[c]、敬語は複雑で、こどものときによほどしっかりしつけられないと、うまく使いこなせない。学校で勉強するくらいでは身につかない。敬語の乏《とぼ》しい地方では、敬語の使えない人が多くて、社会へ出て苦労が多かった。

敬語を嫌《きら》った人たちは、日本が嫌いだったらしい。外国の思想にかぶれた人たちは、日本をきらい、日本語をさげすみ、外国のようになりたいと願ったようである。敬語など重視するのは保守反動だと考えた。

つまり、ナショナリズムがきらわれたのである。戦争が終わってしまったから、ナショナリズムなどあってはならない。そう考えた人たちは、日本語をナショナリズムの死にそこないのように思ったのであろう。日本語はダメなことばであると感じる識者がゴロゴロいた。

敬語はその日本語のもっとも個性的な部分である。ナショナリズム排《はい》撃《げき》の鉾《ほこ》先が敬語に向けられてもおかしくない。実際にそうなった。

さすがに国語の教師は大声をあげなかったが、言語学の専門家は当然のように敬語の整理を主張した。さすがに全廃とは言わないが、すくなければすくないほどよい、と言った。

学校が敬語を教えないのは当然である。家庭でも使われない。敬語ゼロの中で育った人が大勢を占《し》めるようになって、日本語は性格を変えることになった。

人と人とが接触《しょく》すると、マサツを生ずる危険がある。へたをすると衝《しょう》突《とつ》して火花をちらすこともある。それをさけるためには、クッションになることばを交わして、危険をさける。あいさつはそのひとつ。はっきりした意味はなくても、対人マサツを除く潤滑《じゅんかつ》油としての効果は小さくない。

敬語も同じように潤滑油の役を果たすことがある。あるがままでは相手を悪く刺《し》激することも、敬語でくるめば、おだやかに受け容《い》れられる。

敬語はまた衣服のようなものだと考えることもできる。こどもなら、裸《はだか》で歩きまわっても愛嬌《きょう》であるが、一人前の人間が何も着ないで人前に出るのは論外である。よその人に会うのなら、相手に相応《ふさわ》しい服装をととのえる。昔の貴人は何枚もの着物を重ねて、相手への敬意をあらわした。

そんなことはどこの国だって同じはずだが、実際には大きく異なる。ナショナリズムだからお国柄《がら》を反映していて当然である。日本はもっとも、ていねいな装《よそお》いをする国であるといってよい。封建的だからではなく、人間関係が成熟していて、相手に失礼になることを避《さ》けようという気持ちがつよいためである。

別に誇るべきことでもないが、恥じなくてはならないことではない。そういうことを戦後の日本は考えなかった。

国を愛する心をすて、母国語を大切にする精神を悪いと勘違いして、敬語はほぼ消滅するようになった。

ひとくちに敬語と言うが、敬語には三つの語群が含《ふく》まれている。まず、尊敬語、相手を高めることばづかい。ついで、謙譲《けんじょう》語。自分をひくめる言い方である。そして、ていねい語。これは、ものごとを、美しくする役目をもっていて、一般のことばにつけられる。酒といわないで、お酒というのはていねい語である。

尊敬語が敬語であるのはわかりやすいが、自分を低めることで相手を高めるのは日本語の敬語の大きな特色である。相手を立てる心が底流にある。

相手を立て、自己を低めていれば、争いになるべきところでも、コトなく通り抜《ぬ》けることができる。さらに言えば、相手の攻《こう》撃をかわす自衛の心理がはたらいていると見ることもできる。敬語はひとのためならず、であると言ってよい。

いずれにしても、⑧敬語は、平和、友好のために大きな貢献《こうけん》をしている。何なら、外国へ輸出して、世界平和のために役立たせてよいくらいである。それを日本人自身で否定するようなことがあっては、おかしい。

国語の勉強では、積極的に敬語の心を育まなくてはならない。自国のことばを大切にしない国は外国から尊敬されることがないのである。

（外山《とやま》　滋比古《しげひこ》『国語は好きですか』〈大修館書店〉）

〈注〉＊叱責……他人の失敗などを責めてしかること。
＊エディター……編集者のこと。
＊ことだまのさきはふ国……「ことだまのさきわう国」、言葉の霊《れい》力が幸福をもたらす国を表す。
＊ナショナリズム……自国の文化、伝統等を重要であるとする考え。
＊蒙をひらく……道理や知識が身についていない人を教え導くこと。

問一　文中の空欄《らん》〔a〕～〔c〕に入れるのに最も適当な語をそれぞれ次のア～オから選び、記号で答えなさい。

ア　まるで　イ　たしかに　ウ　さらに
エ　ところで　オ　たとえば

問二　――線①「すぐ前をすれすれに横切っていく」とありますが、筆者はこの行動をどのように捉《とら》えていますか。本文中から十字以内で抜き出して答えなさい。

問三　――線②「両者のていねいさに差のあること」とありますが、「両者」とは何ですか。それぞれ答えなさい。

問四　――線③『『本受けとりました…』とあるからおもしろくない」とありますが、筆者が「おもしろくない」と感じるのはなぜですか。説明しなさい。

問五　――線④「はなはだ、後味の悪い思いをした」とありますが、それはなぜですか。説明として最も適当なものを次のア～オから選び、記号で答えなさい。

ア　今後は恥をかかずにすむように適切な敬語の使い方を教えてやったのに、相手からは何の反応も無く、余計な口出しをしたかのようになってしまったから。

イ　この先正しく使えるようにと親切心から敬語の使い方を教えてやったのに、相手からは何の反応も無く、敬語がきちんと身に付いたかどうか知ることができなかったから。

ウ　失礼な礼状をはがきで送りつけてきたことに対して叱責したつもりだったのに、相手からは何の反応も無く、反省したかどうか知ることができなかったから。

エ　適切な敬語の使い方をわざわざ教えてやったのだから当然感謝の気持ちを表すべきなのに、相手からは何の反応も無く、自分のしたことが無駄《だ》であるかのようになってしまったから。

オ　あえて書かないまでも、本来礼状ははがきで出すものではないとほのめかしたつもりだったのに、相手からは何の反応も無く、こちらの意思が伝わったかどうか分からなかったから。

問六　――線⑤「ありがたい世の中である」とありますが、これは筆者の皮肉を含んだ表現であると考えられます。どのようなことを皮肉として「ありがたい」と言っているのですか。筆者の考えを説明しなさい。

問七　――線⑥「無知の思い上がり」とありますが、この女子大学生のどのようなところが「無知」なのですか。答えなさい。

問八　――線⑦「敬語そのものはないが、ていねい語法がないわけではない」とありますが、この説明として最も適当なものを次のア～オから選び、記号で答えなさい。

ア　外国語にも日本語のように、対立を避けるために相手を敬い自己主張を控《ひか》える表現が存在する。

イ　外国語には日本語のような「敬語」は無いが、年齢《れい》や立場などの相手との違いを尊重した表現はある。

ウ　外国語には「もらう」を「いただく」というように別の語に置き換《か》えて敬意を表す表現は存在しない。

エ　外国語にもものごとを美しく表現するためのていねいな語法はあるが、日本の敬語とは明らかに異なっている。

オ　外国語には敬語が存在せず、相手への敬意を言葉で表現することができないので、態度によって表現する。

問九　――線⑧「敬語は、平和、友好のために大きな貢献をしている」とありますが、筆者は、敬語を用いることでどうして「平和、友好のために大きな貢献を」することができると考えているのですか。最も適当なものを次のア～オから選び、記号で答えなさい。

ア　相手を立て、自分を低めることで相手と争う心が抑《おさ》えられ、自分より他者の利益を優先するようになるから。

イ　自らが置かれた状況《きょう》を観察することで、相手の攻撃を避け、言動に応じた適切な言葉を用いるようになるから。

ウ　和を大切にして自分を抑え、相手を思いやる心を持つので、相手との争いや摩擦《まさつ》を避けるようになるから。

エ　相手が理不尽《じん》な態度をとっても、表面的にはあくまで相手を敬い、おだやかな姿勢を保ち続けるようになるから。

オ　話し合いの場で、相手の主張が分かるまで、決して自分の考えを述べないよう心がけるようになるから。

□二　次の文章を読み、後の問に答えなさい。

午後四時。外は、まだずいぶん明るくて、グラウンドからは野球部の掛《か》け声《ごえ》が、中庭からはトランペットの音色が響《ひび》いている。作業を開始してまだ十分しか経《た》っていないこともあって、その時教室にはまだ、朱里《あかり》も含《ふく》めた応援《おうえん》旗係《きがかり》全員が顔をそろえていた。

そんな時、それは起こった。

「あ」

［ a ］、と目の前で鮮《あざ》やかな赤色の絵の具がしぶきのように散った

のと、松村さんが短い悲鳴を上げたのは、どっちが先だったんだろう。

――嘘《うそ》。

気づいた時には、背景の空の上に、赤い絵の具が点々と散っていた。拭《ふ》きとる間もなく、赤い絵の具はすうっと吸いこまれるようにシミになっていく。目の前には、赤く染まった筆をパレットに置いて、①青ざめた顔をした松村さんの姿があった。

「ごめん！　ごめんなさい……」

一瞬《いっしゅん》、しん、と静まり返った教室の中で、だれよりも先に声を上げたのは、松村さん本人だった。今にも泣きだしそうな顔で、「どうしようどうしよう」とうろたえている。

実際、これはまずいかも、というのは、私自身も思ってしまったことだった。

上から塗《ぬ》り直《なお》したって、背景の色が薄《うす》いぶん、どうしても派手な赤色のほうが浮《う》き出《で》てしまう。ごまかそうとしても、かえって悪目立ちしてしまいそうだ。だけど今は、涙目《なみだめ》になっている松村さんを責める気にはなれなかった。

大丈夫《だいじょうぶ》だよ、なんとかなるよ――。

そうフォローの言葉を口にしようとした。けれど、その時だった。

「えー、超《ちょう》目立つじゃん。どうすんの？　これ」

ロコツな物言いにぎょっと顔を上げると、さっきまで手持ちぶさたにしていた朱里が、すぐそばに立っていた。きれいに整った眉《まゆ》をひそめて、応援旗《おうえんき》を見下ろしている。

「あ、でも、上から塗り直せば……」

おずおずと、百井《ももい》くんが言いかける。


けれどそれを朱里は、「や、そこだけ塗り直しても、かえって目立つでしょ」とあっさり一蹴《いっしゅう》した。その一言に、松村さんはさらに耳を真っ赤にして、「ごめんなさい……」とうつむいてしまう。しおりが手を当てた松村さんの肩《かた》は、すでに、泣きだす寸前のように小さく震《ふる》えている。

――なんで？　朱里……。

思わず隣《となり》をふりあおぐと、朱里はもう他人事《ひとごと》みたいにつまらなそうにそっぽを向いていた。

その瞬間《しゅんかん》、私の中で、何かが弾《はじ》けた。

「朱里」

口を開くと、思ったよりも低い声が出て自分でも驚《おどろ》いた。

朱里が、おっくうそうに首をもたげて私を見る。その視線にひるみそうになったけれど、私は、構わずに口を開く。

「……なんで、そういう言い方するの。それに、ずっとサボってたじゃん、朱里。②こんな時だけ責めるのって、おかしいよ」

言った。言ってしまった。

水を打ったような静けさの中で、カツン、と時計の針が動く音がした。しおりの、そして百井くんと松村さんの視線をひりひりと肌《はだ》に感じる。

怖《こわ》い。怖くてたまらない。

「……何ソレ。なんであたしが、悪者みたいになってんの？」

抑揚《よくよう》のない声で言って、朱里がカバンをつかむ。そしてポニーテールを揺《ゆ》らして、私をまっすぐに見た。少し前まで「葉！」と笑いかけてくれていた、勝ち気な猫《ねこ》みたいな瞳《ひとみ》。でも今そこにあるのは、以前のような親しみじゃなかった。「日向《ひなた》」と「日陰《ひかげ》」の境界線。それを朱里がたった今、私の前に、完全に引いたことが、はっきりと分かった。

「……もういい。帰る」

そう吐《は》き捨《す》てると、ふり向きもせず、朱里は足早に歩いていってしまった。その背中を視線だけで追いかけながら、私は、そっと目をふせる。
③泣きたかった。
だけど、泣かない、と思った。

だって、私は今、朱里に本当の気持ちを言った。そのことに、後悔《かい》はなかったから。

ゆっくりと深呼吸してふり向くと、しおりと最初に目が合った。心配そうなそのまなざしに、大丈夫《だいじょうぶ》だよ、というふうに、私はうなずいてみせる。

「佐古さん……ごめんなさい。私のせいで」

目を赤くした松村さんに、私はううん、と首をふった。それは、本当の気持ちだった。私と朱里が衝突《しょうとつ》したのは、絶対に、松村さんのせいじゃない。

「……だけど、どうしようか。これ」

と百井くんがつぶやいて、私たちは改めて、赤く散らばったシミを見下ろした。

淡《あわ》い色が混じり合った幻想的《げんそうてき》な空の中に、点々と散った鮮《あざ》やかな赤。たしかに、そこだけ見れば、違和感《いわかん》はある。だけど、なんて鮮やかなんだろう。

そう思った時、[b]と心にひらめくものがあった。そうだ、初めてしおりと出会った日、私たちの間を吹き抜《ふぬ》けていった風と、ひらめく花びらと――。

「……花」

ぽつんとこぼした私のつぶやきに、三人が、いっせいに顔を上げる。

「花？」

首をかしげるしおりに、私は大きくうなずいた。

「そう。隠《かく》すんじゃなくて、デザインの一部にするのってどうかな。空に花びらが舞《ま》ってるようなイメージで全体に描《か》きたして。そしたら、遠目からでも華《はな》やかに見えるし……」

そこまで言った時、みんなの視線が私に集まっているのを感じて、はっとした。遅《おく》ればせながら恥《は》ずかしくなって、[c]と頬《ほお》がほてる。どうしよう。もしかして、おかしいことを言ってしまっただろうか――。

けれど、その時。

「いいと思う。すごく」

え、とまばたきをする私の前で、しおりがまっすぐ私にほほえみかけて言った。

「やろうよ、それ」


……　中略　……


応援旗が完成したのは、完全下校のチャイムが鳴った、六時半のことだった。

「……終わったー！」

と、④最初に声を上げたのがだれだったのかは分からない。そのぐらい、みんなの声が気持ちよくハモったから。ちょうどそこへ、「なんだ、お前らまだやってたのか」とやってきたザワ先は、完成した応援旗《おうえんき》を一目見るなり、「おおっ、すっげえな！」と、年甲斐《としがい》もなくはしゃいだ声を上げて、私たちを苦笑《くしょう》させた。

松村さんと百井くんとは、校門の前で別れた。

「今日はありがとう……本当に」

と、松村さんが言って、「じゃあね」と、百井くんが手をふる。

遠ざかるふたつの背中を見送ってしまうと、その場には、私としおりだけが残された。

「……帰ろうか。私たちも」

どちらからともなく顔を見合わせて、私たちは歩き出した。

ひっそりとした夕暮れの道に、ぱたぱたと、私たちの足音だけがリズムを刻む。そういえば、こうしてふたりで帰るのは、いつぶりだろう。そんなことを考えていたら、ふいに横顔に視線を感じた。目を上げると、しおりがためらうように、おずおずと口を開いた。

「あの……宮永さんのこと、ごめん。私のせいだよね」

朱里の名前を耳にして、心が、ちくりと痛んだ。

平気——では、きっとないだろう。朱里は「日向《ひなた》」からはみ出した私を、きっと受け入れはしないだろう。そのことに、どうしようもないさみしさはある。でも、少し前まで感じていた怖《こわ》さは、どこを探しても、もうなかった。

「大丈夫」

と、私はうなずいて、小さくほほえんだ。

「それに私、あの時初めて、朱里に本音を言えたから」

そう言いながら、⑤自分はこれまで、どれだけの境界線を周りに引いてきたんだろう、と思った。しおりに対してだけじゃなく、朱里たちに対しても。いつだって皆《みな》に合わせて、顔色を読んで、笑っているだけ。一度だって、本気で向き合おうとはしてこなかった。

しおりは少しだまって、小さく「そっか」とつぶやいた。

うん、とうなずきながら、私はぎゅうっと指先を握《にぎ》り込《こ》む。そうだ。私はしおりにも、言わなくちゃいけないことがある。

「しおり、ごめんね」

ごめんなさい、と私が言うと、しおりの足がぴたりと止まった。

なんのこと？　と、しおりは、聞かなかった。ただうつむいて、靴《くつ》の先っぽをじっと見つめている。その姿は薄闇《うすやみ》にぼやけ、表情までは見えなかった。

どのくらい経《た》ったころだろう。

やがて、しおりがぽつんと口を開いた。

「いいの。⑥私も、同じだったから」

「……同じ？」

意外な一言に、私は思わず目を見張る。しおりは横顔だけで、小さく笑った。

「中学生になってから、葉子、急にきれいになったでしょ。大人っぽくて、おしゃれで。周りの友達もみんなかわいくて明るくて、私とは、全然ちがったから」

「……………」

「本当は、いつも話しかけたいと思ってた。なのにできなかった。私なんかに話しかけられたら、迷惑《めいわく》なんじゃないかって。無視されたらどうしようって。考えれば考えるほど、葉子が遠い人になってくみたいで、目を合わすのも怖《こわ》くなっちゃって」

だから——と、しおりはひとりごとみたいにつぶやいて、私に向き直る。

「だから、私も、ごめん」

しおりの声が震《ふる》えてる。そのことに気づいたとたん、吐《は》く息がにじんだ。まばたきをすると、こらえていた涙《なみだ》が、春の雨みたいにほっぺたを滑《すべ》り落《お》ちた。

「……なんで、葉子泣いてるの」

「しおりこそ。目、真っ赤」

鼻をぐすぐすさせながらそう言って、どちらからともなく、笑《え》みをこぼす。

顔を上げると、⑦青と朱《しゅ》が溶《と》け合《あ》って、やわらかなグラデーションを描《えが》いた空が目に入った。頭上にはレモンみたいな形の月が透《す》けている。それを見た時、厚ぼったくはれたまぶたからすうっと熱が引いていくような気がした。心に、涼《すず》やかな風《ふ》が吹く。

描《か》きたいな、と、ふいに思った。

今の気持ちで、私は、この景色を描いてみたい。ヘタクソだって、しおりに及《およ》ばなくたっていいから。ただ、描きたい。

暮れていく通学路を、並んで帰った。

私たちは一年以上の空白をうめるみたいに、たくさんしゃべった。

空気に、かすかに夏の始まりのにおいがした気がした。アスファルトの上にふたり分の影法師《かげぼうし》が落ちて、ひっそりと寄りそっている。

……　中略　……

あれから――私は朱里たちのグループを抜《ぬ》け、しおりと過ごすことが多くなっていた。

抜ける、と明確に伝えたわけじゃない。だけど朱里はあからさまに私を避《さ》けるようになっていたし、しおりと急にしゃべるようになった私を見て、芙美《ふみ》とりっちゃんも、何かを察したらしかった。ふたりとは、おはようやバイバイは毎日言い合うし、短い立ち話ぐらいは今もする。だけど前みたいに、四人で集まることはなくなった。

「今日、暑いねー」

「ね、夏みたい。まだ五月なのに」

他愛《たわい》ない言葉をしおりと交《か》わしながら、階段に足をかける。と、その時ふと、上のほうからいくつかのばらけた足音が近づいてきた。にぎやかな女の子たちの笑い声も聞こえてくる。その声のひとつに、覚えがあった。この声は――。

怖《こわ》くない、はずがない。

でも逃《に》げたくない。そう思った。

踊《おど》り場《ば》に差しかかった時、華《はな》やかな女の子たちとすれちがった。バスケ部の子たちらしい、その集団の真ん中に、朱里はいた。こちらに気づくと、朱里はぴくりと目をこわばらせ、怒《おこ》ったように顔をそむける。

けれど私は、ためらうことなく、その横顔に呼びかけていた。

「朱里」

言葉は、簡単に口をついて出た。

すれちがう一瞬《いっしゅん》、朱里の口元が、かすかに動いた――ような気がした。けれど結局、声が返ってくることはなく、朱里は無言で、私のわきをすり抜《ぬ》けていく。

「――またね」

遠ざかっていく後ろ姿に、たった一言投げかけた。当然のように返事はなかったけれど、想像していた怖《こわ》さも悲しさも、不思議なくらい感じなかった。心配そうにこちらを見つめるしおりを、「行こっか」とうながして、私はまた、階段をのぼっていく。

美術室につづく廊下《ろうか》を歩きながら、窓ごしに、外を眺《なが》めてみた。

思いがけず中庭に松村さんの姿を見つけて、目をみはる。松村さんは金ぴかのホルンを胸に抱《だ》いて、数人の部員たちと笑い合っていた。それは放課後の教室で、私たちに見せたほんのりとしたひかえめな笑顔《えがお》じゃなく、遠慮《えんりょ》のない、あけっぴろげな笑顔だった。あんなふうに笑うんだ、と驚《おどろ》いて、ああそうか、と私はふいに気づいてしまう。

そうだ、私だけじゃない。

朱里だってしおりだってだれだって、境界線を持っている。だけどそれは、たぶんその人だけのもので、他のだれかじゃ壊《こわ》せない。越《こ》えられるのは自分で作った、自分の中の境界線だけなんだ、って。

それはとてもさみしくて、けれど、とても清々《すがすが》しい発見だった。

踏《ふ》み出《だ》す足が軽い。心まで軽くなっていく。まるで、長い間こびりついていた砂がぽろぽろとこぼれ落ちてくみたいだ。

「……あのさ、しおり」

呼びかけると、しおりは、うん？　と首をかしげた。その顔には、いつかのやわらかなほほえみが浮《う》かんでる。初めて会った時の、つぼみがほどけるような、やさしい笑顔《えがお》。

「描《か》かせてくれる？　また、しおりのことも」

私が言うと、しおりは「えっ」とまばたきをして、みるみるうちに赤くなった。その変化がおもしろくて、私は思わず、あはっと声を立てて笑ってしまう。

「すごい、しおり。ゆでダコみたい」

「だって――……」

廊下《ろうか》に、私たちの笑い声が明るく響《ひび》く。美術室に行ったら、私たちはさっそく肩《かた》を並べて、キャンバスに向かうだろう。きっと、明日《あした》も明後日《あさって》も。

⑧それが境界線を越《こ》えて見つけた、十四歳《さい》の私の着地点だ。

やがて、私たちは美術室にたどり着いた。

ドアに手を伸《の》ばしかけた時、ふと足を止めて、つかのま、後ろをふり返る。窓からふわりと風が吹《ふ》いて、青葉を揺《ゆ》らす音がさわさわと響く。

そこにはもう、日向《ひなた》も日陰《ひかげ》も見当たらなかった。

【水野《みずの》瑠見《るみ》「ボーダレスガール」（『十四歳日和』〈講談社〉所収）】

問一　文中の空欄［ a ］～［ c ］に入れるのに最も適当な語をそれぞれ次のア～オから選び、記号で答えなさい。

ア　ぴん　　イ　かっ　　ウ　ぽつ　　エ　すうっ　　オ　ふわっ

問二　――線①「青ざめた顔をした松村さんの姿があった」とありますが、松村さんが「青ざめた顔」になったのはなぜですか。説明しなさい。

問三　――線②「こんな時だけ責めるのって、おかしいよ」とありますが、「私」はどうして「おかしい」と思ったのですか。説明しなさい。

問四　――線③「泣きたかった。だけど、泣かない、と思った」とありますが、ここからは「私」の二つの異なった心情が見て取れます。それを説明した次の文の空欄［ A ］・［ B ］に言葉を入れ、説明を完成させなさい。

［ A ］けれども、［ B ］という思い。

問五　――線④「最初に声を上げたのがだれだったのかは分からない」

とありますが、声がそろって出たことに、四人のどのような気持ちが表れていますか。答えなさい。

問六　――線⑤「自分はこれまで、どれだけの境界線を周りに引いてきたんだろう、と思った。しおりに対してだけじゃなく、朱里たちに対しても」とありますが、朱里に対して「境界線」を引いたことによって、「私」はどのような態度をとっていましたか。答えなさい。

問七　――線⑥「私も、同じだったから」とありますが、しおりはどういうところが「同じだった」と考えているのですか。次のア～オから最も適当なものを選び、記号で答えなさい。

ア　「私」がしおりを無視しても謝らなかったように、しおりも「私」を避けていたことに対して謝ろうとはしてこなかったところ。

イ　「私」が話しかけようとしてこなかったしおりに不満を感じていたように、しおりも華やかな子たちとばかり付き合っている「私」に不満を抱《いだ》いていたところ。

ウ　「私」が自ら朱里との関係を壊してしまったと感じていたように、しおりも自分が「私」と朱里との関係を壊してしまったと責任を感じていたところ。

エ　「私」がしおりに対して距離《きょり》をとって話しかけなかったように、しおりも「私」に迷惑をかけたり無視されたりするのを恐《おそ》れて距離を置いていたところ。

オ　「私」がしおりに迷惑をかけているのではないかと思っていたように、しおりも自分が「私」に迷惑をかけてしまうことを恐れていたところ。

問八　――線⑦「青と朱が溶け合って、やわらかなグラデーションを描いた空が目に入った。頭上にはレモンみたいな形の月が透けている」とありますが、この情景には「私」のどのような気持ちが重ねられていると考えられますか。次のア～オから最も適当と考えられるものを選び、記号で答えなさい。

ア　これまで交わることのなかったしおりとの間に新たな関係が生まれ、それが新鮮《せん》に感じられる気持ち。

イ　朱里たちと一緒《しょ》にいる中で無理をしていた自分から解き放たれたことによる、晴れ晴れとした気持ち。

ウ　自分を取り巻く友人関係がこれからどのようになっていくのかがはっきりせず、落ち着かない気持ち。

エ　今はまだ始まったばかりのしおりとの関係が、これから形作られていくことへの期待を感じる気持ち。

オ　しおりとの間に抱《かか》えていた友人関係のわだかまりが消え、おだやかで爽《さわ》やかなすっきりとした気持ち。

問九　――線⑧「それが境界線を越えて見つけた、十四歳の私の着地点だ」とありますが、「私」は「境界線」についてどのようなことに気づいたのですか。答えなさい。

三　次の①～⑩の――線部のカタカナは漢字に、漢字はひらがなにそれぞれ直しなさい。

①　彼女《かのじょ》は、約束の時間に遅《おく》れたワケを話した。

②　体調を崩《くず》してセイヨウすることになった。

③　あの先生のソンダイな態度には、怒《いか》りを覚える。

④　検定試験を受けたら、思いのほかヤサしかった。

⑤ SNS上でうわさがカクサンした。
⑥ 海外からの荷物が空輸で届いた。
⑦ 教室に眼鏡を忘れてきた。
⑧ 最近は近所に八百屋がなくなってきた。
⑨ 用事があって、友達からの遊びの誘《さそ》いを断らなければならなかった。
⑩ 音楽会で、快い演奏に身をゆだねた。

四 次の①~⑩の——線部のカタカナを漢字に直したとき、その漢字の部首は何ですか。最も適当なものを、後のア~スから選び、それぞれ記号で答えなさい。

① 未成年を守るための法律がサダめられている。
② 私は将来、子どもの成長にカカわる仕事に就《つ》きたい。
③ ジ回のテストではなんとしても満点をとりたい。
④ 借りた漫《まん》画を早くカエさなければいけない。
⑤ 卒業式で彼《かれ》とワカれたきり、連絡《らく》がとれない。
⑥ 毎朝、感染《せん》予防のために体温をハカる。
⑦ 大切にしていた宝物が箱のソコでつぶれていた。
⑧ 父は仕事のストレスでイが痛いようだ。
⑨ 姉の誕生日のおイワいに、ケーキを買おう。
⑩ 祖母の趣《しゅ》味は、アみ物をすることだ。

ア にくづき　イ いとへん　ウ さんずい
エ うかんむり　オ りっとう　カ きへん
キ あくび　ク まだれ　ケ もんがまえ
コ しめすへん　サ がんだれ　シ ころもへん
ス しんにょう

五 次の文章中の空欄《らん》(①)~(⑩)に入れるのに適当な慣用表現を後のア~シから選び、それぞれ記号で答えなさい。ただし、文章に合わせて慣用表現の終わりの部分を直して考えて構《かま》いません。

ダンスパフォーマンスの大会に二人で参加しようと友人を誘《さそ》ったら、鼻であしらわれた。彼女《かの》は、大勢の人の前で踊《おど》るなんて考えられないと言って、(①)。他に当てもなく、一人で参加することは考えられなかったので、私はがっかりして(②)。ところが、翌日になって彼女が(③)「参加しても良いよ」と言ってきたので、私はびっくりして(④)。どういう心境の変化かは分からないが、ダンスでは誰《だれ》もが(⑤)彼女と一緒《しょ》にステージに上がることを考えると、今から(⑥)。実際、練習で見せる彼女のパフォーマンスには(⑦)ものがある。私は(⑧)彼女の動きを観察して、自分のパフォーマンスの向上に役立てようとした。彼女に見劣《おと》りすることのないようにと、これまでも(⑨)のだ。本番では彼女の(⑩)ことがないようにしなければ。不安はあるが、明日の本番が楽しみだ。

ア 腕《うで》を磨《みが》く　イ 油を売る
ウ 肩《かた》を落とす　エ 一目置く
オ 目を丸くする　カ とりつく島も無い
キ 足を引っ張る　ク 目をみはる
ケ 藪《やぶ》から棒　コ 目を皿のようにする
サ 胸が高鳴る　シ 口火を切る

聖園女学院中学校（第一回Ａ）

―50分―

一　次の――線部をひらがなに直しなさい。

(1)　昔の面影が残る街並み。
(2)　夕食の献立を考える。
(3)　内科を受診する。
(4)　大人になる節目を迎える。
(5)　春の兆しが感じられる。

二　次の――線部を漢字に直しなさい。

(1)　たいぼうの中学生になる。
(2)　疲れたのできゅうそくする。
(3)　チームのさいきをはかる。
(4)　東京駅からしんかんせんに乗る。
(5)　子どもの才能をはぐくむ。

三　次の文章を読み、後の各問に答えなさい。

世の中の「普通」に自分を合わせる必要はありません。周りはあなたを「型」に押し込めようとするけれど、あなたのもっている「物差し」は、あなたの生き方によって生まれたあなただけの「物差し」です。だから、世の中の「普通」に合わせることはない。

そして、人に対しても「普通は○○だよ」と世の中の「普通」を押し付けないようにしてほしいと思います。一人ひとりに、その人の「物差し」「普通」が存在するのです。

たとえば、私と母の親子関係を「普通」じゃないと言われることがあります。家族はどこかで血がつながっているのが「普通」だと思われている。でも、私たちは血はつながっていなくても心はつながり合っています。顔も似てきたし、考え方も似てきました。私たちは①私たちなりの家族になっていると思います。

みんなが社会の「普通」を押し付けるのではなく、②世の中のさまざまなかたちや多様性を認め合うことが必要だと思っています。

学校では集団行動を求められることが多いですね。集団行動ができる子もいますが、苦手な子もいれば、グループの中に入れない子もいます。学校では、トイレにもだれかと一緒に行かないといけないような雰囲気もありますが、それって互《たが》いに認め合った本当の人間関係でしょうか。

友達のための自分なのか、それとも自分のための自分なのか……。あなたは、他人に合わせるために③自分の色を失う必要はありません。自分自身が何を見ているのか、どんなことを考えているのか、この先、何を目指しているのか……、それらを大切にしてほしいです。

もちろん、学校の中で、個性を④発揮しづらいこともよくわかります。「あの子、みんなと違う」「変わっているね」「変な子」と言われてしまいます。

でも、それは、変なのではなく、自分の色をしっかりと出しているということ。褒《ほ》め言葉だと思っていいと思います。

自分に自信をもっていいし、他人の色に変える必要はない。もちろん、あなたが暴力的であったり、相手を傷つけたりしているのであれば行動を変えなければならないけれど、そうでなければ、自分の考えや表現方法に自信をもって自分の色を出してほしいと思います。

私は、「周りの子と違う」「変な子」と言われるのがすごくしんどかったです。集団行動が苦手でしたし、体育の授業などで、二人一組になったりグループを組んだりする時には、余り者になってすごく寂しかったです。だから、グループでなく一人ひとりでいられる教育が大事だと思います。グループ活動でもみんなが同質になるのではなく、個人個人が自分の考えを表現できて、自分の足で立つことができることが大事だと思います。

みんなが「Ａ」と言っても、自分が「Ｂ」だと思ったら、誇《ほこ》りをもって「Ｂ」と言っていい。そして周りの人もそれを認めるようであってほしいと思います。

もしその答えが違っていたとしても、⑤自分の意見を堂々と言えたことは誇りにしていいと思います。失敗や不正解だって、別の視点から見て別の考え方を提示したという意味では正解なのです。

周りの人と自分を比べる必要もありません。

みんな一人ひとりいろいろな生き方をしていて、それは外から見ただけではわからない。ＳＮＳでキラキラした写真をアップしている人だって、それが本当の生活ではないこともあります。笑顔を浮かべている人だって、心の中では泣いていることもあります。

だから、ＳＮＳで他人の生活を見てうらやましく思うことはありません。

ＳＮＳに関して言えば、数字があなたの価値を決めているわけではないということも知ってほしいです。「いいね！」の数やフォロワーの数に縛《しば》られがちですが、⑥そんな数字、関係ないから。その数字があなたの未来を導いていくわけではありませんし、あなたがＳＯＳを出した時に手を差し伸《の》べてくれる人の数でもありません。

あなたはこれからの人生の中で、たくさんの壁《かべ》にぶつかると思います。ウサギもカエルも壁にぶつかったら、体を縮めて力をためて跳《と》び上がります。

あなたには、乗り越えられない壁はないから、壁があったらどうやったら越えられるんだろうって考えて、力をためて跳び越えてほしいです。だれかが速いスピードで壁を跳び越えて追い越していっても他人と比較する必要はありません。人をうらやましがる必要もない。あなたにはあなたの跳び越え方があるのです。

もちろん、できないこともあるかもしれません。でも、できなかったことを悔《く》やむ必要はありません。壁に向かって挑《いど》んだことを誇りに思ってほしいです。失敗するから……、いまはできないから……と言って何もしないと、後で後悔することになります。

アクションを起こしておけば、そこには道ができます。行動したことすべてがあなたの財産になります。

そして、あなたが行動を起こす過程で出会った人……、頼ったり、頼られたり、お互いに迷惑をかけ合いながら共に歩んだ人はあなたの宝物になります。

苦しかったことは、将来、だれかを癒《いや》す力になります。いまの経験は、将来、だれかを救うための経験なのかもしれません。傷ついて心に痛みをもった人は、大人になった時に人の心の痛みがわかるようになります。痛みを感じている人は、だれかを救えます。

　いま生きていることのすばらしさをかみしめて、いつか大人になった時に、生きるのがつらくて苦しんでいる人に手を差し伸べてほしい。私が、ランドセルをくれた先生や食べ物をわけてくれた人、声をかけてくれた同級生、そしてたくさんの人たちに助けられたように……。⑦社会は水車のように回っている。みんな関わり合っている、だからお互い様です。

　あなたは決して一人ではありません。あなたのことをだれかが見ています。

　そして、自分という軸《じく》ができて心に余裕《よゆう》ができたら、周りにいる困っている人や悩《なや》んでいる人に声をかけてほしい。

　無関心を関心に変えることで社会は変わります。だから、自分を大切にして、そして、他者を思う気持ちを大切にしていってほしいと思います。

（サヘル・ローズ『支える、支えられる、支え合う』〈岩波書店〉より。ただし、見出しを省略した。）

字数制限のあるときには、句読点や記号は一字と数えなさい。

【問一】 ――線①「なり」と同じ意味・用法のものを次の中から一つ選び、記号で答えなさい。

(ア) 今年はミカンのなりがいい。
(イ) 耳なりがして頭が痛くなった。
(ウ) 人を見るなりほえる犬。
(エ) 弟なりに努力したようだ。

【問二】 ――線②「世の中のさまざまなかたちや多様性を認め合うことが必要」とありますが、それはなぜですか。「から。」に続くように、ここより前の文中から二十五字以内で探し、始めと終わりの五字を書き抜きなさい。

【問三】 ――線③「自分の色を失う必要はありません」とありますが、

(A) 「色」とは何ですか。最も適当な言葉を文中から二字で探し、書き抜きなさい。
(B) 例外として自分の行動を変える必要性があるのはどのような場合ですか。「場合。」に続くように文中から二十五字以内で探し、始めと終わりの五字を書き抜きなさい。

【問四】 ――線④「発揮しづらい」の反対の意味になるように「発揮し」のあとにひらがな三字を続けて書きなさい。

【問五】 ――線⑤「としても」を用いて、主語・述語のととのった短文を作りなさい。

【問六】 ――線⑥「そんな数字、関係ない」とはどういうことですか。最も適当なものを次の中から一つ選び、記号で答えなさい。

(ア) 数が多いからといって自分の価値が高いというわけではないということ。
(イ) 数が多くないほうがあなたの未来はより良い方向へ導かれるということ。
(ウ) 数が多くなっても他人と比べてしまう自分は変えられないということ。
(エ) 数が多いほうが周りからキラキラして見えるとは限らないという

こと。

【問七】　――線⑦「社会は水車のように回っている」とはどういうことですか。六十字以内で説明しなさい。

【問八】　本文の内容として正しいものを次の中から一つ選び、記号で答えなさい。

(ア)　自信をもって自分を表現するためならば、どのような方法を用いてもかまわない。

(イ)　今の自分には高い壁だと感じても、何らかの行動を起こしておくと自分の財産になる。

(ウ)　人をうらやましいと感じて苦しんだ経験がないと、人の痛みがわかるようにはならない。

(エ)　社会をよりよく変えていくためには、自分が困っていてもだれかを助けるべきだ。

四　次の文章を読み、後の各問に答えなさい。

「そんなこんなでね。あの田んぼは、私にとっては大切な思い出の場所……①宝物なのよ。それに、嬉しいことに、どうやら私はあそこにいると輝くらしいしね」

②茶目っ気たっぷりに、ばあちゃんが微笑《ほほえ》んだ。つぼみは、ごしごしと目をこすると、ばあちゃんに言った。

「そんなに大切な場所なのに、どうして今年は米作りができない、なんて言うの？」

ばあちゃんは、静かな口調で答えた。

「だからこそ、なのよ。宝物だからこそ、もういいかな、って思ったの」

農作業をして輝くばあちゃんを見守ってくれた③ふたりはもういない。だからこそ、思い出の中に宝物をそっとしまっておきたい。ばあちゃんは、そう考えたという。

「ほんの一反限りの田んぼだけど、そこでお米を作り続けることができたのは、多くの人たちに支えられてきたからなの」

毎年、畦塗り[※1]の季節になると、近所の若い衆――といっても四十代、五十代――が集まってきて、今年もまたやるのかい、しょうがないなあ、と言いながら手を貸してくれる。田植えも、刈り入れも、彼らの手助けなしにはとてもできない。

彼らは皆、それぞれに仕事があり、田植えや刈り入れの時期は、まさしく④猫の［Ａ］も借りたいほど多忙を極める。それなのに、ばあちゃんのことを気に留めて、きつい作業につき合ってくれるのだ。

「ほんとうにありがたいと思っているの。それなのに、私、その人たちの誰《だれ》ひとり……誰が誰なんだか、よくわからないのよ」

見守ってくれた夫や息子がいなくなってしまったのもさびしい。けれど、それと同じくらい悲しいのは、そんなにまでして手伝ってくれている人たちのことを、ばあちゃんは認識できないのだ。

自分が今年も米作りをすると言えば、きっと彼らはまた手伝ってくれるに違いない。

そしてばあちゃんは、そんな人々の顔も名前もわからないまま、彼らの好意に甘えなければならない。それが何より心苦しい。

人さまのお世話になるのに、それじゃあんまり失礼だし、きっとその人たちも、こんな自分に呆《あき》れてしまうと思う。だから、そうなるまえに、今年の米作りはあきらめたほうがいい。

それがばあちゃんの結論だった。

⑤人生は、少なからず驚いた。

ばあちゃんが、毎日会う相手であっても忘れてしまうことに、人生はもはや慣れつつあったが、ばあちゃん自身はそのことを気に病んでいるのだ。

誰も彼も忘れてしまう病気。ばあちゃんは、自分でそうわかっている。ただ漫然※2と忘れてしまったわけではないのだ。

そう気づいたとき、人生は、ばあちゃんの孤独《こどく》を初めて理解した。

知らない人に囲まれて不安だろう。そして、知らない人たちに親切にされることは、ばあちゃんにとって、ただただ心苦しいことなのだろう。

覚えているのは、もうこの世にいない人ばかり。

⑥ばあちゃんは、思い出の中に、ひとりぼっちで閉じこめられてしまっているのだ。

「ばあちゃん。おれ……」

呼びかけながら、⑦人生は、思わず正座した。そして、心の中に封印していた言葉を口にした。

「おれがいるよ。……おれが、手伝うよ」

ばあちゃんは、一瞬、息を止めて人生に目を向けた。

が、ばあちゃんよりも早く反応したのは、隣で膝《ひざ》を抱えていたつぼみだった。

「ちょっとお。手伝うって最初に言ったの、あたしなんだけど」

早速つっかかってきた。こういう場合、もちろん受けて立つのが、最近の人生だった。

「別にいいだろ、人手は多いほうがいいんだから。そっちも手伝えばいいじゃん」

「だからあ。そういうときは、『おれが』じゃなくて、⑧『おれ［B］』でしょ。『おれ［B］一緒に手伝う』って言いなよ」

「いちいちうっせえな」

「そっちこそ」

ふたりがにぎやかに言い合う様子をみつめて、ばあちゃんは、「あらあら、また始まったわね」と楽しげに言った。

「この調子じゃ、相当にぎやかな米作りになりそうね」

人生とつぼみ、ふたりは同時にばあちゃんを見た。が、人生が何か言うより先に、つぼみが「いいの？」と訊《き》いた。

「いいの、おばあちゃん？　あたしたち、手伝わせてもらえるの？」

ばあちゃんは、深い眼差しでふたりをじっとみつめた。そして、しみじみとした声で「ありがとう」と言った。

そう礼を述べてから、「でもね……」と言いかけた。その途端、「言うな」と人生がさえぎった。

「『でも』って言うなよ、ばあちゃん。おれたち、そのさきは聞かないから」

でも大変よとか、でもきっと無理よとか、ばあちゃんは言うつもりなんだ。そんな言葉は聞きたくない。

人生の中で、やってみたいという気持ちがふつふつと湧き上がっていた。

何がなんでも、手伝いたい。自分の手で、作ってみたい。ばあちゃんの宝物の田んぼ、米作りを。

「おれたち、もう決めたから。ばあちゃんがどう言おうと、手伝うよ」

きっぱりと言った。

隣のつぼみは、目を丸くして人生をみつめていたが、やがてばあちゃんのほうへ向き直ると、居住まいを正した。そして、やはりはっきりと言った。

「おばあちゃん。あたしたち、あきらめません。最後まで、絶対にやり抜きます。だから、手伝わせて。お願いします」

おかっぱ頭を揺らして、つぼみが頭を下げた。人生も、それにつられて不器用にお辞儀をした。

ふたりに頭を下げられて、「あら、あら」とばあちゃんは、困ったような笑顔になった。そして、もう一度、ありがとう、とつぶやいた。

人生とつぼみ、ふたりのあまりの熱心さに、ついに⑨ばあちゃんが折れた。

ばあちゃんは、たったひとつだけ、米作りを手伝うための条件を出した。

それは、「途中であきらめず、最後までやり抜くこと」。

もともと自分から「あきらめずにやり抜く」と宣言したつぼみは、一も二もなく承知した。もちろん、人生も。

始まる前にわざわざ条件提示をしてくるぐらいなのだ、さぞかしきつい作業に違いない。けれど、こうなったら、絶対にやり抜くしかない。人生は、そう決意した。

（原田マハ『生きるぼくら』〈徳間書店〉より。）

（注）※１　畦塗り……農作業の一つ。

※２　漫然と……なんとなく。

字数制限のあるときには、句読点や記号は一字と数えなさい。

(問一) ――線①「宝物なのよ」の主語を文中から探し、書き抜きなさい。

(問二) ――線②「茶目っ気たっぷりに」とはどのような様子ですか。最も適当なものを次の中から一つ選び、記号で答えなさい。

(ア) むじゃきな様子　(イ) さびしそうな様子

(ウ) 大らかな様子　(エ) 上品な様子

(問三) ――線③「ふたり」とは誰のことですか。文中から五字以内で探し、書き抜きなさい。

(問四) ――線④「猫の［Ａ］も借りたい」の［Ａ］に当てはまる漢字一字を答えなさい。

(問五) ――線⑤「人生は、少なからず驚いた」とありますが、どのようなことを知って驚いたのですか。説明しなさい。

(問六) ――線⑥「ばあちゃんは……閉じこめられてしまっている」とありますが、「人生」はこの状態をどのように表現していますか。文中から八字で探し、書き抜きなさい。

(問七) ――線⑦「人生は、思わず正座した」とありますが、なぜですか。最も適当なものを次の中から一つ選び、記号で答えなさい。

(ア) ばあちゃんに注意される前に姿勢を正そうとしたから。

(イ) ばあちゃんに大切なことを伝えようと決意したから。

(ウ) ばあちゃんの病気を心配する気持ちが大きくなったから。

(エ) ばあちゃんの忘れていることを思い出させたかったから。

(問八) ――線⑧「『おれ［Ｂ］』でしょ。『おれ［Ｂ］一緒に手伝う』」の［Ｂ］に当てはまる共通のひらがな一字を答えなさい。

(問九) ――線⑨「ばあちゃんが折れた」とありますが、どういうことですか。説明しなさい。

三輪田学園中学校（第一回午前）

—45分—

注意　1　句読点・記号は字数に数えます。
　　　2　本文は出題の都合上、一部変更しています。

一　――1～10のカタカナの部分を漢字に直しなさい。
また、――11～15の読み方をひらがなで答えなさい。
つづけ字ではなく、一点一画をていねいに書くこと。

1　ヤッキョクで痛み止めを買う。
2　農業がサカんな地域。
3　チョウフクする表現は避《さ》ける。
4　たくさんのザイホウを積みこんだ船。
5　決勝戦でヤブれる。
6　アンカな品物を仕入れる。
7　お会いできてコウエイです。
8　レキシに残る事件。
9　一年もナカばを過ぎた。
10　食後にリョクチャを飲む。
11　際限なく続く山道。
12　砂糖にアリが群がる。
13　平和を希求する。
14　たくさんの遊具がある公園。
15　答えがわかったので、挙手する。

二　次の文章を読み、後の問いに答えなさい。

吉住友梨《よしずみゆうり》と立花芽依《たちばなめい》は、中学の時は仲が良かったが、友梨の秘密を芽依が周囲にもらしてしまったために、あまり話さなくなっていた。その後二人は、同じ高校に進学する。芽依は同じ部活の丸山を好きになり、手づくりのプレゼントをしたいと思うようになった。友梨は、芽依のプレゼントづくりを手伝うことにする。

以下の場面の前日、丸山の噂《うわさ》話に反論した芽依は、丸山から「口が軽い」と言われた。ショックを受けた芽依は、手芸の本を橋から投げ捨ててしまう。その後、芽依が友梨の家に行きたいと言ったので、二人は友梨の家へ向かう。

家にいたのは、1ひいおばあちゃんだけだった。そのひいおばあちゃんが、畳《たたみ》の上に這《は》いつくばっているものだから、2非常事態かと友梨はあわてて駆《か》け寄った。

「しっかりして、ひいおばあちゃん！　どうしたの？　気分悪いの？」

のんびりと体を起こしたひいおばあちゃんは、「おや、おかえり」と悠長《ゆうちょう》に（＝ゆったりとしてあわてずに）言う。

「ちょっともう、倒れてるのかと思ったじゃない」

「いやね、さがし物をしてたんだよ」

そうして、芽依のほうを見た。

「友達かい？」

「あ……、こんにちは、立花芽依です」

「ひいおばあちゃん、いったい何をさがしてたの？」

「糸切りばさみが見当たらなくてね。また小鬼《こおに》が来たんだろうねえ」

「えー、危ないからわたしがさがすよ」

わたしも、と芽依も座り込《こ》む。

「いやいや、おまじないをやってみるよ」

ひいおばあちゃんは正座し、目を閉じて両手を合わせ、つぶやく。

3「清水《きよみず》の音羽《おとわ》の滝《たき》は尽《つ》きるとも～、失《う》せたるハサミの出《い》でぬことなし～」

一呼吸置くと、いつもは塞《ふさ》がりがちの目をカッと見開いて、周囲をaくまなく見回す。おもむろに散らかった座卓《ざたく》の上に視線を定めると、本や新聞紙やチラシやリモコンやペンやメガネをよけていく。と、そこから糸切りばさみがひょっこり現れる。

「わー、あったよ、すごい！」

芽依が声を上げた。友梨はもう、ひいおばあちゃんのおまじないには驚かなかったが、やっぱり不思議に思う。

「さっきもここをさがしたんだけどね。隠《かく》すなんて、本当に意地が悪いよ」

「誰《だれ》かがハサミを隠したんですか？」

「うん、気をつけないと、小鬼どもは人を困らせるのが大好きだからね」

芽依はキョロキョロと辺りを見回す。

「ひいおばあちゃん、そのおまじないの清水って、京都の清水寺のこと？」

「そうだよ。清水さんの名前に、いたずら者は恐れをなして逃げ出すんじゃないかね」

ひいおばあちゃんはあらためて座り直し、糸切りばさみを使う。

「友ちゃんたち、ありがとうね。台所に大福があるから、二階へ行くなら持って行くといいよ」

「うん、そうする」

言われたとおりにし、おやつを手に二階の部屋へとふたりで階段を上がった。

「なんだか不思議なひいおばあさんだね。それにここも、別の世界へ来たみたい」

窓の外に広々とした田畑が広がる風景を見て、芽依ははしゃいだように言う。

「別世界かもね。小鬼がいるみたいだし」

「小鬼かあ。いても不思議じゃないかも。大きな家だもん」

「このへんじゃふつうだよ」

「座敷童《ざしきわらし》（＝古い家に住む子どもの姿の家神《いえがみ》）はいないの？」

「いないと思うよ」

「ふうん、それにしても、おもしろい呪文《じゅもん》だよね。ハサミが見つかるのは、清水さんの神通力《じんつうりき》以上に確実、みたいなこと？」

「たぶん、そう断言しちゃうことで、言葉通りになるって信じられてるのかなあ。言霊《ことだま》ってやつ？」

前に瑛人《えいと》（＝友梨の幼なじみ）が言っていたことを思い出しながら、友梨は言う。

「ああ、言葉に魔力があるってやつね。あれだね、必殺技《わざ》とか、技の名前言いながらヒーローが敵を倒すってのがbお約束だもんね」

「えっ、あれも言霊なの？」

「まあ、似たようなもんでしょ。おもしろいな。呪文が伝わってるのは、わりとみんな信じてるってことだしね」

「考えてみれば、受験も恋愛も、いざとなったら神頼みだもんね。たまにちゃんと信じてみたら、うまくいくってこともあるかもね」

もしゃしゃの呪文（＝絡《から》まった糸をほぐすおまじない）も、言葉に目的を委《ゆだ》ねて無心になれるから効くのでは、と瑛人が言っていた。信じるということは、相手に委ねることだから、自分を引っ込めて、先入観を引っ込めることを、呪文は教えてくれているのかもしれない。

「外が広々してるよね。このへん、友梨の家の土地？」

芽依はもう、ふだん通りに明るく振《ふ》る舞《ま》っていた。ひいおばあちゃんの呪文で気が紛《まぎ》れたのだろうか。

「うん、うちの畑」

「温室もあるじゃん」

「うちのお父さん、農業をはじめたんだ。だからひいおばあちゃんの家へ引っ越したの」

4芽依は上目遣《うわめづか》いに友梨を見て、肩をすくめる。

「いいの？　誰かに言っちゃうかもよ」

「そしたら、芽依が丸山のこと好きだって言いふらしちゃうかも」

ふたりしてくすくす笑うと、なんだかもう、何でも芽依に話してしまいたくなった。

「ねえ、この編みぐるみどう思う？　オタマジャクシなんだけど、みんな気持ち悪いって言うの」

編みかけのオタマジャクシを取り出し、畳の上に置く。皮を剝《は》いだような状態なので、ますます気持ち悪いかもしれない。

「何これ！　オタマジャクシ？　足生えてるよー。でもすごい、どうやって編むの？　めっちゃ器用だよね」

工夫して立体感を出している。芽依はそういうところに気づいてくれる。オタマジャクシなんて変だと思っていても、いいところも見つけようとする。

「これ見て、わたしらしいって言ってくれた人がいるんだ」

「らしい、か。友梨のことよく知ろうとしてくれてる人なんだね」

よく知ってる人、じゃなくて、よく知ろうとしてくれてる人。そのほうがずっとうれしく感じる。瑛人がそうだったら、考えるだけでワクワクする。

「芽依も、周りのことよく知ろうとするよね」

だから友梨は、彼女がちょっとおしゃべりだと知っていても、5つい自分のことを話したくなるのだろう。

〈中略〉

「実を言うと、丸山に、友梨のお父さんが主夫《しゅふ》だって話しちゃった」

やはり。それで丸山は、友梨にお弁当のことで突《つ》っ込んできたのだ。

「丸山は、自分が料理好きなことを恥ずかしがってたから？　うちのお父さんみたいな人もいるって教えてあげたかったの？」

申し訳なさそうに、芽依は頷《うなず》く。

「友梨が、自分でつくってるって言ってるのは知らなかったの。丸山にとって、お父さんがつくる料理は興味があると思ったから、つい」

友梨が、お弁当をお父さんの手作りだと言えなかったのは、丸山が料理好きを言い出せなかったのと同じような感覚だろう。周囲とは違《ちが》うから、それだけだ。お弁当だけでなく、オタマジャクシの編みぐるみにも引け目を感じてしまっている。

「彼ね、わたしのお弁当見てつくりかたを訊《き》いてきたの。それで、本当に料理できるのかって、痛いところ突かれたよ。やっぱり、本当のこと知ってたんだ」

友梨はおかしくて笑ってしまう。

「それにしても、芽依は丸山が自分でお弁当をつくってるって、どうして知ったの？」

　芽依は深くため息をつく。

「[6]丸山のお母さんと、うちのお母さんが仲良しなんだ。ママさんバレー仲間。それでいろいろ聞いてるんだけど、丸山のおばあさんが入院して、お母さんは、看病や実家のお店の手伝いに行ってるみたい」

「それでお母さんが家にいなくて、家出したとかあの子たちが噂《うわさ》してたのね」

「ほんと、好き勝手なこと言ってたよ」

　憤慨《ふんがい》して(＝ひどく腹を立てて)、芽依は腕組《うでぐ》みする。

「だけど、それ以前から彼はお弁当をつくってたんだよね」

「うん、丸山のお母さんは料理が苦手なのに、なぜか息子が料理好きなんだって言ってたらしいの」

「じゃ、噂みたいな、何でもできるお母さんじゃないってこと？」

「丸山の料理が上手すぎて、しかも彼は自分が料理好きってことが恥ずかしいみたいで周囲に黙《だま》ってるから、完璧《かんぺき》なお母さん像が噂で一人歩きしたらしいよ」

　そうして丸山のお母さんは、裁縫《さいほう》も得意ではないようだ。芽依もとっくに知っているのだろう。

「手芸の本、お弁当袋をつくりたかったんだよね」

　それには芽依は、うなだれた。

「もう、いいんだ」

　丸山の料理への熱意を知っていて、そうやってつくったお弁当をいつもきれいに食べて、ときどき友達に分けては感嘆《かんたん》の声に目を細めて、お弁当箱を丁寧《ていねい》に洗っているのも知っていて、芽依は、それを包むお弁当袋をつくりたかったのだろう。彼のお弁当にふさわしい、お弁当袋を。

「よくないよ」

　丸山の手作りお弁当はステキだ。芽依はそのことを、誰よりも知っているのだから、丸山にも気づいてほしい。

　誰かが自分を、よく知ろうとしてくれているということを。

＊

「見つけられっこないよ」

　川原へ下りていく友梨の後を追いながらも、芽依は不服そうだ。

「だから、[7]もし見つかったら、つくるのよ。お弁当袋」

　昨日、芽依が捨てた手芸の本をさがして、友梨は草むらを覗《のぞ》き込み、ススキの穂《ほ》をかき分ける。橋の上から投げたのだから、このあたりにあるはずなのだ。

「つくったって、もう渡せないよ」

「そんなのわかんないでしょ」

「つくりたくなったら、また本を買うよ。何も捨てたのを拾わなくたって」

「ここで見つけることに意味があるの。本が出てきたら、つくれって言われてるようなものじゃない」

「誰に？」

「……神さま？　っていうか、そういう巡《めぐ》り合わせだってこと。そうだ、あのおまじない」

　友梨は、ひいおばあちゃんがなくし物をさがすときに唱えていたおまじないを思い出す。

「ええと、清水の音羽の滝は尽きるとも〜、失せたる本の出でぬことなし〜」

　そしてまたさがす。ため息をつきつつも、芽依も草をかき分ける。

「おーい！　そこで何やってるんだよ」

　土手の上から声がした。顔を上げると、丸山がこちらに下りてこようとしている。

8「立花、昨日も部活サボっただろ。無断欠席すんなよ」

　芽依は戸惑《とまど》っているが、丸山は心配して来たのではないだろうか。

「ちょうどよかった、丸山も手伝ってよ」

「えっ、ちょっと、友梨」

「手伝えって、何を？」

「芽依が落とした本をさがしてるの。手芸の本」

「は？　手芸？」

　言いつつも、草むらへ入ってきた丸山は、手伝う気らしく周囲を見回した。

「このへんに落としたのか？」

「その橋の上から落ちたんだ」

「じゃ、そのへんは見た？」

「うん、もうさがしたけど、見落としてるかも」

　よし、と彼は気合いを入れると、草をかき分けながら何やらつぶやきはじめた。

「清水の音羽の滝は尽きるとも〜」

「そのおまじない、知ってるの？」

　芽依が驚いて問う。

「ばあちゃんがよく言ってた」

「入院してるおばあさん？」

「ああ」

「そっか。なんか、見つかりそうな気がしてきた」

　自分に言い聞かせるように頷いて、芽依も同じおまじないをつぶやく。

　そんな彼女をじっと見ていた丸山は、苦しそうに顔をゆがめた。

「ごめん」

　急に丸山は、芽依に向かって頭を下げる。

「立花は、わかってくれてるのに、味方してくれたのに、ひどいこと言った」

　芽依はあわてて【Ⅰ】を振った。

「ううん、わたしがつい、余計なこと言っちゃったから」

「気持ち、わかる。わたしもお弁当のことうそついてるから」

　友梨がからりと付け加えると、こちらを見て丸山は苦笑いする。

「でも芽依は、いつでも本当のことを、そのまま受け止めてくれてるんだよね」

　だから友梨は、芽依が落とした本を見つけたい。

「イメージって何だろうな。おれのイメージ？　崩《くず》れたらいけないのかな。ずっと考えてたんだ」

　もし誰にもわかってもらえなかったら、そう思うと怖いから、崩さないようにしているけれど。

「そうだよね、わたしも、お父さんのイメージを崩したくなかったけど、お父さんは、わたしや家族のために料理して、野菜を育ててる。ほかの子に何か言われたって、どうでもいいことなのに」

「おれ、吉住のお父さんのこと、知りたかったんだ。なんか、9この前は突っかかるみたいな言い方になってしまったけど」

「じゃあうちへ来ればいいよ。芽依といっしょにおいでよ。お父さん、野菜やその料理の話なら喜んでするよと思うし」

丸山は、気恥ずかしそうに、でもうれしそうに微笑《ほほえ》んだ。友梨はそのとき、彼の足元に白いものを見つけ、【Ⅱ】を上げた。

「あっ、丸山、なんか踏《ふ》んでる」

あわてて彼は足を上げる。落ちていたものを拾い上げ、汚れを払いながらまじまじと見る。

「これ……」

手芸の本だ。芽依が落としたものに間違いない。

「簡単ランチバッグ？　手芸って、弁当袋の本かよ？」

そう言った丸山の手から、芽依はあわててひったくるように奪《うば》う。

「隠さなくてもいいじゃん。立花が手芸好きだからって、似合わないとは思わないし」

「手芸好きっていうか、ちょっとつくってみたくなっただけだよ！ 10 だって、ボロボロのを見てたらさ、せっかくおいしいお弁当を入れるのにって思えて」

ふうん、と言った丸山は、わかっているのかいないのか。

「[A]丸山のも、つくってあげたら？　ね、芽依」

友梨が【Ⅲ】をはさむ。丸山は意外そうにまばたきし、それから 11 短い髪をくしゃくしゃと掻《か》いた。

「じゃ、たのむ」

「……うん」

ふたりして、頬《ほお》を赤くしていた。

12 糸は絡《から》まるのが自然だという。人と人ともそうなのだろうか。絡まった糸も、ゆったりした気持ちでほぐしていけば、きっとほどける。あせって結び目が固まったり、[B]力ずくで引っ張ると切れてしまうかもしれないけれど、おまじないがあるから大丈夫だ。

しゃしゃもしゃや～（＝絡まった糸をほぐすおまじない）

芽依との糸は切れなかった。友梨はまた、彼女と過ごす時間を編んでいけるだろう。

オタマジャクシの短い尻尾《しっぽ》ができあがった。カエルになるとなくなる尻尾は、トカゲみたいに切れてしまうのではなくて、だんだん短くなって、[C]なくなる。ほどいた毛糸を足に編み直すかのように、尻尾の中身が足につくり直されるのだろうか。

夢中になって編んでいると、毛糸玉が座卓から転がり落ちた。そのまま畳の上を転がっていく。友梨がのばした手を逃れて、廊下へ、どんどん転がっていく。縁側《えんがわ》（＝部屋の外側に設けた板敷《いたじ》き）から外へ飛び出してしまいそうな勢いに、友梨はあわてて立ち上がろうとする。

「シッ！」

掃除をしていたひいおばあちゃんが、毛糸玉をにらんでつぶやくと、転がる玉がちょうど柱にぶつかって止まった。

ひいおばあちゃんは、縁側から外へほうきで何かを掃《は》き出す。

[D]ゴミとかほこりだ。でも、友梨はほうきで追い出される小鬼を想像する。

毛糸玉の周囲を掃き終えると、ひいおばあちゃんはガラス戸をぴしゃりと閉めた。

　これでもう、ヤツらに編み物のじゃまはできないだろう。友梨はc心置きなく集中できる。文化祭のバザーには、かわいいウサギといっしょにオタマジャクシを紛れ込ませてやる、と想像し、ちょっと楽しくなりながら友梨は編む。

13お父さんが畑から戻《もど》ってくる。大きなカボチャを手に、台所から友梨に声をかける。

「これ、グラタンにするか？」

　大好物だからうれしいけれど、友梨はつい、d素っ気《そっけ》ないそぶりで頷く。

「たくさんつくっておいてよ。お弁当に入れる分も」

　生意気《なまいき》な口ぶりだと自分でも思う。でも、お弁当でも食べたい、というニュアンス（＝言葉に表さなくても感じ取れる考え）をお父さんは感じ取ってくれたらしく、「おう」と上機嫌《じょうきげん》だ。

14お父さんがつくったと、みんなに言えそうな気がする。カボチャのグラタンを、多めにタッパーに入れていって、お弁当仲間に分けてあげよう。こんなにおいしいものをつくる人が、自分のお父さんなのだと、友梨は胸を張れるはずだ。誰にもイマイチとか言わせない。

　家にいて、料理や掃除をこまめにして、野菜を育てて、おいしいお弁当をつくってくれるのが、友梨のお父さんだ。

　いつの間にか、友梨の周りから、厄介者《やっかいもの》の小鬼は消えていた。

（谷瑞恵『神さまのいうとおり』〈幻冬舎〉より）

問1　——1「ひいおばあちゃん」の説明として最も適当なものを次から選び、記号で答えなさい。

ア　現実には存在しないものが見えるので、その不思議な力を高めたいと思っている。

イ　昔から語り継《つ》がれ、暮らしに根づいているものを大切にし、取り入れている。

ウ　京都にある清水寺《きよみずでら》を熱心に信仰《しんこう》し、その力を借りれば何でも解決できると思っている。

エ　おまじないの力を目の前で見せて、いろいろな人に使ってもらい広めてほしいと願っている。

問2　——2「非常事態か」とありますが、友梨は何が起きたと思ったのですか。最も適当なものを次から選び、記号で答えなさい。

ア　ひいおばあちゃんがおまじないの言葉を思い出せなくて、ショックを受けているのではないかと思った。

イ　ひいおばあちゃんが小鬼《こおに》に縫《ぬ》い物のじゃまをされて、困りはてているのではないかと思った。

ウ　ひいおばあちゃんが糸切りばさみを落として、まちがえて踏《ふ》んでしまったのではないかと思った。

エ　ひいおばあちゃんが具合を悪くして、家の中で倒れたのではないかと思った。

問3　——3「清水《きよみず》の音羽《おとわ》の滝《たき》は尽《つ》きるとも～」とありますが、

①　この言葉から始まるおまじないは、どのような時に使うのですか。十五字以内で答えなさい。

②　次の文章は、おまじないについてまとめたものです。［　］1～3にあてはまる言葉を、1・2はそれぞれ二字で、3は三字で本文からぬきだしなさい。ただし、1・2は別の言葉が入ります。

昔の日本人は、言葉に［1］があるので、言葉を発するとその内容が現実になると信じ、それを［２］と呼んでいた。おまじないもその力を借りようとしたものだと考えられる。

おまじないを唱えることで言葉に目的を委《ゆだ》ね、［３］を捨てて無心になれるので、おまじないが効くのではないかと友梨や瑛人《えいと》は考えている。

問４　――a～dの本文における意味として、最も適当なものをそれぞれ選び、記号で答えなさい。（c・dは7ページにあります。）

a「くまなく」
ア　すみからすみまで　　イ　すばやく確認して
ウ　何度もくり返し　　エ　じっと集中して

b「お約束」
ア　大切にすべき伝統　　イ　そうしたいという期待
ウ　皆に守ってほしい規則　　エ　皆が思い浮《う》かべる展開

c「心置きなく」
ア　後悔《こうかい》することなく　　イ　気にすることなく
ウ　疲《つか》れることなく　　エ　無理することなく

d「素っ気《そけ》ない」
ア　気に食わない　　イ　心にもない
ウ　愛想《あいそ》のない　　エ　つまらない

問５　――４「芽依は上目遣《うわめづか》いに友梨を見て、肩をすくめる」とありますが、この時の芽依の気持ちとして最も適当なものを次から選び、記号で答えなさい。

ア　友梨の家が農家だとは思わなかったから、意外でびっくりした。
イ　友梨がひいおばあちゃんの家へ引っ越したなんて、信じられない。
ウ　友梨の家のことをおしゃべりな自分が聞いてしまっても、だいじょうぶかな。
エ　友梨はお父さんのことについて明るく振《ふ》る舞《ま》っているみたいだけど、本当かな。

問６　――５「つい自分のことを話したくなる」とありますが、友梨がそう思うのは、芽依がどのような人だからですか。二十五字以上三十五字以内で答えなさい。

問７　――６「丸山のお母さん」はどのような人ですか。その説明として適当なものを次から二つ選び、記号で答えなさい。

ア　友梨のお母さんと仲が良い。
イ　料理も裁縫《さいほう》も苦手。
ウ　家事はすべて得意。
エ　料理に自信があると言いふらしている。
オ　お店を経営している。
カ　おばあさんの看病をしている。

問８　――７「もし見つかったら、つくるのよ」という言葉には、芽依に対する友梨のどのような思いがこめられていますか。最も適当なものを次から選び、記号で答えなさい。

ア　丸山との縁《えん》を結べるように本を見つけ、あきらめずに思いを伝えてほしい。
イ　無理だと思っても、努力して見つけ出すことの達成感を味わってほしい。
ウ　神さまの力を借りて本を見つけ、丸山の誤解を解いてほしい。
エ　本を見つける作業を一緒《いっしょ》にすることで、協力することの大切さを思い出してほしい。

問9 ――8「立花、昨日も部活サボっただろ。無断欠席すんなよ」とありますが、丸山は芽依に本当はどのようなことを言いにきたのですか。その具体的な内容が最もよく書かれている一文を本文から探し、はじめの六字で答えなさい。

問10 【　】Ⅰ～Ⅲに入る言葉として適当なものを次から一つずつ選び、記号で答えなさい。（同じ記号は一度しか使えません。）

ア 首　イ 耳　ウ 口　エ 鼻
オ 声　カ 足　キ 音

問11 ――9「この前は突《つ》っかかるみたいな言い方になってしまった」とありますが、丸山は友梨に何を言ったのですか。3ページ下段〈中略〉以降の友梨のセリフの中から探し、十字でぬきだしなさい。

問12 ――10「だって、ボロボロのを見てたらさ、せっかくおいしいお弁当を入れるのにって思えて」とありますが、

① 何が「ボロボロ」なのですか。六字以内で答えなさい。

② ――10のように芽依が思ったのは、丸山のどのような行動を知っていたからですか。最もよく説明されている形式段落を本文から探し、最初の六字で答えなさい。

問13 ［　］A～Dに次の言葉をあてはめ、記号で答えなさい。（同じ記号は一度しか使えません。）

ア つい　イ ついでに　ウ たぶん　エ やがて

問14 ――11「短い髪をくしゃくしゃと掻《か》いた」とありますが、この時の丸山の気持ちとして最も適当なものを次から選び、記号で答えなさい。

ア 驚いているし、照れてもいる。
イ 緊張《きんちょう》し、落ち着かなくなっている。
ウ ショックを受け、どうしたらいいかわからない。
エ 面白がって、格好《かっこう》をつけている。

問15 ――12「糸は絡《から》まるのが自然だという。人と人ともそうなのだろうか」とありますが、「人と人と」が「絡まる」とはどういうことですか。五字以上十字以内で具体的に答えなさい。

問16 ――13「お父さんが畑から戻《もど》ってくる」とありますが、この時のお父さんの気持ちとして、最も適当なものを次から選び、記号で答えなさい。

ア 大きなカボチャがつくれたので、これからも娘と一緒に農業を続けていきたい。
イ おいしそうなカボチャがとれたので、娘と一緒に料理をつくろう。
ウ つくったカボチャがいい出来だから、家族だけでなく娘の友達にも食べてほしい。
エ いいカボチャがとれたので、娘の好きなものをつくって喜ばせたい。

問17 ――14「お父さんがつくったと、みんなに言えそうな気がする」とありますが、この時の友梨の気持ちとして、最も適当なものを次から選び、記号で答えなさい。

ア 父の後を継《つ》ごうという気持ち。
イ 父をいたわろうと思う気持ち。
ウ 父を自慢《じまん》に思う気持ち。
エ 父から離《はな》れようという気持ち。

問18 友梨と丸山が共通して悩んでいたのは、どのようなことですか。三十五字以上四十五字以内で答えなさい。

山脇学園中学校（A）

—50分—

一　次の文章を読んで、後の問いに答えなさい。

言葉を尽《つ》くしても、その思いがなかなか伝わらない。という一方で、①伝えようとしなくとも、結果として伝わってしまうこともある。この伝えようとして伝わらない、伝えようとしなくとも伝わってしまう、という二つの事態はどのようにして生じているのか。

このことを意識しはじめたのは、テニスのボールを打ちあう乱打と呼ばれる練習でのことであった。相手のコートから飛んでくるボールを懸《けん》命に追いかけ、それをただ打ち返す。うまく返せればいいのだけれど、ラケットの面が馴染《なじ》むまですこし時間もかかる。「あれれっ、ちょっと調子がでないぞ……」などと思いながらも、しばらくするとラリー注1もつづくようになり、楽しくなってくるのだ。

こうした状態になると、自らの調子だけでなく、相手の調子や気持ちまでも伝わってくる。「なかなか素直《す》なんじゃないの……」とか、「ちょっとイラついてるのかな……」とか。ただボールを打ちあうだけなのに、どうしてなのかと思う。相手から飛んでくるボールの物理的なスピードを測定しても、そうした情報は得られない。（中略）

テニスボールを打ちあう、なにげない言葉を交《か》わす、雑踏《とう》注2ですれちがう。こうした場面では、ふつう相手との〈 X 関係〉を想定しやすい。けれども、一緒《しょ》にボールのスピードを調整しあうという点では、ボールに対して二人は並んでいる。その会話の場やすれ違《ちが》い場面に対しても、お互《たが》いは並んでいるといえるだろう。この〈並ぶ関係〉におけるコミュニケーションの様相について考えてみよう。（中略）

春の日差しのなかを、誰《だれ》かと一緒に公園などを散歩する状況《きょう》を考えよう。なにを話すわけでもなければ、なにか目的があるわけでもない。一緒に木々を眺《なが》めながら、柔《やわ》らかくなった日差しや風を感じている。そうして A 歩いていると、いつの間にかお互いの歩調もあってくる。

（中略）

「相手はきっとこんな風に感じているのではないか」ということを、自らの身体を手がかりにして考える。と同時に、相手も自らの身体で感じていることを手がかりに、こちらの気持ちを探《さぐ》ろうとする。この「相互《ご》注3のなり込《こ》み」によって、お互いの身体の状態も近づいていく。（中略）“Keep it simple, stupid〟をどう訳すのか、穏《おだ》やかにいえば「もっとシンプルに考えてみよう！」ということだろう。一緒に共同想起注4をするような、そんなロボットを作ってみたい。かれこれ二十年近く、注5〈トーキング・アイ〉を使って雑談を生みだす試みのなかで考えてきたことである。でも、「相手の心を読む、その想起のプロセスを人とロボットとのあいだで合わせ込む」というのは、それほど容易なことではない。人とロボットとの〈並ぶ関係〉でのコミュニケーションというのは、まだ研究の俎《そ》注6上には載《の》らないのだろうか。

しばらく忘れかけていたころ、学生たちとのプロジェクトのなかで、ちょっと変わった名称《しょう》のロボットが生まれてきた。

そのかわいいロボットには腕《うで》が一つだけ。しり込みしているおじいちゃんを、みんなの会話の場に引っ張りだすような、孫の役割をするロボットらしい。その名も〈マコのて〉、なんともお節介《かい》なロボットなのだ。

例の「○○してくれるロボット」という枠《わく》組みは避《さ》けたい。「みんなのところに引っ張りだすって、なんか込み入ってない？」「ただ、手をつなぐだけでいいんじゃない？」というわけで、そのコンセプトは「②ただ一緒に並んで歩くロボット」に落ち着いた。思い描《えが》いていたのは、「ロボットとおばあちゃんとが一緒に公園のなかを散歩する」という情景である。

おばあちゃんを目的地まで案内するとか、おばあちゃんがロボットの世話をしながら、一緒に歩くでもない。ただ、並んで一緒に歩くだけ、それでお互いの気持ちが通じあえるのなら、研究としてじゅうぶんにおもしろいものになるのではないか、というわけだ。

ここでは詳《くわ》しい説明は必要ないだろう。一緒に公園を散歩する。そこでなにも言葉はないのだけれど、いつの間にか、歩調が合ってきて、相手の気持ちがなんとなく伝わってくる。自分の気持ちも相手に伝わっているような感じがする。

ロボットというのは、「もっとシンプルに考えてみよう！」を実践《せん》するうえで、おもしろいツールだと思う。所詮《せん》は機械なのだから、そんな複雑なことはできない。そこでシンプルに考えるしかない。目玉だけのロボット〈むー〉とか、ゴミを拾えない〈ゴミ箱ロボット〉とか、非分節音だけ、モタモタしているだけ、そして「一緒に歩く」だけのコミュニケーション。ある一部の機能だけを引きだしたロボットでも、そこに違《い》和感はない。わたしたちに「非日常性」を提供してくれるのがロボットの役目なのだから。

では、一緒に並んで歩くだけの〈マコのて〉とは、どのようなものか。どちらに歩いていくのか、どのようなスピードで歩くのか。目の前に近づく障害物に対して、どちらに避けるのか。そのときの状況に合わせて、動的に行動選択《たく》をおこなうのだけれど、それを一緒に歩く人にも合わせようとする。（中略）これはロボットの人に対する適応である。

わたしたちもロボットと一緒に歩くときに、「このロボットはこんな判断をしているのではないか」ということを、自らの身体を参照しながら、推《お》し量ろうとする。そこにずれを見出《いだ》すたびに、自分の行為《い》[注7]方略を修正している。こちらは人のロボットに対する適応である。

一緒に歩くなかで、どちらにどんな歩調で歩こうとするのか、はじめはギクシャクとしてしまう。これは聞き分けのない犬を連れて歩いているようなものだろう。でも、一緒に歩くなかで、だんだんに相手の癖《くせ》や好みもわかってくる。同時に、自分の好みも伝わっているような気がする。相手に対する適応をくりかえすなかで、その行動パターンや好みが一致《ち》してくる。そこでギクシャクとした感じも取れてくるのだ。

※このように、お互いに適応しあうことは「相互適応」と呼ばれる。自分を相手に合わせる、と同時に、相手も自分に合わせようとする。これは例の「なり込み」あうことや、それぞれの発話を「なぞり」あうことにも近いだろう。自分と相手の行動パターンが相互に近づいてきて、どちらがオリジナルなのかわからない、そんな状態だろうか。

こうした③自他非分離《り》な状態を介して、人とロボットとが相手の状態を理解しあう。ちょっとシンプルすぎるかもしれないけれど、〈並ぶ関係〉でのコミュニケーション、すなわち「間身体的なコミュニケーション」というものに一歩ずつ近づいているように思う。（中略）

とりたてて役には立たないのだけれど、そこに居ないとなんだかさびしい……。［B］、そうした存在感とか関係性とはどのようなものか、そういう関係性をロボットとのあいだで作れないものかと考えていたことがある。いまから思えば、それは本章で見てきたような〈並ぶ関係〉というものだったのかもしれない。

一緒に散歩する、映画を観《み》る、テニスコートで一つのボールを打ちあう。あるいは、他愛もない思い出を語りあう。二人で居ると、なにかと窮屈《きゅうくつ》なこともあるけれど、それだけでなぜかホッとすることも。これはどうしてなのかと思う。

一人で居るとても自由でいいのだけれど、その抱《かか》えきれない可能性に疲《つか》れることもある。なにをしていてもいいのだけれど、それを一つに絞《しぼ》り切れない……。こうしたときには、ほどよく制約しあう相手が必要なのだろう。一緒に居るというのは、お互いのなかで膨《ふく》らんだ自由度を減じあう作業でもある。相手に半ば委ねながら、その判断の責任を担《にな》わせつつ、こちらでも相手の行動の責任の一端《たん》を担ってあげる。これは〈並ぶ関係〉での注8グラウンディングと呼べるものだろう。

一緒に公園を歩きながら、そのスピードや進むべき方向を緩《ゆる》く制約しあう。思い出を語りあうなかで、その想起内容や順序を制約しあう。人とロボットとの関わりでは、注9対峙《じ》しあうような関係を想定しやすいのだけれど、こうして横に並んだような、④つかず離れずの関わりから始めてもよさそうに思うのだ。

（一部内容を省略しました）

（岡田美智男『〈弱いロボット〉の思考　わたし・身体・コミュニケーション』〈講談社現代新書〉）

注1　ラリー…ボールを続けて打ち合うこと。
注2　雑踏…人ごみ。
注3　なり込み…相手の振《ふ》る舞《ま》いに自分の身体を重ねてしまうこと。
注4　共同想起…複数の人々が、会話しながら過去の共通の出来事を思い起こすこと。
注5　トーキング・アイ…筆者が研究しているコンピュータ技術。コンピュータの仮想空間のなかで、仮想生物たちがおしゃべりを続けるという内容。
注6　俎上には載らない…対象にはならない。
注7　方略…計画。
注8　グラウンディング…ここでは、精神的に安定させる役割を果たしているということ。
注9　対峙…ここでは、お互いに向きあっていること。

問一　［A］・［B］に当てはまる言葉を、次のア～オからそれぞれ選びなさい。（同じ記号は二度使用しないこと）

ア　かつて　　イ　むなしく　　ウ　やがて
エ　しばらく　　オ　ようやく

問二　――線①「伝えようとしなくとも、結果として伝わってしまう」とありますが、これはどのようなやりとりによって生じますか。それを説明した次の文の［Ⅰ］～［Ⅲ］に当てはまる言葉を、それぞれ指定の字数で本文中からぬき出しなさい。

＊ある対象に対して、相手と自分とが［Ⅰ（二字）］ように関わりあい、お互いに［Ⅱ（二字）］の状態を感じとりながら、［Ⅲ（三字）］を推し量ろうとするやりとり。

問三　［X］に当てはまる言葉を、本文の「※」より後の部分から五字でぬき出しなさい。

問四　——線②「ただ一緒に並んで歩くロボット」とありますが、この「ロボット」はどのように機能することで、人と「一緒に並んで歩く」ことが可能になるのですか。三十字以内で説明しなさい。

問五　——線③「自他非分離な状態」に当てはまるものを、次のア～エから選びなさい。

ア　オリジナルの相手が理解できない状態
イ　行動パターンが一致している状態
ウ　ギクシャクとした感じがしている状態
エ　人がロボットに適応している状態

問六　——線④「つかず離れずの関わり」とは、どのような「関わり」ですか。「自由」という言葉を必ず用いて、五十字以内で説明しなさい。

問七　次の一文は、本文の「※」より前の、ある段落の最後に入ります。この一文が入る直前の七字を答えなさい。（句読点なども一字にふくみます）

＊そんな感覚を人とロボットとのあいだでも作りだせないだろうか、ということである。

問八　本文の内容の説明として最も適当なものを、次のア～エから選びなさい。

ア　ロボットには複雑なことはできないという短所をどうしても克服《こく》できず、やむを得ず機能が限られたロボットを作りだした。
イ　ロボットは十分な実用性が求められがちだが、それに加えて人に非日常的な楽しさを与えてくれるロボットが生みだされた。
ウ　ロボットが人を一方的にサポートするのではなく、相互適応によってわかりあう関係を作りだすロボットが生みだされた。
エ　人とお互いの心を読みあうようなロボットの開発は難しいので、まずは人の動きに的確に反応できるロボットを作りだした。

二　次の文章を読んで、後の問いに答えなさい。

注1民生委員の沖野《おきの》が手作りのアップルパイと歌のサークルのビラ（＝チラシ）を持って、ある一軒《けん》の小さな家を訪問した。①その日は——。

「これどうぞ。アップルパイ、後で食べてくださいね。すごくうまく焼けたの」

はたき落とそうかと思ったが、さすがにそれははばかられて、仕方なく包みを受け取った。

アップルパイは焼き立てだったのか、まだほのかに温かい。

わざと派手な音をたてて鍵《かぎ》を閉めると、もらったビラを［A］に丸めてゴミ袋《ぶくろ》の山の上に放り投げ、通路のゴミをかき分けるようにして新《あら》垣《がき》は居間に戻《もど》った。アップルパイは机に置き、そのまま手を付けなかった。

もう誰《だれ》もこの家に来なくていい。

心から。

このゴミ袋とよどんだ空気で繭《まゆ》のようになった家の中で、ゆっくりと眠《ねむ》りにつきたい。新垣は定位置である長椅子《いす》の上で、元のように体を横たえた。

じっと天井《じょう》を眺《なが》める。得体のしれない虫が這《は》っている。

あのふたりがわたしを置いて行って、もう一年近くが経《た》とうとしていた。

②ずっとふたりに訊《き》きたかったことがあったのだが、もはやその問いは、この長椅子の上から、どこへも届かない。

この問いに対する、ふたりの返事は戻ってこない。永遠に。

ねえ。

わたしたちは、本当の友達《だち》だったの。テンコちゃん、カナちゃん——

ピンポンと、また音がする。

この家に一日に二度訪問者が来るのは、とても珍《めずら》しい。もしや沖野が引き返してきたのかとうんざりしつつ、新垣はモニターをチェックした。

モニターに映るのは、知らない顔の女だ。

ショートカットに灰色の制服の帽《ぼう》子をかぶり、何やら荷物を持っていることから判断して、宅配便の配達なのだろう。ところが新垣には兄弟はおらず、夫とも十年以上前に死別、夫の実家とも付き合いはまったくないので、注2天涯孤《がいこ》独に近い。それだけではなく、友人もいないため、宅配便を送ってくるような人間はひとりもいないはずだった。現に、ここ一年近く、何の宅配便も受け取っていなかった。表札も外してある。

これはひとり暮らしの老人を狙《ねら》った、送りつけ詐欺《さぎ》か何かに違《ちが》いないと見当をつける。沖野といい、この女といい、［B］と怒《いか》りが込《こ》み上げてくる。どうやって追い返してやろうかと腹をくくる。このあたりでは、一度も見たことのない制服というのも怪《あや》しい。

ピンポン、とまた呼び鈴《りん》が鳴った。

扉《とびら》を開けるなり、「すみません、こちら、新垣夕子さんのお宅でしょうか」と配達人が訊いてきた。「〝天国宅配便〟です。お荷物のお届けに参りました」

天国、宅配便？　耳慣れない配達業者だ。配達人は、女にしては背が高い、若い娘《むすめ》。ほっそりしていて、腰《こし》の位置も驚《おどろ》くほど高い。見上げると目が合ったが、制帽の下の目が、人懐《なつ》こそうにくりっとしている。灰色の制服の胸には白い羽根のマーク。やはり家の中からすごい臭《にお》いがするのだろう、この配達人は顔に出るタイプなのか、一瞬《しゅん》、吸い込んでむせそうになったが、何とか持ちこたえて、笑《え》みを作った。手に持っている小さな包みをこちらに差し出そうとしてくる。

「いりません」

そのまま扉を閉めようとすると、向こうは慌《あわ》てたらしい。

「待ってください、このお荷物はですね——」

「いらないわよ！」怒《ど》鳴りつける。声量には昔から自信がある。こういうときは先手必勝、怒鳴って戦意を喪《そう》失させるのがいい。このまえも同じ方法で訪問販《はん》売を撃《げき》退したばかりだ。

「どうせ詐欺か何かでしょ！　警察呼ぶわよっ！」

耳にビリビリ響《ひび》くのか、配達人は後ずさりしかけて、何とか踏《ふ》みとどまった様子。

「でも、新垣さん。この荷物、明神《みょうじん》さんと、渡部《わたべ》さんからのお届け物なんです」

明神さんと、渡部さんからのお届け物。

まさか、そんなはずは。

本当にテンコちゃんと、カナちゃんから？

一瞬、すべての時間が止まったような気がした。

「い、いらないわよっ！」

もうさっきまでの怒鳴り声は、出なくなっていた。

「でも本当に、明神さんと、渡部さんからのお届け物なんですよ。ほら、ここを見てください」と、包みの上に貼《は》りつけられた伝票を見せてくる。

宛《あて》名は［新垣夕子さま］とある。

送り主のところに、連名で書かれた、懐かしいその名前。

見覚えのある筆跡《せき》。筆圧が強く、右上がりの角ばった字のテンコちゃん。どこか筆記体のような優雅《が》な字のカナちゃん、③ふたりの。

急に目の前が揺《ゆ》らいだ。何が起こっているのか、自分でもわからなかった。

④ひざの力が抜《ぬ》ける。

顔を覆《おお》った手の間から、ぽたん、ぽたんと玄《げん》関に雫《しずく》がこぼれ落ちていく――（中略）

配達人は、七星律《ななほしりつ》、と名乗った。

「わたくしども天国宅配便は、ご依頼《いらい》人の遺品を、しかるべき方のところへお渡《わた》しするという仕事をしております」

「天国……宅配？　遺品？」

理解が追いつかない。ふたりのそれぞれの葬儀《そうぎ》会社からも何も案内はなかった。まさかふたりが天国から地上宛に送り状を書いた、というわけでもないだろう。［ C ］と七星の顔を見た。テーブルの下に足があるか、確かめたりするまでもなく、どう見ても、実体のある人間だ。

「明神さんと渡部さんは、ご存命のうちに、わたくしどもに依頼をされました。これを新垣さん宛に届けるようにと」

七星は静かに笑みを浮《う》かべた。ふたりのことを話す七星の口調はごく自然で、もう亡《な》くなってここにはいない人、という感じはしなかった。

この配達人は、本人こそ若くて元気なのだろうが、どこか死と地続きのところにいるようでもあり、不思議な存在感の娘だ、と思う。

「ということは、ふたりは生きているときに、これを？」テンコちゃんが入院したのが今から一年半ほど前なので、その少し前と見ていいだろう。

荷物を目の前にしても、開ける気にはなれなかった。中に何が入っていようとも、どうせふたりとも、ここにはいない。開けたところで、このひとりの家で、よけいに寂《さび》しさが増すだけだろう。（中略）

目の前に置かれた、ふたりの筆跡をじっと眺める。

何を思って、ふたりはここに名前を書いたのか。

ふたりの、人生最後の贈《おく》り物とは、いったい何なのか――

仕方なく開けると、中には四角い何かが入っている。包装紙を外すと、一台の機械が入っていた。どうやら、カセットレコーダーらしい。中には、テープが入っている。

その他は、何の手紙も入っていない。

機械には弱いので、これをどうすればいいのかわからない。

「じゃあ、わたしが再生してもいいですか」と、七星が指を伸《の》ばしてきた。

なぜだか、怖《こわ》い、と思った。（中略）

制止しようと思ったが、もうかすかに、カセットのテープは動き始めていて――

ちょっと、これ、何？　と言いかけたときに。

ピアノの音が流れ出した。

新垣は、すべての動きを止めた。目だけが瞬《まばた》きを繰《く》り返す。

聴《き》き覚えがある。何百回、いや、何千回と聴いたこのメロディー。

透明《とう》な音が次々に連なり、川のせせらぎを作りあげる。想像の中で新垣は、いつしか森の中にいて、冷たい流れにふくらはぎまで浸《つ》からせていた。岩にぶつかって冷たいしぶきを上げる流れ、そこへ、銀の光のように魚影《えい》が通り過ぎていく。

これは、シューベルトの「鱒《ます》」だ。

コーラスが重なる。よく通る低い声と、その上に重なる、少し高い声。間違いない、これはテンコちゃんとカナちゃんの声だ。

――清き流れを　光映《は》えて
　矢のごと奔《はし》る　鱒のありき

新垣は、指先で涙《なみだ》をぬぐうと、椅子から立ち上がった。

肩幅《かたはば》に脚《あし》を開き、両肩を少し上げて、力を抜《ぬ》いて落とす。視線を上げて。

新垣は、ふたりの声の上に、一番高い声を重ねた。

――歩みをとどめ　われ眺めぬ
　輝《かがや》く水に踊《おど》る姿
　輝く水に踊る姿

二番、三番と流れて曲が終わり、伴《ばん》奏の音も終わると、ぱちん、と音がして、テープが止まった。

部屋に静けさが戻ってくる。

新垣が、よろけるように椅子に座《すわ》り、レコーダーに指先で触《ふ》れる。食い入るようにカセットレコーダーを見つめていた。

これはいつ録《と》られたものだろう。歌声も声も、嘘《うそ》みたいにどこまでも張りがある。もしこの録音が、病気がわかってからだとしたら、体調だって、かなりきつかったに違いない。でも、そんなことをまったく感じさせない声量と、声の伸びだ。もしかしてふたりとも、これを録音するために、かなり無理をしたのではないか。

⑤それでも、歌った。

カセットレコーダーの輪郭《かく》が、視界の中でにじみ、ぼやけていく。

新垣は涙をぬぐった。

「……久しぶりに歌った。わたしたち、コーラス部だったの。テンコちゃんのアルト、カナちゃんのメゾソプラノ、わたしのソプラノで、〝最強の三人〟ってね」

「今だって最強の三人です。歌、素晴《す》らしかったです」

カナちゃんがピアノを弾《ひ》いて、この部屋で、何度も歌った。イントロが流れてくると、雑誌を読んでいても、ついつい鼻歌で歌い始めていて、洗濯《たく》物を干していたテンコちゃんも声を重ねてきて、気がついたらいつも三人で歌っていた。昔からずっとそうだった。ひとりで歌うのも好きだが、三人で声を重ねると、ひとりで歌うより、ずっと世界が開けるような気がしていた。(中略)

「ところで、わたしテープ世代じゃないから、びっくりしちゃったんですが、このテープって、裏返せるんですね、衝撃《しょうげき》です。アナログって感じがいいです」

カチリ、と七星がボタンを押《お》すと、再生が始まった。

すうっ、と息を吸う音がした。

——お誕生日おめでとう！　ユウちゃん——

テンコちゃん、カナちゃん、ふたりの声だ。拍手《はく》の音もする。

——まさかまさか、メソメソしてないわよね？——

——それとも起きたばっかりかしら。のんびりしてるもの。いつも一番最後に起きてくるし、着替《が》えもマア、ゆーっくり、のんびりなのよ——

——一度、旅行も遅《おく》れかけたしね——

——あったあったそんなこと——

笑い声がする。

——今、思い出すのは三人で歌ったことよ。ユウちゃんの声はどこまでも綺麗《きれい》に通って、まさに天に選ばれた声みたいだった——

——いつだってユウちゃんは三人の中で一番うまかった。うまいだけじゃなくて、わたしたちの声をまとめる強さみたいなものがあった。〝最強の三人〟は、ユウちゃん抜きでは無理よ——

——今になってみるとね、どんな贅沢《ぜいたく》よりも、ユウちゃんと公園で歌ってた頃《ころ》のことを思い出すの——

——わたしもよ。あの頃、わたしたちは本当に最強だった。ユウちゃんはわたしに、一番の思い出をくれた。⑥人生で何よりも大事なプレゼントだった——

——ありがとうユウちゃん——

——ゆっくりのユウちゃんなんだから、もうちょっとゆっくりして、こっちにおいでなさいね——

——またね！——

ふたりの声が重なった。

しん、と部屋に静寂《じゃく》が戻る。

七星が、カセットテープの再生を止めた。

今日が誕生日であったことに、新垣は、今、気がついた。

毎年、誰かの誕生日は、カナちゃんが張り切ってケーキを作ってくれた。テンコちゃんがとっておきのワインを開けてくれた。そして歌う、お気に入りの歌。

寂しがり屋の最後のひとりが、たったひとりになっても寂しくないように。

三人で、もう一度歌えるように。

新垣は、カセットテープを抱《だ》きしめるようにして、うずくまる。

（一部内容を省略しました）

【柊サナカ「第1話　わたしたちの小さなお家」
（『天国からの宅配便』〈双葉社〉所収）】

注1　民生委員…市町村に配置され、常に住民の立場に立って相談に応じたり、必要な援《えん》助を行ったりする社会奉《ほう》仕者。

注2　天涯孤独…この世に誰ひとりとして身寄りのいないこと。

問一　――線①「その日」に荷物が届けられたのは、なぜだと考えられますか。「その日は」に続くように十字程度で説明しなさい。

問二　A ～ C に当てはまる言葉の組み合わせとして最も適当なものを、次のア～エから選びなさい。

ア　A　びりびり　　B　めらめら　　C　まじまじ
イ　A　ぐしゃぐしゃ　　B　めらめら　　C　しみじみ
ウ　A　びりびり　　B　ふつふつ　　C　しみじみ
エ　A　ぐしゃぐしゃ　　B　ふつふつ　　C　まじまじ

問三　――線②「ずっとふたりに訊きたかったこと」とありますが、その内容について、三十字以内で説明しなさい。

問四　――線③「ふたりの」とありますが、その後に省略されていると考えられる言葉を、次のア～エから選びなさい。

ア　届け物　　イ　送り状　　ウ　筆跡　　エ　遺品

問五　――線④「ひざの力が抜ける」とありますが、どのような様子を表現したものですか。最も適当なものを、次のア～エから選びなさい。

ア　友人たちの遺品が届けられたことに絶望する様子。

イ　届くはずのない友人からの荷物に呆《ぼう》然とする様子。

ウ　突《とつ》然泣き崩《くず》れた自分自身にとまどっている様子。

エ　怒鳴られても動じない七星に途《と》方に暮れた様子。

問六　――線⑤「それでも、歌った」とありますが、そこには二人のどのような思いが込められていますか。五十字以内で説明しなさい。

問七　――線⑥「人生で何よりも大事なプレゼント」とありますが、それは何ですか。最も適当なものを、次のア～エから選びなさい。

ア　三人で歌った思い出　　イ　誕生日に歌った思い出

ウ　新垣夕子の歌声　　エ　明神と渡部の歌声

問八　本文から読み取れる内容として最も適当なものを、次のア～エから選びなさい。

ア　亡くなった二人の友人からの遺品を新垣に届けに来た七星もまた、天国の住人であった。

イ　七星が新垣に届けた友人からの遺品には、曲の入ったカセットテープだけが入っていた。

ウ　沖野は誕生日を一緒に祝おうと手作りのアップルパイを持って訪ねたが、新垣に追い返された。

エ　新垣はカセットテープから流れる「鱒」を聴き、いつしか自分も川の中にいるように感じていた。

三　次の文章を読んで、後の問いに答えなさい。

現在、石垣《がき》島と宮古島では、大規模なサンゴ礁《しょう》の白化が起こっています。サンゴ礁の白化は、サンゴ内部で光合成を行う褐《かっ》虫藻《そう》が失われることで起こります。二〇一六年の大規模な白化の際には魚の種類や数が減少しました。白化現象が長引くとサンゴ礁は死滅《めつ》し、海の生態系と人々の生活に影響《えいきょう》をおよぼします。①サンゴ礁の役割を知り、保全する方法を考えてみましょう。

サンゴ礁は多様な生物のすみかとなるため「海のaネッタイ林」と呼ばれています。そのすき間は生物の産卵《らん》場所となり、サンゴ内部の光合成によって作られる酸素や栄養分、表面の藻《も》は魚たちのエサとなります。魚が群れる色とりどりのサンゴ礁は、人気の観光スポットとなり、地域の観光業を支えています。［　A　］、健全なサンゴ礁がある地域では津《つ》波の被《ひ》害が最小限に抑《おさ》えられた例もあり、防波堤《てい》としての役割も果たします。このようにサンゴ礁を守ることは［　X　］を守ることにつながります。

サンゴ礁の死滅には二つの要因があります。一つは海水温上昇《しょう》やヒトデによるサンゴの食い荒《あ》らし被害など自然が要因となるものです。もう一つは漁師や観光客によるサンゴの損傷や森林伐《ばっ》採による海への土砂《しゃ》流入、生活用水やゴミによる水質汚染《おせん》など人が要因となるものです。こうした要因によるサンゴ礁の死滅には、地域の人々はどのようなbタイサクをしたら良いのでしょうか。

例えば、サンゴ礁への観光客の立ち入りを禁止にするのはどうでしょうか。［B］それによって観光客が減少すると、観光業は損害をこうむってしまいます。サンゴ礁は海の生態系を支えるだけでなく、人々の生活資源にもなっています。②地域の人々にとって無理なく、継続《けい》的にサンゴ礁を守っていけるような方法を考える必要があります。

問一　〰線a・bのカタカナを漢字に直しなさい。

問二　［A］・［B］に当てはまる言葉を、それぞれア～オから選びなさい。（同じ記号は二度使用しないこと）

ア　しかし　イ　また　ウ　そのため

エ　例えば　オ　一方

問三　――線①「サンゴ礁の役割」について説明した次の文の［I］・［II］に当てはまる言葉を、それぞれ指定の字数で本文中からぬき出しなさい。

＊サンゴ礁は［I（六字）］を作り出して海の生態系を支え、人々の［II（四字）］にもなっている。

問四　［X］に当てはまる十一字の言葉を、本文中からぬき出しなさい。

問五　本文の内容として最も適当なものを、次のア～エから選びなさい。

ア　健全なサンゴ礁により守られた地域では津波の被害が全くなかった。

イ　ヒトデはサンゴを主食とするため、毎年食害の被害が出ている。

ウ　サンゴ礁には珍《めずら》しい魚が暮らすため、観光資源となっている。

エ　サンゴ礁の大規模な白化は、海の生物の減少につながる。

問六　――線②「地域の人々にとって無理なく、継続的にサンゴ礁を守っていけるような方法」とありますが、地域の人々が中心になってサンゴ礁の保全活動を行う場合、どのような方法がありますか。本文の内容をふまえて、あなたの考えを具体的に述べなさい。

四　次の各問いに答えなさい。

問一　次の1～5の（　）に上の漢字と反対の意味の漢字を入れて、――線部の二字熟語を完成させなさい。

1　始（　）本を読んでいる。

2　昼（　）が逆転の生活をする。

3　潮の干（　）の差が大きい。

4　車の往（　）が絶えない。

5　お金を貸《たい》（　）する関係にある。

問二　次の1～5の――線部の敬語には誤りがあります。それぞれ指定の字数で正しい敬語に直し、ひらがなで答えなさい。

1　校長先生が私に本をくれた。（五字）

2　先生は昼食にいつもそばを食べる。（五字）

3　お客様は、田中様でございますか。（八字）

4　その話は先生から聞きました。（四字）

5　先生からのお手紙をご覧になる。（六字）

横浜共立学園中学校(A)

—45分—

一　次の――線部のうち、1～3は読みをひらがなで書き、4～8は漢字に改めなさい。

1　おじの車に便乗して駅へ行く。
2　戸外で元気に遊ぶ。
3　空気がぬけて風船が縮む。
4　春のヨウコウが降り注ぐ。
5　外国にエイジュウする。
6　セイシンと肉体をきたえる。
7　読書でシヤを広げる。
8　会議の議長をツトめる。

二　次の文章を読んで、後の問いに答えなさい。

> 美舟《みふね》は小学五年生で、医院を開業していた祖父の死をきっかけに父の故郷にもどり、両親、祖母と暮らしている。父は売れない画家で、母は「べんり屋」(たのまれた仕事を何でも引き受ける商売)を経営し、美舟も手伝っている。クラスの中で気になる存在である筒井《つつい》君は、先日父とともに「べんり屋」をおとずれ、庭にカメを飼うための池を作ってくれるようたのみに来た。

バス停から歩いて家に帰ると、奥《おく》の和室でおばあちゃんがおひなさまをかざっていた。

わたしがまだ赤ちゃんのときに、おじいちゃんとおばあちゃんが贈《おく》ってくれたという、三段かざりのおひなさまだ。

「あ、おひなさま。」

和室に入りながらわたしが言うと、

「ああ、美舟。もうかざり終えてしもうたよ。美舟といっしょにかざろうと思うとったのに、なかなか帰ってこんけん、心配したよ。」

おばあちゃんはそう言って、正座をしたままわたしを見上げた。

1部屋中に、お人形やお道具をくるんでいた薄紙《うすがみ》や防虫剤《ぼうちゅうざい》が散らばって、空になった小箱が積み上げられている。

「ごめんね。病院でぐうぜん筒井君に会って、遅《おそ》くなっちゃった。」

わたしは、おばあちゃんのそばに座った。

「筒井君って、このあいだうちに来た子？　お父さんといっしょに。」

「そう。」

「あの子、病気なん？」

おばあちゃんは、わたしを見つめた。

「ううん、そうじゃなくて、二年生の弟がずっと入院しとるんだって。生まれてから今まで、家におるより病院で生活しとるほうが長いんだって。」

わたしが言うと、おばあちゃんは「ほう」と、ため息のような声を出した。

それからふたりで、薄紙や古い防虫剤をかたづけた。

おばあちゃんとふたりでおひなさまをかざるのは、二月の後半の2恒例《こうれい》行事だ。

金屏風《びょうぶ》を立てて親王《しんのう》台を置き、たんすや籠《かご》などのお道具を並べる。お内裏《だいり》さまの腰《こし》に刀をつけて冠《かんむり》をかぶらせ、おひなさまには扇《おうぎ》を、三人官女には三宝や銚子《ちょうし》を持たせる。

桜は向かって右側に、黄色い実のついた橘《たちばな》は左にかざるのが決まりなのだと、小さなころにおばあちゃんが教えてくれた。

ひとつひとつを箱から取りだして、かざっていくのはめんどうくさい。それでもおばあちゃんがおひなさまをかざるとき、おばあちゃんの顔はとても輝《かがや》いて見える。

おばあちゃんは子どものとき、自分のおひなさまを持っていなかったそうだ。だからよけいに、こうしておひなさまをかざることができてうれしいのだという。

「いいねえ、おひなさまがあるだけで、部屋が華《はな》やぐねえ。」

小箱まですべてをかたづけてから、おばあちゃんはぼんぼりのスイッチを入れた。

あたたかなあかりの中で、おひなさまが少しだけ恥《は》ずかしそうにほほえんでいる。木目《きめ》込み人形のまあるいお顔が、とてもかわいい。

「おばあちゃん。」

「ん？」

おばあちゃんは、おひなさまをながめていたままの笑顔でわたしを見た。

「筒井君の弟の凪人《なぎと》君、治療《ちりょう》のときに泣かないんだって。まだ二年生なのに、えらいよね。」

おばあちゃんの笑顔が、ふっとくもった。

「……本当にねえ、痛かったりつらかったりするんだろうに。」

「うん。腕《うで》に、注射のあとがついとった。それに。」

「それに？」

「わたし、筒井君もかわいそうだなって思った。」

おばあちゃんは、だまったままでうなずいた。

「筒井君の家に行ったとき、おばあさんが、筒井君は不憫《ふびん》だって言ったんよ。ええ子だけん、不憫なんだって。不憫って、かわいそうっていう意味でしょ？」

「うん。」

「筒井君のお母さん、弟の凪人君にかかりっきりなんだって。お父さんは仕事ばかりで、ほとんど家に帰ってこんって言っとった。筒井君のお母さんとお父さんって、仲が悪いのかな。筒井君のお父さん、凪人君のことが心配じゃないのかな……。」

3 おばあちゃんは、正座したままわたしのほうに体を向けた。そして、

「美舟。」

と、やさしく言った。

「ほかの子たちより、4 早く大人にならんといけん子が、この世界には（注1）ようけおるんよ。人にはいろいろ、事情ってもんがあるけんねえ。」

わたしは、しばらくだまってうつむいたあと、ゆっくりと顔を上げて言った。

「わたし、筒井君になにかしてあげられる？」

おばあちゃんは、首をふった。

「筒井君は、りっぱに自分でがんばっとるじゃろう？」

たしかにそうだ。

わたしなんかよりずっとしっかりしている筒井君に対して、「かわいそう」だとか、「なにかをしてあげる」だなんて、思うことじゃなかっ

たのかもしれない。

5少ししゅんとしてしまったわたしの横で、おばあちゃんは、今度はおひなさまに目を向けた。そして、

「おばあちゃんは子どものころ、すごくおひなさまが欲《ほ》しかったんよ。でも、そんなこと、周りのだれにも言えんかった。言ったって手に入るものじゃないってことは、わかっとったし。」

と、ぜんぜん関係のないことを話しはじめた。

「おばあちゃんちって、貧乏《びんぼう》だったの？」

わたしが聞くと、おばあちゃんは「ふふっ」と笑った。

「おばあちゃんの家は広島にあったらしいんだけどね、おばあちゃんが生まれるちょっと前に、戦争でなくなってしもうたんよ。だけん貧乏どころか、おばあちゃんは物心ついたときから、家も家族も、なーんも持っとらんかった。」

はじめて聞く話に、わたしはぽかんと口を開けた。6おばあちゃんは、あまり昔の話をしないのだ。

「家がなかったおばあちゃんは、親せきの家で大きくなったの。そこには、ふたつ年上のナオちゃんっていういとこがおって、りっぱなひな人形を持っとった。そのお人形があんまりきれいでね、ある日どうしてもさわってみたくなって、ちょっとだけ手をのばしたの。そしたらナオちゃんに、ものすごい剣幕《けんまく》で怒《おこ》られた。これはわたしのおひなさまなんだけん、勝手にさわらんで、って。五つか、六つくらいのときだったかなあ。」

「ひどい、そんな言いかた。」

「まあナオちゃんにしてみれば、大切なおひなさまを、こわしたりよごしたりされるのがいやだったんじゃろう。そんなこと、ぜったいにせんのだけどね。あれ以来おばあちゃんは、ナオちゃんのおひなさまを見るたびに胸が苦しくなって、涙《なみだ》をこらえるのがたいへんじゃった。」

わたしは、小さかったころのおばあちゃんの姿を思いうかべて、胸が痛んだ。

「あのときナオちゃんが、ちょっとだけでもおひなさまにさわらせてくれとったら、どんなにうれしかっただろうって、今でも思うよ。それが無理でも、いっしょに見て楽しもうねって言ってくれとったら、7あんなに悲しい気持ちにはならんかったと思うんよ。」

「うん。」

「8もし、美舟が筒井君にしてあげられることがあるとしたら、そういうふつうの、小さなことなんじゃないのかな。なにか特別なことじゃなくて。」

「えっ、小さなことって？」

首をかしげるわたしに、おばあちゃんはだまってほほえんだ。

そのとき、廊下《ろうか》の向こうからカッカカッカカッと爪音《つまおと》が聞こえてきて、ハナゾウが和室に顔を出した。

大きな口を開け、べろんと舌を出し、笑ったような顔で「パウッ！」とほえる。

しんみりとしていた部屋の空気が、一気に明るくなった気がした。

「ほら、ハナゾウがさいそくしとるよ。そろそろ散歩に行ってきんさい。」

おばあちゃんに言われたわたしは、［A］立ち上がった。

もっといろいろと聞きたいことはあったのだけれど、ハナゾウがうれしそうにわたしを見上げて「ウォンッ」と鳴いたので、しかたなく和室を出た。

月曜日の放課後、真帆《まほ》といっしょに校門を出ようとしたところで、小

さな緑色のバケツをさげて、ゆっくりと歩いている筒井君に追いついた。

「筒井君、なに持ってんの?」

真帆が聞き、ふたりでバケツをのぞきこむと、イシガメが首をひっこめて水にゆられていた。

「春休みに、ナギが一週間ほど帰宅できることになったんだ。だけん、キサブロー(注2)を池に入れて、見せてやろうと思って。」

「え? このカメの名前、キサブローっていうの?」

おどろいて顔を上げると、筒井君はうなずいた。

「そう、キサブロー。」

照れたように笑う筒井君に、うしろから走ってきた磯村《いそむら》が、

「あ、筒井、いっしょに帰ろうぜ。」

と、声をかけた。

磯村に向かって「うん」とうなずいた筒井君が歩きだし、磯村も

「べんり屋、またなー。」

と言って行こうとしたので、わたしはあわてて呼び止めた。

「筒井君!」

「え?」

「こんど、うちに来て。お父さんの絵、たくさんあるから、アトリエ(注3)で遊ぼう。」

筒井君は、いっしゅんきょとんとした。けれどそのあと、すぐに笑顔になって、大きくうなずいた。

「うん、ありがとう。うちにも、カメを見に来てよ。」

そう言って、また［B］した足取りで、校門を出ていった。

(中山聖子『べんり屋、寺岡の春。』〈文研出版〉による)

(注)1　ようけ=「たくさん」という意味の方言。

2　キサブロー=美舟の父がえがいた唯一《ゆいいつ》の絵本『がんばれキサブロー』の主人公のカメの名前。筒井君の弟(凪人君)が病院の院内学級で読んで気に入っている。

3　アトリエ=画家・ちょう刻家などの仕事場。

問一　――線1「部屋中に~積み上げられている」とありますが、この部分からどのようなことがわかりますか。次の中から最も適当なものを選び、記号で答えなさい。

ア　美舟が帰ってくることを知り、おばあちゃんが急いでおひなさまをかざったこと。

イ　美舟が帰ってくる直前に、おばあちゃんがおひなさまをかざり終えたこと。

ウ　美舟の性格とくらべて、おばあちゃんの性格はおおざっぱであること。

エ　美舟がなかなか帰ってこないので、おばあちゃんがいら立っていたこと。

オ　美舟をおどろかせるために、おばあちゃんがあわてておひなさまをかざったこと。

問二　――線2「恒例行事」とありますが、「恒例」の意味として最も適当なものを次の中から選び、記号で答えなさい。

ア　いつも決まったときに決まった形で行われること。

イ　その季節にちょうどぴったり合っていること。

ウ　ふだんとはちがい、特別に準備して行われること。

エ　その季節ならではの重要なイベントであること。

オ　その季節の代表的な例となっていること。

問三　――線3「おばあちゃんは～やさしく言った」とありますが、このときのおばあちゃんの心情として最も適当なものを次の中から選び、記号で答えなさい。

ア　筒井君の両親を責める美舟の気持ちに理解を示しつつも、いかりをおさえて冷静でいることの大切さを教えるために、みずからの態度で手本を見せようと考えている。

イ　筒井君を心配する美舟のやさしさを受け止め、その気持ちを大切にしたいと思いつつ、他人の状きょうや心情を勝手に決めつけずに色々な見方があると気づいてほしいと思っている。

ウ　美舟はおばあちゃんとの仲も良好で、家族関係にもめぐまれているが、世の中にはそうではない家庭もあるということをわからせようとかくごを決めている。

エ　限りないやさしさで他者を思いやり、自分をぎせいにしてまで相手に寄りそおうとしている美舟に、そこまでしなくてよいと教えさとす必要があると感じている。

オ　美舟が安易に「かわいそう」という言葉を使ったことに対していかりに似た気持ちを持っているが、それをさとられないように声の調子はあえてやさしくしている。

問四　――線4「早く大人にならんといけん子」とありますが、これに最もよくあてはまる人物を本文全体から探し、二人ぬき出しなさい。

問五　――線5「少ししゅんとしてしまった」とありますが、このときの美舟の心情として最も適当なものを次の中から選び、記号で答えなさい。

ア　筒井君のことをよく知っている様子のおばあちゃんに対して、敗北感を味わっている。

イ　筒井君のために自分にできることは何もないのだとわかり、自分をふがいなく思っている。

ウ　筒井君に対する自分の気持ちが思い上がりだということに気づいて、元気をなくしている。

エ　せっかく筒井君と親しくなろうとしているのにおばあちゃんにじゃまされて、がっかりしている。

オ　筒井君のためになにかしてあげたいという気持ちはまちがいだとわかって、はずかしくなっている。

問六　――線6「おばあちゃんは、あまり昔の話をしないのだ」とありますが、それはなぜだと考えられますか。次の中から最も適当なものを選び、記号で答えなさい。

ア　おばあちゃんは年を取っており、昔のことはおぼろげにしか覚えていないので話す材料がないから。

イ　戦争により家も家族もみんな失ってしまい、あまりにつらい体験が多かったので思い出したくないから。

ウ　今の美舟と何十年も前に子どもだった自分とでは置かれている状きょうが異なるので、理解してもらえないから。

エ　おばあちゃんは、つらい過去を話すことで美舟に同情されたくないと強く心に思っているから。

オ　昔のことはなつかしい思い出として、自分の心の中に大切にしまっておきたいと願っているから。

問七　――線7「あんなに悲しい気持ち」とありますが、この気持ちにふくまれないものを次の中から一つ選び、記号で答えなさい。

ア　おひなさまに手をのばしただけなのに、ナオちゃんにひどくおこられて深く傷ついている。

イ　自分にはおひなさまを買ってくれる家族がいないのだと改めて思い知ることになり、こどく感をつのらせている。

ウ　ナオちゃんに、おひなさまをこわしたりよごしたりする人間だと思われていたと感じて、情けなく思っている。

エ　それまではナオちゃんと仲が良かったのに、これがきっかけでみぞができてしまったことをさびしく感じている。

オ　ナオちゃんのおひなさまを見るたびにナオちゃんに言われた言葉を思い出し、つらく思っている。

問八　――線8「もし、美舟が筒井君にしてあげられることがあるとしたら、そういうふつうの、小さなことなんじゃないのかな」とありますが、

①　美舟が具体的に何をしようとしたかがわかるひと続きの二文を文中から探し、初めの三字をぬき出しなさい。

②　「そういうふつうの、小さなこと」とはどういうことですか。五十字以内でわかりやすく説明しなさい。

問九　[A]・[B]には同じ言葉が入ります。その言葉を文中から五字でぬき出しなさい。

問十　本文におけるハナゾウの役割として考えられるもののうち、最も適当なものを次の中から選び、記号で答えなさい。

ア　同じように生き物を飼う筒井君とのつながりを感じさせる役割。

イ　ハナゾウの明るさによって筒井君の立場をより深刻に感じさせる役割。

ウ　空気を読まないとうとつな登場で、人間と動物とのちがいを強調する役割。

エ　散歩の時間だと知らせることで、物語の中の時間の経過を示す役割。

オ　しずんでいた場のふんいきを変え、次の場面へのてんかんをうながす役割。

問十一　本文から読み取れる筒井君の人物像として最も適当なものを次の中から選び、記号で答えなさい。

ア　だれに対しても物おじせずに明るく話しかけて、交流を深めることができる気さくでおおらかな人物。

イ　カメを飼育するやさしい一面を持つが、実は動物以外とのコミュニケーションが取れない内気な人物。

ウ　弟のことは大事に思っているが、父親に対しては不満があり、それを身近な友人にぶつけてしまう短気な人物。

エ　ひかえめなところがありつつも、他者にすなおに感情を表したり家族のためを考えて行動できる、けなげな人物。

オ　自分をぎせいにしてまで病気の弟のためにけんしん的につくす姿に、だれもが心を打たれて助けたくなる人物。

三　次の文章を読んで、後の問いに答えなさい。（設問の都合上、本文の一部を省略してあります）

ものを作るときには、二つの方法がある。[X]場合と、そうではなく、[Y]場合である。前者は、設計図が描《か》ける。そして、それに必要な部品を探し集めて、期待される機能を実現するために工夫をしな

がら作り上げる。一方、後者は、商品としてはありえない発想だけれど、趣味《しゅみ》であればよく[A]あるパターンだ。手許《てもと》に材料がまずあり、これをなんとか活《い》かせないものか、という発想から始まる工作だ。この種のものはレベルが低いと考えがちだが、僕《ぼく》はそうは思わない。たとえば、自然に[B]ある石や樹《き》などを見て歩き、使えそうなものを見つけて、それらを備蓄《びちく》する。そして、それらから発想されるものを作る、という芸術は少なくない。

[1]工業と芸術は、作ったものに価値を見出《みいだ》すか、作る過程に価値を見出すか、の違《ちが》いで区別される。工業はあくまでも作品に価値がある。芸術は、作る過程で作者が得た感覚がすべてであって、出来上がった作品は単なる残骸《ざんがい》、あるいは思い出のシンボルでしかない。したがって、前者は、まったく同じものを複製しても同じ価値を持つが、後者は、複製したものは[注1]贋作《がんさく》と呼ばれ、価値が生じない。

[2]趣味の工作というのは、少なからず芸術的な行為《こうい》であるし、また、工作技術を覚える過程においても、自分の身につく技に価値があるわけで、作られたものは単なる[注2]習作として残るだけである。「工芸」という言葉が[C]あるように、もちろん両者は明確に分けられるものではなく、同一の対象であっても人によって解釈《かいしゃく》が異なるだろう。ただ、「作る」という行為には、必ず幾《いく》ばくかの「芸」が潜《ひそ》んでいる、ということだ。それは、人間の手が加わっている以上、多かれ少なかれ必ず生じる価値である。

こうして、僕は2作め以降すべて書きながら考える方式で小説を書いてきた。ストーリィを最初に決めることはないため、思いついたアイデアをメモするようなノートも存在しない。アイデア帳といった類のものはない。いつも行き当たりばったりで書く。[3]その方が面白《おもしろ》いし、文章も自然な思考の流れになる。[注3]プロットをさきに決めて書かれた作品を読むと、その不自然さがわかるようになった。「ああ、無理に話をこちらへ持っていこうとしているな」と感じるのだ。

このような経験は、[注4]フィードバックして工作にも活かすことができる。設計図に従おうと無理に考えないことだ。[4]流れに従って作っていく方が、自然な仕上がりの作品になる。

たとえば、模型を作るときには、なにかお手本となる実物が存在する。それを縮小して「真似《まね》る」わけだが、作っているときに、自分の感覚として「こうした方が良いな」と思えば、素直にそうすれば良い、と僕は思う。実物とそっくり同じである必要はない。迷ったら、自分のイメージの方を優先すべきである。実物と正確に一致《いっち》していることに、いったいどれほどの価値があるだろうか? せいぜい誰《だれ》かから「そっくりだね」と褒《ほ》められる程度のことである。そんな他者からの賞賛が欲《ほ》しくて作っているのではない。そっくり同じなら、実物の方がずっと素晴らしい。ものを作るということは、自分にとって新しい経験をすることであり、自分の発想によって産み出す楽しさを実感することなのである。

さて、[注5]ここまでで何度か登場しているキーワードに、「応用」がある。人間というのは、[D]ある知見を、まったく別のジャンルへ適用しようと考えることができる。まるで違う対象なのに、類似の傾向《けいこう》を見出したりすることもできる。これを支える思考の概念《がいねん》は、「抽象《ちゅうしょう》」である。「抽象」というのは、「具体」「具象」の反対語だ。多くの人はこれを「わけのわからないもの」「曖昧《あいまい》なもの」と認識《にんしき》しているが、それは間違いである。目に見えるものの方が実はどうでも良い部分、つまり「装飾《そうしょく》」

であり、ものごとの価値は、その内部に隠《かく》れて見えない「本質」にある。これは、たとえばメディア(注6)とコンテンツと理解しても良いだろう。「見かけで判断してはいけない」というような言葉も同じ意味だ。「抽象」とは、見える「象」を取り除く、という意味であり、5抽象したものにこそ本来の価値がある。

　ものを作っているときに、実際に目の前にEあるのは、単なる「もの」である。つまり、物体を相手にしている。ヤスリで鉄を削《けず》っているときは、目の前にあるのは鉄だ。自分の手を動かして、それを削っている。エネルギィは消費され、材料は少しずつ小さくなり、削り滓《かす》がどんどん周囲に蓄積《ちくせき》する。さて、いったいどんな価値が増しているだろうか？

　この行為に没頭《ぼっとう》するとき、いろいろな発想がある。少しずつ削れば、どんなに硬《かた》いものでも思いどおりに形を変えられることが実感できる。自分の力が及《およ》ぶ範囲《はんい》が明確に理解できるし、同時にその狭《せま》さ（すなわち自分の小ささ）も思い知らされる。作ることができる時間は限られていて、当然ながら、生きている時間よりも短い。有限である。「何故《なぜ》作るのか」は、「何故生きるのか」と同じ問いであり、答《こたえ》もきっと同じだろう。「わからない」「今はまだわからない」という答以外にない。しかし、こうした自問は、作らなければ、生きなければ、なされないものである。

　工作から学ぶことは、いろいろなことに広く活かすことができる。ほかのものを作るときにはもちろん応用できる。社会にだって活かすことができる。そして、それ以前に、自分に活かすことができるのだ。

　自分の人生が、つまりは毎日の工作と同じだ、と気づくことになるだろう。だから、6工作のセンスは、そのまま「生きるセンス」になる。

　このように考えると、7現代の若者が見失いがちなものが、だんだん見えてくるのではないだろうか。作らない世代は、生きるセンスを持っていない世代だともいえる。あらゆる「既成《きせい》の楽しさ」に囲まれて育ってきたゆえに、「与《あた》えられた新しさ」に手一杯《ていっぱい》で、自分の楽しさを、自分の新しさを、作ることができない。それがやりにくい環境《かんきょう》が現代社会なのである。

　ものを作るということを、もっと広い意味に解釈してみよう。人間関係も作るものだし、自分の人生も作るものである。子供たちには、是非《ぜひ》小さいときから、「自分で作る」「自分を作る」ということを覚えてもらいたい。作ることを知れば、楽しさや新しさはどこにでも見つけることができるし、つまりは自然に生き方がわかってくるはずだからである。

（森博嗣『創るセンス　工作の思考』〈集英社新書〉による）

(注)1　贋作＝にせの作品。
2　習作＝絵・ちょう刻・音楽などで練習のために作った作品。
3　プロット＝小説・物語などの筋、構想。
4　フィードバック＝ここでは、筆者が小説を書く方法を、工作の話題にもどしてあてはめること。
5　ここまで何度か登場している＝この本文より前の部分で、「応用」について述べている。
6　メディアとコンテンツ＝たとえば、新聞（メディア）と記事の内容（コンテンツ）のこと。メディアは、情報を伝えるときに仲立ちとなるもので、新聞・テレビ・雑誌・ラジオなどのこと。コンテンツは、あつかわれる情報の中身のこと。

問一　［X］・［Y］にあてはまる言葉をそれぞれ次の中から選び、

記号で答えなさい。

ア　使いたい素材なりパーツなりがあって、それでなにかを作り上げたい
イ　何かを作る必要があるが、アイデアがわかない
ウ　作りたいものが明確にイメージされている
エ　あらかじめ用意された材料や部品だけを用いて、指示どおりに製作する
オ　自分の持っている創作技術を他者から高く評価されたい

問二　――線１「工業と芸術」とありますが、そのちがいについて筆者はどのように考えていますか。次の中から最も適当なものを選び、記号で答えなさい。

ア　工業は作ったものに価値があり、複製したものも同じように価値を持つが、芸術は創作過程に価値があり、複製したものには価値がない。
イ　工業は作ったものに価値があり、芸術はものを作る過程に価値があるというちがいはあるが、その本質は両者とも変わらない。
ウ　工業は作ったものに価値があるが、芸術で作り出されたものには価値がないため、芸術品は単なるにせものになってしまう。
エ　芸術はものを作る過程に価値があるため、複製したものにはまったく価値はなく、工業も複製したものは低く評価されてしまう。
オ　芸術は作品に価値があり、複製したものも同じように価値を持つが、工業はものを作る過程に価値があり、複製したものには価値がない。

問三　――線２「趣味の工作というのは、少なからず芸術的な行為である」とありますが、なぜこのように言えるのですか。次の中から最も適当なものを選び、記号で答えなさい。

ア　趣味の工作とは言っても、他人がまねして同じものを作れないという意味では、芸術とみなされることがあるから。
イ　工作で作品を作る過程では、何らかの技術が身につくことになるので、これを芸術と置きかえることができるから。
ウ　子どものころに趣味の工作として作った作品でも、大人になって芸術家になればまれに価値が出ることがあるから。
エ　趣味で作られた作品に価値があるかどうかは関係なく、作者にとっては完成に至る道筋に価値が認められるから。
オ　趣味の工作として作られた作品でも、作者が芸術作品だと主張すれば、世の中で評価されることもあるから。

問四　――線３「その方が面白いし、文章も自然な思考の流れになる」とありますが、その理由として最も適当なものを次の中から選び、記号で答えなさい。

ア　あらすじを作っておく場合、人物や背景の設定を明確にして、かつ読者が満足するような結末を考えなければならず、書くことが負担になってしまうが、あらすじなしで小説を書き始めると、読者の存在を考えることなく、気楽に書けるから。
イ　あらすじを考えてしまうと、小説を書き進める間に良いアイデアを思いついても簡単には書き加えられないが、あらすじがなければその時々で自由に話を組み立てられるため、人物の心情などもいかしながら書くことができるから。
ウ　小説のアイデアをメモするノートを作ると、集めた材料はなんと

かしていかしたいと思ってしまうが、アイデアを書きためないようにすれば、あれもこれも書きたいと思うこともなく、わかりやすい文章が書けるから。

エ　人生というものは思いがけない出来事が起きたり、考えや行動が変わったりするからこそ面白いのであり、小説においても現実と同じように思いがけないことが起こる方が、スリルがあって面白いから。

オ　あらすじを知ってから小説を読みたいという人がいるが、それは小説の読み方としては正しいこととは言えず、あらすじを作らないことで、作者も読者も、結末はどうなるかという期待を持ちながら楽しめるから。

問五　――線４「流れに従って作っていく」とありますが、これにあてはまるものを次の中から一つ選び、記号で答えなさい。

ア　サッカーをする際、有名選手の練習方法をまねたがうまくいかず、結局自分のやり方にもどした。

イ　自分が感動した本の感想を書きたかったので、指定図書ではない本の感想文を読書感想文コンクールに応ぼした。

ウ　オーケストラでチェロを演奏する際、指揮者の指示に従わず、自分のイメージに従って思うままに演奏した。

エ　母の日のおくり物として赤いカーネーションの花束をかき写していたが、一本をアクセントとしてピンクに変えた。

オ　体育の授業で創作ダンスをしたとき、好きなアイドルのふり付けを完ぺきにコピーしておどった。

問六　――線５「抽象したものにこそ本来の価値がある」とありますが、どのような考えにもとづいて、このように述べているのですか。「という考え」に続くように文中から三十字以内で探し、初めと終わりの三字をぬき出しなさい。

問七　――線６「工作のセンスは、そのまま『生きるセンス』になる」とありますが、その理由を本文全体をふまえて説明しなさい。

問八　――線７「現代の若者が見失いがちなものが、だんだん見えてくるのではないだろうか」とありますが、「現代の若者が見失いがちなもの」の具体例として適当なものを次の中から二つ選び、記号で答えなさい。

ア　近くの海岸に行って、そこに流れ着いた貝がらや流木を使って作品を作ること。

イ　キャンプ場で、切ってある材料を用意してもらい、みんなで協力して夕食を作ること。

ウ　川の向こう側に不思議なものを発見したので、友だちと様子を見に行くこと。

エ　自由研究用の工作キットを使ってラジオを作り、災害に備えて家に置いておくこと。

オ　遊園地のめいろで、グループ行動をせず、各自で迷いながらゴールを目指すこと。

カ　インターネット上の新しいゲームを、こう略法を確にんせずに自分で考えてプレイすること。

問九　本文の内容と合っているものを次の中から一つ選び、記号で答えなさい。

ア　製品化されたものは便利で使いやすいが、人の手で作られた温かみや個々の特ちょうに欠けるため、ひとつひとつ手作りされた芸術作品の方がすぐれている。

イ　実物と少しもちがいのないものを作ろうとするときには、その成果を他者からほめられたいという思いがあるということに気づく必要がある。

ウ　ものを作るときには二つの方法があり、それぞれに良い点や悪い点があるが、どちらの場合にも、出来上がったものの取りあつかいに気をつけなければならない。

エ　わたしたちがある知識を異なる場面でも用いることができるのは、物事の本質を理解しようとする考えを持っているからである。

オ　さまざまな情報が行きかう現代社会では、正しい知識を得ることが難しいため、自分なりの楽しさや新しさを作ることが難しくなっている。

問十　――線「ある」のうち、他と異なるものを一つ選び、記号で答えなさい。

A　趣味であればよくあるパターンだ。

B　自然にある石や樹などを見て歩き、

C　「工芸」という言葉があるように、

D　人間というのは、ある知見を、

E　目の前にあるのは、単なる「もの」である。

横浜女学院中学校(A)

—50分—

一　次の文章の――線①～④のカタカナを漢字に、漢字をひらがなにしなさい。また、文章中の漢字の間違《まちが》いを1か所ぬき出し、正しい漢字に直しなさい。

先週、家族みんなで焼き肉を食べに行った。父は、①内臓の部位を好んでいた。母は、②ジュクセイされたもも肉が気に入ったようだ。姉は食べ過ぎてしまったので家に返ってから、救急箱に入っていた③胃腸薬を飲んだ。私のお気に入りは④ホネ付きカルビである。

二　次の文章を読んで、あとの問いに答えなさい。(字数制限のある問いは、句読点や記号も1字に数えます。)

西大寺宏敦《さいだいじひろあつ》が野球部をやめたと耳にした。

家は近所で幼なじみ。小学校から高校までずっといっしょだ。

ただしこの四年ほどは、口すら利《き》いていない。

仲良しだった。幼稚園《ようちえん》のとき、通りをはさんだ一軒家《いっけんや》に越《こ》してきたときからの付き合い。日曜日になると、よく遊びに行ったものだ。

花壇《かだん》はしっかりと手入れしてあって、季節ごとにいろんな花が咲《さ》き乱れてたな。

「うちは宏敦と武浩《たけひろ》の男ふたりだから、女の子が来てくれると華《はな》やかになるわ。いつでも遊びにきてね」と言ってくれたおかあさんの作ったロールキャベツはおいしかった。

おとうさんは関東フィルハーモニー管弦楽団《かんげんがくだん》のオーボエ奏者で、おかあさんも音大のピアノ科出身という音楽一家だけに、家を訪ねると※1即興《そっきょう》でいろんな曲を演奏してくれた。①自分の家庭に不満があったわけじゃないけど、うらやましいと思ったことはある。とにかく明るくて優雅《ゆうが》な雰囲気《ふんいき》だったから。

クラシック界の神童と呼ばれた西大寺宏敦は、小さいころからさまざまなコンクールで優秀《ゆうしゅう》なせいせきを収めていた。

ピアノとバイオリンを習っていたが、家にはいろんな楽器が転がっていて、※2木管、金管ともに吹《ふ》いているのを見たことがある。

その一方、運動神経もずば抜《ぬ》けていたので、中学に入ると親に隠《かく》れて野球部の助《すけ》っ人《と》としても活躍《かつやく》するようになった。

中学校の半ばくらいから、少し神経質な様子になってくる。小さいころは快活だったのに、いつも[A]感じを醸《かも》し出していた。でも反抗期《はんこうき》なんだろうと思っていたし、音大附属《おんだいふぞく》の高校に進学するものと疑ってもいなかったんだけど……。

まさか浅川高校でいっしょになるとは想像だにしなかった。いまでは廊下《ろうか》ですれ違《ちが》ってもお互《たが》い気づかない振《ふ》りをするような間柄《あいだがら》になってしまっている。

一度、※3吹部《すいぶ》のことを話してみようかな。

翌日の放課後、西大寺の教室の前まで行ってみた。

[B]やっぱりムリ。

いまさら会話をするキッカケが見つからない。

音楽準備室に戻《もど》ろうと思い直しUターンしたところ、背の高い男子に思いっきりぶつかってしまった。

「あっ、ごめんなさい」

反射的に頭を下げてから相手を確認すると西大寺だった。

「ああ、おまえか」

四年振りくらいの会話とは思えないほど低いテンションの不機嫌《ふきげん》な声に、いやがうえにも動揺《どうよう》が増し、

「あ、西大寺、あの、あのね」

思わず声がうわずってしまう。

「いや、あの、西大寺が野球部やめたって聞いたから………」と口走ったところ、より一層みけんにシワを寄せ、

「おめえに関係ねーだろ」

とりつく島もない。

「そーだよね。あの、ごめんね。あの、いま吹部が楽器できる人探してて、顧問《こもん》の先生がホントうるさくて、それでとりあえず西大寺にも声だけかけとこうかと、いや、ムリだっつーのは最初っからわかってて」

②自分でもなにを言っているのかわからない。

そのときのこと。背後から大きな声で呼ばれたのでなおさらビックリしてしまった。

「鏑木《かぶらぎ》さーん、その人も経験者なの？」

振りかえるといつの間にやらミタセンが満面の笑《え》みを浮《う》かべて立っている。

「いや、あの、経験者といえば、楽器はできると思うんですけど。野球部やめたばっかで、えーと、やっぱりムリみたいなんで……」

むろんわたしの言葉などてんで聞いてはおらず、親しげに西大寺の肩《かた》へ手をまわすと、

「楽器はなにやってた？」

「[C]」

「え、どれくらいやってたの？」

「[D]」

「すげー、音楽エリートじゃん。いーね　いーね」

「つーか、この人、誰？」

「ウチの顧問の三田村《みたむら》先生」

「ねえねえ、金管とか木管とかはやったことある」

「[E]」

「オーボエは？」

「音色は好きですけど」

そう聞くやいなや、肩にまわしていた腕《うで》は、ヘッドロックに変わった。

「やめろよ、なにすんだよ。離《はな》せよ、きもちわりーな」

「いや、絶対に離さない。もうあんたとは絶対に別れないんだから。もう絶対に別れてなんかやんない。逃げられると思って？　離さないわよ」

（中略）

「ざけんじゃねーよ。離せよ、このヤロー」

からみつく腕を振りほどこうとしたものの、小柄《こがら》なオッサンは意

外に力が強かった。

相手が教師なので手荒《てあら》なまねをするわけにもいかない。しかたなくヤツの言うままついていくことにする。

音楽準備室に入るや開口一番こう言った。

「ねえ、いっしょに音楽やろうよ」

「冗談《じょうだん》じゃねえ。やるわけねーじゃねーか。もうやめたんだよ」

野球に嫌《きら》われたからやっぱり音楽に戻るなんて、オレのなかではありえねえ。

オッサンはあいかわらず笑みをたたえたまましばらく押《お》し黙《だま》ったあと、

「なんか、すごくイラついてない？」

「あんたには関係ないから」

「そんなに感情をむき出しにするってことは、やっぱり音楽が気になってるってことだよ。未練あるんじゃないの？」

③頭に血が上って言葉がでてこない。

「あっ、わかった。ヘタすぎて恥《は》ずかしいんだ」

「そんなんじゃねえよ」

思わずヤツの首を絞《し》めたくなる。

「じゃ、一回やってみてよ。はい」

いきなりトランペットを差し出してきた。

受け取らずにいると、

「できないの？　できないんだ。やっぱヘタなんだ。ふーん、楽器やってたなんて口だけだったんだね」

と言いながらトランペットを押しつけてくるもんだから、つい手に取ってしまう。

「なんでもいいよ。吹いてみて」

しばらくためらったものの、一度吹けば解放されるのだと思い直し、ひととおりクラシックやジャズのソロを吹いてみる。ひさしぶりだったけど、そんなにわるい音ではない。

するとあの教師はこんなことを言いやがった。

「うまいんだけどね。ちょっとなにかが足りないかも」

④こんなところに来てまで、この言葉を投げかけられるなんて。

ショックで固まってしまった。

ある意味、オレの人生をねじ曲げた魔法《まほう》のフレーズだったから。

中学に入ってから、急にバイオリンのコンクールで勝てなくなってきた。［F］

もちろん入賞はしていたけど、トップの座からはすべり落ちた。評価の際、必ず盛り込《こ》まれていたのが「あと少し」という表現だ。

オヤジとのつきっきりのトレーニングは以前にも増して厳しいものになってきた。小さいころは何時間練習しても苦痛じゃなかったのに、このころからイヤでイヤでしかたなくなってきて……。

［G］

レッスンにも身が入らず、休みがちになっていた。

高い月謝を払《はら》っていながらサボり続けるオレにオヤジはキレた。

「いったいなにをやっているんだ。一日楽器から離れると、取り戻すのに何日かかるのか知ってるだろう。音楽の道はそんなに生やさしいもんじゃないぞ。心を入れ替《か》えろ」

オヤジに刃向《はむ》かったのは生まれて初めてだった。

「いつまでも上から命令すんじゃねえよ。イヤになったんだよ、音楽が。ほっといてくれ」

なにかが足りないと言われても、その「なにか」が「なに」なのかわからない。「なにか」をどうやったら得られるのか誰も教えてくれない。［H］

推薦《すいせん》で音大附属へ進むことは決まってたんだけど、中三の秋になって気が変わった。［I］

「とにかく音楽の道に進むのはイヤだから」

「おまえ、もう十一月だぞ。いまさら公立の普通科《ふつうか》へ行くっていっても、名門校は受けられない」

「いいじゃん、地元に行けば。交通費もかかんないし」

もっとも音大附属に行かなかったのは、音楽に限界を感じたからだけじゃないけれど……。

（赤澤竜也『吹部！』〈角川文庫〉より）

※1　即興…この場面では、その場で楽譜《がくふ》を見ずに演奏をすること。

※2　木管、金管…木管楽器、金管楽器のこと。木管楽器には、フルート・クラリネット・オーボエなどがあり、金管楽器には、トランペット・ホルン・チューバなどがある。

※3　吹部…吹奏楽部を略した呼び名。管楽器を主体として演奏される音楽の部活動。

問一　――線①「自分の家庭に不満があったわけじゃないけど、うらやましいと思ったことはある」（13行目）とありますが、「鏑木さん」はどういう理由でこのように思ったのですか。適当なものを次の中から1つ選び、記号で答えなさい。

ア　宏敦が運動だけではなく音楽も優秀だったから。

イ　宏敦のおかあさんが優しく、料理もうまかったから。

ウ　宏敦の家ではみんな楽器が演奏できて華やかな感じだったから。

エ　鏑木さんの家の雰囲気があまり良くなかったから。

オ　鏑木さんの家が貧しくて楽器が買えなかったから。

問二　［A］（23行目）に入る語として適当なものを次の中から1つ選び、記号で答えなさい。

ア　しょんぼりした　　イ　ふてくされた　　ウ　ひからびた

エ　ふっきれた　　オ　かがやいた

問三　［B］（31行目）に当てはまる語として適当なものを次の中から1つ選び、記号で答えなさい。

ア　だから　　イ　また　　ウ　そして

エ　でも　　オ　ところで

問四　――線②「自分でもなにを言っているのかわからない」（50行目）と思ったのは、なぜですか。適当なものを次の中から1つ選び、記号で答えなさい。

ア　宏敦が怒《おこ》っていることに気付いて混乱してしまったから。

イ　宏敦と話すのが久しぶりでうれしくてたまらなかったから。

ウ　三田村先生のために何とか宏敦を入部させたかったから。

エ　宏敦を好きな気持ちに気付かれないようにごまかしたから。

オ　三田村先生を利用して宏敦をさそったことがばれるとまずかったから。

問五　［C］（61行目）、［D］（63行目）、［E］（68行目）に当て

はまるせりふの組み合わせとして適当なものを次の中から1つ選び、記号で答えなさい。

①「一応、フルート以外、音はでます。トランペットが一番得意かな」
②「……ピアノとバイオリンですけど」
③「物心ついてから去年くらいまでですかね」

ア　C—①　D—③　E—②
イ　C—①　D—②　E—③
ウ　C—②　D—①　E—③
エ　C—②　D—③　E—①

問六　——線③「頭に血が上って言葉がでてこない」（94行目）のは、「宏敦」がどう思っているからですか。適当なものを次の中から1つ選び、記号で答えなさい。

ア　三田村先生の言い方が嫌《いや》な感じで、もう話をしてもむだだと思ったから。
イ　自分が本当に思っていたことに気付いてくれて、うれしかったから。
ウ　野球部をやめた心の痛みを考えない三田村先生を、尊敬できないと思ったから。
エ　三田村先生の言葉にはげしく怒《いか》りながら、音楽の思いについては図星だったから。
オ　自分がもう何もできないことに絶望していて、全てがどうでもよくなっていたから。

問七　——線④「こんなところに来てまで、この言葉を投げかけられるなんて」（111行目）とありますが、「宏敦」が同じような経験をしていたことが分かる1文をぬき出し、始めの5字を書きなさい。

問八　本文中の［F］（115行目）～［I］（134行目）のどこかに、次の1文が入ります。適当な個所《かしょ》を記号で答えなさい。

そのときもオヤジとはすさまじい言い合いになったよ。

三　次の文章を読んで、あとの問いに答えなさい。（字数制限のある問いは、句読点や記号も1字に数えます。）

ロボットが人間を超《こ》えるか否《いな》か、ということには、いくつかの段階がある。

1　ロボットが自律的※1に判断して行動する
2　ロボットが自律的に思考し、新しいアイディアを生み出す
3　ロボットが感情を持つ
4　ロボットが自己再生産する（ロボット同士で子どもをつくる）「生命体」となる

第1の段階には、まあ、すでに達《たっ》しているだろう。お掃除《そうじ》ロボットや、しゃべるスマホのSiri《シリ》※2などだ。

［A］、2016年6月6日付けのイギリスの新聞『デイリーメール』は、「Siriが赤ちゃんの命を救う」という見出しの記事を載《の》せている。

ステイシー・グリーソンさんは、ある日、1歳《さい》になる娘《むすめ》のジアーナちゃんが、真《ま》っ青《さお》な顔で息をしていないことに気づいた。ステイ

シーさんはあわてて娘を抱《だ》き上げ、気道をチェックした。そのとき、カーペットの上に落ちている※3 iPhone《アイフォン》が目に入った。ステイシーさんはとっさに、「ヘイ、Siri、救急車を呼んで！」と叫《さけ》んだ。Siriは消防署に通報したが、救急車が到着《とうちゃく》する前に、ジアーナちゃんの呼吸はもどった。

①これが「人工知能による救命」になるのかどうかは疑問の余地もあるが、今後ますますこの段階のロボットたちは増えていくに違《ちが》いない。［A］、無人運転してくれる自動車や、受付で案内をしてくれるロボットなどは実用化の段階に入っている。

しかし、第1段階と第2段階のあいだはとてつもなく遠い。

もっとも、「新しいアイディア」とは何かを定義することは難しい。「それまで誰《だれ》も考えつかなかったような新しい考え(作品)」といっても、生まれたての赤ちゃんが考え出したものでない限り、その人が生きているなかで、人類の※4膨大《ぼうだい》な遺産《いさん》(の一部)を吸収し、それらを組み替《か》え直したのが「新しいアイディア」と呼ばれるものだと考えることができるからだ。とすれば、実際にはすでにある程度、実現していると考えることさえできるかもしれない。

［A］、2016年3月、人工知能ソフト「アルファ碁《ご》」と、当時、世界最強とも評価された韓国《かんこく》のプロ棋士《きし》・李《イ》九段との五番勝負が行われた。

「人工知能とロボットの頭脳戦」としては、すでにチェス、将棋《しょうぎ》において、人工知能が人間に［B］ことを示す結果が出ていた。

1997年、アメリカのIBM社の「ディープ・ブルー」が世界王者カスパロフ氏に勝利をおさめた。チェスをめぐる人間とロボットの闘《たたか》いは、18世紀の「チェス指し人形ターク」までさかのぼることができる。それが遂《つい》にこのとき、人間が敗れたのだ(ただし、これは真の意味での「人工知能の勝利ではない」という説もある)。

2012年には、チェスよりも難しいと考えられていた将棋の世界で、引退後の故米長邦雄永世棋聖《よねながくにおえいせいきせい》が将棋ソフト「ボンクラーズ」に敗北した。

そしていよいよ、最大の難関とされる(予測する必要のある手数が、他のゲームに比べて飛躍的《ひやくてき》に多い)囲碁《いご》での決戦が行われたのである。

試合前の予想では、「人工知能が人間の棋士に勝つにはあと10年はかかる」といわれていた。しかし結果は、初戦から第三戦まで「アルファ碁」が勝負を制し、人工知能の［C］ストレート勝ちとなった(もっとも、これによってAIが人間並みに考えられているか、といえばそうではない、とAIの専門家たちは言っている。AI自身が②「手」を編《あ》みだしているわけではないからだ)。

さらに、2017年5月、中国浙江省《せっこう》烏鎮《うちん》《ウーヂェン》で、AI「アルファ碁」と世界最強とされる中国の柯潔《かけつ》九段との三番勝負が行われ、AI「アルファ碁」が3戦全勝した。「アルファ碁」を開発したディープマインド社のデミス・ハサビス※5CEOは③「これを最後に人間との対局を終える」と表明し、「今後はアルファ碁の技術を生かして※6「汎用《はんよう》AI」の開発を加速させる」(『朝日新聞』2017年5月28日)と述べた。

第2段階から第3段階になると、④「アンドロイド」レベルと呼んでもよいだろう。

アメリカのカーツワイルは、このように技術が飛躍的に進化する地点をシンギュラリティ（技術的特異点）と呼んでいる。

彼《かれ》によれば、技術的特異点とは、「テクノロジーが急速に変化し、それにより※7甚大《じんだい》な影響《えいきょう》がもたらされ、人間の生活が後戻《もど》りできないほどに変容してしまうような、⑤来《きた》るべき未来のことだ。それは理想郷でも地獄《じごく》でもないが、ビジネス・モデルや、死をも含《ふく》めた人間の※8ライフサイクルといった、人生の意味を考えるうえでよりどころとしている※9概念《がいねん》が、このとき、すっかり変容してしまうのである」（『ポスト・ヒューマン誕生』）。そして、今まさにロボット技術は技術的特異点に達しようとしていると、彼は主張している。

（遠藤薫『ロボットが家にやってきたら…——人間とAIの未来』〈岩波ジュニア新書〉より）

※1　自律的…自分で立てたルールに従って、自分のことは自分でやっていくこと。
※2　Siri…シリ。アップル社のコンピュータ製品に組み込まれているバーチャルアシスタントのこと。
※3　iPhone…アイフォン。アップル社が開発・販売しているスマートフォンのこと。
※4　膨大な遺産…ここでは、過去の人が残した非常に大きな業績。
※5　CEO…最高経営責任者のこと。
※6　汎用AI…特定の目的に限定されず、いろいろな方面に用いることができるAI（人工知能）のこと。
※7　甚大…程度がきわめて大きいこと。
※8　ライフサイクル…誕生から死までをえがく周期のこと。
※9　概念…物事の「何たるか」という意味内容。

問一　【A】（11行目・22行目・32行目）に共通して入る語として適当なものを次の中から1つ選び、記号で答えなさい。

ア　したがって　　イ　たとえば　　ウ　なぜなら
エ　ところが　　オ　そもそも

問二　――線①「これが『人工知能による救命』になるのかどうかは疑問の余地もある」（20行目）というのは、なぜですか。説明として適当なものを次の中から1つ選び、記号で答えなさい。

ア　ステイシーさんがiPhoneをこっそりとあやつって動かしていたかもしれないから。
イ　ジアーナちゃんがいつもSiriを使っていたわけではないから。
ウ　ジアーナちゃんが助かったのはSiriのおかげとは言いきれないから。
エ　ステイシーさん自身が娘を助けたと主張しているから。
オ　『デイリーメール』の伝え方が少し大げさなものだから。

問三　【B】（36行目）に当てはまる適当な表現を次の中から1つ選び、記号で答えなさい。

ア　勝るとも劣《おと》らない　　イ　はるかに及《およ》ばない
ウ　わざと負けている　　エ　勝負にならない
オ　挑戦的《ちょうせんてき》である

問四　【C】（49行目）に入る語として適当なものを次の中から1つ選び、記号で答えなさい。

ア　かろうじて　　イ　あっけない　　ウ　一進一退の
エ　はかない　　オ　奇妙《きみょう》な

問五　――線②「『手』」（52行目）とありますが、本文と同じ用法で用いている文を次の中から1つ選び、記号で答えなさい。

ア　今、いそがしくて手がはなせない。

イ　ほしかった本を、やっと手に入れた。

ウ　手に汗《あせ》にぎる勝負だった。

エ　きたない手を使って勝利する。

オ　かばんを手に取って家を出る。

問六　――線③「『これを最後に人間との対局を終える』」（56行目）とありますが、どのような結果が出て、これからどうしようとしていますか。40字以内で説明しなさい。

問七　――線④「『アンドロイド』レベルと呼んでもよいだろう」（60行目）とありますが、何がどういう状態になることですか。そのことが書かれている表現を探して、「～状態」に合う形で本文中から10字でぬき出しなさい。

問八　――線⑤「来るべき未来」（66行目）とありますが、どのような未来だと考えられますか。適当なものを次の中から1つ選び、記号で答えなさい。

ア　人間が予想できる中で最も幸せな未来。

イ　ロボット技術が進みすぎて人間が不幸になる未来。

ウ　人間の生活が予測もつかないほどに変わった未来。

エ　ロボットを生産する仕事がなくなる未来。

オ　ロボットが技術的特異点を分かっている未来。

問九　これからは人間とロボットがともに生きてゆかなければならなくなると予想されますが、あなたの家に第3段階のロボットがやってきたら、あなたの生活にどのような良い点と悪い点とがでてくると思いますか。あなたの考えを100字以内で書きなさい。

横浜雙葉中学校

―50分―

※　。、「」などは一字に数えます。

□一　次のそれぞれの問いに答えなさい。

問一　次の――線の漢字をひらがなに、カタカナを漢字に直して答えなさい。送りがなが必要な場合は、ひらがなで書きなさい。

1　友人の車に便乗する。
2　全力で試合に臨む。
3　いつも座右の銘《めい》を大切に生きよう。
4　年長者を敬う心を育てる。
5　カッコたる意志をつらぬく。
6　新型客船が明日シュウコウする。
7　学校でマジメに勉強する。
8　お殿様《とのさま》は豪華《ごうか》な城をキズイタ。

問二　次の文章は、詩人である三好達治《みよしたつじ》の「かよわい花」という詩と、その詩についての鑑賞《かんしょう》文です。これを読んで、後の問いに答えなさい。

「かよわい花」

①かよわい花です
もろげな花です
②はかない花の命です
朝さく花の朝がほ《お》は
昼にはしぼんでしまひ《い》ます
昼さく花の昼がほ《お》は
[a]しぼんでしまひ《い》ます
夕方に咲《さ》く夕がほ《お》は
[b]にはしぼんでしまひ《い》ます
みんな短い命です
A
けれども時間を守ります
さう《そう》してさつ《っ》さと帰ります
どこかへ帰つ《っ》てしまひ《い》ます

たった二三行しかない、短い作品だが、(注)散文だけを読む人には、わかりづらいかもしれない。「みんな短い命です」までは、意味の上では散文で書いても同じだから、そのまま受けとめるはず。ところが「けれども」以降が、[c]となる。花たちが、それぞれ自分の時間を守って「帰つて」行くとなると、これは問題である。「帰る」というが、③いったい「どこへ」帰るのか、それが書かれていないからだ。説明してほしいと思う人は多いだろう。もし散文なら、その場所を書き忘れることはないからだ。ここでいつも散文しか読まない人は「詩はいやだ、わからない」と拒否《きょひ》反応を示す。まちがいなく、そうなると思う。でも、実は、花たちが、帰って行くという視点、感じ方。それがこの詩のおもしろさなのだ。命なのだ。

【荒川洋治《あらかわようじ》「文章という文明」（『ひらく第4号』〈エイアンドエフ〉二〇二〇年十一月所収）による】

（注）散文……詩や短歌とは異なり、型にとらわれない通常の文章。

1　――線①「かよわい」とありますが、これは「弱い」の上に「か」がついてできた言葉です。これと同じように「か」をつけて意味をなす言葉を次の中から一つ選んで、記号で答えなさい。

ア　太い　イ　細い　ウ　強い　エ　長い　オ　短い

2　――線②「はかない」について、「はかない」の「ない」と同じ働きをしているものを次の中から一つ選んで、記号で答えなさい。

ア　持っていたはずのかぎがない。

イ　かぎの置き場所を私はしらない。

ウ　落とし物をした自分がなさけない。

エ　それはわらえない話だ。

オ　今年の冬はさむくないから大丈夫だ。

3　[a]・[b]にあてはまる語を、詩の中からぬき出して答えなさい。

4　詩の[A]の部分に使われている表現の特徴《とくちょう》について、最も適切なものを次の中から選んで、記号で答えなさい。

ア　倒置法《とうち》　イ　呼びかけ　ウ　省略

エ　擬人法《ぎじん》　オ　体言止め

5　[c]にあてはまる語として、最も適切なものを次の中から選んで、記号で答えなさい。

ア　道　イ　障子《しょうじ》　ウ　床《ゆか》　エ　窓　オ　壁《かべ》

6　――線③「いったい『どこへ』帰るのか」とありますが、花たちはどこへ帰るとあなたは考えますか。あなたの言葉で答えなさい。

[二]　次の[Ⅰ]・[Ⅱ]は、同じ本から取り上げた文章です。以下の文章を読んで、後の問いに答えなさい。

注意　。、「」などは一字に数えます。

（小学五年生の「風香《ふうか》」は、人前で話しをしない同じクラスの女の子「瑠雨《るう》」に興味を持った。「風香」は謡曲《ようきょく》（伝統芸能である能の声楽部分）を歌うことが趣味《しゅみ》の祖父（「ターちゃん」）に、「瑠雨」のことを話すようになる。）

[Ⅰ]

瑠雨ちゃんはとくべつな耳をもってるってこと？

意外な発見をしたその日から、わたしが瑠雨ちゃんを見る目は変わった。

瑠雨ちゃんはただのしゃべらない子じゃないのかもしれない。瑠雨ちゃんの口は、この世のなににもきょうみがなさそうに閉じたまんまだけど、そのぶん、瑠雨ちゃんの耳はいつも全開で世界を感じているのかもしれない。年中無休でいろんな音をすいこんでいるのかもしれない。わたしたちにはきこえないものも、瑠雨ちゃんの耳にはきこえているのかもしれない。

瑠雨ちゃんの[A]（ときどき、動きを止めて、じっとなにかを見つめていたりする）に目をこらすほどに、わたしの好奇心《こうきしん》はむくむくふくらんで、とうとう、このすごいヒミツをだまっていられず、ターちゃんにだけうちあけた。

「ね、ターちゃん。しゃべらない瑠雨ちゃんは、もしかしたら、きくことの達人なのかも」

すると、ターちゃんはまたさらにすごいことを教えてくれた。

「べつだん、たまげた話じゃあないさ。目の不自由な人が、とくべつな聴力《ちょうりょく》をもってるってのは、ざらにあるこった。瑠雨《るう》ちゃんは、しゃべるのがにがてなぶん、人とはちがう耳をもってるのかもしんねぇな」

「えーっ」

わたしはたまげた。そして、シビれた。

「人とはちがう耳って、どんな？　もしかして、天才ってこと？　瑠雨ちゃんはきくことの天才なの？」

わたしがぐいぐいせまると、ターちゃんは「さぁな」と鼻の頭をかいた。

「おいらにきくより、瑠雨ちゃんにきいてみな」

「だって、瑠雨ちゃん、しゃべってくんないし」

「真の友ってのは、しゃべらなくたって通じあえるもんだ。［B］ってやつよ」

「真の友っていうか、まだわたしたち、ともだちなのかもわかんないし。少なくとも、瑠雨ちゃんわたしのこと、ともだちと思ってないだろうな」

「じゃ、まずは仲よくなるこった」

ずいぶんザツなアドバイスだけど、ターちゃんの言うことは一理あった。

瑠雨ちゃんのことをもっと知りたい。クラスのだれも知らないヒミツにせまりたい。そのためには、まずはもっと瑠雨ちゃんに近づくことだ。①今の距離《きょり》だと、瑠雨ちゃんの耳にきこえているものが、わたしにはきこえない。

そこで、わたしは作戦をねった。

「瑠雨ちゃん」

思いきって、さそった。

「今日、うちに遊びにこない？」

五時限目のあと、音楽室から教室へ移動《いどう》しているときだった。

瑠雨ちゃんはしゃべらないけど、うたう。授業中にみんなで「まっかな秋」を合唱していたとき、瑠雨ちゃんの口がうっすら動いているのを見たわたしは、その新しい発見にこうふんして、いますぐ作戦を決行したくなってしまったのだった。

早まったかな、と思ったときには、おそかった。

ろうかのとちゅうで立ちどまった瑠雨《るう》ちゃんは、ⓐぽかんとした目でわたしをながめ、せいだいにまつげをふるわせた。

「ええっと……あ、あのね、じつは瑠雨ちゃんにお願いがあって」

いまさらあとへは引けない。わたしは気合いを入れて続けた。

「できれば、瑠雨ちゃんに、ターちゃん……うちのおじいちゃんの謡曲《ようきょく》をきいてもらいたいの」

しーん。

瑠雨ちゃんのⓘまつげがはためく音がきこえてきそうな静けさ。

「話せば長くなるんだけどね、うちのおじいちゃん、町内会の謡曲愛好会に入ってて、毎日、うちでも大声で練習してるの。それがとんでもなくへたくそで、うるさくて、わたしもママもほんっと参ってるの。公害レベルでひどいの。なのに、本人は謡曲の才能《さいのう》があるってかんちがいしてて、やればのびるって言いはるの。ないないってわたしとママがいくら言っても、おまえらになにがわかるんだって、ぜんぜんきいてくれないの。で、よかったら、瑠雨ちゃんの天才の……じゃなくて、その、客観的《きゃっかんてき》な耳でおじいちゃんの謡曲をきいてもらって、感想を教えてもらえたらって……」

ターちゃんの謡曲。マジでこまっているせいか、しゃべりだしたら止まらなくなって、わたしはひと息にまくしたてた。

「瑠雨ちゃんの意見だったら、ターちゃんもすなおにきいて、目をさましてくれるかもしれないし」

瑠雨ちゃんをうちにまねいたら、一気に距離がちぢまって、ぐんと仲よくなれるかもしれない。ついでに、瑠雨ちゃんがターちゃんの謡曲を「才能なし」って判定《はんてい》してくれて、ターちゃんが自信をなくしてうたわなくなったら、［C］だ。

そんなよくばりな作戦だったのだけど、㋒瑠雨ちゃんのまばたきはいっこうにおさまるところをしらない。

その正直なこまり顔をながめているうちに、わたしの頭はどんどん冷えていった。

やっぱり、むりか。それもそうか。しゃべったこともない(いつも相手から一方的にしゃべりかけてくるだけの)クラスメイトから、きゅうに遊びにこいとか、おじいちゃんの謡曲をきけとか言われたら、瑠雨ちゃんじゃなくてもだまりこんじゃうか。

「わかった。いいよ、いいよ。ごめんね」

人にしつこくしないこと。最近それを心がけているわたしは、いさぎよく引きさがることにした。

「ダメもとで言ってみたんだけど、やっぱり、へんだよね。わすれて、おじいちゃんの謡曲《ようきょく》のことは」

おろかな作戦を立ててしまった。そう思ったらむしょうにはずかしくなって、耳までじわっと熱くなった。

赤い顔をふせ、瑠雨《るう》ちゃんから逃《に》げるように足をふみだす。

そのわたしをなにかが引きとめた。

せなかのあたりに、へんな感触《かんしょく》。ふりむくと、瑠雨ちゃんの細っこい指が、わたしのスウェットのわきばらのあたりをつまんでいた。

「瑠雨ちゃん……?」

瑠雨ちゃんの顔をのぞきこみ、あれっと思った。

㋓長いまつげが動きを止めている。あいかわらずこまった顔をしているけど、㋔その目はめずらしくわたしをまっすぐに見つめて、なにかをうったえかけている。

十秒くらい目と目を見合わせてから、わたしは「ええっ」とのけぞった。

「［1］」

瑠雨ちゃんがこくっとうなずいた。

Ⅱ

風香《ふうか》ちゃんの家はなだらかな坂の上にあった。坂のとちゅうから水の音がきこえてきて、のぼりきったら、川が見えた。その川の手前に古い家と新しい家が交互《こうご》みたいにならんでいて、風香ちゃんの家は古いほうだった。

レンガ色の屋根がしぶい木造《もくぞう》の一軒家《いっけんや》。

「ただいま！　ターちゃん、瑠雨《るう》ちゃんが洋曲きにきてくれたよーっ」

大声をひびかせる風香《ふうか》ちゃんに続いて家のドアをくぐると、広い土間にはかいわれ大根のプランターがあって、玄関《げんかん》のかべには〈世界の毒《どく》きのこ88選〉という特大ポスターがはられていた。迫力《はくりょく》のある毒きのこのイラストつき。【あ】

「瑠雨ちゃん、えんりょしないで入って、入って。ターちゃん、きっと舞《ま》いあがってるよ」

風香ちゃんが言って、どしどし階段《かいだん》をかけのぼっていった。

ゆっくりあとを追いながら、わたしはヘビメタ(注1)のおじいちゃんと対面する心のじゅんびをととのえた。革《かわ》ジャンなのかな。長髪《ちょうはつ》なのかな。バンダナまいてるのかな。声は出なくても、ちゃんと心のなかで「はじめまして」って言おう。

でも、いざ対面のときがくると、わたしはすっかりあっけにとられてしまい、心のなかまで「……」になってしまった。

満面の笑《え》みでむかえてくれたおじいちゃんが、あんまり想像《そうぞう》とちがってたから。

第一印象《いんしょう》は、「宝船《たからぶね》にのった大黒《だいこく》さま(注2)」。顔がまるまるしていてつやつやかで、いかにもおだやかそうに目がたれている。長髪なんかじゃないし、バンダナもまいてない。どうどうとはげていた。【い】

この人が、洋曲を？

わたしのおどろきがさめないうちに、

「ほほう、あんたがうわさの瑠雨ちゃんかい。こんなジジイの洋曲をきいてくれるたぁ、いやはや、かたじけない」

江戸《えど》っ子《こ》みたいなしゃべりかたでおじいちゃんが言って、さっそくうたいだそうとし、「待った！」と風香ちゃんに止められた。

「お客さんに、ざぶとん」

風香ちゃんが出してくれたざぶとんはゼブラ柄《がら》だった。わたしたちのむかいにすわったおじいちゃんは、やまぶき色のセーターの上から木彫《きぼ》りの首かざり(注3)(一角獣《いっかくじゅう》？)をたらしていた。部屋の角にある仏壇《ぶつだん》には赤いドレスを着たおばあさんの写真があった。ふしぎな世界にいるみたいだった。

「ごほ、ごほ。んんっ。では……」

そうして、おじいちゃんの洋曲がはじまった——ううん、ぜんぜん洋曲じゃなかった！【う】

わたしは耳をうたぐった。

洋曲どころか、それは音楽でさえなかった。

きいたことのない音。

②コレハナニ？

まるでまぼろしの生きものがとつじょ出現《しゅつげん》したみたいだった。まぼろしの生きもののまぼろしの遠吠《とおぼ》え。そのきみょうな音ははげしく高まったり、うらがえったり、かすれたり、うんと低くなったりと、ちっともじっとしていない。とらえどころがない。

わたしは負けじと追いかけた。えたいの知れないこの音はなんなのか。お経《きょう》？　おまじない？　ちがう——耳のおくになにかがひっついた(注4)。節《ふし》。そうだ。全体をつらぬくメロディはないけど、この音には、どうやら節がある。

節だけじゃない。じっと耳をすましているうちに、また新しい発見があった。言葉もある。そう、言葉。おじいちゃんはただガーガー吠えてるだけじゃなく、言葉を語っているんだ。そう気づいたとたん、まぼろしの生きもののまぼろしの遠吠えが、ちゃんと人間のうたにきこえてきた。

最初からうたにきこえなかったのは、おじいちゃんがおそろしくオンチだからってだけじゃなく、たぶん、そこで語られているのがむかしの言葉だからだ。「若菜《わかな》つむ」とか、「なお消えがたき」とか、「雪の下なる」

とか。おじいちゃんのうたに出てくるのは、百人一首にあるような言葉ばかり。ってことは――。

　これは、むかしの人がつくった、むかしのうたなんだ。【え】

　わたしはむちゅうで音をひろった。遠い時代からやってきた、とびきりレアな言葉たち。いまの日本語よりもやわらかくて、耳がほっくりする感じ。

　その言葉たちは、ゆったりとした節にのって、わたしが見たことのない世界を物語っている。

「山もかすみて」

「白雪の」

「消えしあとこそ」

「いかなる人にて」

「なにごとにて」

「あらおそろしのことを」

ああ、おもしろい。すごいのをひろった。

生まれてはじめての耳ざわりに、わたしはすっかりとりこになった。

こんな音があったなんて。

こんなうたがあったなんて。

大発見。人がむかしのうたをうたうっていうのは、③むかしの音をよみがえらせるってことなんだ――。

帰り道は雨がふっていた。【お】

わたしは雨の音が好き。たぶん、この世にある音のなかで一番。

それは、たぶん、わたしの名前に「雨」が入ってるからだと思う。

風香《ふうか》ちゃんの名前には「風」が入っている。

雨と風。

だからってわけじゃないけど、風香ちゃんとは、むりしなくてもいっしょにいられそうな気がする。

「瑠雨《るう》ちゃん、ほんとありがとね。④作戦どおりってわけにはいかなかったけど……っていうか大失敗だったけど、わたし、ターちゃんのあんなよろこんだ顔、はじめて見た。いいもん見たって気がしたよ。自分のうたをあんなに一生懸命《いっしょうけんめい》きいてもらったの、きっとターちゃん、はじめてだったんだよね」

傘《かさ》をかしてくれた上に、とちゅうまで送るとついてきてくれた風香ちゃん。

風香ちゃんがうれしそうなのは、おじいちゃんがよろこんでたからだけじゃなくて、きっと、わたしがしゃべったからだろう。

⑤――感動、しました。

気がつくと、口からこぼれていた。

自分でも、えぇっ!? とおどろいた。

家族以外のまえで、あんなふうに、ぽろっと言葉が出てくるなんて。

お面とか、外国の人形とか、ふしぎなものだらけだったおじいちゃんの部屋。でも、あそこにはなわがなかった気がする。みんなとわたしをへだてるなわ。おじいちゃんの自由ほんぽうな歌声が、なわをけちらしてくれたのかな。

【森絵都《もりえと》「風と雨」（『あしたのことば』〈小峰書店〉所収）による】

（注1）へビメタ……「ヘビーメタル」という音楽のジャンルの一つ。激しい演奏や奇抜《きばつ》な服装が特徴的《とくちょうてき》である。

(注2)大黒さま……七福神の「大黒天」のこと。日本ではおだやかに笑うふくよかな老人の姿で描《えが》かれることが多い。
(注3)一角獣……ヨーロッパの想像上の動物。馬の体で、頭に一本のねじれた角を持つ。ユニコーン。
(注4)節……ここではリズムのこと。

問一　[A]～[C]に当てはまる四字熟語を次の中から選んで、それぞれ漢字に直して答えなさい。

［いしんでんしん　いちねんほっき　いっきょいちどう
いちじつせんしゅう　いっせきにちょう］

問二　――線①「今の距離だと、瑠雨ちゃんの耳にきこえているものが、わたしにはきこえない」とありますが、どういうことですか。最も適切なものを次の中から選んで、記号で答えなさい。

ア　「瑠雨ちゃん」はあまりしゃべらない代わりに特別な耳を持っていると思っている「わたし」だが、今の関係では「特別な耳」についてきくこともできないということ。
イ　ほとんどしゃべらない「瑠雨ちゃん」には誰《だれ》も近寄らないため、おしゃべりでにぎやかに過ごしている「わたし」も今さら近づくことはできないということ。
ウ　今の「わたし」の家からは「瑠雨ちゃん」がいつもきいている音がきこえないので、仲良くなるためにも「瑠雨ちゃん」の家の近くに引っ越《こ》したいということ。
エ　「瑠雨ちゃん」は誰とも話さずにきくことの特別な練習を積んできたため、ふつうの生活をしてきた「わたし」にはきこえないような音も感知できるということ。
オ　あまりしゃべらない「瑠雨ちゃん」の持つ「ヒミツ」の力を知るために、「ターちゃん」の教えに従って「わたし」も表面上は仲良くする必要があるということ。

問三　～～線(あ)～(お)を説明したものとして**適切でないもの**を次の中から**二つ**選んで、記号で答えなさい。

ア　～～線(あ)は、「瑠雨ちゃん」の驚《おどろ》いた気持ちが、言葉ではなく目の動きに宿っていることを表現している。
イ　～～線(い)は、「瑠雨ちゃん」のまつげの動きによって、その時「わたし」が感じた気まずさを表現している。
ウ　～～線(う)は、クラスの子と親しくなりたいと思っていた「瑠雨ちゃん」の喜びを、まばたきの多さで表現している。
エ　～～線(え)は、まつげの動きが止まるのと同時に、「瑠雨ちゃん」の感情もなくなったことを表現している。
オ　～～線(お)は、いきなり始まった「わたし」との会話の中で、「瑠雨ちゃん」が心を決めたことを表現している。

問四　[1]にあてはまる「わたし」の台詞《せりふ》として、最も適切なものを次の中から選んで、記号で答えなさい。

ア　「急にさそって、おこってるの⁉」
イ　「まさか、謡曲きいてくれるの⁉」
ウ　「おじいちゃんのこと、知ってるの⁉」
エ　「家にさそったこと、よろこんでいるの⁉」
オ　「ターちゃんに『へた』って言ってくれるの⁉」

問五　――線②「コレハナニ？・」とありますが、ここから読み取れる「わたし」の気持ちはどのようなものですか。わかりやすく説明しなさい。

問六　――線③「むかしの音をよみがえらせるってことなんだ――」とありますが、なぜ「わたし」はそのように感じたのですか。その理由として最も適切なものを次の中から選んで、記号で答えなさい。

ア　「ターちゃん」の言葉づかいは年齢《ねんれい》を重ねているために古めかしく、昔の人と会話しているように感じられたから。

イ　「ターちゃん」の声量はあまりにも大きく、まぼろしの生き物の鳴き声を再現したかのようにきこえたから。

ウ　「ターちゃん」の歌を毒キノコのポスターなど独特な物に囲まれてきくと、現実離《ばな》れしたメロディーにきこえたから。

エ　「ターちゃん」は謡曲を通して昔の日本語を研究し、かつての日本語の発音を時代をこえて完全に再現していたから。

オ　「ターちゃん」の謡曲は、いまの日本語とは違《ちが》う昔の日本語の音の世界を、再現しているようにきこえたから。

問七　次の一文は本文の【あ】～【お】のどこに入りますか。最も適切な箇所《かしょ》を選んで、記号で答えなさい。

そう気づくなり、ぐん、と耳の穴《あな》のおくゆきが広がった気がした。

問八　――線④「作戦どおり」とありますが、ここでいう「作戦」とはどのようなものですか。本文中の言葉を使って説明しなさい。

問九　瑠雨は風香の話を聞き、どのような勘違《かんちが》いをしていたと考えられますか。次のように説明する際、[ア]～[エ]に当てはまる語を文中から**それぞれ漢字二字**でぬき出しなさい。

[ア]の視点で書かれた[Ⅰ]から[イ]の視点で書かれた[Ⅱ]になると、「瑠雨ちゃん」が「ターちゃん」と会うまで、[ウ]を[エ]と勘違いしていたことがわかる。

問十　――線⑤「――感動、しました」とありますが、瑠雨はなぜ謡曲をきいて感動したのですか。わかりやすく説明しなさい。その際、[Ⅰ]・[Ⅱ]にいたる前の部分である次の文章を読んで、瑠雨の変化をふまえて答えなさい。

　三つだったか、四つだったか、ものごころがついたときからそうだった。みんなとしゃべる。言葉をかわす。だれもがふつうにやっていることが、わたしにはできない。心のなかではいろいろしゃべっているのに、どうしても口から出てこない。

　なんで自分だけこうなんだろう？

　小さいころはふしぎだったし、さびしかった。いつも自分だけおいてけぼりをくっている気がして。

　でも、ひとつひとつ年をとるうちに、わたしはそんな自分になれていったんだと思う。そうしていったんなれてしまうと、なわの外側には、外側にしかない平和があった。風香《ふうか》ちゃんの言うとおり。むりして内側へ入りこもうとしなければ、なわに当たって痛《いた》い思いもしない。なわをふんずけて、みんなからせめられることもない。びくびくしながら他人の足に合わせなくても、自分のペースを守っていられる。

　それに、なわの外側は、とても静かだ。

　自分がしゃべらないぶん、ここにいると、いろんな音がよくきこえる。

　みんなの一語一句。笑い声。どなり声。あいづち。ささやき。ため息。したうち。すすり泣き。

しゃべらないぶん、わたしは熱心に耳をすましました。みんなの音をひとつひとつひろいあつめて、ひそかにおもしろがっていた。

【森絵都《もりえと》「風と雨」（『あしたのことば』〈小峰書店〉所収）による】

三　次の文章を読んで、後の問いに答えなさい。

注意　。、「」などは一字に数えます。

利他の大原則

①利他的な行動には、本質的に、「これをしてあげたら相手にとって利になるだろう」という、「私の思い」が含《ふく》まれています。

②重要なのは、それが「私の思い」でしかないことです。思いは思い込《こ》みです。そう願うことは自由ですが、相手が実際に同じように思っているかどうかは分からない。「これをしてあげたら相手にとって㋐利になるだろう」が「これをしてあげるんだから相手は㋑喜ぶはずだ」に変わり、さらには「相手は㋒喜ぶべきだ」になるとき、利他の心は、容易に相手を支配することにつながってしまいます。

つまり、利他の大原則は、「自分の行為《こうい》の結果はコントロールできない」ということなのではないかと思います。やってみて、相手が実際にどう思うかは分からない。分からないけど、それでもやってみる。この不確実性を意識していない利他は、押《お》しつけであり、ひどい場合には暴力になります。

「自分の行為の結果はコントロールできない」とは、別の言い方をすれば、「見返りは期待できない」ということです。「自分がこれをしてあげるんだから相手は喜ぶはずだ」という押しつけが始まるとき、人は利他を自己犠牲《ぎせい》ととらえており、その見返りを相手に求めていることになります。

私たちのなかにもつい芽生えてしまいがちな、見返りを求める心。先述の(注1)ハリファックスは、(注2)警鐘《けいしょう》を鳴らします。「自分自身を、他者を助け問題を解決する救済者と見なすと、気づかぬうちに権力志向、うぬぼれ、(注3)自己陶酔《とうすい》へと傾《かたむ》きかねません」（『Compassion《コンパッション》』）。

(注4)アタリの言う合理的利他主義や、③「情けは人のためならず」の発想は、他人に利することがめぐりめぐって自分にかえってくると考える点で、他者の支配につながる危険をはらんでいます。ポイントはおそらく、「めぐりめぐって」というところでしょう。めぐりめぐっていく過程で、私の「思い」が「予測できなさ」に吸収されるならば、④むしろそれは他者を支配しないための想像力を用意してくれているようにも思います。

コロナ禍《か》のなかでの相互扶助《そうごふじょ》(注5)

⑤どうなるか分からないけど、それでもやってみる。(注6)ブレイディみかこは、コロナ禍の英国ブライトンで彼女《かのじょ》が目にした光景について語っています（ブレイディみかこ×栗原康《くりはらやすし》「コロナ禍と〝クソどうでもいい仕事〟について」、「文學界《ぶんがくかい》」二〇二〇年一〇月号）。

ブレイディによれば、町が(注7)ロックダウンしているさなか、一人暮らしのお年寄りや自主隔離《かくり》に入った人に食料品を届けるネットワークをつくるために、自分の連絡《れんらく》先を書いた手づくりのチラシを自宅の壁《かべ》に貼《は》ったり、隣人《りんじん》のポストに入れて回ったりしていた人がいたそうです。普通ならば「個人情報が悪用されるのではないか」などと警戒《けいかい》するところですが、そうではなく、とりあえずできることをやろうと動き出した人がいた。

ブレイディは、これは一種の(注8)アナキズムだと言います。アナキズムというと一切合切《いっさいがっさい》破壊《はかい》するというイメージがありますが、政府などの上からのコントロールが働いていない状況《じょうきょう》下で、相互扶助のために立ち上がるという側面もある。コロナ禍において、とりあえず自分にできることをしようと立ち上がった人は、日本においても多かったように思います。

(注9)レベッカ・ソルニットの「災害(注10)ユートピア」という言葉があります。これは、地震《じしん》や洪水《こうずい》など危機に見舞《みま》われた状況のなかで、人々が利[A]的になるどころか、むしろ見知らぬ人のために行動するユートピア的な状況を指した言葉です。

このようなことが起こるひとつのポイントは、非常時の混乱した状況のなかで、平常時のシステムが機能不全になり、さらに状況が刻々と変化するなかで、自分の行為の結果が予測できなくなることにあるのではないかと思います。どうなるか分からないけど、それでもやってみる。混乱のなかでこそ純粋《じゅんすい》な利他が生まれるようにみえる背景には、⑥この「読めなさ」がありそうです。

(注11)ケアすることとしての利他

他方で平常時は、こうした災害時に比べると、行為の結果が予測しやすいものになります。少なくとも、平時の私たちは、自分の行為の結果は予測できるという前提で生きています。

でも、だからこそ「こうだろう」が「こうであるはずだ」に変わりやすい。実際には相手は別のことを思っているかもしれないし、いまは相手のためになっていても、一〇年後、二〇年後にはそうではないかもしれない。にもかかわらず、どうしても私たちは「予測できる」という前提で相手と関わってしまいがちです。「思い」が「支配」になりやすいのです。利他的な行動をとるときには、とくにそのことに気をつける必要があります。

そのためにできることは、相手の言葉や反応に対して、真摯《しんし》に耳を傾け、「聞く」こと以外にないでしょう。知ったつもりにならないこと。自分との違《ちが》いを意識すること。⑦利他とは、私たちが思うよりも、もっとずっと受け身なことなのかもしれません。

さきほど、信頼《しんらい》は、相手が想定外の行動をとるかもしれないという前提に立っている、と指摘《してき》しました。「聞く」とは、この想定できていなかった相手の行動が秘《ひ》めている、積極的な可能性を引き出すことでもあります。「思っていたのと違った」ではなく、「そんなやり方もあるのか」と、むしろこちらの評価軸《じく》がずれるような経験。

(注12)他者の潜在《せんざい》的な可能性に耳を傾けることである、という意味で、利他の本質は他者をケアすることなのではないか、と私は考えています。

ただし、この場合のケアとは、必ずしも「介助《かいじょ》」や「介護」のような特殊《とくしゅ》な行為である必要はありません。むしろ、「こちらには見えていない部分がこの人にはあるんだ」という距離《きょり》と敬意を持って他者を気づかうこと、という意味でのケアです。耳を傾け、そして拾うことです。

ケアが他者への気づかいであるかぎり、そこは必ず、意外性があります。自分の計画どおりに進む利他は押しつけに傾きがちですが、ケアとしての利他は、大小さまざまなよき計画外の出来事へと開かれている。この意味で、よき利他には、必ずこの「他者の発見」があります。

さらに考えを進めてみるならば、よき利他には必ず「自分が変わること」が含まれている、ということになるでしょう。相手と関わる前と関わった後で自分がまったく変わっていなければ、その利他は一方的である可能性が高い。⑧「他者の発見」は「自分の変化」の裏返しにほかなりません。

【伊藤亜紗「「うつわ」的利他――ケアの現場から」
(『「利他」とは何か』〈集英社新書〉所収)による】

(注1)ハリファックス……アメリカの人類学者・僧侶《そうりょ》・社会活動家。『Compassion《コンパッション》』の著者。
(注2)警鐘……よくないことが起こると予告し警戒をうながすもの。
(注3)自己陶酔……自分の行動や容姿にうっとりして酔《よ》いしれること。
(注4)アタリ……フランスの経済学者・思想家。
(注5)扶助……力を添《そ》えて助けること。
(注6)ブレイディみかこ……イギリス在住の保育士・ライター。
(注7)ロックダウン……感染症《かんせんしょう》や暴動などの事態が発生した際、被害《ひがい》拡大を防ぐために外出などの行動を制限する措置《そち》。
(注8)アナキズム……他者を従わせる権力などを否定し、何にも縛《しば》られない個人の自由が最も尊いと考える思想。
(注9)レベッカ・ソルニット……アメリカの作家・歴史家。
(注10)ユートピア……空想された理想的な社会。
(注11)ケア……注意すること。世話すること。介護すること。
(注12)潜在……表面に現れないで内にひそんで存在すること。

問一　――線①「利他的」とありますが、これは本文中の「利［A］的」と反対の意味の言葉です。［A］に当てはまる漢字一字を答えなさい。

問二　――線②「重要なのは、それが『私の思い』でしかないことです」とありますが、「私の」に傍点《ぼうてん》を付けて強調しているのはなぜですか。その理由として最も適切なものを次の中から選んで、記号で答えなさい。

ア　自分のためではなく、純粋《じゅんすい》に相手のためを思う気持ちを抱《いだ》くことが大切であることを強調するため。
イ　相手のためを思った行為でも、それが独りよがりなものにすぎない可能性があることを強調するため。
ウ　どんなに相手のためを願ってする行為だとしても、最後は自分のためになるということを強調するため。
エ　自分の思うように物事を進めていこうとする気持ち自体が、そもそも間違《まちが》っていることを強調するため。
オ　結果は分からないけれどもやってみるという姿勢を持てるかどうかは、自分次第《しだい》であると強調するため。

問三　〜〜線あ「利になるだろう」・い「喜ぶはずだ」・う「喜ぶべきだ」とありますが、このような表現の変化によって、筆者はどのようなことを表そうとしていますか。その説明をした次の文の［Ⅰ］・［Ⅱ］に当てはまる最も適切なものを、後のア〜カの中からそれぞれ一つずつ選んで、記号で答えなさい。

はじめは、自分の行為が相手にどう受け取られるかを［Ⅰ］するだけであったが、徐々《じょじょ》に相手に「こう思ってほしい」と、自分の気持ちを［Ⅱ］する様子を表している。

〔ア　強要　イ　予知　ウ　解放
エ　確信　オ　願望　カ　推測〕

問四　――線③「情けは人のためならず」という言葉の意味として最も適切なものを、次の中から選んで記号で答えなさい。

ア　人を助けて救済すると、かえって自分のためにならない。
イ　人に情けをかけて助けることは、相手のためにならない。
ウ　人に親切にしておけば、いずれ自分にもよい報《むく》いがある。
エ　人に親切にすることは、かえって相手を傷つけることになる。
オ　人に情け深く接することは、いつか必ず相手のためになる。

問五　――線④「むしろそれは他者を支配しないための想像力を用意してくれているようにも思います」とありますが、「他者を支配しないための想像力」とはどのようなことですか。その説明として適切なものを次の中から**二つ**選んで、記号で答えなさい。

ア　相手が喜ぶ顔を見るために自分のできることを精一杯《せいいっぱい》行うこと。
イ　どんなに相手が喜ぶだろうと想像しながら積極的に行動すること。
ウ　相手の状況が自分の行動によってどのように改善するかを思い描《えが》くこと。
エ　自分が相手を傷つけるような思い違いをしているのではないかと疑うこと。
オ　自分の行為が本当に喜んでもらえるのかどうか立ち止まって考えること。
カ　どのような困難にあっても夢は必ずかなうと自分を信じて行動すること。

問六　――線⑤「どうなるか分からないけど、それでもやってみる。ブレイディみかこは、コロナ禍の英国ブライトンで彼女が目にした光景について語っています」とありますが、これについて次の⑴・⑵に答えなさい。

⑴「どうなるか分からないけど、それでもやってみる」とありますが、「どうなるか分からない」と考えられるのはどのようなことですか。本文中では「『個人情報が悪用される』かもしれないこと」が例にあがっていますが、それ以外の例を「～かもしれないこと」という言葉に続くように、自分で考えて答えなさい。

⑵　コロナ禍で英国の人々が立ち上がったのはなぜですか。人々が立ち上がった理由を、このときの状況をふまえてわかりやすく説明しなさい。

問七　――線⑥「この『読めなさ』」とはどのようなことですか。本文中より二十字以内でぬき出して答えなさい。

問八　――線⑦「利他とは、私たちが思うよりも、もっとずっと受け身なことなのかもしれません」とありますが、なぜですか。その理由として最も適切なものを、次の中から選んで記号で答えなさい。

ア　相手の反応にかかわらず、相手のためになると信じるしかないから。
イ　利他とは、惜《お》しみなく相手の知識を自分に与《あた》えてもらうことになるから。
ウ　自分は相手と対等な立場であることを、わかってもらう必要があるから。
エ　相手と自分とは違う存在なのに、自分を理解してほしいと考えがちだから。
オ　相手の気持ちを尊重するためには、他者に耳を傾ける以外に方法がないから。

問九　――線⑧「『他者の発見』は『自分の変化』の裏返しにほかなりません」とありますが、それについてあなたはどのように考えますか。あなたの体験を通して書きなさい。

立教女学院中学校

—45分—

【注意事項】　記号や句読点も1字に数えます。

一　次の文章を読んで、あとの問いに答えなさい。

環境《かんきょう》問題について人間と環境を切り分け、高度な分業化でそれぞれの分野の専門家に①任せることで解決策を模索《もさく》[注1]していくのが、今日の環境問題の構造のようです。

《　中略　》

環境(Environment)の語源には「周辺」という意味がありますが、日本語には環境の他にも人間と自然の関係をとらえるときに用いられる表現があります。それは「風土」です。風土の定義に関する議論は色々ありますが、本書では以下のように考えたいと思います。

風土は、自然と人間のあいだにあるひとまとまりの関係のこと。[1]「風」は文化・民俗《みんぞく》を、「土」は土地・地域を表し、これらは互《たが》いに独立してあるのではなく、ひとつのまとまりとして不可分に存在する。風土の視点において自然と人間は、自然が人間をつくり、また同時に自然は人間につくられる、という相互《そうご》に定義し合う関係にある。こうした相互に定義し合う関係性を「逆限定の関係」と表現したいと思います。こうした自然と人間の関係性を絵にしたものが、[2]図のイメージです。

その上で、風土は「私たち」という主語で用いられるという特徴《とくちょう》があると考えています。［　3　］あるひとつの風土は、その風土が形成される地域に暮らす・関わりのある人々の間で共有され、語られるものだからです。風土は個人が認知《にんち》できますが、個人が単独で形成することはできません。風土は常にある地域に暮らす・関わりのある人たち(＝私たち)を主語として語られます。例えば、「この町では～」、「この地域では～」、「うちらは～」というような表現がこれにあたります。

このように、風土は「私たち」という主語を伴《ともな》って、人間と自然とのあいだのひとまとまりの関係性を表しています。このことは同時に、個々の土地ごとに異なる風土があることを意味します。［　4　］、地域Aに暮らす私たちにとっての風土と、地域Bに暮らすあなたたち(地域Aのそれとは別の私たち)にとっての風土は異なるということです。

異なる風土を語るいくつもの「私たち」があることを認めることで多元的な世界観を受け入れることができます。「環境—人間」というような、二項《こう》対立的な世界観における客観的対象としての「環境」では、全地球・全種的に共有しているひとつの環境があるということが前提になっていますが、複数の異なる「私たち」をはじめから内化している風土は[5]多元的な世界を前提にしているのです。

風土では自然と人間が不可分なひとまとまりの関係としてありますから、この風土の視点においてサステイナビリティを考え行動する(＝「何をまもり、つくり、つなげていきたいのか」を考え行動する)ことが、ひいては自然をつくることになり、そうしてまた、つくった自然に人間がつくられる関係へ展開していくことと同義になります。このことを②ジユウライの「環境のサステイナビリティ」に対し、「風土のサステイナビリティ」と呼びたいと思います。

気候変動や地球温暖化に代表されるこれまでの環境問題の議論では、その影響範囲《えいきょうはんい》が全地球であることから、環境のサステイナビリティが重要視されてきました。この視点を用いることで、地球環境の状態を注2俯《ふ》瞰的《かんてき》に把握《はあく》することはできるようになりました。しかし、実際に課題に向き合う段階において、行動主体注3となる主語は見失われてきました。

環境のサステイナビリティの視点によって観察・分析《ぶんせき》・介入《かいにゅう》を検討した情報は、状況《じょうきょう》に対する対処療法《りょうほう》的な視点を与《あた》えてくれます。このような視点を片方に持ちながら、「私たち」という主語を用いてより実際の体験としての自然と人間の関係性についての情報を与えてくれる、風土のサステイナビリティの視点を③オギナうと、今度は思考を展開している私を環境のなかに内化した視点から、日々をどのように暮らしていけばよいのかを考えることができるようになるのではないでしょうか。

一方で、風土の視点にも限界があります。それは、その範疇《はんちゅう》注4を「地球」や「グローバル」というマクロ視点注5にまで引き上げると、風土の視点からサステイナビリティを語るときの「私たち」という主語に対する意識がとても弱くなってしまう、あるいは消えてしまうことです。全地球的な風土というものが仮に想像できたとしても、その規模において風土の特徴である「自然が人間をつくり、自然は人間につくられる」という相互に定義し合う関係が、規模が大きすぎて私たちには認知することがとても難しくなります。少なくとも私自身は「地球の風土」というような表現に6手触《てざわ》り感を感じられないのですが、このあたりについてそうした認識《にんしき》も可能だとする議論もあります。

気候変動や地球温暖化のようなグローバルな環境問題や、SDGsのような全人類の開発目標という枠組《わくぐ》みにおいては、自然と人間がお互いに定義し合うこと（逆限定の関係）が認知できないがゆえに、どこか他人事のような感覚が生じるように思います。他方で、ある地域や町といった程度の規模であれば、明日からの私の行動の変化がどのように自然と人間のつくり・つくられる関係のなかでの変化として現れるかを④ヨウイに想像することができるでしょう。7「私たち」という感覚が成り立つ風土という視点を充足《じゅうそく》していくことで、環境問題に対しても主体性を持つことができるようになるのではないでしょうか。

（工藤尚悟『私たちのサステイナビリティ
—まもり、つくり、次世代につなげる』〈岩波ジュニア新書〉）

※一部、原文の表記、表現をあらためたところがあります。

注1　模索……手がかりがないまま、いろいろためすこと。
注2　俯瞰的……ある視点から全体を見わたすこと。
注3　主体……自分の意志でおこなったり、他にはたらきかけたりするもの。
注4　範疇……同じような種類、性質のものがふくまれる区分。
注5　マクロ視点……全体的な立場から考える視点。

問一　——線①は読み方を答え、②・③・④のカタカナを漢字に改めなさい。

問二　——線1「『風』は文化・民俗を、『土』は土地・地域を表し、これらは互いに独立してあるのではなく、ひとつのまとまりとして不可分に存在する」とありますが、その具体例としてあてはまらないものを次から一つ選び、記号で答えなさい。

ア　温暖な気候のA市は、山林がたくわえた湧《わ》き水《みず》とゆるやかな傾斜《けいしゃ》地《ち》を利用して古くから棚田《たなだ》を作り、山の動物たちと共存しながら稲《いな》作《さく》を行ってきた。

イ　浜辺《はまべ》の景色が美しいB市は、人気映画の撮影《さつえい》に使われて話題になったため、映画の記念館を建て、案内板や展望台を市内各所に設置して集客に力を入れている。

ウ　C市は市内を流れる川を鮭《さけ》が上ることで知られており、時期による鮭の呼び名の変化や漁の方法、郷土料理に至るまで独自の文化を持っている。

エ　土地のほとんどが山林であるD村は、木工品の加工を唯一《ゆいいつ》の産業としてきたが、山が国定公園に指定され温泉も発見されたため、観光を主産業にした。

問三　――線2「図のイメージ」とあるように、本書では図が示されています。その図として最もふさわしいものを次から選び、記号で答えなさい。

ア
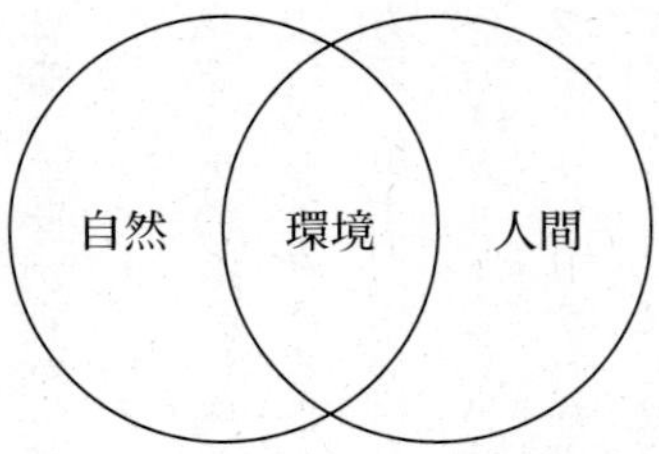

イ

ウ
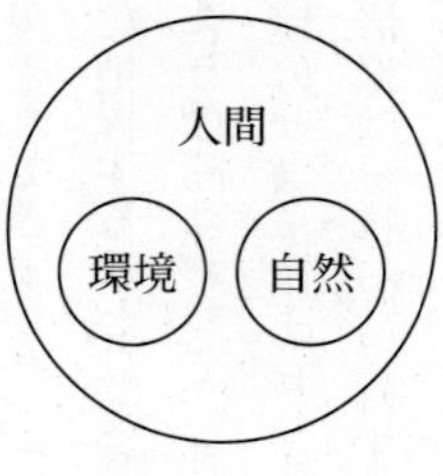

エ
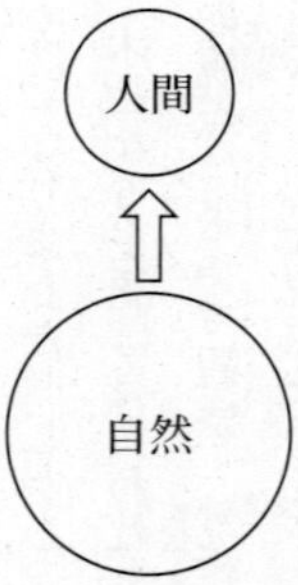

問四　[3]・[4] にあてはまる接続詞を次から選び、それぞれ記号で答えなさい。

ア　なぜなら　イ　だから　ウ　つまり
エ　けれども　オ　または

問五　――線5「多元的な世界を前提にしている」とありますが、風土はどういうことを前提にしているのですか。それが説明されている部分をこれより前の本文中から二十字以内で書きぬきなさい。

問六　――線6「手触り感を感じられない」とはどういうことですか。それを説明したものとして最も適切なものを次から選び、記号で答えなさい。

ア　理想を実現できるとは思えない
イ　言葉に真実味《しんじつみ》がなく感じられる
ウ　地球環境の利益に結びつかない
エ　身近なものとして実感できない

問七　――線7「『私たち』という感覚が成り立つ風土という視点を充足していくことで、環境問題に対しても主体性を持つことができるようになるのではないでしょうか」とありますが、どういうことですか。「私たち」が現在どのように環境問題に向き合っているかをふまえて説明しなさい。

二　次の文章を読んで、あとの問いに答えなさい。

小学六年生の理一郎《りいちろう》は、母(由理)の妹である由希が先生をしているピアノ教室に出かけるふりをして、友達(大智《ひろと》・海空良《みそら》)とハイキングにでかけた。

「大智は、ここ、よく歩くの？」

「サンポ」

「サンド？　三度目ってこと？」

「散歩」

ぼくは思わずふきだした。自分できまちがえたのに。

「ぼくは、散歩ってめったにしないから」

「おれ、散歩する」

そっか。散歩には、目的地とか、なくてもいいんだな。

道が急にのぼり坂になった。太陽がだいぶ高い位置にあるようで、影《かげ》が短い。何時ごろかな、と思ってスマホを開いたら、もうすぐ十一時半。ツリーハウスにより道したのは、たぶん十分ぐらいなので、遊歩道に入ってから、一時間以上も歩いてきたのだ。

道が木の階段になった。幅《はば》はあいかわらずせまい。のぼりながら、海空良が鼻歌をうたっている。すぐにそれが「パプリカ」[注1]だとわかった。けっこうきついのぼりで、だいぶ息が切れてたけど、ぼくもうたった。大智もうたった。二度うたいおわったとき、先頭を歩いていた大智が足をとめた。

「着いた」

着いた？　どこに？

あらい息を吐《は》きながら、ぼくは最後の階段をのぼる。

「あれ？　ここって……」

目の前に建っているあずまや。それを、ぼくは前から知っていた。

「へえ？　城山公園の裏側だったんだ」

海空良も知らなかったのか、目を丸くしていった。

1一時間以上歩いてきてたどりついたのが城山公園だったとは。たぶん、遊歩道は、この丘《おか》をぐるっとめぐっているのだろう。でもここは、城山図書館のわきの道をのぼってくれば、図書館から十分もかからないで来られる場所だ。

あずまやに入って、街を見下ろす。図書館の屋根が見えた。その先もずっと大地がつづいている。そして、空。ここには何度か来ているのに、空も大地も、こんなに広いなんて知らなかった。

「空がいっぱいだねえ」

海空良が思いきり深呼吸をしながらいった。

あずまやのベンチに座《すわ》って①おベントウを食べた。

自分でつくったおにぎりは、ぶかっこうだったけど、おなかが空いていたせいもあって、けっこうおいしかった。

《　中略　》

「クワガタ、見つけた」

「つかまえたの？」

大智は首を横にふると、にっと笑った。

「見てた。②ジュエキ吸ってた。おいしそうに」

「じゃあ、あたしたちも、あまいもの食べようよ」

「なにか入ってる？」

海空良が焼いたクッキーを広げ、三人が同時に手を出した。

「ドライフルーツ」

「おいしい。今までいちばんかも」

ぼくがいうと、海空良は、

「やったぁ！」

とガッツポーズをした。

「海空良は、お菓子《かし》づくりをする人になるの？」

「どうかなあ」

「ほかになりたいものがあるってこと？」

「ほんとは、ありすぎてこまってるんだよね。声優でしょ、パティシエでしょ、ユーチューバーでしょ、旅行家でしょ……」

海空良は、指をおりながら、いくつもの仕事をあげた。

「大智は？」

「大ちゃんは、自然を観察する人」

こたえたのは海空良。それがどういう職業になるのかわからないけれど、なんだかすごく似合っていそうだ。でも、大智は自分ではなにもいわなかった。

「そういうリイチは？」

「まだ、わかんない」

「好きなことは？　ピアノ？」

「ピアノは、それほど好きじゃないかも」

「勉強とか？」

ぼそっと大智がいった。

「え？」

「おれ、助けてもらった。国語であてられたとき、読むところ教えてもらった。読めない漢字も、そっと教えてもらった」

そんなことがあったのだろうか。自分ではあんまり覚えていなかったけど。


「好きなのが勉強って、どうなんだろう。おもしろくないよね」

「おれは、いいなって思う」

「リイチ、ちゃんとしてるもんね。あたしみたいにテキトーじゃないし」

よろこんでいいのかな……。

帰り道。このまま、目の前の道を下りて、バス停まで行けば早く帰れる。でも、ぼくも海空良も、近道を選ばないで、来た道をもどることにした。三人で「パプリカ」をうたいながら歩く。人とすれちがうときだけ、口パクでうたった。

[注2]……帰り道を照らしたのは　思い出のかげぼうし

下りだから息は少し楽だった。でも、すごく汗《あせ》をかいたし、水筒《すいとう》の水はやっぱりたりなくて、ペットボトルを買っておいてよかったと思った。ペットボトルの水は、大智と海空良にもわけてあげることができて、それもよかったと思った。

いい気分で家に帰ったぼくをむかえたのは、けわしい顔をした母さんだった。

「あれ？　仕事は？」

「仕事は、じゃないでしょ！　いったいどこに行ってたの？　携帯《けいたい》にも出ないで」

「え？」

思わずスマホを見る。二時ごろから立て続けに、母さんからの着信があった。

「ごめん。気がつかなかった」

「ごめんじゃない。どこに行ってたのか、きいてるの」

どなったりされたわけじゃない、けれど、表情を見て、すごく怒《おこ》っているのがわかった。

「……城山公園」

「城山公園？　なにをしに？」

「べつに、なにをするってわけじゃないけど」

「［2］があるでしょ」

空と大地を見た。でもそれは、［2］ではなくて結果。その空と大地は、今まで見たのとおなじなのに、ちがっていた。けれど、そのことを、母さんにうまく説明できる気がしなかった。

「だれと行ったの？」

「友だち」

「友だちって？　だれ？」

「だれでもいいでしょ」

「よくない！」

母さんが、思わず、というふうに大声を出して、ぼくはびくっと身をふるわせた。母さんが大声を出すのをきいたのははじめてだった。だからといって、ぼくはすぐに大智と海空良の名前をあげることはできなかった。母さんにとっていい友だちというのは、注3準也《じゅんや》みたいに礼儀正《れいぎただ》しくてまじめな子だ。大智は、海空良は、いい友だちだと、母さんは思うだろうか。

母さんはまたふつうの声にもどった。でも、ちょっとだけ声がふるえている。


「口にできないってことは、いい友だちじゃないと思う」

やっぱりそう思うんだ。

「そんなの、わからないでしょ」

「じゃあ、なぜウソをついたの？」

そのときになって、ぼくはようやく疑問に思った。母さんは、ぼくがピアノレッスンに行かなかったことを、どうして知っているのだろう。それをききたかった。でも、きいたら、もっといろいろいわれることは目に見えている。だからぼくは、いっさい、口を［3］ことにした。

そしてだまったまま、デイパックからタッパーをとりだして洗い、保《ほ》冷剤《れいざい》も表面をふいて冷凍庫《れいとうこ》にもどすと、なにもいわずに自分の部屋に行った。でも、母さんはぼくを追ってくると、ノックもしないでドアを開けた。

「なんでウソをついたのか、きいてるの」

ぼくは、ずっとだまっていた。窓の外からセミの鳴き声がきこえた。ふと、ぼくは、遊歩道の途中《とちゅう》でセミのぬけがらをひろったことを思いだした。あれ、どうしたっけ。デイパックの横のポケットだ。そっととりだす。つぶれてしまったかと思ったけれど、ちゃんと形をとどめていた。それを机におく。

机の上においてある鏡に、母さんが眉《まゆ》を［4］ている顔がうつった。やがて母さんは、大きくため息をついてからいった。

「あんたにまで、こんなふうに反抗《はんこう》されるとは思わなかった」

反抗？　なんだそれ。そんなつもりないのに。

ぼくは、母さんのわきをすりぬけて部屋を出ると、ころがるように階段を下りて、玄関《げんかん》にむかうと、5そのまま外にとびだした。

とたんに、熱気をもった風につつまれる。だいぶ日が短くなってきたけれど、外はまだ明るいし暑い。何時ごろだろうと思ったそのとき、夕焼けチャイムが鳴って、五時なんだ、と思った。

　家をとびだしたものの、行くところなんてない。でもこれは、目的地のない散歩ともちがう。なんとなく学校のほうに足がむいて歩いているうちに、注4亜梨子《ありす》の家の前にさしかかった。

「理一郎くん！」

　声におどろいてふりかえると、庭にいた亜梨子のお母さんがおどろいたような顔で立っていた。

「あ、こんにちは」

「こんにちはって、いったいどうしたの？　お母さんとは会ったの？あなたのゆくえがわからなくなったって、心配して電話してきたのよ」

「それ、いつの話ですか」

「二時半ごろだったかしら」

「それなら。今、家から出てきたばかりです」

「ちょっと、よりなさいよ。亜梨子もいるし」

　そういわれて、ぼくは家の中に入っていった。ほどなく、亜梨子が部屋から出てきた。

　和室の座卓《ざたく》の前に座っていると、亜梨子のお母さんが麦茶を出してくれた。

「いったい、なにがあったの？」

「ぼくにもよくわかんなくて。そうだ……」

　由希ちゃんのところに電話しよう、と思った。でも、スマホはおいてきてしまった。

「すみません、電話③カしてください」

　由希ちゃんのスマホに電話すると、すぐに出た。

――リイチちゃん、どしたの？

「どしたのって、母さんから連絡《れんらく》あったの？」

――午後、電話がかかってきたのよ。おばあちゃん……リイチちゃんのひいばあちゃんの、法事のことで。あんたがピアノのレッスンに来ることになってるってきいてびっくりしたわよ。ところが、あんたは家にもいないから、とても心配してたのよ。

　ようやく謎《なぞ》がとけた。母さんが由希ちゃんに電話をかけることなどめったにないのに、よりによって今日、電話をするなんて。それも昼間に。

――由理ちゃん、すごい心配して。いったいどこに行ってたの？

「S駅から二十分ぐらいのところに、遊歩道があるの、知ってる？」

――知ってるわよ。それぐらい。

「遊歩道をずっと歩いていくと、城山公園に出るんだね。ぜんぜん知らなかった」

――わかった。そこ、行ったんだ。ちょっとびっくりだよね。って、のんきなこといってる場合じゃなかった。由理ちゃんとは？

「さっき、帰ってからけんかした。今は、亜梨子の家」

――6よかったぁ。

「けんかしたのが？」

　由希ちゃんは、くすっと笑った。

――ひょっとして、海空良ちゃんたちといっしょだった？

「7うん。すごくおもしろかった」

――そっか。よかったね。でも、ウソをついたのは悪いよ。由理ちゃん、マジ、心配してたからね。リイチちゃんのこと、最近なんだかぼんやりしてたし、っていってた。

「……わかってる。ぼくが悪い」

――じゃあ、また来週、まってるから。

（濱野京子『空と大地に出会う夏』〈くもん出版〉）

※一部、原文の表記、表現をあらためたところがあります。

注1　パプリカ……楽曲のタイトル。

注2　「パプリカ」の歌詞。

注3　準也……理一郎の友達。

注4　亜梨子……理一郎の幼なじみ。

問一　――線①・②・③のカタカナを漢字に改めなさい。

問二　――線1「一時間以上歩いてきてたどりついたのが城山公園だったとは」とありますが、この時の理一郎の心情として最も適切なものを次から選び、記号で答えなさい。

ア　悲しみ　　イ　気落ち　　ウ　驚《おどろ》き　　エ　怒り

問三　二か所の［2］に最もよく当てはまる言葉を本文中から漢字二字で書き抜《かぬ》きなさい。

問四　［3］・［4］それぞれにひらがな三字の言葉を入れて、慣用句を完成させなさい。

問五　――線5「そのまま外にとびだした」とありますが、この時の理一郎の心情として最も適切なものを次から選び、記号で答えなさい。

ア　母の言葉に対して言い返すことができない弱さと、自分の変化や思いをかかえることができない苦しさを、母に理解してもらいたいという願い。

イ　友達のことを母に受け入れてもらえないばかりか、自分のことさえ拒絶《きょぜつ》されているような気がして、いてもたってもいられないという衝動《しょうどう》。

ウ　自分の態度に対して反抗的《はんこうてき》であると怒りをあらわにした母が部屋に無断で入ってきたため、家の中に居場所がなくなってしまったという孤独《こどく》感。

エ　母の考えていることが全くもって理解しがたく、自分の今のつらい気持ちを誰《だれ》かに聞いてもらわないと気がすまないという強いいらだち。

問六　――線6「よかったぁ」とありますが、由希がそのように言った理由の説明としてあてはまらないものを次の中から選び、記号で答えなさい。

ア　理一郎のことを由理が心配していたが、無事に会うことができたと知って安心したから。

イ　理一郎が親に嘘《うそ》をついて遊びに行き、叱《しか》られたことに成長を感じてうれしくなったから。

ウ　理一郎の母親である由理よりも彼《かれ》を理解していることがわかり、誇《ほこ》らしかったから。

エ　理一郎と由理がけんかしたことで、本音を話せただろうと想像してほっとしたから。

問七　――線7「うん。すごくおもしろかった」とありますが、このように感じられたのはいくつかの気づきがあったからだと考えられます。それはどのような気づきですか。わかりやすく説明しなさい。

2024年度受験用
中学入学試験問題集（女子・共学校）国語編
2023年7月10日　初版第1刷発行

ISBN978-4-8403-0830-4

企画編集・みくに出版編集部
発行・株式会社　**みくに出版**
〒150-0021　東京都渋谷区恵比寿西2－3－14
TEL 03（3770）6930
FAX 03（3770）6931
http://www.mikuni-webshop.com

この印刷物(本体)は地産地消・
輸送マイレージに配慮した
「ライスインキ」を使用しています。

全国公開模試 6年

私学へつながる模試。

日能研 全国公開模試

2023年度 実施日程
日程は変更になる場合があります。

実力判定テスト・志望校選定テスト・志望校判定テスト

【受験料(税込)】4科 ¥4,400 ／2科 ¥3,300 【時間】国・算 各50分／社・理 各30分

実力判定	実力判定	実力判定	志望校選定	志望校選定	志望校判定
2/12(日)	3/5(日)	4/9(日)	5/7(日)	6/4(日)	7/2(日)
電話受付期間	Web受付期間				
1/16(月)~2/3(金)	2/13(月)~2/26(日)	3/6(月)~4/2(日)	4/10(月)~4/23(日)	5/8(月)~5/28(日)	6/5(月)~6/25(日)

合格判定テスト

【受験料(税込)】4科 ¥6,050 ／2科 ¥4,950 【時間】国・算 各50分／社・理 各35分

合格判定	合格判定	合格判定	合格判定	合格判定
9/3(日)	10/8(日)	11/5(日)	12/3(日)	12/23(土)
Web受付期間				
8/1(火)~8/27(日)	9/4(月)~10/1(日)	10/10(火)~10/29(日)	11/6(月)~11/26(日)	11/20(月)~12/17(日)

〈日能研 全国公開模試〉の"私学へつながる"情報提供サービス！

受験生だけに、もれなく配布！すぐに役立つ情報が満載！

情報エクスプレス

学校や入試に関する最新情報に加え、模試データを徹底分析。充実の資料として7月実施のテストから配布。入試に向けた情報収集に役立つ資料です。

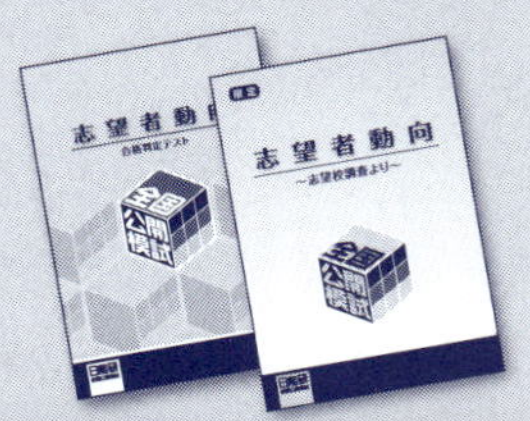

入試志望者動向

志望校判定テストでは志望校調査を実施。調査に基づいて各校の志望者人数や動向を掲載します。合格判定テストからは志望校の登録情報を分析。志望校選択と受験校決定のために、役立つデータ。

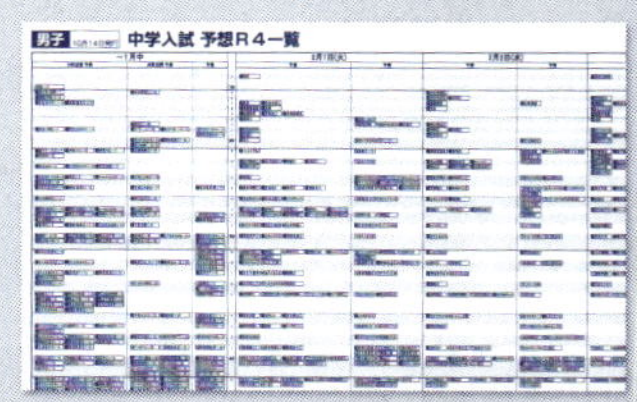

予想R4一覧表〈9月以降〉

来年度入試の試験日・定員・入試科目の動きと合格判定テスト結果から合格可能性(R4)を予想し、まとめた一覧表。合格判定のベースとなる資料です。

日能研 全国公開模試

お申し込みは 日能研全国公開模試 検索 またはお近くの日能研へ！
https://www.nichinoken.co.jp/moshi/
お問い合わせは 0120-750-499 全国中学入試センター 日能研全国公開模試事務局
受付時間:11:00~17:00(月~金/祝日を除く)

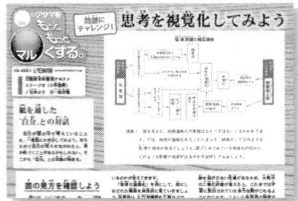

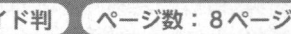

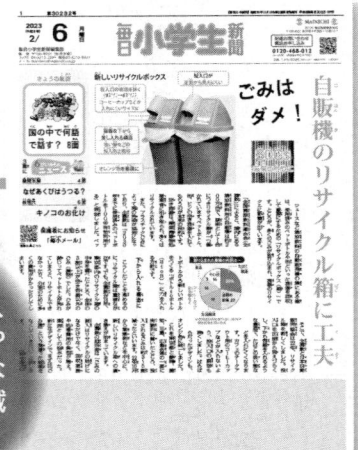

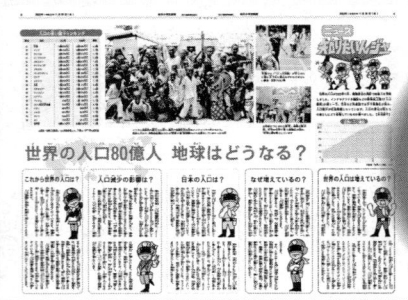

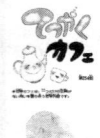

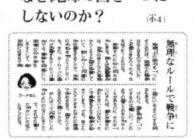

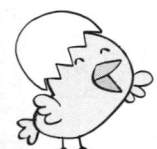

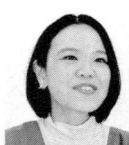

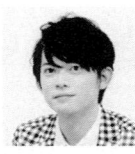

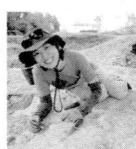